PMP® 시험 합격을 위한 지름길!

PMP® PASS

한 동 환 Ph.D.
[PMP, PMI-RMP, PRINCE2 Practitioner, Project+]

10개 지식 영역별 49개 프로세스

4장 통합 관리	5장 범위 관리	6장 일정 관리	7장 원가 관리	8장 품질 관리	9장 자원 관리	10장 의사소통 관리	11장 리스크 관리	12장 조달 관리	13장 이해관계자 관리
프로젝트 헌장 개발 Develop Project Charter	범위 관리 계획수립 Plan Scope Management	일정 관리 계획수립 Plan Schedule Management	원가 관리 계획수립 Plan Cost Management	품질 관리 계획수립 Plan Quality Management	자원 관리 계획수립 Plan Resource Management	의사소통 관리 계획수립 Plan Communications Management	리스크 관리 계획수립 Plan Risk Management	조달 관리 계획수립 Plan Procurement Management	이해관계자 식별 Identify Stakeholders
프로젝트 관리 계획서 개발 Develop Project Management Plan	요구사항 수집 Collect Requirements	활동 정의 Define Activities	원가 산정 Estimate Costs	품질 관리 Manage Quality	활동 자원 산정 Estimate Activity Resources	의사소통 관리 Manage Communications	리스크 식별 Identify Risks	조달 수행 Conduct Procurements	이해관계자 참여 계획수립 Plan Stakeholder Engagement
프로젝트 작업 지시 및 관리 Direct and Manage Project Work	범위 정의 Define Scope	활동 순서배열 Sequence Activities	예산 책정 Determine Budget	품질 통제 Control Quality	자원 확보 Acquire Resources	의사소통 감시 Monitor Communications	정성적 리스크 분석 수행 Perform Qualitative Risk Analysis	조달 통제 Control Procurements	이해관계자 참여 관리 Manage Stakeholder Engagement
프로젝트 지식 관리 Manage Project Knowledge	작업분류체계 작성 Create WBS	활동 기간 산정 Estimate Activity Durations	원가 통제 Control Costs		팀 개발 Develop Team		정량적 리스크 분석 수행 Perform Quantitative Risk Analysis		이해관계자 참여 감시 Monitor Stakeholder Engagement
프로젝트 작업 감시 및 통제 Monitor and Control Project Work	범위 확인 Validate Scope	일정 개발 Develop Schedule			팀 관리 Manage Team		리스크 대응 계획수립 Plan Risk Responses		
통합 변경 통제 수행 Perform Integrated Change Control	범위 통제 Control Scope	일정 통제 Control Schedule			자원 통제 Control Resources		리스크 대응 실행 Implement Risk Responses		
프로젝트 또는 단계 종료 Close Project or Phase							리스크 감시 Monitor Risks		

5개 프로세스 그룹별 49개 프로세스

착수 프로세스 그룹

- 프로젝트 헌장 개발 Develop Project Charter
- 이해관계자 식별 Identify Stakeholders

기획 프로세스 그룹

- 프로젝트 관리 계획서 개발 Develop Project Management Plan
- 범위 관리 계획수립 Plan Scope Management
- 요구사항 수집 Collect Requirements
- 범위 정의 Define Scope
- 작업분류체계 작성 Create WBS
- 일정 관리 계획수립 Plan Schedule Management
- 활동 정의 Define Activities
- 활동 순서 배열 Sequence Activities
- 활동 기간 산정 Estimate Activity Durations
- 일정 개발 Develop Schedule
- 원가 관리 계획수립 Plan Cost Management
- 원가 산정 Estimate Costs
- 예산 책정 Determine Budget
- 품질 관리 계획수립 Plan Quality Management
- 자원 관리 계획수립 Plan Resource Management
- 활동 자원 산정 Estimate Activity Resources
- 의사소통 관리 계획수립 Plan Communications Management
- 리스크 관리 계획수립 Plan Risk Management
- 리스크 식별 Identify Risks
- 정성적 리스크 분석 수행 Perform Qualitative Risk Analysis
- 정량적 리스크 분석 수행 Perform Quantitative Risk Analysis
- 리스크 대응 계획수립 Plan Risk Responses
- 조달 관리 계획수립 Plan Procurement Management
- 이해관계자 참여 계획수립 Plan Stakeholder Engagement

실행 프로세스 그룹

- 프로젝트 작업 지시 및 관리 Direct and Manage Project Work
- 프로젝트 지식 관리 Manage Project Knowledge
- 품질 관리 Manage Quality
- 자원 확보 Acquire Resources
- 팀 개발 Develop Team
- 팀 관리 Manage Team
- 리스크 대응 실행 Implement Risk Responses
- 의사소통 관리 Manage Communications
- 조달 수행 Conduct Procurements
- 이해관계자 참여 관리 Manage Stakeholder Engagement

감시 및 통제 프로세스 그룹

- 프로젝트 작업 감시 및 통제 Monitor and Control Project Work
- 통합 변경 통제 수행 Perform Integrated Change Control
- 범위 확인 Validate Scope
- 범위 통제 Control Scope
- 일정 통제 Control Schedule
- 원가 통제 Control Costs
- 품질 통제 Control Quality
- 자원 통제 Control Resources
- 의사소통 감시 Monitor Communications
- 리스크 감시 Monitor Risks
- 조달 통제 Control Procurements
- 이해관계자 참여 감시 Monitor Stakeholder Engagement

종료 프로세스 그룹

- 프로젝트 또는 단계 종료 Close Project or Phase

착수 프로세스 그룹(Initiating process group)

- 주요 프로세스의 흐름 위주로 표현했습니다.
- 점선 프로세스는 프로세스 그룹 외부 프로세스입니다.

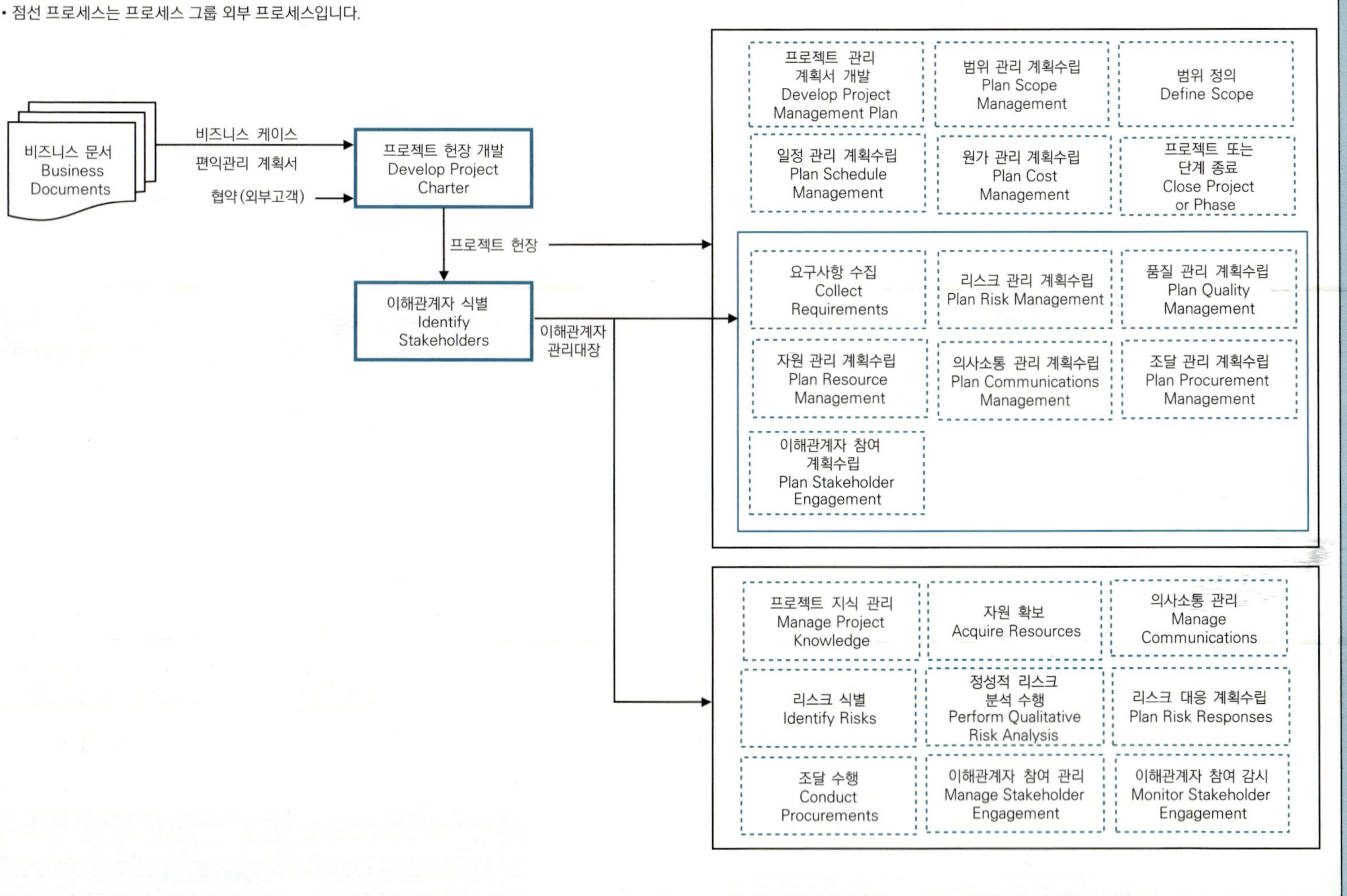

기획 프로세스 그룹(Planning process group)

- 주요 프로세스의 흐름 위주로 표현했습니다.
- 점선 프로세스는 프로세스 그룹 외부 프로세스입니다.

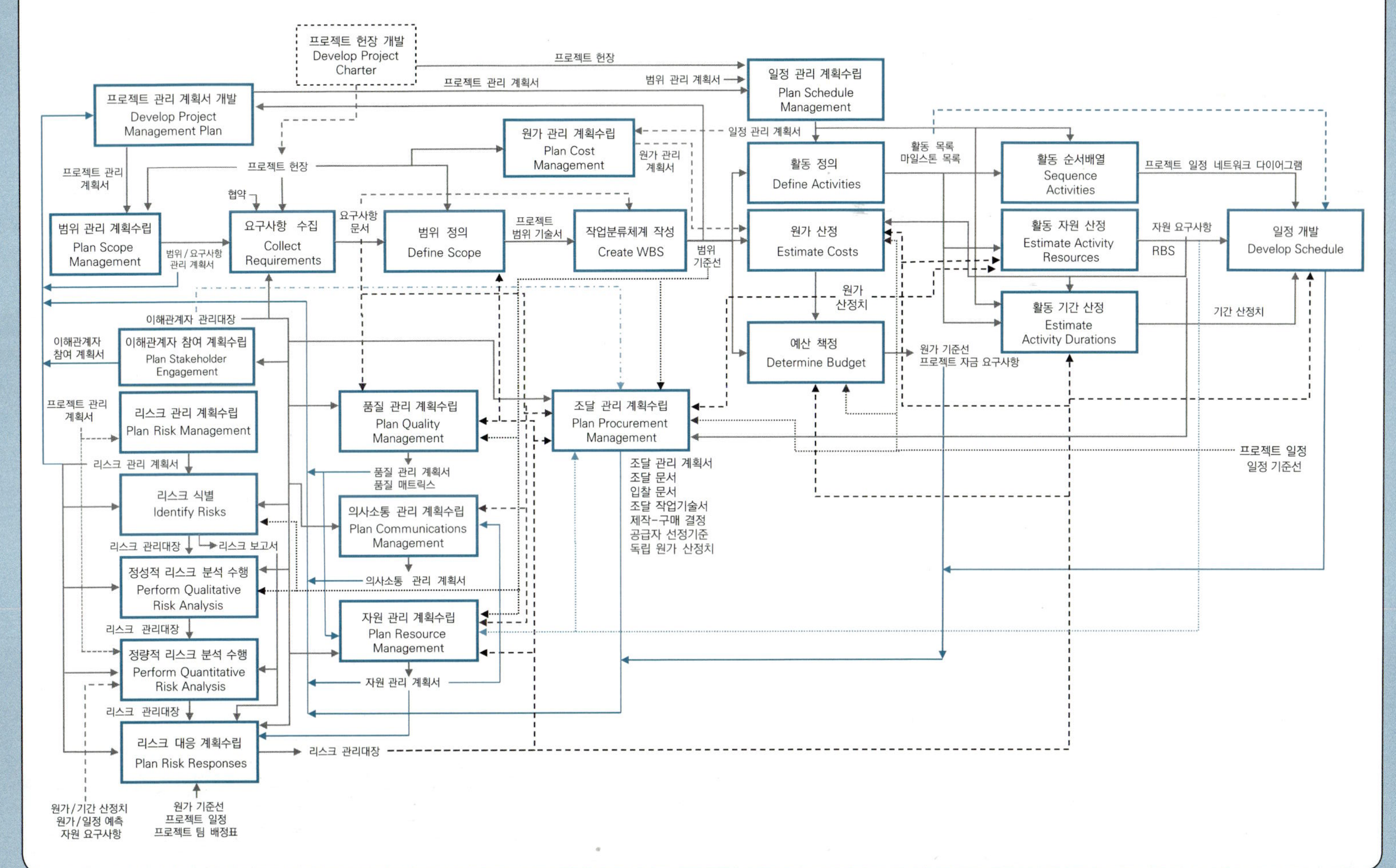

실행 프로세스 그룹(Executing process group)

- 주요 프로세스의 흐름 위주로 표현했습니다.
- 점선 프로세스는 프로세스 그룹 외부 프로세스입니다.

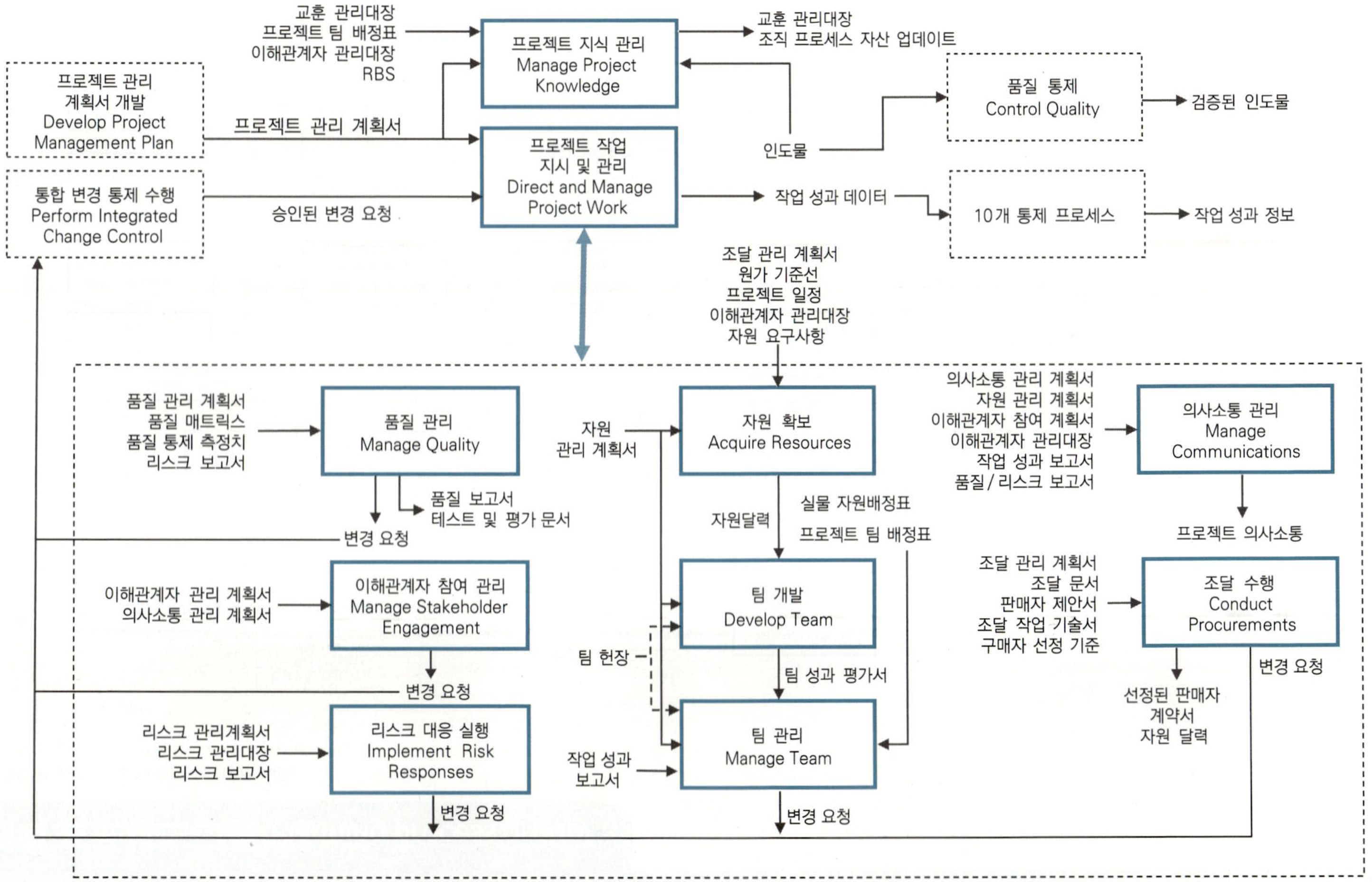

감시 및 통제 프로세스 그룹(Monitoring and controlling process group)

- 주요 프로세스의 흐름 위주로 표현했습니다.
- 점선 프로세스는 프로세스 그룹 외부 프로세스입니다.

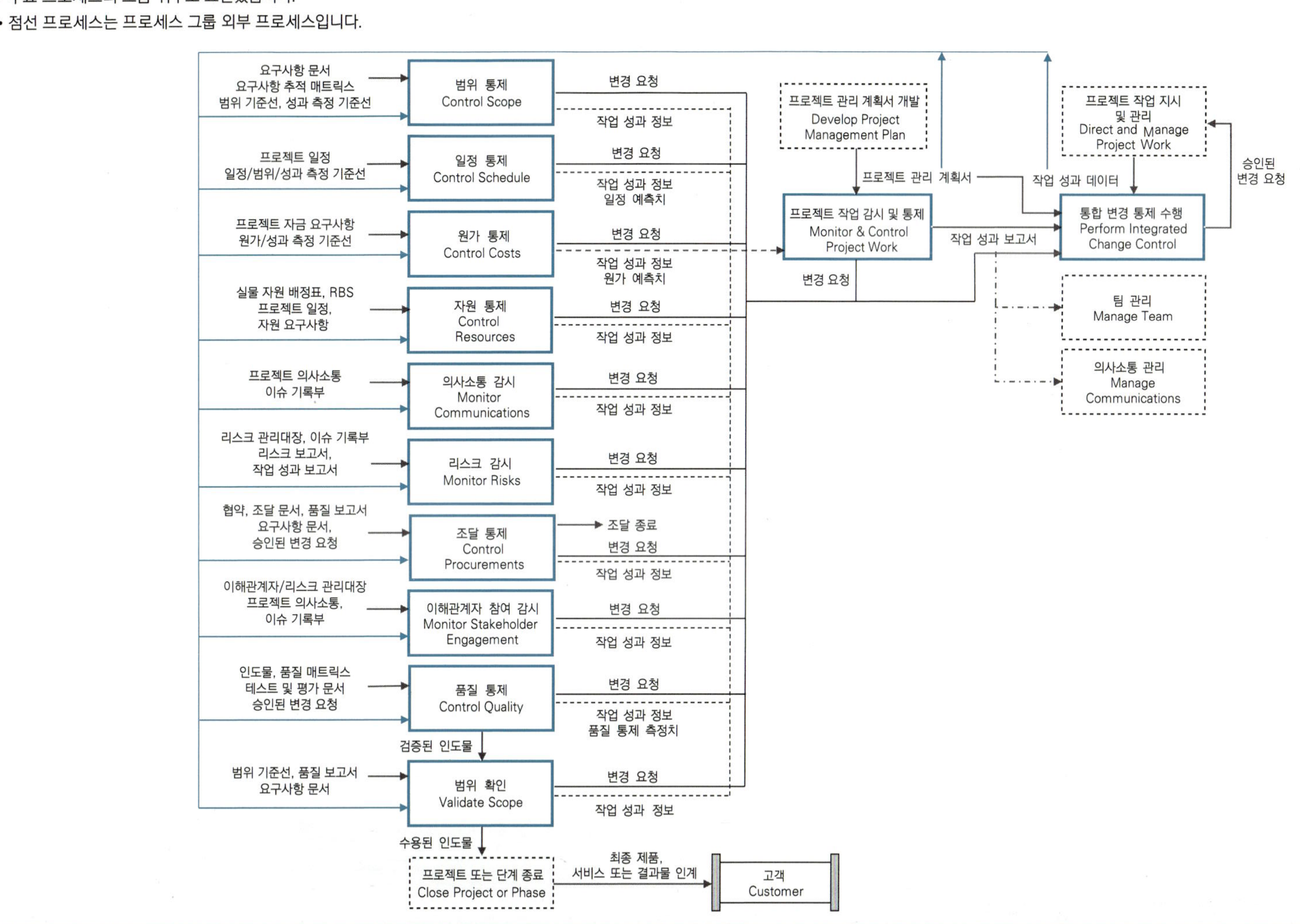

종료 프로세스 그룹(Closing process group)

- 주요 프로세스의 흐름 위주로 표현했습니다.
- 점선 프로세스는 프로세스 그룹 외부 프로세스입니다.

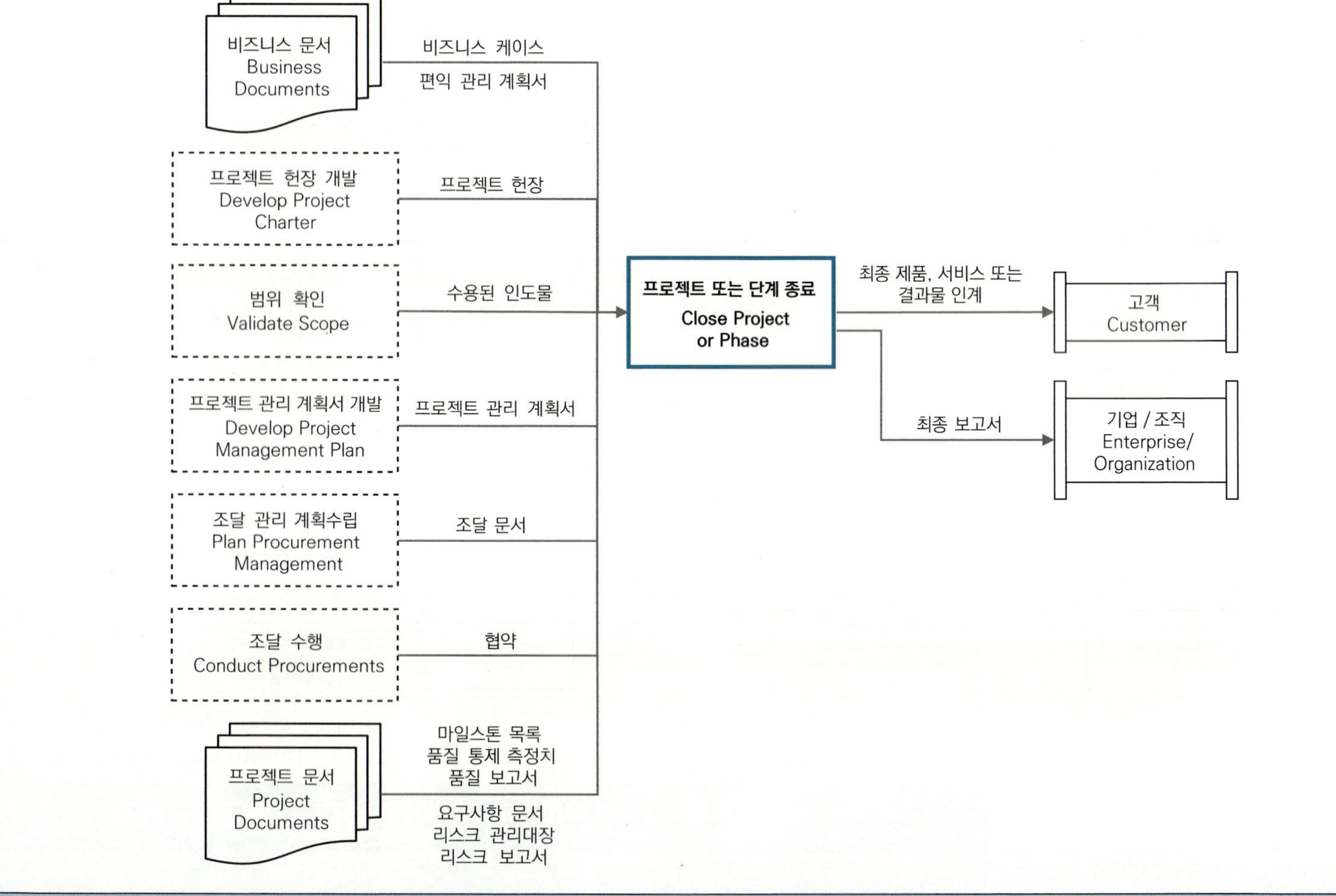

Memo

저자 프로필

한동환 Ph.D. PMP, PMI-RMP, PRINCE2 Practitioner, Project+

現, PMinside 대표

- 한양대학교 경영학 박사
- 숭실대학교 Global Project Management 석사
- PMI South Korea Chapter 부회장
- *PMBOK® Guide* 3rd, 4th, 6th Edition 한글판 번역감수위원
- 광운대 정보통신 대학원 겸임교수(2007~2008)
- PMP® 자격 과정 및 PM 실무, 비주얼씽킹 전문 강사
- LEGO® Serious Play 공식 Facilitator
- 삼성전자, 현대자동차, SK 이노베이션, SK 하이닉스, KT, LIG 넥스원, 삼성중공업, 현대중공업, LG 이노텍, CJ 올리브네트웍스, 한국정보화진흥원 등 다수 기업 강의
- PMPcafe.com 카페매니저
- 나는 PM이다! 방송 진행자(Youtube.com)

저서

- 골뱅이를 요리하는 사람들(2000)
- 웹 프로젝트 매니지먼트(2002)
- 한권으로 끝내는 PMP Exam Pass(2006, PMBOK 3판 기준)
- Head First PMP(공역)(2007)
- PMP Pass(2010, PMBOK 4판 기준)
- 프로젝트 리스크 매니지먼트(2012)
- Head First PMP(공역)(2010)
- PMP Pass (2012 개정판, PMBOK 4판 기준)
- PMP Pass (2013 개정판, PMBOK 5판 기준)
- Head First PMP(공역)(2014)
- Understanding PMBOK Guide with Visual Thinking: For PMP Exam Preparation(2016, 공저, Amazon.com)
- PMP Pass (2019 개정판, PMBOK 6판 기준)

E-mail: ace@pminside.com
Website: PMinside.com, PMPcafe.com
Facebook: facebook.com/pmpcafe7, facebook.com/visualthinking1

합격한 독자의 후기 중에서

- PMP Pass는 그냥 하는 소리가 아니라 참 잘 쓰여진 책이라고 봅니다. 그 이유는 읽는 사람이 정말 이해가 잘되도록 알기 쉽게 쓰였기 때문입니다.
- 다른 책들을 본 건 아니지만, PMP Pass는 한마디로 알찬 교재인 것 같습니다. 그중에서도 예를 들어 설명해주는 부분이 제일 맘에 들었습니다.(이해력 증가 측면에서)
- 전체적인 흐름과 각각의 세부 내용 확인에 좋은 자료였습니다.
- 말이 필요 없습니다. 왕 추천 들어갑니다. 100%. 참고로 마지막 시험 당일까지 이 책만 들고 갔습니다.
- 솔직히 PMBOK Guide보다 PMP Pass가 공부하기도 편하고 내용도 이해하기 쉽고, 시험에 출제되는 PMBOK에는 나오지 않는 내용들도 익힐 수 있어서 좋았습니다.
- 자세하게 나와 있는 해설과 문제풀이들은 보면 그냥 바로 "아하~~!!"를 외치게 해주기에 충분하였고 암기보다는 책의 이해를 해나가면서 책을 정독해 나갔습니다.
- PMP Pass는 지식을 체계적으로 정리해주는 좋은 교재였습니다.
- 아주 꼼꼼하게 잘 정리된 시험 준비서라고 생각합니다.
- PMP Pass는 전반적인 이해하는 것도 도움이 되었지만, 어렵거나 생소한 개념에 대해 자세하고 친절하게 나와 있어서 이해하는 데 많은 도움이 되었습니다.
- 혼자서 독학하는 게 쉽지는 않았지만 좋은 기본서 덕을 많이 보았습니다. 한동환 저자님께 감사드립니다.
- PMBOK의 내용이 쉽게 잘 설명되어 있고, 추가적인 내용도 도움이 됩니다.
- 거의 매일 들고 다닌 듯합니다. 책이 너덜너덜합니다.
- PMBOK 완독 후 바로 이어서 PMP Pass를 정독 및 문제풀이 하였습니다. 이제야 뭔 얘기를 하는지 알겠더군요. 이렇게 쉽게 정리가 되는 것이구나...싶었습니다.
- PMP Pass는 전체적인 내용을 빠르고 쉽게 이해하기에 가장 좋다고 생각합니다.
- 읽기 쉽고, 이해하기 쉽게 쓰여진 책입니다.
- 전체적으로 PMP Pass로 충분한 개념 정리를 했던 게 큰 자신감이 생겼던 것 같습니다.
- PMP Pass는 PMBOK 내용에 충실하게 구성되어 있어 이해하기가 쉽고 재미있었습니다.
- 한동환 선생님의 PMP Pass가 가장 도움이 되었습니다.
- 저의 경우 한동환 님이 쓴 PMP Pass를 기본서로 공부했는데, 좋은 점이 타 책에 비해서 설명과 예제가 자세해서 이해가 잘 되어 금방 한 권을 볼 수가 있었습니다. 한 권 다 보고 나면 전체적으로 이해가 가서 나머지 공부가 편해집니다.

저자 서문

안녕하세요? 독자 여러분, 반갑습니다.

PMP®는 이제 프로젝트 관리자라면 반드시 있어야 하는 필수 자격이 된 것 같습니다. 프로젝트 관리는 경험으로 하는 것이 아니라 전문적인 지식, 도구, 기법을 활용해서 해야 합니다. PMP®는 프로젝트 관리에 대한 능력을 객관적으로 증명하는 하나의 수단입니다. 프로젝트 관리에 대한 자격은 PMP® 말고도 다양하게 있지만, PMP®는 사실상 프로젝트 관리의 표준 자격으로 볼 수 있습니다. PMP® 자격 취득자 수가 계속 증가하고 있는 것은 이제 프로젝트 관리를 하나의 직무로 보고 그에 준하는 자격을 갖도록 권장하기 때문으로 보입니다. 여러 기업에서는 PMP® 자격 취득을 권장하고 있으며, 시험 응시에 필요한 다양한 지원을 하고 있습니다.

이 책은 PMP®를 취득하는 데 도움을 주고자 집필하게 되었습니다. PMP®의 교과서가 되는 *PMBOK® Guide*는 혼자 보고 이해하기 어려운 책입니다. 그래서 전문가가 상세히 해설해 주는 해설서가 필요합니다. 2006년에 *PMBOK® Guide* 3rd Edition을 기준으로 한 첫 PMP 수험서인 '한 권으로 끝내는 PMP® Exam Pass'를 출간했었고, 2010년에 *PMBOK® Guide* 4th Edition을 기준으로 한 'PMP® Pass'를 출간했었습니다. 2013년에 *PMBOK® Guide* 5h Edition을 기준으로 '2013 PMP® Pass 개정판'을 출간하였고 2017년 9월에 *PMBOK® Guide* 6h Edition 나옴에 따라 새 버전에 맞게 새로 개정한 개정판을 출간하게 되었습니다. 어느덧 이 책은 10년이 넘는 전통성을 갖는 책이 되었네요.

*PMBOK® Guide*가 4년마다 개정되고 그 때문에 PMP® 시험도 4년마다 개정이 됩니다. PMP® 수험서도 시험이 바뀌면 새로운 시험 버전에 맞게 개정됩니다. 그래서 수험서도 일반적으로 4년마다 개정됩니다. 그동안 제 책으로 공부해서 합격하신 많은 분이 감사의 말씀을 전해왔는데요, 그런 소식을 들을 때 저자로서 가장 큰 보람과 기쁨을 느끼지 않나 싶습니다.

이번 개정판에서는 *PMBOK® Guide*를 가능하면 쉽게 이해할 수 있도록 상세히 설명하고자 했습니다. 수험생이 쉽게 시험에 합격할 수 있도록 안내해야 하는 수험서가 이해하기 어렵다면 그것은 수험서로서의 가치가 없다고 생각합니다. 그래서 이번 개정판도 수험생 입장에서 썼으며, 제가 13년 넘게 강의하면서 쌓은 지식과 경험을 바탕으로 가능하면 암기가 아니라 *PMBOK® Guide* 내용을 이해할 수 있도록 상세하게 설명하였습니다.

2003년부터 현재까지 PMP® 강의를 전문적으로 해온 저는 많은 수강생과 교육을 진행하면서 "어떻게 설명하는 것이 쉽게 이해시킬 수 있는지"에 대해 많이 고민했고, 오랫동안 강의를 통해 그 해답을 찾을 수 있었습니다. 이 책에는 제가 터득한 모든 노하우를 담았다고 해도 과언이 아닙니다. PMP® 합격 후기에 많이 올라오는 내용 중 하나가 '*PMBOK® Guide* 2~3회 정독 필수' 같은 내용입니다. 즉, 여러 번 봐야 충분한 이해가 된다는 것입니다. 제가 강의할 때도 *PMBOK® Guide*에 나온 프로세스들 간의 흐름을 중요하게 강조하며 암기가 아니라 논리적으로 이해할 수 있도록 충분한 설명을 하고 있는데, 그런 내용을 고스란히 이 책에 담았습니다.

PMPcafe.com이라는 PMP® 커뮤니티를 만들어 국내에서 PMP®를 준비하는 분들에게 정보 공유의 장을 만들었고, 많은 합격 후기를 보면서 사이트 운영자로서 많은 보람을 느끼고 있습니다. 회원 가입이 지속적인 증가세에 있으며, 이것은 아직도 PMP®가 필요한 사람들이 많다는 얘기일 것입니다.

이미 전 세계로는 89만 명 이상, 국내는 1만 명 이상 PMP®를 취득하였습니다. 이는 PMP® 자격을 취득하는 일이 생각보다 어렵지 않으며 다른 자격시험과 마찬가지로 충분히 준비한다면 누구나 합격할 수 있는 시험이라는 것을 증명하는 것입니다. 이미 많은 독자가 제 책을 통해 PMP®를 합격했습니다. 이번 개정판도 많은 노력과 심혈을 기울여 집필하였으므로, 이 책을 통해 합격의 영광을 얻으리라 확신합니다. 본 책은 15년 넘는 강의를 통해 축적된 핵심 노하우와 PMP® 자격을 준비하는 데 있어서 반드시 알아야 할 필수 내용을 빠짐없이 담았으므로 여러분을 합격의 길로 안내해 줄 것입니다.

아무쪼록 본 수험서가 여러분의 PMP® 자격 취득에 도움이 되길 바라며 책을 보다가 궁금하거나 부족하게 느끼는 점은 언제든지 필자에게 연락을 주거나 PMPcafe.com의 PMP® Pass 전용 게시판에 글을 올려 주시기 바랍니다. 다시 한번 강조하지만, PMP® 자격은 열심히 하면 누구나 취득할 수 있는 자격이며 취득 후에는 반드시 여러분에게 도움이 될 것을 확신합니다.

꼭 PMP®에 Pass(합격) 하세요~!

저자 한동환 Ph.D.

이 책의 **구성과 특징**

☑ 핵심 포인트

PMP® 시험의 출제 경향을 분석하여 반드시 알아야 할 핵심 주제에 대해서 정리하고 있다.

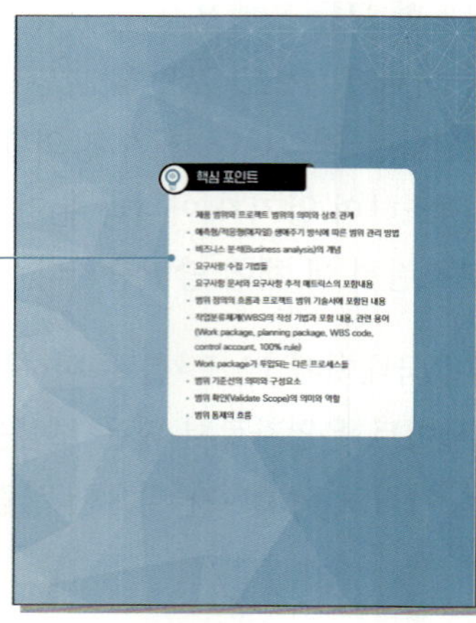

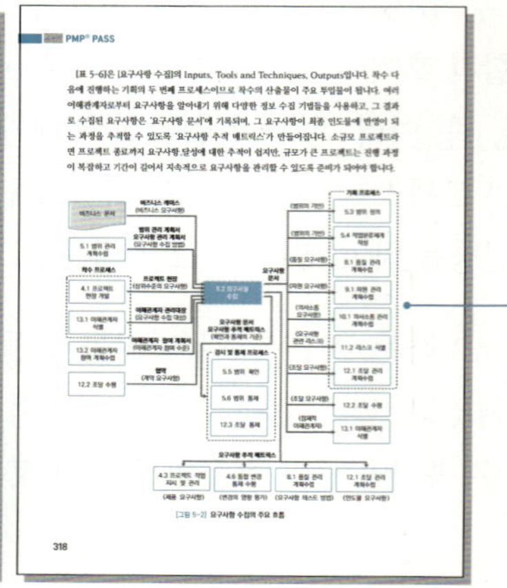

☑ 각 프로세스 주요 흐름

각 프로세스의 선후 관계를 이해할 수 있도록 프로세스의 흐름을 그림으로 표현했다.

☑ 프로세스의 구분

문맥상에서 프로세스의 이름을 구분하기 위해 프로세스는 대괄호 [ ]로 표시하여 프로세스를 항상 확인할 수 있도록 했다.

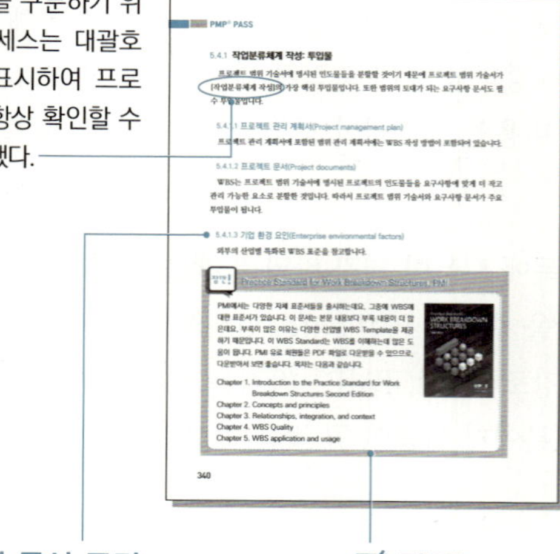

☑ 굵은 폰트

본문 내용 중 시험에 출제 가능성이 높고 중요한 부분은 굵게 표시하여 핵심을 놓치지 않도록 했다.

☑ 한영 동시 표기

*PMBOK® Guide*의 주요 프로세스나 투입물, 산출물 등은 한글과 영문을 동시 표기하여 이해를 돕는다.

☑ 잠깐!

본문의 내용을 보충하거나 이해해야 하는 부분을 별도로 표시했다.

☑ 핵심 용어

시험에 중요한 필수 용어를 별도로 표시했다.

☑ 주관식 테스트

각 장의 내용을 얼마나 이해했는지 알 수 있도록 이해도 테스트용 주관식 문제를 삽입했다.

☑ 용어 선 긋기

핵심 용어의 이해를 돕기 위해 용어 선 긋기 삽입했다.

☑ 예상문제

각 장의 주요 내용을 바탕으로 예상 연습문제를 장별로 삽입했다.

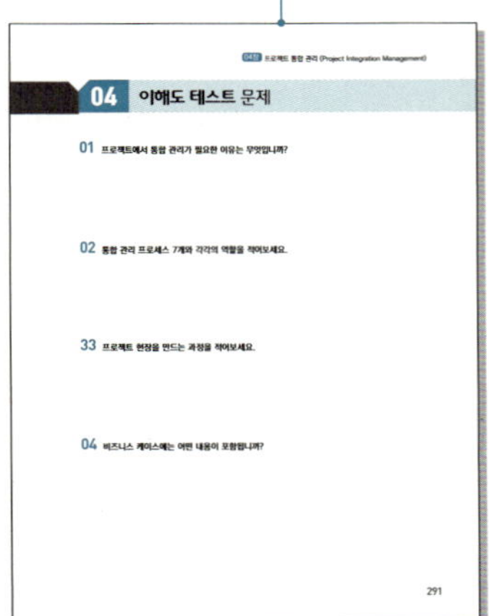

04 이해도 테스트 문제

291

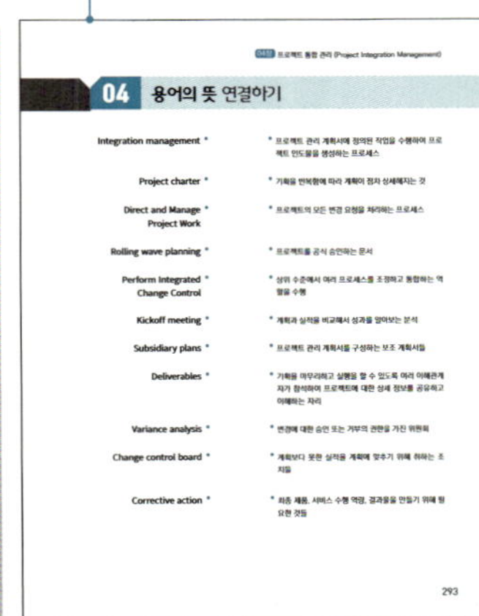

04 용어의 뜻 연결하기

Integration management
Project charter
Direct and Manage Project Work
Rolling wave planning
Perform Integrated Change Control
Kickoff meeting
Subsidiary plans
Deliverables
Variance analysis
Change control board
Corrective action

293

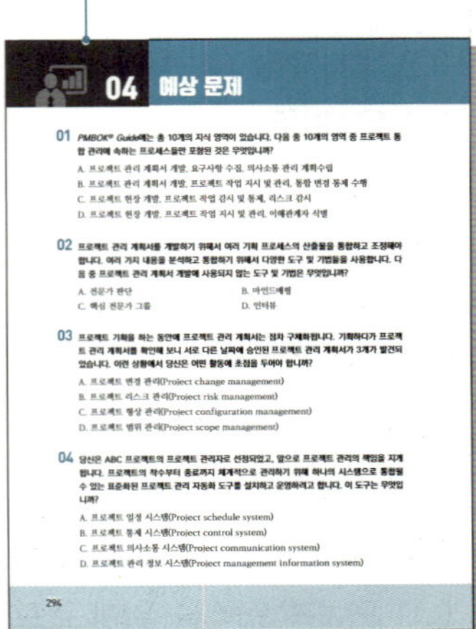

04 예상 문제

296

☑ *PMBOK® Guide*와 동일한 구성

*PMBOK® Guide*를 같이 보면서 공부할 때 편리하도록 *PMBOK® Guide*와 같은 목차로 구성하였다.

☑ 프로세스 그룹과 지식 영역을 동시에 표시

각 프로세스가 어떤 프로세스 그룹과 어떤 지식 영역에 포함되는지 알기 쉽도록 동시에 표기하였다.

☑ [부록] 프로젝트 관리 템플릿

PMP® 시험에서는 템플릿 자체를 언급하지 않지만, 교재 본문의 이해를 돕기 위해 주요 템플릿을 첨부했다.

☑ [부록] PMP Core 200 Examination

실제 시험과 같은 200문제로 모의 테스트를 할 수 있도록 구성했다. 마지막 테스트 문제로서 꼭 어느 정도 시험 준비가 끝난 후에 시험과 동일한 환경에서 풀어야 함. 또한, 틀린 문제를 중심으로 부족한 부분의 학습과 반복을 통한 완벽한 이해는 합격을 위한 수험생들의 필수 사항임.

☑ [독자 지원]

책과 관련한 궁금한 사항은 www.PMPcafe.com의 독자 게시판을 이용하기 바람.

☑ [일러두기]

* 한글 용어는 *PMBOK® Guide* 6th Edition 한글판을 참고하였음.

차례

제00장 PMP® 시험의 A to Z

제01장 머리말(Introduction)

제02장 프로젝트가 운영되는 환경(The environment in which projects operate)

제03장 프로젝트 관리자의 역할(The role of project manager)

제04장 프로젝트 통합 관리(Project Integration Management)

제05장 프로젝트 범위 관리(Project Scope Management)

제06장 프로젝트 일정 관리(Project Schedule Management)

제07장 프로젝트 원가 관리(Project Cost Management)

제08장 프로젝트 품질 관리(Project Quality Management)

제09장 프로젝트 자원 관리(Project Resource Management)

제10장 프로젝트 의사소통 관리(Project Communications Management)

제11장 프로젝트 리스크 관리(Project Risk Management)

제12장 프로젝트 조달 관리(Project Procurement Management)

제13장 프로젝트 이해관계자 관리(Project Stakeholder Management)

부록

[기타]

PMP® 시험의 A to Z

핵심 포인트

- PMP® 시험의 교과서는 *PMBOK® Guide*입니다.
- PMP®는 산업분야에 상관없는 자격입니다.
- PMP®는 4시간동안 사지선다 객관식으로 푸는 시험입니다.
- PMP® 시험을 보기 위해서는 학사 이상 기준으로 최소 3년 4,500시간의 프로젝트 수행경력과 35시간 이상의 프로젝트 관리 교육 이수가 필요합니다.
- PMP® 자격은 3년마다 갱신을 해야 유지됩니다.

PMP® 시험의 A to Z

0.1 PMP®?

PMP®는 Project Management Professional의 약자로서 미국 PMI(Project Management Institute)에서 주관하는 프로젝트 관리에 대한 자격 명칭입니다. 1950년대부터 하나의 전문 분야로 발전하기 시작한 프로젝트 관리 분야에서는 체계적인 프로젝트 관리를 위해 그동안 다양한 노력과 발전이 있었습니다. 그러한 노력 중 하나가 프로젝트 관리와 관련된 비영리 단체들의 설립이었습니다. 전 세계적으로 다양한 나라에 다양한 프로젝트 관리 단체가 있는데요, 그중에서 미국에 본부를 두고 있는 PMI(http://www.pmi.org)는 현재 규모나 영향력이 가장 큰 단체라고 할 수 있습니다. 각 단체에서는 프로젝트 관리 지식을 체계적으로 정리하여 자체적인 프로젝트 관리에 대한 지침서를 만들었고, 지속적으로 발전되는 내용을 반영해서 개정하고 있습니다. 또한, PM 관련 자격제도를 시행하여 객관적으로 프로젝트 관리에 대한 역량이 있음을 증명할 수 있도록 하고 있습니다.

미국 PMI도 프로젝트 관리에 대한 다양한 자체 표준을 만들었고 그중 가장 유명하고 대표적인 표준이 바로 'A Guide to the Project Management Body of Knowledge (*PMBOK® Guide*)' 입니다. 이미 초판부터 현재까지 전 세계적으로 640만 부 이상(번역서 포함) 인쇄된 베스트셀러 책이며, 사실상 단일 프로젝트 관리의 표준으로 불리고 있습니다. *PMBOK® Guide*는 4년마다 개정하고 있는데요, 그 이유는 계속 발전하는 프로젝트 관리 지식을 반영하기 위해서입니다. 1996년(1판)-2000년(2판)-2004년(3판)-2008년(4판)-2012(5판)-2017년(6판) 버전이 있으며, 2017년도 버전을 *PMBOK® Guide* 6th Edition이라고 합니다. 이 *PMBOK® Guide*를 공부해서 시험을 보고 취득하는 자격

이 바로 PMP®입니다. 따라서 *PMBOK® Guide*가 개정될 때마다 PMP® 시험도 바뀝니다. PMP® 시험이 바뀌는 시점은 *PMBOK® Guide*의 새 버전이 출시된 후 6개월 정도 뒤이며, PMI에서 미리 공식적인 시험 변경 일자를 공지합니다. *PMBOK® Guide* 6th Edition으로 시험이 개정된 시점은 2018년 3월 26일입니다. 따라서 대략 4년 뒤인 2022년 3월 정도까지는 *PMBOK® Guide* 6th Edition 기준으로 시험문제를 출제한다고 생각하면 됩니다.

PMP®는 1984년 처음 시행된 이후 2000년도에 약 2만 7천 명이 자격을 취득했으나 점점 취득자 수가 늘어서 2018년 12월 기준으로 전 세계 170개국 이상의 나라에서 약 89만 명 이상 자격을 취득하였습니다. 국내 취득자도 2003년도에 2,000여 명 수준에서 현재 만 명정도를 유지하고 있습니다. 이렇게 PMP® 보유자가 계속 늘어나는 이유는 무엇일까요? 프로젝트에 팀원 또는 관리자로 참여해본 사람들은 대부분 프로젝트 실패를 경험해 봤을 것입니다. 프로젝트의 규모가 크고 복잡해질수록 프로젝트는 실패할 확률이 높습니다. 그래서 대부분의 사람들은 '어떻게 하면 프로젝트를 체계적으로 잘 관리할 수 있을까?'를 고민합니다. 그 고민을 해결하기 위해 개인 및 조직은 다양한 노력을 하는데요, 그 중 하나가 바로 프로젝트 관리 지식을 배워 활용하는 것입니다. 프로젝트 관리 지식은 이미 많이 발전해서 체계적으로 잘 정리되어 있습니다. 그렇지만 그 지식을 익혀 활용하는 기업이나 개인은 생각보다 많지 않습

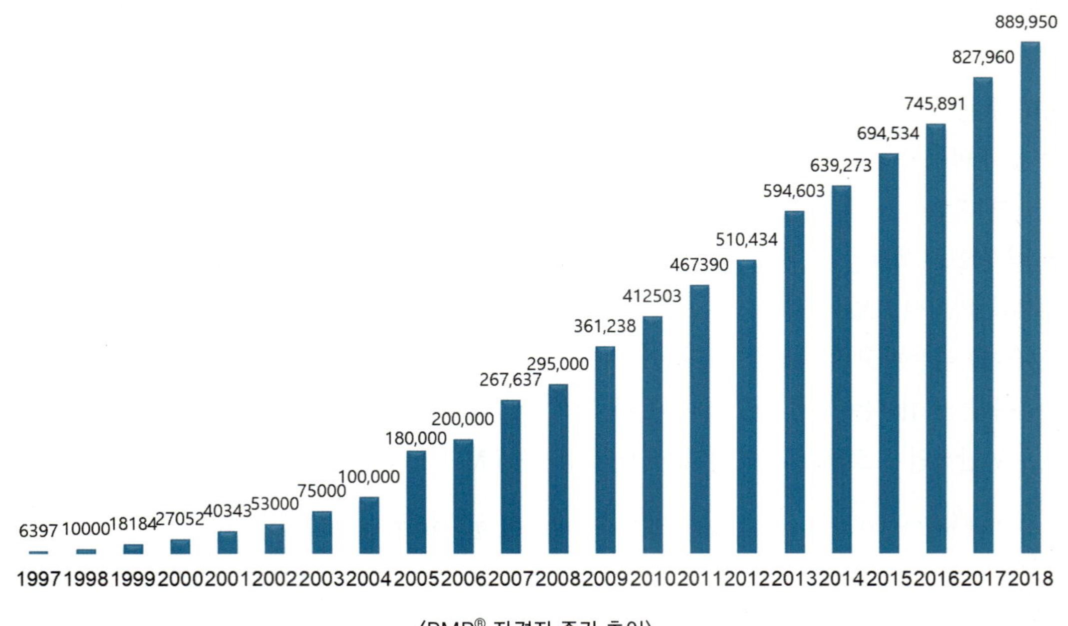

〈PMP® 자격자 증가 추이〉

니다. 각 개인이 프로젝트 관리에 대한 지식을 얼마나 익혔는지 정량적으로 측정하는 것은 사실 쉽지 않은 일입니다.

PMI의 PMP®는 최소한 *PMBOK® Guide*의 전반적 내용을 이해했다는 객관적인 증빙으로 활용할 수 있습니다. 그래서 AT&T, Bechtel, Citibank, CRS Sirrine, EDS, GE, GM, HP, IBM 등의 외국 기업들은 PM 관련 부서 사람들에게 PMP® 취득을 필수조건으로 지정하기도 하며, 최근 국내에서도 프로젝트 입찰 시 PM 관련 자격 소지자 우대를 명시하는 경우도 있습니다. 국내에서는 삼성 SDS, LG CNS, SK C&C, NDS, KT, 롯데정보통신, 포스코 ICT, 인천공항공사, LG이노텍, CJ올리브네트웍스, SK이노베이션 등 다양한 회사에서 PMP®를 취득하고 있습니다. 자격을 취득하고 나면 개인적으로는 국제 자격을 취득했다는 자부심도 생기며, 회사 입장에서는 회사의 프로젝트 관리 역량이 높아져서 프로젝트를 수주하는 데 도움이 될 수 있으며, 프로젝트를 체계적으로 관리하여 프로젝트 성공 가능성이 커집니다. PMP®는 개인과 회사에 둘 다 도움이 되므로 그동안 많은 사람이 자격을 취득했다고 볼 수 있습니다. 참고로 우리나라는 1993년에 2명의 PMP®가 있었고 점점 늘기 시작하여 2001년도에 1,000명을 넘었고, 2003년에 2,000명을 넘어 2007년에는 1만 명을 넘었습니다. 자격 취득 후 갱신하지 않는 사람들로 인해 현재도 약 1만 명 선에서 유지되고 있습니다.

PMP® 자격취득이 확산되는 이유 중 또 하나는 체계적 프로젝트 관리 방법을 익힐 수 있기 때문이라 생각됩니다. 프로젝트에 참여해본 사람이라면 일정 지연, 예산 초과 등을 대부분 경험하게 됩니다. 그러다 보니 어떻게 하면 좀 더 프로젝트 관리를 잘할 수 있을지 고민하게 됩니다. 주먹구구식 프로젝트 관리를 탈출하고자 하는 욕망을 프로젝트 관리에 실패해본 사람이라면 대부분 느낄 것입니다. 그런 면에서 PMP® 자격을 취득하는 과정에서 학습한 내용들은 실제 프로젝트를 체계적으로 관리하는 데 많은 도움이 됩니다. 국내에는 건설, 플랜트 분야부터 PMP® 도입이 시작되어 지금은 IT, 금융, 제조, 국방, 의료 등 거의 전 산업분야에서 PMP®를 취득하고 있습니다. 왜냐면 어떤 산업분야든지 프로젝트를 하지 않는 곳은 없기 때문입니다. PMP®는 특정 산업분야에 편중되어 있지 않고 단일 프로젝트라면 모두 적용할 수 있는 일반적인 프로젝트 관리에 대한 자격입니다. **PMP®는 산업분야에 상관없는 자격**입니다.

국내에서 PMP®는 1995년에 처음 시행하였고, 2001년부터 CBT(Computer Based Testing) 방식으로 전환되어 년 중 원하는 날에 언제든지 시험을 응시할 수 있습니다. (월요일~금요일, 하루 2번) PMI에서 PMP® 자격을 만든 목적은 **일정, 예산 및 자원 제약 조건에서 성과**

를 높이기 위해 프로젝트 팀을 지휘하고 지시하는데 필요한 지식 및 기량에 대한 능력을 공식적으로 인정하기 위해서 시행하고 있습니다. PMP® 시험을 보려면 *PMBOK® Guide*를 꼭 봐야만 하고, 그렇게 되면 자연스레 체계적인 PM에 관련된 지식 및 기법을 익히게 됩니다. PMP® 자격은 어느 정도 공부한다면 누구든지 취득할 수 있는 자격증입니다. 시험 응시자의 대부분은 한 번에 합격하고 있습니다. 미국 시험이긴 하지만 **한글 번역이 지원**되므로 영어에 대한 부담도 없습니다.

그럼 PMP®를 취득하면 그 순간부터 수행하는 프로젝트의 관리가 체계적으로 될까요? 200문제를 사지선다 객관식으로 4시간 동안 풀어서 합격하고 난 후에 내가 수행하는 프로젝트가 바로 체계적으로 관리된다면 얼마나 좋을까요? 그건 사실상 불가능한 일입니다. 프로젝트 관리는 범위, 일정, 원가, 품질, 리스크, 의사소통, 조달 등 매우 광범위한 부분을 다루어야 합니다. 프로젝트를 잘 관리하기 위해서 프로젝트 관리에 대한 전문지식이나 기법을 익히는 것도 중요하지만, 지식을 활용할 수 있는 프로젝트 관리에 대한 소프트웨어도 익혀야 하고, 업종에 대한 전문지식과 트렌드도 알고 있어야 하며, 사람을 다루는 소프트 스킬도 좋아야 합니다. 따라서 PMP® 자격을 취득했다고 해서 바로 눈에 띄는 성과 향상은 기대하기 어렵습니다.

그러나 *PMBOK® Guide* 공부를 시작으로 프로젝트 관리 프로세스에 대해 관심을 두게 되고 프로세스에 따라 산출물을 생성하며, 분야별로 심층 있는 공부를 하면서 조직의 프로젝트 관리에 문제점들을 하나씩 개선해 나간다면 프로젝트 관리에 대해 공부를 안 한 사람보다는 다른 성과를 보일 것입니다. 즉, **PMP® 취득은 프로젝트 관리를 잘하기 위한 출발점**으로 생각하고 이를 바탕으로 지속적인 전문지식과 효과적인 툴 사용법 습득, 그리고 높은 수준의 소프트 스킬까지 겸비하도록 끊임없는 노력을 해야 합니다. 외국에서는 PMP® 자격의 가치를 높게 인정하고 있으며, 국내에서도 PMP®에 대한 가치가 높아지고 있습니다. 인재 채용 시 PMP® 보유자를 우대하거나 프로젝트 입찰에서도 가산점을 주는 사례가 점차 늘고 있으며 앞으로도 점차 늘어갈 것입니다.

PMI에서는 전 세계 각계각층의 전문가들을 활용하여 합격 기준과 시험 문제의 난이도를 정합니다. 응시자들의 실제 성적 자료는 전문가들이 교차 확인하여 각 시험에서의 난이도를 조절하는 데 활용됩니다. PMP® 시험의 합격 기준은 정해져 있지 않습니다. 시험에 대한 합격 점수 설정은 심리 분석 기법(Sound psychometric analysis)에 따라 정해집니다. PMI는 시험 합격을 위해 맞춰야 하는 문제 수를 결정하기 위해 전문가들을 활용합니다. 문제에 따라 합격 점수가 달라질 수 있다는 것입니다.

PMI가 밝히고 있는 시험 채점 정책

The passing score for all PMI exams is determined by sound psychometric analysis. PMI uses subject matter experts – project professionals from around the world and many different disciplines – to determine how many questions you must answer correctly to pass the exam. Each scored question on the exam is worth one point; and your final score is calculated by totaling the points you have earned on the exam. The number of questions you answer correctly places you within one of the performance rating categories you see on this report.

시험문제는 총 200문제가 출제되며 그 중 25문제는 앞으로 문제 출제 방향을 알기 위한 Pretest question으로 출제하는데, 이 25문제는 점수에 반영이 안 됩니다. 시험에는 Pretest question 25문제가 무작위로 들어가 있으므로 수험생은 Pretest question이 무엇인지 알 수 없습니다. Pretest question은 문제의 난이도 조절을 위한 샘플이라고 보시면 됩니다. PMP® 시험 문제는 200문제만 한번 만들고 4년 동안 계속해서 사용하지는 않습니다. 난이도 조절을 위해 지속적으로 문제를 수정하고 추가합니다. 수정하거나 추가한 문제의 난이도가 너무 높거나 너무 낮지 않게 조정할 필요가 있는데, **난이도 조절을 위해서 샘플 문제를 25문제 출제**한다고 보면 됩니다.

PMP® EXAM 요약정보

- PMBOK® Guide 6th Edition 기준.
- 문제 개수: 200문제(25문제는 Pretest question).
- 시험시간: 4시간(휴식시간 포함).
- 시험방식: CBT(Computer based testing).
- 문제유형: 사지선다 객관식.
- 출제언어: 영어(한글번역 지원).
- 합격여부: 시험 종료 시 모니터에 표시(Pass or fail).

- 시험 응시일: 월~금요일, 오전 또는 오후.
- 시험 신청 후 1년 안에 시험 미응시에는 새로 신청해야 함.
- 1년 응시기간 내에 3번 시험 불합격 시 1년 기다렸다가 재응시가 가능함.
- 시험 신청은 PMI.org에서 개인별로 신청.
- 4,500시간 이상의 프로젝트 수행 경력과 프로젝트 관리에 대한 35시간 이상 교육 필수.

PMI에서 만든 PMP® 자격에 관련된 상세 안내문이 있습니다. 명칭은 **'Project Management Professional(PMP)® Handbook'**이며, http://www.pmi.org에서 다운로드할 수 있습니다. 이 안내문에는 자격소개, 응시조건, 온라인 신청방법, 신청절차, 응시비용, 환불조건, Audit 절차, 언어지원, 시험 보안관련, 재시험, 자격유지, PDU 소개와 카테고리, PMI 윤리규정 등에 대한 내용이 상세히 들어가 있습니다. PMP® 응시자라면 반드시 읽어봐야 합니다.

참고로 2019년 10월 기준으로 PMI는 8개의 자격을 시행하고 있으며, 그중 하나가 PMP®입니다. PMP®를 취득하고 난 후에 관심 있으면 다른 자격도 도전해보기 바랍니다. 총 8개의 자격에 대한 개요는 다음과 같습니다.

▶ 미국 PMI®의 자격

◆ CAPM® (Certified Associate in Project Management)

- 150문제(객관식) 3시간 동안 테스트
- 응시조건

학력	프로젝트 관리 경험		프로젝트 관리 교육
고졸, 전문대졸 이상	1,500시간	또는	23시간

◆ PMP® (Project Management Professional)

- 200문제(객관식) 4시간 동안 테스트
- 응시조건

학력	프로젝트 관리 경험	프로젝트 관리 교육
고졸, 전문대졸 이상	5년(7,500시간)	35시간
대졸 이상	3년(4,500시간)	

◆ PgMP® (Program Management Professional)

- 시험에 합격하기 위해서 2가지 평가를 거쳐야 함.
- Evaluation 1: Panel Review
- Evaluation 2: Multiple-Choice Examination(4시간 동안 객관식 170문제 테스트)
- 응시조건

학력	프로젝트 관리 경험	프로그램 관리 경험
고졸, 전문대졸	4년(6,000시간)	7년(10,500시간)
대졸 이상	4년(6,000시간)	4년(6,000시간)

◆ PfMP® (Portfolio Management Professional)

- 시험에 합격하기 위해서 두 가지 평가를 거쳐야 함.
- Evaluation 1: Panel Review
- Evaluation 2: Multiple-Choice Examination(4시간 동안 객관식 170문제 테스트)
- 응시조건

학력	전문 비즈니스 경험	포트폴리오 관리 경험
고졸, 전문대졸	8년 이상	7년(10,500시간)
대졸 이상		4년(6,000시간)

◆ PMI-SP® (PMI Scheduling Professional)

- 170문제(객관식) 3.5시간 테스트
- 응시조건

학력	프로젝트 일정 관리 경험	프로젝트 일정 관리 교육
고졸, 전문대졸	5년(5,000시간)	40시간
대졸 이상	5년(3,500시간)	30시간

◆ PMI-RMP® (PMI Risk Management Professional)

- 170문제(객관식) 3.5시간 테스트
- 응시조건

학력	프로젝트 리스크 관리 경험	프로젝트 리스크 관리 교육
고졸, 전문대졸	과거 연속 5년 안에 4,500시간	40시간
대졸 이상	과거 연속 5년 안에 3,000시간	30시간

◆ PMI-ACP® (PMI Agile Certified Practitioner)

- 120문제(객관식) 3시간 테스트
- 응시조건

프로젝트 수행 경험	애자일 프로젝트 관리 경험	애자일 실무 교육
2,000시간	1,500시간	21시간

◆ PMI-PBA® (PMI Professional in Business Analysis)

- 120문제(객관식) 3시간 테스트
- 응시조건

학력	프로젝트 팀에서 작업	비즈니스 분석 경험	비즈니스 분석 교육
고졸, 전문대졸	2,000시간	7,500시간	35시간
대졸 이상		4,500시간	

잠깐!

미국 PMI®의 표준서 및 지침서 정리

PMI®의 표준서 및 지침서들은 PMI에 유료회원(1년에 $129, 처음에 가입비 $10 추가)이면 PDF 파일 형태로 다운로드 받을 수 있습니다. PMI®의 문서들은 지속적으로 업데이트 되고 있으며, 새로운 표준서나 지침서도 출시되고 있으므로 관련 상세 정보는 http://www.pmi.org를 참고 바랍니다.

[Foundational Standards]

1. A Guide to the Project Management Body of Knowledge (PMBOK® Guide)

- 여러 전문가들이 자원봉사로 참여하여 만듦.
- 단일 프로젝트 관리를 위한 프로세스들을 착수, 기획, 실행, 감시 및 통제, 종료의 5개 프로세스 그룹 및 10개 Knowledge Area로 구분하여 설명.
- 보통 4년을 주기로 책이 갱신됨.
- PMP® 시험의 교과서로 활용됨.
- 한국어를 포함한 11개의 번역판으로도 출간됨.
- Construction Extension to the PMBOK® Guide, Software Extension to the PMBOK® Guide와 같은 특정 분야별 확장판이 있음.

2. The Standard for Program Management

- 다중 프로젝트 관리에 대한 표준서.
- 단일 프로젝트의 목표 달성보다는 조직의 전략 달성에 중점을 둠.
- 착수부터 종료까지 단계별로 구분하여 프로그램 관리를 설명함.

3. The Standard for Portfolio Management

- 포트폴리오 관리가 무엇이며, 어떤 프로세스를 이용하여 관리하는지 상세히 설명한 표준서.

4. Organizational Project Management Maturity Model (OPM3®)

- 조직의 프로젝트 관리 성숙도에 관한 표준서.
- 기존의 Best practice를 기반으로 하여 조직의 프로젝트 관리 성숙도를 측정하고 개선할 점에 대해 Guide를 제시해줌.

5. The PMI Guide to Business Analysis

- 산업분야에 상관없이 적용 가능한 비즈니스 분석 실무에 대한 내용을 소개함.
- 비즈니스 분석에 필요한 내용을 총 35개 프로세스로 설명함.

[Practice Standards & Framework]

1. Practice Standard for Project Risk Management

- 프로젝트 리스크 관리에 대한 접근 방법과 프로세스를 상세히 설명한 표준서.
- 부록에 프로젝트 리스크 관리에 대한 도구, 기법, 양식을 별도로 소개함.

2. Practice Standard for Earned Value Management

- 프로젝트의 성과측정 기법으로 널리 사용되는 EVM에 대한 표준서.

3. Practice Standard for Project Configuration Management

- 프로젝트의 형상 관리(Configuration Management)에 대한 문서이며, 주로 변경 관리에 대한 내용을 다루고 있음.

4. Practice Standard for Work Breakdown Structures

- 프로젝트 관리 계획수립의 가장 기반이 되는 WBS에 대한 표준서. 부록으로 산업분야별 WBS Template을 제공함.

5. Practice Standard for Scheduling

- 일정 작성 프로세스 및 일정 구성요소 등을 포함하여 프로젝트 일정에 대해 상세히 설명한 표준서.

6. Practice Standard for Estimating

- 자원, 기간, 원가 등을 포함해서 프로젝트의 산정 단계를 설명함.
- 산정 준비, 산정치 개발, 산정치 관리, 산정 향상 4가지 프로세스를 설명함.

7. Project Manager Competency Development Framework

- 개인의 역량, 프로젝트 관리자로서의 역량 개발에 대한 문서.

[Practice Guide]

1. Agile Practice Guide

- 애자일에 대한 소개, 생애주기 선정, 애자일 수행, 프로젝트 민첩성을 위한 조직의 고려사항 등을 설명함.

2. Requirements Management: A Practice Guide

- PMBOK® Guide의 상위 수준 요구사항 개발 및 관리에 대한 내용과 상세하고 실무적 수준으로 요구사항 개발 및 관리를 설명한 Business Analysis for Practitioners: A Practice Guide의 중간 다리 역할을 하는 지침서.

3. Governance of Portfolios, Programs, and Projects: A Practice Guide

- 조직의 프로젝트 관리 거버넌스, 포트폴리오/프로그램/프로젝트 수준에서 거버넌스 등을 소개함.

4. Business Analysis for Practitioners: A Practice Guide

- Need 평가, 비즈니스 분석 기획, 요구사항 이끌어내기 및 분석, 요구사항 추적 및 감시, 솔루션 평가에 대한 내용으로 비즈니스 분석에 대한 내용을 설명함.

5. Implementing Organizational Project Management: A Practice Guide

- OPM(Organizational Project Management)이란 무엇이며, OPM 수행을 위해 준비해야 할 사항, OPM 수행 및 개선 방법, 핵심 가능 프로세스 수행 방법, 조정된 조직의 프로젝트 관리 방법의 개발 방법 등을 설명함.

6. Navigating Complexity: A Practice Guide

- 갈수록 프로젝트와 프로그램이 복잡해지는 상황에서 조직의 고려사항, 복잡성의 3가지 유형, 복잡성 평가 및 다루기, 액션 플랜 개발하기 등을 설명함.

7. Managing Change in Organizations: A Practice Guide

- 프로젝트의 변경 관리의 중요성, 조직의 프로젝트 관리 환경에서 변경 관리, 포트폴리오/프로그램/프로젝트 수준에서 변경관리를 설명함.

0.2 응시자격

PMP® 시험을 응시하기 위해서는 두 가지 요건이 반드시 충족되어야 합니다. 첫 번째는 프로젝트 수행 경력이며 두 번째는 프로젝트 관리에 대한 교육수료입니다. 프로젝트 수행 경력은 학사를 기준으로 조건이 다릅니다. 학사 이상(석/박사 동일)의 경우 36개월 이상 4,500시간 이상의 프로젝트 수행 경험을 요구하며 학사 이하(고졸/전문대)는 60개월 이상 7,500시간 이상의 프로젝트 수행 경험을 요구합니다. 하루 8시간 동안 업무를 한다고 가정하면, 5일이면 40시간이고, 1년을 대략 50주로 가정하면 총 2,000시간이 됩니다. 휴가를 가거나 교육을 받는 등으로 인해 2,000시간 내내 일하는 경우는 없습니다. 그래도 최소 1년 동안 1,500시간 이상은 일한다고 볼 수 있어서 3년이라면 4,500시간으로 보는 것입니다.

학력	프로젝트 관리 경험	프로젝트 관리 교육
학사, 석사, 박사	최소 3년(36개월)간의 전문적인 프로젝트 관리 경험이 있으며 이 중 프로젝트 작업을 리딩하고 지시하는데 적어도 4,500시간을 투입.	35시간의 정규 교육 시간
또는		
고등학교, 전문대학	최소 5년(60개월)간의 전문적인 프로젝트 관리 경험이 있으며 이 중 프로젝트를 리딩하고 지시하는데 적어도 7,500시간을 투입한 경우	35시간의 정규 교육 시간

참고로 PMP® 시험은 꼭 프로젝트 관리자만 보는 시험은 아닙니다. 간혹 '저는 프로젝트 관리자를 해본 경험이 없는데요, 시험 응시가 가능한가요?'라고 묻는 분이 있습니다. PMP® 시험은 프로젝트에 참여한 경력이 있는 사람이면 모두 응시가 가능합니다. 즉, 프로젝트 관리자가 아닌 팀원도 가능합니다. 그리고 시험 신청을 할 때 착수, 기획, 실행, 감시 및 통제, 종료의 5개 영역에서 모두 다 경험이 있어야 합니다. 단, 단일 프로젝트(Single project)는 꼭 5개의 영역에 대한 경험이 다 있지 않아도 됩니다. 프로젝트 수행 경력은 여러 프로젝트를 합산해도 되고 단일 프로젝트로 경력이 있어도 됩니다. 1개의 프로젝트가 36개월/4,500시간 이상이라면 1개의 프로젝트로 프로젝트 경력을 입력해도 되고, 만약 기간이 짧은 프로젝트를 수행했다면 여러 개의 프로젝트를 합산해서 36개월, 4,500시간 이상을 채우면 됩니다.

*** 주의할 점은 신청 시 입력하는 프로젝트 관리 경력은 신청서 제출일 기준으로 과거 8년 안에 경험한 것이어야 합니다.**

혹시 PMP® 시험의 대상이 누구인지 생각해 봤나요? Project manager, Sponsor, Team member, Customer…? 정답은 Project manager입니다. '프로젝트를 관리'하는 사람은 프로젝트 관리자입니다. 시험 문제에서도 '당신은…'이라고 나오면 **프로젝트 관리자**를 뜻합니다. 일반적으로 입사하자마자 프로젝트 관리자를 하는 사람은 없을 것입니다. 대부분 실제 경험을 어느 정도 한 사람이 프로젝트 관리자를 하게 됩니다. 그래서 PMI에서도 PMP® 시험에 3년이라는 경력 조건을 요구한 것 같습니다.

PMP® 시험 응시를 위한 또 하나의 필수 조건은 프로젝트 관리에 대한 교육을 35시간 이상 수료한 경력이 있어야 합니다. 프로젝트 경력은 신청서 제출일 기준으로 과거 8년 안의 경력을 넣어야 하지만 **교육은 유효기간이 없습니다.** 과거에 프로젝트 관리에 대한 교육을 받았다면, 모두 신청서에 넣을 수 있습니다. 그리고 프로젝트 관리에 교육은 다양한 형태를 인정하며 몇 개의 짧은 교육 시간을 합치거나 하나의 교육 시간이 35시간 이상이어도 됩니다. 예전에 이런 질문을 받은 적이 있습니다. '제가 OOO 교육을 받았는데요, 시험 신청에 적합한가요?'. 어떤 교육이 되는지 안 되는지는 개인이 판단해야 합니다. 전 세계적으로 수많은 교육이 진행되고 있으며, 새로 생기기도 하고 사라지기도 합니다. 수많은 교육을 PMI가 모두 전수조사를 해서 어떤 것은 되고, 어떤 것은 안 된다고 매일 공지하는 것은 불가능합니다. *PMBOK® Guide*에는 통합, 범위, 일정, 예산, 품질, 자원, 의사소통, 리스크, 조달, 이해관계자 관리에 대해 나와 있습니다. 이런 내용을 포함하고 있으면 모두 신청 조건이 된다고 볼 수 있습니다. 자신이 받은 교육이 프로젝트 관리에 대한 것인지 아닌지는 스스로 판단해서 신청해야 합니다.

[인정되는 교육]

A. PMI에 등록된 교육기관(R.E.P.s)

R.E.P.는 PMI가 인정하는 교육기관을 말합니다. R.E.P.(Registered Education Provider)는 PMI가 정한 조건을 갖추어야 하며, PMI에서 조건을 검토한 후에 적합할 경우 등록비를 받고 인정해주는 교육기관을 말합니다. R.E.P.는 PMI.org에서 [Search Providers] 메뉴를 통해 검색할 수 있습니다. 참고로, 자주 묻는 것 중의 하나가 'PMP® 시험을 보려면 R.E.P.에서 교육을 받아야 하나요?'입니다. 대답은 **'아니요. R.E.P.가 아닌 교육기관이나 회사에서 교육받은 것 모두 다 가능합니다.'**입니다. 시험 응시를 위해 필요한 [인정되는 교육] 목록에 보면 다양한 교육이 있습니다. 꼭 R.E.P.가 아닌 곳에서 교육을 받아도 모두 가능합니다.

B. PMI Chapter에서 제공하는 교육 프로그램

PMI는 전 세계에 나라별로 지부를 두고 있으며 이를 Chapter라고 합니다. 각 나라의 Chapter는 프로젝트 관리에 대한 교육을 진행하고 있으며, Chapter에서 받은 교육도 인정됩니다. 또한 Communities of practice는 특정 산업 또는 관심 분야별로 만들어진 단체입니다. 이런 곳에서 시행한 교육(Webinar)을 받아도 인정이 됩니다.

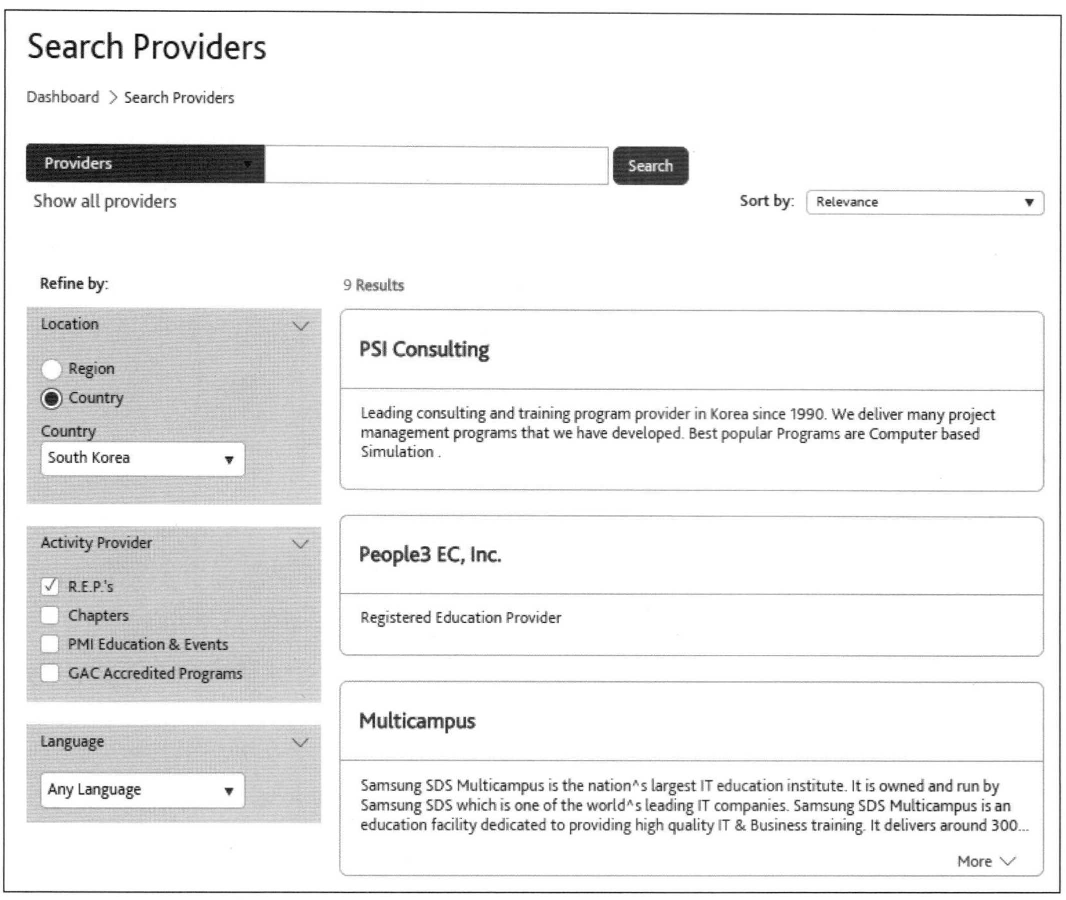

〈R.E.P를 검색하는 페이지에서 South Korea로 검색한 결과 화면〉

C. 응시생이 소속된 회사에서 제공하는 교육 프로그램

대기업을 중심으로 자체적인 교육 시설이 있고, PMP® 시험 응시자가 많을 때 외부 전문 강사를 초빙하거나 사내 전문가가 교육을 진행합니다. 회사에서 받은 프로젝트 관리에 대한 교육도 인정됩니다.

D. 전문 교육기관이나 컨설턴트가 제공하는 교육 프로그램

여러 교육기관에서 PMP® 자격 대비 교육 및 PM 관련 교육을 진행하고 있습니다. R.E.P.가 아닌 교육기관의 교육도 인정됩니다.

E. E-learning 교육

PMP® 자격 취득에 대한 이러닝 과정도 수료할 경우 교육 조건 이수로 인정됩니다. 여러 가지 제약으로 인해 특정 장소에서 일정 시간을 내서 교육을 듣기 어려운 경우에는 이러닝 과정도 많이 듣습니다. 이러닝의 장점은 시간과 장소의 제약이 없다는 점입니다. 또한, 학습 기간 내에는 반복해서 내용을 볼 수 있으므로 반복 학습에 도움이 됩니다. 단점으로는 오프라인 수업처럼 정해진 시간에 진행되는 것이 아니므로 스스로 학습 시간을 조절해야 하며, 쌍방향이 아닌 단방향 수업이므로 오프라인 수업보다 흥미가 떨어질 수 있습니다. 전체 교육 시간에는 과정 종료 후 평가를 포함할 수 있습니다.

F. 대학의 정규 학과 및 평생 교육 프로그램

대학에서 프로젝트 관리에 대한 수업을 들었다면 그 수업으로 교육 요건을 충족할 수 있습니다. 프로젝트 관리에 대한 수업을 대학에서 한 주에 2시간씩 12주를 이수했다면, 24시간을 기재할 수 있습니다. 만약 수업에서 일부분만 프로젝트 관리 분야를 다루었다면 해당하는 시간만큼만 총 시간으로 계산합니다. 그리고 재학 중에는 안되며 졸업 후에 과거 들었던 수업을 보고할 수 있습니다.

[주의!] 개인적으로 책을 보고 공부하는 자가학습(Self-directed learning)은 교육 이수로 인정이 안 됩니다.

0.3 응시비용

많은 사람이 PMP® 시험의 응시비용은 다른 시험에 비해 비용이 비싼 편이라고 말합니다. 실제 다른 시험들과 비교해 보면 그런 느낌이 드는 것은 사실입니다. 그러나 기업에서도 PMP®의 가치를 인정하고 PMP® 보유자 수가 많을수록 회사에 도움이 된다는 생각에서 PMP® 자격취득 관련 교육을 회사에서 지원하기도 하며, PMP® 응시비용을 합격에 한해서 지원하는 경우도 많습니다. 사실 어느 정도 부담이 되는 비용이므로 가능하면 한 번에 합격하는 것이 좋습니다.

[CBT 기준 첫 번째 시험과 두 번째 시험비용]

첫 번째 시험	두 번째 시험
PMI 개인회원 US $405 / 비회원 US $555	PMI 회원 US $275 / 비회원 US $375
* 시험의 유효기간은 비용을 지불한 날로부터 1년이며, 1년 안에 시험을 안 보면 자동 소멸됩니다.	

첫 시험 응시료는 두 가지 종류가 있습니다. 하나는 PMI 비회원(Registered user)으로서 신청하는 것이고 또 하나는 PMI 유료회원(PMI membership)으로 먼저 등록하고 PMP® 시험을 신청하는 것입니다. PMI 유료회원이 되면 다양한 혜택을 받는데요, 그중 하나가 PMI의 자격 시험비용 할인입니다. PMI 유료 회원 가입비는 $139(가입비 $10 포함)이며, **회원가입비를 포함한 시험 신청 비용이 $544**입니다. 따라서 회원가입을 먼저 한 후에 회원으로 할인을 받아서 시험을 신청하는 것이 비회원으로 신청하는 것보다 $11 저렴합니다. 그래서 대부분 PMI 유료회원으로 가입한 후에 할인을 받아서 PMP® 시험을 신청합니다. 응시비용을 지불한 이후에 회원으로 가입한 경우 차액은 환불되지 않습니다. 만약 시험을 취소하고 PMP® 응시 비용을 환불받기 위해서는 시험 자격 만료 날짜 기준으로 최소 1개월 전에 서면으로 요청해야 합니다. 시험을 치르지 않았다면 PMI는 응시비용에서 수수료로 $100을 제외한 차액을 환불해줍니다.

재응시는 첫 응시보다는 저렴하며, 재응시의 경우도 PMI 회원일 경우 비회원보다 $100가 저렴하므로 가능하면 꼭 PMI에 유료회원으로 등록한 후에 PMP®를 신청하는 것이 좋습니다. 그리고 시험은 총 3회 불합격 시 1년 기다렸다가 재응시를 해야 합니다. 재응시는 불합격한 날짜로부터 1년 이내에 응시해야 합니다. 불합격한 후에 바로 다음 날 시험을 응시할 수는 없습니다. 시험 결과가 CBT 시험을 대행하는 피어슨뷰에서 PMI로 넘어와 데이터가 업데이트되고 PMI로부터 공식 결과문을 받아야만 재시험 비용 지불 링크가 열립니다. 기본적으로 5~7일 정도 소요됩니다. 실제로 업무량에 따라 빠른 처리가 되기도, 지연되기도 합니다. 이 기간 내에 받지 못하시는 경우는 시스템 오류라고 판단해서 PMI의 관련 부서로 협조 요청할 수 있습니다. 시기에 따라 다르지만 통상 3일 정도 만에 거의 업데이트 되고 있습니다.

잠깐! PMI 회원의 종류와 혜택

PMI 회원은 일반 사용자, PMI 회원, 학생회원, 은퇴회원으로 구분됩니다. 일반 사용자(무료)는 특별한 혜택이 없으며 단지 자신의 자격 현황을 확인할 수 있습니다. PMI 회원(유료)이 되어야 다양한 혜택을 받습니다. 학생회원은 1년 회비가 $32로 매우 저렴하며, 일반회원과 거의 동등한 혜택을 받습니다. 은퇴회원은 1년에 $65이며, 사회생활을 은퇴하고 PMI 회원을 5년 이상 지속한 사람이 대상입니다. PMI 회원 비용은 1년에 $139입니다. 첫해는 가입비 $10가 포함되어 있으며, 그 다음 해부터는 $129입니다.

Registered User

Free

Create a free PMI online account

- ✔ Be part of the largest PM community
- ✔ Track your certification status with myPMI
- Download the PMBOK® Guide for free
- Save on career-advancing certifications
- Unlock 1,000+ tools and templates
- Find relevant jobs with the PM Job Board
- Get more, free opportunities to earn PDUs
- Stay up-to-date with PMI publications

SIGN UP

〈일반 사용자와 PMI 회원의 구분〉

PMI 회원에 가입할 때 한국챕터 회원으로 가입하는 부분이 나오는데 1년에 $33이며, 선택사항입니다. PMI 한국챕터에 가입하면 월간 세미나 또는 교육 참가 시 할인을 받으며, 위원회 활동 참가에 대한 우선권 제공 등의 혜택이 있습니다. 향후 세미나나 교육을 통해 PDU를 취득하고자 한다면 한국챕터에 가입하면 회원 할인을 받아 납부한 회비 이상 혜택을 받을 수 있습니다. 자세한 사항은 PMI 한국챕터 홈페이지를 참고하기 바랍니다.(pmikorea.kr)

〈선택할 수 있는 한국챕터 가입〉

PMI 회원이 되면 다양한 혜택을 받게 됩니다. 보통 PMP® 시험을 할인받기 위해 PMI 회원으로 가입했다가, 그다음 해에 연장 안내 메일이 오면 연장하지 않는 경우가 많습니다. 만약 PMI 유료 회원으로서 받는 여러 혜택이 자신에게 도움이 된다면 계속 유지할 수 있습니다. 회원 혜택을 몇 가지 정리해보면 다음과 같습니다.

- PMBOK® Guide를 포함한 PMI의 다양한 표준서 및 지침서를 PDF 파일로 다운받을 수 있습니다.

  PMI 회원은 PMBOK® Guide 영문판, 한글판 등을 포함해 모든 표준서와 지침서를 PDF 파일로 받을 수 있습니다. 참고로, PDF의 문서를 다운 받을 때와 열 때 PMI 웹사이트 비밀번호를 입력해야 합니다. 다운 받은 문서는 배포, 판매, 복제해서는 안 됩니다. 다운받은 문서 하단에 자신의 영문 이름과 PMI 회원 번호가 찍히며 판매나 배포를 못한다고 표시되어 있습니다. PMI의 표준서나 지침서들은 여러 전문가가 참여해서 만들고, 꾸준히 업데이트되므로 PMP® 시험이 끝나면 PMBOK® Guide 외의 다른 문서들도 읽어보길 권장합니다.

- 비용할인

  시험 응시비용 할인, PMI Store에서 파는 책이나 물품 구매 시 할인받습니다. 또한, PMI Global Congress나 세미나 참가 비용도 할인받습니다.

- 프로젝트 관리 서식 무료 다운로드(1,000개 이상)

  PMI에서 운영하는 Projectmanagement.com 웹사이트를 통해 다양한 프로젝트 관리에 대한 서식 및 발표 자료(파워포인트) 등을 다운로드 받을 수 있습니다.

0.4 PMI 회원가입방법

PMI 회원가입도 직접 해보면 생각보다 쉽지 않습니다. 국내 일반 웹사이트 가입보다 훨씬 단계가 많아서 어렵게 느껴질 수도 있는데요, PMI 회원가입에 대한 절차는 필자의 PMP® 커뮤니티 사이트인 PMPcafe.com을 참고하기 바랍니다. PMPcafe.com에 상세하게 웹사이트 화면을 포함하여 설명해 놓았으므로 보면서 쉽게 따라 할 수 있습니다.

〈PMPcafe.com에 상세히 설명된 PMI 회원가입 방법〉

주의할 점이 한 가지 있습니다. 이메일 주소를 입력할 때 @naver.com이나 @hanmail.net은 사용하지 않는 것이 좋습니다. 국내 포털사이트에서 만들어지는 메일 중에는 스팸성 메일이 많아서 필터링 되어 PMI에서 메일을 못 받는 경우가 많다고 합니다. 이메일은 Hotmail 혹은 Gmail과 같은 외국계정이 더 낫고 회사 메일을 사용하는 것도 좋습니다. PMI와 커뮤니케이션은 대부분 이메일을 통해서 하게 됩니다. 서로 이메일을 정확하게 주고받지 못하면 문제가 되므로 주의해야 할 사항입니다.

0.5 PMP® 시험 신청방법

PMP® 신청방법은 꽤 까다롭습니다. 시험 신청은 PMI 홈페이지를 통해 모두 영문으로 진행되며, 입력해야 할 사항들이 많습니다. 개인정보, 학력, 프로젝트 수행경력, 프로젝트 관리 교육 이수사항 등을 모두 입력하기 때문에 시간이 꽤 걸리게 됩니다. 많은 사람이 시험 신청 과정에서 어려움을 호소하여 상세한 시험 신청 과정을 PMPcafe.com에 소개해 놓았으니 웹사이트를 참조하기 바랍니다. PMI.org에 로그인한 후부터 최종 학력입력, 프로젝트 수행경력 입력, 프로젝트 관리 관련 교육수료 입력, 시험비용 결제, 피어슨뷰에 시험 신청하기, 시험장소 안내까지 상세히 사진과 텍스트로 설명해 놨기 때문에 그대로 따라 하면 큰 어려움 없이 시험을 신청할 수 있을 것입니다.

시험은 CBT(Computer based testing) 환경이므로 월요일부터 금요일까지 하루 2번(오전/오후) 중 원하는 날짜 및 시간에 응시할 수 있습니다. 시험장소는 **Pearson VUE**입니다. 2019년 10월 기준으로 서울과 대구에서 시험 볼 수 있습니다. 시험 응시 날짜 신청과 연기 신청은 모두 **https://korea.pearsonvue.com/**에서 합니다. 피어슨뷰의 한국 고객센터 연락처는 **0807-600-880**입니다.

주의 **PMI 시험 일정 변경/취소 관련 규정**

예약한 시험일로부터 30일 이내에 일정 변경 및 취소 시 시험 센터 웹사이트에서 수수료 $70가 청구됩니다. 또한 시험 예약일 2일 이내에 일정 취소를 하면 모든 시험 비용은 환불되지 않으며, 재응시를 위해서는 새롭게 시험 비용을 지불해야 합니다. 모든 시험 응시자는 PMI 규정에 대한 동의하에 시험 신청이 진행되고 있습니다. 일단 2일 이내 취소된 시험 일정에 대해서는 고객 지원 센터로 문의해도 상황을 다시 되돌릴 수가 없는 점을 유의해야 합니다.

PMP® 시험의 특징 중 하나가 Audit 제도입니다. 시험을 신청한 후, Audit에 걸릴 수 있습니다. PMI에서는 PMP® 신청자가 PMI 홈페이지를 통해 시험 신청 시 기재한 최종 학력, 프로젝트 수행경력, 교육이수 사항이 사실인지 아닌지를 확인하기 위해 시험 신청자 중 일부를 무작위로 선정하여 Audit 대상자로 분류하고 해당자에게는 시험 신청에 관련된 증빙서류를 우편으로 보내 달라고 요청합니다. 증빙서류는 Audit에 선정된 날로부터 90일 안에 보내야 합니다. 그러면 PMI에서 요구하는 형식에 맞게 직접 수기로 Audit Form을 작성하고 PMI로 직접 우편물로 보냅니다. Audit에 걸렸을 때 보내야 하는 서류는 3가지입니다.

Audit를 위해 제출해야 하는 서류

- 학력에 대한 영문 학위증 사본
- 35시간 교육 수료에 대한 영문 수료증 사본
- 프로젝트 수행 경력 인증서류

학위증은 자신이 졸업한 대학에서 영문 학위증을 발급받아서 사본을 준비합니다. 35시간 교육에 대한 수료증도 영문 사본을 준비합니다. 프로젝트 수행 경력 인증서류는 PMI 홈페이지에서 다운 받아서 프로젝트를 수행할 당시의 관리자로부터 사인을 받아서 준비합니다. 그 서류를 봉투에 넣고 풀칠한 자리에 다시 사인을 받습니다. 만약 프로젝트 경력을 채우기 위해 프로젝트를 3개를 넣었다면 봉투가 3개가 생깁니다. 이 3개의 프로젝트 경력 봉투와 학위증 사본, 교육 수료증 사본을 한 봉투에 넣어서 미국으로 우편으로 보냅니다.

Audit 서류 보낼 주소

PMI
Attn: Certification Audit
14 Campus Blvd.
Newtown Square, PA 19073-3299 USA

PMI에서 서류를 받고, Audit 심사가 끝난 후 이상이 없다면 Eligibility letter를 수신할 수 있습니다. Audit에 대해 두려워하시는 분들이 많은데 Audit에 걸리더라도 PMI에서 요구하는 대로 진행하면 큰 문제는 없습니다. Audit에 대한 자세한 안내와 Audit 걸렸을 때 작성해야 하는 서류 양식은 역시 PMPcafe.com에 상세히 설명해 놓았으므로 PMPcafe.com을 참조하기 바랍니다.

시험 신청 PMI 웹 페이지

PMI 메인 홈페이지에서 시험 신청 화면으로 이동하는 것은 여러 단계를 거쳐야 합니다. 시험 신청, 시험 비용결제, Audit 처리, 재시험 신청 등은 모두 http://certification.pmi.org에서 처리되므로 이 URL을 기억해 놓으면 여러모로 편리합니다.

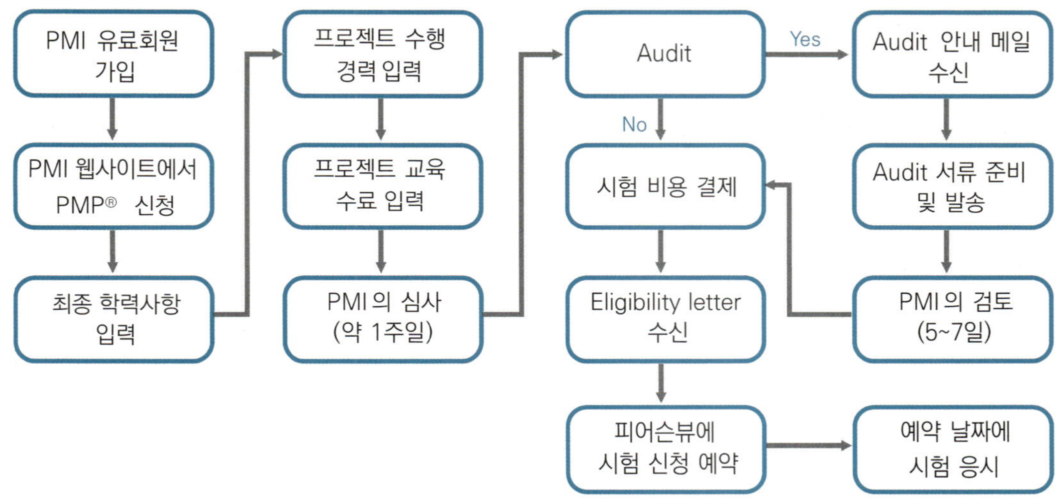

〈일반적 시험 신청 프로세스 요약〉

0.6 PMP® 시험 출제 영역

PMP® 시험의 출제 영역은 트랜드와 프로젝트 관리자의 책임 등을 분석해서 3~5년 단위로 변경합니다. 2015년에 정한 시험 출제 영역은 착수, 기획, 실행, 감시 및 통제, 종료의 5개 영역으로 시험 문제를 출제했습니다. 2020년 7월 1일 이후로는 사람, 프로세스, 비즈니스 환경의 3개 영역으로 시험 출제 영역이 변경됩니다. PMI는 'PMP® Examination Content Outline'이라는 문서를 통해 시험 출제영역에 대한 상세 내용을 별도로 배포하고 있습니

다. 이 문서를 기반으로 2020년 7월 1일 이후부터 적용되는 시험 출제 영역에 대한 내용을 살펴보도록 하겠습니다.

[2015년에 정한 출제 영역]

- Initiating – 13% (26문제)
- Planning – 24% (48문제)
- Executing – 31% (62문제)
- Monitoring and Controlling – 25% (50문제)
- Closing – 7% (14문제)

[2020년 7월 1일 이후 적용되는 출제 영역]

- People – 42% (84문제)
- Process – 50% (100문제)
- Business Environment – 8% (16문제)

People – 42%

People 영역은 사람과 관련된 갈등 관리, 팀 리딩, 팀 성과 지원 등 팀을 포함한 이해관계자에 대한 내용을 다룹니다. People 영역(Domain)은 14개의 하위 작업(Task)이 있습니다.

Task 1	**갈등 관리** • 갈등의 단계와 원인 파악하기 • 갈등을 위한 환경 분석하기 • 적절한 갈등 해결책을 평가하고 권고하고 화해시키기
Task 2	**팀 리딩** • 명확한 비전과 미션 정하기 • 다양성과 포용성 지원하기(예: 행동유형, 사고 프로세스) • 서번트 리더십 가치(예: 팀에 대한 서번트 리더십의 원칙 관계) • 적절한 리더십 스타일 결정(예: 지시형, 협업형) • 팀원 및 이해관계자에게 영감 주기, 동기 부여하기, 영향을 미치기(예: 팀 계약, 사회적 계약, 보상 시스템) • 팀원과 이해관계자의 영향력 분석하기 • 다양한 팀원과 이해관계자를 이끌 수 있는 다양한 선택사항 식별하기
Task 3	**팀 성과 지원** • 핵심 성과 지표에 대한 팀원 성과 평가하기 • 팀원의 성장 및 개발을 지원하고 인정하기 • 적절한 피드백 접근법 결정하기 • 성과 개선사항 확인하기

Task 4	**팀원과 이해관계자의 권한 강화** • 팀 강점을 중심으로 구성하기 • 팀 작업 책임을 지원하기 • 작업 책임의 입증 평가하기 • 의사결정 권한의 수준 결정 및 부여하기
Task 5	**팀원 및 이해관계자가 적절한 교육을 받도록 하기** • 필요한 역량 및 교육 요소 결정하기 • 교육 요구에 기반한 교육 선택사항 결정하기 • 교육을 위한 자원 할당하기 • 교육 결과 측정하기
Task 6	**팀 구성** • 이해관계자 스킬 평가하기 • 프로젝트 자원 요구사항 추정하기 • 프로젝트 니즈를 맞추기 위해 팀의 스킬을 지속적으로 평가하고 갱신하기 • 팀을 유지하고 지식을 전달하기
Task 7	**팀을 위해 방해물, 장애물, 차단 요소를 해결하고 제거** • 팀을 위해 중요한 방해물, 장애물, 차단 요소 결정하기 • 팀을 위해 중요한 방해물, 장애물, 차단 요소 우선순위화 하기 • 팀을 위해 방해물, 장애물, 차단 요소에 대한 해결책을 수행하기 위해 네트워크 사용하기 • 팀을 위해 방해물, 장애물, 차단 요소가 해결되도록 지속적으로 재평가하기
Task 8	**프로젝트 계약 협상** • 계약을 위한 협상의 범위 분석하기 • 우선순위를 평가하고 궁극적인 목표를 결정하기 • 프로젝트 계약의 목표가 충족되었는지 확인하기 • 계약 협상에 참여하기 • 협상 전략 결정하기
Task 9	**이해관계자와 협업** • 이해관계자를 위한 참여 요구 평가 • 이해관계자의 요구, 기대사항, 프로젝트 목표 간의 일치를 위한 최적화하기 • 프로젝트 목표를 달성하기 위해 신뢰를 구축하고 이해관계자에게 영향을 미치기
Task 10	**공유된 이해 구축** • 오해의 근본 원인을 식별하기 위해 상황 분석하기 • 합의에 도달하기 위해 필요한 모든 당사자를 조사하기 • 당사자 간의 합의 결과 지원하기 • 잠재적인 오해 조사하기

Task 11	**가상 팀 참여 및 지원** • 가상 팀 니즈 검토하기(예: 환경, 지리, 문화, 글로벌 등) • 가상 팀원의 참여를 위한 대안 조사하기(예: 의사소통 도구, 동일장소배치) • 가상 팀원 참여를 위한 옵션 수행하기 • 가상 팀원 참여의 효과를 지속적으로 평가하기
Task 12	**팀 기본 규칙 정의** • 팀 및 외부 이해관계자와 조직의 원칙을 공유하기 • 기본 규칙을 준수하는 환경을 수립하기 • 기본 규칙 위반사항을 관리하고 교정하기
Task 13	**관련 이해관계자 멘토링** • 멘토링에 대한 시간 할당하기 • 멘토링 기회를 인식하고 행동하기
Task 14	**감성지능의 적용을 통한 팀 성과 증진** • 성격 지표의 사용을 통한 행동 평가하기 • 성격 지표를 분석하고 주요 프로젝트 이해관계자의 감성 니즈를 맞추기

Process – 50%

Process 영역은 프로젝트 착수부터 종료까지 관리하기 위한 프로세스에 대한 내용을 다룹니다. PMP® 시험에 가장 높은 출제 비중을 갖고 있습니다. Process 영역(Domain)은 17개의 하위 작업(Task)이 있습니다.

Task 1	**비즈니스 가치를 인도하기 위해 필요한 긴급성을 가진 프로젝트 실행** • 점진적으로 가치를 인도하기 위한 기회 평가하기 • 프로젝트 전체의 비즈니스 가치 검토하기 • 최소 가치 제품을 찾기 위해 필요한 프로젝트 작업을 세분화하기 위해 팀을 지원하기
Task 2	**의사소통 관리** • 모든 이해 관계자의 커뮤니케이션 요구 분석하기 • 모든 이해 관계자의 커뮤니케이션 방법, 채널, 빈도, 세부 수준 결정하기 • 프로젝트 정보와 업데이트 사항을 효과적으로 전달하기 • 의사소통이 이해되고 피드백이 수신되는지 확인하기

Task 3	**리스크 평가 및 관리** • 리스크 관리 옵션 결정하기 • 반복적으로 리스크 평가 및 우선순위화 하기
Task 4	**이해관계자 참여** • 이해관계자 분석하기(예: 파워, 관심사항, 영향력) • 이해관계자 분류하기 • 분류에 의한 이해관계자 참여시키기 • 이해관계자 참여를 위한 전략을 개발, 실행, 검증하기
Task 5	**예산 및 자원 계획하고 관리하기** • 프로젝트 범위와 과거 프로젝트의 교훈사항을 기반으로 필요 예산을 추정하기 • 미래의 예산 문제를 예상하기 • 예산 변동을 모니터하고 필요에 따라 조정하기 위해 거버넌스 프로세스로 작업 수행하기 • 자원을 계획하고 관리하기
Task 6	**일정 계획 및 관리** • 프로젝트 활동 산정하기(마일스톤, 연관성, 스토리 포인트) • 벤치마킹 및 과거 데이터 활용하기 • 방법론에 기반하여 일정 준비하기 • 방법론에 기반하여 진척상황을 지속적으로 측정하기 • 방법론에 기반하여 필요에 따라 일정을 수정하기 • 다른 운영 및 다른 프로젝트와 조정하기
Task 7	**제품 및 인도물의 품질 계획 및 관리** • 프로젝트 인도물에 요구된 품질 표준 결정하기 • 품질 차이에 기반한 개선을 위한 옵션 권고하기 • 프로젝트 인도물의 품질을 지속적으로 조사하기
Task 8	**범위 계획 및 관리** • 요구사항 결정 및 우선순위화 하기 • 범위 분할하기(예: WBS, backlog) • 범위 감시 및 확인하기
Task 9	**프로젝트 기획 활동 통합** • 프로젝트 및 단계 계획 통합하기 • 의존관계, 격차, 지속적인 비즈니스 가치에 대한 통합된 프로젝트 계획 평가하기 • 수집된 데이터 분석하기 • 정보에 기반한 의사결정을 내리기 위해 데이터를 수집하고 분석하기 • 중요한 정보 요구사항 결정하기

Task 10	**프로젝트 변경 관리** • 변경의 필요성을 예측하고 수용하기(예: 변경 관리 실무 준수) • 변경을 처리하기 위한 전략 결정하기 • 방법론에 따라 변경 관리 전략을 실행하기 • 프로젝트를 진행하기 위해 변경 대응 결정하기
Task 11	**조달 계획 및 관리** • 자원 요구사항 및 니즈 정의하기 • 자원 요구사항 공유하기 • 공급자나 계약자 관리하기 • 조달 전략 계획 수립하고 관리하기 • 인도 방법 개발하기
Task 12	**프로젝트 산출물 관리** • 프로젝트 산출물 관리를 위한 요구사항(무엇을, 언제, 어디에서, 누가 등)을 결정하기 • 프로젝트 정보가 최신 상태로 유지(예: 버전 통제)되고 모든 이해관계자가 접속할 수 있는지 확인하기 • 프로젝트 산출물 관리의 효과를 지속적으로 평가하기
Task 13	**적절한 프로젝트 방법론, 방법, 실무 결정하기** • 프로젝트 요구, 복잡성, 규모 평가하기 • 프로젝트 실행 전략 권고하기(예: 예약, 재무) • 프로젝트 방법론, 접근법 권고하기(예: 예측형, 애자일, 하이브리드) • 프로젝트 생애주기 전반에 걸쳐 반복적, 점진적 실무 사용하기(예: 교훈, 이해관계자 참여, 리스크)
Task 14	**프로젝트 거버넌스 구조 수립** • 프로젝트에 대한 적절한 거버넌스 결정하기(예: 조직 거버넌스 복제) • 에스컬레이션 경로 및 한계선 정의하기
Task 15	**프로젝트 이슈 관리** • 리스크가 이슈가 될 때 인식하기 • 프로젝트 성공을 위해 최적화된 조치로 이슈를 처리하기 • 이슈를 해결하기 위한 접근방식에 대해 관련 이해관계자와 협업하기
Task 16	**프로젝트 연속성을 위한 지식 전달 보증** • 팀 내에서 프로젝트 책임 논의하기 • 작업 환경에 대한 기대치를 설정하기 • 지식 전달을 위한 접근법 확인하기
Task 17	**프로젝트 및 단계 종료 또는 이관을 계획 및 관리** • 성공적인 프로젝트 또는 단계 종료에 대한 기준 결정하기 • 최종 산출물 이관을 위한 준비 확인하기(예: 운영팀 또는 다음 단계) • 프로젝트 또는 단계 종료를 위한 활동 종료하기(예: 최종 교훈사항, 회고, 조달, 재무, 자원)

Business Environment – 8%

Business Environment 영역은 프로젝트가 조직 전략에 일치하고 의도된 편익을 인도하도록 하는 내용 등을 포함합니다. PMP® 시험에 가장 낮은 출제 비중을 갖고 있습니다. Business Environment 영역(Domain)은 4개의 하위 작업(Task)이 있습니다.

Task 1	**프로젝트 준수사항 계획 및 관리** • 프로젝트 준수 요구사항 확인하기(예: 보안, 건강 및 안전, 규정 준수) • 준수사항 카테고리 분류하기 • 준수사항에 대한 잠재적 위협 결정하기 • 준수사항을 지원하기 위해 방법을 사용하기 • 비준수사항의 결과 분석하기 • 준수사항 니즈를 다루기 위해 필요한 접근법 및 조치를 결정하기(예: 리스크, 법적) • 프로젝트가 준수하는 정도를 측정하기
Task 2	**프로젝트 편익 및 가치 평가 및 인도** • 편익이 식별되었는지 조사하기 • 지속적 편익 실현을 위한 소유권에 대한 문서 계약하기 • 편익을 추적할 측정 시스템이 있는지 확인하기 • 가치를 입증하기 위해 제공 옵션 평가하기 • 가치 획득 과정의 이해관계자 평가하기
Task 3	**범위에 미치는 영향에 대한 외부 비즈니스 환경 변화 평가 및 처리** • 외부 비즈니스 환경에 대한 변화 조사하기(예: 규정, 기술, 지정학적, 시장) • 외부 비즈니스 환경의 변화에 따라 프로젝트 범위 및 백로그에 미치는 영향을 평가하고 우선순위 정하기 • 범위 및 백로그 변경에 대한 옵션 권고하기(예: 일정 변경, 원가 변경) • 프로젝트 범위 및 백로그에 미치는 영향에 대한 외부 비즈니스 환경을 지속적으로 검토하기
Task 4	**조직의 변화 지원** • 조직의 문화 평가하기 • 조직의 변화가 프로젝트에 미치는 영향을 평가하고 필요한 조치를 결정하기 • 프로젝트가 조직에 미치는 영향을 평가하고 필요한 조치를 결정하기

0.7 PMP® 자격유지

PMP®는 한 번 취득하면 평생 자격이 유지되는 것이 아니라 3년마다 갱신해야 계속 자격이 유지됩니다. 자격유지 프로그램을 CCR(Continuing certification requirement)이라고 합니다. 시험에 합격한 날이 CCR 주기가 시작되는 날이며, 시험 합격 후 만 3년째 되는 날이 CCR 주기가 만료되는 날입니다. 만약 시험 응시자가 2019년 12월 15일에 합격했다면, 2022년 12월 15일에 자격이 만료되므로 2022년 12월 14일까지는 자격을 갱신해야 합니다. 자격 갱신을 위해서는 60 PDU(Professional development unit) 보고와 갱신 비용 납부가 필요합니다. (PMI 회원 $60, 비회원 $150) 만약 주어진 기간 내에 60 PDU를 보고하지 못하면 자격은 정지 상태가 되며, PDU를 보고할 수 있도록 1년간 자격유예 기간을 줍니다. 유예기간 안에 부족한 PDU를 채워야 하며, 만약 유예기간 안에도 60 PDU를 채우지 못한다면 자격은 소멸되고 재시험을 봐야 자격을 다시 취득할 수 있습니다. 3년 주기가 끝나고 1년의 유예기간이 시작되더라도 다음 CCR 주기는 시작됩니다. 따라서 기본으로 주어진 3년의 자격 주기 안에 60 PDU를 채우는 것이 가장 좋습니다. 자격 유지 3년 차에 한꺼번에 60 PDU를 채우는 것이 부담될 수 있으므로 PDU는 생길 때마다 순차적으로 보고하는 것이 가장 좋습니다. 자격 유지에 대한 정보는 PMI의 Continuing CCR Handbook을 참고하기 바랍니다.

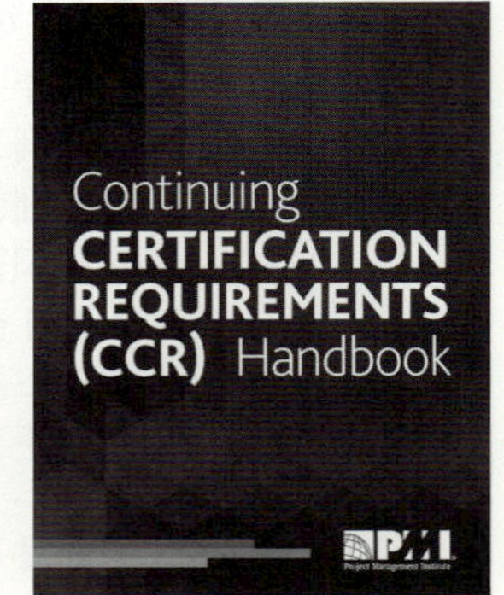

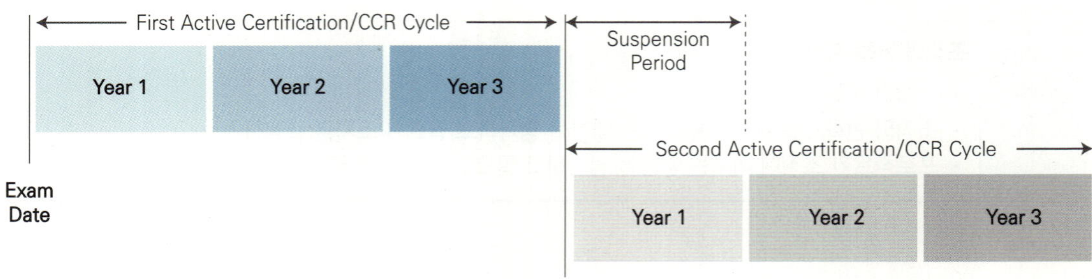

CCR 프로그램의 목적

- 자격증 소지자들의 지속적인 학습 및 개발
- 자격을 갖춘 실무자의 관련성을 위해 개발 영역에서 방향을 제시
- 개별적인 학습 기회 인식 및 권장
- 전문성 개발 활동을 이행하고 기록을 유지하기 위한 표준화되고 객관적인 체계 제공
- PMI 자격증에 대한 전 세계적인 공인 및 가치 유지

[PDU(Professional development unit)]

PMP®는 말 그대로 프로젝트 관리 전문가라는 이름을 가진 자격입니다. 이 자격을 가진 사람은 프로젝트 관리에 대한 전문성을 갖고 있다는 것을 의미합니다. PMI에서 자격유지 제도를 만든 이유는 PMP®를 가진 사람이 지속적으로 전문가로서의 활동을 수행했는지 확인하고, 인정되는 활동을 수행할 경우에 PMP®를 갱신할 수 있도록 하겠다는 것입니다. 전문가로서 꾸준한 노력을 했다는 것을 점수로 환산해서 보고하게 되는데, 이것을 PDU(전문가 개발 점수)라고 합니다. 주어진 3년 주기 안에 60 PDU 이상을 획득해야만 자격을 갱신할 수 있습니다. PDU는 크게 2개의 범주로 나뉩니다. 각 범주에 해당하는 활동을 점수로 환산하여 개인적으로 PMI 홈페이지에서 보고하면 됩니다. PDU 보고를 허위로 했는지 사실로 했는지 확인하기 위해 PMI에서 무작위로 대상을 선정하여 Audit를 할 수 있다고 자격 핸드북에 나와 있지만, 실질적으로 PDU 보고에 대한 Audit에 걸린 사람은 거의 못 봤습니다. 참고로 PDU 보고에 대한 증빙서류는 CCR 사이클이 끝난 후 최소 18개월은 보관하도록 PMI에서 권장하고 있습니다.

교육(Education)	전문가 활동(Giving back to the profession)
기술, 리더십, 전략, 비즈니스 관리 스킬 등을 향상하기 위해 받은 교육	전문성 개발에 도움을 주고 기여하는 수단으로 지식과 기술을 공유하고 활용하는 활동
* 최소 점수 35점	* 최대 점수 25점

교육은 PMI가 정한 3가지 범주에 대한 교육을 들어야 하며, 각 범주에서 최소 8 PDU 이상 보고해야 합니다. 교육으로 최소 35 PDU를 획득해야 하므로 영역별로 8 PDU로 24 PDU

를 획득한 후 모자란 11 PDU는 3가지 범주에서 추가로 획득하면 됩니다. 최소 조건이 35 PDU이므로 교육으로만 전체 60 PDU를 보고해도 됩니다. 세미나와 교육은 모두 1시간이 1 PDU로 인정되며, 0.25, 0.5, 0.75 PDU 단위로도 보고가 가능합니다. Audit를 위해 필요한 서류는 과정 등록 양식, 수료증, 참석 안내 이메일 등입니다. 교육에 대한 3가지 범주는 다음과 같습니다.

- Technical project management: 프로젝트, 프로그램, 포트폴리오 관리에 대한 지식, 스킬, 행동양식. ㉱ 애자일 실무, 데이터 수집 및 모델링, 획득가치 관리, 생애주기 관리, 요구사항 관리 및 추적, 리스크 관리, 일정 관리, 범위 관리 등.
- Leadership: 비즈니스 목표를 달성하는데 도움되는 리더십 위주의 다양한 활동에 대한 지식, 스킬, 행동양식. ㉱ 브레인스토밍, 코칭 및 멘토링, 갈등관리, 감성지능, 경청, 협상, 문제해결, 팀 빌딩 등.
- Strategic and business management: 비즈니스 산출물을 더 잘 인도하고 성과를 향상하기 위해 산업 또는 조직에 대한 지식 및 전문성. ㉱ 편익관리 및 실현, 비즈니스 감각, 비즈니스 모델 및 구조, 경쟁자 분석, 고객관계 및 만족, 산업 지식 및 표준, 법 및 규제 준수, 시장 인식 및 조건, 전략 기획 등.

교육으로 취득해야 할 PDU 조건				
Technical	Leadership	Strategic	나머지	최소 요구 합계
8	8	8	11	35

교육과 전문가 활동에 대한 설명은 다음 표에 정리하였습니다. 앞으로 PMP® 시험 합격 후에 PDU가 생길 때마다 PMI 홈페이지를 통해 보고하기 바랍니다.

〈교육에 대한 종류와 설명〉

Course or Training	
종류	설명
PMI R.E.P.에서 제공하는 교육과정	PMI에 공식적으로 등록된 교육기관을 Registered Education Provider(R.E.P.)라고 합니다. 국내에도 R.E.P.로 인정받은 교육기관들이 있으며, 다양한 프로젝트 관리에 대한 교육을 제공하고 있습니다. (PMI Registered Education Provider / Project Management Institute) 이런 과정을 수료한 후에 PDU를 보고할 수 있습니다. 참고로 R.E.P.가 아닌 교육기관에서 제공하는 프로젝트 관리에 대한 교육도 보고가 가능합니다.

PMI Chapter에서 제공하는 교육과정	PMI는 글로벌 조직으로서 각 나라에 PMI 지부(Chapter)를 두고 있습니다. PMI Chapter에서도 세미나나 교육을 진행하고 있으며, 이런 프로그램도 모두 PDU 보고가 가능합니다. PMI 한국지부(www.pmikorea.kr)에서도 정기적으로 세미나 및 교육을 진행하고 있습니다.
PMI SeminarsWorld® 에서 제공하는 오프라인 교육	PMI에서는 자체적으로도 교육을 진행하고 있습니다. 모두 해외에서 진행되는 교육이라 우리와는 연관성이 거의 없습니다. 자세한 내용은 learning.pmi.org를 참고하세요.
이러닝	프로젝트 관리에 대한 교육이면 이러닝 수업도 PDU를 보고할 수 있습니다.
PMI Global Accreditation Center (GAC)에 의해 인증된 대학의 교육	GAC는 PMI에서 적정 조건을 갖춘 대학을 PMI가 인증하는 제도입니다. GAC 인증을 받은 대학에서 진행하는 교육 프로그램을 들은 것도 PDU 보고를 할 수 있습니다.
* Audit를 위해 필요한 서류는 수료증, 참석증, 신청서입니다.	

Online or Digital Media	
종류	**설명**
Projectmanagement.com	PMI에서 운영하는 커뮤니티 웹사이트인 Projectmanagement.com에서 제공하는 온라인 과정을 말하며, PMI.org의 계정으로 로그인할 경우 들은 온라인 과정에 대한 PDU는 자동으로 보고됩니다.
PMI Online Courses	PMI 홈페이지의 Learning에 보면 다양한 자체 온라인 과정이 있습니다.
PMI Registered Education Providers (R.E.P.s)	R.E.P.에서 제공하는 온라인 과정도 PDU 를 보고할 수 있습니다.
Youtube.com	유튜브에서 제공하는 프로젝트 관리에 대한 학습 동영상을 보고 PDU를 보고할 수 있습니다.
* Audit를 위해 필요한 서류는 수업에 대한 노트 및 날짜를 포함한 보고된 학습 내용입니다.	
독서	프로젝트 관리에 대한 기사, 책, 블로그, 백서 읽기가 포함됩니다. Audit를 위해 필요한 서류는 독서 노트 및 독서 날짜를 포함한 학습 증거입니다.
비공식 학습	고객, 컨설턴트, 동료와 프로젝트 관리에 대해 공식적 토의한 것도 인정됩니다. 동료나 컨설턴트로부터 프로젝트 관리에 대한 코치를 받거나 멘토링을 받은 것도 인정됩니다. Audit를 위해 필요한 서류는 활동에 대한 날짜와 노트한 양식을 포함한 학습에 대한 증거입니다.

〈전문가 활동에 대한 종류와 설명〉

종류	설명
실무자로서 일하기	프로젝트 관리자로서 일한 것을 PDU로 보고할 수 있습니다. 자격 주기에 최대 8 PDU만 보고할 수 있습니다. Audit를 위해서 재직 증명서나 직무기술서가 필요합니다.
콘텐츠 개발	책을 집필하거나, 블로그에 포스팅하기, 웨비나에서 발표하기, 프레젠테이션하기 등을 통해 새로운 콘텐츠를 개발하고 공유한 활동입니다. Audit를 위해 출판물 복사본, 샘플 교육자료, 과정 목차가 필요합니다.
공식 프레젠테이션	PMI 지부에서 하는 세미나 발표, 컨퍼런스 발표, 회사 내 발표 등으로 PDU를 보고할 수 있습니다. Audit를 위해 발표자료 사본이 필요합니다.
지식 공유	멘토링, 교육 등을 통해 현업에 대한 전문 지식, 경험을 다른 사람에게 공유하는 활동. Audit를 위해 토론이나 여러 활동에 대한 노트와 날짜를 포함한 멘토링이나 코칭에 대한 증거가 필요합니다.
자원봉사 활동	내 산업분야에 대한 비영리 조직이나 PMI 위원회나 팀, PMI 지부에서 자원봉사자로서 활동한 내역. Audit를 위해서 자원봉사 활동에 대한 인증서가 필요합니다.

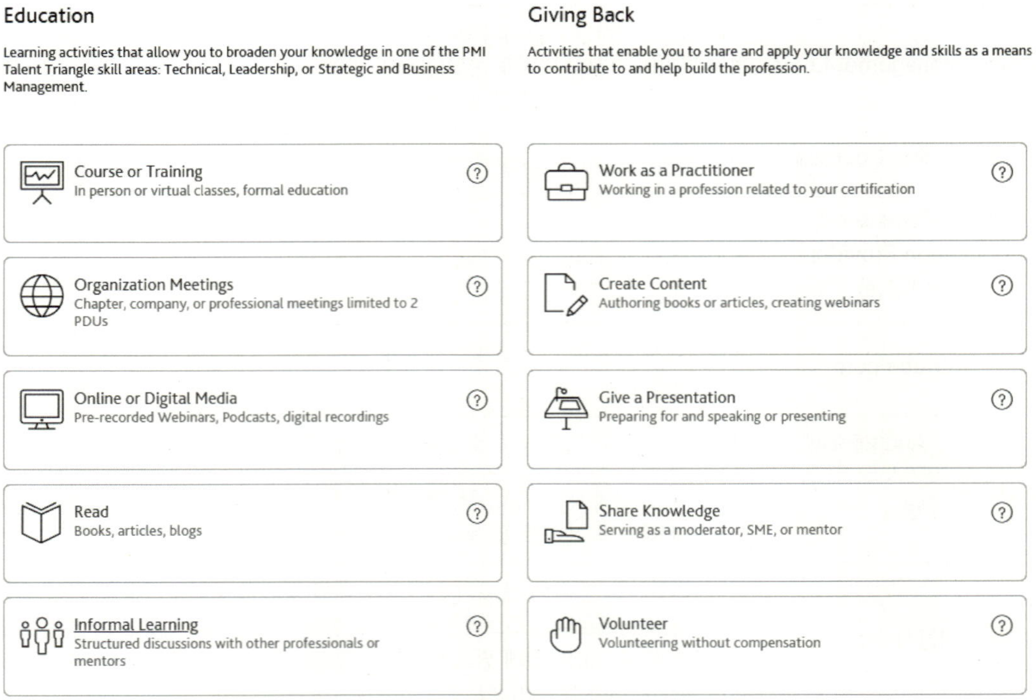

Education

Learning activities that allow you to broaden your knowledge in one of the PMI Talent Triangle skill areas: Technical, Leadership, or Strategic and Business Management.

- Course or Training — In person or virtual classes, formal education ⓘ
- Organization Meetings — Chapter, company, or professional meetings limited to 2 PDUs ⓘ
- Online or Digital Media — Pre-recorded Webinars, Podcasts, digital recordings ⓘ
- Read — Books, articles, blogs ⓘ
- Informal Learning — Structured discussions with other professionals or mentors ⓘ

Giving Back

Activities that enable you to share and apply your knowledge and skills as a means to contribute to and help build the profession.

- Work as a Practitioner — Working in a profession related to your certification ⓘ
- Create Content — Authoring books or articles, creating webinars ⓘ
- Give a Presentation — Preparing for and speaking or presenting ⓘ
- Share Knowledge — Serving as a moderator, SME, or mentor ⓘ
- Volunteer — Volunteering without compensation ⓘ

〈PDU 보고 페이지〉

60 PDU가 모두 채워졌다면 PMI로부터 자격 갱신에 대한 안내 메일을 받게 됩니다. 보통 갱신 만기일 3달 전쯤부터 자격 갱신비를 납부해야 한다는 안내 메일이 주기적으로 옵니다. 영문 제목 메일로 오기 때문에 스팸 메일로 분류될 수 있으므로 미처 확인하지 못하고 넘어갈 수도 있습니다. 자격 갱신비는 자격 완료일로부터 90일 이내에 지불해야 합니다. 자격 갱신비는 PMI 유료회원은 회원 할인을 받아서 $60이며, 비회원은 $150입니다. PMP®는 PMI 비회원으로도 유지할 수 있습니다. PMI 회원은 1년에 $129(가입비 $10 제외)이므로, $129에 $60를 더하면 $189가 되므로 일반적으로 비회원 갱신비인 $150로 갱신하는 경우가 많습니다.

> Dear Dong-Hwan Han,
>
> This is a reminder to log in to https://certification.pmi.org/to complete the process and submit payment to renew your Project Management Professional (PMP®) Credential. This task usually only takes about five minutes to complete.
>
> Once you are logged in, click on the link below the PMP Credential to begin the process. Please contact the Customer Care Centre in your region if you have questions or concerns.
>
> Thank you, PMI Customer Care

〈자격갱신 안내 메일〉

0.8 PMP® 시험관련 자료

사람들로부터 일반적으로 많이 받는 질문 중의 하나가 'PMP® 시험을 위해 어떤 책들을 봐야 하나요?'입니다. 이 부분은 사람마다 경험과 지식이 달라서 정확하게 얘기하기 어려운 부분입니다. 평균적으로 본다면 *PMBOK® Guide*와 수험서 1권 정도를 추천합니다. 만약 예시 문제를 많이 풀어보고 싶다면 추가로 문제집을 보는 것도 좋습니다.

PMP® 시험의 가장 중요하고 핵심적인 자료는 바로 *PMBOK® Guide*입니다. *PMBOK® Guide*는 PMP® 시험의 교과서라고 보면 됩니다. PMP® 시험은 단답형보다는 프로세스의 흐름을 상황식으로 묻는 문제가 많으므로 *PMBOK® Guide*를 정독해서 프로젝트 착수부터 종료까지 여러 프로세스가 어떻게 연결이 되어 있는지 정확하게 이해할 필요가 있습니다. *PMBOK® Guide*의 전체 내용이 모두 시험 출제 범위라고 봐야 합니다. 영문판을 중심으로 보는 것이 좋으며, 필요하다면 한글판을 참조하는 것도 좋습니다. PMI 유료 회원은 영문판과 한글판 모두 PDF로 다운로드 받을 수 있습니다.

그런데 일반적으로 *PMBOK® Guide*만 봐서는 합격하기 어렵습니다. 그 이유는 *PMBOK® Guide*라는 책이 상세히 풀어서 설명하는 방식이 아니라 프로세스 위주로 요약 형태로 설명된 책이기 때문입니다. 책에 있는 그림에 대한 설명도 간단하거나 아예 없는 경우도 있습니다. 따라서 별도로 보조 자료를 찾아볼 필요가 있습니다. 또한, 프로젝트를 실제 해 본 사람은 알 수 있듯이 프로젝트 관리는 여러 가지가 복잡하게 얽혀 진행되는 입체적인 흐름입니다. 그 입체적인 흐름을 2차원적인 책으로 표현하기는 쉽지가 않습니다. 그래서 프로젝트 경험이 적을수록 *PMBOK® Guide*를 이해하는 것은 더 어렵습니다. 또한, PMP® 시험은 *PMBOK® Guide* 외에서도 출제되는 문제들이 있습니다. 그래서 요약 형태의 *PMBOK® Guide*의 이해를 돕고 *PMBOK® Guide* 외에서 출제되는 부분들을 같이 정리하고, 시험을 위한 연습문제를 제공하는 본 서적과 같은 수험서들이 시중에 나와 있습니다. 수험서를 같이 보는 것이 이해를 돕는 데 많은 도움이 됩니다.

*PMBOK® Guide*는 전혀 보지도 않고 수험서만 공부해서 합격하는 사람이 아주 드물게 있었습니다. 그러나 이 방법은 리스크가 너무 큽니다. 가장 추천하는 방법은 *PMBOK® Guide*를 기본 교과서로 삼고 자신의 스타일에 맞는 수험서 1권을 같이 보는 것을 권장합니다. 그래도 이해가 부족하면 추가 수험서나 문제집을 더 공부하거나 PMP® 시험 핵심정리 세미나 같은 공개강좌를 들어보는 것도 좋습니다. 그리고 어떤 사람들은 교육을 듣지 않고 스스로 책을 구매한 후에 책만 공부해서 시험에 도전하는 사람이 있는데, 책만 봐서는 PMP® 시험에 합격하기가 어렵습니다. 그동안 강의하면서 2번, 3번 불합격한 사람들을 봤는데 대부분은 혼자서 책으로만 공부한 사람들입니다. *PMBOK® Guide*에 설명된 49개의 프로세스의 연관성을 혼자서 정확히 이해하기가 쉽지 않기 때문에 전문가의 해설을 듣길 권장합니다.

PMP® 시험을 위한 정규 교육과정들이 여러 학원에 많이 개설되어 있습니다. 그런 교육과정을 수강하는 것이 궁극적으로는 오히려 비용과 시간을 아끼게 해 줄 것입니다. 학원을 고르는 가장 좋은 방법은 합격률이 높은 강사나 PMP® 시험에 대한 책을 쓴 저자가 진행하는 정규 교육과정(보통 35시간~40시간으로 구성되어 있음)을 수강하는 것입니다. 일반적으로 교육센터의 PMP® 교육과정에 등록하면 *PMBOK® Guide*와 수험서 또는 자료집을 줍니다. 또한, 시험 출제 범위, 시험 신청방법, 최근 기출 경향 등도 안내해 줍니다. 특정 시간을 내서 오프라인 교육과정에 참석하기 어려운 경우에는 온라인 과정을 이용하는 것도 좋은 방법입니다. 온라인 과정은 반복해서 수강할 수 있다는 장점이 있지만 오랜 시간 집중하기 어렵다는 단점도 있습니다. 아울러 PMPcafe.com 같은 PMP® 관련 웹사이트에도 다양한 정보들이 있습니다. Youtube.com에도 PMP® 시험 관련 동영상들이 많이 올라와 있습니다. Podcast에도 PMP® 시험 관련 방송들이 있으며, 스마트폰용 PMP® 시험 어플리케이션도 있으므로 공부하는 방법은 다양하게 존재합니다. 그리고 PMPcafe.com의 추천사이트에는 시험 관련한 추천사이트들이 다양하게 있으며, 자료실에는 시험 관련 다양한 자료들이 있습니다.

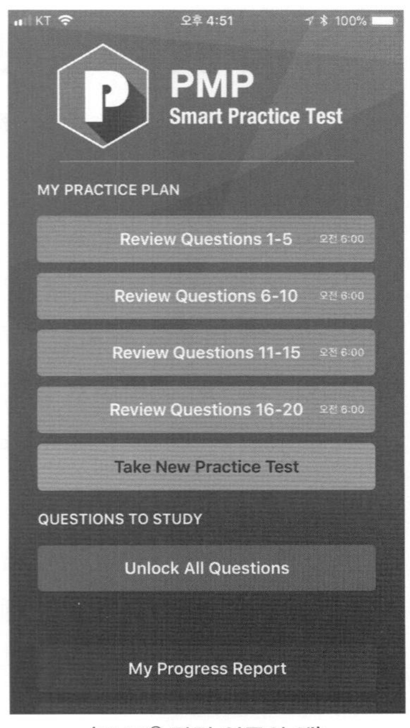

〈PMP® 관련 어플의 예〉

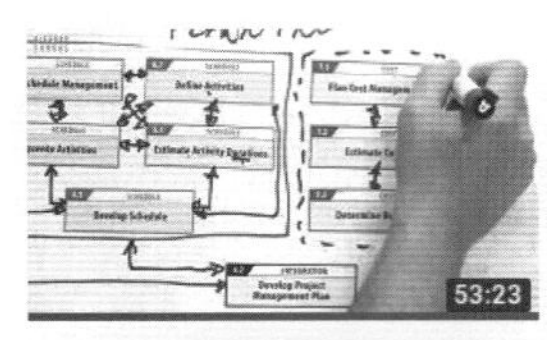

NEW! Elaboration of the Processes Flow of the PMBOK® Guide 6th Edition
Ricardo Vargas • 조회수 2만회 • 4개월 전
Ricardo Vargas shows the elaboration of the new PMBOK® Guide 6th Edition processes flow. DOWNLOAD THE FINISHED FLOW
4K 자막

Project Management Simplified: Learn The Fundamentals of PMI's Framework ✓
Deniz Sasal • 조회수 15만회 • 8개월 전
The best jobs no longer go to the best candidates. Times have changed. They now go to the people with the best strategies. We
자막

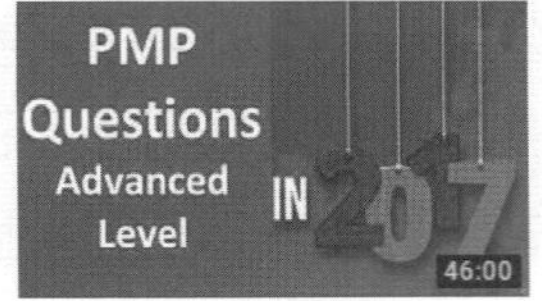

PMP exam questions 2017 - Advanced Level (50 questions)
PMP Certification • 조회수 5.6만회 • 11개월 전
PMP exam questions 2017 - Advanced Level (50 questions) is a list of quality **PMP** mock exams I have taken which are very similar

〈Youtube.com에서 PMP로 검색한 결과 화면〉

0.9 PMBOK® Guide

PMP® 시험에 합격할 때까지 가장 많이 보는 책은 *PMBOK® Guide*입니다. 따라서 *PMBOK® Guide*가 어떤 책인지 어느 정도 알아둘 필요가 있습니다. 1983년도에 PMI 자원봉사자들이 처음으로 기본 프로젝트 관리 프레임워크를 만들었습니다. 이때는 보고서 형태였는데, 이 내용이 정리되고 발전되어 1987년에 *PMBOK® Guide*의 초기 형태로 발전되었습니다. 시간이 지나면서 내용이 더 체계화되어 1996년에 *PMBOK® Guide* 1st Edition이 출간됩니다. 그 후 4년마다 업데이트되면서 2000년도에 2nd Edition, 2004년도에 3rd Edition, 2008년 12월에 4th Edition, 2012년 12월에 5th Edition, 2017년 9월에 6th Edition이 출간되었습니다. *PMBOK® Guide*는 앞으로도 지속적으로 4년마다 갱신하면서 새로운 버전이 출시될 것으로 예상하며, *PMBOK® Guide*의 업데이트에 따라 PMP® 시험도 개정될 것입니다.

*PMBOK® Guide*는 전 세계 100명의 실무자/자원봉사자의 노력으로 만들어진 책입니다. 또한, 영문판이 완성되면 총 11개 언어(Arabic, Chinese, French, German, Hindi, Italian, Korean, Japanese, Portuguese, Russian, Spanish)로 번역됩니다. 영문판이 완료되면 나라별로 그 나라의 PM 전문가들이 전문 번역회사에서 번역한 내용을 검수하여 피드백을 제공하고, 이 과정이 완료되면 각 나라 언어 버전으로 출시됩니다. 한글판도 출시되어 있으므로 시험공부 할 때 영문 버전이 부담되는 경우에 한글 버전과 같이 보면 좋습니다. 주의할 점은 한글 버전만 봐서는 내용 이해가 어려울 수 있습니다. 영어 단어를 한글화하는 과정에서 어색하게 번역되는 경우가 있으므로 기본은 영문버전으로 보고 중간마다 예시를 드는 부분들은 한글 버전으로 쭉 읽어나가면 좋습니다.

*PMBOK® Guide*를 흔히 '단일 프로젝트의 사실상 표준'이라고 부릅니다. *PMBOK® Guide*에 쓰인 대부분의 용어들은 표준 용어로서 앞으로 의사소통에 많은 도움이 됩니다.

여러분은 앞으로 시험을 위해 *PMBOK® Guide*를 자주 볼 것입니다. *PMBOK® Guide*를 볼 때 책의 구성 및 특성을 이해하고 어떤 부분을 중심으로 봐야 좋은지 알고 책에 접근하는 것은 시험에 많은 도움이 됩니다. 오랜 경험으로 알게 된 *PMBOK® Guide*의 학습 방법을 몇 가지 알려 드립니다.

[PMBOK® Guide 학습 방법]

A. Section 1부터 시작하세요.

1장은 Introduction으로서 일반적으로 책의 가장 첫 장인 들어가기, 서문에 해당하는 부분입니다. *PMBOK® Guide*는 Scope, Schedule, Cost 등 영역별로 구분이 잘 되어 있어서 책을 여러 번 본 사람이라면 어떤 장을 골라서 봐도 문제가 없습니다. 하지만 태어나서 처음 *PMBOK® Guide*를 접한 사람이라면 1장에서 말하는 프로젝트 및 프로젝트 관리의 기본 개념을 익히고 다음 장으로 진행하는 것이 좋습니다.

B. 2부(Part 2)는 Section 13까지 모두 학습한 후 다시 한번 보세요.

*PMBOK® Guide*는 총 3부로 구성되어 있습니다. 1부에 포함된 1장~13장이 시험의 주요 출제 영역인데, 2부에 포함된 내용도 시험에 도움이 많이 됩니다. 2부의 내용은 1부의 내용을 요약 정리한 개념으로서 49개의 프로세스를 착수, 기획, 실행, 감시 및 통제, 종료의 5개 프로세스 그룹으로 설명하는 장입니다. 각 프로세스에 대한 상세 설명은 1부에서 설명하기 때문에 5개의 프로세스 그룹 안에 포함된 프로세스들에 대한 설명과 투입물(Inputs)과 산출물(Outputs)만 제시합니다. 2부는 1부의 4장부터 13장까지 영역별로 프로세스를 상세히 익힌 후 5개의 프로세스 그룹으로 분류해서 정리하는 차원에서 보면 도움이 될 것입니다.

C. 데이터 흐름도(Data flow diagram)를 잘 이해하세요.

*PMBOK® Guide*의 4장부터 13장까지는 통합, 범위, 일정, 원가, 품질 등 영역별로 프로세스를 설명합니다. 4~13장에는 해당 지식영역에 대한 프로세스가 포함되어 있습니다. 각 프로세스는 앞 프로세스의 산출물이 다음 프로세스의 투입물이 되면서 서로 연결됩니다. 프로세스의 산출물과 투입물 관계를 통해 프로세스 간의 연관성을 도식화한 것이 Data flow diagram입니다. *PMBOK® Guide*의 4~13장까지는 프로세스 1개마다 1개의 흐름도를 삽입해 놓았습니다. 이 흐름도는 프로세스 간의 연결성을 이해하는 데 많은 도움이 되므로 자주 보는 것이 좋습니다.

D. 중요한 그림은 반드시 이해하세요.

*PMBOK® Guide*는 1장부터 13장까지 총 154개의 그림이 들어가 있습니다. 책의 지면을 일부러 할애하여 그림을 넣은 이유는 설명을 보조하기 위한 것도 있겠지만 중요한 내용이기

때문일 것입니다. PMP® 시험에서는 그림에 관련된 문제가 자주 출제됩니다. 모든 그림이 다 시험에 중요한 것은 아니지만, *PMBOK® Guide*를 보다가 그림이 나오면 주의 깊게 보는 습관을 들이기 바랍니다. 그림이 나오면 그림 내용보다 그림 제목을 먼저 보고 그림 내용을 보는 것이 좋습니다.

E. 각 프로세스의 Inputs, Tools and Techniques, Outputs는 이해 위주로 학습하세요.

*PMBOK® Guide*에는 총 49개의 프로세스가 있고 각 프로세스별로 Inputs, Tools and Techniques, Outputs(이하 ITTO)가 모두 합쳐서 최소 20개 정도 있습니다. 그러면 49개 곱하기 20개 하면 980개 정도의 ITTO가 있다는 것인데 이를 모두 암기하는 것은 매우 어려운 일입니다. ITTO는 가능하면 이해하려고 노력해야 합니다. 각 프로세스의 의미와 그 프로세스를 진행하는 프로젝트 진행 중의 시점을 이해하면 왜 그런 투입물이 들어가야 하며 왜 그런 산출물이 나와야 하는지 충분히 이해할 수 있습니다. 이왕이면 한 프로세스의 산출물이 다른 프로세스의 투입물로 어디에 들어가는지까지 알아두면 좋습니다. PMP® 시험은 프로세스의 흐름에 대한 문제가 많으므로 프로세스의 흐름을 이해하려고 노력해야 하며, 그러기 위해서는 ITTO를 이해하는 것이 우선입니다. 단순 암기는 기억이 오래가지 않습니다.

F. 가능한 영문판으로 공부하세요.

*PMBOK® Guide*는 미국 PMI에서 만든 책입니다. 프로젝트 관리라는 분야가 많이 발전한 나라가 미국과 영국입니다. 따라서, 프로젝트 관리에 대한 표준 용어는 영어이며 전 세계에서 영어로 표준 용어를 사용합니다. 그런데 이를 한글화하게 되면 번역이 이상하고 오히려 이해가 어려운 경우도 생길 수 있습니다. 예를 들면, Fast Tracking이라는 용어가 있는데요, 신문에도 자주 등장하는 용어입니다. 프로젝트 기간을 단축하기 위해 정상적인 순서로 진행하는 대신 두 작업을 병행 수행해서 기간을 줄이는 기법입니다. 그런데 이 Fast Tracking을 직역해서 빠른 연속, 빠른 추적 등으로 하면 무척 이상합니다. *PMBOK® Guide* 한글판에는 '공정중첩 단축법'이라고 번역했는데요, 그냥 Fast Tracking이 두 작업을 병행하는 것이라고 이해하는 것이 더 나을 것입니다. 하지만 *PMBOK® Guide* 전체를 영어로 보는 것이 부담될 수 있으므로 긴 예시문장 등은 *PMBOK® Guide* 한글판을 이용해서 빠르게 읽고 넘어가는 것이 좋습니다.

G. 전문용어는 따로 자료를 찾아서 공부하세요.

*PMBOK® Guide*는 많은 전문용어가 등장합니다. 전문용어에 대해 상세히 이해하려면 학습자 스스로 그 용어를 이해하기 위한 추가 노력을 해야 합니다. *PMBOK® Guide*에 부록으로 포함되어 있는 용어해설(Glossary)을 이용하거나 Wikipedia.org, 구글 같은 검색 사이트를 이용하여 용어의 뜻을 찾고 이해하는 것도 좋습니다.

H. 항상 '왜?'라는 질문을 많이 하세요.

*PMBOK® Guide*를 공부할 때 수시로 '왜?'라는 질문을 많이 하면 내용을 이해하려고 노력하게 됩니다. '왜 이 투입물들이 이 프로세스에 들어가야만 하지?', '왜 이 프로세스는 이런 도구와 기법을 사용했지?', '왜 이 프로세스는 이런 산출물들이 생성되어야만 하지?', '왜 이 그림이 여기에 나와 있는 거지?', '왜 이 도구 및 기법에 대한 설명이 다른 것에 비해 길지?'라고 호기심을 갖고 스스로 질문하게 되면 그 해답을 찾기 위해 노력하게 됩니다. 이런 과정을 반복하다 보면 *PMBOK® Guide*를 외우지 않고 이해하는 데 많은 도움이 됩니다.

[PMBOK® Guide의 구성 안내]

*PMBOK® Guide*는 총 3부로 구성되어 있습니다. 1부가 본문이며 13개의 Section이 포함되어 있습니다. 2부에는 프로젝트 관리에 대한 기본 내용과 5개의 프로세스 그룹을 설명하며, 3부에는 6개의 부록과 용어해설이 포함됩니다. *PMBOK® Guide* 전체 구성을 개략적으로 이해하고 난 후 상세히 보게 되면 학습에 더 도움이 됩니다. *PMBOK® Guide*의 전체 구조를 간단히 설명합니다.

1부. 프로젝트 관리 지식체계 지침서(PMBOK® Guide)

Section 1. 머리말(Introduction)

1장은 프로젝트 관리에 대한 기본 용어들을 설명합니다. 그리고 프로젝트와 관련된 프로그램, 포트폴리오, 운영과의 관계를 설명합니다.

- *PMBOK® Guide*의 목적
- 프로젝트, 프로젝트 관리의 중요성
- 프로젝트와 프로그램, 포트폴리오와의 관계

- PMO(Project management office)의 역할
- 프로젝트 관리 비즈니스 문서

Section 2. 프로젝트가 운영되는 환경(The environment in which project operate)

2장은 프로젝트에 영향을 미칠 수 있는 요소들을 설명합니다. 또한 조직구와 PMO에 대해서도 설명합니다.

- 개요
- 기업 환경 요인
- 조직 프로세스 자산
- 조직 시스템

Section 3. 프로젝트 관리자의 역할(The role of project manager)

3장에서는 프로젝트 관리자의 역할은 무엇인지, 갖춰야 하는 역량은 어떤 것이 있는지 설명합니다.

- 개요
- 프로젝트 관리자에 대한 정의
- 프로젝트 관리자의 영향력 범위
- 프로젝트 관리자 역량
- 통합 수행

Section 4. 프로젝트 통합 관리(Project Integration Management)

4장은 프로젝트 통합 관리에 대해 설명합니다. 프로젝트에서는 각 프로세스가 분리되어 진행되는 것이 아니라 여러 프로세스와 다양한 활동들이 통합되어 진행됩니다. 통합 관리에 포함된 프로세스들은 여러 프로세스를 합치고 조정하는 역할을 수행합니다. 총 7개의 통합 관리 프로세스를 통해 프로젝트 통합 관리에 대해 설명합니다.

4.1 프로젝트 헌장 개발(Develop Project Charter)
4.2 프로젝트 관리 계획서 개발(Develop Project Management Plan)
4.3 프로젝트 작업 지시 및 관리(Direct and Manage Project Work)
4.4 프로젝트 지식 관리(Manage Project Knowledge)

4.5 프로젝트 작업 감시 및 통제(Monitor and Control Project Work)
4.6 통합 변경 통제 수행(Perform Integrated Change Control)
4.7 프로젝트 또는 단계 종료(Close Project or Phase)

Section 5. 프로젝트 범위 관리(Project Scope Management)

5장은 프로젝트 범위 관리에 대한 내용입니다. 프로젝트에서 완료해야 할 범위는 모두 식별되어야 하며, 하지 않아도 될 범위가 프로젝트 범위 안에 포함되면 안 됩니다. 프로젝트에 무엇이 포함되고 포함되지 않는지 정의하고 통제하는 것이 범위 관리의 주요 목적입니다. 범위 관리에 필요한 총 6개의 프로세스를 설명합니다.

5.1 범위 관리 계획수립(Plan Scope Management)
5.2 요구사항 수집(Collect Requirements)
5.3 범위 정의(Define Scope)
5.4 작업분류체계 작성(Create WBS)
5.5 범위 확인(Validate Scope)
5.6 범위 통제(Control Scope)

Section 6. 프로젝트 일정 관리(Project Schedule Management)

6장은 프로젝트 일정 관리에 대한 내용입니다. 일정을 관리하는 주요 목적은 우리가 원하는 일정 안에 프로젝트를 완료하기 위해서입니다. 프로젝트를 적시에 완료하기 위해 필요한 6개의 프로세스를 설명합니다.

6.1 일정 관리 계획수립(Plan Schedule Management)
6.2 활동 정의(Define Activities)
6.3 활동 순서배열(Sequence Activities)
6.4 활동 기간 산정(Estimate Activity Durations)
6.5 일정 개발(Develop Schedule)
6.6 일정 통제(Control Schedule)

Section 7. 프로젝트 원가 관리(Project Cost Management)

Cost는 원가라고 번역을 하지만 비용이라고 생각해도 됩니다. 프로젝트의 원가를 산정하고, 예산을 결정하고, 원가를 통제하는 프로세스들을 통해 승인된 예산안에 프로젝트를 완료할 수 있도록 4개의 원가 관리 프로세스들을 설명합니다.

7.1 원가 관리 계획수립(Plan Cost Management)
7.2 원가 산정(Estimate Costs)
7.3 예산 결정(Determine Budget)
7.4 원가 통제(Control Costs)

Section 8. 프로젝트 품질 관리(Project Quality Management)

프로젝트가 요구된 품질 표준이나 조건들을 맞추기 위해 품질 관련 활동들을 기획하고 실행하고 통제하는 총 3개의 프로세스를 설명합니다.

8.1 품질 관리 계획수립(Plan Quality Management)
8.2 품질 관리(Manage Quality)
8.3 품질 통제(Control Quality)

Section 9. 프로젝트 자원 관리(Project Resource Management)

자원 관리에서는 프로젝트를 성공적으로 완료하는 데 필요한 자원(사람, 장비, 재료)을 식별하고, 확보하여 관리하는 프로세스를 설명합니다.

9.1 자원 관리 계획수립(Plan Resource Management)
9.2 활동 자원 산정(Estimate Activity Resources)
9.3 자원 확보(Acquire Resources)
9.4 팀 개발(Develop Team)
9.5 팀 관리(Manage Team)
9.6 자원 통제(Control Resources)

Section 10. 프로젝트 의사소통 관리(Project Communications Management)

프로젝트의 의사소통은 다양한 프로젝트의 정보를 관리하는 것을 말합니다. 프로젝트의 수많은 정보가 아무렇게나 생성, 배포, 처분되면 안 됩니다. 10장은 프로젝트 정보의 시기적절한 생성, 수집, 배포, 저장, 처분을 다루는 3개의 프로세스를 설명합니다.

10.1 의사소통 관리 계획수립(Plan Communications Management)
10.2 의사소통 관리(Manage Communications)
10.3 의사소통 감시(Monitor Communications)

Section 11. 프로젝트 리스크 관리(Project Risk Management)

어떤 프로젝트든지 미래의 불확실한 사건 또는 조건인 리스크가 반드시 있습니다. 모든 프로젝트가 불확실한 것을 예측하여 진행하므로 리스크는 프로젝트의 관리 영역 중 하나입니다. 11장에서는 프로젝트에 대한 리스크의 기획, 식별, 분석, 대응 준비, 대응 실행, 감시에 관련된 7개의 프로세스를 설명합니다.

11.1 리스크 관리 계획수립(Plan Risk Management)
11.2 리스크 식별(Identify Risks)
11.3 정성적 리스크 분석 수행(Perform Qualitative Risk Analysis)
11.4 정량적 리스크 분석 수행(Perform Quantitative Risk Analysis)
11.5 리스크 대응 계획수립(Plan Risk Responses)
11.6 리스크 대응 실행(Implement Risk Responses)
11.6 리스크 감시(Monitor Risks)

Section 12. 프로젝트 조달 관리(Project Procurement Management)

프로젝트에 필요한 모든 자원을 자체적으로 해결하기는 쉽지 않습니다. 그래서 외부로부터 필요한 것을 조달하는데요, 12장은 프로젝트를 위해 필요한 제품, 서비스, 또는 결과물을 구매 또는 획득하는 총 3개의 프로세스를 설명합니다.

12.1 조달 관리 계획수립(Plan Procurement Management)
12.2 조달 수행(Conduct Procurements)
12.3 조달 통제(Control Procurements)

Section 13. 프로젝트 이해관계자 관리(Project Stakeholder Management)

프로젝트에 의해서 영향을 받거나 받을 수 있는 개인, 단체, 회사를 식별하고 이해관계자의 기대사항과 프로젝트에 대한 영향을 분석하고 적절한 관리 전략을 개발하기 위한 4개의 프로세스로 구성되어 있습니다.

13.1 이해관계자 식별(Identify Stakeholders)
13.2 이해관계자 참여 계획수립(Plan Stakeholder Engagement)
13.3 이해관계자 참여 관리(Manage Stakeholder Engagement)
13.4 이해관계자 참여 감시(Monitor Stakeholder Engagement)

2부. 프로젝트 관리 표준서

Section 1. 머리말
Section 2. 착수 프로세스 그룹
Section 3. 기획 프로세스 그룹
Section 4. 실행 프로세스 그룹
Section 5. 감시 및 통제 프로세스 그룹
Section 6. 종료 프로세스 그룹

3부. 부록, 용어해설, 색인

부록 X1. 제6판 변경사항

- *PMBOK® Guide*의 현재 버전인 6th Edition이 이전 버전인 5th Edition에 비해 내용이나 프로세스 명칭이 어떻게 달라졌는지 설명합니다.

부록 X2. PMBOK® GUIDE—제6판의 기여자 및 검수자

- *PMBOK® Guide* 6th Edition에 기여한 모든 사람과 한국어 번역검증 자원봉사자 소개가 있습니다.

부록 X3. 애자일, 반복적, 적응형 및 혼합형 프로젝트 환경

- 프로젝트 생애주기, 단계, 적응형 환경의 프로세스 그룹을 설명합니다.

부록 X4. 지식 영역의 핵심 개념 요약

- 통합부터 이해관계자까지 총 10개의 지식 영역에 대한 요약 설명입니다.

부록 X5. 지식 영역 조정 고려사항의 요약

- 프로젝트 환경에 맞게 통합부터 이해관계자 관리까지 10개의 영역을 조정할 때 고려해야

할 사항을 설명합니다.

부록 X6. 도구 및 기법

- *PMBOK® Guide*에 소개된 132개의 도구와 기법이 통합부터 이해관계자 관리까지 10개의 영역별로 어디에 쓰이는지 설명합니다.

용어해설

- 약어를 설명하고 주요 용어를 알파벳 순으로 설명합니다.

0.10 PMI(Project Management Institute)

PMP®라는 자격은 미국 PMI에서 인증하는 자격입니다. PMP®를 취득했는데 PMP® 자격을 발행해준 PMI에 대해서 전혀 모른다면 좀 이상할 것입니다. 여러분이 취득할 PMP®를 발급하는 PMI에 대해 몇 가지 정보를 알려 드립니다.

- 1969년 창립된 PMI는 프로젝트 관리 분야의 세계적인 비영리 협회로, 170여 개국에서 57만 명 이상의 회원들이 참여하고 있습니다.
- 홈페이지는 www.pmi.org입니다.
- PMP®, PgMP®, PMI-RMP®, PMI-SP® 등 다양한 프로젝트 관련 자격제도를 시행하고 있습니다.
- *PMBOK® Guide* 같은 자체 PM 관련 글로벌 표준을 만들고 발전시키고 있습니다. PMI 회원들은 무료로 PDF 문서를 다운받아서 볼 수 있습니다.
- 회원들 간의 정보 교류와 네트워킹을 위해 Projectmanagement.com을 운영하고 있습니다. PMI 회원은 유료 콘텐츠를 무료로 이용할 수 있습니다.
- 매년 EMEA와 North America에서 PMI Global Congress라고 부르는 PM 관련 국제 컨퍼런스를 개최합니다.
- PM Network®(최신 뉴스와 트렌드를 담은 PMI 월간지)와 PMI Today®(PMI 월간 신문)를 매월 발행합니다. Project Management Journal®이라는 연구 논문도 매 분기별로 발

행합니다.

- 나라별로 Chapter(지부)를 두고 있으며, Chapter 간의 교류도 활발히 진행됩니다. PMI 한국 지부도 있으며, 홈페이지는 www.PMIKorea.kr입니다.

0.11 PMP® 합격을 위한 로드맵

대부분 PMP® 시험을 준비하는 사람들의 희망 사항은 **'가능한 빨리 1번에 합격하기'**일 것입니다. 사실 모든 시험이 1번 만에 가장 빨리 합격하는 것이 좋습니다. 그렇지만 어느 정도 최소한의 노력이 필요한 것은 사실입니다. 또한, 사람마다 서로 다른 환경과 배경을 갖고 있어서 시험을 준비하는 표준 프로세스는 없지만, 그동안의 강의 경험으로 봤을 때 제시할 수 있는 일반적인 학습 방법들을 알려 드립니다.

A. 일반 직장인 중 오프라인 정규수업에 참여가 가능한 사람

보통 35~40시간으로 구성된 정규과정은 주간반, 야간반 또는 주말반 등이 있습니다. PMP® 시험을 준비하는 가장 효과적인 방법은 오프라인 정규수업을 듣는 것입니다. 시간이 된다면 정규수업을 신청하기 전에 미리 PMI에 유료 회원으로 가입하여 *PMBOK® Guide*를 다운 받아서 읽어보는 사전학습을 하면 학습에 많은 도움이 됩니다. 정규수업에 들어가면 보통 *PMBOK® Guide*를 포함한 시험 관련 교재를 제공하고 시험에 관련된 모든 사항을 알려 줍니다. 수업시간에 집중해야 하며, 복습과 예습을 매일 하는 것이 좋습니다.

B. 일반 직장인 중 오프라인 정규수업에 참여가 어려운 사람

보통 지방에 근무하거나 회사업무가 바쁜 경우에는 일정한 시간을 내서 교육에 참여하기가 어렵습니다. 그런 경우에는 온라인 강의를 이용하면 좋습니다. 앞에서도 언급했지만 *PMBOK® Guide*는 요약형태의 책이므로 전문 강사의 설명을 듣는 것이 좋으며, 또 어떤 부분이 시험에 중요한지 강의에서 잘 알려주기 때문에 강의를 듣는 것이 시험에 도움이 됩니다. 온라인은 정해진 기간 안에 반복 청취가 가능한 장점이 있습니다. 보통 온라인 강의도 정규과정과 동일하게 진행되며 등록 시에 시험에 필요한 수험서를 제공하는 경우가 많습니다.

C. 오프라인 과정과 온라인 과정의 공통사항

수업을 모두 마친 후에는 바로 시험을 신청하여 미리 날짜를 정해놓습니다. 날짜를 미리 잡는 이유는 스스로 심리적 부담을 주기 위해서입니다. 그동안의 강의 경험으로 볼 때 일반 직장인의 경우 수업을 마치고 평균 한 달에서 한 달 반 후에 시험을 응시합니다. 따라서 시험 응시일은 교육을 마친 후에 한 달에서 한 달 반 정도 뒤에 잡는 것이 좋습니다. (약 100~150시간 정도의 자가 학습) 그리고 본인 스스로 공부계획을 세워야 합니다. 본인이 회사업무 외에 가용할 수 있는 시간을 분석해 보고 평일과 주말 각각 몇 시간씩 공부할 것인지 결정하고 공부할 분량을 정해 계획대로 진행합니다.

우선 수업 시간에 배운 내용 중 외울 것은 외우고 이해할 것은 이해하는 1차 복습이 필요합니다. 그러고 나서 영역별로 연습문제를 풀어보면 잘 이해하고 있는 영역과 이해가 부족한 영역을 알게 됩니다. 잘 틀리는 영역에 대해 다시 *PMBOK® Guide*와 수업 내용을 통해 2차 보완학습을 합니다. 부족한 영역이 모두 보완이 되면 전체적으로 문제를 잘 풀 때가 오는데 그때가 시험을 볼 수 있는 수준입니다. 그러나 이왕이면 시험 보러 가기 전에 실제 시험처럼 200문제를 모의테스트 해본 후 적정 점수가 나오는지 확인하고 나서 시험을 보러 가는 것이 좋습니다. 200문제는 본 책의 부록에도 있으며 인터넷에서 무료/유료로 제공하는 사이트들이 있으므로 여러 차례 풀어볼 수 있습니다. 모의테스트에서 최소 170점 정도 이상 나올 때 시험 보러 가는 것이 좋습니다.

D. 독학하는 사람

독학으로 시험에 합격하는 경우도 종종 있지만 많지 않습니다. 만약 독학으로 공부한다면 *PMBOK® Guide*를 여러 차례 정독하고, 수험서를 적극적으로 활용해야 합니다. 또한, 인터넷을 통해 정보를 많이 얻고, 연습문제도 많이 풀어보길 권해 드립니다. 그리고 교육기관에서 특강 형태로 핵심정리나 문제풀이 과정을 진행할 때 참석하는 것도 좋은 방법입니다. 정규 수업을 들은 사람과 마찬가지로 200문제 모의테스트를 하고 나서 적정 점수가 나왔을 때 시험 보러 가는 것이 좋습니다.

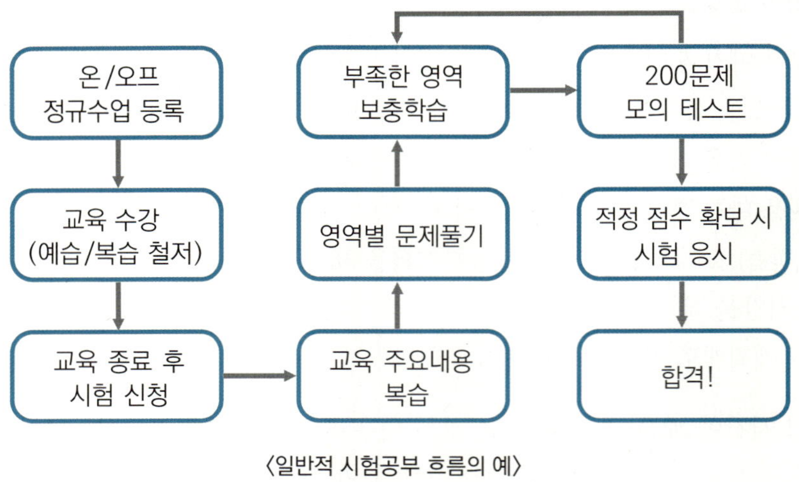

〈일반적 시험공부 흐름의 예〉

0.12 시험 당일

보통 시험 전날에 시험으로 인한 긴장감 때문에 잠을 설치는 사람들도 있는데요, 가능하면 숙면을 취하는 것이 시험에 도움이 됩니다. 시험 당일에는 본인이 정리한 핵심노트 한 권 정도만 들고 가면 좋습니다. 그리고 신분 확인을 위해 신분증을 챙기는 것도 잊지 마세요.

사전에 예약한 시험 장소에 30분 정도 미리 도착하는 것이 좋습니다. 그리고 가능하면 오전에 시험 보는 것이 집중도 면에서는 좋을 것입니다. 시험장에 도착하면 명단을 확인하고 보안 검사를 거친 후 개인 소지품을 사물함에 보관하고 컴퓨터가 있는 테스트룸으로 들어갑니다. 입실하게 되면 담당자가 자리로 안내를 해주고 시험을 보기 위해 컴퓨터를 세팅합니다. 그런데 바로 문제를 푸는 것이 아니라 CBT 시험에 대한 안내 동영상이 15분 정도 보여지고 안내가 끝나면 정식으로 테스트가 시작됩니다. 주의할 점은 안내 동영상이 나올 때 미리 적어간 것을 꺼내어 놓고 보는 것은 부정행위에 속합니다. 일단 입실한 다음부터는 무언가를 꺼내어 보는 행위는 모두 부정행위에 해당하므로 조심하기 바랍니다.

시험 신청 시 한글 지원을 선택한 경우 한글 번역으로 출제됩니다. 영문은 별도로 클릭하면 볼 수 있으므로 필요시 영문을 참조하면 됩니다. 문제를 풀다 보면 어려운 문제도 나오는

데 이때는 그냥 다음 문제로 넘어가지 말고 일단은 본인이 생각하기에 정답에 가장 가까운 답에 체크를 합니다. 빈칸으로 두면 무조건 오답 처리가 되므로 [Mark] 기능을 이용하여 마크해 놓으면 나중에 마크된 문제만 별도로 다시 검토할 수 있습니다. 시험을 보면서 휴식은 10분 이내로 두 번까지 쉴 수 있습니다. (이전에는 제한이 없었으며 상황에 따라 바뀔 수 있습니다.) 일반적으로 2시간 풀고 한 번 쉬는 정도인데 본인의 컨디션에 따라 적절한 휴식을 취해주는 것이 좋습니다. 4시간을 모두 사용하지 않고 중간에 시험을 끝낼 때는 [End of Exam]을 선택하면 됩니다.

200문제까지 시험이 모두 끝나고 간단한 설문조사를 마치면 모니터에 바로 합격 또는 불합격이 표시됩니다. 합격은 'Pass'로 표시되며, 불합격은 'Fail'로 표시됩니다. 합격할 경우 각 출제 영역별로 얼마나 잘했는지 결과를 화면에 표시해 주고 시험 감독관이 결과를 출력해줍니다. 시험 결과는 점수로 표시되지 않으며 **Target, Above target, Below target, Need improvement**의 4등급으로 표시됩니다. 그리고 나서 한 달 정도 후에 미국에서 공식 PMP® 자격 증서가 배달됩니다. 이후부터는 3년마다 돌아오는 자격 갱신 주기를 잘 유지하면 됩니다.

*** 시험 당일에 관련된 상세 정보는 PMPcafe.com의 합격후기 게시판을 참고하세요. 실제 시험을 본 사람들이 자신의 경험을 아주 상세히 설명해 놓았습니다.**

Project Management Institute

THIS IS TO CERTIFY THAT

Han Donghwan

HAS BEEN FORMALLY EVALUATED FOR DEMONSTRATED EXPERIENCE, KNOWLEDGE AND PERFORMANCE IN ACHIEVING AN ORGANIZATIONAL OBJECTIVE THROUGH DEFINING AND OVERSEEING PROJECTS AND RESOURCES AND IS HEREBY BESTOWED THE GLOBAL CREDENTIAL

Project Management Professional (PMP)®

IN TESTIMONY WHEREOF, WE HAVE SUBSCRIBED OUR SIGNATURES UNDER THE SEAL OF THE INSTITUTE

Caterina La Tona • Chair, Board of Directors

Mark A. Langley • President and Chief Executive Officer

PROJECT MANAGEMENT INSTITUTE CORPORATE SEAL 1969 PENNSYLVANIA

PMP® Number: 2184328
PMP® Original Grant Date: 09 April 2018
PMP® Expiration Date: 08 April 2021

PMI Project Management Institute

〈PMP® 자격증서〉

[PMP® 시험 당일의 7가지 팁]

① 시험 당일 긴장을 푸세요.

사람이 긴장하면 평소 잘 알던 것도 생각나지 않습니다. 시험이 막상 시작되면 사실 긴장되기 마련입니다. 가능한 긴장하지 않도록 해야 하는데요, 시험 전날 숙면을 취하는 것이 좋습니다. 그리고 시험 전에 '나는 합격할 것이다.'라고 긍정적인 생각을 합니다. 시험장으로 가는 길에 자신이 평소 좋아했던 경쾌한 음악을 듣는 것도 좋습니다. 자신만의 방법으로 긴장을 최대한 풀고 시험장에 들어가세요.

② 시험 전에 충분히 식사하세요.

PMP® 시험은 쉬는 시간을 포함하여 총 4시간이 소요되는 시험입니다. 꼭 4시간을 다 채울 필요는 없지만, 일반적으로 거의 4시간을 모두 소비합니다. 4시간 동안 집중하기 위해서는 체력이 필요하며, 식사를 거르고 들어갈 경우 배가 고파서 시험에 집중하기 어렵습니다. 4시간 동안 좋은 체력을 유지하려면 탄수화물 위주의 식사보다는 단백질 위주의 식사가 시험에 도움이 됩니다. 시험 전에 꼭 식사하세요.

③ 가능하다면 월요일에 시험을 보세요.

주중에 일하다 시험을 보기보다는 주말에 도서관 같은 곳에서 집중적으로 마무리 공부 후 월요일에 시험을 응시하는 것이 좋습니다. 또한, 오후보다 오전에 시험 보는 것이 집중도 면에서 좋다고 합니다.

④ 안내 동영상을 보세요.

처음 CBT 환경에서 시험을 보는 사람의 경우, 컴퓨터로 시험 보는 것이 어색합니다. 정식으로 1번 문제가 나오기 전에 시험 안내 동영상이 15분 정도 나오는데 이왕이면 봐두는 것이 좋습니다. 보기 4개 중에 아닌 것으로 생각되는 보기는 취소 선을 그어 놓을 수 있습니다. 문제 지문 중 중요한 부분은 하이라이트로 표시할 수 있습니다. 시험에 유용한 기능들을 소개하므로 잘 보시면 쉽게 따라 할 수 있습니다.

⑤ 모든 문제에 답을 체크하세요.

문제를 풀다 보면 도저히 답을 고르기 어려운 경우도 있습니다. 그렇다고 답을 체크하지 않고 다음 문제로 넘어가 버리면 나중에 4시간 완료 시 자동으로 채점으로 넘어갔을 때 답을 체크하지 않은 문제는 모두 오답처리 되어버립니다. 모르는 문제도 일단 가장 가까운 답을 체크해 놓고 Mark를 해두어야 합니다.

⑥ 어려운 문제보다 쉬운 문제를 먼저 푸세요.

어려운 문제에 시간을 너무 많이 소비하게 되면 시험 시간이 부족할 수 있습니다. 어려운 문제보다 확실하게 답을 알고 있는 문제부터 체크하고 어려운 문제는 Mark 해놓고 나중에 시간이 남을 때 다시 재검토하면 좋습니다.

⑦ 시간 배분을 잘하세요.

화면에 4시간이 마이너스로 카운트다운 되므로, 200문제에 대한 시간 배분을 잘하는 것이 좋습니다. 마지막에 마크한 문제를 검토할 시간을 뺀 나머지 시간을 4등분하여, 50문제씩 문제를 푸는 것도 한 방법입니다. 그리고 4시간을 가능한 한 모두 활용하는 것이 좋습니다.

0.13 PMP® 관련 FAQ

그동안 PMPcafe.com를 운영하면서 사이트에 많은 질문들이 올라왔었습니다. 그중에서 반복해서 물어보는 내용이 있어서 몇 가지 정리했습니다.

Q PMI에서 E-mail이 오지 않습니다. 어떻게 해야 하죠?
시험을 신청한 지 10일 넘었는데도 PMI에서 어떤 메일도 오지 않고 있습니다. 더 기다려야 하나요?

A PMP® 시험을 신청한 후 PMI로부터 결제 안내 메일을 받고, 시험 신청 자격 번호가 있는 Eligibility Letter나 Audit 관련 내용도 E-mail로 받게 됩니다. 즉, 시험에 관련된 모든 커뮤니케이션은 E-mail로 하게 되는데요, PMI에서 보내는 메일을 받지 못한다면 문제가 될 수 있습니다. PMI에서 보내는 메일은 영문으로 오기 때문에 스팸 메일함으로 자동 분류될 수 있으므로 스팸 메일함을 확인해 보는 것이 좋습니다. 그리고 주

의할 점은 PMI에 등록된 본인의 메일주소가 네이버 메일(@naver.com) 또는 한메일(@hanmail.net)을 사용할 경우 PMI에서 스팸으로 인식되어 전달이 안 될 수 있습니다. 가능하면 구글 메일이나 핫메일 또는 회사 메일주소를 사용하는 것이 좋습니다. 만일 일정 기간이 지났고 스팸 메일함을 확인해도 메일이 없다면 PMI 고객센터로 연락하는 것이 좋습니다. 아시아태평양 지역을 담당하는 고객센터가 싱가포르에 있으며, 한국인 근무자가 있으므로 영어가 부담되는 분들도 편리하게 이용할 수 있습니다. E-mail도 가능하지만 전화로 직접 연락하는 것도 괜찮습니다. 그리고 기타 PMP® 시험에 관련된 모든 사항도 PMI 고객센터를 이용하면 됩니다.

[PMI 아시아 태평양 지역 서비스센터]
전화: +65-6496-5501
E-mail: customercare.korea@pmi.org

Q PMI 회원 갱신 안내 메일이 왔습니다. 갱신해야만 하나요?
PMI로부터 회원 갱신 안내 메일을 받았습니다. 회원 갱신비 $129를 내라고 하는 것 같은데 꼭 내야 하나요?

A 보통 처음 시험을 신청할 때 시험 비용을 할인받기 위해 PMI 회원으로 가입하며, 회원 자격 기간은 1년입니다. 1년이 지난 후 회원 연장 안내메일이 오지만 PMI 회원이 아니더라도 PMP® 자격을 유지하는데 전혀 문제가 되지 않으므로 연장하지 않아도 상관없습니다. 회원으로서 혜택을 계속 받고 싶다면 유지할 수도 있습니다.

Q 제가 받은 교육이 시험을 위한 35시간 교육에 충족되나요?
35시간 교육이수에 관해 문의사항이 있는데요. 소속회사에서 지원하는 직무교육은 인정된다고 들었습니다. 만약 '기초회계', '6시그마', '전략적 팀 목표관리'(각 20시간 이수) 등의 과목을 수료했다면 이 모든 과목이 교육시간으로 인정받을 수 있는지 궁금합니다.

A 별도로 시험을 위한 전문 과정을 이수하지 않고 회사에서 받은 교육으로 시험을 위한 35시간 교육이수 조건을 충족할 수 있습니다. 그런데 교육은 무척 다양해서 내가 받은 교육이 인정되는지 안 되는지 많은 사람이 궁금해합니다. PMI에서 발행한 PMP®

Handbook에는 '35 Contact hours of formal education'이라고만 명시되어 있습니다. 그럴 수밖에 없는 것이 전 세계에 수많은 교육을 나열하는 것은 불가능하기 때문입니다. *PMBOK® Guide*에는 통합, 범위, 일정, 원가, 품질, 자원, 의사소통, 리스크, 조달, 이해관계자의 10개의 지식영역이 있습니다. 즉, 생각보다 다루는 범위가 넓습니다. 따라서 판단은 본인이 할 수밖에 없으며, 웬만한 프로젝트와 관련된 교육은 거의 다 인정받을 수 있습니다.

Q 자격증이 안 오는데요?

시험 본 지 두 달이 되었는데 아직도 자격증이 안 옵니다. 메일을 보냈는데도 답도 없고요. 어찌해야 하나요?

A 자격증 배송이 누락되는 경우가 가끔 있습니다. 어떤 경우에는 여러 번 연락했더니 자격증이 3개가 왔다는 사람도 있더군요. 가장 좋은 방법은 PMI 아시아 태평양 지역 서비스센터로 연락하는 것입니다. 또한, 중간에 자격증을 분실해서 재발급이 필요할 때도 PMI 고객센터로 연락하면 자격증을 무료로 배송해줍니다.

Q 영어에 대한 질문입니다.

막상 공부하려 하니깐 다른 것보다 영어가 걱정됩니다. *PMBOK® Guide*도 원서고, 한글보다는 원서로 공부하는 것이 의미 파악에 용이하다고 해서… 제가 영어 실력이 별로 안 좋거든요. PMP® 공부하려면 영어가 절대적인가요? 지금 생각은 영어 공부를 좀 더 하고 PMP® 공부를 해야 할지.. PMP®공부하면서 영어 실력을 늘려야 할지... 갈팡질팡입니다...

A *PMBOK® Guide*는 전 세계 여러 나라 언어로 번역하여 출간하고 있습니다. 영문판으로 학습하기 어렵다면 한글판도 PMI에서 출간하였기 때문에 한글판을 참고로 보시면 됩니다. 하지만 가능하면 영문판 위주로 보시는 게 좋습니다. 책을 보다 보면 비슷한 단어들이 반복되므로, 처음 볼 때 좀 시간이 걸릴 수 있지만 여러 번 보다 보면 속도가 빨라집니다. 내용을 이해하는 데는 한글판보다 원서가 더 효과적입니다.

Q PMP® 시험의 한글번역 수준에 대하여?

영어실력이 그리 높지 않아(대학 때 TOEIC 시험공부 참 열심히 했었는데...) 원문용어와 한글번역용어를 함께 익히고 있는데 문득 PMP® 시험 때 원문에 대한 한글번역의 수준 정도가 어느 정도인지 궁금하네요... 한글번역 내용으로도 충분히 문제와 답을 풀 수 있을 정도인지요?

A PMP® 시험 때 한글 번역수준은 표현하자면 "볼만한 수준"이라고 생각됩니다. 가능하면 한글 번역을 먼저 보고 영문을 보면서 시험을 보면 시간도 좀 단축할 수 있고 도움이 됩니다. 한글로 문제를 풀다가 번역이 어색해 보이면 꼭 영문도 같이 확인하기 바랍니다.

Q 시험 가능 요일은?
시험은 월~금요일만 보는 게 가능한가요? 토요일에는 안되나요? 연차를 써야 되는 건가요?

A 국내 CBT 시험은 월요일부터 금요일까지 매일 오전, 오후 두 차례 실행되고 있습니다.

Q PM 관련 교육을 PMP® 시험 시 적어야 하는데, PM 교육에 대한 유효기간이 있습니까?
한 5년 전쯤에 받은 PM 교육이 있는데요, 이것으로 35시간 교육 조건을 충족할 수 있나요? 아니면 교육을 새로 들어야 하나요?

A PMP® 자격시험의 신청 요건인 프로젝트 관리 교육은 유효기간이 없기 때문에 이수한 교육 사항을 등록하실 수 있습니다. 다만, 반드시 공식적인 PM 교육 과정에 대해 증빙 가능한 교육이어야만 합니다.

Q 현재 석사과정 과목이 대부분 PM과 관련된 수업입니다. 이 수업으로 35시간 교육을 대체할 수는 없나요?

A 석사과정 관련해서는 과정을 수료한 상태에서는 석사과정 동안 수료하신 PM 관련 수업 시간을 환산하여 35시간의 교육 이수 시간을 충족하실 수 있습니다. 다만, 석사과정 중에는 활용 불가합니다.

Q 만약 PMP® 자격 Audit에서 경력이나 학력 허위가 발견되면 응시를 못하는 것으로 알고 있는데요, 앞으로 경력이 되면 다시 응시할 수 있나요? 아니면 영원히 자격 응시를 못하는지요?

A Audit 당시 학력 허위가 발견되면 앞으로 경력이 되어도 응시를 하실 수 없습니다. 영구적인 신청 자격 정지에 해당합니다. 안타깝게도 실제로 몇 명 있었습니다.

Q PMP® 시험에 Fail하고 나서 바로 재시험 신청이 안 되고 좀 기다려야 한다고 하던데요, Fail 한 날짜로부터 며칠 뒤부터 재시험을 신청할 수 있는지 정해진 기간이 있나요?

A 시험 결과가 피어슨뷰 센터에서 PMI로 넘어와 데이터가 업데이트되고 PMI로부터 공식 결과문을 받아야만 재시험 비용 지불 링크가 열립니다. 기본적으로 5~7일이 소요됩니다. 실제로 업무량에 따라 빠른 처리가 되기도, 지연되기도 하지만 최대 걸릴 수 있는 소요 시간이 5~7일입니다. 이 기간 내에 수령하지 못하시는 경우는 시스템 오류라고 판단해서 PMI 고객센터에서 지원해주고 있으며, 필요하다면 관련 부서로 협조 요청할 수 있습니다. 시기에 따라 다르지만 최근 처리가 빠른 편이라 통상 3일 정도 만에 거의 모든 사람의 결과가 업데이트되고 있습니다. 다만, 시험 지불 이후 다시 이 지불내역이 피어슨뷰 센터로 반영되는데 최대 72시간이 걸릴 수 있으면 최근 24~48시간 이내 일정 예약이 가능한 것으로 확인되었습니다.

Q PMP® 자격 유지를 위해 PM 관련 교육을 들은 것으로 PDU를 보고하려고 합니다. 합격 이전에 들은 교육도 PDU 보고가 가능한가요?

A PDU 입력 시 활동의 시작 날짜가 자격 취득일보다 이전이면 시스템에서 오류로 판단하여 PDU 보고가 불가능하도록 되어 있습니다. 따라서 취득한 날짜 이후의 교육 시간을 계산해서 입력해야 합니다.

Q PMP® 시험 신청에 대한 Audit 걸렸을 때 35시간 교육 수료증의 사본을 제출하게 되어 있는데요, 수료증은 반드시 영문이어야 하는지요? 한글 수료증도 가능한지 궁금합니다.

A 가능하면 영문으로 제출하는 게 좋지만 만약 한글 수료증을 제출할 때는 사본과 본인이 번역한 영문을 함께 제출하시면 됩니다.

0.14 PMPcafe.com 안내

앞에서 시험 신청방법, Audit 처리 방법, 자격 유지 방법 등에 대한 상세한 내용은 PMPcafe.com을 참조하시라고 했는데요, 그 이유는 웹사이트는 한 번 만들고 그대로 두는 것이 아니라 수시로 업데이트가 되기 때문에 PMI 웹사이트에 대한 URL이나 화면을 책이 넣었다가 PMI 웹사이트가 갱신하거나 수정될 경우가 생기면 잘못된 정보를 전달할 수 있습니다. 이전에도 PMI.org가 완전히 새롭게 개편된 적이 있습니다. 그래서 PMI 웹사이트가 개정될 경우 신속하게 관련 정보를 제공하기 위해 PMPcafe.com에 시험 관련된 주요 정보들을 정리했습니다. 만일 PMI 홈페이지가 갱신되면 PMPcafe.com의 내용도 신속히 바꾸게 됩니다. 최신 정보는 늘 PMPcafe.com을 이용하기 바랍니다.

PMPcafe.com에서 가장 인기 있는 게시판은 **[합격후기]** 게시판입니다. 시험 준비과정부터 본인이 공부했던 지식의 공유까지 다양한 정보들이 있는데요, PMP® 시험을 응시하기 직전까지 최신 정보를 얻을 수 있으므로 많은 이용 바랍니다.

또한, 본 책의 독자를 위해 별도로 **[독자지원 게시판]**을 운영하므로 책 내용 중 궁금한 부분이 있으면 언제든지 질문을 올려주기 바랍니다.

Memo

머리말
(Introduction)

핵심 포인트

- 프로젝트의 정의와 특징
- 프로젝트의 수행 목적
- 프로젝트 관리의 정의와 중요성
- 프로젝트 관리, 프로그램 관리, 포트폴리오 관리, 운영 관리의 상호 관계
- 프로그램 관리의 정의와 목적
- 포트폴리오 관리의 정의와 목적
- 운영 관리의 의미
- 운영 관리와 프로젝트 관리의 연관성
- 프로젝트 생애주기와 개발 생애주기
- 프로젝트 단계의 의미와 특징
- 프로젝트 관리 프로세스, 5개 프로세스 그룹, 10개 지식영역의 역할과 의미
- 프로젝트 관리 데이터와 정보의 의미
- 조정(Tailoring)의 이유
- 프로젝트 비즈니스 문서(프로젝트 비즈니스 케이스, 프로젝트 편익 관리 계획서)
- PV, NPV, BCR, IRR, Payback period, ROI의 의미
- 기회비용(Opportunity cost)과 매몰비용(Sunk cost)의 뜻

01 머리말 (Introduction)

시작하기에 앞서…

1장은 머리말(Introduction)입니다. 1장은 시험에 큰 비중을 차지하지는 않지만, 앞으로 *PMBOK® Guide*를 공부할 때 필요한 기본 개념을 익히는 곳입니다. *PMBOK® Guide*를 태어나서 처음 보는 사람이라면 1장부터 보는 게 좋습니다. 앞으로 '프로젝트' 또는 '프로젝트 관리'라는 용어는 매우 많이 사용하게 됩니다. 이렇게 자주 사용하는 용어의 뜻을 정확히 이해하지 못한 채 반복적으로 사용하게 되면 내용을 정확히 이해하기 어렵습니다. 그래서 1장에서는 앞으로 많이 사용할 주요 용어들을 명확히 이해하는 데 초점을 두며, 프로젝트 관리에 영향을 줄 수 있는 요소와 *PMBOK® Guide*의 구성을 설명합니다. 1장에서 설명하는 개념을 명확히 이해해야 향후 공부할 때 혼동이 없습니다. 주요 내용은 확실하게 이해하기 바랍니다.

1.1 *PMBOK® Guide*의 개요와 목적 (Overview and purpose of this guide)

이집트의 피라미드, 중국의 만리장성, 우리나라의 수원화성 같은 건축물들도 모두 프로젝트를 통해 만들어졌습니다. 그 당시에는 프로젝트라는 말을 사용하지 않았지만 이미 오래전부터 프로젝트는 수행되어 왔습니다. 프로젝트의 산출물을 만들려면 자원이 필요하며, 여러 가지 프로세스, 도구, 기법이 적용됩니다. 프로젝트 관리를 하나의 전문분야로 인정받기 위한 노력이 20세기 중반부터 시작됐습니다. 지속적인 노력으로 지금은 프로젝트 관리가 하나의 전문 영역으로 인정받고 있습니다. PMI는 1969년에 설립되었고 1996년에 *PMBOK®*

Guide 1판을 내놓습니다. PMBOK은 프로젝트 관리 지식체계(Project management body of knowledge)의 약자지만 프로젝트 관리에 대한 지식의 양은 너무 방대하여 한 권의 책에 담는 것은 불가하므로 *PMBOK® Guide*는 프로젝트 관리에 대한 요약 서적으로 봐야 합니다. *PMBOK® Guide* 6판이 총 756페이지로 꽤 많은 분량이지만 실제로 내용을 보면 상세하게 설명하지 않고 요약 설명으로 넘어가는 부분도 많습니다.

*PMBOK® Guide*에 포함된 내용은 산업분야에 상관없이 적용 가능한 단일 프로젝트 관리에 대한 전문 지식을 담고 있습니다. 어떤 기업은 *PMBOK® Guide*를 기반으로 자사 프로젝트 환경에 맞게 프로젝트 관리를 위한 표준 프로세스를 정의해서 사용하기도 합니다. *PMBOK® Guide*는 말 그대로 지침서이지 방법론(Methodology)이 아닙니다. 방법론이라는 것은 S/W 개발 방법론의 객체지향 프로그래밍, 익스트림 프로그래밍처럼 해당 전문분야의 종사자들이 사용하는 실무사례, 기법, 절차, 규칙 등의 시스템을 말합니다. *PMBOK® Guide*를 기반으로 해서 고유한 방법론을 개발할 수 있습니다.

*PMBOK® Guide*에 포함된 모든 내용을 프로젝트의 규모, 복잡성, 불확실성과 상관없이 항상 적용해서는 안 됩니다. 프로젝트의 환경은 다양하기 때문에 프로젝트 환경에 맞게 프로젝트 관리가 수행되어야 합니다. 따라서 프로젝트를 수행할 때 이번 프로젝트의 환경에 맞게 프로세스, 투입물, 도구 및 기법, 산출물 등을 결정해야 하는데, 이러한 과정을 **'Tailoring(조정)'**이라고 합니다. *PMBOK® Guide*의 4장부터 13장까지 각 장을 시작하는 부분에 조정 고려사항(Tailoring considerations)이라는 항목이 들어갑니다. 각 장별로 다루는 내용을 조정하기 위해 어떤 사항들을 고려해야 하는지 예시를 들어서 설명합니다. 즉, 프로젝트는 모두 다르므로 프로젝트 환경에 맞게 관리해야 한다는 것입니다.

참고하세요!

Tailoring은 명사로서 양복점업이라는 뜻도 있지만 '사용 목적에 알맞게 만든다'는 뜻이 있습니다. 예를 들면, a trip tailor-made just for you는 '바로 당신을 위한 맞춤 여행'이라는 뜻입니다. 참고로 Tailor는 명사로 재단사, 재봉사라는 뜻과 타동사로 '(양복을) 짓다, (방법, 계획, 각본 등을 용도나 목적에) 맞추다.'라는 뜻이 있습니다.

1.1.1 프로젝트 관리 표준서(The standard for project management)

*PMBOK® Guide*의 2부(Part 2)의 제목은 프로젝트 관리 표준서(The Standard for Project Management)입니다. 2부는 머리말, 착수 프로세스 그룹, 기획 프로세스 그룹, 실행 프로세스 그룹, 감시 및 통제 프로세스 그룹, 종료 프로세스 그룹으로 구성되어 있습니다. *PMBOK® Guide*의 1부 내용은 2부 내용을 더 상세하고 자세히 설명합니다. 거꾸로 보면 2부는 1부의 요약버전으로 볼 수 있습니다. *PMBOK® Guide*는 총 49개의 프로젝트 관리 프로세스를 설명하는데, 1부의 4장부터 13장까지는 프로세스를 지식영역으로 구분해서 설명하며, 2부는 5개의 프로세스 그룹으로 설명하고 있습니다. 1부를 끝까지 본 후에 2부를 다시 한번 보면 내용을 정리하는 데 도움이 됩니다. *PMBOK® Guide*는 단일 프로젝트 관리에 대한 지침서이며, 프로그램 관리(Program management)나 포트폴리오 관리(Portfolio management)에 대한 표준서는 별도로 PMI에서 출간했습니다.

PMBOK® Guide

The standard for program management

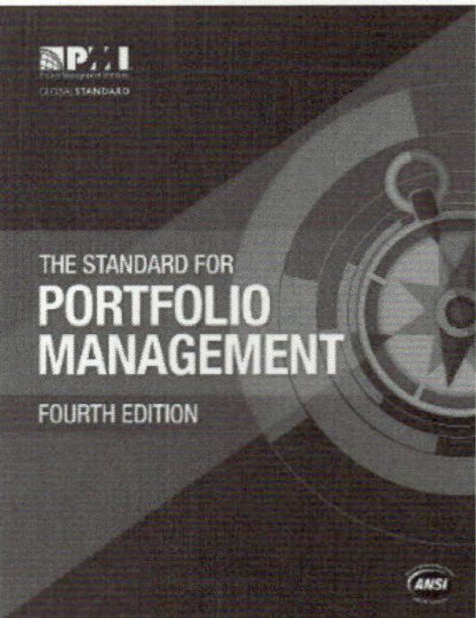

The standard for Portfolio management

[그림 1-1] PMI의 표준서들

1.1.2 공통 어휘집(Common vocabulary)

여러 전문 분야에서는 분야별로 공통으로 사용되는 전문 용어들이 있습니다. 프로젝트 관리 분야도 마찬가지로 전문 용어를 사용합니다. *PMBOK® Guide* 뒤에는 부록으로 용어해설(Glossary)이 포함되어 있습니다. PMP 시험에는 용어의 뜻도 출제하므로 부

[그림 1-2] PMI 용어집

록으로 들어간 용어해설에 포함된 용어는 모두 알고 시험 보러 가야 합니다. 참고로 PMI에서는 별도로 '프로젝트 관리 용어집(The PMI Lexicon of Project Management Terms)'을 출간했으며, PMI 유료회원은 PMI 홈페이지에서 보거나 다운받을 수 있습니다. 이 용어집도 시험에 도움이 되므로 가능하면 읽어보고 용어의 뜻을 기억하는 것을 권장합니다. 본 교재도 중요 용어들을 본문 내용 중에 [핵심용어]로 상세히 설명합니다.

참고하세요!

PMBOK® Guide 한글판의 1.1.2의 제목은 '일반적인 용어(Common vocabulary)'입니다. Common을 영어사전에서 찾아보면 형용사로 '보통의, 평범한'이라는 뜻도 있지만 '공동의, 공통의'라는 뜻도 있습니다. 설명하는 내용을 보면 프로젝트 관리에서 공통으로 사용되는 전문 용어를 말합니다. 그래서 본 책에서는 제목을 '공통 어휘집'으로 바꿨습니다. 독자들의 이해를 돕기 위해 가끔 *PMBOK® Guide* 한글판과 다른 번역을 쓸 수 있으며, 영문을 같이 표기하므로 영문을 같이 보면서 의미를 이해하기 바랍니다.

1.1.3 윤리 및 직무 강령(Code of ethics and professional conduct)

PMI는 PMI 회원이나 PMI의 자격을 보유한 사람, PMI의 자원봉사자가 따라야 하는 윤리 및 전문직 행동강령(Code of ethics and professional conduct)을 만들었습니다. 프로젝트 관리 분야에서 가장 중요하다고 정한 책임감, 존중, 공정성, 정직성의 4가지 가치를 기본으로 합니다. PMI 홈페이지에서 다운받을 수 있으며, 시험 보기 전에 가볍게 한 번 정도 읽어보면 좋습니다.

1.2 기본적인 요소(Foundational elements)

1.2에서는 프로젝트 관리에 관련된 용어 및 기본 사항을 알아봅니다. 1.2에서 설명하는 내용을 잘 이해해야 뒤에 나오는 내용을 이해하는 데 도움이 됩니다.

1.2.1 프로젝트(Projects)

*PMBOK® Guide*는 프로젝트를 다음과 같이 정의하였습니다.

"A project is a temporary endeavor undertaken to create a unique product, service, or result"

'프로젝트란 고유한 제품, 결과, 서비스를 생산하기 위해 수행되는 일시적인 노력이다.'라고 해석할 수 있는데요, 이 문장은 상당히 유명한 문장입니다. 여러 개인이 집필한 프로젝트 관리에 대한 책들을 보면 이 문장을 많이 인용합니다. 이 문장 안에 중요한 두 개의 핵심 단어가 있습니다. 하나는 **'일시적(Temporary)'**이며, 또 하나는 **'유일한(Unique)'**입니다.

일시적이라는 것은 **모든 프로젝트가 시작과 끝이 있다**는 것을 의미합니다. 영원히 지속되는 프로젝트는 없습니다. 어떤 프로젝트든지 명확한 종료 시점이 있습니다. 그리고 일시적이라고 해서 반드시 기간이 짧다는 것을 의미하지는 않습니다. 오랜 기간동안 진행되는 프로젝트도 있지만 모두 기간은 정해져 있습니다. 프로젝트는 목표를 달성하면 종료하지만, 목표 달성이 불가능하다고 판단되면 조기에 종료할 수도 있습니다. 프로젝트를 진행하던 도중에 프로젝트를 수행해야 할 당위성이 사라져도 프로젝트를 종료하게 됩니다. 프로젝트는 일시적이지만 프로젝트의 산출물은 계속 지속되는 게 일반적입니다. 건물을 짓는 것은 프로젝트지만 그 건물은 프로젝트 종료 후에 계속 사용하게 됩니다.

프로젝트는 제품, 서비스, 결과물 같은 **유일한(고유한) 인도물**을 만듭니다. 만들어진 최종 결과물은 똑같은 것이 하나도 없고 각각 모두 고유한 특징이 있습니다. 이 세상 모든 프로젝트의 결과물은 같은 것이 하나도 없다는 것입니다. 예를 들면, 시내에 수많은 건물이 있지만 설계, 위치, 계약자 등이 다르므로 같은 건물은 하나도 없습니다. 결국, 모든 프로젝트 결과물은 유일하다(Unique)는 것입니다.

프로젝트의 정의에서 'Unique product'라고만 하지 않고, 'Unique product, service, or result'라고 표현했는데요, 프로젝트의 최종 산출물로 제품(Product)이 만들어질 수도 있고, 서비스(Service) 수행 능력이 산출될 수도 있으며, 연구 프로젝트의 결과물로 만들어진 논문 같은 문서(Result)가 나올 수도 있으며, 소프트웨어와 사용설명서가 패키지 형태로 조합된 결과가 나올 수 있기 때문에 포괄적으로 표현한 것입니다.

잠깐! **프로젝트의 예**

새로운 서비스를 개발하기, 새로운 정보 시스템 개발하기, 기존의 제품을 개선하기, 새로운 운송수단을 설계하기, 건물 짓기, 새로운 약을 개발하기, 두 조직 합병하기 등

조직에서 프로젝트를 수행하는 이유는 다양하지만 프로젝트를 수행하는 이유는 수행 전보다 더 나은 상태로 발전하기 위해서 프로젝트를 수행합니다. 프로젝트는 비즈니스 가치를 생성하여 조직이 더 나은 상태로 갈 수 있도록 해야 합니다. 자세한 내용은 PMI의 'Managing Change in Organizations: A Practice Guide'를 참고하기 바랍니다. 프로젝트를 통해 생성되는 가치는 무형도 있고 유형도 있습니다. 이러한 가치를 통해 이해관계자들에게 편익(Benefit)을 제공합니다. 금전적 자산이나 설비, 시장 점유율 등은 유형의 가치이며, 브랜드 인지도, 상표, 평판 등은 무형의 가치입니다.

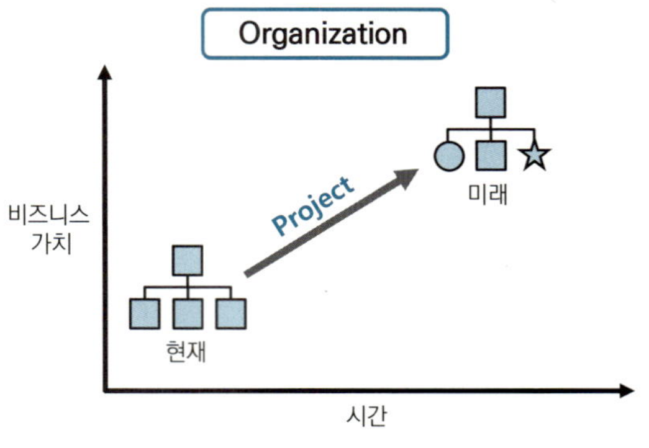

[그림 1-3] 프로젝트의 가치 생성

조직에서 프로젝트를 수행하는 이유는 다양합니다. 홈페이지 개발 업체에서 고객의 요청으로 홈페이지를 개발할 수 있으며, 정부의 환경 규제로 인해 자동차 회사에서 새로운 엔진을 개발하는 프로젝트를 수행할 수도 있습니다. 애플이나 삼성전자에서 새로운 휴대폰을 개발하는 것처럼 신제품 개발 프로젝트도 수행됩니다. 중요한 것은 이런 프로젝트들이 조직의 전략과 일치해야 한다는 것입니다.

1.2.2 프로젝트 관리의 중요성(The importance of project management)

'프로젝트'와 '프로젝트 관리'는 다른 용어입니다. *PMBOK® Guide*는 프로젝트 관리를 다음과 같이 정의하였습니다.

> "Project management is the application of knowledge, skills, tools and techniques to project activities to meet project requirements."

'프로젝트 관리란 프로젝트 요구사항을 충족시키기 위해 지식, 기량, 도구 및 기법 등을 프로젝트 활동에 적용하는 것이다.'라고 해석할 수 있는데요, 프로젝트를 관리하는 주요 목적은 다양한 요구사항을 맞추는 것입니다. 요구사항을 맞추려면 범위 관리, 일정 관리, 품질 관리 등 여러 가지 활동을 해야 합니다. 그냥 활동을 수행하는 것이 아니라 각 활동에 전문적인 지식, 기량, 도구 및 기법을 적용합니다. 이런 과정을 프로젝트 관리라고 설명하고 있는 것입니다. 그리고 프로젝트 관리는 프로젝트 시작부터 끝까지 여러 프로젝트 관리 프로세스들을 통합하고 적용하게 됩니다. 이러한 프로젝트 관리 프로세스들은 **착수, 기획, 실행, 감시 및 통제, 종료**로 구분할 수 있습니다. *PMBOK® Guide*는 총 49개의 프로세스를 제시하고 있으며, **5개의 프로세스 그룹**으로 구분했습니다.

참고하세요!

종료 프로세스는 1개이지만 왜 프로세스 그룹이라고 표현할까요? 그 이유를 *PMBOK® Guide* 633페이지에서 다음과 같이 설명합니다.

'이 프로세스 그룹의 프로세스는 한 가지뿐이지만 조직에서 프로젝트, 단계 또는 계약 종료와 연관되는 자체적인 프로세스를 포함시킬 수도 있다. 따라서 프로세스 그룹이라는 용어를 유지한다.'

그래서 종료 프로세스는 1개이지만 종료 프로세스 그룹이라고 용어를 사용합니다.

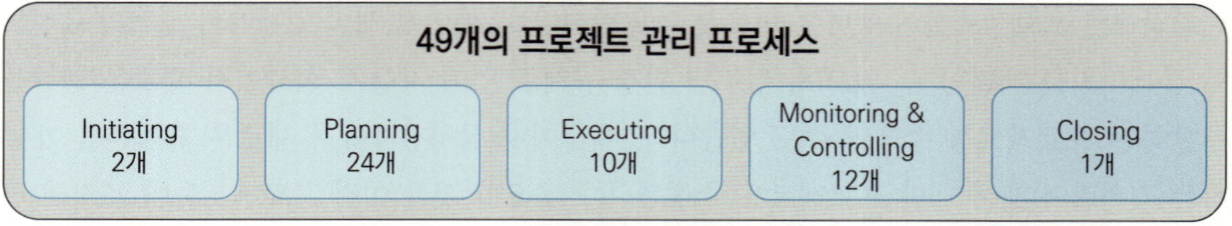

[그림 1-4] PMBOK® Guide의 5개 프로세스 그룹과 포함 프로세스 개수

그럼 프로젝트에서는 무엇을 관리할까요? 가장 기본적인 몇 가지만 살펴보면 우선 이해관계자의 요구사항을 식별하고 관리해야 합니다. 요구사항을 맞추지 못하고 프로젝트를 종료할 수는 없습니다. 요구사항 식별은 보통 프로젝트 초기에 하지만, 새로운 요구사항이 생길 수도 있고 기존 요구사항이 변경될 수 있으므로 요구사항 식별 및 관리 활동은 지속적이고 반복적으로 수행해야 합니다.

그리고 프로젝트의 여러 제약사항의 균형을 잘 관리해야 합니다. 범위, 일정, 예산, 품질, 자원 등은 서로 연관이 되어 있기 때문에 하나가 변하면 다른 것도 같이 변하는 특성이 있습니다. 예를 들면, 계획된 일정이 단축되면 일정을 줄이기 위해 추가 자원 투입이 필요하므로 예산이 증가됩니다. 또한, 이런 변경으로 인해 리스크가 추가될 수도 있으므로 리스크도 관리해야 합니다. 따라서 이들의 균형을 잘 맞추는 것이 중요하며 이러한 활동 역시 프로젝트 관리에서 다루는 중요한 부분입니다. 이 외에도 의사소통 관리, 조달 관리 등 다양한 관리가 필요합니다.

1.2.3 프로젝트, 프로그램, 포트폴리오, 운영관리의 관계(Relationship of Project, Program, Portfolio, and Operations Management)

1.2.3.1 개요(Overview)

대부분의 회사는 단 1개의 프로젝트만 진행하는 경우보다 여러 프로젝트를 동시에 진행하는 경우가 많습니다. 프로젝트는 3가지 방법으로 수행됩니다. 단독으로 수행되거나 프로그램에 속해서 수행되거나 포트폴리오에 속해서 수행됩니다. **개별적으로 관리해서 얻을 수 없는 편익(Benefit)을 얻기 위해 관련된 프로젝트들, 하위 프로그램(Subsidiary program, subprogram이라고도 함), 기타 프로그램 관련 활동의 그룹을 프로그램이라고 합니다.** 예를 들면, 보잉(Boeing)사에서 비행기를 새로 개발하는 것은 프로그램으로 볼 수 있습니다. 비행기를 구성하는 엔진, 날개, 랜딩기어, 조종석 등을 개발하는 것은 그 자체가 프로젝트입니다. 여러 프로젝트의 산출물이 합쳐져서 비행기가 개발되므로 비행기를 개발하는 것은 관련된 프로젝트들의 그룹을 관리함으로써 달성됩니다.

전략적 목표를 달성하기 위해 하나의 그룹으로 관리되는 프로젝트, 프로그램, 하위 포트폴리오(Subsidiary portfolio), 운영 업무를 포트폴리오(Portfolio)라고 합니다. 예를 들면, 미국의 애플

같은 회사는 수익을 얻기 위해 휴대폰, 노트북, 데스크탑, 스마트워치, 스마트패드로 포트폴리오를 구성하고 있습니다. 경우에 따라서 프로젝트, 프로그램, 포트폴리오는 동일한 자원을 사용하고 동일한 이해관계자가 참여할 수 있습니다. 이로 인해 갈등이 발생할 수도 있습니다. 정리하면 프로젝트는 프로젝트보다 더 큰 환경에 포함되어 수행될 수 있습니다. 프로젝트보다 더 큰 상위 개념을 익혀야 프로젝트에 프로그램이나 포트폴리오가 프로젝트에 어떤 영향을 주는지 알 수 있습니다.

포트폴리오 관리는 조직전략에 도움이 되는 올바른 프로그램이나 프로젝트를 선정하는 것에 중점을 두고, 프로젝트 관리와 프로그램 관리는 포트폴리오 관리에서 선정된 프로젝트나 프로그램을 올바르게 수행하는 데 중점을 둡니다.

[그림 1-5]는 프로젝트, 프로그램, 포트폴리오와의 관계를 보여줍니다. 프로그램 A는 프로젝트 2와 프로젝트 3을 포함하고 있습니다. 프로그램 B1은 프로그램 B의 하위 프로그램입니다. 포트폴리오 A는 프로그램 C와 프로젝트 7, 프로그램 C, 운영 업무를 포함하고 있습니다.

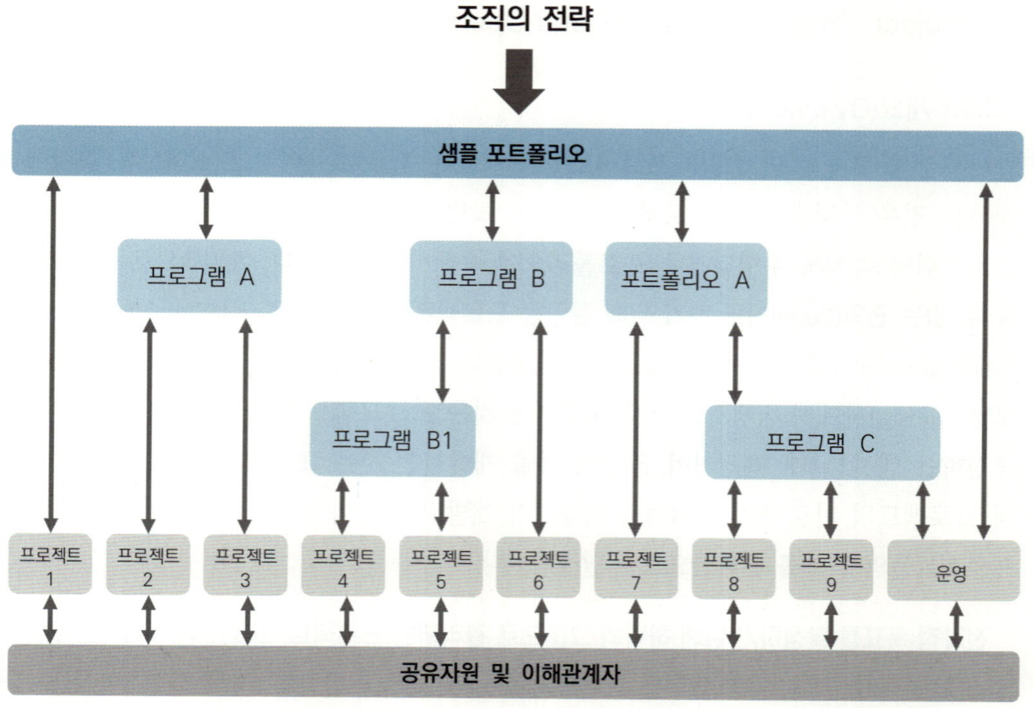

[그림 1-5] 포트폴리오, 프로그램, 프로젝트의 연관관계

1.2.3.2 프로그램 관리(Program management)

만약 NASA에서 우주선을 달에 보낸다고 하면 다양한 프로젝트를 진행하게 됩니다. 추진 엔진 개발 프로젝트, 조종 시스템 개발 프로젝트, 착륙선 개발 프로젝트 등 다양한 프로젝트들이 수행될 수 있습니다. 이 프로젝트들은 서로 별개가 아니라 우주선 발사라는 큰 카테고리 안에 있는 프로젝트들입니다. 그래서 여러 관련된 프로젝트를 모아서 관리할 필요가 생겼는데요, 이것을 **프로그램 관리**라고 부릅니다. 프로젝트는 단독으로 진행되거나 프로그램에 포함될 수 있으며, 프로그램은 반드시 프로젝트들을 포함합니다.

프로그램 관리는 다음 사항에 초점을 둡니다.

- 프로그램 및 프로젝트 목표와 목적에 영향을 미치는 조직적 또는 전략적 방향과의 연계.
- 프로그램 구성요소에 프로그램 범위 할당.
- 프로그램에 가장 유용한 프로그램 구성요소간 상호 의존관계 관리.
- 프로그램 내 여러 프로젝트에 영향을 줄 수 있는 프로그램 리스크 관리.
- 프로그램 내 여러 프로젝트에 영향을 미치는 제약사항 및 충돌 해결.
- 구성요소 프로젝트와 프로그램 수준간 이슈 해결.
- 공유된 거버넌스 프레임워크 내에서 변경 요청 관리.
- 프로그램 내 여러 프로젝트에 예산 배정.
- 프로그램 및 구성요소 프로젝트로부터 편익 실현 보장.

핵심 용어

Program management

프로그램 목표를 달성하고 관련 프로그램 구성요소를 개별적으로 관리해서는 실현되지 않는 편익과 통제를 얻기 위해 지식과 기술, 원칙을 프로그램에 적용하는 기법.

잠깐! **제목 밑을 주의 깊게 보세요.**

*PMBOK® Guide*를 보다 보면 거의 항상 제목 바로 밑에 중요한 정의 및 내용을 소개하고 있습니다. *PMBOK® Guide*의 구성이 제목 밑에 정의나 핵심 내용을 먼저 알려주고 설명하는 방식으로 구성되어 있습니다. 따라서 *PMBOK® Guide*를 볼 때 제목 바로 밑의 글들을 주의 깊게 보면 시험에 많은 도움이 됩니다.

1.2.3.3 포트폴리오 관리(Portfolio management)

회사는 나아가고자 하는 전략적 방향이 있습니다. 회사에서 진행하는 모든 프로젝트나 프로그램은 모두 회사의 전략과 일치해야 하며, 회사의 전략 달성에 도움이 돼야 합니다. 일반적으로 조직 전략과 일치하지 않는 프로젝트는 당연히 회사에서 진행하지 않습니다. 예를 들면, 건설회사에서 휴대폰을 개발하거나 소프트웨어 회사에서 유조선을 만들지 않습니다. 마이크로소프트에서 유조선 개발 프로젝트를 한다고 생각하면 이상하죠? 즉, 조직의 모든 프로젝트는 조직 전략 달성에 도움이 되어야 하며, 조직 전략 달성에 도움되지 않는 프로젝트는 승인되지 않을 것입니다.

조직의 전략을 달성하기 위해서는 여러 활동이 총괄적으로 관리되어야 하는데요, 조직의 전략적 목표들을 달성하기 위해 프로젝트, 프로그램, 하위 포트폴리오들, 운영을 하나의 그룹으로 관리하는 것을 **포트폴리오 관리**라고 합니다. 예를 들면, GE(General Electric)의 GE 리포트 코리아 뉴스에 나와 있는 2015년 사업전략을 보면 수익의 75%는 GE의 핵심이라 할 수 있는 인프라스트럭처 부문에서 성취하고 나머지 25%는 금융 분야인 GE 캐피탈에서 달성하려는 것이 GE의 목표라고 합니다. GE는 전략적 목표를 달성하기 위해 에너지 분야와 전력망 사업을 강화하였고 가전 부문은 일렉트로룩스에 매각하기로 했고, 제트엔진의 수요 증가에 기대하고 있으며, 파워앤워터 산업도 선진국의 인프라 확충 및 아프리카/아시아 지역의 전력 부족과 정전 등으로 새로운 수요로 인해 많이 성장할 것으로 기대한다고 했습니다. 이 뉴스를 통해 GE의 포트폴리오 구성을 볼 수 있습니다. GE는 이런 포트폴리오를 가지고 여러 프로젝트를 수행했을 것입니다.

포트폴리오 관리의 목적은 다음과 같습니다.

- 조직의 투자 의사결정 지침 제시.
- 전략적 목표를 달성하기 위한 프로그램과 프로젝트의 최적 조합 선택.
- 의사결정의 투명성 제공.
- 팀 및 물적 자원 배정의 우선순위 지정.
- 원하는 투자수익률(ROI) 실현 가능성 증가.
- 모든 구성요소의 종합적인 리스크 프로필 관리의 중앙집중화.
- 포트폴리오가 일관되게 조직의 전략과 연계되는지 확인.

핵심 용어

Portfolio management

전략적 비즈니스 목표들을 달성하기 위해 프로젝트, 프로그램, 하위 포트폴리오, 운영 업무를 포함한 하나 이상의 포트폴리오를 중앙에서 관리하는 것.

1.2.3.4 운영 관리(Operation management)

운영 관리는 공식적인 프로젝트 관리의 범위 밖이며, 지속적인 제품 또는 서비스 생성의 관리에 대한 영역입니다. 회사에서는 프로젝트 업무 외에 운영 업무도 수행합니다. 운영은 비슷한 제품을 계속 생산하거나 반복된 서비스를 제공하는 활동들과 같이 지속적 실행을 수행하는 조직의 기능을 말합니다. 예를 들면, 생산, 제조, 회계 같은 것입니다. 회사의 경영관리부 같은 부서는 운영 업무를 수행하는 부서입니다. '부가세 납부 프로젝트', '급여 지급 프로젝트' 같은 말을 들어본 적이 있나요? 경영관리부에서 수행하는 지속적이고 반복적으로 수행하는 업무는 프로젝트 업무라고 부르지 않고 운영 업무라고 합니다. 운영 관리는 자재, 에너지, 노동력 같은 투입물을 제품, 상품, 서비스로 변환하는 프로세스를 관리하는 활동에 중점을 둡니다.

이런 운영 업무는 프로젝트 업무와 완전 별개이기보다는 상호 보완적입니다. 댐을 건설하는 것은 프로젝트이지만 댐 건설 프로젝트를 종료한 후에 댐의 수위를 매일 점검하고 수력 발전량을 매일 점검하는 것은 운영 업무입니다. 프로젝트와 운영은 밀접한 관계가 있으므로 두 업무에 대해 비교해서 알아 두어야 합니다. 이 두 종류의 업무는 공통점도 있고 차이점도 있습니다. 특히 **차이점**을 명확히 알아 두는 것이 좋습니다.

[표 1-1] 프로젝트 업무와 운영 업무의 공통점과 차이점

	Project work	Operation work
차이점	일시적으로 수행하며 고유한 산출물 생성함.	지속적이며 반복적으로 비슷한 산출물을 생성함.
공통점	사람에 의해 수행됨. 자원 제약을 포함한 여러 제약에 의해 한정됨. 계획하고 실행하고 감시하고 통제함. 조직의 전략적 목표를 달성하기 위해 수행됨.	

1.2.3.5 운영 관리와 프로젝트 관리(Operations and project management)

프로젝트의 각 단계가 끝나면 운영 업무를 통해 행정처리를 하거나 프로젝트 종료 후에 최종 결과물이 운영으로 넘어가는 등 **프로젝트와 운영은 서로 연관성이 있습니다.** 예를 들어, LG전자 연구개발 부서에서 새로운 로봇청소기를 개발했다면 이 로봇청소기를 계속 생산하기 위해 생산관리팀으로 기술을 이관하게 됩니다. 프로젝트의 결과가 운영으로 넘어가는 경우와 반대로 운영 자원을 프로젝트로 이전해야 하는 경우도 있습니다. 예를 들어, 보험회사의 경우 고객의 문의 및 불만을 처리하기 위한 콜센터를 운영합니다. 만약 기존의 콜센터 운영 시스템이 사용자의 증가로 더 이상 활용하기 어렵다면 새로 업그레이드해야 합니다. 기존에 사용하던 콜센터 시스템을 프로젝트로 이관하여 새로 업그레이드된 시스템으로 만들어야 합니다. 프로젝트 관리자는 불필요한 이슈를 피하기 위해 프로젝트의 모든 단계에서 운영 이해관계자들을 고려해야 합니다. 공장 운영자, 제조라인 관리자, 헬프데스크 인력, 고객 서비스 담당자, 영업사원, 콜센터 직원과 같은 사람들이 운영 이해관계자이며 프로젝트의 주요 이해관계자가 될 수 있습니다.

1.2.3.6 조직의 프로젝트 관리 및 전략(Organizational project management and strategies)

조직에서 수행하는 프로젝트, 프로그램, 포트폴리오는 각각 조직의 전략목표 달성에 기여하는 방식이 서로 다릅니다. 포트폴리오 관리는 **올바른 프로그램이나 프로젝트를 선정하고, 작업의 우선순위를 정하고, 필요한 자원을 제공**합니다. 프로그램 관리는 프로그램 구성요소들간 조화를 추구하고 상호 의존관계를 통제해서 정해진 편익을 달성합니다. 프로젝트 관리는 정해진 목표와 목적을 달성합니다. 조직의 프로젝트 관리(OPM)는 전략적 목표를 달성하기 위해 포트폴리오 관리, 프로그램 관리, 프로젝트 관리가 조직의 실행기반과 통합된 프레임워크를 말합니다. 조직 전략에 필요한 프로젝트가 수행되도록 하고 중요한 자원이 적절하게 프로젝트에 할당되도록 하는 것이 조직차원 프로젝트 관리의 주목적입니다.

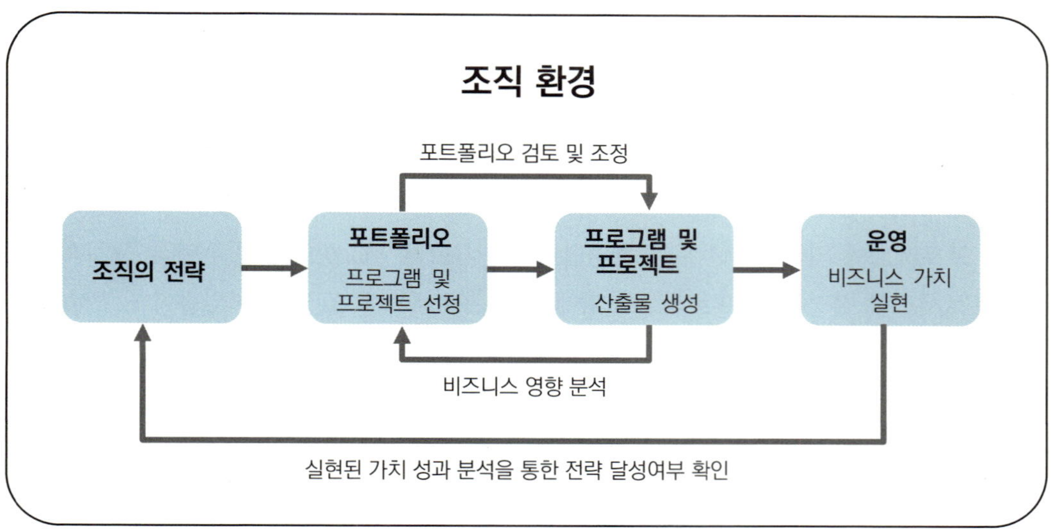

[그림 1-6] 조직의 프로젝트 관리(OPM)

1.2.4 *PMBOK® Guide*의 구성요소(Components of the *PMBOK® Guide*)

*PMBOK® Guide*는 프로젝트 관리에 대한 다양한 내용을 포함하고 있습니다. *PMBOK® Guide*의 주요 구성요소는 다음과 같습니다.

◆ **프로젝트 생애주기**(Project life cycle)

프로젝트의 시작부터 종료까지 프로젝트가 거치는 단계의 전체 모음을 프로젝트 생애주기라고 합니다. 프로젝트 생애주기는 프로젝트의 규모나 복잡성에 따라 다양할 수 있습니다.

◆ **프로젝트 단계**(Project phase)

프로젝트를 분할해서 단계별로 진행하면 관리하기 좋고 통제하기 좋습니다. 각 단계에서는 다양한 활동들이 수행되며, 그 결과로 하나 이상의 인도물이 산출됩니다. 앞단계의 인도물은 다음 단계의 투입물이 됩니다.

◆ **단계 심사**(Phase gate)

한 단계가 끝나면 다음 단계로 진행할지 의사결정을 해야 합니다. 만약 프로젝트의 당위성이 사라지면 후속 단계가 남아 있더라도 조기 종료를 해야 할 수도 있습니다. 다음 단계로 넘어갈지, 수정 작업을 더 해야 할지, 프로젝트를 중단할지에 대한 검토를 Phase gate 라고 합니다.

◆ 프로젝트 관리 프로세스(Project management processes)

프로젝트를 체계적으로 관리하기 위해서 프로젝트 관리 프로세스를 정해서 착수부터 종료까지 프로세스에 의해 프로젝트를 관리합니다. *PMBOK® Guide*는 총 49개의 프로젝트 관리 프로세스를 설명하며, 프로젝트 환경에 맞게 프로세스를 조정할 수 있습니다. *PMBOK® Guide*에서 가장 많은 설명을 하는 것이 바로 49개의 프로젝트 관리 프로세스입니다.

◆ 프로젝트 관리 프로세스 그룹(Project management process group)

*PMBOK® Guide*의 2부(Part 2)는 49개의 프로젝트 관리 프로세스를 5개의 그룹으로 분류해서 설명합니다. 5개의 그룹은 착수, 기획, 실행, 감시 및 통제, 종료입니다.

◆ 프로젝트 관리 지식영역(Project management knowledge area)

*PMBOK® Guide*의 1부에 포함된 4장~13장은 통합, 범위, 일정, 원가 등 특정 주제로 프로세스를 설명합니다. 총 10개의 지식영역이 있습니다.

1.2.4.1 프로젝트 및 개발 생애주기(Project and development life cycles)

사람이 태어나서 사망할 때까지를 생애주기라고 합니다. 사람은 태어나서 사망할 때까지 유아기, 아동기, 청소년기, 청년기, 장년기, 노년기를 거칩니다. 각 단계별 사람의 모습도 다르고 하는 일도 다릅니다. 프로젝트도 마찬가지로 시작부터 완료까지 거치는 단계들이 있으며 각 단계에서 하는 일도 다릅니다. 보통 프로젝트를 시작하기 위해 타당성을 검토하는 타당성 검토 단계가 가장 첫 번째 단계로 시작됩니다. 타당성이 입증되면 프로젝트가 승인되고 기획 및 설계 단계로 넘어가고, 그다음 수행 단계, 테스트 단계, 종료 단계로 진행합니다.

만약 프로젝트의 규모가 작고 간단하다면 프로젝트를 굳이 여러 단계로 나눌 필요가 없을 것입니다. 프로젝트를 단계로 구분하는 가장 큰 이유는 프로젝트가 크고 복잡할 경우 전체를 하나로 관리하기 어렵기 때문입니다. **프로젝트를 단계로 나누게 되면 작은 크기의 단계로 나누어져서 프로젝트를 관리하기도 좋고 통제하기도 좋아집니다.** 각 단계는 보통 순차적으로 진행되지만 반복적이거나 중첩해서 진행되기도 합니다.

*PMBOK® Guide*에서 왜 '프로젝트 생애주기'를 설명할까요? 그 이유는 아마도 *PMBOK® Guide*에서 말하는 프로젝트가 작은 소규모 프로젝트가 아니고 규모가 어느 정도 큰 프로젝트라는 것을 의미하는 것으로 볼 수 있습니다. 규모 있는 프로젝트는 통째로 관리하기보다 관리의 편리성을 위해 여러 단계로 나누어 진행하는 것이 일반적이기 때문입니다. 규모가 큰 프로젝트는 일반적으로 여러 단계로 나누어서 진행하므로 단계에 대한 개념과 단계의 특징, 그리고 그 단계들이 합쳐진 전체 프로젝트 생애주기를 이해할 필요가 있습니다. **프로젝트 생애주기(Project life cycle)란 프로젝트 시작부터 종료까지 단계들의 모음을 말합니다.**

혹시 *PMBOK® Guide*에서 말하는 프로젝트의 규모를 생각해본 적이 있나요? 일반적으로 프로젝트의 규모는 본인의 경험에 따라 느낌이 매우 다릅니다. IT 분야에서 일하는 사람들에게 1,000억짜리 프로젝트를 대형/중형/소형 중에서 선택해보라고 하면 보통 대형 프로젝트라고 많이 얘기합니다. 하지만 건설 분야에서 일하는 사람들은 1,000억짜리 프로젝트를 소형으로 보는 사람도 있습니다. 자, 그럼 *PMBOK® Guide*에서 말하는 프로젝트는 얼마짜리일까요? 사실 *PMBOK® Guide*에 얼마짜리 프로젝트라고 나와 있는 부분은 없습니다. 전 세계적으로 수많은 프로젝트가 진행되는데, 딱 얼마짜리 프로젝트를 기준으로 한다고 말하기도 어려울 것입니다. 하지만 규모가 크지 않은 몇억짜리 프로젝트를 얘기하는 것은 아닐 것입니다. 따라서 앞으로는 *PMBOK® Guide*에서 프로젝트라는 말이 나오면 어느 정도 규모 있는 프로젝트로 가정하고 봐야 합니다.

잠깐! *PMBOK® Guide*의 프로젝트

PMP® 시험에 보면 간혹 Virtual Team에 대한 내용도 등장합니다. 즉, 다양한 나라의 사람들이 함께 일하는 환경에 대한 문제도 출제되는데요, 경우에 따라서는 서로 떨어져 있지만 여러 나라의 사람들로 구성된 프로젝트 팀으로 진행하는 프로젝트도 생각해 볼 수 있습니다.

프로젝트의 규모나 복잡성 등은 다양하므로 수많은 프로젝트가 모두 똑같은 생애주기로 진행되는 것은 불가능할 것입니다. 하지만 규모나 복잡성에 상관없이 어떤 프로젝트든지 시작, 구성 및 준비, 작업수행, 종료는 모두 포함할 것입니다. 이처럼 프로젝트의 규모나 복잡성에 상관없이 대부분 프로젝트가 가진 **생애주기의 공통점**들이 있으며, 다음과 같습니다.

- 비용과 인력은 프로젝트 초기에 낮게 투입되고, 점점 많이 투입되다가 프로젝트 종료 시점에 급격히 감소합니다.
- 갈수록 프로젝트가 구체화되기 때문에 리스크, 불확실성은 프로젝트 초기에 가장 높고 종료로 갈수록 낮아집니다.
- 이해관계자가 원가와 일정에 큰 영향을 주지 않으면서 프로젝트 제품의 최종 특성에 미치는 영향은 프로젝트 초기에 가장 높고 프로젝트 종료로 갈수록 낮아집니다.
- 변경을 하거나 결함을 고치는 비용은 일반적으로 프로젝트 종료로 갈수록 높아집니다.

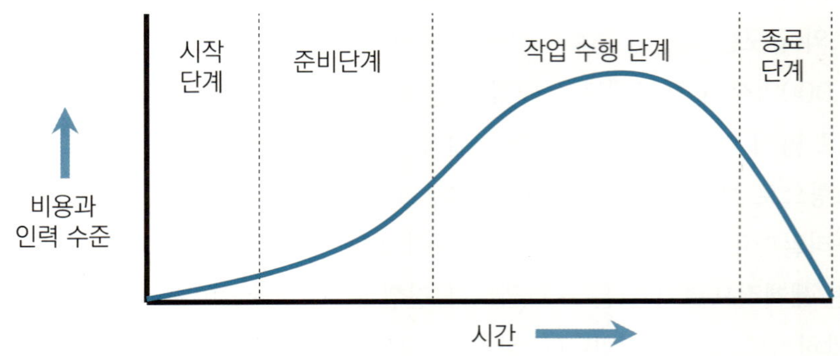

[그림 1-7] 시간 경과에 따른 비용과 인력의 투입수준

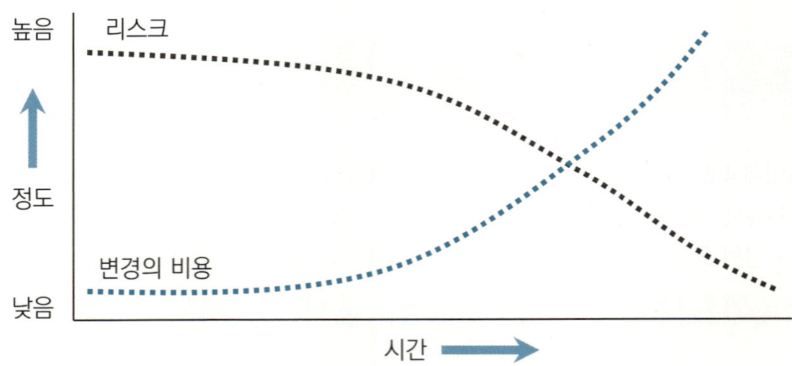

[그림 1-8] 시간 경과에 따른 리스크와 변경 비용의 변화

프로젝트는 각 단계에서 산출해야 하는 주요 산출물들이 있습니다. 각 단계의 산출물들이 모두 완료되면 다음 단계로 넘어갑니다. 예를 들면, 시작 단계에서는 프로젝트를 공식적

으로 허가한 '프로젝트 헌장(Project charter)'이 산출되고, 준비 단계에서는 실행의 지침서가 되는 '프로젝트 관리 계획서'를 개발합니다. 작업수행 단계에서는 요구사항을 맞춘 다양한 '인도물(Deliverable)'들이 산출되고 고객이나 스폰서로부터 공식적으로 확인을 받습니다. 종료 단계에서는 그동안 생성된 여러 가지 문서들을 분류하고 보관하게 됩니다.

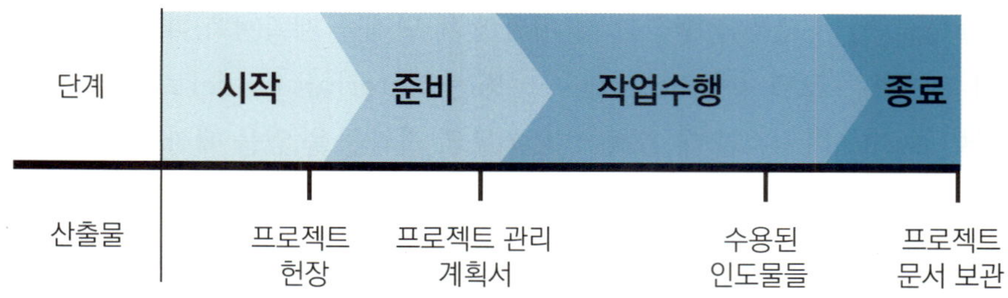

[그림 1-9] 단계별 산출물의 예

잠깐! **Common, Typical, General**

혹시 *PMBOK® Guide* 영문판을 보면서 Common, Typical, General, 이 세 가지 단어가 많이 눈에 띄지 않던가요? *PMBOK® Guide* 영문판 PDF 파일에서 이 3가지 단어를 검색해보면 꽤 많이 검색됩니다. 왜 그럴까요? 그 이유는 *PMBOK® Guide*는 특정 프로젝트에 대한 책이 아니라 다양한 프로젝트에 대한 일반적 내용을 다루므로 특정한 산업 분야에 대한 얘기만 할 수 없습니다. 따라서 일반적인, 공통적인 같은 말을 많이 사용하게 됩니다.

프로젝트 생애주기는 예측형(Predictive) 또는 적응형(Adaptive)일 수 있습니다. 예측형이라는 것은 프로젝트 초기에 프로젝트 종료까지 예측한 후 계획을 수립하여 계획대로 따라가는 것을 말합니다. 프로젝트의 불확실성이 낮을 때 가능합니다. 반면에 프로젝트의 불확실성이 높을 때는 프로젝트 종료까지 미리 예측하기 어려우므로 한 단계를 먼저 예측해서 계획을 세우고, 그 단계를 진행하면서 다음 단계의 계획을 수립하는 형태로 적응해 나가는 방식으로 가게 됩니다.

프로젝트는 새로운 제품, 서비스, 결과물을 산출하는 것이 목적이므로 제품, 서비스, 결과물의 개발과 연관되는 하나 이상의 단계가 프로젝트 생애주기 내에 포함됩니다. 이를 **개**

발 생애주기(Development life cycle)라고 합니다. 개발 생애주기도 산출물의 특성에 따라 예측형, 반복적, 점증적, 적응형, 혼합형으로 구분할 수 있습니다.

◆ 예측형 생애주기(Predictive life cycle)

생애주기 초반에 프로젝트의 범위와 시간, 원가를 결정하여 계획대로 진행합니다. 일반적으로 잘 알고 있는 제품을 생성할 때 미리 전체 단계를 계획(예측)하여 단계를 순차 또는 병행해서 진행하는 모델이며 Plan-driven 또는 Waterfall model로도 알려져 있습니다. 요구사항이 초기에 확정적일 때 가능하며, 최초의 결과물을 얻을 때까지 시간이 걸립니다.

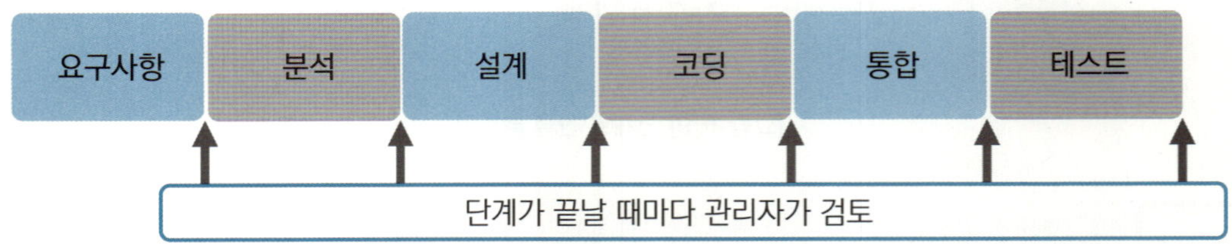

[그림 1-10] 예측형 생애주기의 예

◆ 반복적 생애주기(Iterative life cycle)

효과적으로 결과물을 산출하기 위해 제품에 대한 팀의 이해가 증가됨에 따라 하나 또는 그 이상의 프로젝트 활동들을 단계마다 반복하는 모델입니다. 단계의 끝에서 인도물 또는 인도물들의 세트가 완료되며 다음 단계에서 기존의 인도물을 더 향상시키거나 새로운 인도물을 생성합니다. 크고 복잡한 프로젝트들은 반복을 통한 경험으로 리스크를 줄이기 위해 이와 같은 반복적으로 구체화하는 방식을 사용합니다.

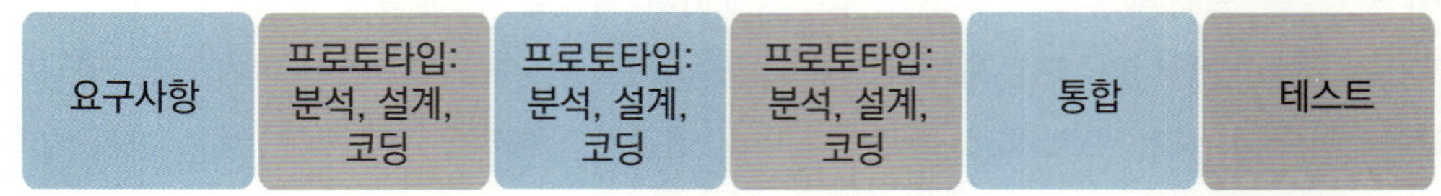

[그림 1-11] 반복적 생애주기의 예

◆ 점증적 생애주기(Incremental life cycle)

사전에 정해진 기간 내에 기능을 계속 추가해 나가는 일련의 반복(iteration) 과정을 통해 인도물이 산출됩니다.

[그림 1-12] 점증적 생애주기의 예

◆ **적응형 생애주기**(Adaptive life cycle)

적응형 생애주기는 Change-driven 또는 Agile이라고도 합니다. 반복적 생애주기처럼 단계를 반복하면서 점진적으로 진행하지만 반복의 주기가 2주~4주 정도로 무척 짧습니다. 반복(Iteration)을 시작하기 전에 자세한 범위가 정의되고 승인됩니다. 각 반복의 끝에서 고객은 산출물이 요구사항에 부합하는지 확인하므로 지속적인 프로젝트의 참여가 가능합니다. 적응형 생애주기는 환경의 변화가 빠르거나, 요구사항이나 범위를 사전에 정의하기 어렵거나 프로젝트의 가치(산출물)를 작은 요소로 이해관계자에게 전달 가능할 때 선호합니다.

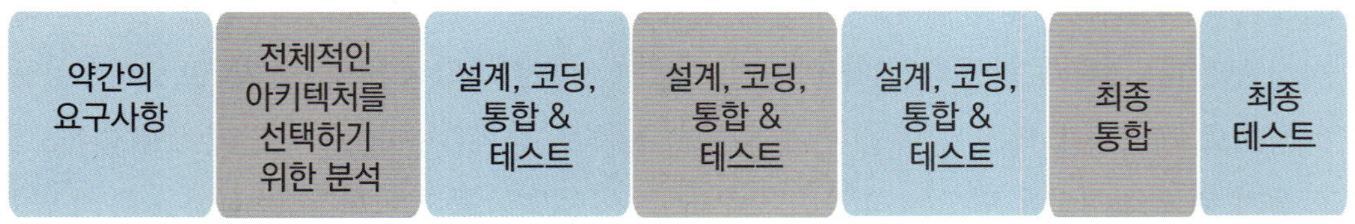

[그림 1-13] 적응형 생애주기의 예

◆ **혼합형 생애주기**(Hybrid life cycle)

예측형 생애주기와 적응형 생애주기의 조합입니다. 요구사항이 확실한 부분은 예측형 생애주기로 진행하고 계속 진화하는 요소는 적응형 생애주기로 진행합니다.

1.2.4.2 프로젝트 단계(Project phase)

프로젝트 단계(Project phase)는 프로젝트를 효과적으로 관리하기 위해 프로젝트를 분할한 것을 말합니다. 프로젝트를 분할하게 되면 프로젝트는 작은 단위로 나누어지고, 작은 단위는 관리하고 통제하기가 더 용이합니다. 따라서 단계의 명칭이나 개수는 다양할 수 있습니다. 예를 들면, 새로운 약을 개발하는 프로젝트는 FDA 승인 단계를 거쳐야 하지만 소프트웨어를 개발하는 프로젝트는 FDA 승인 단계가 필요 없습니다. 일반적으로 프로젝트의 규모가 클수록 단계의 개수가 많아집니다. 단계별로 수행되는 작업은 그 단계에 초점을 두며, 단계별로 서로 다른 특성의 작업이 수행됩니다. 예를 들면, 설계 단계는 설계도 작성에 필요한 작업을 수행하며, 프로토타입 단계에서는 시제품에 관련된 작업을 수행합니다. 각 단계에서는 하나 또는 그 이상의 인도물(Deliverable)이 생성되며, 생성된 인도물이 승인되면 후속 단계가 착수됩니다. 앞 단계의 인도물을 받아서 후속 단계가 시작되므로 단계는 순차적으로 진행됩니다. 그러나 필요에 따라 일정을 단축하기 위해 단계를 중첩해서 진행하는 경우도 있습니다. 앞 단계가 끝나고 다음 단계가 시작되어야 하지만 단계를 겹쳐서 진행하게 되면 리스크는 증가하지만 기간은 단축할 수 있습니다.

프로젝트가 단계로 분할되어 있다면 단계마다 착수, 기획, 실행, 감시 및 통제, 종료가 진행됩니다. 예를 들면, 규모가 큰 건설 프로젝트를 수행할 때 우선 이 프로젝트를 하는 것이 좋은지 결정하기 위해 타당성 검토를 할 것입니다. 그런데 규모가 크면 타당성 검토하는 것만 1년이 걸릴 수도 있습니다. 타당성 검토 단계에서 타당성 검토 보고서가 나오려면 타당성 검토 보고서를 만드는 작업을 착수하고, 어떻게 만들지 기획하고, 실행을 통해 만들고, 만드는 과정을 감시 및 통제하고, 타당성 검토 보고서가 산출되면 타당성 검토 단계를 종료하게 됩니다. 그렇게 만들어진 타당성 검토 보고서에서 타당성이 입증되면 프로젝트는 공식적으로 시작하게 되고 그다음 단계인 설계 단계로 넘어갑니다. 설계 단계에서 설계도를 만들기 위해 설계도를 만드는 작업을 착수하고, 어떻게 만들지 기획하고, 실행을 통해 만들고, 만드는 과정을 감시 및 통제하고, 설계도를 다 만들면 설계 단계가 종료하게 됩니다. 그다음 시공 단계에서도 마찬가지로 시공을 착수하고, 어떻게 할지 기획하고, 실행을 통해 건물을 만들고, 만드는 과정을 감시 및 통제하고, 건축물이 완성되면 시공 단계가 종료하게 됩니다. 이런 식으로 단계마다 5개의 프로세스 그룹이 반복되면서 프로젝트가 진행되며, 프로젝트 단계는 프로젝트 관리 프로세스 그룹과 다르다는 것을 이해해야 합니다. 프로젝트 단계는 관리의 편리성을 위해 프로젝트를 나눈 것이며, 프로세스 그룹은 착수부터 종료까지 프로세스를 성격에 따라 5개의 그룹으로 묶은 것입니다.

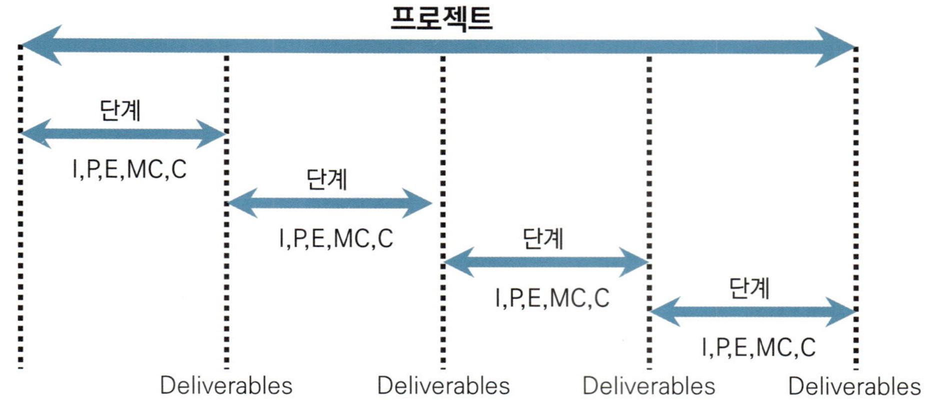

[그림 1-14] 단계와 프로세스 그룹과의 관계

핵심 용어

Deliverable

인도물은 프로세스, 단계 또는 프로젝트를 완료하기 위해 산출해야 하는 측정 가능하고 검증 가능한 고유한 제품, 결과 또는 서비스 수행 능력을 말합니다.

〈인도물의 예〉
- 새로운 제품이 시장의 요구사항에 부합하는지 분석한 시장분석 보고서
- 프로젝트의 타당성 검토 보고서(Feasibility study report)
- 상세한 프로젝트 관리 계획서
- 새로운 제품의 프로토타입

만일 프로젝트의 규모가 크지 않고 복잡하지 않다면 단계를 여러 개로 나눌 필요가 없으므로 [그림 1-15]처럼 착수부터 종료까지 한 번만 진행해서 완료됩니다. 그림에서 '감시 및 통제'만 화살표로 표현되지 않고 거의 처음부터 끝까지 둘러싼 형태로 표현한 이유는 '감시 및 통제'의 특성 때문에 그렇습니다. '감시 및 통제'는 계획과 실적을 비교하는 역할뿐만 아

니라 프로젝트의 변경에 대한 통제, 리스크에 대한 감시 및 통제 역할도 수행합니다. 변경은 아무 때나 발생 가능하며 리스크 역시 언제든지 발생할 수 있으므로 '감시 및 통제'는 프로젝트 전반에 걸친 노력으로 봅니다. 그래서 착수부터 종료까지 배경으로 표현한 것입니다.

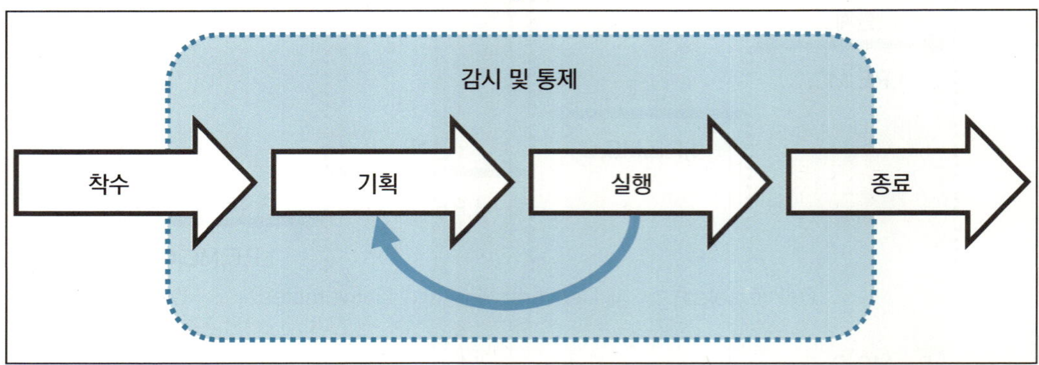

[그림 1-15] 단일 단계로 구성된 프로젝트의 흐름

또한 실행에서 다시 기획으로 피드백한 것은 프로젝트의 특성 때문에 그렇습니다. 프로젝트 기획에서 프로젝트 관리 계획을 수립할 때 실행에 대한 모든 사항을 한 번에 기획하기는 쉽지 않습니다. 그 이유는 먼 미래에 해야 할 일에 대해서는 불확실성이 높아서 초기에 예측하기 어렵기 때문입니다. 예를 들면, 우리는 보통 년 초에 그해에 달성할 목표를 위해 계획을 세우지만 10년 뒤에 대한 계획을 상세하게 세우기는 어렵습니다. 그때 가서 상황이 어떻게 바뀔지 모르기 때문입니다. 미래가 멀수록 불확실성은 높아지고 불확실성이 높을수록 예측이 어려워집니다. 하지만 1~2달 뒤에 대한 계획은 근시일에 대한 계획이므로 어느 정도 상세하게 작성할 수 있습니다. 구체적으로 정해진 부분은 실행에 들어갑니다. 실행하다 보면 시간이 지나게 되고 추가적인 정보와 더 정확한 산정치를 이용할 수 있게 됨에 따라 개략적이었던 계획이 다시 상세해지고 상세한 부분은 다시 실행합니다. 이런 과정을 계속 반복하게 됩니다. 프로젝트 초기에 근시일에 대한 계획은 상세하지만 먼 미래에 해야 할 부분은 개략적으로 기획되고 시간이 지나면서 개략적이었던 부분이 또 상세하게 되고 상세한 계획을 또 실행하게 됩니다. 따라서 **기획과 실행은 반복됩니다.**

만일 프로젝트가 규모가 크고 복잡하다면 프로젝트를 분할해서 여러 단계로 진행합니다, 여러 단계는 **순차적**으로 진행되는 것이 일반적이지만 기간을 단축하기 위해서 **Fast tracking**으로 단계를 중첩해서 진행하는 경우도 있습니다. 따라서 단계와 단계의 관계는 크게 **순차적으로 진행, 겹쳐서 진행**하는 **두 가지 유형**이 있습니다.

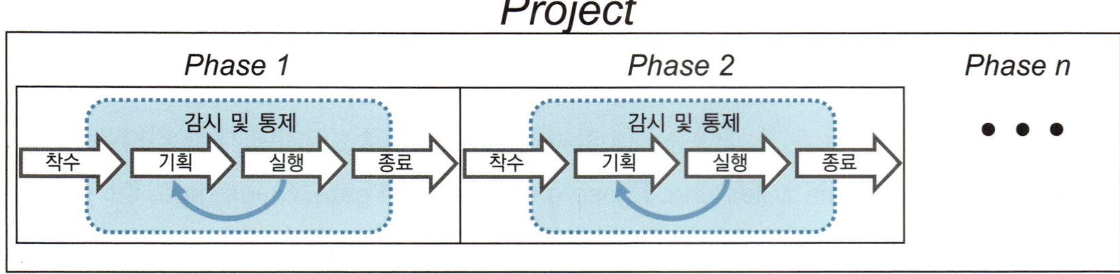

[그림 1-16] 여러 단계가 순차적으로 진행되는 프로젝트의 흐름

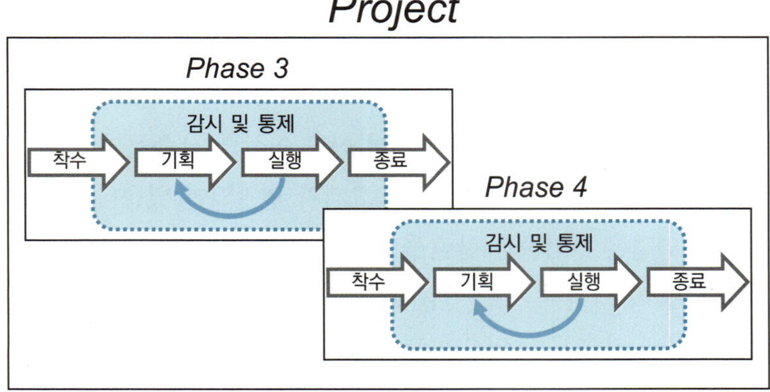

[그림 1-17] 단계를 중첩해서 진행하는 경우

핵심 용어

Fast tracking

프로젝트를 좀 더 일찍 끝내기 위해 리스크를 감수하면서 단계를 중첩해서 진행할 경우가 있습니다. 예를 들면, 건설 프로젝트에서 설계 단계가 끝나지 않은 상태에서 미리 할 수 있는 부지정리를 진행하는 것입니다. 정상적인 흐름을 일부러 겹쳐서 진행하기 때문에 리스크가 있으며, 100% 중첩해서 진행하면 리스크가 너무 크므로 감수할 수 있는 리스크 범위 내에서 단계를 중첩해서 진행합니다. 중첩해서 진행했는데 만약 실패하면 재 작업(Rework)을 수행해야 합니다. 이렇게 리스크를 감수하면서 기간을 줄이기 위해 단계를 중첩하는 것을 Fast tracking이라고 합니다.

1.2.4.3 단계 심사(Phase gate)

단계가 순차적으로 진행될 경우 앞 단계의 산출물(Output)이 후속 단계의 투입물(Input)이 됩니다. 앞 단계의 인도물이 정확한지 확인이 안 된 상태에서 후속 단계가 시작할 수 없습니다. 각 단계의 끝에서는 그 단계의 인도물이 정확한지 확인을 해야 하고 인도물이 승인될 경우에 앞 단계의 인도물들을 받아서 후속 단계가 시작합니다. 또한 계속 프로젝트를 진행할 필요가 없거나 너무 리스크가 크다면 중단할 수도 있습니다. 한 단계의 종료 시점에서 다음 단계로 진행할지, 수정 작업을 계속할지, 프로젝트를 종료할지에 대한 결정을 내리기 위한 검토를 **Phase exit, Milestone, Phase gate, Decision gate, Stage gate, Kill point**라고 합니다. 같은 용어는 묶어서 알아 두어야 합니다.

1.2.4.4 프로젝트 관리 프로세스(Project management processes)

프로젝트를 체계적으로 관리하기 위해서는 프로세스에 의해서 착수부터 종료까지 진행해야 합니다. **한 개의 프로세스는 투입물(Inputs), 도구 및 기법(Tools and techniques), 산출물(Outputs)로 구성된 3개가 한 세트**입니다. 프로세스를 수행하는데 필요한 투입물이 투입되고 적절한 프로젝트 관리 도구 및 기법이 적용되어 하나 이상의 산출물이 생성됩니다. 프로세스는 서로 독립적인 것이 아니라 착수부터 종료까지 연결되어 있습니다. [그림 1-18]에서 보듯이 프로세스의 연결은 투입물과 산출물만 있으면 됩니다. 앞 프로세스의 산출물이 다음 프로세스의 투입물이 되면서 서로 연결됩니다. 프로세스의 연관성에는 도구 및 기법이 필요하지 않고 투입물과 산출물만 있으면 됩니다. (참고로 Inputs를 투입물들이라고 하지 않고 투입물이라고 번역한 것은 영어와 달리 한국어는 복수를 잘 표현하지 않는 경향이 있어서이고 또, 읽기 편하게 하려고 복수 표현을 그냥 단수 표현으로 하였습니다. 내용에 따라 중요한 부분은 강조하기 위해 복수로 표현할 때도 있습니다.)

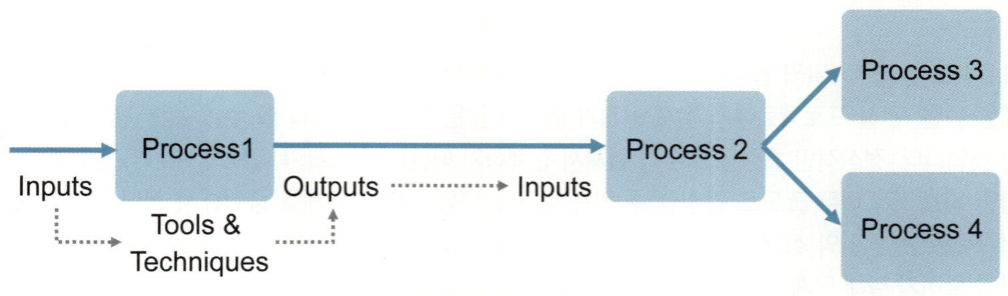

[그림 1-18] 프로세스의 흐름

핵심 용어

Process

프로세스란 사전에 정해진 제품, 결과 또는 서비스를 달성하기 위해 수행하는 상호 연관된 활동 및 조치들의 모음을 말합니다. 다시 말하면, 여러 활동을 수행해서 미리 지정된 제품 등을 만드는 과정이 프로세스입니다. 소프트웨어를 개발하는 프로세스를 수행하면 소프트웨어가 개발되고, 공장을 건설하는 프로세스를 수행하면 공장이 건설되는 것입니다.

프로젝트 프로세스들은 크게 프로젝트 관리 프로세스와 제품 중심의 프로세스 두 가지로 나뉩니다.

◆ **프로젝트 관리 프로세스**(Project management processes)

*PMBOK® Guide*에서 설명하는 내용이며 프로젝트를 관리하는데 사용되는 프로세스입니다. 예를 들면, 리스크를 식별하거나 요구사항을 분석하는 것은 프로젝트 관리 활동이며, 이런 활동을 프로세스로 만들어 따르도록 하고 있습니다. 이러한 프로젝트 관리 프로세스들은 업종에 상관없이 공통으로 적용이 됩니다. 즉, 착수부터 종료까지 프로젝트 관리에 사용되는 프로세스들은 소프트웨어를 개발하던, 건물을 짓던 간에 동일하게 적용됩니다.

◆ **제품 중심 프로세스**(Product-oriented processes)

프로젝트의 제품을 상세화하고 만드는 프로세스입니다. 제품 중심 프로세스는 산업분야에 따라 달라집니다. 즉, 노트북을 만드는 프로세스와 자동차를 만드는 프로세스는 다릅니다.

두 종류의 프로세스는 서로 별개로 진행될까요? 그렇지 않습니다. 제품을 개발하는 과정을 프로젝트로 관리하므로 '프로젝트 관리 프로세스'와 '제품 중심 프로세스'는 프로젝트를 하는 동안에는 서로 중첩되고 상호 연관성이 있습니다. *PMBOK® Guide*는 특정 제품을 만드는 내용을 담은 책이 아니므로 제품 중심 프로세스는 다루지 않습니다. 오로지 **프로젝트 관리 프로세스만 설명**합니다.

프로젝트 관리 프로세스는 프로젝트의 점진적 구체화의 특성으로 인해 여러 번 사용될 수 있습니다. 프로세스는 크게 다음 3가지 중 하나에 속합니다.

- **프로젝트에 한 번 사용되는 프로세스**: 프로젝트를 승인하는 '프로젝트 헌장 개발', 프로젝트를 종료하는 '프로젝트 또는 단계 종료' 프로세스.
- **필요에 따라 주기적으로 수행되는 프로세스**: 기획과 실행에 속하는 프로세스.
- **전반에 걸쳐 지속적으로 수행되는 프로세스**: 감시 및 통제에 속하는 프로세스.

프로젝트 관리 프로세스는 착수부터 종료까지 모두 연결되어 있으므로 한 프로세스의 변경은 다른 프로세스에 영향을 줄 수 있습니다. 예를 들면, 어떤 교육센터에서 새로운 강의장을 만들고 있는데, 강의실 규모를 30석으로 하려다가 40석으로 범위를 변경하면 프로젝트의 원가나 시간에 영향을 줄 것입니다. 범위가 늘어났으므로 비용도 더 필요하고 시간도 더 필요할 것입니다. 그러나 범위의 변경이 품질이나 의사소통에는 영향을 안 줄 수도 있습니다. 중요한 점은 어떤 한 프로세스의 변경이 다른 여러 프로세스에 영향을 줄 수도 있고 안 줄 수도 있으므로 프로젝트를 진행하다 **변경이 발생하면 제일 먼저 해야 할 일은 변경이 어디까지 영향을 주었는지 파악하는 것**입니다. 변경이 어디까지 영향을 미쳤는지는 확인해봐야 알 수 있습니다. 변경 때문에 생기는 영향을 정확히 파악하지도 않은 채 그 변경을 처리하면 다른 문제를 야기할 수 있으므로 변경이 발생하면 항상 어디까지 영향을 미치는지 파악하는 일이 가장 먼저입니다.

1.2.4.5 프로젝트 관리 프로세스 그룹(Project management process groups)

*PMBOK® Guide*에 있는 프로젝트 관리 프로세스들은 총 49개며, 성격에 따라 다음 5개의 그룹으로 분류할 수 있습니다.

[표 1-2] 5개 프로세스 그룹의 역할

프로세스 그룹 명	포함 프로세스	주요 역할
착수(Initiating)	2개	새로운 프로젝트나 다단계 프로젝트의 새로운 단계를 정의하고 공식적으로 시작에 대해 승인을 받음.
기획(Planning)	24개	프로젝트의 범위를 정하고, 범위로부터 일정, 원가, 품질 목표 등을 수립하고, 설정된 목표를 달성하기 위한 최적의 경로를 포함한 프로젝트 관리 계획서를 개발함.
실행(Executing)	10개	프로젝트 관리 계획서에 정의된 작업을 수행하여 인도물을 생성함. 자원을 가장 많이 사용함. 또한, 공식 승인된 변경도 수행함.

감시 및 통제 (Monitoring and Controlling)	12개	프로젝트의 진척을 정기적으로 측정하고 감시하여 프로젝트 관리 계획서와의 차이를 식별함으로써 프로젝트 목표를 달성하는데 필요한 시정 조치를 취할 수 있도록 함. 또한, 변경에 대한 검토 및 승인과 리스크 감시 및 통제, 품질 통제 등도 담당함.
종료(Closing)	1개	제품, 서비스 또는 결과물의 인수를 공식화하고 프로젝트 또는 프로젝트 단계를 순서에 따라 종료시킴.

PMP® 시험 안내문인 'PMP® Handbook'에도 나와 있지만, PMP® 시험은 10개 영역별로 몇 문제씩 내는 것이 아니라 착수, 기획, 실행, 감시 및 통제, 종료로 구분해서 출제합니다. (2020년 7월 1일 이후로는 사람, 프로세스, 비즈니스 환경의 3개 영역으로 시험 출제 영역이 변경됨.) 따라서 49개의 프로세스가 **5개 프로세스 그룹에 따라 프로세스들끼리 어떤 연관성을 가지고 착수부터 종료까지 흘러가는지 이해하는 것**은 시험에서 매우 중요하다고 할 수 있습니다.

1.2.4.5.1 착수 프로세스 그룹(Initiating process group)

착수 프로세스 그룹의 역할은 **프로젝트의 공식적인 시작 또는 새로운 단계의 공식적인 시작에 대한 승인을 획득**하는 것입니다. 착수 프로세스 그룹 안에는 2개의 프로세스가 포함되어 있습니다. 공식적 승인을 받은 후에는 프로젝트 관리 계획서를 개발하는 기획(Planning)으로 넘어가게 됩니다. 그런데 실제 프로젝트에서 볼 수 있듯이 어느 특정한 시점에 프로젝트를 시작하는 것처럼 착수를 특정 시점에서 명확하게 시작하는 경우보다는 프로젝트에 대한 여러 가지 정보들, 경영진의 요구사항, 비즈니스 요구 등이 나타나고 이를 정리하는 과정을 통해 시간이 걸리면서 착수가 진행되는 경우가 많습니다. 그래서 프로젝트의 시작 시점을 명확히 말하기 어려운 경우가 많습니다. 프로젝트의 타당성을 검토하기 위해 필요한 초기 프로젝트 투입물이 한 번에 들어오는 것이 아니라 점차 들어오다 프로젝트가 시작되므로 프로젝트 **착수에 대한 프로젝트 경계가 모호할 수 있습니다.** (소규모 프로젝트는 프로젝트 시작 경계가 명확할 수 있습니다.)

이 내용을 그림으로 표현하면 [그림 1-19]처럼 '프로젝트 투입물'이 '착수'로 투입되는 것을 경계가 모호한 넓은 점선 박스로 표현할 수 있습니다. 그러나 종료의 경계는 최종 산출물이 승인되면 끝나므로 경계가 명확합니다. 즉, 착수부터 종료까지를 프로젝트 경계로 보지만 착수의 경계는 모호할 수 있다는 것입니다.

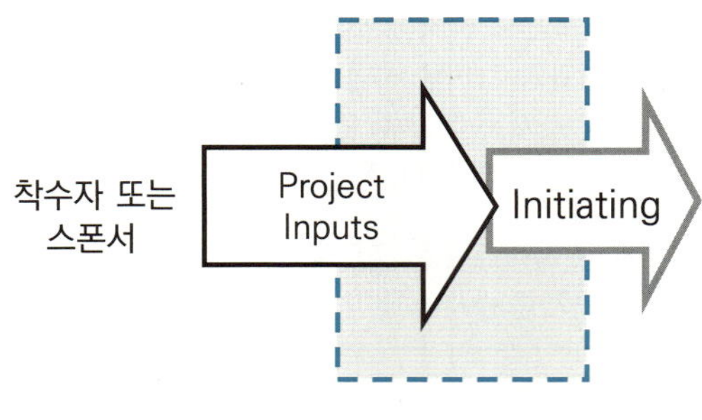

[그림 1-19] 착수의 경계

앞의 프로젝트 생애주기 부분에서 설명했듯이 프로젝트가 여러 단계로 구성되어 있으면 각 단계의 시작마다 착수가 반복됩니다. 단계가 5개면 착수도 5번 하게 됩니다. 그렇다고 프로젝트 헌장을 5번 만들지는 않습니다. 공식적인 승인은 1번만 하면 됩니다. 첫 번째 단계에서 프로젝트 헌장이 만들어 지면, 그다음 단계의 착수에서는 앞에서 만든 프로젝트 헌장의 내용을 검토하고 상세화합니다. 프로젝트 헌장에는 프로젝트를 수행하는 이유인 Business need가 포함되어 있어서 단계의 시작마다 프로젝트 헌장을 검토하게 되면 프로젝트를 지속해서 Business need에 초점을 유지하도록 하는 데 도움이 됩니다. 만약 어떤 단계의 착수에서 이 프로젝트를 계속 진행해도 Business need를 충족하는 것이 불가능하다고 판단되면 프로젝트는 바로 중단하게 됩니다.

착수에서 하는 주요 활동은 대부분 개략적인 초기 정보들을 식별하는 것이며 다음과 같습니다.

- 프로젝트 초기 범위 결정.
- 프로젝트 관리자 선정.
- 초기 재무적 자원들의 합의.
- 초기 제약사항과 가정사항의 식별.
- 프로젝트 헌장(Project charter) 작성 및 승인.
- 내부 및 외부 이해관계자의 식별.
- 이해관계자 관리대장(Stakeholder register) 작성.

착수에서 가정사항 및 제약사항을 문서로 만드는 일은 중요한 역할을 합니다. 왜냐하면, 착수 다음이 기획이고 '프로젝트 관리 계획서'를 만드는 과정이기 때문입니다. 만약 제약과 가정을 고려하지 않고 계획을 만든다면 그 계획은 어떨까요? 우리가 원하는 대로 일정을 결정하고 예산을 결정해버리면 현실적이지 못한 이상적인 계획이 될 것입니다. 그래서 가정사항과 제약사항을 착수에서 식별해야 합니다. 일반적으로 돈, 시간, 품질, 자원 등에 대한 제약사항이 많습니다.

그리고 착수의 가장 중요한 활동은 프로젝트나 단계를 공식적으로 승인받는 것입니다. 그런데 승인에 대한 권한은 프로젝트 관리자나 팀원이 갖고 있지 않습니다. 따라서 착수에서 프로젝트에 대한 승인은 프로젝트 내부가 아니라 프로젝트 외부의 승인에 대한 권한을 가진 사람이 하게 됩니다. **프로젝트에 대한 공식적 승인은 회사 차원에서, 프로그램 차원에서, 포트폴리오 차원에서 수행될 수 있습니다.** 그리고 선정된 프로젝트 관리자는 프로젝트의 활동에 사용할 여러 자원을 활용할 수 있는 공식적 권한이 생깁니다.

1.2.4.5.2 기획 프로세스 그룹(Planning process group)

공식적으로 프로젝트가 승인되면 기획을 통해 프로젝트 관리 계획서를 개발합니다. 기획 프로세스 그룹의 가장 중요한 역할은 프로젝트 목표를 가장 효과적으로 달성할 수 있는 방법을 결정하는 것입니다. 효과적인 방법을 기획하여 문서화한 것이 바로 '프로젝트 관리 계획서'이며, 기획 프로세스 그룹 안에는 **프로젝트 관리 계획서를 만드는 주요 프로세스들이 포함**되어 있습니다. 그럼 프로젝트 관리 계획서는 어떤 내용을 담고 있을까요? 범위, 일정, 원가에 대한 내용뿐만 아니라 리스크, 품질, 의사소통, 조달 등 실행에서 해야 할 모든 부분이 포함됩니다. 실행에 대한 모든 준비를 기획에서 하기 때문에 기획에서 해야 할 일은 꽤 많습니다. 그래서 기획 프로세스가 총 24개로 다른 프로세스 그룹보다 프로세스가 많습니다.

잠깐! **기획(Planning)과 계획(Plan)?**

보통 Planning은 기획으로 번역하고 Plan은 계획으로 번역하는데요, 기획과 계획의 차이점을 설명할 수 있나요? 기획(企劃)을 국어사전에서 찾아보면 '일을 꾀하여 계획함.'이라고 나옵니다. 즉, 기획은 계획을 수립하는 과정을 말하며 프로젝트의 기획은 프로젝트 관리 계획서를 만드는 과정이라고 보면 됩니다.

그럼 프로젝트 관리 계획서는 어떻게 만들까요? 기획에 관련된 프로세스들이 다양한 산출물을 만들어내면 이 산출물들을 통합하여 프로젝트 관리 계획서를 만듭니다. 기획이라는 것 자체가 여러 가지 대안들을 생각한 후에 가장 좋은 방법을 찾는 과정입니다. 그리고 프로젝트 관리 계획서는 점진적 구체화(Progressive elaboration)의 특성을 갖게 됩니다. 계획을 수립하는 과정을 보면 처음에 명확하지 않았던 부분이 시간이 지남에 따라 다양한 정보들이 추가로 들어와서 점차 구체화되는 특성이 있습니다. 다른 프로세스들도 마찬가지이지만 기획 프로세스들도 반복 사용되고, 프로세스가 반복 적용될수록 프로젝트 관리 계획서는 더 구체적으로 변하게 됩니다. 그러므로 **기획과 실행은 프로젝트를 수행하는 동안에 반복됩니다.** 계획을 구체화하고 구체화된 부분은 실행에 들어가는 것을 반복합니다. 소규모 프로젝트는 예외일 수 있지만, 어느 정도 규모 있는 프로젝트를 가정하면 기획과 실행이 반복된다는 것을 이해할 수 있을 것입니다.

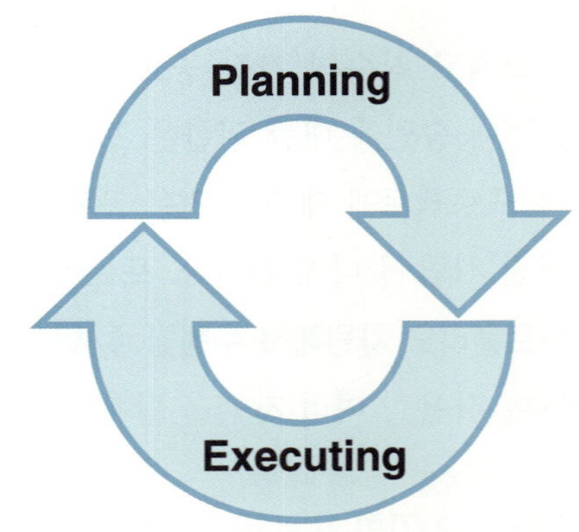

[그림 1-20] 기획과 실행의 관계

이처럼 기획을 반복하면서 시간이 지남에 따라 프로젝트 관리 계획서가 점차 상세해지는 것을 전문 용어로 **'Rolling wave planning'**이라고 합니다. 이는 **기획이 반복적(Iterative)이고 지속적인(Ongoing) 노력**이라는 것입니다. 그런데 기획 노력을 오래 할수록 계획이 구체화된다고 해서 막연하게 계속 계획만 짜고 있을 수는 없을 것입니다. 조직에서는 자체적으로 이러한 기획 노력을 끝내는 시점을 결정해야 합니다. 초기에 진행할 부분은 상세하므로 그 부분은 실행으로 들어가야 하고, 먼 미래에 대한 기획은 나중에 다시 상세화하게 됩니다. 초기 기획을 끝내고 프로젝트 관리 계획서를 경영진으로부터 승인을 받게 되면 그때는 성과측정 시 사용하는 **기준선(Baseline)**이 됩니다. 즉, 승인받기 전까지는 지속적으로 계획을 상세화시켜 나가게 되고 **승인을 받은 부분은 성과측정의 기준선**이 되어 실행의 결과와 비교하는 것입니다. 그리고 여러 가지 변경 요청들이 프로젝트를 진행하면서 나오게 되는데 이러한 변경 중 공식적으로 승인받은 변경은 프로젝트 관리 계획서에 업데이트합니다.

핵심 용어

Rolling Wave Planning

프로젝트는 미래에 대한 불확실성을 포함하고 있어서 예측이란 요소가 필요합니다. 프로젝트 계획을 작성하는 경우 여러 예측을 하게 되는데 대표적으로 일정도 하나의 예측입니다. 그런데 가까운 시일 내의 일정은 어느 정도 상세하게 작성할 수 있지만 4년 혹은 5년 뒤의 일정은 정확히 작성하기 어렵습니다. 그래서 프로젝트 초기에는 전체 일정을 Milestone schedule이나 Summary schedule 형태로 표현하는 것이 일반적입니다. 프로젝트를 진행하면서 더 많은 정보가 추가됨에 따라 좀 더 정확한 일정을 다시 계획하게 됩니다. 이처럼 기획을 반복함에 따라 계획이 점진적으로 구체화되는 것을 'Rolling Wave Planning'이라고 합니다

프로젝트 관리 계획서를 작성할 때 **먼저 결정해야 하는 것이 바로 '범위'**입니다. 범위가 결정되어야 범위를 달성하기 위해 필요한 돈과 시간이 결정되는 것입니다. Scope, Schedule, Cost 외에도 프로젝트 실행을 위해 준비해야 할 모든 사항은 기획에서 준비한 후 실행에 들어갑니다. 각 프로세스는 다양한 산출물들을 만들게 되며, 기획의 산출물들이 통합되어 '프로젝트 관리 계획서'가 개발되는 것입니다.

잠깐! 프로세스 이름

Planning에 대한 대부분의 프로세스 이름에는 'Plan'이 포함되어 있고, Monitoring and controlling에 대한 대부분의 프로세스 이름에는 'Monitor' 또는 'Control'이 포함되어 있습니다.

1.2.4.5.3 실행 프로세스 그룹(Executing process group)

실행 프로세스 그룹에 속하는 프로세스는 49개 중 10개입니다. 앞의 기획 프로세스 그룹을 통해 '프로젝트 관리 계획서'를 만든 후에 **계획에 따라 자원을 소비하며 프로젝트에서 요구하는 사항들을 달성하는 과정이 실행**입니다. 즉, 계획에 정의된 작업들을 수행해서 **인도물을 생성**합니다. 따라서 프로젝트의 활동을 통합 및 수행하고 인력과 자원을 조율하는 실행이 필요합니다. 시간과 비용은 실행에서 가장 많이 쓰입니다.

그리고 실행을 하다 보면 여러 가지 변경사항들이 발생할 수 있으며 이러한 변경을 감시 및 통제에서 검토하고 분석하여 변경할 것인지 결정하게 됩니다. 만약 변경을 공식적으로 승인받게 되면 **공식적으로 승인받은 변경을 실행에서 수행**하게 됩니다. 또한, 승인된 변경은 계획에 업데이트시켜야 하며 업데이트된 내용은 해당 관련 이해당사자에게 알려주어야 합니다. 필요하면 승인된 변경으로 인해 프로젝트의 새로운 기준선을 수립하는 경우도 있습니다.

1.2.4.5.4 감시 및 통제 프로세스 그룹(Monitoring and controlling process group)

실행을 열심히 수행하지만, 실행의 과정 또는 결과가 항상 계획한 대로 정확히 지켜지는 경우는 거의 없습니다. 그 이유는 여러 가지가 있지만 가장 큰 이유는 모든 프로젝트가 미래의 불확실성을 갖고 있기 때문입니다. 우리가 수립한 프로젝트 관리 계획서는 미래에 대한 예측을 한 것인데, 예측이라는 것 자체가 불확실한 것이므로 계획대로 정확히 수행하는 것은 사실 불가능한 일입니다. 미래를 정확하게 예측할 수 있는 사람은 없습니다. 따라서 프로젝트를 실제 진행하다 보면 생각한 것보다 일이 어려울 때도 있고, 그래서 시간이 더 걸리는 경우도 있고, 비용이 더 들어갈 수도 있으며, 범위가 더 추가되는 때도 있고, 필요한 시점에 필요한 자원을 사용하지 못하는 경우도 발생합니다. 그러다 보니 계획과 실행은 정확하게 일치하면서 진행되는 것이 아니라 차이가 있기 마련입니다. 계획보다 실적이 앞서는 경우도 있지만 보통 계획보다 실적이 뒤처지는 경우가 많습니다. 계획보다 못한 실적(실행의 결과)을 그대로 두면 일정지연, 원가초과, 품질저하 등으로 프로젝트가 실패할 가능성이 높습니다. 그래서 프로젝트는 항상 계획과 실행을 같이 비교해서 **감시(Monitoring)**하고 있어야 합니다. 그래야 즉시 계획과 실적의 차이를 발견할 수 있기 때문입니다. 또한, 실적이 계획보다 못한 것을 발견한다면 부족한 실적을 계획에 맞추는 다양한 노력을 해야 합니다. 이러한 노력을 **통제(Controlling)**로 볼 수 있습니다. 그래서 **감시 및 통제**라는 프로세스 그룹이 프로젝트 관리에서 필요합니다.

또한, 프로젝트는 기간, 비용, 자원 등에 대한 다양한 변경이 발생하게 되며, 이미 앞에서 설명했지만 하나의 변경은 여러 군데 영향을 줄 수 있으므로 변경이 미치는 영향을 모두 확인한 후 승인된 변경만 처리되도록 통제해야 합니다. 승인되지도 않은 변경을 특정 개인이 임의로 처리하면 프로젝트에 큰 문제를 야기할 수 있습니다. 따라서 승인된 변경만 수행될 수 있도록 **변경을 처리하는 부분도 감시 및 통제의 역할**입니다. 변경은 언제든지 발생 가능하므로 프로젝트 초기부터 마지막까지 항상 감시해야 합니다.

리스크의 감시도 '감시 및 통제' 프로세스 그룹의 역할입니다. 리스크는 불확실한 사건으로서 언제 발생할지 아무도 모릅니다. 따라서 식별된 리스크는 항상 감시의 대상입니다. 그리고 리스크가 실제 발생하면 대응 조치에 들어가야 합니다.

실행에서 만들어진 **인도물의 정확성을 주기적으로 확인하는 것도 '감시 및 통제' 프로세스 그룹의 역할**입니다. 실행에서 계속 인도물이 나오는데, 이 인도물에 결함이 있는지 없는지는 주기적으로 확인해서 결함이 있을 경우 고쳐야 합니다. 따라서 인도물은 항상 감시의 대상이며, 결함이 있을 경우 통제를 통해 결함을 고치는 조치를 수행해야 합니다. 인도물의 정확성을 확인하고 결함을 고치도록 조치를 결정하는 것을 **품질 통제(Control Quality)**라고 합니다.

'감시 및 통제' 프로세스 그룹은 나머지 4개의 프로세스 그룹과 성격을 좀 달리 봐야 합니다. 착수는 무조건 프로젝트 제일 처음이고 제일 마지막은 종료입니다. 기획은 프로젝트에 대한 공식적 승인이 되어야 기획에 들어가므로 착수 다음이 기획입니다. 실행은 계획이 있어야 하므로 기획 다음이 실행입니다. 항상 이 순서대로 프로젝트를 진행합니다. 그럼 감시 및 통제는 언제 하는 것으로 봐야 하나요? 앞에서 설명했지만 감시 및 통제는 특정한 시점이 없이 프로젝트 착수부터 종료까지 항상 하는 활동으로 봐야 합니다. 리스크나 변경을 특정 시점에서만 감시하고 통제하는 것은 아니기 때문입니다. 감시 및 통제 프로세스 그룹에 속하는 프로세스는 총 12개이며, 이 12개 프로세스는 나머지 37개 프로세스와 달리 어떤 특정 시점에 하기보다는 늘 하는 활동으로 이해하는 것이 좋습니다.

1.2.4.5.5 종료 프로세스 그룹(Closing process group)

마지막으로 모든 목표가 달성되면 프로젝트를 종료(Closing)해야 합니다. 모든 프로젝트 활동을 공식적으로 종료하고 완제품을 인계하며, 만약 중간에 취소된 프로젝트라면 중단을 진행하는 것 등을 종료에서 수행합니다. 프로젝트가 단계로 나누어져 있을 경우 단계의 종료도 종료 프로세스 그룹에서 수행합니다. 규모가 큰 프로젝트는 종료에서 해야 할 일들이 많고, 체계적인 절차에 의해 종료해야 합니다. **프로젝트의 공식적 종료는 '종료(Closing) 프로세스 그룹'이 담당**합니다.

1.2.4.5.6 프로세스 그룹 간의 관계

5개 프로세스 그룹 간의 관계를 표현하면 [그림 1-21]처럼 표현할 수 있습니다.

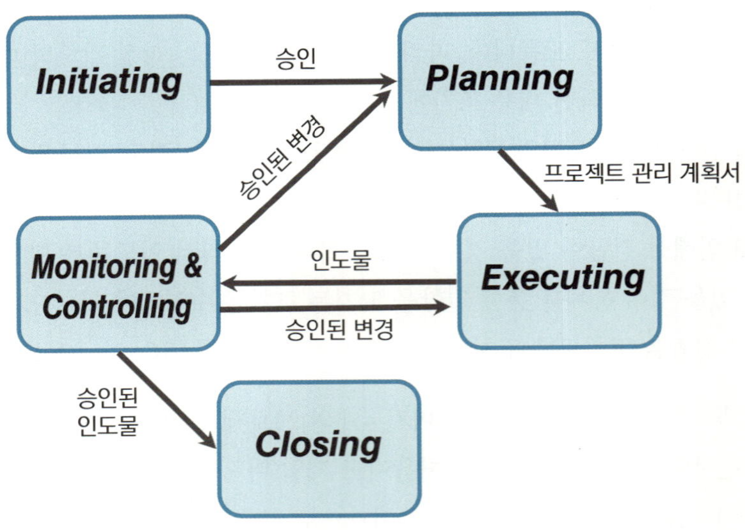

[그림 1-21] 프로세스 그룹들의 연관성

이 그림은 **5개 프로세스 그룹 간의 연관 관계**를 이해하는 데 많은 도움이 됩니다. 착수에서 프로젝트 헌장의 승인으로 공식 착수된 후에 기획으로 넘어가고 기획에서는 프로젝트 관리 계획서를 개발합니다. 그 계획에 의해 실행하는데 실행에서는 '인도물'이 생성되고 실제 작업을 수행한 정보들이 수집됩니다. 실행의 결과물은 계획대로 되었는지 계획과 비교하기 위해 감시 및 통제로 투입됩니다. 계획과 실행의 결과를 비교하여 차이를 분석하고 차이를 줄이기 위한 시정 조치(Corrective action) 등이 결정됩니다. 만약 시정 조치가 승인되면 실행에서 시정 조치를 수행합니다. 승인된 변경으로 인해 계획을 수정할 사항이 있으면 기획에서 승인된 변경을 반영하여 프로젝트 관리 계획서를 갱신합니다. 그리고 결함이 없다고 확인된 정상적으로 완료된 인도물들은 종료로 빠지고, 프로젝트에서 생성해야 하는 모든 인도물들이 정상적으로 완료되면 프로젝트는 종료하게 됩니다.

[그림 1-22]는 프로세스 그룹들의 상호 연관성의 수준을 보여줍니다. 세로축은 노력 수준이며, 높이가 높을수록 노력 수준이 높다고 보면 됩니다. 노력 수준이 가장 높은 두 그룹은 기획과 실행입니다. 계획을 수립하고 그 계획대로 실행하는 것은 서로 밀접한 관계이면서 많은 노력을 수반합니다. 기획과 실행은 프로젝트를 하는 동안에 반복되므로 서로 겹친 면적도 가장 넓습니다. 겹친 면적을 보면 착수와 기획도 연관성이 조금 있습니다. 착수에서

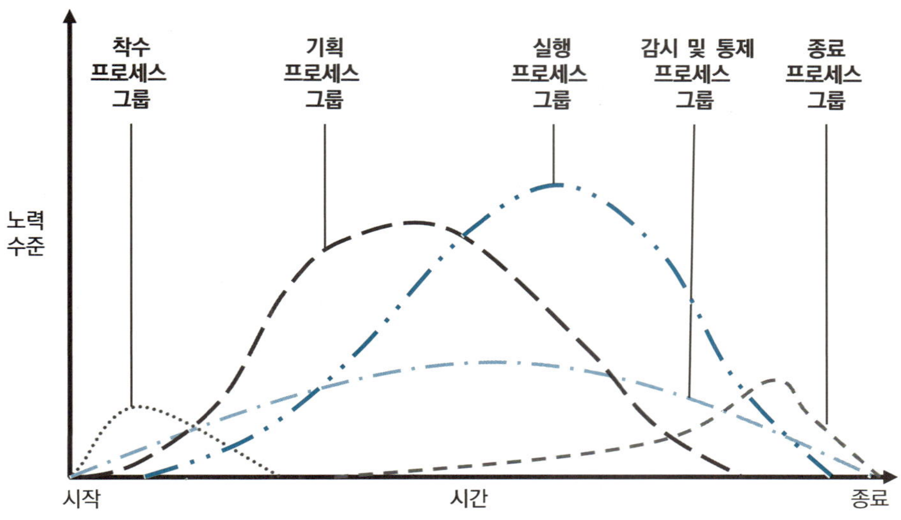

[그림 1-22] 프로젝트 또는 단계 내 프로세스 그룹 간 상호관계

결정된 상위수준의 내용이 기획에서 상세히 결정되므로 착수와 기획도 연관성이 있습니다. 감시 및 통제 프로세스 그룹은 나머지 4개 프로세스 그룹 모두와 걸쳐 있습니다. 변경은 언제든지 발생할 수 있고, 리스크도 언제든지 발생할 수 있으므로 프로젝트 전반에 걸쳐 감시하고 통제해야 합니다. 감시 및 통제는 가로축으로 보면 프로젝트 중반에 가장 높은데요, 아무래도 계획과 실적을 비교하는 것이 가장 큰 역할이므로 가운데가 가장 높다고 볼 수 있습니다. 종료 프로세스 그룹은 실행 프로세스 그룹이 조금 지나고 나서 서서히 시작됩니다. 그 이유는 실행에서 만들어진 인도물들이 감시 및 통제를 통해 품질의 정확성을 확인하게 되고, 확인되면 더 이상 손댈 필요 없으므로 종료로 빠지게 됩니다. 모든 인도물을 모아서 고객에게 인도하는 것은 프로젝트 제일 뒤에서 하므로 종료 프로세스 그룹의 높이는 프로젝트 후반에서 가장 높습니다. 그리고 서로 전혀 연관성이 없는 두 그룹은 착수와 종료입니다. 착수와 종료는 연관성이 있을 수 없습니다.

1.2.4.6 프로젝트 관리 지식영역(Project management knowledge areas)

*PMBOK® Guide*는 49개의 프로세스를 통합부터 이해관계자까지 총 10개의 지식 영역으로 분류합니다. 10개의 지식 영역은 다음과 같으며, *PMBOK® Guide*에서는 4장~13장까지 설명하고 있습니다.

- **프로젝트 통합 관리(Project Integration Management)**: 다양한 프로세스 및 프로젝트 관리 활동을 합치고 조정하는 프로세스들을 포함합니다.
- **프로젝트 범위 관리(Project Scope Management)**: 프로젝트에서 달성해야 할 모든 작업을 빠짐없이 프로젝트에 포함시키고 범위의 변경을 통제하기 위한 프로세스들을 포함합니다.
- **프로젝트 일정 관리(Project Schedule Management)**: 원하는 일정 안에 끝내기 위해 필요한 프로세스들을 포함합니다.
- **프로젝트 원가 관리(Project Cost Management)**: 승인된 예산 안에서 프로젝트를 완료하기 위해 필요한 프로세스들을 포함합니다.
- **프로젝트 품질 관리(Project Quality Management)**: 품질 표준에 맞춘 인도물을 생성하기 위해 필요한 프로세스들을 포함합니다.
- **프로젝트 자원 관리(Project Resource Management)**: 인적/물적 자원을 식별하고 확보하여 적절한 시점에 배정되도록 관리하는 프로세스들을 포함합니다.
- **프로젝트 의사소통 관리(Project Communications Management)**: 프로젝트 정보를 시기적절하게 수집, 저장, 배포, 처분하는 프로세스들을 포함합니다.
- **프로젝트 리스크 관리(Project Risk Management)**: 기회를 향상시키고 위협을 낮추기 위해 프로젝트 리스크를 식별, 분석, 대응 준비, 대응, 감시하는 프로세스들을 포함합니다.
- **프로젝트 조달 관리(Project Procurement Management)**: 프로젝트 팀 외부로부터 필요한 제품, 서비스, 결과를 구매 또는 획득하기 위해 필요한 프로세스들을 포함합니다.
- **프로젝트 이해관계자 관리(Project Stakeholder Management)**: 프로젝트 이해관계자들을 프로젝트 생애주기 동안에 적극적으로 참여하도록 관리하는 프로세스들을 포함합니다.

[표 1-3]은 49개의 프로세스를 두 가지 형태로 분류한 표입니다. 세로축은 5개의 프로세스 그룹으로 분류한 것이고, 가로축은 10개 지식 영역으로 분류한 것입니다. 한 개의 프로세스는 5개의 프로세스 그룹 중 하나에 속하기도 하며 프로세스 자신의 성격(범위, 일정, 원가, 리스크 등)에 따라 10개의 영역 중 하나로 속하게 됩니다. PMP® 시험을 위해서는 가로축 관점이 중요할까요? 세로축 관점이 중요할까요? 정답은 세로축입니다. 실제 프로젝트는 착수, 기획, 실행, 감시 및 통제, 종료로 수행되지, 통합으로 시작해서 이해관계자 관리로 끝나지 않습니다. 각 프로세스의 상세한 설명은 4장부터 13장에서 나오지만, 항상 염두

에 두어야 할 것은 **내가 학습하는 프로세스가 5개 프로세스 그룹 중 어디에 속하는지를 확인**하는 것입니다.

[표 1-3] 프로젝트 관리 프로세스 그룹과 지식 영역간 관계

지식 영역	프로젝트 관리 프로세스 그룹				
	착수	기획	실행	감시 및 통제	종료
4. 통합 관리	4.1 프로젝트 헌장 개발	4.2 프로젝트 관리 계획서 개발	4.3 프로젝트 작업 지시 및 관리 4.4 프로젝트 지식 관리	4.5 프로젝트 작업 감시 및 통제 4.6 통합 변경 통제 수행	4.7 프로젝트 또는 단계 종료
5. 범위 관리		5.1 범위 관리 계획수립 5.2 요구사항 수집 5.3 범위 정의 5.4 작업분류체계 작성		5.5 범위 확인 5.6 범위 통제	
6. 일정 관리		6.1 일정 관리 계획수립 6.2 활동 정의 6.3 활동 순서배열 6.4 활동 기간 산정 6.5 일정 개발		6.6 일정 통제	
7. 원가 관리		7.1 원가 관리 계획수립 7.2 원가 산정 7.3 예산 책정		7.4 원가 통제	
8. 품질 관리		8.1 품질 관리 계획수립	8.2 품질 관리	8.3 품질 통제	
9. 자원 관리		9.1 자원 관리 계획수립 9.2 활동 자원 산정	9.3 자원 확보 9.4 팀 개발 9.5 팀 관리	9.6 자원 통제	
10. 의사소통 관리		10.1 의사소통 관리 계획수립	10.2 의사소통 관리	10.3 의사소통 감시	
11. 리스크 관리		11.1 리스크 관리 계획수립 11.2 리스크 식별 11.3 정성적 리스크 분석 수행 11.4 정량적 리스크 분석 수행 11.5 리스크 대응 계획수립	11.6 리스크 대응 실행	11.7 리스크 감시	
12. 조달 관리		12.1 조달 관리 계획수립	12.2 조달 수행	12.3 조달 통제	
13. 이해관계자 관리	13.1 이해관계자 식별	13.2 이해관계자 참여 계획수립	13.3 이해관계자 참여 관리	13.4 이해관계자 참여 감시	

1.2.4.7 프로젝트 관리 데이터 및 정보(Project management data and information)

프로젝트를 진행하는 과정에서 다양한 정보와 데이터가 수집되고 분석되고 여러 이해관계자에게 배포됩니다. 용어의 혼동과 오해를 줄이기 위해 *PMBOK® Guide*에서는 프로젝트 정보를 크게 3가지 유형으로 분류하고 있습니다.

- **작업 성과 데이터(Work performance data)**: 프로젝트 실행의 결과로 수집되는 실적 정보입니다. 활동의 실제 시작일 또는 실제 종료일, 변경의 개수, 실제 지출된 비용, 실제 걸린 기간 등에 대한 정보이며, 이 정보는 통제 프로세스로 투입되어 계획과 비교됩니다.
- **작업 성과 정보(Work performance information)**: 통제 프로세스를 통해서 계획과 실적이 비교된 정보이며, 각 영역별 성과가 높은지 낮은지 알 수 있습니다.
- **작업 성과 보고서(Work performance report)**: 작업 성과 정보를 이해관계자에게 전달하기 위해서 문서로 정리한 것입니다.

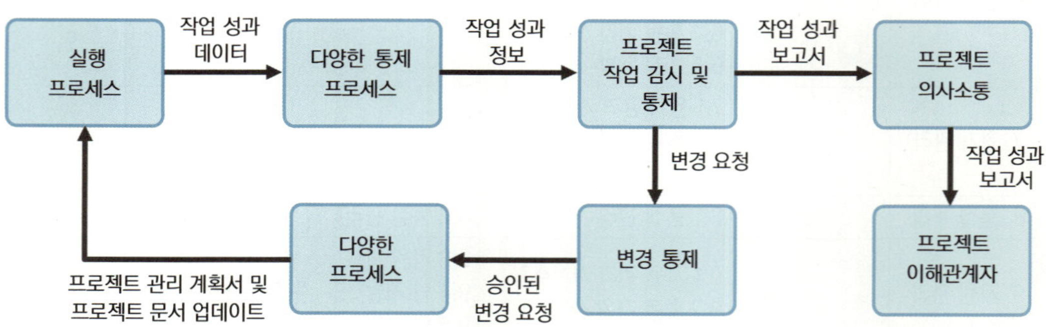

[그림 1-23] 데이터, 정보, 보고서의 전달 경로

1.2.5 조정(Tailoring)

PMI에서는 *PMBOK® Guide*에 나온 49개의 프로세스를 모든 프로젝트에 똑같이 적용할 필요는 없다고 말합니다. 말 그대로 Guide는 지침서이므로, 프로젝트 관리자는 프로젝트 팀과 같이 주어진 프로젝트의 규모나 복잡성에 맞게 필요한 프로세스를 선정할 책임이 있습니다. 주어진 프로젝트의 특성에 맞게 프로젝트 관리 프로세스, 투입물, 도구 및 기법, 산출물, 생애주기 단계를 선택하는 활동을 'Tailoring'이라고 합니다. 프로젝트 관리자는 프로젝트 환경과 조직 문화, 이해관계자 요구, 그 밖의 변수를 기반으로 프로젝트를 관리하기 위한 접근 방식을 조정합니다.

1.2.6 프로젝트 관리 비즈니스 문서(Project management business documents)

프로젝트 비즈니스 문서는 프로젝트 시작 전에 만들어지며 비즈니스 케이스(Business case)와 편익 관리 계획서(Benefit management plan) 2가지가 있습니다. 비즈니스 케이스가 먼저 만들어지고 그 후에 편익 관리 계획서가 만들어집니다. 두 문서는 상호 의존관계에 있으며 필요에 따라 프로젝트 생애주기를 통해서 검토됩니다.

비즈니스 케이스는 이번 프로젝트가 비즈니스 관점에서 투자할 가치가 있는지 없는지 결정하기 위해 필요한 정보를 포함한 문서이며, 비용-편익(Cost-Benefit) 분석 내용이 포함됩니다. 비용보다 편익이 적정 수준 이상 높아야 프로젝트 투자 가치가 있습니다. 만약 투자 가치가 없다면 그 프로젝트는 시작하지 않습니다. 비즈니스 케이스의 개발, 유지에 대한 책임은 일반적으로 프로젝트 스폰서에게 있으며, 비즈니스 케이스에 정의된 성공 기준이 조직의 목표에 부합하는지 지속적으로 감독하고 권고사항을 제시할 책임은 프로젝트 관리자에게 있습니다.

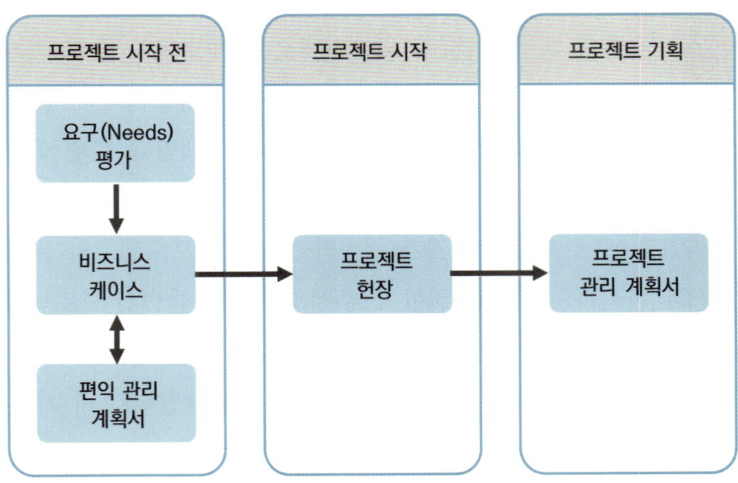

[그림 1-24] 요구 평가와 비즈니스 문서 및 중요 프로젝트 문서와의 연관 관계

1.2.6.1 프로젝트 비즈니스 케이스(Project business case)

백과사전 Wikipedia에는 비즈니스 케이스를 'A business case captures the reasoning for initiating a project.'라고 정의했습니다. 즉, 비즈니스 케이스는 프로젝트 착수의 이유를 담고 있다고 설명합니다. 다시 보면 프로젝트의 당위성을 문서화한 것입니다. 예를 들면, 소프트웨어 업그레이드 프로젝트는 시스템 성능을 향상시키기 위해서 하지만, 비즈니스 케이스로 보면 고객 만족을 향상시키기 위해 하는 것이 될 수 있습니다. 향후 프로젝트를 진행할 때 주기적으로 비즈니스 케이스를 검토하여 프로젝트의 필요성이 유효한지 확인할 수 있습니다. [그림 1-24]에 보면 요구 평가(Needs assessment)를 먼저 수행한 후 비즈니스 케이스를 개발합니다. [그림 1-24]의 내용을 예를 들어 설명하면 다음과 같습니다.

어떤 회사에서 앞으로 전기 자동차가 시장에서 많이 팔릴 것으로 생각되어 전기 자동차용 베터리를 개발하는 것이 회사에 많은 도움이 될 것으로 생각했습니다.(요구 평가) 전기 자동차용 베터리를 개발하기 위해서는 약 200명의 연구인력이 1년간 프로젝트를 수행해야 개발이 될 것으로 판단했습니다. 인건비와 연구 장비 및 실험 설비에 대한 비용을 분석해 봤고 새로 개발할 베터리가 가져올 편익(회사 브랜드 가치 상승, 베터리 판매 수익, 개발된 기술의 응용을 통한 가치 창출 등)을 분석해봤습니다. 분석 결과 비용(Cost)보다 편익(Benefit)이 더 높게 나왔습니다. 편익과 비용의 비율(BCR, Benefit-cost ratio)을 계산해보니 약 1.4가 나왔습니다. 이는 비용대비 편익이 140%라는 의미로서 경영진은 투자가치가 있다고 판단했습니다. 이러한 내용을 바탕으로 비즈니스 케이스를 작성했습니다. 또한, 비즈니스 케이스를 기반으로 목표 편익, 편익을 달성할 방법과 시기, 편익 책임자, 관련 리스크 등을 문서화하여 편익 관리 계획서를 작성했습니다. 전기 자동차용 베터리 개발 프로젝트는 스폰서에 의해서 승인되었고, 프로젝트 관리자가 선정되었습니다. 프로젝트와 관련된 상위 수준의 정보와 프로젝트 관리자의 이름과 권한, 스폰서의 서명이 들어간 프로젝트 헌장이 공식적으로 작성되었습니다. 프로젝트 관리자는 자신의 권한으로 프로젝트 팀을 구성하고 전기 자동차용 베터리를 개발하기 위한 프로젝트 관리 계획서를 개발하기 시작합니다.

비즈니스 케이스는 프로젝트의 목표와 수행 이유를 포함하고 있어서 프로젝트 종료 시점에 초기 프로젝트 목표를 얼마나 달성했는지 측정할 때도 사용합니다. 일반적으로 비즈니스 케이스에는 다음과 같은 내용이 포함될 수 있습니다.

◆ 비즈니스 요구사항(Business needs)

- "앞으로 신재생 에너지가 중요해질 것이므로 태양광 에너지를 활용하기 위한 태양광 패널을 개발하는 것이 우리 회사에 도움이 될 것 같습니다." 같은 비즈니스의 기회. "작년에 개발해서 사용하고 있는 업무관리 시스템이 보안에 취약하고 늘어난 데이터 관리를 처리하기에 성능이 부족하여 새로운 시스템을 개발해야 할 것 같습니다."같은 해결해야 할 비즈니스 문제.
- 영향을 받는 이해관계자 식별.

◆ 상황분석 정보(Analysis of the situation)

- 조직의 전략, 목표, 목적.
- 문제의 원인 또는 기회의 주요 기여자.
- 조직의 기존 역량 대비 프로젝트에 필요한 역량의 차이.
- 관련 리스크.
- 중요한 성공 요인들.
- 결정 기준: 필수적(Required) 기준, 선호적(Desired) 기준, 선택적(Optional) 기준.

비즈니스 문제 또는 기회를 해결하기 위해 고려해야 할 선택사항(Options)

- **하지 않음(Do nothing)** – 프로젝트는 승인되지 않음. (예 전기 자동차용 베터리 사업은 포기합시다.)
- **최소의 작업만 수행(Do the minimum work)** – 문제 또는 기회를 해결하는데 핵심적인 항목만 수행함. (예 태양광 패널의 원천 기술만 먼저 개발하고 제조는 나중에 결정합시다.)
- **최소 이상으로 작업 수행(Do more than the minimum work)** – 최소 기준과 기타 기준의 일부 또는 전부를 충족시키는 작업 수행. (예 태양광 패널을 제품화하기 전 단계까지 개발합시다.)

◆ 권장사항(Recommendation)

- 권고하는 대안에 대한 설명 및 대안의 분석 결과, 대안의 제약 및 가정사항과 리스크 등.

◆ 평가(Evaluation)

- 프로젝트가 인도할 편익을 측정하기 위한 계획에 대한 설명.

1.2.6.2 프로젝트 편익 관리 계획서(Project benefits management plan)

프로젝트를 수행하는 이유는 조직에서 필요한 편익을 얻기 위해서입니다. 예를 들면, 프로세스의 자동화를 통해 비용을 절감하거나 새로운 제품으로 판매율을 높이는 것입니다. 편익은 운영 비용 절감처럼 수치 형태로 눈에 보일 수도 있지만, 브랜드 인식의 향상처럼 정확히 측정할 수 없는 것도 있습니다. 일부 편익은 프로젝트 종료 후에 오랜 기간에 걸쳐 달성되기도 합니다. 목표한 편익을 얻으려면 체계적인 방법에 의한 관리가 필요합니다. 그래서 요구사항 평가 결과와 비즈니스 케이스를 기반으로 편익 관리 계획서를 수립하고 계획에 따라 편익을 관리합니다. 편익 관리 계획서에는 다음과 같은 내용이 포함됩니다.

- 목표 편익(Target benefits): 프로젝트를 통해 얻고자 하는 유형 및 무형의 가치.
- 전략적 연계성(Strategic alignment): 기대 편익과 조직 전략의 일치성.
- 편익 실현을 위한 기간(Timeframe for realizing benefits): 단계의 편익, 단기 편익, 장기 편익, 지속적 편익.
- 편익 책임자(Benefits owner): 계획에 수립된 일정에 따라 실현된 편익을 감시, 기록, 보고하는 책임을 진 사람.
- 척도(Metrics): 실현된 편익을 보여주기 위해 사용되는 직접적 또는 간접적 척도.
- 가정사항(Assumptions): 준비되거나 입증될 것으로 기대되는 요인들.
- 리스크(Risks): 편익 실현에 대한 리스크들.

편익 관리 계획서는 목표한 편익이 제공되는 것을 보장하기 위해 프로젝트 전반에 걸쳐 정기적으로 검토됩니다.

1.2.6.3 프로젝트 헌장과 프로젝트 관리 계획서(Project charter and project management plan)

프로젝트 헌장은 프로젝트를 공식 승인한 문서로서 중요한 문서이며, 프로젝트 관리 계획서는 실행, 감시 및 통제, 종료를 어떻게 할 것인지 방법을 기술한 중요 문서입니다. 두 문서 외에도 다양한 문서들이 프로젝트 생애주기를 통해서 작성됩니다. 프로젝트 관리의 주요 문서들은 4장~13장까지 학습하면서 자세히 알아볼 것입니다.

1.2.6.4 프로젝트 성공 척도(Project success measures)

프로젝트 이해관계자들은 각자의 기준에서 프로젝트 성공 여부를 판단할 수 있으므로 사전에 프로젝트 성공의 기준을 정해서 프로젝트 관리자는 주요 이해관계자와 합의할 필요가 있습니다. 일반적으로는 일정안에 예산안에 주어진 품질을 맞춘 인도물을 모두 생성하면 성공이라고 했지만 최근에는 여러 목표의 달성 여부를 기준으로 프로젝트의 성공을 측정해야 한다고 합니다. 다음 사항은 프로젝트의 다양한 목표에 대한 예시입니다.

- 편익 관리 계획서의 완료.
- 비즈니스 케이스에 포함된 합의된 재무적 측정치의 달성.
    - 순 현재가치(NPV, Net present value)
    - 투자수익률(ROI, Return on investment)
    - 내부수익률(IRR, Internal rate of return)
    - 회수기간(PBP, Payback period)
    - 편익-비용 비율(BCR, Benefit-cost ratio)
- 비즈니스 케이스의 비재무적 목표 달성.
- 원하는 미래 상태로 조직의 변화 완료.
- 계약서의 조항 및 조건의 이행 완료.
- 조직의 전략, 목표, 목적 달성.
- 이해관계자의 만족도 달성.
- 수용 가능한 고객 및 최종 사용자의 채택.
- 조직의 운영환경에 인도물의 통합.
- 합의된 품질 달성.
- 거버넌스 기준 달성.
- 기타 합의된 성공 척도 또는 기준의 달성.

NPV, ROI, IRR, PBP, BCR에 대한 설명은 *PMBOK® Guide*에 없지만 시험에 출제된 적이 있으므로 기본 내용은 알아 두는 것이 좋습니다. 기본 개념을 이해하는 것은 어렵지 않습니다.

[현재가치(Present value, PV)]

현재가치(PV)란 미래가치(Future value, FV)를 현재의 가치로 환산한 값을 말합니다. Present value를 다른 말로 Present discounted value라고도 합니다. 일반적으로 프로젝트에서 투자는 현재 시점으로 하지만 프로젝트를 통한 수익은 어느 정도 시간이 지나거나 프로젝트가 끝난 후에 발생합니다. 또한, 프로젝트가 끝난 후에 들어올 미래의 수익은 현재가치로 환산했을 때 가치가 떨어지게 됩니다. 미래가치를 현재가치화할 때 영향을 주는 요소는 바로 이자율입니다. 현재 돈이 1,000원이 있고 이자율이 10%라면 1년 뒤에는 1,100원이 됩니다. 거꾸로 생각하면, 이자율이 10%일 경우 1,100원을 1년 전으로 현재가치화하면 1,000원이 됩니다. 미래가치를 현재가치로 환산하면 가치는 떨어집니다. 돈에 이자가 붙어서 미래로 갈수록 금액이 많아지듯이 거꾸로 보면 이자는 미래의 돈을 현재화할 때 돈을 깎는 역할을 합니다. 따라서 지금 100억 투자해서 3년 뒤에 120억이 들어오는 것이 이익인지 손해인지는 계산을 해봐야 아는 것입니다. 120억이 현재가치로 계산했을 때 이자율에 따라 투자금액인 100억보다 클 수도 있고 작을 수도 있기 때문입니다. 현재가치를 구하는 공식은 다음과 같은 과정을 거쳐서 만들어집니다.

- 현재가치 + 이자 = 미래가치
- 이자 = 현재가치 x 이자율
- 현재가치 + (현재가치 x 이자율) = 현재가치(1 + 이자율) = 미래가치
- 현재가치 = 미래가치/(1 + 이자율)^{n}

  r: 단위 기간당 이자율, FV를 PV화 할 때 가치를 깎는 변수이므로 할인율(Rate of discount) 라고도 함.

  n: 단위 기간의 개수. 이자는 년 단위로 계산됨. 예를 들면, 1,000원은 1년에 10%의 이자율이면 1년 뒤에는 1,100원의 FV가 되고 2년째는 1,210원의 FV가 됨.

$$PV = \frac{FV}{(1+r)^{n}}$$

예시 문제 현재 Project A는 4년 뒤에 20억 원의 수익이 예측됩니다. 이자율은 10%로 가정하면 수익 금액의 현재 가치는 얼마입니까?

정답 PV=20억/(1+0.1)^{4}=13.66억

[순현재가치(Net present value, NPV)]

NPV는 프로젝트를 통해 들어오는 모든 수익(Revenue)에서 프로젝트에 들어가는 모든 비용을 뺀 값입니다. 따라서, NPV는 양수 값이 나와야 투자가치가 있는 것이며, **NPV가 크면 클수록 좋은 프로젝트**입니다. 단, 수익은 순이익이 아니며, 순차적으로 수익이 들어올 경우, 각 년 수를 고려해서 PV화 한 후에 모두 합산한 것이 전체 수익이 됩니다. 비용도 마찬가지로 프로젝트와 관련되어 발생하는 모든 비용을 현재가치로 계산하여 합한 값을 합산해야 합니다. 따라서 공식으로 보면 다음과 같습니다.

NPV = Total Benefit – Total Cost

- TB: 프로젝트와 관련되어 발생하는 모든 수익을 현재가치로 계산하여 합한 값
- TC: 프로젝트와 관련되어 발생하는 모든 비용을 현재가치로 계산하여 합한 값

NPV 계산의 예시는 [표 1-4]와 같습니다.

[표 1-4] NPV 계산의 예

기간(년)	수익	이자율 10%에서 수익의 PV	비용	이자율 10%에서 비용의 PV
0	0	0	200	200
1	100	91	150	136
2	150	124	100	83
3	200	150	150	113
4	300	205	0	0
합계		**570**		**532**
NPV = 570 – 532 = 38				

예시 문제 시작할 때 100억 원을 투자해야 하는 프로젝트가 있습니다. 이 프로젝트는 그해 말에 20억, 다음 해 말에 30억, 3년째 되는 해 연말에 70억 현금 유입이 발생합니다. 투자할 것입니까? 말 것입니까? (이자율은 10%)

정답 전체 수익의 현재가치 = 18.2 + 24.8 + 52.6= 95.6억 원, NPV = 95.6–100 = –4.4억 원, 따라서 투자하지 않는 것이 좋습니다.

[표 1-5] 3년간 PV 계산

년	수익	PV	공식
1	20억	18.2	$20/(1+0.1)^1$
2	30억	24.8억	$30/(1+0.1)^2$
3	70억	52.6억	$70/(1+0.1)^3$
	합계	**₩95.6억**	

예시 문제 처음에 400원을 투자해서 5년간 매년 100원씩 수익이 발생할 경우 NPV는 얼마입니까? (할인율은 10%)

정답 NPV = 379.08 − 400 = −20.92

[표 1-6] 5년간 PV 계산

년	수익	PV	공식
1	₩100	₩90.91	$100/(1+0.1)^1$
2	₩100	₩82.64	$100/(1+0.1)^2$
3	₩100	₩75.13	$100/(1+0.1)^3$
4	₩100	₩68.30	$100/(1+0.1)^4$
5	₩100	₩62.09	$100/(1+0.1)^5$
	합계	**₩379.08**	

잠깐! Discounted cash flow(DCF)

앞의 [예시문제]처럼 화폐의 시간가치를 고려하여 모든 미래의 현금 흐름을 현재가치화한 흐름으로 보는 것을 DCF라고 합니다.

[BCR(Benefit Cost Ratio): 수익과 원가의 비율]

NPV에서는 수익과 비용을 뺐지만 BCR은 나눕니다. 따라서 **BCR은 1보다 값이 크면 투자 가치가 있고, 만약 선택 안이 모두 1보다 클 경우 값이 가장 큰 안을 선택**합니다.

BCR = Total Benefit / Total Cost

예시 문제 다음 중 어떤 프로젝트에 투자해야 합니까?

A. BCR 1.5　　B. BCR 2　　C. BCR 1.2　　D. BCR 2.1

정답 D. BCR이 가장 큰 D번입니다.

예시 문제 BCR(Benefit cost ratio)이 1.5입니다. 이것이 의미하는 것은 무엇입니까?

A. 비용이 수익보다 크다.

B. 비용의 1.5배가 상환된다.

C. 비용의 1.5배가 순이익이다.

D. 수익의 1.5배가 비용이다.

정답 B. 투자한 비용의 1.5배가 상환되는 의미입니다. Benefit은 순이익(Profit)이 아님을 주의하기 바랍니다.

[IRR(Internal rate of return)]

정해진 기간 내에 투자액을 회수하기 위한 이자율(NPV가 0일 때 이자율)을 말합니다. IRR이 높을수록 투자가치가 높다는 얘기이고 만약 ‘IRR 〈 은행이자율’이라면 차라리 은행에 예금하는 것이 더 나을 것입니다. 프로젝트 수익률이 내부적으로 정한 수익률보다 높을 경우 투자하는 것이 일반적입니다. PMP® 시험에서는 IRR을 계산하는 문제가 직접 출제된 경우는 없습니다. **IRR이 클수록 좋은 프로젝트**로 기억해두기 바랍니다.

예를 들면, 첫해 1,000원을 투자하면 1년 뒤 300원, 2년 뒤 400원, 3년 뒤 500원, 4년 뒤 400원, 5년 뒤 300원의 수익이 예측되는 프로젝트의 IRR은 다음과 같이 계산합니다.

[표 1-7] IRR 계산의 예

Year	Flow	10%	20%	25%	25.70%	30%
0	-1000	-1000	-1000	-1000	-1000	-1000
1	300	272.7273	250	240	238.6635	230.7692
2	400	330.5785	277.7778	256	253.1567	236.6864
3	500	375.6574	289.3519	256	251.7469	227.5831
4	400	273.2054	192.9012	163.84	160.2208	140.0511
5	300	186.2764	120.5633	98.304	95.59713	80.79872
	합계	438.445	130.5941	14.144	**-0.615**	-84.1115

[표 1-7]에서 1년의 10%가 272.7273으로 나온 것은 앞에서 설명한 대로 300/ $(1+0.1)^1$=272.7273으로 계산하면 됩니다. 즉, 10%일 때 투자비와 수익의 합계가 438.445 이므로 '0'이 아닙니다. 퍼센트를 높이다 보면 25.7%에서 투자와 수익의 합산이 약 '0'이 됨을 알 수 있습니다. 따라서 이 프로젝트의 IRR은 약 26%입니다.

[Payback period]

투자액을 회수하기까지 걸리는 시간(Total Benefit = Total Cost)이 짧을수록 투자 원금의 회수가 빨리 된다는 의미이고 회수 기간이 짧을수록 좋은 프로젝트라고 봅니다. 프로젝트가 장기간일 경우 적당한 분석 방법입니다.

[표 1-8] 5년의 Payback period의 예

초기 투자	기대 현금 유입				
	1년	2년	3년	4년	5년
₩1,000,000	₩100,000	₩300,000	₩200,000	₩300,000	₩100,000

[표 1-8]은 초기에 1,000,000원을 투자할 경우 예상 현금 유입에 기반할 경우 5년으로 Payback period가 계산됩니다. 만일 4년 차에 300,000원이 아니라 400,000원이 들어온다면 Payback period는 4년으로 줄게 됩니다.

[ROI(Return on investment)]

ROI는 기업에서 정해진 자금의 사용에 대하여, 이익이나 비용절감 등 얼마나 많이 회수되었는지를 말합니다. 예를 들어, 30,000원을 투자해서 34,000원을 벌었다면 ROI=(34,000-30,000)/30,000=0.13 즉, 13%의 수익을 회수한 것입니다.

참고하세요!

- **기회비용(Opportunity cost)**: 어떤 재화의 두 종류의 용도 중 어느 한 편을 포기할 경우, 포기 안 했다면 얻을 수 있는 이익의 평가액을 말합니다. 예를 들어, 프로젝트에 투자할 돈을 은행에 예금했다면 이자를 받을 수 있었으므로 그 이자가 기회비용이 됩니다.
- **매몰비용(Sunk cost)**: 매몰비용은 직역하면 이미 가라앉은 비용입니다. 다시 말해, 이미 지출해서 회수가 불가능한 비용을 말합니다. 예를 들어, 프로젝트를 진행하면서 1억 원을 지출했고 문제가 있어서 그 프로젝트를 중단하고 새로운 프로젝트를 진행할 때 앞에서 지출된 1억 원을 새로운 프로젝트에서 고려해서는 안 된다는 것입니다. 다른 말로 "Water under the bridge." 라고 할 수 있습니다.

01 핵심 정리

- *PMBOK® Guide*는 특정 산업분야에 상관없이 적용 가능한 단일 프로젝트 관리에 대한 지침서입니다.
- 프로젝트란 고유한 제품, 결과, 서비스를 생산하기 위해 수행되는 일시적인 노력입니다.
- 프로젝트의 일시적(Temporary) 특성은 모든 프로젝트가 시작과 끝이 있음을 의미합니다.
- 프로젝트의 고유한(Unique) 특성은 프로젝트에서 만들어진 최종 결과물은 똑같은 것이 하나도 없다는 것입니다.
- 프로젝트 관리는 프로젝트 요구사항을 충족시키는 데 필요한 지식, 기량, 도구 및 기법 등을 프로젝트 활동에 적용하는 것입니다.
- 프로젝트 관리 프로세스들은 착수, 기획, 실행, 감시 및 통제, 종료의 5개 프로세스 그룹으로 분류됩니다.
- 프로젝트의 점진적 구체화(Progressive elaboration) 특성은 프로젝트 진행에 따라 더 상세하고 구체적인 정보와 정확한 산정치가 확보되어 계획이 지속적으로 상세화되는 것을 말합니다.
- 개별적으로 관리해서 얻을 수 없는 편익(Benefit)을 얻기 위해 관련된 프로젝트들, 하위 프로그램(Subsidiary program), 기타 프로그램 관련 활동의 그룹을 프로그램이라고 하며, 프로젝트는 프로그램의 일부로 진행될 수 있습니다.
- 전략적 목표를 달성하기 위해 하나의 그룹으로 관리되는 프로젝트, 프로그램, 하위 포트폴리오(Subsidiary portfolio), 운영 업무를 포트폴리오(Portfolio)라고 합니다.
- 운영 관리는 지속적인 제품 또는 서비스 생성의 관리에 대한 영역입니다.
- 프로젝트 생애주기(Project life cycle)란 프로젝트 시작부터 종료까지 단계들의 모음을 말합니다.
- 프로젝트는 새로운 제품, 서비스, 결과물을 산출하는 것이 목적이므로 제품, 서비스, 결과물의 개발과 연관되는 하나 이상의 개발 생애주기가 프로젝트 생애주기 내에 포함됩니다.
- 개발 생애주기는 예측형, 반복적, 점증적, 적응형, 혼합형 생애주기가 있습니다.
- 프로젝트 단계(Project phase)는 프로젝트를 효과적으로 관리하기 위해 프로젝트를 분할한 것입니다.
- 여러 단계는 순차적으로 진행되는 것이 일반적이지만 기간을 단축하기 위해서 Fast tracking으로

단계를 중첩해서 진행하는 경우도 있습니다.

- 한 단계의 종료 시점에서 다음 단계로 진행할지, 수정 작업을 계속할지, 프로젝트를 종료할지에 대한 결정을 내리기 위한 검토 시점을 Phase exit, Milestone, Phase gate, Decision gate, Stage gate, Kill point라고 합니다.
- 한 개의 프로세스는 투입물(Inputs), 도구 및 기법(Tools and techniques), 산출물(Outputs)로 구성된 3개가 한 세트입니다.
- 프로젝트를 진행하다 변경이 발생하면 제일 먼저 해야 할 일은 변경이 어디까지 영향을 주었는지 파악하는 것입니다.
- 프로젝트 관리 프로세스들은 총 49개며, 성격에 따라 착수, 기획, 실행, 감시 및 통제, 종료의 5개 그룹으로 분류할 수 있습니다.
- 착수(Initiating) 프로세스 그룹의 역할은 프로젝트의 공식적인 시작 또는 새로운 단계의 공식적인 시작에 대한 승인을 획득하는 것입니다.
- 기획(Planning) 프로세스 그룹의 역할은 프로젝트 목표를 가장 효과적으로 달성할 수 있는 방법을 포함한 프로젝트 관리 계획서를 개발합니다
- 기획을 반복하면서 시간이 지남에 따라 프로젝트 관리 계획서가 점차 상세해지는 것을 'Rolling wave planning'이라고 합니다.
- 실행(Executing) 프로세스 그룹의 역할은 계획에 따라 자원을 소비하며 프로젝트에서 요구하는 사항들을 달성하는 것입니다.
- 감시 및 통제(Monitoring and controlling) 프로세스 그룹의 역할은 프로젝트의 성과 측정, 변경통제 등입니다.
- 종료(Closing) 프로세스 그룹의 역할은 모든 프로젝트 활동을 공식적으로 종료하고 완제품을 인계하는 것입니다.
- *PMBOK® Guide*는 49개의 프로세스를 통합부터 이해관계자까지 총 10개의 지식 영역으로 분류합니다
- 작업 성과 데이터는 프로젝트 실행의 결과로 수집되는 실적 정보입니다.

- 작업 성과 정보는 통제 프로세스를 통해서 계획과 실적이 비교된 정보입니다.
- 작업 성과 보고서는 작업 성과 정보를 이해관계자에게 전달하기 위해서 문서로 정리한 것입니다.
- Tailoring은 주어진 프로젝트의 특성에 맞게 프로젝트 관리 프로세스, 투입물, 도구 및 기법, 산출물, 생애주기 단계를 선택하는 활동입니다.
- 프로젝트 비즈니스 문서는 프로젝트 시작 전에 만들어지며 비즈니스 케이스(Business case)와 편익 관리 계획서(Benefit management plan) 두 가지가 있습니다.
- 비즈니스 케이스는 프로젝트의 목표와 수행 이유를 포함하고 있습니다.
- 편익 관리 계획서는 편익 달성을 체계적으로 관리하기 위한 내용을 포함하고 있습니다.
- 프로젝트 헌장은 프로젝트를 공식 승인한 문서입니다.
- 프로젝트 관리 계획서는 실행, 감시 및 통제, 종료를 어떻게 할 것인지 방법을 기술한 문서입니다.
- 프로젝트 관리자는 사전에 프로젝트 성공의 기준을 정해서 주요 이해관계자와 합의할 필요가 있습니다.
- 현재가치(PV)란 미래가치(Future value, FV)를 현재의 가치로 환산한 값입니다. 현재가치 = 미래가치/(1 + 이자율)^{n}로 계산합니다.
- NPV는 프로젝트를 통해 들어오는 모든 수익(Revenue)에서 프로젝트에 들어가는 모든 비용을 뺀 값입니다. NPV는 0보다 값이 크면 투자가치가 있고, 크면 클수록 좋은 프로젝트입니다.
- BCR은 수익과 비용을 나눕니다. BCR은 1보다 값이 크면 투자가치가 있고, 크면 클수록 좋은 프로젝트입니다.
- IRR은 정해진 기간 내에 투자액을 회수하기 위한 이자율(NPV가 0일 때 이자율)입니다. IRR이 클수록 좋은 프로젝트입니다.
- Payback period는 투자액을 회수하기까지 걸리는 기간입니다. Payback period에서는 쓴 비용의 회수 기간이 짧을수록 좋은 프로젝트라고 봅니다.
- ROI는 기업에서 정해진 자금의 사용에 대하여, 이익이나 비용절감 등 얼마나 많이 회수되었는지를 말합니다.

01 이해도 테스트 문제

01 프로젝트가 무엇인지 설명하고, 프로젝트의 특징을 적어보세요.

02 프로젝트(Project) 관리란 무엇입니까?

03 프로그램(Program) 관리란 무엇입니까?

04 포트폴리오(Portfolio) 관리란 무엇입니까?

05 포트폴리오 관리와 프로그램 관리, 프로젝트 관리, 조직의 프로젝트 관리 간에는 어떤 관계가 있습니까?

06 운영 관리와 프로젝트 관리는 어떤 관계가 있습니까?

07 개발 생애주기는 왜 다양한 형태가 있습니까?

08 프로젝트 단계의 주요 특징은 어떤 것들이 있습니까?

09 단계 심사(Phase gate)는 왜 합니까?

10 5개 프로젝트 관리 프로세스 그룹은 무엇이며, 각각의 역할은 무엇입니까?

11 프로젝트 관리 지식영역 10개는 무엇이며, 각 영역은 어떤 내용을 포함하고 있습니까?

12 비즈니스 케이스는 어떤 문서이며, 무슨 내용을 주로 포함하고 있습니까?

13 편익 관리 계획서는 어떤 문서이며, 무슨 내용을 주로 포함하고 있습니까?

14 PV, NPV, BCR, IRR, Payback period, ROI를 각각 간단하게 설명해보세요.

☑ 정답은 교재를 통해 직접 본인이 찾아보기 바랍니다.

01 용어의 뜻 연결하기

Project •	• 단계를 반복하면서 점진적으로 진행하지만 반복의 주기가 2주~4주 정도로 무척 짧은 개발 생애주기
Portfolio •	• 한 단계의 종료 시점에서 다음 단계로 넘어갈지, 수정 작업을 더 해야 할지, 프로젝트를 중단할지에 대해 검토하는 것
Adaptive life cycle •	• 프로젝트 실행의 결과로 수집되는 실적 정보
Work performance information •	• 프로젝트 진척에 따라 상세하고 구체적인 정보와 정확한 산정치가 확보됨에 따라 계획을 지속해서 향상시키고 상세화하는 것
Program •	• 고유한 제품, 결과, 서비스를 생산하기 위해 수행되는 일시적인 노력
Operation •	• 프로젝트 요구사항을 충족시키기 위해 지식, 기량, 도구 및 기법 등을 프로젝트 활동에 적용하는 것
Tailoring •	• 개별적으로 관리해서 얻을 수 없는 편익을 얻기 위해 관련된 프로젝트들, 하위 프로그램, 기타 프로그램 관련 활동을 그룹화한 것
Progressive elaboration •	• 전략적 목표를 달성하기 위해 프로젝트, 프로그램, 하위 포트폴리오, 운영 업무를 하나의 그룹으로 관리되는 것
Phase gate •	• 비슷한 제품을 계속 생산하거나 반복된 서비스를 제공하는 활동들과 같이 지속적 실행을 수행하는 조직의 기능
Work performance data •	• 주어진 프로젝트의 특성에 맞게 프로젝트 관리 프로세스, 투입물, 도구 및 기법, 산출물, 생애주기 단계를 선택하는 활동
Project management •	• 통제 프로세스를 통해서 계획과 실적이 비교된 정보

01 예상 문제

01 다음 중 프로젝트의 특징으로 볼 수 없는 것은 무엇입니까?

A. 유일한 제품 또는 서비스를 만든다.

B. 제한된 자원의 제약을 받는다.

C. 계획하고 실행하고 통제한다.

D. 지속적이고 반복적으로 일한다.

02 다음 중 프로젝트를 가장 잘 설명한 것은 무엇입니까?

A. 계획을 수행하기 위한 프로세스의 연속 흐름이다.

B. 원하는 산출물을 얻기 위해 요구사항들을 실행하는 것이다.

C. 유일한 제품, 서비스, 결과를 얻기 위해 수행하는 일시적인 노력이다.

D. 미리 정해진 시간, 비용 안에서 반드시 완료해야 하는 작업들의 모음이다.

03 다음 중 프로그램(Program) 관리를 가장 잘 설명한 것은 무엇입니까?

A. 개별적으로 관리해서 얻을 수 없는 편익을 얻기 위해 관련된 프로젝트들, 하위 프로그램, 기타 프로그램 관련 활동의 그룹을 관리하는 것.

B. 규모가 큰 프로젝트를 통째로 관리하기 어려워 프로젝트를 관리 가능한 요소로 나눈 것.

C. 조직 전략을 달성하기 위해 여러 프로젝트를 모두 다 통합해서 관리하는 것.

D. 프로젝트의 시작부터 종료까지 관리하기 위해 필요한 프로젝트 관리 소프트웨어.

04 프로젝트를 관리하기 위해서는 여러 프로세스를 적용하고 통합해야 합니다. 각 프로세스는 프로세스의 특성에 따라 5개의 프로세스 그룹으로 분류할 수 있습니다. 다음 중 5개의 프로세스 그룹으로 맞는 것은?

A. 착수, 기획, 실행, 감시 및 통제, 인수인계

B. 착수, 기획, 실행, 종료, 인수인계

C. 킥오프, 착수, 기획, 실행, 종료

D. 착수, 기획, 실행, 감시 및 통제, 종료

05 **최근 들어 당신의 회사가 급격하게 성장하여 프로젝트 개수가 계속 늘어나고 있습니다. 조직 전략 달성을 위해 프로젝트가 여러 개 생성되고 승인되어 진행되고 있는데, 필요에 따라서 관련된 몇 개의 프로젝트를 묶어서 관리하기도 합니다. 프로젝트의 개수도 늘어나고 규모와 복잡성도 커져서 조직 전반에 걸쳐 다양한 프로젝트와 프로그램들을 통합적으로 관리할 필요성이 생기고 있습니다. 현시점에서 당신의 회사는 어떤 관리를 하는 것이 조직 전략에 도움이 될 수 있습니까?**

A. 포트폴리오 관리
B. 프로그램 관리
C. 리스크 관리
D. 운영 관리

06 **당신은 자전거 제조 회사에 다니고 있습니다. 전기 자전거의 수요가 늘어남에 따라 회사에서 새로운 전기 자전거 개발 프로젝트를 착수했고, 당신은 프로젝트의 관리자로 임명되었습니다. 앞으로 전기 자전거 개발 프로젝트를 관리하기 위해 사용할 프로세스를 프로젝트의 규모와 복잡성에 맞게 선정하려고 합니다. 다음 중 프로젝트 관리 프로세스에 대한 설명으로 틀린 것은 무엇입니까?**

A. 프로젝트를 수행하면서 모든 팀원은 착수부터 종료까지 정해진 프로젝트 관리 프로세스를 빠짐없이 모두 수행해야 한다.
B. 프로젝트 관리 프로세스는 프로젝트 착수부터 종료까지 반복적으로 사용되는 경우가 많다.
C. 대부분의 프로젝트 관리 프로세스들은 서로 연관성을 가지고 있다.
D. 프로젝트 관리 프로세스들을 얼마나 상세히 적용할 것인지는 프로젝트의 특성에 따라 달라질 수 있다.

07 **현재 당신은 회사에서 프로그램 관리자로서 업무를 수행하고 있습니다. 당신이 관리하는 프로그램 안에는 7개의 프로젝트가 포함되어 있습니다. 당신은 프로그램 관리자로서 다양한 업무를 해야 하는데, 다음 중 당신의 역할로 보기 어려운 것은 무엇입니까?**

A. 프로그램 내의 여러 프로젝트에 영향을 주는 갈등 및 자원 제약을 해결한다.
B. 프로젝트에 영향을 주는 조직의 전략과 프로그램 목표를 일치시킨다.
C. 프로젝트 및 프로그램에 관련된 이슈 및 변경을 관리한다.
D. 조직의 가치를 극대화하기 위해 조직 전체를 통합 관리한다.

08 **모든 프로젝트는 영원히 지속되지 않습니다. 한시성(Temporary)의 특징으로 인해 프로젝트는 종료 시점이 있습니다. 다음 중 프로젝트가 종료될 수 있는 상황이 아닌 것은 무엇입니까?**

A. 프로젝트의 목표 달성

B. 더 이상 프로젝트에 필요한 자금을 지원할 수 없는 경우

C. 이해관계자의 요구사항 추가로 프로젝트의 범위가 많이 늘어난 경우

D. 프로젝트의 필요성이 사라진 경우

09 **조직에서 프로젝트를 수행하는 이유는 다양하지만 결국 비즈니스 가치를 창출하기 위해서입니다. 새로운 프로젝트를 수행함으로써 얻을 수 있는 비즈니스 가치로 고려하기 어려운 것은 무엇입니까?**

A. 새로운 생산설비

B. 프로젝트 수행을 통해 얻는 새로운 스킬

C. 시장 점유율의 증가

D. 새로운 인력의 충원

10 **최근 고속도로에서 고속버스 기사의 졸음운전으로 인한 충돌 사고가 점점 늘어나서 정부에서 모든 고속버스에 자동 긴급 제동장치 장착을 의무화하는 법을 1년 후부터 시행하는 새로운 법안이 통과되었습니다. 당신은 자동차 제조회사에서 일하고 있는데, CEO는 정부의 법을 맞추기 위해 내년도에 판매할 고속버스에 장착할 자동 긴급 제동장치 프로젝트를 시작하라고 지시했습니다. 이번에 진행하는 프로젝트의 착수 배경으로 볼 수 없는 것은 무엇입니까?**

A. 이해관계자의 요청 또는 요구사항 충족

B. 비즈니스 또는 기술적 전략 구현이나 변경

C. 규제 또는 법적 요구사항 충족

D. 비즈니스 프로세스의 개선

11 **당신의 회사는 드론을 개발합니다. 그동안 10종이 넘는 신제품을 출시했고, 이번에 완전 방수가 되어 수면에 착륙할 수 있는 새로운 드론을 개발하려고 합니다. 당신은 그동안 5개의 프로젝트에 관리자로 참여했었습니다. 이번에 진행할 새로운 드론 개발 프로젝트의 관리자는 아직 선정되지 않았습니다. 과거 프로젝트의 팀원 중 한 명이 당신에게 프로젝트 관리자가 되고 싶은데 프로젝트 관리자는 어떤 책임을 갖게 되는지 알고 싶다고 당신에게 물어봅니다. 다음 중 프로젝트 관리자의 책임으로 보기 어려운 것은 무엇입니까?**

A. 이해관계자의 요구사항과 기대사항 식별하기

B. 프로젝트의 범위, 일정, 원가 품질 목표 달성하기
C. 조직 전략에 부합하는 프로젝트를 선정하기
D. 프로젝트의 규모나 복잡성에 맞는 프로젝트 관리 프로세스 선정하기

12 **조직에서 프로젝트 관리, 프로그램 관리, 포트폴리오 관리를 통해 조직의 전략을 달성하고 가치를 창출합니다. 포트폴리오 관리에 대한 책임은 일반적으로 누구에게 있습니까?**

A. 프로젝트 스폰서
B. 상위 경영진
C. 프로그램 관리자
D. 기능 관리자

13 **당신의 회사는 기업용 회계 소프트웨어를 개발하는 회사입니다. 그동안 다양한 기업 고객으로부터 요청을 받아서 그 회사의 운영 환경에 맞는 소프트웨어를 개발해서 납품했습니다. 최근 새로운 고객으로부터 자기 회사에 맞는 회계 소프트웨어를 개발해달라는 요청을 받았습니다. 고객의 요구사항 분석을 해보니 아직 100% 요구사항이 확정된 것이 아니라 60% 정도 확정되었고 나머지는 개발하면서 확정하려고 합니다. 당신은 요구사항이 확정된 부분은 미리 계획을 수립해서 계획대로 개발하고 요구사항이 확정되지 않은 부분은 작업 주기를 정해서 각 주기를 시작하기 전에 그 주기에 달성할 범위를 정하여 진행하는 것을 반복하는 형태로 진행하기로 했습니다. 당신은 어떤 생애주기를 통해 소프트웨어를 개발하려고 하는 것입니까?**

A. 예측형 생애주기
B. 반복적 생애주기
C. 애자일 생애주기
D. 혼합형 생애주기

14 **당신은 큰 규모의 프로젝트 관리자입니다. 프로젝트를 효과적으로 관리하고 통제하기 위해서 총 6단계로 프로젝트를 수행하려고 합니다. 각 단계의 끝에서 단계 심사(Phase gate)를 진행할 예정입니다. 다음 중 단계 심사를 통해 내려질 수 있는 결정사항이 아닌 것은 무엇입니까?**

A. 다음 단계로 계속 진행
B. 프로젝트 종료
C. 필요한 조치를 먼저 수행한 후 다음 단계로 계속 진행
D. 새로운 프로젝트의 시작

15 **당신은 VR(가상현실) 관련 기술을 개발하는 프로젝트를 수행하고 있습니다. 최근에 경쟁사 중 한 곳에서 당신이 개발하는 기술과 동일한 기술을 개발해서 특허를 냈고 그 기술이 적용된 VR 시스템을 시장에 출시했습니다. 이 사실을 안 경영진은 프로젝트 중단을 고려하고 있고 지금까지 프로젝트에 투자된 금액이 얼마인지 알고 싶어 합니다. 지금까지 프로젝트에 쓴 비용을 무엇이라고 합니까?**

A. 자본 손실(Capital loses)

B. 매몰 비용(Sunk costs)

C. 기회 비용(Opportunity costs)

D. 실패 비용(Failure costs)

16 **다음 프로젝트 관리 지식 영역 중 프로젝트를 성공적으로 완료하기 위해 필요한 모든 작업을 빠짐없이 프로젝트에 포함시키는 과정에서 수행해야 하는 프로세스를 포함하는 영역은?**

A. 프로젝트 통합 관리

B. 프로젝트 범위 관리

C. 프로젝트 원가 관리

D. 프로젝트 조달 관리

17 **다음 중 비즈니스 케이스에 대해 틀리게 설명한 것은 무엇입니까?**

A. 문서로 정리된 경제적 타당성 연구자료이다.

B. 프로젝트 착수의 목표와 이유를 포함한다.

C. 프로젝트 종료 시점에서 프로젝트 목표 대비 프로젝트의 성공 여부를 측정하는데 사용된다.

D. 프로젝트의 편익을 어떻게 달성할 것인지에 대한 방법을 포함한다.

18 **프로젝트 채택을 공식적으로 승인하고, 프로젝트 활동에 필요한 조직 자원을 투입할 수 있는 권한을 프로젝트 관리자에게 부여하기 위해서 프로젝트 스폰서가 발행하는 문서를 무엇이라고 합니까?**

A. 프로젝트 관리 계획서(Project management plan)

B. 프로젝트 헌장(Project charter)

C. 계약서(Contract)

D. 작업 기술서(Statement of work)

19 **현재 프로젝트 4개 중 하나를 선정하려고 합니다. 선정 기준은 IRR을 적용하기로 했습니다. 현재 4개 프로젝트의 IRR을 보면, 프로젝트 A의 IRR은 12%, 프로젝트 B의 IRR은 19%, 프로젝트 C의 IRR은 23%, 프로젝트 D의 IRR 25%입니다. 이 결과를 기준으로 할 때 어떤 프로젝트를 선정하는 것이 가장 좋겠습니까?**

A. 프로젝트 A

B. 프로젝트 B

C. 프로젝트 C

D. 프로젝트 D

20 **새로운 프로젝트의 타당성을 분석하기 위해 BCR을 적용한 결과 BCR이 1.27이 나왔습니다. 다음 보기 중에서 이 프로젝트에 대해 틀리게 설명한 것은?**

A. 프로젝트의 이익(Profit)은 투자 대비 127%이다.

B. 비용의 1.27배가 상환된다.

C. 비용보다 수익이 높다.

D. 이 프로젝트의 NPV는 0보다 크다.

01 예상 문제 해설

1 **정답 D.** 지속적이고 반복적인 일은 Operation work의 특징이고 나머지 A, B, C는 프로젝트의 특징입니다.

2 **정답 C.** 프로젝트는 유일한 제품, 서비스, 결과를 얻기 위해 수행하는 일시적인 노력입니다.

3 **정답 A.** 관련 프로젝트들끼리 묶어서 관리하게 되면 개별적으로 관리하는 것 이상의 이익이나 통제의 용이성을 갖고 오게 됩니다. 이처럼 관련된 프로젝트를 묶어서 관리하는 것을 프로그램 관리라고 합니다.

4 **정답 D.** 프로젝트 관리 프로세스는 착수, 기획, 실행, 감시 및 통제, 종료의 5개 프로세스 그룹으로 분류할 수 있습니다.

5 **정답 A.** 프로젝트나 프로그램을 조직의 전략과 일치하도록 전체를 관리하는 것을 포트폴리오 관리라고 합니다.

6 **정답 A.** 프로젝트에 참여하는 팀원들은 자신의 역할과 책임에 맞는 업무를 수행합니다. 모든 팀원이 모든 프로세스를 수행하는 것이 아닙니다. 자신의 역할과 책임에 맞는 프로세스를 따릅니다.

7 **정답 D.** 조직의 가치를 극대화하기 위해 조직 전체를 통합 관리하는 것은 포트폴리오 관리입니다.

8 **정답 C.** 프로젝트의 범위가 늘어날 경우 변경 통제를 통해 변경을 처리합니다.

9 **정답 D.** 새로운 인력을 충원하는 것은 조직에서 필요에 따라 언제든지 할 수 있습니다. 프로젝트를 통해 새로운 가치를 창출한 것은 아닙니다.

10 **정답 D.** CEO의 지시로 프로젝트가 시작되었으므로 이해관계자의 요청이 있었으며, 법적 요구사항을 맞추기 위해 자동 긴급 제동장치를 개발하는 것이고, 새로운 기술을 개발해야 합니다. 이 프로젝트는 비즈니스 프로세스를 개선하기 위해서 수행하는 것은 아닙니다.

11 **정답 C.** 조직 전략에 부합하는 프로젝트를 선정하는 것은 프로젝트 스폰서 또는 포트폴리오 관리자의 책임입니다.

12 **정답 B.** 포트폴리오 관리에 대한 책임은 상위 경영진에 있습니다. 스폰서는 프로젝트를 승인하는 사람이며, 프로그램 관리자는 프로그램 관리를 책임집니다.

13 **정답 D.** 혼합형 생애주기는 예측 생애주기와 적응형 생애주기의 조합입니다. 요구사항이 확실히 정해진 프로젝트 요소들은 예측형 개발 생애주기를 따르고, 계속 진화하는 요소들은 적응형 개발 생애주기를 따릅니다.

14 **정답 D.** 단계 심사는 단계의 끝에서 그 단계가 제대로 수행되었는지 확인하는 것입니다. 제대로 완료되었다면 다음 단계로 넘어가고 필요한 조치가 있다면 조치를 먼저 취하고 난 후 다음 단계로 넘어갑니다. 만약 더 후속 단계를 진행할 필요가 없다면 프로젝트를 조기 종료합니다. 새로운 프로젝트의 시작은 단계 심사와 관련이 없습니다.

15 **정답 B.** 매몰 비용은 프로젝트의 중단을 결정할 때 고려해서는 안 되는 프로젝트에 투자된 금액을 말합니다.

16 **정답 B.** 프로젝트 범위 관리는 프로젝트에서 수행할 모든 작업을 정의하고 완료하는데 필요한 프로세스들을 포함합니다.

17 **정답 D.** 편익 달성 방법은 편익 관리 계획서에 포함됩니다.

18 **정답 B.** 스폰서가 서명한 프로젝트 승인서를 프로젝트 헌장이라고 합니다.

19 **정답 D.** IRR이 클수록 좋은 프로젝트입니다.

20 **정답 A.** BCR이 1.27이라는 것은 전체 비용대비 전체 수익(Revenue)이 127%라는 것이며, 이익이 127%라는 것은 아닙니다.

01 용어의 뜻 연결하기 정답

용어	뜻
Project	단계를 반복하면서 점진적으로 진행하지만 반복의 주기가 2주~4주 정도로 무척 짧은 개발 생애주기
Portfolio	한 단계의 종료 시점에서 다음 단계로 넘어갈지, 수정 작업을 더 해야 할지, 프로젝트를 중단할지에 대해 검토하는 것
Adaptive life cycle	프로젝트 실행의 결과로 수집되는 실적 정보
Work performance information	프로젝트 진척에 따라 상세하고 구체적인 정보와 정확한 산정치가 확보됨에 따라 계획을 지속해서 향상시키고 상세화하는 것
Program	고유한 제품, 결과, 서비스를 생산하기 위해 수행되는 일시적인 노력
Operation	프로젝트 요구사항을 충족시키기 위해 지식, 기량, 도구 및 기법 등을 프로젝트 활동에 적용하는 것
Tailoring	개별적으로 관리해서 얻을 수 없는 편익을 얻기 위해 관련된 프로젝트들, 하위 프로그램, 기타 프로그램 관련 활동을 그룹화한 것
Progressive elaboration	전략적 목표를 달성하기 위해 프로젝트, 프로그램, 하위 포트폴리오, 운영 업무를 하나의 그룹으로 관리되는 것
Phase gate	비슷한 제품을 계속 생산하거나 반복된 서비스를 제공하는 활동들과 같이 지속적 실행을 수행하는 조직의 기능
Work performance data	주어진 프로젝트의 특성에 맞게 프로젝트 관리 프로세스, 투입물, 도구 및 기법, 산출물, 생애주기 단계를 선택하는 활동
Project management	통제 프로세스를 통해서 계획과 실적이 비교된 정보

Memo

프로젝트가 운영되는 환경
(The environment in which projects operate)

핵심 포인트

- 기업 환경 요인(Enterprise environmental factors)의 의미, 종류, 프로젝트에 미치는 영향
- 조직 프로세스 자산(Organizational process assets)의 의미, 종류, 프로젝트에 미치는 영향
- 조직 시스템과 프로젝트의 관계
- 조직 거버넌스 프레임워크가 프로젝트에 미치는 영향
- 관리 요소와 프로젝트의 관계
- 조직 구조 유형과 선정 요인
- 조직 구조가 프로젝트에 미치는 영향
- 각 조직 구조(Organization structure)의 장점과 단점
- 프로젝트 관리 오피스의 유형과 기능

02 프로젝트가 운영되는 환경 (The environment in which projects operate)

시작하기에 앞서…

만약 당신이 프로젝트 관리자라면 내가 책임지고 관리하는 프로젝트에 어떤 사항들이 긍정적 또는 부정적 영향을 줄 수 있는지 관련 내용을 잘 알고 있어야 합니다. 2장에서는 크게 3가지 사항인 기업 환경 요인, 조직 프로세스 자산, 조직 시스템을 설명합니다. 이 3가지 요소들은 프로젝트에 영향을 미치므로 프로젝트 관리자라면 3가지 사항을 잘 이해하고 있어야 합니다. 전반적인 이해를 통해 프로젝트에 영향을 줄 수 있는 요소들을 알아 두세요.

2.1 개요(Overview)

프로젝트는 회사 안에서 수행되므로 **회사와 관련된 외부 및 내부의 환경적 요소**가 프로젝트 관리에 영향을 주게 됩니다. 이것을 기업 환경 요인(Enterprise environmental factors, EEFs)이라고 합니다. 또한 회사가 그동안 **프로젝트를 수행하면서 축적해온 정보, 문서, 프로세스, 정책, 절차** 등이 있는데, 이러한 요소들은 프로젝트를 수행하면서 따르거나 활용할 수 있습니다. 이것을 조직 프로세스 자산(Organizational process assets, OPAs)이라고 합니다. 프로젝트를 수행하는 조직의 시스템도 프로젝트에 영향을 미치게 됩니다. 이번 장에서는 프로젝트 생애주기에 영향을 줄 수 있는 요소들을 알아봅니다.

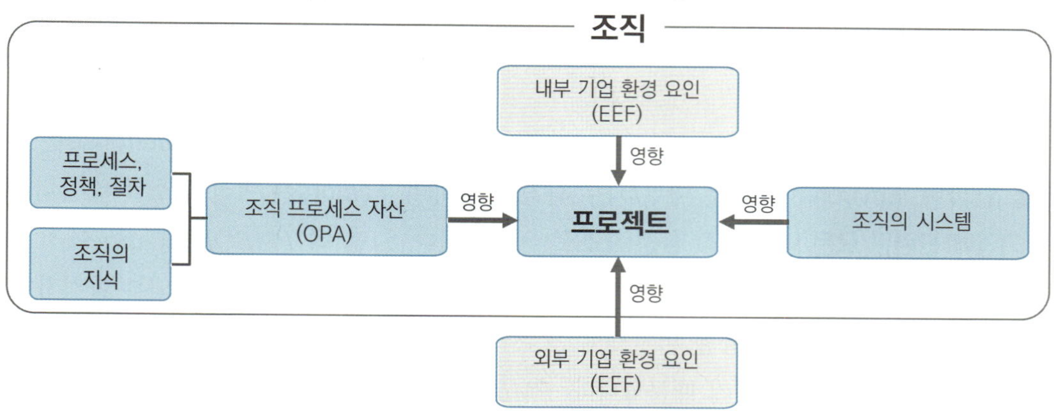

[그림 2-1] 프로젝트에 영향을 미치는 요소들

잠깐! 기업, 조직, 회사

PMBOK® Guide 영문판을 보면 Enterprise, organization, corporation을 혼합해서 사용합니다. Enterprise는 사전적 의미로 '기업, 회사'라는 뜻이며, Organization은 '어떤 목적을 위해서 조직된 단체, 조직'을 의미합니다. 영영사전에는 'An organization is an official group of people, for example a political party, a business, a charity, or a club.'이라고 되어 있는데요, 정당, 사업체, 자선단체, 클럽과 같은 공식적인 사람들의 집단을 모두 칭하는 말입니다. 프로젝트는 꼭 회사에서만 수행하는 것이 아니라 사단법인 같은 비영리 단체에서도 수행할 수 있으므로 Organization이라는 표현도 자주 사용된다고 보면 됩니다. Corporation은 '기업, 회사, 법인, 조합'을 뜻합니다. 즉, 3가지 용어 모두 비슷한 의미가 있습니다. 영어의 특징 중 하나가 같은 단어의 반복 사용을 싫어합니다. PMBOK® Guide 한글판은 영문판의 내용을 그대로 직역하는 부분이 많습니다. 앞으로 PMBOK® Guide 한글판을 읽을 때 기업, 조직, 회사가 섞여서 나와도 비슷한 의미로 생각하면 됩니다.

2.2 기업 환경 요인(Enterprise environmental factors)

기업 환경 요인의 영문은 'Enterprise environmental factors'입니다. **Enterprise**는 기업을 말하며, **Environmental**은 내부/외부 환경을 말하며, **Factors**는 여러 요소를 말합니다. 즉 **기업에 관련된 모든 내/외부적 환경 요소**를 의미합니다. 그럼 왜 *PMBOK® Guide*에서 기업 환경 요인을 설명할까요? 기업에서 프로젝트를 진행할 때, 그 기업의 내부/외부 환경적 요소들이 프로젝트 관리에 영향을 미치므로 프로젝트 관리자는 어떤 요소들이 프로젝트에 영향을 주는지 알아 두어야 하기 때문입니다. *PMBOK® Guide*는 기업 환경 요인을 **'프로젝트 팀의 통제 범위 밖에서 프로젝트에 영향을 주거나 제약이 되는 요인 또는 방향을 제시하는 요인'**으로 설명합니다. 프로젝트 팀의 통제 범위 밖이라고 설명하는 이유는 기업 환경 요인은 프로젝트 안의 요소가 아닌 외부 요소이기 때문입니다. 기업 환경 요인은 내부 기업 환경 요인(Internal enterprise environmental factors)과 외부 기업 환경 요인(External enterprise environmental factors)으로 나눌 수 있습니다.

2.2.1 조직의 내부 기업 환경 요인(EEFs are internal to the organization)

프로젝트는 다음과 같은 조직의 내부 환경 요소에 의해 영향을 받을 수 있습니다.

- **조직의 문화, 구조, 거버넌스**: 여러 나라에 다양한 문화가 있듯이 한 조직이 구성되고 오랫동안 지속하다 보면 고유한 문화가 형성됩니다. 예를 들면, 국내의 한 외국계 기업은 문화가 매우 개인적이라고 합니다. 출근해서 자기가 맡은 일을 모두 처리하면 정시에 퇴근하고 회식은 거의 없다고 합니다. 그러다 보니 아무래도 사람들 간의 유대관계는 깊지 않다고 합니다. 반면에 국내의 어떤 회사는 매우 가족적인 분위기에서 일한다고 합니다. 예를 든 두 회사의 문화나 스타일이 무척 다른데요, 이러한 회사의 문화나 스타일이 프로젝트에 영향을 주는 것은 당연할 것입니다. 조직마다 구조도 다양합니다. 대부분의 조직은 비전, 사명, 가치, 신념, 윤리 규정 등을 갖고 있으며, 이러한 요소들은 그 조직에서 수행되는 프로젝트에 영향을 주게 됩니다.
- **설비 및 자원의 지리적 분포**: 회사가 보유한 공장의 위치, 지리적으로 서로 떨어져서 일하는 팀, 회사의 정보가 자체 서버가 아닌 인터넷 서버를 이용하는 클라우드 컴퓨팅 등도

프로젝트에 영향을 줄 수 있습니다. 특히 서로 떨어져서 프로젝트를 수행할 때 여러 이해관계자와의 효과적인 의사소통은 중요합니다.

- **인프라**: 프로젝트를 수행할 때 회사의 설비나 장비를 이용합니다.
- **정보 기술 소프트웨어**: 프로젝트를 수행할 때 회사의 다양한 소프트웨어를 활용합니다.
- **자원 가용성**: 프로젝트에 필요한 자원을 외부에서 구매하는 경우가 많은데, 회사에서 승인한 협력업체나 공급업체만 계약을 맺어야 하는 경우가 있습니다.
- **직원 능력**: 회사의 인적 자원은 전문성, 기술, 역량, 전문지식이 다릅니다. 프로젝트를 수행할 때는 이러한 요소를 고려해서 팀원을 선발합니다.

2.2.2 조직의 외부 기업 환경 요인(EEFs are external to the organization)

프로젝트는 다음과 같은 조직의 외부 환경 요소에 의해 영향을 받을 수 있습니다.

- **시장 조건**: 현재 프로젝트에서 개발하는 제품을 경쟁업체가 먼저 개발해서 출시할 경우 프로젝트를 중단할 수도 있습니다. 경쟁업체, 시장 점유율, 브랜드 인지도 등이 프로젝트에 영향을 줄 수 있습니다.
- **사회적, 문화적 영향 및 이슈**: 우리나라의 정치가 항상 안정적이지는 않습니다. 대통령의 탄핵 같은 사회적 이슈가 프로젝트에 영향을 줄 수 있습니다.
- **법적 제한사항**: 나라에서는 법과 규정을 정합니다. 예를 들면, 2018년 7월 1일부터 종업원 300인 이상의 사업장과 공공기관을 대상으로 주 52시간 근무제가 시행됐습니다. 프로젝트를 수행할 때 이러한 정부의 법과 규정이 영향을 줄 수 있습니다.
- **상용 데이터베이스**: 회사에서 자체적으로 필요한 데이터를 얻기 위해 많은 시간과 비용을 투자해서 조사하지 않고 전문 기관에서 조사해서 정리한 자료를 구매해서 사용하는 경우가 많습니다. 벤치마킹 자료, 원가 산정 자료, 산업 리스크 연구 정보 등 필요한 정보를 사서 사용하는데, 이러한 정보는 프로젝트 수행에도 사용됩니다.
- **학술 연구**: 여러 산업 연구자료, 학술지 등도 필요시 프로젝트에 활용합니다.
- **정부 또는 산업 표준**: 건설, IT, 제조 등 각 산업분야 별로 정해진 표준이 있으면 프로젝트를 수행할 때 그 표준을 따라야 합니다.
- **재무적 고려사항**: 만약 프로젝트에 필요한 품목을 해외에서 구매할 경우 환율을 고려하게 됩니다. 또한 관세를 지불해야 하므로 관세도 고려 대상입니다. 돈과 관련된 환율, 이자

율, 관세, 인플레이션율 등도 프로젝트에 영향을 주게 됩니다.

- **물적 환경 요소:** 프로젝트를 비가 많이 오는 열대 우림에서 수행하는 것과 비가 거의 안 내리는 사막에서 수행하는 것은 날씨가 전혀 다릅니다. 날씨, 근로조건 등도 프로젝트에 영향을 미칩니다.

잠깐! 프로젝트 관리 프로세스의 투입물(Input)로 자주 쓰이는 기업 환경 요인

회사에 관련된 요소들은 언제든지 프로젝트에 영향을 줄 수 있으므로 기업 환경 요인은 많은 프로젝트 관리 프로세스에 투입물로 사용되며, 특히 기획 프로세스에 많이 투입됩니다.

2.3 조직 프로세스 자산(Organizational process assets)

조직 프로세스 자산은 단어 자체가 좀 익숙하지 않은데요, 쉽게 설명하면 **'우리 회사(Organization)가 그동안 프로젝트를 수행할 때 프로젝트 관리 프로세스(Process)를 사용하면서 만들어진 프로세스의 결과물들(Assets)'**을 뜻합니다. *PMBOK® Guide*에서는 조직 프로세스 자산을 **'프로젝트 수행 조직에서 사용하는 조직 특유의 계획서, 프로세스, 정책, 절차 및 지식기반 일체'**라고 설명합니다. 그러면 *PMBOK® Guide*에서 왜 조직 프로세스 자산을 설명할까요? 프로젝트를 시작하기 전이나 진행 도중에 과거에 축적된 자료를 활용하는 일이 많기 때문에 소개하고 있는 것입니다. 프로젝트를 수행하고 나면 프로젝트를 수행하는 동안 만들어진 다양한 데이터와 문서들이 남게 됩니다. 이렇게 만들어진 자료들은 비슷한 새로운 프로젝트를 진행할 때 큰 도움이 됩니다. 또한 기존 프로젝트에 적용했던 프로세스, 정책, 절차를 수정해서 사용하기도 합니다. [그림 2-2]를 보면 조직 프로세스 자산 중 지식에 관련된 것은 프로젝트를 시작할 때 사용하고, 현재 프로젝트를 수행하면서 생긴 데이터를 기존 조직 프로세스 자산에 추가해서 누적된 데이터를 계속 활용합니다. 조직 프로세스 자산은 언제든지 유용하게 활용할 수 있으므로, 많은 프로젝트 관리 프로세스에 투입물로 사용됩니다.

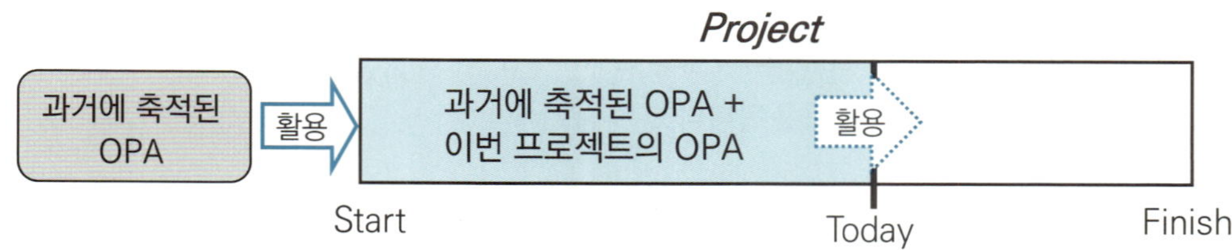

[그림 2-2] 조직 프로세스 자산의 활용

조직 프로세스 자산은 크게 두 가지 카테고리로 나눌 수 있습니다. 첫번째는 데이터가 아닌 정책, 절차, 프로세스 같은 요소들이며, 두번째는 실제 데이터에 대한 요소입니다.

2.3.1 프로세스, 정책, 절차(Processes, policies, and procedures)

프로젝트를 수행할 때 따라야 하는 프로세스, 정책, 절차는 프로젝트 작업 결과로 생성되는 것이 아니라 PMO(프로젝트 관리 오피스)나 이런 업무를 담당하는 부서에 의해서 제정됩니다. 프로세스 및 절차에 관련된 조직 프로세스 자산의 예는 다음과 같습니다.

- 프로젝트에 조직의 표준 프로세스나 절차를 적용할 때 조정하기 위한 지침이나 기준이 있으면 따라야 합니다.
- 인적 자원 정책, 보건과 안전, 보안 및 기밀 등에 대한 조직의 다양한 정책들은 프로젝트 수행 시 동일하게 적용해야 합니다.
- 제품 생애주기, 프로젝트 생애주기, 프로젝트 방법론 등이 프로젝트에 적용됩니다.
- 회사에서 사용하는 프로젝트 관리에 대한 표준 템플릿이 있으면 프로젝트 수행 시 사용해야 합니다.
- 프로젝트에서 외부 업체와 계약을 해야 할 경우 조직에서 승인한 업체와 계약을 맺어야 하며, 정해진 계약 방법을 적용하게 됩니다.
- 재무 통제 절차, 이슈 및 결함 관리 절차, 변경통제 절차, 리스크 통제 절차, 작업 승인 절차 같은 다양한 절차가 프로젝트에 적용됩니다.
- 특정 의사소통 기술, 승인된 의사소통 매체, 기록 보존 정책 등과 같은 조직의 의사소통 요구사항이 프로젝트에 적용됩니다.

- 표준화된 지침, 작업 지시, 제안서 평가 기준, 성과 측정 기준들도 프로젝트에 적용됩니다.
- 프로젝트 종료에 관련된 최종 프로젝트 감사, 제품 확인 및 인수 기준에 대한 지침 또는 요구사항 등이 프로젝트에 적용됩니다.

2.3.2 조직의 지식 저장소(Organizational knowledge repositories)

프로젝트를 수행하면서 생기는 다양한 정보와 자료를 모아서 재사용하면 비용과 시간을 절약할 수 있습니다. 따라서 프로젝트가 종료되면 그 프로젝트의 자료를 재사용 할 수 있도록 자료를 선별하고 정리해 놓아야 합니다. 지식에 관련된 조직 프로세스 자산의 예는 다음과 같습니다.

- 여러 기준선(Baselines), 프로젝트 달력, 리스크 관리대장 같은 과거 프로젝트의 기록 및 문서.
- 실제 발생한 비용, 초과된 프로젝트 원가 등 돈에 관련된 재무 자료들.
- 프로젝트의 프로세스 및 제품 관련 측정 데이터.
- 프로젝트에서 느낀 교훈 사항들.
- 실제 발생했던 이슈나 결함에 관련된 자료들.
- 형상 관리(Configuration management)에 대한 자료들.

잠깐! 프로세스의 투입물(Input)로 자주 쓰이는 조직 프로세스 자산

우리 회사에서 프로젝트를 수행하면서 지속해서 축적된 자료는 프로젝트를 진행하면서 언제든지 사용할 수 있습니다. 따라서 조직 프로세스 자산은 많은 프로세스의 투입물로 사용됩니다.

2.4 조직 시스템(Organizational systems)

프로젝트는 조직 안에서 수행되므로 조직 시스템의 영향을 받게 됩니다. 프로젝트 관리자는 조직 시스템이 자신의 권한, 영향력, 이해관계 등에 어떤 영향을 줄 수 있는지 잘 알고 있어야 프로젝트 관리를 효과적으로 수행할 수 있습니다.

2.4.1 개요(Overview)

조직 시스템에는 관리요소, 거버넌스 프레임워크, 조직구조 유형이 포함됩니다. 이 3가지는 서로 관련이 있으며, 프로젝트 관리와도 연관됩니다. 시스템이란 구성요소 단독으로는 달성할 수 없는 결과를 산출할 수 있는 다양한 구성요소들의 집합체를 말합니다. 예를 들면, 프로젝트 관리 시스템은 히스토리 관리, 의사소통 관리, 이슈 관리, 일정 관리, 자료 관리 등의 기능을 포함하고 있습니다. 일정 관리 기능만 있어서는 프로젝트 관리를 수행할 수 없습니다. 이처럼 프로젝트 관리 시스템 안에 여러 구성요소가 포함되어야 프로젝트 관리를 수행할 수 있습니다. 그래서 시스템이라는 용어를 사용한 것입니다. 조직의 시스템에 대한 책임은 일반적으로 조직의 경영진에게 있습니다.

2.4.2 조직 거버넌스 프레임워크(Organizational governance frameworks)

Governance의 사전적 의미는 '통치, 관리, 통치 방식'입니다. 보통 정치학이나 행정학 분야에서 이 말은 '민관협치'라는 의미로 많이 쓰입니다. Government는 '정부, 통치, 행정'의 의미가 있는데요, 거버넌스는 기존의 거버먼트에서 의미하는 관료제적 통치가 아니라 민과 관이 함께 협력하여 통치하는 의미로 사용되기도 합니다.

많은 조직에는 지시 및 통제 방법에 대한 지침을 제공하는 원칙, 정책 및 절차가 있습니다. 조직의 거버넌스 원칙은 조직의 최상위 이사회에 의해 승인되며 역할 및 권한의 명확성, 윤리, 책임, 투명성, 사회적 책임, 기타 다양한 다른 원칙을 포함할 수 있으며, 조직마다 고유합니다. 조직 정책은 이러한 원칙을 지원하고 전달하기 위해 사용되는 메커니즘으로, 관리조직 또는 기관이 조직에서 직면 한 주요 전략적 이슈와 리스크에 대해 알 수 있도록 합니다.

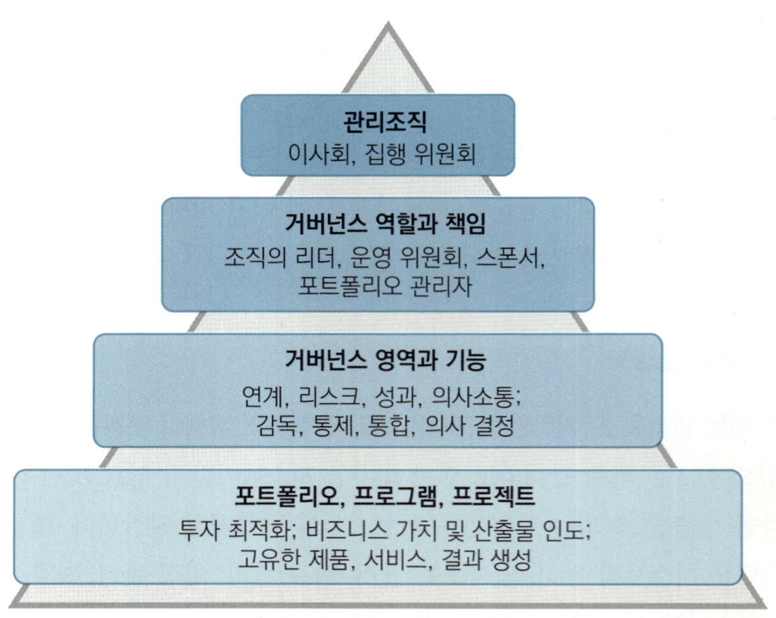

[그림 2-3] 거버넌스 요소

출처: Governance of portfolios, programs, and projects: a practice guide, PMI

2.4.2.1 거버넌스 프레임워크(Governance framework)

거버넌스 프레임워크에는 **규칙, 정책, 절차, 규범, 관계, 시스템, 프로세스** 등을 포함합니다. 이러한 요소들은 4가지 영역(Domain)인 거버넌스 연계(Alignment), 거버넌스 리스크, 거버넌스 커뮤니케이션, 거버넌스 성과와 밀접한 관계가 있습니다.

- **거버넌스 연계 영역**: 통합된 거버넌스 프레임워크를 만들고 유지하는 기능 및 프로세스.
- **거버넌스 리스크 영역**: 리스크와 보상의 균형을 맞추기 위해서 위협과 기회를 식별 및 해결하는 기능과 프로세스.
- **거버넌스 성과 영역**: 요인에 대한 핵심성과지수(KPI)의 측정 및 평가와 비즈니스 가치 실현을 보장하는 기능과 프로세스
- **거버넌스 커뮤니케이션 영역**: 정보를 전파하고, 이해 관계자를 참여시키고, 조직 변화를 보장하는 기능과 프로세스.

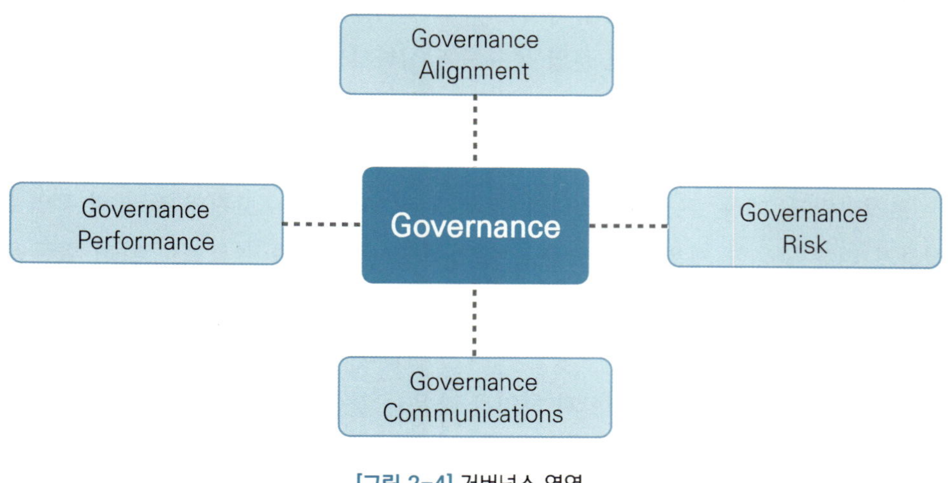

[그림 2-4] 거버넌스 영역

2.4.2.2 포트폴리오, 프로그램, 프로젝트의 거버넌스(Governance of portfolios, programs, and projects)

앞에서 말한 4가지 거버넌스 영역 각각에는 조직의 포트폴리오, 프로그램 및 프로젝트를 제공하기 위해 수행되는 중요한 프로세스, 활동, 작업을 분류하는 거버넌스 기능이 있습니다. **4가지 거버넌스 기능은 감독(Oversight), 통제(Control), 통합(Integration), 의사결정(Decision-making)입니다.** 4가지 거버넌스 기능은 포트폴리오, 프로그램, 프로젝트 생애주기에 모두 사용할 수 있습니다.

- **감독 기능**: 포트폴리오, 프로그램, 프로젝트를 위한 지침, 지시, 리더십에 대한 프로세스와 활동.
- **통제 기능**: 포트폴리오, 프로그램, 프로젝트를 위한 감시, 측정, 보고를 제공하는 프로세스와 활동.
- **통합 기능**: 포트폴리오, 프로그램, 프로젝트를 위한 전략의 연계 제공에 대한 프로세스와 활동.
- **의사결정 기능**: 포트폴리오, 프로그램, 프로젝트를 위한 구조 제공, 권한의 위임에 대한 프로세스와 활동.

포트폴리오 거버넌스, 프로그램 거버넌스, 프로젝트 거버넌스는 모두 다릅니다. 포트폴리오 거버넌스는 조직의 전략 및 운영 목표를 달성하기 위해 투자를 최적화하기 위한 포트폴리오 관리 활동을 이끄는 프레임워크, 기능, 프로세스입니다. 프로그램 거버넌스는 조직의 전략 및 운영 목표를 달성하고 비즈니스 가치를 제공하기 위해 프로그램 관리 활동을 이끄는 프레임워크, 기능, 프로세스입니다. 프로젝트 거버넌스는 조직의 전략 및 운영 목표를 달성하기 위해 고유한 제품, 서비스 또는 결과를 만들기 위한 프로젝트 관리 활동을 이끄는 프레임워크, 기능, 프로세스입니다. 프로젝트 거버넌스는 의사 결정에서 투명성과 확신을 부여하고 프로젝트의 성공에 영향을 미치는 역할과 책임을 명확히 해야 합니다. 이와 관련한 프로젝트 관리자의 주요 역할과 책임은 다음과 같습니다.

- 조직 구조, 정책, 절차를 포함하여 거버넌스 프레임 워크를 평가하고 필요할 경우 프로젝트 거버넌스 프레임워크를 수립합니다.
- 거버넌스 정책 및 프로세스에 대한 프로젝트 적합성을 보장합니다.
- 관리조직 및 스폰서와의 프로젝트 상호 작용을 관리합니다.
- 프로젝트의 리스크, 성과, 커뮤니케이션을 모니터링하고 관리합니다.
- 적절하게 주요 리스크 및 이슈를 평가하고, 보고하고, 스폰서 또는 관리조직에 이관합니다.
- 프로젝트의 내부 및 외부 연관성을 관리합니다.
- 주요 이해 관계자의 참여를 보장합니다.

프로젝트 거버넌스에 의해 프로젝트를 관리하며, 프로젝트 거버넌스는 프로그램 거버넌스, 포트폴리오 거버넌스의 영향을 받습니다. 프로젝트 관리자는 이들 간의 상호 관계를 잘 이해하고 조직의 거버넌스 안에서 프로젝트를 수행해야 합니다. 프로젝트 거버넌스에 대해 자세히 알고 싶다면 PMI의 'Governance of portfolios, programs, and projects: a practice guide'를 참고하기 바랍니다.

2.4.3 관리요소(Management elements)

관리요소는 시스템 요소의 일부이며, 프로젝트를 관리할 때 밀접한 관련이 있습니다. 프로젝트 관리자는 관리자로서 관리 스킬을 활용해서 프로젝트를 관리합니다. 프로젝트 관리자가 관리자로서의 능력이 부족하면 훌륭한 프로젝트 관리자가 될 수 없습니다. 관리요소는 조직 내 일반적인 관리의 핵심 기능이나 원칙을 구성하는 요소로서 다음과 같은 것들이 있습니다.

- 작업 수행을 위해 전문 기술 및 가용성을 사용하는 작업의 분담.
- 작업 수행을 위해 주어진 권한.
- 스킬과 경험 같은 속성에 기반해 적절히 배정된 작업 수행을 위한 책임.
- 조직의 일반 목표가 개인의 목표보다 우선함.
- 수행된 업무를 위한 공정한 보수지급.
- 자원의 최적화된 사용.
- 명확한 의사소통 채널.
- 적시에 올바른 작업 수행을 위해서 올바른 사람에게 적절한 자재의 공급.
- 작업장에서 사람들의 안전.

2.4.4 조직 구조 유형(Organizational structure types)

PMP® 시험에서는 각 조직구조의 특징과 장점 및 단점에 대해 출제된 적이 많습니다. 따라서 각 조직구조에 대한 상세한 이해가 필요합니다. 보통 *PMBOK® Guide*에서 조직(Organization)은 프로젝트를 수행하는 회사를 칭하며, 조직은 주요 비즈니스 영역에 따라 다양한 구조로 되어 있습니다. 일반적으로 전통적인 조직은 계층적 구조(Hierarchical structure)로 되어 있지만 회사의 비즈니스가 환경변화에 민감하며 빠르게 대처해야 할 필요성이 있고 여러 가지 일들이 통합적으로 처리되어야 한다면 유기적인 프로젝트 형태 조직을 하고 있습니다. 또한 조직구조에 따라 프로젝트에 조직의 자원을 가용할 수 있는 정도가 달라집니다.

조직구조는 아무렇게나 결정하는 것이 아니라 조직의 여러 환경에 따라 구성됩니다. [그림 2-5]를 보면 조직에서 하는 일이 안정적이며, 높은 전문성을 요구하지 않고, 여러 가지 기능적 요소들이 통합되지 않아도 되고, 불확실성이 낮다면 기능 조직이 적합합니다. 반면에 반대

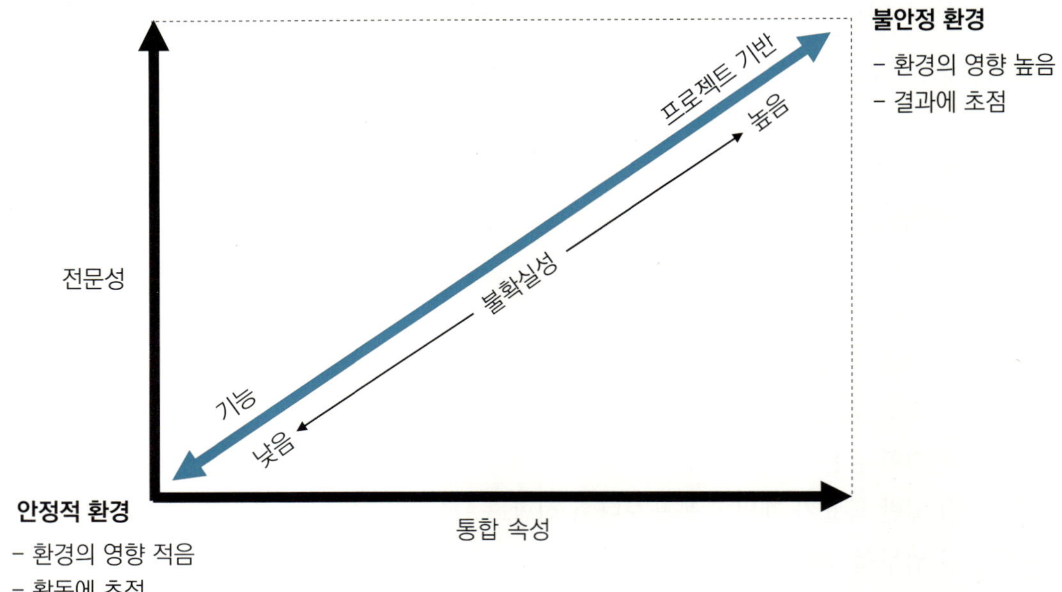

[그림 2-5] 환경에 따른 조직구조의 형태

의 속성을 갖고 있다면 프로젝트 기반 조직으로 가는 것이 더 좋습니다. [표 2-1]은 프로젝트 특성에 따라 어떤 조직 구조가 적합한지를 보여줍니다.

[표 2-1] 올바른 조직 형태를 선택하기 위한 핵심 요소들

프로젝트 특성	Functional	Weak matrix	Strong Matrix	Project-oriented
불확실성	낮음	중간	높음	높음
기술	표준	표준	복잡	신기술
복잡성	낮음	낮음	중간	높음
기간	단기	중간	중간	장기
규모	작음	작음	중간	큼
중요도	낮음	중간	중간	높음
시간의 중요도	낮음	중간	중간	높음
자원의 중요도	의존	의존	의존	의존

조직구조는 조직마다 다양하지만 *PMBOK® Guide*에서는 10가지 유형을 소개하고 있습니다. 10가지 조직 구조에서 특히 중요하게 봐야 할 부분은 프로젝트 관리자의 권한입니다.

프로젝트 관리자의 권한이 어떤 조직에서 높은지 어떤 조직에서 낮은지를 잘 기억해야 합니다. 프로젝트 관리자의 권한 수준과 동일하게 볼 수 있는 것은 자원의 가용성입니다. 왜냐하면 프로젝트 관리자의 권한은 조직의 자원을 프로젝트에 적용할 수 있는 권한을 말하기 때문입니다. 또한 프로젝트 관리자의 권한이 높으면 프로젝트 예산을 프로젝트 관리자가 직접 관리하게 됩니다. 그럼 10가지 조직 구조에 대해 살펴보겠습니다.

[유기적 또는 단순 조직(Organic or simple organization)]

유기적 조직(Organic organization)은 1950년대 후반에 Tom Burns and G.M. Stalker에 의해서 만들어진 용어이며, 기계적 조직(Mechanistic organization)과 다릅니다. 기계적 조직은 집권화된 조직 구조로서 조직의 상부에서 지시와 통제를 하므로 조직의 구성원들은 위에서 시키는 대로 움직입니다. 조직에서 수행되는 직무를 세분화시키고 직무 기술서에 따라 전문화된 업무를 수행합니다. 통제, 권한, 의사소통의 구조가 계층적이며, 의사소통은 주로 수직적으로 이루어집니다.

유기적 조직은 매우 유연하고 변화에 대해 적응이 가능한 조직을 말합니다. 유기적 조직은 권한이 분산되어 있습니다. 직무는 광범위하게 정의되며, 업무에 관련된 다른 사람들과의 상호작용에 의해 계속 조정됩니다. 직무 내용, 권한, 책임 관계가 탄력적이므로 수시로 변할 수 있습니다. 통제, 권한, 의사소통은 수직보다 수평적이며, 의사소통은 지침 및 결정보다는 주로 정보 및 조언 등이 주요 내용입니다. 구성원들은 각자의 직무나 자기 부문에 대한 책임감보다는 조직 전체 목적을 달성하는데 책임감을 가집니다. 의사결정은 관련된 지식과 경험이 있는 사람이 합니다. 조직에 대한 충성과 상사에 대한 복종보다는 조직 전체의 직무나 발전과 성장에 더 높은 가치를 둡니다. 유기적 조직은 자기 통제적 팀들이 조직의 기본 단위를 이루고 있습니다. 가장 단순한 형태로는 혼자서 여러 일을 처리하는 1인 기업을 예로 들 수 있습니다.

유기적 조직에서 수행하는 프로젝트는 상황에 따라 생성되며, 규모나 복잡성이 크지 않습니다. 따라서 프로젝트 관리자는 풀타임으로 프로젝트를 관리할 필요 없이 필요한 시점에만 프로젝트를 조정해주는 프로젝트 조정자로 참여하며, 프로젝트 팀원들도 파트타임으로 프로젝트에 참여합니다. 프로젝트 관리자의 권한은 없거나 매우 적기 때문에 조직의 자원을 프로젝트에 적용할 수 있는 자원 가용성도 없거나 매우 적습니다. 프로젝트 예산은 소유주(Owner) 또는 운영자가 관리합니다.

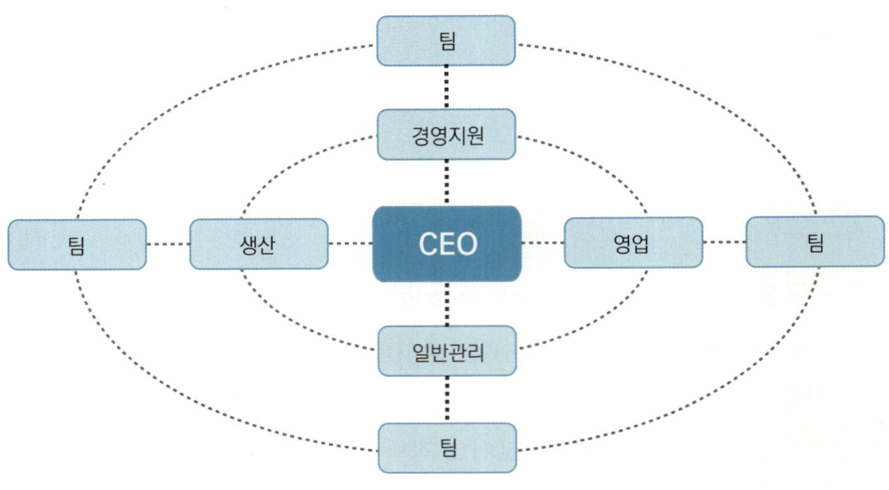

[그림 2-6] 유기적 조직의 예

잠깐! **프로젝트 소유주(Project owner)**

Owner는 주인, 소유주라는 뜻입니다. Project owner는 프로젝트 주인, 프로젝트 소유주로 번역할 수 있는데요, 줄여서 그냥 owner라고도 합니다. 프로젝트 소유주는 프로젝트를 시작하고, 자금을 지원하고, 계약을 수행하고, 프로젝트의 산출물로부터 편익을 얻는 주체를 말합니다. 프로젝트 소유주는 전체 프로젝트 팀에게 의사결정 지원 및 지침을 제공하며, 더 중요한 것은 프로젝트 관리자와 스폰서 간에 의사소통을 연결하는 역할입니다. 또한 정기적인 운영 방해를 최소화하고 프로젝트가 명확하게 정의되고 모든 프로젝트 이해관계자가 프로젝트 목표를 이해할 수 있도록 보장합니다. 참고로 프로젝트 스폰서는 프로젝트 지출 및 자원 활용을 승인하고 프로젝트가 원래의 의도된 목표를 충족하도록 보장하며, 프로젝트 최종 결과에 대한 궁극적인 책임을 집니다. 스폰서는 프로젝트 소유주와 책임을 공유합니다.

[기능 조직(Functional organization)]

기능 조직은 가장 오래된 전통적인 조직이며 회사를 부서 형태로 나눈 조직입니다. 예를 들면, 생산부서, 마케팅부서, 인사부서, 회계부서 등 각각의 기능적 분야로 같은 활동을 하는 부서가 나누어져 있는 구조를 말합니다. 기능적 조직은 일반적으로 수평적 조정의 필요가 적은 경우, 목표달성에 있어 전문지식이 필요한 경우, 불확실성이 낮은 환경 속에서 일상적인 기술을 다루는 경우에 적합합니다. 즉, 표준화된 제품 및 서비스의 대량 생산과 저가 서비스에 적합한 구조입니다. 따라서 조직의 전체 업무를 동일한 기능별로 부서화한 조직에서 수평적 조정의 필요성이 낮을 때 효과적입니다. 각 부서에는 그 부서를 관리할 책임자가 있는데, 부서가 기능(Function)으로 분류한 것이므로 부서를 책임지고 관리하는 사람을 **Functional manager라고 하며, 줄여서 FM이라고 합니다.** 회사의 직원들은 본인이 가진 전문성에 따라 관련 해당 부서에서 업무를 수행합니다. 부서원이 부서장에게 보고하는 흐름은 수직적이며 타 부서와의 업무 협조 시에도 다른 부서의 직원과 업무협조를 직접 진행하는 것이 아니라 필요한 업무를 부서장에게 보고하고, 부서장이 승인하면 다른 부서장에게 전달되고 승인되면 업무협조가 진행됩니다. 각 부서장은 최고 경영자와 의사소통을 합니다.

각 부서는 독립되어 있으므로 프로젝트도 각 부서에서 독립적으로 진행합니다. 마케팅 부서에서는 마케팅에 관련된 프로젝트를 수행하고, 제조부서에서는 제조 관련 프로젝트를 수행합니다. 예를 들면, IT 부서는 회사의 IT 기능을 맡고 있어서 구매부서에서 사용할 구매관리용 소프트웨어를 개발하는 프로젝트를 수행합니다. IT 부서와 구매부서가 같이 업무협조를 해야 하는 부분은 구매부서장과 IT 부서장 간에 이루어집니다. **프로젝트 예산은 기능 관리자가 통제합니다.** 한 부서에서 수행하는 프로젝트이므로 보통 프로젝트의 규모도 작고 복잡하지도 않습니다. 그래서 팀원 중의 한 명을 프로젝트 관리자 역할을 시키지만, 실질적으로 프로젝트 관리자 역할이라고 보기 어렵고 팀 리더 정도로 볼 수 있습니다. 수행하는 프로젝트의 규모가 작으므로 **프로젝트 관리자나 프로젝트 팀원들은 파트타임으로 프로젝트에 참여하고 남는 시간은 부서 일을 수행**합니다. 필요에 따라 한 부서의 프로젝트 결과물이 다른 부서로 이관될 수도 있습니다. 만약 마케팅 부서에서 어떤 프로젝트를 수행한다면 마케팅부서에 속한 사람들이 팀원으로 구성되고 팀 리더가 결정됩니다. 기능 관리자가 모든 권한을 갖고 있으므로 프로젝트 관리자는 기능 관리자의 관리를 받게 되고 **프로젝트 관리자로서의 권한과 자율성이 거의 없습니다.** 그래서 경우에 따라서는 Project coordinator, Team leader라고 부르기도 합니다. **기능 조직에서 프로젝트 관리자는 항상 기능 관리자에게 보고**해야 합니다.

기능 관리자들은 프로젝트 활동들을 조정하는 한정된 역할을 수행하며, 프로젝트 관리자가 비록 권한은 거의 없지만 프로젝트 결과에 대한 책임을 집니다. 그래서 기능 조직에서 프로젝트 관리자는 자원 배정 권한도 없고 책임만 지게 되어 힘들어하는 경우가 많습니다. 기능 조직에서 프로젝트 관리자는 얼마나 효과적으로 기능 관리자 및 팀원들과 좋은 관계를 갖는가가 매우 중요한 요소입니다. 팀원들도 기능 관리자의 관리를 받습니다. 기능 관리자가 부서원들의 성과 평가, 급여, 보너스, 고용 및 해고에 대한 권한을 갖고 있기 때문입니다.

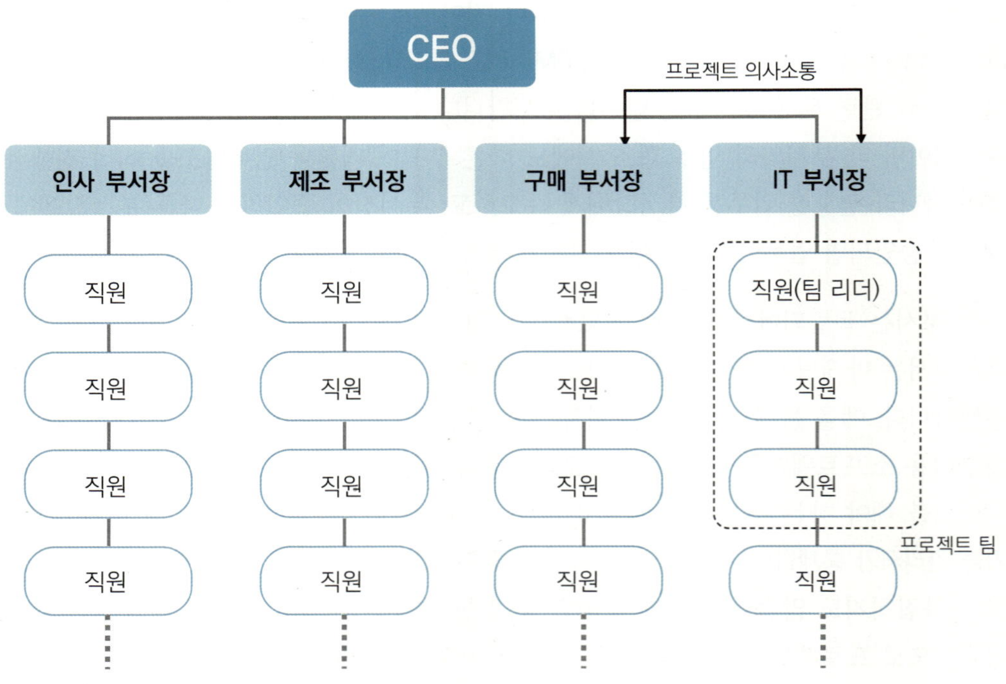

[그림 2-7] 기능 조직의 예

[표 2-2] 기능 조직의 장점과 단점

장점	단점
오래 지속되는 형태의 조직이다.	프로젝트 관리자는 공식적 권한이 매우 적거나 없으며, 자율성도 매우 적다.
부서별로 직무 경로가 명확하고 부서의 전문성이 명확하다.	다수의 프로젝트가 진행되면 한정된 자원에 대해 경쟁하게 된다.
직원들은 한 명의 관리자만 있어서 보고 체계가 명확하다.	프로젝트 팀원들은 기능 관리자에게 더 충성한다.
부서 내에 명확하게 정의된 책임과 역할이 있기 때문에 효율적이다.	부서 간의 책임 분산으로 통합 기능이 없게 되고 갈등이 발생할 가능성이 높다.

[다부서 조직(Multi-divisional organization)]

Division은 사전적 의미로 '(조직의)분과, 부'라는 뜻이 있습니다. **다부서 조직은 중앙으로부터 목표에 의해 통제되는 여러 반자치적인 단위로 분리된 조직구조를 말합니다.** 즉, 모회사가 하나만 있고 모회사는 브랜드와 이름을 사용하는 소규모 부서(사업부)를 소유한다는 것을 의미합니다. 전체 조직은 궁극적으로 중앙 관리에 의해 통제되지만, 대부분의 결정은 자치 부서에 맡겨져 있습니다. 조직의 각 하위 부서는 자체 생산을 담당하고 자체 이익을 극대화합니다. 조직에는 중앙 관리부서가 있으며, 중앙 관리부서의 주요 책임은 각 사업부의 운영에 대한 책임이 아니라 비즈니스를 위한 전반적인 전략을 개발하는 것입니다. 따라서 다부서 조직구조는 다각화와 폭넓은 소비자에 대하는 대기업에 많이 사용되는 조직 구조입니다.

중앙 관리는 회사의 전반적인 방향을 결정할 수 있지만 각 부서는 자율적으로 자체 요구사항을 충족시키며, 자체 이익에 대한 책임을 지고 다른 부서가 실패하더라도 생산성을 유지할 수 있습니다. 다부서 조직의 예로 영국의 버진 그룹(Virgin group)이 있습니다. 버진 그룹이 모회사이며, 하위 회사로는 버진 레일 그룹, 버진 모바일, 버진 레코드, 버진 오스트레일리아 홀딩스 등이 있습니다. 모두 모기업 소유의 소규모 회사이며 동일한 브랜드와 로고를 사용합니다. 경우에 따라 동일한 웹 사이트가 공유되지만 회계 및 법적 목적으로는 완전히 분리되어 있습니다. [그림 2-8]은 다부서 조직구조를 가진 제약회사의 예시입니다.

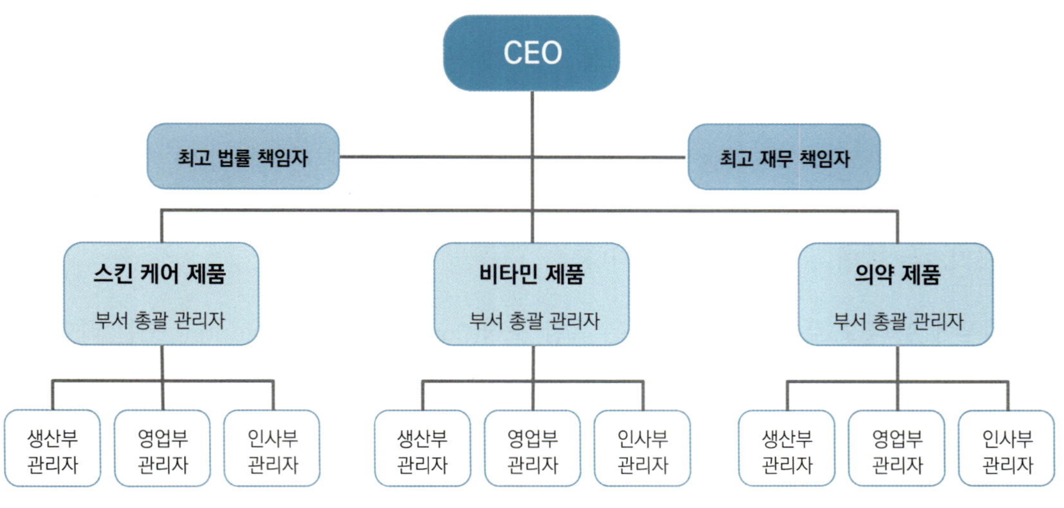

[그림 2-8] 다부서 조직의 예

각 사업부는 완전한 기능 단위로서 사업부에 속한 부서 간의 협력 및 조정이 용이하고, 위임된 권한을 사용하여 각 부서마다 성과를 직접 측정할 수 있다는 장점이 있습니다. 또한 필요시 조직 내에 사업부를 추가하거나 제거하는 등으로 조직구조를 변화시킬 수 있고, 다른 구조에 비해 전문적인 조직 부서를 가지게 됩니다. 하지만 이런 조직 유형은 조직의 목표보다는 부서별 목표가 더 강조되기 때문에 사업부 간의 갈등이 유발되어 조정이 어려울 수 있고, 이기주의를 초래하는 등의 단점이 있습니다.

다부서 조직에서 프로젝트를 할 경우 기능 조직처럼 부서별로 프로젝트가 진행되므로 프로젝트의 규모는 작고 복잡성도 낮습니다. 따라서 풀타임 프로젝트 관리자는 필요하지 않으며, 파트타임으로 프로젝트에 참여해서 조정해주는 조정자(Coordinator) 역할을 수행합니다. 프로젝트 팀원들도 파트타임으로 프로젝트에 참여합니다. 그러다 보니 프로젝트 관리자의 권한과 자원 가용성은 매우 적거나 없으며, 프로젝트 예산은 기능 관리자가 관리합니다.

[프로젝트 기반 조직(Project-oriented organization)]

'-oriented'는 사전적 의미로 '(정신적·기능적으로) 방향 지어진, 지향적인, 위주의'라는 뜻입니다. 따라서 Project-oriented는 **'프로젝트 지향적인'**으로 해석할 수 있습니다. 즉, **조직의 프로세스와 활동의 대부분이 프로젝트 형태로 이루어지는 것**입니다. 조직의 비즈니스가 대부분 프로젝트로 진행될 경우 프로젝트 기반 조직이 적합합니다. 예를 들면, 대형 건설사들은 EPC(Engineering, procurement, construction) 업무를 수행합니다. 해외 또는 국내에서 아파트, 공장, 빌딩 등 다양한 건설 프로젝트를 수행해서 회사의 비즈니스를 유지합니다. 건설사처럼 프로젝트 수행을 통한 수익으로 회사가 운영되는 경우가 있습니다. 이런 경우에는 조직을 기능 조직처럼 생산, 제조, 마케팅 등 부서별로 나누는 것이 아니라 프로젝트 수행 단위로 조직을 구성합니다. 이런 조직 구조를 '프로젝트 기반 조직'이라고 하며, 기능 조직과는 반대 성격을 갖고 있습니다.

경우에 따라 프로젝트 기반 조직은 복합 조직(Composite organization) 또는 하이브리드 조직(Hybrid organization) 안에 포함되기도 합니다. 즉, 전형적인 기능 조직이지만 프로젝트를 위해서 프로젝트 기반 조직을 만들 수 있습니다.

기능 조직은 각 기능(부서)에 속한 사람들이 동일한 전문성을 갖고 있습니다. 하지만 프로젝트 기반조직은 각 프로젝트 팀에 소속된 팀원들이 **서로 다른 전문성**을 갖고 있어야 합니다. 왜냐하면 하나의 전문성을 가진 팀원들로만 구성된 팀으로는 프로젝트를 수행하기 어렵기 때문입니다. IT 시스템을 구축하는 프로젝트 팀에 데이터베이스 전문가만 20명이 있으면 시스템 구축을 할 수 없습니다. 소프트웨어 아키텍트, UX/UI 디자이너, 시스템 개발자 등 시스템 구축에 필요한 다양한 전문성을 가진 인력들이 필요합니다.

프로젝트 관리자는 조직구조에서 CEO 다음 수준에 위치합니다. 따라서 권한이 매우 높으며, CEO에게 프로젝트 관련 사항을 바로 보고합니다. 회사는 프로젝트의 수익으로 운영되므로 프로젝트의 중요성이 매우 높고, 프로젝트 관리자와 팀원은 풀타임으로 프로젝트를 수행하며, 보통 물리적으로 같은 공간에서 일하는 것이 일반적입니다. 기능 조직의 경우 마케팅부서는 3층, IT 부서는 5층에 서로 떨어져 있어도 상관없지만 한 프로젝트를 한 팀이 수행하는 프로젝트화된 조직에서 같은 팀원이 물리적으로 떨어져서 일하는 것은 효율성이 떨어집니다. 같은 물리적 공간에서 일하는 것을 전문 용어로 **'Colocation(동일 장소 배치)'**이라고 합니다.

프로젝트 기반 조직은 의사소통 및 보고체계가 명확하여 신속한 의사결정이 가능한 장점이 있지만 단점도 있습니다. 만약 어떤 IT 조직에 ERP 프로젝트 팀, CRM 프로젝트 팀, SCM 프로젝트 팀이 있는데, 그 중 ERP 프로젝트 팀이 외부 고객을 위해 10개월 동안 고객회사로 파견 가서 프로젝트를 성공적으로 수행한 후 다시 조직으로 복귀했다고 가정합니다, 이후에 곧 ERP 프로젝트가 없고 앞으로 5개월 뒤에 있을 예정이면 5개월 동안 ERP 프로젝트 팀은 할 일이 없습니다. 기능 조직은 팀원들이 소속된 부서가 있으므로 프로젝트 종료 후에도 계속 자신의 부서에서 일하면 되지만, 프로젝트화된 조직은 부서 자체가 없으므로, 연속적으로 프로젝트가 이어지지 않으면 **인적 자원이 업무에 배정되지 않는 문제**가 생깁니다.

[표 2-3] 프로젝트 기반 조직의 장점과 단점

장점	단점
한 팀으로 구성되어 기능 조직에 비해 더 효과적인 의사소통이 가능하다.	프로젝트 종료 후에 팀원들이 돌아갈 부서가 없다.
크고 복잡한 프로젝트를 처리하기에 좋다.	프로젝트 경험은 일시적으로 발생하기 때문에 개인은 주어진 분야의 깊은 전문성 향상과 개발이 어려울 수 있다.
프로젝트 관리자는 프로젝트에 대한 완전한 권한을 갖고 있다.	프로젝트 팀 간의 학습 및 지식 공유가 제한적이다.

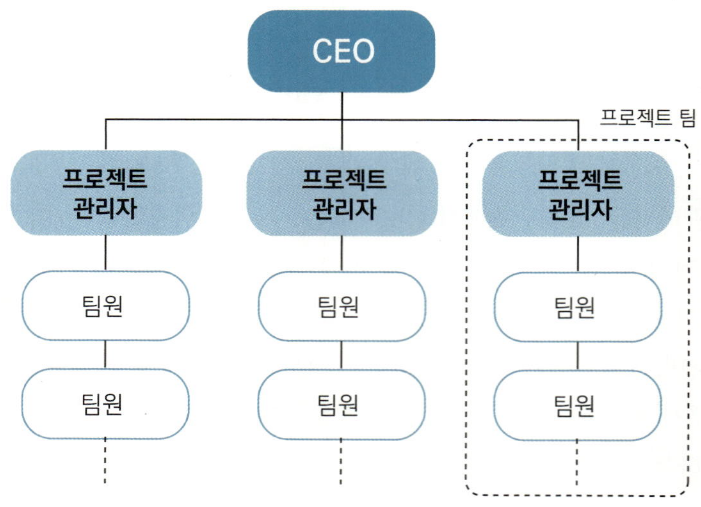

[그림 2-9] 프로젝트 기반 조직

[매트릭스 조직(Matrix organization)]

기능 조직과 프로젝트 기반 조직의 특성을 혼합한 것이 매트릭스 조직이며, 조직 구성원들은 부서 업무와 프로젝트 업무를 혼합해서 수행합니다. 한 부서에 속한 한 명의 직원은 프로젝트 팀원으로서 여러 프로젝트에 파트타임으로 참여하기도 합니다. 따라서 **한 팀원은 한 명 이상의 상관을 가지게 됩니다.** 여러 프로젝트에 참여하는 팀원은 참여하고 있는 각 프로젝트의 관리자에게 프로젝트에 대한 업무 보고를 하게 되며, 자신의 부서장에게도 보고해야 합니다. 그래서 프로젝트 관리자와 기능 관리자 간에 긴밀한 협력이 필요합니다. 매트릭스 조직은 기능 조직처럼 한 부서 안에서 프로젝트를 수행하는 것이 아니라 여러 부서에서 필요한 팀원들이 선정된 후 같이 팀을 구성해서 프로젝트를 진행합니다. 따라서 서로 다른 부서의 팀원들 간에 직접적인 의사소통이 가능합니다. 매트릭스 조직은 다시 Weak matrix, Balanced matrix, Strong matrix로 나뉩니다.

◆ **Weak matrix**

Weak matrix 조직은 기능 조직에 가깝습니다. 여러 부서에서 팀원들이 한 프로젝트에 참여합니다. 프로젝트의 규모가 크거나 복잡하지 않으므로 풀타임 프로젝트 관리자와 풀타임 팀원이 필요하지 않습니다. 기능 조직처럼 프로젝트 조정자(Coordinator) 역할을 맡은 사람이 프로젝트 관리자 역할을 하게 되며, 권한 및 자원 가용성은 낮습니다. 프로젝트 관리자는 자신이 속한 기능 관리자에게 직접 보고하며, **프로젝트 예산은 기능 관리자가 관리**합니다. Weak matrix 조직은 생산은 복잡하지만 제품이 표준화되어 있을 경우 유용합니다.

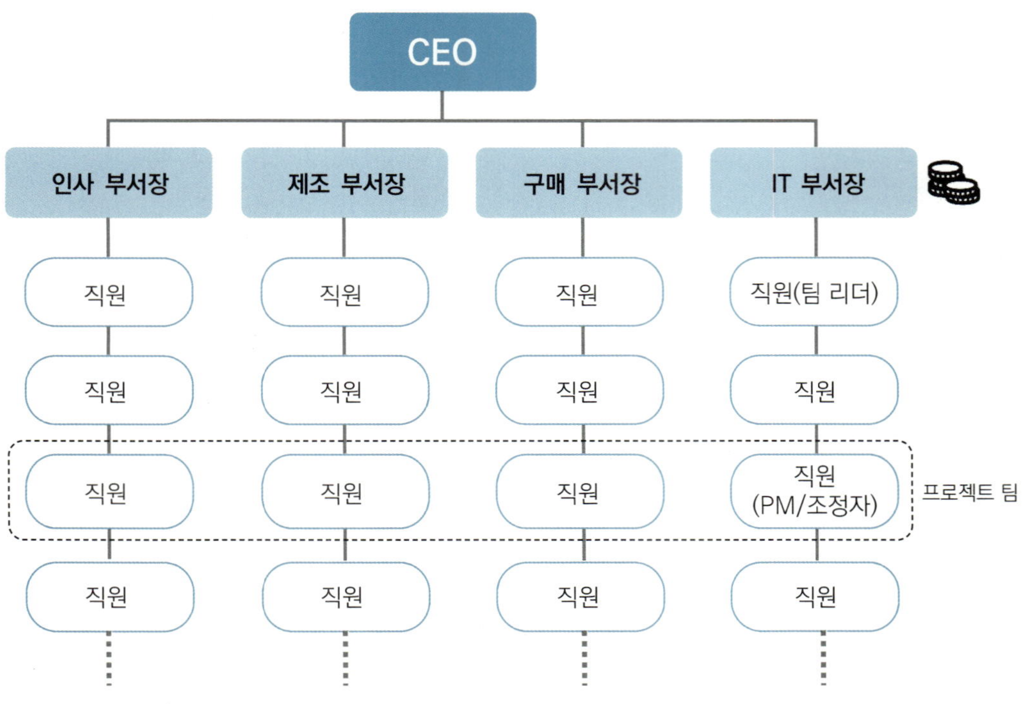

[그림 2-10] Weak matrix 조직

◆ Balanced matrix

Balanced matrix 조직은 Weak matrix 조직과 유사하지만 프로젝트 관리자의 권한이 더 높아지고(낮음에서 보통), 더 많은 시간을 프로젝트에 사용합니다. 하지만 프로젝트에 대한 완전한 권한을 갖고 있지 않으므로 프로젝트 관리자는 조정자(Coordinator) 역할에 가깝고 파트타임으로 참여하며, **프로젝트 예산은 기능 관리자와 프로젝트 관리자가 같이 관리**합니다. 프로젝트 팀원들도 파트타임으로 프로젝트에 참여합니다.

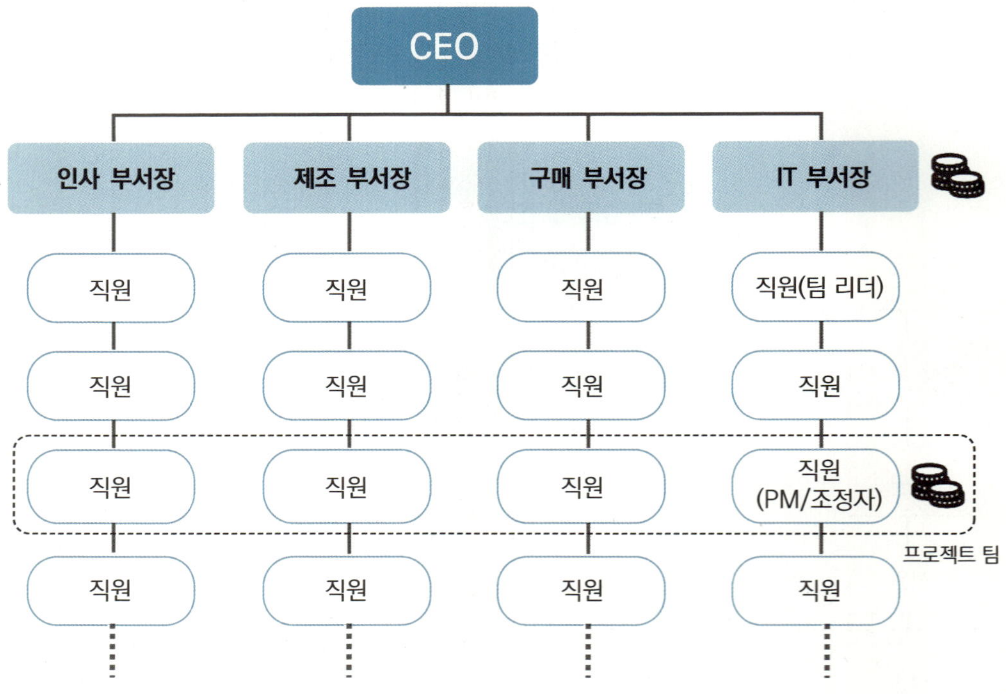

[그림 2-11] Balanced matrix 조직

◆ **Strong matrix**

Strong matrix 조직은 Balanced matrix 조직보다 프로젝트 관리자의 권한이 더 높아지고(보통에서 높음), 프로젝트의 규모나 복잡성이 더 커짐으로 인해 프로젝트 관리자의 권한이 높아지며, 풀타임으로 프로젝트에 참여합니다. 자원 가용성도 권한과 동일하게 보통에서 높습니다. **프로젝트 예산은 프로젝트 관리자가 관리**합니다. 프로젝트 팀원들도 풀타임으로 프로젝트에 참여합니다.

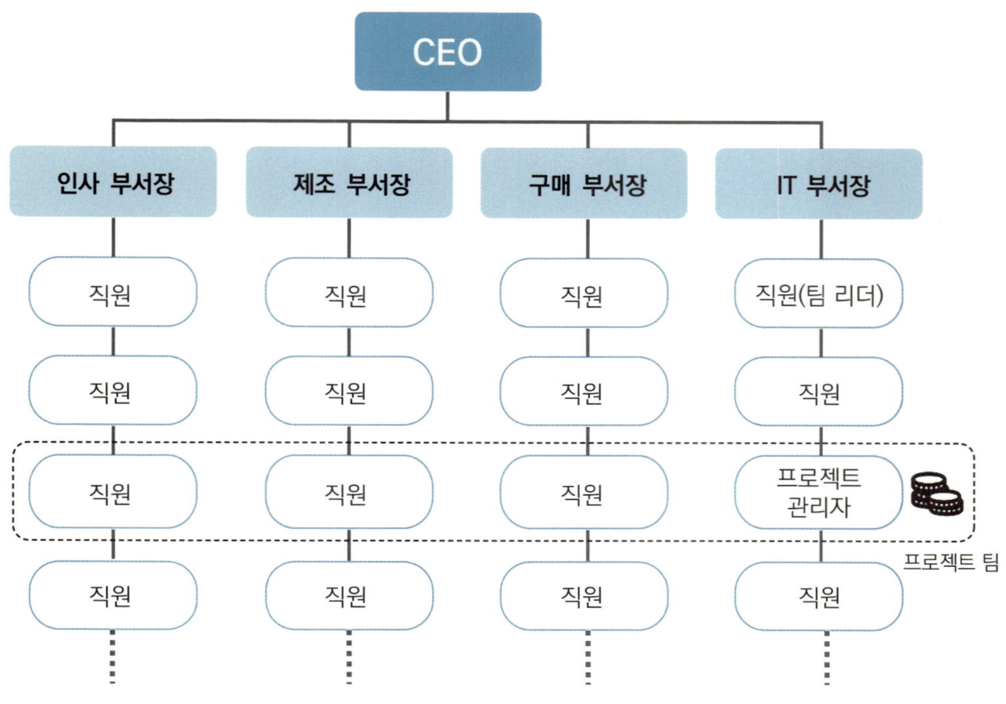

[그림 2-12] Strong matrix 조직

[표 2-4] 매트릭스 조직의 장단점

장점	단점
자원을 효율적으로 사용할 수 있으며, 필요시 프로젝트 간에 이동할 수 있다.	여러 프로젝트에서 동일한 자원을 필요로 할 경우 자원에 대한 경쟁이 생긴다.
여러 부서로부터 좀 더 많은 지원을 받을 수 있다.	팀원은 PM과 FM에게 모두 보고해야 한다.
기능 조직보다 프로젝트를 조정하기가 더 낫다	한 팀원에 대한 관리자가 둘 또는 그 이상이므로 팀 관리가 복잡할 수 있다.
정보를 수직적, 수평적으로 전달하기 좋다.	프로젝트를 감시 및 통제하기 더 복잡하다.

[가상 조직(Virtual organization)]

가상 조직은 컴퓨터 네트워크라는 가상공간에 존재하는 조직을 말합니다. 기본적인 조직의 특성은 갖고 있지만, 물리적 공간의 공유나 직접 대면 의사소통은 빠져 있습니다. 가상 조직은 규모가 작습니다. 주요 기능들은 외주로 넘기고 핵심 영역만 남아 있습니다. 부서는 거의 없거나 부서화 되어 있지 않은 경우가 많습니다. 가상 조직의 경영자는 컴퓨터 네트워크를 이용해서 외부와의 관계를 조정하고 통제하는 데 대부분의 시간을 사용합니다. 가상 조직에서 일하는 사람들은 일반적으로 구성원들 간의 낮은 상호작용으로 인해 조직문화나 목표에 대한 공감대가 낮습니다. 또한 지리적으로 멀리 떨어져 있고 의사소통도 적기 때문에 팀 구성원들 간의 정보와 지식 공유가 어렵습니다.

가상 조직에서 프로젝트 관리자의 권한은 낮음에서 보통이며, 조직에 따라 풀타임 또는 파트타임으로 프로젝트에 참여합니다. 프로젝트 예산은 프로젝트 관리자와 기능 관리자가 같이 관리하며, 프로젝트 팀원들도 풀타임 또는 파트타임으로 참여합니다.

[하이브리드 조직(Hybrid organization)]

Hybrid는 사전적 의미로 '(동식물의) 잡종, 혼성물, 혼성의, 혼합의'라는 뜻입니다. 하이브리드 자동차는 휘발유 엔진차와 전기모터차를 혼합한 것을 말합니다. 하이브리드 조직은 **조직 내에 다양한 조직 구조를 복합적으로 포함한 조직**을 말합니다. 예를 들면, 기능 조직에서도 중요한 프로젝트가 생기면 별도의 프로젝트 팀을 만들어서 프로젝트 기반 조직으로 프로젝트를 수행할 수도 있는 것입니다. 이럴 경우 프로젝트 관리자의 권한은 프로젝트 기반 조직과 동일하게 매우 높게 됩니다. 반면에 기능 조직에서 수행되는 프로젝트는 앞에서 설명한 기능 조직의 특성을 갖게 됩니다.

[표 2-5] 조직 구조 별 특징

	조직 구조 유형				
	Functional	Weak Matrix	Balanced Matrix	Strong Matrix	Project-oriented
PM의 권한과 자원의 가용성	낮음 ——————————→ 높음				
PM의 참여	Part time	Part time	Part time	Full time	Full time
팀원의 참여	Part time	Part time	Part time	Full time	Full time
프로젝트의 예산 통제	FM	FM	Mixed	PM	PM
장점	부서의 전문성	자원의 효율적 활용, 부서간 지식의 공유			규모 큰 프로젝트 처리
단점	소규모 프로젝트만	이중 보고관계			No home

[프로젝트 관리 오피스(Project management office)]

조직에서 수행하는 프로젝트의 중요도가 높아지고 복잡해질 경우 여러 프로젝트의 조정과 중앙 관리를 위한 별도의 조직 기구를 두는데, 이를 PMO라고 합니다. PMO의 주요 기능은 다양한 방법으로 프로젝트 관리자를 지원하는 것입니다. 프로젝트 관리자는 PMO의 지시와 통제를 받기도 합니다. PMO가 있는 조직은 프로젝트의 중요도가 높으므로 프로젝트 관리자의 권한은 매우 높으며, 자원 가용성도 매우 높습니다. 예산도 프로젝트 관리자가 관리하며, 프로젝트 팀원들도 풀타임으로 프로젝트에 참여합니다.

PMO는 조직 내의 자원, 방법론, 도구, 기법의 공유를 촉진하고 프로젝트에 관련된 프로세스의 거버넌스를 표준화하는 조직 기구입니다. 회사 규모가 작고 프로젝트 규모가 크지 않을 때는 프로젝트별로 프로젝트 관리자가 책임지고 진행합니다. 그런데 점차 회사 규모가 커져서 프로젝트의 규모도 커지고 개수도 늘어나기 시작하면 프로젝트들이 알아서 진행되도록 두기보다는 조직 차원에서 별도의 지원부서를 만들게 됩니다. 예를 들면, 회사 규모가 작을 때는 구매 조달을 팀 별로 진행하지만, 조달 품목이 크고 다양해지면 회사에서 별도로 구매부를 두는 것과 마찬가지입니다. PMO는 3가지 유형이 있습니다.

- **지원형(Supportive)**: 템플릿, 베스트 프랙티스, 교육, 다른 프로젝트로부터의 교훈사항과 정보 등을 통해 프로젝트의 지원 역할을 하며, PMO에 의한 프로젝트의 통제 정도는 낮습니다.
- **통제형(Controlling)**: 정해진 프로젝트 관리 프레임웍, 방법론, 템플릿의 사용, 특정 양식과 도구의 사용 등의 준수를 요구합니다. PMO에 의한 통제는 중간 정도입니다.
- **지시형(Directive)**: 프로젝트들을 직접 관리함으로써 프로젝트들을 통제하며, PMO가 프로젝트 관리자를 선임하고, 프로젝트 관리자로부터 보고를 받습니다. 따라서 PMO에 의한 통제는 높습니다.

PMO는 프로젝트 관리 지원역할부터 직접적인 프로젝트 관리에 대한 책임까지 지게 됩니다. **PMO의 주요 역할**은 다음과 같습니다.

- PMO는 모든 프로젝트에 걸쳐 자원 공유를 관리한다.
- 프로젝트에 필요하고 도움되는 방법론, 우수 실무사례, 표준을 개발하고 보급한다.

- 프로젝트 관리에 필요한 표준 정책, 절차, 양식을 개발하고 사용하도록 지원한다.
- 프로젝트 간의 의사소통을 조정한다.
- 경영진이 전체 현황을 알 수 있도록 지속적으로 상황실을 관리한다.
- 상위수준의 프로젝트 진척을 관리한다.
- 프로젝트 관리에 필요한 교육을 지원한다.
- 프로젝트 관리자에 대한 멘토링을 제공한다.
- 프로젝트를 회사의 전략 및 운영상 계획과 직접적으로 연계시킨다.
- 프로젝트 관련 여러 문서를 체계적으로 관리한다.
- 프로젝트에 사용하는 프로젝트 관리 소프트웨어를 선택하고 관리한다.

조직에 성공적으로 PMO가 도입되기 위해서는 여러 가지 요소가 필요합니다. 그중 가장 중요한 것은 조직 상부로부터 많은 지원을 받아야 합니다. 그리고 PMO는 분명한 리더십을 가지고 여러 프로젝트 및 포트폴리오를 관리해야 합니다. PMO를 조직에 설립하고자 할 때에는 *PMBOK® Guide*에서 제안하는 프로젝트 관리 방안을 실천함으로써 얻을 수 있는 이점을 명확히 제시할 수 있어야 합니다. PMO가 설립된 후에는 지속적으로 유능한 프로젝트 관리자, 지도자와 팀원을 육성하고 프로젝트에 필요한 전문지식, 정보, 자원, 기술을 갖추어 나가야 합니다.

핵심 용어

PMO

PMO(Project management office)는 프로젝트의 결과와 실행을 향상시키기 위해 전담된 중심 조직입니다. PMO는 경영진과 가장 밀접한 관계를 유지하게 됩니다. 큰 조직에서는 'Enterprise Project Management Office(EPMO)'라고 부르기도 합니다. Program management office, project office, program office로 알려져 있기도 합니다. PMO를 "A Center of competence for enabling organizational mastery of project management"라고 정의한 경우도 있습니다.

02 핵심 정리

- 기업 환경 요인은 기업에 관련된 모든 내외부적 환경 요소를 총칭하는 말이며, 프로젝트 관리에 다양한 영향을 줍니다.
- 내부 기업 환경 요인에는 조직의 문화, 구조, 거버넌스, 설비 및 자원의 지리적 분포, 인프라, 정보기술 소프트웨어, 자원 가용성, 직원 능력 등이 있습니다.
- 외부 기업 환경 요인에는 시장 조건, 사회적, 문화적 영향 및 이슈, 법적 제한사항, 상용 데이터베이스, 학술 연구, 정부 또는 산업 표준, 재무적 고려사항, 물적 환경 요소 등이 있습니다.
- 조직 프로세스 자산이란 우리 회사가 그동안 프로젝트를 수행할 때 프로젝트 관리 프로세스를 사용하면서 만들어진 프로세스의 결과물들을 뜻합니다.
- 조직 프로세스 자산은 프로세스, 정책, 절차에 대한 것과 조직의 지식에 대한 것으로 나뉩니다.
- 조직 시스템에는 관리요소, 거버넌스 프레임워크, 조직구조 유형이 포함됩니다.
- 거버넌스 프레임워크에는 규칙, 정책, 절차, 규범, 관계, 시스템, 프로세스 등을 포함합니다.
- 4가지 거버넌스 기능은 감독, 통제, 통합, 의사결정입니다.
- 유기적 조직은 매우 유연하고 변화에 대해 적응이 가능한 조직을 말합니다.
- 기능 조직은 가장 오래된 전통적인 조직이며 회사를 부서 형태로 나눈 조직입니다.
- 기능 조직에서 프로젝트 관리자나 프로젝트 팀원들은 파트타임으로 프로젝트에 참여하며, 예산은 기능 관리자가 관리합니다.
- 다부서 조직은 중앙으로부터 목표에 의해 통제되는 여러 반자치적인 단위로 분리된 조직구조를 말합니다. 즉, 모회사가 하나만 있고 모회사는 브랜드와 이름을 사용하는 소규모 부서(사업부)를 소유한다는 것을 의미합니다.
- 다부서 조직에서 프로젝트를 할 경우 기능 조직처럼 부서별로 프로젝트가 진행되므로 프로젝트의 규모는 작고 복잡성도 낮습니다.
- 다부서 조직에서 프로젝트 관리자나 프로젝트 팀원들은 파트타임으로 프로젝트에 참여하며, 예산은 기능 관리자가 관리합니다.
- 프로젝트 기반 조직은 조직을 부서별로 나누지 않고, 오로지 프로젝트를 수행하도록 조직을 프로젝트 단위로 구성합니다.

- 프로젝트 기반 조직에서 프로젝트 관리자나 프로젝트 팀원들은 풀타임으로 프로젝트에 참여하며, 예산은 프로젝트 관리자가 관리합니다.
- 같은 물리적 공간에서 일하는 것을 전문 용어로 'Colocation'이라고 합니다.
- 프로젝트 기반 조직은 부서 자체가 없으므로, 연속적으로 프로젝트가 이어지지 않으면 인적 자원에 대한 문제가 남게 됩니다.
- 매트릭스 조직은 기능 조직과 프로젝트 기반 조직의 특성을 혼합한 조직이며, 조직 구성원들은 부서 업무와 프로젝트 업무를 혼합해서 수행합니다. 매트릭스 조직의 단점은 팀원들의 이중 보고(Dual reporting)이며, 한 팀원에 대한 관리자가 여러 명이기 때문에 팀 관리가 복잡할 수 있습니다. 반면에 장점은 자원을 효율적으로 사용할 수 있다는 점입니다.
- 약한 매트릭스 조직에서 프로젝트 관리자나 프로젝트 팀원들은 파트타임으로 프로젝트에 참여하며, 예산은 기능 관리자가 관리합니다.
- 중립 매트릭스 조직에서 프로젝트 관리자나 프로젝트 팀원들은 파트타임으로 프로젝트에 참여하며, 예산은 기능 관리자와 프로젝트 관리자가 같이 관리합니다.
- 강한 매트릭스 조직에서 프로젝트 관리자와 프로젝트 참여 인력은 모두 풀타임으로 프로젝트에 참여하며, 예산은 프로젝트 관리자가 관리합니다.
- 가상 조직은 컴퓨터 네트워크라는 가상공간에 존재하는 조직을 말합니다.
- 조직 내에 다양한 조직구조를 복합적으로 포함한 조직을 하이브리드 조직이라고 합니다.
- PMO는 조직 내의 자원, 방법론, 도구, 기법의 공유를 촉진하고 프로젝트에 관련된 프로세스의 거버넌스를 표준화하는 조직 기구입니다.
- PMO는 지원형, 통제형, 지시형의 3가지 유형이 있습니다.

02 이해도 테스트 문제

01 기업 환경 요인(Enterprise environmental factors)이란 무엇인가요?

02 조직 프로세스 자산(Organizational process assets)은 무엇인가요?

03 거버넌스 프레임워크는 무엇이며, 프로젝트 관리와 어떤 연관성이 있습니까?

04 기능 조직(Functional organization)에 대해 설명하세요.

05 매트릭스 조직(Matrix organization)이 무엇인지 설명하고, 장점 및 단점을 기술하세요.

06 프로젝트 기반 조직(Project-oriented organization)이 무엇인지 설명하고, 장점 및 단점을 기술하세요.

07 프로젝트 관리 오피스(PMO)는 무엇이며, 조직에서 어떤 역할을 수행합니까?

☑ 정답은 교재를 통해 직접 본인이 찾아보기 바랍니다.

02 용어의 뜻 연결하기

Organic organization •	• 프로젝트 팀의 통제 범위 밖에서 프로젝트에 영향을 주거나 제약이 되는 요인 또는 방향을 제시하는 요인
Organizational process assets •	• 생산부서, 마케팅부서, 인사부서, 회계부서 등 각각의 기능적 분야로 같은 활동을 하는 부서가 나누어져 있는 구조
Project governance •	• 조직의 전략 및 운영 목표를 달성하기 위해 고유한 제품, 서비스 또는 결과를 만들기 위한 프로젝트 관리 활동을 이끄는 프레임워크, 기능, 프로세스
Multi-divisional organization •	• 조직 내에 다양한 조직 구조를 복합적으로 포함한 조직
Enterprise environmental factors •	• 매우 유연하고 변화에 대해 적응이 가능한 조직
Virtual organization •	• 기능 조직과 프로젝트 기반 조직의 특성을 혼합한 조직이며, 조직 구성원들은 부서 업무와 프로젝트 업무를 혼합해서 수행함
Functional organization •	• 우리 회사가 그동안 프로젝트를 수행할 때 프로젝트 관리 프로세스를 사용하면서 만들어진 프로세스의 결과물들
Project-oriented organization •	• 같은 물리적 공간에서 일하는 것
Hybrid organization •	• 중앙으로부터 목표에 의해 통제되는 여러 반자치적인 단위로 분리된 조직구조
Project management office •	• 조직 내의 자원, 방법론, 도구, 기법의 공유를 촉진하고 프로젝트에 관련된 프로세스의 거버넌스를 표준화하는 조직 기구
Colocation •	• 조직의 프로세스와 활동의 대부분이 프로젝트 형태로 이루어지는 조직
Matrix organization •	• 컴퓨터 네트워크라는 가상공간에 존재하는 조직

02 예상 문제

01 **우리 회사의 프로젝트 규모가 커지고 복잡성이 증가하여 프로젝트의 중요성이 매우 높아졌습니다. 프로젝트 관리자의 역할도 중요해져서 프로젝트 관리자에게 프로젝트에 대한 모든 권한을 주고 팀을 구성하여 프로젝트를 수행하는 형태로 조직을 구성하려고 합니다. 현 상황에 가장 적합한 조직은 무엇입니까?**

A. 기능 조직(Functional organization)

B. 약한 매트릭스 조직(Weak matrix organization)

C. 강한 매트릭스 조직(Strong matrix organization)

D. 프로젝트 기반 조직(Project-oriented organization)

02 **프로젝트 거버넌스는 조직의 전략 및 운영 목표를 달성하기 위해 고유한 제품, 서비스 또는 결과를 만들기 위한 프로젝트 관리 활동을 이끄는 프레임워크, 기능, 프로세스입니다. 프로젝트 거버넌스는 프로젝트의 성공적 수행을 위해 프로젝트를 통제하고 지원합니다. 다음 보기 중 프로젝트 거버넌스와 관련한 프로젝트 관리자의 주요 역할로 볼 수 없는 것은 무엇입니까?**

A. 거버넌스 정책 및 프로세스에 대한 프로젝트 적합성을 보장합니다.

B. 관리조직 및 스폰서와의 프로젝트 상호 작용을 관리합니다.

C. 조직의 전략 및 운영 목표를 달성하기 위해 올바른 프로젝트를 선정합니다.

D. 적절하게 주요 리스크 및 이슈를 평가하고, 보고하고, 스폰서 또는 관리조직에 이관합니다.

03 **현재 당신이 소속된 부서는 마케팅 부서입니다. 당신의 회사는 기능 조직의 특성을 많이 갖고 있으며, 프로젝트 관리자의 역할을 맡은 사람에게 프로젝트 관리자라는 명칭 대신에 조정자라는 용어를 사용합니다. 당신의 회사는 어떤 조직 구조입니까?**

A. 중립 매트릭스 조직(Balanced matrix organization)

B. 강한 매트릭스 조직(Strong matrix organization)

C. 약한 매트릭스 조직(Weak matrix organization)

D. 프로젝트 기반 조직(Project-oriented organization)

04 **다음 조직구조 중에서 프로젝트 관리자와 프로젝트 팀원들이 파트타임으로 프로젝트에 참여하고, 프로젝트 관리자는 권한과 자율성이 거의 없고 기능 관리자의 관리를 받는 조직구조는 무엇입니까?**

A. 기능 조직(Functional organization)

B. 약한 매트릭스 조직(Weak matrix organization)

C. 강한 매트릭스 조직(Strong matrix organization)

D. 하이브리드 조직(Hybrid organization)

05 **만약 우리 회사에서 하는 프로젝트가 불확실성이 높고, 신기술을 사용하며, 복잡성이 높고, 기간이 길고, 규모가 크고, 중요도가 높다면 어떤 조직구조가 적합하겠습니까?**

A. 약한 매트릭스 조직(Weak matrix organization)

B. 중립 매트릭스 조직(Balanced matrix organization)

C. 강한 매트릭스 조직(Strong matrix organization)

D. 프로젝트 기반 조직(Project-oriented organization)

06 **우리 회사는 프로젝트 관리자가 사장님 다음으로 권한을 갖고 있으며, 회사에서 프로젝트 중요도가 높습니다. 프로젝트의 기술적 특성에 의해 프로젝트 팀 단위로 구성되어 있어서 한 팀이 한 프로젝트를 수행하고 있습니다. 그래서 프로젝트 팀원들은 보통 서로 떨어져서 일하기보다는 같은 장소에서 함께 일하는데요, 같은 물리적 공간에서 일하는 것을 전문 용어로 무엇이라고 합니까?**

A. Ibidem

B. Colocation

C. Same place

D. Same room

07 **조직구조는 각 조직구조에 따라 장단점이 있습니다. 다음 중 프로젝트 기반 조직(Project-oriented organization)의 단점으로 보기 어려운 것은 무엇입니까?**

A. 프로젝트 종료 후에 팀원들이 돌아갈 부서가 없다.

B. 전문성 향상과 개발이 어려울 수 있다.

C. 프로젝트 팀 간의 학습 및 지식 공유가 제한적이다.

D. 크고 복잡한 프로젝트를 처리하기 좋다.

08 **매트릭스 조직의 대표적 단점은 이중 보고이며, 한 팀원에 대한 관리자가 둘 또는 그 이상이기 때문에 팀 관리가 복잡할 수 있습니다. 반면에 매트릭스 조직은 장점도 있습니다. 다음 중 매트릭스 조직의 장점으로 보기 어려운 것은 무엇입니까?**

A. 프로젝트 관리자는 프로젝트에 대한 완전한 권한을 갖고 있다.

B. 자원을 효율적으로 활용할 수 있다.

C. 여러 부서로부터 좀 더 많은 지원을 받을 수 있다.

D. 정보를 수직적, 수평적으로 전달하기 좋다.

09 **현대의 회사들은 크고 복잡해져서 회사 내부에 다양한 조직구조를 포함하는 경우가 많습니다. 조직 내에 다양한 조직구조를 복합적으로 포함한 조직구조를 무엇이라고 합니까?**

A. 하이브리드 조직(Hybrid organization)

B. 기능 조직(Functional organization)

C. 약한 매트릭스 조직(Weak matrix organization)

D. 강한 매트릭스 조직(Strong matrix organization)

10 **프로젝트는 회사의 전략적 목표를 달성하기 위해 수행됩니다. 따라서 프로젝트는 프로젝트를 수행하는 동안에 회사에 관련된 다양한 내부 및 외부 환경 요소의 영향을 받게 됩니다. 이런 요소를 기업 환경 요인이라고 하며, 프로젝트 관리자는 회사와 관련된 어떤 요소들이 프로젝트에 영향을 줄 수 있는지 알고 있어야 합니다. 다음 중 기업 환경 요인으로 볼 수 없는 것은 무엇입니까?**

A. 조직의 문화, 구조, 거버넌스

B. 조직이 보유한 설비 또는 장비들

C. 조직의 프로젝트 경험으로 생긴 여러 가지 교훈사항들

D. 조직과 연관된 시장 조건들

11 **당신은 인터넷 쇼핑몰 시스템 개발 프로젝트의 관리자입니다. 프로젝트 관리를 할 때 일정, 원가, 리스크 등에 대한 다양한 템플릿을 사용하고 있습니다. 이 템플릿들이 원래 어디서부터 만들어졌는지는 명확하지 않습니다. 프로젝트 관리자는 보통 프로젝트 템플릿을 어디서 받습니까?**

A. PMO(Project management office)

B. 프로젝트 스폰서

C. PMIS(Project management information system)

D. 기능 관리자

12 **당신은 강한 매트릭스 조직에서 일하고 있습니다. 당신의 프로젝트와 비슷한 과거 프로젝트의 정보를 보려고 합니다. 당신은 어디를 찾아보는 것이 가장 좋겠습니까?**

A. 조직의 지식 저장소
B. 외부 기업 환경 요인
C. 내부 기업 환경 요인
D. 과거의 프로젝트 관리자

13 **당신은 전통적 기능 조직에서 프로젝트를 관리하고 있습니다. 당신의 권한 수준은 어떻습니까?**

A. 낮음
B. 보통
C. 높음
D. 매우 높음

14 **당신은 전기 자동차를 개발하는 프로젝트에 프로젝트 관리자로 새로 스카우트되어 한 자동차 회사에 입사했습니다. 프로젝트의 예산과 주요 마일스톤은 정해진 상태입니다. 오늘 아침에 프로젝트 스폰서가 현재 전기차 시장이 좀 불안정한 상태이므로 프로젝트 시작을 2달 정도 연기하라고 합니다. 이렇게 프로젝트에 영향을 줄 수 있는 시장 조건은 다음 중 어디에 해당합니까?**

A. 내부 기업 환경 요인
B. 외부 기업 환경 요인
C. 조직 프로세스 자산
D. 프로젝트 관리 오피스

15 **목영훈 대표는 앞으로 VR(Virtual reality) 비즈니스가 전망이 있을 것 같아서 몇몇 아는 지인으로부터 투자를 받아서 작은 스타트업 기업을 창업했습니다. 회사의 프로젝트 팀은 대략 구성되어 있으며, 사람들은 자신의 기술과 완료해야 할 작업을 기반으로 프로젝트에 참여합니다. 목영훈 대표는 프로젝트 자원을 통제합니다. 이 회사는 어떤 구조의 회사입니까?**

A. 유기적 조직(Organic organization)
B. 기능 조직(Functional organization)
C. 약한 매트릭스 조직(Weak matrix organization)
D. 프로젝트 기반 조직(Project-oriented organization)

16 **당신은 IT 회사에서 업무용 소프트웨어 개발 프로젝트를 관리하고 있습니다. 프로젝트는 거의 막바지에 다다랐는데, 프로젝트 팀은 다음 프로젝트가 언제 시작될 것인지를 걱정하고 있습니다. 당신의 조직 구조는 무엇입니까?**

A. 유기적 조직(Organic organization)
B. 기능 조직(Functional organization)
C. 약한 매트릭스 조직(Weak matrix organization)
D. 프로젝트 기반 조직(Project-oriented organization)

17 **AMP라는 회사는 화장품 전문 회사입니다. 이 회사는 화장품을 연령대별로 분류해서 브랜드를 따로 만들었고 각 브랜드별로 사업부서를 구성했습니다. 10대를 위한 화장품을 담당하는 부서, 20~30대를 위한 화장품을 담당하는 부서, 40~50대를 위한 화장품을 담당하는 부서, 그리고 남성 전용 화장품을 담당하는 부서가 있습니다. 각 부서에는 제품과 관련한 전산 시스템을 담당하는 IT 부서가 포함되어 있습니다. 10대를 위한 화장품을 담당하는 부서에서 인터넷 쇼핑몰을 새로 버전업하는 프로젝트를 독자적으로 수행하려고 합니다. AMP 회사는 어떤 조직 구조입니까?**

A. 다부서 조직(Multi-divisional organization)
B. 기능 조직(Functional organization)
C. 하이브리드 조직(Hybrid organization)
D. 프로젝트 기반 조직(Project-oriented organization)

18 **당신은 아는 형과 함께 작은 스타트업 회사를 창업했습니다. 회사의 비즈니스가 잘 되어 회사의 규모가 커지고 프로젝트의 중요성도 높아졌습니다. 그래서 당신은 프로젝트 관리자에게 향후 프로젝트에서 유용한 정보로 이용할 수 있게 현재 진행하는 프로젝트의 기록들을 파일로 저장할 수 있는 방법을 만들라고 요청했습니다. 당신이 프로젝트 관리자에게 요청한 것은 무엇입니까?**

A. 조직 프로세스 자산(Organizational process assets)
B. 조직의 지식 저장소(Organizational knowledge repository)
C. 프로젝트 데이터베이스(Project database)
D. 프로젝트 템플릿(Project templates)

19 **당신은 소프트웨어 개발 회사에서 근무하고 있습니다. 최근 한 고객으로부터 오토바이 퀵서비스를 위한 시스템 개발을 요청받았습니다. 회사에서 프로젝트를 시작했고 당신은 이 프로젝트의 개발자로 참여하고 있습니다. 프로젝트를 수행하는 동안에 당신은 프로젝트 관리자에게 개발 진척상황을 보고하며, 프로젝트에 대한 책임을 공유하고 있는 IT 부서장에게도 보고합니다. 당신은 어떤 조직에서 일하고 있습니까?**

A. 중립 매트릭스 조직(Balanced matrix organization)

B. 기능 조직(Functional organization)

C. 약한 매트릭스 조직(Weak matrix organization)

D. 프로젝트 기반 조직(Project-oriented organization)

20 **다음 중 PMO에 대한 내용으로 올바르지 않은 것은 무엇입니까?**

A. PMO의 주요 목적은 프로젝트 관리자에게 지원을 제공하는 것이다.

B. PMO는 프로젝트 간의 의사소통을 촉진한다.

C. PMO는 3가지 지원형, 통제형, 관리형의 3가지 유형이 있다.

D. PMO는 프로젝트의 생애 전반에 걸쳐 핵심 이해관계자나 의사결정자 역할을 수행할 권한을 갖는다

02 예상 문제 해설

01 **정답 D.** 프로젝트 기반 조직은 CEO 바로 다음 레벨이 프로젝트 관리자로서 조직 구조상 PM의 권한이 가장 높습니다. 프로젝트의 중요도가 높기 때문에 프로젝트 관리자에게 권한을 많이 주게 됩니다.

02 **정답 C.** 조직의 전략 달성을 위해 올바른 프로젝트를 선정하는 것은 포트폴리오 관리의 역할입니다.

03 **정답 C.** 약한 매트릭스(Weak matrix) 조직은 기능 조직의 특성을 많이 갖고 있으면서 프로젝트 관리자를 프로젝트 관리자보다는 프로젝트 조정자(Coordinator)라고 칭합니다. 프로젝트 관리자는 기능 관리자보다 권한이 낮습니다.

04 **정답 A.** 기능 조직에서 프로젝트 관리자의 권한이 가장 낮습니다.

05 **정답 D.** 프로젝트 기반 조직(Project-oriented organization)은 불확실성이 높고, 신기술을 사용하며, 복잡성이 높고, 기간이 길고, 규모가 크고, 중요도가 높은 프로젝트에 적합한 조직입니다.

06 **정답 B.** Colocation은 같은 물리적 공간에서 일하는 것을 부르는 용어입니다.

07 **정답 D.** 프로젝트 기반 조직의 장점은 크고 복잡한 프로젝트를 처리하기 좋다는 것입니다.

08 **정답 A.** 프로젝트 관리자가 프로젝트에 대한 완전한 권한을 갖고 있는 조직은 프로젝트 기반 조직입니다.

09 **정답 A.** 하이브리드 조직은 회사 내부에 다양한 조직구조를 포함하는 조직을 말합니다.

10 **정답 C.** 교훈은 프로젝트를 수행하는 회사에 관련된 내부 및 외부 환경요소가 아닙니다. 프로젝트를 통해 생성된 문서나 교훈사항은 '조직 프로세스 자산'이라고 합니다.

11 **정답 A.** PMO는 프로젝트 관리 템플릿을 표준화하고 개발해서 프로젝트를 지원해주는 역할을 수행합니다.

12 **정답 A.** 여러 기준선(Baselines), 프로젝트 달력, 리스크 관리대장 같은 과거 프로젝트의 기록 및 문서는 조직의 지식 저장소에서 볼 수 있습니다.

13 **정답 A.** 기능 조직에서 실질적 권한은 기능 관리자가 갖고 있습니다.

14 **정답 B.** 시장 조건은 조직에서 프로젝트에 대한 의사결정에 영향을 줄 수 있는 외부 기업 환경 요인입니다.

15 **정답 A.** 유기적 및 단순 조직 구조는 조직 안의 작업 그룹이 유연한 조직입니다. 사람들은 조직에서의 역할과 관계없이 서로 협력합니다. 프로젝트 관리자의 권한은 적거나 없습니다.

16 **정답 D.** 프로젝트 기반 조직은 한 프로젝트에 팀원들이 풀타임으로 참여하며, 돌아갈 부서가 없기 때문에 프로젝트가 연속적으로 이어지지 않으면 자원에 대한 문제가 생깁니다.

17 **정답 A.** 다부서 조직은 각 부서가 하나의 독립된 형태로 돌아가며, 부서마다 여러 기능이 포함됩니다. 예를 들면, 각 부서마다 전산 업무를 처리하기 위한 IT 부서를 둡니다.

18 **정답 B.** 당신이 프로젝트 관리자에게 요청한 것은 조직의 지식 저장소입니다. 조직 프로세스 자산은 이미 과거에 축적된 정보를 말하며, 프로젝트 데이터베이스는 지식 저장소의 한가지 형태일 뿐입니다.

19 **정답 A.** 중립 매트릭스 조직에서는 프로젝트 관리자와 기능 관리자가 권한과 책임을 공유합니다.

20 **정답 C.** PMO는 지원형, 통제형, 지시형의 3가지 유형이 있습니다.

02 용어의 뜻 연결하기 **정답**

용어	뜻
Organic organization	프로젝트 팀의 통제 범위 밖에서 프로젝트에 영향을 주거나 제약이 되는 요인 또는 방향을 제시하는 요인
Organizational process assets	생산부서, 마케팅부서, 인사부서, 회계부서 등 각각의 기능적 분야로 같은 활동을 하는 부서가 나누어져 있는 구조
Project governance	조직의 전략 및 운영 목표를 달성하기 위해 고유한 제품, 서비스 또는 결과를 만들기 위한 프로젝트 관리 활동을 이끄는 프레임워크, 기능, 프로세스
Multi-divisional organization	조직 내에 다양한 조직 구조를 복합적으로 포함한 조직
Enterprise environmental factors	매우 유연하고 변화에 대해 적응이 가능한 조직
Virtual organization	기능 조직과 프로젝트 기반 조직의 특성을 혼합한 조직이며, 조직 구성원들은 부서 업무와 프로젝트 업무를 혼합해서 수행함
Functional organization	우리 회사가 그동안 프로젝트를 수행할 때 프로젝트 관리 프로세스를 사용하면서 만들어진 프로세스의 결과물들
Project-oriented organization	같은 물리적 공간에서 일하는 것
Hybrid organization	중앙으로부터 목표에 의해 통제되는 여러 반자치적인 단위로 분리된 조직구조
Project management office	조직 내의 자원, 방법론, 도구, 기법의 공유를 촉진하고 프로젝트에 관련된 프로세스의 거버넌스를 표준화하는 조직 기구
Colocation	조직의 프로세스와 활동의 대부분이 프로젝트 형태로 이루어지는 조직
Matrix organization	컴퓨터 네트워크라는 가상공간에 존재하는 조직

Memo

프로젝트 관리자의 역할
(The role of project manager)

핵심 포인트

- 프로젝트 관리자의 영향력 범위
- 프로젝트 관리자의 역량
- 프로젝트 관리자의 Power 종류와 의미
- 관리와 리더십의 차이
- 프로젝트 관리자의 리더십 유형
- 프로젝트 진행에 따른 리더십의 순서
- 프로젝트 관리자의 통합 수행

03 프로젝트 관리자의 역할 (The role of project manager)

 시작하기에 앞서…

3장의 제목은 '프로젝트 관리자의 역할'입니다. 프로젝트 관리자의 역할을 하나의 장(Section)으로 *PMBOK® Guide*에 넣은 이유는 무엇일까요? *PMBOK® Guide*는 단일 프로젝트 관리에 대한 내용을 소개하고 있고, 한 개의 프로젝트를 책임지고 관리하는 사람이 바로 프로젝트 관리자이기 때문입니다. *PMBOK® Guide*는 프로젝트 팀원, 스폰서, 프로그램 관리자가 아닌 프로젝트 관리자를 대상으로 한 책입니다. 따라서 프로젝트 관리자는 자신이 어떤 역할을 해야 하는지 명확히 알고 있어야 합니다. PMI에서는 프로젝트 관리자가 가져야 할 역량을 크게 3개로 구분해서 역량 삼각형(Talent triangle)이란 것을 발표했습니다. 이번 장에서는 프로젝트 관리자는 프로젝트를 관리할 때 어떤 역할을 수행해야 하며, 프로젝트 관리자로서 어떤 역량이 필요한지 소개합니다.

3.1 개요(Overview)

프로젝트 관리자는 말 그대로 프로젝트를 관리하는 사람으로서 프로젝트의 총 책임자입니다. 조직에서 프로젝트 관리자에게 적절한 권한을 주며, 그 권한으로 팀을 구성하고 이끄는 역할을 수행합니다. 프로그램이나 포트폴리오와 프로젝트가 관련이 있을 때는 프로젝트 관리자가 포트폴리오 또는 프로그램 관리자와 긴밀하게 협력해야 합니다. 프로젝트 관리자는 프로젝트를 관리하는데 필요한 프로젝트 관리 지식, 리더십, 해당 산업분야에 대한 전문 지식, 프로젝트 관리 소프트웨어 활용 능력 등 다양한 능력을 갖추고 있어야 합니다. 프로젝트 관리자는 기본적으로 프로젝트 착수부터 종료까지 참여하지만 점점 프로젝트 관리자의 역할이 확대됨에 따라 프로젝트 시작 전 또는 프로젝트 종료 후에 참여하기도 합니다. 예를 들면, 프로젝트 시작 전에 비즈니스 분석 및 비즈니스 케이스 개발에 참여하기도 하고, 프로젝트 종료 후에 비즈니스 편익 실현에 참여하기도 합니다.

프로젝트 관리자는 프로젝트에 관련된 다양한 이해관계자들이 프로젝트에 적극적으로 참여하고 하모니를 이루도록 해야 합니다. 프로젝트 산출물은 프로젝트 팀이 생성하기 때문에 특히 프로젝트 팀을 관리하고 이끄는 역할이 중요합니다. 또한 프로젝트는 전문적 지식이 바탕이 되므로 해당 산업분야에 대한 전문지식이 필요하며, 프로젝트 관리에 대한 지식도 있어야 합니다.

3.2 프로젝트 관리자에 대한 정의(Definition of a project manager)

프로젝트 관리자는 영어로 Project manager입니다. 줄여서 PM이라고 보통 하며, 이 PM을 다양하게 정의할 수 있는데요, *PMBOK® Guide*는 '**수행 조직에서 프로젝트 목표를 달성할 책임을 지도록 팀의 리더로 선임된 책임자**'라고 정의하고 있습니다. 인터넷 백과사전인 Wikipedia에서는 '프로젝트 관리자는 프로젝트 관리 분야의 전문가이며, 산업분야에 상관없이 정의된 범위와 정의된 시작 및 종료를 가진 프로젝트의 계획, 조달, 실행의 책임을 가진 사람'이라고 정의하고 있습니다. 두 정의에 공통된 단어는 '책임'입니다. 프로젝트 관리자는 결국 프로젝트 성공과 실패에 대한 책임을 집니다. 프로젝트를 성공시키기 위해서 프로젝트 관리자는 최선을 다하게 됩니다.

3.3 프로젝트 관리자의 영향력 범위 (The project manager's sphere of influence)

'김연아 선수가 국내 스케이트 꿈나무들에게 미친 영향은 대단합니다.' 같은 말을 들어본 적이 있을 것입니다. 한 사람이 여러 사람에게 미치는 영향은 클 수도 있고 작을 수도 있습니다. 김연아 선수 같은 경우에는 영향력의 범위가 아주 넓을 것으로 생각됩니다. 프로젝트 관리자도 다양한 사람 및 조직에 영향을 미치게 됩니다. 가장 대표적으로는 프로젝트 관리자가 관리하는 프로젝트 팀에 영향을 미칩니다. 그뿐만 아니라 조직의 자원 관리자, 프로그램 관리자, 포트폴리오 관리자, PMO, 운영위원회, 스폰서, 고객, 최종 사용자, 공급업체 등 다양하게 영향력이 미칠 수 있습니다.

[프로젝트의 영향]

프로젝트 관리자는 프로젝트의 목표를 달성하기 위해 프로젝트 팀을 이끌고 관련된 이해관계자와 함께 일합니다. 프로젝트 관리자는 프로젝트 산출물을 만드는 일을 직접 하는 것이 아니라 산출물을 만드는 일을 관리하는 일을 합니다. 프로젝트 관리자가 하는 관리 업무의 대부분은 의사소통입니다. 회의에 참석하고 프레젠테이션을 하고, 전화하고, 지시하는 등 의사소통을 통해 프로젝트를 관리하기 때문에 **프로젝트 관리자는 대부분의 시간을 의사소통에 사용**합니다. 따라서 프로젝트 관리자의 의사소통 능력은 매우 중요하며, 훌륭한 의사소통 스킬을 갖고 있어야 팀을 포함한 여러 이해관계자에게 영향을 미쳐 프로젝트가 목표한 바를 달성할 수 있게 됩니다.

[조직의 영향]

프로젝트 관리자는 자신이 소속된 조직의 여러 사람과 관계를 맺게 됩니다. 특히 자신이 관리하는 프로젝트에 영향을 주거나 받을 수 있는 사람들과 프로젝트 성공에 도움을 줄 수 있는 사람들과 좋은 관계를 유지할 필요가 있습니다. 프로젝트 관리자가 해결할 수 없는 수준의 문제는 프로젝트 스폰서의 도움을 받아야 하므로 프로젝트 스폰서와 긴밀한 관계를 유지해야 합니다. 또한 조직의 자원은 한정되어 있고 공유되기 때문에 여러 프로젝트가 동시에 같은 자원을 요구할 때가 있습니다. 이런 경우에는 다른 프로젝트의 관리자와 문제를 원만하게 해결해야 합니다. 그 외에도 상황에 따라 기능 관리자, 프로그램 관리자, 포트폴리오 관리자, PMO, 해당 분야의 전문가, 비즈니스 분석가, 외부 컨설턴트 등의 영향을 받거나 줄 수 있으므로 프로젝트 성공을 위해 적절한 관계를 유지해야 합니다.

[산업분야의 영향]

프로젝트는 건설, IT, 제조 등 다양한 산업분야에서 수행되고 있습니다. 프로젝트 관리자가 자신이 수행하는 프로젝트에 관련된 시장동향, 기술발전, 해당 산업분야에 대한 표준 등을 잘 알고 있어야 프로젝트 수행에 도움이 됩니다. 따라서 자신이 속한 산업분야에 대한 정보를 습득하고 관련 기술동향을 잘 파악하고 있어야 합니다.

[전문분야의 영향]

프로젝트 관리자가 프로젝트의 제품에 대해 잘 알지 못하면 프로젝트 팀에게 업무를 지시하고 관리하는 데 어려움을 겪게 됩니다. 프로젝트 관리자도 프로젝트와 관련된 전문 기술을 잘 알아야 합니다. 많은 조직은 기술 역량이 뛰어난 사람을 프로젝트 관리자로 배정하기도 합니다. 기술은 계속 발전하기 때문에 한 번 기술을 배웠다고 해서 계속 사용할 수는 없습니다. 지속적인 학습만이 프로젝트 관리 역량을 유지하는 데 도움이 됩니다. 또한 자신이 익힌 기술은 다른 사람들에게 전수해서 기술이 확산되고 조직 발전에 도움이 될 수 있도록 해야 합니다.

3.4 프로젝트 관리자의 역량(Project manager competences)

프로젝트 관리자는 하는 일이 무척 다양합니다. 이해관계자의 요구사항 달성, 품질을 맞춘 인도물의 생성, 보고서 작성, 이슈 해결, 팀원들의 갈등 관리, 일정 및 예산목표 달성, 발생한 리스크에 대한 대응 등 정말 다양한 일들을 합니다. 이런 여러 가지 일들을 잘 수행하기 위해서는 관련된 스킬이 필요합니다. 몇 년 전에 PMI는 실무자들을 대상으로 연구조사를 해서 프로젝트 관리자가 갖춰야 할 역량을 정의했습니다. PMI는 이것을 역량 삼각형(Talent triangle)이라고 명명했으며, 크게 3가지 역량과 세부 역량으로 구성되어 있습니다. 3가지 역량은 Technical project management, leadership, strategic and business management입니다. 프로젝트 관리자는 이 3가지 역량을 균등하게 갖춰야 한다고 PMI는 말하고 있습니다.

[그림 3-1] The PMI Talent Triangle®

[Technical project management]

기술적 프로젝트 관리 스킬은 말 그대로 프로젝트 관리에 대한 스킬을 말하며, 프로그램이나 프로젝트에 대한 원하는 결과를 인도하기 위해 프로젝트 관리 지식을 효과적으로 적용하는 기술을 말합니다.

예 애자일 실무, 데이터 수집 및 모델링, 획득가치 관리, 생애주기 관리, 성과 관리, 요구사항 관리 및 추적, 리스크 관리, 일정 관리, 범위 관리, 원가 및 예산 산정 등.

[Strategic and business management]

프로젝트는 조직 안에서 수행되므로 조직 전략에 일치해야 하고 비즈니스 요구를 충족시켜야 합니다. 또한 자신이 관리하는 프로젝트와 관련된 산업 표준이나 시장 조건, 법규 등 관련된 외부 요소들도 알아야 합니다. 따라서 프로젝트 관리자는 전략 및 비즈니스 관리에 대한 스킬이 필요합니다.

예 편익 관리 및 실현, 비즈니스 감각, 비즈니스 모델과 구조, 경쟁분석, 고객 관계 및 만족, 산업 지식 및 표준, 법규 및 규정 준수, 시장 인식 및 조건, 운영 기능(재무, 마케팅 등), 전략 기획 및 분석과 일치 등.

[Leadership]

리더십에 대한 정의는 무척 다양합니다. Kotter(1990)는 '집단이나 단체, 그리고 조직 등의 활동에서 주도하는 위치에 있는 사람.'이라고 간단하게 정의했지만 Katz and Kahn(1978)은 '경영조직의 중요 핵심인 조직의 비전을 제시하고 목표를 수립하여, 현행 제도나 환경적으로 해결하기 어려운 것들을 적절하게 대응하고 해결하며 조직구성원들이 환경에 적응할 수 있도록 필요한 정보와 전략을 제시할 수 있는 사람.'이라고 길게 정의했습니다. 프로젝트 관리자는 팀의 리더로서 리더십이 필요하므로, 프로젝트 리더십은 **프로젝트 팀이 정의된 목표를 달성하도록 다양한 활동에 영향을 끼치는 프로젝트 관리자의 역량**으로 볼 수 있습니다. PMI에서는 리더십 안에 다양한 내용을 포함시켰습니다.

예 브레인스토밍, 코칭과 멘토링, 갈등 관리, 감성지능, 영향력 행사, 대인관계 기술, 경청, 협상, 문제해결, 팀 빌딩 등.

프로젝트 관리자의 파워(Power)는 다양합니다. 파워의 사전적 의미는 '(사람이나 사물을 통제할 수 있는) 힘, 권력, 정권, 능력, 영향력, 지배력' 등입니다. 프로젝트 관리자의 파워는 프로젝트 목표를 달성하기 위해 핵심 이해관계자에게 영향을 줄 수 있는 능력 정도로 볼 수 있습니다. 프로젝트 관리자는 기능 관리자처럼 고용 및 해고에 대한 권한이 부족하기 때문에 생각보다 파워가 높지 않을 수 있습니다. 자신이 가진 파워를 잘 활용하는 것도 프로젝트 관리자가 가져야 할 역량입니다. 프로젝트 관리자의 파워는 여러 가지 종류가 있습니다.

- **직위형 파워(Positional power)**: 조직에서 프로젝트 관리자로 임명되면 팀원들에게 작업을 시킬 수 있습니다. 프로젝트 관리자라는 공식적 위치에서 쓸 수 있는 힘을 말하며, 공식적(Formal) 파워, 권위적(Authoritative) 파워, 합법적(Legitimate) 파워라고도 합니다.
- **정보형 파워(Informational power)**: 프로젝트 관리자는 데이터 수집 및 정보 배포를 통제하는 힘을 갖고 있습니다. 프로젝트 관리자가 가진 정보와 팀원이 가진 정보의 수준은 다릅니다.
- **추종형 파워(Referent power)**: 프로젝트 관리자가 프로젝트 관리자로서의 과거 경험으로 인해 존경을 받을 때 생기는 힘입니다. 추종형 파워는 프로젝트 관리자의 조직에서 신뢰성에 관한 것입니다.
- **상황형 파워(Situational power)**: 조직에서 특정한 상황 때문에 갖게 되는 힘입니다. 프로젝트나 팀이 위기에 처했을 때 프로젝트 관리자가 위기 상황을 해결하면 힘이 있어 보입니다.
- **개성 또는 카리스마형 파워(Personal or charismatic power)**: 이 힘은 개인이 가진 힘이며, 프로젝트 관리자의 성격과 직접적인 관련이 있습니다. 프로젝트 관리자가 따뜻한 성격을 가졌을 때, 카리스마 넘치고 매력적일 때 생기는 힘입니다.
- **관계형 파워(Relational power)**: 사람들이 뭔가 필요할 때 그것을 도와줄 수 있는 사람을 연결해준다면 당신은 힘이 있어 보이게 됩니다. 다양한 인맥을 갖고 있어서 사람들을 연결해줄 수 있을 때 생기는 힘입니다.
- **전문가형 파워(Expert power)**: 기술적으로 어려운 문제를 프로젝트 관리자가 해결하면 그 다음부터는 프로젝트 관리자가 하는 말을 받아들이고 따르게 됩니다. 전문지식이 있을 때 생기는 힘이 전문가형 파워입니다.

- **보상 지향형 파워**(Reward-oriented power): 프로젝트 관리자는 팀에게 보상을 줄 수 있습니다. 팀원들은 보상을 통해 동기부여가 됩니다. 특정 목표를 정하고 목표 달성에 대한 보상을 제공함으로써 프로젝트가 더 잘 수행되도록 합니다.
- **처벌형 또는 강제형 파워**(Punitive or coercive power): 팀원이 해야 할 일을 안 했을 때 프로젝트 관리자는 팀원에게 처벌조치가 갈 거라고 얘기할 수 있습니다. 한 번 주의를 줬는데 개선되지 않으면 프로젝트 관리자는 조치해야 합니다. 흔히 얘기하는 채찍과 당근을 이용하는 것 중 채찍을 이용하는 방법입니다.
- **칭찬형 파워**(Ingratiating power): 프로젝트 관리자가 사람들에게 아첨을 잘합니다. 이를 통해 상대방과의 공통점을 찾고 협력을 얻어냅니다.
- **압박형 파워**(Pressure-based power): 프로젝트 관리자가 사람들에게 특정 산출물이나 결정에 대해 압박할 수 있습니다. 이 힘은 부정적인 의미가 있습니다.
- **책무형 파워**(Guilt-based power): 프로젝트 관리자는 사람들에게 자신이 수행해야 하는 역할과 기대에 부응하지 못한다는 사실을 상기시켜 줌으로써 자신의 의무를 이행하지 않는 것에 대해 죄책감을 느끼게 합니다. 프로젝트 관리자는 이를 통해 동기가 부여되기를 기대합니다.
- **설득형 파워**(Persuasive power): 프로젝트 관리자가 사람들을 설득해서 특정 산출물 또는 결정을 하도록 합니다. 프로젝트 관리자가 원하는 방식으로 행동하도록 누군가를 설득할 수 있는 힘입니다.
- **회피형 파워**(Avoiding power): 프로젝트 관리자가 활동이나 의사결정에 참여하는 것을 거부함으로써 얻는 힘입니다. 프로젝트 관리자가 회의에 참석해서 무언가를 제공할 것이 있는데, 그 회의에 불참하게 되면 사람들은 프로젝트 관리자가 꼭 필요한 존재로 인식합니다.

프로젝트 관리자는 프로젝트를 관리하는 사람이자 팀을 이끄는 리더입니다. 따라서 관리자의 역할과 리더의 역할 두 가지를 모두 다 수행해야 합니다. 관리(Management)와 리더십(Leadership)은 다릅니다. 리더십은 목표를 달성하기 위해 동기부여하는 쪽이고 관리는 일을 끝내서 결과를 내는데 쪽입니다. 관리는 현상을 유지하고, 단기 목표에 집중하고 운영 이슈와 문제 해결에 집중하지만 리더십은 새로운 것을 개발하고 장기 비전에 집중하고 비전을 제시하는 데 집중합니다.

[표 3-1] 관리와 리더십의 비교

관리 **질서와 안정성**	**리더십** **변화와 발전의 추구**
계획 및 예산 • 행동지침의 설정 • 계획표 작성 • 자원의 배분	**방향설정** • 비전설정 • 전체적인 상황의 확인 • 전략설정
조직화 • 조직구조의 설계 • 직무배치 • 규칙과 절차의 개발	**목표를 위한 제휴 및 협력** • 목표에 대한 의사소통 • 헌신과 몰입의 추구 • 팀과 연합체의 구축
통제 및 문제해결 • 인센티브 제도의 수립 • 창의적인 해결책 • 수정조치	**동기유발 및 의욕 고취** • 의욕과 활기의 고취 • 부하에게 자율권 부여 • 미충족된 욕구의 충족

출처: Adapted from John P.Kotter,(1990),"A Force for Change: How Leadership Differs From Management

잠깐! **관리 스타일(Management style)**

관리자의 관리 스타일은 여러 가지가 있습니다.

- 민주적(Democratic or participative) - 프로젝트 팀원의 참여를 권장함.
- 독재적(Autocratic) - 프로젝트 관리자가 독단적으로 처리.
- 관료주의적(Bureaucratic) - 절차를 정확히 따르는지에 관심이 많음.
- 분석적(Analytical) - 관리자 자신의 기술적 지식과 능력에 의존함.

리더십 스타일은 무척 다양합니다. 나폴레옹 리더십, 이순신 리더십, 세종대왕 리더십 등 다양한 명칭의 리더십들이 있었습니다. 가장 일반적인 리더십 유형은 다음과 같습니다.

- **자유방임형(Laissez-faire) 리더십**: 리더가 팀원에 대해 간섭하지 않습니다. 팀이 스스로 목표를 정하고 의사결정을 하도록 자치권을 주는 유형으로 방임형(hands-off style)이라고도 합니다.

- **거래형(Transactional) 리더십:** 말 그대로 리더와 팔로워 간에 거래하는 것입니다. 프로젝트 관리자가 팀원에게 목표를 제시하고 팀원이 목표를 달성하면 보상을 주고 목표를 미달하면 불이익을 줍니다. 전형적으로 목표의 설정과 성과의 모니터링 및 통제를 특징으로 하는 리더십입니다.
- **섬김형(Servant) 리더십:** 다른 사람을 우선시하고, 사람들이 필요로 하는 것에 초점을 둡니다. 섬김형 리더는 사람들에게 성장의 기회와 교육, 자율성을 제공합니다.
- **변혁형(Transformational) 리더십:** Transformation은 사전적 의미로 '(완전한) 변화, 변신'입니다. 우리나라에서는 Transformational leadership을 보통 '변혁적 리더십'으로 번역하고 있습니다. 변혁적 리더는 팀원들의 개인적 이익보다는 더 큰 공익을 위해 행동하도록 리더가 어떻게 영향력을 행사할 것인가에 초점을 둡니다. 영감과 비전 제시 및 구성원 전체가 공유해야 할 가치의 내면화, 높은 단계의 개인적 목표(자아실현)를 추구하도록 고무시킴으로써 통해 팀원들에게 동기부여를 합니다.
- **카리스마형(Charismatic) 리더십:** 카리스마 리더는 공통적인 비전을 개발하고자 노력하며, 기회를 만들고 발견하며, 팀원이 자신의 행위를 통제할 수 있도록 팀원의 욕구를 증가시킵니다. 리더십 효과를 증가시키기 위하여 카리스마 리더는 어떤 우월함, 자기 신뢰감, 영향의 필요성, 높은 도덕적 기준의 신념을 사용합니다. 긍정적 생각과 할 수 있다는 정신이 카리스마 리더의 특성입니다.
- **상호작용형(Interactional) 리더십:** 거래형, 변혁형, 카리스마형을 조합한 유형입니다. 상호작용형 리더는 팀이 조치를 행하고, 프로젝트 작업에 관심과 열정을 가지면서 결과물에 책임감을 가지는 것을 원합니다.

사람마다 개인의 성격이나 특성은 모두 다릅니다. 프로젝트 관리자는 리더로서 진솔함, 공손함, 창의성, 문화인식, 감성, 지성, 정치성, 사회성, 체계성 등의 성향을 갖출 필요가 있고 상황에 따라 특정 측면의 성향을 중점적으로 발휘할 필요가 있습니다.

리더십의 순서

프로젝트 진행에 따라 항상 똑같은 리더십으로 일관하기보다는 시기적으로 맞는 리더십을 발휘하는 것이 바람직합니다. 프로젝트 초기에는 우왕좌왕하는 시기이므로 직접 지시하는 Directing 형태가 좋으며, 다음은 Coaching, Facilitating, Supporting, 마지막으로는 믿고 맡기는 Delegating 형태가 바람직합니다. 리더십의 순서를 기억해두기 바랍니다.

Directing – Coaching – Facilitating – Supporting – Delegating

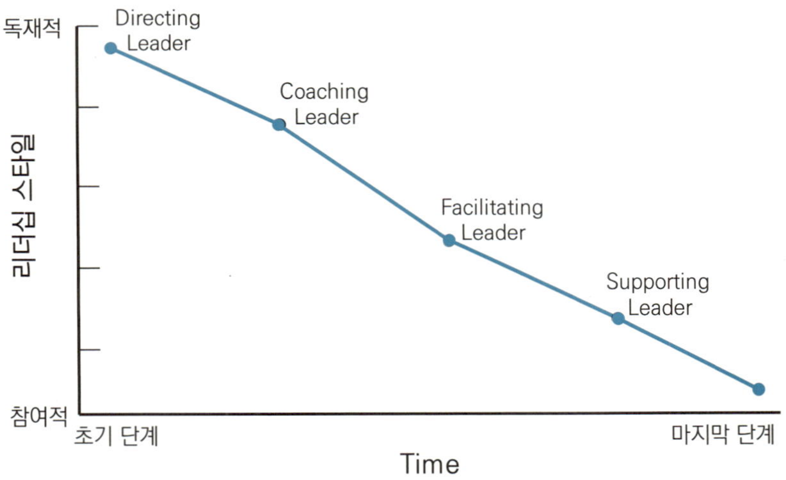

[그림 3-2] 리더십의 순서

- Directing: 할 일을 직접 말해주는 스타일.
- Coaching: 사람들의 목표를 달성하는데 도와주는 스타일.
- Facilitating: 사람들의 목표를 성공적으로 달성할 수 있도록 기회, 자원, 격려, 지원 등을 유지해주는 스타일.
- Supporting: 사람들이 혼자 할 수 있도록 지원해주는 스타일.
- Delegating: 목표를 설정한 후에 팀원이 목표를 달성할 수 있도록 충분한 권한을 주는 스타일.

3.5 통합 수행(Performing Integration)

통합은 여러 가지를 합치고 조정하는 것을 말합니다. 프로젝트는 조직 안에서 수행되며, 프로그램이나 포트폴리오와 연관되어 수행되는 경우가 많습니다. 따라서 프로젝트 관리자는 프로젝트 하나만 보는 게 아니라 프로그램, 포트폴리오, 조직 전략과의 연계성 등을 모두 고려하면서 프로젝트를 수행해야 합니다. 또한 범위 관리, 일정 관리, 원가 관리, 품질 관리 등 팀원들이 수행하는 다양한 업무들이 서로 유기적 관계로 연결되어 있으므로 다양한 팀원들의 업무를 합치고 조정하는 역할도 프로젝트 관리자가 수행해야 합니다. 따라서 **프로젝트 관리자에게 통합은 중요한 기술이며, 프로젝트 성공에 많은 영향을 미치게 됩니다.** 프로젝트가 복잡할수록 여러 요소를 통합하기 어렵습니다. 프로젝트 관리자는 프로젝트 내부 및 외부 요소를 모두 고려해서 프로젝트를 복잡하게 만드는 항목을 꼼꼼하게 검토하면 통합 관리에 도움이 됩니다. 프로젝트 관리자의 통합 업무는 크게 3가지 수준이 있습니다.

[프로세스 수준(Process level)의 통합 수행]

프로젝트를 수행할 때 범위, 일정, 원가, 품질, 리스크, 조달 등 다양한 영역에 대한 프로세스들이 수행되면서 프로젝트가 진척됩니다. 여러 프로세스는 독립적인 것이 아니라 서로 연관성을 갖고 있습니다. 예를 들면, 범위의 변경은 일정이나 원가에 영향을 줄 수 있습니다. 따라서 프로젝트 관리자는 여러 프로세스의 연관성을 고려하면서 프로젝트를 관리해야 합니다. 여러 프로세스를 합치고 조정하는 것은 프로젝트 관리자의 핵심 역할입니다.

[인지 수준(Cognitive level)의 통합]

프로젝트 관리자의 개인적 기술과 능력이 프로젝트 관리에 큰 영향을 미칩니다. 프로젝트 관리 경험이 적고 알고 있는 전문 지식이 낮은 프로젝트 관리자가 크고 복잡한 프로젝트를 수행하는 경우는 없습니다. 어느 정도 경험도 쌓이고 전문 지식이 있을 때 규모 있는 프로젝트를 관리할 수 있습니다. 따라서 프로젝트 관리자는 프로젝트 관리의 모든 영역에서 유능해져야 합니다. 그러기 위해서는 교육을 수강하거나 책을 읽어서 지식을 쌓아야 합니다. 프로젝트 관리의 다양한 영역에 유능해지고 상호 연관성을 고려하면서 프로젝트를 관리할 때 성공의 가능성은 커집니다.

[배경 수준(Context level)의 통합]

Context는 사전적 의미로 '(어떤 일의) 맥락, 전후 사정, 배경, 환경'이라는 뜻입니다. 프로젝트를 둘러싼 환경은 계속 변하고 있습니다. 과거에는 소셜미디어나 스마트폰, 가상팀 등이 없었습니다. 기술이 발전하면서 과거에 없었던 것이 생기고 이로 인해 프로젝트 관리 환경도 변해가고 있습니다. 보안이 중요한 프로젝트는 프로젝트 관리에서 소셜미디어 사용을 금지할 수도 있습니다. 변해가는 환경이 프로젝트에 도움이 될 수도 있고 부정적 영향을 미칠 수도 있으므로 프로젝트의 특성을 파악하여 프로젝트를 둘러싼 환경을 적절히 적용하는 것이 필요합니다.

03 핵심 정리

- 프로젝트는 관리자는 수행 조직에서 프로젝트 목표를 달성할 책임을 가지도록 팀의 리더로 선임된 책임자입니다.
- 프로젝트 관리자는 의사소통을 통해 팀을 포함한 여러 이해관계자에게 영향을 미쳐 프로젝트가 목표한 바를 달성할 수 있게 합니다.
- 프로젝트 관리자는 자신이 소속된 조직의 여러 사람들과 관계를 맺게 되며, 프로젝트 성공을 위해 이들과 적절한 관계를 유지해야 합니다.
- 프로젝트 관리자는 기술적 프로젝트 관리, 전략 및 비즈니스 관리, 리더십의 3가지 역량을 균등하게 갖춰야 합니다.
- 프로젝트 관리자의 파워는 여러 가지 종류가 있으며, 프로젝트 성공을 위해 파워를 잘 활용해야 합니다.
- 프로젝트 관리자는 관리자의 역할과 리더의 역할 두 가지를 모두 다 수행해야 합니다.
- 리더십 유형은 다양하며, 상황에 맞게 사용해야 합니다.
- 프로젝트 진행에 따라 시기적으로 맞는 리더십을 발휘해야 하며, Directing, Coaching, Facilitating, Supporting, Delegating 순서가 바람직합니다
- 프로젝트 관리자에게 통합은 중요한 기술이며, 프로젝트 성공에 많은 영향을 미치게 됩니다.
- 프로젝트 관리자는 프로세스 수준의 통합, 인지 수준의 통합, 배경 수준의 통합을 수행해야 합니다.

03 이해도 테스트 문제

01 프로젝트 관리자의 영향력이 미칠 수 있는 부분은 어떤 것들이 있습니까?

02 PMI에서 정의한 프로젝트 관리자가 갖춰야 할 3가지 역량은 어떤 것이 있습니까?

03 프로젝트 관리자의 파워(Power)에는 어떤 종류들이 있습니까?

04 관리와 리더십의 차이점은 무엇입니까?

05 리더십의 유형에는 어떤 것들이 있습니까?

06 프로젝트 관리자는 어떤 부분에 통합 수행을 해야 합니까?

07 프로젝트 진행에 따라 리더십은 어떤 순서로 진행되는 것이 좋습니까?

☑ 정답은 교재를 통해 직접 본인이 찾아보기 바랍니다.

03 용어의 뜻 연결하기

Strategic and business management	수행 조직에서 프로젝트 목표를 달성할 책임을 지도록 팀의 리더로 선임된 책임자
Charismatic	프로그램이나 프로젝트에 대한 원하는 결과를 인도하기 위해 프로젝트 관리 지식을 효과적으로 적용하는 기술
Management	조직의 전략 및 운영 목표를 달성하기 위해 고유한 제품, 서비스 또는 결과를 만들기 위한 프로젝트 관리 활동을 이끄는 프레임워크, 기능, 프로세스
Project manager	프로젝트 관리자라는 공식적 위치에서 쓸 수 있는 힘
Positional power	현상을 유지하고, 단기 목표에 집중하고 운영 이슈와 문제 해결에 집중하는 것
Project leadership	공통적인 비전을 개발하고자 노력하며, 기회를 만들고 발견하며, 팀원이 자신의 행위를 통제할 수 있도록 팀원의 욕구를 증가시키는 리더십
Technical project management skill	팀이 스스로 목표를 정하고 의사결정을 하도록 자치권을 주는 유형의 리더십
Laissez-faire	프로젝트 팀이 정의된 목표를 달성하도록 다양한 활동에 영향을 끼치는 프로젝트 관리자의 역량
Leadership	프로젝트 관리자가 전문지식이 있을 때 생기는 힘
Reward-oriented power	새로운 것을 개발하고 장기 비전에 집중하고 비전을 제시하는 데 집중함
Integration	특정 목표를 정하고 목표 달성에 대한 보상을 제공함으로써 프로젝트가 더 잘 수행되도록 하는 힘
Expert power	팀원들이 수행하는 다양한 업무들이 서로 유기적 관계로 연결되어 있으므로 다양한 팀원들의 업무를 합치고 조정하는 프로젝트 관리자의 역할

03 예상 문제

01 **다음 중 PMI의 역량 삼각형(Talent triangle)에 속하지 않는 것은?**

A. 기술적 프로젝트 관리
B. 리더십
C. 시스템 엔지니어링
D. 전략 및 비즈니스 관리

02 **다음 중 프로젝트 관리자에게 필요한 전략 및 비즈니스 관리에 대한 역량으로 보기 어려운 것은?**

A. 조직의 상위 수준 개요를 확인
B. 전략적 연계 및 혁신을 지원하는 의사결정
C. 조치를 효과적으로 협상하고 실행할 수 있는 능력
D. 애자일 기법 사용 능력

03 **프로젝트 관리자는 성공하기 위해 리더십과 관리를 모두 적용해야 합니다. 다음 중 리더십에 해당하는 것만 모은 것은 무엇입니까?**

A. 관계적 힘을 사용하여 영향 미치기, 사람들과의 관계에 집중, 범위에 집중
B. 혁신, 신뢰 고취, 장기 비전에 집중, 수익 창출에 집중, 현재 상황에 도전
C. 개발, 동기부여에 집중, 현재 상황 수락, 시스템과 구조에 집중
D. 위치 권력을 사용하여 지시 유지, 대상과 이유 묻기, 비전

04 **프로젝트의 복잡성은 조직의 시스템 동작이나 인간의 행동, 그리고 조직 또는 환경에서 작업의 불확실성 결과입니다. PMI에서 발행한 Navigating Complexity: A Practice Guide에서 복잡성을 세 가지 차원으로 정의하고 있는데 3가지는 무엇입니까?**

A. 시스템 동작(System behavior), 인간의 행동(Human behavior), 모호성(Ambiguity)
B. 시스템 역학(System dynamic), 인간의 행동(Human behavior), 모호성(Ambiguity)
C. 시스템 동작(System behavior), 인간의 생각(Human thinking), 모호성(Ambiguity)
D. 시스템 동작(System behavior), 인간의 행동(Human behavior), 불확실성(Uncertainty)

05 **개성이란 사고, 감정 및 행동의 특징적인 양상에서 개인차를 말합니다. 사람들을 이해하고 관리하는 능력은 무엇입니까?**

A. 진솔함
B. 사회성
C. 정치성
D. 창의성

06 **프로젝트 관리자는 모든 프로젝트관리 지식영역에서 유능해지도록 노력해야 합니다. 프로젝트 관리자는 해당 지식영역의 역량과 함께 경험, 통찰력, 리더십 및 기술적 및 비즈니스 관리 기술도 프로젝트에 적용해야 합니다. 이를 위해 프로젝트 관리자는 무엇을 해야 합니까?**

A. 프로세스 수준의 통합을 수행한다.
B. 인지 수준의 통합을 위해 노력한다.
C. 배경(Context) 수준의 통합에 관심을 가져야 한다.
D. 인적 자원의 통합에 힘써야 한다.

07 **프로젝트 관리자는 다양한 부분들이 통합되어 프로젝트가 원활히 진행되도록 해야 할 책임이 있습니다. 다양한 부분들을 통합하는 통합자로서의 프로젝트 관리자의 역할을 가장 잘 설명한 것은 무엇입니까?**

A. 프로젝트에 대해 잘 알도록 프로젝트 팀원들을 돕는다.
B. 프로젝트의 모든 부분을 결합하도록 노력한다.
C. 프로젝트의 모든 부분작업에 참여한다.
D. 모든 팀원을 결합력 있도록 만든다.

08 **당신은 프로젝트 관리자입니다. 프로젝트를 성공하기 위해서는 프로젝트 관리 스킬도 필요하고 팀을 이끌기 위해서 리더십도 필요합니다. 다음 중 리더십과 관리의 차이점을 잘 설명한 것은 무엇입니까?**

A. 리더십은 프로젝트 팀이 이해관계자가 기대하는 결과를 생성하도록 흥미를 유발하는 과정이며, 관리는 프로젝트 결과를 계속 추적하는 능력입니다.
B. 관리는 프로젝트 이해 관계자가 기대하는 결과를 얻는 프로세스이며, 리더십은 개인이 기대한 결과를 달성하도록 동기를 부여하고 영감을 주는 능력입니다.
C. 관리는 변화와 발전을 추구하고 리더십은 질서와 안정을 추구합니다.
D. 리더십은 단기 목표에 집중하고 관리는 장기 비전을 제시하는 데 집중합니다.

09 **당신은 새로운 고무 소재를 개발하는 프로젝트 관리자이며, 프로젝트 팀과 협력하여 프로젝트 관리 계획서를 개발하고 있습니다. 당신은 첫 번째 프로젝트를 성공적으로 수행하기 위해 여러 가지 기술에 의존해야 한다는 것을 알고 있습니다. 당신이 가장 많이 사용할 관리 기술은 다음 중 무엇입니까?**

A. 협상
B. 의사소통
C. 동기부여
D. 갈등관리

10 **당신은 전원주택을 건설하는 프로젝트의 관리자입니다. 이 프로젝트에서 당신은 한 팀원을 코칭하고 있습니다. 이 팀원은 프로세스 수준에서 프로젝트 통합 관리에 대해 궁금해합니다. 프로세스 수준에서 프로젝트 통합 관리의 가장 좋은 예는 다음 중 어느 것입니까?**

A. 규모가 큰 프로젝트는 소규모 프로젝트에 비해 더 상세한 정보를 요구한다.
B. 프로젝트 관리 계획서를 수립하는 과정은 반복적인 활동이다.
C. 프로젝트 리스크를 식별할 때는 가능한 많은 이해관계자를 참여시켜야 한다.
D. 프로젝트에서 변경 관리를 제대로 못 하면, 일정이나 원가에 영향을 줄 수 있다.

11 **당신은 새로운 로봇청소기를 개발하는 프로젝트의 관리자입니다. 프로젝트 관리자로서 조직 및 팀에 좋은 영향을 미쳐 프로젝트를 성공하도록 하고 싶습니다. 다음 중 프로젝트 관리자로서 조직에 영향을 미치는 데 가장 중요한 요소는 무엇입니까?**

A. 관리와 리더십
B. 경험과 전문 지식
C. 경험과 지속적 학습에 대한 노력
D. 의사소통 스킬과 긍정적 태도

12 **당신은 원격으로 조정할 수 있는 스마트 조명기기를 개발하는 프로젝트 관리자입니다. 현재 팀과 함께 프로젝트 관리 계획서를 개발하고 있습니다. 이번 프로젝트는 당신이 이 회사에서 수행하는 첫 번째 프로젝트로서 꼭 성공해서 주요 이해관계자들이 기뻐하는 모습을 보고 싶습니다. 앞으로 당신이 가장 많이 사용할 관리 기술은 무엇입니까?**

A. 동기부여
B. 갈등관리
C. 의사소통
D. 협상

13 **당신은 회사에서 10년 넘게 프로젝트 관리자 역할을 수행하고 있습니다. 앞으로 수행할 프로젝트를 잘 수행하기 위해 지속해서 조직에 영향력을 행사하려고 합니다. 당신이 조직에 영향을 미치려면 다음 중 무엇이 필요합니까?**

A. 공식 및 비공식 조직의 시스템에 대한 이해

B. 직위형 권한(Positional power)

C. 조직의 비즈니스 전략에 대한 이해

D. 조직 외부 환경에 대한 이해

14 **당신은 그동안 건설 프로젝트를 20년간 수행해온 전문가입니다. 최근 이직을 하면서 새로운 건설 프로젝트 관리를 맡게 되었습니다. 프로젝트 팀은 설계 단계에서 기계 장비 선정에 어려움을 겪고 있는데, 당신이 수행했던 이전 프로젝트의 경험을 바탕으로 기계 장비 선정에 대한 기술적 조언을 했습니다. 당신은 어떤 파워를 사용한 것입니까?**

A. 직위형(Positional)

B. 상황형(Situational)

C. 정보형(Informational)

D. 전문가(Expert)

15 **당신은 프로젝트 관리자로서 팀원들의 개인 활동에 관심이 있습니다. 팀원들은 당신과 같이 일하는 것 외에도 가끔 점심을 같이 하거나 온라인 골프게임을 하는 것을 좋아합니다. 팀원들에게 있어서 당신은 어떤 Power를 갖고 있습니까?**

A. 처벌형(Penalty)

B. 추종형(Referent)

C. 전문가(Expert)

D. 합법적(Legitimate)

16 **당신은 자동차용 네비게이션을 개발하는 프로젝트를 관리하고 있습니다. 이번에 개발하는 네비게이션은 차량 관련 정보를 같이 제공하도록 설계되었습니다. 프로젝트 팀은 총 30명으로 구성되어 있습니다. 프로젝트 팀이 만약 프로젝트를 정시에, 예산 안에 프로젝트를 성공적으로 완료할 경우 보너스를 받을 수 있습니다. 팀은 보너스를 받는데 당신이 영향을 미칠 수 있다고 생각합니다. 당신은 어떤 파워를 갖고 있습니까?**

A. 상황형(Situational)

B. 보상 지향형(Reward-oriented)

C. 직위형(Positional)

D. 책무형(Guilt-based)

17 **프로젝트 관리자는 상황에 따라 다양한 리더십을 발휘할 수 있습니다. 특히 애자일 방법에서는 섬김형(Servant) 리더십이 요구됩니다. 다음 중 섬김형 리더에 대해 가장 올바르게 설명한 것은 무엇입니까?**

A. 리더는 프로젝트 팀이 프로젝트 목표를 달성하도록 동기를 부여합니다.
B. 리더는 프로젝트의 목표를 강조하고 프로젝트 팀에게 보상과 불이익을 제공합니다.
C. 리더는 다른 사람들을 배려하고 다른 사람들의 성장, 발전, 행복에 초점을 둡니다.
D. 리더는 프로젝트에 간섭하지 않는 접근 방식을 사용합니다.

18 **당신은 새로운 가정용 보일러를 개발하는 프로젝트를 수행하고 있습니다. 갑자기 집에 중요한 일이 발생해서 일시적으로 회사를 못 나오게 되었습니다. 경영진에서는 당신 프로젝트의 엔지니어 리더인 최과장에게 당신을 대신해서 프로젝트 관리자 역할을 수행하도록 요청했습니다. 최과장은 어떤 파워를 갖고 있습니까?**

A. 전문가(Expert)
B. 직위형(Positional)
C. 상황형(Situational)
D. 회피형(Avoiding)

19 **당신은 ABC 회사의 프로그램 매니저입니다. 오늘 한 프로젝트 상황을 알아보기 위해서 프로젝트의 성과검토 회의에 참석하고 있습니다. 당신은 프로젝트 관리자와 팀이 회의하던 도중에 프로젝트 관리자가 성과가 좋은 팀원들에게는 아낌없는 칭찬을 하고, 성과가 안 좋은 팀원에게는 질책하는 모습을 봤습니다. 이 프로젝트 관리자는 어떤 유형의 리더십을 가지고 있다고 볼 수 있습니까?**

A. 거래형 리더십(Transactional leadership)
B. 자유방임형 리더십(Laissez-faire leadership)
C. 칭찬형 파워(Ingratiating power)
D. 카리스마형(Charismatic leadership)

20 **프로젝트 관리자는 프로젝트에 관련된 여러 사람에게 영향을 주거나 받을 수 있습니다. 조직 내부의 여러 관리자에게도 영향을 주는 것이 프로젝트 관리에 도움이 될 수 있습니다. 프로젝트 관리자는 왜 조직 내의 여러 관리자에게 영향을 미치는 것이 필요합니까?**

A. 조직의 관리자가 프로젝트 예산을 결정하기 때문에
B. 프로젝트에 필요한 시점에 원하는 자원을 얻기 위해서
C. 조직의 관리자가 프로젝트 마감일을 결정하기 때문에
D. 조직의 관리자가 프로젝트 최종 산출물에 대해 승인하기 때문에

Memo

03 예상 문제 해설

01 **정답 C.** 시스템 엔지니어링은 PMI 역량 삼각형에 해당하지 않습니다.

02 **정답 D.** 애자일 기법은 기술적 프로젝트 관리에 속합니다.

03 **정답 A.** 관리와 리더십은 다음과 같은 차이가 있습니다.

관리	리더십
위치 권력을 사용하여 지시	관계적 힘을 사용하여 안내, 영향 미치기, 협업
유지	개발
행정	혁신
시스템과 구조에 집중	사람들과의 관계에 집중
통제에 의존	신뢰 고취
단기 목표에 집중	장기 비전에 집중
방법과 시기 묻기	대상과 이유 묻기
수익 창출에 집중	범위에 집중
현재 상황 수락	현재 상황에 도전
일을 올바르게 수행	올바른 일을 수행
운영 이슈와 문제 해결에 집중	비전, 연계, 동기부여 및 영감에 집중

04 **정답 A.** PMI에서 발행한 Navigating Complexity: A Practice Guide)에서 복잡성을 시스템 동작, 인간의 행동, 모호성의 세 가지 차원으로 정의하고 있습니다.

05 **정답 B.** 사람들을 이해하고 관리하는 능력은 사회성에 해당하는 성향입니다.

06 **정답 B.** 해당 지식영역의 역량과 함께 경험, 통찰력, 리더십 및 기술적 및 비즈니스 관리 기술도 프로젝트에 적용하는 것은 인지 수준의 통합입니다.

07 **정답 B.** 프로젝트 관리자는 어느 한 부분에 소홀함이 없이 모든 부분을 결합해 프로젝트를 성공적으로 완수해야 합니다.

08 **정답 B.** 리더십은 목표를 달성하기 위해 동기부여 하는 쪽이고 관리는 일을 끝내서 결과를 내는데 쪽입니다. 관리는 현상을 유지하고, 단기 목표에 집중하고 운영 이슈와 문제 해결에 집중하지만 리더십은 새로운 것을 개발하고 장기 비전에 집중하고 비전을 제시하는 데 집중합니다.

09 **정답 B.** 프로젝트 관리자는 대부분의 시간을 의사소통에 사용합니다.

10 **정답 D.** 프로젝트의 변경은 여러 군데 영향을 줄 수 있으므로 통합 관리가 필요합니다.

11 정답 D. 경험이나 전문 지식은 개인이 갖고 있는 스킬으로 다른 사람에게 영향을 행사하는 데 많이 사용되기 어렵습니다. 의사소통 스킬과 긍정적 태도는 조직에 영향을 미치는 데 매우 유용합니다. 프로젝트 관리자는 조직 내 다른 사람들과 수시로 먼저 나서서 적극적으로 의사소통해야 합니다.

12 정답 C. 프로젝트 관리자의 대부분 시간은 의사소통에 사용하므로 의사소통 스킬이 중요합니다.

13 정답 A. 프로젝트 관리자가 조직에 영향을 미치기 위해서는 조직의 시스템을 정확하게 알고 있어야 합니다.

14 정답 D. 기술적 문제에 대한 전문 지식을 활용한 것이므로 전문가 파워를 사용한 것입니다.

15 정답 B. 프로젝트 관리자 또는 프로젝트에 개인적으로 매력을 느낌으로 인해서 일을 지원하도록 만드는 능력은 Referent power입니다.

16 정답 B. 프로젝트 팀이 프로젝트 관리자를 보상에 영향을 미칠 수 있는 사람으로 보았으므로 프로젝트 관리자는 보상 지향형 파워를 갖고 있습니다.

17 정답 C. 섬김형 리더십은 다른 사람을 우선 배려하고 섬기는 태도, 다른 사람의 성장, 교육, 발전, 자율성과 행복에 중점을 두는 태도, 관계, 지역사회 및 협력에 집중하는 태도, 배려 후 이차적으로 리더십 발휘합니다.

18 정답 C. 조직의 특정 상황으로 인해 파워가 생겼으므로 상황형 파워입니다.

19 정답 A. 잘한 성과에 대해서는 칭찬을 주고 못 한 성과에 대해서는 질책을 주는 상황으로 프로젝트 관리자가 팀원과 주고받는 거래 형태를 취하고 있습니다. 칭찬형 파워는 리더십이 아닙니다.

20 정답 B. 프로젝트 관리자는 조직의 다른 관리자로부터 프로젝트에 필요한 인적 및 물적 자원을 확보해야 하는 경우가 많으므로 다른 관리자에게 좋은 영향을 행사하는 것이 필요합니다.

03 용어의 뜻 연결하기 **정답**

- Strategic and business management
- Charismatic
- Management
- Project manager
- Positional power
- Project leadership
- Technical project management skill
- Laissez-faire
- Leadership
- Reward-oriented power
- Integration
- Expert power

- 수행 조직에서 프로젝트 목표를 달성할 책임을 지도록 팀의 리더로 선임된 책임자
- 프로그램이나 프로젝트에 대한 원하는 결과를 인도하기 위해 프로젝트 관리 지식을 효과적으로 적용하는 기술
- 조직의 전략 및 운영 목표를 달성하기 위해 고유한 제품, 서비스 또는 결과를 만들기 위한 프로젝트 관리 활동을 이끄는 프레임워크, 기능, 프로세스
- 프로젝트 관리자라는 공식적 위치에서 쓸 수 있는 힘
- 현상을 유지하고, 단기 목표에 집중하고 운영 이슈와 문제해결에 집중하는 것
- 공통적인 비전을 개발하고자 노력하며, 기회를 만들고 발견하며, 팀원이 자신의 행위를 통제할 수 있도록 팀원의 욕구를 증가시키는 리더십
- 팀이 스스로 목표를 정하고 의사결정을 하도록 자치권을 주는 유형의 리더십
- 프로젝트 팀이 정의된 목표를 달성하도록 다양한 활동에 영향을 끼치는 프로젝트 관리자의 역량
- 프로젝트 관리자가 전문지식이 있을 때 생기는 힘
- 새로운 것을 개발하고 장기 비전에 집중하고 비전을 제시하는 데 집중함
- 특정 목표를 정하고 목표 달성에 대한 보상을 제공함으로써 프로젝트가 더 잘 수행되도록 하는 힘
- 팀원들이 수행하는 다양한 업무들이 서로 유기적 관계로 연결되어 있으므로 다양한 팀원들의 업무를 합치고 조정하는 프로젝트 관리자의 역할

Memo

프로젝트 통합 관리
(Project Integration Management)

핵심 포인트

- 프로젝트 통합 관리의 의미
- 비즈니스 케이스(Business case)의 작성 이유 및 포함 내용
- 편익 관리 계획서(Benefit management plan)의 작성 이유와 포함 내용
- 프로젝트 헌장(Project charter)의 작성 이유와 포함 내용
- 프로젝트 관리 계획서(Project management plan)의 구성 요소
- 킥오프 미팅(Kickoff meeting)의 의미와 수행 시점
- 프로젝트에서 지식 관리를 하는 이유
- 프로젝트 실행의 주요 역할
- 작업 성과 보고서의 작성 과정과 포함되는 내용
- 변경 요청(Corrective action, Preventive action, Defect repair)에 포함된 내용
- 변경 통제 위원회(Change control board)의 역할
- 형상 관리(Configuration management)의 의미
- 프로젝트 종료의 주요 활동

04 프로젝트 통합 관리 (Project Integration Management)

시작하기에 앞서…

프로젝트를 수행할 때 통합 관리는 왜 필요할까요? 그 이유부터 생각해볼까요? 프로젝트에서 여러 활동과 프로세스가 하나씩 순차적으로 진행되어서는 프로젝트가 제대로 수행되거나 관리될 수 없습니다. 예를 들어, 이번 주는 원가만 산정하고 다음 주는 품질 통제만 수행하고 그다음 주는 리스크 식별만 할 수는 없습니다. 원가는 범위, 자원, 리스크, 제약사항 등과 관련 있으며, 품질은 범위, 외부 환경요소, 리스크 등과 관련 있으며, 리스크는 범위, 일정, 원가, 품질, 조달 등과 관련이 있습니다. 따라서 프로젝트는 여러 활동 및 프로세스들이 서로 연결되어 있기 때문에 그들 간의 상호 관계를 고려하면서 프로젝트를 관리해야만 합니다. 이처럼 프로젝트는 여러 관리 영역들이 서로 연결되어 있기 때문에 단편적으로 관리해서는 안 되고 전체를 합쳐서 관리해야 합니다. 전체를 합치고 조정하는 역할을 통합 관리 프로세스가 수행합니다.

그럼 누가 여러 프로세스를 합치고 조정하는 역할을 수행할까요? 프로젝트 관리자일까요? 프로젝트 팀원일까요? 산출물을 만들고, 리스크를 식별하고, 원가를 산정하는 등의 활동은 프로젝트 팀원들이 수행하지만 이런 활동들을 위에서 합치고 조정하는 것은 팀의 리더인 프로젝트 관리자의 역할입니다. 프로젝트 관리자는 프로젝트 팀원들보다 더 상위 수준에 있습니다. 그래서 4장의 프로세스들은 나머지 5장부터 13장까지의 프로세스들보다 수준을 높게 봐야 합니다. 같은 수준에서는 합치고 조정할 수 없습니다. 수준이 더 높아야 하위 수준의 요소를 합치고 조정할 수 있습니다. **4장의 프로세스는 나머지 5~13장 프로세스보다 상위 개념의 프로세스**이며, 4장의 프로세스가 5장~13장까지 프로세스를 통합하고 조정하는 역할을 합니다.

통합 관리가 프로젝트에서 필요한 이유에 대해 한 가지 예를 들어볼까요? 프로젝트 관리 계획서를 개발할 때 '우발사태 계획서(Contingency plan)'를 준비해야 합니다. 우발사태 계획서란 프로젝트에서 식별된 리스크가 발생할 경우 사용할 비상 계획으로서 그 계획안에 리스크를 처리할 시간과 비용이 포함되어 있어야 합니다. 우발사태 계획서가 비록 리스크에 대한 계획서이지만 리스크만 고려해서는 만들 수가 없습니다. 리스크를 처리하기 위한 비용은 일정 관리, 원가 관리, 리스크 관리의 프로세스들이 통합되어야 우발사태 계획서에 필요한 우발사태 예비비(Contingency reserve)를 산정할 수 있는 것입니다. 이처럼 프로젝트에서는 단독으로 결정할 수 있는 것보다 여러 가지가 합쳐져야 결정될 수 있는 것들이 대부분입니다. 그래서 프로젝트에서는 통합 관리가 필요합니다.

나중에 학습하지만, 프로젝트 관리 계획서도 단순한 한 두 장짜리 문서가 아니라 여러 문서가 통합되어 만들어집니다. 즉, 기획 프로세스 그룹에 속하는 여러 프로세스를 사용하여 다양한 부분적 관리 계획서들(원가 관리 계획서, 일정 관리 계획서, 품질 관리 계획서 등)을 먼저 만들고 그것들을 조정 및 통합해서 프로젝트 관리 계획서가 만들어집니다. 프로젝트의 실행도 동시다발적으로 일어나는 일들이기 때문에 전체 실행에 대한 지시 및 관리를 위한 통합 관리가 필요합니다. 이처럼 여러 가지를 합치고 조정하는 통합 관리의 필요성은 프로젝트 관리에서 당연합니다. 그래서 통합 관리를 다른 범위 관리나 일정 관리보다 제일 먼저 *PMBOK® Guide*에서 설명하는 것으로 볼 수 있습니다.

[표 4-1]은 7개의 통합 관리 프로세스들을 5개의 프로세스 그룹으로 분류한 것입니다. 앞으로 4장~13장까지 각 지식 영역으로 나누어서 볼 때 반드시 각 프로세스가 5개 프로세스 그룹 중 어디에 속하는지도 이해하고 있어야 합니다. 실제 프로젝트는 범위, 일정, 원가, 품질... 이런 식으로 진행되지 않고 착수에서 종료로 진행되기 때문입니다.

[표 4-1] 통합 관리 프로세스

프로세스 그룹	통합 관리 프로세스
Initiating	4.1 프로젝트 헌장 개발(Develop Project Charter)
Planning	4.2 프로젝트 관리 계획서 개발(Develop Project Management Plan)
Executing	4.3 프로젝트 작업 지시 및 관리(Direct and Manage Project Work) 4.4 프로젝트 지식 관리(Manage Project Knowledge)
Monitoring and Controlling	4.5 프로젝트 작업 감시 및 통제(Monitor and Control Project Work) 4.6 통합 변경 통제 수행(Perform Integrated Change Control)
Closing	4.7 프로젝트 또는 단계 종료(Close Project or Phase)

4장 통합 관리의 7개 프로세스는 다음과 같으며, 뒤에서 프로세스별로 상세히 알아볼 것입니다.

4.1 프로젝트 헌장 개발(Develop Project Charter) – 프로젝트를 공식적으로 승인하는 '프로젝트 헌장'을 개발합니다. 프로젝트 헌장에는 이해관계자의 기대사항을 충족하기 위한 초기 요구사항들을 포함한 초기에 식별된 상위 수준의 내용이 포함됩니다. 또한, 선정된 프로젝트 관리자도 명시됩니다.

4.2 프로젝트 관리 계획서 개발(Develop Project Management Plan) – 프로젝트 관리 계획서를 구성하는 모든 요소를 정의, 준비, 통합, 조정하여 프로젝트 관리 계획서를 개발합니다.

4.3 프로젝트 작업 지시 및 관리(Direct and Manage Project Work) – 프로젝트 관리 계획서에 정의된 작업을 수행하여 프로젝트 인도물을 생성합니다. 실행에서 돈과 시간이 가장 많이 사용됩니다.

4.4 프로젝트 지식 관리(Manage Project Knowledge) – 프로젝트를 실행하는 동안에 과거의 축적된 지식을 활용하고 새로운 지식을 만들고 기록으로 남깁니다.

4.5 프로젝트 작업 감시 및 통제(Monitor and Control Project Work) – 프로젝트의 성과가 높은지 낮은지 검토하고 관련 이해관계자에게 성과 정보를 보고합니다.

4.6 통합 변경 통제 수행(Perform Integrated Change Control) – 인도물, 조직 프로세스 자산, 프로젝트 문서들, 프로젝트 관리 계획서 등에 대한 모든 변경 요청을 검토하고, 변경을 승인하고, 결정 사항을 관련 이해관계자와 공유합니다.

4.7 프로젝트 또는 단계 종료(Close Project or Phase) – 공식적으로 프로젝트, 단계 또는 계약을 종료하기 위해 프로젝트에 관련된 모든 활동을 종료합니다.

[표 4-2] 통합 관리 프로세스의 주요 투입물과 산출물

주요 투입물	통합 관리 프로세스	주요 산출물
비즈니스 케이스 협약	4.1 프로젝트 헌장 개발	프로젝트 헌장
프로젝트 헌장 다른 프로세스의 산출물들	4.2 프로젝트 관리 계획서 개발	프로젝트 관리 계획서
프로젝트 관리 계획서 승인된 변경 요청	4.3 프로젝트 작업 지시 및 관리	인도물 작업 성과 데이터
프로젝트 관리 계획서 인도물	4.4 프로젝트 지식 관리	교훈 관리대장 조직 프로세스 자산 업데이트
프로젝트 관리 계획서 작업 성과 정보 원가 예측치 일정 예측치 품질 보고서 리스크 관리대장 리스크 보고서	4.5 프로젝트 작업 감시 및 통제	작업 성과 보고서 변경 요청
변경 요청 프로젝트 관리 계획서 작업 성과 보고서	4.6 통합 변경 통제 수행	승인된 변경 요청 변경사항 기록부
프로젝트 헌장 프로젝트 관리 계획서 수용된 인도물 비즈니스 케이스 편익 관리 계획서 협약	4.7 프로젝트 또는 단계 종료	최종 제품, 서비스 또는 결과물 인계 최종 보고서

4.1 프로젝트 헌장 개발(Develop Project Charter)

'Charter'를 영어사전에서 찾아보면 '(권리를 명시한) 헌장, (조직의 원칙, 목적 등을 명시한) 헌장, 선언문, (대학기관 등에 대한 국가의) 인가서'등의 뜻으로 설명하고 있습니다. 그럼 프로젝트 헌장은 프로젝트의 목적을 명시한 인가서로 해석될 수 있습니다. 프로젝트 헌장은 프로젝트의 시작을 공식화하는 문서입니다. 조직에서 아무 프로젝트나 승인하지는 않습니다. 조직 전략에 일치하고 프로젝트를 통해 무형 또는 유형의 가치를 창출할 수 있어야 프로젝트를 승인합니다. 따라서 프로젝트의 착수가 공식화되기 전에 이번 프로젝트를 수행하는 것이 조직에 도움이 되는지 아닌지 판단하기 위한 **프로젝트 선정에 대한 타당성 분석을 수행합니다.** 보통 조직에서는 여러 프로젝트 가운데 조직의 전략과 가장 일치하는 프로젝트를 선정해서 진행하게 됩니다.

수행할 프로젝트를 선정하기 위해서는 어떤 프로젝트가 회사에 가장 도움이 되는가를 정량적으로 측정할 필요가 있습니다. "이번 프로젝트를 수행하면 조직에 많이 도움 됩니다."라고 말해서는 프로젝트를 승인받을 수 없습니다. "이번 프로젝트는 100억 투자해서 150억을 벌 수 있기 때문에 프로젝트를 해야 합니다."라고 정량적으로 얘기해야 프로젝트 착수자(Initiator) 또는 스폰서가 공식으로 프로젝트에 대해 승인합니다.

프로젝트가 승인된 후에는 프로젝트 관리 계획서를 개발하는 기획이 시작되므로 프로젝트 관리자는 기획을 시작하기 이전에, 가능하면 빨리 선임되어야 하며, 공식적으로 선임이 될 경우 프로젝트 관리자는 프로젝트 활동에 조직의 자원을 적용할 공식 권한이 생깁니다. 따라서 가능하면 프로젝트 관리자가 프로젝트 헌장 개발에 참여하는 것이 좋습니다. 프로젝트 헌장은 프로젝트 착수자나 스폰서가 직접 작성하거나 프로젝트 관리자에게 위임하기도 합니다. **프로젝트 헌장에 착수자나 스폰서가 서명하면 프로젝트가 공식 승인됩니다.** 프로젝트 및 단계의 승인은 한 번만 하면 됩니다. 따라서 만일 다단계 프로젝트라면 이 프로세스는 이전 단계에서 만들어진 내용을 검토하고 상세화하는 프로세스로 생각하면 됩니다.

프로젝트 헌장 개발에서 하는 일은 다음과 같습니다.

- **프로젝트 관리자의 선정 및 권한 정의.**
- **기획 이전에 프로젝트 헌장의 개발.**
- **프로젝트 자금을 승인할 수 있는 수준의 착수자 또는 스폰서가 프로젝트 헌장 작성.**
- **프로젝트 헌장의 승인.**

핵심 용어

Project charter

프로젝트 헌장은 프로젝트를 공식적으로 시작하기 위해 프로젝트의 상위 수준(개략적)에 관련된 내용을 기술한 문서이며, 프로젝트 헌장이 승인되는 시점이 공식적으로 프로젝트가 시작되는 시점입니다. 프로젝트 헌장에 프로젝트 관리자의 이름이 들어가며 프로젝트 관리자는 프로젝트 활동에 대해 자원을 적용할 수 있는 **'권한'**이 생깁니다.

[표 4-3] 프로젝트 헌장 개발의 ITTO

프로젝트 헌장 개발(Develop Project Charter)		
지식영역: 통합 관리(Integration management)	프로세스 그룹: 착수(Initiating)	
투입물	**도구 및 기법**	**산출물**
1. 비즈니스 문서 • 비즈니스 케이스 2. 협약 3. 기업 환경 요인 4. 조직 프로세스 자산	1. 전문가 판단 2. 데이터 수집 • 브레인스토밍 • 핵심 전문가 그룹 • 인터뷰 3. 대인관계 및 팀 기술 • 갈등 관리 • 촉진 • 회의 관리 4. 회의	1. 프로젝트 헌장

* ITTO는 Inputs, Tools and Techniques, Outputs를 줄인 말입니다.

[표 4-3]은 [프로젝트 헌장 개발]의 Inputs, Tools and Techniques, Outputs입니다. 앞으로 본 책에서는 Inputs, Tools and Techniques, Outputs를 ITTO로 줄여서 표현하도록 하겠습니다. 향후 각 프로세스의 ITTO을 볼 때 혼동할 수 있는 부분을 미리 설명하겠

습니다. [표 4-3]에 보면 투입물에 비즈니스 문서가 있는데 비즈니스 문서에는 비즈니스 케이스와 편익 관리 계획서가 있으며 그중에서 비즈니스 케이스가 투입물입니다. 도구 및 기법에 '데이터 수집, 대인관계 및 팀 기술'처럼 하위에 항목이 있는 것은 그룹 이름입니다. 데이터 수집은 기법 이름이 아니고 브레인스토밍, 핵심 전문가 그룹, 인터뷰를 포함한 그룹 이름입니다. 브레인스토밍, 핵심 전문가 그룹, 인터뷰는 데이터를 수집하는 기법들이기 때문에 3가지를 묶어서 데이터 수집이라는 그룹명을 사용한 것입니다. 앞으로 ITTO를 볼 때 하위 내용이 있는 것은 하위 내용이 실제 사용되는 투입물이나 도구 및 기법이라는 것을 알고 보면 됩니다. 도구 및 기법 그룹에 대해서는 *PMBOK® Guide* 뒤에 부록 X6.2에 설명이 나와 있으며, **데이터 수집, 데이터 분석, 데이터 표현, 의사결정, 의사소통 스킬, 대인관계 및 팀 기술의 총 6개의 도구 및 기법 그룹**이 있습니다.

프로젝트는 조직 내부에서 수행하는 내부 프로젝트와 외부 회사와 계약 하에 수행하는 외부 프로젝트가 있습니다. *PMBOK® Guide*는 두 가지 경우를 모두 포함해서 설명합니다. 투입물의 협약(Agreement)은 외부 프로젝트일때만 투입되는 투입물이며, 계약서라고 생각하면 됩니다. **프로젝트 헌장은 프로젝트를 승인한 중요한 문서**이며, 이런 중요한 문서는 시험에 자주 출제되므로 프로젝트 헌장에 대한 모든 내용을 이해하고 있어야 합니다.

[그림 4-1]은 프로젝트 헌장 개발의 주요 흐름을 표현한 것입니다. 이번 프로젝트에서 무엇을 만들 것인지, 비용은 대략 얼마나 들어가는지, 수익은 얼마나 발생할지, 어떤 편익을 얼마나 창출할 것인지에 대한 정보를 바탕으로 프로젝트의 승인 여부를 검토하고 프로젝트를 진행할 가치가 있다고 생각되면 프로젝트가 공식 승인됩니다. 그리고 만약 계약 하에 수행하는 외부 프로젝트라면 계약서(협약)가 핵심 투입물이 됩니다. 이 경우 프로젝트 헌장은 내부 협약을 수립하기 위해 사용될 수 있습니다. 기업 환경 요인과 조직 프로세스 자산은 거의 모든 프로세스의 투입물이기 때문에 [그림 4-1]에는 표현하지 않았습니다. [그림 4-1]을 보면 프로젝트 헌장은 5.1부터 13.2까지 계획수립에 대한 프로세스의 투입물로 사용합니다. 프로젝트 헌장은 착수에서 만들어졌고 상위 수준의 정보들을 담고 있기 때문에 착수 다음의 기획에서 계획수립에 관련된 프로세스의 주요 투입물로 사용되는 것입니다. 각각 분리해서 프로젝트 헌장이 다른 프로세스에 투입되는 이유를 보면 [표 4-4]와 같습니다.

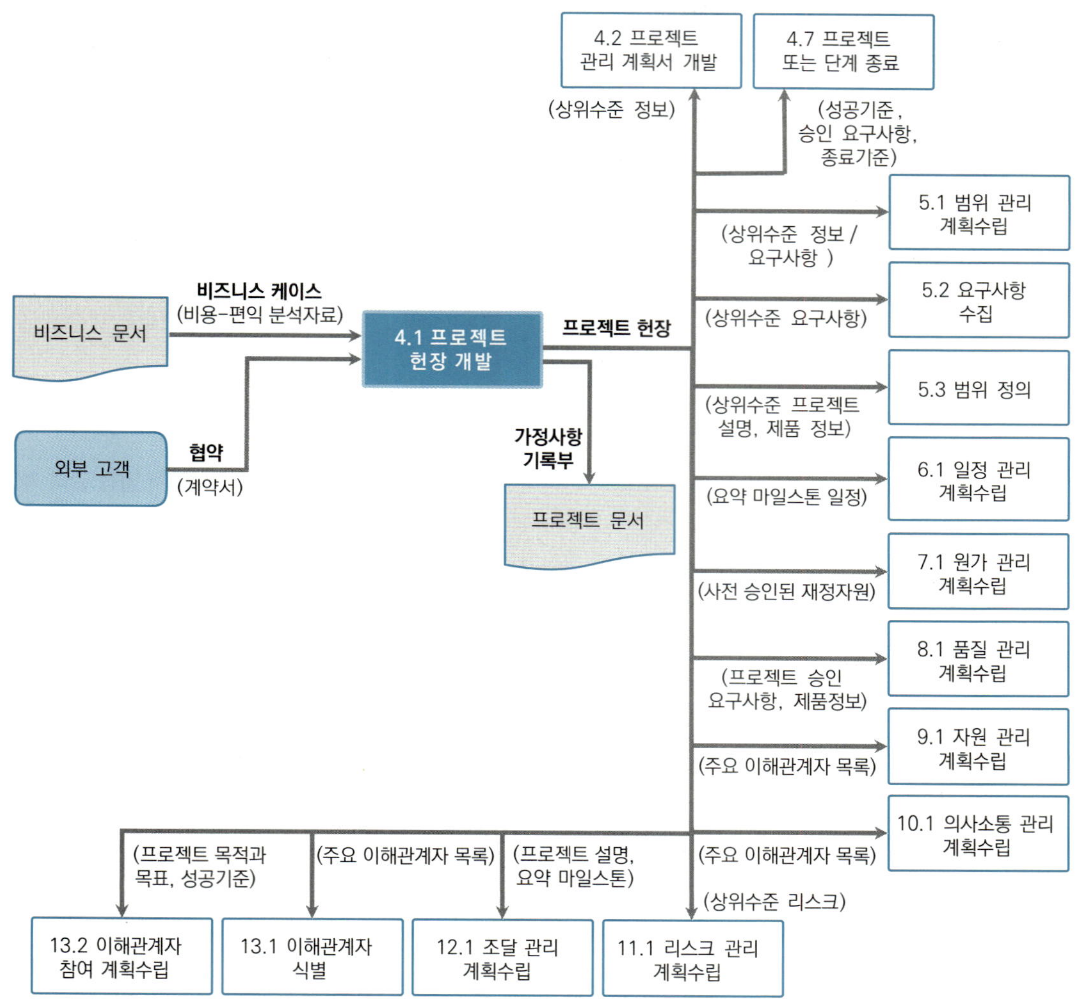

[그림 4-1] 프로젝트 헌장 개발의 주요 흐름

[표 4-4] 프로젝트 헌장 개발 산출물의 투입 이유

프로젝트 헌장 투입 프로세스	투입 이유
4.2 프로젝트 관리 계획서 개발	상세한 프로젝트 관리 계획서를 개발하기 위해 프로젝트 헌장에 포함된 상위수준 정보를 사용하기 위해서.
4.7 프로젝트 또는 단계 종료	프로젝트 헌장에 포함된 프로젝트 종료 기준을 충족했는지 확인하기 위해서.
5.1 범위 관리 계획수립	프로젝트 헌장에 포함된 상위수준의 프로젝트 범위와 상위수준의 요구사항을 기반으로 범위 관리 계획서를 수립하기 위해서.
5.2 요구사항 수집	프로젝트 헌장에 포함된 상위수준의 요구사항을 기반으로 상세한 요구사항을 개발하기 위해서.
5.3 범위 정의	프로젝트 헌장에 포함된 상위수준의 프로젝트 설명과 제품의 특성, 승인 요구사항을 참고하여 상세한 프로젝트 범위를 결정하기 위해서.
6.1 일정 관리 계획수립	프로젝트 헌장에 포함된 요약 마일스톤 일정을 참고해서 일정 관리 계획서를 개발하기 위해서.
7.1 원가 관리 계획수립	프로젝트 헌장에 포함된 사전 승인된 재무자원을 참고해서 원가 관리 계획서를 개발하기 위해서.
8.1 품질 관리 계획수립	프로젝트 헌장에 포함된 상위수준 프로젝트 설명, 제품 특성 정보, 프로젝트 승인 요구사항, 측정 가능한 프로젝트 목표, 성공기준을 참고해서 품질 관리 계획서를 개발하기 위해서.
9.1 자원 관리 계획수립	프로젝트 헌장에 포함된 상위수준 프로젝트 설명, 상위수준 요구사항, 요약 마일스톤 일정, 사전 승인된 재무자원 등을 고려해서 자원 관리 계획서를 개발하기 위해서.
10.1 의사소통 관리 계획수립	프로젝트 헌장에 포함된 핵심 이해관계자 목록을 참고해서 의사소통 관리 계획서를 개발하기 위해서.
11.1 리스크 관리 계획수립	프로젝트 헌장에 포함된 상위수준 리스크, 프로젝트 설명, 상위수준 요구사항을 참고해서 리스크 관리 계획서를 개발하기 위해서.
12.1 조달 관리 계획수립	프로젝트 헌장에 포함된 프로젝트 목표, 요약 마일스톤 일정, 사전 승인된 재무자원 등을 참고해서 조달 관리 계획서를 개발하기 위해서.
13.1 이해관계자 식별	프로젝트 헌장에 포함된 핵심 이해관계자 목록을 이해관계자 관리대장에 추가하기 위해서.
13.2 이해관계자 참여 계획수립	프로젝트 헌장에 포함된 프로젝트 목적과 목표, 성공 기준을 고려해서 이해관계자 참여 계획서를 개발하기 위해서.

어떤 투입물이 어떤 프로세스에 왜 투입되는지 이해하려면 각 프로세스의 역할을 먼저 이해해야 합니다. 따라서 *PMBOK® Guide*를 학습할 때 한 장씩 넘기면서 보는 것이 아니라 현

재 학습하는 프로세스와 관련된 다른 섹션의 프로세스 설명 페이지로 넘어가서 그 프로세스의 역할을 이해하는 것이 공부에 도움이 됩니다. 예를 들면, 프로젝트 헌장이 [자원 관리 계획수립] 프로세스의 투입물로 왜 사용하는지는 [자원 관리 계획수립] 프로세스의 투입물 설명에 가야 나옵니다. 그리고 [자원 관리 계획수립]이라는 프로세스가 어떤 역할을 하는지도 알아야 하므로 [프로젝트 헌장 개발] 프로세스를 보다가 [자원 관리 계획수립] 프로세스로 가서 프로젝트 헌장이 투입되는 이유를 이해한 후 다시 [프로젝트 헌장 개발] 프로세스로 돌아와야 합니다. 이처럼 *PMBOK® Guide*는 한 페이지씩 넘기는 것이 아니라 여러 페이지를 왔다 갔다 하면서 봐야 하는 책입니다.

잠깐! 데이터 흐름도(Data flow diagram)에 사용된 도형의 의미

*PMBOK® Guide*에 보면 각 프로세스 별로 데이터 흐름도가 있습니다. 이 데이터 흐름도를 통해 프로세스가 서로 어떻게 연결되어 있는지 설명합니다. 데이터 흐름도에 포함된 도형의 의미는 다음과 같습니다.

[표 4-5] 데이터 흐름도의 도형의 의미

도형	의미
(회색 배경 프로세스 박스)	프로세스를 뜻하며, 현재 설명하는 프로세스를 뜻합니다. 현재 설명하는 프로세스는 회색으로 도형 배경색이 채워져 있습니다.
(흰색 프로세스 박스)	프로세스를 뜻하며, 현재 설명하는 프로세스와 관련된 다른 프로세스를 표시합니다. 박스 중앙에 프로세스 이름을 표시합니다.
(양 끝이 돌출된 박스)	프로세스는 아니지만 프로세스에 영향을 줄 수 있는 요소를 뜻합니다.
·························→	점선 화살표는 프로세스들 간의 연관성을 표현합니다. 프로세스의 연관성은 한 프로세스의 산출물이 다른 프로세스의 투입물이 되면서 생깁니다.

그리고 데이터 흐름도는 기본적인 연관성만 표현되어 있고 추가적인 연관성이 가능합니다. 모든 연관성을 다 표현하게 되면 그림이 복잡하고 지저분해집니다. 그러면 오히려 그림을 읽기가 어려울 수 있습니다. 그래서 주요 내용만 표현한 것이고 더 많은 연관성이 가능하므로 각 프로세스를 학습하면서 프로세스들 간의 연관성을 좀 더 자세히 이해하는 것이 좋습니다.

4.1.1 프로젝트 헌장 개발: 투입물

프로젝트 헌장은 프로젝트를 승인하는 문서이므로 프로젝트를 공식적으로 승인받기 위해 필요한 내용이 투입됩니다. 프로젝트는 새로운 제품, 서비스 또는 결과를 만들어서 새로운 가치를 창출한다고 앞에서 학습했습니다. 따라서 이번 프로젝트에서 만들 새로운 제품, 서비스, 결과의 정보가 투입되어야 합니다. 이 정보를 바탕으로 비용과 수익 분석 등으로 타당성을 검토하게 되고, 타당성이 입증되면 그 프로젝트는 승인됩니다. 이번에 어떤 프로젝트를 할 것인지에 대한 정보는 스폰서, 프로그램 관리 책임자, PMO 책임자, 포트폴리오 관리 책임자 등에 의해서 전달됩니다. 만일 외부 고객을 위한 프로젝트이고 계약이 된 상태라면 계약서를 바탕으로 프로젝트 헌장을 작성한 후 프로젝트를 시작합니다.

4.1.1.1 비즈니스 문서(Business documents)

비즈니스 문서는 비즈니스 케이스와 편익 관리 계획서가 있으며, 프로젝트 헌장 개발에 가장 중요한 투입물입니다. 비즈니스 케이스에는 이번 프로젝트를 왜 하는지에 대한 비즈니스 요구(Business need)를 포함합니다. 프로젝트는 당위성이 없으면 수행할 수 없습니다. 또한, 프로젝트를 통해 어떤 편익을 얼마만큼 달성할 것인지도 명확해야 합니다. 당위성이 명확하고 목표 편익이 조직 전략에 도움이 되면 프로젝트는 승인될 것입니다.

◆ 비즈니스 케이스(Business case)

비즈니스 케이스에는 이번 프로젝트가 비즈니스 관점에서 투자할 가치가 있는지 없는지 결정하기 위해 필요한 정보를 포함하고 있습니다. 얼마를 투자(비용)해서 얼마를 벌(편익) 것인지 분석되어야 상급 관리자 또는 임원진에서 그 프로젝트를 공식적으로 승인할 수 있습니다. 비즈니스 케이스는 프로젝트 시작 전에 작성되므로 프로젝트 관리자가 수정할 수 없습니다.

4.1.1.2 협약(Agreements)

협약은 계약서, 양해각서, 서비스 수준 협약서 등 여러 가지 유형이 있지만 앞으로는 계약서로 생각하면 됩니다. 일반적으로 외부 고객을 위한 프로젝트일 경우 계약서가 투입됩니다. 이미 외부 회사와 계약이 체결된 프로젝트는 내부적으로 계약에 따라 적절한 인도를 보장하기 위해 내부 협약을 목적으로 프로젝트 헌장이 작성될 수 있습니다.

잠깐!

협약(Agreement)의 유형

'Agreement'의 사전적 의미는 '협정, 합의, 동의'입니다. 두 주체 간에 협정을 맺거나 합의한 것을 문서화 한 유형은 여러 가지가 있으며, 몇 가지 유형은 다음과 같습니다. 참고하세요.

- LOI(Letter of intent): 계약을 완료하기 전에 둘 또는 그 이상의 당사자 간에 하나 이상의 협의에 대해 개요를 문서화한 것이며 MOU와 비슷합니다.
- MOU(Memorandum of understanding): 어떤 거래를 시작하기 이전에 쌍방 주체의 기본적인 이해를 담기 위해 작성되는 문서이며, 구속력을 갖지 않는 것이 일반적입니다. 보통 양해각서로 불리며, 업무제휴서, 사업제휴서, 업무제휴 협약서 등으로 부르기도 합니다.
- SLA(Service level agreement): 서비스 제공 업체와 고객 간에 맺는 서비스 품질에 대한 계약으로서 협약을 통해 사전에 정의된 수준의 서비스를 고객에게 제공합니다. 품질 보장에 대한 협약으로 볼 수 있습니다.
- LOA(Letter of agreement): 합의된 가격, 기간 및 시간에 제공될 상품 또는 서비스의 서면 목록이며, 관련 당사자들에 의해 서명되면 구속력 있는 계약이 됩니다. 국방 쪽에서는 연구 개발 동의서라고 하며, 확정된 국방 연구개발 프로젝트에 대한 운용 개념, 요구 제원, 성능, 소요 시기, 기술적 접근 방법, 개발 일정, 비용 분석 등에 대한 내용을 포함하며, 개발 계획서 작성의 근거 자료가 됩니다.

4.1.1.3 기업 환경 요인(Enterprise environmental factors)

정부 또는 업계 표준, 법적 요구사항 및 제약, 시장 여건 같은 우리 회사와 연관된 요인들은 프로젝트 헌장 개발에 영향을 미칠 수 있습니다.

4.1.1.4 조직 프로세스 자산(Organizational process assets)

조직의 표준 정책, 표준 프로세스, 선례정보, 교훈, 프로젝트 헌장 양식 같은 그동안 축적된 자산은 프로젝트 헌장 개발에 사용하거나 영향을 미칠 수 있습니다.

4.1.2 프로젝트 헌장 개발: 도구 및 기법

전문가의 도움을 받거나 프로젝트 헌장에 필요한 정보(데이터)를 수집하고 여러 사람이 모여서 효과적으로 아이디어를 내고 결론을 도출할 수 있도록 대인관계 및 팀 기술을 사용합니다.

4.1.2.1 전문가 판단(Expert judgment)

Expert judgment를 직역해서 전문가 판단이라고 하였지만, 좀 의역하자면 **'전문가의 판단과 지식으로 가장 좋은 결정을 내리거나 전문 정보를 얻는 것'**입니다. 따라서 전문가 판단은 프로젝트를 수행하면서 필요할 때 언제든지 도구 및 기법으로 사용할 수 있습니다. *PMBOK® Guide*에는 총 35개 프로세스에서 전문가 판단을 기법으로 사용하지만 언제든지 사용 가능한 것이 전문가 판단입니다. 프로젝트 관리자나 프로젝트 팀원들이 모든 분야에 능통할 수 없기 때문에 필요하면 전문가의 도움을 받는 것이 좋습니다. 특히 기획에 대한 프로세스들을 살펴보면 전문가 판단이 도구 및 기법으로 많이 사용됨을 알 수 있습니다. 기획은 프로젝트의 실행 전에 준비하는 과정이므로 경험이 부족한 경우 계획수립에 어려움을 겪을 수 있습니다. 이런 경우 전문가가 도와주면 많은 도움이 됩니다. 전문가 판단은 특별히 중요한 기법은 아니며, 간단히 '전문가의 도움을 받는다.'라고 생각하면 됩니다. 예를 들면, 우리 회사 내부의 다른 부서, 외부 컨설턴트, 고객이나 스폰서, 전문 협회, 기술 단체, PMO 등이 전문가 판단을 제공할 수 있습니다.

4.1.2.2 데이터 수집(Data gathering)

상위수준 요구사항, 가정, 제약, 승인 기준 등 프로젝트 헌장 개발에 필요한 데이터를 이해관계자로부터 얻기 위해 다음과 같은 기법들을 사용할 수 있습니다.

◆ 브레인스토밍(Brainstorming)

브레인스토밍은 짧은 시간에 많은 아이디어를 생성하기 위해 퍼실리테이터의 주도하에 여러 사람이 모여서 진행됩니다. 생성된 아이디어는 추가적 분석을 하거나 우선순위를 결정하기도 합니다.

◆ 핵심전문가 그룹(Focus groups)

포커스 그룹은 특정 주제에 대해 소수의 그룹을 대상으로 하는 대화식 토론 형태의 인터뷰로, 사회자(Moderator)의 주재로 6~8명 정도의 참여자들이 모여 이야기하는 방식으로 이루어지는 연구 방법입니다. 사회자는 의미 있는 결과를 도출하기 위해 포커스 그룹의 구성원을 신중하게 선택해야 합니다.

◆ 인터뷰(Interview)

인터뷰는 1:1 또는 1:다수로 진행할 수 있으며, 직접 대화를 통해 필요한 정보를 얻을 수 있습니다. 묻는 질문에 따라 답변이 달라질 수 있으므로, 사전에 필요한 정보를 얻기 위한 질문을 잘 준비하는 것이 중요합니다. 직접 만나서 얘기하기 때문에 필요하면 추가 질문을 통해 더 상세한 정보를 얻을 수 있습니다.

4.1.2.3 대인관계 및 팀 기술(Interpersonal and team skills)

프로젝트 헌장에 들어가는 정보는 여러 이해관계로부터 나오기 때문에 이해관계자로부터 효과적으로 정보를 얻기 위해서는 다음과 같은 대인관계 기술이나 팀 기술이 필요합니다.

◆ 갈등 관리(Conflict management)

앞에서 얘기한 브레인스토밍, 핵심전문가 그룹은 여러 사람이 모여서 같이 진행하므로 경우에 따라서 서로의 입장차이로 인해 갈등이 생길 수 있습니다. 갈등을 성공적으로 관리하기 위해서는 갈등관리 기술이 필요합니다.

◆ 촉진(Facilitation)

여러 사람이 모여서 효과적으로 빠르게 결론이 도출되려면 퍼실리테이터의 역할이 중요합니다. 그룹 토의에 참석한 사람들의 공감대를 형성시키고 결론을 빠르게 도출하며, 도출된 조치와 합의사항이 향후 적절히 다뤄지는지 확인하는 부분이 필요합니다.

◆ 회의 관리(Meeting management)

회의가 효과적으로 진행되려면 회의 전에 회의에서 다룰 내용을 준비하고, 참석자들을 초대하고, 회의가 끝나고 난 후 회의록을 정리하고 관련된 사람들에게 전달하는 일들이 필요합니다.

4.1.2.4 회의(Meeting)

프로젝트 헌장은 한 개인이 만드는 것이 아니라 여러 핵심 이해관계자들이 모여서 같이 만듭니다. 프로젝트 헌장에 포함될 내용을 논의하고 서로 합의를 도출하기 위해 회의를 진행합니다. 회의도 언제든지 사용될 수 있는 기법입니다.

4.1.3 프로젝트 헌장 개발: 산출물

[프로젝트 헌장 개발] 프로세스의 산출물은 프로세스 이름대로 프로젝트 헌장이 핵심 산출물이며, 가정사항 기록부도 산출물입니다. 프로젝트 헌장이 공식적으로 만들어졌다면, 프로젝트는 이제 공식적으로 시작된 것입니다.

4.1.3.1 프로젝트 헌장(Project charter)

프로젝트 헌장은 프로젝트를 공식적으로 승인한 착수자 또는 스폰서가 발행하는 문서입니다. 프로젝트 시작 시점에서 상세한 내용을 담기 어려우므로 주로 상위수준의 개략적인 내용을 담게 되며, 이 내용은 착수 다음의 기획에서 더 상세하게 정의되고 문서화됩니다. 프로젝트 헌장에 프로젝트 관리자의 책임과 권한 수준이 명시되며, 이로 인해 프로젝트 관리자는 조직의 자원을 프로젝트 활동에 투입할 수 있는 권한이 공식적으로 생깁니다. 프로젝트 헌장은 다음과 같은 내용을 포함합니다.

- 프로젝트의 배경과 요약 설명.
- 프로젝트를 통해 생성하려고 하는 제품, 서비스 또는 결과.
- 프로젝트의 목적과 당위성(프로젝트에서 해결해야 하는 문제 등).
- 측정 가능한 프로젝트 목표 및 성공 기준.
- 상위수준의 요구사항.
- 상위수준의 프로젝트 범위 및 주요 인도물.
- 포괄적 프로젝트 리스크(Overall project risk).
- 요약 마일스톤 일정(Summary milestone schedule).
- 사전 승인된 재무 자원(Preapproval financial resources).
- 핵심 이해관계자 목록.
- 프로젝트 승인 조건, 프로젝트 성공여부 결정권자, 프로젝트 승인권자.

- 프로젝트 종료 기준.
- 선정된 프로젝트 관리자의 이름과 책임, 권한 수준.
- 프로젝트 헌장을 승인하는 스폰서 또는 다른 사람의 이름과 권한.

[프로젝트 헌장 개발] 프로세스를 통해 프로젝트가 공식적으로 승인되는 과정을 봤습니다. 프로젝트 헌장에는 프로젝트에 대한 상위수준의 범위, 일정, 예산, 리스크 등이 포함되어 있으며, 프로젝트와 관련된 이해관계자는 프로젝트 헌장을 통해 이번 프로젝트에 대한 기본 정보를 알게 됩니다. 프로젝트 헌장이 작성된 후에는 관련된 이해관계자에게 공유해야 합니다.

4.1.3.2 가정사항 기록부(Assumption log)

Assumption은 사전적 의미로 '가정, 가설, 추정, 떠맡기, 인수' 등의 뜻이 있습니다. *PMBOK® Guide*의 부록에 포함된 용어해설에는 '기획 프로세스에서 증거 또는 실증 없이 진실, 사실 또는 확실한 것으로 간주하는 요소.'라고 되어 있습니다. Log는 '통나무, (특히 항해, 운항, 비행 등의)일지, 일지에 기록하다, 벌목하다' 등의 뜻이 있습니다. 따라서 Assumption log는 가정사항을 수시로 기록하는 문서로 해석될 수 있습니다.

프로젝트 헌장을 개발하면서 가정사항 기록부를 별도의 산출물로 생성하는 이유는 뭘까요? 프로젝트는 미래를 예측하면서 진행하기 때문에 일단 가정을 하고 들어가는 부분들이 많이 생깁니다. 예를 들면, 'A라는 인도물은 3개월 뒤에 완성되겠지', 'B라는 조달 품목은 기존에 거래했던 업체로부터 9월에 반입되겠지', 'C라는 활동에 필요한 자원은 제때 공급되겠지' 등의 가정을 합니다. 문제는 이 가정이 빗나갔을 때입니다. 3개월 뒤에 완성될 것으로 예상했던 인도물이 6개월이 걸리거나, 9월에 들어올 조달 품목이 업체의 문제로 9월에 들어오지 않거나, 활동 수행에 필요한 자원이 예상 시점에 공급이 안 되면 프로젝트는 문제가 생깁니다. 따라서 가정을 기록해 놓고 주기적으로 가정이 아직도 유효한지 확인할 필요가 있습니다. 뒤에 설명되는 프로세스의 투입물로 가정사항 기록부가 자주 사용됩니다.

상위수준의 가정사항 및 제약사항은 이미 사전에 비즈니스 케이스에 포함되어 있습니다. 프로젝트 헌장을 개발하는 과정에서 생긴 추가 가정사항과 제약사항을 가정사항 기록부에 기록합니다. 또한 프로젝트 생애주기 전반에 걸쳐 새로 추가되는 가정사항과 제약사항을 계속 업데이트합니다. 가정사항 기록부는 이름은 가정사항 기록부이지만 제약사항도 같이 기록한다는 것을 기억해두기 바랍니다.

4.2 프로젝트 관리 계획서 개발(Develop Project Management Plan)

[프로젝트 관리 계획서 개발] 프로세스의 역할은 프로젝트 관리에 필요한 모든 보조 계획들(Subsidiary plans)을 식별, 정의, 통합, 조정하여 하나로 통합된 '프로젝트 관리 계획서'를 만드는 프로세스입니다. 프로젝트 관리 계획서는 한 장짜리 문서가 아닙니다. 프로젝트 관리 계획서는 앞으로 실행, 감시, 통제, 종료를 어떻게 할 것인가에 대한 종합적인 계획입니다. 프로젝트 관리 계획서에는 프로젝트 관리에 필요한 모든 내용이 포함되어야 합니다. 그래서 프로젝트 관리 계획서에는 범위 관리 계획서, 요구사항 관리 계획서, 원가 관리 계획서 등 여러 부분적 관리 계획서(보조 계획)가 포함됩니다. 보조 관리 계획서는 다른 기획 프로세스의 산출물로 생성됩니다. 범위 관리 계획서와 요구사항 관리 계획서는 [범위 관리 계획수립] 프로세스의 산출물이고, 원가 관리 계획서는 [원가 관리 계획수립] 프로세스의 산출물입니다. 부분적 관리 계획들을 그냥 합친다고 프로젝트 관리 계획이 되는 것이 아닙니다. 부분적 관리 계획서들을 그냥 합친다고 프로젝트 관리 계획서가 되는 것이 아닙니다. 부분적 관리 계획서들이 하나의 프로젝트 관리 계획서로 통합되어야 합니다. [프로젝트 관리 계획서 개발]은 다른 보조 계획서를 만드는 프로세스들보다 한 수준 위에서 보조 계획서를 만드는 프로세스의 산출물들을 통합하는 역할입니다.

기획 프로세스 그룹에는 총 24개의 프로세스가 있으며, [프로젝트 관리 계획서 개발] 프로세스를 제외한 나머지 23개 기획 프로세스들은 여러 가지 부분적 관리 계획들과 기타 문서들을 산출합니다. 각 부분에 대한 계획들을 *PMBOK® Guide*에서는 'Subsidiary plans'라는 표현을 썼는데요, 이러한 부분적 계획들을 식별, 정의, 통합, 조정하는 프로세스가 [프로젝트 관리 계획서 개발] 프로세스입니다. 기획을 반복할수록 계획은 상세해지지만, 영원히 계획만 수립할 수는 없습니다. 따라서 나름대로 초기 기획 노력을 멈추는 시점을 정해야 하고, 그 시점에서 계획을 승인받고 실행으로 넘어가게 되는 것입니다. 계획을 승인받게 되면 그때는 승인받은 계획이 성과를 측정하기 위한 기준선이 되므로 기준선(Baseline)이라는 표현을 사용합니다. 프로젝트 관리 계획서 안에는 범위 기준선, 원가 기준선, 일정 기준선 총 3개의 기준선이 포함됩니다.

프로젝트 관리 계획서는 프로젝트 진행에 따라 불확실성이 해소되고 정확한 정보를 이용하게 됨에 따라 점차 구체화되며, 프로젝트를 진행하는 동안 계속 갱신되면서 상세해집니다.

계획이라는 것이 처음에는 모호한 부분도 있지만, 시간이 지남에 따라 더 많은 정보가 들어오고, 추가된 정보를 적용함에 따라 점진적으로 구체화됩니다. 기획을 반복함에 따라 계획이 점차 상세해지는 것을 **'Rolling wave planning'**이라고 합니다.

그리고 프로젝트 관리 계획서가 승인된 후에 프로젝트를 수행하다 보면 변경은 발생하기 마련인데 변경은 반드시 [통합 변경 통제 수행] 프로세스를 통해서만 승인받아야 하며, 승인된 변경은 프로젝트 관리 계획서에 반영되므로 프로젝트 관리 계획서를 업데이트하게 됩니다.

[표 4-6] 프로젝트 관리 계획서 개발의 ITTO

프로젝트 관리 계획서 개발(Develop Project Management Plan)		
지식영역: 통합 관리(Integration management)	프로세스 그룹: 기획(Planning)	
투입물	**도구 및 기법**	**산출물**
1. 프로젝트 헌장 2. 다른 프로세스의 산출물 3. 기업 환경 요인 4. 조직 프로세스 자산	1. 전문가 판단 2. 데이터 수집 • 브레인스토밍 • 핵심 전문가 그룹 • 인터뷰 3. 대인관계 및 팀 기술 • 갈등 관리 • 촉진 • 회의 관리 4. 회의	1. 프로젝트 관리 계획서

[그림 4-2]는 [프로젝트 관리 계획서 개발] 프로세스의 주요 흐름입니다. 착수 다음이 기획이므로 착수의 대표적 산출물이며 상위수준 정보를 담고 있는 '프로젝트 헌장'이 투입물이 됩니다. 상세한 프로젝트 관리 계획서를 개발할 때 프로젝트 헌장에 포함된 상위 수준의 내용, 프로젝트 목표 등을 참고합니다. 또한, 다른 **기획 프로세스들의 산출물이 통합**되어야 하므로 다른 기획 프로세스들의 산출물이 투입됩니다. 그렇게 만들어진 프로젝트 관리 계획서는 실행, 감시 및 통제, 종료의 지침 및 기준 역할을 합니다. 각각 분리해서 보면 프로젝트 관리 계획서가 다른 프로세스에 투입되는 이유는 다른 프로세스의 투입물에 자세히 설명되어 있으며, 핵심만 정리하면 다음과 같습니다.

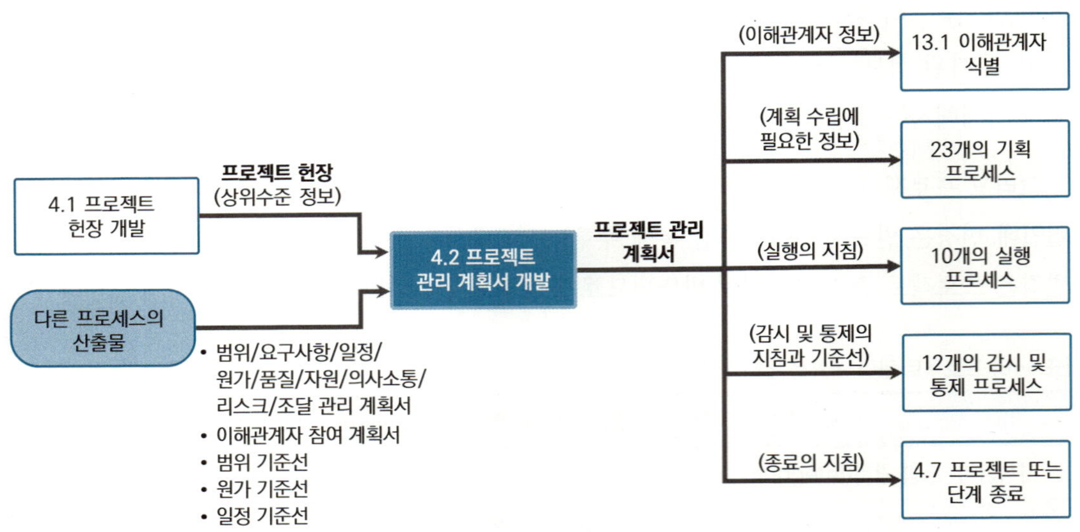

[그림 4-2] 프로젝트 관리 계획서 개발의 주요 흐름

[표 4-7] 프로젝트 관리 계획서 개발 산출물의 투입 이유

프로젝트 관리 계획서 투입 프로세스	투입 이유
4.3 프로젝트 작업 지시 및 관리	프로젝트 관리 계획서에 정의된 작업을 지시하고 관리하기 위해서.
4.4 프로젝트 지식 관리	프로젝트 관리 계획서를 지식으로 활용하고 축적하기 위해서.
4.5 프로젝트 작업 감시 및 통제	프로젝트 관리 계획서에 포함된 모든 측면을 검토하기 위해서.
4.6 통합 변경 통제 수행	프로젝트 관리 계획서에 포함된 변경 관리 계획서에 따라 변경을 감시하고 통제하기 위해서.
4.7 프로젝트 또는 단계 종료	프로젝트 관리 계획서에 따라 프로젝트 또는 단계를 종료하고 계획에 포함된 작업을 완료했는지 결정하기 위해서.
5.1 범위 관리 계획수립	범위 관리 방법에 영향을 줄 수 있는 품질 관련 정책, 방법론, 표준을 고려하기 위해서.
5.2 요구사항 수집	요구사항을 수집, 분석, 문서화하는 방법에 따라 요구사항을 수집하기 위해서.
5.3 범위 정의	범위 정의 방법에 따라 범위를 정의하기 위해서.
5.4 WBS 작성	WBS 작성 방법에 따라 WBS를 작성하기 위해서.

5.5 범위 확인	완성된 프로젝트 인도물의 공식적 인수 방법에 따라 범위를 확인하기 위해서.
5.6 범위 통제	범위 관리 계획서에 따라 통제하고 범위 기준선을 실적과 비교하기 위한 통제의 기준으로 사용하기 위해서.
6.1 일정 관리 계획수립	일정개발 방법에 영향을 줄 수 있는 범위관리 방법 및 제품 개발 방식을 고려하기 위해서.
6.2 활동 정의	범위 기준선에 포함된 WBS, 인도물로부터 활동을 정의하기 위해서.
6.3 활동순서 배열	범위 기준선에 포함된 WBS, 인도물, 제약을 고려하여 활동순서를 배열하기 위해서.
6.4 활동 기간 산정	일정 관리 계획서에 정의된 방법에 따라 활동 기간을 산정하기 위해서.
6.5 일정 개발	일정 관리 계획서에 포함된 일정 계획 방법, 도구, 일정 산출 방법에 따라 일정을 개발하기 위해서.
6.6 일정 통제	일정 관리 계획서에 따라 일정을 통제하고 일정 기준선을 실적과 비교하기 위한 통제의 기준으로 사용하기 위해서.
7.1 원가 관리 계획수립	원가 산정 및 관리에 영향을 미칠 일정 관리 계획서와 리스크 관리 계획서를 참고하기 위해서.
7.2 원가 산정	원가 관리 계획서에 따라 원가를 산정하기 위해서.
7.3 예산 책정	원가 관리 계획서에 포함된 원가를 취합하는 방법에 따라 예산을 책정하기 위해서.
7.4 원가 통제	프로젝트 관리 계획서에 포함된 원가 관리 계획서에 따라 원가를 통제하고 원가 기준선을 실적과 비교하기 위한 통제의 기준으로 사용하기 위해서.
8.1 품질 관리 계획수립	품질 기준을 결정하고 품질 관리 방법 결정에 영향을 주거나 고려할 요소들을 사용하기 위해서.
8.2 품질 관리	품질 관리 계획서에 포함된 방법에 따라 품질을 관리하기 위해서.
8.3 품질 통제	품질 관리 계획서에 포함된 품질 통제 방법에 따라 품질을 통제하기 위해서.
9.1 자원 관리 계획수립	자원의 종류와 수량에 영향을 주는 인도물이 포함된 범위 기준선을 고려하기 위해서.
9.2 활동 자원 산정	자원 관리 계획서에서 정의된 방법에 따라 각 활동에 필요한 자원을 산정하기 위해서.

9.3 자원 확보	자원 관리 계획서에서 정의된 방법에 따라 자원을 확보하기 위해서.
9.4 팀 개발	자원 관리 계획서에 따라 프로젝트 팀을 개발하기 위해서.
9.5 팀 관리	자원 관리 계획서에 포함된 팀 관리 방법 및 복귀 방법에 따라 팀을 관리하기 위해서.
9.6 자원 통제	자원 관리 계획서에 포함된 물적 자원을 사용, 통제, 복귀시키는 방법에 따라 자원을 통제하기 위해서.
10.1 의사소통 관리 계획수립	의사소통 방법을 결정하는 데 영향을 줄 수 있는 자원 관리 계획서와 이해관계자 참여 계획서를 고려하기 위해서.
10.2 의사소통 관리	의사소통 관리 계획서에 따라 의사소통을 관리하기 위해서.
10.3 의사소통 감시	의사소통 관리 계획서에 따라 의사소통을 감시하기 위해서.
11.1 리스크 관리 계획수립	리스크 관리 방법에 영향을 줄 수 있는 모든 보조 관리 계획서들을 고려하기 위해서.
11.2 리스크 식별	리스크 식별에 도움 될 수 있는 정보를 포함한 여러 보조 계획서들을 활용하기 위해서.
11.3 정성적 리스크 분석	리스크 관리 계획서에 포함된 내용을 활용하고 방법에 따라 정성적으로 리스크를 분석하기 위해서.
11.4 정량적 리스크 분석	범위/원가/일정 기준선에 포함된 불확실성을 고려하기 위해서.
11.5 리스크 대응 계획수립	리스크 관리 계획에 따라서 리스크 대응 계획을 수립하기 위해서.
11.6 리스크 감시	리스크 관리 계획서에 따라 리스크를 감시하기 위해서.
12.1 조달 관리 계획수립	조달 수행 방법, 조달 품목 결정에 영향을 줄 수 있는 내용을 고려하기 위해서.
12.2 조달 수행	조달 수행에 관련된 정보들을 고려하기 위해서.
12.3 조달 통제	조달 관리 계획서에 따라 조달을 통제하기 위해서.
13.1 이해관계자 식별	프로젝트 관리 계획서가 개발된 이후에 이해관계자를 식별할 경우 의사소통 관리 계획서와 이해관계자 참여 계획서를 바탕으로 이해관계자를 식별하고 분석하기 위해서.
13.2 이해관계자 참여 계획수립	이해관계자 참여 계획서를 수립하는 데 영향을 줄 수 있는 자원, 의사소통, 리스크 관련 정보를 고려하기 위해서.
13.3 이해관계자 참여 관리	이해관계자 참여 계획서에 따라 이해관계자의 참여를 관리하기 위해서.
13.4 이해관계자 참여 감시	이해관계자 참여 계획서에 따라 이해관계자의 참여를 감시하기 위해서.

4.2.1 프로젝트 관리 계획서 개발: 투입물

프로젝트 관리 계획서는 다른 기획 프로세스들의 산출물이 통합되어 만들어지므로 다른 기획 프로세스들의 산출물이 핵심 투입물입니다.

4.2.1.1 프로젝트 헌장(Project charter)

프로젝트 헌장은 착수의 산출물로서 기획에 필요한 상위 수준의 정보를 포함하고 있습니다. 프로젝트 관리 계획서는 최대한 상세하게 작성해야 하며, 프로젝트 헌장의 내용을 기획의 시작점으로 사용합니다.

4.2.1.2 다른 프로세스의 산출물(Outputs from other processes)

프로젝트 관리 계획서는 다른 기획 프로세스들의 산출물들인 보조 계획서(Subsidiary plans)와 기준선(Baselines)이 통합된 문서이므로 다른 프로세스들의 산출물이 핵심 투입물입니다. 범위 관리 계획서, 일정 관리 계획서, 원가 관리 계획서… 등을 투입물로 표현하기에는 너무 많아서 *PMBOK® Guide*에서는 '다른 프로세스의 산출물'이라고 표현했습니다.

4.2.1.3 기업 환경 요인(Enterprise environmental factors)

회사의 환경적 요소는 어떤 프로세스든지 투입될 수 있습니다. 프로젝트 관리 계획서를 개발할 때 정부 또는 업계 표준, 법적 및 규제 요구사항, 조직의 거버넌스 프레임워크 등이 영향을 미칠 수 있으므로, 관련 사항을 고려해서 프로젝트 관리 계획서를 수립합니다.

4.2.1.4 조직 프로세스 자산(Organizational process assets)

과거에 만든 유사한 프로젝트의 프로젝트 관리 계획서, 선례정보, 교훈 등은 프로젝트 관리 계획서를 개발할 때 유용한 자료로 사용됩니다.

4.2.2 프로젝트 관리 계획서 개발: 도구 및 기법

[프로젝트 관리 계획서 개발]에서 사용하는 도구 및 기법은 앞에서 설명한 [프로젝트 헌장 개발]의 도구 및 기법과 거의 동일합니다. 프로젝트 헌장도 이해관계자로부터 여러 정보를 취합해서 만들 듯이 프로젝트 관리 계획서도 혼자 개발하는 것이 아니라 여러 이해관계자로부터 문서작성에 필요한 데이터를 취합해서 프로젝트 관리 계획서를 개발합니다. 앞에서 설명

한 도구 및 기법이 반복해서 사용될 때는 주요 내용만 설명하겠습니다.

4.2.2.1 전문가 판단(Expert judgment)

프로젝트 관리 계획서에 들어갈 모든 내용을 프로젝트 팀이 보유하고 있는 경우는 거의 없습니다. 따라서 필요하면 전문가의 도움을 받아야 합니다. 예를 들면, 전문가의 도움을 받아서 주어진 프로젝트 환경에 맞게 프로세스를 조정하거나 계획에 포함할 관리 세부 사항을 개발하고 실행에 필요한 자원과 기량 수준 결정하거나 형상 관리 수준의 정의 등을 합니다.

4.2.2.2 데이터 수집(Data gathering)

상세한 프로젝트 관리 계획서 개발에 필요한 데이터를 이해관계자로부터 얻기 위해 다음과 같은 기법들을 사용할 수 있습니다.

◆ 브레인스토밍(Brainstorming)

프로젝트를 어떻게 관리할 것인가에 대한 아이디어나 해결책을 얻기 위해 프로젝트 팀원들이 모여서 브레인스토밍을 진행할 수 있으며, 다른 전문가나 관련 이해관계자도 참석할 수 있습니다.

◆ 점검목록(Checklists)

점검목록은 흔히 우리가 체크리스트라고 영어 그대로도 많이 사용하며, 해야 할 일들을 나열해놓고 끝낸 일에 대해 체크하는 방식으로 사용합니다. 프로젝트 관리 계획서에 포함될 내용을 점검목록으로 만들어 놓은 후 하나씩 체크해 나가면 누락 없이 모든 내용을 프로젝트 관리 계획서에 포함시킬 수 있습니다.

◆ 핵심전문가 그룹(Focus groups)

프로젝트를 어떻게 수행할 것이며, 프로젝트 관리 계획서의 여러 내용을 어떻게 합치고 조정하는 것이 좋을지에 대해 관련 핵심 이해관계자들이 모여 논의할 수 있습니다.

◆ 인터뷰(Interview)

프로젝트 관리 계획서를 개발하는데 필요한 정보를 이해관계자로부터 인터뷰를 통해 수집합니다.

4.2.2.3 대인관계 및 팀 기술(Interpersonal and team skills)

프로젝트 관리 계획서에 들어가는 정보는 여러 이해관계로부터 나오기 때문에 이해관계자로부터 효과적으로 정보를 얻기 위해서 대인관계 기술이나 팀 기술을 사용합니다.

◆ **갈등 관리(Conflict management)**

프로젝트에 참여하는 이해관계자의 서로의 입장차이로 인해 갈등이 생길 수 있으며, 갈등을 성공적으로 관리하기 위해서는 갈등관리 기술이 필요합니다.

◆ **촉진(Facilitation)**

브레인스토밍, 포커스 그룹, 회의 등에서 참석한 사람들로부터 결론을 빠르게 도출하기 위해서 촉진 기술을 사용합니다.

◆ **회의 관리(Meeting management)**

프로젝트 관리 계획서를 개발하기 위해 여러 차례 회의를 진행하게 되며, 효과적으로 회의가 진행되려면 회의 관리가 필요합니다.

4.2.2.4 회의(Meeting)

프로젝트 관리 계획서는 한 개인이 만드는 것이 아니라 여러 핵심 이해관계자들이 모여서 같이 만듭니다. 프로젝트 관리 계획서에 포함될 내용을 논의하고 서로 합의를 도출하기 위해 회의를 진행합니다.

특히 **킥오프 미팅(Kick-off meeting)**은 중요한 회의입니다. 킥오프 미팅은 프로젝트 기획을 끝내고 실행을 시작하기 전에 핵심 이해관계자들에게 작성된 프로젝트 관리 계획서를 기반으로 프로젝트 목표와 앞으로 프로젝트를 어떻게 수행할 것인지 설명하고, 각 이해관계자의 역할과 책임을 설명하는 자리입니다. Kick off는 사전적 의미로 '~을 시작하다'라는 뜻입니다. 프로젝트 관리 계획서에 따라 수행을 시작하겠다는 의미로 보면 됩니다. 그래서 일반적으로 기획의 마지막에서 킥오프 미팅을 진행하지만, 소규모 프로젝트의 경우 기획을 한 팀이 그대로 실행을 수행하기 때문에 착수 후에 바로 킥오프 미팅을 합니다. 대규모 프로젝트의 경우 프로젝트 관리 계획서를 개발한 팀과 프로젝트 실행을 수행하는 팀이 달라서 킥오프 미팅을 실행의 시작 시점에 진행합니다. 다단계 프로젝트의 경우 각 단계가 시작될 때 킥오프 미팅을 진행하며, 프로젝트의 특성에 따라 다양한 시점에서 킥오프 미팅을 진행할 수 있습니다.

4.2.3 프로젝트 관리 계획서 개발: 산출물

프로세스 이름대로 '프로젝트 관리 계획서'가 핵심 산출물이며, 여러 기획 프로세스들의 산출물이 통합된 문서입니다.

4.2.3.1 프로젝트 관리 계획서(Project management plan)

프로젝트 관리 계획서는 여러 보조 계획서 및 기준선이 통합되어 있으며, 앞으로 실행, 감시 및 통제, 종료의 방법을 기술한 문서입니다. 일반적으로 프로젝트 관리 계획서에는 다음 내용을 포함합니다.

[표 4-8] 프로젝트 관리 계획서에 포함되는 보조 계획서와 기준선

관련 장	보조 계획서(Subsidiary plans)
4장	변경 관리 계획서(Change management plan) - 변경을 공식적으로 승인하는 방법을 기술함.
4장	형상 관리 계획서(Configuration management plan) - 프로젝트의 형상 항목에 관한 정보를 기록, 보존, 업데이트 방법을 기술함.
5장	범위 관리 계획서(Scope management plan) - 범위를 어떻게 정의, 분할, 확인, 통제할 것인지 방법을 기술함.
5장	요구사항 관리 계획서(Requirements management plan) - 요구사항을 어떻게 분석, 문서화, 관리할 것인지 기술함.
6장	일정 관리 계획서(Schedule management plan) - 일정을 어떻게 개발하고 통제할 것인지 기술함.
7장	원가 관리 계획서(Cost management plan) - 원가를 어떻게 산정하고 예산을 결정하고, 원가를 통제할 것인지 기술함.
8장	품질 관리 계획서(Quality management plan) - 품질 기준을 어떻게 달성할 것인지 기술함.
9장	자원 관리 계획서(Resource management plan) - 자원을 어떻게 분류, 배정, 관리할 것인지 기술함.

10장	의사소통 관리 계획서(Communications management plan) - 프로젝트 정보를 어떻게 관리, 배포할 것인지 기술함.
11장	리스크 관리 계획서(Risk management plan) - 리스크를 어떻게 식별, 분석, 대응 준비, 감시할 것인지 기술함.
12장	조달 관리 계획서(Procurement management plan) - 조달 품목, 조달 방법, 조달 시기 등을 기술함.
13장	이해관계자 참여 계획서(Stakeholder engagement plan) - 이해관계자를 프로젝트에 참여시기키 위한 방법을 기술함.
	기준선(Baselines)
5장	범위 기준선(Scope baseline) - 승인된 버전의 Scope statement, WBS, WBS Dictionary이며, 성과측정할 때 실적 데이터와 비교함.
6장	일정 기준선(Schedule baseline) - 승인된 버전의 일정이며, 성과측정할 때 실적 데이터와 비교함.
7장	원가 기준선(Cost baseline) - 승인된 버전의 예산이며, 성과측정할 때 실적 데이터와 비교함.

프로젝트 관리 계획서에는 다음과 같은 내용도 포함될 수 있습니다.

- 앞으로 적용할 생애주기와 단계별로 적용할 프로세스.
- 프로젝트의 규모나 복잡성 등을 고려하여 팀에서 선정한 프로젝트 관리 프로세스.
- 선정한 프로세스를 완수하는데 사용되는 도구 및 기법에 대한 설명과 사용 방법.
- 프로젝트 목표를 달성할 수 있도록 작업을 실행하는 방법.
- 제품, 서비스, 결과물을 개발하는 방식. (예: 예측형, 반복적, 애자일 등)
- 프로젝트 성과에 대한 경영진의 검토 시점.
- 획득가치(Earned value)를 사용하여 프로젝트 성과를 측정할 때 사용할 성과 측정 기준선. (Performance measurement baseline)

잠깐! 프로젝트 관리 계획서와 프로젝트 문서

혹시 프로젝트 관리 계획서(Project management plan)와 프로젝트 문서(Project documents)가 구분되나요? 프로젝트 관리 계획서는 앞으로 어떻게 할 것인지에 대한 방법이 포함된 문서입니다. 반면 프로젝트 문서는 '어떻게(How)'에 대한 내용은 없고, 프로젝트 관리자의 프로젝트 관리 업무를 지원하기 위해 필요한 내용이 포함된 문서를 말합니다. 예를 들면, 활동 목록이나 이해관계자 관리대장, 리스크 관리대장 같은 문서에는 어떻게 관리할 것인지에 대한 방법이 없으며, 관련 내용만 포함하고 있습니다. 어떻게 할 것인지에 대한 방법은 프로젝트 관리 계획서에 포함되어 있으며, 그 외의 내용만 가진 문서들은 프로젝트 문서라고 합니다.

[표 4-9] 프로젝트 관리 계획서와 프로젝트 문서의 예시

프로젝트 관리 계획서	프로젝트 문서들	
범위 관리 계획서	요구사항 문서	요구사항 추적 매트릭스
요구사항 관리 계획서	프로젝트 범위 기술서	활동 목록
일정 관리 계획서	활동 속성	마일스톤 목록
원가 관리 계획서	프로젝트 일정 네트워크 다이어그램	활동 기간 산정치
품질 관리 계획서	산정 기준서	프로젝트 일정
자원 관리 계획서	일정 데이터	일정 예측치
의사소통 관리 계획서	프로젝트 달력	원가 산정치
리스크 관리 계획서	원가 예측치	품질 매트릭스
조달 관리 계획서	품질 보고서	품질 통제 측정치
이해관계자 참여 계획서	테스트 및 평가 문서	자원 요구사항
변경 관리 계획서	자원 분류 체계(RBS)	자원 달력
형상 관리 계획서	프로젝트 팀 배정표	실물 자원 배정표
범위 기준선	팀 헌장	프로젝트 의사소통
일정 기준선	리스크 관리대장	리스크 보고서
원가 기준선	이해관계자 관리대장	교훈 관리대장
성과측정 기준선	가정사항 기록부	변경사항 기록부
프로젝트 생애주기 기술서	이슈 기록부	
개발 방식		

프로젝트 문서에 보면 리스크 관리대장(Risk register), 이해관계자 관리대장(Stakeholder register), 교훈 관리대장(Lessons learned register)처럼 'Register'가 붙은 문서가 있고, 가정사항 기록부(Assumption log), 변경사항 기록부(Change log), 이슈 기록부(Issue log)처럼 'log'가 붙은 문서가 있습니다. 두 문서의 차이는 무엇이 있을까요? Log는 앞에서도 설명했지만 '일지, 기록, 일지에 기록하다'라는 뜻입니다. Register는 사전을 찾아보면 '(공식 명부에 이름을) 등록하다, 기록부, 등록부, 등기부'라는 뜻입니다. 즉, Log는 수시로 어떤 정보가 생길 때마다 기록하는 문서이고, Register는 공식적인 형태로 관리하기 위해 어떤 정보를 기록하는 문서입니다.

그리고 Description과 Statement도 차이가 있습니다. 프로젝트 생애주기 기술서는 'Project life cycle description'으로 *PMBOK® Guide* 영문판에 나와 있습니다. 그리고 범위 기술서는 'Scope statement'입니다. Description과 Statement는 다른 의미인데, *PMBOK® Guide* 한글판에는 둘 다 '기술서'로 번역해서 혼동이 올 수 있습니다. 그래서 *PMBOK® Guide*는 한글판을 볼 때 영문판을 같이 보는 것이 좋습니다. Description은 사전적 의미로 '(~에 대한) 서술, 기술, 설명, 설명서, 해설'이라는 뜻이며, Statement는 '성명서, 진술서'라는 뜻입니다. Statement가 Description보다 공식적입니다. 그래서 프로젝트 생애주기 기술서는 프로젝트 관리 계획서 안에 포함되는 설명이고, 범위 기술서는 그 자체가 하나의 문서입니다. 예를 들면, Scope statement 안에는 Scope에 대한 Description이 포함된다고 생각하면 됩니다.

잠깐! 프로젝트 관리에 대한 서식 구하기

프로젝트에서는 프로젝트를 관리하기 위한 목적으로 다양한 문서들을 생성하고 이용합니다. *PMBOK® Guide*에는 별도로 양식을 보여주고 설명하는 부분이 없고 각 문서에 포함되는 내용을 설명하기만 합니다. 구체적인 프로젝트 관리에 대한 문서 서식들은 인터넷 검색을 통해서 대부분 구해서 보거나 사용할 수 있습니다. Google.com의 고급 검색명령어 중에 'filetype:'을 활용하면 좋습니다. 찾고자 하는 검색어(문서 이름)를 입력한 후 'filetype:'을 입력한 뒤 자신이 찾고자 하는 파일 형식의 확장자를 추가합니다. 이는 xls, doc, ppt 등의 마이크로소프트 오피스 파일이나 pdf, swf 등 다양한 파일 형식을 대상으로 적용이 가능합니다. 예를 들어 '범위 관리 계획서' 서식을 보고 싶을 경우 구글 검색창에 'scope management plan filetype:doc'라고 입력합니다. 그러면, 여러 '범위 관리 계획서' doc 문서를 다운받을 수 있습니다. 이런 식으로 필요한 여러 프로젝트 관리 서식을 구할 수 있습니다.

[DOC] Scope Management Plan Template - FAST Project Plans
www.fastprojectplans.com/templates/Scope-Management-Plan-Template.doc ▾
This Project **Scope Management Plan** template has been written to include instruction for creating the final document along with actual verbiage for each section.

[DOC]
Project Scope Management Plan Template This template guides you ...
www.free-management-ebooks.com/dldtem-doc/fme-scope-plan-template.doc ▾
This template guides you through each stage of preparing an effective **scope management plan** that ensures success. With this plan you clearly state the exact ...

[DOC] Project Management Plan Template - CDC
https://www2.cdc.gov/cdcup/library/.../cdc_up_project_management_plan_template.d... ▾
[This document is a template of a Project Management Plan document for a ... [Insert the project's **scope management plan** or provide a reference to where it is ...

[DOC] Project Management Plan - Maryland Department of Information ...
https://doit.maryland.gov/SDLC/.../Project%20Management%20Plan.doc ▾
My signature indicates approval of this Project Management Plan. ... The following sections of the **Scope Management Plan** describe how requirements will be ...

그리고 PMI 유료회원은 Projectmanagement.com에서 다양한 서식을 무료로 다운받을 수 있습니다.

Home > Templates >

Templates

4.3 프로젝트 작업 지시 및 관리(Direct and Manage Project Work)

[프로젝트 작업 지시 및 관리]는 프로젝트 관리 계획서에 정의된 작업들을 수행하도록 프로젝트 관리자가 팀원에게 지시하여, 프로젝트의 인도물을 생성하는 프로세스입니다. 이 프로세스는 통합 관리 영역에 속하는 프로세스이며, 하위 실행 프로세스들을 통합하는 역할을 수행합니다. 또한 [통합 변경 통제 수행] 프로세스를 통해 공식적으로 승인된 변경(승인된 시정조치, 예방조치, 결함수정)을 실행하는 역할도 합니다. 프로젝트를 실행하면 작업 결과물이 나오게 되는데 이것을 **'인도물(Deliverables)'**이라고 하며, 실제 실행에 대한 결과 정보인 **'작업 성과 데이터(Work performance data)'**가 산출물로 나옵니다, 이 두 가지 산출물은 실행의 결과물로서 앞으로 여러 가지 **감시 및 통제 프로세스들의 주요 투입물**이 됩니다. 즉, 계획 대비 실적을 분석하기 위한 **'실적 데이터'**가 되는 것입니다.

프로젝트 실행에서 다양한 활동들을 수행하지만, 대표적인 실행의 주요 활동들은 다음과 같습니다.

- 계획된 작업을 완료하여 프로젝트 인도물의 생성.
- 프로젝트 요구사항을 달성하는데 필요한 다양한 활동 수행.
- 장비, 재료, 도구, 설비 등의 자원을 획득하고 관리하고 사용.
- 계획된 방법이나 표준을 수행.
- 활동 수행에 필요한 자금 지출.
- 프로젝트 팀원의 배치, 수행에 필요한 교육 시행, 적절한 관리.
- 계획된 일정에 따라 리스크 관리 및 위험 대응 활동 수행.
- 판매자 및 공급자 관리.
- 프로젝트 성과 데이터 생성 및 수집(원가, 일정, 기술, 품질 등).
- 진행 과정에서 터득한 교훈 수집 및 문서화.

[표 4-10]은 [프로젝트 작업 지시 및 관리]의 Inputs, Tools and Techniques, Outputs입니다. 실행의 역할은 크게 두 가지입니다. 하나는 프로젝트 관리 계획서대로 작업을 수행해서 인도물을 생성하는 것이고, 또 하나는 승인된 변경 요청을 수행하는 것입니다.

[표 4-10] 프로젝트 작업 지시 및 관리의 ITTO

프로젝트 작업 지시 및 관리(Direct and Manage Project Work)		
지식영역: 통합 관리(Integration management)		프로세스 그룹: 실행(Executing)
투입물	**도구 및 기법**	**산출물**
1. 프로젝트 관리 계획서 • 모든 구성요소 2. 프로젝트 문서 • 변경사항 기록부 • 교훈 관리대장 • 마일스톤 목록 • 프로젝트 의사소통 • 프로젝트 일정 • 요구사항 추적 매트릭스 • 리스크 관리대장 • 리스크 보고서 3. 승인된 변경 요청 4. 기업 환경 요인 5. 조직 프로세스 자산	1. 전문가 판단 2. 프로젝트 관리 정보 시스템 3. 회의	1. 인도물 2. 작업 성과 데이터 3. 이슈 기록부 4. 변경 요청 5. 프로젝트 관리 계획서 업데이트 • 모든 구성요소 6. 프로젝트 문서 업데이트 • 활동 목록 • 가정사항 기록부 • 교훈 관리대장 • 요구사항 문서 • 리스크 관리대장 • 이해관계자 관리대장 7. 조직 프로세스 자산 업데이트

잠깐!

프로젝트 문서의 표기 순서

[표 4-10]에 보면 프로젝트 문서 중 변경사항 기록부가 가장 먼저 표기되었고 리스크 보고서가 가장 마지막에 표기되었습니다. 그 이유는 무엇일까요? *PMBOK® Guide*의 부록 X1.3에 보면 '순서배열 규칙'이 나와 있습니다. 순서배열 규칙은 다음과 같습니다.

- 프로젝트 헌장이 투입물인 경우 첫 번째 투입물이 된다.
- 프로젝트 관리 계획서가 투입물 또는 산출물인 경우, 보조 관리 계획서는 *PMBOK® Guide*에서 산출물로 생성되는 단원의 순서대로 나열되며 그 다음에 기준선과 나머지 다른 계획서가 차례대로 나열된다.
- 프로젝트 문서는 알파벳순으로 나열된다.
- 기업 환경 요인과 조직 프로세스 자산도 같은 순서로 나열된다.
- 업데이트가 산출물이면 다음 순서로 나열된다.
  - 프로젝트 관리 계획서 업데이트
  - 프로젝트 문서 업데이트
  - 조직 프로세스 자산 업데이트

즉, 프로젝트 문서는 알파벳순으로 나열된 것입니다. 변경사항 기록부는 Change log이므로 가장 먼저 표기됐고, 리스크 보고서는 Risk report이므로 가장 마지막에 표기된 것입니다. 다른 순서배열 규칙도 참고로 알아두세요.

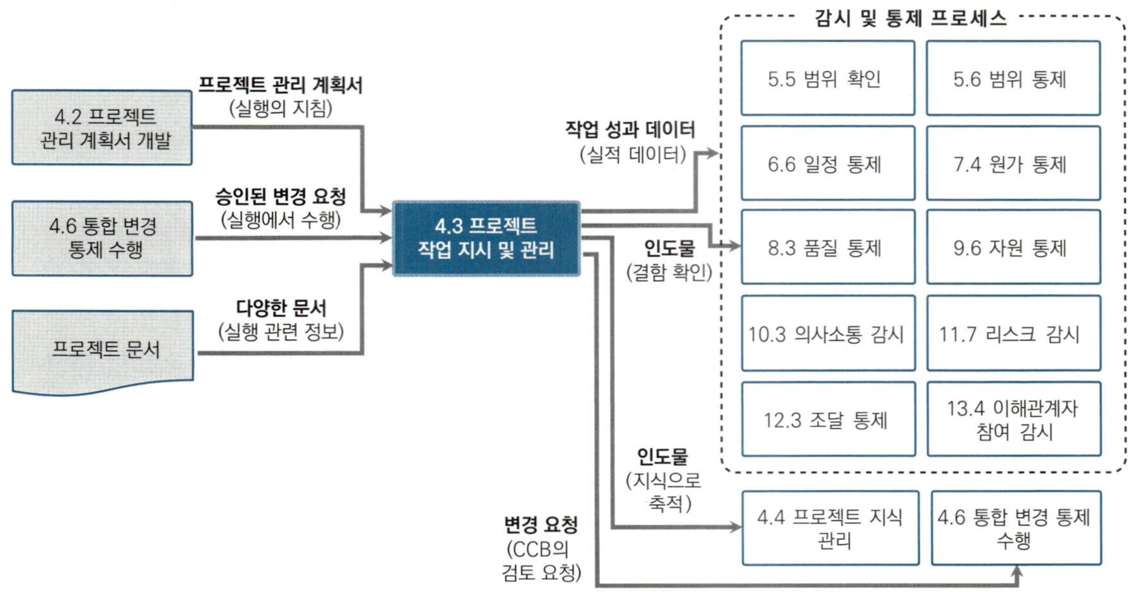

[그림 4-3] 프로젝트 작업 지시 및 관리의 주요 흐름

[그림 4-3]은 [프로젝트 작업 지시 및 관리]의 주요 흐름입니다. 프로젝트 관리 계획서에 따라 수행하면서 다양한 인도물을 산출하고, 산출된 인도물은 품질 표준을 준수했는지 확인하기 위해 [품질 통제] 프로세스로 투입됩니다. 또한 실행하면서 발생한 실제 정보(작업 성과 데이터), 예를 들면, 실제 시작한 날짜, 실제 완료한 날짜, 실제 지출된 비용, 실제 사용된 자원 등의 정보는 실적 정보로서 감시 및 통제 프로세스들로 항상 투입되어 원래 계획(기준선 포함)과 비교하게 됩니다. 계획보다 못한 실적은 변경 요청을 제기한 후 승인받아서 처리하게 됩니다. [그림 4-3]을 각각 분리해서 보면 인도물과 작업 성과 데이터, 변경 요청이 다른 프로세스에 투입되는 이유는 다음과 같습니다.

[표 4-11] 프로젝트 작업 지시 및 관리 산출물의 투입 이유

인도물 투입 프로세스	투입 이유
8.3 품질 통제	생성된 인도물이 품질 표준 또는 품질 요구사항에 부합하는지 결정하기 위해서.
4.4 프로젝트 지식 관리	프로젝트 관리 계획서의 보조 계획서들과 기준선들도 인도물이며, 이 인도물들을 조직의 지식으로 활용하기 위해 조직 프로세스 자산(OPA)으로 축적하기 위해서.
변경 요청 투입 프로세스	**투입 이유**
4.6 통합 변경 통제 수행	공식적인 승인을 받기 위해서.
작업 성과 데이터 투입 프로세스	**투입 이유**
5.5 범위 확인	요구사항 준수의 정도, 불일치의 개수 및 심각성 등의 정보를 참고하기 위해서.
5.6 범위 통제	어떤 인도물이 완료되었는지에 대한 실제 정보를 범위 기준선과 비교하기 위해서.
6.6 일정 통제	어떤 활동이 시작했고, 얼마나 진행되었으며, 어떤 활동이 완료되었는지에 대한 실제 정보를 일정 기준선과 비교하기 위해서.
7.4 원가 통제	실제 사용한 비용에 대한 정보를 원가 성과 기준선과 비교하기 위해서.
8.3 품질 통제	인도물(제품) 상태에 대한 실제 데이터를 품질 척도와 비교하기 위해서.
9.6 자원 통제	실제 사용된 자원의 수나 유형이 계획대로 되었는지 확인하기 위해서.
10.3 의사소통 감시	실제 배포된 정보가 계획대로 배포되었는지 확인하기 위해서.
11.7 리스크 감시	실행된 리스크 대응이 효과적인지, 새로운 리스크가 식별되었는지, 현재 유효한 리스크는 어떤 것이 있는지 등을 확인하기 위해서.
12.3 조달 통제	판매자가 수행한 실제 작업 결과 정보를 계약서와 비교하여 필요하면 판매자를 통제하기 위해서.
13.4 이해관계자 참여 감시	이해관계자의 실제 참여 수준 정보를 바탕으로 이해관계자 참여를 관리하기 위해서.

4.3.1 프로젝트 작업 지시 및 관리: 투입물

프로젝트 관리 계획서에 정의된 작업을 실행에서 수행하기 때문에 프로젝트 관리 계획서가 가장 핵심 투입물입니다. 또한 승인된 변경은 공식적으로 승인된 사항이므로 실행에서 수행해야 합니다.

4.3.1.1 프로젝트 관리 계획서(Project management plan)

프로젝트 관리 계획서에 정의된 여러 작업들을 지시해서 수행하도록 해야 하므로 프로젝트 관리 계획서의 모든 구성요소가 투입물로 사용됩니다.

4.3.1.2 프로젝트 문서(Project documents)

실행에 관련된 문서들이 투입물로 사용될 수 있습니다.

◆ 변경사항 기록부(Change log)

실행하는 과정에서 생기는 여러 변경 요청을 기록하기 위해서 변경사항 기록부가 투입물로 사용됩니다.

◆ 교훈 관리대장(Lessons learned register)

과거 유사한 프로젝트에서 경험했던 교훈을 활용해서 실행의 문제점을 예방하고 문제가 생겼을 경우 과거 정보를 활용해서 효과적으로 대처합니다.

◆ 마일스톤 목록(Milestone list)

마일스톤은 중요한 인도물의 완료 또는 시작 시점인 경우가 많습니다. [프로젝트 작업 지시 및 관리]의 핵심 역할은 인도물을 생성하는 것이며, 특정 마일스톤과 연관된 인도물은 마일스톤에 지정된 날짜에 맞춰서 생성해야 하므로 마일스톤을 체크해야 합니다.

◆ 프로젝트 의사소통(Project communications)

이해를 돕기 위해서 우선 의사소통의 뜻을 살펴보겠습니다. 일반적으로 의사소통이라고 하면 서로 정보를 교환하는 것을 의미합니다. 영어사전에서 Communication을 찾아보면 '전달, 통신, (전달되는) **정보, 정보 교환,** 문서, 통신문' 등의 뜻이 있습니다. *PMBOK® Guide*에서 투입물이나 산출물로 표현된 '프로젝트 의사소통(Project communications)'은 서로 정보를 주고받는 것을 뜻하는 것이 아니라 의사소통 결과물로 생각해야 합니다. '프로젝트 의사소통'은 [의사소통 관리] 프로세스의 산출물이며, 실행하는 과정에서 생긴 여러 의사소통 결과물을 뜻합니다. 예를 들면, 성과 보고서, 인도물의 상태 정보, 일정 진행 상황 정보, 발생한 비용 정보, 프레젠테이션 자료 등을 말합니다. 성과 보고서나 인도물의 현황 정보는 프로젝트 실행을 지시하고 관리하는 데 영향을 미칩니다. 성과가 낮은 부분이나 인도물이 제대로 생성이 안 된 부분에 대해서는 추가적인 지시가 나갈 수 있습니다. 그래서 '프로젝트 의사소통'을 투입물로 사용합니다.

◆ **프로젝트 일정**(Project schedule)

프로젝트 관리자는 프로젝트 작업 지시를 아무 때나 하는 것이 아니라 일정에 맞게 작업을 지시합니다. 프로젝트 일정에는 각 활동의 계획된 시작일과 계획된 종료일이 포함되어 있습니다.

◆ **요구사항 추적 매트릭스**(Requirements traceability matrix)

요구사항 추적 매트릭스는 인도물이 요구사항을 맞추는지 확인하기 위한 일종의 체크리스트입니다. 실행하는 동안에 생성되는 인도물이 요구사항에 부합하도록 관리하기 위해서 요구사항 추적 매트릭스를 사용합니다.

◆ **리스크 관리대장**(Risk register)

리스크 관리대장에서는 식별된 리스크들이 포함되어 있습니다. 일부 리스크는 실행에 영향을 미칠 수 있으므로 실행하는 과정에서 확인할 필요가 있습니다.

◆ **리스크 보고서**(Risk report)

리스크 보고서에는 포괄적 프로젝트 리스크(Overall project risk)의 유발원에 대한 정보가 포함되어 있는데, 역시 포괄적 프로젝트 리스크가 실행에 영향을 줄 수 있기 때문에 관련 정보를 참고해서 실행해야 합니다.

4.3.1.3 승인된 변경 요청(Approved change requests)

프로젝트를 진행하면서 생기는 여러 변경 요청들은 [통합 변경 통제 수행] 프로세스를 통해 승인 및 거부가 되며, 공식적으로 승인된 변경 요청은 실행에서 수행을 통해 변경을 처리해야 합니다.

4.3.1.4 기업 환경 요인(Enterprise environmental factors)

조직의 구조 및 문화, 기반 시설, 이해관계자의 리스크 한계선 같은 실행에 영향을 주거나 고려해야 할 기업 환경 요인들이 투입물로 사용될 수 있습니다. 또한 내부 기업 환경 요인인 프로젝트 관리 정보 시스템(PMIS)을 이용하여 프로젝트 작업을 지시하고 관리합니다.

4.3.1.5 조직 프로세스 자산(organizational process assets)

과거의 프로젝트 파일이나 정보들은 유용한 자료로 사용되며, 실행할 때 따라야 하는 조직 내부의 여러 절차도 따르면서 실행을 수행해야 합니다.

4.3.2 프로젝트 작업 지시 및 관리: 도구 및 기법

실행하는 과정에서 필요하면 전문가의 도움을 받으며, 회사의 PMIS를 이용하여 실행을 지시하고 관리합니다.

4.3.2.1 전문가 판단(Expert judgment)

실행하는 과정에 필요하면 전문가로부터 도움을 받을 수 있습니다.

4.3.2.2 프로젝트 관리 정보 시스템(Project management information system)

PMIS는 회사에서 운영하는 프로젝트 관리를 위한 시스템으로써 프로젝트 착수부터 종료까지 모두 사용될 수 있습니다. 프로젝트 관리자는 팀원에게 작업 지시를 시스템을 통해서 합니다.

4.3.2.3 회의(Meetings)

회의는 실행하는 동안에 여러 주제에 대해 논의하기 위해 사용됩니다.

4.3.3 프로젝트 작업 지시 및 관리: 산출물

실행하는 가장 큰 이유는 프로젝트의 인도물을 만드는 것이므로 인도물이 핵심 산출물입니다. 프로젝트의 최종 제품, 서비스, 결과물을 만들기 위해서는 다양한 인도물들이 생성되어야 합니다. 또한, 실제 작업을 수행했기 때문에 수행한 작업에 대한 실제 정보가 생성됩니다. 그래서 작업 성과 데이터도 주요 산출물이 됩니다.

4.3.3.1 인도물(Deliverables)

측정 가능하고 검증 가능한 다양한 인도물이 산출됩니다. 인도물은 최종 제품, 서비스 수행 역량, 결과물을 만들기 위해 필요한 것들입니다. 인도물은 제품을 구성하는 요소도 인도물이지만, 프로젝트 관리 목적으로 만든 문서들도 인도물입니다. 제품을 구성하는 인도물들은 나중에 제품에 포함되어 고객한테 인도되고, 관리 목적으로 만든 인도물인 문서들은 조직 프로세스 자산으로 축적해서 다음 프로젝트에 사용합니다. 인도물이 완료되고 나서 변경 요청으로 인해 여러 번 변경될 수 있습니다. 이러한 인도물의 버전 관리는 형상 관리를 통해서 관리되어야 합니다. 형상 관리 대상을 형상 항목(Configuration item)이라고 합니다. 인도물은 [품질 통제] 프로세스를 통해 품질 요구사항 및 품질 기준에 부합했는지 확인합니다.

4.3.3.2 작업 성과 데이터(Work performance data)

프로젝트 실행은 작업을 수행하는 것이므로 작업 완료 후에는 다양한 정보들이 수집되고 문서화됩니다. 예를 들면, 일정 진행률, 완성 인도물과 미완성 인도물, 활동의 시작일과 종료일, 실제 걸린 활동 기간, 실제 발생한 원가, 현재 진행 중인 일정 활동의 실제 완료율, 완료된 스토리 포인트 등이 있습니다.

잠깐! **스토리 포인트(Story point)란?**

스토리 포인트는 애자일에서 사용하는 용어입니다. 스토리 포인트를 이해하려면 우선 유저 스토리(User story)부터 이해해야 합니다. 애자일에서는 개발할 제품에 대한 요구사항을 스토리형태로 기술합니다. 예를 들면, 이러닝 사이트를 개발할 때 요구사항을 '교육생은 수강 신청을 위해 신청, 취소, 리스크 보기를 할 수 있다.'로 표현합니다. 이것을 유저 스토리라고 합니다.
스토리 포인트는 요구사항의 규모를 측정하는 단위를 말합니다. 요구사항에 대한 크기(복잡도)를 감안한 업무량을 의미하며, 스토리 점수가 높을수록 같은 사람이 했을 때 투입 공수가 더 많이 들어갑니다. 스토리 점수를 추정할 때는 상대적 개념을 사용합니다. 그리고 전체 스토리 중에서 투입 노력이 가장 적게 드는 스토리를 기준으로 합니다. 예를 들면, 사슴, 사자, 하마, 코끼리가 있다고 칩니다. 사슴의 몸무게가 가장 적으므로 일단 사슴의 몸무게를 1점으로 합니다. 그럼 사자의 몸무게는 얼마로 표현할 수 있을까요? 사람마다 다르게 추정하겠지만 일단 3점으로 하겠습니다. 그런 식으로 하마는 10점, 코끼리는 19점으로 추정합니다. 이 점수를 스토리 포인트라고 합니다. 만약 사슴의 몸무게가 90kg이라면 사자는 270kg이 됩니다. 이와 동일한 형태로 작업 규모를 추정합니다. A라는 작업의 스토리 포인트가 4점이고, 1점에 해당하는 평균 투입 공수가 개발자 1명이 5일 걸리는 작업이면, A라는 작업은 20일 걸리는 작업으로 추정할 수 있습니다.
평균 투입 공수는 팀에서 역량이 중간인 정도인 사람이 사용자 스토리를 구현할 때 소요되는 이상적인 작업 일수를 의미합니다. 스토리 규모는 변하지 않지만 투입 공수는 누가 하는가에 따라 달라질 수 있습니다. 스토리 점수를 일관성 있게 유지하려면 반드시 상대평가로 추정해야 합니다.

4.3.3.3 이슈 기록부(Issue log)

프로젝트를 실행하는 과정에서 다양한 이슈들이 발생합니다. 발생한 이슈는 이슈 기록부에 기록하고 해결할 때까지 관리하는 용도로 사용합니다. 이슈 기록부에는 이슈 유형, 발생 시점, 배정된 담당자, 목표 해결일, 현재 상태 등이 포함됩니다.

4.3.3.4 변경 요청(Change Requests)

변경 요청은 다양한 시점에서 발생할 수 있습니다. 실행하면서 필요하면 변경을 요청하게 되며, 변경은 [통합 변경 통제 수행]을 통해 처리됩니다. 변경 요청에는 다음을 포함합니다.

◆ 시정 조치(Corrective action)

계획보다 못한 실적을 계획에 맞추기 위해 취하는 여러 조치를 말합니다. 예를 들면, 일정이 지연된 경우 일정을 맞추기 위해 자원을 더 투입하거나 초과시간 근무를 하는 것도 시정 조치입니다.

◆ 예방 조치(Preventive action)

품질의 결함을 막기 위해 미리 노후된 장비를 바꾸거나 작업자에게 교육을 시키는 것도 예방 조치이며 리스크에 관련된 부정적 결과의 확률과 영향을 낮추기 위해 취하는 여러 조치도 예방 조치입니다.

◆ 결함 수정(Defect repair)

일반적으로 품질 통제를 통해 프로젝트의 결과물들을 확인하다 보면 결함이 발견되며, 그 결함을 수정하기 위해 취하는 여러 조치를 결함 수정이라고 합니다.

◆ 업데이트(Updates)

문서에 대한 수정이나 내용 추가 등에 대한 변경을 요청할 수 있습니다.

4.3.3.5 프로젝트 관리 계획서 업데이트(Project management plan updates)

프로젝트 관리 계획서에 관련된 변경 요청이 승인될 경우 프로젝트 관리 계획서를 업데이트시킵니다. 프로젝트 관리 계획서안에 포함된 일정 관리 계획서, 원가 관리 계획서, 품질 관리 계획서, 리스크 관리 계획서 등 다양한 부분이 업데이트될 수 있습니다.

4.3.3.6 프로젝트 문서 업데이트(Project document updates)

새로 추가되거나 수정할 사항으로 인해 활동 목록, 가정사항 기록부, 교훈 관리대장, 요구사항 문서, 리스크 관리대장, 이해관계자 관리대장 등이 업데이트될 수 있습니다.

4.3.3.7 조직 프로세스 자산 업데이트(Organizational process asset updates)

실행을 통해 생성된 여러 문서, 변경 사항 등으로 인해 조직 프로세스 자산에 해당하는 여러 요소들이 업데이트될 수 있습니다.

4.4 프로젝트 지식 관리(Manage Project Knowledge)

과거 유사한 프로젝트의 자료나 정보는 새로운 프로젝트를 수행할 때 유용한 자료로 활용할 수 있습니다. 또한 새로운 프로젝트를 수행하다 보면 새로운 정보나 자료가 생성되는데 이것은 다음 프로젝트에 또 유용한 자료로 활용할 수 있습니다. 기존 지식을 활용하고 새로운 지식을 만들어 가는 것을 [프로젝트 지식 관리] 프로세스가 담당하고 있습니다. *PMBOK® Guide*에는 자료나 정보를 계속 축적한 것을 조직 프로세스 자산이라고 하고 있습니다. 그래서 조직 프로세스 자산은 여러 프로세스의 투입물로 사용되며, 이는 과거의 자료를 활용하는 부분입니다. 또한 여러 프로세스의 산출물을 보면 조직 프로세스 자산 업데이트가 있습니다. 이는 새로운 자료나 정보를 축적하는 것을 의미합니다.

지식은 단어나 숫자, 그림 등을 이용해서 표현이 가능한 명시적 지식과 개인의 경험이나 노하우와 같이 표현하기 어려운 암묵적 지식이 있습니다. 지식 관리는 명시적 지식과 암묵적 지식 모두를 관리하는 것을 말합니다. 이런 지식을 공유하도록 강요하는 불가능하므로 지식을 공유할 수 있는 환경을 만들어 주는 것이 중요합니다.

[프로젝트 지식 관리] 프로세스는 실행 프로세스 그룹에 속하는데 프로젝트 착수, 기획, 실행, 감시 및 통제, 종료 중에 실행이 시간상 가장 길기 때문이라고 생각할 수 있습니다.

[표 4-12] 프로젝트 지식 관리의 ITTO

프로젝트 지식 관리(Manage Project Knowledge)		
지식영역: 통합 관리(Integration management)	프로세스 그룹: 실행(Executing)	
투입물	**도구 및 기법**	**산출물**
1. 프로젝트 관리 계획서 • 모든 구성요소 2. 프로젝트 문서 • 교훈 관리대장 • 프로젝트 팀 배정표 • 자원분류체계(RBS) • 이해관계자 관리대장 3. 인도물 4. 기업 환경 요인 5. 조직 프로세스 자산	1. 전문가 판단 2. 지식 관리 3. 정보 관리 4. 대인관계 및 팀 기술 • 적극적 경청 • 촉진 • 리더십 • 네트워킹 • 정치적 인식	1. 교훈 관리대장 2. 프로젝트 관리 계획서 업데이트 • 모든 구성요소 3. 조직 프로세스 자산 업데이트

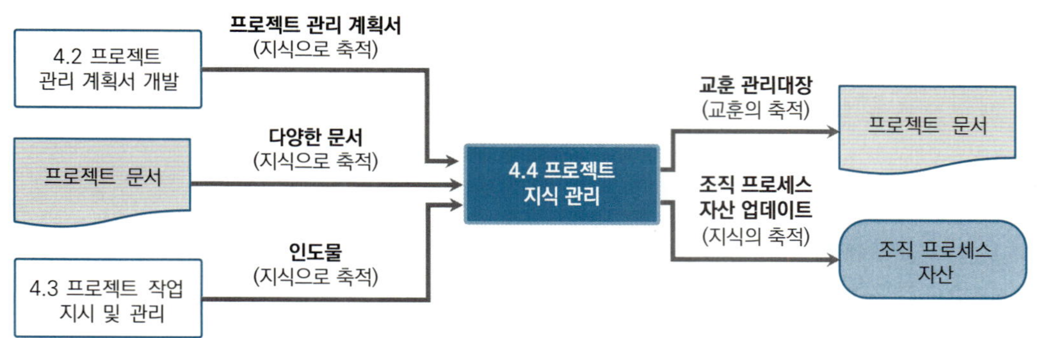

[그림 4-4] 프로젝트 지식 관리의 주요 흐름

[그림 4-4]는 [프로젝트 지식 관리]의 주요 흐름입니다. 프로젝트 관리 계획서, 다양한 문서, 인도물들은 계속 조직 프로세스 자산으로 축적해서 필요하면 활용할 수 있도록 합니다. [프로젝트 지식 관리]의 산출물들이 다른 프로세스에 투입되는 이유는 다음과 같습니다.

[표 4-13] 프로젝트 지식 관리 산출물의 투입 이유

교훈 관리대장 투입 프로세스	투입 이유
여러 프로세스	교훈은 생길 때마다 교훈 관리대장에 기록하고, 계속 활용합니다.
조직 프로세스 자산 투입 프로세스	**투입 이유**
여러 프로세스	새롭게 생성된 지식(자료 및 정보)은 계속 조직 프로세스 자산으로 축적하고 필요하면 활용합니다.

4.4.1 프로젝트 지식 관리: 투입물

새로 생성된 지식(정보 및 자료)은 계속 축적해야 다음에 활용할 수 있으므로, 축적해야 할 지식이 투입물이 됩니다.

4.4.1.1 프로젝트 관리 계획서(Project management plan)

새로 만든 프로젝트 관리 계획서의 모든 요소들은 중요한 지식 자산이므로 조직 프로세스 자산으로 축적하고, 프로젝트 진행 과정에서 새로 추가되는 내용은 업데이트합니다.

4.4.1.2 프로젝트 문서(Project documents)

프로젝트 문서들도 프로젝트 관리 계획서와 마찬가지로 중요한 지식 자산이므로 조직 프로세스 자산으로 축적하고, 프로젝트 진행 과정에서 새로 추가되는 내용은 업데이트합니다.

◆ 교훈 관리대장(Lessons learned register)

과거 유사한 프로젝트에서 어떻게 지식 관리를 했는지 살펴보고 좋은 정보가 있으면 활용합니다.

◆ 프로젝트 팀 배정표(Project team assignments)

프로젝트 팀 배정표에 포함된 팀원에 대한 역량, 경험의 종류 같은 정보는 지식 자산으로 축적할 중요한 정보입니다. 자세한 정보는 9.3.3.2를 참고합니다.

◆ 자원분류체계(Resource breakdown structure)

자원분류체계(RBS)는 자원을 사람, 장비, 자재 등 유형별로 분류한 것입니다. 자원에 대한 추가 정보들도 포함할 수 있는데, 이러한 정보도 중요하므로 프로젝트 지식으로 축적합니다. 자세한 정보는 9.2.3.3을 참고합니다.

◆ 이해관계자 관리대장(Stakeholder register)

이해관계자 관리대장에서는 식별된 이해관계자들에 대한 개인신상 정보, 기대사항, 영향력 등 다양한 정보가 포함되어 있습니다. 이런 정보도 중요하므로 지식 자산으로 축적합니다. 자세한 정보는 13.1.3.1을 참고합니다.

4.4.1.3 인도물(Deliverables)

인도물에는 문서도 있으며, 기준선 같은 중요한 문서는 지식 자산으로 축적하고 다음에 유사 프로젝트에서 유용하게 활용할 수 있습니다.

4.4.1.4 기업 환경 요인(Enterprise environmental factors)

조직의 문화, 자원의 지리적 분포, 조직의 지식 전문가, 기밀 유지에 대한 규제사항 등의 기업 환경 요인은 지식 관리에 영향을 줄 수 있습니다.

4.4.1.5 조직 프로세스 자산(Organizational process assets)

기밀 유지나 정보 관리에 대한 조직의 정책이나 절차, 공식적 지식 공유 및 정보 공유 절차는 지식 관리에 영향을 줄 수 있습니다.

4.4.2 프로젝트 지식 관리: 도구 및 기법

[프로젝트 지식 관리]의 도구 및 기법은 지식을 모으고, 저장하고 관리하는데 필요한 것들이 사용됩니다.

4.4.2.1 전문가 판단(Expert judgment)

필요하면 지식 관리나 정보 관리에 대한 전문가로부터 도움을 받을 수 있습니다.

4.4.2.2 지식 관리(Knowledge management)

사람들이 가진 지식을 도출하고 공유하기 위해 소셜 네트워킹, 가상 회의, 포커스 그룹, 세미나 등 다양한 도구와 기법을 사용할 수 있습니다.

4.4.2.3 정보 관리(Knowledge management)

정보는 저장하지 않으면 곧 사라지므로 중요한 정보는 계속 저장하고 공유할 필요가 있습니다. 예를 들면, 교훈은 교훈 관리대장을 이용해서 저장 및 공유하고, 프로젝트 관리에 대한 문서들은 PMIS(Project management information system)를 이용해서 저장 및 공유합니다.

잠깐! Work shadowing, Reverse shadowing

Shadow를 영어사전에서 찾아보면 '그림자, 어둠, 그늘'이라는 뜻도 있지만 '(누군가로부터 무엇을 배우기 위해) 함께 하다.'라는 뜻이 있습니다. Work shadowing은 다른 말로 Job shadowing이라고도 하며, 실제 일하는 사람을 쫓아다니면서 일에 대해 간접체험을 하는 것을 말합니다.

Reverse는 사전적 의미로 '(위치나 기능을) 서로 바꾸다, 뒤바꾸다, 반전시키다' 등의 뜻이 있습니다. Reverse shadowing은 Reverse job shadowing을 말합니다. Work shadowing은 학습자가 실무 현장을 방문하는 것이지만 Reverse shadowing은 그 반대로 실무자가 학습자가 있는 곳을 방문해서 경험을 공유하는 것을 말합니다. Work shadowing과 Reverse shadowing 둘 다 경험과 지식을 공유하는 방법으로 사용됩니다.

4.4.2.4 대인관계 및 팀 기술(Interpersonal and team skills)

지식을 갖고 있는 것은 사람이며, 사람들끼리 지식을 공유하려면 서로 만나야 하므로 대인관계 및 팀 기술이 사용됩니다. 자주 사용될 수 있는 것이 다른 사람의 얘기를 잘 들어주는 적극적 경청, 그룹에서 효과적으로 결론을 이끌어내도록 하는 촉진, 사람들 간의 교류를 위한 네트워킹 등이 있습니다.

4.4.3 프로젝트 지식 관리: 산출물

[프로젝트 지식 관리]는 지식을 축적하고 활용하는 역할이므로 산출물은 축적된 지식이며, 지식은 조직 프로세스 자산으로 축적합니다.

4.4.3.1 교훈 관리대장(Lessons learned register)

교훈은 생길 때마다 기록으로 남겨놓지 않으면 나중에는 기억나지 않아서 기록으로 남길 수가 없습니다. 교훈을 수시로 기록하는 문서를 '교훈 관리대장'이라고 하며, 다른 프로세스의 투입물로 많이 활용됩니다. 왜냐하면 똑같은 실수를 막고, 미리 문제를 예측하는 데 도움이 되기 때문입니다. 프로젝트나 단계가 끝나면 교훈 저장소(Lessons learned repository)라고 하는 조직 프로세스 자산으로 정보가 이전됩니다.

4.4.3.2 프로젝트 관리 계획서 업데이트(Project management plan updates)

프로젝트를 실행하는 도중에 프로젝트 관리 계획서에 대한 변경 요청이 승인되었다면, 승인된 변경 요청으로 인해 프로젝트 관리 계획서가 업데이트될 수 있습니다.

4.4.3.3 조직 프로세스 자산 업데이트(Organizational process assets updates)

조직 프로세스 자산이라는 것이 프로젝트를 수행하면서 생긴 여러 산출물을 축적한 것을 의미하기 때문에 [프로젝트 지식 관리]의 가장 핵심 산출물로 볼 수 있습니다. 결국 축적된 지식(정보와 데이터)은 문서 형태로 조직 프로세스 자산으로 계속 축적해야 필요할 때 활용할 수 있습니다.

4.5 프로젝트 작업 감시 및 통제(Monitor and Control Project Work)

[프로젝트 작업 감시 및 통제] 프로세스는 프로젝트 관리에 왜 필요할까요? 프로젝트가 항상 계획대로만 진행된다면 더할 나위 없겠지만, 일반적으로 계획대로 진행되는 프로젝트는 매우 드뭅니다. 따라서 '감시'를 통해 프로젝트 진행상태를 계속 체크하고, 필요하면 프로젝트가 계획을 벗어나지 않도록 적절한 '통제'를 해야 합니다. 프로젝트 실행의 결과가 항상 계획과 똑같다면 굳이 감시 및 통제를 할 필요가 없을 것입니다. 사실상 계획대로 프로젝트를 수행하는 것은 불가능하므로 프로젝트에서 감시 및 통제는 필수 요소입니다. 통제라는 것은 기본적으로 부족한 실적을 계획에 맞추는 역할입니다. 그래서 계획과 실적이 같은지 아니면 차이가 나는지 알아야 합니다. 차이를 분석할 때 프로젝트 관리 계획서를 기준으로 사용합니다. 계획보다 좋거나 계획과 동일하게 실적이 나오면 통제를 할 필요가 없습니다. 따라서 **계획과 실적의 차이를 식별**하고 성과가 낮은 경우에는 성과를 향상하기 위한 조치를 계속 해야 합니다. 이러한 조치를 승인도 없이 특정 개인이 마음대로 처리해서는 문제가 발생합니다. 따라서 성과를 맞추기 위한 조치들은 변경 요청으로 먼저 제출을 하고 승인된 후에 처리하면 됩니다. 변경 요청 안에는 시정 조치(Corrective action), 예방 조치(Preventive action), 결함 수정(Defect repair)이 포함되어 있습니다.

프로젝트 리스크도 감시의 대상입니다. 리스크는 불확실성을 내포하고 있기 때문에 발생할 수도 있고, 발생하지 않을 수도 있으므로 지속해서 감시가 필요하게 됩니다. 변경도 통제의 대상입니다. 승인된 변경만 처리되도록 하려면 변경도 통제가 되어야 합니다. [프로젝트 작업 감시 및 통제]는 통합 관리에 속하는 상위 프로세스입니다. 부분적인 일정 통제, 원가 통제, 품질 통제 등은 담당하는 프로세스가 다 있습니다. [프로젝트 작업 감시 및 통제]는 부분적인 통제 프로세스들보다 상위 수준에서 프로젝트 진행 상황을 검토하고 작업 성과 보고서를 만드는 프로세스입니다. 프로세스 명칭에 '감시 및 통제'가 들어가 있지만 실질적으로 이 프로세스의 핵심 역할은 작업 성과 보고서에 들어갈 내용을 취합해서 **'작업 성과 보고서'를 만드는 것**입니다. 또한 계획과 실적을 비교하는 것도 주요 역할입니다. 일반적으로 성과 보고서는 프로젝트 관리자가 다른 관련 이해관계자에게 배포하기 위해서 만듭니다. 성과 보고서를 배포하는 방법은 프레젠테이션, 보고, 회의 등 다양할 수 있습니다. 그리고 감시 및 통제는 당연히 프로젝트 전반에 걸쳐서 늘 해야 합니다.

[표 4-14] 프로젝트 작업 감시 및 통제의 ITTO

프로젝트 작업 감시 및 통제(Monitor and Control Project Work)		
지식영역: 통합 관리(Integration management)	프로세스 그룹: 감시 및 통제 (Monitoring and controlling)	
투입물	**도구 및 기법**	**산출물**
1. 프로젝트 관리 계획서 • 모든 구성요소 2. 프로젝트 문서 • 가정사항 기록부 • 산정 기준서 • 원가 예측치 • 이슈 기록부 • 교훈 관리대장 • 마일스톤 목록 • 품질 보고서 • 리스크 관리대장 • 리스크 보고서 • 일정 예측치 3. 작업 성과 정보 4. 협약 5. 기업 환경 요인 6. 조직 프로세스 자산	1. 전문가 판단 2. 데이터 분석 • 대안 분석 • 비용-편익 분석 • 획득가치 분석 • 원인 분석 • 추세 분석 • 차이 분석 3. 의사결정 • 투표 4. 회의	1. 작업 성과 보고서 2. 변경 요청 3. 프로젝트 관리 계획서 업데이트 • 모든 구성요소 4. 프로젝트 문서 업데이트 • 원가 예측치 • 이슈 기록부 • 교훈 관리대장 • 리스크 관리대장 • 일정 예측치

[표 4-14]는 [프로젝트 작업 감시 및 통제]의 투입물, 도구 및 기법, 산출물입니다. 프로젝트 관리 계획서에 따라 프로젝트를 수행하는지 확인하고, 작업 성과 보고서에 들어갈 내용을 투입물로 사용해서 이해관계자에게 배포하기 위한 '작업 성과 보고서'를 작성합니다.

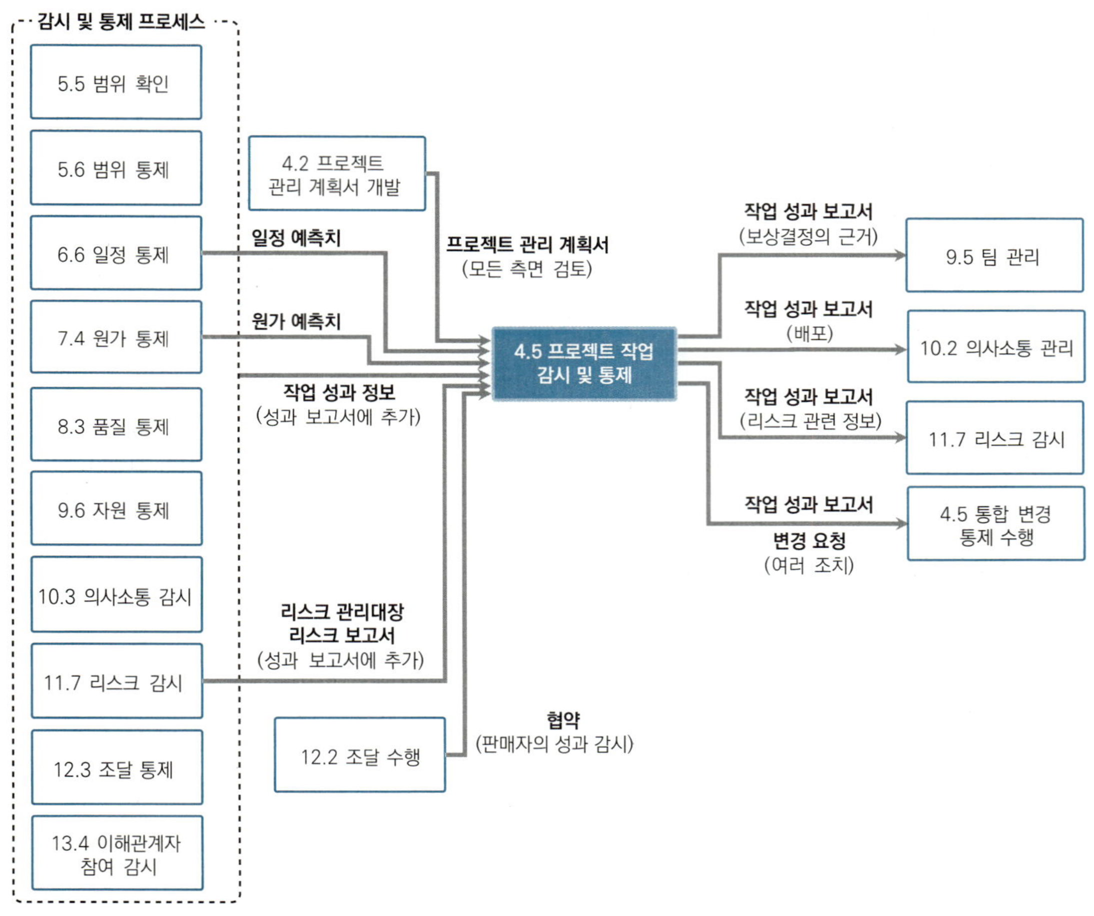

[그림 4-5] 프로젝트 작업 감시 및 통제 주요 흐름

[그림 4-5]는 [프로젝트 작업 감시 및 통제]의 주요 흐름을 표현했습니다. 핵심 흐름을 보면 이해관계자에게 주기적으로 성과 정보를 알려주기 위해 필요한 정보들을 투입물로 사용해서 작업 성과 보고서를 작성하는 흐름입니다. 작업 성과 보고서를 배포하는 것은 [의사소통 관리] 프로세스가 담당합니다. [프로젝트 작업 감시 및 통제]의 산출물들이 다른 프로세스에 투입되는 이유를 각각 분리해서 보면 다음과 같습니다.

[표 4-15] 프로젝트 작업 감시 및 통제 산출물의 투입 이유

변경 요청 투입 프로세스	투입 이유
4.5 통합 변경 통제 수행	모든 변경 요청은 공식적인 절차와 검토에 의해 승인을 받아야만 처리할 수 있기 때문에 승인을 받기 위해서 투입.
작업 성과 보고서 투입 프로세스	**투입 이유**
4.5 통합 변경 통제 수행	변경을 승인 또는 거부할 때 관련된 정보를 참고하기 위해서.
9.5 팀 관리	성과 정보는 팀원에 대한 인정과 보상을 결정하는 데 도움이 되기 때문에.
10.2 의사소통 관리	작업 성과 보고서를 관련된 이해관계자들에게 배포하기 위해서.
11.7 리스크 감시	리스크를 감시할 때 작업 성과 보고서에 포함된 차이 분석 결과, 획득가치 분석 데이터, 예측치 등을 고려하기 위해서.

4.5.1 프로젝트 작업 감시 및 통제: 투입물

작업 성과 보고서를 만들기 위해 필요한 것들이 투입물이 됩니다.

4.5.1.1 프로젝트 관리 계획서(Project management plan)

감시 및 통제는 특정 부분만 하는 것이 아니라 프로젝트 관리 계획서에 포함된 모든 부분이 감시 및 통제의 대상이 됩니다. 프로젝트의 모든 측면에 대해 항상 감시 및 통제가 되어야 합니다. 또한 계획은 실적을 비교하는 기준으로 사용됩니다.

4.5.1.2 프로젝트 문서(Project documents)

작업 성과 보고서에 들어갈 여러 가지 문서들이 투입물로 사용됩니다.

◆ 가정사항 기록부(Assumption log)

가정사항 기록부에는 식별된 가정과 제약이 포함되어 있습니다. 가정은 빗나갈 경우 문제가 생길 수 있으므로 주기적으로 감시해서 가정이 유효한지 확인해야 합니다.

◆ 산정 기준서(Basis of estimates)

Estimate는 사전적 의미로 '추정하다, 견적하다, 평가하다' 등의 뜻이 있습니다. *PMBOK® Guide*에는 Estimate가 들어가는 프로세스가 총 3개가 있습니다. [활동 기간 산정], [원가 산정], [활동 자원 산정]입니다. 이 프로세스들은 모두 미래에 대해 수치로 예

측하는 프로세스입니다. 산정할 때 아무 근거도 없이 막연히 상상만으로 산정하지 않습니다. 여러 가지 자료를 기반으로 산정하게 되는데요, 이것을 '산정 기준서'라고 합니다. [프로젝트 감시 및 통제]를 통해 프로젝트의 성과가 낮을 경우 시정 조치를 취하게 되는데, 시정 조치를 결정할 때 처음에 무슨 기준으로 산정했는지 관련 먼저 검토한 후에 가장 적합한 시정 조치를 결정하게 됩니다. 그래서 산정 기준서가 [프로젝트 감시 및 통제]의 투입물로 사용됩니다.

◆ **원가 예측치**(Cost forecasts)

원가 예측치는 현재까지의 성과를 기반으로 미래에 원가가 얼마나 필요한지 예측한 것을 말합니다. 지금까지 원가 성과가 좋았으면 프로젝트 종료 시 계획한 예산보다 적게 돈이 들어갈 것으로 예측할 수 있습니다. 반대로 지금까지 원가 성과가 안 좋았다면, 향후 프로젝트 종료 시 돈이 계획보다 초과될 것으로 예측할 수 있습니다. 만약 예산이 초과될 것으로 예상된다면 미리 조치를 취해서 계획된 예산안에 끝낼 수 있도록 해야 합니다. 원가 예측치를 기반으로 원가 성과를 맞추기 위한 변경 요청이 제기될 수 있습니다. 그리고 원가 예측치는 작업 성과 보고서에 포함시켜서 주기적으로 이해관계자에게 알려줘야 합니다.

◆ **이슈 기록부**(Issue log)

이슈는 언제든지 발생할 수 있는데, 이슈가 생기면 해결하기 위해서 이슈 기록부에 문서화하고 해결 목표일과 책임자를 결정해서 이슈를 관리합니다.

◆ **교훈 관리대장**(Lessons learned register)

[프로젝트 작업 감시 및 통제]를 통해 계획과 실적을 비교하다 보면 부족한 실적을 계획에 맞추기 위한 시정 조치나 예방 조치가 필요합니다. 과거의 교훈에는 효과적이었던 시정 조치나 예방 조치에 대한 정보가 있을 수 있습니다. 과거의 교훈을 이용해서 이번에 필요한 가장 좋은 시정 조치나 예방조치를 결정합니다. 결정된 시정 조치 및 예방 조치는 변경 요청을 한 후 승인받은 후에 수행합니다.

◆ **마일스톤 목록**(Milestone list)

사전에 계획한 마일스톤을 적시에 달성했는지 확인하고 이와 관련된 정보를 작업 성과 보고서에 담아서 주기적으로 이해관계자에게 알려줍니다.

◆ 품질 보고서(Quality report)

품질 보고서는 [품질 관리] 프로세스의 산출물로써 프로젝트를 실행하는 동안에 생성된 품질 관련 정보를 포함하는 문서입니다. 품질 이슈, 프로젝트 및 제품 개선사항, 프로세스 개선사항 등에 대한 내용을 포함하고 있습니다. 보고서는 왜 만들까요? 말 그대로 누군가에게 정보를 전달하기 위해서 만듭니다. 품질 보고서도 품질에 대한 정보를 전달하기 위해 만든 문서이고, 이 내용도 작업 성과 보고서에 포함되어 이해관계자에게 전달됩니다.

◆ 리스크 관리대장(Risk register)

리스크 관리 대장에서는 식별된 리스크 정보와 리스크 상태(발생 전, 발생, 처리 완료)에 대한 정보도 포함됩니다. 이러한 정보도 작업 성과 보고서에 담아서 주기적으로 관련 이해관계자에게 전달합니다.

◆ 리스크 보고서(Risk report)

리스크 보고서에는 개별 리스크에 대한 요약 정보 및 포괄적 프로젝트 리스크에 대한 정보가 포함되어 있습니다. 앞에서 설명한 품질 보고서처럼 리스크 보고서도 리스크에 대한 정보를 이해관계자에게 전달하기 위해 만든 문서입니다. 리스크에 대한 요약 정보도 작업 성과 보고서에 포함시켜 주기적으로 이해관계자에게 전달합니다.

◆ 일정 예측치(Schedule forecasts)

일정 예측치는 앞에서 설명한 원가 예측치처럼 현재까지의 성과를 기반으로 향후 일정이 계획보다 지연되어 끝날 것인지, 계획보다 일찍 끝날 것인지 예측한 것을 말합니다. 향후 프로젝트 일정이 어떻게 될지 이해관계자에게 알려주기 위해서 일정 예측치도 작업 성과 보고서에 담아서 주기적으로 이해관계자에게 전달합니다.

4.5.1.3 작업 성과 정보(Work performance information)

작업 성과 보고서는 [그림 4-5]에서 보듯이 범위 통제, 일정 통제, 원가 통제 등 여러 통제 프로세스를 통해 생성된 작업 성과 정보를 합쳐서 문서화한 것입니다. 따라서 작업 성과 정보는 작업 성과 보고서 작성의 가장 핵심 투입물입니다.

4.5.1.4 협약(Agreements)

프로젝트 범위의 일부를 외부 업체에 외주를 줄 경우 외부 업체가 계약서의 내용을 준수하는지 감시하고 필요하면 시정 조치를 요구해야 합니다. 외부 업체를 감시할 때 계약서를 기준으로 성과를 감시합니다.

4.5.1.5 기업 환경 요인(Enterprise environmental factors)

프로젝트를 감시 및 통제할 때 조직의 프로젝트 관리 정보 시스템(PMIS)을 이용합니다.

4.5.1.6 조직 프로세스 자산(Organizational process assets)

과거의 교훈을 이용하고, 조직의 감시 및 보고 방법이나 프로세스, 절차에 따라서 프로젝트 작업을 감시 및 통제합니다.

4.5.2 프로젝트 작업 감시 및 통제: 도구 및 기법

[프로젝트 작업 감시 및 통제]의 주 역할은 작업 성과 보고서를 만드는 것이므로 작업 성과 보고서를 만들기 위해 투입물의 정보를 기반으로 관련 이해관계자들이 모여서 여러 가지 분석이나 의사결정을 진행합니다.

4.5.2.1 전문가 판단(Expert judgment)

작업 성과 보고서를 준비할 때 여러 가지 분석을 하는 과정에서 필요하면 전문가의 도움을 받을 수 있습니다.

4.5.2.2 데이터 분석(Data analysis)

작업 성과 보고서를 만들기 위해 여러 성과 정보 및 기타 분석을 수행합니다.

◆ 대안 분석(Alternatives analysis)

대안은 가장 좋은 방법을 결정하기 위해서 여러 가지 좋은 아이디어를 내는 것을 의미합니다. 감시를 하다가 성과가 낮은 부분을 계획에 맞추기 위해 시정 조치를 어떻게 하는 것이 좋을지 가장 좋은 방법을 결정해야 합니다. 가장 좋은 방법은 여러 아이디어 중에 가장 좋은 아이디어를 골라야 하므로 다양한 아이디어가 많이 나와야 합니다. 앞으로 대안 분석이 기법으로 나오면 최선의 방법이나 조치를 결정하기 위해 다양한 아이디어를 낸다고 생각하면 됩니다.

◆ **비용-편익 분석**(Cost-benefit analysis)

비용-편익 분석은 들어가는 비용 대비 들어오는 편익이 적정한가 분석하는 것입니다. 비용은 많이 들어가는데, 들어오는 편익이 적으면 손해이므로 비용을 조정할 수도 있습니다. 프로젝트를 통제하기 위해서 시정 조치를 취하려면 비용이 발생합니다. 비용을 투입한 만큼 얻는 편익이 높아야 비용을 투입하는 가치가 있습니다. 어느 정도 비용을 투입해서 어느 정도 편익을 얻을 것인지 분석해서 최선의 시정 조치를 결정합니다.

◆ **획득가치 분석**(Earned value analysis)

획득가치 분석은 프로젝트의 일정 성과, 원가 성과를 측정할 때 사용하는 방법입니다. 작업 성과 보고서를 작성하기 위해 성과를 분석할 때 획득가치 분석을 활용하여 일정 성과나 원가 성과를 측정할 수 있습니다.

◆ **근본 원인 분석**(Root cause analysis)

프로젝트의 일정이 지연되거나 원가가 초과되는 근본 원인을 알아야 정확한 조치를 통해 향후 같은 문제를 예방할 수 있습니다. 성과가 낮은 부분이 왜 낮은지 그 이유를 정확하게 확인하는 과정이 필요합니다.

◆ **추세 분석**(Trend analysis)

작업 성과 보고서에는 현재 상태에 대한 정보뿐만 아니라 미래에 대한 예측치도 들어갑니다. 지금까지의 성과가 계획보다 높다면 좋지만, 만약 지금까지의 성과가 계획보다 낮으면 조치를 취해서 계획대로 끝내도록 해야 합니다. 추세 분석한 결과도 작업 성과 보고서에 들어갑니다.

◆ **차이 분석**(Variance analysis)

차이 분석은 계획과 실적의 차이를 분석하는 것입니다. 계획과 실적을 비교해서 성과를 측정하고 시정 조치를 수행하는 것은 감시 및 통제의 가장 기본 역할입니다. 그래서 차이 분석은 여러 감시 및 통제 프로세스의 기법으로 자주 쓰입니다. [프로젝트 작업 감시 및 통제]는 통합 관리 프로세스로서 범위, 원가, 일정 등의 부분적 통제 프로세스들을 다 포함한 통합적인 관점에서 프로젝트 전반의 차이를 파악합니다.

4.5.2.3 의사 결정(Decision making)

의사 결정에는 다기준 의사결정 분석과 투표가 있는데, 여기서는 투표를 사용합니다.

◆ **투표(Voting)**

투표는 여러 사람이 의견에 합의를 볼 때 사용하는 방법입니다. 성과 분석의 결과로 시정 조치나 예방 조치를 결정할 때 투표를 통해 결정할 수 있습니다.

4.5.2.4 회의(Meetings)

회의는 여러 사람이 모여서 논의하는 모임을 말합니다. 따라서 회의는 여러 사람이 모여서 논의가 필요한 상황이라면 언제든지 할 수 있습니다. [프로젝트 작업 감시 및 통제]에서 사용하는 대안 분석, 획득가치 분석, 추세 분석 등은 한 개인이 분석하는 것이 아니라 여러 사람이 모여서 같이 하는 것이 일반적입니다.

4.5.3 프로젝트 작업 감시 및 통제: 산출물

[프로젝트 작업 감시 및 통제]의 가장 핵심 산출물은 작업 성과 보고서입니다. 성과를 분석하면 항상 같이 산출물로 나오는 것이 시정 조치나 예방 조치에 대한 변경 요청입니다.

4.5.3.1 작업 성과 보고서(Work performance reports)

작업 성과 정보 및 기타 정보들을 취합해서 이해관계자에게 전달할 작업 성과 보고서를 작성합니다. 작업 성과 보고서를 전달하는 것은 [의사소통 관리] 프로세스가 담당합니다.

4.5.3.2 변경 요청(Change requests)

부족한 실적을 계획에 맞추기 위해 필요한 변경을 요청하게 되며, 이 변경 요청은 [통합 변경 통제 수행]을 통해 처리되며, 승인된 변경은 실행에서 수행하거나 계획을 업데이트합니다. 변경에는 4.3장에서 설명한 대로 시정 조치, 예방 조치, 결함 수정이 포함됩니다.

4.5.3.3 프로젝트 관리 계획서 업데이트(Project management plan updates)

[프로젝트 작업 감시 및 통제] 중에 식별된 변경이 변경 통제 프로세스를 통해 승인될 경우 그 내용이 프로젝트 관리 계획서에 추가될 수 있습니다.

4.5.3.4 프로젝트 문서 업데이트(Project documents updates)

[프로젝트 작업 감시 및 통제]를 수행하는 과정에서 생긴 정보로 인해 여러 문서가 업데이트될 수 있습니다.

◆ 원가 예측치(Cost forecasts)

프로젝트의 성과를 분석하다 보면 기존의 원가 예측치를 수정이 필요할 수 있습니다.

◆ 이슈 기록부(Issue log)

프로젝트를 감시하는 과정에서 새로 발생한 이슈는 이슈 기록부에 기록합니다.

◆ 교훈 관리대장(Lessons learned report)

계획과 실적의 차이에 대한 효과적인 대응 조치, 시정 조치, 예방 조치 등은 교훈으로 남겨놓습니다.

◆ 일정 예측치(Schedule forecasts)

프로젝트의 성과를 분석하다 보면 기존의 일정 예측치를 수정이 필요할 수 있습니다.

4.6 통합 변경 통제 수행(Perform Integrated Change Control)

[통합 변경 통제 수행] 프로세스는 말 그대로 모든 변경을 통제하는 프로세스입니다. 변경을 통제한다는 것은 승인된 변경만 처리되도록 하는 것을 말합니다. 그래서 이 프로세스는 변경 요청을 검토하고 변경을 승인하고 결정 사항을 관련 이해관계자에게 전달하는 통합적인 변경 관리 활동을 수행하는 프로세스입니다. 여러분이 그동안 프로젝트를 진행하면서 변경 없이 프로젝트를 수행한 적은 아마 한 번도 없었을 것입니다. 범위 변경, 일정 변경, 자원 변

경, 요구사항 변경 등 다양한 변경을 경험했으리라 생각합니다. 프로젝트는 미래를 예측하고 진행하는 부분이 많고, 예측한 대로 항상 똑같이 수행되는 것은 불가능하므로 프로젝트를 수행하면서 다양한 변경이 생기는 것은 피할 수 없는 부분입니다.

문제는 이러한 변경이 간단하게 처리될 수 있는 부분이 아니라는 것입니다. 어떤 변경은 간단히 처리할 수도 있겠지만 어떤 변경은 프로젝트에 매우 심각한 영향을 줄 수도 있고 또, 프로젝트 관리 프로세스들은 서로 연관성을 갖고 있으므로 어떤 하나의 변경은 다른 부분에 영향을 줄 수 있기 때문에 통합적으로 관리가 되어야 합니다. 그래서 프로세스 이름에도 **'통합'**이 포함되어 있습니다. 변경은 반드시 공식적인 절차에 따라 처리가 되어야 합니다. 절차에 의해 **승인된 변경들은 실행에서 수행하거나 기준선을 수정**하기도 합니다.

[통합 변경 통제 수행]은 다음과 같은 활동을 수행합니다.

- 모든 변경 요청을 검토, 분석, 승인하기.
- 승인된 변경들만 수행되도록 조치하기.
- 승인된 변경만 프로젝트 관리 계획서나 프로젝트 문서에 포함되도록 관리하기.
- 프로젝트 전반에 걸쳐 변경을 조정하기.
- 완료된 변경 요청의 영향을 문서화하고 관련 이해관계자에게 전달하기.

변경 요청은 이해관계자가 처음에 말로 할 수 있지만, 반드시 문서화하여 변경 관리 시스템에 입력해야 합니다. 변경 요청에 대한 승인은 일부 변경에 대해서 프로젝트 관리자가 승인 권한을 갖고 있지만 보통 변경 통제 위원회를 통해 변경이 처리됩니다. **'변경 통제 위원회(Change control board, CCB)'**는 프로젝트의 변경을 승인 또는 거부하는 역할을 하며, 변경에 대한 승인 권한이 있는 사람들이 위원회를 구성하여 변경을 처리합니다. 계약 하에서 진행하는 프로젝트라면 고객의 승인을 요구할 수도 있습니다.

핵심 용어

변경 통제 위원회(Change control board)

변경 통제 위원회는 변경에 대한 승인 또는 거부의 권한을 가진 위원회로서 사전에 주요 이해관계자들의 합의에 의해 CCB의 권한 및 수행 역할을 정의하고 프로젝트를 진행하면서 생기는 여러 변경에 대한 승인을 담당합니다.

중요한 항목에 대한 변경을 체계적으로 관리하기 위해서는 형상 관리 시스템이 필요합니다. 형상 관리는 인도물 및 프로세스의 사양에 초점을 두지만, 변경 통제는 프로젝트 및 제품 기준에 대한 변경을 식별, 문서화, 통제하는 데 초점을 둡니다. 형상 관리는 중요 인도물에 대한 '버전 관리'로 생각하면 이해하기 좋습니다. 형상 관리는 지정된 항목에 대한 변경의 등록, 평가, 승인, 추적을 총괄 관리합니다.

잠깐! **프로젝트에서 변경을 처리하는 흐름**

프로젝트에서 변경 발생 → 변경의 영향력 분석 → 문서로 변경 요청 → 변경 요청 승인 및 거부(CCB) → 승인된 변경 요청을 계획에 반영시키거나 실행에서 수행 → 승인된 사항은 관련된 이해당사자에게 통보

[표 4-16] 통합 변경 통제 수행의 ITTO

통합 변경 통제 수행(Perform Integrated Change Control)		
지식영역: 통합 관리(Integration management)	프로세스 그룹: 감시 및 통제 (Monitoring and controlling)	
투입물	**도구 및 기법**	**산출물**
1. 프로젝트 관리 계획서 • 변경 관리 계획서 • 형상 관리 계획서 • 범위 기준선 • 일정 기준선 • 원가 기준선 2. 프로젝트 문서 • 산정 기준서 • 요구사항 추적 매트릭스 • 리스크 보고서 3. 작업 성과 보고서 4. 변경 요청 5. 기업 환경 요인 6. 조직 프로세스 자산	1. 전문가 판단 2. 변경 통제 도구 3. 데이터 분석 • 대안 분석 • 비용-편익 분석 4. 의사결정 • 투표 • 독단적 의사결정 • 다기준 의사결정 분석 5. 회의	1. 승인된 변경 요청 2. 프로젝트 관리 계획서 업데이트 • 모든 구성요소 3. 프로젝트 문서 업데이트 • 변경사항 기록부

[표 4-16]은 [통합 변경 통제 수행]의 투입물, 도구 및 기법, 산출물입니다. 프로젝트 관리 계획서에 포함된 변경 관리 계획서와 형상 관리 계획서에 따라 여러 변경을 시기적절하게 검토하고 승인합니다.

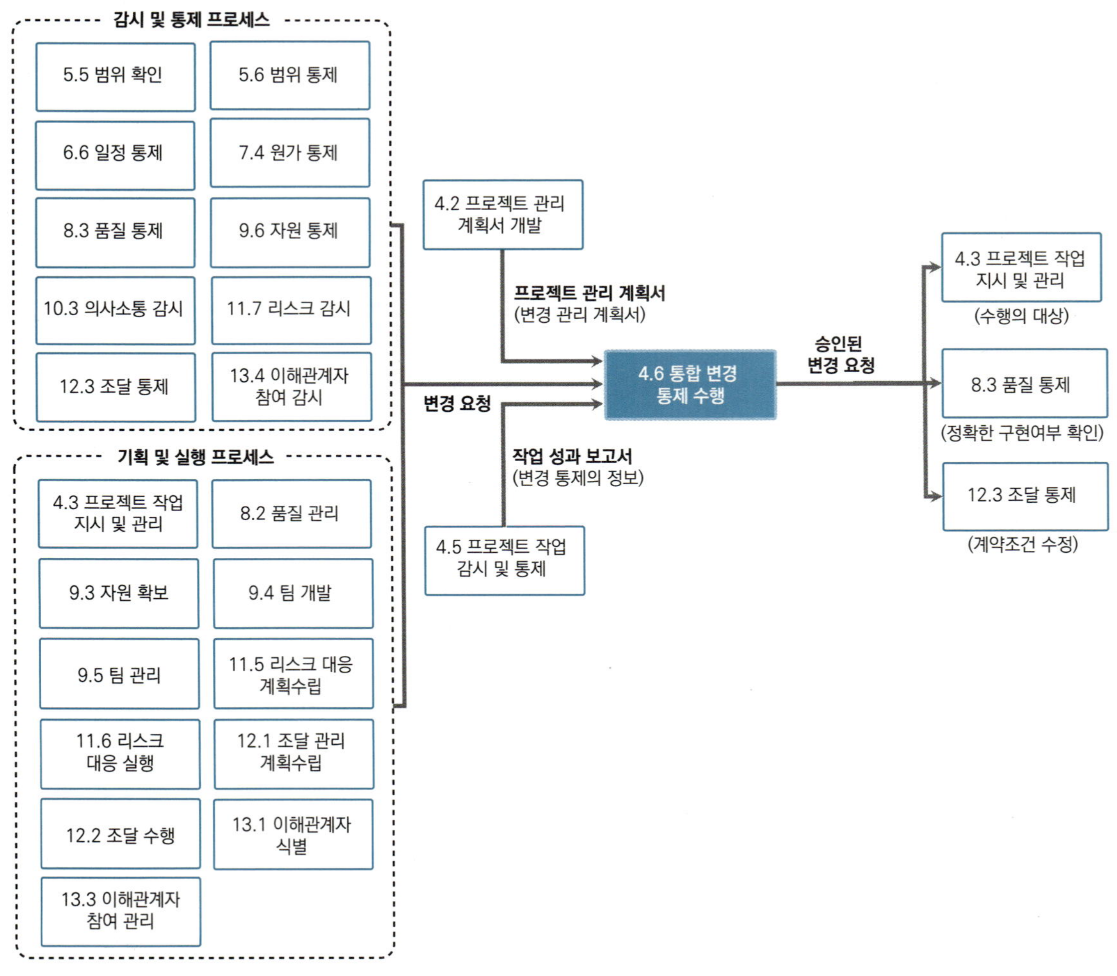

[그림 4-5] 통합 변경 통제 수행의 주요 흐름

[그림 4-5]는 [통합 변경 통제 수행] 프로세스의 주요 흐름을 표현했습니다. 핵심 흐름을 보면 프로젝트의 모든 변경 요청들이 [통합 변경 통제 수행]으로 투입되고, 변경 통제 회의를 통해 승인 및 거부가 되며, 승인된 변경은 다른 프로세스의 투입물이 됩니다. 승인된 변경 요청이 다른 프로세스에 투입되는 이유는 다음과 같습니다.

[표 4-17] 통합 변경 통제 수행 산출물의 투입 이유

승인된 변경 요청 투입 프로세스	투입 이유
4.3 프로젝트 작업 지시 및 관리	공식 승인된 변경은 실행에서 수행하기 때문에.
8.3 품질 통제	승인된 변경이 요구된 시점에 정확하게 수행되었는지 확인하기 위해서 [품질 통제]로 투입하며, 확인 후 제대로 처리가 안 된 승인된 변경은 재작업이 필요함.
12.3 조달 통제	승인된 변경 때문에 계약서의 조항이나 조건이 수정됨.

4.6.1 통합 변경 통제 수행: 투입물

프로젝트의 모든 변경 요청은 반드시 [통합 변경 통제 수행]의 투입물로 들어와야 합니다. 또한 변경 관리 계획서에 따라 변경을 통제하기 위해서 프로젝트 관리 계획서에 포함된 변경 관리 계획서가 투입됩니다.

4.6.1.1 프로젝트 관리 계획서(Project management plan)

프로젝트 관리 계획서 안에는 변경을 처리하는 절차인 변경 관리 계획서와 형상 관리 계획서가 포함되어 있습니다.

◆ 변경 관리 계획서(Change management plan)

변경에 대한 처리는 변경 관리 계획서에 정의된 절차와 방법에 따라 진행하며, 변경 통제 위원회(CCB)의 역할과 담당 업무도 변경 관리 계획서 안에 명시되어 있습니다.

◆ 형상 관리 계획서(Change management plan)

버전 관리가 필요한 중요한 항목은 따로 관리해야 합니다. 형상 관리 계획서에는 형상 항목과 형상 관리 방법이 포함되어 있습니다.

◆ 범위 기준선(Scope baseline)

범위에 대한 변경 요청이 생기면 범위 기준선에 어떤 영향을 미치는지 파악해야 합니다.

◆ 일정 기준선(Schedule baseline)

일정에 대한 변경 요청이 생기면 일정 기준선에 어떤 영향을 미치는지 파악해야 합니다.

◆ **원가 기준선(Cost baseline)**

원가에 대한 변경 요청이 생기면 원가 기준선에 어떤 영향을 미치는지 파악해야 합니다.

4.6.1.2 프로젝트 문서(Project documents)

변경을 통제하는데 관련 있는 문서들을 투입물로 사용합니다.

◆ **산정 기준서(Basis of estimates)**

산정 기준서는 기간, 원가, 자원을 산정할 때 사용한 근거 자료입니다. 만약 기간, 원가, 자원에 대한 변경 요청이 들어오면 이 변경으로 인해 기간, 원가, 자원에 어느 정도 영향이 있는지 분석해야 하는데, 이때 산정의 근거 자료를 살펴볼 필요가 있습니다.

◆ **요구사항 추적 매트릭스(Requirements traceability matrix)**

만약 범위에 대한 변경 요청이 들어오면 이 변경에 대한 영향을 분석해야 하는데, 범위는 요구사항을 기반으로 결정되므로 요구사항 추적 매트릭스에 포함된 요구사항을 검토할 필요가 있습니다.

◆ **리스크 보고서(Risk report)**

변경 요청으로 인해 새로운 리스크가 추가로 식별될 수 있습니다. 리스크 보고서에는 개별 리스크와 포괄적 프로젝트 리스크의 유발원(Source)에 대한 정보를 담고 있는데, 새로운 리스크는 어떤 원인에 의해서 발생하는지 알아보기 위해 리스크 보고서에 포함된 리스크의 유발원을 검토할 수 있습니다.

4.6.1.3 작업 성과 보고서(Work performance reports)

변경의 승인 여부를 검토하는 데 영향을 주는 성과 정보를 검토하기 위해 작업 성과 보고서를 투입물로 사용합니다.

4.6.1.4 변경 요청(Change requests)

프로젝트의 여러 프로세스를 진행하다 보면 다양한 변경(시정 조치, 예방 조치, 결함 수정)이 요구될 수 있습니다. 이 변경들은 승인을 받기 위한 검토의 대상이며, 검토 후에 승인 및 거부가 됩니다. 변경 요청은 CCB 또는 고객의 승인을 받아야 합니다.

4.6.1.5 기업 환경 요인(Enterprise environmental factors)

변경 통제에 영향을 줄 수 있는 법적 제한사항, 정부 또는 업계 표준, 규제 등을 고려합니다.

4.6.1.6 조직 프로세스 자산(Organizational process assets)

변경 통제 절차, 변경 승인 절차, 형상 관리 자료나 정보들은 유용한 자료로 사용됩니다.

4.6.2 통합 변경 통제 수행: 도구 및 기법

변경 요청을 분석하고 승인하는데 필요한 도구 및 기법이 쓰이며, 특히 변경 통제 위원회(CCB)가 변경 요청을 검토한 후 공식적인 승인을 합니다.

4.6.2.1 전문가 판단(Expert judgment)

변경을 검토하고 승인하는 데 필요하면 전문가의 도움을 받습니다.

4.6.2.2 변경 통제 도구(Change control tools)

보통 프로젝트를 수행할 때 변경을 처리하기 위한 시스템을 사용하며, 프로젝트 관리 정보 시스템(PMIS)에 포함된 경우가 많습니다. 변경을 통제할 때는 변경 관리와 형상 관리 둘 다 필요한데, 두 가지 관리는 차이가 있습니다. 변경 관리는 변경을 식별, 문서화, 승인 여부 결정, 이해관계자에게 전달하는 활동을 수행하는 반면 형상 관리는 형상 항목 식별, 형상 항목 상태 기록 및 보고, 형상 항목에 대한 변경이 올바르게 구현되었는지 확인하는 검증 및 감사 활동을 수행합니다.

4.6.2.3 데이터 분석(Data analysis)

변경을 평가하고 승인하기 위해 대안을 분석하거나 비용-편익 관계를 분석합니다.

- 대안 분석(Alternatives analysis)

변경 요청은 승인될 수도 있고 거부될 수도 있습니다. 변경을 평가할 때 어떻게 결정하는 게 좋은지 여러 아이디어를 내고 최선의 결정을 내립니다.

◆ **비용-편익 분석**(Cost-benefit analysis)

일반적으로 변경에는 비용이 드는데, 비용을 지출한 만큼 편익이 있을지 분석해봅니다.

4.6.2.4 의사 결정(Decision making)

요청된 변경을 승인할지 결정하기 위해 여러 사람이 합의하는 방법이 사용될 수 있습니다.

◆ **투표**(Voting)

변경의 승인 여부를 결정하기 위해 만장일치, 과반수, 다수결 방식으로 투표할 수 있습니다.

◆ **독단적 의사결정**(Autocratic decision making)

변경에 승인 여부를 한 사람이 결정합니다. 일반적으로 권한이 높은 사람이 결정하며, 나머지 사람들은 이 결정에 따릅니다.

◆ **다기준 의사결정 분석**(Multicriteria decision analysis)

우리가 만약 차를 새로 구입한다고 할 때 가격만 보고 고르지 않고 색상이나 디자인, 기능 등 여러 가지를 보고 결정합니다. 마찬가지로 변경에 대한 승인 여부를 결정할 때 여러 기준을 평가해서 의사 결정을 내립니다.

4.6.2.5 회의(Meeting)

변경 요청을 검토하고 승인, 거부, 연기하기 위해 변경 통제 위원회(CCB)가 회의를 진행합니다. 변경은 다른 부분에 영향을 미치기 때문에 반드시 회의에서 변경의 영향도 같이 평가해서 변경을 승인합니다. 그리고 결정된 사항은 문서화해서 관련 이해관계자에게 전달합니다.

4.6.3 통합 변경 통제 수행: 산출물

타당성이 있는 변경은 승인되며, 그렇지 못한 변경은 거부됩니다.

4.6.3.1 승인된 변경 요청(Approved change requests)

변경이 타당하다면 그 변경은 변경 통제 위원회(CCB)에 의해서 공식적으로 승인됩니다. 승인된 변경 요청은 실행에서 수행되거나 관련 문서를 업데이트시킵니다. 변경 요청의 승인, 거부, 연기에 대한 내용은 변경사항 기록부(Change log)에 기록합니다.

4.6.3.2 프로젝트 관리 계획서 업데이트(Project management plan updates)

변경을 통제하는 과정에서 생긴 정보로 인해 프로젝트 관리 계획서의 구성요소가 업데이트될 수 있습니다.

4.6.3.3 프로젝트 문서 업데이트(Project documents updates)

변경을 통제하는 과정에서 생긴 정보로 인해 여러 문서가 업데이트 될 수 있으며, 특히 변경사항 기록부(Change log)는 변경에 대한 새로운 정보가 생길 때마다 업데이트합니다.

4.7 프로젝트 또는 단계 종료(Close Project or Phase)

[프로젝트 또는 단계 종료] 프로세스는 프로젝트, 단계, 계약의 모든 목표를 달성했을 때나 조기 중단을 할 경우에 공식적으로 모든 활동을 종료하는 프로세스입니다. 프로젝트 또는 단계를 종료하는데 필요한 모든 활동을 수행하고, 프로젝트의 제품을 고객에게 인계하고, 프로젝트 성공 또는 실패를 평가하고, 교훈을 수집하고 문서화하는 등의 활동을 수행합니다. 또한 판매자와의 계약 관계도 모두 마무리하기 위해 판매자의 작업물이 잘 되었는지 확인하고 최종 승인을 하거나 미결된 클레임을 종결하고, 계약 관계에서 생성된 문서들도 모두 보관합니다. 기타 최종 프로젝트 보고서를 작성하고 이해관계자의 만족도를 측정하는 일도 진행합니다.

[표 4-18] 프로젝트 또는 단계 종료의 ITTO

프로젝트 또는 단계 종료(Close Project or Phase)		
지식영역: 통합 관리(Integration management)	프로세스 그룹: 종료(Closing)	
투입물	**도구 및 기법**	**산출물**
1. 프로젝트 헌장 2. 프로젝트 관리 계획서 • 모든 구성요소 3. 프로젝트 문서 • 가정사항 기록부 • 산정 기준서 • 변경사항 기록부 • 이슈 기록부 • 교훈 관리대장 • 마일스톤 목록 • 프로젝트 의사소통 • 품질 통제 측정치 • 품질 보고서 • 요구사항 문서 • 리스크 관리대장 • 리스크 보고서 4. 수용된 인도물 5. 비즈니스 문서 • 비즈니스 케이스 • 편익 관리 계획서 6. 협약 7. 조달 문서 8. 조직 프로세스 자산	1. 전문가 판단 2. 데이터 분석 • 문서 분석 • 회귀 분석 • 추세 분석 • 차이 분석 3. 회의	1. 프로젝트 문서 업데이트 • 교훈 관리대장 2. 최종 제품, 서비스 또는 결과물 인계 3. 최종 보고서 4. 조직 프로세스 자산 업데이트

[표 4-18]은 [프로젝트 또는 단계 종료]의 Inputs, Tools and Techniques, Outputs입니다. 프로젝트 관리 계획서에 따라 종료를 진행하며, 초기에 정한 성공 기준이나 목표 편익을 얼마나 달성했는지 평가해봅니다.

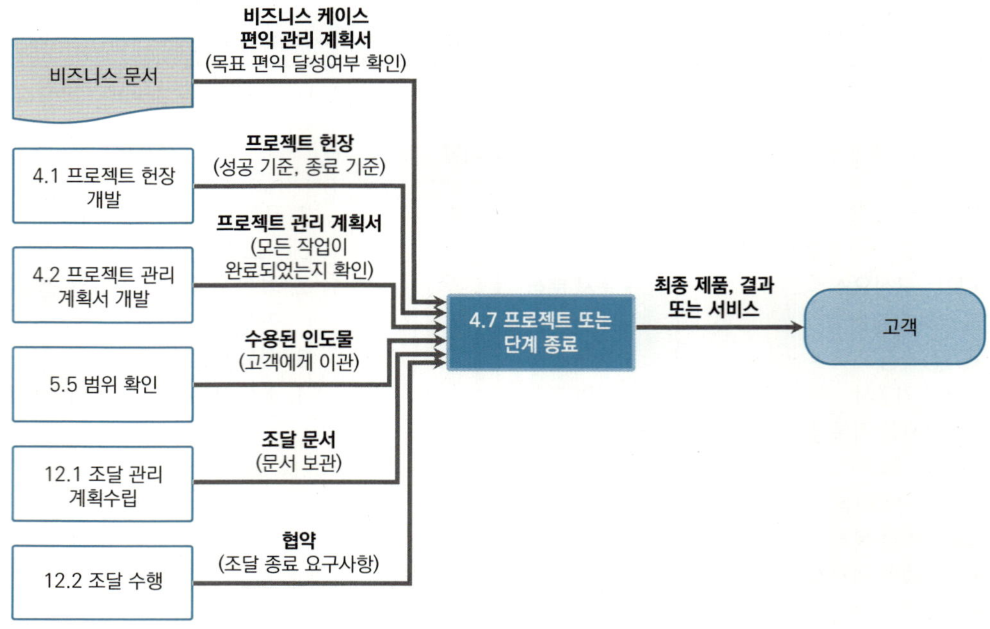

[그림 4-6] 프로젝트 또는 단계 종료의 주요 흐름

[그림 4-6]은 [프로젝트 또는 단계 종료] 프로세스의 주요 흐름을 표현했습니다. 핵심 흐름을 보면 모든 수용된 인도물들을 최종 제품이나 서비스 또는 결과물 형태로 고객한테 이관합니다. 또한 초기에 정한 프로젝트 성공 기준이나 목표 편익을 달성했는지도 검토합니다. 외부 업체와 맺은 계약도 모두 마무리합니다.

4.7.1 프로젝트 또는 단계 종료: 투입물

프로젝트 관리 계획에 따라 종료를 진행하고, 인수된 인도물들이 제품형태로 고객에게 이관됩니다.

4.7.1.1 프로젝트 헌장(Project charter)

프로젝트 헌장에는 프로젝트의 종료 기준, 성공 기준, 승인 요구사항들이 포함되어 있으며, 기준에 충족했을 때 프로젝트를 종료할 수 있습니다.

4.7.1.2 프로젝트 관리 계획서(Project management plan)

프로젝트 관리 계획서에 포함된 모든 작업이 완료되어야 프로젝트를 종료할 수 있습니다. 프로젝트 관리 계획서에 포함된 내용이 모두 달성되었는지 확인합니다.

4.7.1.3 프로젝트 문서(Project documents)

최종 보고서에 포함되거나 조직 프로세스 자산으로 정리할 문서들을 투입물로 사용합니다.

◆ **가정사항 기록부**(Assumption log)

가정사항 기록부에 포함된 가정사항과 제약사항은 향후 유사 프로젝트에서 활용하기 위해 조직 프로세스 자산으로 저장해 놓습니다.

◆ **산정 기준서**(Basis of estimates)

최종 보고서에 포함시켜 이해관계자에게 전달합니다.

◆ **변경사항 기록부**(Change log)

변경사항 기록부에 포함된 변경 관련 내용은 향후 유사 프로젝트에서 활용하기 위해 조직 프로세스 자산으로 저장해 놓습니다.

◆ **이슈 기록부**(Issue log)

미결된 이슈가 있으면 해결해야 하며, 관련 내용은 최종 보고서에 포함시켜 이해관계자에게 전달합니다.

◆ **교훈 관리대장**(Lessons learned register)

그동안의 교훈을 모아서 향후 유사 프로젝트에서 활용하기 위해 조직 프로세스 자산으로 저장해 놓습니다.

◆ **마일스톤 목록**(Milestone list)

마일스톤의 목표 날짜와 실제 달성한 날짜와의 차이가 왜 생겼는지에 대한 정보를 정리한 후 향후 유사 프로젝트에서 활용하기 위해 조직 프로세스 자산으로 저장해 놓습니다.

◆ 프로젝트 의사소통(Project communications)

그동안 의사소통을 통해 생긴 여러 결과물을 향후 유사 프로젝트에서 활용하기 위해 조직 프로세스 자산으로 저장해 놓습니다.

◆ 품질 통제 측정치(Quality control measurements)

품질 통제 측정치에 포함된 품질 요구사항의 준수사항은 최종 보고서에 포함시켜 이해관계자에게 전달합니다.

◆ 품질 보고서(Quality report)

품질 보고서에 포함된 품질 보증 이슈, 개선 권고사항 등은 최종 보고서에 포함시켜 이해관계자에게 전달합니다.

◆ 요구사항 문서(Requirements documentation)

요구사항을 달성한 내용을 요구사항 문서를 기반으로 정리한 후 최종 보고서에 포함시켜 이해관계자에게 전달합니다.

◆ 리스크 관리대장(Risk register)

리스크 관리대장에 포함된 리스크에 대한 정보는 향후 유사 프로젝트에서 활용하기 위해 조직 프로세스 자산으로 저장해 놓습니다.

◆ 리스크 보고서(Risk report)

프로젝트 종료 시점에 처리가 안 된 리스크가 있는지 확인하기 위해 사용합니다.

4.7.1.4 수용된 인도물(Accepted deliverables)

[범위 확인] 프로세스를 통해 고객으로부터 공식적으로 수용된 모든 인도물이 합쳐져서 최종 제품, 결과 또는 서비스 형태로 고객에게 이관됩니다.

4.7.1.5 비즈니스 문서(Business documents)

초기에 작성한 비즈니스 케이스와 편익 관리 계획서의 내용을 검토합니다.

◆ **비즈니스 케이스(Business case)**

초기에 프로젝트를 시작하게 했던 비즈니스 요구사항을 얼마나 달성했는지 확인하고 타당성 조사 결과대로 원하는 결과를 만들었는지 평가합니다.

◆ **편익 관리 계획서(Benefits management plan)**

편익 관리 계획서에 포함된 목표 편익을 달성했는지 평가합니다.

4.7.1.6 협약(Agreements)

판매자와 계약한 부분들도 모두 마무리해야 합니다. 계약서에는 조달 종료에 대한 요구사항이 포함되며, 그 요구사항을 모두 충족하면 계약을 종결합니다.

4.7.1.7 조달 문서(Procurement documentation)

조달 문서는 판매자와 계약 관계에서 생성된 모든 문서를 말하며, 이 문서들도 향후 유사 프로젝트에서 활용하기 위해 조직 프로세스 자산으로 저장해 놓습니다.

4.7.1.8 조직 프로세스 자산(Organizational process assets)

조직의 프로젝트 또는 단계 종료에 대한 지침이나 요구사항이 있다면 따라야 합니다.

4.7.2 프로젝트 또는 단계 종료: 도구 및 기법

프로젝트를 종료해도 되는지 평가, 판매자와의 계약을 마무리, 최종 보고서 작성 등의 활동을 수행하기 위한 기법들을 사용합니다.

4.7.2.1 전문가 판단(Expert judgment)

프로젝트를 종료하기 위해 준수해야 하는 내용을 모두 맞췄는지 확인하는 과정에서 전문가의 도움을 받을 수 있습니다.

4.7.2.2 데이터 분석(Data analysis)

프로젝트 종료 시 프로젝트의 성과가 어느 정도 달성되었는지 분석하는데 여러 기법을 사용합니다.

◆ **문서 분석**(Document analysis)

프로젝트를 종료하는 시점에서 향후 다른 프로젝트에서 사용할 수 있는 문서들을 선별하여 조직 프로세스 자산으로 보관합니다.

◆ **회귀 분석**(Regression analysis)

회귀 분석은 어떤 현상의 인과관계 분석에 사용되는 방법입니다. 이번 프로젝트의 결과물에 어떤 요소들이 영향을 미쳤는지 분석해 놓으면 다음 프로젝트에서 그 요소들을 적용해서 더 높은 성과를 얻을 수 있습니다.

◆ **추세 분석**(Trend analysis)

프로젝트 종료에서 프로젝트 성과가 어떻게 변해왔는지 트랜드를 분석함으로써 언제 무엇이 문제였는지 알아낼 수 있고, 이는 향후 다른 프로젝트를 수행할 때 도움이 될 수 있습니다.

◆ **차이 분석**(Variance analysis)

프로젝트 관리 계획서에 포함된 내용을 최종적으로 얼마나 달성했는지 확인해보고, 차이의 원인을 분석하여 향후 다른 프로젝트에 활용합니다.

4.7.2.3 회의(Meetings)

고객에게 인도할 인도물이 모두 승인됐는지 확인하고, 프로젝트 종료 기준을 모두 충족했는지 확인하고, 계약 완료를 공식화하고, 이해관계자의 만족도를 측정하는 등의 활동을 팀이 모여서 같이 회의를 통해 진행합니다. 또한 프로젝트의 교훈사항, 종료에 관련된 내용을 서로 논의하고 공유하는 자리를 갖습니다.

4.7.3 프로젝트 또는 단계 종료: 산출물

최종 산출물을 고객에게 넘기게 되며, 이번 프로젝트의 여러 정보 및 문서들이 조직 프로세스 자산으로 보관됩니다.

4.7.3.1 프로젝트 문서 업데이트(Project documents updates)

프로젝트를 종료하는 시점이기 때문에 이제 모든 문서는 마지막 버전이 됩니다. 교훈도 더 이상 수집할 일이 없으므로 교훈 관리대장도 종료에 대한 교훈을 포함시킨 후 마지막 버전으로 저장합니다.

4.7.3.2 최종 제품, 서비스, 또는 결과 이전(Final product, service, or result transition)

최종 승인된 제품, 서비스 또는 결과를 고객에게 이전하거나 운영이나 유지를 담당할 조직으로 인계할 수 있습니다.

4.7.3.3 최종 보고서(Final report)

최종 보고서에는 그동안 프로젝트를 어떻게 수행했고 어떤 성과가 있었는지 요약한 정보들이 포함됩니다. 예를 들면, 다음과 같은 내용이 포함될 수 있습니다.

- 프로젝트에 대한 요약 설명.
- 범위의 기준과 범위 달성에 대한 내용.
- 품질 목표, 품질 기준, 품질 달성에 대한 내용.
- 원가 차이, 일정 차이 등에 대한 내용.
- 최종 제품, 서비스 또는 결과에 대한 확인 정보.
- 프로젝트에서 달성하고자 했던 편익의 달성 정도에 대한 정보.
- 프로젝트 제품, 서비스 또는 결과가 비즈니스 요구사항을 얼마나 달성했는지에 대한 정보.
- 프로젝트에서 발생했던 주요 이슈나 리스크에 대한 요약 정보와 해결 방법.

4.7.3.4 조직 프로세스 자산 업데이트(Organizational process asset updates)

조직 프로세스 자산을 계속 축적하는 이유는 다음 프로젝트에서 활용하기 위해서입니다. 따라서 이번 프로젝트에서 생성했던 여러 문서, 운영 및 지원 관련 문서, 프로젝트 또는 단계를 종료하는데 관련된 문서, 교훈 등을 조직 프로세스 자산으로 저장해 놓습니다.

잠깐! 프로젝트 종료 절차

종료에 대한 공식적 승인 획득 → Lessons Learned 정리 → 여러 문서의 기록 보관 → 팀 해체

04 핵심 정리

- 4장의 프로세스들은 좀 더 상위 개념의 프로세스이며, 4장의 프로세스가 5장~13장까지 프로세스들을 통합하고 조정하는 역할을 합니다.
- 프로젝트 헌장에 착수자나 스폰서가 서명하면 프로젝트가 공식 승인됩니다.
- 프로젝트 헌장은 프로젝트를 공식적으로 시작하기 위해 프로젝트의 상위 수준에 관련된 내용을 기술한 문서입니다.
- 프로젝트 헌장에 명시된 프로젝트 관리자는 프로젝트 활동에 자원을 적용할 수 있는 권한이 생깁니다.
- 비즈니스 케이스는 프로젝트의 투자 가치에 대한 정보를 포함한 문서이며, [프로젝트 헌장 개발]의 핵심 투입물입니다.
- 프로젝트 관리 계획서는 부분적 관리 계획서(Subsidiary plans)와 기준선(Baselines)이 통합된 문서입니다.
- 기획을 반복함에 따라 계획이 점차 상세해지는 것을 'Rolling wave planning'이라고 합니다.
- Kickoff meeting은 일반적으로 기획의 마지막에서 진행합니다.
- 프로젝트 관리 계획서와 프로젝트 문서는 다릅니다.
- 프로젝트 실행의 가장 큰 역할은 인도물 생성과 승인된 변경 요청의 수행입니다.
- 프로젝트 지식을 관리하는 것은 기존 지식을 활용하고 새로운 지식을 만들어 가는 것을 말합니다.
- 계획대로 진행되는 프로젝트는 거의 없으므로, 항상 감시 및 통제가 필요합니다.
- 프로젝트를 하는 동안에 지속적으로 계획과 실적의 차이를 식별하고 성과가 낮은 경우에는 성과를 향상하기 위한 조치를 해야 합니다.
- [프로젝트 작업 감시 및 통제] 프로세스의 핵심 역할은 작업 성과보고서에 들어갈 내용을 취합해서 작업 성과 보고서를 만드는 것입니다
- 변경 요청에는 시정 조치, 예방 조치, 결함 수정, 업데이트를 포함합니다.
- 변경 통제 위원회(CCB)는 변경에 대한 승인 또는 거부의 권한을 가지고 있습니다.
- 프로젝트에서 변경이 발생하면 가장 먼저 할 일은 변경의 영향력 분석입니다.
- 수용된 인도물(Accepted deliverables)은 프로젝트 종료에서 합산되어 제품 형태로 고객에게 이관됩니다.
- 프로젝트 종료에서 가장 마지막에 하는 것은 팀 해체입니다.

04 이해도 테스트 문제

01 프로젝트에서 통합 관리가 필요한 이유는 무엇입니까?

02 통합 관리 프로세스 7개와 각각의 역할을 적어보세요.

03 프로젝트 헌장을 만드는 과정을 적어보세요.

04 비즈니스 케이스에는 어떤 내용이 포함됩니까?

05 프로젝트 관리 계획서는 여러 보조 계획들(Subsidiary plans)이 포함되어 있습니다. 어떤 것들이 있습니까?

06 프로젝트에서 변경을 처리하는 흐름을 적어보세요.

07 CCB(Change control board)의 역할은 무엇입니까?

08 프로젝트를 종료할 때 어떤 순서로 종료해야 합니까?

☑ 정답은 교재를 통해 직접 본인이 찾아보기 바랍니다.

04 용어의 뜻 연결하기

- Integration management
- Project charter
- Direct and Manage Project Work
- Rolling wave planning
- Perform Integrated Change Control
- Kickoff meeting
- Subsidiary plans
- Deliverables
- Variance analysis
- Change control board
- Corrective action

- 프로젝트 관리 계획서에 정의된 작업을 수행하여 프로젝트 인도물을 생성하는 프로세스
- 기획을 반복함에 따라 계획이 점차 상세해지는 것
- 프로젝트의 모든 변경 요청을 처리하는 프로세스
- 프로젝트를 공식 승인하는 문서
- 상위 수준에서 여러 프로세스를 조정하고 통합하는 역할을 수행
- 계획과 실적을 비교해서 성과를 알아보는 분석
- 프로젝트 관리 계획서를 구성하는 보조 계획서들
- 기획을 마무리하고 실행을 할 수 있도록 여러 이해관계자가 참석하여 프로젝트에 대한 상세 정보를 공유하고 이해하는 자리
- 변경에 대한 승인 또는 거부의 권한을 가진 위원회
- 계획보다 못한 실적을 계획에 맞추기 위해 취하는 조치들
- 최종 제품, 서비스 수행 역량, 결과물을 만들기 위해 필요한 것들

04 예상 문제

01 ***PMBOK® Guide*에는 총 10개의 지식 영역이 있습니다. 다음 중 10개의 영역 중 프로젝트 통합 관리에 속하는 프로세스들만 포함된 것은 무엇입니까?**

A. 프로젝트 관리 계획서 개발, 요구사항 수집, 의사소통 관리 계획수립

B. 프로젝트 관리 계획서 개발, 프로젝트 작업 지시 및 관리, 통합 변경 통제 수행

C. 프로젝트 헌장 개발, 프로젝트 작업 감시 및 통제, 리스크 감시

D. 프로젝트 헌장 개발, 프로젝트 작업 지시 및 관리, 이해관계자 식별

02 **프로젝트 관리 계획서를 개발하기 위해서 여러 기획 프로세스의 산출물을 통합하고 조정해야 합니다. 여러 가지 내용을 분석하고 통합하기 위해서 다양한 도구 및 기법들을 사용합니다. 다음 중 프로젝트 관리 계획서 개발에 사용되지 않는 도구 및 기법은 무엇입니까?**

A. 전문가 판단

B. 마인드 매핑

C. 핵심 전문가 그룹

D. 인터뷰

03 **프로젝트 기획을 하는 동안에 프로젝트 관리 계획서는 점차 구체화됩니다. 기획하다가 프로젝트 관리 계획서를 확인해 보니 서로 다른 날짜에 승인된 프로젝트 관리 계획서가 3개가 발견되었습니다. 이런 상황에서 당신은 어떤 활동에 초점을 두어야 합니까?**

A. 프로젝트 변경 관리(Project change management)

B. 프로젝트 리스크 관리(Project risk management)

C. 프로젝트 형상 관리(Project configuration management)

D. 프로젝트 범위 관리(Project scope management)

04 **당신은 ABC 프로젝트의 프로젝트 관리자로 선정되었고, 앞으로 프로젝트 관리의 책임을 지게 됩니다. 프로젝트의 착수부터 종료까지 체계적으로 관리하기 위해 하나의 시스템으로 통합될 수 있는 표준화된 프로젝트 관리 자동화 도구를 설치하고 운영하려고 합니다. 이 도구는 무엇입니까?**

A. 프로젝트 일정 시스템(Project schedule system)

B. 프로젝트 통제 시스템(Project control system)

C. 프로젝트 의사소통 시스템(Project communication system)

D. 프로젝트 관리 정보 시스템(Project management information system)

05 **프로젝트 관리 계획서는 향후 실행, 감시 및 통제, 종료의 지침서로 사용하기 위해 다양한 내용을 포함합니다. 다음 보기 중 프로젝트 관리 계획서에 포함되는 내용으로 볼 수 없는 것은 무엇입니까?**

A. 범위 관리 계획서(Scope management plan)
B. 형상 관리 계획서(Configuration management plan)
C. 리스크 목록(Risk list)
D. 일정 기준선(Schedule baseline)

06 **프로젝트 인도물 및 문서의 변경을 어떻게 검토하고 승인할 것인지 정의하는 공식 문서화된 절차의 모음을 무엇이라고 합니까?**

A. 기록 관리 시스템(Record management system)
B. 변경 통제 시스템(Change control system)
C. 계약 변경 통제 시스템(Contract change control system)
D. 형상 관리 시스템(Configuration management system)

07 **프로젝트 헌장을 만들기 위해 투입해야 할 요소들은 여러 가지가 있습니다. 그중 비즈니스 케이스는 주요 투입물 중 하나입니다. 다음 중 비즈니스 케이스에 포함된 내용으로 볼 수 없는 것은 무엇입니까?**

A. 비즈니스 요구사항(Business needs)
B. 조직의 전략, 목표 및 목적
C. 조직의 기존 역량 대비 프로젝트에 필요한 역량 차이 분석
D. 프로젝트 편익이 조직의 비즈니스 전략에 잘 부합되는 정도

08 **당신의 회사에서 신규 프로젝트를 수행하기 위해 타당성 분석을 수행했고, 타당성 분석 결과 회사의 전략 달성에 도움이 된다는 판단이 내려져 프로젝트 헌장이 작성되고 승인되었습니다. 프로젝트 헌장에는 다양한 내용이 포함될 수 있는데, 다음 중 프로젝트 헌장에 포함되는 내용으로 볼 수 없는 것은 무엇입니까?**

A. 프로젝트 목적 또는 당위성
B. 요약 마일스톤 일정
C. 개략적인 프로젝트 설명
D. 프로젝트에 참여하는 팀원 목록

09 **프로젝트를 실행하던 도중에 다음에 수행할 A라는 작업이 생각보다 어려워 원래 승인받은 기간 안에 완료가 어려울 것 같아서 수행 기간에 대한 변경을 한 팀원이 요청했습니다. 이 변경은 변경 통제 시스템에 투입되었고, CCB(Change control board)의 검토를 통해 승인되었습니다. 이 승인된 변경요청은 어떻게 처리하게 됩니까?**

A. 프로젝트 실행을 통해 그 작업을 수행한다.

B. 프로젝트 관리 계획서에 해당하는 부분을 갱신한다.

C. 작업 성과 보고서에 담긴 후 모든 이해관계자에게 배포된다.

D. 변경으로 인한 영향을 평가한다.

10 **프로젝트를 실행하다 보면 여러 가지 이유로 다양한 변경 요청이 발생할 수 있습니다. 다음 중 변경 요청에 해당하는 것으로 볼 수 없는 것은?**

A. 시정 조치(Corrective action)

B. 예방 조치(Preventive action)

C. 결함 수정(Defect repair)

D. 차이 분석(Variance analysis)

11 **현재 당신의 프로젝트에서 열심히 계획된 인도물을 만들던 도중에 고객이 범위의 일부를 변경하길 원합니다. 현 상황에서 프로젝트 관리자인 당신은 어떤 부분을 평가하는 것이 가장 좋겠습니까?**

A. 변경이 팀의 사기에 미치는 영향

B. 변경이 프로젝트 범위에 미치는 영향

C. 변경이 프로젝트 일정, 원가, 위험, 품질에 미치는 영향

D. 변경이 프로젝트 일정에 미치는 영향

12 **프로젝트를 수행할 때 자체적으로 결정하거나 판단하기 어려운 부분은 해당 분야의 전문가로부터 도움을 받을 수 있습니다. 전문가(개인 또는 그룹)가 프로젝트에 필요한 곳에 지원해주는 것을 전문가 판단이라고 하며 프로젝트의 다양한 부분에서 도구로 사용할 수 있습니다. 다음 중 전문가 판단으로 제공될 수 없는 것은 무엇입니까?**

A. 전문가 협회 및 기술 협회(Professional and technical associations)

B. 다른 회사(Other company)

C. 컨설턴트(Consultants)

D. 조직 내부의 다른 사업부(Units within the performing organization)

13 **프로젝트 관리자는 방금 일정에 영향을 미치지 않으며 완료하기에 쉬운 변경을 고객으로부터 요청받았습니다. 프로젝트 관리자는 무엇을 먼저 해야 합니까?**

A. 변경하기 쉬우므로 바로 변경을 처리한다.

B. 프로젝트 스폰서에게 변경 수행에 대한 허락을 받는다.

C. 변경을 문서화하고 변경통제 위원회에 변경의 승인을 요청한다.

D. 범위, 일정, 예산 및 다른 요소에 어떤 영향을 미치는지 평가한다.

14 **당신은 회사의 프로젝트 관리 방법론에 따라 프로젝트를 수행하고 있습니다. 이 방법론에 따르면 회사의 모든 프로젝트는 반드시 변경 통제 위원회(CCB)를 구성해야 합니다. 다음 설명 중 변경 통제 위원회를 가장 잘 설명한 것은 무엇입니까?**

A. 크든 작든 모든 프로젝트에서 필수적이다.

B. 변경 요청을 승인 또는 거부하는 역할을 한다.

C. 프로젝트 관리자는 프로젝트 변경 요청을 분석한 후 프로젝트에 지장이 없다면 바로 변경을 수행할 수 있다.

D. 변경 통제 위원회는 프로젝트 핵심 팀원들로 구성된다.

15 **다음 중 프로젝트 관리 계획서와 프로젝트 문서에 대해 올바르지 않게 설명한 것은 무엇입니까?**

A. 프로젝트 관리 계획서에는 성과 측정을 위한 기준선이 포함되지만, 프로젝트 문서에는 기준선이 포함되지 않는다.

B. 프로젝트 관리 계획서에는 리스크 관리 계획서가 포함되지만, 프로젝트 문서에는 포함되지 않는다.

C. 프로젝트 문서에는 리스크 관리 계획서가 포함되지만, 프로젝트 관리 계획서에는 포함되지 않는다.

D. 프로젝트 문서에는 변경관리 계획서가 포함되지 않지만, 프로젝트 관리 계획서에는 포함된다.

16 **당신은 프로젝트 관리자로서 착수, 기획, 실행, 종료에 관련된 프로세스들을 감시하는 데 참여하게 됩니다. 감시하다 계획보다 못한 실적을 발견할 경우 당신은 프로젝트 성과를 통제하기 위해 시정조치 또는 예방조치 같은 변경을 요청할 수 있습니다. 이런 활동을 하는 프로세스에 필요한 투입물로 보기 어려운 것은 무엇입니까?**

A. 프로젝트 관리 계획서(Project management plan)

B. 작업 성과 보고서(Work performance report)

C. 작업 성과 정보(Work performance information)

D. 조직 프로세스 자산(Organization process assets)

17 **조금 전에 새로운 프로젝트가 회사에서 승인되었고, 당신은 프로젝트 관리자로 선정되었습니다. 이제 기획을 시작하려고 하는데, 프로젝트에 대한 상위 수준의 정보가 담긴 프로젝트 헌장의 내용을 참고하려고 합니다. 이전에 만들어진 프로젝트 헌장은 여러 프로세스에 투입될 것입니다. 다음 프로세스 중 프로젝트 헌장이 투입되지 않는 프로세스는 무엇입니까?**

A. 요구사항 수집(Collect Requirements)

B. 범위 정의(Define Scope)

C. 이해관계자 식별(Identify Stakeholders)

D. WBS 작성(Create WBS)

18 **프로젝트 관리 계획서를 수립하기 위해서는 다양한 노력이 필요하며, 그 노력의 결과로 만들어진 프로젝트 관리 계획서 안에는 다양한 내용이 포함됩니다. 다음 중 일반적으로 프로젝트 관리 계획서에 포함되는 내용으로 보기 어려운 것은?**

A. 프로젝트 목표를 달성할 수 있도록 작업을 실행하는 방법

B. 변경을 승인하고 통제하는 방법

C. 제품, 서비스, 결과물 개발방식

D. 이해관계자의 이름과 관련된 정보들

19 **당신과 당신의 팀은 기획 노력을 통해 프로젝트 관리 계획서를 개발했습니다. 이 계획은 앞으로 실행이나 통제에 다양하게 투입될 것입니다. 범위통제(Control Scope) 프로세스에도 프로젝트 관리 계획서를 투입할 것인데, 그 이유는 무엇입니까?**

A. 프로젝트 관리 계획서에 포함된 의사소통 관리 계획서에 따라 이해관계자와 의사소통을 하기 위해서.

B. 프로젝트 관리 계획서에 포함된 일정 기준선을 실적과 비교하기 위한 통제의 기준으로 사용하기 위해서.

C. 프로젝트 관리 계획서에 포함된 범위 기준선을 통제의 기준으로 사용하기 위해서.

D. 프로젝트 관리 계획서에 포함된 조달 관리 계획서에 따라 범위 일부를 외부로부터 조달하기 위해서.

20 **프로젝트를 실행하게 되면 실제 작업에 대한 성과 데이터들이 수집됩니다. 이 정보들은 실적에 대한 정보이며, 이 정보가 필요한 다른 프로세스에 투입될 필요가 있습니다. 다음 중 '작업 성과 데이터'가 투입되지 않는 프로세스는 무엇입니까?**

A. 범위 통제(Control Scope)

B. 의사소통 감시(Monitor Communications)

C. 조달 통제(Control Procurements)

D. 이해관계자 참여 관리(Manage Stakeholder Engagement)

21 **프로젝트의 실행(Executing)에서 해야 하는 활동은 다양합니다. 다음 중 프로젝트 실행에서 하는 활동으로 보기 어려운 것은 무엇입니까?**

A. 장비, 재료, 도구, 설비 등의 자원을 획득하고 관리하고 사용

B. 계획과 실적의 차이 분석

C. 승인된 변경의 구현에 미치는 영향을 검토

D. 계획된 방법이나 표준을 수행

22 **프로젝트를 실행하는 가장 큰 이유 중 하나는 인도물을 생성하는 것입니다. 생성된 인도물은 반드시 이 프로세스로 투입해야 합니다. 이 프로세스는 무엇입니까?**

A. 범위 확인(Validate Scope)

B. 범위 통제(Control Scope)

C. 품질 통제(Control Quality)

D. 품질 관리(Manage Quality)

23 **프로젝트의 작업은 주기적으로 감시하고 통제할 필요가 있습니다. 다음 중 감시 및 통제의 활동으로 보기 어려운 것은 무엇입니까?**

A. 시정 조치나 예방 조치를 할 것인지 말 것인지 결정하기 위해 성과를 평가

B. 가용한 자원을 배정하고 효율적인 사용을 관리

C. 현황보고, 진척측정, 예측치를 지원하기 위한 정보를 제공

D. 프로젝트가 비즈니스 요구를 벗어나지 않는지 확인

24 **프로젝트에서 변경이 발생하면 변경을 처리하기 위한 순서대로 진행하는 것이 바람직합니다. 다음 보기 중에서 변경을 처리하는 흐름을 순서대로 나열한 것은 어떤 것입니까?**

A. 프로젝트에서 변경 발생 - 변경의 영향력 분석 - 문서로 변경요청 - 변경 요청 승인 및 거부(CCB)

B. 프로젝트에서 변경 발생 - 문서로 변경요청 - 변경의 영향력 분석 - 변경 요청 승인 및 거부(CCB)

C. 프로젝트에서 변경 발생 - 변경의 영향력 분석 - 변경 요청 승인 및 거부(CCB) - 문서로 변경요청

D. 프로젝트에서 변경 발생 - 변경 요청 승인 및 거부(CCB) - 변경의 영향력 분석 - 문서로 변경요청

25 **당신은 회사의 프로젝트 관리자이며 경영진과 함께 프로젝트 예산을 검토하고 있습니다. 경영진은 프로젝트의 자본 지출에 대해 염려하고 있으며, 프로젝트 예산을 실제로 지출할 시기에 대해 더 많은 정보를 원합니다. 다음 중 프로젝트 예산의 대부분을 차지하는 것은 무엇입니까?**

A. 프로젝트 종료

B. 인건비

C. 프로젝트 계획 실행

D. 외부로부터 제품을 조달

Memo

04 예상 문제 **해설**

01 정답 B. 프로젝트 통합 관리에는 프로젝트 헌장 개발, 프로젝트 관리 계획서 개발, 프로젝트 작업 지시 및 관리, 프로젝트 지식 관리, 프로젝트 작업 감시 및 통제, 통합 변경 통제 수행, 프로젝트 또는 단계 종료의 총 7개 프로세스가 있습니다.

02 정답 B. 프로젝트 관리 계획서 개발 프로세스의 도구 및 기법은 전문가 판단, 브레인스토밍, 갈등 관리 등이 있습니다. *PMBOK® Guide* 82페이지 참조.

03 정답 C. 프로젝트의 문서가 변경되는 과정을 지속적으로 추적하고 감시하는 것은 프로젝트 형상 관리 활동이며, 형상 관리가 제대로 안 될 경우 서로 다른 버전의 문서로 프로젝트를 수행해서 문제가 발생할 수 있습니다.

04 정답 D. 조직에서 활용 가능하며 하나의 시스템으로 통합될 수 있는 표준화된 자동화 도구 집합을 프로젝트 관리 정보 시스템(PMIS)이라고 하며, 프로젝트의 착수부터 종료까지 언제든지 사용할 수 있습니다.

05 정답 C. 리스크 목록은 리스크 관리대장에 포함되고 프로젝트 문서로 관리됩니다.

06 정답 B. 변경 통제 시스템은 프로젝트 인도물 및 문서의 통제, 변경 및 승인 방법을 정의하는 공식 문서화된 절차의 모음입니다. *PMBOK® Guide* 700페이지 참조.

07 정답 D. 프로젝트 편익이 조직의 비즈니스 전략에 잘 부합되는 정도는 프로젝트 편익 관리 계획서에 포함되는 내용입니다. *PMBOK® Guide* 33페이지 참조.

08 정답 D. 프로젝트 헌장에는 스폰서 및 프로젝트 관리자의 이름은 있지만, 팀원 목록은 없습니다. 팀원은 프로젝트 기획에서 결정됩니다.

09 정답 B. 앞으로 수행할 작업에 대한 승인된 변경 요청은 공식 승인되었으므로 프로젝트 관리 계획서에 업데이트합니다.

10 정답 D. 변경 요청에는 시정 조치, 예방 조치, 결함 수정이 포함됩니다. 차이 분석은 프로젝트를 통제하기 위해 계획과 실적을 비교해서 분석하는 것을 말합니다. 그 결과로 변경 요청이 발생할 수 있습니다.

11 정답 C. 프로젝트에서 계획대로 진행되는 일이 거의 없어서 변경은 피할 수 없으며, 변경은 여러 부분에 영향을 미칠 수 있습니다. 따라서 가능한 관련 있는 모든 부분에 대한 영향을 평가해야 합니다.

12 정답 B. 조직 내부의 다른 사업부, 컨설턴트, 고객이나 스폰서를 포함한 이해관계자, 전문가 협회 및 기술 협회, 산업 단체 등에서 전문가의 도움을 받을 수 있습니다.

13 정답 D. 변경은 항상 다른 곳에 영향을 줄 수 있으므로 변경이 일어나면 우선은 다른 부분에 어떤 영향을 미치는가를 평가해야 합니다.

14 **정답 B.** 변경통제위원회(CCB)는 프로젝트에서 일어나는 변경에 대해 승인 또는 거부(기각)하게 됩니다. CCB에는 변경에 관련된 권한이 있는 이해관계자로 위원회가 구성됩니다.

15 **정답 C.** 프로젝트 관리 계획서에는 여러 기준선과 보조 계획서들이 포함되어 있으며 그 외의 문서들을 프로젝트 문서라고 합니다.

16 **정답 B.** 프로젝트 작업 감시 및 통제 프로세스의 투입물을 묻는 문제로써 작업 성과 보고서는 투입물이 아닙니다. *PMBOK® Guide* 105페이지 참조.

17 **정답 D.** 프로젝트 헌장은 기획의 초반에 투입되며, WBS 작성에는 투입되지 않습니다. *PMBOK® Guide* 76페이지 참조.

18 **정답 D.** 이해관계자의 이름과 관련된 정보는 이해관계자 관리대장에 포함됩니다. *PMBOK® Guide* 87, 88 페이지 참조.

19 **정답 C.** 범위의 실행 결과가 기준보다 낮은 경우 통제하기 위해서는 통제의 기준이 되는 범위 기준선이 필요합니다. *PMBOK® Guide* 169페이지 참조.

20 **정답 D.** [이해관계자 참여 관리] 프로세스에는 작업 성과 데이터가 투입되지 않습니다. *PMBOK® Guide* 91페이지 참조.

21 **정답 B.** 계획과 실적의 차이 분석은 감시 및 통제의 역할입니다. *PMBOK® Guide* 92페이지 참조.

22 **정답 C.** 생성된 인도물이 품질 표준 또는 품질 요구사항에 부합하는지 아닌지 결정하기 위해서 [품질통제] 프로세스로 투입합니다.

23 **정답 B.** 가용한 자원을 배정하고 효율적인 사용을 관리하는 것은 실행에서 하는 활동입니다. *PMBOK® Guide* 107페이지 참조

24 **정답 A.** 프로젝트에서 변경을 처리하는 흐름은 프로젝트에서 변경을 처리하는 흐름은 프로젝트에서 변경 발생 → 변경의 영향력 분석 → 문서로 변경요청 → 변경요청 승인 및 거부(CCB) → 승인된 변경요청을 계획에 반영시키거나 실행에서 수행 → 승인된 사항은 관련된 이해 당사자에게 통보의 순으로 진행합니다.

25 **정답 C.** 프로젝트 실행에서 가장 많은 예산이 사용됩니다. 인건비는 프로젝트마다 다르며, 어떤 프로젝트는 재료비가 더 많이 들어갈 수도 있습니다. 조달은 프로젝트 실행의 부분으로 진행됩니다.

04 용어의 뜻 연결하기 **정답**

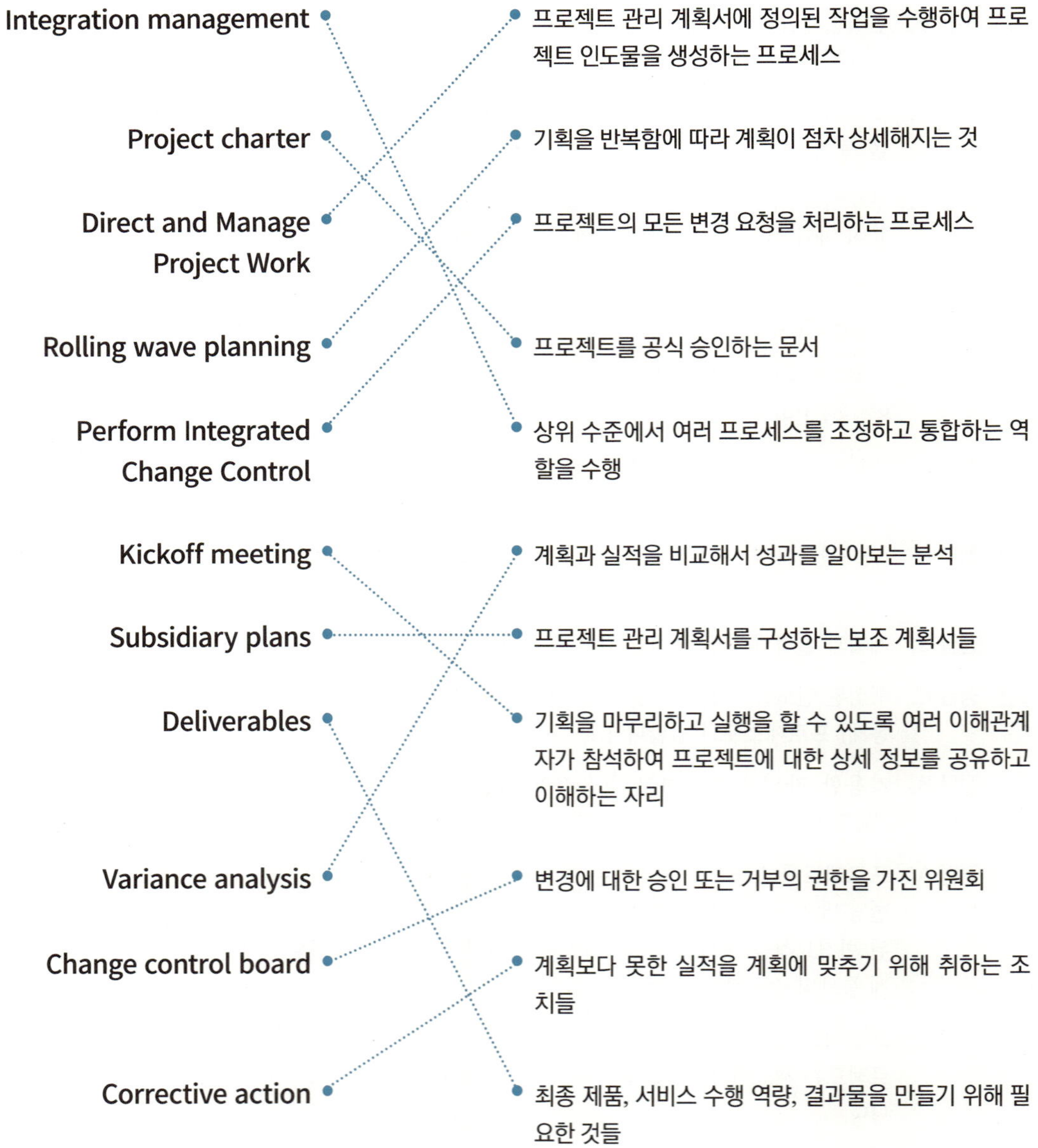

Memo

프로젝트 범위 관리
(Project Scope Management)

핵심 포인트

- 제품 범위와 프로젝트 범위의 의미와 상호 관계
- 예측형/적응형(애자일) 생애주기 방식에 따른 범위 관리 방법
- 비즈니스 분석(Business analysis)의 개념
- 요구사항 수집 기법들
- 요구사항 문서와 요구사항 추적 매트릭스의 포함내용
- 범위 정의의 흐름과 프로젝트 범위 기술서에 포함된 내용
- 작업분류체계(WBS)의 작성 기법과 포함 내용, 관련 용어 (Work package, planning package, WBS code, control account, 100% rule)
- Work package가 투입되는 다른 프로세스들
- 범위 기준선의 의미와 구성요소
- 범위 확인(Validate Scope)의 의미와 역할
- 범위 통제의 흐름

프로젝트 범위 관리 (Project Scope Management)

 시작하기에 앞서…

프로젝트에서 범위 관리는 왜 필요할까요? 왜 다른 관리 영역보다 앞부분에 배치했을까요? 참고로 PMP® 시험을 준비하면서 *PMBOK® Guide*를 볼 때 '왜(Why)?'라는 질문을 자주 하면 공부에 많은 도움이 됩니다. 왜 이런 프로세스들이 필요한지, 왜 이런 투입물이 이 프로세스에 들어가야 하는지, 왜 이런 기법을 사용하는지, 왜 그림으로 내용을 표현했는지 등을 수시로 자신에게 질문을 던지고 그 답을 찾아간다면 단순 암기식 공부가 아니라 이해하는 학습이 될 수 있습니다.

그럼 프로젝트의 범위 관리는 왜 필요할까요? 반대로 말해서 프로젝트의 범위를 관리하지 않으면 어떤 문제가 생길까요? 프로젝트의 범위는 우리가 해야 할 작업 범위를 말합니다. 범위를 관리하지 않으면 어디까지 우리가 해야 할 일인지 명확하지 않게 되며, 범위가 계속 늘어나서 프로젝트가 안 끝날 수도 있습니다. 따라서 이번 프로젝트에서 수행할 범위를 명확히 정의하고 정의된 범위가 승인 없이 추가되지 않도록 적절한 통제가 필요합니다. 프로젝트에서 수행해야 할 범위를 명확하게 결정하고 결정된 범위 안에 프로젝트를 완료할 수 있도록 하는 것이 범위 관리의 목적입니다.

4장의 통합 관리는 나머지 5~13장까지보다 한 수준 위로 보면 4장을 뺀 나머지 5~13장 중에 범위 관리가 가장 먼저입니다. 그러면 왜 범위 관리를 다른 관리 영역보다 제일 앞부분에 배치했을까요? 범위는 프로젝트 관리 계획서를 세우는 데 있어서 기본 토대와 같은 역할을 합니다. 범위로부터 일정, 원가, 품질, 리스크, 조달 등이 시작됩니다. 그리고 범위 관리의 산출물 중 가장 중요하게 볼 수 있는 WBS(Work breakdown structure)는 다양한 프로세스에 투입물로 사용됩니다. 그래서 만약 WBS가 제대로 구성되지 않으면 결국 WBS를 투입물로 받는 후속 프로세스들이 모두 잘못될 수 있습니다. WBS는 특히 일정이나 원가에 영향을 많이 미치게 되므로 잘못 만든 WBS가 생성될 경우 결국 부실한 일정과 예산이 만들어지게 되고, 부실한 일정과 예산을 포함한 프로젝트 관리 계획서도 부실하게 됩니다. 부실한 계획을 가지고 수행하는 프로젝트의 결과는 실패할 가능성이 높습니다. **프로젝트 관리 계획서 개발의 시작은 범위**입니다. 그래서 다른 지식 영역보다 먼저 설명하는 것입니다. 범위를 먼저 설명해야 나머지 일정, 원가, 품질 등을 설명할 수 있습니다. 그래서 4장의 프로젝트 통합 관리 바로 다음에 범위 관리가 배치된 것입니다.

우선 범위(Scope)라는 용어부터 알아보도록 하겠습니다. 범위는 *PMBOK® Guide* Glossary(용어집)에 다음과 같이 설명되어 있습니다.

"Scope: 프로젝트 형태로 제공될 제품, 서비스 및 결과의 전체 집합."

범위에 대한 정의를 보면 범위는 프로젝트 최종 산출물인 제품, 서비스, 결과이며 이 안에는 제품의 기능이나 특징도 있고 프로젝트에서 하는 '일(Work)'도 포함하고 있습니다. 범위는 크게 '프로젝트 범위'와 '제품 범위' 두 가지로 나뉩니다. 프로젝트 범위 완료는 프로젝트 관리 계획서를 기준으로 측정되는 반면 제품 범위 완료는 제품 요구사항을 기준으로 측정됩니다.

- **제품 범위(Product scope)**: 제품, 서비스 또는 결과의 특성을 나타내는 특징이나 기능.
- **프로젝트 범위(Project scope)**: 지정된 특징이나 기능을 가진 제품, 서비스, 또는 결과를 달성하기 위해 필요한 일(Work). 프로젝트 범위는 가끔 제품 범위에 포함되는 것으로 보여지기도 함.

즉, 프로젝트에서 생성해야 하는 최종 산출물이 만들어지려면 일을 해야 하는데 그 **일(Work)을 관리하는 부분이 바로 '범위 관리'**입니다. 그래서 Project scope과 Work를 거의 같은 의미로 이해해도 됩니다. (프로젝트 범위는 작업 산출물인 인도물도 포함됩니다.) *PMBOK® Guide*는 특정 제품을 다룰 수 없으므로 제품 범위에 대해서 다루지 않고, 제품을 만들기 위한 일을 어떻게 관리하는지에 대해서만 설명합니다. 범위를 결정할 때 프로젝트에 필요한 모든 작업을 식별해야 하며 또, 불필요한 작업이 프로젝트에 포함되지 않도록 해야 합니다. 다시 말하면, 해야 할 일이 누락되어서는 안 되며, 하지 않아도 될 일이 프로젝트 범위로 들어와서는 안 됩니다. 이 내용을 *PMBOK® Guide*에는 다음과 같이 표현했습니다.

"Defining and controlling what is and is not included in the project."

범위를 잘 정의하고 잘 통제하기 위해서는 우선 우리가 해야 할 범위가 어디까지인지 명확하게 결정해야 합니다. 우리가 해야 할 범위를 식별하는 것은 착수, 기획, 실행 중 어디서 할까요? 무언가를 준비하는 과정은 모두 기획입니다. 그리고 범위를 제대로 관리하지 못해서 범위가 계속 늘어나게 되면 프로젝트에 여러 문제가 야기됩니다. 따라서 범위의 변경을 체계적으로 관리해야 하는데요, 변경을 체계적으로 관리하는 것은 '감시 및 통제'에서 담당하는 부분입니다. 그래서 범위 관리는 **기획 프로세스 4개, 감시 및 통제 프로세스 2개**, 총 6개의 프로세스로 구성되어 있습니다. 다시 말하면, 범위를 잘 정의하고 잘 지켜서 정의된 범위 안에 프로젝트를 완료하자는 것입니다.

범위는 다른 많은 프로세스와 연관성을 갖게 됩니다. 6장~13장까지 프로세스 중 기획과 관련된 프로세스 대부분은 범위와 연관이 있어서 [작업분류체계 작성] 프로세스 이후의 기획 프로세스 투입물에 보면 WBS를 포함한 범위 기준선(Scope baseline)이 주요 투입물로 자주 들어갑니다.

5장의 프로세스는 총 6개입니다. 5.1~5.4는 기획 프로세스 그룹에 속하며 5.5, 5.6은 감시 및 통제 프로세스 그룹에 속하는 부분입니다. 각 지식영역(Knowledge area)으로 *PMBOK® Guide*를 공부하더라도 반드시 내가 보고 있는 프로세스가 착수부터 종료까지 5개 프로세스 그룹 중에서 어떤 프로세스 그룹에 속하는지 생각해야 합니다. 실제 프로젝트는 Scope, Time, Cost... 이런 식으로 진행되지 않고 착수로 시작해서 종료로 끝납니다. [표 5-1]은 6개의 범위 관리 프로세스를 프로세스 그룹으로 분류한 것입니다.

[표 5-1] 6개의 범위 관리 프로세스

프로세스 그룹	범위 관리 프로세스
Planning	5.1 범위 관리 계획수립(Plan Scope Management) 5.2 요구사항 수집(Collect Requirements) 5.3 범위 정의(Define Scope) 5.4 작업분류체계 작성(Create WBS)
Monitoring and Controlling	5.5 범위 확인(Validate Scope) 5.6 범위 통제(Control Scope)

범위 관리의 6개 프로세스에 대한 요약 설명은 다음과 같습니다.

5.1 범위 관리 계획수립(Plan Scope Management) – 어떻게 범위를 정의하고 WBS를 작성하고 범위를 확인하고 통제할 것인지에 대한 방법을 결정합니다. 따라서 [범위 관리 계획수립] 이후 범위 관리 프로세스들은 모두 범위 관리 계획서에 따라서 진행합니다.

5.2 요구사항 수집(Collect Requirements) – 프로젝트 목표를 맞추기 위해 이해관계자의 니즈 및 요구사항을 식별하고 문서화합니다. 식별된 요구사항은 프로젝트를 수행하면서 맞춰야 합니다.

5.3 범위 정의(Define Scope) – 프로젝트 및 제품의 상세 범위를 정의하고 문서화합니다.

5.4 작업분류체계 작성(Crate WBS) – 프로젝트의 주요 인도물과 작업을 더 작고 관리 가능한 요소로 세분화합니다.

5.5 범위 확인(Validate Scope) – 완료된 프로젝트 인도물에 대한 이해관계자의 인수를 공식화합니다.

5.6 범위 통제(Control Scope) – 프로젝트와 제품 범위의 현황을 감시하고 범위 기준선에 대한 변경을 관리합니다.

범위를 관리하는 방법은 예측형 생애주기와 적응형(애자일) 생애주기에 따라 다릅니다. 예측형 생애주기에서는 초기에 범위가 정의되지만 적응형 생애주기에서는 짧은 반복을 진행하면서 범위를 결정합니다. 두 생애주기의 범위 관리 방법을 비교하면 다음과 같습니다.

[표 5-2] 예측형 생애주기와 적응형 생애주기에서 범위 관리 방법

범위 관리 방법	
예측형 생애주기	**적응형(애자일) 생애주기**
프로젝트의 불확실성이 낮아서 프로젝트 초기에 인도물이 결정되며, 범위 변경이 점진적으로 관리됨.	프로젝트의 불확실성이 높아서 짧은 반복(Iteration)을 통해 인도물을 생성함. 각 반복이 시작될 때 자세한 범위가 정의되고 승인됨.
초기에 범위를 정할 때 이해관계자의 참여가 필요하며, 이후에는 범위 변경에 참여함.	각 반복마다 범위를 정하므로 지속적인 이해관계자의 참여가 필요함.
프로젝트의 범위 기준선은 승인된 버전의 프로젝트 범위 기술서, WBS, WBS 사전임.	제품 백로그(Product backlog)는 범위를 작은 요구사항과 수행할 작업으로 세분화 한 것임.

범위 기준선은 공식적인 변경통제 절차를 통해서만 변경할 수 있음.	반복(iteration)이 시작되는 시점에 프로젝트팀은 백로그 목록의 최고 우선순위 항목 중 몇 개를 다음 반복에서 인도할 수 있는지 판별함.
프로젝트 초기에 요구사항 수집, 범위 정의, WBS 작성을 진행하며, 필요시 변경을 통해 업데이트함.	각 반복마다 요구사항 수집, 범위 정의, WBS 작성이 반복됨.
보통 각각의 인도물에 대해서 단계 검토 시점에 범위 확인이 이루어지며 범위 통제는 지속적인 프로세스임.	각 반복마다 범위 확인 및 범위 통제가 반복됨.

프로젝트 범위의 기반은 요구사항이며, 요구사항은 산출물과 직결되어 있으므로 요구사항 관리를 어떻게 하는가가 프로젝트 성공과 실패에 영향을 줄 수 있습니다. PMI는 요구사항 관리에 대한 실무 지침서를 별도로 출간했습니다. 'Business Analysis for Practitioner : A Practice Guide'는 상위수준 요구사항인 Needs부터 상세한 요구사항 관리까지 다룬 책이며, 'Requirements Management: A Practice Guide'는 요구사항 관리에 대해 상세히 정리한 책입니다. 두 책은 중복된 부분이 있으며, 'Business Analysis for Practitioner : A Practice Guide'가 더 상세한 책입니다. 'Requirements Management: A Practice Guide'에서는 비즈니스 분석을 다음과 같이 정의합니다.

"비즈니스 분석이란 비즈니스 요구(Needs)를 식별하고 관련된 해결책(Solution)을 권고하고 요구사항(Requirements)들을 이끌어내고, 문서화하고 관리하기 위해 수행되는 활동들의 집합이다."

이 정의에서 Need는 다뤄야 할 문제 또는 기회이며, Solution은 어떤 상황에서 하나 또는 그 이상의 니즈를 충족시키는 구체적인 방법을 말하며, Requirement는 다뤄야 할 문제 또는 기회의 사용 가능한 표현을 말합니다. 이러한 비즈니스 분석을 전문적으로 맡은 사람을 비즈니스 분석가라고 부르며, 비즈니스 분석가는 조직의 구조, 정책 및 운영을 이해하고, 조직의 목표를 달성하는데 필요한 솔루션을 추천하기 위해 이해관계자간의 연결(liaison) 역할을 담당하는 사람을 말합니다. 비즈니스 분석가는 기업의 문제 또는 목표의 이해, 니즈와 솔루션의 분석, 전략수립, 변화를 주도, 이해관계자 협업을 촉진하는 역할을 맡습니다.

비즈니스 분석 활동은 프로젝트가 착수되고 프로젝트 관리자가 선임되기 전에 시작될 수 있으며, 비즈니스 분석가가 프로젝트에 배정되면 요구사항 관련 활동(요구사항의 식별, 분석, 문서화)은 비즈니스 분석가의 책임이 됩니다. 이때 프로젝트 관리자는 요구사항 관련 활동이 적시에, 예산 안에서 수행되도록 하는 책임을 갖게 됩니다. 프로젝트 관리자와 비즈니스 분석가가 프로젝트에서 같이 배정되어 업무를 수행할 때 서로의 역할과 책임을 잘 이해해야 프로젝트의 성공 가능성이 커집니다.

범위 관리에 속하는 6개 프로세스의 주요 투입물과 산출물만 정리하면 다음 표와 같습니다.

[표 5-3] 범위 관리 프로세스의 주요 투입물과 산출물

주요 투입물	범위 관리 프로세스	주요 산출물
프로젝트 헌장 프로젝트 관리 계획서	**5.1 범위 관리 계획수립**	범위 관리 계획서 요구사항 관리 계획서
프로젝트 헌장 비즈니스 케이스 이해관계자 관리대장 범위 관리 계획서 요구사항 관리 계획서 이해관계자 참여 계획서 협약	**5.2 요구사항 수집**	요구사항 문서 요구사항 추적 매트릭스
프로젝트 헌장 요구사항 문서 범위 관리 계획서	**5.3 범위 정의**	프로젝트 범위 기술서
프로젝트 범위 기술서 요구사항 문서 범위 관리 계획서	**5.4 작업분류체계 작성**	범위 기준선
범위 관리 계획서 요구사항 관리 계획서 범위 기준선 요구사항 문서 요구사항 추적 매트릭스 검증된 인도물 작업 성과 데이터 품질 보고서	**5.5 범위 확인**	수용된 인도물 변경 요청 작업 성과 정보
범위 관리 계획서 요구사항 관리 계획서 범위 기준선 작업 성과 데이터 요구사항 문서 요구사항 추적 매트릭스	**5.6 범위 통제**	작업 성과 정보 변경 요청

5.1 범위 관리 계획수립(Plan Scope Management)

[범위 관리 계획수립]은 어떻게 범위를 정의하고 확인하고 통제할 것인지에 대한 방법을 결정해서 범위 관리 계획서를 작성하는 프로세스입니다. 범위 관리 계획서는 프로젝트를 진행하는 동안에 범위 관리에 대한 지침을 제공합니다.

[표 5-4] 범위 관리 계획수립의 ITTO

범위 관리 계획수립(Plan Scope Management)		
지식영역: 범위 관리(Scope management)	프로세스 그룹: 기획(Planning)	
투입물	**도구 및 기법**	**산출물**
1. 프로젝트 헌장 2. 프로젝트 관리 계획서 • 품질 관리 계획서 • 프로젝트 생애주기 기술서 • 개발 방식 3. 기업 환경 요인 4. 조직 프로세스 자산	1. 전문가 판단 2. 데이터 분석 • 대안 분석 3. 회의	1. 범위 관리 계획서 2. 요구사항 관리 계획서

[표 5-4]는 [범위 관리 계획수립]의 Inputs, Tools and techniques, Outputs입니다. [범위 관리 계획수립]은 착수 다음에 진행하는 기획의 첫 프로세스이므로 앞 프로세스의 산출물인 프로젝트 헌장이 주요 투입물이 됩니다. 프로젝트 범위와 요구사항을 어떻게 관리할 것인지에 대한 범위 관리 계획서와 요구사항 관리 계획서가 만들어지며, 이 계획서들은 프로젝트 관리 계획서에 통합됩니다.

[그림 5-1]은 [범위 관리 계획수립] 프로세스의 주요 흐름입니다. 프로젝트 헌장에 포함된 프로젝트에 대한 상위수준 요구사항과 제품의 특성을 기반으로 범위 관리 계획서를 작성합니다. 또한, 이미 승인된 여러 부분적 관리 계획들은 범위 관리 방법에 영향을 줄 수 있으므로 내용을 확인해야 합니다. 만들어진 범위 관리 계획서는 이후 범위 프로세스의 지침 역할을 하게 됩니다. [범위 관리 계획수립] 프로세스의 산출물이 다른 프로세스에 투입되는 이유는 [표 5-5]와 같습니다.

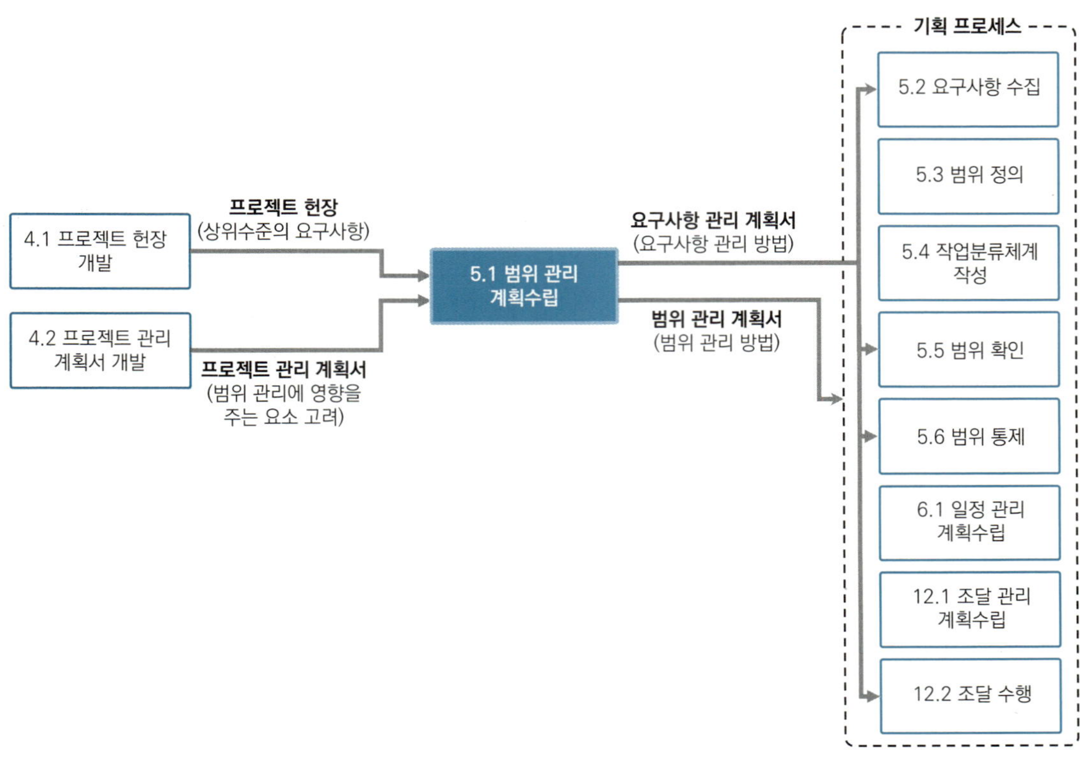

[그림 5-1] 범위 관리 계획수립의 주요 흐름

[표 5-5] 범위 관리 계획수립 산출물의 투입 이유

요구사항 관리 계획서 투입 프로세스	투입 이유
5.2 요구사항 수집	요구사항 관리 계획서에 따라 요구사항을 수집하기 위해서.
5.5 범위 확인	범위 확인에서 인도물이 요구사항을 달성했는지 확인해야 하는데, 요구사항 관리 계획서에는 요구사항을 어떻게 확인할 것인지에 대한 내용이 포함되어 있기 때문에.
5.6 범위 통제	범위의 기반이 되는 요구사항을 관리하는 방법이 포함되어 있기 때문에.
12.2 조달 수행	판매자가 맞춰야 하는 계약에 대한 요구사항을 관리하는 방법이 포함되어 있어서.
범위 관리 계획서 투입 프로세스	**투입 이유**
5.2 요구사항 수집	프로젝트를 위해 수집해야 할 요구사항의 유형을 결정하는 방법을 제공하기 때문에
5.3 범위 정의	범위를 정의하는 방법이 포함되어 있어서.

5.4 작업분류체계 작성	WBS를 작성하는 방법이 포함되어 있어서.
5.5 범위 확인	범위 확인(인도물의 인수) 방법이 포함되어 있어서.
5.6 범위 통제	범위 통제 방법이 포함되어 있어서.
6.1 일정 관리 계획수립	일정 개발을 위해 작업을 분할하는 방법이 포함되어 있어서.
12.1 조달 관리 계획수립	계약업체의 작업 범위를 관리할 방법이 포함되어 있어서.
12.2 조달 수행	판매자가 수행할 범위를 관리하는 방법이 포함되어 있어서.

5.1.1 범위 관리 계획수립: 투입물

프로세스의 흐름으로 보면 착수 바로 다음에 기획의 첫 프로세스가 [범위 관리 계획수립]이므로 이전에 수행한 착수 활동의 산출물인 프로젝트 헌장이 주요 투입물이 됩니다.

5.1.1.1 프로젝트 헌장(Project charter)

상위 수준의 프로젝트에 대한 설명과 제품의 특성, 상위수준의 요구사항을 기반으로 범위 관리 계획서를 작성합니다. 프로젝트 범위의 기반은 제품과 요구사항입니다.

5.1.1.2 프로젝트 관리 계획서(Project management plan)

프로젝트 관리 계획서에 포함된 승인된 여러 보조 계획서들은 범위 관리 및 범위 기획에 대한 방법 결정에 영향을 줄 수 있습니다.

◆ 품질 관리 계획서(Quality management plan)

제품과 품질은 떨어질 수 없는 관계입니다. 모든 제품은 적정한 품질 기준이 있기 마련입니다. 대부분의 조직은 자체적으로 품질 정책, 방법론, 표준을 갖고 있습니다. 이러한 품질에 대한 내용은 프로젝트 및 제품 범위를 관리하는 방법에 영향을 줄 수 있습니다.

◆ 프로젝트 생애주기 기술서(Project life cycle description)

프로젝트 생애주기에 포함된 단계에 따라 범위를 완료하고 인도물을 산출하므로 어떤 단계로 진행하며, 단계의 산출물은 무엇인지 알고 범위를 관리해야 합니다.

◆ 개발 방식(Development approach)

예측형, 반복적, 적응형, 애자일 등 개발 방식에 따라 범위 관리 방법이 달라집니다.

5.1.1.3 기업 환경 요인(Enterprise environmental factors)

우리 회사의 문화, 기반시설, 시장 여건 같은 요소는 범위 관리 방법에 영향을 줄 수 있습니다.

5.1.1.4 조직 프로세스 자산(Organizational process assets)

우리 회사에서 계속 축적해온 프로젝트의 결과물들은 언제든지 이용할 수 있습니다. (예, 정책, 절차, 선례정보, 교훈사항 등)

5.1.2 범위 관리 계획수립: 도구 및 기법

프로젝트 팀이 회의를 통해 범위 관리 계획서를 수립합니다. 다른 계획수립 관련 프로세스의 도구 기법에 보면 거의 항상 회의가 쓰입니다. 계획은 혼자 만드는 것이 아니라 여러 사람이 모여 합의하여 만들기 때문에 회의는 필수입니다.

5.1.2.1 전문가 판단(Expert judgment)

범위 관리 계획서를 작성할 때 필요시 전문가의 도움을 받을 수 있습니다.

5.1.2.2 데이터 분석(Data analysis)

범위 관리 계획서를 준비하는 것은 앞으로 범위를 어떻게 관리할 것인지에 대한 방법을 결정하는 것입니다. 방법은 여러 가지가 가능하며, 계획에는 가장 효과적인 방법이 들어가야 합니다. 이를 위해서는 좋은 아이디어가 많이 나와야 합니다. 이때 사용하는 기법은 대안 분석입니다.

- 대안 분석(Alternatives analysis)

  다양한 방법에 대한 아이디어를 내고 최선의 방법을 결정합니다.

5.1.2.3 회의(Meetings)

범위 관리 계획서는 프로젝트 팀, 프로젝트 관리자, 스폰서 등이 개발회의에 참석해서 같이 만듭니다.

5.1.3 범위 관리 계획수립: 산출물

범위 관리 계획서와 요구사항 관리 계획서가 작성됩니다.

5.1.3.1 범위 관리 계획서(Scope management plan)

범위 관리 계획서는 범위 관리의 지침이며 이후 범위 관리 프로세스의 주요 투입물이 됩니다. 또한 범위 관리 계획서는 프로젝트 관리 계획서를 구성하는 보조 계획으로서 전체 프로젝트 관리 계획서에 통합됩니다. 범위를 정의하는 방법, WBS를 작성하는 방법, 범위 기준선의 승인 및 유지 방법, 인도물의 공식적 인수 방법, 범위 통제 방법 등이 포함됩니다.

5.1.3.2 요구사항 관리 계획서(Requirements management plan)

요구사항 관리 계획서는 프로젝트를 진행하면서 요구사항의 분석, 문서화, 관리를 어떻게 할 것인지를 포함하고 있으며, 프로젝트 관리 계획서를 구성하는 보조 계획으로서 전체 프로젝트 관리 계획서로 통합됩니다. 요구사항 관리 계획서에는 다음과 같은 내용이 포함될 수 있습니다.

- 요구사항을 계획하고, 추적하고, 보고하는 방법.
- 제품, 서비스, 결과 요구사항에 대한 변경을 어떻게 시작하고, 변경의 영향을 어떻게 분석하고, 지속적인 추적을 어떻게 할 것인지, 변경을 어떻게 승인할 것인지 같은 형상 관리 활동들.
- 요구사항의 우선순위를 결정하는 방법.
- 앞으로 사용할 제품 척도와 척도를 사용하는 이유.

5.2 요구사항 수집(Collect Requirements)

[요구사항 수집] 프로세스는 프로젝트의 주요 이해관계자로부터 요구사항을 식별, 분석, 문서화하는 프로세스입니다. 만약 핵심 이해관계자의 요구사항을 맞추지 못한다면 프로젝트를 종료할 수 있을까요? 6층짜리 빌딩을 지어달라고 했는데 5층만 지어놓고 프로젝트를 끝내는 것은 불가능합니다. 따라서 프로젝트를 진행하는 동안 맞춰야 하는 이해관계자의 요구사항이 프로

젝트 초기에 가능한 상세하고 정확하게 식별되어야 하고, 이를 문서화해서 관리해야 합니다. 이해관계자의 수나 유형은 프로젝트 진척에 따라 변할 수 있으므로 요구사항 수집도 주기적으로 반복해서 진행합니다. 프로젝트 요구사항은 프로젝트 범위의 기반이 되고 프로젝트 범위는 프로젝트 관리 계획서의 바탕이 되며, 실행을 통해서 요구사항과 프로젝트 범위를 달성합니다. [요구사항 수집]은 프로젝트 관리 계획서를 작성하는 기획의 두 번째 프로세스입니다. 요구사항을 수집하는 것은 기획의 앞부분에서 하는 활동입니다. 기획 이전에는 착수가 있었고, 착수의 핵심 산출물인 '프로젝트 헌장'에는 초기 요구사항이 식별되어 있으므로 프로젝트 헌장은 [요구사항 수집]의 주요 투입물이 됩니다. 또한, 이해관계자로부터 요구사항을 수집해야 하므로 '이해관계자 관리대장'도 주요 투입물입니다.

[표 5-6] 요구사항 수집의 ITTO

요구사항 수집(Collect Requirements)		
지식영역: 범위 관리(Scope management)	프로세스 그룹: 기획(Planning)	
투입물	**도구 및 기법**	**산출물**
1. 프로젝트 헌장 2. 프로젝트 관리 계획서 • 범위 관리 계획서 • 요구사항 관리 계획서 • 이해관계자 참여 계획서 3. 프로젝트 문서 • 가정사항 기록부 • 교훈 관리대장 • 이해관계자 관리대장 4. 비즈니스 문서 • 비즈니스 케이스 5. 협약 6. 기업 환경 요인 7. 조직 프로세스 자산	1. 전문가 판단 2. 데이터 수집 • 브레인스토밍 • 인터뷰 • 핵심전문가 그룹 • 설문지 및 설문조사 • 벤치마킹 3. 데이터 분석 • 문서 분석 4. 의사결정 • 투표 • 독단적 의사결정 • 다기준 의사결정 분석 5. 데이터 표현 • 친화도 • 마인드 매핑 6. 대인관계 및 팀 기술 • 명목집단기법 • 관찰/대화 • 촉진 7. 배경도 8. 프로토타입	1. 요구사항 문서 2. 요구사항 추적 매트릭스

[표 5-6]은 [요구사항 수집]의 Inputs, Tools and Techniques, Outputs입니다. 착수 다음에 진행하는 기획의 두 번째 프로세스이므로 착수의 산출물이 주요 투입물이 됩니다. 여러 이해관계자로부터 요구사항을 알아내기 위해 다양한 정보 수집 기법들을 사용하고, 그 결과로 수집된 요구사항은 '요구사항 문서'에 기록되며, 그 요구사항이 최종 인도물에 반영이 되는 과정을 추적할 수 있도록 '요구사항 추적 매트릭스'가 만들어집니다. 소규모 프로젝트라면 프로젝트 종료까지 요구사항 달성에 대한 추적이 쉽지만, 규모가 큰 프로젝트는 진행 과정이 복잡하고 기간이 길어서 지속적으로 요구사항을 관리할 수 있도록 준비가 되어야 합니다.

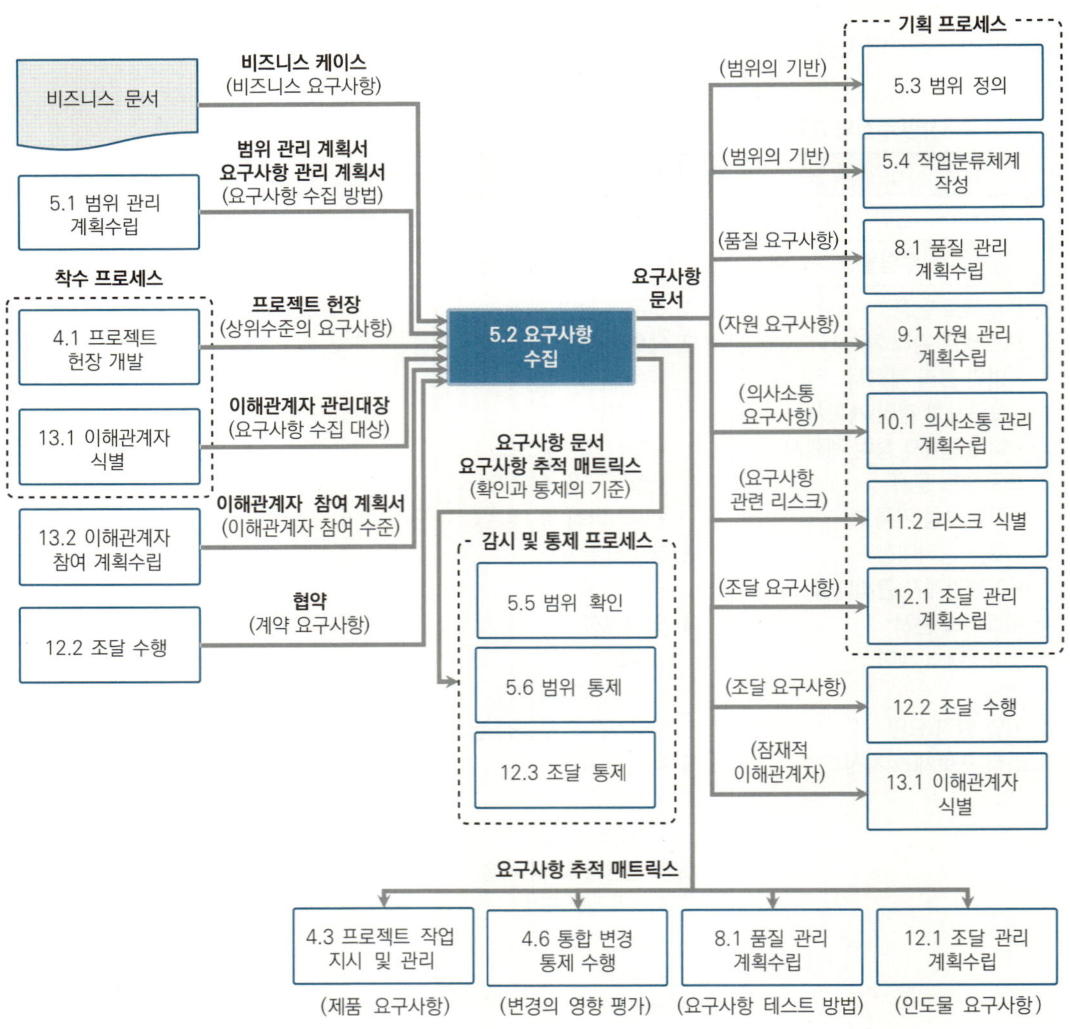

[그림 5-2] 요구사항 수집의 주요 흐름

[그림 5-2]는 [요구사항 수집] 프로세스의 주요 흐름입니다. 프로젝트가 공식적인 승인을 받아서 시작되었다면 핵심 이해관계자의 요구사항을 정의하고 문서화해야 합니다. 요구사항은 무작위로 수집하기보다는 비슷한 유형별로 분류하는 것이 관리하기에 용이합니다. 수집된 요구사항은 프로젝트 범위의 기반이 되며, 또한 완료된 범위가 요구사항을 맞추었는지 비교하기 위해 요구사항 문서는 확인의 기준으로 사용되며, 범위의 변경을 통제할 때도 요구사항 문서는 범위 통제의 기준으로 사용합니다. 그리고 프로젝트 전체 범위 중 일부를 외부에서 조달할 때 조달 품목이 요구사항에 맞아야 하므로 조달 계획수립 시에 요구사항을 기반으로 조달 문서를 작성합니다. 각각 분리해서 보면 [요구사항 수집] 프로세스의 산출물이 다른 프로세스에 투입되는 이유는 다음과 같습니다.

[표 5-7] 요구사항 수집 산출물의 투입 이유

요구사항 문서 투입 프로세스	투입 이유
5.3 범위 정의	요구사항을 맞추기 위해 해야 할 프로젝트 범위를 정의하기 위해서.
5.4 작업분류체계 작성	요구사항을 토대로 범위를 분할하기 위해서.
8.1 품질 관리 계획수립	품질 요구사항을 포함하고 있기 때문에.
9.1 자원 관리 계획수립	자원 요구사항을 포함하고 있기 때문에.
10.1 의사소통 관리 계획수립	의사소통 요구사항을 포함하고 있기 때문에.
12.1 조달 관리 계획수립	판매자에게 필요한 사항을 요청할 때 조달 요구사항을 반영하기 위해서.
11.2 리스크 식별	요구사항을 기반으로 리스크를 식별하기 위해서.
12.1 조달 관리 계획수립	조달에 대한 요구사항을 포함하고 있기 때문에.
12.2 조달 수행	조달에 대한 요구사항을 포함하고 있기 때문에.
13.1 이해관계자 식별	잠재적 이해관계자에 대한 정보를 포함하고 있기 때문에.
5.5 범위 확인	인도물이 요구사항에 부합하는지 확인하기 위해서.
5.6 범위 통제	범위를 통제하기 위한 기준으로 요구사항 문서를 사용하기 위해서.
12.3 조달 통제	조달 요구사항을 통제의 기준으로 사용하기 위해서.
요구사항 추적 매트릭스 투입 프로세스	**투입 이유**
5.5 범위 확인	완료된 범위를 확인하기 위한 기준으로 사용하기 위해서.
5.6 범위 통제	범위를 통제의 기준으로 사용하기 위해서.
12.3 조달 통제	조달 요구사항을 통제의 기준으로 사용하기 위해서.
4.3 프로젝트 작업 지시 및 관리	인도물이 요구사항에 맞게 산출되도록 하기 위해서.
4.6 통합 변경 통제 수행	범위 변경으로 인한 영향을 평가하기 위해서.
8.1 품질 관리 계획수립	인도물에 대한 테스트 요구사항을 포함하고 있기 때문에.
12.1 조달 관리 계획수립	조달에 대한 요구사항을 포함하고 있기 때문에

5.2.1 요구사항 수집: 투입물

프로세스의 흐름으로 보면 착수 바로 다음에 기획에서 두 번째 하는 활동이 요구사항 수집이므로 착수의 산출물인 프로젝트 헌장과 이해관계자 관리대장이 주요 투입물이 됩니다. 프로젝트 헌장에는 상위수준의 요구사항이 포함되어 있고, 이해관계자는 요구사항을 제시할 대상입니다.

5.2.1.1 프로젝트 헌장(Project charter)

프로젝트 헌장은 상위 수준(개략적 수준)의 프로젝트에 대한 설명과 상위 수준의 요구사항을 제공하며, 상세한 요구사항 개발의 바탕이 됩니다.

5.2.1.2 프로젝트 관리 계획서(Project management plan)

요구사항을 수집하는데 관련된 보조 계획서들이 투입물로 사용됩니다.

◆ **범위 관리 계획서**(Scope management plan)

범위 관리 계획서에는 프로젝트 범위를 정의하는 방법이 포함되어 있습니다. 범위의 기반이 요구사항이므로 범위 정의 방법을 고려하면서 요구사항을 수집합니다.

◆ **요구사항 관리 계획서**(Requirements management plan)

요구사항 관리 계획서에 포함된 방법에 따라서 요구사항을 수집, 분석, 문서화합니다.

◆ **이해관계자 참여 계획서**(Stakeholder engagement plan)

요구사항 수집 활동에 대한 이해관계자의 참여 수준을 이해하기 위해 사용합니다. 이해관계자의 참여 수준이 낮을 경우 요구사항을 수집하기 어려울 수 있습니다. 이해관계자의 참여수준에 대해서는 [이해관계자 참여 계획수립] 프로세스에서 자세히 설명합니다.

5.2.1.3 프로젝트 문서(Project documents)

요구사항 수집에 필요한 문서들을 투입물로 사용합니다.

◆ **가정사항 기록부**(Assumption log)

요구사항 수집에 영향을 줄 수 있는 가정사항을 고려합니다.

◆ **교훈 관리대장**(Lessons learned register)

과거에 사용했던 요구사항 수집 기법 중에 효과적인 방법이 있었다면 그 방법을 활용해서 요구사항을 수집할 수 있습니다.

◆ **이해관계자 관리대장**(Stakeholder register)

이해관계자 관리대장은 요구사항 수집의 가장 핵심 투입물로 볼 수 있습니다. 요구사항의 대부분은 이해관계자가 제시합니다. 이해관계자 관리대장에는 이해관계자 목록이 포함되어 있습니다. 프로젝트 팀은 이해관계자와 인터뷰, 브레인스토밍, 설문조사 등을 통해 요구사항을 수집합니다.

5.2.1.4 비즈니스 문서(Business document)

비즈니스 케이스에는 비즈니스 요구사항(Business needs)을 포함하고 있습니다. 비즈니스 요구사항은 상위수준의 요구사항으로서 상세한 요구사항 개발에 바탕이 됩니다.

5.2.1.5 협약(Agreements)

계약서에는 프로젝트 및 제품에 대한 요구사항이 포함됩니다.

5.2.1.6 기업 환경 요인(Enterprise environmental factors)

우리 회사의 문화, 기반시설, 시장 여건 같은 요소는 요구사항 수집에 영향을 줄 수 있습니다.

5.2.1.7 조직 프로세스 자산(Organizational process assets)

우리 회사에서 계속 축적해온 프로젝트의 결과물들은 언제든지 이용할 수 있습니다. (예, 정책, 절차, 선례정보, 교훈사항 등)

5.2.2 요구사항 수집: 도구 및 기법

여러 이해관계자로부터 요구사항을 정량적으로 수집하기는 쉽지 않은 일입니다. 요구사항을 체계적으로 수집하기 위해서는 전문적인 기법을 사용하는 것이 좋습니다. 그래서 *PMBOK® Guide*에서는 요구사항에 대한 정보를 수집하고 분류하는 다양한 기법을 소개하고 있습니다.

5.2.2.1 전문가 판단(Expert judgment)

요구사항을 수집, 분석, 문서화할 때 전문가의 도움을 받을 수 있습니다.

5.2.2.2 데이터 수집(Data gathering)

이해관계자로부터 요구사항을 수집하기 위한 방법들을 사용합니다.

◆ 브레인스토밍(Brainstorming)

여러 이해관계자가 모여서 프로젝트 및 제품 요구사항에 대한 다양한 아이디어를 냅니다. 브레인스토밍의 목표는 가능한 한 많은 사람이 기여하여 질과 관련 없는 가능한 한 많은 아이디어를 제안하는 것이므로 모든 사람이 제안된 어떠한 아이디어라도 비판해서는 안 된다는 동의 하에 가능한 많은 수의 아이디어를 도출해야 합니다.

◆ 인터뷰(Interviews)

인터뷰는 이해관계자와 직접 만나서 요구사항을 물어보는 것입니다. 미리 준비한 질문을 가지고 공식 또는 비공식으로 직접 만나서 요구사항을 물어봅니다. 일반적으로 1:1로 진행하지만 1대 다수로 진행하기도 합니다.

◆ 핵심전문가 그룹(Focus groups)

선별된 이해관계자와 특정 주제에 대한 전문가들로 구성된 그룹에서 대화식 토론을 통해 요구사항을 도출합니다. 토의를 효과적으로 진행할 전문 사회자가 필요합니다.

◆ 설문지 및 설문조사(Questionnaires and surveys)

많은 응답자로부터 빠르게 정보를 수집하고 싶을 때 설문조사를 합니다. 직접 만나는 인터뷰가 어려울 때 설문조사 시스템을 활용해서 지리적으로 떨어져 있는 사람들로부터 요구사항을 수집할 수 있습니다.

◆ 벤치마킹(Benchmarking)

더 나은 모범사례를 찾아서 분석하면, 이번에 만들 제품에 대한 더 좋은 개선책을 알아낼 수 있습니다.

5.2.2.3 데이터 분석(Data analysis)

요구사항을 알아낼 수 있는 모든 문서 분석을 수행합니다. 요구사항을 도출하기 위해 분석할 수 있는 문서의 종류는 계약서, 이슈 기록부, 제안요청서, 법규 문서 등 다양합니다.

5.2.2.4 의사결정(Decision making)

이해관계자 간에 요구사항에 대한 합의가 필요할 경우 다양한 의사 결정 방법을 이용할 수 있습니다.

◆ 투표(Voting)

투표는 크게 3가지 방법이 있습니다.

- **만장일치(Unanimity)**: 한 가지 의견에 모든 사람이 동의해야 결정합니다.
- **과반수(Majority)**: 구성원의 50% 이상이 동의해야 합니다.
- **다수결(Plurality)**: 구성원의 50%가 안 되더라도 가장 많은 수의 의견으로 결정합니다.

◆ 독단적 의사결정(Autocratic decision making)

요구사항을 한 사람이 결정합니다. 일반적으로 권한이 높은 사람이 결정하며, 나머지 사람들은 이 결정에 따릅니다.

◆ 다기준 의사결정 분석(Multicriteria decision analysis)

요구사항을 결정할 때 여러 기준을 평가해서 가장 좋은 의사 결정을 내립니다. 리스크 수준, 불확실성, 가치평가, 아이디어들의 평가 등 기준을 수립하기 위한 체계적인 분석적 접근을 제공하기 위해 의사결정 매트릭스를 활용하는 기법입니다.

5.2.2.5 데이터 표현(Data representation)

데이터 표현 기법은 수집된 정보를 이해하기 쉽게 표현하는 방법을 말합니다. 이해관계자로부터 수집된 요구사항을 구조적으로 표현하면 이해하는 데 도움이 됩니다.

◆ 친화도(Affinity diagram)

친화도는 많은 수의 데이터 또는 아이디어를 유사성(친화력)에 따라 그룹화하기 위해 사용하는 기법을 말합니다. 친화도는 팀이 브레인스토밍을 통해 얻은 아이디어들을 유사한 것들끼리 묶어놓습니다. 이 기법을 이용하면 연관성에 따라 다양한 아이디어나 정보를 몇 개의 그룹으로 분류할 수 있습니다.

◆ 마인드 매핑(Mind mapping)

마인드맵은 1971년 영국의 심리학자인 토니 부잔에 의해 창시된 방법으로 두뇌 활동을 극대화하는 사고 기법입니다. 글자, 기호, 그림을 사용하여 생각을 표현하며, 핵심 주제를 가운데 배치하고 관련 아이디어를 방사 형태로 선을 연결해서 표현하는 방식입니다. 아이디어를 구조화하는 데 좋습니다.

5.2.2.6 대인관계 및 팀 기술(Interpersonal and team skills)

여러 이해관계자가 모여 요구사항에 대해 논의하는 자리를 갖게 되므로 사람을 다루는 대인관계 기술이나 팀 기술이 사용됩니다.

◆ 명목집단법(Nominal group technique)

명목집단법은 보통 NGT법이라고도 하며, 명목집단이란 말은 의사결정을 하는 과정에서 서로 의사소통 없이 아이디어를 서면으로 제출하여 누구의 아이디어인지 모르게 한다는 의미입니다. Nominal을 사전에서 찾아보면 '명목상의, 이름뿐인'이라는 뜻이 있습니다. 그래서 허수아비 사장을 Nominal boss라고 합니다. 이름을 밝히지 않는 이유는 편견을 없애기 위해서입니다. 브레인스토밍의 경우 아이디어를 구두로 말하기 때문에 누구의 아이디어인지 모두 알게 됩니다. 그래서 나중에 아이디어 우선순위 투표를 할 때 좋은 아이디어이지만 내가 싫어하는 사람이 낸 아이디어는 투표를 안 할 수 있습니다. 이러한 편견을 막기 위해 아이디어를 서면으로 받습니다. 서면으로 제출된 아이디어를 그룹 리더가 보드에 기록하고 서로 토론 후에 투표하여 가장 높은 점수를 받은 아이디어를 채택합니다.

◆ 관찰/대화(Observation/conversation)

관찰은 [프로젝트 지식 관리] 프로세스에서 설명했던 'Job shadowing'과 같은 말입니다. Job shadowing은 미국, 캐나다 등에서 학생들에게 취업 전에 현재 학교에서 공부하는 이유를 알게 해주는 목적과 현장 체험을 통해 어떤 직장에서 어떤 종류의 기술력이 요구되는지를 깨닫게 해주는 일종의 학생들을 위한 교육 프로그램입니다. 프로젝트에서도 마찬가지로 이해관계자가 요구사항을 명확히 얘기하기 어려운 경우 실제 비슷한 프로젝트의 업무를 수행하는 사람을 지켜보면서, 관련된 요구사항을 발견하도록 하는 방법입니다. 또한 '참여적 관찰자(Participant observer)'는 프로세스나 절차에 실제로 참여하기도 합니다.

◆ 촉진(Facilitation)

촉진은 [프로젝트 헌장 개발]에서 설명했듯이 여러 사람이 모여서 의견을 내고 결론을 도출할 때 빠르고 효과적으로 결론을 도출할 수 있도록 그룹을 이끄는 행위를 말합니다. 요구사항을 수집하기 위해서 그룹 토의나 워크숍을 할 경우 빠르게 결론을 도출할 수 있도록 퍼실리테이터의 역할이 필요합니다.

5.2.2.7 배경도(Context diagrams)

배경도는 프로세스, 장비, 컴퓨터 시스템 등 비즈니스 시스템을 보여주고 사람들과 시스템과의 관계가 어떻게 연결됐는지를 통해 제품 범위를 시각적으로 도식화하는 방법입니다. 배경도에는 시스템에 들어가는 투입물, 투입물을 제공하는 사람, 시스템의 산출물, 산출물을 받는 대상이 표시됩니다. 이런 내용을 도식화해서 봄으로써 각 관계에서 무엇이 필요한지 알 수 있고, 요구사항을 정의할 수 있습니다.

5.2.2.8 프로토타입(Prototypes)

프로토타입은 실제 프로젝트의 산출물을 만들기 전에 비슷한 모형을 먼저 만들어서 이해관계자들에게 제공하여 요구사항을 알아내는 방법입니다. 건축사무소에 가면 건물을 축소시켜 만든 모형이 있는데, 이것도 일종의 프로토타입입니다. 이미지와 글로 표현한 스토리보드도 하나의 프로토타입 기법입니다. 스토리보드는 웹사이트를 제작하기 이전에 또는 광고나 영화를 촬영하기 전에 미리 간단하게 글과 그림으로 표현한 것을 말합니다.

5.2.3 요구사항 수집: 산출물

[요구사항 수집]은 말 그대로 요구사항 수집이 주목적이므로 수집된 요구사항을 정리한 '요구사항 문서(Requirements documentation)'가 핵심 산출물이 됩니다. 그리고 요구사항 수집 및 분석은 체계적인 방법에 따라서 진행해야 하며, 프로젝트 생애주기를 통해 주기적으로 수행해야 합니다. 프로젝트를 진척할 때 식별된 요구사항을 달성하면서 진행되는지 지속적으로 관리하고 추적하기 위한 '요구사항 추적 매트릭스(Requirements traceability matrix)'도 산출물로 나옵니다.

5.2.3.1 요구사항 문서(Requirements documentation)

요구사항은 프로젝트 초기에는 개략적이었다가 프로젝트 진척에 따라 점차 상세해질 수 있습니다. 요구사항 문서는 간단하게 요구사항만 나열할 수도 있고 상세한 설명을 포함해서 작성할 수도 있습니다. 식별된 요구사항은 비슷한 유형별로 범주를 나누어 관리하는 것이 좋을 수 있습니다. 요구사항 범주 및 관련 내용은 다음과 같습니다.

◆ 비즈니스 요구사항(Business requirements)

비즈니스 요구사항은 조직에서 해결해야 할 문제나 다뤄야 할 기회, 프로젝트를 수행하는 이유와 같은 상위수준의 요구사항입니다.

◆ 이해관계자 요구사항(Stakeholder requirements)

이해관계자로부터 수집된 요구사항들입니다.

◆ 솔루션 요구사항(Solution requirements)

Solution은 어떤 상황에서 하나 또는 그 이상의 니즈를 충족시키는 구체적인 방법을 말하며, 프로젝트에서 생성할 제품, 서비스 또는 결과를 말합니다. 제품이나 서비스에 대한 요구사항은 기능적 요구사항과 비기능적 요구사항으로 나눠집니다. 예를 들면, 자동차의 경우 네비게이션을 통해 길을 찾을 수 있어야 하고, 천장에 선루프가 있어야 하고, 5명의 성인이 탑승할 수 있어야 한다 등은 기능적 요구사항입니다. 좌석의 가죽 질감은 부드러워야 하고, 색상은 밝은 흰색이어야 하며, 승차감이 부드러워야 한다 등은 비기능적 요구사항입니다.

◆ **전환 및 준비 요구사항**(Transition and readiness requirements)

만약 업무관리용 시스템을 개발하는 프로젝트를 수행했다면 프로젝트 종료 후에 이 시스템을 사용할 수 있도록 기존 데이터를 이관하고 사용자 교육이 필요하게 됩니다. 전환 및 준비 요구사항은 프로젝트 종료에서 운영으로 넘어갈 때 준비해야 할 사항들에 대한 요구사항입니다.

◆ **프로젝트 요구사항**(Project requirements)

산출물에 대한 특정 완료 날짜를 요구하거나 비용에 대한 요구사항, 의사소통에 대한 요구사항 등 프로젝트에 대한 다양한 요구사항이 있습니다.

◆ **품질 요구사항**(Quality requirements)

프로젝트는 산출물을 만드는 것이 주목적이며, 산출물은 항상 적정한 품질 기준이 있기 마련입니다. 품질에 대한 조건, 테스트에 대한 요구사항 등 품질 관련한 요구사항들도 수집됩니다.

5.2.3.2 요구사항 추적 매트릭스(Requirements traceability matrix)

정해진 요구사항이 누락 없이 모두 달성되려면 지속적으로 요구사항 달성 여부를 확인해야 합니다. 프로젝트 생애주기 전반에 걸쳐서 요구사항을 추적하고 관리하기 위한 표가 요구사항 추적 매트릭스입니다. 프로젝트 또는 제품에 대한 변경이 생길 경우에도 요구사항 추적 매트릭스를 통해 관리합니다. 또한, 요구사항의 식별 코드, 비즈니스 목표, 프로젝트 목표, 관련된 WBS 인도물, 제품 설계, 제품 개발, 테스트 시나리오 등이 요구사항 추적 매트릭스에 포함됩니다. 향후 요구사항 달성 과정을 추적해서 요구사항의 현재 상태를 활성, 취소, 연기, 추가, 승인, 완료 등의 상태로 변경합니다.

5.3 범위 정의(Define Scope)

[범위 정의] 프로세스는 프로젝트 및 제품의 상세한 설명을 개발하는 프로세스입니다. Define을 사전에 찾아보면 '정의하다, 규정하다, 분명히 밝히다, [경계]를 분명히 나타내다' 등의 뜻이 있습니다. 따라서 [범위 정의]는 **프로젝트의 범위(Work & deliverables)가 어디까지인지 경계를 명확히 결정**하겠다는 것입니다. 범위가 명확하지 않으면 일정과 예산을 결정할 수 없습니다. 프로젝트 착수에서 개략적인 상위 수준의 범위가 결정되었다면 기획에서는 최대한 상세하게 범위를 결정해야 합니다. 뿐만 아니라 [범위 정의]에서는 프로젝트의 가정사항과 제약사항도 착수보다 더 다양하고 상세하게 문서화합니다. 범위가 결정되어야 다른 부분들이 결정될 수 있으므로 [범위 정의]는 기획에서 다른 프로세스들보다 앞부분에서 수행합니다. 범위를 상세히 결정하는 것은 프로젝트에서 아주 중요하므로 [범위 정의] 프로세스도 PMP® 시험에 중요한 프로세스입니다.

[표 5-8] 범위 정의의 ITTO

범위 정의(Define Scope)		
지식영역: 범위 관리(Scope management)	프로세스 그룹: 기획(Planning)	
투입물	**도구 및 기법**	**산출물**
1. 프로젝트 헌장 2. 프로젝트 관리 계획서 • 범위 관리 계획서 3. 프로젝트 문서 • 가정사항 기록부 • 요구사항 문서 4. 리스크 관리대장 5. 기업 환경 요인 6. 조직 프로세스 자산	1. 전문가 판단 2. 데이터 분석 • 대안 분석 3. 의사결정 • 다기준 의사결정 분석 4. 대인관계 및 팀 기술 • 촉진 5. 제품 분석	1. 프로젝트 범위 기술서 2. 프로젝트 문서 업데이트 • 가정사항 기록부 • 요구사항 문서 • 요구사항 추적 매트릭스 • 이해관계자 관리대장

[표 5-8]은 [범위 정의]의 Inputs, Tools and Techniques, Outputs입니다. 착수의 산출물인 '프로젝트 헌장'에는 상위 수준의 **프로젝트에 대한 설명과 제품의 특성, 개략적인 가정사항과 제약사항**이 있었는데 이 내용이 더 상세하게 '프로젝트 범위 기술서'에 문서화됩니다. 그리

고 프로젝트에 대한 최종 선별된 요구사항도 '프로젝트 범위 기술서'에 명시됩니다. 기획의 최종 산출물은 프로젝트 관리 계획서이며, 프로젝트 관리 계획서는 범위로부터 작성되므로 프로젝트 범위 기술서는 [범위 정의] 이후의 기획 프로세스의 주요 투입물이 됩니다.

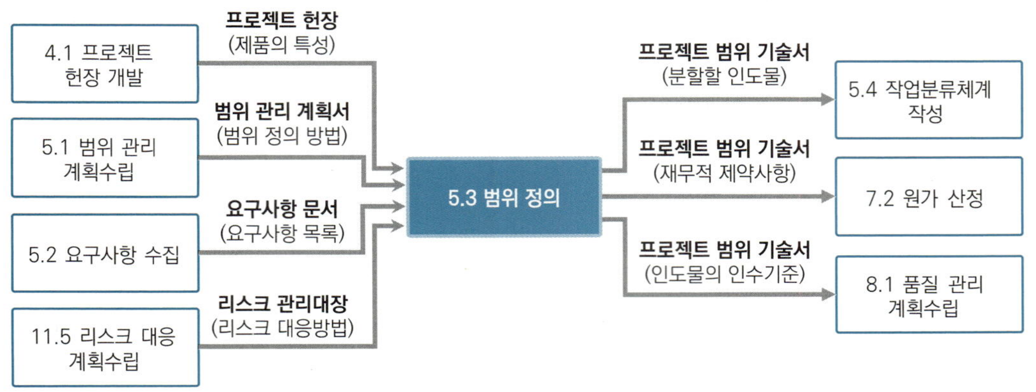

[그림 5-3] 범위 정의 프로세스의 주요 흐름

[그림 5-3]은 [범위 정의]의 주요 흐름을 나타냅니다. 범위는 기획의 시작점이며, **프로젝트 범위 기술서는 다른 일정, 원가, 품질 등의 기획 프로세스에 주요 투입물**로 사용됩니다. [그림 5-3]에는 프로젝트 범위 기술서가 투입되는 프로세스를 3개만 표현했지만 실제로는 더 많이 투입됩니다. 예를 들면, 어떤 프로세스의 투입물로 프로젝트 관리 계획서가 들어가는 프로세스가 있습니다. 그런데 프로젝트 관리 계획서 안에는 범위 기준선이 포함되어 있고 범위 기준선 안에는 프로젝트 범위 기술서가 포함되어 있으므로 프로젝트 관리 계획서를 투입물로 투입하더라도 실제로는 그 안에 포함된 프로젝트 범위 기술서가 투입되는 경우도 있습니다. *PMBOK® Guide*가 **어떤 경우에는 부분적 문서를 투입물로 표현하기도 하고 어떤 때는 부분적 문서를 포함한 상위 문서를 투입물로 표현하는 경우**도 있습니다. 혼동이 올 수 있으므로 미리 이런 표현 방식을 이해해 놓으면 좋습니다. [그림 5-3]에서 '프로젝트 범위 기술서'가 다른 프로세스에 투입되는 이유는 다음과 같습니다.

[표 5-9] 범위 정의 산출물의 투입 이유

프로젝트 범위 기술서 투입 프로세스	투입 이유
5.4 작업분류체계 작성	범위 기술서에 포함된 주요 인도물을 더 작고 관리 가능한 요소로 분할하기 위해서.
7.2 원가 산정	범위 기술서에 포함된 재무적 제약사항을 고려해서 원가를 산정하기 위해서.
8.1 품질 관리 계획수립	범위 기술서에 포함된 인도물의 인수 기준이 품질과 관련 있기 때문에.

5.3.1 범위 정의: 투입물

[범위 정의]는 [요구사항 수집] 다음 프로세스이므로, 이전에 수집된 요구사항을 기반으로 프로젝트 범위를 상세하게 정의합니다. 프로젝트 범위는 프로젝트에서 생성할 인도물과 수행할 작업이며, 범위가 명확해야 이후 기획 프로세스를 수행할 때 상세하게 내용들을 결정할 수 있습니다.

5.3.1.1 프로젝트 헌장(Project charter)

프로젝트 헌장에는 상위 수준의 프로젝트에 대한 설명과 제품의 특성이 포함되어 있습니다. 프로젝트 범위는 제품 범위로부터 결정됩니다. 어떤 제품을 만들지 알아야 무슨 일을 할지 알 수 있습니다. 따라서 프로젝트 범위를 결정하려면 프로젝트에서 만들 제품을 상세히 분석해서 어떤 작업을 해야 하는지 알아내야 합니다. 또한, 프로젝트 헌장에는 초기 제약사항, 가정사항을 포함하고 있는데, 이는 범위 기술서에 더 상세하게 기록됩니다.

5.3.1.2 프로젝트 관리 계획서(Project management plan)

프로젝트 관리 계획서에는 범위 관리 계획서가 포함되어 있습니다. [범위 정의]는 사전에 준비한 범위 관리 계획서에 따라 진행합니다.

5.3.1.3 프로젝트 문서(Project documents)

범위는 요구사항을 기반으로 하기 때문에 요구사항 문서가 [범위 정의]의 가장 핵심 투입물이 됩니다.

◆ **가정사항 기록부(Assumption log)**

프로젝트 범위나 제품 범위에 영향을 줄 수 있는 가정 및 제약 사항을 고려합니다.

◆ **요구사항 문서(Requirements documentation)**

어떤 것을 만들어 달라는 요구사항은 범위의 토대가 되며, 프로젝트에서 만들 인도물들은 프로젝트 범위 기술서에 포함되고, 그 내용은 프로젝트 관리 계획서에 포함됩니다. 프로젝트 범위는 요구사항을 기반으로 결정됩니다.

◆ **리스크 관리대장(Risk register)**

리스크가 식별되면 각 리스크에 대한 대응 준비를 합니다. 리스크에 대한 대응 전략 중 회피(Avoid)는 리스크 없는 계획으로 바꾸는 것입니다. 또한 완화(Mitigate)는 리스크 발생 확률과 영향을 낮춰서 수용할 수 있는 범위 내로 리스크 순위를 낮추는 전략입니다. 이런 회피나 완화 전략을 선택할 경우 프로젝트 범위 일부를 줄이거나 바꿔야 하는 상황이 올 수 있습니다.

5.3.1.4 기업 환경 요인(Enterprise environmental factors)

우리 회사의 문화, 기반시설, 시장 여건 같은 요소는 범위 정의에 영향을 줄 수 있습니다.

5.3.1.5 조직 프로세스 자산(Organizational process assets)

이전에 사용했던 프로젝트 범위 기술서 양식을 활용하거나 이전 프로젝트의 파일, 교훈 사항 등을 참고해서 범위를 정의합니다.

5.3.2 범위 정의: 도구 및 기법

프로젝트의 최종 목표는 정해진 제품(Product)을 만드는 것이며, 제품을 만들기 위해 프로젝트의 작업을 수행합니다. 작업이 완료되면 유형의 인도물이 생성됩니다. 따라서 프로젝트 범위를 정의하려면 우리가 만들 **제품에 대해 면밀히 분석**해야 합니다. 다시 말하자면 어떤 제품을 만들지 상세히 알아야 무슨 일을 할지가 결정되는 것입니다. 무슨 제품을 만들 것인지에 대한 내용은 프로젝트 헌장을 참고합니다.

5.3.2.1 전문가 판단(Expert judgment)

필요한 부분에 대해 전문가의 도움을 받습니다.

5.3.2.2 데이터 분석(data analysis)

[범위 정의]에서는 대안 분석 기법을 사용합니다. 프로젝트 범위를 달성하는 방법은 수만 가지가 가능합니다. 중요한 것은 가장 효과적이고 좋은 방법을 결정해야 합니다. 한 가지 아이디어만 가지고 이것이 최선의 방법이라고 결정할 수 없으므로 여러 아이디어를 낸 후 가장 좋은 아이디어를 선정해야 합니다.

◆ 대안 분석(Alternative analysis)

대안 분석은 다양한 아이디어를 내서 좋은 안을 결정하는 것입니다. 프로젝트 범위를 달성하는 가장 효과적인 방법을 찾기 위해 다양한 아이디어를 생각해봅니다.

5.3.2.3 의사결정(Decision making)

5.2.2.4에서 설명한 다기준 의사결정 분석 등을 사용해서 가장 좋은 의사 결정을 내립니다.

5.3.2.4 대인관계 및 팀 기술(Interpersonal and team skills)

여러 이해관계자가 모여 프로젝트 범위에 대해 논의하는 자리를 갖게 되므로 사람을 다루는 대인관계 기술이나 팀 기술이 사용되며, 특히 워크숍이나 회의에서는 촉진 기법이 필요합니다.

◆ 촉진(Facilitation)

여러 사람의 의견을 효과적이고 빠르게 도출할 수 있도록 촉진 기술을 사용합니다.

5.3.2.5 제품 분석(Product analysis)

제품 분석은 [범위 정의]의 가장 중요한 기법입니다. 우리가 만들 제품이 무엇인지 정확히 알아야 무슨 일을 할지 결정하기 좋습니다. 제품을 잘 이해하기 위해서 제품 분해, 시스템 분석, 요구사항 분석, 시스템 공학, 가치 공학, 가치 분석 같은 전문적 기법을 사용할 수 있습니다.

5.3.3 범위 정의: 산출물

[범위 정의]의 역할은 범위를 상세히 결정하는 것입니다. 범위를 상세히 기술한 문서를 프로젝트 범위 기술서라고 하며, [범위 정의]의 핵심 산출물입니다. 프로젝트 범위 기술서는 PMP® 시험에도 중요하므로 만들어지는 과정, 포함 내용, 범위 기술서가 투입되는 프로세스들까지 연계해서 알아둬야 합니다.

5.3.3.1 프로젝트 범위 기술서(Project scope statement)

프로젝트 범위 기술서는 **프로젝트에서 생성해야 하는 인도물들과 그 인도물을 만들기 위해 수행해야 할 작업을 상세히 기술**합니다. 프로젝트 범위(인도물과 작업)를 상세히 기술한 문서가 바로 범위 기술서입니다. 프로젝트 범위 기술서에는 생성할 주요 인도물, 제품 범위에 대한 설명, 제품의 수용 기준, 가정사항, 제약사항, 프로젝트 제외사항이 포함되며, 앞으로 프로젝트 의사결정과 이해관계자간에 프로젝트 범위를 확인하고 공통적인 이해를 도출하는데 필요한 기초자료를 제공합니다.

범위 기술서에는 인도물 자체와 인도물을 산출하기 위해 필요한 작업을 자세히 설명하고 있어서 다른 프로세스, 특히 기획 프로세스들의 주요 투입물로 많이 사용하게 됩니다. 프로젝트 팀은 범위 기술서를 기반으로 상세한 계획을 수립합니다. 또한, **승인받은 범위 기술서는 범위 기준선(Scope baseline)**이 되며, 프로젝트 범위 기술서에 포함되는 주요 내용은 다음과 같습니다.

- **제품 범위의 설명**(Product scope description)

  프로젝트 헌장과 요구사항 문서를 기반으로 프로젝트에서 만들 최종 산출물(제품, 서비스, 결과물)의 특성을 설명한 내용입니다.

- **인도물**(Deliverables)

  프로젝트의 인도물에 대해 요약 설명하거나 상세히 기술합니다.

- **인수 기준**(Acceptance criteria)

  완성된 제품의 인수 기준을 정의합니다. 인수 기준은 향후 [범위 확인]의 주요 투입물로 사용합니다.

◆ 프로젝트 제외사항(Project exclusions)

프로젝트 범위가 아닌 사항을 명시합니다. 공식적인 승인 없이 범위가 조금씩 늘어나는 Scope creep을 줄일 수 있습니다. 만약 범위가 추가되었을 때 제외사항에 명시된 부분과 같다면 명확하게 제외시킬 수 있습니다.

◆ 제약(Constraints)

프로젝트 팀의 선택을 제한하는 특정한 제약들이며, 프로젝트 헌장에 표현된 제약보다 세부적이고 다양하게 표현됩니다. (예를 들면, 미리 정의된 예산이나 미리 정해진 특정 지정일 등) 제약사항은 가정과 같이 앞으로 기획 프로세스의 주요 투입물이 됩니다. 역으로 생각해서 프로젝트 관리 계획서를 수립할 때 제약도 없고 가정도 없이 수립한다면 그것은 이상적인 계획이 될 수밖에 없습니다. 현실적인 계획을 수립하기 위하여 제약사항 및 가정사항은 계획수립 시 반드시 고려해야 할 사항입니다.

◆ 가정(Assumptions)

프로젝트는 미래에 대한 불확실성을 포함하고 있기 때문에 가정사항은 반드시 있기 마련입니다. 프로젝트에서 예측한 가정대로 되지 않을 때 문제가 생길 수 있기 때문에 그에 대한 대비도 미리 해야 합니다. 제약과 마찬가지로 프로젝트 헌장에 표현된 가정보다 세부적이고 더 다양하게 표현됩니다.

5.3.3.2 프로젝트 문서 업데이트(Project documents updates)

프로젝트의 범위를 분석하는 과정에서 추가 요구사항이 식별될 수 있으므로 요구사항 문서나 요구사항 추적 매트릭스가 갱신될 수 있습니다.

◆ 가정사항 기록부(Assumption log)

범위를 정의하는 동안 새로 식별된 가정 또는 제약을 업데이트합니다.

◆ 요구사항 문서(Requirements documentation)

범위를 정의하는 동안 새로 추가되거나 변경된 요구사항을 업데이트합니다.

◆ **요구사항 추적 매트릭스**(Requirements traceability matrix)

요구사항 문서의 업데이트 된 내용을 요구사항 추적 매트릭스에 업데이트합니다.

◆ **이해관계자 관리대장**(Stakeholder register)

범위를 정의하는 동안 새로 식별된 이해관계자 정보 및 기존 이해관계자에 대한 추가 정보를 업데이트합니다.

5.4 작업분류체계 작성(Create WBS)

[작업분류체계 작성] 프로세스는 프로젝트의 범위를 더 작고 관리 가능한 요소로 세분화합니다. 왜 범위를 더 작게 나눌까요? 프로젝트 관리 계획서를 수립하기 위해서는 범위로부터 일정과 예산을 만들어야 하는데, 시간과 돈은 모두 범위로부터 예측합니다. 가능하면 돈과 시간에 대한 예측이 잘 돼야 일정과 예산이 잘 만들어지고, 그렇게 잘 만들어진 일정과 예산을 포함한 프로젝트 관리 계획서를 기반으로 실행을 수행해야 프로젝트 성공의 가능성이 커지게 됩니다. 가능하면 정확한 예측이 될수록 좋습니다. 범위를 분할하면 범위는 더 작아지며, 작을수록 범위는 더 상세해집니다. **작고 상세한 범위로부터 돈과 시간을 예측하는 것은 큰 덩어리의 범위로부터 예측하는 것보다 더 좋기 때문에 범위를 세분화**합니다. 범위가 클수록 돈과 시간은 산정하기 어렵습니다. 범위가 작을수록 산정하기 좋아지는 것은 당연합니다. 예를 들면, 비행기를 만드는 프로젝트에서 비행기 한 대 전체를 제작하는데 필요한 돈과 시간을 예측하긴 어렵지만 비행기를 분할하여 비행기 안의 화장실이라는 산출물 하나를 만드는데 필요한 돈과 시간을 예측하는 것은 범위가 작기 때문에 더 쉽습니다.

그래서 [범위 정의] 바로 다음에 일정을 작성하고 예산을 수립하는 것이 아니라 범위를 분할하는 [작업분류체계 작성] 프로세스를 더 거칩니다. [작업분류체계 작성]은 [범위 정의]에서 결정된 **프로젝트의 범위(Scope)를 분할(Breakdown)하여 구조화(Structure)합니다**. WBS는 말 그대로 작업을 분할한 구조입니다. *PMBOK® Guide*에는 'Project scope'을 Work라고 표현합니다.

- **프로젝트 범위**: 지정된 특징이나 기능을 가진 제품을 인도하기 위해 달성해야 하는 작업.
  (Project scope: The work performed to deliver a product, service, or result with the specified features and functions.)

Scope은 Work이기 때문에 범위를 분할하여 구조화한 것을 WBS, 즉 Work Breakdown Structure라고 부릅니다.

*PMBOK® Guide*에서는 이 WBS를 매우 중요하게 생각합니다. 그 이유는 일정과 예산을 작성하기 위한 중요한 출발점이기 때문입니다. 그래서 WBS 관련 내용은 시험에도 자주 출제됩니다.

핵심 용어

Work Breakdown Structure

*PMBOK® Guide*에서는 WBS를 '프로젝트 목표를 달성하고 필요한 인도물을 산출하기 위하여 프로젝트 팀이 수행할 작업을 **인도물 중심으로 분할**한 계층 구조 체계.'로 정의하고 있습니다.

'The WBS is a hierarchical decomposition of the total scope of work to be carried out by the project team to accomplish the project objectives and create the required deliverables.'

WBS의 각 작업을 수행하면 프로젝트 목표를 달성하고 인도물도 산출하게 됩니다. 그럼 '인도물 중심(Deliverable-oriented)'이란 것은 어떤 뜻일까요? 그것은 범위를 우리가 만들어야 하는 산출물(인도물) 중심으로 분할한다는 것입니다. *PMBOK® Guide*는 어느 정도 규모 있는 프로젝트를 기준으로 합니다. 따라서 프로세스도 많습니다. 일반 소규모 프로젝트에서는 작업(Work)과 활동(Activity)을 혼용해서 사용하기도 하지만 *PMBOK® Guide*는 범위를 세분화하는 것과 활동을 식별하는 것을 두 개의 프로세스로 구분했습니다. WBS를 만든 다음 WBS의 인도물을 만들기 위해 수행해야 하는 활동을 식별하는 것은 [활동 정의] 프로세스에서 별도로 다루고 있습니다.

WBS는 프로젝트의 전체 범위를 포함해야 합니다. 만약 WBS에서 누락된 범위가 있다면 WBS를 기반으로 한 활동을 식별할 때도 활동이 누락되며, 누락된 범위가 나중에 다시 계획에 추가되면, 활동도 추가로 수행해야 하고 추가 활동 때문에 일정이 지연되고 비용이 초과될 수 있습니다. 그 외에도 WBS는 여러 부분에 투입물로 작용하기 때문에 WBS를 제대로 만들지 못하면 WBS를 투입물로 받는 모든 프로세스가 문제가 생기게 되는 것입니다. 그래서 WBS는 매우 중요합니다. WBS를 어떻게 만들고, 어떤 내용을 포함하며, 어떤 다른 프로세스들에 투입되는지 등을 모두 알아야 합니다.

[표 5-10] 작업분류체계 작성의 ITTO

작업분류체계 작성(Create WBS)		
지식영역: 범위 관리(Scope management)	프로세스 그룹: 기획(Planning)	
투입물	**도구 및 기법**	**산출물**
1. 프로젝트 관리 계획서 • 범위 관리 계획서 2. 프로젝트 문서 • 프로젝트 범위 기술서 • 요구사항 문서 3. 기업 환경 요인 4. 조직 프로세스 자산	1. 전문가 판단 2. 분할	1. 범위 기준선 2. 프로젝트 문서 업데이트 • 가정사항 기록부 • 요구사항 문서

[표 5-10]은 [작업분류체계 작성]의 Inputs, Tools and Techniques, Outputs입니다. 범위 기술서의 주요 인도물을 더 작고 관리 가능한 요소로 분할하여 WBS를 만듭니다. 범위를 분할할 때 마음대로 분할하는 것이 아니라 요구사항을 기반으로 분할합니다.

[그림 5-4]는 [작업분류체계 작성] 프로세스의 주요 흐름을 나타냅니다. WBS 및 WBS Dictionary를 만들기 위한 핵심 투입물은 '프로젝트 범위 기술서'입니다. 범위 기술서에 포함된 내용 중에서도 특히 **제품 범위 설명과 인도물**이 주요 투입물이 됩니다. WBS는 프로젝트의 모든 업무 범위를 포함해야 하므로 범위 기술서에 포함된 여러 내용 중에서도 범위에 대한 내용을 주로 참고하게 되는 것입니다.

*PMBOK® Guide*에는 [작업분류체계 작성]의 산출물을 범위 기준선(Scope baseline)으로 표현했습니다. 승인된 WBS와 승인된 WBS Dictionary는 범위 기준선이 되므로 범위 기준선으로 표현해도 틀린 것은 아닙니다. 그러면 왜 산출물을 WBS, WBS Dictionary라고 표현하지 않고 Scope baseline으로 표현했을까요? WBS의 상위 요소는 아직 상세히 분할되지 않은 상태이므로 상위 수준의 범위를 가지고 활동을 정의하거나 원가를 산정하기는 쉽지 않습니다. 가장 좋은 것은 WBS의 가장 하위 수준의 요소(Work package)가 가장 좋습니다.

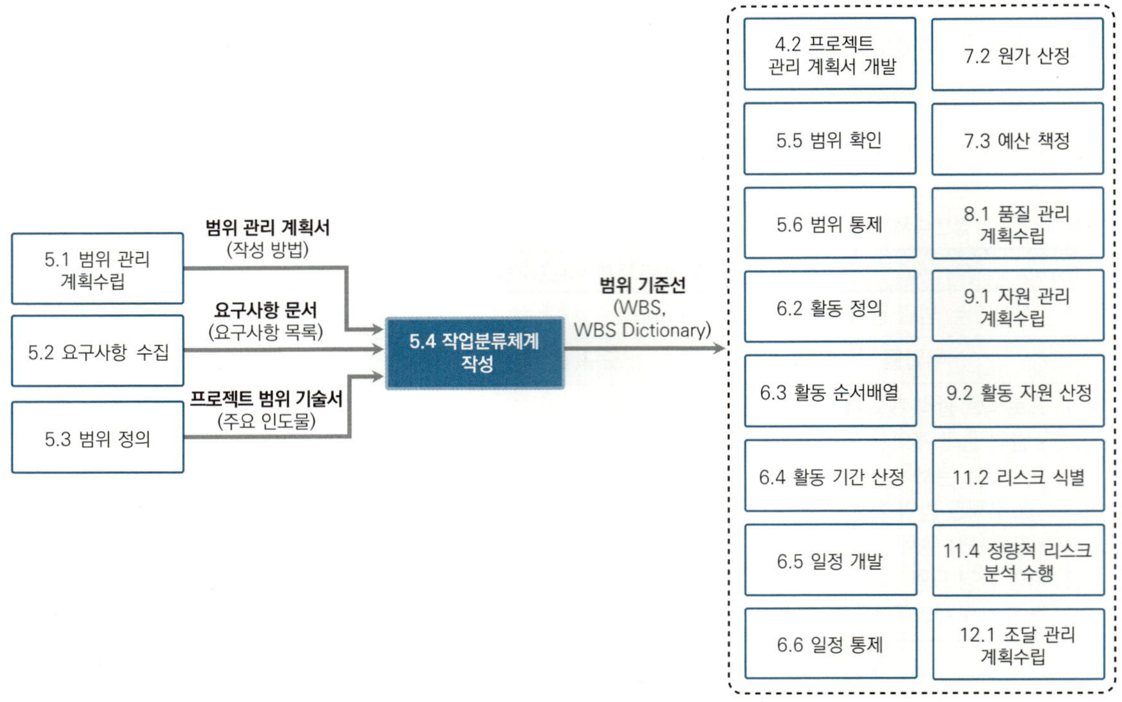

[그림 5-4] 작업분류체계 작성의 주요 흐름

근시일 내에 진행할 부분은 상세한 정보를 통해 Work package까지 분할했겠지만 먼 미래에 달성할 인도물에 대해서는 아직 정보가 많지 않아서 Work package까지 분할하기 어려울 것입니다. 그냥 WBS라고 표현하게 되면, 먼 미래의 달성할 상위 수준의 인도물까지 모두 포함한 WBS를 의미하게 됩니다. Work package까지 상세히 분할된 인도물이 곧 실행에 들어갈 것이며, 실행에 들어가기 전에 승인 받으므로 *PMBOK® Guide*에서 WBS, WBS Dictionary라고 산출물을 표현하지 않고 Scope baseline으로 표현한 것입니다. 결국 WBS를 다른 기획 프로세스에 투입하지만 좀 더 구체적으로 얘기하면 Work package가 투입되는 것입니다.

그리고 주요 산출물은 WBS와 WBS Dictionary가 있는데, *PMBOK® Guide*의 다른 프로세스의 산출물을 보면 비슷한 흐름이 있습니다. 즉, 목록 형식의 문서(WBS)가 나오면 목록에 대한 상세 내용을 포함하는 보조 성격의 문서(WBS Dictionary)가 나오는 것입니다. 목록만 보고는 그 내용을 명확하게 이해하기 어려우므로 목록을 설명하는 보충자료가 필요한 것입니다 [활동 정의] 프로세스에서 활동 목록(Activity list)과 활동 속성(Activity attributes)의 관계도 동일합니다.

[그림 5-4]에서 WBS와 WBS Dictionary가 포함된 범위 기준선이 다른 프로세스에 투입되는 이유는 다음과 같습니다.

[표 5-11] 작업분류체계 작성 산출물의 투입 이유

범위 기준선 투입 프로세스	투입 이유
4.2 프로젝트 관리 계획서 개발	범위 기준선은 프로젝트 관리 계획서로 통합되기 때문에.
5.5 범위 확인	범위 기준선은 범위 확인의 인수 기준을 포함하고 있기 때문에.
5.6 범위 통제	범위 기준선을 범위 통제의 기준으로 사용하기 위해서.
6.2 활동 정의	범위 기술서의 제약사항, 가정사항을 고려하고, Work package를 활동으로 세분화하기 위해서.
6.3 활동 순서배열	WBS, 인도물, 제약 사항을 고려해서 활동 순서를 결정하기 위해서.
6.4 활동 기간 산정	업무량이 많을수록 기간은 길어지므로, 업무량을 고려해서 기간을 산정하기 위해서.
6.5 일정 개발	일정은 범위로부터 개발되므로 일정을 개발할 때 인도물에 대한 정보들을 고려하기 위해서.
6.6 일정 통제	일정을 감시 및 통제할 때 범위 기준선에 포함된 WBS, 인도물, 제약, 가정을 고려하기 위해서.
7.2 원가 산정	범위 기술서의 제약사항, 가정사항을 고려하고, Work package의 원가를 산정하기 위해서.
7.3 예산 책정	범위 기술서의 제약사항을 고려하고, 산정된 원가를 합칠 때 WBS 구조를 보면서 합치기 위해서.
8.1 품질 관리 계획수립	인도물을 고려해서 품질 기준을 정하고, 범위 기술서에 포함된 인도물의 인수기준을 충족하는 방법을 결정하기 위해서.
9.1 자원 관리 계획수립	범위 기준선에 포함된 인도물은 관리해야 하는 자원의 종류와 수량에 영향을 주기 때문에.
9.2 활동 자원 산정	범위 기준선에 포함된 인도물을 만들기 위해 필요한 팀 자원과 물적 자원의 종류와 수량을 결정하기 위해서.
11.2 리스크 식별	인도물에 대한 리스크를 식별하기 위해서.
11.4 정량적 리스크 분석 수행	개별 리스크가 범위에 미치는 영향을 평가하기 위해서.
12.1 조달 관리 계획수립	조달 품목을 결정하기 위해서.

5.4.1 작업분류체계 작성: 투입물

프로젝트 범위 기술서에 명시된 인도물들을 분할할 것이기 때문에 프로젝트 범위 기술서가 [작업분류체계 작성]의 가장 핵심 투입물입니다. 또한 범위의 토대가 되는 요구사항 문서도 필수 투입물입니다.

5.4.1.1 프로젝트 관리 계획서(Project management plan)

프로젝트 관리 계획서에 포함된 범위 관리 계획서에는 WBS 작성 방법이 포함되어 있습니다.

5.4.1.2 프로젝트 문서(Project documents)

WBS는 프로젝트 범위 기술서에 명시된 프로젝트의 인도물들을 요구사항에 맞게 더 작고 관리 가능한 요소로 분할한 것입니다. 따라서 프로젝트 범위 기술서와 요구사항 문서가 주요 투입물이 됩니다.

5.4.1.3 기업 환경 요인(Enterprise environmental factors)

외부의 산업별 특화된 WBS 표준을 참고합니다.

잠깐! **Practice Standard for Work Breakdown Structures, PMI**

PMI에서는 다양한 자체 표준서들을 출시하는데요, 그중에 WBS에 대한 표준서가 있습니다. 이 문서는 본문 내용만큼 부록 내용도 많은데요, 부록이 많은 이유는 다양한 산업별 WBS Template을 제공하기 때문입니다. 이 WBS Standard는 WBS를 이해하는데 많은 도움이 됩니다. PMI 유료 회원들은 PDF 파일로 다운받을 수 있으므로, 다운받아서 보면 좋습니다. 목차는 다음과 같습니다.

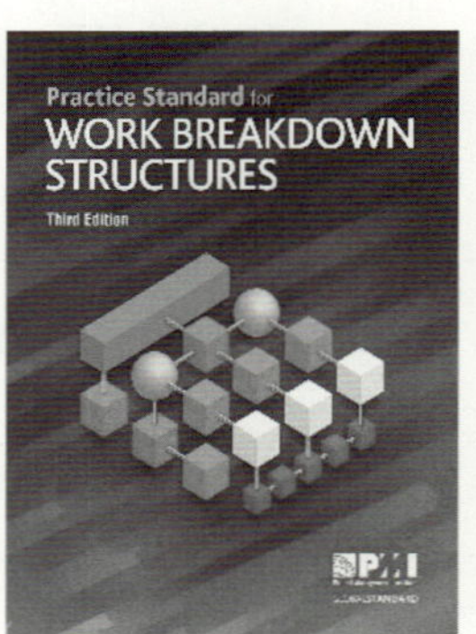

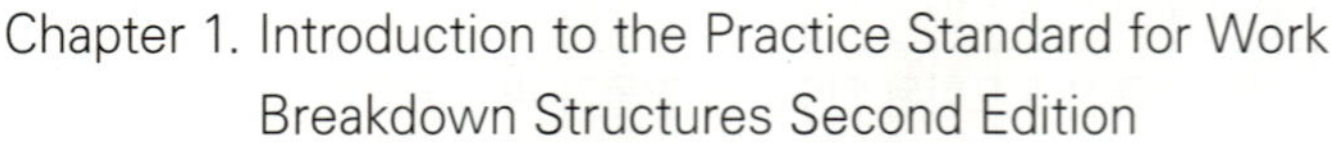

Chapter 1. Introduction to the Practice Standard for Work Breakdown Structures Second Edition
Chapter 2. Concepts and principles
Chapter 3. Relationships, integration, and context
Chapter 4. WBS Quality
Chapter 5. WBS application and usage

5.4.1.4 조직 프로세스 자산(Organizational process assets)

과거의 프로젝트 파일(WBS template)이나 교훈은 유용한 자료로 사용됩니다.

5.4.2 작업분류체계 작성: 도구 및 기법

WBS 작성의 주요 도구 및 기법은 '분할(Decomposition)'입니다. Decomposition은 사전적 의미로 '분해, 해체'라는 뜻이며, 분할은 말 그대로 쪼갠다는 것입니다. 큰 덩어리의 범위를 쪼개면 작아지고 작아질수록 범위는 더 상세하게 정의되므로 범위를 관리하고 통제하기 좋아집니다. 분할하는 가장 큰 이유는 범위로부터 일정과 예산을 잘 예측하기 위해서입니다. 큰 범위보다 작은 범위가 예측하기 좋고, 예측이 잘 될수록 일정과 예산이 잘 만들어지게 됩니다.

5.4.2.1 전문가 판단(Expert judgment)

인도물을 분할할 때 전문가의 도움을 받습니다.

5.4.2.2 분할(Decomposition)

분할은 프로젝트의 인도물들을 더 작고 관리 가능한 요소로 세분화하는 것을 말하며 작업 및 인도물이 **Work package 수준이 될 때까지** 세분화합니다. Work package라는 것은 WBS의 최하위 수준 요소를 말하며 앞으로 **프로젝트 원가와 일정을 신뢰성 있게 산정하는 시점**이 됩니다. 즉, WBS는 작업 및 인도물의 원가를 추정할 수 있을 때까지, 기간을 산정할 수 있을 때까지 세분화합니다. 따라서 Work package는 상위에서 몇 번째 수준이라고 정해진 것이 없습니다. 범위를 분할하다가 이 정도면

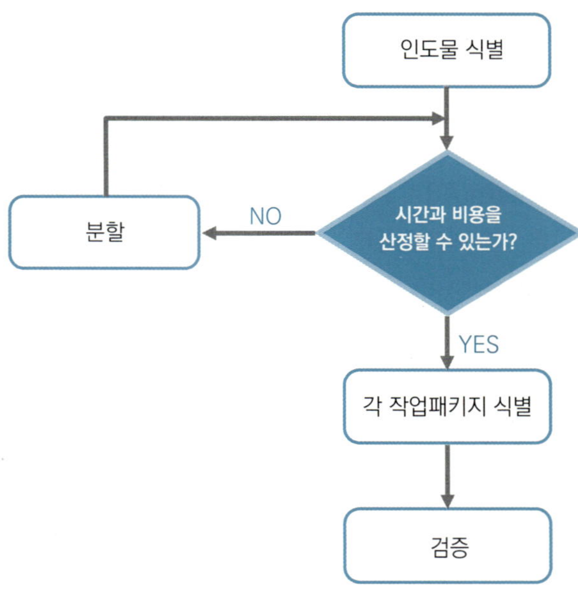

[그림 5-5] 작업 패키지 결정 방법

인도물에 대해 돈과 시간을 산정할 수 있겠다고 판단되면 그 시점이 Work package가 됩니다. 경우에 따라서 위에서 세 번째 수준에서 결정될 수도 있고, 네 번째 수준에서 결정될 수도 있는 것입니다. Work package 크기를 결정하는 정해진 방법은 없지만, 오랫동안 프로젝트를 해본 결과 경험으로 생긴 법칙(Rule of thumb)은 몇 가지 있습니다.

[Work package 크기를 결정하는 경험 법칙]

1. 8/80 법칙: 8시간에서 80시간 사이로 결정. 하루 8시간 기준으로 1주일에 5일 일한다고 하면, Work package 크기는 하루 이상 2주 이하의 크기로 결정합니다.
2. Report 보고 법칙: 만약 작업 수행 결과를 일주일 단위로 보고한다면, Work package 크기는 일주일 작업 분량이 됩니다.
3. 유용성의 법칙: Work package 크기는 작업에 대해 일정이나 기간을 산정하기 용이해야 하고, 자원을 배정하기 좋아야 하며, 작업 진척을 추적하기 좋을 정도로 결정되어야 합니다.

그리고 규모가 큰 프로젝트에서 분할은 모든 프로젝트의 범위(작업 및 인도물)를 한 번에 세분화하기 어려울 수 있습니다. 먼 미래에 달성할 인도물은 지금 시점에서 상세한 정보가 없으므로 Work package까지 상세히 분할하기 어렵고, 시간이 지난 후 미래 시점에 더 가까워져야 분할할 수 있습니다. 따라서 분할을 반복적으로 수행하면서 점점 구체화된 WBS를 만들게 됩니다. 이렇게 기획을 반복하면서 계획이 점차 상세해지는 것을 **'Rolling wave planning'**이라고 합니다. 그리고 범위를 세분화하면 관리 및 통제가 쉬워지는 장점이 있는데요, 그렇다고 너무 세분화하면 오히려 관리의 불편을 초래합니다. 따라서 프로젝트 팀은 적절한 분할 수준을 결정해야 합니다. WBS를 만들기 위한 분할의 순서는 다음과 같습니다.

[분할의 순서]

1. 프로젝트 범위 기술서로부터 분할할 프로젝트 인도물 및 관련 작업을 식별.
2. WBS 형태로 구성 및 체계화.
3. 상위 수준의 요소를 하위 수준 요소로 분할.
4. WBS의 각 요소에 대해 고유한 식별 코드를 개발하고 배정하기.
5. 분할의 적정성을 확인.

WBS는 프로젝트의 규모나 복잡성 등에 따라 다양하게 구성할 수 있으며, 중요한 것은 프로젝트 특성에 부합하는 가장 적절한 형태의 WBS를 프로젝트 팀에서 만들어야 합니다. 보통 분할의 첫째 수준에는 프로젝트 제목 또는 최종 산출물의 이름이 들어갑니다. 분할의 둘째 수준은 주요 인도물을 사용할 수도 있고, 단계를 사용하기도 합니다. WBS의 일부를 외부 업체에 의뢰한다면 조달할 부분의 WBS는 외부 업체에서 만듭니다. 애자일 방식에서는 주제(Epic)을 사용자 스토리(User story)로 분할될 수 있습니다. WBS는 Top-down 방식과 Bottom-up 방식 둘 다 가능합니다. Bottom-up 방식은 Work package를 먼저 식별한 후에 상위 요소로 올라가면서 그룹화하는 것을 말합니다.

핵심 용어

100% Rule

우리가 만든 WBS가 잘 만들어졌는지 확인하는 방법은 WBS의 최하위 요소인 Work package에서 상위 요소로 다시 합치면서 올라가는 것입니다. 상위 요소를 분할해서 하위 요소들이 나왔다면 거꾸로 하위 요소들을 합치면 상위 요소가 나와야 합니다. 하위 요소들을 합쳤을 때 상위 요소보다 더 크거나 적으면 분할을 잘못한 것입니다. 하위 요소들을 합쳤을 때 상위 요소와 100%가 되어야지, 99%도 안 되고 101%가 나와도 잘못 분할한 것입니다. 이것을 **'100% Rule'**이라고 합니다.

5.4.3 작업분류체계 작성: 산출물

산출물은 [작업분류체계 작성] 프로세스 이름 그대로 계층구조 형태로 프로젝트의 인도물이 분할된 WBS가 산출되며, WBS의 상세 내용을 담고 있는 WBS Dictionary도 산출됩니다. 각 WBS 요소(Work package 및 Control account)는 관리단위 코드(Code of account)로부터 고유한 식별 코드를 배정받게 됩니다. 왜냐하면, WBS의 구성 요소가 수천 개일 수도 있는데 각 WBS의 요소들이 서로 다른 것이지만 이름만으로 봤을 때는 중복되는 경우도 생깁니다. 예를 들면, 건물을 짓는 프로젝트라면 1층에도 화장실이 있고, 2층에도 화장실이 있는데, 어떤 Work package가 '화장실'이라면 이 화장실이 1층의 요소인지 2층의 요소인지 이름만 보고는 알 수 없습니다. 그것을 알기 위해서는 상위 요소로 올라가야 하는데, 이런 불편함을 줄이기 위해 각 WBS 요소마다 고유한 식별 코드를 부여합니다. 그러면 코드만 보고도 WBS의 기본 정보를 바로 이해하게 되는 것입니다.

WBS 코드는 프로젝트의 개요 구조상에서 각 작업의 위치를 숫자나 알파벳으로 나타낸 작업의 고유 이름이며, WBS 코드는 보통 숫자나 알파벳을 단독으로 사용하거나 혼합해서 사용합니다. WBS 코드는 복잡한 작업 이름을 대체하며, 요약 작업과 하위 작업 정보를 한 줄로 코드화하여 작업 이름을 이해하기 쉽게 돕습니다. WBS 코드의 형식과 값은 이해하기 편리하게 사용자가 정의하며, 단계별, 업무 특성별, 또는 조직별로 관리 기준에 따라 이해하기 쉽게 코드화합니다.

핵심 용어

관리단위 코드(Code of accounts)

- Code of accounts란 WBS의 각 요소를 고유하게 식별하는데 사용되는 **번호 배정 시스템**으로서 코드는 보통 숫자를 이용하며 알파벳을 같이 사용하기도 합니다.

- WBS 구성 형식
    1 프로젝트의 단계1
      1.1 단계1의 작업1
        1.1.1 단계1의 작업1의 하위작업1
        1.1.2 단계1의 작업1의 하위작업2
        1.1.3 단계1의 작업1의 하위작업3
      1.2 단계1의 작업2
        1.2.1 단계1의 작업2의 하위작업1
        1.2.2 단계1의 작업2의 하위작업2

5.4.3.1 범위 기준선(Scope baseline)

승인받은 WBS, WBS dictionary, Project scope statement는 앞으로 진척을 추적할 때 사용할 기준선이 됩니다. 범위 기준선은 프로젝트 관리 계획서로 통합됩니다.

◆ **프로젝트 범위 기술서**(Project scope statement)

승인된 범위 기술서는 범위 기준선에 포함됩니다.

◆ **작업분류체계**(WBS, Work breakdown structure)

WBS는 프로젝트 팀이 수행할 작업을 인도물 중심으로 계층구조 형태로 분할한 것입니다. WBS에는 Work package들과 Control account가 포함되어 있습니다. WBS는 프로젝트 관리 계획서를 개발할 때 가장 중요한 바탕으로서, WBS를 잘 만들어야 프로젝트 관리 계획서가 잘 만들어질 수 있습니다.

◆ **작업 패키지**(Work package)

작업 패키지는 WBS의 최하위 수준의 요소를 말합니다. 각 작업 패키지는 관리 통제를 위한 통제 단위(Control account)에 소속됩니다. 각 작업 패키지는 프로젝트에서 생성할 인도물들이며, 이 작업 패키지가 프로젝트 기획의 바탕이 됩니다. 작업 패키지까지 잘 분할된 WBS는 예산 책정, 일정 개발, 조달 기획, 리스크 식별, 작업 진척 관리 등 다양한 곳에 사용됩니다.

◆ **기획 패키지**(Planning package)

기획 패키지는 통제 단위 아래에 작업 패키지 위 수준에 해당하는 요소이며, 상세한 일정 활동은 없지만, 작업 내용은 파악된 요소를 말합니다. 기획 패키지는 아직 작업 패키지 수준으로 상세히 기획되지 않은 요소입니다. 먼 미래에 수행할 작업이나 인도물은 아직 상세한 정보가 없으므로 작업 패키지 수준까지 분할하기 어렵습니다. 정보가 부족해서 상세한 작업 패키지로 분할하기 어려운 수준의 요소가 기획 패키지이며, 향후 더 정확한 정보를 알게 됨에 따라 기획 패키지가 작업 패키지로 바뀌거나 더 분할해서 작업 패키지 수준까지 내려갑니다. WBS를 작성하는 것도 기획을 반복하면서 구체화시키는 Rolling wave planning 과정을 거칩니다. 예를 들면, 만약 집을 건축한다고 할 때 방이 필요하다는 것은 결정했는데, 방에 조명은 어떤 것을 하고, 바닥은 어떻게 할지, 창문은 어떻게 할지 아직 결정이 안 된 상태일 수 있습니다. 이 경우 방은 향후 기획을 통해 더 상세하게 결정해야 될 요소이므로 방을 기획 패키지라고 합니다.

핵심 용어

통제 단위(Control account)

통제 단위는 WBS 구성 요소 중, 작업 패키지보다 상위 요소로서, 범위나 원가, 일정을 추적하기 위해 지정한 임의의 요소를 말합니다. 성과 측정을 위해 획득가치(Earned value)와 비교되며, 작업 패키지 상위 요소이므로 통제 단위는 하나 또는 그 이상의 작업 패키지를 포함하며, 하나의 작업 패키지가 여러 개의 통제 단위에 소속될 수 없습니다.

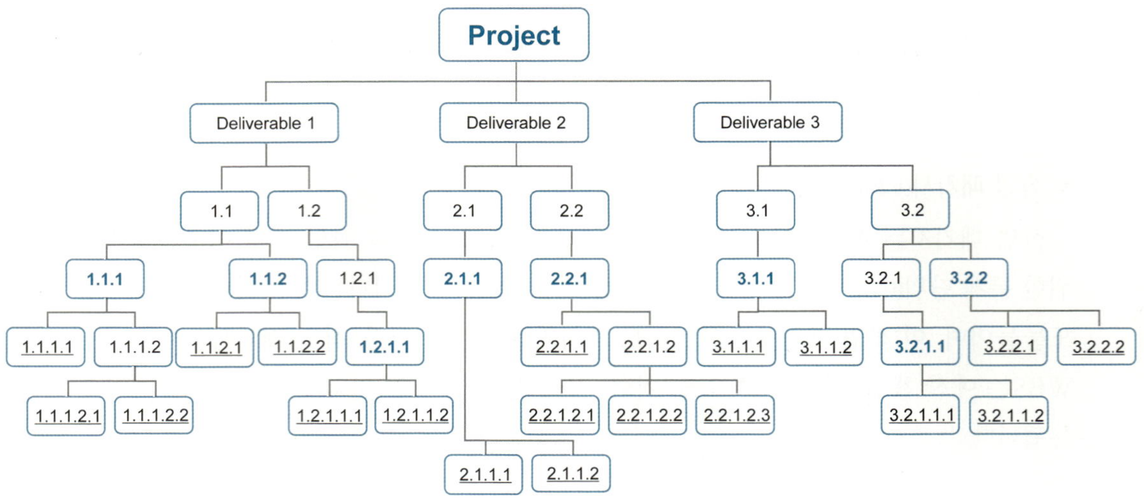

[그림 5-6] Work package와 Control account의 예

[그림 5-6]은 WBS의 예시이며 밑줄 친 요소들이 Work package들이며, 굵은 폰트로 된 요소들이 Control account입니다.

◆ WBS 사전(WBS dictionary)

WBS는 작업 또는 인도물 목록 형식이며, 상세하게 관련된 내용을 모두 포함하고 있지 않습니다. 작업 또는 인도물 이름만 보고는 이 작업을 누가하고, 어디서 하며, 어떤 기준이 있는지 알 수 없습니다. 그래서 WBS에 관련된 상세 내용을 별도로 문서화하는데, 그것이 바로 WBS 사전입니다. WBS 사전에는 각 WBS 요소에 대한 상세 설명, 관리 단위 식별코드, 작업 설명, 담당 조직, 일정 마일스톤 목록, 관련된 일정 활동들, 계약 정보, 품질 요구사항, 기술 참조서, 필요한 자원, 원가 산정치, 수용 기준 등이 상황에 맞게 포함됩니다.

5.4.3.2 프로젝트 문서 업데이트(Project documents updates)

WBS를 작성하는 동안에 새로운 정보가 추가되거나 승인된 변경 요청이 있다면 그로 인해 관련 문서가 업데이트됩니다.

◆ 가정사항 기록부(Assumption log)

WBS를 작성하는 동안에 새로운 가정 또는 제약이 식별되면 관련 내용을 업데이트시킵니다.

◆ 요구사항 문서(Requirements documentation)

WBS를 작성하는 동안에 요구사항에 대한 승인된 변경 요청이 있다면 그로 인해 요구사항 문서가 업데이트됩니다.

5.5 범위 확인(Validate Scope)

[범위 확인] 프로세스는 고객 및 스폰서가 **'완료된 프로젝트 인도물 및 범위에 대해서 인수를 공식화(Formal acceptance)'** 하는 프로세스입니다. Validate는 사전적 의미로 '인정하다, 승인하다'라는 뜻이 있습니다. 따라서 Validate Scope은 범위를 승인한다는 의미가 됩니다. 여기서 말하는 Scope은 실행에서 만들어진 인도물이 [품질 통제]를 통해 정확하게 만들어졌는지 프로젝트 팀에서 확인한 인도물을 말합니다. 따라서 [범위 확인]은 프로젝트 팀에서 실행하는 동안 만들어진 인도물이 제대로 만들어진 것인지 확인하는 것이 아니라 **[품질 통제]를 거친 검증된 인도물(Verified deliverables)**을 고객 또는 스폰서가 요구사항에 부합하게 되었는지 확인하는 프로세스입니다. 고객 또는 스폰서가 공식적으로 인수한 인도물은 완전히 완료된 것이고, 더 이상 작업할 것이 없으므로 종료 프로세스로 투입되며, 프로젝트 종료에서 수용된 인도물(Accepted deliverables)의 모음이 최종 제품 형태로 이관됩니다. Acceptance는 사전적 의미로 '동의, 승인, 수락'의 의미가 있습니다. 따라서 **수용된 인도물은 고객이나 스폰서가 공식적으로 받아들여서 승인한 인도물**을 말합니다. [범위 확인]은 원래 요구했던 사항과 실제 만들어진 인도물을 비교하기 때문에 기준과 실적을 비교하는 '감시 및 통제' 프로세스 그룹에 속합니다.

[표 5-12] 범위 확인의 ITTO

범위 확인(Validate Scope)		
지식영역: 범위 관리(Scope management)	프로세스 그룹: 감시 및 통제 (Monitoring and controlling)	
투입물	**도구 및 기법**	**산출물**
1. 프로젝트 관리 계획서 • 범위 관리 계획서 • 요구사항 관리 계획서 • 범위 기준선 2. 프로젝트 문서 • 교훈 관리대장 • 품질 보고서 • 요구사항 문서 • 요구사항 추적 매트릭스 3. 검증된 인도물 4. 작업 성과 데이터	1. 검사 2. 의사결정 • 투표	1. 수용된 인도물 2. 작업 성과 정보 3. 변경 요청 4. 프로젝트 문서 업데이트 • 교훈 관리대장 • 요구사항 문서 • 요구사항 추적 매트릭스

[표 5-12]는 [범위 확인]의 Inputs, Tools and Techniques, Outputs입니다. [품질 통제]를 통해 검증된 인도물이 범위 기준선 및 요구사항에 맞게 되었는지 확인해야 하므로 투입물은 크게 **확인의 대상(검증된 인도물)과 확인의 기준**이 투입됩니다. [범위 확인]의 기준은 기획에서 결정된 요구사항 문서와 실행을 거치면서 사용한 요구사항 추적 매트릭스 그리고 프로젝트 범위 기술서, WBS, WBS Dictionary를 포함한 범위 기준선입니다. 범위 기준선은 프로젝트 관리 계획서에 포함되어 있습니다. 그리고 고객이나 스폰서가 확인할 대상인 검증된 인도물은 [품질 통제] 프로세스를 통해 품질 표준을 맞춘 인도물입니다. 결함이 있는지 확인도 안 된 인도물을 고객에게 수용해달라고 요청할 수는 없기 때문에 **[범위 확인] 이전에 [품질 통제]가 먼저 수행**되는 것이 일반적입니다.

[범위 확인]과 [품질 통제]는 서로 비교하여 시험에 출제된 적이 많습니다. **[품질 통제]는 프로젝트 팀에서 실행의 결과물인 인도물의 정확성을 확인하는 것이 주목적이며, [범위 확인]은 [품질 통제]를 통과한 검증된 인도물의 인수가 주목적**입니다. 수용되지 못한 인도물이 있을 경우 수용받기 위해 필요한 변경을 수행해야 하므로 변경 요청이 산출물로 나오게 되며, 수용된 인도물은 종료를 통해 최종 제품 형태로 고객에게 이관됩니다.

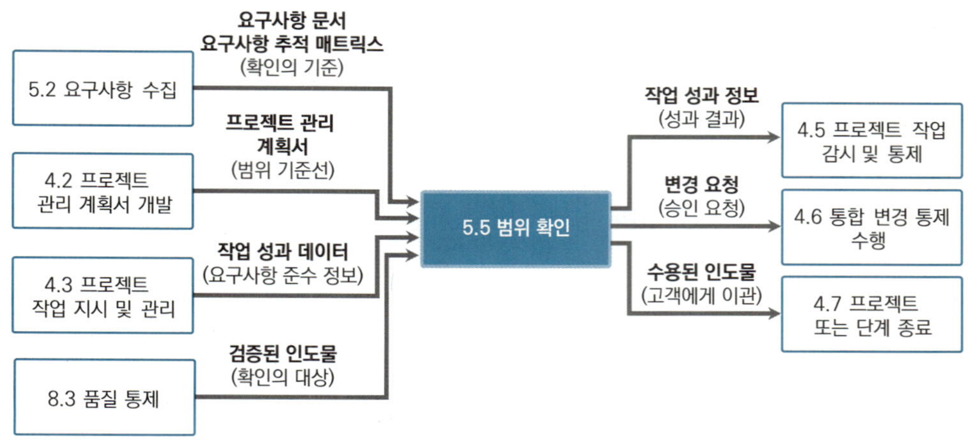

[그림 5-7] 범위 확인의 주요 흐름

[그림 5-7]은 [범위 확인]의 주요 흐름을 표현했습니다. 범위 기준선과 요구사항 문서, 요구사항 추적 매트릭스를 [범위 확인]의 기준으로 하고 [품질 통제] 프로세스의 산출물인 검증된 인도물을 고객이나 스폰서가 확인해서 요구사항에 부합하면 수용하거나 거부하게 됩니다. [범위 확인]의 산출물이 다른 프로세스에 투입되는 이유는 다음과 같습니다.

[표 5-13] 범위 확인 산출물의 투입 이유

변경 요청 투입 프로세스	투입 이유
4.6 통합 변경 통제 수행	모든 변경은 공식적인 절차에 의해 승인받아야 처리할 수 있기 때문에.
수용된 인도물 투입 프로세스	**투입 이유**
4.7 프로젝트 또는 단계 종료	공식적으로 수용된 인도물은 더 이상 작업할 대상이 아니므로 종료로 투입함.
작업 성과 정보 투입 프로세스	**투입 이유**
4.5 프로젝트 작업 감시 및 통제	작업 성과 보고서에 내용을 포함시키기 위해서.

잠깐!

범위 확인과 품질 통제

- 범위 확인: 인도물에 대한 고객 또는 스폰서의 공식적 수용 과정. 인도물의 **수용성**에 중점을 둠.
- 품질 통제: 프로젝트의 인도물이 품질 표준에 부합하는가를 확인. 인도물의 **정확성**에 중점을 둠.

5.5.1 범위 확인: 투입물

[범위 확인]의 기준과 [범위 확인]의 대상을 비교해야 하므로 크게 기준과 대상 두 가지가 투입되어야 합니다.

5.5.1.1 프로젝트 관리 계획서(Project management plan)

프로젝트 관리 계획서에는 범위 기준선(승인된 프로젝트 범위 기술서, WBS, WBS Dictionary)이 포함되어 있으며, 범위 확인의 기준으로 사용합니다. 또한 범위 기술서 안에는 제품 '수용 기준'이 있습니다.

◆ 범위 관리 계획서(Scope management plan)

[범위 확인]은 범위 관리 계획서에 포함된 인도물의 인수 방법에 따라 진행합니다.

◆ 요구사항 관리 계획서(Requirements management plan)

[범위 확인]은 요구사항 관리 계획서에 포함된 요구사항 확인 방법에 따라 진행합니다.

◆ 범위 기준선(Scope baseline)

범위 기준선은 [범위 확인]의 기준이며, 검증된 인도물과 비교하는 대상입니다. 범위 기준선 안에 있는 범위 기술서에는 인수 기준이 포함되어 있습니다.

5.5.1.2 프로젝트 문서(Project documents)

고객이나 스폰서의 요구사항에 부합해야 인도물을 인수하므로 요구사항 문서와 요구사항 추적 매트릭스가 투입물로 필요합니다.

◆ 교훈 관리대장(Lessons learned register)

과거에 수행했던 프로젝트 중에 [범위 확인] 관련 교훈을 참고하면 인도물의 인수율을 높일 수도 있습니다.

◆ 품질 보고서(Quality reports)

품질 보고서에는 인도물의 품질에 대한 정보가 있으며, 이 정보는 인도물의 인수 이전에 검토해서 결함이 있는지 확인해야 합니다. 품질 기준을 정확히 맞춘 검증된 인도물이 [범위 확인]의 대상입니다.

◆ 요구사항 문서(Requirements documentation)

요구사항 문서는 [범위 확인]의 기준으로서 프로젝트, 제품, 기술 등에 관련된 요구사항을 포함하고 있습니다. 요구사항 문서 안에는 이해관계자 요구사항, 품질 요구사항, 솔루션 요구사항 등이 있습니다. 검증된 인도물과 비교할 기준입니다.

◆ 요구사항 추적 매트릭스(Requirements traceability matrix)

이미 실행을 거쳐 감시 및 통제로 왔기 때문에 요구사항 추적 매트릭스에는 인도물의 요구사항 달성 여부에 대한 체크가 된 상태입니다. 요구사항 추적 매트릭스를 확인했을 때 아직 요구사항이 달성되지 않은 인도물이 있다면 이는 수용되지 않을 것입니다.

5.5.1.3 검증된 인도물(Validated deliverables)

검증된 인도물은 [품질 통제] 프로세스를 통해 품질 표준을 맞췄다고 정확성이 확인된 인도물이며 고객이나 스폰서가 검토하여 승인할 대상입니다.

5.5.1.4 작업 성과 데이터(Work performance data)

작업 성과 데이터를 통해 인도물이 요구사항을 어느 정도 준수했는지에 대한 실적 데이터를 알 수 있습니다.

5.5.2 범위 확인: 도구 및 기법

완료된 인도물을 공식적으로 수용 가능한지 면밀한 검사를 합니다.

5.5.2.1 검사(Inspection)

검사는 인도물이 제품 인수 기준과 요구사항을 맞추었는지 확인하는 과정이며 검사를 다른 용어로 Review, Product review, Audit, Walkthrough라고도 합니다.

5.5.2.2 의사결정(Decision making)

인도물을 수용할 것인지 말 것인지 결정할 때 결론에 도달하기 위해 투표를 사용할 수 있습니다.

5.5.3 범위 확인: 산출물

요구사항을 맞춘 인도물은 공식적으로 수용되며, 그렇지 못한 인도물들은 변경이 요청됩니다.

5.5.3.1 수용된 인도물(Accepted deliverables)

수용 기준을 맞춘 인도물은 고객 또는 스폰서가 공식적으로 서명하고 수용합니다. 이 인도물은 프로젝트 종료에서 제품 형태로 고객에게 이관됩니다.

5.5.3.2 작업 성과 정보(Work performance information)

어떤 인도물이 시작했고, 완료되었고, 수용되었는지에 대한 정보는 작업 성과 보고서에 담겨서 관련 이해관계자에게 전달되어야 합니다.

5.5.3.3 변경 요청(Change requests)

수용 기준을 못 맞춘 거부된 인도물에 대한 변경이 요청됩니다. 변경 요청은 반드시 [통합 변경 통제 수행] 프로세스를 통해서 처리되어야 합니다.

5.5.3.4 프로젝트 문서 업데이트(Project documents updates)

새로 생성된 교훈은 교훈 관리 대장에 업데이트하고, 요구사항 관련 문서가 업데이트될 수 있습니다.

◆ 교훈 관리대장(Lessons learned register)

[범위 확인] 동안에 새로 생긴 교훈은 다음에 활용하기 위해 교훈 관리대장에 추가합니다.

◆ 요구사항 문서(Requirements documentation)

요구사항 문서는 [범위 확인]의 실제 결과로 업데이트될 수 있습니다. 만약 기존 요구사항이 필요하지 않은 경우 요구사항을 삭제할 수도 있습니다.

◆ 요구사항 추적 매트릭스(Requirements traceability matrix)

인도물이 수용됐는지 안 됐는지에 대한 내용이 요구사항 추적 매트릭스에 추가됩니다.

5.6 범위 통제(Control Scope)

프로젝트에서 범위 통제는 왜 필요할까요? 범위는 보통 프로젝트 도중에 추가되는 경우가 대부분입니다. 만약 늘어나는 범위를 통제하지 않는다면 일반적으로 계획했던 범위보다 더 많은 일을 하게 될 것입니다. 기획에서 범위를 어디까지 할 것인지 결정했다면 그 범위가 승인된 변경에 의해서만 추가되도록 통제를 해야 합니다. 만약 승인되지 않은 범위의 변경이 발생하면 프로젝트에 큰 문제가 생길 수 있습니다. 또한 실행을 통해서 달성된 범위가 초기에 계획한대로 달성되고 있는지 주기적으로 확인할 필요가 있습니다. 만약 기준보다 못한 실적이 발견되면 조치를 취해야 합니다. 따라서 [범위 통제] 프로세스는 프로젝트 및 제품 범위의 상태를 지속적으로 감시하고, **범위 기준선에 대한 변경을 관리**하는 역할입니다. 또한 [범위 통제]는 범위에 대한 요구된 예방 조치나 시정 조치들이 [통합 변경 통제 수행] 프로세스를 통해 처리되도록 통제해줍니다. 경우에 따라 통제가 안 된 상태로 승인도 없이 범위가 조금씩 늘어나는 경우가 있는데, 이를 **'Scope creep'**이라고 부릅니다.

핵심 용어

Scope creep

시간, 원가 및 자원 조정 없이 진행되는 통제되지 않는 수준의 제품 또는 프로젝트 범위 확장.

[표 5-14] 범위 통제의 ITTO

범위 통제(Control Scope)		
지식영역: 범위 관리(Scope management)		프로세스 그룹: 감시 및 통제 (Monitoring and controlling)
투입물	**도구 및 기법**	**산출물**
1. 프로젝트 관리 계획서 • 범위 관리 계획서 • 요구사항 관리 계획서 • 변경 관리 계획서 • 형상 관리 계획서 • 범위 기준선 • 성과 측정 기준선 2. 프로젝트 문서 • 교훈 관리대장 • 요구사항 문서 • 요구사항 추적 매트릭스 3. 작업 성과 데이터 4. 조직 프로세스 자산	1. 데이터 분석 • 차이 분석 • 추세 분석	1. 작업 성과 정보 2. 변경 요청 3. 프로젝트 관리 계획서 업데이트 • 범위 관리 계획서 • 범위 기준선 • 일정 기준선 • 원가 기준선 • 성과 측정 기준선 4. 프로젝트 문서 업데이트 • 교훈 관리대장 • 요구사항 문서 • 요구사항 추적 매트릭스

[표 5-14]는 [범위 통제]의 Inputs, Tools and Techniques, Outputs입니다. 통제는 늘 기준과 실적이 비교됩니다. 범위 통제에 대한 기준은 요구사항 문서, 요구사항 추적 매트릭스, 프로젝트 관리 계획서(범위 기준선이 포함되어 있음)이며, 실적에 대한 정보는 실행의 산출물인 작업 성과 데이터입니다. 기준과 실적의 **'차이 분석(Variance analysis)'**을 하고 나면 현재 차이가 좋은지 나쁜지에 대한 작업 성과 정보가 산출되며, 현 상태가 기준보다 못하다면 기준에 맞추기 위한 여러 변경을 요청합니다.

[그림 5-8]은 [범위 통제]의 주요 흐름입니다. 기준과 실적에 대한 차이를 분석한 결과에 대한 정보인 작업 성과 정보는 작업 성과 보고서에 포함되어 해당 이해관계자에게 배포됩니다. 그리고 변경 요청은 무조건 [통합 변경 통제 수행] 프로세스를 통해 처리해야 합니다. [범위 통제]의 산출물이 다른 프로세스에 투입되는 이유는 [표 5-15]와 같습니다.

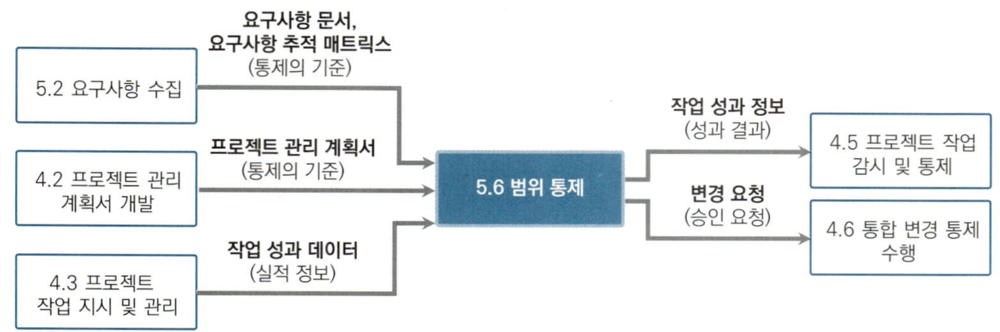

[그림 5-8] 범위 통제의 주요 흐름

[표 5-15] 범위 통제 산출물의 투입 이유

작업 성과 정보 투입 프로세스	투입 이유
4.5 프로젝트 작업 감시 및 통제	작업 성과 정보는 성과에 대한 정보이며, 성과 보고서에 담겨야 하기 때문에.
변경 요청 투입 프로세스	**투입 이유**
4.6 통합 변경 통제 수행	모든 변경은 공식적인 절차에 의해 승인을 받아야 처리할 수 있기 때문에.

5.6.1 범위 통제: 투입물

통제의 목적은 기준보다 못한 실적을 식별하여 시기적절하게 조치를 하는 것입니다. 따라서 현재 기준과 실적이 차이가 있는지 없는지 식별하기 위해서 기준과 실적이 투입됩니다.

5.6.1.1 프로젝트 관리 계획서(Project management plan)

프로젝트 관리 계획서에는 범위 통제의 기준인 범위 기준선을 포함하고 있으며, 범위 통제 방법인 범위 관리 계획서, 변경을 관리하고 통제하는 방법인 변경 관리 계획서와 형상 관리 계획서, 요구사항을 관리하는 방법인 요구사항 관리 계획서 등이 포함되어 있습니다.

◆ 범위 관리 계획서(Scope management plan)

[범위 통제]는 범위 관리 계획서에 포함된 통제 방법에 따라 진행합니다.

◆ 요구사항 관리 계획서(Requirements management plan)

[범위 통제]는 요구사항 관리 계획서에 포함된 요구사항 관리 방법에 따라 진행합니다.

◆ 변경 관리 계획서(Change management plan)

변경은 변경 관리 계획서에 포함된 변경 통제 방법에 따라 통제합니다.

◆ 형상 관리 계획서(Configuration management plan)

형상 관리 계획서에는 형상 항목에 대한 변경을 통제하는 방법이 포함되어 있습니다.

◆ 범위 기준선(Scope baseline)

범위 기준선은 범위에 대한 실적 데이터와 비교하여 차이를 분석합니다. 범위 기준선과 차이나는 부분은 시정 조치나 예방 조치가 필요합니다.

◆ 성과 측정 기준선(Performance measurement baseline)

성과 측정 기준선은 획득가치(Earned value) 분석을 할 때 사용하는 기준으로서 실행하는 동안 프로젝트 성과를 관리, 측정, 통제하기 위한 승인된 단일 프로젝트 기준선으로서 범위, 일정, 원가 기준선들이 통합된 것을 말합니다. 역시 범위에 대한 실적 데이터와 비교하여 차이를 분석합니다. 차이나는 부분은 시정 조치나 예방 조치가 필요합니다.

5.6.1.2 프로젝트 문서(Project documents)

범위를 통제할 때 필요한 문서들이 투입물로 사용됩니다.

◆ 교훈 관리대장(Lessons learned register)

과거에 수행했던 프로젝트 중에 [범위 통제] 관련 교훈을 참고하면 범위를 통제하는 데 도움이 됩니다.

◆ 요구사항 문서(Requirements documentation)

요구사항에 미달된 범위는 통제의 대상이므로 요구사항을 [범위 통제]의 기준으로 사용합니다.

◆ 요구사항 추적 매트릭스(Requirements traceability matrix)

이미 실행을 거쳐 감시 및 통제로 왔기 때문에 요구사항 추적 매트릭스에는 인도물의 요구사항 달성 여부에 대한 체크가 된 상태입니다. 요구사항 추적 매트릭스를 통해 범위 통제 대상이 요구사항을 어느 정도 준수했는지 알 수 있습니다.

5.6.1.3 작업 성과 데이터(Work performance data)

작업 성과 데이터는 완료된 인도물에 대한 실적 정보들이며 기준과 비교할 대상입니다.

5.6.1.4 조직 프로세스 자산(Organizational process assets)

조직 프로세스 자산에 포함된 범위 관련 공식 또는 비공식 통제 정책, 절차, 지침을 확인합니다.

5.6.2 범위 통제: 도구 및 기법

통제의 기준과 범위의 실적 간의 차이(Variance)를 분석합니다.

5.6.2.1 데이터 분석(Data analysis)

통제의 대표적인 기법은 기준과 실적의 차이 분석과 추세 분석입니다.

◆ 차이 분석(Variance analysis)

범위의 기준과 실적에 대한 차이를 분석하여 시정 조치나 예방 조치 같은 변경 요청이 필요한지 결정합니다. 차이 분석은 여러 통제 관련 프로세스의 도구 및 기법으로 많이 쓰입니다.

◆ 추세 분석(Trend analysis)

지금까지의 범위 성과를 분석하여 범위 성과가 향상되고 있는지 아닌지 여부를 알아봅니다. 성과가 낮아지고 있다면 역시 조치를 취할 필요가 있습니다.

5.6.3 범위 통제: 산출물

차이 분석을 통해 범위의 현재 상태가 좋은지 나쁜지에 대한 정보를 알게 되며, 기준에 미달한 실적이 있을 경우 기준에 맞추기 위한 조치들이 요청됩니다.

5.6.3.1 작업 성과 정보(Work performance information)

기준과 실제 결과를 비교하여 현재 성과가 좋은지 나쁜지에 대한 정보들입니다. 이 내용은 작업 성과 보고서로 문서화하여 관련 이해관계자에게 전달합니다.

5.6.3.2 변경 요청(Change requests)

기준보다 못한 실적을 기준에 맞추기 위한 예방 조치, 시정 조치, 결함 수정 같은 변경이 요청됩니다.

5.6.3.3 프로젝트 관리 계획서 업데이트(Project management plan updates)

승인된 변경으로 인해 범위 기준선, 일정 기준선, 원가 기준선, 성과 측정 기준의 내용이 업데이트될 수 있습니다.

◆ 범위 관리 계획서(Scope management plan)

범위 관리 방법에 변경 사항이 생겼을 경우 관련 내용을 범위 관리 계획서에 업데이트합니다.

◆ 범위 기준선(Scope baseline)

범위 기준선에 대한 승인된 변경이 있으면 관련 내용을 범위 기준선에 업데이트합니다.

◆ 일정 기준선(Schedule baseline)

범위, 자원, 일정 등에 대한 승인된 변경이 있으면 관련 내용을 일정 기준선에 업데이트합니다.

◆ 원가 기준선(Cost baseline)

범위, 자원, 원가 등에 대한 승인된 변경이 있으면 관련 내용을 원가 기준선에 업데이트합니다.

◆ 성과 측정 기준선(Performance measurement baseline)

범위, 일정, 원가 등에 대한 승인된 변경이 있으면 관련 내용을 성과 측정 기준선에 업데이트합니다.

5.6.3.4 프로젝트 문서 업데이트(Project documents updates)

요구사항 문서나 요구사항 추적 매트릭스가 업데이트될 수 있습니다.

◆ **교훈 관리대장**(Lessons learned register)

범위를 통제하면서 생긴 교훈을 교훈 관리대장에 추가합니다.

◆ **요구사항 문서**(Requirements documentation)

범위를 통제하는 동안에 요구사항이 추가되거나 변경될 경우 관련 내용을 업데이트합니다.

◆ **요구사항 추적 매트릭스**(Requirements traceability matrix)

요구사항 문서가 업데이트 되면 관련 내용을 요구사항 추적 매트릭스에도 같이 업데이트 시킵니다.

05 핵심 정리

- 제품 범위(Product scope)는 제품, 서비스 또는 결과의 특성을 나타내는 특징이나 기능을 말합니다.
- 프로젝트 범위(Project scope)는 지정된 특징이나 기능을 가진 제품, 서비스, 또는 결과를 달성하기 위해 필요한 일(Work)입니다.
- 범위 관리의 목적은 프로젝트에 무엇이 포함되고 포함되지 않는지 잘 정의하고 통제하는 것입니다.
- 생애주기 유형에 따라 범위 관리 방법이 달라집니다.
- 범위 관리는 기획 프로세스 4개와 감시 및 통제 프로세스 2개로 총 6개의 프로세스로 구성되어 있습니다.
- 범위 관리의 시작은 범위 관리 방법을 결정하는 범위 관리 계획서를 작성하는 것입니다.
- [요구사항 수집] 프로세스는 프로젝트의 주요 이해관계자로부터 요구사항을 수집, 분석하고 문서화하는 프로세스입니다.
- 요구사항은 프로젝트 범위의 기반이 되며, 범위 확인의 기준과 범위 통제의 기준으로 사용됩니다.
- 프로젝트 범위를 정의하기 위해서 프로젝트에서 만들 제품에 대해 자세히 분석할 필요가 있습니다.
- WBS를 작성하는 이유는 범위를 세분화하여 작은 범위로부터 돈과 시간을 예측하는 것이 더 좋기 때문입니다.
- Work package는 WBS의 최하위 수준 요소를 말하며 앞으로 프로젝트 원가와 일정을 신뢰성 있게 산정하는 시점을 말합니다.
- WBS 작성은 Rolling wave planning의 형태를 따릅니다.
- 100% Rule은 작성된 WBS가 올바르게 작성되었는지 확인하는 방법입니다.
- Code of accounts란 WBS의 각 요소를 고유하게 식별하는데 사용되는 번호 배정 시스템으로서 코드는 보통 숫자를 이용하며 알파벳을 같이 사용하기도 합니다.
- 통제 단위(Control account)는 WBS 구성 요소 중, Work package보다 상위 요소로서, 범위나 원가, 일정을 통제하기 위해 지정한 임의의 요소를 말합니다.
- 승인받은 WBS, WBS dictionary, Project scope statement는 앞으로 진척을 추적할 때 사용할 범위 기준선이 됩니다.

- [범위 확인] 프로세스는 완료된 프로젝트 인도물 및 범위에 대한 고객 및 스폰서의 공식적 수용을 획득하는 프로세스입니다.
- 일반적으로 [범위 확인]은 [품질 통제] 이후에 수행됩니다.
- 고객 또는 스폰서가 공식적으로 서명하고 수용한 인도물을 Accepted deliverables라고 합니다.
- 통제의 가장 핵심 역할은 기준과 실적의 차이 분석(Variance analysis)입니다.

05 이해도 테스트 문제

01 프로젝트에서 범위를 관리하는 이유는 무엇입니까?

02 프로젝트 범위 관리 프로세스 6개와 각 역할을 적어보세요.

03 요구사항을 수집하는 기본 흐름을 적어보세요.

04 프로젝트 범위 기술서는 무엇이며, 어떤 내용을 포함하고 있습니까?

05 WBS를 만드는 것은 프로젝트에서 왜 중요합니까?

06 범위 기준선은 무엇이며, 그 안에 포함된 3가지는 무엇입니까?

07 [범위 확인]에서 하는 가장 중요한 활동은 무엇입니까?

08 범위를 통제하기 위해서는 기준과 실적정보가 비교되어야 합니다. 기준은 무엇이고 실적은 무엇입니까?

☑ 정답은 교재를 통해 직접 본인이 찾아보기 바랍니다.

05 용어의 뜻 연결하기

용어	뜻
Product scope	제품, 서비스 또는 결과의 특성을 나타내는 특징이나 기능
Project scope	작업에 대한 설명, 가정사항, 제약사항, 원가 산정치, 품질 요구사항, 수용 기준 등 인도물에 대한 상세한 정보를 포함한 문서
Scope management plan	프로젝트 생애주기 전반에 걸쳐서 요구사항을 추적하고 관리하기 위한 표
Project scope statement	지정된 특징이나 기능을 가진 제품, 서비스, 또는 결과를 달성하기 위해 필요한 일
WBS dictionary	프로젝트에서 생성해야 하는 인도물과 그 인도물을 만들기 위해 수행해야 할 작업을 상세히 기술한 문서
Requirements traceability matrix	어떻게 범위를 정의하고, 문서화하고, 확인하고, 관리하고, 통제할 것인지에 대한 방법
Control account	WBS에서 가장 하위 수준의 요소
WBS	WBS의 각 요소를 고유하게 식별하는데 사용되는 번호 배정 시스템
Work package	Work package보다 상위 요소로서, 범위나 원가, 일정을 통제하기 위해 지정한 임의의 요소
Code of accounts	프로젝트 목표를 달성하고 필요한 인도물을 산출하기 위하여 프로젝트 팀이 수행할 작업을 인도물 중심으로 분할한 계층 구조 체계
Accepted deliverables	수용 기준을 맞춰서 고객 또는 스폰서가 공식적으로 서명하고 수용한 인도물

Memo

05 예상 문제

01 **프로젝트 관리 계획서를 잘 작성하려면 프로젝트 초기에 범위를 정확하게 결정하는 것이 중요합니다. 프로젝트 범위를 결정해서 상세히 기술한 문서를 프로젝트 범위 기술서라고 하는데, 프로젝트 범위 기술서는 어떤 범위 관리 프로세스의 산출물입니까?**

A. 요구사항 수집(Collect Requirements) B. 범위 정의(Define Scope)
C. 작업분류체계 작성(Create WBS) D. 범위 확인(Validate Scope)

02 **당신은 방금 프로젝트의 주요 인도물을 더 작고 관리 가능한 요소인 Work package로 분할했고 그 결과로 여러 가지 산출물을 얻었습니다. 다음 중 이 활동을 통해 나올 수 있는 산출물로 보기 어려운 것은 무엇입니까?**

A. 수용된 인도물(Accepted deliverables) B. 작업분류체계(WBS)
C. 작업분류체계 사전(WBS dictionary) D. 범위 기준선(Scope baseline)

03 **당신은 지금 프로젝트 팀과 함께 WBS를 작성하고 있습니다. 상위 요소를 하위 요소로 분할하다가 아직 상세한 작업 내역이 파악이 안 되어 향후에 다시 분할해야 할 요소들이 결정되었습니다. 이 요소들은 각 통제 단위에 속하게 됩니다. 이렇게 결정된 요소를 무엇이라 부릅니까?**

A. 기획 패키지(Planning package) B. 작업 패키지(Work package)
C. 요약 활동(Summary activity) D. 작업 단위(Work account)

04 **프로젝트 관리에서 범위 확인(Validate Scope)과 품질 통제(Control Quality)는 둘 다 인도물에 관련된 프로세스이지만 서로 역할이 다른 프로세스입니다. 이 두 프로세스의 차이점은 무엇입니까?**

A. 범위 확인은 프로젝트 팀 내부에서 수행하고, 품질 통제는 고객이나 스폰서와 함께 한다.
B. 범위 확인은 주로 작업 결과가 제대로 수행되었는가에 관심을 두지만, 품질 통제는 주로 작업 결과가 수용되었는지에 관심을 둔다.
C. 범위 확인은 주로 인도물이 수용되었는지에 관심을 두지만, 품질 통제는 주로 인도물이 제대로 수행되었는가에 관심을 둔다.
D. 범위 확인은 변화가 프로젝트에 이익이 되는가를 확인하는 데 관심을 두지만, 품질 통제는 전체 작업 결과가 정확한지에 관심을 둔다.

05 **당신은 프로젝트 헌장과 요구사항 문서를 기반으로 프로젝트 범위 기술서를 작성했습니다. 다음 중 프로젝트 범위 기술서에 대해 올바르게 설명한 것은?**

A. 앞으로 프로젝트에서의 의사결정을 위한 기초 자료로 제공되며 이해관계자에게 프로젝트 범위를 이해시키는 데 도움이 된다.

B. 프로젝트 범위 기술서(Project scope statement)와 작업 기술서(Statement of work)는 동일하다.

C. 프로젝트의 정당성과 목적은 프로젝트 범위 기술서에 포함되거나 언급되지 않는다.

D. 문서로 작성된 이후에는 프로젝트 범위 기술서는 개정될 수 없다.

06 **당신은 실행에 들어가기 전에 프로젝트 범위에 대해 스폰서로부터 공식적으로 승인을 받았습니다. 승인받은 범위는 범위 기준선으로서 프로젝트 관리 계획서에 통합됩니다. 다음 중 범위 기준선에 속하지 않는 것은 무엇입니까?**

A. 범위 관리 계획서(Scope management plan)

B. 승인된 범위 기술서(Approved scope statement)

C. 승인된 작업분류체계(Approved WBS)

D. 승인된 WBS 사전(Approved WBS dictionary)

07 **프로젝트의 범위를 인도물 중심으로 분할하여 WBS를 만들었고, 이렇게 만들어진 WBS는 프로젝트에서 다양한 목적으로 사용됩니다. 다음 중 WBS가 사용될 수 있는 예시로 볼 수 있는 상황은 무엇입니까?**

A. 각 작업 패키지의 시작 및 완료 날짜를 보여줄 때

B. 고객과 범위에 대해 의사소통을 할 때

C. 프로젝트 참여 팀원들의 보고체계를 보여줄 때

D. 프로젝트의 타당성을 평가할 때

08 **우리가 프로젝트에서 범위를 달성하는 가장 큰 이유는 고객이 요구하는 사항을 맞춘 인도물을 생성하기 위해서입니다. 실행을 통해 만든 인도물은 고객으로부터 공식적인 수용 확인을 받아서 요구사항을 모두 맞췄다는 것을 확인받아야 합니다. 다음 중 고객으로부터 공식적인 수용에 대한 확인을 받는 범위 확인(Validate Scope)을 수행하기에 가장 좋은 시점은 언제입니까?**

A. 프로젝트의 최종 종료 단계에서

B. 프로젝트 실행 단계에서

C. 프로젝트 기획 단계에서

D. 프로젝트 각 단계의 종료 시점에서

09 **WBS를 작성할 때 사용하는 기법인 분할(Decomposition)은 프로젝트의 주요 인도물을 작은 요소로 세분화하는 것입니다. 프로젝트의 인도물을 작고 관리 가능한 요소로 세분화하는 가장 중요한 이유는 무엇입니까?**

A. 작업을 세분화하여 자원을 더 잘 배정하기 위해

B. 범위로부터 기간이나 비용을 산정할 때 산정의 정확도를 향상하기 위해

C. 프로젝트 일정을 개발할 때 필요한 활동 목록을 작성하기 위해

D. 프로젝트 작업을 세분화하여 리스크 식별을 더 잘할 수 있도록 돕기 위해

10 **당신의 프로젝트는 항공 회사에서 정밀한 엔진 부품을 개발하는 것입니다. 당신은 완료된 인도물이 요구사항을 맞추었는지 그리고 제품 수용기준을 맞추었는지를 결정하기 위해 측정, 감시, 확인과 같은 활동을 수행해야 합니다. 당신은 여러 차례 검사, 검토, 워크쓰루를 수행할 수도 있습니다. 이러한 활동은 다음 중 어떤 프로세스에서 수행합니까?**

A. 범위 확인(Validate Scope)

B. 범위 통제(Control Scope)

C. 품질 관리(Manage Quality)

D. 프로젝트 작업 감시 및 통제(Monitor and Control Project Work)

11 **프로젝트 관리자로서 당신은 프로젝트 범위에 대한 변경을 관리할 책임이 있습니다. 만약 프로젝트 마지막 단계에서 고객이 작업 범위에 대한 추가 변경을 원한다면 당신은 어떻게 해야 합니까?**

A. 마지막 단계에서 변경을 수행할 수 없으므로 변경을 거절한다.

B. 고객의 요청은 중요한 사항이므로 요청된 변경을 받아들인다.

C. 현 상황을 문서로 정리하여 상위 관리자에게 보고한다.

D. 요청된 변경이 프로젝트에 어떤 영향이 있을지를 분석하여 변경의 영향에 대해 고객에게 알려준다.

12 **프로젝트를 기획하는 동안에 범위 기준선을 수립하여 프로젝트 관리 계획서에 통합했습니다. 다음 중 범위 기준선 작성에 누가 참여하는 것이 가장 좋습니까?**

A. 프로젝트 촉진자(Project expediter)

B. 모든 이해관계자(All stakeholders)

C. 프로젝트 팀(Project team)

D. 기능 관리자(Functional manager)

13 **당신은 ABC 프로젝트 관리자이며 당신의 팀과 함께 WBS를 개발하고 있습니다. 그러나 WBS 개발을 하면서 살펴보니 프로젝트 팀원들이 WBS에 포함되면 안 되는 작업을 WBS에 포함하는 것처럼 보입니다. 프로젝트의 범위가 아닌 것은 WBS에 포함하면 안 된다고 조언을 했습니다. 이렇게 프로젝트를 하는 동안에 WBS를 작성하는 것은 중요한 의미가 있습니다. 다음 중 WBS의 목적을 가장 잘 설명한 것은 무엇입니까?**

A. WBS의 목적은 프로젝트를 위한 원가 산정의 가이드를 제시하기 위해서이다.

B. WBS의 목적은 프로젝트 범위에 대해 높은 수준의 관점을 상위 경영진에게 제공하기 위해서이다.

C. WBS의 목적은 프로젝트의 제품을 만들 때 준수해야 하는 인도물의 요구사항을 보여주기 위해서이다.

D. WBS의 목적은 프로젝트를 완료하기 위해 반드시 해야 하는 전체 프로젝트 인도물 또는 작업을 포함함을 보여주기 위해서이다.

14 **당신은 프로젝트 기획에서 여러 이해관계자와 함께 명목집단법(Nominal group technique)를 사용하여 요구사항을 생성하고 분류하고 있습니다. 이 결과로 나올 수 있는 것은 무엇입니까?**

A. 요구사항 문서와 WBS

B. 요구사항 문서와 프로젝트 범위 기술서

C. 요구사항 문서와 요구사항 추적 매트릭스

D. 요구사항 문서와 이해관계자 관리대장

15 **다음 보기 중 순서적으로 가장 나중에 하는 것은 어떤 것입니까?**

A. WBS 작성

B. 범위 기준선 작성

C. 요구사항 문서 작성

D. 범위 기술서 작성

16 **범위 확인은 완료된 인도물의 수용을 공식화하는 과정입니다. 범위 확인을 통해 수용된 인도물들은 어떻게 처리합니까?**

A. 품질 통제 프로세스를 통해 정확성을 확인한다.

B. 성과 측정을 위해 범위 통제 프로세스에 투입한다.

C. 이제는 작업할 필요가 없으므로 종료 프로세스로 투입한다.

D. 변경 통제 위원회를 통해 승인받는다.

17 **프로젝트를 수행하던 도중 팀원 중 한 명이 범위 기준선에 포함되지 않은 작업을 수행하고 있음을 발견했습니다. 그 작업은 프로젝트 진행 중에 새로 추가된 작업이었고 조사해보니 공식적으로 CCB를 통해 승인된 작업이 아니었습니다. 이렇게 공식적으로 통제되지 않은 범위의 변경을 무엇이라고 합니까?**

A. 범위 증가(Scope increase)
B. 범위 추가(Scope creep)
C. 범위 확장(Scope extension)
D. 범위 변경(Scope change)

18 **기획에서 WBS를 작성한 후에 범위에 대해 통제를 할 때 Work package를 하나씩 통제하기 힘들어서 몇 개의 Work package를 묶어서 범위를 통제하려고 합니다. 범위 통제를 위해 범위를 묶어서 지정한 단위를 무엇이라고 합니까?**

A. 통제 단위(Control account)
B. 통제 기준선(Control baseline)
C. 성과 기준선(Performance baseline)
D. 범위 통제 단위(Scope control unit)

19 **분할은 프로젝트 인도물을 작고 관리 가능한 요소로 작업 및 인도물이 작업 패키지가 정의될 때까지 세분화합니다. 그러나 인도물에 대해 분할할 수 없는 경우도 있는데 어떤 경우입니까?**

A. 인도물이 매우 복잡한 경우
B. 인도물의 품질 수준이 높은 경우
C. 인도물이 먼 미래에 달성할 것인 경우
D. 인도물의 리스크가 높은 경우

20 **다음 보기 중에서 범위 확인의 흐름을 올바른 순서로 나열한 것은 어떤 것입니까?**

A. 인도물 생성 - 품질 통제를 통해 정확성 인증 - 결함이 있는 경우 결함 수정 - 고객과 함께 결함이 없다고 검증된 인도물의 수용 확인 - 수용된 인도물은 종료로 투입
B. 인도물 생성 - 고객과 함께 인도물의 수용 확인 - 수용된 인도물을 품질 통제를 통해 정확성 인증 - 결함이 있는 경우 결함 수정 - 수정된 인도물을 종료로 투입
C. 인도물 생성 - 고객과 함께 인도물의 수용 확인 - 수용된 인도물은 종료로 투입
D. 인도물 생성 - 품질 통제를 통해 정확성 인증 - 결함이 있는 경우 결함 수정 - 고객과 함께 결함이 없다고 검증된 인도물의 수용 확인 - 수용된 인도물은 고객에게 전달

21 **WBS를 다 만들고 나면 제대로 분할이 되었는지 확인하기 위해 100% Rule을 따르는지 확인해 보는 것이 좋습니다. 다음 보기 중에서 100% Rule을 맞게 설명한 것은 어떤 것입니까?**

A. 하위 요소의 합은 상위 요소와 100% 일치해야 한다.

B. 작성된 WBS에 대해 전체 팀원이 100% 동의해야 한다.

C. WBS를 확인할 때 팀원 100%가 참여해야 한다.

D. WBS를 확인할 때 고객을 참여시키고 고객이 100% 동의해야 한다.

22 **프로젝트 제품에 대한 상세 내용이 명확하지 않으면 일정을 개발하거나 예산을 수립하기 어렵습니다. 그래서 당신은 지금 팀과 함께 프로젝트 및 제품의 상세한 설명을 개발하고 있습니다. 이 작업을 위해 필요한 투입물로 볼 수 없는 것은 무엇입니까?**

A. 이해관계자 관리대장(Stakeholder register)

B. 프로젝트 헌장(Project charter)

C. 조직 프로세스 자산(Organization process assets)

D. 요구사항 문서(Requirements documentation)

23 **프로젝트 기획 초기에 이해관계자로부터 요구사항을 식별하여 요구사항 문서를 작성했습니다. 이 요구사항 문서에 포함된 내용은 다른 프로세스에 필요하므로, 필요한 프로세스에 투입될 필요가 있습니다. 다음 중 요구사항 문서가 투입될 필요가 없는 프로세스는 무엇입니까?**

A. 범위 정의(Define Scope)

B. 작업분류체계 작성(Create WBS)

C. 의사소통 관리 계획수립(Plan communications management)

D. 조달 관리 계획수립(Plan procurement management)

24 **프로젝트의 범위를 정의하기 위해 제품을 상세히 분석했고, 이를 통해 프로젝트 범위 기술서를 작성했습니다. 프로젝트 범위 기술서는 앞으로 다른 기획 프로세스에도 많이 투입하게 되는데, 다음 중 프로젝트 범위 기술서가 투입되지 않는 프로세스는 어떤 것입니까?**

A. 작업분류체계 작성(Create WBS)

B. 활동 순서배열(Sequence Activities)

C. 활동 기간 산정(Estimate Activity Durations)

D. 정성적 리스크 분석 수행(Perform Qualitative Risk Analysis)

25 **브레인스토밍은 많은 수의 아이디어를 생성하고 수집하는데 좋은 기법이지만, 누가 어떤 아이디어를 냈는지 알기 때문에 향후 아이디어 선정 투표에서 공정성이 떨어질 수 있습니다. 이러한 문제점을 막기 위해 아이디어를 서면으로 제출하게 하여 개인 간의 편견을 막도록 한 방법을 사용하기도 합니다. 이 방법을 무엇이라고 합니까?**

A. 명목집단법(Nominal group technique)

B. 델파이 기법(Delphi technique)

C. 친화도(Affinity diagram)

D. 마인드 매핑(Mind mapping)

26 **요구사항을 식별하는 것은 일회성이 아니고 프로젝트를 진척하면 주기적으로 반복해야 하는 활동입니다. 앞으로 프로젝트를 진행하면서 요구사항의 분석, 문서화, 관리를 어떻게 할 것인지 기술한 요구사항 관리 계획을 수립하고 계획대로 진행합니다. 다음 중 요구사항 관리 계획서에 포함되는 내용으로 볼 수 없는 것은 무엇입니까?**

A. 요구사항을 계획하고, 추적하고, 보고하는 방법

B. 요구사항의 순위를 결정하는 방법

C. 요구사항을 분류하기 위한 요구사항 분류 카테고리

D. 앞으로 사용할 제품 지표(Metrics)와 지표를 사용하는 이유

27 **이것은 프로젝트의 개요 구조상에서 각 작업의 위치를 숫자나 알파벳으로 나타낸 작업의 고유 이름이며, 이것은 보통 숫자나 알파벳을 단독으로 사용하거나 혼합해서 사용합니다. 이것은 WBS 항목의 복잡한 작업 이름을 대체하는 역할도 합니다. 이것은 무엇입니까?**

A. WBS Number

B. WBS Code

C. WBS Dictionary

D. Work Package

28 **프로젝트에서 범위 확인을 할 때 확인의 기준과 확인의 대상이 필요합니다. 다음 중 확인의 대상은 무엇입니까?**

A. 실행에서 만든 인도물(Deliverables)

B. [품질 통제] 프로세스 산출물인 검증된 인도물(Validated deliverables)

C. 수용된 인도물(Accepted deliverables)

D. 프로젝트 문서(Project documents)

29 **당신과 당신 팀원은 범위 관리 계획서에 따라 범위 통제를 수행하려고 합니다. 범위 통제를 하려는 가장 큰 이유는 범위의 달성 상태를 확인하고 부족한 부분에 대한 권고 조치를 하기 위해서입니다. 범위 통제를 위해 요구사항 문서, 요구사항 추적 매트릭스, 범위 기준선을 준비했는데, 가장 중요한 것이 하나 빠져있어서 성과 측정을 할 수 없는 상태입니다. 빠진 것은 무엇입니까?**

A. 작업 성과 데이터
B. 작업 성과 정보
C. 작업 성과 보고서
D. 팀원 성과 평가치

30 **당신은 새로 건설하는 10층짜리 건물에 들어갈 엘리베이터 구축 프로젝트를 맡고 있습니다. 프로젝트 고객은 예산 한도를 결정했고, 향후 결과물을 수용하기 위한 인수 기준과 관련된 품질 지표와 기타 성과 기준을 정했습니다. 추가 요구사항 중 하나는 이 프로젝트를 9개월 안에 끝내야 하는 것입니다. 이 요구사항은 다음 중 어디에 해당합니까?**

A. 제약 사항
B. 프로젝트 일정
C. 가정 사항
D. 기업 환경 요인

05 예상 문제 해설

01 **정답 B.** 프로젝트 범위 기술서는 [범위 정의] 프로세스의 주요 산출물입니다.

02 **정답 A.** 현재 WBS를 작성했습니다. [작업분류체계 작성]의 주요 산출물은 WBS, WBS사전, 범위 기준선입니다. 수용된 인도물은 [범위 확인]의 산출물입니다.

03 **정답 A.** 미래에 수행할 작업은 아직 상세한 정보가 없을 수 있으며, 이럴 경우 Work package 수준까지 분할할 수 없습니다. 향후 정보가 더 알려지면 그때 더 상세하게 분할해서 Work package로 분할할 요소를 Planning package라고 합니다.

04 **정답 C.** 범위 확인은 인도물의 수용성에 초점을 두고 품질 통제는 인도물의 정확성에 초점을 둡니다. 수용성(Acceptance)은 고객이 인도물을 공식적으로 수용했는가에 대한 것이고 정확성(Correctness)은 인도물이 품질 표준에 맞추었는가에 대한 내용입니다.

05 **정답 A.** 범위 기술서는 프로젝트 범위를 상세히 기술하고 있으므로 이해관계자들이 범위 기술서를 보면 프로젝트의 범위를 이해할 수 있습니다.

06 **정답 A.** 범위 관리 계획서는 범위 관리를 어떻게 할 것인가를 정의한 문서이지 기준선이 아닙니다.

07 **정답 B.** WBS는 전체 프로젝트 범위를 포함하고 있으므로 고객과 프로젝트 범위에 대한 의사소통 시 사용될 수 있습니다.

08 **정답 D.** 범위 확인은 검사(Inspection)를 통해서 완료된 작업과 그 인도물이 요구사항과 제품 수용 기준을 만족하는지 판별하기 위하여 수행되므로 매일 수행하는 것이 아니라 어느 정도 산출물이 모인 각 단계의 끝에서 수행하는 것이 좋습니다.

09 **정답 B.** 세분화하는 가장 중요한 이유는 앞으로 일정과 비용을 신뢰성 있게 산정하기 위해서입니다.

10 **정답 A.** 인도물이 요구사항을 맞추었는지, 제품 기준을 맞추었는지를 결정하기 위해 검사, 검토, 워크쓰루를 수행하는 것을 범위 확인이라고 합니다.

11 **정답 D.** 변경 사항이 발생할 경우 가장 먼저 할 일은 변경이 어디까지 영향을 주는지에 대한 영향력 평가입니다.

12 **정답 C.** 고객의 요구사항을 바탕으로 프로젝트 팀이 함께 작성합니다.

13 **정답 D.** WBS는 프로젝트에 필요한 모든 범위를 포함해야 합니다. WBS에서 범위가 누락되면 향후 일정과 예산에도 누락되고 이 때문에 프로젝트에 문제가 생길 수 있습니다.

14 **정답 C.** 명목집단법은 이해관계자의 요구사항을 식별하기 위해 [요구사항 수집] 프로세스의 기법으로 사용합니다.

15 **정답 B.** 요구사항 식별 - 범위 기술서 작성 - WBS 작성 - 범위 기준선 순서입니다.

16 **정답 C.** 수용된 인도물들은 고객에 확인하고 사인한 것이므로 더 이상 할 작업이 없으므로 종료로 투입하며, 모든 인도물들이 완료되고 수용되면 제품 형태로 고객에게 인도됩니다.

17 **정답 B.** 통제되지 않은 범위의 증가를 범위 추가(Scope creep)라고 하며, 이는 가능한 피해야 할 사항입니다.

18 **정답 A.** 범위를 통제하기 위해 몇 개의 Work package를 묶어서 하나의 단위로 사용하는 것을 Control account라고 합니다.

19 **정답 C.** 먼 미래의 인도물은 정보가 별로 없어서 바로 분할하기 힘들며, 앞으로 정보가 더 생기고 구체화되었을 때 분할하게 됩니다.

20 **정답 A.** 범위 확인 이전에 품질 통제를 먼저 수행해야 합니다.

21 **정답 A.** 상위 요소를 분할해서 하위 요소가 나왔으므로 하위 요소를 합치면 상위 요소가 100% 나와야 합니다.

22 **정답 A.** 프로젝트 및 제품의 상세한 설명을 개발하는 것은 [범위 정의]에서 합니다. 이해관계자 관리대장은 [범위 정의]의 투입물이 아닙니다.

23 **정답 C.** 요구사항 문서는 [범위 정의]와 [WBS 작성]의 토대이며, 핵심 투입물입니다. 판매자에게 요구사항을 전달해야 하므로 [조달 관리 계획수립]에도 필요합니다. [의사소통 관리 계획수립]에는 투입되지 않습니다.

24 **정답 D.** [정성적 리스크 분석 수행]에는 범위 기술서가 투입되지 않고 WBS가 투입됩니다.

25 **정답 A.** 명목집단법은 브레인스토밍을 향상시킨 기법입니다.

26 **정답 C.** 요구사항 분류 카테고리는 요구사항을 어떻게 관리할 것인지에 대한 방법적인 내용이 아니므로 요구사항 관리 계획에 포함되지 않습니다.

27 **정답 B.** 프로젝트의 개요 구조상에서 각 작업의 위치를 숫자나 알파벳으로 나타낸 작업의 고유 이름을 WBS Code라고 합니다.

28 **정답 B.** 범위 확인 이전에 품질 통제를 수행합니다. 결함이 있는지 확인도 안 된 인도물을 고객에게 수용해달라고 요청할 수는 없습니다.

29 **정답 A.** 기준과 비교할 실적 정보가 필요합니다. 시작한 인도물, 인도물의 진행 정도, 완료된 인도물에 대한 실적 정보들이며 기준과 비교할 대상입니다.

30 **정답 A.** 요구사항에는 프로젝트 관리에 대한 요구사항도 있으며, 특정 기간 안에 끝내 달라는 요구사항은 제약 조건으로 설정됩니다.

05 용어의 뜻 연결하기 정답

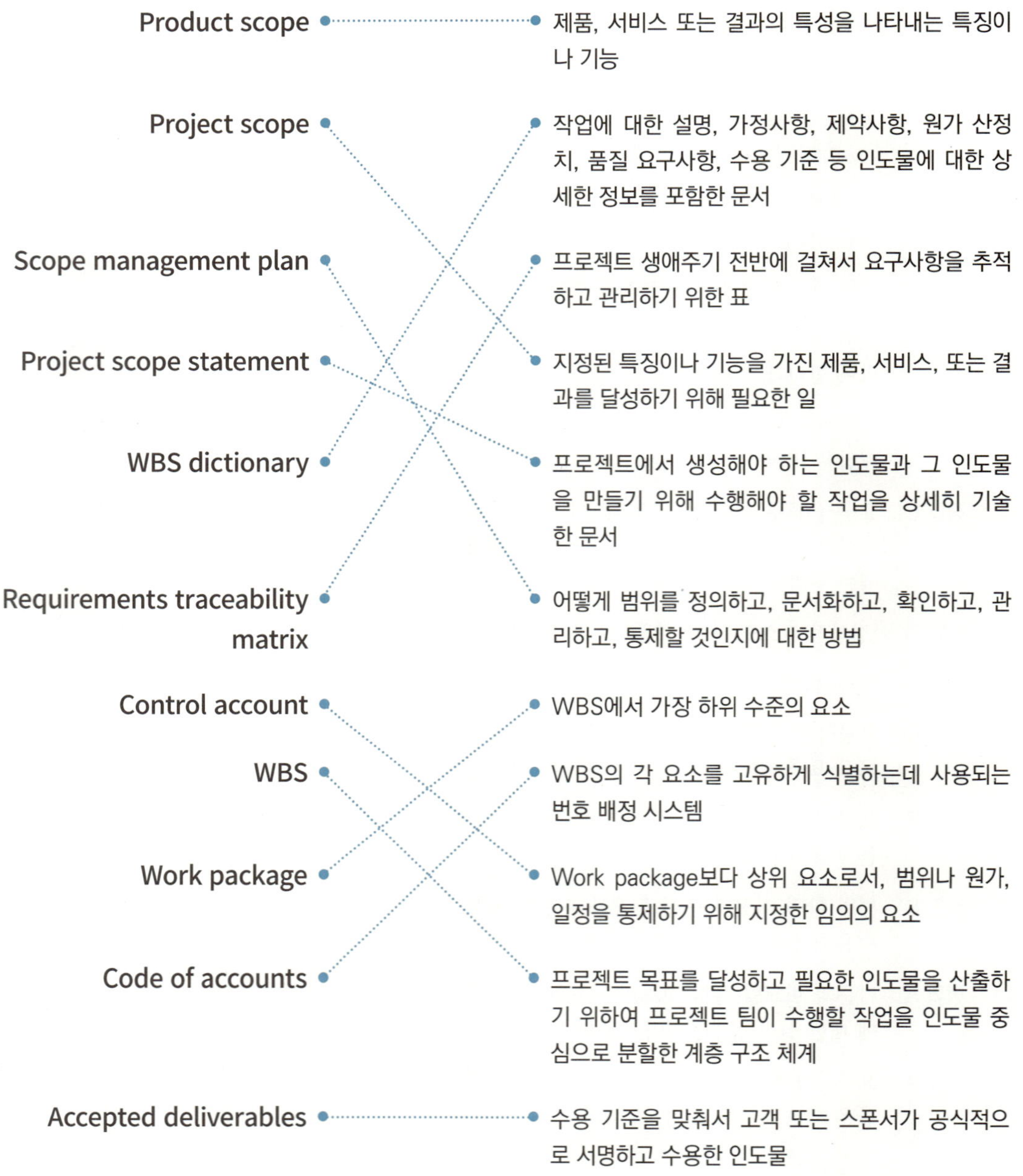

Memo

프로젝트 일정 관리

(Project Schedule Management)

핵심 포인트

- 활동(Activity)을 정의하는 방법
- 마일스톤(Milestone)의 의미와 사용하는 이유
- 프로젝트 일정 네트워크 다이어그램의 작성 이유
- PDM의 특징 이해
- 활동과 활동 간의 4가지 연관성(FS, FF, SS, SF)의 이해
- 4가지 의존관계(Dependency)의 종류 및 특징
- 선도(Lead), 지연(Lag)의 의미
- Summary activity의 뜻
- Project calendar와 Resource calendar의 의미
- 3점 산정(Three-point estimating)의 의미와 공식
- 유사 산정(Analogous estimating)의 의미
- 모수 산정(Parametric estimating)의 의미
- 예비 분석(Reserve analysis)을 하는 이유
- CPM(Critical path method)의 주요 내용 이해, 여유시간 계산, 주경로 찾기
- Resource leveling과 Resource smoothing을 하는 이유
- 일정단축기법(Crashing, Fast tracking)의 의미
- 막대 차트(Bar chart), 마일스톤 차트(Milestone chart)의 차이점 및 활용 방법
- 일정 기준선(Schedule baseline)의 의미

06 프로젝트 일정 관리 (Project Schedule Management)

 시작하기에 앞서…

프로젝트에서 일정 관리는 왜 필요할까요? 만약 프로젝트를 시작했는데 프로젝트 관리자가 일정 관리를 전혀 안 하면 어떻게 될까요? 프로젝트에서 아무도 일정 관리를 안 하면 프로젝트가 일정대로 진행돼서 원하는 목표 날짜 안에 끝날 수 있을까요? 당연히 불가능할 것입니다. 일반적으로 프로젝트는 정해진 종료일이 있으며, 종료 날짜 안에 프로젝트를 끝내야 합니다. 그럼 어떻게 해야 우리가 원하는 종료일에 프로젝트를 끝낼 수 있을까요? 우선 일정이 비현실적이고 내용이 부실하면 원하는 일정 안에 프로젝트를 종료하기 어려울 것입니다. 따라서 우선 일정부터 현실적이고 상세하게 잘 만들어야 합니다. 그리고 잘 만든 일정을 적절하게 통제하지 못해서 일정이 지연되면 역시 일정 안에 끝내기 어렵습니다. **결국, 일정을 잘 만들고 잘 지켜야 우리가 원하는 일정 안에 종료할 수 있을 것입니다.** 일정을 만드는 것은 기획의 역할이며, 지키는 것은 감시 및 통제의 역할입니다. 그래서 6장 일정 관리는 일정을 잘 만드는 기획 프로세스 5개와 그 일정을 지키는 감시 및 통제 프로세스 1개로 구성되어 있습니다.

우선 일정을 잘 만들어야 한다고 했는데요, 일정은 하나의 요소로 만들어지지 않고 여러 요소가 합쳐져서 만들어지므로 일정을 잘 만들려면 일정을 구성하는 요소들부터 잘 만들어야 합니다. 일정을 구성하는 요소들은 어떤 것이 있을까요? 프로젝트 일정을 만들어본 경험이 있다면 일정을 구성하는 요소들을 잘 알 것입니다. 일정을 구성하는 요소는 크게 **활동, 활동의 기간, 활동의 순서, 활동에 필요한 자원** 총 4가지입니다.

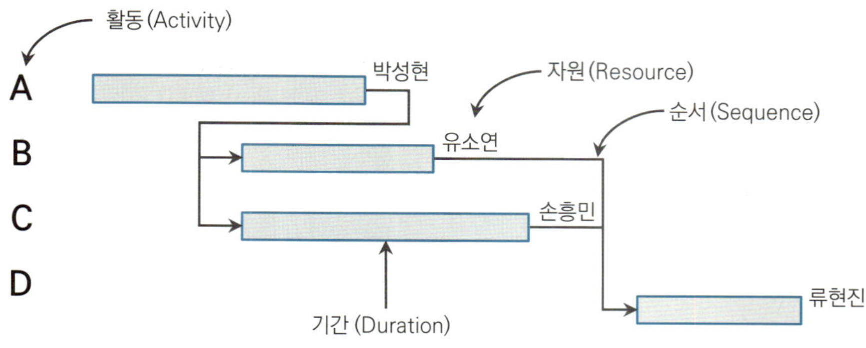

[그림 6-1] 일정의 구성요소

이 4가지 요소들은 작성 순서가 있습니다. 활동, 순서, 자원, 기간에서 무엇을 가장 먼저 결정해야 할까요? 순서, 자원, 기간은 활동에 대한 요소이기 때문에 활동을 먼저 결정해야 합니다. 그 활동으로부터 활동의 올바른 순서, 활동을 수행하는데 필요한 자원, 활동에 필요한 기간을 결정합니다. [그림 6-1]에서 각각의 막대는 무엇을 표현한 것인가요? 각각의 막대는 바로 **활동(Activity)**입니다. 활동이란 프로젝트의 인도물을 생성하기 위해 수행해야 하는 Action을 말합니다. 예를 들면, 지금 어떤 건물을 짓고 있는데, 이 건물의 1층에는 화장실이라는 인도물이 포함되어 있습니다. 1층의 화장실이라는 인도물을 완료하기 위해서는 타일 설치하기, 거울 설치하기, 세면대 설치하기, 칸막이 설치하기, 환풍기 설치하기 등의 활동이 필요하며, 이 활동들이 순서, 자원, 기간을 필요로 합니다. 일정을 만들기 위해서 우선 이러한 활동을 결정하고, 순서를 정하고, 기간을 산정하는 것을 어떻게 할 것인지 방법을 먼저 결정해야 합니다. 방법은 여러 가지가 있으며 구체적인 방법을 결정해야 향후 그 방법에 따라 프로세스를 수행하기 때문입니다. **어떻게 일정을 관리할 것인지는 일정 관리 계획서에 들어가며, 일정 관리 계획서를 수립한 후 제일 먼저 하는 것이 활동을 결정하는 것입니다.** 그다음에 활동의 올바른 순서를 결정하고, 자원을 산정하고 기간을 산정한 후에 이 요소들을 결합하게 되면 프로젝트 일정이 탄생하는 것입니다. *PMBOK® Guide*에서는 이런 내용을 프로세스로 정리했습니다. 따라서 일정 관리 계획서를 수립하는 프로세스, 활동을 정의하는 프로세스, 흐름을 결정하는 프로세스, 자원을 산정하는 프로세스, 기간을 산정하는 프로세스, 여러 요소를 합쳐서 일정을 만드는 프로세스까지 해서 총 6개의 프로세스가 모두 기획(Planning)에서 진행합니다. 다만 활동에 필요한 자원을 산정하는 것은 9장의 자원 관리 영역에 포함되어 있습니다.

프로젝트 관리 계획서의 여러 요소 중에서 프로젝트 일정은 아주 중요한 요소입니다. 일정과 예산이 빠진 계획은 없습니다. 따라서 PMP® 시험에서는 일정 관리 프로세스에 대해 많은 문제가 출제(약 30문제 이상)되므로, 중요하게 생각하고 공부해야 합니다.

[표 6-1] 일정 관리 프로세스

프로세스 그룹	프로세스
Planning	6.1 일정 관리 계획수립(Plan Schedule Management) 6.2 활동 정의(Define Activities) 6.3 활동 순서배열(Sequence Activities) 6.4 활동 기간 산정(Estimate Activity Durations) 6.5 일정 개발(Develop Schedule)
Monitoring and Controlling	6.6 일정 통제(Control Schedule)

제일 처음 준비하는 일정 관리 계획서는 어떻게 일정을 만들고 통제할 것인지에 대한 방법이 기술되어 있습니다. 일정 관리 계획서는 프로젝트 관리 계획서의 보조 계획으로서 프로젝트 관리 계획서로 통합됩니다. 일정 관리의 6개 프로세스와 각 역할은 다음과 같습니다.

6.1 일정 관리 계획수립(Plan Schedule Management) – 프로젝트 일정을 기획, 개발, 관리, 실행, 통제하기 위한 정책, 절차를 수립하고 문서화합니다.

6.2 활동 정의(Define Activities) – WBS에 있는 다양한 프로젝트 인도물을 생성하기 위해 수행해야 하는 특정 활동을 식별하여 활동 목록을 작성합니다.

6.3 활동 순서배열(Sequence Activities) – 앞에서 정의한 여러 활동의 가장 올바른 순서를 결정하여 활동의 순서를 도식화한 프로젝트 일정 네트워크 다이어그램을 작성합니다.

6.4 활동 기간 산정(Estimate Activity Durations) – 각 활동이 얼마나 걸릴지에 대한 활동의 기간 값을 산정합니다.

6.5 일정 개발(Develop Schedule) – 활동, 순서, 자원, 기간, 제약사항 등을 분석하여 프로젝트 일정을 개발합니다.

6.6 일정 통제(Control Schedule) – 프로젝트 진척을 관리하기 위해 프로젝트의 일정 현황을 감시하고 일정 기준선에 대한 변경을 관리합니다.

[표 6-2] 일정 관리 프로세스의 주요 투입물과 산출물

주요 투입물	일정 관리 프로세스	주요 산출물
프로젝트 관리 계획서 프로젝트 헌장	6.1 일정 관리 계획수립	일정 관리 계획서
범위 기준선	6.2 활동 정의	활동 목록 활동 속성 마일스톤 목록
활동 목록 활동 속성 마일스톤 목록 프로젝트 범위 기술서	6.3 활동 순서배열	프로젝트 일정 네트워크 다이어그램
활동 목록 활동 속성 자원 달력 자원 요구사항 프로젝트 범위 기술서 리스크 관리대장	6.4 활동 기간 산정	기간 산정치 산정 기준서
활동 목록 활동 속성 자원 달력 자원 요구사항 프로젝트 일정 네트워크 다이어그램 기간 산정치 프로젝트 범위 기술서 리스크 관리대장 프로젝트 팀 배정표	6.5 일정 개발	프로젝트 일정 일정 기준선 일정 데이터 프로젝트 달력
일정 기준선 프로젝트 일정 작업 성과 데이터 프로젝트 달력 범위 기준서	6.6 일정 통제	작업 성과 정보 일정 예측치 변경 요청

일정을 계획하는 방법은 Critical path method, Agile, Critical chain 등이 있는데, 일정 계획 방법에 따라 일정을 관리하는 방법과 일정을 작성하는데 사용하는 소프트웨어가 완전히 달라집니다. 따라서 일정을 개발할 때 제일 먼저 프로젝트 팀에서 결정할 일은 어떤 일정 개발 방법을 사용할 것인지부터 결정해야 합니다. 일정 계획 방법을 결정했다면 어떤 소프

트웨어를 사용할 것인지 결정하고, 그 소프트웨어에 일정을 개발하는데 필요한 정보를 넣으면 프로젝트 일정이 만들어집니다.

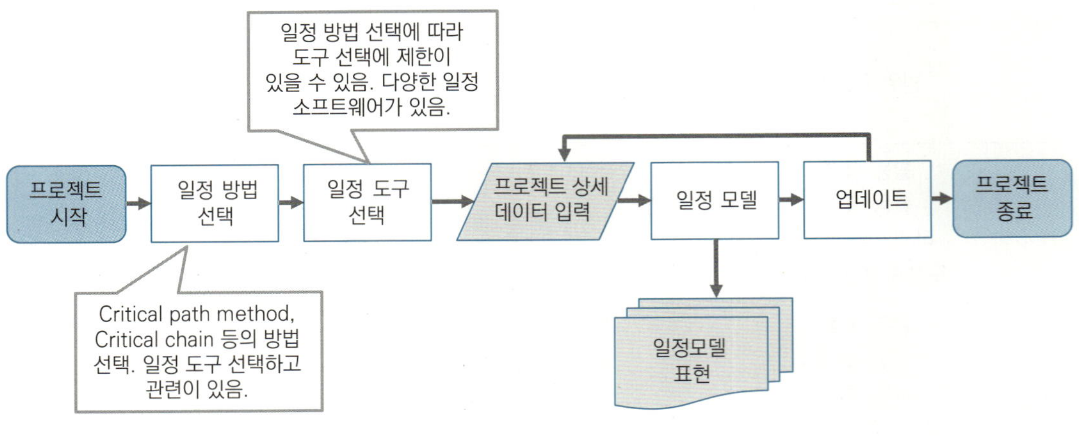

[그림 6-1] 일정 개발 과정

[그림 6-1]은 일정을 개발하는 과정을 요약한 것입니다. 프로젝트 일정을 작성하는 도구(소프트웨어)는 다양하며 MS Project, PRIMAVERA 같은 도구들을 많이 사용합니다. 일정은 한번 만든 후 변하지 않는 것이 아니라 Rolling wave planning에 따라 지속해서 업데이트 될 수 있습니다.

애자일 방식은 짧은 주기를 지속해서 반복하는 형태로 프로젝트를 진행하므로 전통적으로 일정을 준비해서 따라가면서 일정을 체크하는 방식과는 다른 형태로 일정을 관리하게 됩니다. 한 번의 주기는 2주~4주 정도로 결정되며, 이 주기를 반복하면서 상호 연관성이 거의 없는 기능이나 산출물을 생성합니다. 인도물을 조금씩 반복해서 생성하고 고객에게 인도하기 적합한 방식이며, 중간에 요구사항이 바뀌어도 처리하기 용이한 방식입니다.

주문형 일정계획(On-demand scheduling) 방식도 있습니다. 주문형 일정계획은 칸반(Kanban) 시스템에서 일반적으로 사용됩니다. 칸반은 간판의 일본식 발음으로서 칸반 시스템은 일본 도요타 자동차의 생산 시스템에서 유래된 용어입니다. 생산에 필요한 부품 정보를 칸반에 기록해서 필요한 물건을 필요한 양만큼만 만들어서 낭비를 제거하는 방식입니다. 생산 방식은 고객의 주문에 상관없이 일정량을 만들어서 제고를 보충하는 Push system과 고객의 주문에 의해서 만드는 Pull system이 있는데, 칸반은 Pull system에 기반한 방식입니다. 주문형 일정계획은 말 그대로 주문이 들어오면 그때부터 작업을 시작하는 방식이라 전통적인 계획 주도형 방식과는 차이가 있습니다.

6.1 일정 관리 계획수립(Plan Schedule Management)

프로젝트를 진행하는 동안에 어떻게 일정을 관리할 것인지에 대한 일정 관리 계획서를 먼저 수립한 후에 계획에 따라 일정을 개발하고 통제하게 됩니다. 일정 관리 계획서는 프로젝트 관리 계획서로 통합됩니다.

[표 6-3] 일정 관리 계획수립의 ITTO

일정 관리 계획수립(Plan Schedule Management)		
지식영역: 일정 관리(Schedule management)	프로세스 그룹: 기획(Planning)	
투입물	**도구 및 기법**	**산출물**
1. 프로젝트 헌장 2. 프로젝트 관리 계획서 • 범위 관리 계획서 • 개발방식 3. 기업 환경 요인 4. 조직 프로세스 자산	1. 전문가 판단 2. 데이터 분석 • 대안 분석 3. 회의	1. 일정 관리 계획서

[표 6-3]은 [일정 관리 계획수립] 프로세스의 Inputs, Tools and Techniques, Outputs입니다. 프로젝트 관리 계획서에 포함된 제품 개발방식에 따라 일정 관리 방법이 달라지므로 제품 개발 방식을 확인해야 합니다. 또한 프로젝트 헌장에는 요약 마일스톤 일정과 일정 관리에 영향을 줄 수 있는 프로젝트 승인 요구사항이 포함되어 있습니다.

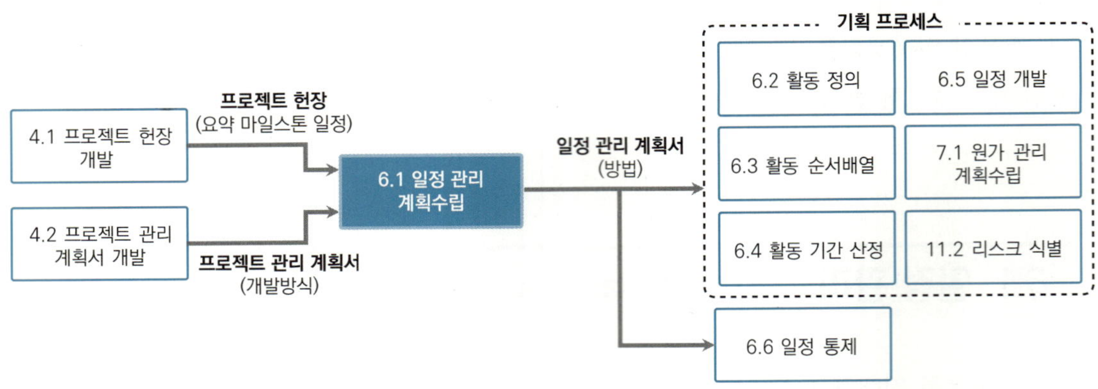

[그림 6-2] 일정 관리 계획수립의 주요 흐름

[표 6-4] 일정 관리 계획수립 산출물의 투입 이유

일정 관리 계획서 투입 프로세스	투입 이유
6.2 활동 정의	일정 관리 계획서에 정의된 방법에 따라 활동을 정의하기 위해서.
6.3 활동 순서배열	일정 관리 계획서에 정의된 방법에 따라 활동의 순서를 결정하기 위해서.
6.4 활동 기간 산정	일정 관리 계획서에 정의된 방법에 따라 활동의 기간을 결정하기 위해서.
6.5 일정 개발	일정 관리 계획서에 정의된 방법에 따라 일정을 개발하기 위해서.
7.1 원가 관리 계획수립	일정 관리 방법이 원가 산정 및 원가 관리에 영향을 미치는 부분을 고려하기 위해서.
11.2 리스크 식별	리스크에 의해 영향을 받을 수 있는 부분들을 확인하기 위해서.
6.6 일정 통제	일정 관리 계획서에 정의된 방법에 따라 일정을 통제하기 위해서.

6.1.1 일정 관리 계획수립: 투입물

일정은 범위로부터 결정되므로 일정 관리 방법에 영향을 주는 범위 관리 계획서를 투입물로 사용하며, 제품 개발방식에 따라 일정 관리 방법이 달라지므로 제품 개발방식도 고려해서 일정 관리 방법을 결정합니다.

6.1.1.1 프로젝트 헌장(Project charter)

프로젝트 헌장에 포함된 요약 마일스톤 일정과 프로젝트 승인 요구사항은 일정 관리 계획서를 수립할 때 확인해야 할 내용입니다. 요약 마일스톤 일정은 상위수준의 일정으로서 프로젝트의 중요한 시점들입니다. 상위수준의 일정은 앞으로 일정을 어떻게 관리할 것인가에 영향을 줄 수 있습니다. 또한 프로젝트 승인 요구사항은 프로젝트 성공의 구성 요건으로써 대표적으로 정해진 마감일을 지키는 것입니다. 이것도 일정 관리 방법에 영향을 줄 수 있으므로 고려할 필요가 있습니다.

6.1.1.2 프로젝트 관리 계획서(Project management plan)

프로젝트 관리 계획서에는 일정 관리와 밀접한 관계가 있는 범위 관리 계획서가 있으며, 일정 관리 방법에 영향을 주는 개발방식을 포함하고 있습니다.

◆ **범위 관리 계획서**(Scope management plan)

범위로부터 일정이 개발되므로 범위 관리 계획서를 참조해서 일정 관리 방법을 결정합니다.

◆ **개발방식**(Development approach)

제품을 개발할 때 예측형, 반복적, 적응형 등의 사용하는 방법에 따라 일정 관리 방법, 기법, 도구가 달라집니다.

6.1.1.3 기업 환경 요인(Enterprise environmental factors)

회사에서 보유한 일정 관리 소프트웨어를 이용해서 일정 관리 계획서를 수립하며, 기타 일정 관리 계획서를 수립할 때 고려해야 할 기업 환경 요인들을 확인합니다.

6.1.1.4 조직 프로세스 자산(Organizational process assets)

과거 유사한 프로젝트의 일정 관리 계획서 템플릿, 일정 통제 절차, 선례정보 및 교훈 등을 참조합니다.

6.1.2 일정 관리 계획수립: 도구 및 기법

전문가가 보유한 특정 산업분야에 대한 전문성은 일정 관리 계획수립에 도움이 되며, 다양한 분석 기법을 적용할 수 있으며, 관련 이해관계자들이 모여서 기획 회의를 통해 일정 관리 계획서를 수립합니다.

6.1.2.1 전문가 판단(Expert judgment)

전문가가 보유한 이전 프로젝트의 경험이나 특정 산업분야에 대한 전문성, 일정 관리 소프트웨어에 대한 전문성 등은 일정 관리 계획수립에 도움이 됩니다.

6.1.2.2 데이터 분석(Data analysis)

기획은 계획을 수립하는 과정이며, 계획은 앞으로 어떻게 할 것인지에 대한 최선의 방법을 결정한 것입니다. 대안 분석은 기획에서 자주 사용되는 기법입니다.

◆ 대안 분석(Alternative analysis)

여러 가지 아이디어를 내서 최선의 아이디어를 고르는 대안 분석을 사용합니다. 가장 효과적인 일정 관리 방법을 찾아봅니다.

6.1.2.3 회의(Meetings)

일정 관리 계획서를 개발하기 위해서 여러 이해관계자가 참여하는 회의를 진행합니다.

6.1.3 일정 관리 계획수립: 산출물

프로세스 이름 대로 산출물은 일정 관리 계획서이며, 향후 일정 관리의 지침 역할을 합니다.

6.1.3.1 일정 관리 계획서(Schedule management plan)

일정 관리 계획서는 일정을 수립하고 통제하기 위한 다양한 내용을 포함하며, 프로젝트 관리 계획서로 통합됩니다. 일정 관리 계획서에는 다음과 같은 내용이 포함될 수 있으며, 프로젝트에 따라 상세할 수도 있고 개략적일 수도 있습니다.

◆ 프로젝트 일정 모델 개발(Project schedule model development)

'이번 프로젝트는 Critical path method를 적용하며, MS Project를 사용해서 일정을 작성하겠습니다.'처럼 사용할 일정 관리 방법과 도구를 기술합니다.

◆ 릴리즈 및 반복 기간(Release and iteration length)

만약 애자일 방법으로 프로젝트를 진행한다면 Release와 Iteration에 대한 기간을 정합니다. 예를 들면, '이번 프로젝트에서 Iteration은 4주로 하며, A 모듈은 4월 1일, B 모듈은 7월 1일에 완료합니다.'처럼 반복 주기와 중요한 인도물의 출시 시기를 정합니다. 반복에 대한 기간을 시간 상자 주기(Time-boxed period)라고 하며, 시간 상자 주기는 팀이 목표 달성을 향해 꾸준히 노력하는 기간을 의미합니다.

◆ 정확도 수준(Level of accuracy)

만약 어떤 활동에 대한 기간을 산정할 때 'A라는 활동의 기간은 20일~300일 걸릴 것 같습니다.'라고 기간을 산정하면 될까요? 산정의 범위가 너무 넓으면 산정의 의미가 없습니다. 따라서 활동에 대한 기간을 산정할 때 허용되는 범위를 지정할 필요가 있습니다. 만약 산정의 범위를 ±10%로 정했다면, 'A라는 활동의 기간은 18일~22일 걸릴 것 같습니다.'라고 20일을 기준으로 ±10% 범위로 산정하게 됩니다. 이런 식으로 기간 산정에 대한 정확도 수준을 정한 내용이 일정 관리 계획서에 포함되어야 향후 활동의 기간을 산정할 때 사용하게 됩니다.

◆ 측정 단위(Units of measure)

일반적으로 일정의 최소단위는 일(Day)을 많이 사용합니다. 만약 프로젝트의 규모가 크다면 주(Week)나 월(Month)을 사용할 수도 있습니다.

◆ 조직 절차 연계(Organizational procedures links)

WBS의 인도물을 만들기 위해 필요한 시간이 일정으로 만들어지기 때문에 일정은 WBS와 밀접한 연관성을 갖게 됩니다. 앞으로 일정을 관리할 때 WBS와 지속적으로 연결하는 방법을 기술합니다.

◆ 프로젝트 일정 모델 유지관리(Project schedule model maintenance)

일정을 작성한 후에 실행에 들어가면 여러 활동이 실제 진행하거나 완료됩니다. 일정이 진척된 부분을 기존 일정에 어떻게 업데이트할 것인지에 대해 기술합니다.

◆ 통제 한계선(Control thresholds)

만약 원래 계획한 일정과 차이가 있을 때마다 통제하게 되면 거의 매일 일정 통제를 해야 할 것입니다. 실행의 결과가 항상 계획대로 가는 것은 쉽지 않기 때문에 계획과 조금이라도 차이가 생길 때마다 통제하기보다는 통제의 범위를 정해놓고 정해놓은 한계 안에서 차이가 생기면 정상 범위로 보고 계속 진행하고, 통제 한계를 넘는 차이가 나면 그때 통제조치를 취하는 것이 좋습니다. 예를 들면, 전체 기간을 5년으로 계획한 프로젝트에서 일정이 3일 지연되면 이 정도는 정상적 차이로 보고 그대로 진행할 수 있습니다. 하지만 만약 현재 계획한 일정보다 3주가 지연되어 있다면 이것은 문제가 있다고 보고 통제 조치를 취할 필요가 있습니다. 일정을 통제하기 위한 한계 범위는 일정 기준선으로부터 편차율(%)로 표시합니다. '이번 프로젝트의 일정 통제 한계는 일정 기준선을 기준으로 ±5%로 하겠습니다.' 처럼 통제 한계를 기술합니다.

◆ 성과 측정 규칙(Rules of performance measurement)

프로젝트에서 성과를 측정할 때 가장 일반적으로 사용하는 방법은 획득가치 관리(Earned value management)입니다. 획득가치를 이용하면 일정 성과와 원가 성과를 알 수 있고, 일정 예측치와 원가 예측치도 계산할 수 있습니다. 획득가치를 이용한 일정 성과 측정에 대한 자세한 내용은 7장의 [원가 통제]에서 원가 성과 측정과 합쳐서 설명합니다. 획득가치를 측정할 때 여러 방법이 가능하므로 어떤 규칙을 적용해서 획득가치를 측정할 것인지 정해야 합니다. 이와 관련한 내용이 일정 관리 계획서에 포함됩니다.

◆ 보고 형식(Reporting formats)

앞으로 이해관계자에게 주기적으로 일정 진척에 대한 정보를 전달하기 위해서 보고서를 작성하게 되는데, 만드는 사람들이 공통 양식을 이용해서 보고서를 작성하는 것이 좋습니다. 그래서 일정 관리 계획서에 미리 일정에 대한 보고 형식을 지정합니다.

6.2 활동 정의(Define Activities)

일정을 만들기 위해서 우선적으로 해야 할 일은 바로 활동을 정의하는 것입니다. [활동 정의] 프로세스는 일정의 가장 기본요소가 되는 활동을 결정합니다. [활동 정의]는 WBS에 명시된 인도물(Work package)을 생성하기 위해 필요한 활동을 식별한다고 보면 됩니다. 활동이 결정되면 각 활동은 순서를 결정하고 기간과 자원을 산정합니다. 활동의 순서, 기간, 자원이 결정되면 그 내용으로 일정을 작성할 수 있습니다. 참고로 실제 프로젝트에서는 Task라는 용어를 많이 사용하는데요, *PMBOK® Guide*에서는 Task라는 용어 대신 Activity를 사용한다고 보면 됩니다. Task라는 용어는 *PMBOK® Guide*에서 거의 사용하지 않습니다. Activity는 Action으로 봐도 됩니다,

[활동 정의]의 대표 산출물은 활동 목록인데, 활동 목록은 말 그대로 목록이므로 상세 내용이 없습니다. 활동에 관련된 상세 정보는 활동 속성(Activity attributes)에 포함됩니다.

[표 6-5] 활동 정의의 ITTO

활동 정의(Define Activities)		
지식영역: 일정 관리(Schedule management)	프로세스 그룹: 기획(Planning)	
투입물	**도구 및 기법**	**산출물**
1. 프로젝트 관리 계획서 • 일정 관리 계획서 • 범위 기준선 2. 기업 환경 요인 3. 조직 프로세스 자산	1. 전문가 판단 2. 분할 3. 연동기획 4. 회의	1. 활동 목록 2. 활동 속성 3. 마일스톤 목록 4. 변경 요청 5. 프로젝트 관리 계획서 업데이트 • 일정 기준선 • 원가 기준선

[표 6-5]는 [활동 정의] 프로세스의 Inputs, Tools and Techniques, Outputs입니다. 범위 기준선에 포함된 Work package를 생성하기 위해 필요한 활동을 정의하고 프로젝트 범위 기술서로부터 마일스톤을 알아냅니다.

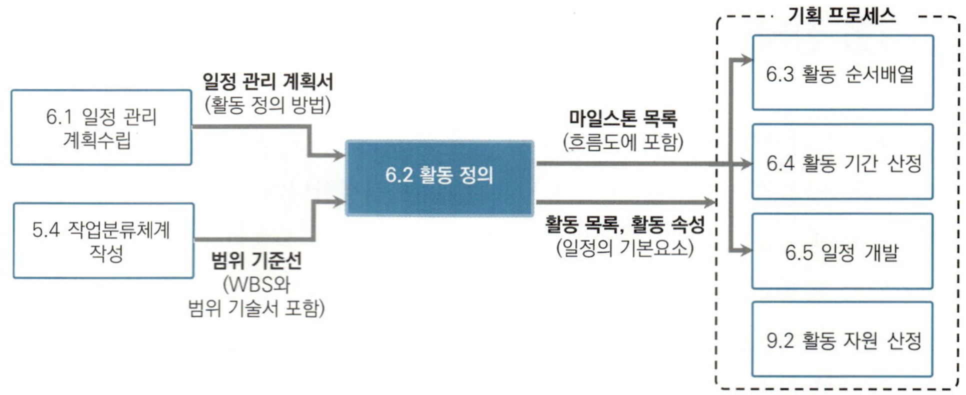

[그림 6-3] 활동 정의의 주요 흐름

[그림 6-3]은 [활동 정의] 프로세스의 주요 흐름을 표현합니다. 활동이란 인도물을 만들기 위해 수행할 활동이므로, 인도물(Work package)을 포함한 WBS가 핵심 투입물이 됩니다. 즉, [활동 정의]는 범위 기준선에 포함된 WBS의 **Work package를 활동으로 더 세분화**하는 것입니다. 고객이나 스폰서가 요구하는 마일스톤은 프로젝트 수행에서 보통 제약사항이며, 일정에 포함되어야 합니다. 제약사항은 프로젝트 범위 기술서에 포함되어 있고, 범위 기술서는 범위 기준선에 포함되어 있습니다. 마일스톤은 프로젝트 범위 기술서의 제약사항으로부터 식별할 수 있습니다. [활동 정의]의 핵심 산출물은 활동 목록과 활동 속성, 마일스톤 목록입니다.

[그림 6-3]에서 활동 목록과 활동 속성, 마일스톤 목록이 다른 프로세스에 투입되는 이유는 다음과 같습니다.

[표 6-6] 활동 정의 산출물의 투입 이유

활동 목록과 활동 속성 투입 프로세스	투입 이유
6.3 활동 순서배열	식별된 각 활동의 수행 순서를 결정하기 위해서.
6.4 활동 기간 산정	각 활동을 수행하기 위해 필요한 기간을 산정하기 위해서.
6.5 일정 개발	일정을 구성하는 기본 요소이기 때문에.
9.2 활동 자원 산정	각 활동을 수행하기 위해 필요한 자원의 유형과 수량을 산정하기 위해서.
마일스톤 투입 프로세스	**투입 이유**
6.3 활동 순서배열	마일스톤은 활동의 수행 순서를 결정하는 데 영향을 줄 수 있기 때문에.
6.4 활동 기간 산정	마일스톤은 활동의 기간을 산정하는 데 영향을 줄 수 있기 때문에.
6.5 일정 개발	마일스톤을 일정에 포함하기 위해서.

6.2.1 활동 정의: 투입물

Work package를 만들기 위해 필요한 활동을 식별할 것이므로 Work package를 포함한 WBS가 핵심 투입물인데, WBS는 범위 기준선에 포함되어 있으므로 범위 기준선이 투입됩니다.

6.2.1.1 프로젝트 관리 계획서(Project management plan)

일정 관리 계획서에 포함된 방법에 따라 활동을 정의하며, WBS의 Work package를 활동으로 더 세분화합니다.

◆ 일정 관리 계획서(Schedule management plan)

활동 정의를 어떻게 할 것인지에 대한 방법을 포함하고 있습니다. 활동 정의는 일정 관리 계획서에 정해진 방법에 따라 수행합니다.

◆ 범위 기준선(Scope baseline)

범위 기준선에는 WBS, WBS Dictionary, Project scope statement가 포함되어 있습니다. **WBS에 포함된 Work package를 만들기 위해 필요한 활동을 정의하기 때문에 WBS는 가장 중요한 투입물**이며, 프로젝트 범위 기술서에는 제약사항인 마일스톤이 포함되어 있습니다.

6.2.1.2 기업 환경 요인(Enterprise environmental factors)

회사의 PMIS 등을 이용하여 활동을 식별하고 문서화합니다.

6.2.1.3 조직 프로세스 자산(Organizational process assets)

과거 유사한 프로젝트의 활동 목록이나 활동 목록을 기록할 양식, 교훈사항 등을 참조합니다.

6.2.2 활동 정의: 도구 및 기법

Work package를 생성하기 위해 필요한 활동을 정의하는 것을 *PMBOK® Guide*에서는 **분할(Decomposition)이라고 표현**했습니다. [작업분할체계 작성] 프로세스의 도구 및 기법도 똑

같이 분할이었지만, 역할은 서로 다릅니다. [작업분할체계 작성]의 분할은 주요 인도물과 작업을 Work package가 될 때까지 분할한 것이었고, [활동 정의]의 분할은 Work package를 활동으로 더 세분화하는 것입니다. WBS가 먼 미래의 인도물에 대해서는 상세히 분할할 수 없어서 Rolling wave planning에 따라 반복적으로 WBS를 구체화한다고 했었습니다. 이와 마찬가지로 활동도 WBS를 가지고 정의하는 것이므로 한 번 만에 모든 활동을 정의할 수 없습니다. 따라서 활동도 반복해서 정의하게 되고, 시간이 지날수록 점점 구체화됩니다. 이는 기획을 반복하면서 점차 구체화되는 것이므로 역시 **'Rolling wave planning'**으로 진행됩니다.

6.2.2.1 전문가 판단(Expert judgment)

활동을 정의할 때 전문가로부터 도움을 받을 수 있습니다.

6.2.2.2 분할(Decomposition)

WBS의 Work package를 생성하기 위해 필요한 활동을 정의합니다.

6.2.2.3 연동 기획(Rolling wave planning)

WBS에서 근시일에 수행할 작업은 상세히 분할할 수 있지만 먼 미래의 작업은 상세히 분할하기 어렵습니다. 따라서 WBS를 작성하는 것은 반복적인 프로세스입니다. WBS를 가지고 활동을 정의하는 것 역시 동일하게 반복될 수밖에 없습니다. 프로젝트 생애주기 동안 반복적으로 활동을 정의하고, 활동 목록은 갈수록 구체화됩니다.

6.2.2.4 회의(Meetings)

활동을 정의하기 위해 관련된 사람들이 모여서 회의를 합니다.

6.2.3 활동 정의: 산출물

[활동 정의]의 핵심 산출물은 바로 인도물을 만들기 위해 필요한 **'활동 목록'**입니다. 프로젝트를 수행하는데 필요한 모든 활동이 열거된 목록입니다. 활동 목록으로부터 순서를 결정하고, 자원 및 기간을 산정하여 일정을 개발하게 됩니다. 활동 목록만 보고는 그 활동의 상세한 사항을 알기 어려우므로 별도로 활동에 관련 상세 내용을 활동 속성에 포함시킵니다.

6.2.3.1 활동 목록(Activity list)

인도물(Work package)을 생성하기 위해 필요한 활동 목록이며 일정의 가장 기본요소입니다. 이후 [활동 순서배열]부터 [일정 개발] 프로세스까지 활동 목록은 주요 투입물이 됩니다.

6.2.3.2 활동 속성(Activity attributes)

활동 목록은 말 그대로 목록이므로 활동에 관련된 상세 내용이 없습니다. 활동에 관련된 상세 내용을 별도로 정리한 문서가 활동 속성입니다. 프로젝트 초기에는 활동 속성에 활동 이름과 ID 정도 들어가지만, 활동이 완료된 후에는 관련된 여러 정보가 추가됩니다. 활동 속성에는 다음과 같은 사항을 포함할 수 있습니다.

[활동 속성에 포함될 수 있는 내용]

활동 식별코드, 활동에 대한 설명, 선행 활동, 후속 활동, 논리적 관계, 선도(Lead)와 지연(Lag), 자원 요구사항, 지정 일자(Imposed date), 제약사항, 가정사항, 활동 수행의 책임자, 활동 수행 지역 또는 장소, 노력 수준(Level of effort), 세분 업무(Discrete effort), 배분 업무(Apportioned effort)와 같은 활동의 유형 등.

잠깐!

지정 일자(Imposed date)

어떤 활동은 특정 날짜를 기준으로 제약이 있을 수 있습니다. 예를 들면, '활동 A는 5월 1일보다 늦게 끝나면 안 된다.' 같은 조건이 걸릴 수 있습니다. 반대로 '활동 A는 5월 1일보다 빨리 끝나면 안 된다.'로 조건이 있을 수 있습니다. 지정 일자는 총 4가지가 있으며, 제약사항입니다. 이러한 제약사항은 프로젝트 범위 기술서에 포함되어 있습니다. 4가지 지정 일자는 다음과 같습니다.

- Start No Earlier Than(이후 시작): 특정 날짜보다 빨리 시작하면 안 됨.
- Start No Later Than(이전 시작): 특정 날짜보다 늦게 시작하면 안 됨.
- Finish No Later Than(이전 종료): 특정 날짜보다 늦게 종료하면 안 됨.
- Finish No Earlier Than(이후 종료): 특정 날짜보다 빨리 종료하면 안 됨.

잠깐! 활동의 유형과 의미

활동은 크게 3가지 유형이 있습니다. 참고로 Effort는 영어사전을 찾아보면 '(특정한 성과를 거두기 위한 집단의 조직적인) 활동'이라는 뜻이 있습니다.

Level of effort

활동에는 프로젝트 산출물을 생성하는데 직접적인 연관이 있는 활동이 있고 그렇지 않은 활동이 있습니다. 프로젝트 관리자가 회의하고, 전화 받고, 이메일 보내는 것은 프로젝트 산출물을 만드는 활동이 아닙니다. 하지만 이런 활동도 프로젝트를 위해 필요합니다. 산출물 생성과 직접적인 연관성이 없지만 프로젝트에 필요한 활동을 LOE라고 합니다.

Discrete effort

Discrete effort는 측정 가능한 최종 제품이나 결과에 직접적으로 관련된 활동을 말합니다. 이러한 노력은 구체적인 산출물을 생산합니다. 예를 들면, 건물을 지을 때 벽돌을 쌓는 것은 산출물을 만드는 활동입니다. 이것을 Discrete effort라고 합니다.

Apportioned effort

Apportioned effort는 어떤 활동 안에 다른 활동을 일부 배분한 것을 말합니다. 이 방법은 특정 Work package에 관련되어서만 드물게 사용됩니다. 예를 들어, [생산]이라는 활동 안에 검사라는 활동을 배분하는 것입니다. 검사라는 활동이 생산 활동의 일부로 포함된 것입니다. 특정 활동 안에 또 다른 활동이 배분된 것을 Apportioned effort라고 합니다.

6.2.3.3 마일스톤 목록(Milestone list)

마일스톤의 원래 뜻은 특정 지역까지의 거리를 마일로 표시한 돌입니다. 즉, 길을 가다 마일스톤을 보고 앞으로 어떤 지점까지 얼마나 가야 하는지 알 수 있는 것입니다. 프로젝트에서도 마일스톤을 사용하는데요, 일정을 진행하다 만나게 되는 중요한 시점이 있는데, 이를 일정상에 표현하기 위해 마일스톤을 사용합니다. 예를 들면, 단계의 완료나 시작, 주요 산출물의 시작 및 완료, 외부에서 주요 조달 품목이 입고되는 시점 등에 사용합니다. 마일스톤은 보통 특정 날짜가 지정된 경우가 많기 때문에 일정에 관련된 제약사항이며, 기간 값이 없습니다. 임의로 마일스톤을 지정할 수도 있지만 보통 계약서 등에 특정 날짜가 지정된 경우가 많습니다. 예를 들면, 설계는 3월 20일에 완료, 구현은 6월 2일에 시작, 테스트는 12월 7일에 완료 등으로 지정되는 경우가 많습니다. 마일스톤도 일정에 포함해서 관리합니다.

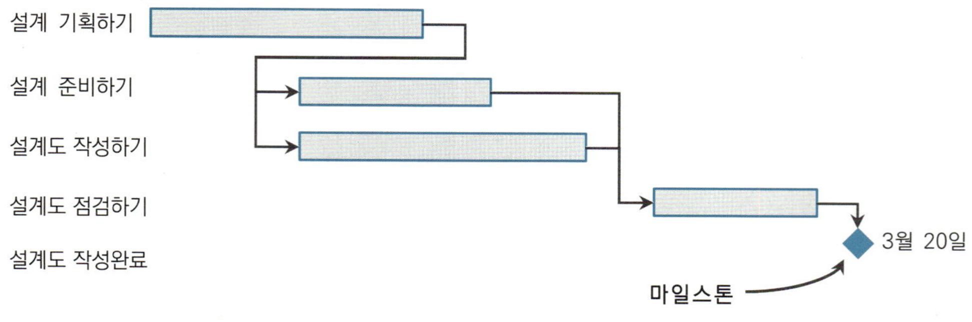

[그림 6-4] 마일스톤의 예

6.2.3.4 변경 요청(Change requests)

만약 새로운 작업이 추가되면 이로 인해 변경이 요청될 수 있습니다.

6.2.3.5 프로젝트 관리 계획서 업데이트(Project management plan updates)

승인된 변경으로 인해 관련 내용이 업데이트될 수 있습니다.

◆ 일정 기준선(Schedule baseline)

프로젝트의 점진적으로 구체화로 인해 초기 일정 기준선에는 포함되지 않은 작업이 발견되어 일정 기준선을 변경해야 할 수 있습니다.

◆ 원가 기준선(Cost baseline)

일정 활동의 변경이 승인되면 원가 기준선도 변경됩니다.

6.3 활동 순서배열(Sequence Activities)

[활동 순서배열] 프로세스는 [활동 정의]에서 식별된 활동들의 올바른 순서를 결정하고 문서화하는 프로세스입니다. 활동은 아무렇게나 수행할 수 없으며 올바른 순서에 따라 수행해야 합니다. 어떤 순서로 활동을 수행해야 하는지 결정해야 하고, 결정된 활동의 순서는 프로젝트 일정의 핵심 요소가 됩니다.

활동 간의 순서는 말로 표현하기보다는 흐름도처럼 그림으로 표현하는 것이 훨씬 편하고 직관적입니다. 규모 있는 프로젝트는 무척 많은 활동들이 있을 수 있으며, 이 활동들의 연관성을 화살표로 표시하여 그림으로 표현하면 마치 그물망(Network)처럼 보이게 됩니다. 그래서 활동들의 순서를 도식화한 것을 'Project schedule network diagram'이라고 합니다.

[표 6-7] 활동 순서배열의 ITTO

활동 순서배열(Sequence Activities)		
지식영역: 일정 관리(Schedule management)	프로세스 그룹: 기획(Planning)	
투입물	**도구 및 기법**	**산출물**
1. 프로젝트 관리 계획서 • 일정 관리 계획서 • 범위 기준선 2. 프로젝트 문서 • 활동 목록 • 활동 속성 • 마일스톤 목록 • 가정사항 기록부 3. 기업 환경 요인 4. 조직 프로세스 자산	1. 선후행도형법(PDM) 2. 의존관계 결정 및 통합 3. 선도 및 지연 4. 프로젝트 관리 정보 시스템	1. 프로젝트 일정 네트워크 다이어그램 2. 프로젝트 문서 업데이트 • 활동 목록 • 활동 속성 • 마일스톤 목록 • 가정사항 기록부

[표 6-7]은 [활동 순서배열]의 Inputs, Tools and Techniques, Outputs입니다. 활동 목록과 활동 속성을 기반으로 활동의 가장 바람직한 순서를 결정합니다. 마일스톤도 순서에 포함되어야 합니다. 프로젝트 범위 기술서에는 제품의 설명이 포함되어 있는데, 제품의 물리적 특성상 반드시 따라야 하는 순서가 있습니다. 따라서 활동의 순서를 결정할 때 제품의 특성상 반드시 따라야 하는 순서도 파악할 필요가 있습니다.

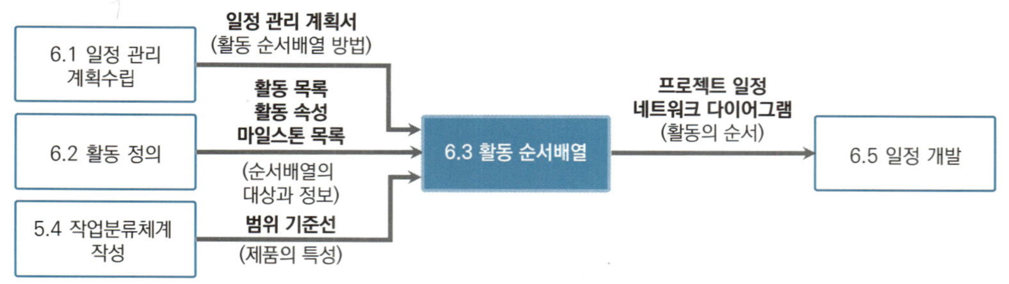

[그림 6-5] 활동 순서배열 프로세스의 주요 흐름

[그림 6-5]는 [활동 순서배열] 프로세스의 주요 흐름을 나타냅니다. 활동 목록과 마일스톤 목록은 순서배열의 대상이며, 순서(흐름)에 관련된 정보는 활동 속성(활동의 선행활동과 후속활동 정보)을 참조합니다. 또한, 프로젝트 제품의 특성이 흐름에 영향을 줄 수 있으므로 프로젝트 범위 기술서 안의 제품 범위에 대한 내용을 참고합니다. 활동의 순서를 A 다음에 B와 C, B 다음에 E, C 다음에 F, E와 F 다음에 G… 처럼 글로 표현한 것은 이해하기 어렵기 때문에 보통 박스와 화살표를 이용한 그림으로 표현하며, 이 그림을 **'프로젝트 일정 네트워크 다이어그램(Project schedule network diagram)'**이라고 합니다

[그림 6-5]에서 프로젝트 일정 네트워크 다이어그램이 다른 프로세스에 투입되는 이유는 다음과 같습니다.

[표 6-8] 활동 순서배열 산출물의 투입 이유

프로젝트 일정 네트워크 다이어그램 투입 프로세스	투입 이유
6.5 일정 개발	프로젝트 일정에는 활동의 순서가 반드시 포함되어야 하므로.

6.3.1 활동 순서배열: 투입물

주요 투입물은 순서 배열을 위한 대상인 활동과 활동에 대한 상세 정보인 활동 속성이며, 순서에 영향을 줄 수 있는 제품 범위의 정보가 포함된 범위 기술서가 투입됩니다.

6.3.1.1 프로젝트 관리 계획서(Project management plan)

프로젝트 관리 계획서에 포함된 일정 관리 계획서의 방법에 따라 활동 순서를 결정하며, 범위 기준선에 포함된 WBS, 제약사항 가정사항을 고려해서 활동 순서를 결정합니다.

◆ 일정 관리 계획서(Schedule management plan)

사전에 계획한 활동 순서배열 방법에 따라 활동의 순서를 결정합니다. 항상 계획을 먼저 수립하고 계획에 따라 진행합니다.

◆ 범위 기준선(Scope baseline)

범위 기준선에는 인도물에 대한 WBS가 있으며, 제품 범위에 대한 설명이 포함된 프로젝트 범위 기술서도 있습니다. 활동의 순서를 결정할 때 제품의 물리적 제약을 고려해서 순서를 결정할 필요가 있습니다.

6.3.1.2 프로젝트 문서(Project documents)

활동 목록은 순서 결정의 대상이며, 활동 속성의 활동의 선후행 관계에 대한 정보나 순서에 관련된 정보가 포함되어 있습니다. 또한 마일스톤도 활동 순서에 영향을 줄 수 있으므로 고려할 필요가 있습니다.

◆ 활동 목록(Activity List)

활동 목록을 보면서 활동의 바람직한 순서를 결정합니다. 활동은 순서를 결정할 대상이므로 활동 목록은 [활동 순서배열]의 가장 핵심 투입물입니다.

◆ 활동 속성(Activity Attributes)

활동에 대한 다양한 정보가 포함되어 있으며, 각 활동에 대한 선후행 관련 정보 및 선도(Lead)나 지연(Lag) 같은 순서에 관련된 정보가 있습니다.

◆ 마일스톤 목록(Milestone list)

특정 날짜가 정해진 마일스톤은 활동의 흐름에 영향을 줄 수 있습니다.

◆ 가정사항 기록부(Assumption log)

가정사항 기록부에 포함된 가정, 제약 사항은 활동 순서를 결정하는 데 영향을 줄 수 있으므로 고려할 필요가 있습니다.

6.3.1.3 기업 환경 요인(Enterprise environmental factors)

회사의 PMIS, 일정계획 도구 등을 이용합니다.

6.3.1.4 조직 프로세스 자산(Organizational process assets)

지속해서 축적된 정보에는 활동 흐름에 관련된 파일이 있을 수 있으며, 도움이 되는 자료는 언제든지 참조할 수 있습니다.

6.3.2 활동 순서배열: 도구 및 기법

활동의 순서를 A 다음에 B, C가 오고, B 다음에 D가 오고, D 다음에 E가 오고, C와 E 다음에 F가 오고… 이런 식으로 쭉 표현하면 활동의 순서를 알기 어렵습니다. 활동의 순서는 그림으로 표현하는 것이 편리하므로 그림을 그리는 기법으로 활동의 순서를 도식화합니다. 그리고 활동 순서에 영향을 줄 수 있는 요소들을 모두 고려하여 그림에 같이 표현해야 합니다. 활동의 순서는 일정을 구성하는 핵심 요소입니다. 따라서 순서를 정확하게 만들기 위한 **[활동 순서배열]의 도구와 기법**은 PMP® 시험에 자주 출제되고 있습니다.

6.3.2.1 선후행도형법(Precedence diagramming method, PDM)

PDM은 노드(Node)라 불리는 박스 또는 직사각형을 사용하여 활동을 표현하고, 활동과 활동을 화살표로 연결하는 네트워크 다이어그램 작성 기법입니다. 활동을 노드 위에 표현한다고 해서 다른 말로 **Activity on node(AON)**라고 부릅니다. PDM은 FS, FF, SS, SF 4가지 의존관계를 모두 표현할 수 있으며, FS 관계가 가장 많이 사용되고, SF가 가장 드물게 사용됩니다.

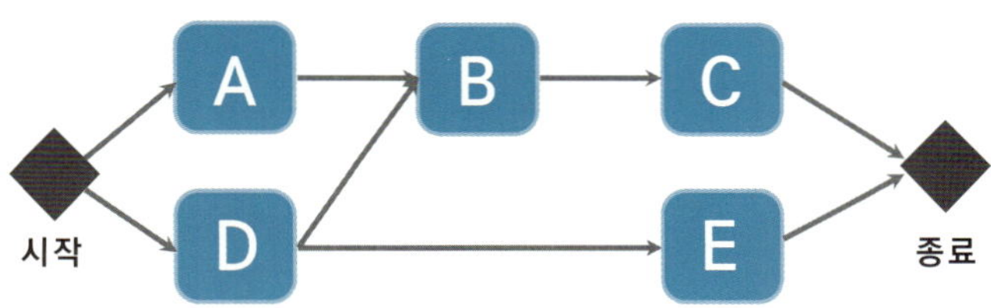

[그림 6-6] PDM의 예시

[4가지 의존관계]

- Finish-to-Start(FS): 선행 활동의 완료 시점이 후속 활동의 착수 시점이 됨. (선행 활동이 끝나야 후속 활동이 시작) ⓔ 프린터에 종이를 넣을 때까지 인쇄할 수 없다.
- Finish-to-Finish(FF): 선행 활동의 완료 시점이 후속 활동의 완료 시점이 됨. (선행 활동이 끝나야 후속 활동이 끝남) ⓔ 소프트웨어 개발이 끝나야 테스트를 끝낼 수 있다.
- Start-to-Start(SS): 선행 활동의 시작 시점이 후속 활동의 시작 시점이 됨. (선행 활동이 시작해야 후속 활동이 시작함) ⓔ 글쓰기 작업을 시작해야 맞춤법 검사를 시작할 수 있다.
- Start-to-Finish(SF): 선행 활동의 시작 시점이 후속 활동의 완료 시점이 됨. (선행 활동이 시작해야 후속 활동이 완료됨) ⓔ 새로운 주식거래 시스템 가동을 시작해야 기존 시스템을 중지할 수 있다.

[그림 6-7] 4가지 의존관계

잠깐! ADM(Arrow diagramming method)

지금은 거의 사용하지 않는 네트워크도 작성 기법으로 ADM이라고 있습니다. ADM은 활동을 화살표 위에 표현하고 화살표와 화살표를 노드(Node)로 연결하는 방식입니다. 활동이 화살표 위에 있다고 해서 AOA(Activity on arrow)라고도 하며, FS(Finish to start) 관계만 가능하여 4가지 연관성을 모두 표현하는데 제약이 있습니다. 연관성의 제약을 해결하기 위해 Dummy activity를 사용하기도 합니다.

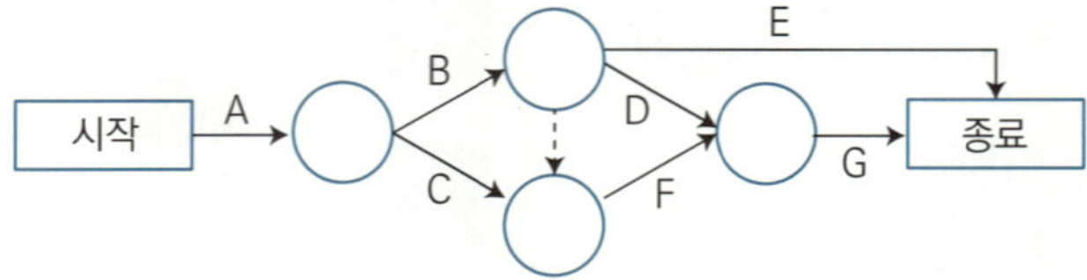

* 점선 화살표는 활동의 연관성을 정확히 표현하기 위해 사용한 Dummy activity입니다.

6.3.2.2 의존관계 결정(Dependency determination)

활동 간의 의존관계는 크게 4가지가 있으며, 동시에 두 가지를 적용할 수 있습니다. 즉, 내부적 의존관계이면서 의무적 의존관계일 수 있습니다.

◆ **의무적 의존관계**(Mandatory dependencies)

의무적 의존관계는 계약서에 포함된 조건이나 법률로 정해진 사항처럼 반드시 따라야 하는 관계를 말합니다. 또한 물리적으로 어쩔 수 없이 따라야 하는 관계도 포함합니다. 예를 들면, 건설에서 기초공사를 끝내야 상부 건물을 세울 수 있듯이 반드시 따라야 하는 관계를 말합니다. 의무적 의존관계는 Hard logic 또는 Hard dependency라고도 부릅니다.

◆ **임의적 의존관계**(Discretionary dependencies)

임의적 의존관계는 프로젝트 팀이 임의적으로 관계를 결정한 것을 말합니다. 과거의 Best practice같이 프로젝트 팀에서 선호하는 임의적 연관 관계를 말하며, Preferred logic, Preferential logic, Soft logic이라고도 부릅니다. 예를 들면, 호텔 1층에 회의실을 하나 만든다고 할 때 바닥에 카펫을 까는 작업과 벽에 페인트 칠하는 작업이 있을 때 페인트칠을 먼저 하고 바닥에 카펫 까는 작업을 하길 선호합니다. 카펫을 먼저 깔아도 되지만 페인트칠할 때 페인트가 떨어질 수 있으므로 카펫 위에 보호 비닐을 또 깔아야 하기 때문입니다.

◆ **외부적 의존관계**(External dependencies)

외부적 의존관계는 프로젝트 활동과 프로젝트가 아닌 활동 간의 연관성을 말합니다. 예를 들면, 신약개발 프로젝트는 약을 판매하기 전에 반드시 FDA 승인을 받아야 합니다. FDA 승인은 신약개발 활동은 아니지만, 신약을 판매하기 위해서 필요합니다. 외부적 의존관계는 보통 팀의 통제 범위 밖입니다.

◆ **내부적 의존관계**(Internal dependencies)

내부적 의존관계는 프로젝트 팀의 통제 안에서 수행되는 프로젝트 활동 간의 관계입니다.

6.3.2.3 선도 및 지연(Leads and lags)

Lead와 Lag는 역시 활동 연관성의 종류입니다. 두 종류의 뜻은 시험에 자주 출제되므로 명확히 알아야 합니다. Lead와 Lag 모두 활동의 속성 때문에 결정되는 것이므로 일정 네트워크 다이어그램에 표현되어야 합니다.

- Lead: 선행 활동의 속성으로 인해 후속 활동을 앞당길 수 있는 기한을 Lead라고 합니다. 즉, 선행 활동이 후속 활동을 당기는 것입니다. 예를 들면, FS 관계에서 앞 활동이 끝나기 전에 후속 활동을 3일 먼저 시작해야 한다면 'FS-3일'로 표현할 수 있습니다. SS 관계라면 'SS-4일'로 표현하게 됩니다. 우리 실생활에서 예를 들면, 결혼식이 끝나기 전에 미리 식당에서 음식 준비를 시작해야 합니다. 결혼식이 끝나고 음식 준비를 시작하면 음식을 요리하는 동안 사람들이 기다려야 하므로 미리 음식 준비를 시작해야 합니다. 결혼식의 특성으로 인해 음식 준비를 미리 하는 것이 정상입니다. Lead는 마이너스 Lag로도 표현될 수도 있습니다.

- Lag: 선행 활동의 속성상 후속 활동을 미루는 기한을 Lag라고 합니다. Lag는 사전적 의미로 '뒤에 처지다, 뒤떨어지다.'입니다. 예를 들면, FS 관계에서 선행 활동을 종료한 후에 후속 활동을 5일 기다렸다가 시작하게 하려면 'FS+5일'로 표현할 수 있으며, FF 관계에서는 'FF+3일'처럼 표현할 수 있습니다. 프로젝트에서 예를 들면, 건물 바닥 공사를 위해 콘크리트를 타설했다면 타설 후에 바로 그 위에서 작업을 시작할 수 없고, 콘크리트가 양생 될 때까지 다음 작업이 일정 기간 기다려야 합니다.

잠깐! **PMBOK® Guide의 Lead와 Lag의 정의**

- A lead is the amount of time a successor activity can be advanced with respect to a predecessor activity
- A lag is the amount of time a successor activity will be delayed with respect to a predecessor activity.

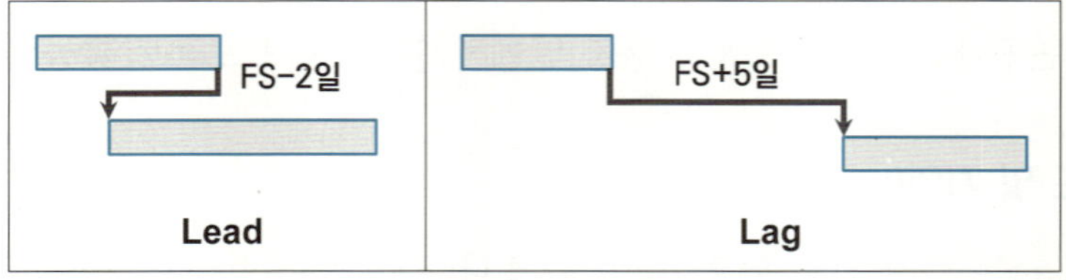

[그림 6-8] Lead와 Lag 표현의 예시

6.3.2.4 프로젝트 관리 정보 시스템(PMIS)

프로젝트 일정 네트워크 다이어그램을 손을 그리기 보다는 소프트웨어를 사용하는 것이 훨씬 효과적입니다.

6.3.3 활동 순서배열: 산출물

[활동 순서배열] 프로세스의 목적은 활동 간의 연관성을 식별하고 문서화하는 것입니다. 활동 간의 연관성은 그림으로 표현하는 것이 가장 좋으며, 활동의 연관성을 표현한 그림을 보면 마치 그물망(Network)처럼 보이고 프로젝트 일정에 사용할 것이므로 프로젝트 일정 네트워크 다이어그램(Project schedule network diagram)이라고 합니다.

6.3.3.1 프로젝트 일정 네트워크 다이어그램(Project schedule network diagrams)

프로젝트 일정 네트워크 다이어그램은 활동들의 연관성(순서)을 도식화한 문서입니다. 프로젝트 일정 네트워크 다이어그램은 프로젝트 전체에 대해 상세히 표현할 수도 있고 하나 또는 그 이상의 요약 활동(Summary activity)으로 요약해서 표현할 수도 있습니다. 프로젝트 일정 네트워크 다이어그램은 활동의 연관성만 표현한 것일 뿐 활동의 기간 값이나 시작일, 완료일은 없습니다.

6.3.3.2 프로젝트 문서 업데이트(Project documents updates)

활동의 순서를 결정하는 과정과 그 결과로 인해 관련 문서들이 업데이트될 수 있습니다.

- 활동 속성(Activity attributes)

결정된 활동의 선후 관계가 활동 속성에 추가되며, Lead나 Lag도 활동 속성에 추가됩니다.

- 활동 목록(Activity list)

활동의 순서를 결정하는 과정을 통해 필요하다면 활동 목록을 수정할 수 있습니다.

- 가정사항 기록부(Assumption log)

수정해야 할 가정사항이 있으면 가정사항 기록부를 업데이트합니다.

◆ 마일스톤 목록(Milestone list)

활동의 순서를 결정하는 과정에서 일부 마일스톤의 예정일이 바뀔 수도 있습니다.

핵심 용어

요약 활동(Summary activity)

요약 활동은 프로젝트 활동들을 요약해서 표현한 것을 말합니다. 이것은 활동의 그룹에 대한 일정 정보를 요약해서 제공하기 위해 사용되며, 프로젝트 전체를 요약 활동으로 표현할 수도 있습니다. 요약 활동은 막대 형태로 표현할 수 있으며 경우에 따라 시작일과 완료일을 표시할 수도 있습니다. [그림 6-9]에서 여러 활동을 요약해서 표현한 '컴퓨터 설치하기'가 요약 활동입니다. 요약 활동을 다른 말로 'Hammock activity'라고도 합니다.

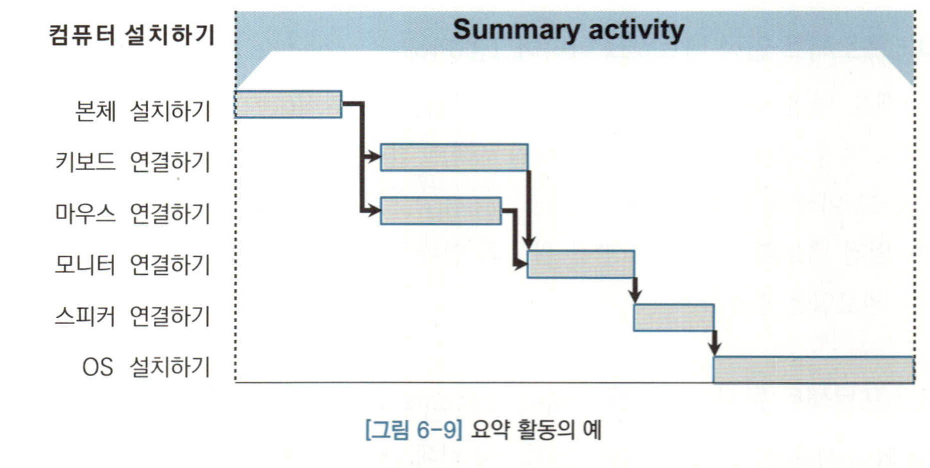

[그림 6-9] 요약 활동의 예

6.4 활동 기간 산정(Estimate Activity Durations)

일정을 구성하는 가장 중요한 요소 중 하나가 활동의 기간입니다. [활동 기간 산정] 프로세스는 각 활동을 수행하기 위해 필요한 기간을 예측하는 프로세스입니다. Estimate라는 단어는 미래에 대해 수치로 예측할 때 쓰입니다. 프로젝트에서 모든 예측은 초기에 개략적이었다가 시간이 지날수록 구체화됩니다. 기간 산정치도 시간이 지날수록 구체화되는 특성이 있습니다. 각 활동에 대한 기간 예측이 잘 될수록 일정이 잘 만들어지게 되고, 일정이 잘 만들어질수록 프로젝트 성공의 가능성은 커집니다. 따라서 **[활동 기간 산정]은 PMP® 시험에도 자주 출제**되며 중요한 프로세스입니다.

그럼 기간 값을 산정하는데 필요한 것들은 무엇이 있을까요? 우선 활동의 특성입니다. 활동의 특성에 따라 기간 값이 달라지겠죠. 어려운 활동일수록 기간이 오래 걸립니다. 그리고 그 활동에 배정된 자원에도 영향을 받을 것입니다. 자원을 많이 투입하면 일반적으로 기간은 짧아지고, 초급 기술자보다 고급 기술자를 투입할 때 기간은 짧아지기 마련입니다. 그 외에도 활동을 수행하는 지리적인 위치도 영향을 받을 것입니다. 똑같은 활동이라도 도심 한복판에서 하는 것과 지원이나 자원 수급이 어려운 산간 오지에서 하는 것은 기간이 다를 수 있습니다. 이 외에도 공휴일이나 리스크 등 여러 가지 변수에 의해 기간 값은 변하게 됩니다. 따라서 기간을 산정할 때 영향을 줄 수 있는 여러 요소가 고려될 필요성이 있습니다.

잠깐! 활동 기간을 산정할 때 고려할 요소

활동 기간을 산정할 때 기간에 영향을 줄 수 있는 요소들은 다양합니다. 그중에 일부를 소개하면 다음과 같습니다.

[수확체감의 법칙(Law of diminishing returns)]

Diminishing은 사전적 의미로 '줄어들다'라는 뜻입니다. 수확(Return)이 줄어든다는 것은 어떤 의미일까요? 예를 들면, 100m^2의 면적을 가진 밭이 있는데, 농부 한 명이 일할 경우 배추 100포기를 수확할 수 있다면, 같은 면적에서 농부 두 명이 일하면 각 농부의 배추 수확량은 줄어들게 됩니다. 업무량이 고정된 상태에서 자원이 추가되면 자원당 수행할 업무량은 줄어들고 기간도 줄어듭니다.

[학생 증후군(Student syndrome)]

학생 증후군은 우리가 잘 아는 시험공부의 벼락치기이며, 시험 날짜에 가까워서야 공부를 시작하는 것을 말합니다. 프로젝트에서도 이런 현상이 발생할 수 있습니다. 일반적으로 우리가 특정 활동에 대한 기간을 산정할 때 그 기간 값에는 보통 여유시간이 일부 포함되어 있습니다. 왜냐하면, 기간을 너무 빡빡하게 잡을 경우 예기치 못한 리스크나 기타 요인에 의해 기간 내에 끝낼 수 없기 때문입니다. 결국 기간 지연에 대해 질책을 받거나 책임을 지는 상황이 생길 수 있습니다. 만약 여유시간을 포함하지 않았다가 보고된 날짜보다 늦게 끝나면 일정 지연에 대한 질책을 받을 수 있습니다. 하지만 여유시간을 포함해서 보고했다가 정확한 보고된 날짜에 종료하거나 조금 더 일찍 끝내면 능력 있는 사람으로 인정받을 수 있습니다. 여유시간을 추가하는 것은 자기 자신을 보호하려는 본능이고 미래에 대한 불확실성의 대비입니다.

만약 어떤 활동의 기간을 여유시간을 포함하여 15일로 잡았는데, 이미 본인 스스로 여유시간이 있다는 것을 알기 때문에 처음부터 일에 최선을 다하는 것이 아니라 초반에 여유시간을 써버리는 경우도 있을 것입니다. 그리고 여유시간을 다 써버리고 나서야 일을 진행하게 되고 그러다가 생각하지 못한 리스크가 터지게 되면 계획보다 일정이 늦어지게 되는 것입니다. 이것이 처음 계획한 일정에 여유를 포함하고 있어도 일반적으로 프로젝트가 늦어지는 주요 원인 중의 하나일 것입니다.

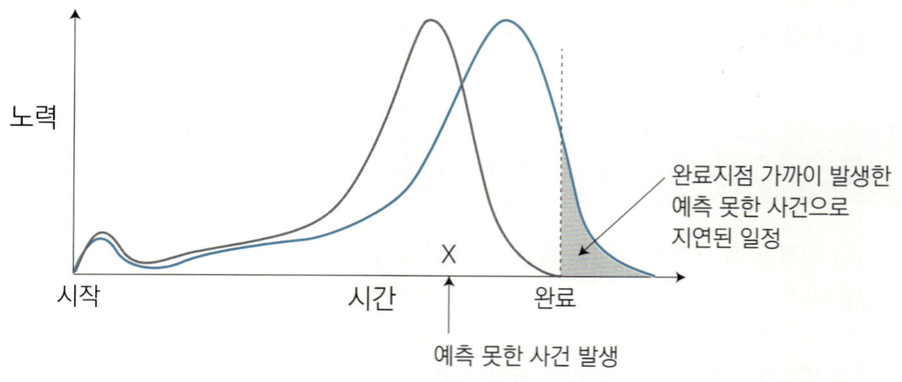

[그림 6-10] 학생 증후군의 예시

[파킨슨 법칙(Parkinson's Law)]

여유시간을 일정에 포함하고 있어도 프로젝트가 늦어지는 또 하나의 이유는 파킨슨 법칙(Parkinson's Law) 때문입니다. 파킨슨 법칙은 '작업자는 주어진 시간을 다 소비한다는 것'입니다. 어떤식으로든 주어진 시간을 모두 소비하는 습성이 있다는 것입니다. 비슷한 예로 대부분의 사람은 버는 만큼 쓰는 습성이 있습니다. 결국 여유시간을 포함하여 작업 시간을 책정해서 진행해도 그 여유시간을 다 쓰고 일을 끝낸다는 것입니다. 결국, 각 활동에 속한 여유는 남아서 축적되는 것이 아니라 이런저런 이유로 모두 사라져 버립니다. 따라서 하나의 활동만 지연되면 결국 프로젝트 종료일이 지연됩니다.

일반적으로 프로젝트에서 활동의 기간은 누가 산정할까요? 보통 특정 활동에 대한 경험이 많은 사람이 산정할 것입니다. 경험 없는 사람이 기간을 산정하기는 쉽지 않습니다. 보통 경험해본 활동에 대한 기간 값은 한가지 기간 값으로 산정됩니다. 예를 들면, 아파트 건설 프로젝트에서 아파트 벽에 페인트를 칠해야 할 활동이 있고 그 활동에 대해 기간을 산정하는 사람이 페인트칠에 대한 경험이 많다면 '이번 아파트 공사에서 제가 맡을 101동~106동의 벽면 페인트칠 활동은 20일 정도 걸릴 것 같습니다.'라고 말할 것입니다. 그렇다면 한 번도 수행해 보지 않은 활동에 대해서는 어떻게 기간 값을 추정할까요? 경험이 없는 활동에 대해서는 3점 산정(Three-point estimating)이라는 기법을 사용하게 됩니다. 3점 산정은 뒤에 '도구 및 기법'에서 자세히 설명하도록 하겠습니다. 기간을 산정하는 것은 중요한 일이며, 기간 산정의 기법들도 시험에 자주 출제됩니다.

[표 6-11] 활동 기간 산정의 ITTO

활동 기간 산정(Estimate Activity Durations)		
지식영역: 일정 관리(Schedule management)	프로세스 그룹: 기획(Planning)	
투입물	**도구 및 기법**	**산출물**
1. 프로젝트 관리 계획서 • 일정 관리 계획서 • 범위 기준선 2. 프로젝트 문서 • 활동 목록 • 활동 속성 • 마일스톤 목록 • 프로젝트 팀 배정표 • 자원분류체계(RBS) • 자원 달력 • 자원 요구사항 • 리스크 관리대장 • 가정사항 기록부 • 교훈 관리대장 3. 기업 환경 요인 4. 조직 프로세스 자산	1. 전문가 판단 2. 유사 산정 3. 모수 산정 4. 3점 산정 5. 상향식 산정법 6. 데이터 분석 • 대안 분석 • 예비 분석 7. 의사결정 • 투표 8. 회의	1. 기간 산정치 2. 산정 기준서 3. 프로젝트 문서 업데이트 • 프로젝트 문서 업데이트 • 활동 속성 • 가정사항 기록부 • 교훈 관리대장

[표 6-11]은 [활동 기간 산정]의 Inputs, Tools and Techniques, Outputs입니다. 활동 목록을 보면서 기간을 산정합니다. 자원의 가용성을 알 수 있는 자원 달력도 고려 대상이며, 범위 기술서에 포함된 기간에 대한 제약사항도 고려해야 합니다. 자원의 유형과 수량도 기간 산정 시 필수 고려 대상입니다. 리스크도 기간 산정에 영향을 주므로 고려 대상입니다. 다양한 기법을 통해 기간을 산정하여 각 활동을 수행하는 데 필요한 기간 산정치를 결정합니다.

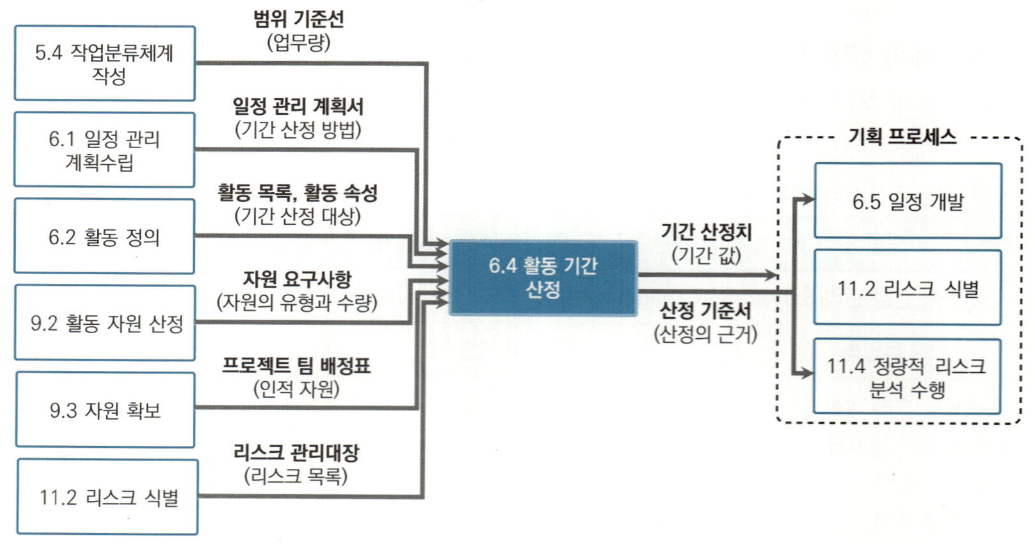

[그림 6-11] 활동 기간 산정의 주요 흐름

[그림 6-11]은 [활동 기간 산정]의 주요 흐름을 표현했습니다. 활동의 기간에 영향을 주는 요소들이 많아서 투입물이 좀 많습니다. 활동 목록을 보면서 기간을 산정해야 하고, 자원의 유형과 수는 기간에 영향을 주므로 고려해야 하고, 제약사항, 가정사항을 체크하고, 자원의 가용성을 고려해서 기간을 산정합니다. 산정된 기간 값들은 일정 개발의 핵심 투입물이 되며, 기간 산정치에 포함된 불확실성의 범위는 리스크 식별에 사용됩니다. [그림 6-11]에서 기간 산정치와 산정 기준서가 다른 프로세스에 투입되는 이유는 다음과 같습니다.

[표 6-12] 활동 기간 산정 산출물의 투입 이유

기간 산정치 투입 프로세스	투입 이유
6.5 일정 개발	기간 값은 흐름, 자원과 마찬가지로 일정을 구성하는 핵심요소이기 때문에.
11.2 리스크 식별	기간 산정치는 미래에 대한 불확실성을 포함하고 있으며, 불확실성이 높을수록 기간 산정의 범위는 넓어짐. 산정의 불확실성으로부터 리스크를 식별하기 위해서 투입됨.
11.4 정량적 리스크 분석	일정의 가변성을 평가하기 위해서.
산정 기준서 투입 프로세스	**투입 이유**
6.5 일정 개발	기간 산정치의 근거자료이기 때문에.
11.4 정량적 리스크 분석	일정의 가변성을 평가하기 위해 관련 정보를 보기 위해서.

6.4.1 활동 기간 산정: 투입물

활동 기간에 영향을 주는 모든 요소를 고려합니다.

6.4.1.1 프로젝트 관리 계획서(Project management plan)

프로젝트 관리 계획서에 포함된 요소 중 일정 관리 계획서와 범위 기준선을 투입물로 사용합니다.

◆ 일정 관리 계획서(Schedule management plan)

활동 기간 산정을 어떻게 할 것인지에 대한 방법과 산정의 정확도 수준에 대한 내용을 포함하고 있습니다.

◆ 범위 기준선(Scope baseline)

WBS 사전에 포함된 기술 관련 상세 사항은 활동 노력과 관련 있으며, 기간 산정에 영향을 줍니다.

6.4.1.2 프로젝트 문서(Project documents)

활동 기간에 영향을 줄 수 있는 문서들을 투입물로 사용합니다.

◆ 활동 목록(Activity list)

활동 목록에 포함된 각 활동은 기간 산정의 대상입니다.

◆ 활동 속성(Activity attributes)

활동 속성에 포함된 활동의 관계와 제약이 기간에 영향을 줄 수 있으므로 고려해야 합니다.

◆ 가정사항 기록부(Assumption log)

가정사항 기록부에 포함된 가정 및 제약은 리스크를 유발할 수 있으며, 이는 활동 기간에 영향을 주게 됩니다.

◆ 교훈 관리대장(Lessons learned register)

과거에 기간 산정할 때 습득한 교훈을 활용해서 기간 산정의 정확도를 높일 수 있습니다.

◆ 마일스톤 목록(Milestone list)

대부분의 마일스톤은 특정 날짜가 지정되어 있습니다. 이로 인해 활동의 기간이 영향을 받게 됩니다.

◆ 프로젝트 팀 배정표(Project team assignments)

프로젝트 팀 배정표는 [자원 확보]를 통해 확보된 인적 자원이며, 프로젝트 팀을 말합니다. 프로젝트 팀원의 수나 역량은 활동 기간에 영향을 줍니다.

◆ 자원분류체계(Resource breakdown structure)

자원분류체계는 산정된 자원을 자원 유형별로 분류한 것을 말합니다. 자원의 유형은 기간에 영향을 미칩니다.

◆ 자원 달력(Resource calendars)

자원 달력은 자원이 일하는 날을 명시한 달력이며, 기본적으로 자원의 가용성을 표현합니다. 일하는 날로 표시된 날은 가용한 날이며, 그렇지 않는 날은 가용할 수 없는 날입니다. 자원의 유형, 가용성, 역량이 자원 달력에 포함될 수 있습니다. 자원의 가용성은 기간에 영향을 주기 때문에 반드시 고려해야 합니다. 가용성이 높을수록 기간은 짧아집니다. 예를 들면, A라는 활동에 필요한 기간을 5일로 산정한 후 '이광진'이라는 사람을 Full time으로 배정했을 때 월요일에 시작하면 금요일에 끝나는 것이 정상입니다. 그런데 만약 '이광진'이라는 사람이 화요일과 수요일에 2일간 휴가를 냈다면 기간 값은 며칠이 될까요? 주 5일 근무제라고 한다면 토요일과 일요일도 쉬기 때문에 A라는 활동의 전체 기간은 9일이 됩니다. Working day는 5일이지만 Duration은 9일이 됩니다. 따라서 자원의 가용성은 기간 산정에 영향을 줍니다.

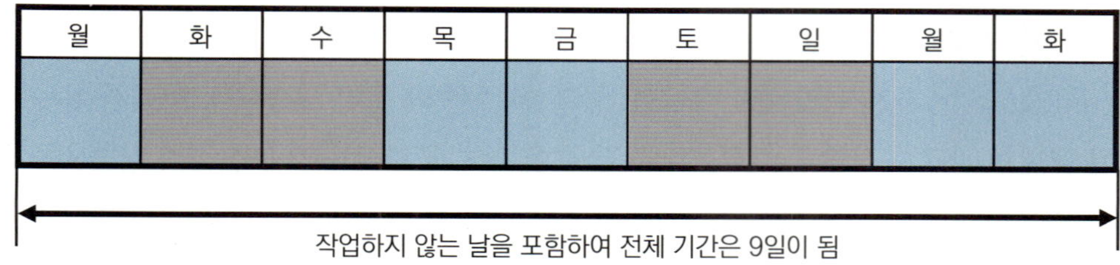

[그림 6-12] 자원 달력에 따른 기간 값 변경

◆ **자원 요구사항(Resource requirements)**

자원 요구사항은 산정된 자원의 유형과 수량이며, 이것은 기간에 영향을 줍니다. 고급 인력이 투입될수록, 많은 수의 자원이 투입될수록 기간은 짧아집니다.

◆ **리스크 관리대장(Risk register)**

리스크가 있는 활동은 리스크를 고려해서 예비 시간(Time reserve)을 준비해야 합니다.

6.4.1.3 기업 환경 요인(Enterprise environmental factors)

회사에서 갖고 있는 기간 산정에 관련된 출판된 자료, 기타 참조 데이터 등을 이용합니다.

6.4.1.4 조직 프로세스 자산(Organizational process assets)

과거의 유사한 프로젝트의 기간 값을 참조하고, 프로젝트 달력과 교훈 등을 참고합니다. 프로젝트 달력은 프로젝트의 일하는 날을 표시한 달력입니다.

6.4.2 활동 기간 산정: 도구 및 기법

프로젝트에서 가능하면 정확하게 활동 기간을 산정하는 것이 프로젝트 성공에 있어서 아주 중요합니다. 따라서 [활동 기간 산정]의 도구 및 기법은 **시험에 매우 자주 출제**되는 부분이므로 확실히 알아 둘 필요가 있습니다.

6.4.2.1 전문가 판단(Expert judgment)

자체적으로 활동 기간을 결정하기 어려운 경우에 전문가의 도움으로 가장 좋은 결정을 내립니다. 전문가 판단은 다른 기법과 같이 활용할 수도 있습니다.

6.4.2.2 유사 산정(Analogous estimating)

Analogous는 사전적 의미로 '유사한, 닮은, 비슷한'의 뜻이 있습니다. 따라서 유사 산정은 말 그대로 과거 유사한 프로젝트의 기간 값을 이번 프로젝트 기간 산정의 기준으로 사용하는 방법입니다. 유사 산정은 새롭게 기간 값을 산정하는 것이 아니라 과거의 정보를 사용하는 것이므로 **'선례정보(Historical information)'**를 사용하는 것이며, 과거의 기간 값을 이번 프로젝트에 적용해도 적정한지 대한 판단은 **'전문가 판단(Expert judgment)'**을 사용합니다. 유사 산정은 프로젝트 초기에 산정에 필요한 정보가 별로 없을 때 주로 사용합니다. 따라서 산정의 정확도는 높지 않습니다. 그리고 새로 산정하는 것이 아니므로 **시간과 비용은 다른 기법에 비해 상대적으로 적게 드는 반면에 정확도는 낮습니다.** 유사 산정은 과거 기간 값을 가져다 그대로 사용하므로 **'Top-down'** 방식으로 기간을 순차적으로 배정할 수 있습니다.

6.4.2.3 모수 산정(Parametric estimating)

'모수(母數)'라는 말은 일반적으로 자주 사용되는 단어는 아닙니다. 모수는 모집단의 특성을 나타내는 값으로써 다른 말로 매개변수라고도 합니다. 기간을 산정할 때 비슷한 특징이 반복되는 활동일 경우 하나의 활동을 모수로 잡아서 기간을 먼저 산정한 후 나머지는 비슷한 활동이므로 산정된 기간에 전체 수량으로 곱하는 방식으로 기간을 산정합니다. 모수를 **과거의 정보에 기반**해서 결정할 수도 있습니다. 예를 들면, 동일한 규모의 방이 10개가 있으면 방 1개에 페인트칠하는 데 걸리는 기간이 2일이라면 방 10개를 칠하는 활동은 20일로 산정하는 것입니다. 모수 산정은 [원가 산정]의 기법으로도 사용됩니다.

6.4.2.4 3점 산정(Three-point estimating)

일반적으로 경험이 있는 활동에 대해서는 활동 기간을 한가지 값으로 산정(Single-point

estimating)합니다. 그러나 프로젝트에 활동 기간을 산정할 때 경우에 따라서는 경험 없는 활동에 대해서 기간을 산정할 때가 있습니다. 경험이 없는 경우는 한 가지 기간 값으로 말하기 어렵습니다. 예를 들면, 소프트웨어 개발만 10년 넘게 한 사람에게 건물에 들어갈 공업용 펌프 설치하는 데 얼마나 걸릴지 물어보면 경험이 없기 때문에 쉽게 대답하지 못합니다. 하지만 불확실성을 포함해서 말할 수는 있습니다. "글쎄요, 해보진 않았지만 빨리하면 30일, 보통으로 하면 40일, 정말 오래 걸리면 60일 걸릴 것 같은데요."라고 말할 수 있습니다.

빨리하면 30일이라는 것은 잘될 경우를 고려해서 기간을 가장 짧게 잡은 것입니다. 이 수치를 낙관치(Optimistic)이라고 합니다. 보통으로 하면 40일이라고 말한 것은 본인이 생각하기에 확률적으로 가장 높은 값을 말한 것입니다. 이 수치를 최빈치(Most likely)라고 합니다. 정말 오래 걸리면 60일 걸린다고 말한 것은 안 좋은 상황을 모두 고려했을 때 가장 오래 걸리는 기간 값을 말한 것입니다. 이 수치를 비관치(Pessimistic)이라고 합니다. 세 가지 값을 모두 사용할 수 없으므로 평균을 내서 사용합니다. 해보지 않은 활동은 잘 모르기 때문에 불확실성의 범위를 포함해서 세 가지 값을 먼저 산정한 후 세 가지 값의 평균값을 기간 값으로 사용하는 3점 산정 방식을 사용합니다.

3점 산정 기법은 과거 1958년, 미 해군 군수국 특수 프로젝트부에서 폴라리스 잠수함용 미사일의 개발진척 상황을 측정 및 관리하기 위하여 부즈알렌앤드해밀턴사(Booz-Allen & Hamilton)가 개발한 **PERT(Program evaluation and review technique)** 기법에서 유래하였으며, 3점 산정의 평균값을 'PERT weighted average'라고 부르기도 합니다. PMP® 시험에서는 **3점 산정의 평균값 계산, 표준편차를 이용한 확률계산** 등을 출제할 수 있으므로 잘 기억해두기 바랍니다. 3점 산정의 3가지 값은 다음과 같습니다.

- 낙관치(Optimistic): 가장 좋은 시나리오에 근거해서 추정한 값. 확률적으로 낮고 기간 값은 제일 짧다.
- 최빈치(Most likely): 가장 확률적으로 높다고 생각하는 기간 값. (Single-point estimates에서 사용하는 값)
- 비관치(Pessimistic): 가장 안 좋은 시나리오에 근거해서 추정한 값. 확률적으로 낮고 기간 값은 가장 길다.

이 세 가지 값은 일반적으로 전문가나 가장 경험 있는 사람과 인터뷰를 통해 알아냅니다.

이 3가지 값을 알아낸 후에는 공식을 통해 평균값을 계산하게 됩니다. 평균을 계산하는 공식은 분포를 삼각분포와 베타분포로 가정했을 때 서로 달라집니다.

[표 6-13] 베타분포를 기준으로 한 3점 산정의 공식들

평균	표준편차	분산
$\frac{(O+4M.L+P)}{6}$	$\frac{P-O}{6}$	$\left(\frac{P-O}{6}\right)^2$

참고로 **삼각분포를 기준으로 할 경우 평균은 (O+M.L+P)/3으로 계산**합니다. 이 공식들은 암기해야 합니다. 평균을 영어로는 Average 또는 Mean이라고도 하는데요, 베타분포의 3점 산정의 평균을 가중치 평균(Weighted average)이라고 합니다. 왜냐면 가장 확률적으로 높은 Most likely에는 4점을, 그리고 확률이 제일 낮은 Pessimistic과 Optimistic에는 1점으로 해서 합계 6점으로 나눈 형태이기 때문입니다. 만일 시험에서 3개의 기간 값을 주고 평균값을 구하라고 할 경우 구할 수 있어야 합니다.

그럼, 표준편차는 왜 계산할까요? 기간 안에 완료할 확률을 알기 위해서입니다. 우선 Optimistic, Pessimistic, Most likely를 확률 분포도로 그려보면 보통 아래와 같이 베타분포(β-distribution) 형태로 보여집니다. 기간이 제일 짧을 확률은 매우 낮습니다. 기간이 정말 오래 걸릴 확률도 역시 낮습니다. 확률적으로 제일 높은 것은 Most likely입니다. 그리고 Most likely를 중심으로 Optimistic보다는 Pessimistic이 일반적으로 더 멀리 있습니다.

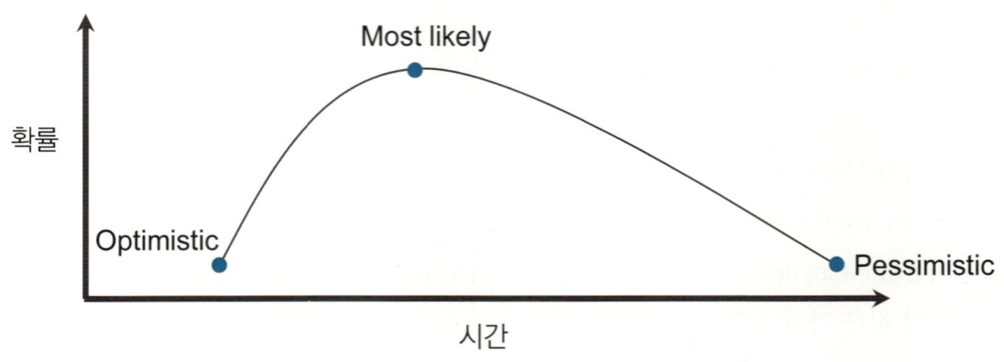

[그림 6-13] 기간 값에 대한 베타분포곡선

분포의 평균값을 구하면 Most likely보다 오른쪽에 위치하게 됩니다.

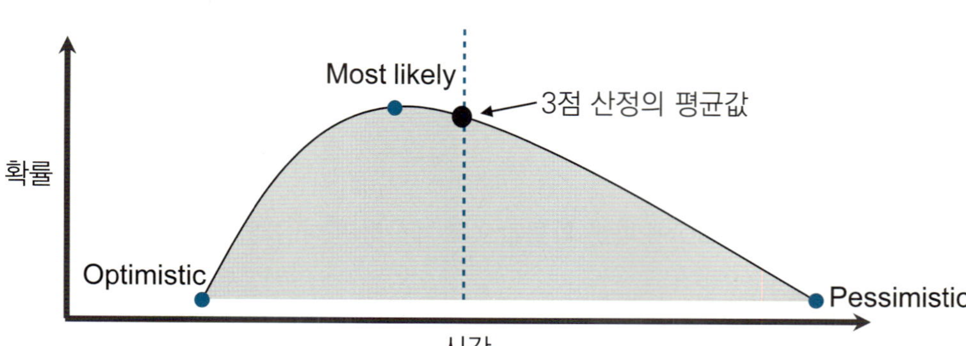

[그림 6-14] 3점 산정의 평균값

그럼 이제 정량적으로 평균값과 표준편차에 의해 확률을 구할 수 있습니다. 우선, 표준편차의 의미를 이해해야 합니다. 표준편차라고 하는 것은 평균값에서 벗어난 정도를 보여줍니다. 편차가 높다고 하는 것은 평균값으로부터 많이 벗어나 있다는 것을 표현합니다. 표준편차는 'SD(Standard deviation)'라고 하며 흔히 시그마(σ)라고 합니다. 정규분포(Normal distribution)의 시그마 값은 이미 구해져 있고 베타분포에 정규분포를 덮어씌워도 오차의 범위가 크지 않기 때문에 정규분포의 확률값을 사용하여 확률을 구할 수 있습니다. 시그마에 따른 확률값은 암기해두기 바랍니다.

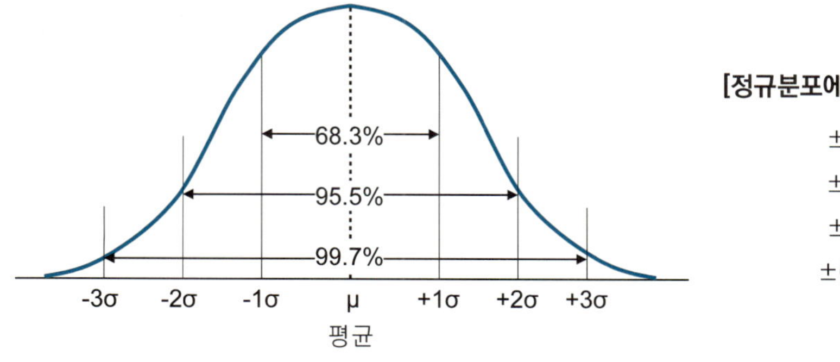

[그림 6-15] 정규분포의 표준편차

[정규분포에서 표준편차에 따른 확률값]

±1 sigma: 68.3%
±2 sigma: 95.5%
±3 sigma: 99.7%
±6 sigma: 99.99%

그럼 예를 들어서 확률을 어떻게 계산할 수 있는지 보도록 하겠습니다. 어떤 활동에 대한 3점 산정의 기간 값을 전문가 인터뷰를 통해 다음 세 가지 값을 얻었습니다.

Optimistic: 20일, Most likely: 28일, Pessimistic: 44일

이 활동에 대한 평균값과 표준편차는 다음과 같습니다.

- 평균값(Average) = [20+(4x28)+44]/6 = 29.3
- 표준편차(SD) = (44-20)/6 = 4

정규분포의 표준편차(SD)에 따른 확률값으로 계산하면 다음과 같은 결과가 나옵니다.

± 1sigma (= 29.3±4)	25.3일~33.4일 사이에 완료될 확률은 68.3%
± 2sigma (= 29.3±2*4)	21.3일~37.3일 사이에 완료될 확률은 95.5%
± 3sigma (= 29.3±3*4)	17.3일~41.3일 사이에 완료될 확률은 99.7%

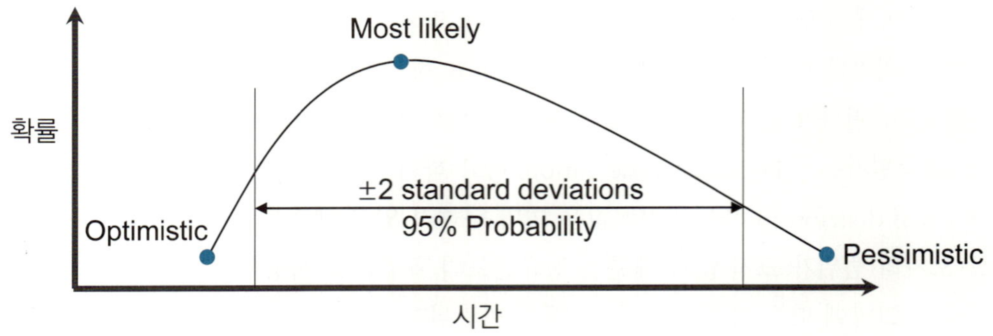

[그림 6-16] 95% 확률의 범위

3점 산정은 1점 산정보다 불확실성을 추가로 포함하고 있기 때문에 일반적으로 **1점 산정보다 3점 산정의 정확도가 더 높습니다.**

6.4.2.5 상향식 산정법(Bottom-up estimating)

상향식 산정법은 활동을 더 세분화해서 각 요소의 기간을 산정한 후에 산정된 값들을 합쳐서 활동의 기간을 결정하는 방법입니다.

6.4.2.6 데이터 분석(Data analysis)

데이터 분석 기법 중 기간 산정에 사용하는 기법은 대안 분석과 예비 분석입니다.

◆ 대안 분석(Alternatives analysis)

활동의 기간을 산정하는 방법은 다양하게 있습니다. 자원, 비용, 기간과 관련된 여러 변수 등을 고려해서 가장 좋은 방법으로 활동 기간을 산정합니다.

◆ 예비 분석(Reserve analysis)

[활동 기간 산정]은 앞으로 수행할 활동에 대한 기간을 예측하는 것이며, 만약 활동에 리스크가 있다면, 리스크를 고려해서 추가 시간을 포함시킬 필요가 있습니다. 리스크는 발생할 가능성이 있는 불확실한 사건이고, 만약 발생할 경우 리스크를 대응하기 위해서 적정한 시간이 필요합니다. 'Reserve'는 사전적 의미로 '(훗날을 위하여) 남겨두다, 떼어두다, 예비금, 예약하다' 등의 뜻이 있습니다. 프로젝트에서는 리스크를 고려한 추가 시간 또는 비용을 말합니다. 예비는 시간뿐만 아니라 비용에도 포함할 수 있는 부분인데 비용에 대한 예비는 원가 관리에서 다루도록 하겠습니다. 보통 예비는 고정값을 넣거나 산정된 기간의 일정 %를 정해서 넣기도 하는데요, 아무래도 프로젝트 관리 경험이 많거나 성숙도가 높을수록 예비는 적을 것입니다. 그리고 프로젝트의 불확실성은 시간이 지날수록 줄어들기 때문에 Reserve는 시간이 지날수록 감소합니다. **식별된 리스크(Known-risk)에 대한 예비**를 전문용어로 **'Contingency reserve'**라고 하며, 시간에 대한 예비를 Time reserve 또는 Buffer라고도 합니다. **식별 못 한 리스크(Unknown-Risk)에 대한 예비**는 **'Management reserve'**라고 합니다. Contingency reserve는 일정 기준선에 포함되지만 Management reserve는 일정 기준선에 포함되지 않습니다.

6.4.2.7 의사결정(Decision making)

한가지 활동에 대해 서로 기간 값을 다르게 산정할 수 있습니다. 이럴 경우 서로의 다른 의견의 합의를 위해 투표를 할 수 있습니다.

◆ 투표(Voting)

애자일에서 사용하는 방법 중 'Fist to five'는 주먹과 손가락의 개수로 자신의 찬성 의견을 표시합니다. 주먹(Fist)은 강한 반대이며, 다섯 손가락(Five)은 강한 찬성을 뜻합니다.

6.4.2.8 회의(Meeting)

활동 기간을 산정하기 위해 관련 이해관계자가 같이 모여 회의를 할 수 있습니다. 애자일 방법에서는 스프린트(반복 주기) 기획 회의를 통해 다음 스프린트에서 작업할 항목을 결정합니다. 해당 스프린트 기간에 작업을 완료할 수 있는지 확인합니다.

6.4.3 활동 기간 산정: 산출물

각 활동을 수행하기 위해 필요한 기간 산정치가 결정됩니다.

6.4.3.1 기간 산정치(Duration estimates)

기간 산정치는 다양한 도구와 기법들을 사용해서 정량적으로 산정된 각 활동에 대한 기간 값입니다. 이 기간 값은 미래에 대한 예측치이므로 정확한 값으로 표현하기보다는 추정 형태로 표현하는 것이 맞습니다. 예를 들면, A라는 활동은 산정해 본 결과 '18일에서 20일 정도 걸릴 것 같습니다.' 또는 '이 활동은 3주 안에 끝날 확률이 87%입니다.'라는 형태로 표현할 수 있습니다.

6.4.3.2 산정 기준서(Basis of estimates)

산정 기준서는 어떤 근거 자료를 가지고 기간을 산정했는가에 대한 것들입니다. 산정의 근거 자료를 남겨두어야 향후 산정을 다시 할 때 이 자료를 참고해서 더 정확한 산정을 할 수 있습니다.

6.4.3.3 프로젝트 문서 업데이트(Project documents updates)

활동의 기간을 산정하는 과정을 통해서 활동 속성이나 가정사항, 교훈 관리대장 등이 업데이트될 수 있습니다.

- 활동 속성(Activity attributes)

  산정된 활동 기간은 활동 속성에 추가합니다.

- 가정사항 기록부(Assumption log.)

  활동의 기간을 산정하면서 새로 가정한 내용들을 가정사항 기록부에 추가합니다.

◆ **교훈 관리대장**(Lessons learned register)

교훈은 언제든지 생길 수 있으며, 생길 때마다 교훈 관리대장에 추가합니다.

6.5 일정 개발(Develop Schedule)

[일정 개발] 프로세스는 이전 프로세스를 통해 생성한 활동, 활동의 순서와 기간, 그리고 자원을 기반으로 프로젝트 일정을 만드는 프로세스입니다. 일정은 다양한 모델이 있습니다. 막대로 표현하는 간트 차트, 흐름 위주로 표현하는 네트워크 다이어그램 형태, 표 형태로도 일정을 표현할 수 있습니다. 중요한 것은 일정을 개발하는 것은 **각 활동의 시작일과 완료일을 결정하는 것**입니다. 일정은 프로젝트 관리 계획서의 핵심 요소로서 [일정 개발]은 프로젝트 관리 계획서를 개발하는 기획에서 매우 중요합니다. 일정은 프로젝트 관리 계획서의 핵심 요소가 되며, 향후 비용도 시간에 따라 쓰도록 계획되고, 의사소통 관리, 리스크 관리, 팀 관리, 조달 관리 등도 결국 일정에 따라 움직입니다. 따라서 궁극적으로 프로젝트의 모든 부분이 일정과 통합되고 그 결과로 프로젝트 관리 계획서가 만들어지게 됩니다.

PMP® 시험에서는 일정을 개발하는 기법(Critical path method, 일정 단축기법, 자원 평준화 등)이 출제빈도가 높으므로 중요하게 봐야 합니다. 일정을 구성하는 요소인 활동 목록, 프로젝트 일정 네트워크 다이어그램, 활동 기간 산정치, 자원의 유형과 수량, 자원의 가용성, 리스크를 고려한 예비시간 등을 준비하는 것은 기획 활동이며, 기획은 항상 Rolling wave planning을 따릅니다. 따라서 일정을 개발하는 것 역시 반복적인 프로세스이며 기획을 반복할수록 점차 정확한 일정이 만들어집니다. 기획을 반복함에 따라 일정이 점진적으로 상세화되지만, 막연히 기획만 할 수는 없으므로 기획을 멈추고 실행에 들어가는 시점을 정해야 합니다. 실행에 들어가기 전에 일정을 승인받으면, **승인받은 일정**은 실행의 성과를 측정하는 **일정 기준선(Schedule baseline)**이 됩니다. 일정 기준선은 실적을 평가하기 위한 척도로서 함부로 변경해서는 안 되며 반드시 승인된 변경에 의해서만 변경해야 합니다.

[표 6-14] 일정 개발의 ITTO

일정 개발(Develop Schedule)		
지식영역: 일정 관리(Schedule management)	프로세스 그룹: 기획(Planning)	
투입물	**도구 및 기법**	**산출물**
1. 프로젝트 관리 계획서 • 일정 관리 계획서 • 범위 기준선 2. 프로젝트 문서 • 활동 목록 • 활동 속성 • 마일스톤 목록 • 프로젝트 일정 네트워크 다이어그램 • 프로젝트 팀 배정표 • 자원 요구사항 • 기간 산정치 • 산정 기준서 • 자원 달력 • 리스크 관리대장 • 가정사항 기록부 • 교훈 관리대장 3. 협약 4. 기업 환경 요인 5. 조직 프로세스 자산	1. 일정 네트워크 분석 2. 주공정법 3. 자원최적화 4. 데이터 분석 • 가정형 시나리오 분석 • 시뮬레이션 5. 선도 및 지연 6. 일정 단축 7. 프로젝트 관리 정보 시스템 8. 애자일 릴리즈 기획	1. 일정 기준선 2. 프로젝트 일정 3. 일정 데이터 4. 프로젝트 달력 5. 변경 요청 6. 프로젝트 관리 계획서 업데이트 • 일정 관리 계획서 • 원가 기준선 7. 프로젝트 문서 업데이트 • 활동 속성 • 기간 산정치 • 자원 요구사항 • 리스크 관리대장 • 가정사항 기록부 • 교훈 관리대장

[표 6-14]는 [일정 개발]의 Inputs, Tools and Techniques, Outputs입니다. 앞에서 일정을 개발하기 위해 필요한 요소들을 도출했고, 이 요소들을 체계적으로 분석하여 프로젝트 일정을 개발합니다. 근시일 내에 실행에 들어갈 부분은 승인을 받게 되고, 승인받은 일정은 일정 기준선이 됩니다.

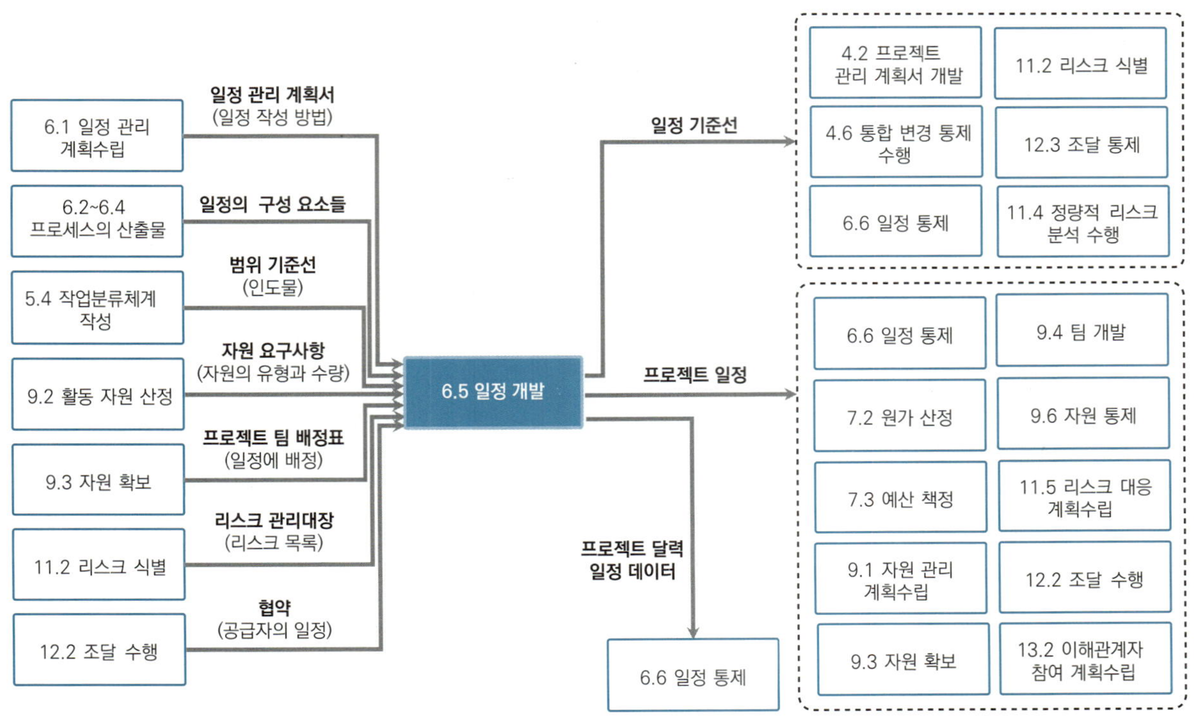

[그림 6-17] 일정 개발의 주요 흐름

[그림 6-17]은 [일정 개발]의 주요 흐름입니다. 이전의 6.2~6.4 프로세스가 존재한 이유는 일정 개발에 필요한 요소들을 만들기 위해서입니다. 따라서 6.2~6.4 프로세스의 산출물이 일정 개발에 모두 투입됩니다. 그리고 자원의 가용성과 리스크가 일정에 영향을 주므로 자원 달력과 리스크 관리대장도 고려해야 합니다. 승인받은 일정은 성과측정에 사용할 일정 기준선이 됩니다. 일정 기준선은 프로젝트 관리 계획서의 핵심 요소가 되며, 시간의 흐름과 연결이 되어야 할 부분에 대해 투입물로 들어갑니다. [그림 6-17]에서 일정 기준선과 프로젝트 일정, 프로젝트 달력, 일정 데이터가 다른 프로세스에 투입되는 이유는 다음과 같습니다.

[표 6-15] 일정 개발 산출물의 투입 이유

일정 기준선 투입 프로세스	투입 이유
4.2 프로젝트 관리 계획개발	모든 기준선은 프로젝트 관리 계획서로 통합되기 때문에.
4.6 통합 변경 통제 수행	일정에 관련된 변경이 있을 경우 일정 기준선에 어떤 영향이 있을지 평가하기 위해서.
6.5 일정 통제	일정에 대한 실제 결과와 비교할 기준으로 사용하기 위해서.
11.2 리스크 식별	마일스톤과 인도물의 완료일은 미래에 대한 불확실성을 포함하고 있고, 이와 관련된 리스크를 식별하기 위해서.
11.4 정량적 리스크 분석 수행	리스크로 인해 일정에 어떤 영향이 있는지 정량적으로 평가하기 위해서.
12.3 조달 통제	판매자에 대한 변경 요청으로 인해 일정이 업데이트될 수 있기 때문에.
프로젝트 일정 투입 프로세스	**투입 이유**
6.6 일정 통제	가장 최근까지 사용된 프로젝트 일정에는 시작한 활동, 완료한 활동이 포함되어 있음. 이러한 실적 데이터는 기준과 비교하는 대상이기 때문에.
7.2 원가 산정	일정 활동별 자원과 자원의 투입 기간은 원가 산정에 영향을 주기 때문에.
7.3 예산 책정	프로젝트 일정에는 프로젝트에 투입될 자원의 유형과 수량, 기간 정보가 포함되어 있음. 이 정보를 사용하여 기간에 대한 원가를 합산할 수 있기 때문에.
9.1 자원 관리 계획수립	자원이 언제 필요한지 알 수 있기 때문에.
9.3 자원 확보	일정에 맞게 필요한 자원을 확보하기 위해서.
9.4 팀 개발	팀을 개발하는 시점이 포함되어 있어서.
9.6 자원 통제	일정은 자원이 필요한 시기를 포함하고 있는데, 그 시점에 자원이 투입되었는지 확인하기 위해서.
11.5 리스크 대응 계획수립	결정된 리스크 대응 일정을 다른 활동들과 조율하기 위해서.
12.2 조달 수행	일정에 따라 조달을 수행하고, 계약 업체의 인도물 마감일을 확인하기 위해서.
13.2 이해관계자 참여 계획수립	일정에 포함된 활동을 담당할 사람도 이해관계자이며, 참여시킬 대상이기 때문에.
프로젝트 달력, 일정 데이터 투입 프로세스	**투입 이유**
6.6 일정 통제	일정 예측치를 계산하기 위해 프로젝트 달력을 참고하고, 일정 데이터는 통제를 통해 업데이트될 수 있기 때문에.

6.5.1 일정 개발: 투입물

일정 개발에 필요한 모든 요소를 투입합니다.

6.5.1.1 프로젝트 관리 계획서(Project management plan)

프로젝트 관리 계획서에 포함된 내용 중 일정 관리 계획서와 범위 기준선을 투입물로 사용합니다.

◆ 일정 관리 계획서(Schedule management plan)

일정 관리 계획서에 포함된 일정 개발 방법에 따라 일정을 개발하고, 사전에 결정된 도구를 사용합니다.

◆ 범위 기준선(Scope baseline)

일정은 범위로부터 개발되므로 범위 기준선에 포함된 인도물에 대한 정보를 참고할 필요가 있습니다.

6.5.1.2 프로젝트 문서(Project documents)

일정을 구성하는 활동 목록, 활동 속성, 기간 산정치, 자원 요구사항 등을 투입물로 사용합니다.

◆ 활동 목록(Activity list)

일정의 가장 기본 요소로서 프로젝트 일정의 핵심 요소입니다.

◆ 활동 속성(Activity attribute)

활동에 대한 상세 정보를 담고 있습니다.

◆ 가정사항 기록부(Assumption log)

가정사항 기록부에 포함된 가정 및 제약 때문에 일정에 영향을 줄 수 있는 리스크가 생길 수 있으므로, 관련 사항은 미리 확인하는 것이 좋습니다.

◆ 기간 산정치(Duration estimates)

일정에는 각 활동의 기간이 포함되어야 합니다. 표 형태의 일정에서는 수치로 명시하며, 간트 차트의 경우 막대의 길이로 기간을 표시합니다.

◆ 산정 기준서(Basis of estimates)

산정 기준서는 기간 산정치의 근거 자료이며, 참고용으로 사용합니다.

◆ 프로젝트 일정 네트워크 다이어그램(Project schedule network diagrams)

일정에는 활동의 순서가 들어가야 합니다. 프로젝트 일정 네트워크 다이어그램은 활동의 순서에 대한 정보를 포함하고 있습니다.

◆ 마일스톤 목록(Milestone list)

일정에는 마일스톤이 포함되며, 각 마일스톤은 구체적인 예정일을 포함하고 있으므로, 일정에 마일스톤을 명시할 때 정해진 예정일에 맞게 배치를 해야 합니다.

◆ 자원 요구사항(Resource requirements)

자원 요구사항은 일정에 포함된 각 활동을 수행하기 위해 필요한 자원의 유형과 수량입니다. 일정에는 각 활동에 필요한 자원 정보가 들어가야 합니다.

◆ 프로젝트 팀 배정표(Project team assignments)

일정에 포함된 각 활동을 수행할 프로젝트 팀원들은 일정에 반드시 들어가야 합니다. 각 활동에 프로젝트 팀원을 배정합니다.

◆ 자원 달력(Resource calendars)

자원 달력에 포함된 자원의 가용성 정보는 일정에 개발에 영향을 주기 때문에 고려해야 합니다.

◆ 리스크 관리대장(Risk register)

모든 식별된 리스크는 일정 개발에 영향을 줄 수 있습니다. 리스크를 고려한 예비(Reserve)를 일정에 포함시킵니다.

◆ **교훈 관리대장**(Lessons learned register)

과거에 프로젝트를 수행할 때 일정 개발과 관련된 교훈이 있다면, 이를 활용해서 일정 개발에 도움을 받을 수 있습니다.

6.5.1.3 협약(Agreements)

계약한 공급업체의 일정으로 인해 프로젝트 일정이 영향을 받을 수 있습니다.

6.5.1.4 기업 환경 요인(Enterprise environmental factors)

일정을 개발할 때 영향을 줄 수 있는 정부 또는 산업 표준 등을 고려합니다.

6.5.1.5 조직 프로세스 자산(Organizational process assets)

기존에 조직에서 사용하는 일정계획 방법론이 있으면 참고하고 프로젝트 달력을 이용합니다.

6.5.2 일정 개발: 도구 및 기법

일정을 구성하는 요소들을 그냥 합친다고 일정이 만들어지지 않습니다. 일정을 구성하는 요소가 적절하게 혼합되어야 하는데, 이를 위해 여러 가지 일정 분석 기법들을 사용합니다. 일정은 프로젝트에서 아주 중요하므로 일정을 만드는 도구 및 기법이 시험에 많이 출제됩니다.

6.5.2.1 일정 네트워크 분석(Schedule network analysis)

일정을 만들기 위해서는 다양한 기법을 사용하여 투입물들을 분석할 필요가 있습니다. 다양한 분석 기법을 사용하여 프로젝트 일정을 개발하는 것을 일정 네트워크 분석이라고 합니다. 앞으로 설명할 다양한 기법들이 모두 일정을 만들 때 사용하는 분석 기법입니다.

6.5.2.2 주공정법(Critical path method)

Critical의 뜻이 무엇일까요? Critical은 영어 사전에서 찾아보면 '(앞으로의 상황에 영향을 미친다는 점에서) 대단히 중요한'이라는 뜻이 있습니다. 그럼 Critical path를 해석하면 '대단히 중요한 경로'가 됩니다. 대단히 중요한 경로가 무엇일까요? Critical path를 이해하기 위해서는 우선 일정상의 각 활동은 4가지 날짜 값을 갖고 있다는 것부터 이해해야 합니다. 4가지 날짜 값을 알려면 Forward pass와 Backward pass를 해야 계산이 됩니다. Forward pass가 무엇이고 Backward pass가 무엇인지, 그리고 4가지 날짜 값은 무엇이고, Critical path가 무엇인지 이해할 필요가 있습니다.

일정에서 각 활동은 가장 빨리 시작할 수 있는 날짜(Early start date, ES), 가장 빨리 끝낼 수 있는 날짜(Early finish date, EF), 가장 늦게 시작할 수 있는 날짜(Late start date, LS), 가장 늦게 끝내도 되는 날짜(Late finish date, LF)의 총 4가지 날짜 값을 갖습니다.

- Early start date(ES): 어떤 활동이 가장 빨리 시작할 수 있는 날.
- Early finish date(EF): 어떤 활동이 가장 빨리 끝날 수 있는 날.
- Late start date(LS): 어떤 활동이 프로젝트 종료일에 영향을 주지 않으면서 가장 늦게 시작해도 되는 날.
- Late finish date(LF): 어떤 활동이 프로젝트 종료일에 영향을 주지 않으면서 가장 늦게 종료할 수 있는 날.

그럼 이 4가지 날짜는 어떻게 알 수 있을까요? 4가지 날짜를 알기 위해서는 Forward pass와 Backward pass를 해야 합니다. 전진계산(Forward pass)을 통해 먼저 ES와 EF를 구하고 다시 역으로 후진계산(Backward pass)을 통해 LS와 LF를 계산할 수 있습니다.

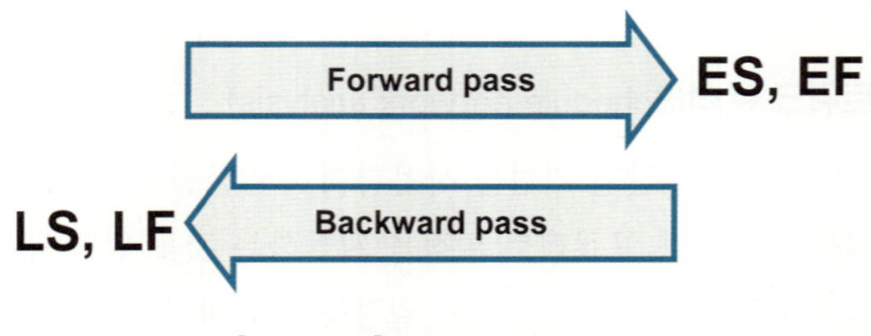

[그림 6-18] 전진계산과 후진계산

만약 어떤 활동의 ES와 LS가 같다면 그 활동은 여유시간이 없습니다. 예를 들면, '웹사이트 회원가입 모듈 만들기'라는 활동의 빨리 시작할 수 있는 날짜(ES)가 5월 10일이고, 가장 늦게 시작할 수 있는 날짜(LS)도 5월 10일이라면 여유시간이 없습니다. 반면에 ES가 5월 10일인데 LS가 5월 13일이라면 이 활동은 3일의 여유시간을 갖고 있는 것입니다. 여유시간의 개념을 이해했다면 다음 예제를 통해 전진계산과 후진계산을 통해 4개의 날짜를 계산하고 Critical path를 찾는 법을 이해하도록 하겠습니다. 이 프로젝트는 1월 1일에 시작하며, 날짜 계산을 쉽게 하기 위해 주 7일 모두 일한다고 가정하겠습니다.

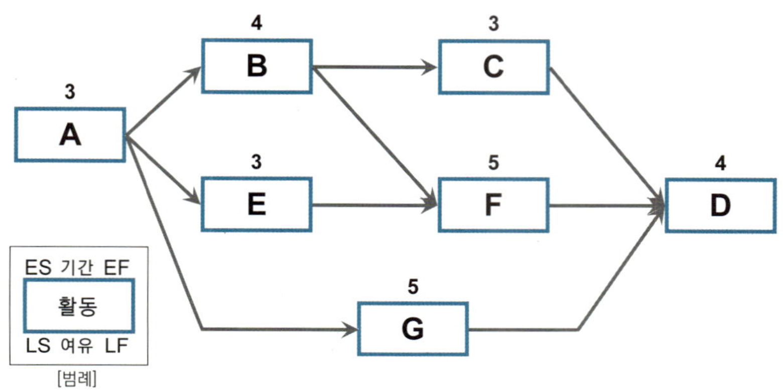

[그림 6-19] 기간과 연관성을 표현한 일정 예시

현재 A부터 G까지 총 7개의 활동이 각각의 기간 값과 연관성을 가지고 표현되어 있습니다. 우선 전진계산(Forward pass)을 통해 ES와 EF를 구해보도록 하겠습니다. A는 첫 번째 활동이므로 가장 빨리 시작할 수 있는 날은 1/1입니다. 기간이 3일이므로 1/1 오전에 시작하면 1/3 오후에 끝납니다. 1/1에 시작해서 기간이 3일이므로 1/4에 끝난다고 생각하면 안 됩니다. 따라서 A의 ES는 1/1이고 EF는 1/3입니다. A 다음에 오는 B, E, G는 모두 A의 EF 다음 날인 1월 4일이 가장 빨리 시작할 수 있는 날입니다. 따라서 B, E, G의 ES는 모두 1/4입니다. C는 B 다음이므로 C의 ES는 1/8입니다.

F는 B도 연결되어 있고, E도 연결되어 있어서 옵션이 두 가지가 생깁니다. B 다음날인 1/8이 될 수도 있고 E 다음날인 1/7이 될 수도 있습니다. 하지만 F의 ES는 1/8이 될 수밖에 없습니다. 그 이유는 현재 B와 F, E와 F는 둘 다 Finish to start 관계로 되어 있고 선행활동이 종료해야 다음 활동을 시작할 수 있기 때문입니다. 만약 E의 LS를 기준으로 F의 ES를 1/7로 결정하면 1/7은 B와 F가 겹치게 됩니다. 겹치면 안 되므로 B의 EF 다음날인 1/8이 된 것입니다. 이런 식으로 D까지 ES와 EF를 구할 수 있습니다. 이 프로젝트는 1/16일에 끝나는 프로젝트임을 알 수 있습니다. A가 시작이고 D가 종료이므로 시작에서 종료로 가는 것은 앞으로 향해 가는 것입니다. 이것을 전진 계산(Forward pass)이라고 합니다.

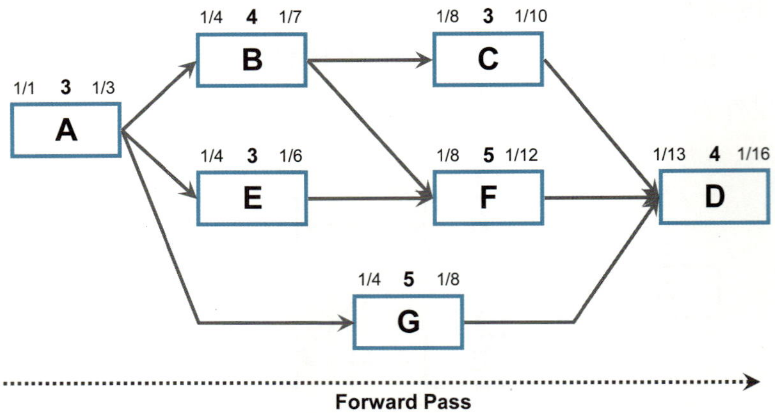

[그림 6-20] 전진계산에 의한 ES, EF의 계산

그럼 이번에는 후진 계산(Backward pass)을 통해 LF와 LS를 구해보도록 하겠습니다. D가 마지막 활동이므로 D의 EF가 결국 D의 LF가 됩니다. 왜냐하면 LF라는 것은 프로젝트 종료에 영향을 주지 않으면서 가장 늦게 끝날 수 있는 날인데, 현재 활동 D가 마지막 활동이고 프로젝트 종료일이 1/16으로 결정되었으므로 결국 마지막 활동 D의 LF는 EF와 동일한 1/16이 됩니다. 따라서 항상 마지막 활동은 ES, EF와 LS, LF가 같게 됩니다. LS, LF도 전진계산과 동일한 방법으로 반대로 계산합니다. 거꾸로 가는 동안 주의할 부분은 활동 B입니다. B는 C도 연결되어 있고 F도 연결되어 있기 때문입니다. 활동이 서로 겹치지 않게 하려면 F의 LS 전날인 1/7로 결정해야 합니다. 만약 C의 LS인 1/10을 기준으로 B의 LF를 1/9로 하게 되면 F와 B는 8일과 9일 이틀 동안 겹치게 됩니다. FS 관계이므로 겹치면 안 됩니다.

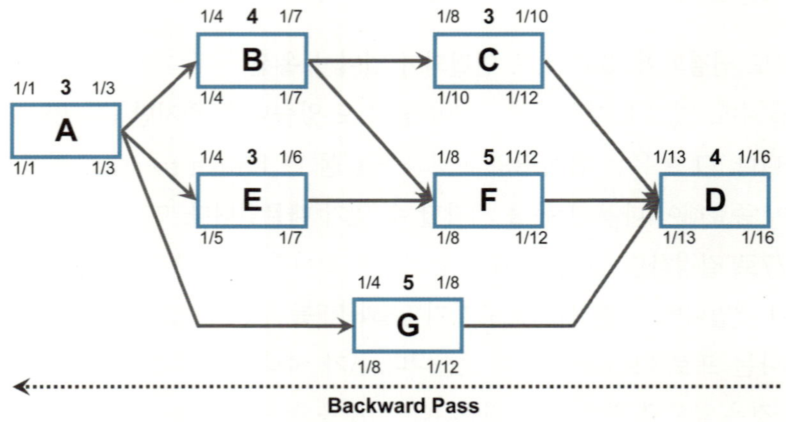

[그림 6-21] 후진계산에 의한 LF, LS 계산

[그림 6-21]은 D의 LF로부터 역으로 계산한 결과입니다. 항상 첫 활동과 마지막 활동은 빠른 날짜와 늦은 날짜가 동일하게 나옵니다. 이렇게 4가지 날짜를 계산해 놓고 보니 어떤 활동은 빠른 날짜와 늦은 날짜가 같은 반면, 어떤 활동은 다릅니다. 빠른 날짜와 늦은 날짜가 다르다는 것은 여유시간이 있다는 것이며, 빠른 날짜와 늦은 날짜가 같다는 것은 여유시간이 없다는 것입니다.

예를 들면, 활동 C는 여유시간이 2일입니다. 1/8에 시작해서 1/10에 끝나도 되고 1/10에 시작해서 1/12에 끝나도 되기 때문입니다. 이것을 그림으로 표현하면 [그림 6-22]처럼 표현이 됩니다.

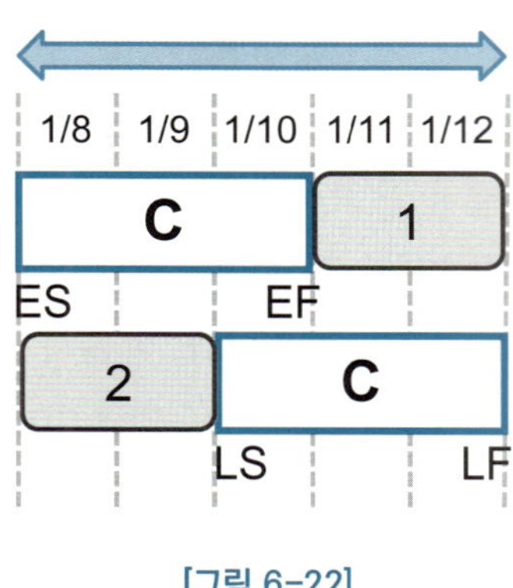

[그림 6-22]

[그림 6-22]에서 ES와 EF를 기준으로 보면 1번 박스가 여유시간이 되며, LS와 LF 기준으로 보면 2번 박스가 여유시간이 됩니다. 그런데 두 여유시간은 결국 같은 것입니다. C를 빠른 날짜를 기준으로 1/8에 시작해서 1/10에 끝나면 1/11~12(1번 박스)까지 여유시간이 생기며, C를 늦은 날짜를 기준으로 1/10에 시작해서 1/12에 끝나면 여유시간은 1/8~9(2번 박스)가 됩니다. 즉, 빨리하고 뒤에서 쉬던가, 미리 쉬고 늦게 할 수도 있습니다. 따라서, 여유시간은 LS-ES 또는 LF-EF로 계산할 수 있습니다. LS에서 ES를 뺀 것과 LF에서 EF를 뺀 것은 결국 같은 것이며, 위치만 바뀌는 것입니다. 여유시간을 부르는 용어는 다양합니다. 여유시간을 **Total float, Float, Slack, Buffer, Path float**라고 부릅니다.

Total float = LS-ES = LF-EF

자, 그럼 예시에서 각 활동의 여유시간을 계산해 볼까요?

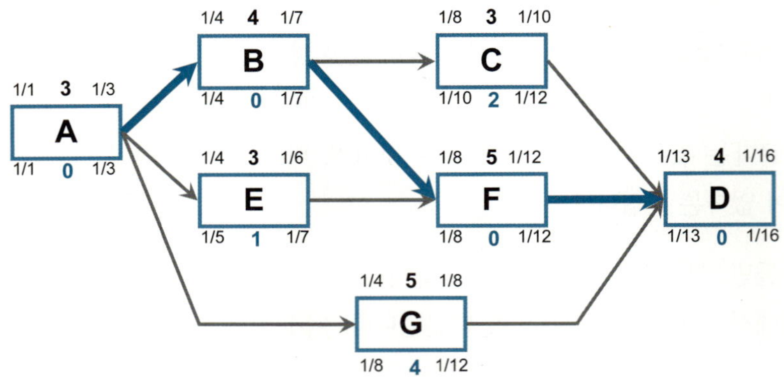

[그림 6-23] 여유시간의 계산과 Critical path

계산하고 보니 A, B, F, D는 모두 여유시간이 '0'입니다. 따라서 만약 A, B, F, D 중 하나의 활동이 계획보다 늦어지면 결국 프로젝트 종료일이 밀리게 됩니다. 여유시간이 있는 경로는 여유시간만큼 늦어져도 프로젝트 종료일이 밀리지는 않습니다. 따라서 **여유시간이 없는 경로는 대단히 중요한(Critical) 경로(Path)입니다.** 여유시간을 계산한 후에 여유시간이 '0'인 활동이 결정되고 이 활동들을 이은 경로가 바로 주경로(Critical path)입니다. 즉, A-B-F-D가 Critical path이며, 여유시간이 '0'인 활동의 경로입니다. 일정에는 Critical path가 딱 한 개만 있을까요? 아니면 여러 개 나올 수 있을까요? Critical path는 활동의 여유가 0인 경로이므로 일정에서 여러 개 있을 수 있습니다. [그림 6-23]에서 만약 활동 E의 기간이 4일이면 A-E-F-D도 Critical path가 됩니다. 경로의 전체 여유 합이 적은 경로도 중요하게 봐야 합니다. 여유시간이 적으면 나중에 계획보다 늦어져서 여유시간을 써버릴 경우 Critical path로 바뀌게 됩니다.

Critical path를 여유시간 계산 없이 알 수 있는 방법도 있습니다. **네트워크상에서 기간의 합이 가장 긴 경로가 Critical path입니다.** 기간이 짧은 경로는 긴 경로에 비해 짧기 때문에 여유시간이 있습니다. 반대로 생각하면 가장 긴 경로는 여유시간이 없습니다. 각 경로의 기간 값을 계산한 후 가장 긴 경로가 주경로입니다. 그리고 Critical path상의 활동은 중요한 활동이므로 'Critical activity'라고 부릅니다

앞에서 계산한 각 활동의 여유시간은 0 또는 양수입니다. 혹시 여유시간이 음수로 나올 수 있을까요? 만약 활동에 제약이 있으면 여유시간이 음수로 나올 수 있습니다. 예를 들면,

만약 활동 F에 '1월 11일 이전종료(Finish no later than)'의 제약이 걸려 있다면, 활동 F의 LF는 1월 11일이 되며, 이 경우 EF가 1/12이고 LF가 1/11이므로 여유시간은 '-1'로 나올 것입니다. 프로젝트를 시작하지도 않았는데, 미리 여유시간을 음수로 갖고 갈 수는 없습니다. 따라서 음수의 여유시간은 최소 0 이상으로 조정한 후 실행에 들어가야 합니다.

Total float와 다른 Free float에 대해서도 알아야 합니다. **자유여유(Free float)란 네트워크 경로상에서 어떤 활동의 바로 뒤에 오는 후속 활동의 빠른 시작일(ES)의 지연에 영향을 미치지 않는 범위 내에서 가질 수 있는 여유시간**을 말합니다. [그림 6-23]에서 활동 G의 자유여유를 계산해 보면 후속 활동 D의 빠른 시작일인 1월 13일을 지연시키지 않는 범위 내에서 활동 G가 지연될 수 있는 시간은 9일, 10일, 11일, 12일 해서 총 4일이 됩니다. 쉽게 생각하면 빠른 날짜를 기준으로 했을 때 두 활동의 간격을 말합니다.

혹시 앞의 Critical path 분석 예시에서 이상한 점을 느끼지 못했나요? 일정을 구성하는 요소에는 자원이 있는데 자원을 전혀 고려하지 않았습니다. Critical path method는 자원제약을 고려하지 않고 이론적으로 계산하는 방법입니다. 자원은 나중에 다시 고려해서 일정을 조정합니다. 가용한 자원을 고려해서 일정을 재조정하게 되는데, 이 부분은 나중에 자원 최적화 기법에서 설명됩니다.

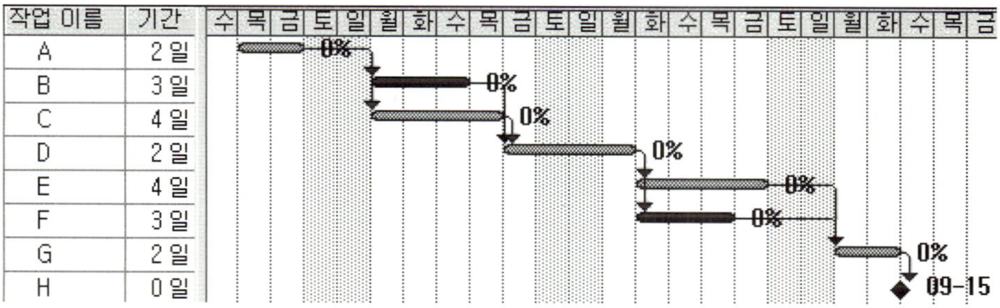

작업 이름	기간
A	2 일
B	3 일
C	4 일
D	2 일
E	4 일
F	3 일
G	2 일
H	0 일

[그림 6-24] Critical path의 예(A-C-D-E-G)

[그림 6-24]는 MS Project 소프트웨어로 간단하게 만들어본 일정이며, 일정 전문 소프트웨어는 기간과 흐름을 설정해 주면 알아서 Critical path를 찾아줍니다. 보통 Critical path는 중요하기 때문에 대부분의 일정 소프트웨어에서는 빨간색으로 표현합니다. 빨간색으로 표현된 활동들은 여유시간이 '0'이므로 중요하게 관리하라는 것입니다. PMP® 시험에서는 CPM 관련해서 문제가 많이 출제되므로 ES, EF, LS, LF, Total float, Free float

를 계산하고, Critical path 찾는 것에 대해 정확하게 알아두세요.

핵심 용어

Float

Float는 Total float와 Free float로 나뉩니다. 그런데 통상 Total float를 Float라고 하며 Slack이라고도 합니다. Float란, 프로젝트 완료일의 지연에 영향을 주지 않고 활동이 가질 수 있는 여유시간을 말하며 Total float= LS-ES 또는 LF-EF에 의해 계산됩니다. 또한, Free float는 빠른 날짜를 기준으로 뒤에 오는 프로젝트의 다른 어떤 활동의 재 일정 없이 지연될 수 있는 활동의 시간을 말합니다.

잠깐! 다음 빈칸을 채워 보기 바랍니다.

토, 일요일을 휴무로 고려하지 않으며, 프로젝트 시작일은 1/1입니다.

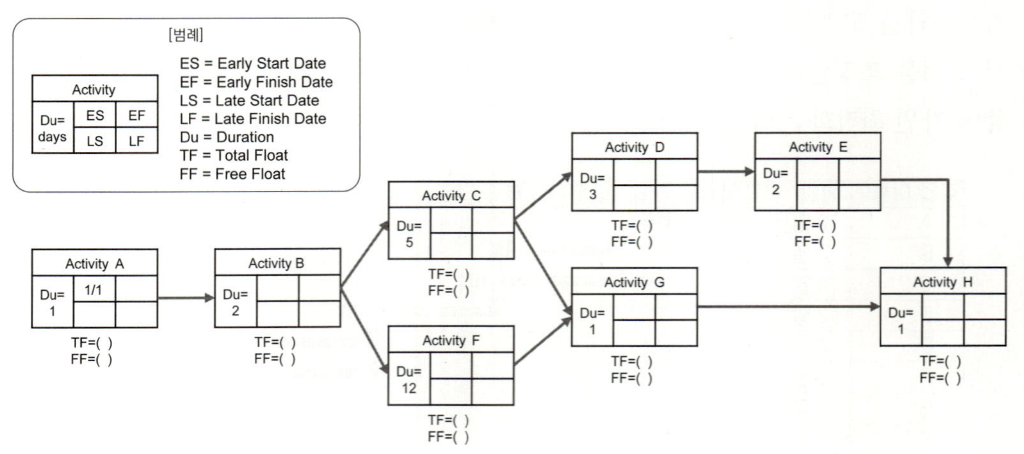

[그림 6-25] 네트워크 다이어그램 빈칸 채우기

[정답]

우선 Forward pass에 의해서 Activity A부터 오른쪽 방향으로 ES, EF를 구하고 제일 마지막인 Activity H의 EF가 LF가 되면서 Backward pass로 다시 왼쪽 방향으로 LF, LS를 구한 후 TF와 FF를 구하면 됩니다. 계산된 결과를 보면 Activity C와 D의 경우 TF와 FF가 다릅니다. TF와 FF는 서로 다른 여유시간이기 때문입니다.

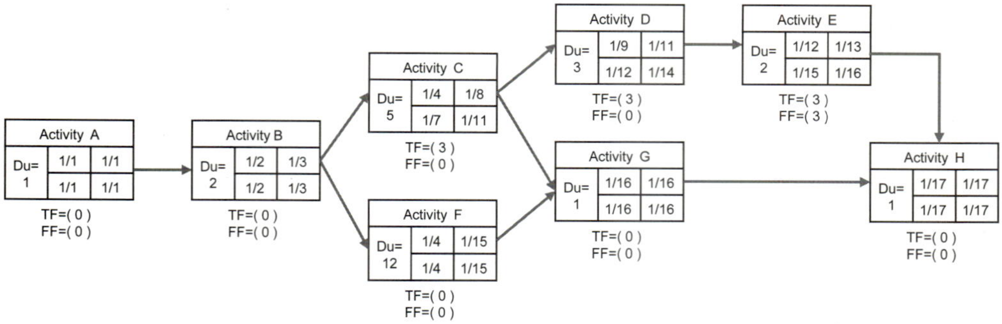

Activity A
Du= 1
1/1 1/1
1/1 1/1
TF=(0)
FF=(0)
Activity B
Du= 2
1/2 1/3
1/2 1/3
TF=(0)
FF=(0)
Activity C
Du= 5
1/4 1/8
1/7 1/11
TF=(3)
FF=(0)
Activity F
Du= 12
1/4 1/15
1/4 1/15
TF=(0)
FF=(0)
Activity D
Du= 3
1/9 1/11
1/12 1/14
TF=(3)
FF=(0)
Activity G
Du= 1
1/16 1/16
1/16 1/16
TF=(0)
FF=(0)
Activity E
Du= 2
1/12 1/13
1/15 1/16
TF=(3)
FF=(3)
Activity H
Du= 1
1/17 1/17
1/17 1/17
TF=(0)
FF=(0)

[그림 6-26] 네트워크 다이어그램 빈칸 채우기 정답

Activity	기간	TF	FF
A	1 일	0 일	0 일
B	2 일	0 일	0 일
C	5 일	3 일	0 일
D	3 일	3 일	0 일
E	2 일	3 일	3 일
F	12 일	0 일	0 일
G	1 일	0 일	0 일
H	1 일	0 일	0 일

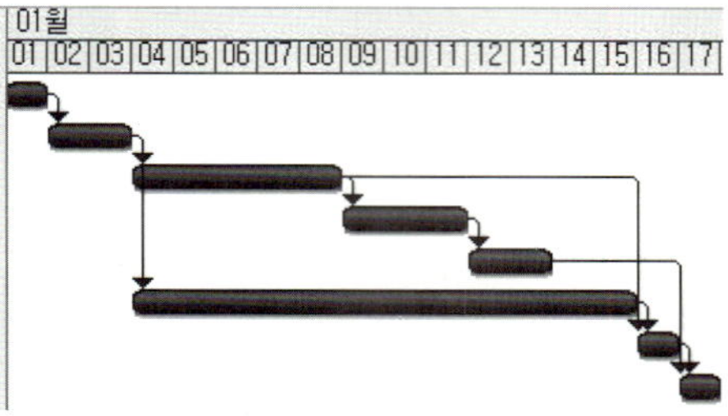

01월
01 02 03 04 05 06 07 08 09 10 11 12 13 14 15 16 17

[그림 6-27] 바차트 형태로 표현

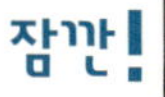

잠깐! FS, SS, Lead, Lag를 적용한 일정 분석하기

다음과 같은 복잡한 일정을 분석해보기 바랍니다. 이정도 수준의 일정을 분석할 수 있다면 웬만한 일정은 모두 분석이 가능합니다. 참고로 1월은 31일까지 있고 2월은 28일까지 있습니다.

[범례]
Activity
Du= days
ES EF
LS LF
ES = Early Start Date
EF = Early Finish Date
LS = Late Start Date
LF = Late Finish Date
Du = Duration
Activity A
Du= 10
1/1 1/10
1/1 1/10
Activity B
Du= 13
1/11 1/23
1/11 1/23
Activity C
Du= 7
1/11 1/17
1/12 1/18
Activity D
Du= 22
1/24 2/14
1/24 2/14
Activity E
Du= 28
1/18 2/14
1/19 2/15
Activity F
Du= 18
2/15 3/4
2/15 3/4
Activity G
Du= 20
2/15 3/6
2/16 3/7
Activity H
Du= 17
2/15 3/3
3/3 3/19
FS- 3
SS+10
Activity I
Du= 10
3/5 3/14
3/5 3/14
Activity J
Du= 8
2/25 3/4
3/13 3/20
Activity K
Du= 6
3/15 3/20
3/15 3/20

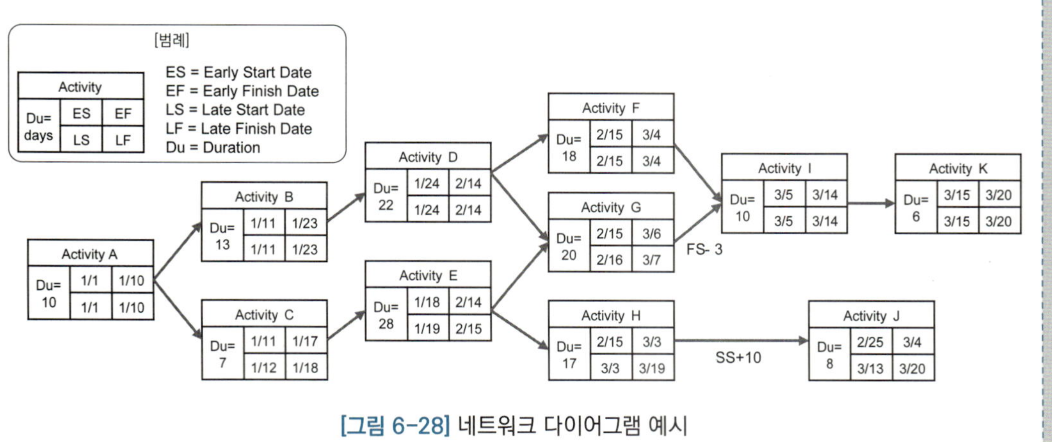

[그림 6-28] 네트워크 다이어그램 예시

활동 I의 ES는 왜 3/5인가?

I는 F와 G의 EF 영향을 받습니다. 만약 G와 F가 FS-3이라는 Lead 관계가 없다면 I는 G의 3/6의 영향으로 ES가 3/7이 되는 것이 맞습니다. 그런데 현재 FS-3이라는 Lead 관계로 인하여 G와 I와의 관계만 본다면 G의 EF에서 -3일만큼 선행해서 I가 시작해야 합니다. 그럼 I는 3/4이 ES가 되는 것이 정상입니다.

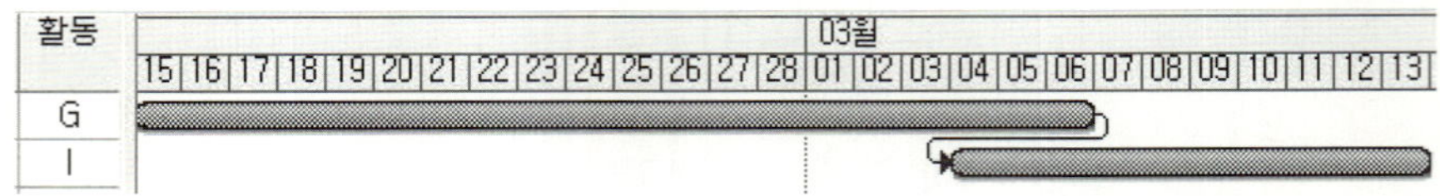

[그림 6-29] I는 G와 FS-3만 고려할 경우 3/4에 시작한다.

그런데 I는 F와도 연관성이 있기 때문에 F가 끝나는 3/4 다음 날인 3/5가 I의 ES가 되는 것입니다.

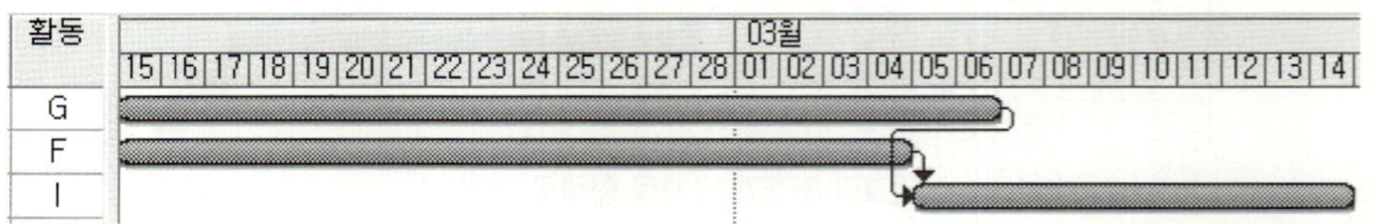

[그림 6-30] I가 F의 영향을 받아 3/5에 시작함

활동 G의 Free Float는 얼마인가?

G 다음 I는 원래 3/4에 시작해야 정상이지만 F로 인해 3/5에 시작하므로 하루 밀리면서 1일의 여유시간이 생겼습니다. 따라서 G의 Free Float는 1일입니다.

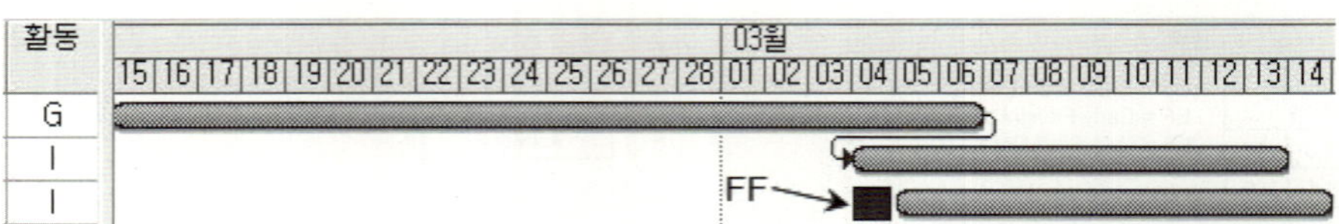

[그림 6-31] G의 Free Float

활동 J의 ES는 왜 2/25인가?

J는 H와 SS+10인 Lag 관계입니다. 따라서 H의 ES인 2/15에서 10일을 더한 2/25가 J의 ES가 되는 것입니다.

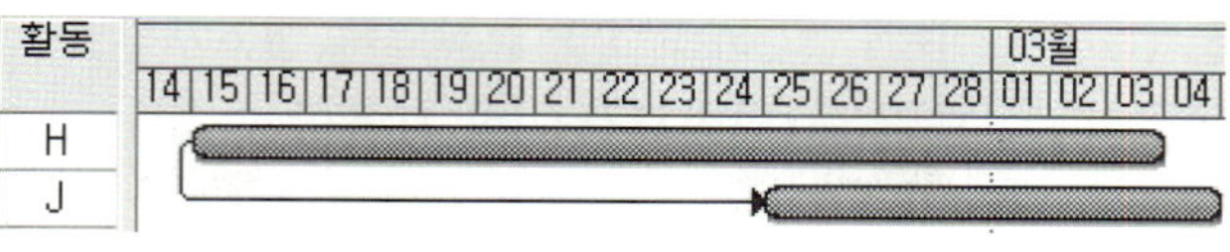

[그림 6-32] 활동 J의 ES

활동 J의 Free Float는 얼마인가?

J는 후속 활동이 없으며 K보다 빨리 끝납니다. 따라서 J는 K의 EF 3/20까지는 밀려도 프로젝트 마감일에 영향을 주지 않습니다. J가 3/4에 끝나므로 종료일인 3/20까지 밀릴 수 있는 16일이 J의 FF가 됩니다.

6.5.2.3 자원 최적화(Resource optimization)

Critical path method에서는 자원을 고려하지 않고 일정 네트워크를 분석했습니다. 그래서 Critical path를 분석한 후에는 자원을 각 활동에 배정하게 됩니다. 일반적으로 자원은 한정되어 있고, 경우에 따라서 프로젝트에 가용할 수 있는 자원이 특정 시간대에만 이용이 가능하거나 사용 시간을 일정하게 유지해야 할 필요성이 있을 수도 있습니다. 자원을 활동에 배정하다 보면 자원의 정해진 가용성을 초과해서 배정될 경우가 생깁니다. 이럴 경우에는 초과된 부분을 해결해줄 필요가 있습니다. 자원 최적화 방법은 자원 평준화(Resource leveling)와 자원 평활화(Resource smoothing) 두 가지가 있습니다

◆ 자원 평준화(Resource leveling)

자원 평준화를 이해하기 위해서 예시로 다음과 같은 일정이 있다고 하겠습니다.

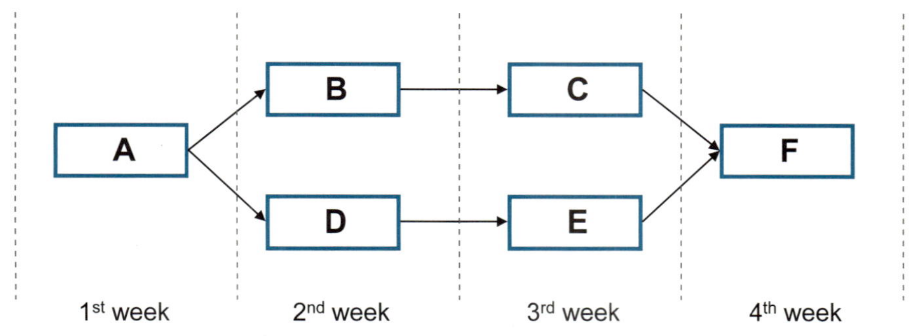

[그림 6-33] 4주 기간을 가진 일정의 예

위의 각 활동을 수행하기 위해 '한동환'이라는 팀원을 배정했더니 다음과 같이 결정되었습니다. 단, '한동환'이라는 자원은 1일 8시간 이상 가용할 수 없는 조건이 있습니다. (주 40시간)

[표 6-16] 자원 배정후의 결과

활동 A	40hr	활동 B	20hr
활동 C	20hr	활동 D	20hr
활동 E	25hr	활동 F	40hr

이 내용을 도수분포표(Histogram)로 표현해 보면 다음과 같습니다.

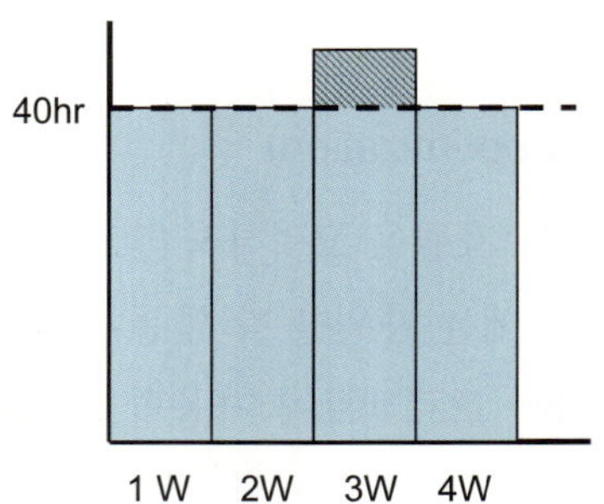

[그림 6-34] 자원 사용에 대한 도수분표포

이 자원은 주당 40시간 이상 가용할 수 없는 조건이 걸려 있으므로 셋째 주의 초과된 5시간을 40시간에 맞춰서 평준화(Leveling)를 해주어야 합니다. 초과된 5시간은 어디로 보낼 수 있을까요? 현재로서는 넷째 주 다음 다섯째 주로 갈 수밖에 없습니다. 이렇게 조정하다 보면 초과된 부분이 뒤로 추가되면서 일정이 더 길어지게 되며, Critical path가 바뀔 수도 있습니다.

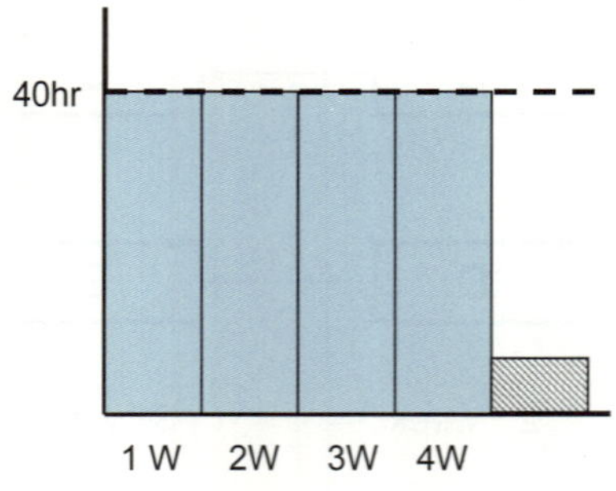

[그림 6-35] 자원 평준화 후의 도수분포표

이렇게 가용성이 한정된 자원은 보통 Critical path에 먼저 배정하는 것이 일반적이며 자원 평준화의 일반적인 결과는 위의 그림과 같이 **일정이 초기 일정보다 길어지는 결과**를 갖고 옵니다. 만일 두 번째 주가 35시간이라서 5시간이 비어 있다고 가정한다면 5시간 초과된 것을 두 번째 주로 옮기는 것이 좋을까요? 아니면 5주 차로 넘기는 것이 좋을까요? 그건 상황마다 다릅니다. 프로젝트 관리자가 현 상황을 정확히 판단하여 가장 적합한 조치를 하게 됩니다. 이처럼 **자원의 가용성에 맞춰서 일정을 조정하는 것을 자원 평준화(Resource leveling)라고 합니다.**

잠깐! 자원 평준화의 방법

만약 아래 그림처럼 B와 C에 둘 다 박지성이 동시에 Full time으로 배정되면 목, 금, 월은 두 활동이 겹쳐 있으므로 자원 배정이 200%로 초과하게 됩니다.

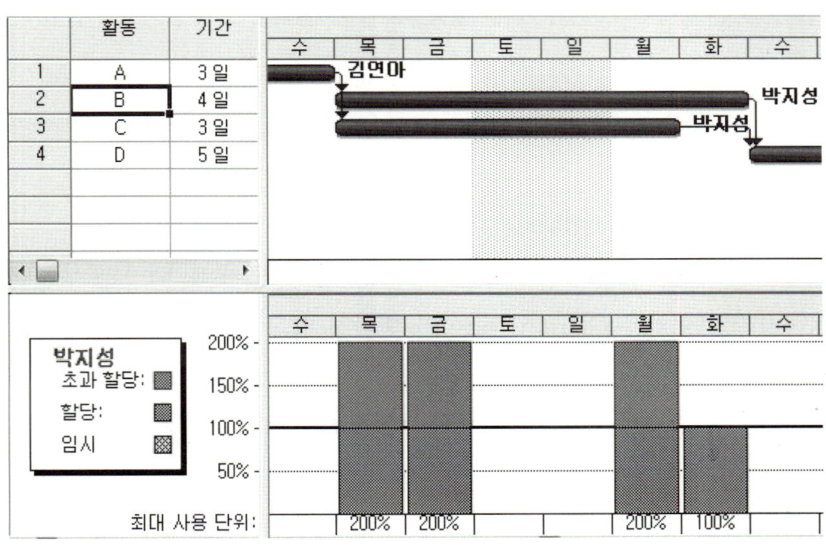

[그림 6-36] 자원 평준화 전

초과된 부분을 해결하는 방법은 두 가지가 가능합니다. 활동 B와 C에 추가자원을 투입하여 B와 C에 대한 박지성의 투입 시간을 각각 50%로 줄여주는 것입니다. 그러나 투입할 자원이 없다면 겹쳐 있는 B와 C를 겹치지 않도록 해줘야 합니다.

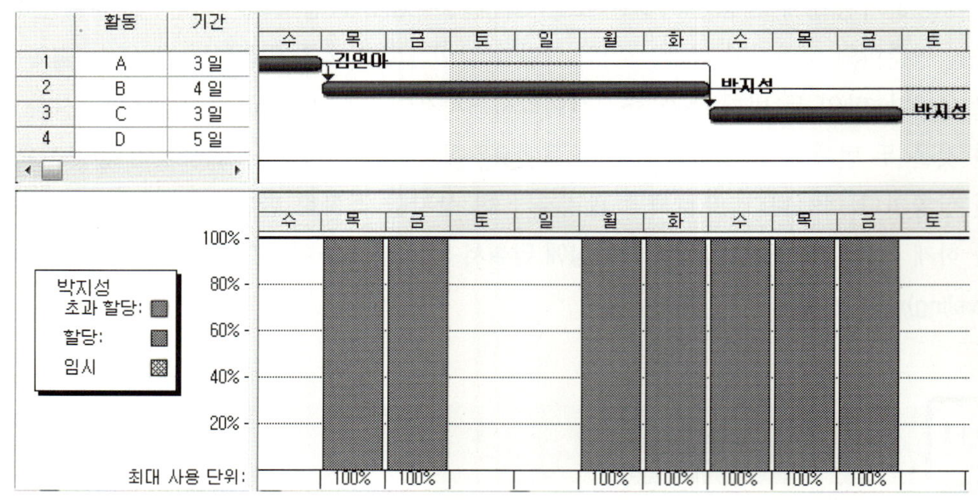

[그림 6-37] 자원 평준화 후

B와 C가 겹치지 않도록 하기 위해서 C를 뒤로 미루면 자원이 초과 배정된 부분이 해결됩니다. C가 뒤로 밀림으로 인해서 C와 연결된 다른 활동들도 뒤로 밀려서 초기 일정보다 길어지는 결과를 갖고 오게 됩니다.

◆ 자원 평활화(Resource smoothing)

자원 평활화는 자원 평준화처럼 자원의 가용성에 맞게 초과 배정된 부분을 조정하는 것은 동일하지만 차이점은 Critical path가 변하지 않고 일정도 길어지지 않도록 활동을 Free float와 Total float 안에서만 자원을 조정하는 것입니다. 따라서 모든 자원이 최적화되지 않을 수도 있습니다. Smoothing은 사전적 의미로 '다듬질'이라는 뜻입니다.

6.5.2.4 데이터 분석(Data analysis)

데이터 분석은 일정에 대한 예측을 위해 가정형 시나리오 분석과 시뮬레이션 기법을 사용합니다.

◆ 가정 시나리오 분석(What-if scenario analysis)

자원 평준화까지 한 후에 일정이 완성되면 그 일정대로만 진행된다고 장담할 수 있을까요? 그렇지 않을 것입니다. 일정이라는 것 자체가 미래의 상황이므로 실제 프로젝트를 진행하다 보면 일정대로 안 되는 경우가 다반사입니다. 미래의 상황이 어떻게 변할지는 아무도 모릅니다. 그래서 계획대로만 진행될 것으로 생각하기보다는 미래에 일어날 수 있는 예측 가능한 상황을 미리 고려하여 일정이 어떻게 변하는지 분석을 해 볼 필요가 있습니다.

미래에 더 좋아지는 상황보다 안 좋아질 수 있는 상황을 생각해보고 그러한 상황이 발생할 경우에 대한 대비책을 미리 준비한다면 문제를 최소화할 수 있을 것입니다. 예를 들면, '소프트웨어 개발 프로젝트에서 만일 핵심 개발자가 타 회사로 이직한다면 어떻게 될 것인가?' '일정에는 어떤 영향을 미치며 영향을 최소화하는 방법은 무엇이 있는가?' 등을 미리 계획된 일정에 대입해 보고 영향을 분석해 본 후 대처 방안까지 준비하는 것이 필요합니다.

◆ 시뮬레이션(Simulation)

시뮬레이션은 불확실성을 고려하기 위해 확률 분포를 가정하고 분포 내의 값들을 임의로 추출하고 반복적으로 계산하여 평균을 계산하는 것이며, 보통 Monte Carlo 분석을 사용합니다. 시뮬레이션은 별도의 전문 소프트웨어가 필요하며, 시뮬레이션 결과를 통해 우리가 원하는 일정 안에 끝날 가능성을 미리 알 수 있습니다.

6.5.2.5 선도 및 지연(Leads and lags)

일정을 개발하는 과정에서 필요한 부분에 대해 lead와 lag를 적용합니다.

6.5.2.6 일정 단축(Schedule compression)

만약 최종적으로 결정된 일정이 530일로 나왔는데, 계약서에는 500일 안에 끝내야 한다는 조건이 있다면 30일을 줄여야 합니다. 일정을 단축하는 방법은 크게 두 가지가 있습니다.

◆ 공정압축법(Crashing)

Crashing은 비용을 더 투입하여 일정을 단축합니다. 일정을 단축하기 위해 자원을 더 투입합니다. 자원은 원가와 연결되어 있으므로 추가 자원에 대한 원가가 상승하며 일부러 원가를 추가로 투입하여 기간을 단축하는 것이므로 **리스크가 증가**할 수 있습니다. Crashing은 비용을 투자하는 것이므로 원가 효율적이어야 합니다. 예를 들면, 100원으로 A는 2일 단축할 수 있고 B는 3일 단축할 수 있다면 B부터 비용을 투입해야 할 것입니다. 그리고

Crashing은 당연히 Critical path 상의 활동에 먼저 해야 하며 Critical path 상의 활동 중에서도 가장 원가 효율적으로 할 수 있는 활동을 찾아서 추가 비용을 투자해야 합니다. 가장 긴 경로인 Critical path가 줄어야 일정이 단축되지, 여유시간이 있는 활동의 기간을 단축하면 여유시간만 더 늘어납니다.

◆ 공정중첩 단축법(Fast tracking)

순차적으로 진행해야 하는 **단계(Phase)나 활동(Activity)을 특정 구간에서 병행하여 진행하는 것을 말합니다.** 일부러 후속 활동을 당겨서 일정을 단축하는 것이므로 **리스크가 증가**하며 실패할 경우 같은 일을 반복하는 재작업(Rework)을 해야 합니다. 프로젝트 예산의 여유가 있는 경우라면 리스크가 좀 더 적은 Crashing을 먼저 시도해야 합니다.

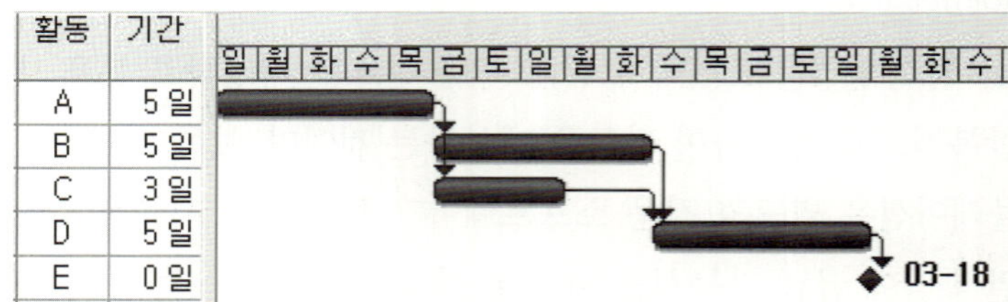

활동
기간
일 월 화 수 목 금 토 일 월 화 수 목 금 토 일 월 화 수
A 5일
B 5일
C 3일
D 5일
E 0일
03-18

[그림 6-38] 기본일정

활동
기간
일 월 화 수 목 금 토 일 월 화 수 목 금 토 일 월
A 5일
B 5일
C 3일
D 5일
E 0일
03-16

[그림 6-39] 활동 D를 겹치는 Fast tracking을 적용해서 2일을 단축

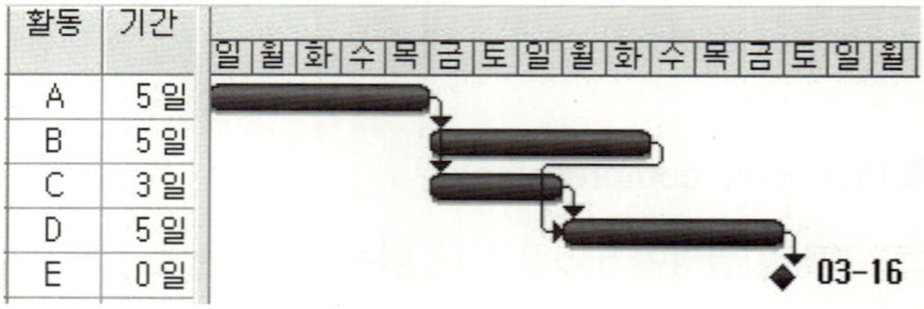

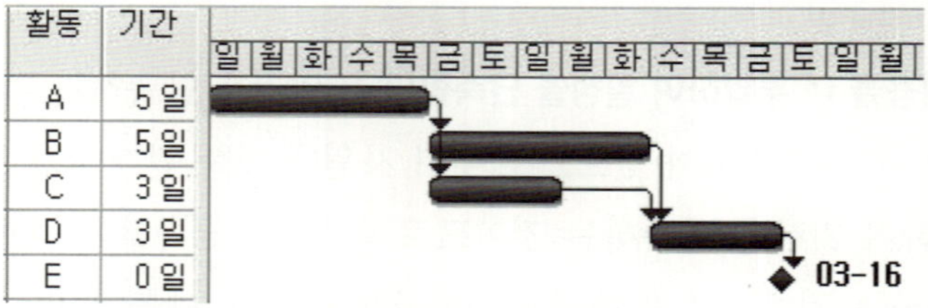

활동
기간
일 월 화 수 목 금 토 일 월 화 수 목 금 토 일 월
A 5일
B 5일
C 3일
D 3일
E 0일
03-16

[그림 6-40] 활동 D에 자원을 더 투입하여 Crashing으로 2일을 단축

잠깐! 신문기사에도 자주 등장하는 Fast tracking

다음 내용은 신문 기사에 Fast tracking이 나온 것입니다. 즉, Fast tracking은 일반적으로 많이 쓰이는 용어임을 알 수 있습니다.

인천대교

이번 공사는 설계와 시공을 병행하는 패스트 트랙(Fast track) 방식과 육상에서 고품질의 상판을 제작 생산하는 FSLM(Full span lunching method) 공법을 통해 공기(工期)를 최소화했다.

지하철 9호선

이들 공구는 송파구 아시아선수촌 아파트 입구에서 8호선 올림픽 공원역에 이르는 6㎞ 구간으로 준공 시기는 2015년이다. 공사기간 단축을 위해 공사와 설계를 병행하는 '설계·시공 병행방식(Fast track)'으로 공사가 이뤄진다.

올림픽대로 지하차도

시는 올림픽대로 입체화 사업의 기본설계를 곧 마무리 짓고 내달 23일 설계·시공업자를 선정한 다음 설계와 시공을 동시에 하는 '패스트 트랙(Fast track)' 방식으로 11월부터 공사에 들어갈 예정이다.

6.5.2.7 프로젝트 관리 정보 시스템(Project management information systems)

PMIS에 포함된 일정을 작성하는 소프트웨어를 이용합니다.

6.5.2.8 애자일 릴리즈 기획(Agile release planning)

애자일 방법에서는 정해진 주기를 반복하면서 프로젝트를 진행하므로 앞에서 설명했던 방법과는 다른 형태로 일정을 작성하게 됩니다. 우선 상위수준의 일정을 정하는데, 이것을 Release plan이라고 합니다. Release는 사전적 의미로 '발표, 개봉, 출시, 방출' 등의 뜻이 있습니다. Release plan은 제품의 출시 계획이며, 앞에서 학습했던 Milestone 개념으로 이해하면 됩니다. Release plan은 보통 3~6개월로 작성되며, 그 안에는 Iteration이 포함됩니다. 만약 Release plan을 6개월로 정하고, Iteration 기간을 2주로 할 경우 Release plan에는 총 13개의 Iteration이 포함됩니다.

6.5.3 일정 개발: 산출물

[일정 개발] 프로세스의 역할이 일정을 개발하는 것이므로 프로젝트 일정이 산출물로 나오며, 이 일정은 프로젝트 관리 계획서를 구성하는 핵심 요소입니다. 일정 안에는 각 활동의 시작일과 완료일이 명시되며 보통 일정은 도식적으로 표현하게 됩니다.

6.5.3.1 일정 기준선(Schedule baseline)

일정 기준선은 승인된 버전의 일정 모델이며, 적절한 이해관계자에 의해서 수용되고 승인된 일정입니다. 일정 기준선은 [일정 통제]에서 실적과 비교되는 기준이 됩니다. 일정 기준선은 프로젝트 관리 계획서로 통합됩니다.

6.5.3.2 프로젝트 일정(Project schedule)

프로젝트 일정에는 각 활동 별 시작일과 완료일이 포함됩니다. 프로젝트 일정은 다양한 형태로 표현할 수 있습니다. 예를 들면, 다음과 같습니다.

◆ 막대 차트(Bar charts)

바 차트는 미국의 Henry Laurence Gantt가 창안했기 때문에 흔히 간트 차트라고 말합니다. 막대로 활동을 표현하고 막대의 길이가 활동의 기간을 표시하며 막대의 시작점과 끝나는 점을 통해 시작일과 완료일을 차트상에 표현할 수 있습니다. 막대 차트는 요약 일정을 표현하는 용도로 많이 사용됩니다. **초기 간트 차트는 활동 간의 연관성이 표현되지 않았지만,** 현재는 연관성까지 간트 차트에 표현해서 사용하고 있습니다.

	날자																								
활동	화	수	목	금	토	일	월	화	수	목	금	토	일	월	화	수	목	금	토	일	월	화	수	목	금
A									9	10	11	12	13	14	15	16	17	18	19	20	21	22	23	24	25
B	1	2	3									12	13	14	15	16	17	18	19	20	21	22	23	24	25
C	1	2	3	4	5	6	7	8	9	10									19	20	21	22	23	24	25
D	1	2	3	4	5	6	7	8									17	18	19	20	21	22	23	24	25
E	1	2	3	4	5	6	7	8	9	10	11	12	13	14									23	24	25
F	1	2	3	4	5	6	7	8	9	10	11	12	13	14	15	16	17	18	19	20					
G	1	2	3	4	5	6	7	8	9	10	11	12	13	14	15	16	17	18	19	20	21	22	23	24	25

[그림 6-41] 막대 차트의 예

◆ **마일스톤 차트(Milestone charts)**

일정에서 마일스톤만 뽑아서 표현한 것을 말하며 다른 말로 마일스톤 스케줄(Milestone schedule) 또는 마스터 스케줄(Master schedule)이라고도 합니다. 마일스톤은 주요 인도물의 시작 또는 종료 시점을 표시하므로 기간 값은 없습니다.

	기간														
마일스톤	1월	2월	3월	4월	5월	6월	7월	8월	9월	10월	11월	12월	1월	2월	3월
A		◆													
B				◆											
C					◆										
D							◆								
E										◆					
F												◆			
G															◆

[그림 6-42] 마일스톤 차트의 예

◆ **프로젝트 일정 네트워크 다이어그램(Project schedule network diagrams)**

프로젝트 일정 네트워크 다이어그램은 활동 간의 논리관계 및 시작일, 완료일을 표현한 도식적 그림 형태의 일정입니다.

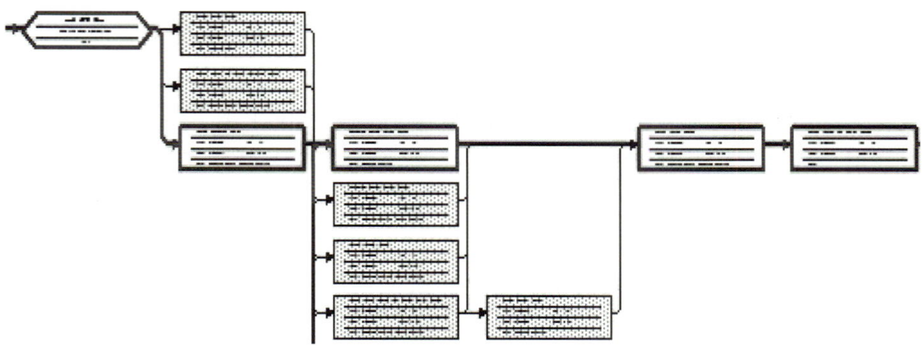

[그림 6-43] 프로젝트 일정 네트워크도의 예

6.5.3.3 일정 데이터(Schedule data)

일정 데이터는 활동, 활동 속성, 자원 요구사항 등 일정을 만들 때 사용한 여러 가지 자료들입니다.

6.5.3.4 프로젝트 달력(Project calendars)

프로젝트 달력은 프로젝트의 작업일, 비 작업 일을 표현합니다.

6.5.3.5 변경 요청(Change requests)

일정을 개발하는 과정에서 범위에 변경이 생기면 이로 인해 일정도 영향을 받으므로 필요한 부분에 대해 변경 요청이 발생할 수 있습니다.

6.5.3.6 프로젝트 관리 계획서 업데이트(Project management plan updates)

변경 사항을 반영하여 원가 기준선, 일정 관리 계획서 등이 갱신될 수 있습니다.

6.5.3.7 프로젝트 문서 업데이트(Project documents updates)

일정 개발 과정을 통해 활동 자원 요구사항, 활동 속성, 리스크 관리대장 등이 수정될 수 있습니다.

◆ 활동 속성(Activity attributes)

일정을 개발하는 과정에서 새로운 정보가 생기거나 수정할 사항이 있다면 관련 내용으로 인해 활동 속성이 업데이트될 수 있습니다.

◆ 가정사항 기록부(Assumption log)

기간, 자원 사용, 활동 순서 등에 관련된 가정에 변경사항이 생기면 가정사항 기록부를 업데이트합니다.

◆ 기간 산정치(Duration estimates)

자원 평준화로 인해 자원이 변경되면 기간 산정치도 수정할 필요가 있습니다.

◆ 교훈 관리대장(Lessons learned register)

일정을 개발하면서 느낀 교훈사항을 교훈 관리대장에 추가합니다.

◆ 자원 요구사항(Resource requirements)

자원 평준화로 인해 자원이 변경되면 자원 요구사항도 수정할 필요가 있습니다.

◆ **리스크 관리대장**(Risk register)

일정을 개발하면서 식별된 리스크가 있다면 리스크 관리대장에 추가합니다.

6.6 일정 통제(Control Schedule)

[일정 통제] 프로세스는 다른 통제 프로세스와 유사합니다. 기준과 실적을 비교해서 실적이 기준보다 못한 경우 부족한 실적을 기준에 맞추기 위한 시정 조치를 요청하게 됩니다.

[표 6-17] 일정 통제의 ITTO

<table>
<tr><th colspan="3">일정 통제(Control Schedule)</th></tr>
<tr><td colspan="1">지식영역: 일정 관리(Schedule management)</td><td colspan="2">프로세스 그룹:
감시 및 통제(Monitoring and Controlling)</td></tr>
<tr><th>투입물</th><th>도구 및 기법</th><th>산출물</th></tr>
<tr><td>1. 프로젝트 관리 계획서
• 일정 관리 계획서
• 일정 기준선
• 범위 기준선
• 성과 측정 기준선
2. 프로젝트 문서
• 프로젝트 달력
• 프로젝트 일정
• 자원 달력
• 일정 데이터
• 교훈 관리대장
3. 작업 성과 데이터
4. 조직 프로세스 자산</td><td>1. 데이터 분석
• 획득가치 분석
• 반복 번다운 차트
• 성과 검토
• 차이 분석
• 추세 분석
• 가정형 시나리오 분석
2. 주공정법
3. 프로젝트 관리 정보 시스템
4. 자원 최적화
5. 선도 및 지연
6. 일정 단축</td><td>1. 작업 성과 정보
2. 일정 예측치
3. 변경 요청
4. 프로젝트 관리 계획서 업데이트
• 일정 관리 계획서
• 일정 기준선
• 원가 기준선
• 성과 측정 기준선
5. 프로젝트 문서 업데이트
• 프로젝트 일정
• 일정 데이터
• 자원 달력
• 산정 기준서
• 리스크 관리대장
• 교훈 관리대장
• 가정사항 기록부</td></tr>
</table>

[표 6-17]은 [일정 통제]의 Inputs, Tools and Techniques, Outputs입니다. 기준과 실적의 차이를 비교해서 변경 요청이 산출됩니다. 그리고 기준과 실적을 비교했으므로 현재 일정 상태가 좋은지 나쁜지에 대한 '작업 성과 정보'도 산출됩니다.

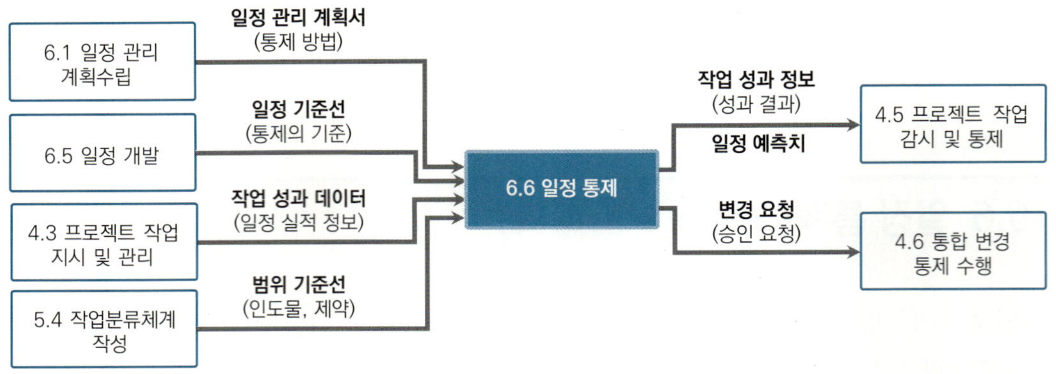

[그림 6-44] 일정 통제의 주요 흐름

[그림 6-44]는 [일정 통제]의 주요 흐름입니다. 통제는 늘 기준과 실적이 비교됩니다. 일정 통제에 대한 기준은 일정 기준선이며, 일정 실적에 대한 정보는 실행의 산출물인 작업 성과 데이터입니다. 그리고 최근까지 사용한 프로젝트 일정에는 실제 시작한 날짜, 실제 끝난 날짜가 표시되어 있으므로 이것도 실적 정보로 활용할 수 있습니다. 계획과 실적에 대한 차이 정보인 '작업 성과 정보'와 '일정 예측치'는 성과 보고서에 포함됩니다. 그리고 변경 요청은 무조건 [통합 변경 통제 수행] 프로세스를 통해 처리해야 합니다. [그림 6-44]에서 작업 성과 정보, 일정 예측치, 변경 요청이 다른 프로세스에 투입되는 이유는 다음과 같습니다.

[표 6-18] 일정 통제 산출물의 투입 이유

변경 요청 투입 프로세스	투입 이유
4.6 통합 변경 통제 수행	모든 변경은 공식적인 절차에 의해 승인받아야 처리할 수 있기 때문에.
작업 성과 정보 투입 프로세스	**투입 이유**
4.5 프로젝트 작업 감시 및 통제	성과 정보는 성과 보고서에 담겨서 이해관계자에게 알려주어야 하기 때문에.
일정 예측치 투입 프로세스	**투입 이유**
4.5 프로젝트 작업 감시 및 통제	일정 예측치를 성과 보고서에 담아서 이해관계자에게 알려주기 위해서.

6.6.1 일정 통제: 투입물

통제에 관련된 프로세스는 항상 기준과 실적이 주요 투입물입니다.

6.6.1.1 프로젝트 관리 계획서(Project management plan)

프로젝트 관리 계획서에 포함된 일정 관리 계획서에 따라 일정 통제를 수행하며, 일정 통제의 기준이 되는 일정 기준선을 주요 투입물로 사용합니다.

◆ **일정 관리 계획서**(Schedule management plan)

일정 관리 계획서에 포함된 일정 통제 방법에 따라 일정을 통제합니다.

◆ **일정 기준선**(Schedule baseline)

통제는 기준과 실적의 차이가 있을 때 하는 것이므로, 기준과 실적의 차이를 확인해야 합니다. 일정 기준선은 실제 결과와 비교할 기준으로 사용합니다.

◆ **범위 기준선**(Scope baseline)

범위로부터 일정이 개발되므로 일정을 통제할 때 WBS, 인도물을 고려하며, 제약사항도 같이 확인합니다.

◆ **성과 측정 기준선**(Performance measurement baseline)

만약 성과를 측정하기 위해 획득가치(Earned value)를 사용할 경우 성과 측정 기준선이 실제 결과와 비교할 기준이 됩니다.

6.6.1.2 프로젝트 문서(Project documents)

일정을 통제하는 과정에서 필요한 문서들을 투입물로 사용할 수 있습니다.

◆ **교훈 관리대장**(Lessons learned register)

과거 프로젝트에서 느꼈던 일정 통제에 대한 교훈을 적용하여 일정 통제를 더 효과적으로 할 수 있습니다.

◆ 프로젝트 달력(Project calendars)

일정 예측치를 계산할 때 프로젝트의 작업일을 알아야 하므로 프로젝트 달력을 사용합니다.

◆ 프로젝트 일정(Project schedule)

가장 최근까지 갱신된 버전의 일정에는 그때까지 한 활동이 언제 시작했고 언제 끝났는지에 대한 정보가 표현되어 있습니다. 이 정보들은 일정 기준과 비교하기 위한 실적 정보를 제공해줍니다.

◆ 자원 달력(Resource calendars)

자원 달력을 통해 자원의 가용성을 알 수 있습니다. 향후 일정을 통제하기 위해 자원을 최적화할 경우 자원 가용성을 고려하면서 해야 합니다.

◆ 일정 데이터(Schedule data)

일정 통제를 통해 검토되고 업데이트됩니다

6.6.1.3 작업 성과 데이터(Work performance data)

작업 성과 데이터는 실제 시작한 활동, 완료한 활동, 활동 진척률 등에 대한 실적 정보들이며 일정 기준선과 비교할 대상입니다.

6.6.1.4 조직 프로세스 자산(Organizational process assets)

일정 관련 공식 또는 비공식적인 통제에 대한 정책, 절차, 지침 등을 참고합니다.

6.6.2 일정 통제: 도구 및 기법

기준과 실적의 차이를 분석하기 위해 다양한 기법을 사용할 수 있습니다.

6.6.2.1 데이터 분석(Data analysis)

일정 성과를 측정하기 위해 획득가치 분석을 활용하거나 기준과 실적의 차이에 대한 분석 등을 진행합니다.

◆ **획득가치 분석**(Earned value analysis)

획득가치 분석을 통해 일정 차이나 일정 성과를 측정할 수 있습니다. 자세한 내용은 [원가 통제]에서 원가 성과 측정과 합쳐서 설명합니다.

◆ **반복 번다운 차트**(Iteration burndown chart)

애자일 방법에서는 Iteration을 반복하면서 프로젝트를 진행합니다. 각 Iteration에서 목표한 작업보다 수행된 작업이 적으면 일정 지연으로서 계획된 일정에 끝낼 수 있도록 적절한 조치를 취해야 합니다. Burndown은 사전적 의미로 '소실되다'라는 의미입니다. 전체 작업량에서 수행한 작업량을 빼면서 남은 작업량을 체크하는 방식으로 표현한 그래프가 번다운 차트입니다. [그림 6-45]에서 가로축은 Day이고 세로축은 Back log 개수입니다. 점선은 계획이고, 실선은 실제 수행한 결과입니다. 현재 2일 차에 왔는데 계획보다 실적이 조금 부족하다는 것을 알 수 있습니다.

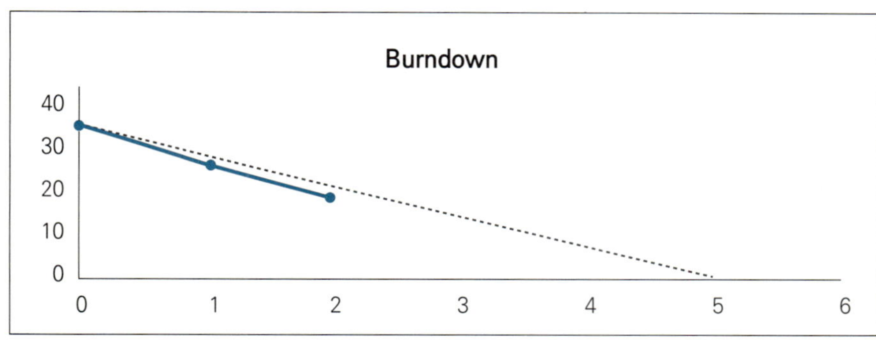

[그림 6-45] 번다운 차트의 예

◆ **성과 검토**(Performance reviews)

일정 성과를 알아야 시정조치를 할 것인지 여부를 결정할 수 있습니다. 진행 중인 활동의 남은 기간, 완료율, 시작한 날짜, 끝난 날짜 등의 일정 성과를 측정, 비교, 분석합니다.

◆ **추세 분석**(Trend analysis)

지금까지 성과가 좋아지고 있는지 나빠지고 있는지 알아봄으로써 어느 정도 미래를 예측할 수도 있습니다.

◆ 차이 분석(Variance analysis)

계획대비 실적의 차이를 분석함으로써 시정조치의 필요 여부를 결정합니다. 일정 차이는 정량적으로 평가되어야 합니다.

◆ 가정형 시나리오 분석(What-if scenario analysis)

프로젝트 상황은 수시로 변하므로 일정을 통제하면서 가정형 시나리오 분석을 해보고 필요하면 일정을 조정하면서 프로젝트 상황에 맞게 진행합니다.

6.6.2.2 주공정법(Critical path method)

Critical path는 여유시간이 없기 때문에 중요하게 관리할 경로입니다. 만약 Critical path 상의 활동이 계획보다 지연되면 프로젝트 종료일이 늦어지기 때문에 바로 조치를 취해야 합니다. Critical path는 늘 체크하고 있어야 합니다.

6.6.2.3 프로젝트 관리 정보 시스템(Project management information systems)

MS Project 같은 자동화된 소프트웨어는 일정 차이를 쉽게 확인할 수 있습니다. 프로젝트 관리 소프트웨어는 [그림 6-46]처럼 기준과 실적 두 개의 막대를 동시에 비교해서 기준과 실적의 차이를 분석하는 방식을 많이 사용합니다. 일정 성과는 일일이 손으로 관리하기 어렵기 때문에 소프트웨어를 활용하는 것이 좋습니다.

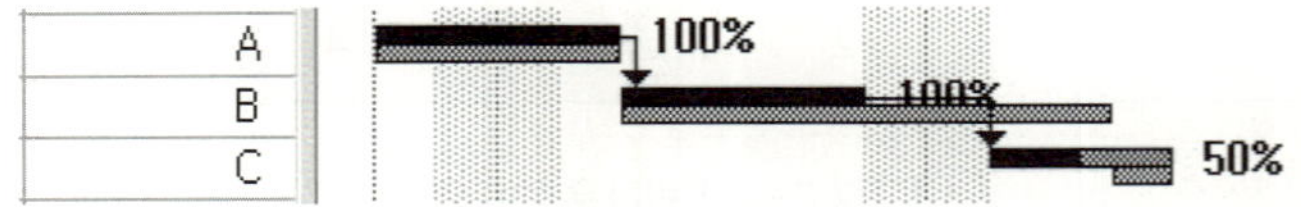

[그림 6-46] 두 개의 막대를 비교하여 기준과 실적을 분석

6.6.2.4 자원 최적화(Resource optimization)

일정의 차이를 맞추기 위해 자원 평준화, 자원 평활화를 수행할 수 있습니다. 필요하면 자원에 대한 추가를 변경 요청을 통해 요청할 수 있습니다.

6.6.2.5 선도 및 지연(Leads and lags)

일정이 지연된 경우 계획된 일정에 맞추기 위해 Lead나 Lag를 통제의 기법으로 사용할 수 있습니다.

6.6.2.6 일정 단축(Schedule compression)

지연된 일정의 차이를 맞추기 Crashing이나 Fast tracking을 사용할 수 있습니다.

6.6.3 일정 통제: 산출물

차이 분석을 통해 알아낸 정보들과 기준에 미달한 실적을 기준에 맞추기 위한 조치들이 변경 요청으로 생성됩니다.

6.6.3.1 작업 성과 정보(Work performance information)

작업 성과 정보는 일정 기준선과 실제 결과를 비교하여 일정 성과가 좋은지 나쁜지에 대한 정보입니다. 이 내용은 작업 성과 보고서에 포함하여 관련 이해관계자에게 전달합니다. Earned value 기법을 이용했다면 SV, SPI 같은 일정에 대한 성과 정보가 생성됩니다.

6.6.3.2 일정 예측치(Schedule forecasts)

지금까지의 누적된 일정 성과를 바탕으로 향후 일정에 대한 예측을 합니다. 일정 예측치도 작업 성과 보고서에 포함해서 주기적으로 관련 이해관계자에게 전달합니다.

6.6.3.3 변경 요청(Change requests)

일정 차이를 줄이기 위해 필요한 예방 조치, 시정 조치 같은 변경이 요청됩니다. 또한 일정 기준선이나 범위 기준선, 프로젝트 관리 계획서에 대한 변경 요청도 생길 수 있습니다. 변경 요청은 무조건 [통합 변경 통제 수행] 프로세스를 통해 처리됩니다.

6.6.3.4 프로젝트 관리 계획서 업데이트(Project management plan updates)

승인된 변경 요청이 있다면 일정 기준선을 갱신해야 합니다. 만일 일정을 통제하기 위해 Crashing을 했다면 비용이 추가되므로 원가 기준선도 갱신해야 합니다.

◆ 일정 관리 계획서(Variance analysis)

일정 관리 방법에 대한 승인된 변경이 있다면 반영해서 일정 관리 계획서를 업데이트합니다.

◆ 일정 기준선(Schedule baseline)

일정 기준선에 대한 승인된 변경이 있다면 반영해서 일정 기준선을 업데이트합니다.

◆ 원가 기준선(Cost baseline)

범위, 자원, 원가 산정치 등에 대해 승인된 변경이 있다면 이를 반영해서 원가 기준선을 업데이트합니다.

◆ 성과 측정 기준선(Performance measurement baseline)

범위, 일정, 원가 산정치 등에 대해 승인된 변경이 있다면 이를 반영해서 성과 측정 기준선을 업데이트합니다.

6.6.3.5 프로젝트 문서 업데이트(Project documents updates)

일정 통제 과정을 통해 일정 데이터, 리스크 관리대장, 프로젝트 일정 등이 업데이트될 수 있습니다.

◆ 가정사항 기록부(Assumption log)

일정 성과 결과를 바탕으로 필요하다면 일정과 관련된 요소에 대한 가정사항을 수정할 수 있습니다.

◆ 산정 기준서(Basis of estimates)

일정 성과가 계획과 차이가 날 경우 차이의 원인을 식별하여 필요하다면 기간 산정치의 근거 자료를 수정할 수 있습니다.

◆ 교훈 관리대장(Lessons learned register)

일정 통제 과정을 통해 생성된 새로운 교훈은 교훈 관리대장에 추가합니다.

◆ 프로젝트 일정(Project schedule)

일정에 대한 변경사항이 있을 경우 프로젝트 일정을 업데이트합니다.

◆ **자원 달력(Resource calendars)**

일정을 통제하기 위해 자원을 추가로 투입하거나 자원 최적화 방법을 사용하는 과정을 통해 자원 달력에 대한 변경 사항이 생길 경우 자원 달력을 업데이트합니다.

◆ **리스크 관리대장(Risk register)**

만약 일정을 통제하기 위해 Fast tracking이나 Crashing을 사용할 경우 새로운 리스크가 발생할 수 있으므로 새로운 리스크를 리스크 관리 대장에 추가합니다.

◆ **일정 데이터(Schedule data)**

일정에 관련된 승인된 변경으로 인해 일정의 기반 자료들이 새로 업데이트될 수 있습니다.

06 핵심 정리

- 프로젝트에서 일정을 관리하는 이유는 정해진 일정 안에 프로젝트를 완료할 수 있도록 하기 위해서입니다.
- 일정을 구성하는 요소는 크게 활동, 기간, 흐름, 자원으로 총 4가지입니다.
- [활동 정의]의 역할은 범위 기준선에 포함된 WBS의 Work package를 활동(Activity)으로 더 세분화하는 것입니다. 활동을 정의하는 것도 Rolling wave planning입니다.
- 활동의 순서를 도식화한 것을 프로젝트 일정 네트워크 다이어그램(Project schedule network diagram)이라고 합니다.
- PDM은 노드(Node)에 활동을 표현하고, 활동과 활동을 화살로 연결하는 네트워크 다이어그램 작성 기법입니다. PDM은 AON(Activity on node)이라고 부르기도 하며 FS, FF, SS, SF 4가지 연관성을 모두 표현할 수 있습니다.
- 활동과 활동의 의존 관계는 의무적 의존관계(Mandatory dependencies), 임의적 의존관계(Discretionary dependencies), 외부적 의존관계(External dependencies), 내부적 의존관계(Internal dependencies)로 크게 4가지가 있습니다.
- 선행 활동의 속성으로 인해 후속 활동을 앞당길 수 있는 기한이 Lead이며, 선행 활동의 속성으로 인해 후속 활동을 일정 기간 미루는 기한이 Lag입니다.
- 요약 활동(Summary activity)은 여러 프로젝트 활동들을 요약해서 표현한 것을 말하며, 다른 말로 Hammock activity라고 합니다.
- 프로젝트에서는 Project calendar와 Resource calendar 두 가지의 달력이 사용됩니다.
- 유사 산정(Analogous estimating)은 말 그대로 과거 유사한 프로젝트의 기간 값을 이번 프로젝트 기간 산정의 기준으로 사용하는 방법입니다.
- 모수 산정(Parametric estimating)은 비슷한 특징이 반복되는 활동일 경우 하나의 활동에 대해 기간을 먼저 산정한 후 나머지는 비슷한 활동이므로 산정된 기간에 전체 수량으로 곱하는 방식입니다.
- 경험이 없는 활동에 대한 기간은 3점 산정으로 기간을 구합니다.
- 일정을 개발하는 것은 각 활동의 시작일과 완료일을 결정하는 것입니다.
- 승인받은 일정은 실행할 때 성과를 측정하는 일정 기준선(Schedule baseline)이 됩니다.

- 여유시간이 0인 활동이 결정된 후 그 활동들을 이은 경로가 바로 Critical path이며, 네트워크상에서 가장 긴 경로이기도 합니다.
- Float는 Total float와 Free float로 나뉩니다. 그런데 통상 Total float를 Float라고 하며 Slack이라고도 합니다.
- Free float란 네트워크 경로상에서 어떤 활동의 바로 뒤에 오는 후속 활동의 빠른 시작일(ES)의 지연에 영향을 미치지 않는 범위 내에서 가질 수 있는 여유시간을 말합니다.
- 자원을 최적화하는 방법은 자원의 가용성에 맞춰서 일정을 조정하는 Resource leveling과 Resource smoothing이 있습니다.
- 미래에 일어날 수 있는 예측 가능한 상황을 미리 고려하여 일정이 어떻게 변하는지 분석하는 것을 가정 시나리오 분석(What-if scenario analysis)이라고 합니다.
- 일정을 단축하는 방법은 비용을 더 투자하여 일정을 단축하는 Crashing과 순차적으로 진행해야 하는 단계(Phase)나 활동(Activity)을 일부러 병행하여 진행하는 Fast tracking이 있습니다. 둘 다 리스크가 증가합니다.
- [일정 통제]의 산출물인 작업 성과 정보와 일정 예측치는 [프로젝트 작업 감시 및 통제] 프로세스에 투입되어 작업 성과 보고서에 포함됩니다.

06 이해도 테스트 문제

01 프로젝트에서 일정 관리가 필요한 이유는 무엇입니까?

02 프로젝트 일정을 만들기 위해 반드시 필요한 4가지 요소는 무엇입니까?

03 PDM(Precedence diagramming method)이 무엇인지 설명하고, 주요 특징을 설명하세요.

04 Lead와 Lag에 대해 설명하세요.

05 **활동의 기간에 영향을 주는 요소들은 많습니다. 어떤 요소들이 있는지 적어보세요.**

06 **활동 기간을 산정하는 기법들을 적어보세요.**

07 **Critical path method의 주요 특징들을 설명하세요.**

08 **자원 평준화(Resource leveling)는 왜 합니까?**

☑ 정답은 교재를 통해 직접 본인이 찾아보기 바랍니다.

06 용어의 뜻 연결하기

용어	뜻
Precedence diagramming method •	• 일정에서 지켜야 하는 제약조건이며, 기간 값이 없는 중요한 사건 또는 특정 시점
Mandatory dependencies •	• 활동 간의 연관성을 그림으로 그린 것
Lead •	• 노드라 불리는 박스 또는 직사각형을 사용하여 활동을 표현하고, 활동과 활동을 화살로 연결하는 네트워크도 작성 기법
Milestone •	• 반드시 따라야 하는 활동의 흐름
Project schedule network diagram •	• 선행 활동의 속성으로 인해 후속 활동을 일정 기간 미루는 기한
Lag •	• 선행 활동의 속성으로 인해 후속 활동을 앞당길 수 있는 기한
Project schedule •	• 일정을 단축하기 위해 자원을 더 투입하는 방법이며 비용이 추가되며, 리스크가 증가함
Crashing •	• 자원의 Working day와 Non-working day를 표시한 것
Critical path •	• 각 활동의 시작일과 완료일을 결정한 것
Resource calendar •	• 프로젝트 일정에서 경로 중에 가장 기간 값이 긴 경로
Free float •	• 일정상에서 자원의 사용량이 초과되어 과부하 된 부분을 찾아 해결하는 것
Resource leveling •	• 프로젝트의 다른 어떤 활동의 재 일정 없이 지연될 수 있는 활동의 시간
Fast tracking •	• 순차적으로 진행해야 하는 활동을 병행 수행하여 일정을 단축하는 법

06 예상 문제

01 **당신은 팀과 함께 프로젝트의 일정을 작성하고 있습니다. 다음 중 프로젝트 일정에 대한 내용 중 올바르지 않은 것은 무엇입니까??**

A. 일정은 다양한 모델로 표현이 가능하다.

B. 공정압축법(Crashing) 및 공정중첩단축법(Fast tracking) 같은 기간 단축 기법은 프로젝트 일정 단축에 도움이 된다.

C. 범위 기준선에 포함된 WBS는 활동을 식별할 때 유용하다.

D. 프로젝트의 전체 기간은 프로젝트의 모든 작업에 대한 기간을 합한 것이다.

02 **당신은 팀과 함께 프로젝트 일정을 개발하는 동안 활동 간의 순서를 결정하고 있습니다. 프로젝트 팀에서 임의로 정할 수 있는 활동 관계로서 연성논리(Soft logic) 또는 선호논리(Preferred logic)로 불리는 활동 순서에 대한 의존성을 무엇이라고 합니까?**

A. 임의적 의존성(Discretionary dependency)

B. 외부 의존성(External dependency)

C. 의무적 의존성(Mandatory dependency)

D. 내부 의존성(Internal dependency)

03 **프로젝트의 일정을 분석하여 완료된 프로젝트 일정은 네트워크 다이어그램, 막대 차트, 마일스톤 차트 등 다양한 모양으로 표현할 수 있습니다. 다음 중 어떤 목적으로 막대 차트(Bar chart) 대신에 마일스톤 차트(Milestone chart)를 사용합니까?**

A. 프로젝트 계획을 보고하기 위해

B. 이해관계자에게 상세 프로젝트 일정을 보여주기 위해

C. 상위 관리자에게 일정을 보고하기 위해

D. 각 활동의 연관성을 보여주기 위해

04 **당신은 프로젝트의 일정을 개발하기 위해 PDM 기법을 사용하여 여러 활동의 연관성을 문서화하고 있습니다. PDM 기법은 일정 네트워크 다이어그램을 작성하는 기법이며 다른 말로 AON(Activity on node)이라고도 합니다. 다음 중 PDM 기법에 대해 틀리게 설명한 것은 무엇입니까?**

A. 활동은 노드라 불리는 박스(Box) 또는 직사각형에 표현한다.

B. 활동과 활동 간의 네 가지 관계를 표현할 수 있다.

C. 활동과 활동은 화살표를 이용해 연관성을 표현한다.

D. 언제나 더미활동(Dummy activity)을 가진다.

05 **당신의 프로젝트는 어느덧 프로젝트 중반에 도달했습니다. 프로젝트를 문제없이 진행하던 도중에 고객이 프로젝트 일정을 3주 단축해달라는 일정 변경을 공식적으로 요청해왔습니다. 당신의 팀원은 일정 변경을 어떻게 처리해야 하는지 일정 변경에 대한 절차를 궁금해합니다. 당신은 팀원에게 일정 변경에 대한 절차를 이해시키기 위해 어떻게 하는 것이 좋겠습니까?**

A. PMO(Project management office)에 문의하라고 한다.

B. CCB(Change control board)에 문의하라고 한다.

C. 일정 관리 계획서(Schedule management plan)를 참고하라고 한다.

D. 고객의 변경 요청은 무조건 수행하라고 한다.

06 **프로젝트 일정 성과를 측정해본 결과 프로젝트 일정이 5% 지연되어 있어서 일정을 원래대로 맞추기 위해 Crashing과 Fast tracking을 적용하려고 고민하던 중 Fast tracking을 적용하기로 했습니다. 만일 Fast tracking을 이용하여 일정을 단축했다면, 다음 중 어떤 쪽에 더 많은 시간을 할애할 필요가 있습니까?**

A. 조달 관리

B. 리스크 관리

C. 인적 자원 관리

D. 품질 관리

07 **당신과 팀은 회사에서 정한 표준 프로젝트 관리 프로세스에 따라 활동을 정의하고 있습니다. 활동 정의를 통해 만들어진 활동 목록(Activity list)과 활동 속성(Activity attributes)은 일정 개발을 위한 중요한 문서입니다. 다음 중 활동 목록과 활동 속성의 관계를 가장 잘 설명한 것은 무엇입니까?**

A. 활동 목록은 일정 개발에 필요하고, 활동 속성은 일정 개발에 필요하지 않다.

B. 활동 속성은 활동 목록이 만들어지기 전에 작성된다.

C. 활동 목록 개발을 위해 활동 속성이 필요하다.

D. 활동 속성은 활동 목록의 각 활동에 대한 추가 설명을 제공한다.

08 **프로젝트 일정이 지연되어 스폰서가 걱정하고 있습니다. 스폰서는 현재 지연된 2개월을 단축하라고 요청해왔습니다. 일정을 단축하기 위해 프로젝트의 범위를 줄여서는 안 되며, 기존 예산을 초과해서는 안 됩니다. 이런 상황에서 일정을 줄이는 가장 효과적인 방법은 무엇입니까?**

A. 공정압축법(Crashing)을 한다.

B. 공정중첩단축법(Fast tracking)을 한다.

C. 초과시간근무(Overtime)를 한다.

D. 자원을 추가로 더 투입한다.

09 **당신은 팀과 함께 프로젝트 일정을 분석하고 있습니다. Critical path를 찾기 위해 Forward pass와 Backward pass를 수행했고 각 활동의 여유시간을 계산하고 있습니다. 각 활동이 가진 늦은 날짜와 빠른 날짜의 차이인 여유(Float)는 프로젝트 종료일의 지연 없이 지연될 수 있는 활동의 시간을 말합니다. 이 여유는 다양한 이름으로도 불립니다. Float와 동일하게 불리는 용어는 무엇입니까?**

A. Slack
B. Free float
C. Feeding buffer
D. Resource buffer

10 **A라는 활동의 빠른 시작일(ES)은 3일, 빠른 종료일(EF)은 9일, 늦은 시작일(LS)은 13일, 늦은 종료일(LF)은 19일입니다. 이 활동의 기간은 며칠입니까?**

A. 3일
B. 6일
C. 7일
D. 10일

11 **현재 프로젝트 기획(Planning)에서 프로젝트 팀이 일정을 개발하기 위해 WBS로부터 Activity를 식별하고 있습니다. 만일 활동을 제대로 식별하지 못할 경우, 문제가 생길 수 있습니다. 다음 중 활동을 제대로 식별하지 못할 경우 예측되는 사항이 아닌 것은 무엇입니까?**

A. 비용 산정과 기간 산정에 어려움이 있을 것이다.
B. 일정 개발에 어려움이 있을 것이다.
C. 획득가치(Earned value) 계산에 어려움이 있을 것이다.
D. 조달 항목을 결정하고 RFP를 만드는 데 어려움이 있을 것이다.

12 **현재 당신과 팀은 프로젝트 일정을 개발하기 위해서 활동의 연관성을 식별하고 있습니다. 설계를 끝내야 설계도를 가지고 제품을 구현할 수 있습니다. 따라서 구현 전에 반드시 설계가 완료되어야 합니다. 이런 의존 관계는 어떤 의존성의 예제입니까?**

A. 내부 의존성(Internal dependency)
B. 외부 의존성(External dependency)
C. 의무적 의존성(Mandatory dependency)
D. 임의적 의존성(Discretionary dependency)

13 **당신은 팀원들에게 일정을 개발하는 프로세스를 설명해주고 있습니다. 활동 목록과 활동 속성을 만드는 방법을 알려주었고 이제 활동의 순서를 결정하는 방법을 알려주고 있습니다. 현재 참석한 팀원 대부분은 프로젝트 관리에 대한 용어가 익숙하지 않은 사람들이라 우선 용어부터 설명할 필요가 있다고 생각했습니다. 활동의 연관성에 대한 용어 중 Lag를 설명하려고 합니다. Lag를 무엇이라고 설명하는 것이 좋겠습니까?**

A. 선행 활동의 속성으로 인해 후속 활동을 앞당길 수 있는 기한.

B. 선행 활동의 속성으로 인해 선행 활동이 끝나고 바로 후속 활동을 시작하는 것.

C. 선행 활동의 속성으로 인해 후속 활동을 일정 기간 미루는 기한.

D. 선행 활동의 속성으로 인해 후속 활동을 취소시키는 것.

14 **당신이 프로젝트에 가용할 수 있는 회사의 자원은 한정되어 있습니다. 현재 매달 투입해야 하는 자원이 정해져 있어서 일정을 개발할 때 한정된 자원을 고려해서 일정을 재조정할 필요가 있습니다. 당신은 어떤 조치를 해야 합니까?**

A. 몬테카를로 시뮬레이션(Monte Carlo simulation) 수행

B. 공정중첩단축법(Fast tracking) 시행

C. 자원 평준화(Resource leveling) 시행

D. 생애주기 원가(Life cycle costing) 분석 수행

15 **당신의 프로젝트에는 A, B, C, D, E, F, G 7개 활동이 있습니다. A는 프로젝트 첫 활동이며 20시간 걸립니다. B는 A 다음에 수행되며 20시간 걸립니다. C는 B 다음에 수행되며 15시간 걸립니다. E는 A 다음에 수행되며 15시간 걸립니다. F는 E 다음에 수행되며 25시간 걸립니다. D는 C, E, F 다음에 수행되며 10시간 걸립니다. 프로젝트를 진행하던 도중 활동 C가 18시간이 걸렸습니다. 다음 중 맞는 것은 무엇입니까?**

A. Critical path는 68시간입니다.

B. Critical path는 A, E, F, D입니다.

C. Critical path는 A, B, C, D입니다.

D. Critical path는 처음보다 3시간이 늘어났습니다.

16 활동 1은 즉시 시작할 수 있으며 기간은 2주입니다. 활동 2는 활동 1이 끝나고 시작할 수 있으며 기간은 3주입니다. 활동 3은 활동 2가 끝나고 시작할 수 있으며 기간은 4주입니다. 활동 4는 활동 2가 끝나고 시작할 수 있으며 기간은 2주입니다. 활동 5는 활동 3과 활동 4가 끝난 후에 시작할 수 있으며 기간은 1주입니다. 현 상황에서 프로젝트 주경로(Critical path)의 기간은 몇 주입니까?

A. 10
B. 11
C. 14
D. 8

17 16번 문제에서 활동 4의 기간이 5주로 바뀌면 주경로(Critical path)의 기간은 어떻게 됩니까?

A. 10
B. 11
C. 14
D. 8

18 다음 표를 바탕으로 프로젝트 일정을 작성할 경우 Critical path는 어떻게 되며 몇 주입니까?

활동	선행 활동	기간(Week)
Start	–	0
A	Start	3
B	A	4
C	A	3
D	A	4
E	B	3
F	B, C	4
G	D	7
H	E, F	4
End	H, G	0

A. Start-A-B-E-H-End, 13주
B. Start-A-B-F-H-End, 14주
C. Start-A-C-F-H-End, 15주
D. Start-A-B-F-H-End, 15주

19 **당신은 방금 킥오프 미팅을 끝내고 팀원들과 미팅을 하고 있습니다. 팀원 중 한 사람이 "우리가 기획에서 프로젝트 일정을 개발했는데, 프로젝트에서 일정을 개발하는 이유가 무엇입니까?"라고 질문합니다. 당신은 어떻게 대답하는 것이 다음 보기 중에서 가장 좋겠습니까?**

A. 일정을 개발하는 이유는 일정상의 리스크를 식별하여 리스크를 관리하기 위해서입니다.

B. 일정을 개발하는 이유는 우리가 언제 프로젝트를 종료해야 하는지 프로젝트 종료일을 알기 위해서입니다.

C. 일정을 개발하는 이유는 우리가 해야 하는 여러 활동의 시작일과 종료일을 알기 위해서입니다.

D. 일정을 개발하는 이유는 프로젝트 전체 예산을 결정하기 위해서입니다.

20 **당신은 방금 팀원들과 일정 개발을 끝내고 최종 검토를 하고 있습니다. 그런데 이번 프로젝트는 해본 경험이 많지 않아서 다른 프로젝트에 비해 불확실성이 높습니다. 이미 리스크들도 많이 식별된 상태입니다. 그런데 일정을 보니 식별된 리스크를 고려해서 추가로 여유시간을 잡은 부분이 없는 것을 발견해서 전체 일정의 15%를 예비 시간으로 준비하려고 합니다. 이 예비 시간을 무엇이라고 합니까?**

A. Contingency reserve

B. Management reserve

C. Known-risk reserve

D. Emergency reserve

21 **방금 당신과 팀은 프로젝트 일정을 개발하기 위해 활동의 순서를 모두 식별하여 프로젝트 일정 네트워크 다이어그램을 작성했습니다. 활동의 순서를 식별하는 동안 제품의 특성으로 인해 반드시 따라야 하는 물리적 조건을 식별할 필요가 있었습니다. 당신은 제품의 특성을 파악하기 위해서 어떤 문서를 참조했어야 합니까?**

A. WBS

B. Project scope statement

C. Activity list

D. Project statement of work

22 **당신 팀은 방금 전에 주요 인도물과 작업을 인도물 중심으로 분할해서 Work package를 결정했습니다. 이제 일정을 만들기 위해서 Work package를 만들기 위해 필요한 활동을 식별하려고 합니다. 그런데 갑자기 급한 출장이 생겨서 1주일간 외국에 나갔다 와야 합니다. 당신이 없는 동안 팀이 계속해서 일정을 개발할 수 있도록 지시를 하려고 합니다. 활동을 식별한 후에 무엇을 하라고 지시하는 것이 좋겠습니까?**

A. 활동의 순서를 결정한 후에 자원을 산정하라고 한다.

B. 활동의 순서를 결정한 후에 활동으로부터 리스크를 식별하라고 한다.

C. 활동의 기간을 산정한 후에 자원을 산정하라고 한다.

D. 활동의 기간을 산정한 후에 기간의 정확성을 전문가로부터 확인받으라고 한다.

23 **당신은 방금 일정 개발을 마치고 최종 일정을 검토하고 있습니다. 전체 일정에 마일스톤은 17개가 포함되어 있습니다. 다음 중 마일스톤에 대해 틀리게 설명한 것은 무엇입니까?**

A. 어떤 마일스톤은 우리가 마음대로 움직일 수 없는 특정 고정된 시점일 수 있다.

B. 어떤 마일스톤은 우리가 임의적으로 지정해서 표현할 수 있다.

C. 마일스톤은 시작일과 종료일을 명시해야 한다.

D. 마일스톤은 고객이나 스폰서가 요구하는 경우가 있다.

24 **당신은 일정을 개발하기 위해 활동 목록을 검토하고 있고 각 활동에 대한 속성도 검토하고 있습니다. 그런데 '웹사이트 회원가입 모듈 개발'이라는 활동은 아무리 늦어도 8월 10일 이전에 종료해야 합니다. 이런 제약조건을 무엇이라고 합니까?**

A. Start No Earlier Than

B. Start No Later Than

C. Finish No Later Than

D. Finish No Earlier Than

25 **활동과 활동의 논리적 연관관계는 FS, FF, SS, SF의 총 4가지 연관성이 있습니다. 다음 보기 중에서 SS를 표현한 그림은 어떤 것입니까?**

A.

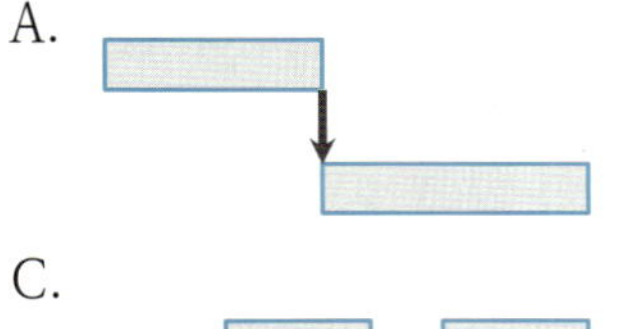

B.

C.

D.

26 **당신은 어떤 팀원에게 광케이블을 지하에 20m 매설하는 활동이 얼마나 걸릴지 산정해서 보고하라고 요청했습니다. 팀원은 1m 매설에 4시간 정도 걸리므로 총 80시간 정도 걸릴 것으로 보고합니다. 팀원은 어떤 기간 산정 기법을 사용했습니까?**

A. 유사 산정(Analogous estimating)

B. 모수 산정(Parametric estimating)

C. 3점 산정(Three-point estimating)

D. 예비 분석(Reserve analysis)

27 **현재 프로젝트의 일정은 지연되어 있는 상태입니다. 일정을 계획대로 맞추기 위해 자원 최적화 기법을 사용하려고 합니다. 당신은 Critical path가 변하지 않는 것을 원합니다. 현 상황에서 어떤 기법을 사용하는 것이 좋겠습니까?**

A. Resource leveling

B. Resource smoothing

C. Resource control

D. Resource assignment

28 **회사에서 신규 프로젝트가 시작되었고 팀을 구성하였습니다. 이번 프로젝트는 규모가 커서 A팀, B팀, C팀 3개 팀이 같이 일합니다. 당신은 팀 C의 리더인데, 팀 A의 작업이 제대로 진행되지 않아서 일정이 늦어지고 있습니다. 이 문제를 어떻게 처리하는 것이 가장 좋겠습니까?**

A. 팀 A의 리더와 PM에 이 사실을 말한다.

B. 팀 A의 리더와 팀 B의 리더에게 상황을 말하고 해결방법을 찾는다.

C. 팀 B의 리더와 논의한다.

D. PM에게 이 사실을 말하고 해결방법을 찾는다.

29 **당신은 일정을 개발하면서 Critical path를 찾기 위해 일정을 분석하고 있습니다. 각 활동에 대한 ES, EF, LS, LF를 계산하려고 하는데, ES와 EF를 먼저 계산하려고 합니다. 당신은 무엇을 해야 합니까?**

A. Forward pass를 수행한다.

B. Front pass를 수행한다.

C. Backward pass를 수행한다.

D. Reverse pass를 수행한다.

30 **다음 일정에서 빈칸을 모두 채웠을 때 활동 F의 ES는 며칠입니까? (프로젝트 시작일은 1/10이며, 토요일과 일요일도 일하는 것으로 합니다.)**

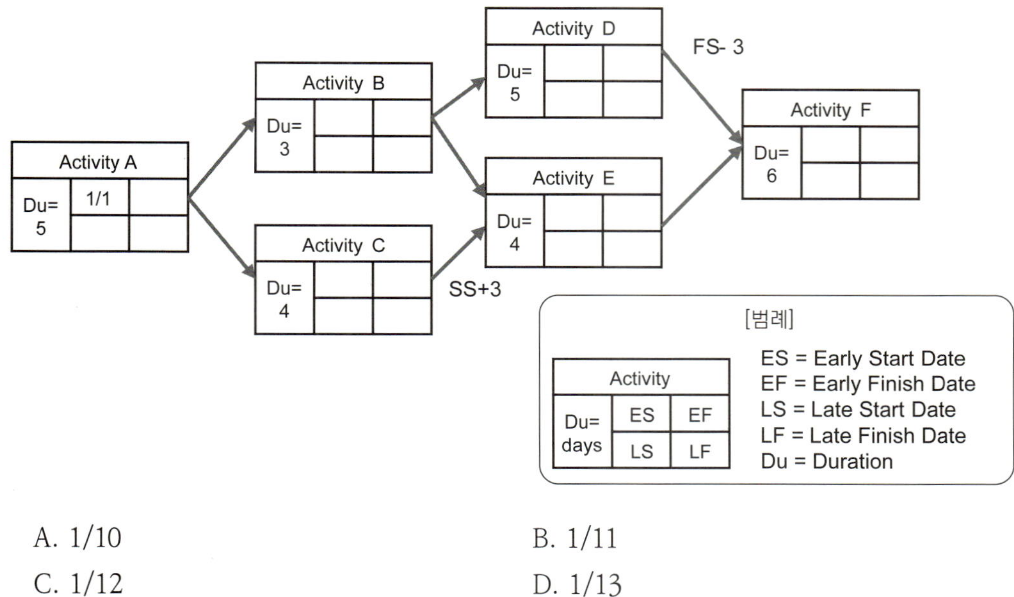

A. 1/10　　　B. 1/11

C. 1/12　　　D. 1/13

06 예상 문제 해설

01 **정답 D.** 프로젝트의 전체 기간은 네트워크 다이어그램에서 연관성을 모두 식별한 후에 자원 및 제약 사항 등을 고려해야 전체 기간이 나옵니다.

02 **정답 A.** 프로젝트 관리팀은 [활동 순서배열] 프로세스에서 재량에 따라 임의적인 의존성을 결정할 수 있으며, 일반적으로 임의적 의존성은 특정 산업분야 내의 모범적 실무 관행의 지식에 근거하는 경우가 많습니다.

03 **정답 C.** 마일스톤 차트는 핵심 이벤트 중심으로 표현되어 있으므로 활동 별로 표현되어 있는 막대 차트보다 상위 관리자에 보고하기 좋습니다.

04 **정답 D.** Dummy activity는 ADM(Arrow diagramming method) 방식에서 활동의 연관성을 정확하게 표현하기 위해 사용했던 것으로 PDM에서는 사용하지 않습니다.

05 **정답 C.** 일정 변경을 어떻게(How) 처리할 것인지에 대한 방법은 일정 관리 계획서에 포함되어 있습니다.

06 **정답 B.** 공정중첩단축법은 정상적인 순서를 일부러 중첩해서 진행하므로 리스크가 증가하며 실패할 경우 재 작업을 수행해야 합니다.

07 **정답 D.** 활동 속성은 활동 목록에 대한 상세 설명입니다.

08 **정답 B.** 공정압축법은 예산이 더 들어가야 하는데 현재 예산을 초과하면 안 되므로 공정중첩단축법을 시행합니다.

09 **정답 A.** Float는 Slack, Path float, Total float로 불리기도 합니다.

10 **정답 C.** ES가 3일이고 EF가 9일이므로 3, 4, 5, 6, 7, 8, 9일 해서 총 7일입니다.

11 **정답 D.** 조달 항목 결정은 WBS를 가지고 합니다.

12 **정답 C.** 의무적 의존성은 반드시 따라야 하는 연관성이며 보통 물리적인 제한을 포함합니다.

13 **정답 C.** Lag는 선행 활동의 속성으로 인해 후속 활동을 일부러 지연시키는 것을 말합니다.

14 **정답 C.** 자원이 한정된 수량만 이용할 수 있거나 특정 시간대에만 가능한 경우에 자원에 맞춰서 일정을 조정하는 자원 평준화를 시행합니다.

15 **정답 B.** 그림을 그리면 다음과 같으며 Critical path는 A, E, F, D가 됩니다.

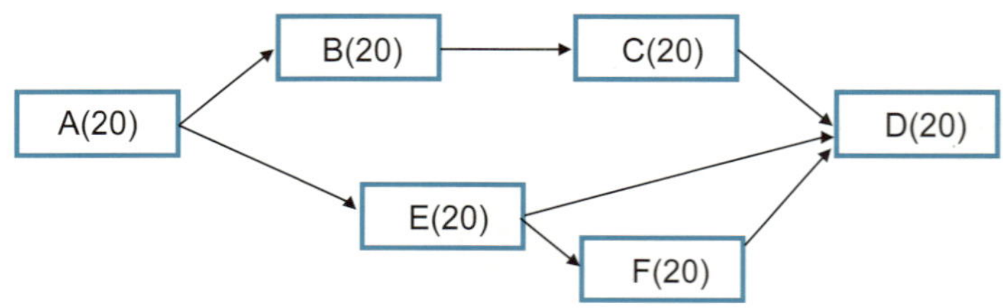

16 **정답 A.** 2+3+4+1 = 10주가 가장 긴 경로입니다. (활동1-활동2-활동3-활동5)

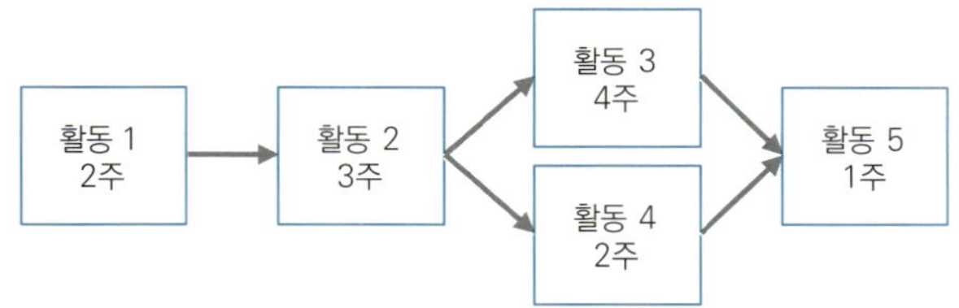

17 **정답 B.** 2+3+5+1 = 11주로 가장 긴 경로가 18번의 경로에서 활동1-활동2-활동4-활동5로 바뀌게 됩니다.

18 **정답 D.** 경로는 총 4개이며 Start-A-B-E-H-End: 14주, Start-A-B-F-H-End: 15주, Start-A-C-F-H-End: 14주, Start-A-D-G-End: 14주입니다. 따라서 Start-A-B-F-H-End가 주경로이며, 15주입니다.

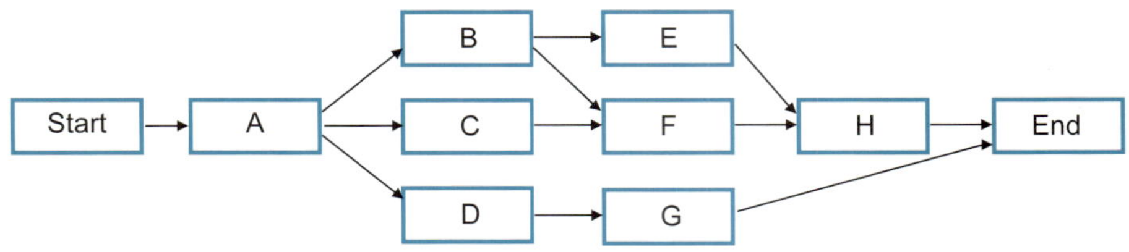

19 **정답 C.** 활동과 활동의 흐름, 자원, 제약사항을 모두 고려하여 일정을 개발하면 각 활동의 시작일과 종료일을 알 수 있습니다.

20 **정답 A.** 식별된 리스크에 대한 예비를 Contingency reserve라고 합니다.

21 **정답 B.** 프로젝트 헌장을 투입물로 [범위 정의]에서 제품 분석을 수행하여 범위 기술서에는 제품 범위 기술서(Product scope description)가 포함되어 있습니다.

22 **정답 A.** 활동을 식별한 후에 활동의 순서를 결정할 수 있습니다. 활동으로부터 자원도 산정할 수 있지만, 자원이 기간 산정에 영향을 주기 때문에 기간 산정 전에 자원 산정을 먼저 할 필요가 있습니다.

23 **정답 C.** 마일스톤은 시점이므로 기간이 없습니다. 따라서 시작일과 종료일이 없고 특정 날짜가 지정된 경우가 많습니다

24 **정답 C.** 이전 종료는 Finish No Later Than을 말합니다.

25 **정답 D.** A는 FS, B는 FF, C는 SF를 표현한 것입니다.

26 **정답 B.** 비슷한 특징이 반복될 경우 하나의 특징(모수)을 결정해서 산정한 후 나머지는 수량으로 곱하는 것을 모수 산정이라고 합니다.

27 **정답 B.** 자원 최적화는 자원 평준화(Resource leveling)와 자원 평활화(Resource smoothing) 두 가지 방법이 있으며, Critical path 내에서 조정하는 것은 자원 평활화입니다.

28 **정답 A.** 문제가 생기면 문제의 당사자들이 만나서 처리해야 하며, PM에게도 보고해야 합니다.

29 **정답 A.** Forward pass로 ES, EF를 구하며, Backward pass로 LS, LF를 구합니다.

30 **정답 D.** 빈칸을 모두 채우면 다음과 같습니다.

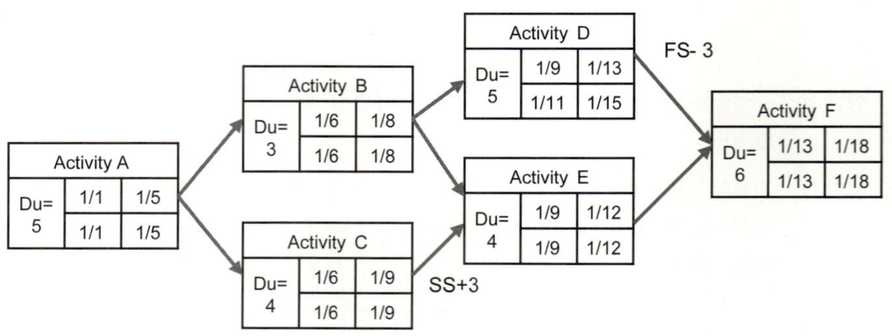

F는 D와 E의 영향을 받습니다. D와 F와의 관계만 보면 F는 D가 끝나는 1/13보다 3일 앞인 1/11에 시작하는 것이 맞습니다. 하지만 E도 F와 연결되어 있으므로 E도 고려해야 합니다. E는 1/12에 끝나므로 F는 그 다음날 1/13에 시작해야 합니다. 만약 D를 고려해서 1/11에 F가 시작하면 E와 F는 겹치게 됩니다. 그래서 F의 ES는 1/13이 됩니다. 이 일정을 막대 차트로 표현하면 다음과 같습니다.

활동	기간	01월
		01 02 03 04 05 06 07 08 09 10 11 12 13 14 15 16 17 18
A	5 일	
B	3 일	
C	4 일	
D	5 일	
E	4 일	
F	6 일	

06 용어의 뜻 연결하기 정답

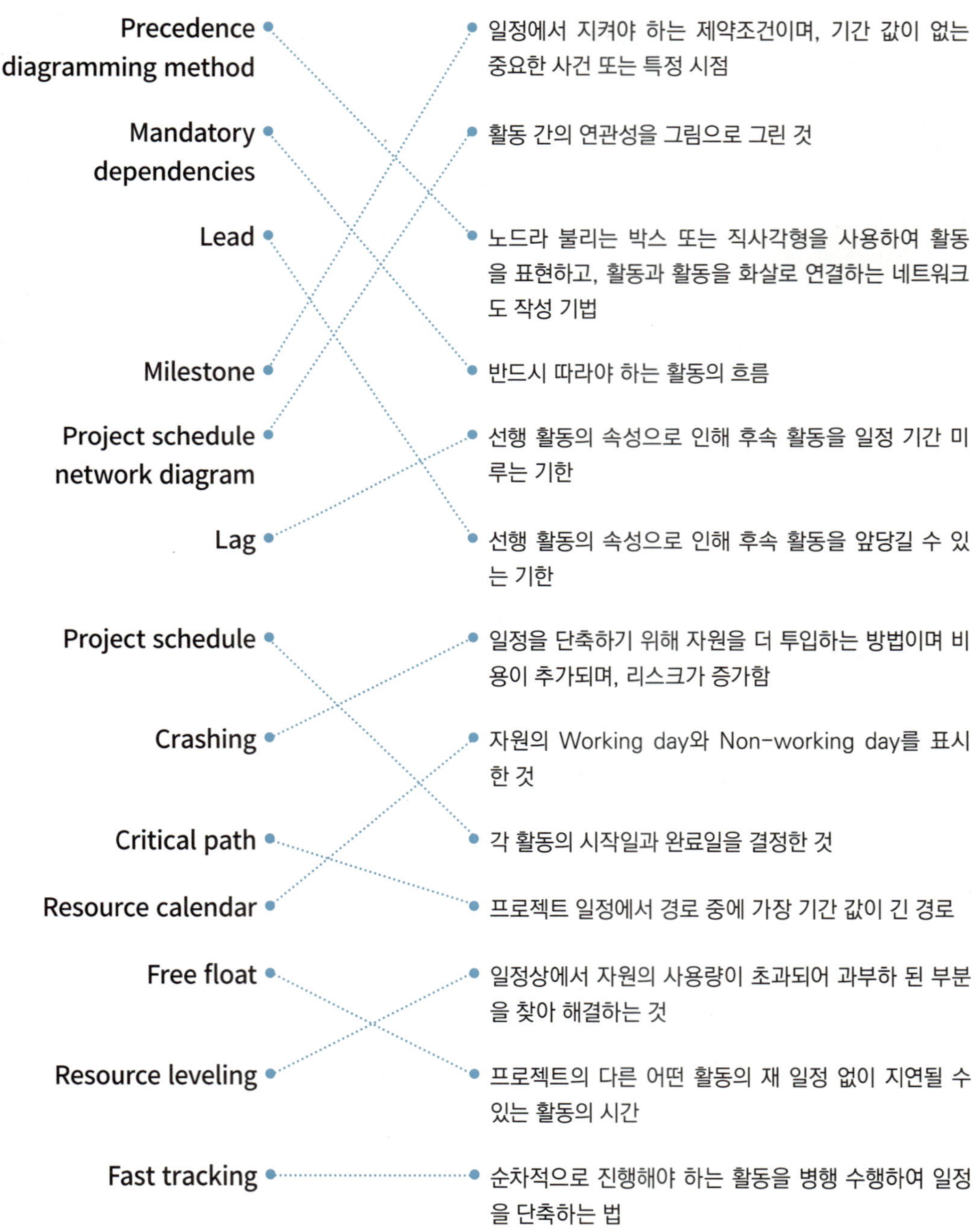

프로젝트 원가 관리
(Project Cost Management)

핵심 포인트

- 원가 관리 계획서에 포함되는 내용
- 원가 산정 기법의 종류와 의미
- 산정의 범위 – 개략 산정, 예산 산정, 최종 산정
- 원가의 종류와 의미 – 간접비, 직접비, 고정비, 변동비
- 생애주기 원가 산정(Life cycle costing)의 의미
- 학습곡선(Learning curve)의 의미
- 원가 기준선(Cost baseline)의 수립 방법 및 의미
- Contingency reserve와 Management reserve의 비교
- 획득가치 관리(Earned value management)의 이해
  - EV, PV, AC, SV, CV, SPI, CPI, ETC, EAC, VAC, BAC, PC, PS, TCPI

07 프로젝트 원가 관리 (Project Cost Management)

시작하기에 앞서…

프로젝트에서 원가 관리는 왜 필요할까요? 반대로 프로젝트 관리자가 프로젝트를 수행할 때 원가 관리를 하지 않으면 어떤 문제가 생길까요? 어떤 프로젝트든지 돈이 필요하고, 돈은 무한대로 주어지지 않습니다. 프로젝트의 대표적 제약사항 중 하나는 바로 한정된 예산입니다. 프로젝트는 한정된 예산안에 끝내야 할 목표가 있는데, 원가 관리를 해야 **정해진 예산 안에 프로젝트를 완료**할 수 있을 것입니다. 그럼 어떻게 해야 한정된 예산 안에서 프로젝트를 끝낼 수 있을까요? 우리가 사용할 예산을 대충 만들면 안 될 것입니다. 예산이라는 것은 미래에 대한 예측인데, 예측이 제대로 안 된 예산이 프로젝트 관리 계획서에 포함되면 계획 자체가 문제가 있고 실행이 잘될 수가 없습니다.

전체 예산을 잘 만들기 위해서는 우선 부분적 원가(비용)에 대한 예측부터 잘해야 할 것입니다. 프로젝트에 필요한 전체 비용은 각 부분적 비용의 합산이기 때문입니다. 그래서 7장은 원가 관리 계획서를 준비하는 프로세스 1개, 부분 비용(원가) 산정에 대한 프로세스 1개, 부분 비용 산정치를 합쳐서 전체 예산을 결정하는 프로세스 1개가 있으며, 승인된 예산인 원가 기준선을 지키는 통제 프로세스 1개로 구성되어 있습니다.

프로젝트 원가 관리는 프로젝트의 돈을 다루는 부분입니다. Cost는 일반적으로 원가로 번역해서 사용하지만 '비용'으로 해석해도 무방합니다. 프로젝트에서 돈은 시간과 함께 매우 중요한 요소입니다. 따라서 PMP® 시험에서 7장의 출제 비중은 꽤 높은 편입니다. 기본적으로 원가 관리에 대한 4개의 프로세스를 이해하는 것도 중요하고 Cost에 관련된 용어와 특히 [원가 통제] 프로세스의 도구 및 기법에 나오는 **획득가치 분석**은 시험에 거의 빠지지 않고 다수의 문제가 출제되는 부분이므로 중요합니다.

[표 7-1] 원가 관리 프로세스

프로세스 그룹	프로세스
Planning	7.1 원가 관리 계획수립(Plan Cost Management) 7.2 원가 산정(Estimate Costs) 7.3 예산 책정(Determine Budget)
Monitoring and Controlling	7.4 원가 통제(Control Costs)

7장 원가 관리의 4개 프로세스와 역할은 다음과 같습니다.

7.1 원가 관리 계획수립(Plan Cost Management) –프로젝트의 원가를 산정하고 예산 책정을 책정하고 원가의 지출을 감시 및 통제하기 위한 방법을 정의하는 프로세스.

7.2 원가 산정(Estimate Costs) – 프로젝트 활동을 완료하기 위해 요구되는 자원의 원가에 대한 근사치를 개발하는 프로세스.

7.3 예산 책정(Determine Budget) – 산정된 원가들을 합산하여 승인된 '원가 기준선(Cost baseline)'을 수립하는 프로세스.

7.4 원가 통제(Control Costs) – 프로젝트의 예산을 실적과 비교하여 차이를 식별하고 원가 기준선에 대한 변경을 관리하는 프로세스.

[표 7-2] 원가 관리 프로세스의 주요 투입물과 산출물

주요 투입물	원가 관리 프로세스	주요 산출물
프로젝트 관리 계획서 프로젝트 헌장	7.1 원가 관리 계획수립	원가 관리 계획서
범위 기준선 프로젝트 일정 자원 요구사항 리스크 관리대장	7.2 원가 산정	원가 산정치 산정 기준서
범위 기준선 원가 산정치 산정 기준서 프로젝트 일정 리스크 관리대장 협약	7.3 예산 책정	원가 기준선 프로젝트 자금 요구사항
원가 기준선 성과 측정 기준선 프로젝트 자금 요구사항 작업 성과 데이터	7.4 원가 통제	작업 성과 정보 원가 예측치 변경 요청

7.1 원가 관리 계획수립(Plan Cost Management)

[원가 관리 계획수립] 프로세스는 어떻게 원가를 산정하고 예산을 결정하고, 통제할 것인지에 대한 방법을 결정하고 문서화하는 프로세스입니다.

[표 7-3] 원가 관리 계획수립의 ITTO

원가 관리 계획수립(Plan Cost Management)		
지식영역: 원가 관리(Cost management)	프로세스 그룹: 기획(Planning)	
투입물	**도구 및 기법**	**산출물**
1. 프로젝트 헌장 2. 프로젝트 관리 계획서 • 일정 관리 계획서 • 리스크 관리 계획서 3. 기업 환경 요인 4. 조직 프로세스 자산	1. 전문가 판단 2. 데이터 분석 • 대안 분석 3. 회의	1.원가 관리 계획서

[표 7-3]은 [원가 관리 계획수립] 프로세스의 Inputs, Tools and Techniques, Outputs입니다. 사전 승인된 재무자원에 대한 정보를 포함한 프로젝트 헌장을 주요 투입물로 사용하여 원가 관리 계획서를 수립합니다.

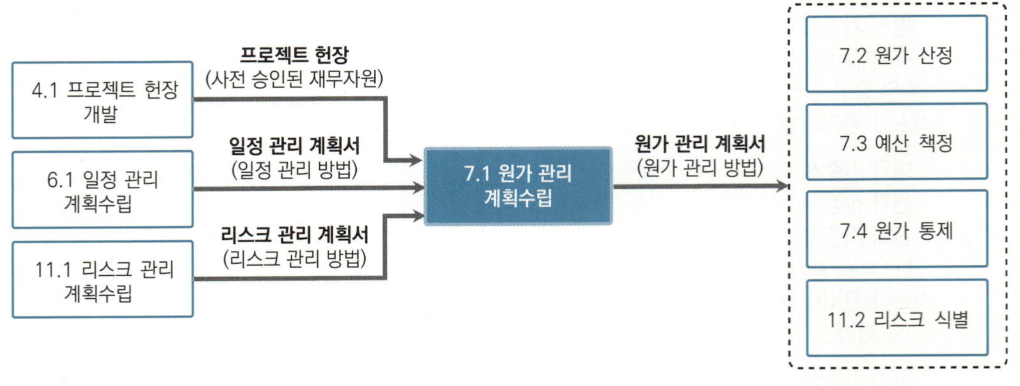

[그림 7-1] 원가 관리 계획수립의 주요 흐름

[그림 7-1]은 [원가 관리 계획수립]의 주요 흐름을 표현합니다. 가장 핵심 투입물은 프로젝트 헌장입니다. 프로젝트 헌장에는 원가를 산정하고 예산을 책정하는데 바탕이 되는 사전 승인된 재무자원 정보가 포함되어 있습니다.

[표 7-4] 원가 관리 계획수립 산출물의 투입 이유

원가 관리 계획서 투입 프로세스	투입 이유
7.2 원가 산정	원가 산정 방법을 포함하고 있기 때문에.
7.3 예산 책정	원가를 합산하여 예산을 결정하는 방법을 포함하고 있기 때문에.
7.4 원가 통제	원가 통제 방법을 포함하고 있기 때문에.
11.2 리스크 식별	원가 관리 계획서에 포함된 불확실성을 기반으로 리스크를 식별하기 위해서.

7.1.1 원가 관리 계획수립: 투입물

원가 관리에 영향을 줄 수 있는 요소를 투입물로 사용하며, 작성된 원가 관리 계획서는 프로젝트 관리 계획서로 통합됩니다.

7.1.1.1 프로젝트 헌장(Project charter)

프로젝트 헌장 안에는 사전 승인된 재무자원이 포함되어 있습니다. 대부분의 프로젝트는 한정된 예산으로 진행하므로 사전에 결정된 예산은 원가 관리 방법을 결정하는 데 있어서 중요한 고려 요소입니다. 또한, 프로젝트 헌장에는 원가 관리에 영향을 줄 수 있는 프로젝트 승인 요구사항도 정의되어 있습니다.

7.1.1.2 프로젝트 관리 계획서(Project management plan)

원가 관리 방법에 영향을 줄 수 있는 일정 관리 계획서와 리스크 관리 계획서를 투입물로 사용합니다.

◆ 일정 관리 계획서(Schedule management plan)

일정에 포함된 활동의 기간이 길수록 자원의 소비량이 많아서 비용(원가)이 많이 필요합니다. 기간 산정 방법을 포함한 일정을 개발하는 방법이 포함된 일정 관리 계획서는 원가 산정에 영향을 줄 수 있으며, 원가 산정 방법은 원가 관리 계획서에 포함되므로 일정 관리 계획서를 투입물로 사용합니다.

◆ 리스크 관리 계획서(Risk management plan)

원가를 산정하는 것은 미래에 들어갈 비용을 예측하는 것이며, 예측에는 항상 불확실성이 포함되므로 리스크를 고려해서 원가를 산정해야 합니다. 리스크를 식별, 분석, 감시하는 방법이 포함된 리스크 관리 계획서는 원가 산정에 영향을 줄 수 있으며, 원가 산정 방법은 원가 관리 계획서에 포함되므로 리스크 관리 계획서를 투입물로 사용합니다.

7.1.1.3 기업 환경 요인(Enterprise environmental factors)

회사와 관련된 시장 여건(Market condition), 현재 환율, 출판된 원가 자료 등을 이용합니다.

7.1.1.4 조직 프로세스 자산(Organizational process assets)

과거 유사한 프로젝트의 재무 자료나 선례 정보, 교훈 사항 등을 참조할 수 있습니다.

7.1.2 원가 관리 계획수립: 도구 및 기법

원가 관리 계획수립은 다른 계획을 수립하는 방법과 유사합니다. 회의를 통해서 의견을 교환하고 대안을 찾아서 가장 효과적인 원가 관리 방법을 결정합니다.

7.1.2.1 전문가 판단(Expert judgment)

이전 프로젝트의 경험이나 특정 산업분야에 대한 전문성은 원가 관리 계획수립에 도움이 됩니다.

7.1.2.2 데이터 분석(Data analysis)

원가 관리 계획서를 수립할 때 최선의 방법을 결정하기 위해 대안 분석을 활용합니다. 프로젝트 자금을 관리하기 위해서 다양한 방법들이 사용될 수 있습니다. 프로젝트에 가장 알맞은 방법을 선정해서 원가 관리 계획서에 포함시킵니다.

7.1.2.3 회의(Meetings)

원가 관리 계획서를 개발하기 위해서 여러 이해관계자가 참여하는 회의를 진행합니다. 원가 관리 계획서는 여러 관련된 사람이 모여서 같이 만듭니다.

7.1.3 원가 관리 계획수립: 산출물

프로세스 이름에 계획수립(Plan)이 들어간 프로세스의 산출물은 계획서입니다. [원가 관리 계획 수립]의 산출물은 원가 관리 계획서이며, 향후 원가 관리의 지침 역할을 합니다. 원가 관리 계획서는 프로젝트 관리 계획서의 보조 계획서로 통합됩니다.

7.1.3.1 원가 관리 계획서(Cost management plan)

프로젝트 원가를 어떻게 산정하고, 예산을 책정하고, 원가를 통제할 것인지에 대한 방법이 결정되어 원가 관리 계획서에 포함됩니다. 원가 관리 계획서에 포함될 수 있는 내용은 다음과 같습니다.

◆ 측정 단위(Unit of measure)

원가의 바탕이 되는 각 자원을 어떤 기준으로 측정할 것인가에 대한 단위가 정의됩니다. (시간, 일, 주, 월, 미터, 리터, 톤 등)

◆ 정밀도 수준(Level of precision)

원가 산정치의 반올림이나 버림을 어떤 기준으로 할 것인지 결정합니다. 1,000원 단위를 기준으로 할지, 1만 원 단위를 기준으로 할지 결정합니다. 만약 1만 원 단위를 기준으로 했을 때 어떤 비용 산정치가 9,900원이면 1만 원으로 반올림할 수 있습니다. 반올림 또는 버림 기준을 정할 필요가 있습니다.

◆ 정확도 수준(Level of accuracy)

현실적인 원가 산정치를 결정하기 위해 수용 가능한 범위를 결정합니다. 만약 어떤 비용 산정치가 100원에서 1,000만 원 사이라고 산정하면 이것은 산정의 의미가 없습니다. 예를 들면, ±10%를 수용 범위로 결정합니다. 만약 100만 원이 기준이면 90만 원~110만 원 범위로 산정할 수 있습니다.

◆ 조직 절차 연계(Organizational procedures links)

프로젝트의 원가 회계는 WBS의 통제 단위(Control account)를 사용합니다. 그 통제 단위에 조직의 회계 시스템에 연결되는 코드나 회계번호가 할당됩니다. Control account는 예전에 Cost account라고도 했으며 통제 단위에 할당되는 코드를 Cost account code라고 합니다.

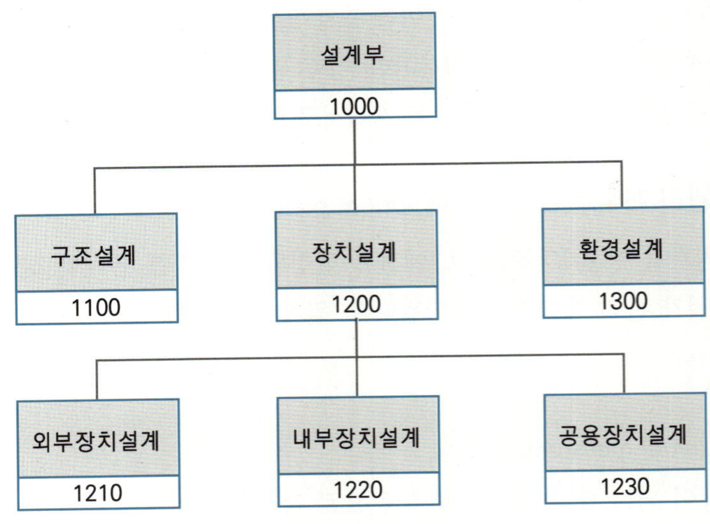

[그림 7-2] 통제단위 별로 코드를 배정한 예

◆ 통제 한계선(Control thresholds)

돈을 항상 계획대로 쓰는 것은 불가능하므로 계획과 실제 원가가 다를 때마다 원가를 통제하면 거의 매일 통제해야 할 것입니다. 그래서 정상적 차이의 범위로 인정할 수 있는 한계를 정하는 것입니다. 예를 들면, 기준으로부터 -10%~+10%를 기준으로 하는 것입니다. 만약 정해진 시점에 실제 사용한 원가를 측정한 결과 정해진 한계를 넘으면 문제가 있는 것이므로 즉각 문제의 원인을 식별하고 조치를 해야 하며, 한계선 안에서 차이가 나는 것은 정상으로 보고 계속 진행합니다.

◆ 성과 측정 규칙(Rules of performance measurement)

프로젝트에서 보통 성과 측정을 위해 획득가치 관리(Earned value management)를 사용하는데, 이때 획득가치 관리에 관련된 규칙을 정합니다. 획득가치는 우리나라에서 기성고

(旣成高)라고 부르기도 하는데요, 한자를 풀이해 보면 '이미(旣) 달성한 작업(成)의 가치(高)'가 됩니다. 근래에는 기성고라는 말보다 획득가치라는 용어를 더 많이 사용하는 추세입니다. 기성고가 무슨 말인지 잘 이해가 안 될 수 있는데요, 다음 예를 통해 이해해 보겠습니다.

우선 획득가치라는 것은 **실제 수행한 작업에 대한 가치를 비용으로 전환한 개념**입니다. 예를 들면, 어떤 프로젝트가 있는데, 이 프로젝트는 5일간 하루에 책상 10개씩 총 50개를 만드는 범위를 갖고 있습니다. 책상 하나에 들어갈 비용을 산정했더니 10원으로 산정되었고 총 50개를 만들어야 하므로 필요한 전체 예산은 5백 원입니다. 이 내용을 정리하면 다음 표와 같습니다.

[표 7-5] 책상 50개 만들기 프로젝트의 예시

Day	1	2	3	4	5	합계
책상 수	10개	10개	10개	10개	10개	50개
계획한 비용	100원	100원	100원	100원	100원	500원

현재 3일이 지났고 책상을 3일째까지 누적하여 총 30개를 만들었습니다. 30개를 만든 일에 대한 돈의 가치는 어떻게 계산하면 될까요? 1개 만드는데 10원이 들기 때문에 30개 만든 것은 300원어치 일을 했다고 생각할 수 있습니다. 다시 말하면 계획된 예산에 작업 진척율을 곱하는 것입니다. 즉, 3일까지의 예산은 300원이고 3일까지 30개를 만들기로 했는데 30개를 다 했으므로 100% 일을 다 한 것입니다. 따라서 실제 일한 가치도 300원x100%=300원이 됩니다.

만일 2일째 15개를 완료했으면 실제 일한 가치는 얼마가 될까요? 2일까지 예산이 총 200원이고 20개 만들어야 하는데 15개 만든 것은 75% 진척한 것입니다. 따라서 200원x75% = 150원어치 일을 했다고 알 수 있습니다. 만일 5일째 50개를 다 만들었다면 결국 마지막의 전체 완료한 작업 가치는 500원이라고 할 수 있는 것입니다. 이렇게 실제 한(이미 달성한) 일의 가치를 획득가치라고 합니다. 보통 계획된 예산에 진척율을 곱해서 구하는데 이런 방법으로 획득가치를 계산하는 것을 Percent complete 방식이라고 합니다. [그림 7-3]을 보면 아직 일정이 전체 기간의 반을 안 왔더라도 실제로 한 일이 전체 일의 50%를 수행했다면 50원어치 일을 했다고 인정할 수 있습니다.

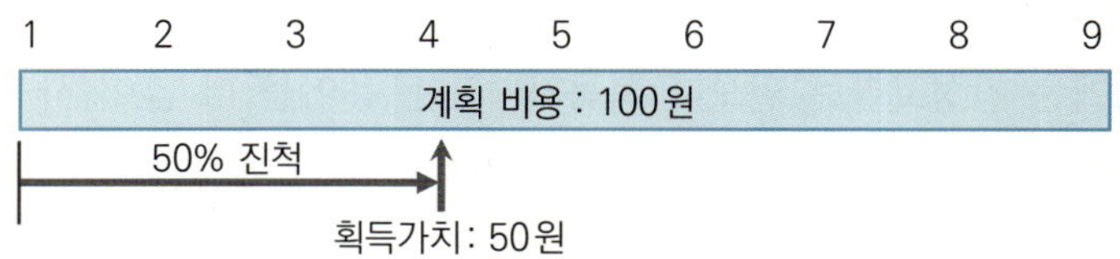

[그림 7-3] Percent complete 규칙으로 획득가치 측정

그런데 모든 프로젝트 작업의 획득가치를 이렇게 진척율을 곱해서 구할 수 있을까요? 그렇지 않을 수도 있습니다. 왜냐하면, 모든 프로젝트의 작업이 앞의 예제처럼 개수로 작업량이 결정되는 것은 아니기 때문입니다. 예를 들면, 신약을 개발하는 제약 연구소에서 신약 개발 프로젝트를 하고 있는데, 한 팀원이 주간 보고서에 이번 주에 실험을 5번 했다고 적어서 제출했습니다. 이 팀원은 계획 대비 몇 % 일했다고 인정해 주어야 할까요? 건설같이 외형이 눈에 보이는 프로젝트는 진척율을 구하기 쉽지만, R&D 분야에서 하는 프로젝트는 진척율을 구하기가 쉽지 않습니다.

이런 경우에는 진척율로 일의 성과를 측정하기보다는 정해진 일의 목표를 달성해서 원하는 결과를 얻었을 때 실제 일을 완료했다고 볼 수 있을 것입니다. 어떻게 보면 과정의 진척율을 구할 수 없기 때문에 과정을 인정할 수 없는 것입니다. 과정만으로는 일을 했는지 안 했는지 판단이 안 되어 최종 작업 결과가 나왔을 때 한꺼번에 전체 작업 수행을 인정해주는 것입니다.

이렇게 과정의 진척율을 구하기 어려운 경우에는 획득가치를 다른 방법으로 구해야 합니다. 그중에 하나가 0-100 규칙이 있습니다. 즉, 100% 완료되기 전까지는 실제 일한 가치를 측정할 수 없으므로 획득가치를 인정하지 않고 100% 완료한 것을 확인했을 경우에만 획득가치를 인정해 주는 것입니다. [그림 7-4]를 보면 과정에서 획득가치는 인정되지 않으며, 전체 작업을 완료했을 때만 한꺼번에 획득가치를 100% 인정해줍니다.

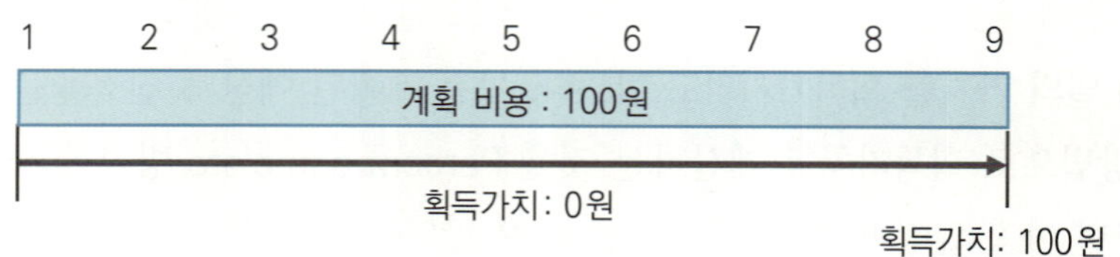

[그림 7-4] 0-100 규칙으로 획득가치 측정

사실 0-100은 과정을 전혀 인정해주지 않기 때문에 작업을 수행한 작업자 입장에서 불만을 가질 수 있습니다. 그래서 0-100 규칙 말고 다른 방법도 가능합니다. 시작할 때 20% 인정하고 끝나면 80% 인정하는 20-80 규칙을 적용할 수도 있고, 시작할 때 50% 인정, 끝날 때 50% 인정하는 50-50 규칙도 가능합니다. 이런 규칙은 작업 특성에 따라 결정하기 나름입니다. 이렇게 정해진 공식에 따라 획득가치를 계산하는 것을 **Fixed formula**라고 합니다. 획득가치를 측정하는 방법은 각 작업의 특성에 따라 다양하게 됩니다.

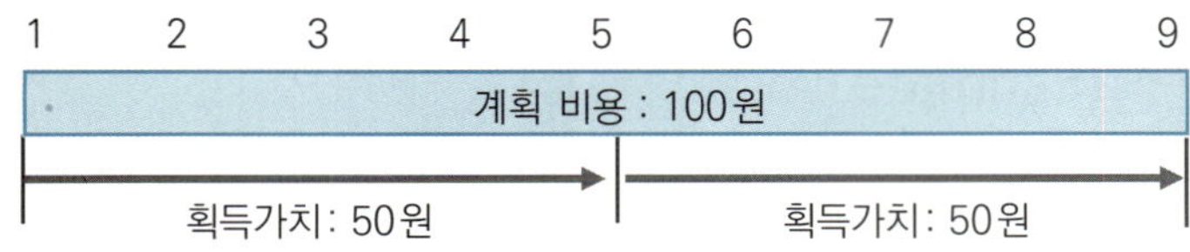

[그림 7-5] 50-50 규칙으로 획득가치 측정

아니면 작업을 분할해서 특정 시점(Milestone)을 정해놓고 그 시점에 도달한 것이 확인되면 거기에 맞게 획득가치를 부여하는 **Weighted milestone**도 가능합니다. [그림 7-6]은 중간에 두 개의 마일스톤을 정했고, 마일스톤 별로 가중치를 다르게 주어 획득가치를 인정하는 것을 표현한 것입니다.

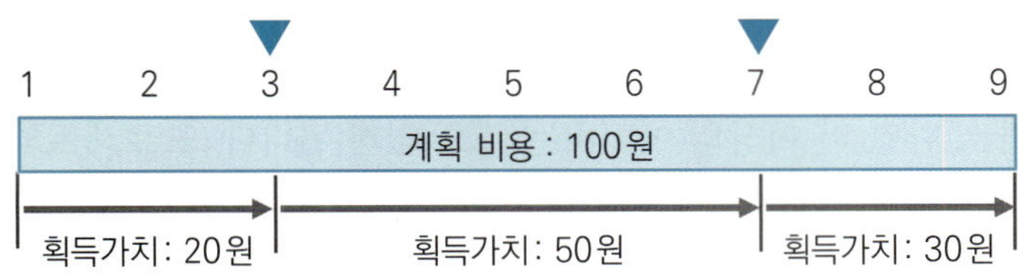

[그림 7-6] Weighted milestone 규칙으로 획득가치 측정

획득가치는 완료된 작업에 대해 측정하는데, WBS를 가지고 할 때 WBS의 어떤 수준에서 획득가치를 측정하는 것이 가장 좋을까요? 일반적으로 Control account를 사용합니다. 이러한 획득가치에 대한 규칙을 미리 원가 관리 계획서에 포함시키며, 획득가치에 대한 상세 설명은 뒤에 [원가 통제] 프로세스에서 상세히 설명합니다.

◆ **보고 형식**(Reporting formats)

원가 관리에 대한 내용을 보고할 때 보고하는 사람마다 다른 양식을 사용하는 것보다 통일된 양식을 사용하는 것이 좋습니다. 다양한 원가 보고에 필요한 형식을 정의합니다.

◆ 추가 상세정보(Additional details)

원가 관리에 필요한 전략적 자금 선택에 대한 설명, 원가 기록에 대한 절차, 환율의 등락에 대비한 절차 등 필요한 정보들이 포함됩니다.

7.2 원가 산정(Estimate Costs)

[원가 산정] 프로세스는 프로젝트 활동들을 완료하기 위해 요구되는 **자원의 원가 근사치를 개발**하는 프로세스입니다. 프로젝트에서 원가 산정은 프로젝트에 사용될 모든 자원(사람, 장비, 재료)에 대해 산정이 되어야 합니다. 만약 필요한 자원이 누락될 경우 향후에 자원 추가로 인해 예산 초과를 유발시킬 수 있기 때문입니다.

원가 산정은 일정 관리의 [활동 기간 산정]과 마찬가지로 미래에 대한 예측입니다. 따라서 미래의 불확실성에 대비한 예비비(Contingency reserve)를 준비해야 할 필요성이 있습니다. 이 예비비는 앞으로 리스크가 발생할 경우에 사용될 돈이며 만약 리스크가 발생하지 않는다면 사용되지 않습니다. 예비비는 시간이 흐를수록 불확실성이 낮아짐에 따라 차츰 줄어들다가 결국 프로젝트가 끝나면 더 이상의 예비비는 필요 없게 됩니다. 프로젝트의 원가를 산정하는 것은 기획에서 진행하며 기획은 Rolling wave planning에 따라 시간이 흐를수록 점점 상세해지므로 원가 산정치 역시 초기에는 불확실성이 높아서 범위가 넓다가 점차 상세해질 것입니다. PMP® 시험에서는 산정 범위를 부르는 용어와 그 범위에 대한 %를 질문할 수 있으므로 암기해 두기 바랍니다.

[표 7-6] 산정의 유형과 정확도

명칭	시기	정확도
Rough order of magnitude	Initiating	-25% ~ +75%
Budget estimate	Early in the planning	-10% ~ +25%
Definitive estimate	Late in the planning	- 5% ~ +10%

[표 7-7] 원가 산정의 ITTO

원가 산정(Estimate Costs)		
지식영역: 원가 관리(Cost management)	프로세스 그룹: 기획(Planning)	
투입물	**도구 및 기법**	**산출물**
1. 프로젝트 관리 계획서 • 원가 관리 계획서 • 품질 관리 계획서 • 범위 기준선 2. 프로젝트 문서 • 자원 요구사항 • 프로젝트 일정 • 리스크 관리대장 • 교훈 관리대장 3. 기업 환경 요인 4. 조직 프로세스 자산	1. 전문가 판단 2. 유사 산정 3. 모수 산정 4. 3점 산정 5. 상향식 산정법 6. 데이터 분석 • 대안 분석 • 예비 분석 • 품질 비용 7. 프로젝트 관리 정보시스템 8. 의사결정 • 투표	1. 원가 산정치 2. 산정 기준서 3. 프로젝트 문서 업데이트 • 가정사항 기록부 • 리스크 관리대장 • 교훈 관리대장

[표 7-7]은 [원가 산정] 프로세스의 Inputs, Tools and Techniques, Outputs입니다. 원가 산정의 대상과 원가 산정에 영향을 줄 수 있는 투입물을 가지고 [활동 기간 산정]과 유사한 도구 및 기법을 사용하여 활동을 완료하는데 필요한 원가 산정치를 개발합니다.

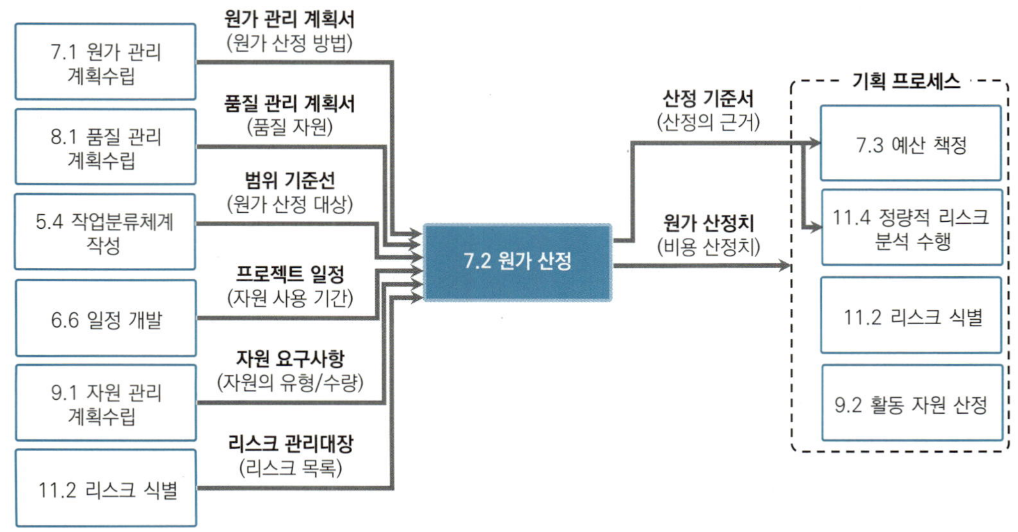

[그림 7-7] 원가 산정의 주요 흐름

[그림 7-7]은 [원가 산정]의 주요 흐름을 표현합니다. 원가 산정에서 가장 핵심 투입물은 WBS의 인도물과 자원 요구사항입니다. 자원은 활동을 수행하기 위해 필요하며, 돈이 있어야 자원을 쓸 수 있습니다. 활동을 수행하는 이유는 다양한 인도물을 산출하기 위해서입니다. 결국 인도물을 만들려면 돈이 필요합니다. 인도물 중심으로 분할한 WBS는 '범위 기준선'에 포함되어 있으므로 범위 기준선이 핵심 투입물이 됩니다. 활동의 기간 및 활동 수행을 위해 필요한 자원에 대한 정보를 갖고 있는 프로젝트 일정과 자원의 유형과 수량에 대한 정보를 포함한 자원 요구사항이 투입되며, 리스크를 고려한 예비비를 산정하기 위해 리스크 관리대장을 투입하여 각 활동을 위한 '원가 산정치'들이 결정됩니다. 원가를 산정하는 도구 및 기법은 [활동 기간 산정] 프로세스의 도구 및 기법과 아주 유사합니다. 대상이 돈이냐 시간이냐만 다를 뿐이지 미래에 대해 정량적으로 예측하는 것은 같기 때문입니다.

[표 7-8] 원가 산정 산출물의 투입 이유

원가 산정치 투입 프로세스	투입 이유
7.3 예산 책정	부분적 산정 비용을 합산하여 전체 예산을 결정하기 위해서.
9.2 활동 자원 산정	원가 산정치를 고려해서 자원의 수량 및 기술 수준을 결정하기 위해서.
11.2 리스크 식별	원가 산정치에 포함된 불확실성으로부터 리스크를 식별하기 위해서.
11.4 정량적 리스크 분석 수행	시뮬레이션을 통해 산정된 원가의 가변성을 평가하기 위해서.
산정 기준서 투입프로세스	**투입 이유**
7.3 예산 책정	간접비나 기타 예산에 포함되어야 하는 비용, 포함시키지 말아야 할 사항 등에 대한 정보를 보기 위해서.
11.4 정량적 리스크 분석 수행	시뮬레이션을 통해 산정된 원가의 가변성을 평가할 때 관련 정보를 참고하기 위해서.

7.2.1 원가 산정: 투입물

원가 산정에 필요한 범위, 일정, 리스크, 자원 등을 모두 고려해야 합니다.

7.2.1.1 프로젝트 관리 계획서(Project management plan)

프로젝트 관리 계획서의 내용 중 범위 기준선, 원가 관리 계획서, 품질 관리 계획서를 투입물로 사용합니다.

◆ **원가 관리 계획서(Cost management plan)**

원가 관리 계획서에 정해진 방법에 따라 원가를 산정합니다. 산정에 대한 정확도와 정밀도 수준도 원가 관리 계획서에 포함되어 있습니다.

◆ **품질 관리 계획서(Quality management plan)**

품질 관리 계획서에는 품질 목표가 포함되어 있으며, 품질 목표를 달성하기 위해 어떤 활동을 수행해야 하고 무슨 자원이 필요한지도 포함되어 있습니다. 자원을 사용하려면 비용이 필요하므로, 품질 관리 계획서를 원가 산정의 투입물로 사용합니다.

◆ **범위 기준선(Scope baseline)**

범위 기준선에는 프로젝트 범위 기술서, WBS, WBS Dictionary가 있습니다. 프로젝트 범위 기술서는 기획(Planning) 프로세스에 자주 투입되는데, 그 이유는 주로 제약 사항 및 가정 사항을 고려하기 때문입니다. 프로젝트 범위 기술서에는 자금 지출에 대한 기간별 자금 제약이 포함되어 있으므로 이 내용을 원가 산정 시 고려할 필요가 있습니다. WBS는 인도물들을 포함하며, 인도물을 만들려면 돈이 필요하므로 원가 산정의 가장 중요한 투입물입니다. 또한 WBS Dictionary는 WBS에 대한 상세 설명을 제공하므로 관련 내용을 참고합니다.

7.2.1.2 프로젝트 문서(Project documents)

원가 산정에 영향을 주거나 고려해야 할 내용을 포함한 문서들을 투입물로 사용합니다.

◆ **교훈 관리대장(Lessons learned register)**

원가 산정을 반복하는 과정에서 생긴 교훈을 적용해서 더 향상된 정확도를 가진 원가 산정치를 구할 수 있습니다.

◆ **프로젝트 일정(Project schedule)**

프로젝트 일정에 포함된 프로젝트 활동을 수행하기 위해 필요한 자원의 수량과 유형, 자원 사용 시간은 원가 결정에 매우 중요합니다. 보통 활동에 필요한 자원의 수량이 많을수록, 고급 자원일 수록, 활동 기간이 길수록 비용은 많이 들어갑니다.

◆ 자원 요구사항(Resource requirements)

자원 요구사항은 Work package 또는 활동에 필요한 자원의 유형과 수량이며, 자원의 유형과 수량에 따라 비용은 크게 달라집니다. 자원에 대한 원가를 산정해야 하므로 결정된 자원 요구사항은 원가 산정의 주요 투입물입니다.

◆ 리스크 관리대장(Risk register)

프로젝트를 진행하다가 리스크가 발생하면 그 리스크를 대응하기 위해 일반적으로 비용이 필요하게 됩니다. 따라서 리스크를 처리하기 위해 필요한 예비비(Reserve)를 산정할 필요가 있습니다.

7.2.1.3 기업 환경 요인(Enterprise environmental factors)

시장 여건(Market condition)에 따라 원가는 변하므로 주기적으로 확인해야 합니다. 그리고 자재나 장비에 대한 원가 정보를 유료 자료를 이용하거나 출판물을 구매해서 원가 산정의 기반으로 사용할 수 있습니다.

7.2.1.4 조직 프로세스 자산(Organizational process assets)

과거 유사한 프로젝트의 원가 산정치나 양식, 교훈사항 등을 참조할 수 있습니다.

7.2.2 원가 산정: 도구 및 기법

원가 산정은 활동 기간을 산정하는 방법과 아주 유사합니다. 산정하는 대상만 다를 뿐이지, 과거의 유사 프로젝트 데이터를 사용하거나, 3점 산정을 하거나, 하나의 특징을 잡아서 수량으로 곱하는 모수 산정 등을 모두 사용할 수 있습니다.

7.2.2.1 전문가 판단(Expert judgment)

과거 유사 프로젝트로부터의 정보와 환경에 대한 정보를 제공해 줄 수 있는 전문가는 원가 산정에 유용합니다. 또한 전문가는 여러 산정 방법을 어떻게 결합해서 사용할 것인지, 산정 방법들 사이의 차이를 어떻게 조정할지에 도움을 줍니다.

7.2.2.2 유사 산정(Analogous estimating)

유사 산정은 [활동 기간 산정] 프로세스에서 설명했듯이 과거 유사한 프로젝트의 원가 산정치를 이번 프로젝트 원가 산정의 기준으로 사용하는 방법입니다. 이 유사 산정은 과거의 정보를 사용하는 것이므로 선례정보(Historical information)를 사용하게 되며, 과거의 기간 값을 이번 프로젝트에 적용해도 되는지에 대한 판단은 전문가 판단(Expert judgment)을 사용합니다. 유사 산정을 사용하는 이유는 프로젝트 초기에 산정에 필요한 정보가 별로 없기 때문입니다. 따라서 산정의 정확도는 높지 않습니다.

7.2.2.3 모수 산정(Parametric estimating)

모수 산정은 [활동 기간 산정] 프로세스에서 설명했듯이 원가를 산정할 때 비슷한 특징이 반복되면 하나의 특징에 대해 원가를 먼저 산정한 후 나머지는 수량으로 곱하는 방식입니다. 모수 정할 때 과거 자료를 이용할 수 있습니다. 예를 들면, 동일한 규모의 방이 10개가 있을 경우 방 1개에 페인트칠하는데 들어가는 비용이 100만 원이라면 방 10개를 칠하는 데는 1,000만 원이 소요되는 방식으로 추정하는 것입니다.

7.2.2.4 상향식 산정(Bottom-up estimating)

상향식 산정은 개별 Work Package 또는 활동의 원가를 먼저 세밀하게 산정한 후 상위 수준으로 올라가면서 합산하는 방식입니다. 산정된 원가는 향후 보고 및 추적 목적으로 사용합니다.

7.2.2.5 3점 산정(Three-point estimates)

3점 산정은 [활동 기간 산정] 프로세스에서 설명했듯이 낙관치(Optimistic), 최빈치(Most Likely), 비관치(Pessimistic) 3가지 값을 먼저 산정한 후 3가지 값의 평균값을 원가 산정치로 사용합니다. 이미 [활동 기간 산정]에서 상세히 설명했으므로 [활동 기간 산정] 프로세스 설명을 참고하기 바랍니다.

7.2.2.6 데이터 분석(Data analysis)

원가 산정에서는 여러 데이터 분석 기법 중에 대안 분석, 예비 분석, 품질 비용을 사용합니다.

◆ 대안 분석(Alternatives analysis)

대안은 여러 가지 방법 중에 최선의 방법을 결정하는 것입니다. 인도물을 직접 만들 때와 구매할 때 비용을 비교해서 더 나은 방법으로 결정할 수 있습니다.

◆ 예비 분석(Reserve analysis)

예비 분석은 향후 리스크를 대응하기 위해 필요한 추가 비용을 결정하는 것입니다. 이 예비비는 고정한 값을 넣거나 산정한 비용의 일정 %를 정해서 넣기도 하는데요, 아무래도 조직의 프로젝트 관리 성숙도가 높을수록 예비비의 폭은 적을 것입니다. 그리고 이 예비비는 리스크를 고려한 것이기 때문에 시간이 지날수록 불확실성이 줄어들어 예비비도 감소합니다. **식별된 리스크(Known risk)에 대한 예비비를 Contingency reserve라고 하며, Contingency reserve는 원가 기준선에 포함됩니다.**

◆ 품질 비용(Cost of quality, COQ)

품질을 관리하기 위해서는 예방 비용, 평가 비용, 실패 비용 같은 돈이 필요합니다. 따라서 품질에 필요한 비용을 산정할 필요가 있습니다. 품질 비용의 상세 내용은 8장의 [품질 관리 계획수립]에서 설명합니다.

7.2.2.7 프로젝트 관리 정보 시스템(Project management information system)

일반적으로 회사의 PMIS 안에는 원가 산정에 도움이 되는 기능이 있으며, 별도로 스프레드시트 등을 사용해서 원가를 산정할 수 있습니다. 수작업으로 하기 힘든 부분에 대해 소프트웨어가 필요합니다.

7.2.2.8 의사결정(Decision making)

원가 산정은 한 개인이 하기보다는 여러 사람의 합의에 따라서 진행됩니다. 이때 사용할 수 있는 의사결정 방법은 투표가 있습니다.

7.2.3 원가 산정: 산출물

프로젝트에 필요한 부분적 비용 산정치인 원가 산정치가 산출물로 나옵니다. 부분별 활동을 위해 필요한 돈이 정량적으로 결정되었고 이 부분 원가 산정치는 원가 기준선 수립을 위해

[예산 책정]에서 합산됩니다.

7.2.3.1 원가 산정치(Cost estimates)

활동 수행을 위해 필요한 자원 및 인도물에 대한 원가가 정량적으로 결정되었습니다. 필요하다면 간접비를 프로젝트 원가에 포함할 수 있습니다. 그리고 원가 산정치도 미래에 대한 예측이므로 정확하게 표현하기보다는 불확실성을 포함해서 표현할 수 있습니다.

7.2.3.2 산정 기준(Basis of estimates)

산정 기준서는 원가를 산정할 때 사용한 근거 자료들입니다. 산정 기준 안에는 가능한 산정치의 범위가 포함될 수 있습니다. 예를 들면, 'A라는 활동에 필요한 원가는 500만 원(±10%)이다.' 같은 내용이 포함될 수 있습니다. 산정의 근거를 남겨 놔야 향후 예측이 빗나갔을 때 산정의 근거자료를 확인해서 더 정확한 원가를 산정할 수 있습니다.

7.2.3.3 프로젝트 문서 업데이트(Project document updates)

원가를 산정하는 동안에 생성된 정보로 인해 여러 문서가 갱신될 수 있습니다.

◆ 가정사항 기록부(Assumption log)

원가를 산정하는 동한 새로운 가정이나 제약이 식별되면 가정사항 기록부에 추가합니다.

◆ 교훈 관리대장(Lessons learned register)

원가를 산정하는 동안 효과적인 기법이 있었다면 향후에 참조할 수 있도록 교훈 관리대장에 추가합니다.

◆ 리스크 관리대장(Risk register)

원가를 산정하는 동안 리스크 대응 방법이 결정된 것이 있다면 리스크 관리대장에 추가합니다.

핵심 용어

생애주기 원가(Life-cycle costing)

생애주기 원가는 생애주기 비용 또는 수명주기 비용이라고도 하며, 프로젝트를 시작할 때부터 프로젝트를 완료한 후 제품이 노화되어 폐기할 때까지의 전 과정에 소요되는 비용을 말합니다. 예를 들면, 건물을 지을 때 다음 두 가지 방법이 있다고 가정합니다.

A. 토지매입 비용 + 건축비용 = 100억 원, 유지비용 = 10억/년
B. 토지매입 비용 + 건축비용 = 150억 원, 유지비용 = 5억/년

초기 비용은 A가 더 쌉니다. 하지만 유지비용은 B에 비해서 더 높습니다. A와 B의 총비용이 같아지는 시점은 10년입니다. 10년이 지난 후부터는 B가 유지비용이 더 낮습니다. 따라서 프로젝트의 원가를 산정할 때에는 프로젝트에 사용될 비용만 생각하기보다는 프로젝트 종료 후에 제품을 유지하고 사용하고 관리하는데 필요한 돈까지 폭넓게 생각할 필요가 있습니다. 이러한 생애주기 원가의 계산을 통해 더 효율적인 방법을 찾아볼 필요가 있습니다.

핵심 용어

비용의 종류

- 변동비용(Variable cost): 프로젝트의 규모나 크기에 따라 비용이 변하는 비용. 재료비, 인건비 등이 있음.
- 고정비용(Fixed cost): 프로젝트 생애주기 동안 같은 비용으로 유지되는 것. 장비 대여 비용, 프로젝트에 투입되는 컨설턴트 비용 등이 있음.
- 직접비용(Direct cost): 프로젝트 작업에 직접적으로 영향을 미치는 비용이며 프로젝트 간에 공유할 수 없는 비용. 출장비(항공료, 호텔 숙박비), 급여, 인센티브, 재료비 등이 있음.
- 간접비용(Indirect cost): 여러 프로젝트 또는 전체 프로젝트에 공유되고 할당된 비용. 사무실 임대료, 전기료, 경영진의 봉급, 프로젝트 관리 소프트웨어 라이선스 비용 등이 있음.

7.3 예산 책정(Determine Budget)

[예산 책정] 프로세스는 앞 프로세스에서 결정된 부분 원가 산정치들을 합산하여 전체 예산을 결정하고 승인된 원가 기준선을 결정하는 프로세스입니다.

[표 7-9] 예산 책정의 ITTO

예산 책정(Determine Budget)		
지식영역: 원가 관리(Cost management)	프로세스 그룹: 기획(Planning)	
투입물	**도구 및 기법**	**산출물**
1. 프로젝트 관리 계획서 • 원가 관리 계획서 • 자원 관리 계획서 • 범위 기준선 2. 프로젝트 문서 • 원가 산정치 • 산정 기준서 • 프로젝트 일정 3. 리스크 관리대장 • 비즈니스 문서 • 비즈니스 케이스 • 편익 관리 계획서 4. 협약 5. 기업 환경 요인 6. 조직 프로세스 자산	1. 전문가 판단 2. 원가 합산 3. 데이터 분석 • 예비 분석 4. 선례정보 검토 5. 자금 한도 조정 6. 자금 조달	1. 원가 기준선 2. 프로젝트 자금 요구사항 3. 프로젝트 문서 업데이트 • 원가 산정치 • 프로젝트 일정 • 리스크 관리대장

[표 7-9]는 [예산 책정]의 Inputs, Tools and Techniques, Outputs입니다. 원가 산정치를 합산할 것이므로 원가 산정치가 가장 핵심 투입물입니다. 추가로 원가 기준선을 수립할 때 필요한 것들이 투입물로 사용됩니다. 전체 예산을 결정할 때 부분 원가 산정치만 합치는 것이 아니라 예비비 분석도 필요합니다. [원가 산정]에서도 예비비 분석을 했지만, [원가 산정]에서는 식별된 리스크에 대한 Contingency reserve를 분석했다면 [예산 책정]에서는 식별 못한 리스크에 대한 Management reserve를 분석합니다. 주어진 자금 한도를 고려하여 원가 기준선과 주기별로 필요한 프로젝트 자금 요구사항이 결정됩니다.

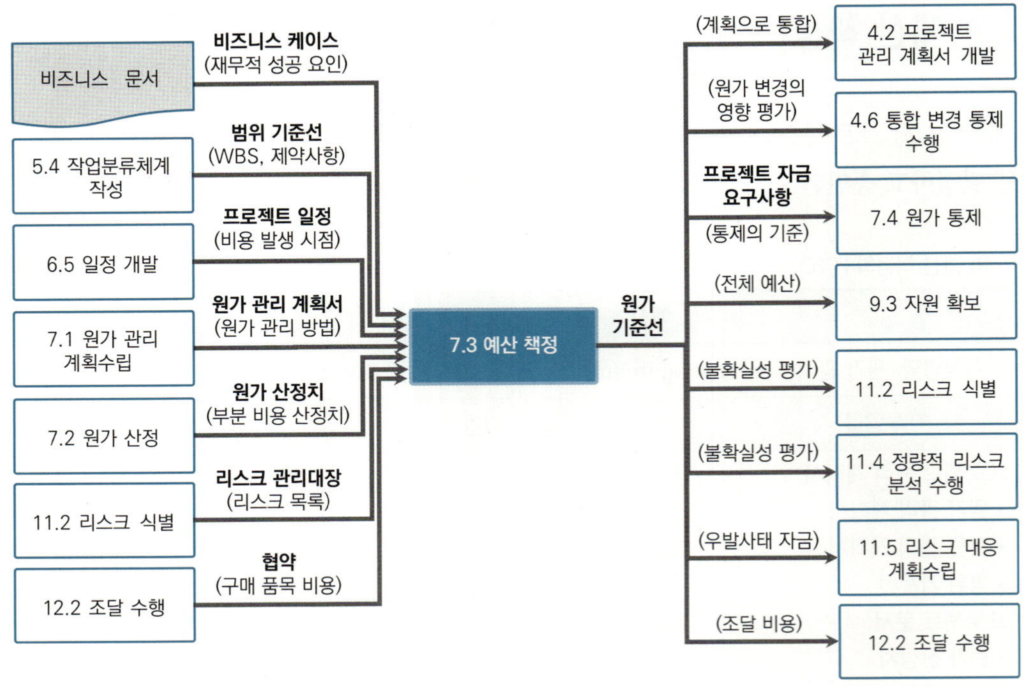

[그림 7-8] 예산 책정 프로세스의 주요 흐름

[그림 7-8]은 [예산 책정]의 주요 흐름을 나타냅니다. 전체 예산을 결정하기 위해 [원가 산정]에서 산정된 원가 산정치들을 합산합니다. WBS는 합산의 구조를 제공하므로 합산할 때 범위 기준선에 포함된 WBS를 보면서 밑에서 상위 수준으로 합치는 것이 좋습니다. 그리고 프로젝트 범위 기술서에 포함된 자금에 대한 제약사항도 확인해야 합니다. 또한, 프로젝트 일정의 활동에 비용이 할당되므로, 프로젝트 일정이 필요합니다. 그리고 제품 구매에 적용되는 협약(계약서) 정보와 관련 원가는 예산 책정에 필요합니다. 예산 책정에 필요한 모든 투입물을 바탕으로 결정된 원가 기준선은 이번 프로젝트에서 지켜야 할 기준선이며, [원가 통제]에서 원가 성과 측정 시 실적과 비교하기 위한 기준으로 사용됩니다. 주기 별로 필요한 자금 요구사항인 프로젝트 자금 요구사항도 역시 [원가 통제]의 기준으로 사용됩니다.

[표 7-10] 예산 책정 산출물의 투입 이유

원가 기준선 투입 프로세스	투입 이유
4.2 프로젝트 관리 계획서 개발	원가 기준선을 프로젝트 관리 계획서로 통합하기 위해서.
4.6 통합 변경 통제 수행	원가에 대한 변경 요청이 생기면 원가 기준선에 영향을 미칠 수 있으므로, 어느 정도 영향이 있는지 평가하기 위해서.
7.4 원가 통제	실적과 비교할 기준으로 사용하기 위해서.
9.3 자원 확보	자원을 확보할 때 전체 예산을 고려하기 위해서.
11.2 리스크 식별	미래에 대해서 예측한 원가 기준선에 포함된 불확실성을 검토하여 리스크를 식별하기 위해서.
11.4 정량적 리스크 분석 수행	리스크가 원가 기준선에 미치는 영향을 정량적으로 평가하기 위해서.
11.5 리스크 대응 계획수립	리스크 대응에 배정된 우발사태 자금(Contingency fund) 정보를 보기 위해서.
12.2 조달 수행	조달에 대한 예산과 조달 관련 비용에 맞게 조달을 수행하기 위해서.
프로젝트 자금 요구사항 투입 프로세스	**투입 이유**
7.4 원가 통제	실제 사용한 원가와 비교하기 위한 기준으로 사용하기 위해서.

7.3.1 예산 책정: 투입물

[원가 산정]에서 산정된 원가 산정치를 합산해서 전체 예산을 결정합니다. 일반적으로 프로젝트의 자금은 주기별로 한도를 정해놓고 시간의 경과에 따라 주기에 필요한 예산을 승인받고 진행합니다. 이러한 기간별 한도는 프로젝트 범위 기술서의 제약 사항으로 명시되어 있습니다. WBS는 산정된 원가를 합산하는 구조를 표현하고 있으므로 예산을 결정할 때 투입물로 사용됩니다. 만약 프로젝트가 여러 계약 사항들을 포함하고 있다면 계약을 위해 사용될 예산을 책정하기 위해 계약과 관련된 정보가 투입물로 들어옵니다. 또한, 원가의 계획된 집행 시점을 위해 프로젝트 일정도 투입물로 사용합니다.

7.3.1.1 프로젝트 관리 계획서(Project management plan)

프로젝트 관리 계획서에 포함되는 내용 중 예산을 결정하는데 관련이 있는 원가 관리 계획서, 자원 관리 계획서, 범위 기준선을 투입물로 사용합니다.

◆ **원가 관리 계획서(Cost management plan)**

원가 관리 계획서에는 사전에 정한 원가 합산 방법이 포함되어 있으므로, 계획에 따라 원가를 합산하여 전체 예산을 결정합니다.

◆ **자원 관리 계획서(Resource management plan)**

자원 관리 계획서에는 전체 예산을 산정하는데 알아야 할 자원의 단가, 출장비, 기타 예상 비용에 대한 정보를 포함하고 있습니다.

◆ **범위 기준선(Scope baseline)**

범위 기준선에 포함된 프로젝트 범위 기술서에는 기간별 자금 제약이 포함되어 있습니다. 프로젝트 예산은 마음대로 결정하는 것이 아니라 주어진 제약에 맞게 정해진 기간에 필요한 예산이 결정되어야 합니다. 또한 범위 기준선에 포함된 WBS는 인도물들의 관계를 표현하며, 원가를 합산하는 구조를 제공합니다. Work package 원가 산정치를 WBS의 상위 요소로 합산하면 최종 전체 프로젝트 예산이 결정됩니다.

7.3.1.2 프로젝트 문서

전체 예산을 결정하는데 필요한 여러 문서가 투입물로 사용됩니다.

◆ **원가 산정치(Cost estimates)**

부분 원가(비용) 산정치로서 전체 예산을 결정하기 위한 합산의 대상입니다. 각 활동에 대한 원가 산정치를 합산하면 각 Work package에 대한 원가 산정치가 결정됩니다.

◆ **산정 기준서(Basis of estimates)**

원가 산정치에 대한 상세 설명이며, 예산에 포함되어야 하는 간접비나 기타 비용에 대한 정보를 포함합니다.

◆ **프로젝트 일정(Project schedule)**

원가는 여러 활동의 시작일부터 완료일까지 쓰이게 됩니다. 어떤 활동에 언제부터 언제까지 비용이 쓰일지 알기 위해 프로젝트 일정을 참고합니다. 일정 개발은 Rolling wave planning을 따르므로 비용 발생이 계획된 기간까지 정해진 원가를 합산할 수 있습니다.

◆ **리스크 관리대장(Risk register)**

리스크를 대응하기 위해 필요한 비용을 어떻게 합산할 것인지 고려하기 위해 리스크 관리대장이 검토됩니다. 예산 책정의 도구 및 기법으로 예비비 분석(Reserve analysis)을 한 후 리스크에 대한 예비비는 프로젝트 예산에 포함됩니다.

7.3.1.3 비즈니스 문서(Business documents)

비즈니스 문서에 속하는 비즈니스 케이스와 편익 관리 계획서가 [예산 책정]의 투입물로 사용됩니다.

◆ **비즈니스 케이스(Business case)**

비즈니스 케이스에는 재무적 성공 요인이 포함되어 있는데, 일반적으로 한정된 예산 안에 끝나는 것이 프로젝트 성공 요인 중 하나입니다. 예산을 책정할 때 한정된 예산을 넘지 않도록 정할 필요가 있습니다.

◆ **편익 관리 계획서(Benefits management plan)**

편익 관리 계획서에는 목표 편익 정보가 들어가 있는데, 예산이 너무 많이 쓰이면 편익이 줄어들어 목표 편익을 달성하기 어렵습니다. 목표 편익이 어느 정도인지 확인한 후에 예산을 결정할 필요가 있습니다.

7.3.1.4 협약(Agreements)

외부 업체로부터 제품이나 서비스를 구매하려면 비용이 필요합니다. 협약(계약)에 필요한 비용이 예산에 포함되어야 필요한 제품을 구매할 수 있습니다.

7.3.1.5 기업 환경 요인(Enterprise environmental factors)

예산 결정에 영향을 줄 수 있는 기업 환경 요인 중 하나는 환율입니다. 환율의 변동에 따라 비용이 변하므로 환율이 비용과 관련이 있다면 환율을 고려해야 합니다.

7.3.1.6 조직 프로세스 자산(Organizational process assets)

조직의 예산 책정 관련 정책이나 절차, 지침 등은 예산 책정 시 고려 대상입니다.

7.3.2 예산 책정: 도구 및 기법

산정된 원가를 합산하여 예산을 결정하므로 '원가 합산'이 [예산 책정]의 주요 기법으로 사용됩니다. 또한 리스크를 고려한 예비비를 모두 결정해야 하며, 두 종류의 예비비는 비교하여 시험에 자주 출제되므로 중요합니다.

7.3.2.1 전문가 판단(Expert judgment)

예산을 책정할 때 재무나 자금에 대한 전문가의 도움을 받을 수 있습니다. 전문가로부터 도움을 받는 것은 기획(Planning)에서 자주 쓰이는 기법입니다.

7.3.2.2 원가 합산(Cost aggregation)

WBS의 Work package에 대해 산정된 모든 원가 산정치가 상위 레벨로 합산되며, 결국 전체 프로젝트에 대해 합산됩니다.

7.3.2.3 데이터 분석(Data analysis)

[예산 책정]에서 사용되는 데이터 분석 기법은 예비 분석입니다. 프로젝트는 미래를 예측하면서 진행하므로 항상 리스크가 존재하고, 리스크 발생 시 추가 비용이 들어갈 수 있으므로, 리스크를 대응하기 위한 비용을 예산에 포함시켜야 합니다.

◆ 예비비 분석(Reserve analysis)

리스크가 두 종류이므로 예비비도 두 종류입니다. 식별된 리스크(Known risk)를 고려한 예비비는 Contingency reserve라고 하며, 식별할 수 없는 리스크(Unknown risk)가 발생할 경우 사용될 예비비는 Management reserve라고 합니다. [예산 책정]에서는 Management reserve를 산정합니다. 다음 표를 통해 두 예비비의 차이점을 잘 기억해두기 바랍니다.

[표 7-11] Contingency reserves와 Management reserves의 비교

Contingency reserves	Management reserves
식별된 리스크에 대한 예비비.	식별하지 못한 리스크에 대한 예비비.
프로젝트 목표를 저해하는 리스크를 회사가 감당할 수 있는 정도로 줄이기 위해 산정치 이상으로 필요한 자금, 예산 또는 시간의 양.	예측이 불가능한 미래의 상황(Unknown risk)에 대비하여 사용하기 위한 별도의 예비비.
프로젝트 관리자가 판단하여 사용.	프로젝트 관리자보다 높은 수준의 사람(Senior management)이 승인한 후 사용.
원가 기준선에 포함됨.	원가 기준선에 포함되지 않으나 예산에는 포함됨.
예비비의 규모는 경험에 의해 수립됨. 반복적으로 진행하는 프로젝트라면 예산의 5% 정도를 책정. 새로운 기술에 대한 프로젝트라면 15% 정도로 책정.	보통 프로젝트의 성격에 상관없이 고정됨. (예) 예산의 5%로 책정.

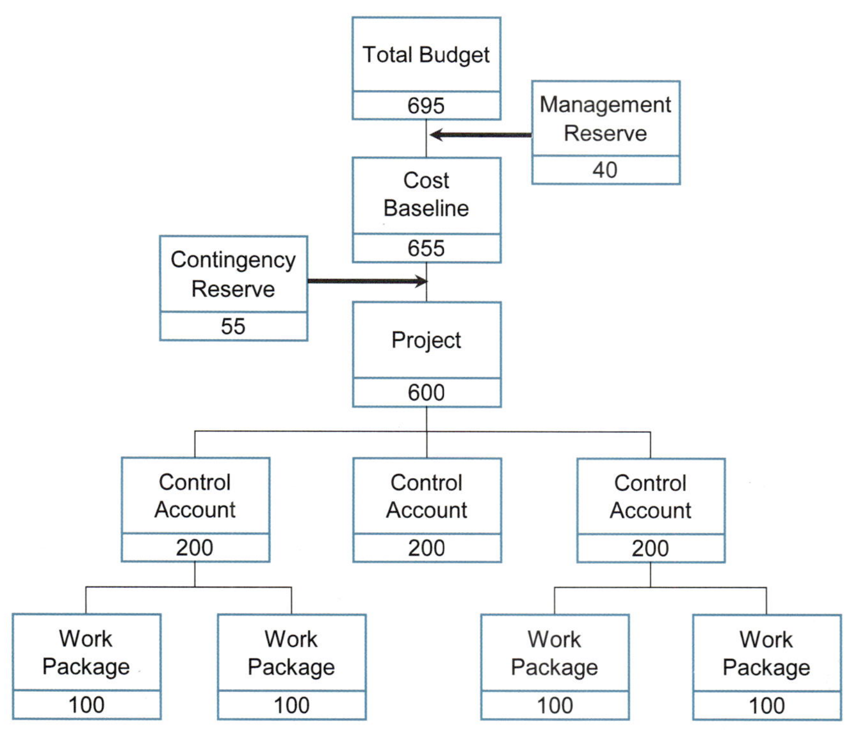

[그림 7-9] 예비비를 포함하여 예산을 결정하는 예

7.3.2.4 선례 정보 검토(Historical information review)

선례 정보라는 것은 과거의 비용에 대한 정보이며, 이를 이용해서 수학적인 방법으로 프로젝트 전체 예산을 유사 산정이나 모수 산정으로 개발할 수 있습니다.

7.3.2.5 자금 한도 조정(Funding limit reconciliation)

일반적으로 대부분의 프로젝트는 원하는 대로 자금을 쓸 수 없습니다. 투입물로 사용된 프로젝트 범위 기술서에는 주기별 자금 한도가 주어져 있으므로 주어진 자금 한도에 맞게 예산을 조정해야 합니다. 프로젝트에서 자금 지출의 변동폭이 크면 보통 회사의 운영에 좋지 않은 영향을 주게 됩니다. 따라서 회사에서 수용할 수 있는 지정된 자금 한계에 맞춰서 자금을 지출하기 위해 기간별 자금 한도를 조정하는 과정을 거치게 됩니다.

7.3.2.6 자금조달(Financing)

프로젝트에 필요한 자금을 항상 조직 내부에서만 충당하는 것이 아니라 필요하다면 외부로부터 자금을 조달할 수도 있습니다.

7.3.3 예산 책정: 산출물

[예산 책정]의 주요 산출물은 원가 기준선입니다. 이 원가 기준선은 일정 기준선과 마찬가지로 프로젝트 전반의 원가를 측정하고 감시하고 통제하는 데 사용되며 프로젝트 관리 계획서에 통합됩니다.

7.3.3.1 원가 기준선(Cost baseline)

[원가 산정]의 산출물인 부분별 원가 산정치가 일정에 따라 지출되는 시점에 맞게 합산됩니다. 이것을 그래프로 표현하게 되면 S-curve 형태로 보여집니다. 즉 예산은 시간의 흐름에 따라 사용되므로 그래프로 그리게 되면 보통 S-curve 형태로 나타나게 됩니다. 즉, 프로젝트 초기에는 돈이 적게 나가다가 프로젝트를 실행하는 중반에서 비용이 많이 지출되고, 종료 시점에는 다시 적게 나가는 형태로 표현됩니다. 획득가치 관리를 사용하는 프로젝트에서는 원가 기준선을 성과 측정 기준선(Performance measurement baseline)이라고 합니다. 만약 관리 예비비를 사용할 경우 관리 예비비를 원가 기준선에 포함하기 위해 [통합 변경 통제 수행] 프로세스를 통해 승인을 받아야 합니다.

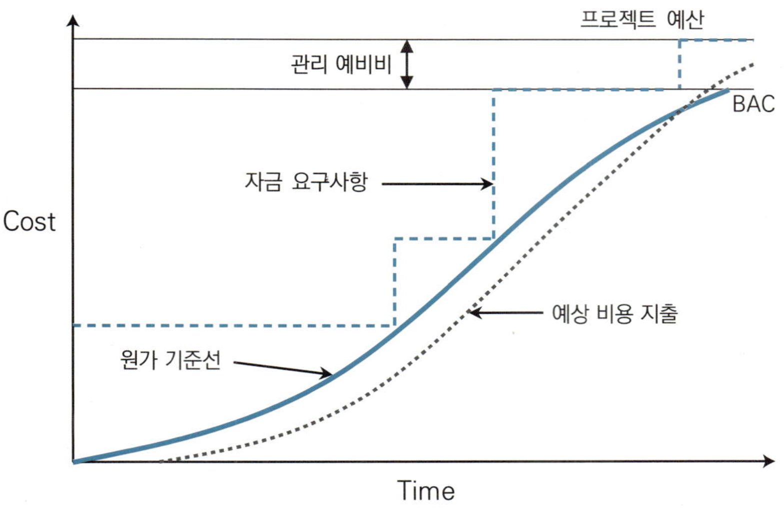

[그림 7-10] 원가 기준선, 자금 요구사항, 예상 비용 지출 흐름

7.3.3.2 프로젝트 자금 요구사항(Project funding requirements)

원가 기준선이 정해지면 주기별로 필요한 프로젝트 자금 요구사항을 결정해야 합니다. 필요한 돈을 매일 받아서 지출하는 것은 프로젝트 진행에 매우 불편합니다. 그래서 1분기에 5억, 2분기에 6억, 3분기에 7억 등으로 주기별 자금 요구치를 결정해서 미리 특정 주기에 필요한 자금을 받아서 사용합니다. 그래서 [그림 7-10]처럼 계단 모양으로 보입니다. 프로젝트 자금 요구사항은 주기별(월별, 분기별 등) 자금 요구치를 말합니다.

7.3.3.3 프로젝트 문서 업데이트(Project document updates)

예산을 책정하는 과정에서 원가 산정치, 프로젝트 일정, 리스크 관리대장 등이 업데이트 될 수 있습니다.

◆ **원가 산정치**(Cost estimates)

예산을 결정하는 과정에서 원가 산정치에 대한 추가 정보가 생기면 관련 정보를 업데이트합니다.

◆ **프로젝트 일정**(Project schedule)

일정과 예산을 통합해서 관리할 경우 일정에 산정된 원가를 추가할 수 있습니다.

◆ **리스크 관리대장**(Risk register)

예산을 결정하는 과정에서 식별된 새로운 리스크가 있다면 리스크 관리대장에 업데이트 합니다.

7.4 원가 통제(Control Costs)

[원가 통제] 프로세스는 실제 지출한 원가와 원가 기준선을 비교하여 원가 성과를 분석하고, 성과가 낮을 경우 원가 기준선에 맞추기 위해 시정 조치를 취하도록 합니다. 또한 원가 기준선에 대한 변경이 생길 경우 승인된 변경만 원가 기준선에 반영되도록 변경을 통제합니다. 프로젝트에서 실제 사용되는 원가가 항상 계획대로 사용되는 것이 아니므로 주기적인 통제가 필요합니다. 대부분의 통제 프로세스가 비슷한 성격을 갖고 있듯이 [원가 통제]도 기본적인 통제의 흐름을 따릅니다. 즉, 기준과 실적이 주요 투입물로 들어가서 차이가 있는지 없는지 분석한 후 차이가 있을 경우 시정 조치를 포함한 변경을 요청하게 됩니다. 특히 성과가 높은지 낮은지 알기 위해 성과를 측정하고 측정된 성과를 기반으로 앞으로 예측도 하는데 이러한 분석에는 **획득가치 기법(Earned value technique)**을 사용합니다. PMP® 시험에서는 획득가치 관련 문제가 여러 문제 출제되는 경향이 있으므로 획득가치는 매우 중요합니다.

[원가 통제에서 수행하는 주요 활동]

- 승인된 원가 기준선에 변경을 유발하는 요소들을 확인하고 관련된 조치를 취함.
- 모든 변경 요청이 적시에 실행되도록 지속적인 감시.
- 원가 초과가 발생할 경우 승인된 자금을 넘지 않도록 유지.
- 발생한 원가가 계획에 명시된 원가 기준선을 지키고 있는지 주기적으로 파악.
- 변경에 대한 기록을 관리하고 승인된 변경 사항은 관련 이해당사자에게 통보.
- 원가가 초과될 경우 앞으로 수용 가능한 한계 내로 유지하도록 시정조치를 취함.

[표 7-12] 원가 통제의 ITTO

원가 통제(Control Costs)		
지식영역: 원가 관리(Cost management)	프로세스 그룹: 감시 및 통제 (Monitoring and controlling)	
투입물	**도구 및 기법**	**산출물**
1. 프로젝트 관리 계획서 • 원가 관리 계획서 • 원가 기준선 • 성과 측정 기준선 2. 프로젝트 문서 • 교훈 관리대장 3. 작업 성과 데이터 4. 조직 프로세스 자산	1. 전문가 판단 2. 데이터 분석 • 획득가치 분석 • 차이 분석 • 추세 분석 • 예비 분석 3. 완료성과지수 4. 프로젝트 관리 정보시스템	1. 작업 성과 정보 2. 원가 예측치 3. 변경 요청 4. 프로젝트 관리 계획서 업데이트 • 원가 관리 계획서 • 원가 기준선 • 성과 측정 기준선 5. 프로젝트 문서 업데이트 • 원가 산정치 • 산정 기준서 • 리스크 관리대장 • 교훈 관리대장 • 가정사항 기록부

[표 7-12]는 [원가 통제] 프로세스의 Inputs, Tools and Techniques, Outputs입니다. 통제의 패턴대로 기준과 실적이 투입되고 차이를 분석하여 현 상태가 결정이 되고 기준보다 실적이 낮을 경우 기준에 맞추기 위한 통제 조치(변경 요청)가 산출물로 나옵니다.

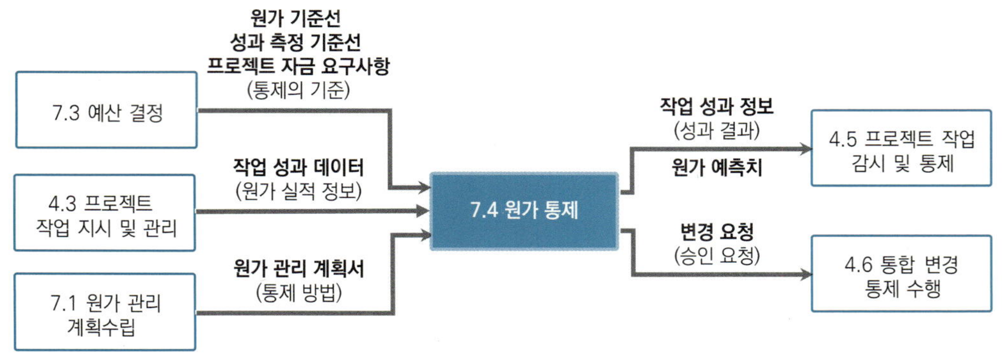

[그림 7-11] 원가 통제의 주요 흐름

[그림 7-11]은 [원가 통제] 프로세스의 주요 흐름을 나타냅니다. **기준과 실적을 비교**하기 위해 기준 관련 요소(원가 기준선, 성과 측정 기준선, 프로젝트 자금 요구사항)와 실제 발생한 원가에 대한 정보(작업 성과 데이터)가 주요 투입물로 들어와서 기준과 실적의 차이를 분석하고 기준보다 못한 실적을 맞추기 위해 필요한 변경이 요청됩니다. 또한, 지금까지의 성과를 기반으로 향후 예산에 대한 예측도 합니다. 변경 요청은 항상 [통합 변경 통제 수행] 프로세스를 통해 처리되도록 해야 합니다.

[표 7-13] 원가 통제 산출물의 투입 이유

작업 성과 정보/원가 예측치 투입 프로세스	투입 이유
4.5 프로젝트 작업 감시 및 통제	원가 성과에 대한 정보와 예측치를 작업 성과 보고서에 담아서 관련 이해관계자에게 배포하기 위해서.
변경 요청 투입 프로세스	**투입 이유**
4.6 통합 변경 통제 수행	모든 변경 요청은 공식적인 승인을 받아야 처리할 수 있기 때문에.

7.4.1 원가 통제: 투입물

프로젝트 관리 계획서에 포함된 원가 기준선(획득가치를 사용할 때는 성과 측정 기준선)과 주기별 필요한 프로젝트 자금 요구사항은 원가에 대한 기준입니다. 그리고 작업 성과 데이터에는 실제 사용된 원가 정보들을 제공합니다. 통제는 차이가 없으면 할 필요 없기 때문에 항상 기준과 실적이 투입물로 들어가서 차이 분석을 합니다. 그리고 통제를 아무렇게나 수행하는 것이 아니라 항상 계획대로 수행하므로 원가 관리 계획서가 투입됩니다. 프로젝트 관리 계획서 안에는 [원가 통제]의 지침이 되는 원가 관리 계획서가 포함되어 있습니다.

7.4.1.1 프로젝트 관리 계획서(Project management plan)

프로젝트 관리 계획서에는 [원가 통제]의 기준이 되는 원가 기준선이 있으며, [원가 통제]의 지침이 되는 원가 관리 계획서가 포함되어 있습니다.

◆ **원가 관리 계획서**(Cost management plan)

원가 관리 계획서에는 사전에 정한 원가 통제 방법이 포함되어 있으므로, 계획에 따라 원가를 통제합니다.

◆ **원가 기준선(Cost estimates)**

[원가 통제]의 핵심 투입물로서 실제 원가 사용 결과와 비교되는 기준입니다. 실제 들어간 원가가 기준보다 높으면 원가 초과로써 시정 조치가 필요합니다.

◆ **성과 측정 기준선(Performance measurement baseline)**

획득가치 분석을 사용할 때는 성과 측정 기준선을 실제 결과와 비교하여 시정 조치 여부를 결정합니다.

7.4.1.2 프로젝트 문서(Project documents)

[원가 통제]에서 사용하는 프로젝트 문서는 교훈 관리대장입니다. 과거의 교훈을 활용하여 원가 통제를 더 효과적으로 할 수 있습니다.

7.4.1.3 프로젝트 자금 요구사항(Project funding requirements)

원가가 계획대로 집행되었는지 확인하기 위하여 프로젝트 자금 요구사항을 기준으로 사용합니다. 1분기에 1억 지출하기로 정해졌는데 만약 1.5억을 사용하면 시정 조치에 들어가야 합니다.

7.4.1.4 작업 성과 데이터(Work performance data)

실제 승인된 비용, 실제 집행된 비용 등에 대한 정보이며 원가 기준선과 비교해야 합니다. 만약 실제 비용이 원가 기준선보다 높으면 원가 초과이기 때문에 시정 조치를 수행할 필요가 있습니다.

7.4.1.5 조직 프로세스 자산(Organizational process assets)

조직 프로세스 자산에 포함된 원가 통제 도구나 원가 통제에 대한 정책, 지침, 기준을 사용합니다.

7.4.2 원가 통제: 도구 및 기법

[원가 통제]의 역할은 주기적으로 성과를 측정해서 현재 원가에 대한 성과가 좋은지 나쁜지 확인하는 것입니다. 프로젝트의 성과를 측정하는 기법으로 가장 대표적인 것은 획득가치

분석입니다. **획득가치는 시험에도 여러 문제가 출제되므로 전체적인 이해 및 공식들을 기억하기 바랍니다.**

잠깐! *PMBOK® Guide*에서 설명이 많은 페이지

*PMBOK® Guide*에서 획득가치에 대해 설명한 페이지 수는 약 6페이지 정도 되는데요, 왜 이렇게 많은 페이지를 할애해서 설명할까요? 그 이유는 바로 중요하기 때문입니다. *PMBOK® Guide*에서 특정 부분을 길게 설명하는 부분은 중요한 부분이므로 특히 주의 깊게 봐야 합니다.

7.4.2.1 전문가 판단(Expert judgment)

차이를 분석하거나 획득가치를 분석할 때, 원가를 예측할 때 전문가의 도움을 받을 수 있습니다.

7.4.2.2 데이터 분석(Data analysis)

데이터 분석에서 사용되는 기법은 획득가치 분석, 차이 분석, 추세 분석, 예비 분석입니다. 예비 분석을 뺀 3가지는 모두 획득가치에 관련된 내용이며, 7.4.2.3 완료 성과 지수도 획득가치에 대한 내용입니다. 획득가치는 성과를 측정하고, 성과를 기반으로 예측을 하는 방법입니다.

◆ **획득가치 분석**(Earned value analysis)

획득가치 분석은 프로젝트의 성과측정 방법으로 많이 사용합니다. [원가 관리 계획수립] 프로세스를 설명할 때 들었던 예시를 통해 획득가치에 대해서 상세히 이해해보겠습니다.

[프로젝트 X를 통해 획득가치 이해하기]

이번에 수행할 프로젝트는 책상 50개를 하루에 10개씩 총 5일 동안 생산해야 합니다. 책상 1개당 드는 비용(원가)은 10원으로 결정되었고 총예산은 500원입니다. 이 프로젝트의 계획은 아래와 같습니다.

[표 7-14] 프로젝트 X의 계획

Day	1	2	3	4	5	합계
계획한 수량	10개	10개	10개	10개	10개	50개
계획한 원가	100원	100원	100원	100원	100원	500원

이미 프로젝트를 시작해서 현재 2일이 지났으며, 2일간 책상을 만들기 위해 사용된 비용은 다음과 같습니다.

[표 7-15] 2일간 원가를 사용한 내용

Day	1	2	3	4	5	합계
계획한 수량	10개	10개	10개	10개	10개	50개
계획한 원가	100원	100원	100원	100원	100원	500원
실제 쓴 원가	70원	120원				

이제 통제를 할 것인지 말 것인지 결정하기 위해 1일 차와 2일 차의 원가 성과가 좋은지 나쁜지 알아보려 합니다. [표 7-15]를 보면 1일 차는 100원 쓰기로 했는데 70원 썼기 때문에 계획보다 실제 원가가 적어서 원가 성과가 좋고, 2일 차는 100원 쓰기로 했는데 120원 썼기 때문에 실제 원가가 계획을 초과해서 원가 성과가 안 좋다고 생각할 수 있습니다. [표 7-16]처럼 계획과 실제를 비교했을 때 1일 차는 원가 성과가 좋고, 2일 차는 원가 성과가 나쁘다고 생각하는 것이 일반적입니다.

[표 7-16] 원가 성과의 판단

Day	1	2	3	4	5	합계
계획한 수량	10개	10개	10개	10개	10개	50개
계획한 원가	100원	100원	100원	100원	100원	500원
실제 쓴 원가	70원	120원				
원가 성과	좋음	나쁨				

그런데, 이렇게 판단하면 안 됩니다. 왜냐하면 현재 정보로는 원가 성과가 좋은지 나쁜지 알 수 없기 때문입니다. 그 이유는 1일 차와 2일 차에 책상을 몇 개 만들었는지 현재 모르기

때문입니다. 책상을 만든 개수에 따라 원가 성과가 달라질 수 있습니다. 현재 2일이 지났기 때문에 생산한 책상 수량은 알 수 있습니다. 만일 책상을 만든 개수가 1일 차에 6개, 2일 차에 13개라면 원가 성과는 어떻게 될까요?

[표 7-17] 책상을 만든 수량과 원가 성과

Day	1	2	3	4	5	합계
계획한 수량	10개	10개	10개	10개	10개	50개
계획한 원가	100원	100원	100원	100원	100원	500원
실제 쓴 원가	70원	120원				
만든 수량	6개	13개				
원가 성과	나쁨	좋음				

1일 차는 책상을 6개 만들었는데요, 원래 책상 1개에 들어가는 원가는 10원이므로 책상 6개를 만들 때 60원을 사용해야 정상입니다. 그런데 70원의 원가를 사용했으므로, 계획보다 10원 초과했기 때문에 1일 차의 원가 성과는 나쁘다고 판단해야 합니다. 반면에 2일 차는 책상 13개를 만들었고, 책상 13개를 만들 때 원래 130원이 사용돼야 하는데, 120원의 비용으로 작업을 완료하였으므로 원가를 10원 절감했습니다. 따라서 원가 성과는 좋습니다. 계획한 원가와 실제 원가만 비교하면 원가 성과 판단을 잘못할 수 있습니다. 원가 성과를 측정하려면 수행된 작업과 사용된 원가를 비교해야 합니다. 한 일에 비해 쓴 원가가 많으면 원가 초과이고, 한 일에 비해 쓴 원가가 낮으면 원가 절감입니다.

[표 7-17]에서 계획한 원가, 실제 쓴 원가는 모두 '원'으로 표현되었는데, 만든 수량만 '개'로 표현되어 있습니다. 만든 수량과 실제 쓴 원가를 비교해서 원가 성과를 측정하는데 두 비교 대상의 단위가 다릅니다. 비교할 때는 단위가 같은 것이 좋습니다. 만든 수량은 우리가 한 일인데, 우리가 한 일을 돈으로 변환할 수 있을까요? 앞에서 책상 1개당 10원의 원가가 든다고 했으므로, 책상을 6개 만든 것은 60원어치 일을 했다고 할 수 있습니다. 같은 방식으로 책상을 13개 만든 것은 130원어치 일을 했다고 할 수 있습니다. 이처럼 **실제 한 일을 돈의 가치로 변환한 것을 획득가치(Earned value)라고 합니다.** 책상 6개 작업에 대한 60원과 책상 13개 작업에 대한 130원이 획득가치입니다. 획득가치는 일반적으로 계획 원가에 작업 진척율을 곱한다고 [원가 관리 계획수립]에서 설명했습니다.

그럼 진척율법으로 획득가치를 다시 계산해볼까요? 1일차의 계획한 원가는 100원이며, 계획한 수량 10개 중 6개 만들었으므로 진척율은 60%입니다. 따라서 1일 차의 획득가치는 100원 x 60% = 60원입니다. 2일 차의 계획한 원가도 100원이며, 계획 수량 10개 중 13개 만들었으므로 진척율은 130%입니다. 따라서 2일차의 획득가치는 100원 x 130% = 130원입니다. 1일 차에 한 일은 60원어치인데 실제 쓴 돈은 70원이므로 원가 초과이고, 2일 차의 한 일은 130원어치인데 쓴 돈은 120원이므로 원가 절감으로 판단합니다.

지금까지 예를 통해서 획득가치가 무엇이며 어떻게 원가 성과를 측정하는지 간단히 살펴봤습니다. 획득가치 분석에서는 전문 용어를 사용합니다. 앞에서 사용했던 계획한 원가, 실제 쓴 원가, 한 일의 가치(만든 수량), 전체 원가(500원)를 전문 용어로 바꾸면 다음과 같습니다.

[표 7-18] 획득가치 관련 용어

예시 용어	전문 용어	설명
계획한 원가	Planned value(PV)	계획된 작업을 위해 승인된 원가. 계획한 원가는 Planned cost인데 Planned value로 해도 차이가 없기 때문에 Planned value로 사용함.
실제 쓴 원가	Actual cost(AC)	실제 작업에 쓰인 원가. EV를 얻기 위해 쓴 돈.
한 일의 가치	Earned value(EV)	수행한 작업(Earned)의 가치.
전체 원가	Budget at completion(BAC)	프로젝트 전체 작업을 위한 예산. 누적 PV이며, 성과 측정 기준선이라고도 함.

[표 7-17]의 내용을 전문 용어를 사용해서 바꾸면 [표 7-19]처럼 됩니다.

[표 7-19] 획득가치에 대한 전문 용어의 사용

Day	1	2	3	4	5	BAC
PV	100원	100원	100원	100원	100원	500원
AC	70원	120원				
EV	60원	130원				

앞으로는 PV, AC, EV 용어로 설명하겠습니다. PV, AC, EV 세 가지 값을 가지고 일정과 원가의 성과를 측정할 수 있습니다. 일정 성과는 SV와 SPI로 판단하며, 원가 성과는 CV와 CPI로 판단합니다. SV, SPI, CV, CPI에 대해 알아보겠습니다.

◆ 차이 분석(Variance analysis)

획득가치를 이용하면 원가 차이와 일정 차이를 알 수 있으며, 원가 성과 지수와 일정 성과 지수도 알 수 있습니다.

– SV(Schedule variance)

SV는 일정 차이의 줄인 말입니다. 만약 현재 계획(PV)보다 한 일(EV)이 많으면 일정을 앞서 나가는 것이고, 계획보다 한 일이 적으면 일정이 지연되고 있다고 판단할 수 있습니다. 따라서 일정 차이(SV)는 EV와 PV를 비교해 보면 알 수 있습니다. 만약 한 일(EV)이 계획(PV)보다 많으면 일정을 앞서는 것이며, 한 일(EV)이 계획(PV)보다 적으면 일정이 지연된 상태입니다. 그래서 SV = EV – PV로 계산하며, SV가 양수이면 한 일이 계획한 일보다 많으므로 일정을 앞서는 것이고, 반대로 SV가 음수이며 한 일이 계획한 일보다 적으므로 일정 지연입니다. 즉, SV가 양수이면 일정 앞섬, SV가 음수이면 일정 지연입니다. [표 7-20]에 보면 1일 차는 계획보다 4개 덜 만들었으므로 일정 지연이며, 2일 차는 계획보다 3개를 더 만들었으므로 일정이 앞선 것입니다.

[표 7-20] 일정 차이(Schedule variance) 분석

Day	1	2	3	4	5	합계
PV	**100원**	**100원**	100원	100원	100원	500원
AC	70원	120원				
EV	**60원**	**130원**				
SV	**-40원**	**+30원**				
	일정 지연	**일정 앞섬**				

– SPI(Schedule performance index)

SV가 EV-PV라면 일정 성과 지수 SPI는 EV/PV입니다. 빼기에서 나누기로 바뀐 것뿐인데요, 나누기로 하면 뭐가 달라질까요? 말 그대로 지수(Index)로 보여줍니다. 다시 말해 %로 보여주는 것입니다. 예를 들면, 어떤 작업의 SV가 -34,281원이라면 이 작업은 현재 일정이 얼마나 지연되어 있는지 알 수 있을까요? 이 정보로는 얼마나 지연되어 있는지 말할 수 없습니다. 그런데 만약 어떤 작업의 일정이 82%이면 이 작업은 일정이 얼마나 지연되어 있나요? 일정이 100%에서 18% 모자라므로 현재 일정은 18% 지연되어 있다고 말할 수 있

습니다. 그래서 지수(Index)를 사용하는 것입니다. 예시의 내용에서 SPI를 계산해 보면 1일 차는 0.6인데, 이는 일정이 60%라는 얘기이고, 40% 뒤처져 있다는 것입니다. 2일 차는 1.3인데, 이는 일정이 130%라는 얘기이고, 30% 앞서고 있다는 것입니다.

[표 7-21] 일정 성과 지수(Schedule performance index) 분석

Day	1	2	3	4	5	합계
PV	**100원**	**100원**	100원	100원	100원	500원
AC	70원	120원				
EV	**60원**	**130원**				
SPI	**0.6**	**1.3**				

– CV(Cost variance)

CV는 원가 차이의 줄인 말입니다. 이미 앞에서 획득가치 개념을 설명할 때 거의 다 설명을 했습니다. 한 일(EV)에 비해 쓴 돈(AC)이 많으면 원가 초과이고, 한 일(EV)보다 쓴 돈(AC)이 적으면 원가 절감입니다. 그래서 원가 차이는 한 일과 쓴 돈을 비교합니다. 계산식을 만들면 **CV = EV – AC**가 되며, CV가 양수이면 한 일보다 쓴 돈이 적어서 원가 절감이며, CV가 음수이면 한 일에 비해 쓴 돈이 많아서 원가 초과입니다. [표 7-22]에 보면 1일 차는 책상 6개 만들면서 70원 썼으므로 원가 초과이며, 2일 차는 책상 13개 만들면서 120원만 썼으므로 원가 절감입니다.

[표 7-22] Cost variance

Day	1	2	3	4	5	합계
PV	100원	100원	100원	100원	100원	500원
AC	**70원**	**120원**				
EV	**60원**	**130원**				
CV	**–10원**	**+10원**				
	원가 초과	**원가 절감**				

– CPI(Cost performance index)

SV와 SPI 관계처럼, CV가 EV-AC라면 **CPI는 EV/AC**입니다. 지수(Index)는 항상 나누

기로 계산합니다. [표 7-23]에서 CPI를 계산하면 1일 차의 CPI는 0.86인데, 이는 원가가 86%라는 얘기이고, 14% 원가 초과를 뜻합니다. 2일 차의 CPI는 1.08인데, 이는 원가가 108%라는 얘기이고, 8% 원가 절감이라는 것입니다.

[표 7-23] Cost performance index

Day	1	2	3	4	5	합계
PV	100원	100원	100원	100원	100원	500원
AC	**70원**	**120원**				
EV	**60원**	**130원**				
CPI	**0.86**	**1.08**				

이렇게 계산된 SPI와 CPI를 1을 기준으로 점으로 찍어서 주기별로 그래프를 그린다면 과거의 성과를 한눈에 볼 수 있는 그래프가 만들어집니다.

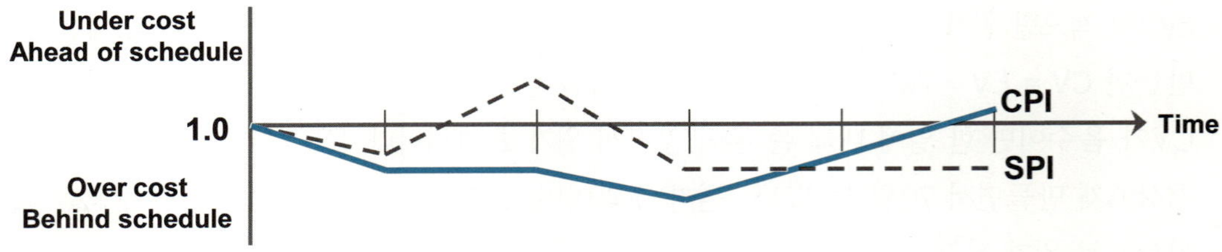

[그림 7-12] SPI, CPI 그래프의 예

◆ 추세 분석(Trend analysis)

앞의 [프로젝트 X] 예시는 날짜별로 계산했는데, 누적으로도 계산할 수 있습니다. 주기별로 획득가치를 계산하는 것을 Period-by-period 기반이라고 하며(일반적으로 주 또는 월), 누적해서 계산하는 것을 누적 기반(Cumulative basis)이라고 합니다. 그럼 언제 누적 기반을 사용할까요? 미래에 대한 예측치를 계산할 때입니다. 지금까지 누적된 상태를 기반으로 미래를 예측해야지 특정 날짜를 기준으로 예측하면 안 됩니다. 특정 날짜에 잘했다고 해서 미래에도 잘 끝날 것으로 예측하긴 어렵습니다. 따라서 예측할 때는 지금까지 전체 누적을 가지고 예측합니다. [표 7-24]는 2일까지 누적한 PV, AC, EV를 계산한 것이며, 누적 PV, EV, AC를 가지고 SV, SPI, CV, CPI를 계산할 수 있습니다.

[표 7-24] 누적으로 계산한 예

Day	1	2	누적
PV	100원	100원	**200원**
AC	70원	120원	**190원**
EV	60원	130원	**190원**
누적 SV			**-10원**
누적 SPI			**0.95**
누적 CV			**0원**
누적 CPI			**1.00**

- 차트(Charts)

앞에서 예시로 든 [프로젝트 X]는 이해를 돕기 위해 5일 동안 진행되는 프로젝트로 설명했습니다. 실제 5일로 진행하는 그런 짧은 프로젝트는 없을 것입니다. 만일 어느 정도 규모 있는 프로젝트에서 50% 정도 진척되었다고 가정하고, 계획(PV)보다 한 일(EV)은 적고, 한 일에 비해 쓴 돈(AC)이 많다면 [그림 7-13]처럼 그래프가 그려지게 됩니다. [그림 7-13]은 어떤 프로젝트의 성과 그래프이며, 한 일에 비해 쓴 돈이 많고, 계획보다 한 일이 적으므로 일정 지연, 원가 초과인 성과가 안 좋은 상태입니다.

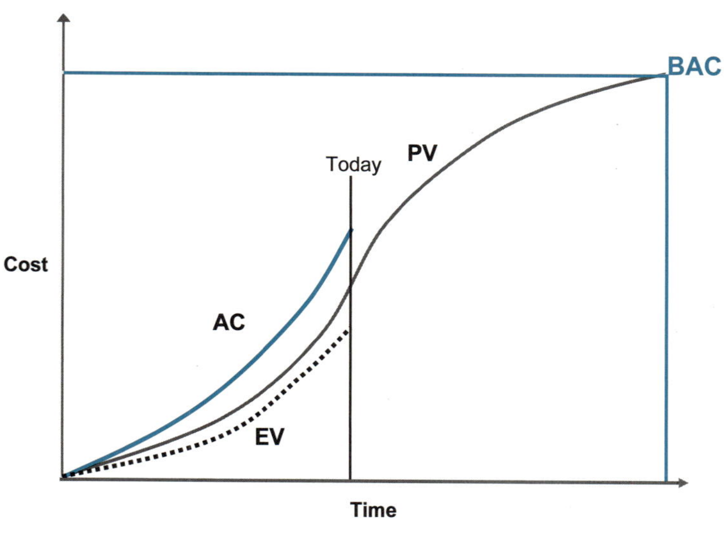

[그림 7-13] 성과 그래프의 예시

만일 10년짜리 프로젝트가 5년 동안 계획 원가보다 실제 원가가 초과되어 왔다면, 앞으로 남은 5년 동안 어떤 형태로 원가가 지출되어 프로젝트가 종료될 것 같습니까? 3가지 옵션이 있을 텐데요. 1) 앞으로 비용을 절약해서 계획된 BAC 대로 끝난다. 2) 앞으로 비용을 더 많이 절약해서 BAC보다 더 낮은 금액으로 끝난다. 3) 지난 과거와 비슷하게 계획보다 많이 지출되어 BAC보다 더 높은 금액으로 끝난다. 여러분이라면 몇 번을 선택하겠습니까? 5년이란 누적된 기간 동안 계획보다 비용이 많이 지출되었다면 아마도 현재처럼 계획보다 많이 지출하여 BAC보다 더 많이 비용을 쓰고 끝날 것으로 예측될 것입니다. 초과된다면 얼마의 돈이 더 필요한지 알아야 미리 준비해서 전체 작업을 끝내야 합니다. 이 예측에 대해서도 알아보도록 하겠습니다.

– 예측(Forecasting)

프로젝트를 진행하는 도중에 앞으로 프로젝트 종료 시점에 전체 원가가 얼마로 끝날지 알고 싶을 수 있습니다. 만약 예측치가 BAC 보다 낮게 예측되면 좋지만 반대로 BAC보다 더 높게 예측되면 추가 예산을 준비해야 전체 작업을 끝낼 수 있습니다. 획득가치 분석에서는 예측이 크게 두 개의 범주로 나누어집니다. 하나는 **현재 시점부터 앞으로 완료 시점까지 들어갈 원가에 대한 예측치**이며, 이것을 **ETC(Estimate to complete)**라고 합니다. 또 하나는 과거에 사용한 원가를 포함하여 **프로젝트 시작 시점부터 완료 시점까지 전체 원가를 예측한 예측치**이며, 이를 **EAC(Estimate at completion)**라고 합니다. [그림 7-14]는 EAC와 ETC를 그림으로 간단하게 표현한 것입니다. EAC = AC + ETC이고 AC는 이미 쓴 돈이라 알고 있기 때문에 ETC만 구하면 EAC는 자동으로 구할 수 있습니다.

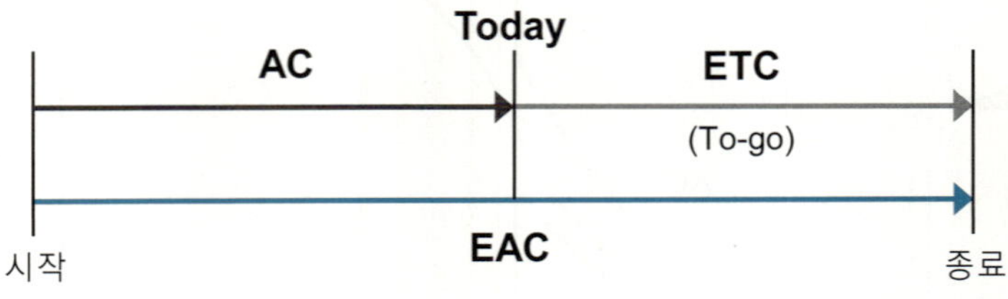

[그림 7-14] ETC와 EAC

[ETC (Estimate to complete)]

ETC는 **현재부터 프로젝트 완료 시점까지 들어갈 원가 예측치**입니다. 즉, 앞으로 남은 작업에 들어갈 예상 원가입니다. ETC를 구하는 방법은 크게 3가지가 있습니다.

1) 남은 작업을 기반으로 새로 구하는 방법(New ETC)

현재까지 수행한 일을 마무리 짓고 남은 일을 하나의 새로운 프로젝트로 생각하고 남은 일에 들어갈 예산을 새롭게 산정합니다. 새로 산정할 때는 정확도가 높은 상향식(Bottom-up) 산정으로 합니다.

2) 프로젝트 초기에 원가 성과를 고려하지 않고 구하는 방법

이제 프로젝트를 10% 정도만 진행했는데, 지금 성과가 안 좋다고 해서 끝날 때도 안 좋을 것으로 예측하긴 어렵습니다. 프로젝트 초기에는 수행한 일이 별로 없기 때문에 지금까지의 성과가 미래에 영향을 줄 거라고 말하기 어렵습니다. 현재까지의 원가 성과가 앞으로는 영향을 미치지 않을 것이라고 예측이 될 때는 지금까지의 원가 성과를 고려할 필요가 없습니다. 이런 경우에는 앞으로 들어갈 예산을 남은 작업을 기반으로 산정합니다. 보통 프로젝트 진행이 조금밖에 안 된 초기에 산정하는 방법입니다.

남은 작업에 필요한 예산을 산정하기 위해 지금까지 돈의 관점에서 봤던 것을 잠시 일의 관점으로 전환해보도록 하겠습니다. ETC라는 돈은 남은 작업(Remain work)을 완료하기 위해 필요한 돈이므로 일의 관점에서 보면 '남은 일'입니다. EV는 지금까지 한 일(Performed work)이고, BAC는 전체 일(Total work)에 필요한 돈이므로 일의 관점에서 보면 전체 일입니다. 그렇다면 남은 일(ETC)은 전체 일(BAC)에서 현재까지 한 일(EV)을 빼면 됩니다. 따라서 두 번째 방법의 ETC를 구하는 공식은 다음과 같이 됩니다. 보통 프로젝트 진척 25% 미만에서 사용합니다.

$$ETC = BAC - EV$$

3) 현재까지의 원가 성과를 고려하여 구하는 방법

현재까지의 원가 성과가 앞으로 영향을 미칠 것이라 판단될 때는 과거의 원가 성과를 반영시켜서 ETC를 산정하게 됩니다. 즉, 지금까지 원가에 대한 성과가 나빴다면 프로젝트가 끝날 때의 예산은 계획보다 더 많을 것으로 예측될 것입니다. 반대로 지금까지 원가 성과가 좋았다면 끝날 때는 계획보다 적을 것으로 예측될 것입니다. 앞에서 이미 원가의 성과를 CPI로 표현한다고 설명했습니다. 보통 프로젝트 진척이 어느 정도(약 25% 이상) 진행이 되면 과거의 성과를 무시할 수 없으므로 원가 성과를 나타내는 CPI로 보정해주게 됩니다. 이때 사용하는 CPI는 누적 CPI를 사용해야 합니다. 특정 날짜의 원가 성과를 반영하면 안 되기 때문입니다. 따라서 공식은 두 번째 방법에 CPI를 사용하여 다음과 같이 됩니다.

ETC = (BAC – EV) / CPI

만일 현재까지 CPI가 1보다 크다면 그동안 원가 성과가 좋다는 것이며, 1보다 큰 숫자로 (BAC - EV)를 나눠주게 되면 ETC는 작아지게 됩니다. 즉, ETC가 초기 계획했던 것보다 더 낮게 예측되는 것입니다. 다시 말하면 지금까지 원가 성과가 좋았기 때문에 미래도 좋게 예측되는 것입니다. 반대로 현재까지 CPI가 1보다 작다면 ETC는 더 커지게 됩니다. 이것은 지금까지 원가 성과가 안 좋았기 때문에 미래도 안 좋게 예측되는 것을 말합니다.

[EAC (Estimate at completion)]

이미 앞에서 설명했듯이 EAC = AC + ETC이므로 ETC만 알면 EAC를 구하는 것은 쉽습니다. EAC라는 것이 완료 시점에 프로젝트 전체 원가를 예측한 것이므로 지금까지 쓴 돈(AC)에다가 앞으로 들어갈 돈(ETC)을 더하면 되기 때문입니다. 그래서 EAC(전체 예측치) = AC(현재까지 쓴 돈) + ETC(앞으로 들어갈 돈)가 기본 공식이 되는데요, 앞에서 ETC를 구하는 법이 3가지이므로 당연히 EAC를 구하는 것도 3가지가 됩니다.

1) EAC = AC + new ETC

새로 구한 ETC를 사용하는 방법. 새로 ETC를 구할 때 Bottom-up으로 구하기 때문에 new ETC를 Bottom-up ETC라고도 합니다.

2) EAC = AC + (BAC – EV)

프로젝트 초기에 사용하며, 현재까지의 성과가 미래에 영향을 주지 않을 것으로 판단될 때 사용합니다.

3) EAC = AC + (BAC – EV) / CPI

현재까지의 성과가 미래에 영향을 줄 것으로 판단될 때 사용합니다. 그런데 CPI = EV/AC이므로 CPI 대신에 'EV/AC'를 대입해서 공식을 더 간단하게 만들 수 있습니다. 계산하면 다음과 같습니다.

EAC = AC + (BAC - EV)/CPI = AC + (BAC - EV) x (AC/EV)
= AC + BAC(AC/EV) - EV(AC/EV) = AC + BAC(AC/EV) - AC
= BAC(AC/EV) = **BAC/CPI**

결국 남는 것은 **BAC/CPI**이며 이 공식이 보통 시험에서 EAC를 구할 때 가장 많이 사용되는 공식입니다. 즉, 그동안의 원가 성과(CPI)가 좋았다면 1보다 큰 수로 BAC를 나누게 되고, EAC는 처음 계획한 전체 원가(BAC)보다 낮게 예측이 될 것입니다. 반면에 현재까지 CPI가 1보다 낮다면 원가 성과가 안 좋기 때문에 BAC보다 EAC가 더 커진다는 것입니다. 이것은 ETC를 구하는 3번째 방법과 유사한 의미입니다.

추가로 EAC를 구하는 방법이 한 가지 더 있습니다. EAC에 CPI만 보정했는데, SPI까지 고려하는 방법입니다. EAC는 돈에 대한 예측이므로 CPI만 고려하고 SPI는 고려하지 않았습니다. 만약 일정 성과가 원가 예측치에도 영향을 줄 거라고 생각되면 SPI도 고려할 수 있습니다. 일정이 늦어지면 원가도 더 들어갈 수 있기 때문입니다. SPI를 고려하고 싶다면 CPI에 SPI를 곱하면 됩니다. 필요하다면 CPI와 SPI를 80:20 또는 60:40 등으로 프로젝트 관리자가 판단하여 가중치를 줄 수도 있습니다. EAC는 돈에 대한 예측이므로 CPI에 더 많은 가중치를 줄 수 있습니다. CPI와 SPI를 사용해서 EAC를 구하는 공식은 다음과 같습니다.

EAC = AC + (BAC – EV) / (CPI X SPI)

지금까지 배운 내용을 그래프로 표현해 보면 [그림 7-15]와 같습니다. 어떤 가상 프로젝트에 대한 성과 그래프이며, 성과가 안 좋은 상황으로 가정했습니다. 계획(PV)보다 한 일(EV) 적으므로 일정 지연이고, 한 일에 비해 쓴 돈(AC)이 많으므로 원가 초과입니다. 지금까지 원가 성과가 안 좋기 때문에 EAC는 BAC보다 높게 예측이 되며, 일정도 계획보다 지연될 것으로 예측됩니다. BAC와 EAC의 차이를 VAC(Variance at completion)이라고 합니다. VAC가 양수로 나오면 BAC보다 EAC가 낮게 예측되는 것이므로 좋은 상황으로 봅니다.

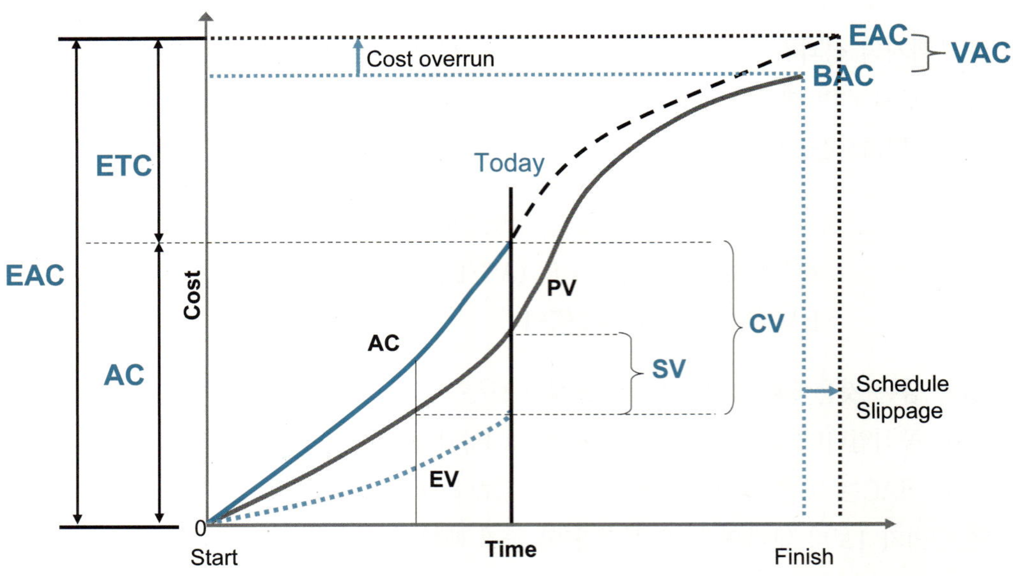

[그림 7-15] 획득가치 분석에 대한 전체 요약

잠깐! Earned Schedule의 개념

SV를 구할 때 EV - PV로 계산한다고 학습했습니다. [그림 7-15]를 보면 Cost 축으로 SV를 계산합니다. 그런데 생각해보면 SV는 일정 차이인데 왜 EV와 PV 둘 다 돈의 가치로 계산할까요? 일정 차이는 Time 축으로 계산해야 맞는 것 아닌가요? 그래서 나온 개념이 획득일정(Earned Schedule, ES)입니다. 획득 일정은 우리가 실제 얻은 일정이며, 실제 걸린 시간은 실제시간(Actual time, AT)이라고 합니다. 그리고 계획된 전체 기간은 계획기간(Planned duration, PD)이라고 합니다. 이 3가지 변수를 그래프에서 표현하면 [그림 7-16]과 같습니다.

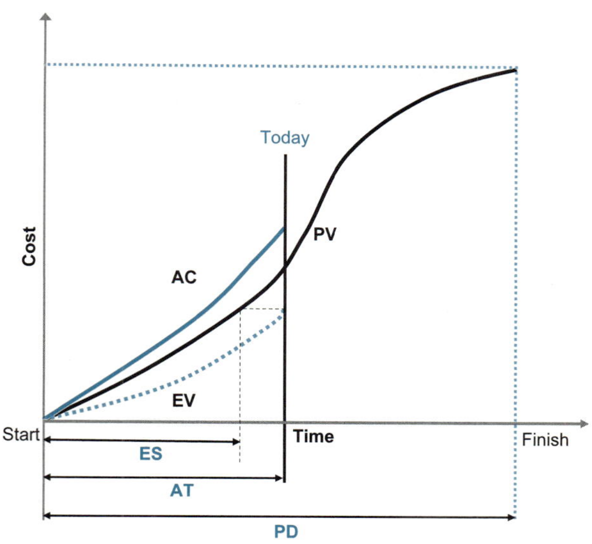

[그림 7-16] ES, AT, PD의 의미

획득일정(ES)은 획득가치(EV)를 얻는데 원래 걸릴 시간을 의미합니다. [그림 7-16]에서 보면 Cost 축을 기준으로 한 일(EV)이 계획(PV)보다 낮습니다. 현재의 EV를 계획대로라면 더 일찍 획득했어야 정상입니다. 현재의 획득가치를 원래 계획상 획득했어야 하는 시점까지의 기간을 획득일정(ES)이라고 합니다. AT는 획득가치를 얻는데 실제 걸린 시간입니다. 현재 상황으로 보면 획득가치를 얻는 데 걸린 시간인 ES가 실제 걸린 시간인 AT보다 적습니다. 즉, 실제 걸린 시간에 비해 한 일이 적은 것이고, 이것은 일정 지연을 의미합니다. 따라서, ES 개념을 적용한 SV 공식은 다음과 같습니다.

$$SV = ES - AT$$

만약 SV가 0이라면, 이것은 획득가치를 얻는데 필요한 원래 계획된 시간과 실제 걸린 시간이 동일하다는 것을 의미하고, 일정 차이가 없음을 뜻합니다. SV가 양수로 나오면 일정이 앞서는 것이고, SV가 음수로 나오면 일정이 지연된 상태를 의미합니다. ES 개념을 적용한 SPI 공식은 다음과 같습니다.

$$SPI = ES/AT$$

ES 개념을 적용하여 완료일을 예측하는 EAC는 PD/SPI로 계산합니다.

$$EAC_{(t)} = PD/SPI_{(t)}$$

◆ 예비 분석(Reserve analysis)

예비 분석은 프로젝트 진척에 따라 예비비가 적정한지 분석하는 것을 말합니다. 리스크가 추가되면 예비비를 추가하고, 식별된 리스크가 예상 시점에 발생하지 않으면 예비비를 줄일 수도 있습니다.

7.4.2.3 완료성과지수(To-complete performance index, TCPI)

TCPI도 획득가치 관리에 대한 것이며, 프로젝트 특정 시점부터 완료까지 갖고 가야 할 성과 지수를 말합니다. 예를 들면, 현재 프로젝트는 일정의 50%까지 진행했고, CPI가 0.8이라면, 남은 50% 기간 동안 CPI를 몇으로 갖고 가야 계획대로 완료될까요? 그동안 원가 성과가 20% 초과였으므로, 앞으로 20% 절감해야 계획대로 끝날 수 있습니다. 그래서 CPI를 1.2로 진행해야 될 것입니다. 이 1.2가 바로 앞으로 갖고 가야 할 성과지수이며 이것을 TCPI라고 합니다.

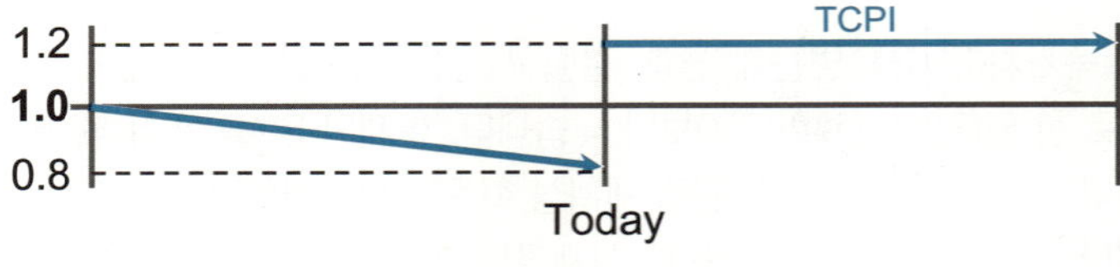

[그림 7-17] TCPI의 예시

그럼 TCPI는 어떻게 구할까요? 생각보다 간단합니다. 남은 일과 남은 돈을 비교하면 됩니다. 즉, 'TCPI = 남은 일/남은 돈'으로 계산하면 됩니다. 예를 들면, 남은 돈은 100원인데, 남은 일이 120원어치라면 남은 일에 비해 돈이 모자라므로 돈을 절약해야 합니다. TCP를 계산하면 1.2가 나옵니다. 1.2는 1보다 높은데, 그 의미는 남은 기간에 성과지수를 높여야 한다는 것이고, 과거에 원가가 초과되었기 때문에 앞으로 더 열심히 해서 원가를 절감해야 한다는 의미입니다. 따라서 TCPI는 1보다 작게 나오는 것이 좋은 것입니다. 남은 돈은 '전체 돈(BAC) - 쓴 돈(AC)'이며, 남은 일은 '전체 일(BAC) - 한 일(EV)'이므로 공식은 다음과 같이 정리됩니다.

$$TCPI = (BAC - EV) / (BAC - AC)$$

만일, 지금까지 성과가 안 좋아서 처음 계획했던 BAC보다 더 많이 돈이 들어가서 프로젝트가 끝날 것으로 예측되고, 경영진에서 더 이상 BAC 안에서 프로젝트를 완료하는 것이 불가능하다고 판단해서 새로 예측된 EAC를 승인해줄 수 있습니다. 새로운 EAC가 승인된 후에 프로젝트는 새로운 EAC를 원가 기준선으로 사용합니다. 따라서 이때는 남은 돈이 '새로 승인된 예산(EAC) - 쓴 돈(AC)'이 되어 공식은 다음과 같이 바뀝니다.

$$TCPI = (BAC - EV) / (EAC - AC)$$

핵심 용어

PC, PS

획득가치 분석에서 추가로 더 알아야 할 두 가지 공식이 있습니다.

PC(Percent complete)

완료 백분율이라 하며 수행된 작업의 완료율을 말합니다. 지금까지 수행한 작업이 전체 작업의 몇 %를 했는지 알 수 있습니다. 따라서 남은 작업에 대한 %도 알 수 있습니다. 공식은 현시점까지 한 일(EV)과 전체 작업(BAC)의 비율로 구합니다. PC가 1이라면 이것은 전체 작업을 모두 완료했음을 의미합니다.

$$PC = EV / BAC$$

PS(Percent spent)

PS는 소비 백분율이며 지금까지 쓴 돈이 전체 돈의 몇 %인가를 계산합니다. 전체 예산(BAC)과 지금까지 실제 사용한 누적된 원가(AC)의 비율로 구합니다. 만약 PS가 1이라면, 이것은 전체 예산을 다 썼다는 것을 의미합니다.

$$PS = AC / BAC$$

지금까지 설명한 획득가치 관련 공식을 정리하면 다음과 같습니다.

[표 7-25] 획득가치 관련 공식 모음

용어	공식
Schedule variance	SV = EV - PV
Cost variance	CV = EV - AC
Schedule performance index	SPI = EV / PV
Cost performance index	CPI = EV / AC
Schedule variance(ES 적용)	SV = ES - AT
Schedule performance index(ES 적용)	SPI = ES / AT
Estimate to complete	ETC = 새로 구한다.(Bottom-up)
Estimate to complete	ETC = BAC - EV
Estimate to complete	ETC = (BAC - EV) / CPI
Estimate at completion	EAC = AC + new ETC
Estimate at completion	EAC = AC + (BAC - EV)
Estimate at completion	EAC = AC + (BAC - EV) / CPI = BAC/CPI
Estimate at completion	EAC = AC + (BAC - EV) / (CPI x SPI)
Estimate at completion(ES적용)	ES = PD / SPI
To-complete performance index	TCPI = (BAC - EV) / (BAC - AC)
To-complete performance index	TCPI = (BAC - EV) / (EAC - AC)
Percent complete	PC = EV / BAC
Percent spent	PS = AC / BAC
Variance at completion	VAC = BAC - EAC

7.3.2.4 프로젝트 관리 정보 시스템(Project management information systems)

PMIS에는 보통 획득가치 분석에 대한 기능을 포함하고 있습니다. EV, AC, PV만 입력하면 SV, CV, SPI, CPI 등을 자동으로 계산해줍니다.

7.4.3 원가 통제: 산출물

획득가치 분석을 통해 프로젝트의 성과 정보와 예측치를 알 수 있었는데요, 성과가 낮으면 통제에서 늘 하듯이 낮은 성과를 계획에 맞추기 위한 변경 요청이 발생할 수 있습니다.

7.4.3.1 작업 성과 정보(Work performance information)

작업 성과 정보는 원가 기준선과 실제 결과를 비교하여 나온 원가 성과가 좋은지 나쁜지에 대한 정보입니다. 획득가치 분석을 이용했다면 CV, CPI 같은 원가 성과 정보가 생성됩니다. 이 내용들은 [프로젝트 작업 감시 및 통제] 프로세스를 통해 작업 성과 보고서에 담기고 관련 이해관계자에게 배포됩니다.

7.4.3.2 원가 예측치(Cost forecasts)

획득가치 분석을 통해 EAC가 계산되면, 이 내용은 [프로젝트 작업 감시 및 통제] 프로세스를 통해 작업 성과 보고서에 담기고 관련 이해관계자에게 배포됩니다.

7.4.3.3 변경 요청(Change requests)

기준과 실적의 차이를 분석하는 것이 통제의 역할이므로 부족한 실적을 기준이 맞추기 위한 예방 조치, 시정 조치 같은 변경 요청이 산출물로 거의 항상 나옵니다. 변경 요청은 무조건 [통합 변경 통제 수행] 프로세스를 통해 처리됩니다.

7.4.3.4 프로젝트 관리 계획서 업데이트(Project management plan updates)

[원가 통제]를 수행하는 동안 원가 기준선, 성과 측정 기준선 및 원가 관리 계획서가 업데이트될 수 있습니다.

◆ **원가 관리 계획서**(Cost management plan)

원가 관리 계획서에 포함된 내용에 대해 필요한 변경사항이 있다면 업데이트시킵니다.

◆ **원가 기준선**(Cost baseline)

원가 성과를 측정했을 때 원가 차이가 너무 심하면 기존의 원가 기준선으로는 프로젝트를 종료할 수 없게 됩니다. 따라서 현실적인 원가 기준선을 제공하기 위해 원가 기준선을 업데이트할 수 있습니다.

◆ 성과 측정 기준선(Performance measurement baseline)

원가 기준선을 업데이트한 것처럼 성과 차이가 너무 심하면 현실적인 성과 측정 기준선을 제공하기 위해 성과 측정 기준선을 업데이트할 수 있습니다.

7.4.3.5 프로젝트 문서 업데이트(Project document updates)

[원가 통제]의 결과로 인해 여러 문서가 업데이트될 수 있습니다.

◆ 가정사항 기록부(Assumption log)

프로젝트를 실제 수행해보면 자원 생산성이 생각보다 낮아서 원가 성과가 낮을 수 있습니다. 따라서 자원 생산성이 원가 성과에 미치는 영향에 대한 가정을 실제 수행한 결과 정보를 바탕으로 수정할 수 있습니다.

◆ 산정 기준서(Basis of estimates)

원가 성과가 기준보다 높거나 낮을 경우 처음 원가를 산정할 때 사용한 산정의 근거 자료를 일부 수정할 수 있습니다.

◆ 원가 산정치(Cost estimates)

프로젝트를 실제 수행한 후에 계획보다 비용이 더 들어간 작업 있다면, 앞으로 그 작업에 들어갈 원가 산정치는 처음 산정치보다 더 높게 잡아야 합니다. 이럴 경우에 원가 산정치를 수정하게 됩니다.

◆ 교훈 관리대장(Lessons learned register)

무슨 이유로 차이가 생겼는지, 차이를 줄이기 위해 어떤 조치를 왜 선택했는지에 대한 관련 교훈들이 교훈 관리대장에 추가됩니다.

◆ 리스크 관리대장(Risk register)

만약 원가 차이가 너무 커서 원가 한계선을 초과할 경우 리스크가 발생할 수 있습니다. 예상되는 리스크를 리스크 관리대장에 추가합니다.

핵심 용어

Learning Curve(학습곡선)

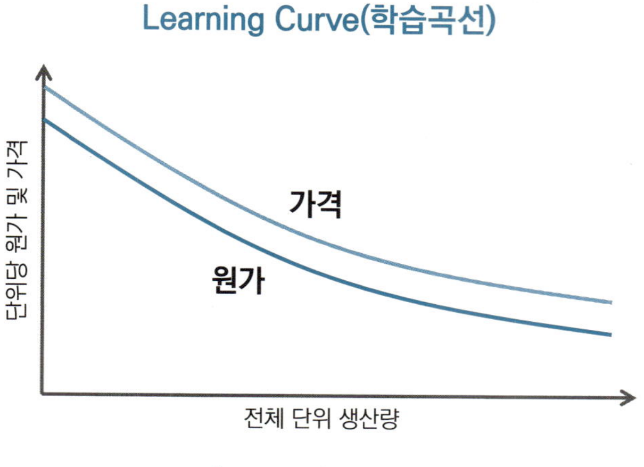

[그림 7-18] 학습곡선

학습곡선은 기업의 원가 변화를 나타내는 곡선으로서 경험곡선이라고도 합니다. 경험이 증가함에 따라 일은 능숙해지고 이로 인해 작업 시간이 줄어들어 생산성이 증가하는 효과가 나타나는 데 이를 학습효과라고 합니다. 이 학습효과를 수학적 모델로 표현한 곡선이 학습곡선입니다. 생산에 따른 학습효과로 점차 생산량이 증가하게 되는 경우에 단위 제품당 원가는 점차 감소하는 현상을 말합니다. 보통 누적 경험량이 2배가 되면 원가는 20% 정도 떨어집니다.

핵심 용어

감가상각비 (Depreciation)

시간의 흐름에 따른 물리적, 기능적인 자산가치의 감소를 말합니다.

● 균등 상각법 (정액법=Straight line depreciation)

- 장비의 수명주기상 매년 약간씩 같은 금액으로 상각합니다.
- 일반적으로 장비의 수명이 길고 가치가 오래갈 경우에 사용합니다.

● 가속 상각법 (체감법=Accelerated depreciation)

- 매년 급속히 가치가 손실되는 물품에 적용합니다.
- 이중 체감법 (Double declining balance): 이중 체감법은 가속 비율로 감가상각을 계산합니다. 처음 기간의 감가상각 비율이 가장 높고 다음 기간부터는 점점 작아집니다.
- 연수 합계법 (Sum of year digits): 연수 합계법은 산술급수에 따라 분수로 상각률을 계산하여 감가상각비를 계산하는 방법입니다.

[정액법의 예]

기간	상각된 금액	상각 비용
1	₩ 10,000	1400
2	₩ 8,600	1400
3	₩ 7,200	1400
4	₩ 5,800	1400
5	₩ 4,400	1400
남은 가치	₩ 3,000	

[이중 체감법의 예]

기간	자산 금액	누적 상각비용	상각률	연도별 상각비용
1	₩ 10,000	–	40%	₩ 4,000
2	₩ 10,000	₩ 4,000	40%	₩ 2,400
3	₩ 10,000	₩ 6,400	40%	₩ 1,440
4	₩ 10,000	₩ 7,840	40%	₩ 864
5	₩ 10,000	₩ 8,704	40%	₩ 519

[연수 합계법의 예 – 자산가치는 10,000원]

기간	전체 상각비용	상각률	연도별 상각	누적 상각비용	연도별 자산가치
1	₩ 7,000	5/15	₩ 2,333	₩ 2,333	₩ 7,667
2	₩ 7,000	4/15	₩ 1,867	₩ 4,200	₩ 5,800
3	₩ 7,000	3/15	₩ 1,400	₩ 5,600	₩ 4,400
4	₩ 7,000	2/15	₩ 933	₩ 6,533	₩ 3,467
5	₩ 7,000	1/15	₩ 467	₩ 7,000	₩ 3,000

07 핵심 정리

- 프로젝트에서 원가를 관리하는 이유는 정해진 예산 안에 프로젝트를 완료할 수 있도록 하기 위해서입니다.
- 7장은 원가 관리 계획서를 준비하는 프로세스 1개, 부분 원가를 산정하는 프로세스 1개, 원가 산정치를 합쳐서 전체 예산을 결정하는 프로세스 1개, 원가 기준선을 지키는 통제 프로세스 1개로 구성되어 있습니다.
- 계획된 비용에 진척도를 곱해서 획득가치를 구하는 것을 완료율법(Percent complete)라고 합니다.
- 진척율을 구하기 어려운 경우에는 획득가치를 Fixed formula, Weighted milestone 등으로 계산합니다.
- 원가 산정의 가장 핵심 투입물은 인도물을 포함한 WBS입니다.
- 원가 산정의 기법은 활동 기간을 산정하는 기법과 아주 유사합니다.
- 품질 비용(COQ)은 [원가 산정]과 [품질 관리 계획수립] 두 프로세스의 기법으로 사용됩니다.
- 원가 기준선은 이번 프로젝트에서 지켜야 할 기준선이며, 원가 성과 측정 시 원가 실적과 비교하기 위한 기준으로 사용됩니다.
- 식별된 리스크를 고려한 예비비는 Contingency reserve라고 하며, 식별하지 못한 리스크가 발생할 경우 사용될 예비비는 Management reserve라고 합니다.
- Planned value(PV)는 계획된 작업을 위해 승인된 원가입니다.
- Actual cost(AC)는 실제 작업에 쓰인 원가이며, EV를 얻기 위해 쓴 돈입니다.
- Earned value(EV)는 실제 수행한 작업의 금전적 가치입니다.
- Budget at completion(BAC)은 프로젝트 전체 작업을 위한 예산이며, 전체 누적 PV입니다.
- Schedule variance(SV)는 한 일(EV)과 계획한 일(PV)의 차이입니다. 계획한 만큼 일을 하면 일정 차이는 없습니다.
- Cost variance(CV)는 한 일(EV)과 쓴 돈(AC)의 차이입니다. 한 일만큼 돈을 쓰면 원가 차이는 없습니다.

- SV, CV 같은 차이(Variance)는 빼기로 구하고, SPI, CPI, TCPI 같은 지수(Index)는 나누기로 구합니다.
- 현재 시점부터 앞으로 완료 시점까지 들어갈 원가에 대한 예측을 ETC(Estimate to complete)라고 합니다.
- 현재까지 쓴 원가를 포함하여 시작 시점부터 완료 시점까지 전체 원가를 예측한 것을 EAC (Estimate at completion)라고 합니다.
- 완료 시점에서 BAC와 EAC의 차이를 VAC(Variance at completion)이라고 합니다.
- 프로젝트 특정 시점부터 완료까지 갖고 가야 할 성과 지수를 TCPI(To-complete performance index)라고 합니다.
- 수행된 작업의 완료율을 PC(Percent complete)라고 하며, 전체일(BAC)과 한 일(EV)의 비율로 알 수 있습니다.
- 지금까지 쓴 돈이 전체 돈의 몇 %인가는 PS(Percent spent)로 알 수 있습니다. 전체돈(BAC)에서 쓴돈(AC)의 비율로 알 수 있습니다.
- 작업 성과 정보(Work performance information)는 기준과 실제 결과를 비교하여 나온 성과가 좋은지 나쁜지에 대한 정보이며, 작업 성과 보고서를 만들기 위해 [프로젝트 작업 감시 및 통제]의 투입물이 됩니다.

07 이해도 테스트 문제

01 프로젝트에서 원가(Cost)를 관리하는 이유는 무엇이며, 어떻게 원가를 관리해야 합니까?

02 원가 관리 프로세스 4개와 각 프로세스의 의미를 적어보세요.

03 획득가치(Earned value)란 무엇인가요?

04 부분적인 원가(비용)를 산정하는 기본 흐름(투입물, 도구 및 기법, 산출물)을 적어보세요.

05 두 종류의 Reserve에 대해 비교해서 적어보세요.

06 일정차이(SV)와 원가차이(CV)는 획득가치 기법을 사용해서 어떻게 알 수 있습니까?

07 ETC(Estimate to complete)를 구하는 방법은?

08 EAC(Estimate at completion)를 구하는 방법은?

09 TCPI(To-complete performance index)는 무엇이며 어떻게 알 수 있습니까?

☑ 정답은 교재를 통해 직접 본인이 찾아보기 바랍니다.

07 용어의 뜻 연결하기

Cost management plan •	• 어떻게 원가를 산정하고 예산을 결정하고, 통제할 것인지에 대한 방법을 포함한 문서
Analogous estimating •	• 실제 수행한 작업에 대한 가치를 비용으로 전환한 것
Earned value •	• 프로젝트의 원가뿐만 아니라 제품 전체에 들어가는 원가까지 폭넓게 보는 것
Management reserves •	• 과거 유사한 프로젝트의 원가 산정치를 이번 프로젝트 원가 산정의 기준으로 사용하는 방법
Life-cycle costing •	• 식별된 리스크에 대한 예비비
Cost variance •	• 월별, 분기별 등 주기별로 필요한 자금 요구사항
Contingency reserves •	• 식별하지 못한 리스크에 대한 예비비
Estimate to complete •	• 수행한 일과 쓴 돈의 차이
Variance at completion •	• 과거 사용한 비용을 포함하여 현재 시점에서 완료 시점까지 예측한 전체 예상 비용
Project funding requirements •	• 현재 시점부터 앞으로 완료 시점까지 들어갈 비용에 대한 예측치
Estimate at completion •	• BAC와 EAC의 차이
To-complete performance index •	• 프로젝트 특정 시점부터 완료까지 갖고 가야 할 성과 지수

07 예상 문제

01 프로젝트를 진행하던 도중에 원가 성과를 측정하기 위해서 원가 성과 지수(CPI)를 측정했습니다. 측정한 결과 CPI가 현재 1.2일 경우에 다음 보기 중 어떤 상태입니까?

A. PV=100, EV=120
B. AC=100, EV=120
C. AC=120, EV=100
D. EV=100, PV=120

02 프로젝트의 Cost와 Scope은 아주 밀접합니다. 다음 중 범위와 원가 프로세스의 순서가 가장 적절한 것은 무엇입니까?

A. 범위 정의(Define Scope), 작업분류체계 작성(Create WBS), 원가 산정(Estimate Costs), 예산 책정(Determine Budget)
B. 원가 산정(Estimate Costs), 예산 책정(Determine Budget), 작업분류체계 작성(Create WBS), 범위 정의(Define Scope)
C. 범위 정의(Define Scope), 원가 산정(Estimate Costs), 작업분류체계 작성(Create WBS), 예산 책정(Determine Budget)
D. 범위 정의(Define Scope), 예산 책정(Determine Budget), 원가 산정(Estimate Costs), 작업분류체계 작성(Create WBS)

03 확정적 산정치(Definitive estimates)는 프로젝트 후반 산정치로서 실제 비용에 얼마나 근접합니까?

A. -50% ~ +50%
B. -10% ~ +25%
C. -25% ~ +10%
D. -5% ~ +10%

04 당신은 프로젝트 관리자로서 이번 프로젝트의 예산을 수립하고 있습니다. 비용추정 근거로 몇 년 전에 유사한 프로젝트의 가정과 비용 자료를 사용하기로 하였다면 당신은 어떤 비용추정 방법을 선택한 것입니까?

A. 유사 산정(Analogous estimating)
B. 모수 산정(Parametric estimating)
C. 상향식 산정(Bottom-up estimating)
D. 하향식 산정(Top-down estimating)

05 **당신은 현재까지 작업 수행을 위해 580만 원을 썼습니다. 그런데 580만 원은 원래 계획했던 비용을 초과한 것이며, 초과한 이유는 자원 비용이 상승했기 때문입니다. 당신은 프로그램 관리자에게 580만 원에 대해 보고할 때 무엇이라고 보고하면 됩니까?**

A. Earned value(EV)
B. Planned value(PV)
C. Actual cost(AC)
D. Cost variance(CV)

06 **당신이 관리하고 있는 프로젝트의 전체 기간은 3년이며 현재 2년이 지났습니다. 그동안 누적 실제원가(Actual cost)가 누적 획득가치(Earned value)를 초과하였다면, 현재 시점에서 추정한 프로젝트 완료시점 산정치(EAC)는 완료시점예산(BAC)에 대해 어떻게 되겠습니까?**

A. 증가할 것으로 예측된다.
B. 감소할 것으로 예측된다.
C. 동일할 것으로 예측된다.
D. 예측이 불가능하다.

07 **당신 팀원 중 한 명이 활동 A에 대한 원가를 변경하기 위해 변경 요청서를 작성하여 당신에게 승인을 요청했습니다. 현 상황은 어떤 프로세스를 통해 처리해야 합니까?**

A. 원가 산정(Estimate Costs)
B. 예산 책정(Determine Budget)
C. 원가 통제(Control Costs)
D. 원가 관리 계획수립(Plan Cost Management)

08 **프로젝트의 원가 성과를 파악하여 파악된 결과를 바탕으로 미래에 대한 예측이 가능합니다. EVM을 이용하여 ETC와 EAC로 예측치를 구할 수 있는데요, 완료시점 산정치(Estimate at completion)는 무엇을 뜻합니까?**

A. 프로젝트에 대한 항목별 원가를 예상한 것.
B. 프로젝트 완료 시점에의 원가 평균을 산정한 것.
C. 프로젝트 완료 시점에 전체 원가를 예상한 것.
D. 현재부터 프로젝트 완료 시점까지 지출을 예상한 것.

09 **만일 현재 당신이 관리하는 프로젝트의 SPI가 0.9라면, 이것은 무엇을 의미합니까?**

A. 일정이 10% 지연되어 있다.
B. 일정이 90% 진척되었다.
C. 일정이 10% 앞서 나가고 있다.
D. 일정이 성과가 현재 좋다.

10 **프로젝트의 원가 산정은 가능하면 정확하게 예측하는 것이 가장 좋습니다. 다음 중 원가 산정을 향상시킬 수 있는 방법은 무엇입니까?**

A. 과거 프로젝트 데이터를 사용한다.
B. 원가 산정을 경영진에서 만들도록 한다.
C. 상한선 및 하한선에 근거하여 산정한다.
D. 프로젝트 관리자가 원가 산정을 한다.

11 **획득가치를 측정하는 방법으로 Fixed formula를 사용할 수 있습니다. Fixed formula 방식은 0-100, 0-50-100 또는 50-50 규칙을 사용합니다. 50-50 규칙은 다음 중 어디에 사용됩니까?**

A. 공정압축법(Crashing)
B. 프로그램 평가 및 검토기법(Program Evaluation and Review Technique)
C. 성과 보고(Report Performance)
D. 원가 산정(Estimate Costs)

12 **당신은 방금 WBS를 가지고 원가 산정치를 계산했고, 이제 원가 기준선(Cost baseline)을 수립하기 위해 프로젝트 범위 기술서의 자금 한도(Funding limitation)를 고려하고 있습니다. 당신은 현재 어떤 원가 관리 프로세스를 수행하고 있습니까?**

A. 자원 관리 계획수립(Plan Resource Management)
B. 원가 산정(Estimate Costs)
C. 예산 책정(Determine Budget)
D. 원가 통제(Control Costs)

13 **현재 당신이 맡은 프로젝트에서 외부 요인으로 인해 현재의 원가 차이가 생겼다고 생각하고 있습니다. 그리고 앞으로는 이러한 유사편차가 일어나지 않을 것으로 생각합니다. 이런 경우에 프로젝트의 완료시점 산정치(Estimate at completion)는 얼마가 됩니까?**

BAC = \$300,000, AC = \$100,000, EV= \$150,000, CPI= 1.5

A. \$250,000
B. \$220,000
C. \$280,000
D. \$200,000

14 **당신은 프로젝트 도중에 성과를 평가하기 위해 관련 자료를 요청했습니다. 보고받은 PV, EV, AC는 다음과 같습니다. 현재 일정 차이(SV, schedule variance)는 얼마입니까?**

PV = 29,000, AC = 31,500, EV = 31,000

A. 500
B. 2,000
C. -2.000
D. - 500

15 **당신이 관리하고 있는 프로젝트의 CPI는 현재 0.75입니다. 스폰서는 충분한 예산을 승인했다고 생각했지만, CPI가 0.75가 나와 당황하고 있습니다. 원인을 분석하기 위해 프로젝트 스폰서는 프로젝트 예산 수립을 유사 산정(Analogous estimating)을 통해 검증하고 있습니다. 그럼에도 원인을 찾기 어렵습니다. 무엇이 문제입니까?**

A. CPI에 사용된 EV와 AC의 정확한 값을 모르고 있다.
B. CPI뿐만 아니라 SPI도 같이 분석해야 한다.
C. CPI를 사용한 ETC와 EAC 분석을 해야 한다.
D. 유사산정이 아니라 상향식 산정(Bottom-up)을 해야 한다.

16 **현재 당신은 의류 쇼핑몰 웹사이트를 구축하는 프로젝트를 관리하고 있습니다. 이 웹사이트 구축 프로젝트를 진행하던 도중에 정해진 일정에 따라 프로젝트 성과를 측정한 결과 CPI는 1.30, SPI는 0.85입니다. 이와 같은 현상이 일어난 이유로 볼 수 있는 것은 무엇입니까?**

A. 핵심 팀원이 아파서 기대했던 것 이상 더 오래 프로젝트에 참가하지 못했다.
B. 이메일 발송 시스템의 가격이 15% 증가했다.
C. 물가 상승률을 고려하지 못했다.
D. 환율 상승에 대한 예측이 부족했다.

17 **당신은 프로젝트를 실행하면서 주기적으로 성과정보를 보고받게 됩니다. 성과정보가 새로 들어올 때마다 예측치를 갱신하여 앞으로 프로젝트가 어떻게 될 것인지 계속 문서화하고 있습니다. 다음 중 주기적으로 갱신해야 하는 예측치에 포함되는 것은 무엇입니까?**

A. 잔여분 산정치(Estimate to complete)

B. 완료시점 산정치(Estimate at completion)

C. 잔여분 산정치와 완료시점 산정치(Estimate to complete and Estimate at completion)

D. 일정성과지수와 원가성과지수(SPI and CPI)

18 **프로젝트 예산을 수립하던 중 이번 프로젝트 리스크를 위해 Cost contingency reserve를 준비하려고 합니다. Cost contingency reserve를 준비하는 이유는 무엇입니까?**

A. 프로젝트 예산이 부족할 경우 사용하기 위해서

B. 프로젝트 일정을 단축하기 위해 Crashing을 하기 위해서

C. 식별된 리스크가 발생할 경우 필요한 추가 비용을 위해서

D. 식별 못 한 리스크가 발생할 경우 필요한 추가 비용을 위해서

19 **당신은 현재 프로젝트 기획에서 원가 관리 계획서(Cost management plan)를 작성하고 있습니다. 다음 중 원가 관리 계획서에 포함되는 내용으로 볼 수 없는 것은?**

A. 통제 한계선

B. 성과 측정 규칙

C. 정확도의 수준

D. 주기별 자금 한도

20 **당신은 기획에서 프로젝트의 예산을 수립하고 있습니다. 예산에는 프로젝트의 리스크를 고려해서 예비비를 포함하려고 합니다. 다음 중 예산에는 어떤 예비비가 포함됩니까?**

A. Contingency reserve

B. Management reserve

C. Contingency reserve와 Management reserve

D. Contingency reserve와 Emergency reserve

21 **프로젝트는 계획대로 수행되는 법이 거의 없기 때문에 주기적으로 감시 및 통제가 필요합니다. 당신은 프로젝트 관리자로서 원가 관리 계획서에 따라 주기적으로 원가 통제를 하고 있습니다. 다음 중 원가 통제의 활동으로 보기 어려운 것은 무엇입니까?**

A. 원가 초과가 발생할 경우 승인된 자금을 넘지 않도록 유지.

B. 발생한 원가가 원가 기준선을 지키고 있는지 주기적으로 파악.

C. 변경에 대한 기록을 관리하고 승인된 변경 사항은 관련 이해당사자에게 통보.

D. 새로운 리스크를 식별하고 식별된 리스크에 대한 예비비 분석.

22 **프로젝트에서 원가 산정을 한 후에 결정된 활동 원가 산정치는 다른 기획 프로세스에 투입됩니다. 다음 중 원가 산정치가 투입되는 기획 프로세스가 아닌 것은 어떤 것입니까?**

A. 예산 책정(Determine Budget)

B. 품질 관리 계획수립(Plan Quality Management)

C. 리스크 식별(Identify Risks)

D. 활동 자원 산정(Estimate Activity Resources)

23 **당신은 건축 프로젝트를 진행하고 있습니다. 팀원에게 Work package A에 대한 원가 산정을 요청했습니다. 팀원이 며칠 뒤 원가 산정치를 보고해 왔는데, Work package A에 포함된 여러 활동에 동일한 자원이 반복 투입되어 하나의 자원의 원가를 산정한 후 각 활동에 투입되는 원가의 수량으로 곱해서 원가를 산정했다고 합니다. 이 팀원은 어떤 원가 산정 기법을 사용했습니까?**

A. 유사 산정(Analogous estimating)

B. 모수 산정(Parametric estimating)

C. 상향식 산정(Bottom-up estimating)

D. 3점 산정(Three-point estimates)

24 **원가 산정을 하기 위해서 하나의 기법을 사용하거나 몇 개의 기법을 혼합해서 사용할 수 있습니다. 다음 중 원가 산정에 사용할 수 있는 기법들로만 구성된 보기는 무엇입니까?**

A. 3점 산정, 예비비 분석, 품질 비용, 모수 산정, 상향식 산정

B. 3점 산정, 예비비 분석, 계약서 평가, 판매자 입찰 분석, 상향식 산정

C. 모수 산정, 예비비 분석, 품질 비용, 제품 분석, 상향식 산정

D. 모수 산정, 예비비 분석, 계약서 평가, 제품 분석, 상향식 산정

25 당신은 프로젝트의 전체 원가를 산정하고 있습니다. 이번 프로젝트에 들어갈 비용을 가능하면 줄이고, 그로 인해서 이익을 높이려고 고민하고 있습니다. 이런 사항을 알게 된 스폰서가 '프로젝트에 들어가는 원가만 생각하지 말고 앞으로 제품을 사용하고, 유지하고, 관리하는데 필요한 돈까지 폭넓게 보고 원가를 산정하는 것이 좋지, 단순히 프로젝트의 원가만 낮춘다고 좋은 것은 아닙니다.'라고 조언을 해주었습니다. 스폰서는 무엇을 말해준 것입니까?

A. Product-cycle costing
B. Life-cycle costing
C. Project-cycle costing
D. Learning curve

26 당신은 정해진 일정에 따라 원가 통제 활동을 수행했고 그 결과로 원가에 대한 작업 성과 정보를 얻었습니다. 이 작업 성과 정보는 원가에 대한 성과 정보를 포함하고 있어서 다른 프로세스의 투입물이 됩니다. 다음 중 원가에 대한 작업 성과 정보를 투입물로 받는 프로세스는 무엇입니까?

A. 프로젝트 작업 감시 및 통제
B. 원가 통제
C. 품질 통제
D. 팀 관리

27 당신과 당신의 팀원들이 열심히 프로젝트를 수행했지만, 현재 프로젝트 일정이 지연되어 있고 예산도 약간 초과된 상태입니다. 현재 상태를 정확하게 파악하기 위해 SPI와 CPI를 계산했습니다. 다음 보기 중에서 어떤 것이 현 상태에 맞습니까?

A. SPI〉1, CPI〉1
B. SPI〈1, CPI〉1
C. SPI〈1, CPI〈1
D. SPI〉1, CPI〈1

28 현재 프로젝트는 60% 정도 진척되었습니다. 현재 남은 돈은 $30,000이지만 남은 일에 필요한 돈은 $33,000입니다. 앞으로 완료까지 성과 지수를 몇을 해야 프로젝트를 계획대로 완료할 수 있습니까?

A. 1.1
B. 1.2
C. 0.9
D. 1.0

29 **당신의 프로젝트는 총 10일 동안 $9,000로 일을 완료하기로 계획되어 있습니다. 현재까지 EV는 $3,000입니다. 현재 당신의 프로젝트는 전체 일의 몇 %를 완료하였습니까?**

A. 30%
B. 31%
C. 33%
D. 41%

30 **이번 프로젝트에 투입된 장비를 6개월 동안 사용했고, 그동안 시간의 흐름에 따른 가치의 감소를 하기 위해 매달 200만 원씩 상각 비용을 적용했습니다. 당신은 어떤 방법으로 감가상각을 했습니까?**

A. 정액법
B. 이중 체감법
C. 연수 합계법
D. 가속 상각법

07 예상 문제 해설

01 정답 B. CPI가 1보다 크다는 것은 쓴 돈(AC)에 비해 한 일(EV)이 많다는 것을 뜻합니다. EV가 AC보다 큰 것은 B번밖에 없습니다. CPI = EV/AC = 120/100 = 1.2

02 정답 A. 범위 정의를 통해 범위를 결정하고, 결정된 범위를 분할하여 WBS를 만들고, WBS의 Work package에 소요될 비용을 산정하고, 산정된 비용을 합산하여 예산을 결정합니다.

03 정답 D. Rough order of magnitude(개략적 규모 산정치)는 -25%~+75%이며 Definitive Estimate(확정적 산정치)는 - 5% ~ +10%입니다.

04 정답 A. 유사한 프로젝트의 가정과 최종 비용 자료를 사용하는 것을 유사 산정이라고 합니다.

05 정답 C. 실제 지출된 비용은 Actual cost입니다.

06 정답 A. AC가 EV를 초과하였다는 것은 CV가 음수가 나오며 CPI는 1보다 낮게 나옵니다. 이는 원가 초과 상태입니다. 따라서 완료 시점에서의 산정치(EAC)는 처음 계획한 BAC보다 증가할 것으로 예측됩니다.

07 정답 C. 예산에 대한 변경은 원가 통제를 통해 수행합니다.

08 정답 C. EAC는 특정 시점에서 프로젝트 시작부터 완료 시점까지 전체 원가 예상치를 의미합니다.

09 정답. A. SPI가 0.9라는 것은 일정이 90%라는 의미이며, 현재 일정이 10% 지연된 상태입니다.

10 정답 A. 과거 유사한 프로젝트에서 사용된 실제 값은 원가 산정에 많은 도움이 됩니다.

11 정답 C. 50-50 공식은 획득가치 측정에서 Fixed formula를 사용한 규칙이며 50-50 공식을 적용한 획득가치는 작업 성과 보고서에 담깁니다.

12 정답 C. 원가 기준선은 예산 책정에서 수립하며, 이때 주어진 자금 한도를 고려할 필요가 있습니다.

13 정답 A. 앞으로 유사 편차가 일어나지 않을 것이라고 했기 때문에 CPI를 사용하지 않고 EAC를 구해야 합니다. 따라서 EAC = AC + (BAC - EV) = $100,000 + ($300,000 - $150,000) = $ 250,000입니다.

	설명	공식
EAC	초기 산정의 가정이 더 이상 유효하지 않을 경우	AC+ETC
	지금까지의 성과는 불규칙적이며 앞으로는 영향을 미치지 않을 것이라고 생각될 경우	AC+(BAC-EV)
	지금까지의 성과가 앞으로도 영향을 미칠 것이라고 생각될 경우	AC+(BAC-EV)/CPI

14 정답 B. SV = EV-PV = 31,000-29,000 = 2,000

15 **정답 D.** 유사산정은 산정의 정확도가 Bottom-up 산정에 비해 떨어집니다. 정확한 예산 수립은 Bottom-up 산정으로 해야 합니다.

16 **정답 A.** 일정성과지수(SPI)가 1보다 낮다는 것은 일정이 지연되는 상황으로 볼 수 있으며 자원이 예상치 못한 경우로 가용할 수 없는 경우 일정이 지연될 수 있습니다.

17 **정답 C.** EAC, ETC 모두 예측치이므로 둘 다 갱신해야 합니다.

18 **정답 C.** Cost contingency reserve는 식별된 리스크가 발생할 때 리스크를 처리하기 위해 추가로 들어갈 비용을 미리 준비하는 것입니다.

19 **정답 D.** 주기별 자금 한도는 원가 관리 계획서의 포함 요소가 아닙니다.

20 **정답 C.** Contingency reserve는 원가 기준선에 포함되고, 원가 기준선에 Management reserve를 추가한 것이 전체 예산이 되므로 예산에는 두 Reserve가 모두 포함됩니다.

21 **정답 D.** 새로운 리스크를 식별하고 식별된 리스크에 대한 예비비 분석은 리스크 관리 프로세스가 처리합니다.

22 **정답 B.** 품질 관리 계획수립 프로세스에는 원가 산정치가 투입되지 않습니다.

23 **정답 B.** 비슷한 특징이 반복될 경우 하나의 특징(모수)에 대해 산정한 후 나머지를 수량으로 곱하는 것을 모수 산정이라고 합니다.

24 **정답 A.** 계약서 평가, 제품 분석은 원가 산정 기법이 아닙니다.

25 **정답 B.** Life-cycle costing에 대한 설명입니다.

26 **정답 A.** 작업 성과 정보는 항상 작업 성과 보고서를 만들기 위해 [프로젝트 작업 감시 및 통제]로 들어갑니다.

27 **정답 C.** Index는 1보다 낮으면 성과가 안 좋은 것입니다. 일정 지연, 예산 초과이므로 SPI, CPI 모두 1보다 낮은 상태입니다.

28 **정답 A.** 완료까지 성과 지수(TCPI)는 '남은 일/남은 돈'으로 계산합니다. 33,000/30,000=1.1입니다.

29 **정답 C.** PC(Percent complete) = EV/BAC = 3,000/9,000 = 0.33

30 **정답 A.** 장비의 수명주기상 매년 약간씩 같은 금액으로 상각하는 방식을 정액법(Straight line depreciation)이라고 합니다.

07 용어의 뜻 연결하기 **정답**

용어	뜻
Cost management plan	어떻게 원가를 산정하고 예산을 결정하고, 통제할 것인지에 대한 방법을 포함한 문서
Analogous estimating	과거 유사한 프로젝트의 원가 산정치를 이번 프로젝트 원가 산정의 기준으로 사용하는 방법
Earned value	실제 수행한 작업에 대한 가치를 비용으로 전환한 것
Management reserves	식별하지 못한 리스크에 대한 예비비
Life-cycle costing	프로젝트의 원가뿐만 아니라 제품 전체에 들어가는 원가까지 폭넓게 보는 것
Cost variance	수행한 일과 쓴 돈의 차이
Contingency reserves	식별된 리스크에 대한 예비비
Estimate to complete	현재 시점부터 앞으로 완료 시점까지 들어갈 비용에 대한 예측치
Variance at completion	BAC와 EAC의 차이
Project funding requirements	월별, 분기별 등 주기별로 필요한 자금 요구사항
Estimate at completion	과거 사용한 비용을 포함하여 현재 시점에서 완료 시점까지 예측한 전체 예상 비용
To-complete performance index	프로젝트 특정 시점부터 완료까지 갖고 가야 할 성과 지수

Memo

프로젝트 품질 관리

(Project Quality Management)

핵심 포인트

- 3가지 품질 관리 프로세스의 정의 및 역할
- 품질과 등급의 차이
- 검사보다 예방의 의미
- 예방과 검사, 속성 표본추출과 변수 표본추출, 허용한도와 통제한계의 용어 차이
- PDCA Cycle의 의미
- 현대의 품질 관리
- Cost of Quality(COQ)의 종류와 의미
- 관리도(Control chart)의 활용과 Control limit, Specification limits, Out of control, Rule of seven의 의미
- 품질 매트릭스(Quality metrics)의 의미와 활용방법
- 품질 감사(Quality audit)의 의미
- Cause and Effect diagram, Flow chart, Histogram, Scatter diagram의 뜻과 활용목적

08 프로젝트 품질 관리 (Project Quality Management)

시작하기에 앞서…

프로젝트의 품질 관리는 왜 필요할까요? 역으로 프로젝트 관리자가 품질 관리를 전혀 안 한다면 어떻게 될까요? 프로젝트는 다양한 인도물을 만들며 여러 인도물이 합쳐져서 최종 제품이 됩니다. 그런데, 품질 관리를 안 하게 되면 여러 인도물에 결함이 생기게 되고, 결국 최종 제품도 결함이 생깁니다. 고객에게 결함 있는 제품을 넘길 수는 없습니다. 따라서 **지정된 품질 기준(품질 목표)을 달성한 제품을 생성하기 위해서 품질 관리가 필요합니다.**

그럼 좋은 품질의 제품을 산출하기 위해서 어떻게 해야 할까요? 우선 우리가 달성해야 하는 품질 기준이 무엇인지 알아내야 합니다. 품질 기준도 모르면서 품질을 달성할 수는 없기 때문입니다. 그리고 프로젝트를 진행하는 과정이 체계적이지 못하면 결함이 발생하기 쉽습니다. 프로젝트 과정이 좋아야 합니다. 그뿐만 아니라 과정이 아무리 체계적으로 진행되더라도 만들어진 산출물을 확인도 안 하고 고객에게 넘길 수는 없습니다. 반드시 결과물(인도물)을 확인할 필요가 있습니다. 그래서 8장은 **품질 관리에 대해 준비하는 [품질 관리 계획수립]과 과정의 품질을 담당하는 [품질 관리], 결과의 품질을 담당하는 [품질 통제]**까지 총 3개의 프로세스로 이루어져 있습니다. 프로세스는 3개밖에 안 되지만 PMP® 시험에서는 꽤 여러 문제가 출제되는 영역입니다. [품질 관리] 안에는 QA라고 불리는 품질 보증(Quality assurance)이 포함되어 있으며, 품질 통제를 QC(Quality control)라고 많이 사용하기도 합니다.

품질 관리는 과거 제조산업 등에서 시작되어 지금은 모든 산업분야에서 품질을 관리하고 있습니다. 과거에는 주로 제품 결과의 오류를 찾아내고 오류를 수정하는 품질 통제에 초점을 맞췄지만, 현대에 들어와서는 결과보다는 제품을 생산하는 과정에 초점을 맞추고 있는데요, 그 이유는 과정상의 프로세스가 정확하다면 그에 따른 결과로 좋은 제품이 나올 가능성이 높기 때문입니다. 널리 알려진 ISO, 6 Sigma, CMMI 등이 모두 프로세스를 중시하는 품질 관리의 방법입니다. 8장의 품질 관리도 크게 과정에 대한 품질과 결과에 대한 품질로 나눴듯이 프로젝트의 품질을 성공적으로 관리하기 위해서는 관리에 대한 품질과 결과에 대한 품질이 모두 중요합니다.

[표 8-1] 품질 관리 프로세스

프로세스 그룹	프로세스
Planning	8.1 품질 관리 계획수립(Plan Quality Management)
Executing	8.2 품질 관리(Manage Quality)
Monitoring and Controlling	8.3 품질 통제(Control Quality)

프로젝트 품질 관리에서는 프로젝트의 관리(Management of the project)와 프로젝트의 제품(Product of the project) 둘 다 반드시 다루어야 합니다. 왜냐면 과정과 결과 둘 중 하나만 잘못되어도 여러 이해관계자에게 심각한 부정적 결과를 줄 수 있기 때문입니다. 그래서 8장도 관리에 대한 [품질 관리]와 제품(결과)에 대한 [품질 통제] 프로세스를 설명하고 있습니다. 예를 들면, 고객의 요구사항을 맞추기 위해 밤샘 작업을 하는 것은 결과를 맞추기 위해 과정을 무시하는 것입니다. 그렇게 되면 직원들의 마찰이 증가하고, 결함이 생기고, 재 작업을 하게 됩니다. 또한 과정이 체계적이라고 결과(인도물)를 확인하지 않아도 문제가 생깁니다. 과정이 좋아도 결과에 결함이 있을 수 있기 때문입니다. 따라서 과정과 결과 한쪽만 잘해서 되는 것이 아니라 둘 다 중요합니다.

우리는 품질과 등급이라는 용어를 자주 사용합니다. 품질(Quality)과 등급(Grade)의 뜻은 같지 않은데요, 같은 기능의 제품이라도 등급은 다를 수 있습니다. 품질은 기본 특성이 요구사항을 충족하는 정도이고, 등급은 기능상 용도는 같지만, 기술적 특성은 다른 제품 또는 서비스에 지정된 범주를 말합니다. 예를 들면, 자동차는 같은 차종이라도 등급에 따라 가격이나 사양이 차이가 있습니다. 등급이 낮다고 해서 차를 사용할 수 없는 것은 아닙니다. 하지만 차의 품질에 문제가 있어 엔진이 중간에 멈춰버리거나 급발진 하는 것은 심각한 문제입니다. 등급이 낮은 것은 문제가 안 될 수 있지만, 품질이 낮은 것은 항상 문제가 됩니다.

품질을 관리할 때 검사보다 예방이 우선되어야 합니다.(Prevention over inspection) 결과를 검사하여 결함을 찾고 고치는 것보다는 결과의 오류를 막기 위한 예방에 더 신경을 써야 합니다. 그 이유는 일반적으로 **결함을 예방하는데 들어가는 비용이 결함을 고치는데 들어가는 비용보다 더 낮기 때문**입니다. 예를 들면, 다리가 무너지지 않도록 미리 좋은 재료와 경험 많은 시공업자를 쓰는 것이 다리가 무너진 후에 복구하는 비용보다 더 낮습니다. 예방은 프로세스 자체의 오류를 방지하는 것이며, 검사는 고객에게 결함(오류)이 넘어가는 것을 막는 것을 말합니다.

프로젝트 팀이 결과의 품질을 다루는 [품질 통제]를 잘하기 위해서는 표본추출(Sampling)이나 확률(Probability) 같은 통계에 대한 지식을 잘 알아야 합니다. 왜냐면 프로젝트의 결과물은 너무 많아 전체를 모두 검사하는 것은 어렵기 때문에 통계적으로 접근하는 경우가 많기 때문입니다. 또한, 다음의 각각 두 용어 간의 차이점을 이해할 필요가 있습니다.

[기억해야 할 두 용어 간의 차이점]

- **예방(Prevention)과 검사(Inspection)**
  예방은 프로세스 자체의 오류 방지를 말하고, 검사는 고객에게 오류가 넘어가는 것을 방지하는 것을 말합니다.

- **속성 표본추출(Attribute sampling)과 변수 표본추출(Variables sampling)**
  속성 표본추출은 기준을 정해놓고 결과물인 제품이나 서비스의 합격, 불합격의 판단을 할 때 표본으로 추출한 대상의 측정값이 기준에 맞는지 틀리는지를 측정해서 Yes/No, White/Black 같은 이분법으로 결함을 결정할 때 사용하는 샘플링 방법을 말합니다. 변수 표본추출은 제품이나 서비스 중 무게, 길이, 부피, 시간 등과 같이 연속 척도로 측정할 수 있는 대상을 이용하는 샘플링 방법을 말합니다. 따라서 정해진 값이 아니라 산출물의 측정값이 변할 수 있는 범위를 가지고 있는 것을 기준으로 품질을 측정하는 것이며 측정값을 가지고 표준편차 등을 계산해서 품질 기준에 부합되는 정도를 측정할 때 사용합니다.

- **허용한도(Tolerances)와 통제 한계(Control limits)**
  허용한도는 결과 값을 허용할 것인가에 대한 기준입니다. 만약 결과 값이 허용한도로 지정된 범위 안에 있다면 그 결과는 허용하게 됩니다. 통제 한계는 관리도(Control

chart)에서 프로세스의 결과 값이 통제 한계를 벗어났는지 또는 정상인지를 판단하기 위한 한계를 Upper control limit와 Lower control limit로 정합니다. 상한선과 하한선 안에 있으면 통계적으로 프로세스는 안정하다고 판단하여 특별한 조치를 취하지 않습니다.

품질 비용(Cost of quality)은 적합한 작업과 비적합한 작업의 전체 비용을 뜻합니다. **적합한 작업이란 품질 기준을 맞추기 위해 수행하는 작업**으로서 예방 비용과 검사 비용이 필요하고, **비적합한 작업이란 품질을 못 맞춘 산출물을 다시 품질 기준에 맞추기 위한 재작업**을 말하며, 실패 비용이 필요합니다. 실패 비용은 내부 실패 비용과 외부 실패 비용으로 나뉘며, 다른 말로 불량 품질 원가(Cost of poor quality)라고도 합니다. COQ에 대해서는 [품질 관리 계획수립]의 도구 및 기법에서 상세하게 설명합니다.

잠깐! 품질관련 학자의 품질에 대한 정의 및 관련 사항

[표 8-2] 품질관련 학자들의 품질 정의

	Deming	Juran	Crosby
품질의 정의	Continuous improvement	Fitness for use	Conformance to requirements
적용	제조 위주 회사	기술 위주 회사	인력 위주 회사
대상	작업자	경영진	작업자
강조사항	도구와 시스템	측정	동기부여

잠깐! 품질의 전사적 접근 방식들

전사적 품질 경영(TQM: Total quality management)

품질이라는 개념을 단순 제품이나 서비스에 한정 지어서 바라본 것이 아니라 제품이나 서비스의 품질 외에도 경영과 업무, 직장환경, 조직구성원의 자질까지도 품질 개념에 넣어 관리해야 한다고 주장하는 것이 TQM입니다. TQM은 1960년대 이후 크게 발전한 전사적 품질 관리 (TQC: Total Quality Control)에서 발전한 개념이며 TQC에서는 통계학적인 것이 주 방법론을 차지했다면 TQM은 통계학적인 것은 물론 조직적이며, 관리론적인 방법론에 많은 비중을 두고 있습니다. TQM은 생산 부문의 품질 관리만으로는 기업이 성공할 수 없고 기업의 조직 및 구성원 모두가 품질 관리의 실천자가 되어야 한다는 것을 말하고 있습니다.

6시그마(Six sigma)

6시그마는 모토로라에 근무하던 마이클 해리에 의해 1987년 창안되었습니다. 당시 마이클 해리는 어떻게 하면 품질을 획기적으로 향상시킬 수 있을 것인가를 고민하던 중 통계지식을 활용하자는 착안을 하게 되었고 이 통계적 기법과 70년대 말부터 밥 갈빈 회장 주도로 진행돼온 품질 개선 운동이 결합해 탄생한 것이 6시그마 운동입니다. 해리는 모토로라 사내에 설치된 모토로라 대학 내에 '6시그마 인스티튜트'를 열고 연구를 거듭해 6시그마를 수준 높게 발전시켰습니다. 그 결과 6시그마는 모토로라 이외의 기업에도 적용 가능한 경영기법으로 확립됐으며 제품 품질 또한 획기적으로 좋아졌습니다. 이후 텍사스 인스트루먼트가 92년 6시그마 운동을 도입했으며 점차 GE, IBM, 소니 등으로 퍼졌습니다. 그리고 6시그마 품질 수준이란 3.4PPM(Parts per million)으로서 "100만 개 중 평균 3.4개 정도의 불량"이 발생한다는 것을 의미합니다. 이는 완벽한 품질, 무결점(Zero defect), 총체적 고객만족(Total customer satisfaction)을 달성하기 위한 경영혁신 방법이며 기업전략을 말합니다.

지속적 개선(Continuous improvement)

지속적 개선에서 개선(改善)은 일본말로 카이젠 (かいぜん) 이라고 합니다. 이를 영어식으로 해서 KAIZEN이라고 사용합니다. 개선의 사전적 의미는 나쁜 상황을 고쳐 더 좋게 만든다는 것입니다. 간단히 말하면 투입물을 산출물로 변환시키는 과정에 관련된 모든 요소를 향상시키는 활동을 말합니다. 개별적 활동보다는 프로세스에 초점을 맞추어 끊임없이 개선점을 찾아서 향상시키는 과정을 반복함으로 품질 향상이 이루어진다는 품질 관리 접근법입니다. 카이젠 활동은 생산 설비의 개조나 공구의 개량 등 업무 효율 향상과 작업 시 안전 확보, 품질 불량 방지 등 생산과 관련된 모든 범위에 해당합니다.

현대의 품질 관리는 프로젝트 관리에 도움이 되며 중점을 두는 사항은 다음과 같습니다.

◆ 고객 만족(Customer satisfaction)

프로젝트의 결과물은 고객의 요구사항을 반드시 충족시켜야 합니다. 그러기 위해서는 결과물이 **요구사항에 부합(Conformance to requirements)해야 하며 사용에 적합(Fitness for use)**해야 합니다. 둘 중의 하나라도 충족이 안 되면 만족하지 않습니다. 예를 들면, MP3 Player가 필요해서 하나 구매를 했는데, 처음 기대했던 것은 음악 재생, 녹음, 라디오 기능이었습니다. 새로 산 제품은 모든 기능을 갖고 있었기 때문에 요구사항에 부합했습니다. 그런데 라디오를 듣다 보면 주파수가 잘 안 잡혀서 소음이 많고, 녹음했더니 음량이 너무 적게 녹음이 됩니다. 즉, 사용에 적합하지 않다면 사용자는 이 제품에 만족하지 않을 것입니다.

◆ 지속적 개선(Continuous improvement)

현대의 품질 관리는 끊임없이 지속적으로 개선하는 것을 요구합니다. 예를 들면, 슈화트(Shewhart)가 정의하고 데밍(Deming)이 발전시킨 PDCA(Plan-Do-Check-Act) cycle처럼 계속 순환하는 모델을 들 수 있습니다.

◆ 경영진 책임(Management responsibility)

전통적으로는 품질에 대한 책임은 생산직(Blue collar)의 책임으로 생각했지만, 현대에 들어와서는 품질은 모두의 책임이라고 말합니다. 프로젝트 성공에는 모든 팀원의 참여가 요구되지만 그러한 활동을 위해 요구되는 자원을 제공하는 것은 경영진의 책임입니다. 그리고 세부 사양이나 설계에 대한 책임은 그 설계를 한 Engineer specialist에게 있지만 품질 관리에 대한 **궁극적인 책임(Ultimate responsibility)은 프로젝트 관리자에게** 있습니다.

◆ 공급업체와의 상호 유익한 파트너십(Mutually beneficial partnership with suppliers)

구매자와 공급업체는 상하관계가 아닌 서로 도움을 주고 받는 파트너 관계로 가야하는 상호 의존적 관계입니다. 단기적인 이익을 추구하기 보다는 장기적인 안목에서 공급업체와 파트너 관계로 가는 것이 프로젝트에 도움이 될 수 있습니다.

잠깐! PDCA(Plan-Do-Check-Act) Cycle

PDCA cycle은 원래 1930년경에 Walter Shewhart에 의해 착안되었고 그 후 W. Edwards Deming에 의해 발전되었습니다. 이 모델은 프로세스나 시스템의 향상을 위한 프레임워크를 제공합니다. 또한, 프로젝트 전반적 향상에 대한 지침이나 식별된 특정 프로젝트 목표를 개발하는데도 사용할 수 있습니다. 이 모델은 순환하는 형태이며 순환을 반복함으로써 지속적인 개선 효과를 가져옵니다. PDCA 4가지 항목의 의미는 다음과 같습니다.

- **Plan** - 문제 또는 기회를 정의함. 개선을 위해 무엇을 해야 할지에 대한 변화의 기회를 찾음.
- **Do** - 변화 및 테스트를 수행하고, Plan 단계에서 결정한 변화를 수행함.
- **Check** - 수행 결과를 연구하여 무엇을 배웠고 무엇이 잘못이었는지를 이해함. 향상의 수준을 감시하기 위해서 여러 차례 결과 측정을 해야 함.
- **Act** - 변화를 기획한 후에, 수행하고 변화를 감시하고, 특정 변화를 지속하는 것이 가치가 있는지를 결정함. 변화를 중단할 것인지 새로운 계획을 세울 것인지를 결정하며, 만일 바람직한 향상이나 결과가 나오면 다른 영역으로 확대 적용을 시도함.

8장의 품질 관리의 3개 프로세스는 다음과 같습니다.

8.1 품질 관리 계획수립(Plan Quality Management) - 프로젝트와 인도물에 관련된 품질 요구사항 및 표준을 식별하고, 그 표준을 어떻게 맞출 것인지 방법을 준비하는 프로세스.

8.2 품질 관리(Manage Quality) - 조직의 품질 정책을 프로젝트에 반영하여 품질 관리 계획서에 따라 품질 관련 활동을 수행하며, 프로젝트 전반에 걸친 품질 프로세스 관리와 관련 있음. [품질 통제]에서 결과물이 품질 요구사항을 충족했는지 확인하기 위해 품질 요구사항을 포함시킨 테스트 및 평가 문서를 준비함.

8.3 품질 통제(Control Quality) - 실행의 결과들이 품질 요구사항을 충족했는지 평가하고 확인하는 프로세스.

[표 8-3] 품질 관리 프로세스의 주요 투입물과 산출물

주요 투입물	품질 관리 프로세스	주요 산출물
범위 기준선 이해관계자 관리대장 리스크 관리대장 요구사항 문서 기업 환경 요인	8.1 품질 관리 계획수립	품질 관리 계획서 품질 매트릭스
품질 관리 계획서 품질 매트릭스 품질 통제 측정치 리스크 보고서	8.2 품질 관리	품질 보고서 테스트 및 평가 문서
품질 관리 계획서 품질 매트릭스 테스트 및 평가 문서 인도물 작업 성과 데이터 승인된 변경 요청	8.3 품질 통제	품질 통제 측정치 검증된 인도물 작업 성과 정보 변경 요청

3개의 품질 관리 프로세스와 다른 프로세스와의 관계를 그림으로 표현하면 [그림 8-1]과 같습니다. [품질 관리 계획수립]에서 작성한 품질 관리 계획서는 [품질 관리]와 [품질 통제]에 대한 방법이므로 [품질 관리]와 [품질 통제]는 품질 관리 계획에 따라 프로세스를 수행합니다. 또한 이번 프로젝트의 산출물이 맞춰야 하는 품질 매트릭스(Metrics, 척도)가 결정되며, [품질 관리]와 [품질 통제]에서 품질 기준으로 사용합니다. [품질 관리]에서 준비한 테스트 및 평가 문서는 결과물을 확인하는 [품질 통제]에서 활용하기 위해 준비한 것이므로 [품질 통제]로 투입됩니다. 실행을 통해 생성된 인도물은 [품질 통제]를 통해서 품질 기준을 맞췄는지 확인할 대상이므로 [품질 통제]의 핵심 투입물이 됩니다. 제품이 품질을 얼마나 달성했는지에 대한 실적 정보는 작업 성과 데이터에 포함되어 있으므로, [품질 통제]에서 품질 매트릭스와 비교할 실적 데이트로 [품질 통제]에 투입됩니다. [품질 통제]를 통해 정확성이 확인된 인도물은 고객의 수용을 획득하기 위해 [범위 검증]의 투입물이 됩니다. [품질 통제]의 결과 정보인 품질 통제 측정치는 다시 [품질 관리]로 피드백하여 같은 결함이 나오지 않도록 프로세스를 개선하도록 합니다. 품질 보고서는 필요한 해당 프로세스의 투입물로 사용합니다.

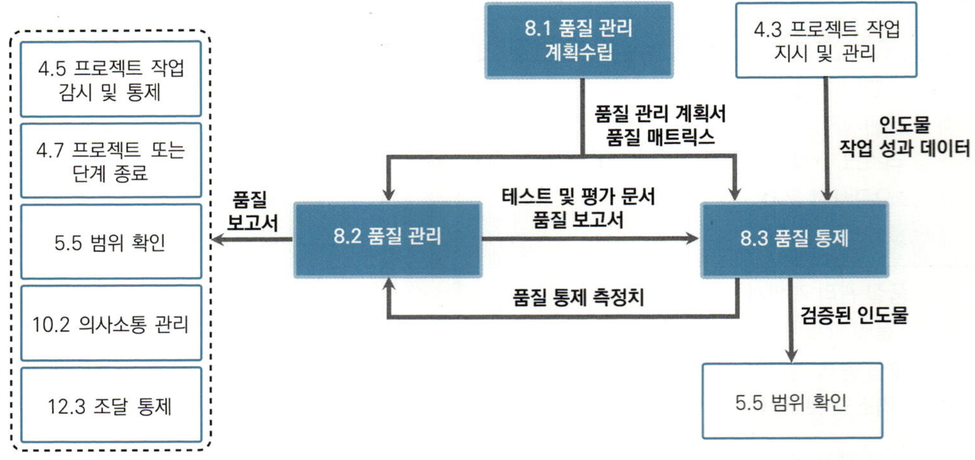

[그림 8-1] 품질 관리 프로세스의 관계

8.1 품질 관리 계획수립(Plan Quality Management)

프로젝트에서 품질을 관리하는 이유가 품질 기준을 맞춘 인도물을 생성하는 것이라면 우선 우리가 맞출 품질 기준이 무엇인지 알아내야 품질 기준에 맞춘 인도물을 생성할 수 있을 것입니다. 그래서 우선 이번 프로젝트에서 맞춰야 하는 **품질 기준을 식별**하고 문서화해서 최종적으로 품질 기준을 맞춘 제품이 나오도록 해야 합니다. 따라서 프로젝트의 기획 초기에 인도물이 맞춰야 하는 품질 기준을 알아낼 필요가 있습니다. [품질 관리 계획수립] 프로세스는 크게 두 가지 역할을 합니다. 하나는 **프로젝트에 관련된 품질 기준을 알아내는 것**이고, 또 하나는 찾아낸 품질 기준을 어떻게 맞출 것인지 **방법을 결정하는 것**입니다. [품질 관리 계획수립] 프로세스는 기획 프로세스 그룹에 속하며, 기획은 항상 어떻게 할 것인가를 준비하는 과정입니다. 따라서 [품질 관리 계획수립]의 산출물도 크게 품질 기준과 방법, 두 가지가 나옵니다. [품질 관리 계획수립]의 산출물은 향후 [품질 관리]과 [품질 통제] 프로세스의 주요 투입물로 들어갑니다. 품질 기준은 Quality metrics라고 하며, metrics는 사전적 의미로 '측정 기준'이라는 뜻이 있습니다. 따라서 Quality metrics는 품질 측정 기준이라는 의미입니다.

[표 8-4] 품질 관리 계획수립의 ITTO

품질 관리 계획수립(Plan Quality Management)		
지식영역: 품질 관리(Quality management)		프로세스 그룹: 기획(Planning)
투입물	**도구 및 기법**	**산출물**
1. 프로젝트 헌장 2. 프로젝트 관리 계획서 • 요구사항 관리 계획서 • 리스크 관리 계획서 • 이해관계자 참여 계획서 • 범위 기준선 3. 프로젝트 문서 • 가정사항 기록부 • 요구사항 문서 • 요구사항 추적 매트릭스 • 리스크 관리대장 • 이해관계자 관리대장 4. 기업 환경 요인 5. 조직 프로세스 자산	1. 전문가 판단 2. 데이터 수집 • 벤치마킹 • 브레인스토밍 • 인터뷰 3. 데이터 분석 • 비용-편익 분석 • 품질비용 4. 의사결정 • 다기준 의사결정 분석 5. 데이터 표현 • 순서도 • 논리 데이터모델 • 매트릭스도 • 마인드 매핑 6. 테스트 및 검사 기획 7. 회의	1. 품질 관리 계획서 2. 품질 매트릭스 3. 프로젝트 관리 계획서 업데이트 • 리스크 관리 계획서 • 범위 기준선 4. 프로젝트 문서 업데이트 • 교훈 관리대장 • 요구사항 추적 매트릭스 • 리스크 관리대장 • 이해관계자 관리대장

[표 8-4]는 [품질 관리 계획수립] 프로세스의 Inputs, Tools and Techniques, Outputs 입니다. 품질 표준을 식별하기 위해 필요한 투입물과 관리의 기준이 되는 원가 성과 기준선, 일정 기준선 등이 투입됩니다. 도구 및 기법은 주로 품질 기준을 정하거나 향후 품질 통제에서 사용할 것을 미리 준비하는 것들입니다. 산출물은 품질에 대한 기준과 품질에 대한 관리 방법이 결정됩니다.

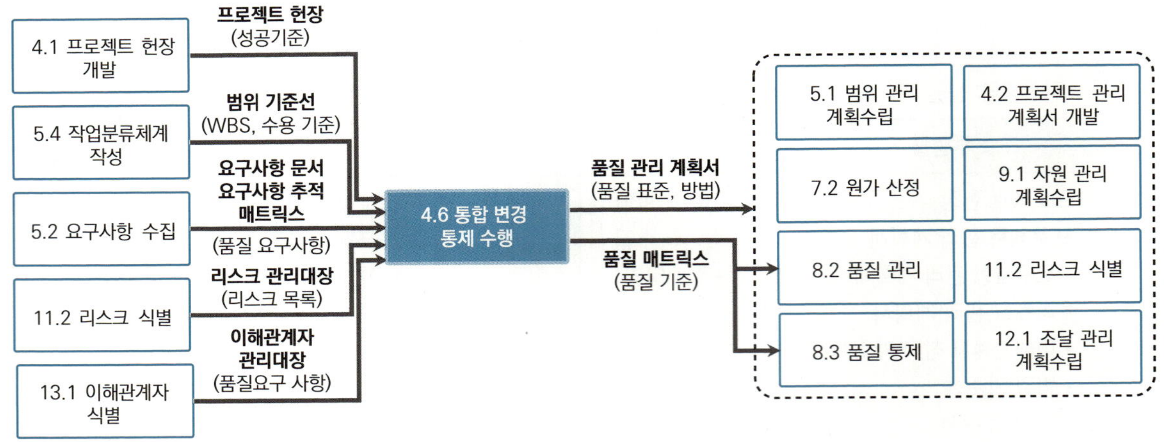

[그림 8-2] 품질 관리 계획수립의 주요 흐름

[그림 8-2]는 [품질 관리 계획수립]의 주요 흐름을 표현합니다. [품질 관리 계획수립]의 가장 핵심 투입물은 **범위 기준선**입니다. 범위 기준선에는 WBS와 프로젝트 범위 기술서가 포함되어 있고 WBS에는 인도물(Work package)이 포함되어 있으며, 프로젝트 범위 기술서에는 인도물에 대한 인수 기준(Acceptance criteria)과 주요 인도물이 명시되어 있습니다. 인도물은 품질 표준을 맞춰야 할 대상들입니다. 프로젝트 범위 기술서의 수용 기준은 품질 기준과 밀접합니다. 품질을 맞춰야 고객이 인도물을 수용하기 때문입니다. 이해관계자들의 품질에 대한 요구사항도 품질 기준 결정에 영향을 주는 것은 당연합니다. 리스크는 발생 시 품질에 영향을 줄 수 있으므로 품질 관리 계획서 수립의 투입물로 들어갑니다.

또한 기업 환경 요인에는 회사에 관련된 정부 당국의 규정이나 지켜야 할 산업 표준 등이 있습니다. 이런 내용을 바탕으로 품질 표준을 결정하고, 그 표준을 맞추기 위해 계획을 수립합니다. 산출물로 나온 품질 관리 계획서와 품질 매트릭스는 [품질 관리]와 [품질 통제]에 모두 사용됩니다.

[표 8-5] 품질 관리 계획수립 산출물의 투입 이유

품질 관리 계획서 투입 프로세스	투입 이유
4.2 프로젝트 관리 계획서 개발	품질 관리 계획서는 프로젝트 관리 계획서로 통합되기 때문에.
5.1 범위 관리 계획수립	품질 정책, 품질 방법론, 품질 표준에 따라 범위를 관리하는 방식에 영향을 받을 수 있기 때문에.
7.2 원가 산정	품질 목표를 달성하는데 필요한 자원의 원가를 산정하기 위해서.
8.2 품질 관리	품질 표준과 품질 수준을 유지하는 방법에 따라 품질을 관리하기 위해서.
8.3 품질 통제	품질 관리 계획서에 정한 방법에 따라서 품질 통제 활동을 수행하기 때문에.
9.1 자원 관리 계획수립	품질 매트릭스를 달성하기 위해 필요한 자원 수준을 정의하기 위해서.
11.2 리스크 식별	품질 관리 계획서에 포함된 내용 중 불확실성과 관련된 부분으로부터 리스크를 식별하기 위해서.
12. 조달 관리 계획수립	품질 관리 계획서에 포함된 품질 표준을 RFP 등 입찰 문서에 넣기 위해서.
품질 매트릭스 투입 프로세스	**투입 이유**
8.2 품질 관리	품질 매트릭스를 인도물의 테스트 시나리오 개발의 기초로 사용하기 위해서.
8.3 품질 통제	인도물이 품질 매트릭스에 포함된 제품 속성을 충족했는지 확인하기 위해서.

8.1.1 품질 관리 계획수립: 투입물

품질 표준(기준)을 결정하고, 품질 기준을 달성하기 위해 어떻게 할 것인지 방법을 결정하는데 필요한 것들이 투입물로 사용됩니다.

8.1.1.1 프로젝트 헌장(Project charter)

프로젝트 헌장에는 품질 관리에 영향을 주는 성공 기준이 포함되어 있습니다. 목표 일정 안에 끝나고 정해진 예산 안에 끝나도 제품 품질에 결함이 있으면 성공이라고 말하기 어렵습니다. 품질 기준을 정할 때 품질에 관련된 성공 기준을 반영해서 결정해야 합니다.

8.1.1.2 프로젝트 관리 계획서(Project management plan)

프로젝트 관리 계획서의 내용 중 품질 관리 계획서를 개발하거나 품질 매트릭스를 결정하는 데 영향을 주는 요소들을 투입물로 사용합니다.

◆ 요구사항 관리 계획서(Requirements management plan)

요구사항에는 품질에 대한 요구사항도 있습니다. 품질에 대한 요구사항은 품질 매트릭스를 결정하거나 품질 관리 방법을 결정하는데 고려해야 할 사항입니다.

◆ 리스크 관리 계획서(Risk management plan)

리스크는 발생 시 품질에 영향을 줄 수 있으므로 리스크 관리 방법을 고려해서 품질 관리 계획서를 수립하면 프로젝트에 도움이 됩니다.

◆ 이해관계자 참여 계획서(Stakeholder engagement plan)

이해관계자의 요구사항과 기대사항에는 보통 품질에 대한 내용도 포함됩니다. 이해관계자 참여 계획서에는 이해관계자의 요구사항과 기대사항을 문서화하는 방법이 포함되어 있습니다.

◆ 범위 기준선(Scope baseline)

범위 기준선에는 프로젝트 범위 기술서와 WBS, WBS Dictionary가 포함되어 있습니다. 품질 표준을 결정할 때 WBS와 프로젝트 범위 기술서에 포함된 인도물을 고려해야 합니다. 품질을 맞출 대상이 인도물이기 때문입니다. 그리고 프로젝트 범위 기술서에는 생성할 인도물들의 **인수 기준(Acceptance criteria)**이 있는데, 이 인수 기준은 품질 기준을 결정하는 데 영향을 줍니다.

8.1.1.3 프로젝트 문서(Project documents)

품질 매트릭스를 결정하거나 품질 관리 방법을 정하는 데 영향을 주는 문서들이 투입물로 사용됩니다.

◆ 가정사항 기록부(Assumption log)

품질 요구사항 및 품질 표준에 관련된 모든 가정 및 제약사항을 고려합니다.

◆ 요구사항 문서(Requirements documentation)

요구사항 문서에는 품질에 대한 요구사항이 포함되어 있으며, 이 품질 요구사항들은 품질 매트릭스에 반영되며, 프로젝트 팀이 품질 통제를 수행할 방법을 계획하는 데 도움이 됩니다.

◆ 요구사항 추적 매트릭스(Requirements traceability matrix)

요구사항 추적 매트릭스에는 요구사항을 검증하는데 필요한 테스트 방법이 포함되어 있으며, 이 내용은 품질 통제 방법을 결정하는데 고려해야 할 사항입니다.

◆ 리스크 관리대장(Risk register)

품질 요구사항에 영향을 줄 수 있는 기회 또는 위협이 리스크 관리대장에 포함되어 있습니다. 리스크가 발생하면 품질에 영향을 줄 가능성이 큽니다.

◆ 이해관계자 관리대장(Stakeholder register)

이해 관계자들은 품질에 영향을 주며, 특정 품질 기준을 요구하기도 합니다.

8.1.1.4 기업 환경 요인(Enterprise environmental factors)

우리 회사에 관련된 정부 당국의 규정이나, 이번 프로젝트에 관련된 산업분야의 표준, 규칙, 지침 등은 품질 기준 결정에 영향을 주므로 반드시 고려해야 합니다.

8.1.1.5 조직 프로세스 자산(Organizational process assets)

조직의 품질 정책이나 지침, 과거의 선례정보나 교훈 사항 등을 참조할 수 있습니다. **품질 정책(Quality policy)은 품질과 관련하여 수행 조직의 의도된 방향이며, 상위 경영진에 의해 승인된 것**을 말합니다.

8.1.2 품질 관리 계획수립: 도구 및 기법

품질 관리 계획서 및 품질 기준을 수립하기 위한 도구 및 기법을 사용합니다. 특히 품질 비용(COQ) 3가지는 PMP® 시험에 자주 출제되는 경향이 있으니 잘 기억해두기 바랍니다.

8.1.2.1 전문가 판단(Expert judgment)

필요하다면 품질 관련 전문가의 도움을 받을 수 있습니다.

8.1.2.2 데이터 수집(Data gathering)

데이터 수집은 품질 표준을 결정하는데 필요한 정보를 수집하는 여러 기법을 사용합니다.

◆ 벤치마킹(Benchmarking)

벤치마킹은 우수사례를 관찰하고 검토하여 좋은 점을 받아들이는 것입니다. 품질 표준을 정할 때 회사 내부 또는 외부의 다른 프로젝트의 사례를 벤치마킹해서 품질 표준을 정할 수 있습니다.

◆ 브레인스토밍(Brainstorming)

브레인스토밍을 통해 어떻게 품질을 관리하는 것이 효과적인지 아이디어를 내고 논의하여 최선의 품질 관리 계획을 수립합니다.

◆ 인터뷰(Interviews)

이해관계자 및 관련 전문가와 인터뷰를 통해 프로젝트 및 제품에 대한 품질 요구사항과 기대사항을 알아내서 품질 표준에 반영합니다.

8.1.2.3 데이터 분석(Data analysis)

최선의 품질 관리 방법을 결정하기 위해 품질과 관련된 데이터를 분석하는데, 특히 비용에 대한 분석을 수행합니다.

◆ 비용-편익 분석(Cost-benefit analysis)

품질 관리 활동을 수행하기 위해서 비용이 들어가는데 투입된 비용에 비해서 얻는 편익이 많지 않다면 너무 큰 비용을 품질에 사용하면 안 됩니다. 비용-편익 분석은 앞으로 수행할 품질 관리 활동이 비용측면에서 효과적인지 분석하는 것을 말합니다. 일반적으로 비용을 써서 품질이 향상되면 재작업이 줄게 되고, 생산성은 높아지며, 비용은 낮아지고, 이해관계자의 만족도는 올라가게 됩니다. **비용-편익 분석은 기획(Planning)에서 수행**합니다.

◆ 품질 비용(Cost of Quality, COQ)

프로젝트에서 품질 기준을 맞춘 인도물을 생성하려면 다양한 비용이 들어갈 수밖에 없는데요, 품질에 들어가는 모든 비용을 COQ라고 합니다. 품질 비용은 3가지가 있으며, PMP® 시험에 자주 출제되므로 반드시 알아둬야 합니다. 품질 비용은 **예방 비용, 평가 비용, 실패 비용**이 있습니다. 실패 비용은 다시 내부 실패 비용, 외부 실패 비용으로 나뉩니다. 예방 비용과 평가 비용은 결함을 미리 막아서 적합한 산출물을 만들기 위한 비용이기 때문에 적합성 비용(Cost of conformance)이라고 하며, 실패 비용은 발생한 품질 문제를 해결하기 위한 비용이므로 비적합성 비용(Cost of nonconformance)이라고 합니다.

- **예방 비용(Prevention costs)**: 팀원에게 교육, 철저한 품질 기획, 계약자에 대한 사전 조사, 낡은 장비의 교체, 프로세스를 체계적으로 문서화하기 등 사전에 제품의 품질 결함을 막기 위해 들어가는 비용.
- **평가 비용(Appraisal costs)**: 제품이나 인도물이 품질 요구사항을 맞췄는지 평가하는데 들어가는 비용으로서 제품 검사, 테스트, 서비스 평가 등에 투입되는 비용.
- **내부 실패 비용(Internal failure costs)**: 제품, 인도물, 서비스를 고객에게 전달하기 전에 품질 관련 문제를 발견하여 조치하는 것과 관련된 비용으로서 재작업, 불량의 수정, 시정 조치, 폐기 등에 들어가는 비용 등이 있음.
- **외부 실패 비용(External failure costs)**: 제품, 인도물, 서비스가 고객에게 전달된 후 발견된 품질 문제를 해결하는데 필요한 비용으로서 고객의 요구사항에 만족하지 않음에 의해서 결정되는 비용. 고객의 반품이나 교환, 고객불만 평가, 품질 불만을 해결하기 위해 고객을 방문, 사후 수리, 제품 품질보증 등에 관련된 비용. 결함 있는 제품을 구매한 고객은 이후에 제품구매를 하지 않아서 비즈니스가 어려워질 수 있음.

최적의 품질 비용은 실패 비용과 예방/평가 비용의 균형을 유지해야 합니다. 예방 및 평가 비용을 높이면 품질의 결함은 줄어들어 실패 비용은 낮아지겠지만 비용이 높아져 편익은 줄어듭니다. 반대로 예방 및 평가 비용을 낮추면 품질 결함이 많이 발생해서 실패비용이 올라가므로 역시 편익은 줄어듭니다. 따라서 적정한 품질 수준을 결정하고 그에 맞는 비용을 지출할 필요가 있습니다.

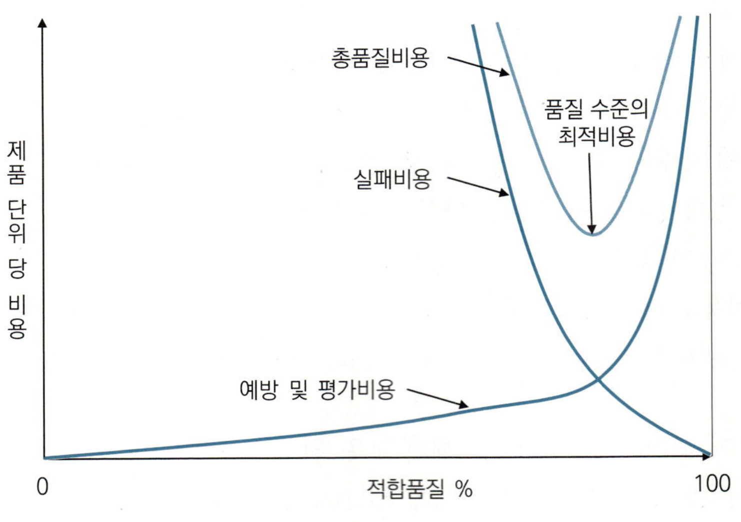

[그림 8-3] 품질비용의 최적화

8.1.2.4 의사결정(Decision making)

[품질 관리 계획수립]에서는 다기준 의사결정 기법을 사용합니다. 품질 매트릭스의 우선순위를 정할 때 여러 가지 기준에 점수를 정해서 점수가 높은 순으로 우선순위를 정할 수 있습니다.

8.1.2.5 데이터 표현(Data representation)

품질 비용을 파악하거나 품질 이슈가 발생할 수 있는 지점을 식별하고, 수집된 품질 요구사항을 정리하는 다양한 방법이 사용됩니다.

◆ 순서도(Flowcharts)

순서도는 프로세스의 흐름을 그림으로 표현하여 품질 결함이 발생할 수 있는 지점을 찾아내는 기법입니다. 품질에 어떤 문제가 생길 수 있는지 알기 위해서는 결과물을 생산하는 흐름을 살펴봄으로써 알 수 있게 됩니다. 또한 흐름도는 프로세스상에서 품질의 비용을 이해하고 산정하는데 유용할 수 있습니다.

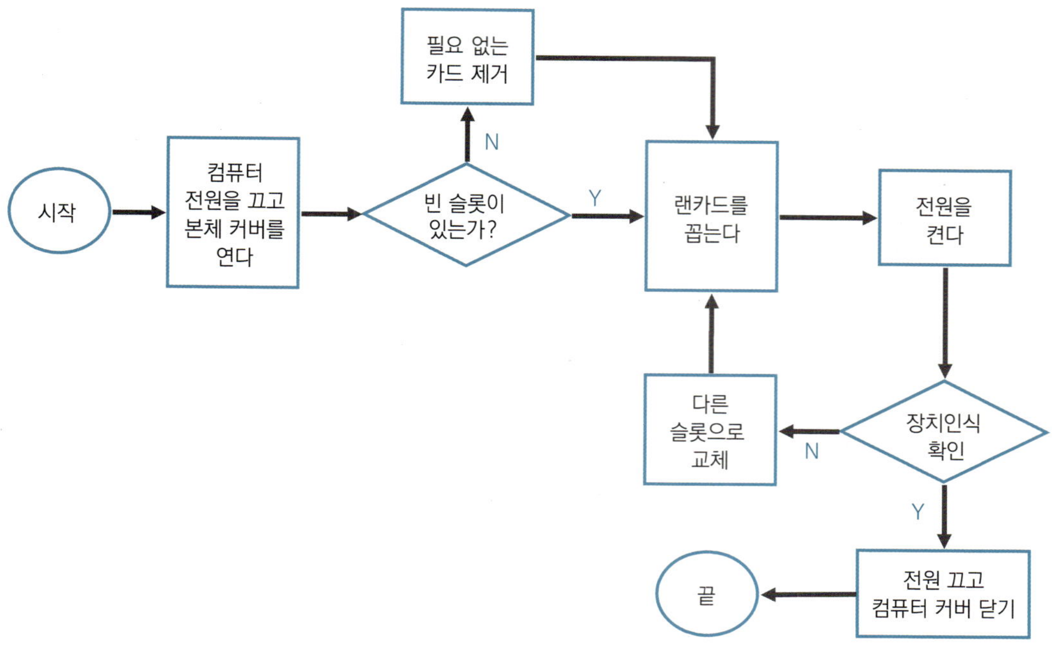

[그림 8-4] PC에 랜카드를 설치하는 흐름도의 예

◆ 논리 데이터 모델(Logical data model)

논리 데이터 모델은 논리 스키마(Logical schema)라고도 하며, 사용자 의사소통 중심의 모델링 기법으로, 데이터 구조의 논리적인 관계를 비즈니스 용어로 기술하여 그림으로 표현한 것입니다. [그림 8-5]는 상품 주문에 관련된 데이터를 논리 데이터 모델로 표현한 것입니다.

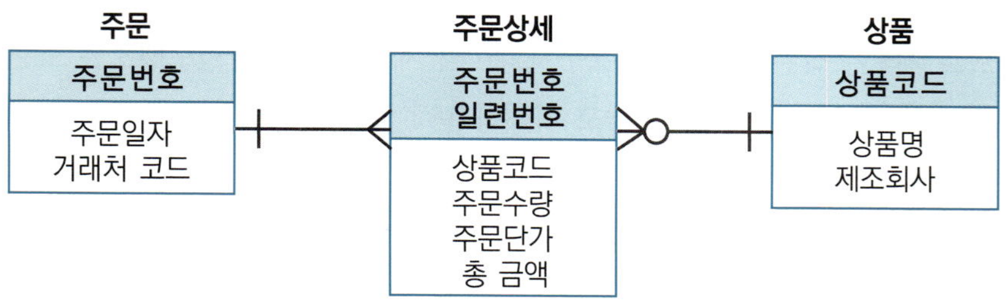

[그림 8-5] 논리 데이터 모델의 예

◆ **매트릭스도(Matrix diagrams)**

매트릭스 다이어그램은 두 개 또는 그 이상의 특성, 기능, 아이디어 등의 집합에 대한 관련 정도를 행렬(Matrix) 형태로 표현하는 기법을 말합니다. Matrix는 사전적 의미로 '(숫자나 기호 등을 가로, 세로로 나열해 놓은)행렬'을 의미합니다. 매트릭스 다이어그램을 사용하는 이유는 행과 열 사이에 존재하는 다양한 요인들 간의 관계가 어느 정도 강한지 판단하기 위해서입니다. 이 과정을 통해 프로젝트에 중요한 품질 매트릭스를 식별할 수 있습니다. 매트릭스 다이어그램은 비교 요인 수에 따라 다양한 형태가 있습니다. 2개의 요인을 비교할 때는 L자형 매트릭스 다이어그램을 사용하고, 그 이상일 때는 T자나 Y자 등의 매트릭스 다이어그램을 사용할 수 있습니다. [그림 8-6]은 수직축과 수평축 2개의 요인에 대한 상관관계를 분석한 예시입니다.

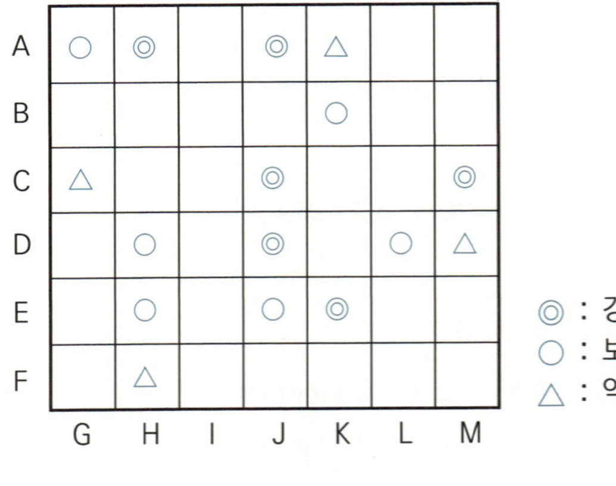

[그림 8-6] 매트릭스도의 예제

◆ **마인드 매핑(Mind mapping)**

마인드맵은 5.2.2.5 요구사항 수집의 도구 및 기법에서 설명했습니다. 인터뷰, 브레인스토밍 등으로부터 수집된 여러 품질 요구사항이나 제약사항을 마인드맵으로 표현해서 정보를 구조화하면 정보를 정리하기도 좋고 이해하는데 도움이 됩니다.

8.1.2.6 테스트 및 검사 기획(Test and inspection planning)

품질 관리 계획서를 준비하는 동안에 [품질 통제]에서 제품, 인도물, 서비스를 테스트하거나 검사하는 방법을 준비해야 합니다. 제품에 대한 테스트 방법은 건설, IT, 제조 등 산업 분야별로 다양합니다.

8.1.2.7 회의(Meetings)

품질 관리 계획서를 혼자 작성하는 것이 아니므로 관련 이해관계자들이 모여 논의하는 회의를 통해 품질 관리 계획서를 개발합니다.

8.1.3 품질 관리 계획수립: 산출물

[품질 관리 계획수립]의 주요 산출물은 품질 관리 계획서와 품질 매트릭스입니다. 품질 관리 계획서는 프로젝트 관리 계획서로 통합됩니다.

8.1.3.1 품질 관리 계획서(Quality management plan)

품질 관리 계획서는 앞으로 프로젝트 관리팀이 품질 목표를 달성하기 위해 어떤 자원이 필요하고, 어떤 활동을 수행할 것인가를 기술한 문서입니다. [품질 관리]와 [품질통제]는 품질 관리 계획서에 정의된 방법에 따라 수행합니다. 또한 품질 관리 계획서에는 품질 표준, 품질 목표, 품질에 대한 역할과 책임, 품질 검토가 필요한 인도물과 프로세스, 사용할 품질 도구 등과 같은 내용이 포함됩니다.

8.1.3.2 품질 매트릭스(Quality metrics)

품질 매트릭스란 프로젝트 또는 제품의 속성이며, [품질 통제] 프로세스에서 각 속성을 측정할 방법을 매우 구체적으로 설명한 것입니다, 예를 들면, 결함 수, 실패율, 가용성, 신뢰도, 테스트 범위 등 제품 품질의 측정 대상 및 측정 방법을 정의한 것입니다. 예를 들면, S/W 품질에 관한 국제 표준으로 ISO/IEC 9126이 있습니다. 내부 매트릭, 외부 매트릭, 사용 품질 매트릭으로 품질 특성의 매트릭 체계를 이용합니다. 사용 품질을 평가하는 지표 목록으로는 기능성(Functionality), 신뢰성(Reliability), 사용성(Usability), 효율성(Efficiency), 유지보수성(Maintainability), 이식성(Portability) 등을 사용합니다. 품질 매트릭스는 [품질 관리]와 [품질 통제]의 투입물이 됩니다. [품질 관리]에서는 인도물의 테스트 시나리오 개발을 위한 기초로 품질 매트릭스를 사용하며, [품질 통제]에서는 제품 및 인도물이 품질 매트릭스를 달성했는지 확인하는 목적으로 사용합니다.

8.1.3.3 프로젝트 관리 계획서 업데이트(Project management plan updates)

필요에 따라 리스크 관리 계획서나 범위 기준선이 업데이트될 수 있습니다.

◆ 리스크 관리 계획서(Risk management plan)

품질과 리스크는 서로 영향을 주는 관계이므로 품질 관리 방법을 결정하는 과정에서 리스크 관리 방법을 수정해야 하는 부분이 생기면 그 내용을 반영해서 리스크 관리 계획서를 업데이트합니다.

◆ 범위 기준선(Scope baseline)

품질 관리 방법을 결정하고 앞으로 수행할 품질 활동을 결정하는 과정에서 새로운 품질 관리 활동의 필요성으로 인해 범위 기준선이 업데이트 될 수 있습니다. 또한 추가된 품질 요구사항은 WBS 사전에 추가할 수도 있습니다.

8.1.3.4 프로젝트 문서 업데이트(Project document updates)

이해관계자 관리대장, 리스크 관리 대장, 요구사항 추적 매트릭스 등이 업데이트될 수 있습니다.

◆ 교훈 관리대장(Lessons learned register)

품질 관리 계획서를 수립하는 과정에서 생긴 교훈이 있다면 교훈 관리대장에 추가합니다.

◆ 요구사항 추적 매트릭스(Requirements traceability matrix)

새로운 품질 요구사항이 식별될 경우 요구사항 추적 매트릭스에 그 내용을 추가합니다.

◆ 리스크 관리대장(Risk register)

품질 관리 계획을 수립하는 과정에서 식별된 새로운 리스크가 있다면 리스크 관리대장에 추가합니다.

◆ 이해관계자 관리대장(Stakeholder register)

품질 관리 계획을 수립하는 과정에서 새로운 이해관계자가 식별되거나 기존 이해관계자에 대한 추가 정보가 있다면 이해관계자 관리대장에 추가합니다.

8.2 품질 관리(Manage Quality)

[품질 관리] 프로세스는 사전에 계획한 품질 관리 계획서에 따라 품질 관련 활동을 수행하는 프로세스입니다. [품질 관리]는 실행 프로세스 그룹에 속하며 특히 과정상의 프로세스 품질을 체계적으로 관리하여 높은 수준의 품질을 달성하게 합니다. 쓸모없고 효율적이지 못한 프로세스에 대해서 개선을 위한 적절한 변경을 요청하게 됩니다. 그리고 품질 통제의 결과를 확인하여 결함이 있다면 결함의 원인을 찾아 동일한 결함이 발생하지 않도록 원인을 찾아 과정을 개선합니다. 프로세스 개선은 지속적으로 해야 하며 한시적으로 시행하고 끝내서는 안됩니다. 이렇게 프로세스를 효과적으로 사용하기 위해 수행하는 활동은 품질 보증(Quality assurance)이라고 하며, [품질 관리]는 모든 품질 보증 활동을 포함하며, 최적의 완성도를 갖는 제품을 설계하는 것 등을 포함하여 품질 보증보다 더 넓은 의미가 있습니다. 품질 관리 활동에는 프로젝트 관리자와 프로젝트 팀뿐만 아니라 스폰서, 다른 관리자, 고객 등 모든 사람의 업무입니다.

[표 8-6] 품질 관리의 ITTO

품질 관리(Manage Quality)		
지식영역: 품질 관리(Quality management)	프로세스 그룹: 실행(Executing)	
투입물	**도구 및 기법**	**산출물**
1. 프로젝트 관리 계획서 • 품질 관리 계획서 2. 프로젝트 문서 • 품질 통제 측정치 • 품질 매트릭스 • 리스크 보고서 • 교훈 관리대장 3. 조직 프로세스 자산	1. 데이터 분석 • 대안 분석 • 문서 분석 • 프로세스 분석 • 근본 원인 분석 2. 의사결정 • 다기준 의사결정 분석 3. 데이터 표현 • 친화도 • 인과관계도 • 순서도 • 히스토그램 • 매트릭스도 • 산점도 4. 감사 5. DfX(Design for X) 6. 문제 해결 7. 품질 개선 방법	1. 품질 보고서 2. 테스트 및 평가 문서 3. 변경 요청 4. 프로젝트 관리 계획서 업데이트 • 품질 관리 계획서 • 범위 기준선 • 일정 기준선 • 원가 기준선 5. 프로젝트 문서 업데이트 • 이슈 기록부 • 리스크 관리대장 • 교훈 관리대장

[표 8-6]은 [품질 관리]의 Inputs, Tools and Techniques, Outputs입니다. 실행은 계획에 따라서 수행하며, 품질 감사와 프로세스 분석을 통해 개선할 사항을 찾고, 개선할 사항은 변경 요청으로 나옵니다.

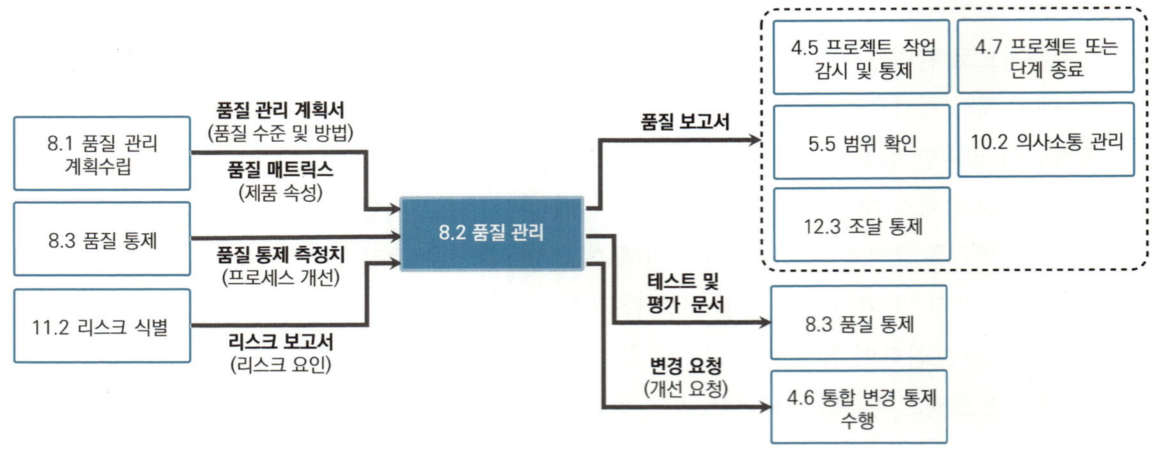

[그림 8-7] 품질 관리 프로세스의 주요 흐름

[그림 8-7]은 [품질 관리]의 주요 흐름을 나타냅니다. 품질 관리 계획서에 따라 품질 관리 활동을 수행합니다. 품질 매트릭스의 내용을 준수하며, [품질 통제]의 산출물인 품질 통제 측정치를 바탕으로 개선할 사항을 찾고 개선할 사항은 변경 요청으로 문서화 됩니다.

[표 8-7] 품질 관리 산출물의 투입 이유

품질 보고서 투입 프로세스	투입 이유
4.5 프로젝트 작업 감시 및 통제	작업 성과 보고서에 담기 위해서.
4.7 프로젝트 또는 단계 종료	최종 보고서에 포함시키기 위해서.
5.5 범위 확인	범위 확인 전에 품질 준수 사항을 확인하기 위해서.
10.2 의사소통 관리	이해관계자에게 전달하기 위해서.
12.3 조달 통제	판매자의 품질 관련 문제를 통제하기 위해서.
테스트 및 평가 문서 투입 프로세스	**투입 이유**
8.3 품질 통제	프로젝트 및 제품 속성 준수 여부를 확인하는 방법이 포함되어 있어서.
변경 요청 투입 프로세스	**투입 이유**
4.5 통합 변경 통제 수행	공식적으로 승인을 받기 위해서.

8.2.1 품질 관리: 투입물

[품질 관리]는 실행 프로세스로서 계획에 따라 수행하므로, 품질 관리 계획서가 주요 투입물이 됩니다. 또한 품질 매트릭스는 [품질 통제]를 위한 테스트 및 평가 문서를 만들기 위해 투입물로 사용합니다. 그리고 [품질 통제]의 산출물인 품질 통제 측정치(Quality control measurements)는 [품질 관리]로 다시 피드백 되는데, 그 이유는 [품질 통제]를 수행함으로써 품질의 결함을 발견하게 되고 이 결함은 과정상의 문제이므로 그 결함을 일으키는 요인을 개선하기 위하여 품질 통제 측정치가 투입물이 됩니다.

8.2.1.1 프로젝트 관리 계획서(Project management plan)

프로젝트 관리 계획서에 포함된 품질 관리 계획서에 따라 품질 관리를 수행합니다.

◆ **품질 관리 계획서**(Quality management plan)

품질 관리 계획서에는 프로젝트에서 사용할 품질 표준이 포함되어 있으며, 품질 표준을 어떻게 맞출 것인가에 대한 방법이 포함되어 있습니다. [품질 관리]는 사전에 준비한 방법에 따라 수행합니다.

8.2.1.2 프로젝트 문서(Project documents)

품질 관리에 필요한 문서들이 투입물로 사용됩니다.

◆ **교훈 관리대장**(Lessons learned register)

프로젝트를 수행하면서 얻은 교훈을 이후 활동에 적용하면 품질 관리의 효과성을 높일 수 있습니다.

◆ **품질 통제 측정치**(Quality control measurements)

품질 통제 측정치는 [품질 통제]의 산출물입니다. [품질 통제]는 인도물이 품질 표준에 부합했는지 아닌지 확인하는 과정입니다. 만일 품질 표준을 맞추지 못한 인도물이 있다면 그 결함을 고치는 것만 할 것이 아니라 결함의 원인을 찾아서 수정해야 합니다. 즉, 과정(프로세스)을 개선해야 하는데, 프로세스를 개선하는 것은 [품질 관리]의 역할입니다.

◆ 품질 매트릭스(Quality metrics)

[품질 통제]에서 인도물의 정확성을 확인하기 위해 테스트나 평가를 수행합니다. 이때 사용할 테스트 및 평가 문서를 [품질 관리]에서 만들게 됩니다. 품질 매트릭스는 테스트 및 평가 문서를 만드는데 투입물로 사용합니다.

◆ 리스크 보고서(Risk report)

리스크 보고서에 포함된 포괄적 프로젝트 리스크(Overall project risk)는 품질 관리에 영향을 줄 수 있으므로 확인할 필요가 있습니다.

8.2.1.3 조직 프로세스 자산(Organizational process assets)

품질을 관리할 때 조직의 품질 관리 시스템을 활용하고, 여러 품질 관련 템플릿을 활용합니다.

8.2.2 품질 관리: 도구 및 기법

현재 진행 중인 프로젝트 활동들이 조직의 프로세스, 정책, 절차 등을 준수하는지 감사(Audit)를 수행하고, 프로세를 개선하기 위한 도구 및 기법을 사용합니다.

8.2.2.1 데이터 수집(Data gathering)

[품질 관리]는 프로젝트를 실행하는 과정에서 품질을 맞추도록 관리하는 프로세스이므로 프로젝트를 수행하면서 품질 요구사항을 맞추는지 확인할 필요가 있습니다. 품질 요구사항을 맞추기 위해 올바른 조치를 취했는지, 품질 요구사항을 맞췄는지 확인하기 위해 점검 목록을 사용합니다.

◆ 점검 목록(Checklist)

품질 표준을 맞추기 위해 필요한 활동을 점검 목록에 포함시켜 놓고 활동을 완료할 때마다 체크해 나가면 품질 관리에 도움이 됩니다. 점검 목록에 프로젝트 범위 기술서에 포함된 인수 기준을 포함시키면 품질에 관련된 인수 기준을 맞추는데 도움이 됩니다.

8.2.2.2 데이터 분석(Data analysis)

품질 표준을 맞추기 위해 필요한 다양한 데이터 분석을 수행합니다.

◆ **대안 분석**(Alternatives analysis)

품질 표준을 맞추는 방법은 여러 가지가 가능하므로 다양한 아이디어를 내서 가장 효과적인 방법을 찾는 과정이 필요합니다.

◆ **문서 분석**(Document analysis)

품질 통제의 결과를 담고 있는 품질 보고서, 테스트 보고서 등에는 품질 표준을 달성하지 못한 인도물에 대한 정보가 들어가 있는데, 이는 과정(프로세스)에 문제가 있었기 때문일 가능성이 높으므로 품질 통제의 결과 문서를 바탕으로 프로세스 개선사항을 찾을 수 있습니다.

◆ **프로세스 분석**(Process analysis)

품질을 관리하는 프로세스가 좋아야 결과물도 품질이 좋게 나올 수 있습니다. 따라서 개선할 프로세스가 있는지 알아보고 필요시 개선을 해나가야 합니다. 또한, 프로세스에 대한 문제나 부가가치가 없는 활동들도 찾아서 개선해야 합니다.

◆ **근본 원인 분석**(Root cause analysis)

결과물에 결함이 발생한 근본 원인을 찾아서 개선하지 않으면 비슷한 결함이 계속 나올 수 있습니다. 따라서 결함의 근본 원인을 찾아서 제거할 필요가 있습니다.

8.2.2.3 의사결정(Decision making)

[품질 관리]에서는 다기준 의사결정 분석을 기법으로 사용합니다.

◆ **다기준 의사결정 분석**(Multicriteria decision analysis)

다기준 의사결정 분석은 여러가지 기준을 설정한 후 각 기준에 부합하는 정도를 확인해서 최종 가장 좋은 방법을 결정하는 것입니다. 품질을 어떻게 관리하는가에 따라 결과물의 품질이 달라질 수 있습니다. 제품 품질에 영향을 미치는 여러 요소를 함께 고려해서 최선의 품질 관리 방법을 결정할 수 있습니다.

8.2.2.4 데이터 표현(Data representation)

[품질 관리]의 역할은 좋은 품질이 나오도록 프로세스를 개선하는 부분을 포함합니다. 또한 결과물에 결함이 나오면 그 원인을 찾아서 개선하는 것도 포함합니다. 데이터 표현은 결함의 원인이나 결함이 발생하는 과정을 표현하기 위해 여러 방법을 사용합니다.

◆ **친화도**(Affinity diagram)

Affinity는 사전적 의미로 '친밀감, 관련성, 유사성' 등의 뜻을 갖고 있습니다. 따라서 친화도는 많은 수의 데이터 또는 아이디어를 유사성에 따라 그룹화하기 위해 사용하는 기법을 말합니다. 친화도를 이용해서 잠재적인 결함의 원인을 연관 관계에 따라 몇 개의 그룹으로 분류할 수 있습니다. 이렇게 유사성 있는 결함의 원인을 묶어서 보면 어디에 가장 집중해야 할지 알 수도 있습니다.

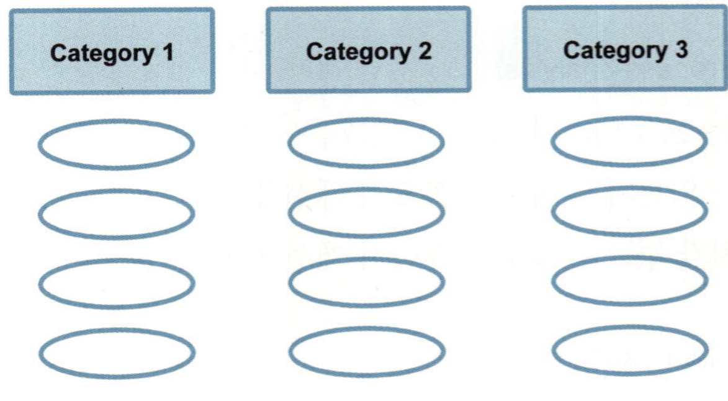

[그림 8-8] 친화도의 예

◆ **인과관계도**(Cause and effect diagrams)

Kaoru Ishikawa에 의해서 개발된 인과관계도는 잠재적인 문제나 결과에 어떤 요인들이 영향을 미치는지를 그림으로 표현합니다. 만일 품질에 결함이 있을 경우 결함에 영향을 줄 수 있는 요인들은 다양할 수 있는데 그 요인들을 모두 포함해서 그림으로 표현합니다. 그 그림의 모양이 물고기 뼈 모양처럼 생겼다고 해서 Fishbone diagram이라고도 하고, 처음 만든 사람의 이름을 따서 Ishikawa diagram이라고도 합니다. 또는 Why-why diagram이라고도 합니다. 문제나 결함을 생선 머리에 해당하는 부분에 표현하고 잠재적 원인을 생선 뼈 형태로 연결합니다. 관련될 수 있는 모든 잠재 원인을 표현한 후 하나씩 검증하게 되면 진짜 문제의 원인을 찾을 수 있게 됩니다.

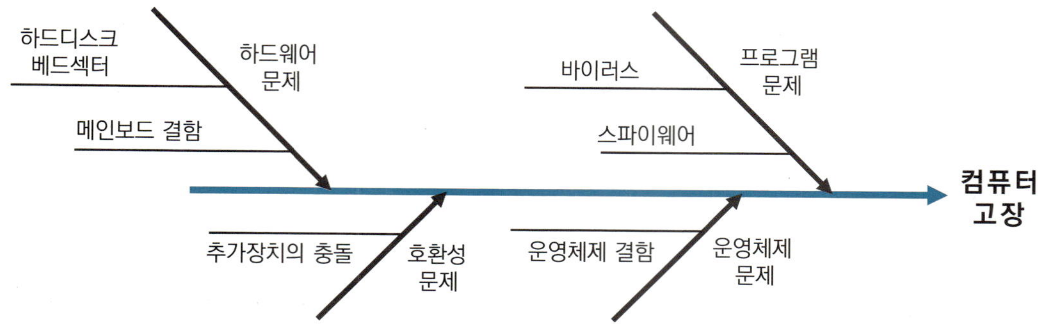

[그림 8-9] 컴퓨터 고장의 원인을 표현함

◆ **순서도**(Flowcharts)

순서도는 프로세스를 도식화한 것이며, 이를 통해 결함이 발생하는 과정을 발견할 수 있습니다.

◆ **히스토그램**(Histogram)

히스토그램은 도수분포를 나타낸 그림으로써 각 특성을 막대로 표현하고 특성의 빈도에 따라 막대 높이가 달라집니다. 히스토그램을 작성하면 데이터 만으론 알아보기 어려웠던 전체의 모습을 간단하게 알 수 있고 대체적인 평균이나 산포의 모습 및 크기를 간단하게 알 수 있습니다. 히스토그램을 통해 각 인도물의 결함 수, 어떤 결함이 가장 많은지 등을 표현할 수 있습니다. 히스토그램을 사용하는 가장 큰 이유는 수치 데이터를 시각적으로 표현해서 이해하기 쉽게 만들어 주기 때문입니다.

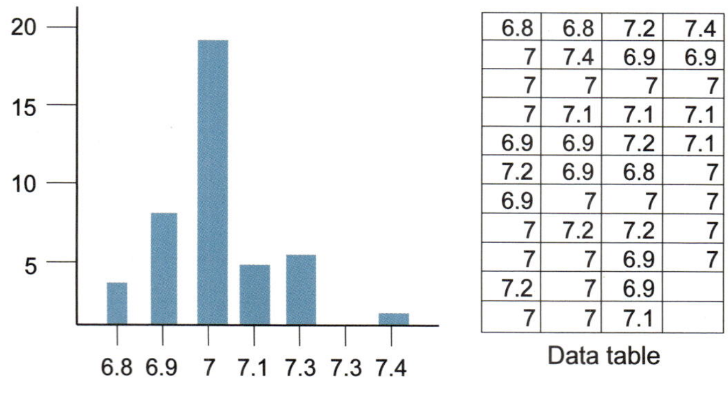

6.8	6.8	7.2	7.4
7	7.4	6.9	6.9
7	7	7	7
7	7.1	7.1	7.1
6.9	6.9	7.2	7.1
7.2	6.9	6.8	7
6.9	7	7	7
7	7.2	7.2	7
7	7	6.9	7
7.2	7	6.9	
7	7	7.1	

Data table

[그림 8-10] 히스토그램의 예

◆ 매트릭스도(Matrix diagrams)

매트릭스도는 8.1.2.5에서 설명한 내용을 참고합니다. 매트릭스도를 이용해서 결함에 영향을 주는 둘 또는 그 이상의 요인들 간의 관계가 얼마나 강한지 분석할 수 있습니다.

◆ 산점도(Scatter diagram)

산점도는 말 그대로 점이 퍼져있는 그림입니다. 보통 서로 대응하는 **2종류의 데이터의 상관성**을 알기 위해 두 변수를 가로축과 세로축에 잡아서 타점한 그림을 산점도라고 합니다. 대응하는 2종류의 데이터에 대하여 그 산포된 상태를 보고 서로 관계가 있는지 없는지 판단하는 데 사용합니다. 서로 대응하는 데이터란 예를 들면, 도금 시간과 도금두께, 근무연수와 급여 등의 관계가 있는 것을 대응 관계라고 합니다. [품질 관리]에서는 두 변수 중 하나를 결함으로, 다른 변수를 결함을 발생시키는 원인이 될 수 있는 프로세스, 환경, 활동 등으로 해서 두 변수의 상관관계를 알 수 있습니다.

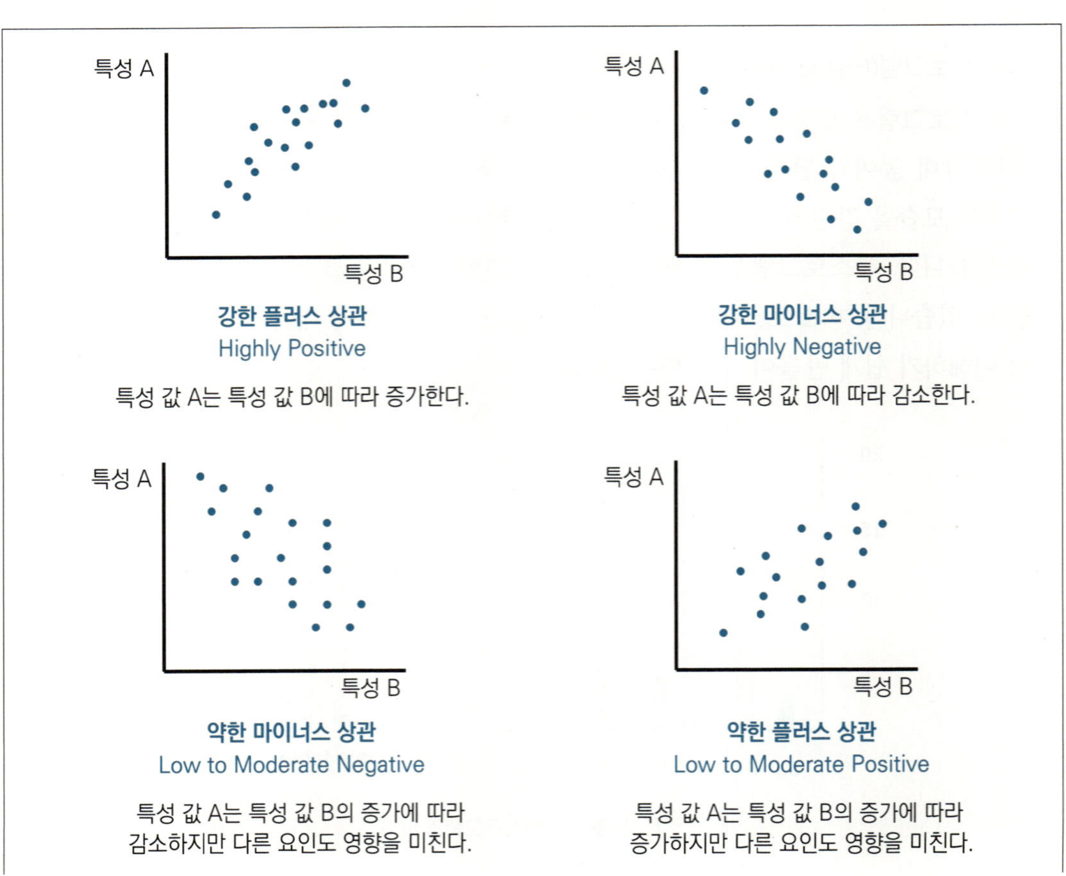

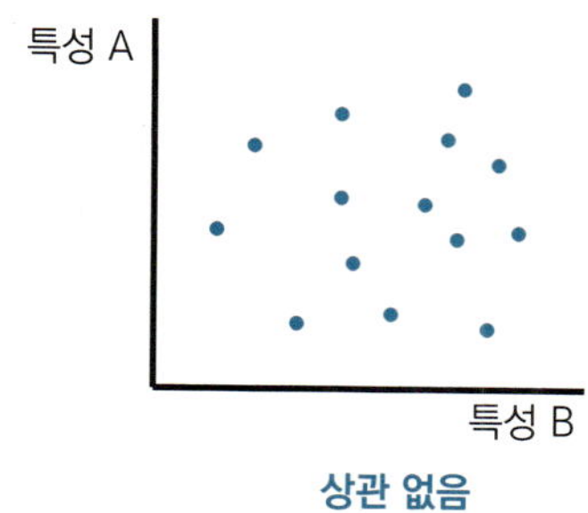

상관 없음
Zero Correlation

특성 값 A와 특성 값 B 사이에는 아무런 상관이 없다.

[그림 8-11] 산점도의 다양한 형태와 분석

핵심 용어

파레토도(Pareto diagram)

파레토도는 발생 빈도순으로 정렬하는 특수한 형태의 히스토그램(수직 막대 차트)을 말합니다. 이렇게 정렬하는 이유는 어떤 것부터 시정 조치를 할 것인지를 결정하기 쉽게 해주기 때문입니다. 즉, 빈도수가 가장 높은 것부터 우선적으로 조치를 취해야 하는데 그 이유는 빈도수가 가장 높은 것에 대한 조치가 나머지 문제점들에 많은 영향을 미칠 수 있기 때문입니다. 제한된 자원으로 가장 높은 효과를 얻으려고 할 때 파레토도를 이용할 수 있습니다.

이와 같이 작은 수의 요인이 큰 영향을 미치는 것을 파레토 법칙(Pareto's law)이라고 하며 이탈리아 경제학자인 Vilfredo Pareto(1848~1923)가 발견했다고 해서 그의 이름을 딴 것입니다.(인구의 20%가 전체 부의 80%를 갖고 있음을 발견) 파레토 법칙은 경험 법칙이며 20/80 법칙으로도 알려졌습니다. 대표적인 예로는 은행 예금의 80%가 20%의 고객 소유이고, 상품 중 20%가 전체 80% 매출을 올리고 있다 등이 있습니다. 파레토도의 개념을 품질로 관리분야에 응용한 사람은 미국의 품질 관리 학자인 Juran 박사입니다.

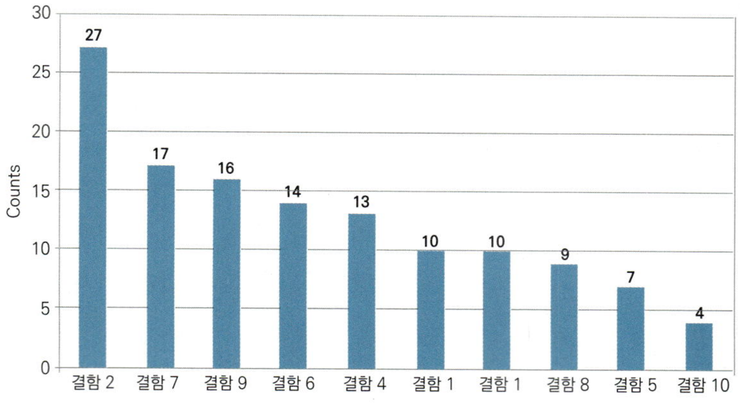

[그림 8-12] 결함의 빈도순으로 정렬한 파레토도의 예시

8.2.2.5 품질 감사(Quality audits)

품질 감사는 [품질 관리]의 중요한 활동입니다. **품질 감사는 프로젝트 활동이 조직의 정책과 프로젝트 정책, 프로세스 및 절차들을 준수하는지 확인하기 위해 수행하는 체계적이며 독립적인 검토 활동입니다.** 그러므로 인해서 비효율적이고 비효과적인 방침, 절차, 프로세스를 식별하게 되고 문제점을 수정함으로써 고객 만족을 증대시키거나 품질 원가가 감소하는 긍정적 효과를 내야 합니다. 또한, 승인된 시정 조치, 승인된 결함 수정, 승인된 예방 조치의 수행을 확인하는 것도 품질 감사의 한 부분입니다. 품질 감사는 내부 또는 외부 감사자가 일정에 따라 또는 임의로 수행할 수 있습니다. **품질 감사를 하는 이유**는 다음과 같습니다.

- 수행 중인 우수한 실무 사례 식별.
- 모든 격차(Gap) 및 결점(Shortcoming) 식별.
- 우리 회사 및 산업 내 유사 프로젝트의 우수 사례 공유.
- 팀이 생산성 향상에 도움이 되도록 프로세스 수행 향상을 위해 긍정적 수단의 지원.
- 조직의 교훈 저장소에 각 감사(Audit)의 기여도 표시.

8.2.2.6 DFX(Design for X)

제품을 설계하는 방법은 다양할 수 있습니다. 설계를 효과적으로 하면 비용 감소, 품질 개선, 성능 향상, 고객 만족을 얻을 수 있습니다. Design for X에서 X는 제품 개발의 다양한 측면을 의미합니다. 예를 들면, 신뢰성, 조립, 제조, 비용, 서비스, 유용성, 안전, 품질 등입니다. 자동차의 경우 엔진룸 설계를 복잡하게 할 경우 나중에 정비사가 엔진오일을 교체하거나 수리를 할 때 시간도 오래 걸리고 힘들 수 있지만 반대로 엔진룸 설계가 잘되면 분해, 조립이 편리해서 수리하는데 시간도 짧게 걸리고 이를 통해 비용을 낮추고 고객 만족을 높일 수 있습니다. DFX를 통해 제품 설계의 개선사항을 찾아서 개선할 필요가 있습니다.

8.2.2.7 문제 해결(Problem solving)

[품질 통제]를 통해 인도물의 결함이 발견되거나, 품질 감사를 통해 프로세스의 문제점이 도출되면 이를 해결해야 합니다. 문제를 해결하기 위해서 가장 먼저 문제를 정확히 정의하고, 근본 원인을 찾아내서 최선의 해결책을 결정하고, 실제 해결한 후 결과를 확인할 필요가 있습니다.

8.2.2.8 품질 개선 방법(Quality improvement methods)

결과물에 결함이 발생하거나 프로세스의 비효율적인 부분이 식별되면 품질 향상이 요구됩니다. 품질을 개선하는 방법으로는 6-Sigma, PDCA Cycle 등이 있습니다.

핵심 용어

실험 설계법(Design of experiments)

실험 설계법(DOE)은 개발 또는 생산 중인 제품이나 프로세스의 특정 변수에 영향을 줄 수 있는 요인들을 식별하는 데 유용한 통계학적 기법입니다. DOE도 역시 품질을 향상하기 위한 요인을 찾는 방법으로 사용할 수 있습니다. DOE는 여러 차례 실험을 통하여 어떤 요인이 제품의 품질에 가장 큰 영향을 미치는가를 파악하는 것이며 그 결과를 가지고 품질 기준을 결정합니다. 따라서 실험을 진행하기 전에 문제들을 문서화하고 데이터를 준비하며 테스트를 얼마나 반복할지 결정해야 합니다. 이러한 테스트 수행에 대한 계획을 DOE라고 합니다. 실험 자료의 분석 결과는 제품 또는 프로세스에 대한 최적의 조건을 제시하고, 결과에 영향을 주는 요인을 찾아내고, 그러한 요소 간에 존재하는 상호작용과 시너지 효과를 밝혀줍니다.

예를 들면, 어떤 음료 회사에서 17개의 성분이 혼합된 차(茶)를 만들어 팔려고 합니다. 17개의 성분을 어떻게 섞었을까요? 다양한 비율로 혼합해서 시음해보고 가장 적절한 맛을 선택해서 제품으로 출시했을 것입니다. 이렇게 여러 테스트를 통해 가장 적절한 품질을 찾아냅니다.

8.2.3 품질 관리: 산출물

[품질 관리]의 대표적 산출물은 '품질 보고서'와 '테스트 및 평가 문서'입니다. 또한 프로세스의 품질 개선을 위한 '변경 요청'이 발생하고, 변경은 [통합 변경 통제 수행] 프로세스를 통해 처리됩니다.

8.2.3.1 품질 보고서(Quality reports)

[품질 관리]를 수행하는 과정에서 생긴 다양한 정보들이 품질 보고서에 담깁니다. 예를 들면, 품질 관리 이슈, 프로세스나 제품을 개선하기 위한 권고사항, 재작업이나 결함 수정에 대한 권고 사항이나 시정 조치, 품질 통제 프로세스의 결과 요약 내용 등이 들어갑니다. 이러한 내용을 보고서에 담는 이유는 관련 이해관계자와 정보를 공유하기 위해서입니다. 품질 보고서는 [프로젝트 작업 감시 및 통제]를 통해 작업 성과 보고서에 포함됩니다.

8.2.3.2 테스트 및 평가 문서(Test and evaluation documents)

테스트 및 평가 문서는 [품질 통제]에서 인도물의 품질을 테스트하고 평가하기 위해 만든 문서입니다. 테스트 및 평가 문서에는 인도물이 맞춰야 하는 품질에 대한 점검 목록과 요구사항 추적 매트릭스가 일부 포함될 수 있습니다.

8.2.3.3 변경 요청(Change requests)

[품질 관리]를 통해 식별된 정책, 절차, 프로세스의 효과와 효율을 높이기 위한 조치들이 수행되어야 합니다. 이러한 조치들은 승인을 받기 위해 [통합 변경 통제 수행] 프로세스로 투입됩니다.

8.2.3.4 프로젝트 관리 계획서 업데이트(Project management plan updates)

[품질 관리]를 수행한 과정과 결과 때문에 품질 관리 계획서, 범위 기준선, 일정 기준선, 원가 기준선 등이 업데이트될 수 있습니다.

8.2.3.5 프로젝트 문서 업데이트(Project document updates)

[품질 관리]를 수행한 과정과 결과로 인해 다양한 문서들이 갱신될 수 있습니다.

◆ 이슈 기록부(Issue log)

품질을 관리하는 동안 새로운 이슈가 발생하면 이슈 기록부에 추가합니다.

◆ 교훈 관리대장(Lessons learned register)

품질을 관리하는 동안에 느낀 교훈사항들은 미래에 활용하기 위해 교훈 관리대장에 추가합니다.

◆ 리스크 관리대장(Risk register)

품질을 관리하는 동안에 새로운 리스크가 식별되면 리스크 관리대장에 추가합니다.

8.3 품질 통제(Control Quality)

[품질 통제] 프로세스는 프로젝트의 인도물이 품질 표준에 부합하는지 확인하는 프로세스입니다. 인도물이 품질 표준에 부합한다는 것은 핵심 이해관계자가 요구하는 최종 인수 조건을 충족하는 것을 말하며, 산출물이 완전하고 정확하게 완료되었는지 확인하는 것입니다. 또한, 프로젝트 산출물이 원래 의도한 기능을 수행하는지도 확인합니다. 애자일 프로젝트에서 [품질 통제]는 프로젝트 생애주기 전반에 걸쳐 모든 팀원이 수행할 수 있으며, 예측형 생애주기로 진행하는 프로젝트는 프로젝트 또는 단계 종료에 가까워진 특정 시점에 품질 통제를 담당하는 팀원이 품질 통제 활동을 수행합니다.

[표 8-8] 품질 통제의 ITTO

품질 통제(Control Quality)		
지식영역: 품질 관리 (Quality management)	프로세스 그룹: 감시 및 통제 (Monitoring and controlling)	
투입물	**도구 및 기법**	**산출물**
1. 프로젝트 관리 계획서 • 품질 관리 계획서 2. 프로젝트 문서 • 품질 매트릭스 • 테스트 및 평가 문서 • 교훈 관리대장 3. 승인된 변경 요청 4. 인도물 5. 작업 성과 데이터 6. 기업 환경 요인 7. 조직 프로세스 자산	1. 데이터 수집 • 점검 목록 • 점검기록지 • 통계적 표본추출 • 설문지 및 설문조사 2. 데이터 분석 • 성과 검토 • 근본 원인 분석 3. 검사 4. 테스트/제품 평가 5. 데이터 표현 • 인과관계도 • 관리도 • 히스토그램 • 산점도 6. 회의	1. 품질 통제 측정치 2. 검증된 인도물 3. 작업 성과 정보 4. 변경 요청 5. 프로젝트 관리 계획서 업데이트 • 품질 관리 계획서 6. 프로젝트 문서 업데이트 • 테스트 및 평가문서 • 리스크 관리대장 • 교훈 관리대장 • 이슈 기록부

[표 8-8]은 [품질 통제] 프로세스의 Inputs, Tools and Techniques, Outputs입니다. 통제는 늘 기준과 실적이 투입됩니다. 실적으로 투입되는 인도물과 인도물에 대한 결함과 결함의 원인을 찾기 위한 도구 및 기법이 적용되고, 결과적으로는 품질 표준을 맞춘 검증된 인도물과 결함 수정에 대한 변경 요청이 산출물로 나옵니다.

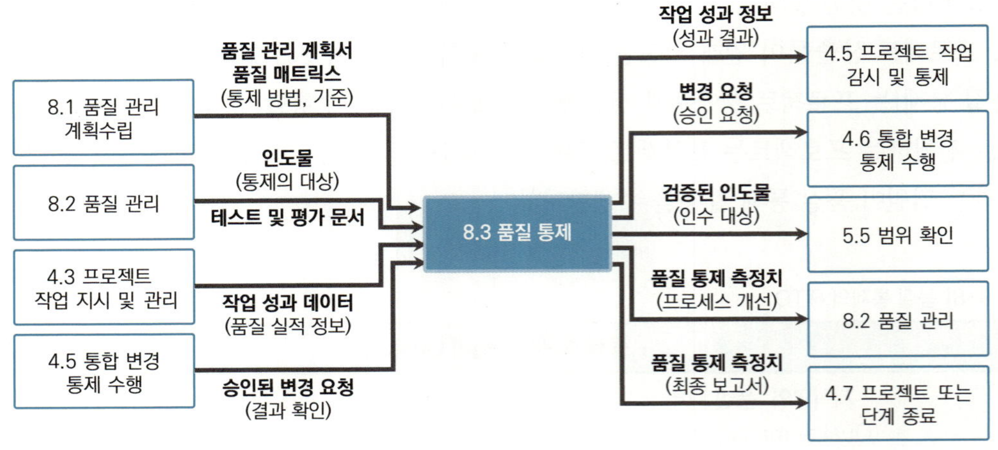

[그림 8-13] 품질 통제의 주요 흐름

[그림 8-13]은 [품질 통제] 프로세스의 주요 흐름을 나타냅니다. 모든 통제 프로세스의 흐름이 비슷하듯 **기준과 실적을 비교**하기 위해 기준 관련 요소(품질 매트릭스, 테스트 및 평가 문서)와 실제 결과에 대한 요소(인도물)가 주요 투입물로 들어와서 기준과 실적을 비교하고 결함을 수정하기 위해 변경이 요청됩니다. 변경 요청은 항상 [통합 변경 통제 수행] 프로세스를 통해 처리되도록 해야 하며, 품질 통제의 결과를 바탕으로 프로세스를 개선할 필요가 있으므로 품질 통제 측정치는 다시 [품질 관리]로 피드백됩니다. 또한, [품질 통제]는 인도물 뿐만 아니라 관리의 결과도 확인합니다. 관리의 결과인 일정 성과 및 비용 성과에 대한 작업 성과 데이터가 투입되어 관리도를 통해 성과의 정상 여부를 확인할 수도 있습니다.

[표 8-9] 품질 통제 산출물의 투입 이유

검증된 인도물 투입 프로세스	투입 이유
5.5 범위 확인	고객 또는 스폰서의 공식적 인수를 획득하기 위해서.
품질 통제 측정치 투입 프로세스	**투입 이유**
8.2 품질 관리	품질 통제 과정을 통해 발견된 결함의 원인과 관련된 프로세스를 찾아 개선하기 위해서.
4.7 프로젝트 또는 단계 종료	최종 보고서에 포함하기 위해서.
변경 요청 투입 프로세스	**투입 이유**
4.6 통합 변경 통제 수행	변경 요청을 공식적으로 승인을 받기 위해서.
작업 성과 정보 투입 프로세스	**투입 이유**
4.5 프로젝트 작업 감시 및 통제	작업 성과 정보를 작업 성과 보고서에 포함시키기 위해서.

8.3.1 품질 통제: 투입물

[품질 통제]는 말 그대로 품질을 통제하는 것입니다. 품질을 통제한다는 것은 품질 기준을 못 맞춘 인도물을 품질 기준에 맞추도록 하겠다는 것입니다. 따라서 품질 기준과 인도물이 비교되야 합니다. 품질 매트릭스와 테스트 및 평가 문서는 인도물을 비교하기 위한 기준입니다. 그리고 [프로젝트 작업 지시 및 관리]의 산출물인 인도물은 품질 기준에 부합했는지 검토해야 할 대상입니다.

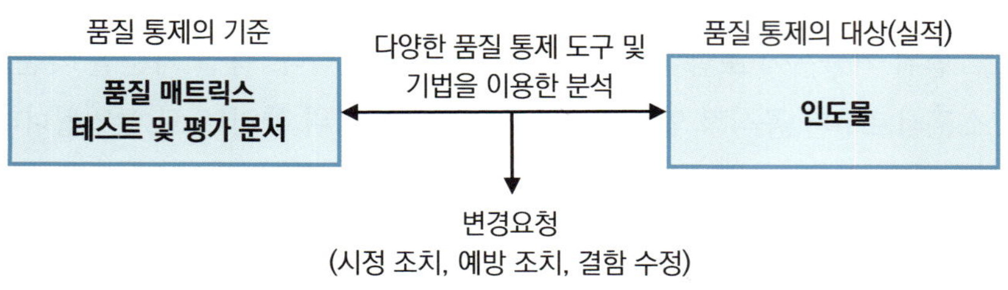

[그림 8-14] 기준과 실적의 비교

8.3.1.1 프로젝트 관리 계획서(Project management plan)

품질 통제는 품질 관리 계획서에 정의된 방법에 따라 수행하며, 품질 관리 계획서는 프로젝트 관리 계획서에 포함되어 있습니다. 품질 관리 계획서에는 품질 표준도 포함되어 있습니다.

8.3.1.2 프로젝트 문서(Project documents)

품질 통제에 필요한 문서들의 투입물로 사용됩니다.

◆ 교훈 관리대장(Lessons learned register)

이전에 경험한 교훈을 활용해서 품질 통제를 더 잘 할 수 있습니다.

◆ 품질 매트릭스(Quality metrics)

품질 매트릭스는 품질 통제의 기준(프로젝트 또는 제품의 속성)입니다. 인도물은 품질 매트릭스에 포함된 제품의 속성을 맞춰야 합니다.

◆ 테스트 및 평가 문서(Test and evaluation documents)

[품질 관리]에서 준비한 테스트 및 평가 문서를 활용해서 인도물의 품질을 테스트하고 평가합니다.

8.3.1.3 승인된 변경 요청(Approved change requests)

승인된 변경 요청이 제대로 수행되는지 그 결과를 확인해야 합니다. 승인된 변경 요청을 수행한 결과가 항상 승인된 대로 수행되는 것은 아니기 때문입니다.

8.3.1.4 인도물(Deliverables)

프로젝트 실행에서 생성되는 인도물이 품질 표준을 맞추었는지 확인해야 합니다. 인도물은 프로젝트 범위 기술서에 포함된 인수기준을 맞춰야 합니다. 품질 기준을 맞춘 인도물은 고객 또는 스폰서로부터 공식적 인수를 획득하기 위해 [범위 확인]으로 투입됩니다.

8.3.1.5 작업 성과 데이터(Work performance data)

작업 성과 데이터는 제품에 대한 실제 결과 정보와 일정 및 원가 성과에 대한 정보이며, 품질을 통제하는데 실제 결과 정보를 제공합니다.

8.3.1.6 기업 환경 요인(Enterprise environmental factors)

품질을 통제할 때 조직의 PMIS를 활용하고, 영향을 줄 수 있는 정부의 규정이나 산업분야의 규칙, 표준 등을 고려합니다.

8.3.1.7 조직 프로세스 자산(Organizational process assets)

품질 표준, 품질 정책, 점검목록 표준 서식, 이슈 및 결함 보고 절차, 의사소통 정책 등은 품질 통제에 영향을 줄 수 있으므로 고려해야 합니다.

8.3.2 품질 통제: 도구 및 기법

인도물이 품질에 부합하는지를 결정하고 부합하지 않는 경우 어떤 요인으로 인해서 그러한 결함이 발생했는지를 찾아내는 다양한 기법을 사용합니다.

8.3.2.1 데이터 수집(Data gathering)

인도물의 품질 기준 준수 여부를 확인하고 결함에 대한 데이터를 수집하기 위해 여러 기법을 사용합니다.

◆ 점검목록(Checklists)

점검목록을 활용해서 인도물의 품질 기준 준수 여부를 확인할 수 있습니다.

◆ 점검 기록지(Check sheets)

점검 기록지는 Tally sheet라고도 합니다. Tally는 사전적 의미로 '(특히 총계를 계속 누적해 나가는) 기록'이라는 뜻입니다. 품질 통제에서는 결함의 빈도를 수집할 때 사용할 수 있습니다. 날짜별로 발생한 결함 수를 표를 이용해서 기록하여 어떤 결함이 가장 많았는지를 확인할 수 있습니다.

◆ 통계적 표본 추출(Statistical sampling)

결함 여부를 확인할 인도물이 많을 경우 전체를 검사하기 어렵기 때문에 전체 인도물중 검사에 필요한 샘플을 선택하여 검사하는 방법입니다.

◆ 설문지 및 설문조사(Questionnaires and surveys)

설문조사는 제품을 고객에게 배포한 후 고객 만족에 대한 데이터를 수집할 때 사용할 수 있으며, 고객의 불만족 사항을 처리하기 위해 외부 실패 비용이 사용될 수 있습니다.

8.3.2.2 데이터 분석(Data analysis)

품질 기준과 실적을 비교하고, 결함의 원인을 분석합니다.

◆ **성과 검토**(Performance reviews)

품질 성과를 확인하기 위해 품질 매트릭스와 실제 결과(인도물)를 측정, 비교, 분석합니다.

◆ **근본 원인 분석**(Root cause analysis)

결함이 발견되면 결함의 원인을 알아봅니다.

8.3.2.3 검사(Inspection)

검사는 인도물이 품질 표준에 부합하는지 여부를 판별하는 활동입니다. Inspection은 Review, Peer Review, Audit, Walkthrough라고도 합니다.

8.3.2.4 테스트/제품 평가(Testing/Product evaluations)

테스트는 제품이나 서비스가 문제없이 제대로 되었는지 확인하는 과정입니다. 테스트 및 평가에 대한 준비는 [품질 관리]에서 미리 준비했으며, 테스트는 중간 산출물이나 프로젝트 종료 시 최종 산출물에 대해 수행할 수 있습니다.

8.3.2.5 데이터 표현(Data representation)

[품질 통제] 과정에서 식별된 결함이나 실행 결과 정보를 표현해서 문제를 찾기 위한 기법을 사용합니다.

◆ **인과관계도**(Cause and effect diagrams)

앞에서 설명했듯이 인과관계도는 품질 결함이 생겼을 때 그 원인을 찾거나 영향을 식별하는데 활용할 수 있습니다.

◆ **관리도**(Control charts)

관리도는 인도물과 관리의 결과가 통제 한계 내에 있는지를 알기 위해서 사용합니다. 현재 프로세스가 정상적으로 진행되고 있는지 아닌지를 결정하여 통제 한계를 벗어날 경우 조치를 취하게 됩니다. 관리도는 생산공정으로부터 정기적으로 표본을 추출하여 얻은 자료치를 점으로 찍어가면서 이 점들의 위치 또는 움직임의 양상에 따라 공정의 이상 유무를 판단하는 통계적 품질 관리 기법을 말합니다. 관리도는 상위 통제 한계(Upper control limit)와 하위 통제 한계(Lower control limit)가 있으며 이 안에 프로세스의 결과 값이 존재하면 통제 안에 있으므로(In control) 정상으로 보고 프로세스를 조정할 필요가 없으나 통제 한계를 넘거나 Out of control로 판단될 경우에는 조치해야 합니다. 일반적으로 통제 한계는 ±3시그마(표준편차, Standard deviation)로 정합니다. 1σ는 1 표준편차입니다. 정규분포에서 ±3σ는 99.7%입니다. 프로세스의 결과 값이 상위통제한계와 하위통제한계 사이에 있어도 연속된 점 7개가 평균 위에 있거나 밑에 있으면 Out of control로 판단하며, 이것을 **'Rule of seven'**이라고 합니다.

관리도에서 중앙선은 프로세스의 평균값(Mean or average)을 표현합니다. 예를 들면, 어떤 회사에서 웹사이트 방문자 수를 Control chart를 통해 분석하고 있습니다. 4달간에 걸친 방문자 수에 대한 데이터는 다음과 같습니다. 언제 방문자 수가 많이 떨어졌고 그 원인이 무엇인지 분석하려고 합니다. 즉, LCL를 넘은 Out of control을 체크하려고 합니다.

[표 8-10] 4달간의 방문자수

11/7/11	4,185
11/14/11	3,962
11/21/11	3,334
11/28/11	4,176
12/5/11	3,889
12/12/11	3,970
12/19/11	2,591
12/26/11	2,253
1/2/12	4,053
1/9/12	5,357
1/16/12	5,305
1/23/12	4,887
1/30/12	5,200
2/6/12	4,390
2/13/12	4,675
2/20/12	4,736
2/27/12	4,993

4개월간의 데이터를 엑셀을 이용해 차트로 표현하면 다음과 같습니다.

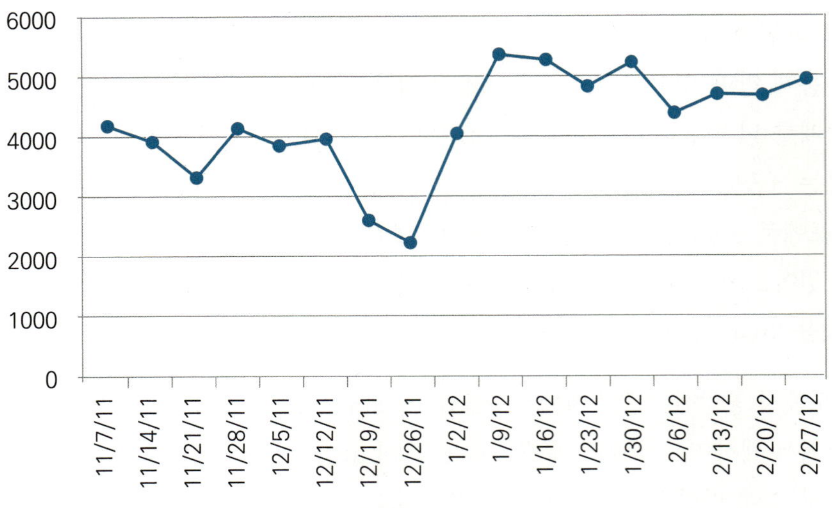

[그림 8-15] 방문자수를 차트로 변환

데이터를 다시 Control chart로 표현하면 아래와 같이 됩니다.

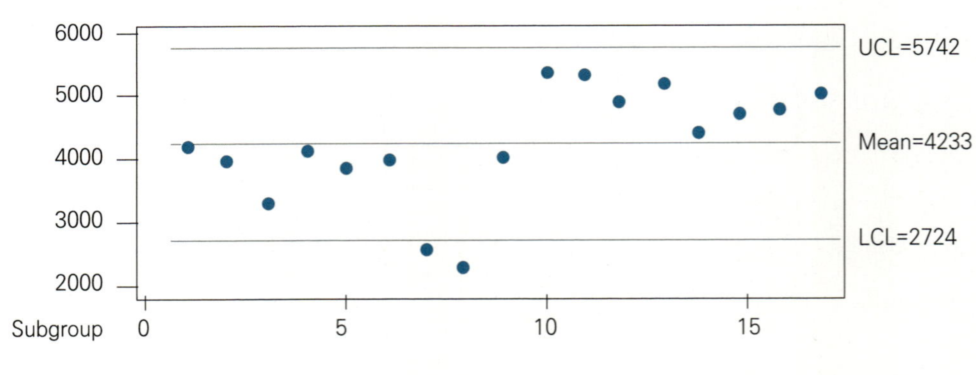

[그림 8-16] 관리도의 표현

앞에서 전체 데이터의 평균은 4,233입니다. 4,233이 Mean(Average)이 됩니다. Mean에 대해 이해가 되었나요? 그리고 UCL와 LCL을 정했는데요, 12월의 두 주가 LCL을 넘어서 Out of control로 판단했습니다. 그 원인을 분석했더니, 연말에는 행사와 휴일로 인해 웹사이트 방문자가 많이 줄었음을 알게 되었습니다. 이런 식으로 관리도를 활용할 수 있습니다.

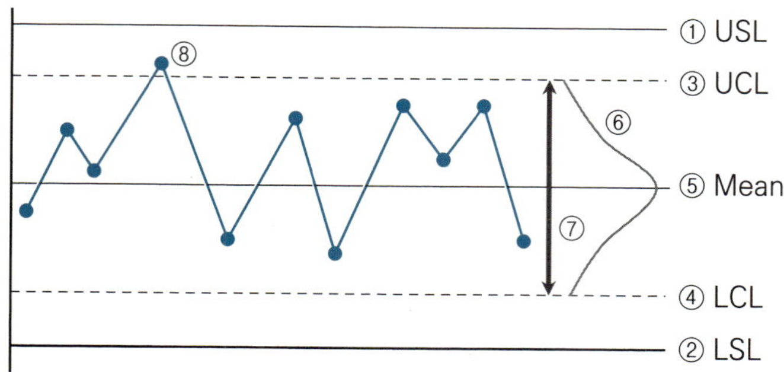

[그림 8-17] 관리도의 예시

[그림 8-17]의 각 번호 별 설명은 다음과 같습니다.

① **Upper specification limit:** 프로젝트 품질 및 성과를 위한 고객의 기대사항 또는 계약 요구사항 상한선.

② **Lower specification limit:** 프로젝트 품질 및 성과를 위한 고객의 기대사항 또는 계약 요구사항 하한선.

③ **Upper control limit:** 수행 조직의 통제 상한선.

④ **Lower control limit:** 수행 조직의 통제 하한선.

⑤ **Mean:** 관리도의 중앙선. 프로세스의 수용 가능한 변이의 중간.

⑥ **Normal distribution curve:** UCL과 LCL의 사이를 보통 ±3시그마로 정의함.

⑦ **Normal variation:** UCL과 LCL사이의 변이는 정상적 프로세스의 차이로 인식함.

⑧ **Out of control:** UCL 혹은 LCL을 벗어난 경우 Out of control로 판단함.

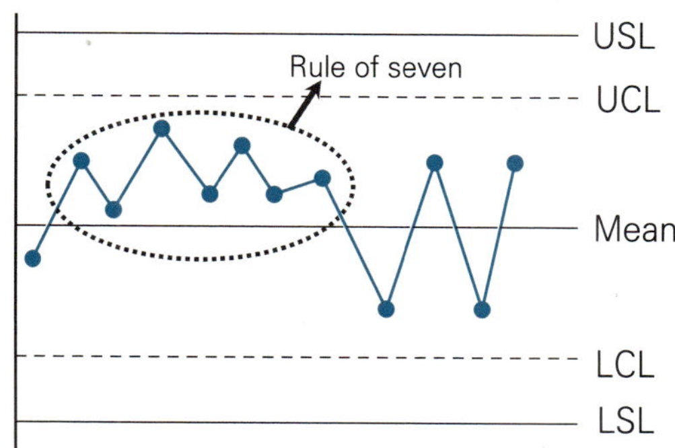

[그림 8-18] Rule of seven

[그림 8-18]은 Rule of seven의 예시입니다. 평균을 중심으로 위 또는 아래에 7개 점이 상한선이나 하한선 안에서 연속해서 있는 경우에도 Out of control로 보고 원인을 파악해야 합니다. 그 이유는 평균을 중심으로 위나 아래에 결과가 찍힐 확률은 50% 즉, 1/2입니다. 두 결과가 연속해서 위나 아래에 찍힐 확률은 $(1/2)^2$이 됩니다. 그런 식으로 7개의 점이 모두 위나 아래에 찍힐 확률은 $(1/2)^7$이 됩니다. $(1/2)^7$은 0.8%이며 1% 미만입니다. 1% 미만의 확률을 가진 결과가 나올 가능성은 매우 드물어서 Out of control로 판단합니다.

[표 8-11] 확률 계산

	1/2	$(1/2)^2$	$(1/2)^3$	$(1/2)^4$	$(1/2)^5$	$(1/2)^6$	$(1/2)^7$
계산결과	0.5	0.25	0.125	0.065	0.0313	0.0156	0.0078
확률 값	50%	25%	12.5%	6.5%	3.1%	1.6%	0.8%

관리도를 이해하기 쉽게 예를 들면, 어떤 공장에서 하루에 책상을 100개씩 만들고 있습니다. 그런데 그 100개를 자세히 살펴보면 100% 모두 똑같지 않을 것입니다. 미세한 차이가 있기 마련인데, 그 차이를 Normal variation, 즉 정상적 차이라하고 정상적 차이는 UCL과 LCL 사이에 있어야 합니다. 정해진 책상 높이의 품질 기준은 1m인데 산출물 중에 높이가 1.005m 또는 0.997m인 책상을 품질에 문제가 있다고 할 수는 없을 것입니다. 반면에 1.15m 또는 0.9m 같은 높이의 책상은 문제가 있다고 판단할 수도 있습니다. 이렇게 통제의 기준을 정한 것이 UCL, LCL이며, 이 기준으로 Out of control, In control을 판단합니다.

관리도는 제조업의 제품뿐만 아니라 일정 관리나 원가 관리에도 사용할 수 있습니다. 예를 들면, 총 5년 기간을 가진 프로젝트를 수행하면서 매일매일 계획대로 수행하는 것은 거의 불가능합니다. 그래서 한 2주 정도 일정을 앞서거나 1주 정도 지연되는 것은 정상으로 생각하고 In control로 볼 수 있습니다. 반면 2개월 정도 빠르거나 3개월이 뒤처진 경우는 Out of control로 판단할 수도 있습니다. 이처럼 프로젝트 관리의 일정이나 비용에 대해서도 기준을 잡고 관리 상태가 정상인지 아닌지 판단하기 위해 관리도를 사용할 수 있습니다. 원가 성과를 관리도로 판단할 때 원가 기준선으로부터 ±5% 이내면 정상으로 보고 벗어나면 비정상으로 볼 수 있습니다. +5%를 UCL로 하고 -5%를 LCL로 한 것이며, 원가 기준선을 원가 성과의 측정 기준으로 사용합니다.

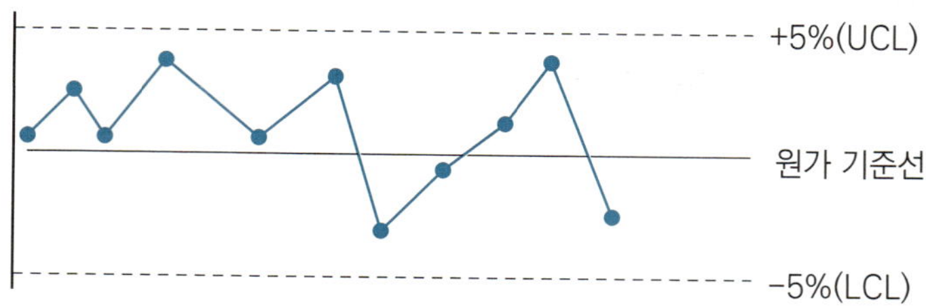

[그림 8-19] 원가 성과를 측정하기 위한 관리도의 예

◆ 히스토그램(Histogram)

히스토그램은 식별된 결함을 원인별로 막대그래프를 이용해서 보여줍니다. 어떤 원인의 결함이 많은지 적은지 시각적으로 확인할 수 있습니다.

◆ 산점도(Scatter diagrams)

계획된 성과와 실제 성과의 관계를 파악하기 위해 산점도를 활용할 수 있습니다.

8.3.2.6 회의(Meetings)

회의를 통해 승인된 변경 요청이 제대로 수행되었는지 검토하고 교훈을 공유합니다.

◆ 승인된 변경 요청 검토(Approved change requests review)

승인된 변경 요청이 승인된 대로 수행되었는지 검토합니다. 승인된 대로 변경을 수행하지 않았다면 조치를 해야 합니다.

◆ 회고/교훈(Retrospectives/lesson learned)

어떤 부분이 좋았고, 어떤 부분을 개선해야 하는지 등을 논의하는 자리를 갖습니다.

8.3.3 품질 통제: 산출물

[품질 통제]는 인도물의 정확성을 검토하므로 검토 결과 및 결과에 대한 조치가 주요 산출물로 나옵니다.

8.3.3.1 품질 통제 측정치(Control quality measurements)

품질 통제 측정치는 품질 통제 활동들의 결과가 문서화된 것입니다. 이 문서는 [품질 관리]로 다시 투입하게 되며, 개선할 사항이 있으면 과정을 개선해야 합니다.

8.3.3.2 검증된 인도물(Validated deliverables)

검증된 인도물은 품질 표준을 맞춘 인도물이며, [범위 확인] 프로세스를 통해 고객이나 스폰서의 공식적 인수를 거치게 됩니다.

8.3.3.3 작업 성과 정보(Work performance information)

작업 성과 정보는 품질에 대한 성과 정보들입니다. 이 내용들은 [프로젝트 작업 감시 및 통제] 프로세스를 통해 작업 성과 보고서에 담기고 관련 이해관계자에게 주기적으로 배포됩니다.

8.3.3.4 변경요청(Change requests)

품질 기준을 맞추지 못한 인도물에 대한 시정 조치, 예방 조치, 결함 수정 등이 요구될 수 있습니다.

8.3.3.5 프로젝트 관리 계획서 업데이트(Project management plan updates)

승인된 변경으로 인해 품질 관리 계획서가 업데이트될 수 있습니다.

8.3.3.6 프로젝트 문서 업데이트(Project document updates)

[품질 통제]를 수행한 결과로 여러 문서가 업데이트될 수 있습니다.

- **이슈 기록부(Issue log)**

  품질에 대한 이슈가 발생하면 이슈 기록부에 추가합니다.

- **교훈 관리대장(Lessons learned register)**

  품질 통제를 하면서 느낀 교훈을 교훈 관리대장에 추가합니다.

◆ **리스크 관리대장(Risk register)**

만약 새로운 리스크가 식별되면 리스크 관리대장에 추가합니다.

◆ **테스트 및 평가 문서(Test and evaluation documents)**

[품질 통제]에서 테스트 및 평가 문서를 사용하면서 향후 더 도움이 될만한 것이 있으면 수정하게 됩니다.

핵심 용어

Gold plating(금도금)

Gold plating은 고객에게 추가 기능, 고품질의 부품, 더 나은 성과나 범위를 추가로 더 해주는 것을 말합니다. 프로젝트의 목표를 맞추기 위해 노력해야지 일부러 더 잘해주기 위한 Gold plating에 노력을 허비해서는 안됩니다.

08 핵심 정리

- 프로젝트에서 품질을 관리하는 이유는 품질 기준을 맞춘 산출물을 인도하기 위해서입니다.
- 8장은 품질 관리에 대해 준비하는 [품질 관리 계획수립]과 과정의 품질을 담당하는 [품질 관리], 결과의 품질을 담당하는 [품질 통제]까지 총 3개의 프로세스로 이루어져 있습니다.
- 품질(Quality)과 등급(Grade)은 같지 않습니다. 등급이 낮은 것은 문제가 안 될 수 있지만, 품질이 낮은 것은 항상 문제가 됩니다.
- 결함을 예방하는 데 들어가는 비용이 결함을 고치는 데 들어가는 비용보다 더 낮기 때문에 검사보다 예방이 우선됩니다.
- 고객 만족을 위해서는 요구사항에 부합(Conformance to requirements)해야 하며 사용에 적합(Fitness for use)해야 합니다.
- 결함을 예방하는 데 들어가는 비용이 결함을 고치는 데 들어가는 비용보다 더 낮아서 예방을 더 중요시합니다.
- 품질 관리에 대한 궁극적인 책임(Ultimate responsibility)은 프로젝트 관리자에게 있습니다.
- 품질 정책(Quality policy)은 품질과 관련하여 수행 조직의 의도된 방향이며, 상위 경영진에 의해 승인된 것을 말합니다.
- 품질 비용은 적합한 작업과 비적합한 작업의 전체 비용을 말하며, 예방 비용, 평가 비용, 실패 비용이 있습니다.
- 순서도는 프로세스의 흐름을 그림으로 표현하여 품질 결함이 발생할 수 있는 지점을 찾아내는 기법입니다.
- 품질 매트릭스란 프로젝트 또는 제품의 속성, 그리고 [품질 통제] 프로세스에서 각 속성을 측정할 방법을 매우 구체적으로 설명한 것입니다,
- 관리도는 생산공정으로부터 정기적으로 표본을 추출하여 얻은 자료치를 점으로 찍어가면서 이 점들의 위치 또는 움직임의 양상에 따라 공정의 이상 유무를 판단하는 통계적 품질 관리 기법을 말합니다.
- 관리도에서 프로세스의 결과가 상한선과 하한선 사이에 있어도 프로세스의 7개 결과가 연속적으로 평균 위에 있거나 밑에 있어도 Out of control로 판단하며, 이것을 'Rule of seven'이라고 합니다.

- 실험 설계법(Design of experiments, DOE)은 개발 또는 생산 중인 제품이나 프로세스의 특정 변수에 영향을 줄 수 있는 요인들을 식별하는 데 유용한 통계학적 기법입니다.
- 품질 감사는 프로젝트 활동이 조직의 방침과 프로젝트 방침, 프로세스 및 절차들을 준수하는지 판별하기 위하여 수행하는 체계적이며 독립적인 검토 활동입니다.
- 인과관계도는 잠재적인 문제나 결과에 어떤 요인들이 영향을 미치는지의 연관성을 그림으로 표현합니다. 그림의 모양이 물고기 뼈 모양처럼 생겼다고 해서 Fishbone diagram이라고도 하고, Ishikawa diagram, why-why diagram이라고도 합니다.
- 파레토도는 발생 빈도순으로 정렬하는 특수한 형태의 히스토그램을 말합니다. 품질에서는 가장 빈도수가 많은 결함부터 수정합니다.
- 산점도는 두 개의 데이터의 관계를 문제로 하는 경우 서로 대응하는 2종류의 데이터의 상관성을 알기 위해 사용합니다.
- 검증된 인도물은 품질 표준을 맞춘 인도물이며, [범위 확인] 프로세스를 통해 고객이나 스폰서의 공식적 인수를 거치게 됩니다.
- Gold plating은 고객에게 추가 기능, 고품질의 부품, 더 나은 성과나 범위를 추가로 더 해주는 것을 말합니다.

08 이해도 테스트 문제

01 프로젝트에서 품질 관리가 필요한 이유는 무엇이며, 어떻게 품질을 관리해야 합니까?

02 프로젝트에서 품질을 관리하기 위해 필요한 3개의 프로세스와 각 프로세스의 역할은 무엇입니까?

03 COQ(Cost of quality)의 종류를 기술하고 종류별 설명 및 예시를 들어보세요.

04 관리도(Control chart)는 무엇이며, 어떻게 만들고, 어디에 사용하려고 만듭니까?

05 [품질 관리] 프로세스의 기본 흐름(투입물, 도구 및 기법, 산출물)을 적어보세요.

06 [품질 관리]에서 품질 감사(Quality audit)를 하는 이유는 무엇입니까?

07 품질 통제에 사용되는 기법에는 어떤 것들이 있습니까?

08 파레토도(Pareto diagram)는 무엇이며, 어떤 목적으로 사용합니까?

☑ 정답은 교재를 통해 직접 본인이 찾아보기 바랍니다.

08 용어의 뜻 연결하기

- Inspection
- Grade
- Mean
- Quality metrics
- Design of experiments
- Control chart
- Quality policy
- Prevention cost
- Tolerance
- Pareto diagram
- Quality audit
- Cause and effect diagram
- Scatter diagram

- 기능상 용도는 같지만, 기술적 특성은 다른 제품 또는 서비스에 지정된 범주
- 고객에게 오류가 넘어가는 것을 방지하는 것
- 생산공정으로부터 정기적으로 표본을 추출하여 얻은 자료치를 점으로 찍어가면서 이 점들의 위치 또는 움직임의 양상에 따라 공정의 이상 유무를 판단하는 통계적 품질 관리 기법
- 품질과 관련하여 수행 조직의 의도된 방향이며, 상위 경영진에 의해 승인된 것
- 관리도의 중앙선을 말하며, 프로세스의 수용 가능한 변이의 중간
- 교육, 품질 기획, 계약자에 대한 조사 등 제품의 품질 결함을 막기 위해 들어가는 비용
- 결함빈도, 실패율, 가용성, 신뢰도, 테스트 범위 등 품질의 측정 대상 및 측정 방법을 정의한 것
- 프로젝트 활동이 조직의 방침과 프로젝트 방침, 프로세스 및 절차들을 준수하는지 판별하기 위해 수행하는 활동
- 개발 또는 생산 중인 제품이나 프로세스의 특정 변수에 영향을 줄 수 있는 요인들을 식별하는 데 유용한 통계학적 기법
- 2종류의 데이터의 상관성을 알기 위해 두 변수를 가로축과 세로축에 잡아서 타점한 그림
- 결과 값을 허용할 것인가에 대한 기준
- 발생 빈도순으로 정렬하는 특수한 형태의 히스토그램
- 잠재적인 문제나 결과에 어떤 요인들이 영향을 미치는지의 연관성을 그림으로 표현한 것

08 예상 문제

01 **관리도(Control chart)에서 가운데 선은 평균(Mean)이라고 합니다. Mean은 무엇을 뜻합니까?**

A. 통제 한계(Control limits) 내의 모든 데이터 점들의 평균

B. 모든 데이터 점들의 평균

C. 통제 한계(Control limits) 밖의 모든 데이터 점들의 평균

D. Out of control의 기준

02 **품질 관리 활동에서 품질 보증(Quality assurance)활동은 중요합니다. 그 이유는 무엇입니까?**

A. 품질 프로세스들이 제대로 수행되고 있는지 확인하기 위해서

B. 프로젝트의 인도물이 품질 표준을 맞추는지 확인하기 위해서

C. 리스크를 정확한 시점에서 발견하기 위해서

D. 품질 비용이 계획보다 더 많이 사용되는 것을 막기 위해서

03 **다음 품질 비용(Cost of quality) 중에서 예방 비용(Prevent cost)에 해당하는 것은 무엇입니까?**

A. 감리 비용

B. 완제품 검사 비용

C. 반품 비용

D. 임직원 교육 비용

04 **품질 비용(Cost of quality)이란 적정 수준의 품질을 확보하기 위해 수행되는 활동에 투입된 비용으로 품질 활동으로 발생하는 비용입니다. 다음 중 품질 비용에 속하지 않는 것은 무엇입니까?**

A. 예방 비용(Prevent cost)

B. 통제 비용(Control cost)

C. 평가 비용(Appraisal cost)

D. 실패 비용(Failure cost)

05 **프로젝트 팀이 품질 통제 활동을 하던 도중에 한 인도물에 대한 결함을 발견했고, 결함을 원인을 찾기 위해 결함의 원인이 될 수 있는 것들을 모두 도출하여 그림으로 그리고 있습니다. 결함을 적은 후 선을 긋고 관련된 원인을 연결하는 것은 다음 중 어떤 도구를 사용하고 있는 것입니까?**

A. 물고기뼈 도표(Fishbone diagram)

B. 파레토도(Pareto diagram)

C. 관리도(Control chart)

D. 실험설계법(Design of experiments)

06 **품질 통제는 특정 프로젝트 결과가 관련 품질 표준에 부합하는지 감시하는 활동이 포함됩니다. 품질 통제의 산출물들을 평가하기 위해 프로젝트 팀은 어떤 지식을 확실히 알고 있어야 합니까?**

A. 예방과 검사(Prevention and inspection)

B. 표본추출과 확률(Sampling and probability)

C. 특수원인과 무작위적 원인(Special causes and random causes)

D. 허용오차와 통제한계(Tolerances and control limits)

07 **당신은 현재 가스정제 공장을 건설하고 있습니다. 건설이 완료된 후 많은 결함이 있음을 알게 되었고, 당신의 기술자들은 결함의 원인을 식별하고 있습니다. 지금 당신은 어떤 프로세스를 수행하고 있습니까?**

A. 품질 관리 계획수립(Plan Quality Management)

B. 품질 관리(Manage Quality)

C. 품질 통제(Control Quality)

D. 품질 보증(Quality Assurance)

08 **당신은 자동차 엔진 부품을 제조하는 회사의 프로젝트 관리자입니다. 며칠 전에 부품에서 많은 결함이 발견되어서 당신은 제조 공정상에 비정상적인 사건이 언제 발생하는지 찾아서 수정하길 원합니다. 이러한 목적에서 무엇을 사용해야 합니까?**

A. 검사(Inspection)

B. 파레토도(Pareto diagram)

C. 통계적 표본추출(Statistical sampling)

D. 관리도(Control charts)

09 **프로젝트를 수행하던 도중 여러 가지 품질에 대한 문제들이 발생하여 문제를 해결하기 위해 히스토그램을 작성해봤습니다. 히스토그램을 문제의 발생의 순서대로 정렬하여 파레토도(Pareto diagram)를 만들었는데 파레토도는 무엇을 위해 사용됩니까?**

A. 가장 핵심 이슈에 초점을 맞추기 위해

B. 위험을 정량화하기 위해

C. 미래의 문제를 예측하기 위해

D. 위험 관리를 향상하기 위해

10 프로젝트 실행 중에 프로젝트 팀원이 그녀의 관찰로부터 프로젝트의 인도물이 품질 표준을 맞추지 못할 것이라는 의견을 PM에게 알렸습니다. PM은 모든 부분을 계획에 맞추기 위해 걱정되는 상황을 분석하고 있습니다. 프로젝트 관리자는 현재 어떤 품질 관리 프로세스를 수행하고 있습니까?

A. 품질 분석(Quality Analysis)

B. 품질 관리(Manage Quality)

C. 품질 통제(Control Quality)

D. 품질 관리 계획수립(Plan Quality Management)

11 품질에 대한 기획을 한 후에 제품을 테스트하는 동안 일련의 단계를 수행했는지 검증하기 위한 체계적인 도구를 만들었습니다. 이것을 무엇이라 합니까?

A. 점검목록(Checklist)

B. 운영상의 정의(Operational definition)

C. 품질 관리 계획서(Quality management plan)

D. 실험 설계법(Design of experiment)

12 품질은 왜 검사되어서는 안 되고 계획되어야 합니까?

A. 품질은 감소시키고 비용을 절감하기 때문에

B. 품질은 향상시키고 비용이 증가하기 때문에

C. 품질은 감소시키고 비용이 증가하기 때문에

D. 품질은 향상시키고 비용을 절감하기 때문에

13 프로젝트 관리팀이 수행해야 하는 내용으로써 품질에 관련한 최고 경영진에서 공식적으로 승인한 전반적인 의도 및 방향은 어디에 포함되어 있습니까?

A. 운영상의 정의(Operational definitions)

B. 품질 관리 계획서(Quality management plan)

C. 점검목록(Checklists)

D. 품질 정책(Quality policy)

14 **프로젝트 관리자가 프로젝트에서 인도물의 품질을 평가하길 원합니다. 그래서 그는 생산된 탁자의 각 높이를 측정하려고 했는데 모든 탁자의 높이를 측정하기에는 비용이 많이 듭니다. 이런 경우 어떤 방법을 사용하는 것이 가장 좋습니까?**

A. 벤치마킹(Benchmarking)
B. 표본추출(Sampling)
C. 관리도(Control chart)
D. 파레토도(Pareto diagram)

15 **다음 중 품질(Quality)과 등급(Grade)에 대해서 올바르게 설명한 것은 무엇입니까?**

A. 품질은 기본 특성이 요구사항을 충족하는 정도이고, 등급은 기능상 용도는 같지만, 기술적 특성은 다른 제품 또는 서비스에 지정된 범주를 말한다.
B. 품질은 기능상 용도는 같지만, 기술적 특성은 다른 제품 또는 서비스에 지정된 범주이고, 등급은 기본 특성이 요구사항을 충족하는 정도를 말한다.
C. 등급이 낮은 것은 항상 문제이다.
D. 품질이 낮은 것은 문제가 안 될 수 있다.

16 **다음 품질 학자 중에서 품질 관리에 사용되고 카이젠(Improvement)과도 관련된 PDCA Cycle을 정리하고 발전시킨 사람은 누구입니까?**

A. J.M Juran
B. W. Edward Deming
C. Philip B. Crosby
D. Walter A. Shewhart

17 **현대에 들어와 품질은 다양한 관점에서 접근되고 있습니다. 제품의 품질에 대해 고객이 만족하려면 반드시 두 가지가 모두 충족되어야만 합니다. 두 가지는 무엇입니까?**

A. 요구사항에 부합과 사용에 적합
B. 요구사항에 부합과 기능의 다양성
C. 기능의 다양성과 사용에 적합
D. 낮은 가격과 기능의 다양성

18 **다음 중 품질에 대해 가장 맞게 설명한 것은 무엇입니까?**

A. 프로젝트에 품질을 구현하기 위해서는 더 큰 비용이 들게 된다.
B. 프로젝트의 프로세스 품질을 높이면 비용이 적게 들게 된다.
C. 품질은 예방 중심으로 해야 한다.
D. 품질은 검사 중심으로 해야 한다.

19 **품질 관리 계획서(Quality management plan)와 품질 매트릭스(Quality metrics)는 어떤 프로세스에 투입됩니까?**

A. 품질 관리와 품질 통제
B. 품질 관리
C. 품질 통제
D. 품질 관리와 성과 보고

20 **당신의 팀원이 품질 관리 계획수립 활동을 하면서 품질 요구사항을 식별하고 있습니다. 주요 이해관계자로부터 품질 요구사항을 식별하였고, 프로젝트에 관련된 정부 당국의 규정과 산업분야의 규정도 확인했습니다. 그러고 나서 상위 경영진에 의해 승인된 우리 회사의 품질에 대한 의도된 방향을 확인하려고 합니다. 당신은 프로젝트 관리자로서 팀원에게 무엇을 확인하면 된다고 알려줄 수 있습니까?**

A. Quality checklist
B. Quality metrics
C. Quality policy
D. Quality guideline

21 **다음 그림에서 동그라미 친 부분은 무엇을 뜻합니까?**

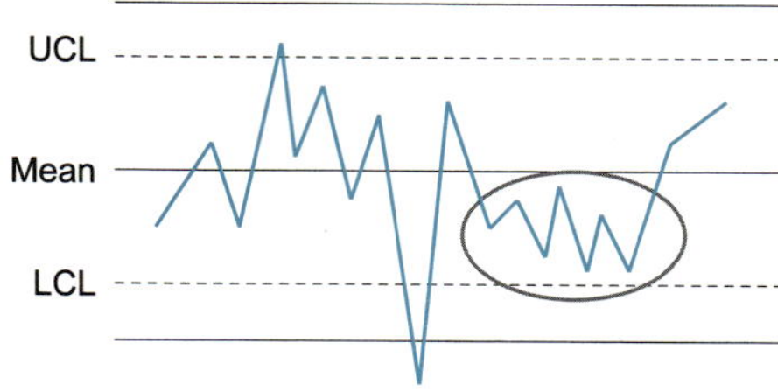

A. The rule of seven
B. In control data point
C. Out of control data point
D. Standard deviation

22 **개발 또는 생산 중인 제품이나 프로세스의 특정 변수에 영향을 줄 수 있는 요인들을 식별하는 데 유용한 통계학적 기법을 무엇이라고 합니까?**

A. 통계적 표본 추출(Statistical sampling)
B. 실험 설계법(Design of experiments)
C. 관리도(Control chart)
D. 흐름도(Flowcharting)

23 **당신은 프로젝트를 수행하는 동안 프로젝트 활동이 조직의 방침과 프로젝트 방침, 프로세스 및 절차들을 준수하는지 판별하기 위하여 팀원과 같이 체계적이며 독립적으로 검토 활동을 수행하고 있습니다. 활동의 수행 결과로 비효율적이고 비효과적인 프로세스를 식별하게 되었고, 프로세스를 개선하려고 합니다. 당신과 팀원은 어떤 활동을 하고 있습니까?**

A. 품질 감사(Quality audits)
B. 프로세스 분석(Process analysis)
C. 런차트 분석(Run chart analysis)
D. 산점도 분석(Scatter diagram analysis)

24 **프로젝트를 실행하는 동안에 산출된 인도물이 정해진 기준에 부합하는지에 대한 여부를 결정하기 위한 전수검사를 하기 어려워 표본추출을 하려고 합니다. 정해진 기준에 부합하면 합격, 그렇지 않으면 불합격 판단을 하게 됩니다. 당신은 어떤 표본추출 방법을 사용하고 있습니까?**

A. 속성 표본추출(Attribute sampling)
B. 변수 표본추출(Variables sampling)
C. 허용 표본 추출(Tolerances sampling)
D. 기준 표본 추출(Baseline sampling)

25 **당신은 현재 프로젝트 일정이 계획된 일정으로부터 얼마나 지연 또는 앞서고 있는지 확인하려고 합니다. 허용할 수 있는 한계를 벗어나지 않았으면 특별히 일정에 대해 조치하지 않을 생각입니다. 일정 관리의 정상 여부를 판단하기 위해 관리도(Control chart)를 사용하였고, 관리의 결과를 알기 위해 일정 성과 결과 값을 팀원에게 요청하였습니다. 당신이 팀원으로부터 받아야 하는 자료는 무엇입니까?**

A. 작업 성과 데이터(Work performance data)
B. 품질 통제 측정치(Quality control measurements)
C. 작업 성과 정보(Work performance information)
D. 작업 기술서(Statement of Work)

26 **프로젝트를 수행하던 도중에 중요 인도물에 중대한 결함이 발견되었습니다. 이 결함으로 인해 프로젝트를 일시적으로 중단하였고, 당신은 결함의 원인을 식별하기 위해 팀 회의를 소집했습니다. 팀원들은 결함을 빨리 찾고 싶어 합니다. 다음 기법 중 결함의 원인을 식별하는 데 사용할 수 없는 기법은 무엇입니까?**

A. Ishikawa diagram
B. Cause and effect diagram
C. Flowcharting
D. SWOT analysis

27 **프로젝트의 실행 단계에서 작업을 수행한 결과 다행히 인도물에 대한 심각한 결함은 나오지 않았습니다. 여러 사소한 결함들이 있지만 프로젝트에는 큰 영향을 주지 않을 것으로 판단됩니다. 그렇더라도 결함을 그냥 둘 수는 없으므로 여러 결함을 고치려고 합니다. 현 상황에서 어떤 도구를 사용하는 것이 가장 효과적이겠습니까?**

A. Cause and effect diagram
B. Flowcharting
C. Pareto chart
D. Control chart

28 **당신은 인도물에 대한 품질 결과를 확인하던 도중에 결함을 발견했습니다. 여러 변수가 이 인도물의 결함에 관련되었을 것으로 생각했는데, 여러 변수의 상관성을 알지 못하면 결함의 원인을 찾기가 어려울 것으로 보입니다. 현 상황에서 어떤 도구를 사용하는 것이 가장 좋겠습니까?**

A. Flowcharting
B. Pareto chart
C. Control chart
D. Scatter diagram

29 **품질은 요구사항에 부합하고 사용에 적합해야 합니다. 또한 프로젝트 기획, 원가, 일정 등에서 품질을 같이 고려해야 합니다. 이렇게 품질을 기획, 원가, 일정 등에서 고려하는 이유는 무엇입니까?**

A. 품질은 검사 중심이기 때문에.
B. 품질은 예방 중심이기 때문에.
C. 프로젝트에 품질을 높이는 데 더 많은 돈이 들 것이므로.
D. 품질은 100% 달성하는 것이 불가능 하기 때문에.

30 **[품질 통제] 프로세스는 인도물의 결함을 식별하기 위해 프로젝트 산출물에 대한 테스트를 수행합니다. 테스트에 대한 방법과 테스트를 통과하기 위한 기준을 미리 준비해야 하는데, 테스트에 대한 준비는 언제 합니까?**

A. 품질 관리 계획수립에서
B. 품질 관리 프로세스를 수행하는 동안에
C. 품질 통제 프로세스 초기에
D. 프로젝트 착수에서

08 예상 문제 해설

01 정답 B. 관리도의 평균선(Mean)은 모든 데이터의 평균값을 의미합니다.

02 정답 A. 프로젝트의 프로세스들이 제대로 수행되고 있는지 확인하는 것이 품질 감사 활동입니다. 품질 감사는 [품질 관리]에서 합니다.

03 정답 D. 교육 비용은 품질 결함을 예방하기 위해 사용되는 비용입니다.

04 정답 B. 품질 비용에는 예방 비용, 평가 비용, 실패 비용(내부 및 외부)이 있습니다.

05 정답 A. Fishbone diagram은 Cause and effect diagram, Ishikawa diagram이라고도 불리며, 문제의 잠재적 원인을 모두 식별하여 연결한 후 문제의 원인을 파악하는 용도로 사용됩니다.

06 정답 B. 프로젝트 관리팀은 결과를 모두 다 확인하기 어렵기 때문에 품질 통제(QC) 결과를 평가하는 데 유용한 통계적 품질 통제 업무 지식, 특히 표본추출(Sampling)과 확률 등을 파악하고 있어야 합니다.

07 정답 C. 품질의 결함을 식별하고 원인을 찾는 것은 품질 통제 프로세스의 활동입니다.

08 정답 D. 관리도는 프로세스가 안정적인지 또는 예상 가능한 성과를 갖는지 여부를 결정하는 데 사용됩니다. 비정상적인 사건은 Out of control로 판단될 것이며, 관리도에서 Control limit를 초과하여 표현될 것입니다.

09 정답 A. 파레토도는 발생 빈도순으로 정렬하는 특수한 형태의 히스토그램으로, 정렬 순서는 시정 조치의 지침이 됩니다. 가장 결함의 빈도가 높은 것부터 조치해야 합니다.

10 정답 B. 실행에서 프로세스를 관리하는 것은 품질 관리의 역할입니다.

11 정답 A. 점검목록은 필요한 일련의 단계를 수행했는지 검증하는 데 사용되는 체계적인 도구를 말합니다.

12 정답 D. 검사 비용보다 예방 비용이 일반적으로 더 낮습니다.

13 정답 D. 최고 경영진에서 공식적으로 승인하는 품질 정책(Quality policy)은 수행 조직이 품질과 관련하여 따를 지침입니다.

14 정답 B. 표본추출은 결과를 빠르게 그리고 적은 비용으로 확인이 가능합니다.

15 정답 A. 품질은 기본 특성이 요구사항을 충족하는 정도이고, 등급은 기능상 용도는 같지만, 기술적 특성은 다른 제품 또는 서비스에 지정된 범주를 말합니다.

16 정답 B. PDCA Cycle은 슈하트(W. Shewhart)가 만들었으며 슈하트 사이클이라고 불리나, 실용성이나 설득력이 떨어져 있던 것을 애드워즈 데밍(W. Edwards Deming)이 정리하여 현재 많은 부분에서 사용하고 있습니다.

17 정답 A. 고객 만족은 요구사항에 부합과 사용에 적합 둘 다 되어야 합니다.

18 정답 C. 품질은 예방 중심으로 접근해야 합니다. 결함을 고치는 비용보다 결함을 예방하는 비용이 더 낮기 때문입니다. 그리고 품질을 구현하기 위해서 꼭 돈이 더 든다고 할 수 없으며, 프로세스의 품질을 높인다고 꼭 비용이 적게 든다고 할 수 없습니다.

19 정답 A. 품질 관리 계획서(Quality management plan)과 품질 매트릭스(Quality metrics)는 [품질 관리]와 [품질 통제] 둘 다의 투입물입니다.

20 정답 C. 품질 정책(Quality policy)은 품질과 관련하여 수행 조직의 의도된 방향이며, 상위 경영진에 의해 승인된 것을 말합니다.

21 정답 A. 평균 위 또는 아래에 7개 점이 연속해서 있는 경우에도 Out of control로 보고 원인을 파악해야 합니다. 이것을 Rule of seven이라고 합니다.

22 정답 B. 개발 또는 생산 중인 제품이나 프로세스의 특정 변수에 영향을 줄 수 있는 요인들을 식별하는 데 유용한 통계학적 기법을 실험 설계법(DOE)이라고 합니다.

23 정답 A. 프로젝트 활동이 조직의 방침과 프로젝트 방침, 프로세스 및 절차들을 준수하는지 판별하기 위하여 체계적이며 독립적으로 검토 활동을 수행하는 것을 품질 감사라고 합니다.

24 정답 A. 속성에 부합하는지 여부를 기준으로 합격/불합격을 판단하는 것을 속성 표본 추출이라고 합니다.

25 정답 A. 작업 성과 데이터(Work performance data)는 [프로젝트 작업 지시 및 관리]의 산출물로서 관리의 결과를 측정하기 위한 품질 통제의 주요 투입물입니다.

26 정답 D. SWOT 분석은 결함의 원인을 식별하는 도구가 아닙니다.

27 정답 C. 20%의 원인이 80%의 문제에 영향을 준다는 파레토 법칙을 기반으로 한 파레토 차트를 통해 어떤 것부터 고쳐야 하는지 바로 식별할 수 있으며, 보통 가장 결함의 빈도가 많은 것부터 고쳐야 합니다. 일반적으로 가장 빈도수가 높은 원인이 전체의 20~30% 정도를 차지합니다.

28 정답 D. 두 변수 간의 상관성을 알기 위해 결과를 점으로 찍어서 점의 모양으로 변수의 상관성을 알 수 있습니다.

29 정답 B. 품질은 미리 기획, 원가, 일정에 반영해서 예방 중심으로 접근해야 비용 절감, 고객 만족 등의 효과를 얻을 수 있습니다.

30 정답 B. 테스트 및 평가 문서는 [품질 통제] 프로세스의 투입물이며, [품질 관리] 프로세스의 산출물입니다.

08 용어의 뜻 연결하기 **정답**

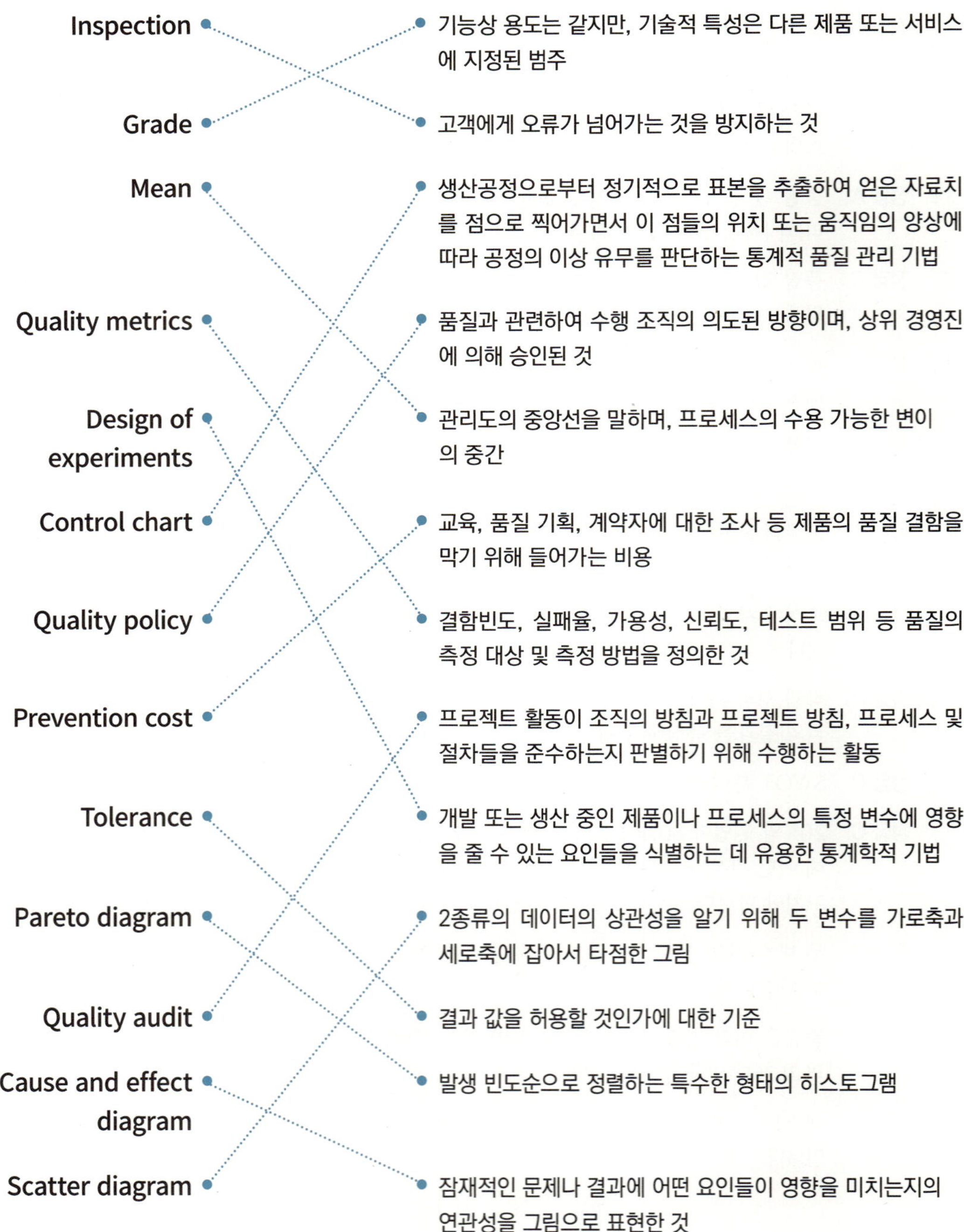

Memo

프로젝트 자원 관리
(Project Resource Management)

핵심 포인트

- 자원 관리 계획서의 포함 내용
- RAM(Responsibility assignment matrix)의 의미와 구성 내용
- 조직도(Organization chart, OBS)의 작성 이유
- 팀원 확보 방법
- 팀 개발 5단계의 순서와 의미
- 갈등의 요인과 갈등 해결기법: Problem solve, Compromise, Withdraw, Smooth, Force
- Arbitration(중재)의 의미
- Perquisite(Perk)와 Fringe benefit의 의미
- Halo effect의 의미
- Co-location의 뜻
- 여러 가지 동기부여 이론의 이해: Maslow's hierarchy of needs, Expectancy theory, McGregor's X & Y, Herzberg's theory, McClelland's theory of needs, William Ouchi's Z theory
- 호프스테드(Geert Hofstede)의 문화비교이론

09 프로젝트 자원 관리 (Project Resource Management)

시작하기에 앞서…

프로젝트의 자원은 인적 자원과 물적 자원 두 가지가 있습니다. 프로젝트 관리자가 관리하는 인적 자원은 주로 누구를 뜻할까요? 프로젝트 관리자가 관리해야 할 인적 자원은 바로 **프로젝트 팀**을 말합니다. 프로젝트를 수행할 때 인적 자원 외에 재료나 장비 같은 물적 자원도 필요합니다. 이러한 자원을 식별, 확보, 관리해야 프로젝트를 수행할 수 있습니다. 9장은 인적 자원과 물적 자원을 관리하는 내용을 다룹니다.

프로젝트에서 팀 관리가 왜 필요할까요? 만약 프로젝트 관리자가 팀을 관리하지 않으면 어떻게 될까요? 프로젝트 관리자가 팀을 관리하지 않고 방치하면 프로젝트 성과는 떨어질 가능성이 높습니다. 적정한 수준의 성과를 유지하거나 성과를 향상하기 위해서는 팀 관리가 필요합니다. 그래서 팀원의 역할과 책임(Roles and responsibilities)을 정의하고, 필요한 시점에 프로젝트 팀을 확보하고 확보한 팀원의 역량을 개발하고 팀워크를 관리하는 내용 등도 9장에서 다루고 있습니다. 또한 프로젝트의 팀원은 프로젝트 진행에 따라 팀원의 수나 유형이 변하게 되므로 이에 대한 체계적인 팀 관리 계획도 수립해야 합니다.

기획에서 자원 관리에 대한 방법을 준비하고, 필요한 자원을 산정합니다. 실행하면서 계획한 대로 자원을 확보하고 그중 인적 자원인 팀을 개발하고 관리합니다. 배정된 물적 자원이 예정대로 투입되도록 하고 계획과 차이나는 부분은 계획대로 자원이 투입되도록 통제합니다. 그래서 자원 관리 프로세스는 기획 프로세스 2개와 실행 프로세스 3개, 통제 프로세스 1개로 구성되어 있습니다.

특히 9장은 **프로젝트 관리자의 Power, 동기부여 이론, Halo effect 같은 *PMBOK® Guide*에서 다루지 않는 내용도 시험에 출제**되므로 관련 내용을 추가로 잘 알아야 합니다. **프로젝트 관리**

자는 프로젝트 팀원 전체가 윤리적 행동(Ethical behavior) 규범을 숙지하고, 동의하며, 준수하고 있는지 주기적으로 확인해야 합니다.

그동안 자원의 낭비를 막고 자원을 효과적으로 관리하기 위해 린(lean) 관리, 적시(JIT, Just-in-time) 제조, 카이젠(Kaizen), 전사적 생산설비 보전(TPM, Total productive maintenance), 제약 이론(TOC, Theory of constraints) 등 여러 자원 관리 방법들이 생겼습니다.

핵심 용어

JIT(Just-in-time)

Just-in-time은 원재료에 대한 **재고를 '0'으로 관리**하자는 생산 전략입니다. JIT는 적량의 적정 부품을 적시, 적소에 제공함으로써(Right quantity, Right part, Right time, Right place) 생산활동에서 가치를 부가하지 않는 모든 낭비의 근원을 제거하고자 하는 전반적 기업차원에서의 접근법입니다. JIT는 일본 도요타 자동차회사의 다이치 오노에 의해 개발되어 자동차 및 전자산업을 중심으로 보편화되었는데, JIT는 3M(Man, Machine, Material)을 적절하게 조정 및 통합함으로써 5P(Product, Production, Promotion, People, Profit)를 성공적으로 실현하고 불필요한 낭비를 제거하여 리드타임을 단축하고 신축성을 향상시키는 것을 목표로 하고 있습니다.

[표 9-1] 자원 관리 프로세스

프로세스 그룹	프로세스
Planning	9.1 자원 관리 계획수립(Plan Resource Management) 9.2 활동 자원 산정(Estimate Activity Resources)
Executing	9.3 자원 확보(Acquire Resources) 9.4 팀 개발(Develop Team) 9.5 팀 관리(Manage Team)
Monitoring and controlling	9.6 자원 통제(Control Resources)

9장 자원 관리의 6개 프로세스는 다음과 같습니다.

9.1 자원 관리 계획수립(Plan Resource Management) – 프로젝트 수행에 필요한 인적 자원과 물적 자원을 산정, 확보, 관리, 활용하는 방법을 결정합니다. 인적 자원인 팀에 대한 준비는 역할과 책임의 정의, 요구되는 기량의 식별, 보고 관계의 수립, 팀 관리 계획서를 준비

합니다.

9.2 활동 자원 산정(Estimate Activity Resources) – 프로젝트 활동 수행에 필요한 자재, 장비, 보급품의 종류 및 수량과 팀 자원을 산정합니다.

9.3 자원 확보(Acquire Resources) – 실행하면서 필요한 자원을 확보하여 프로젝트에 배정합니다.

9.4 팀 개발(Develop Team) – 프로젝트 성과 향상을 위해 개인 역량 향상, 팀의 결속 향상, 전반적 팀 분위기를 향상시킵니다

9.5 팀 관리(Manage Team) – 프로젝트 성과를 최적화하기 위해 팀원의 성과를 추적하고, 피드백을 제공하고, 이슈를 해결하고, 변경을 관리합니다.

9.6 자원 통제(Control Resources) – 프로젝트에 배정된 물적 자원을 계획대로 사용할 수 있는지 확인하고 계획대비 실제 자원 사용을 감시하며 필요에 따라 시정조치를 수행합니다.

[표 9-2] 자원 관리 프로세스의 주요 투입물과 산출물

주요 투입물	자원 관리 프로세스	주요 산출물
품질 관리 계획서 범위 기준선 프로젝트 일정 요구사항 문서 리스크 관리대장 이해관계자 관리대장	**9.1 자원 관리 계획수립**	자원 관리 계획서 팀 헌장
자원 관리 계획서 범위 기준선 활동 목록 활동 속성 원가 산정치 자원 달력 리스크 관리대장	**9.2 활동 자원 산정**	자원 요구사항 산정 기준서 자원분류체계

자원 관리 계획서 조달 관리 계획서 원가 기준선 프로젝트 일정 자원 달력 자원 요구사항 이해관계자 관리대장	**9.3 자원 확보**	물적 자원 배정표 프로젝트 팀 배정표 자원 달력
자원 관리 계획서 프로젝트 일정 프로젝트 팀 배정표 자원 달력 팀 헌장	**9.4 팀 개발**	팀 성과 평가서
자원 관리 계획서 프로젝트 팀 배정표 팀 성과 평가서 작업 성과 보고서	**9.5 팀 관리**	변경 요청
자원 관리 계획서 물적 자원 배정표 프로젝트 일정 자원 요구사항 리스크 관리 대장 작업 성과 데이터 협약	**9.6 자원 통제**	작업 성과 정보 변경 요청

9.1 자원 관리 계획수립(Plan Resource Management)

[자원 관리 계획수립] 프로세스는 자원 관리 계획서를 개발하므로 당연히 기획 프로세스 그룹에 속합니다. 항상 대부분 관리 영역의 시작은 기획 프로세스로 시작합니다. 준비부터 하고 실행에 들어가야 합니다. [자원 관리 계획수립]은 앞으로 인적 자원과 물적 자원을 어떻게 관리할 것인지에 대한 방법을 준비하는 프로세스입니다.

[표 9-3] 자원 관리 계획수립의 ITTO

자원 관리 계획수립(Plan Resource Management)		
지식영역: 자원 관리(Resource management)	프로세스 그룹: 기획(Planning)	
투입물	**도구 및 기법**	**산출물**
1. 프로젝트 헌장 2. 프로젝트 관리 계획서 • 품질 관리 계획서 • 범위 기준선 3. 프로젝트 문서 • 프로젝트 일정 • 요구사항 문서 • 리스크 관리대장 • 이해관계자 관리대장 4. 기업 환경 요인 5. 조직 프로세스 자산	1. 전문가 판단 2. 데이터 표현 • 계층구조형 도표 • 책임 배정 매트릭스 • 텍스트 기반 도표 3. 조직론 4. 회의	1. 자원 관리 계획서 2. 팀 헌장 3. 프로젝트 문서 업데이트 • 가정사항 기록부 • 리스크 관리대장

[표 9-3]은 [자원 관리 계획수립] 프로세스의 Inputs, Tools and Techniques, Outputs 입니다. 범위 달성과 품질 관리에 필요한 자원을 요구사항에 맞게 결정합니다. 팀을 구성하기 위해 지위를 결정하고 조직도를 만들며, 각 팀원에 대한 역할 및 책임을 문서화하고 프로젝트 참여 인력에 대한 관리 계획도 수립하여 자원 관리 계획서를 개발합니다.

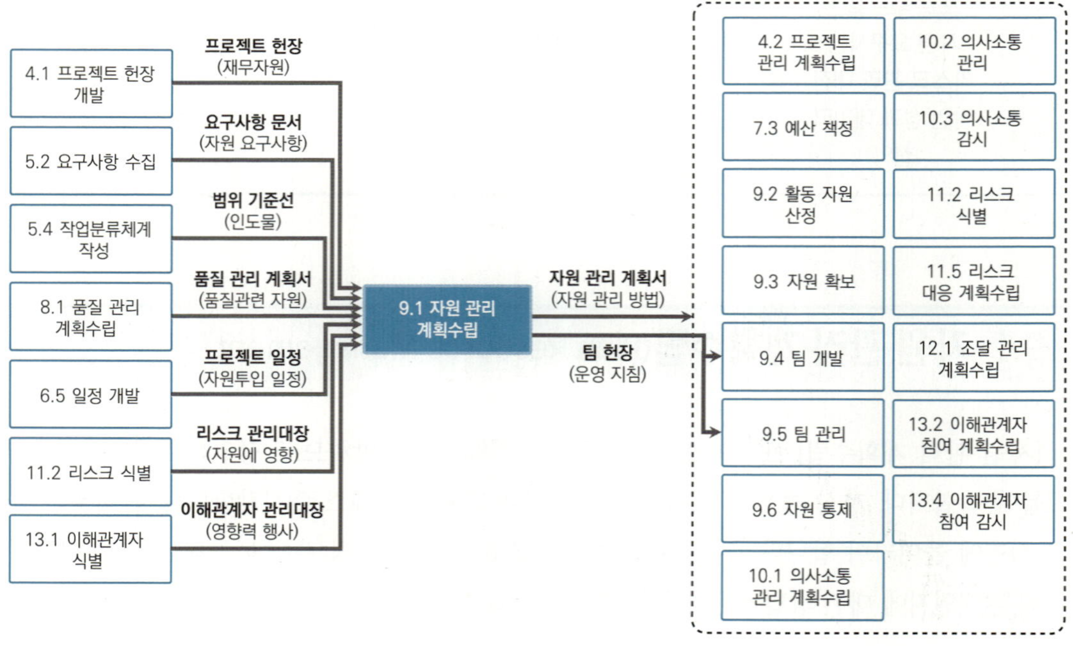

[그림 9-1] 자원 관리 계획수립의 주요 흐름

[그림 9-1]은 [자원 관리 계획수립]의 주요 흐름을 표현합니다. 자원 요구사항을 기반으로 사람, 장비, 재료 자원에 대한 준비를 해서 자원 관리 계획서를 개발합니다.

[표 9-4] 자원 관리 계획수립 산출물의 투입 이유

자원 관리 계획서 투입 프로세스	투입 이유
4.2 프로젝트 관리 계획수립	자원 관리 계획서를 프로젝트 관리 계획서에 통합하기 위해서.
7.3 예산 책정	자원의 단가 정보, 출장비, 기타 자원 관련 비용을 예산 책정에 사용하기 위해서.
9.2 활동 자원 산정	자원 관리 계획서에 따라서 자원의 유형과 수량을 산정하기 위해서.
9.3 자원 확보	자원 관리 계획서에 따라서 자원을 확보하기 위해서.
9.4 팀 개발	자원 관리 계획서에 따라서 팀을 개발하기 위해서.
9.5 팀 관리	자원 관리 계획서에 따라서 팀을 관리하기 위해서.
9.6 자원 통제	자원 관리 계획서에 따라서 자원을 통제하기 위해서.
10.1 의사소통 관리 계획수립	인적 자원에 대한 의사소통 요구사항을 고려하기 위해서.
10.2 의사소통 관리	자원 관리에 필요한 의사소통을 고려하기 위해서.
10.3 의사소통 감시	자원 관리 계획서에 포함된 내용은 의사소통 관련 변경 사항을 이해하는 데 도움이 되므로.
11.2 리스크 식별	자원 관리 계획서에 포함된 불확실성으로부터 리스크를 식별하기 위해서.
11.5 리스크 대응 계획수립	리스크 대응에 배정된 자원을 다른 프로젝트 자원과 조율하는 데 도움이 되기 때문에.
12.1 조달 관리 계획수립	구매할 자원이나 임대할 자원에 대한 정보가 포함되어 있어서.
13.2 이해관계자 참여 계획수립	자원 관리 계획서에 포함된 팀원의 역할과 책임에 대한 정보를 참고하기 위해서.
13.4 이해관계자 참여 감시	자원 관리 계획서에는 이해관계자 중 팀원 관리 방법이 포함되어 있기 때문에.
팀 헌장 투입 프로세스	**투입 이유**
9.4 팀 개발	팀 가치 및 운영 지침을 기반으로 팀을 개발하기 위해서.
9.5 팀 관리	갈등이 발생할 경우 팀 헌장에 포함된 갈등 해결 방법에 대한 지침을 기반으로 갈등을 해결하기 위해서.

9.1.1 자원 관리 계획수립: 투입물

[자원 관리 계획수립]은 팀 자원과 물적 자원을 앞으로 어떻게 산정, 확보, 관리, 활용할 것인지 방법을 결정하는 프로세스이므로 자원에 관련된 내용이 투입물로 사용됩니다.

9.1.1.1 프로젝트 헌장(Project charter)

자원은 돈과 밀접한 관계가 있습니다. 돈이 부족하면 자원을 마음대로 사용할 수 없기 때문에 자원 관리는 돈의 영향을 많이 받습니다. 프로젝트 헌장에는 사전 승인된 재무자원이 포함되어 있는데, 이는 자원 관리에 영향을 미치기 때문에 고려할 필요가 있습니다.

9.1.1.2 프로젝트 관리 계획서(Project management plan)

자원 관리와 밀접한 품질 관리 계획서와 범위 기준선을 투입물로 사용합니다.

◆ 품질 관리 계획서(Quality management plan)

품질 매트릭스를 맞추려면 적정한 수준의 자원이 필요합니다. 품질 관리 계획서의 내용을 기반으로 품질 기준을 맞추기 위해 어떤 수준의 자원이 필요한지 결정할 수 있습니다.

◆ 범위 기준선(Scope baseline)

범위 기준선에 포함된 인도물을 생성하려면 자원이 필요합니다. 각 인도물을 생성하기 위해 필요한 자원의 종류와 수량을 결정하는 방법을 정할 때 어떤 인도물들을 생성해야 하는지 알아야 합니다.

9.1.1.3 프로젝트 문서(Project documents)

요구사항 문서, 프로젝트 일정, 리스크 관리대장, 이해관계자 관리대장 등 자원 관리 방법을 결정하는 데 영향을 주는 문서들을 투입물로 사용합니다.

◆ 프로젝트 일정(Project schedule)

프로젝트 일정에는 활동이 포함되어 있고 활동을 수행하려면 자원이 필요합니다. 일정은 프로젝트 자원이 언제 필요한지 알 수 있습니다. 자원 관리 계획을 수립할 때 자원의 투입 일정을 고려하기 위해서 프로젝트 일정을 투입물로 사용합니다.

◆ 요구사항 문서(Requirements documentation)

요구사항 문서에는 다양한 요구사항들이 들어가 있는데, 그중에 자원에 대한 요구사항도 포함되어 있습니다. 프로젝트에 필요한 자원의 유형과 수량에 대한 정보는 자원 관리 방법에 영향을 줄 수 있으므로 고려해야 합니다.

◆ 리스크 관리대장(Risk register)

리스크가 발생할 경우 자원에 영향을 미칠 수 있습니다. 그래서 자원 관리 방법을 결정할 때 리스크 관리대장에 포함된 리스크를 고려할 필요가 있습니다.

◆ 이해관계자 관리대장(Stakeholder register)

이해관계자중에 영향력이 큰 이해관계자는 자원에 대해 특정 자원을 사용해달라고 영향력을 행사할 수 있습니다. 어떤 이해관계자가 자원에 대해 영향력을 행사할 수 있는지 고려하면 자원 관리에 도움이 될 수 있습니다.

9.1.1.4 기업 환경 요인(Enterprise environmental factors)

우리 회사의 구조, 자원의 역량과 가용성, 자원의 지리적 분포, 시장 여건은 자원 관리 방법에 영향을 줄 수 있으므로 고려합니다.

9.1.1.5 조직 프로세스 자산(Organizational process assets)

프로젝트는 조직 안에서 수행되므로 조직의 자원에 대한 정책은 따라야 하며, 기타 안전 정책, 보안 정책, 정해진 자원 관리 양식 등도 자원 관리 계획을 수립하는 동안에 적용해야 합니다.

9.1.2 자원 관리 계획수립: 도구 및 기법

자원 관리 방법을 결정할 때 인적 자원에 대해서는 개인 및 그룹별 역할과 책임을 명확히 정의해야 합니다. 팀원의 역할과 책임이 명확하지 않으면 프로젝트 실행에서 문제와 혼란을 갖고 올 수 있습니다. 또한, 팀원 간의 보고 관계도 정해야 합니다. 팀의 보고 관계를 알 수 있는 것은 조직도입니다. 필요하다면 각 팀원별로 역할, 책임, 권한 등을 상세히 문서화할 필요도 있습니다. 주로 인적 자원에 대한 기법들이 사용됩니다.

9.1.2.1 전문가 판단(Expert judgment)

자원을 관리하는 것도 하나의 전문 영역입니다. 자원 관리 계획서를 수립할 때 자원 관리에 대한 전문성을 가진 전문가의 도움을 받는 것은 도움이 될 수 있습니다.

9.1.2.2 데이터 표현(Data representation)

데이터 표현 기법에서는 주로 인적 자원에 대한 내용을 표현하는 기법들을 사용합니다. 각 팀원 또는 그룹별 역할과 책임을 명확하게 문서화해야 합니다. 문서화하는 방법은 다양하게 있습니다. 일반적으로 계층 구조형, 매트릭스(표)형, 텍스트형 3가지 형태를 가장 많이 사용합니다. 일부 역할과 책임은 리스크 관리 계획서, 품질 관리 계획서, 의사소통 관리 계획서에 별도로 명시될 수도 있습니다.

◆ **계층구조형 차트**(Hierarchical chart)

가장 전통적인 형태의 조직도로서 계층구조를 보면 직위와 관계를 알 수 있습니다. 계층 구조형 조직도는 팀원 간의 보고관계를 도식화한 것입니다. 조직도의 선은 수직으로 되어 있으며, 보고도 항상 수직으로 합니다. 조직을 부서나 팀 단위로 분할한 것을 OBS(Organizational breakdown structure)라고 부르며, WBS와 결합할 수 있습니다. 즉, OBS는 사람이고 WBS는 작업이므로 작업과 사람을 연결할 수 있다는 것입니다. 산정된 자원을 유형별로 분류한 것을 RBS(Resource breakdown structure)라고 하며, [활동 자원 산정]의 산출물입니다. RBS도 자원을 계층 구조형으로 표현한 것입니다.

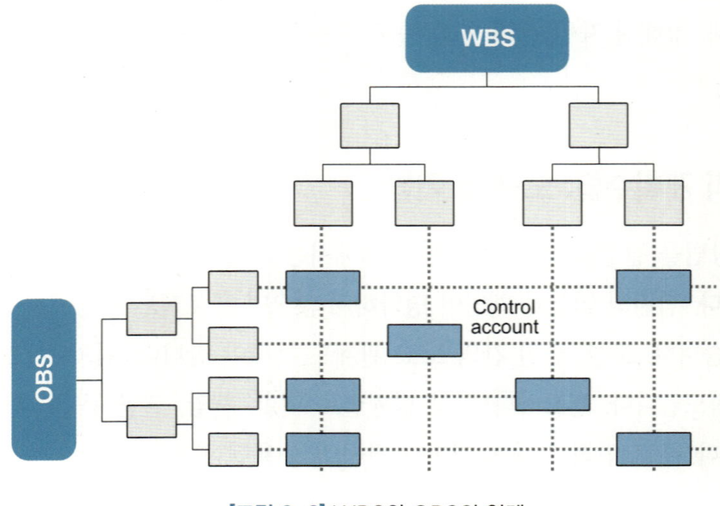

[그림 9-2] WBS와 OBS의 연계

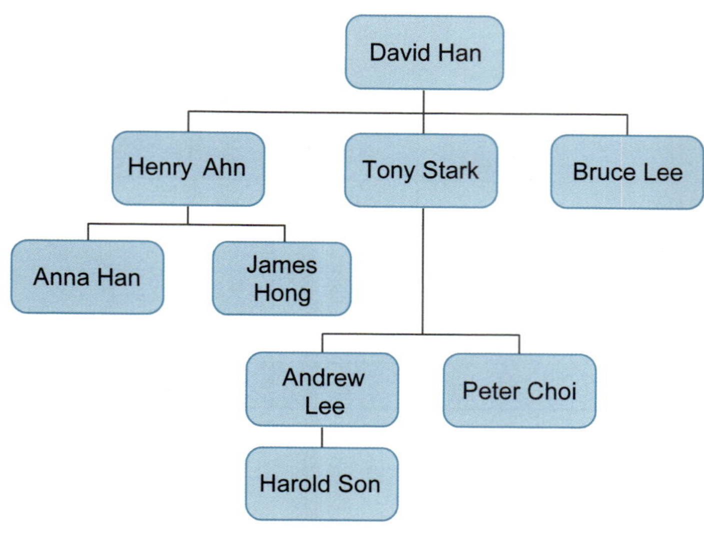

[그림 9-3] 계층 구조형 조직도의 예

◆ **책임배정매트릭스**(Responsibility assignment matrix)

Matrix는 '(숫자·기호 등을 가로, 세로로 나열해 놓은) 행렬'이라는 뜻이며 표를 말합니다. 사람과 일을 교차시키고 교차하는 부분에 역할과 책임을 표현한 것을 **RAM**이라고 부릅니다. 상위 수준(High-Level) RAM은 그룹 단위로 책임을 배정한 것을 말하며 하위 수준(Lower-level) RAM은 개인 단위로 책임을 배정한 것을 말합니다. 일반적으로 작업에 대해 수행책임(Responsible), 승인담당(Accountable), 자문담당(Consult), 정보통보(Inform)의 4가지의 책임관계를 표현하는데, 이를 **RACI Chart**라고 합니다.

[표 9-5] RACI 형식을 사용한 RAM의 예

작업	김연아	박성현	손흥민	조현우
도면 설계	R	A	C	I
도면 감수	R	I	A	C

[표 9-5]를 설명하면, 도면 설계는 김연아가 책임(Responsible)지고 일을 끝내야 합니다. 도면 설계는 손흥민으로부터 정보를 받아야 수행할 수 있으므로 김연아는 도면을 설계할 때 손흥민을 고려(Consult)해야 하고, 진행하는 과정의 결과에 대해서는 수시로 조현우에게 통보(Inform)해주어야 합니다. 최종 작업 승인은 박성현(Accountable)이 담당합니다.

또한, RAM과 아주 비슷한 것이 있는데 이를 LRC(Linear responsibility chart)라고 합니다.

[표 9-6] LRC의 예시

작업 패키지	계약 행정자	제조 관리자	재무 관리자	연구개발 관리자	마케팅 관리자
회사목표 설정	I,O	I,O	I,O	I.O	I,O
신제품 개발		I,O	I	P	I*, R
입찰전략 개발	I,O	I,O			P
년간 예산준비	I,O	I,O	P	I,O	I,O
마스터 일정 개발	N	P	N	I,N	

P-Primary responsibility, O-Output, N-Notification, R-Review, I*-Initiating, I-Input

◆ 텍스트 기반 형식(Text-oriented format)

팀원에 대한 담당업무, 역할, 책임, 권한, 역량, 자격 등을 기술한 문서로 작성합니다.

9.1.2.3 조직론(Organization theory)

서점에 가면 다양한 조직 이론에 대한 서적을 만날 수 있습니다. 인적 자원을 관리하는 방법을 정할 때 다양한 조직 이론의 도움을 받을 수 있습니다.

9.1.2.4 회의(Meetings)

자원 관리 계획서를 수립하기 위해 프로젝트 팀이 모여서 회의를 진행합니다.

9.1.3 자원 관리 계획수립: 산출물

자원을 관리하기 위한 방법이 포함된 자원 관리 계획서와 팀의 약속이나 여러 지침을 정한 팀 헌장이 주요 산출물입니다.

9.1.3.1 자원 관리 계획서(Resource management plan)

자원 관리 계획서는 프로젝트 관리 계획서의 구성요소가 되며, 향후 자원 관리의 지침으로 사용됩니다. 자원 관리 계획서는 내용에 따라 팀 관리 계획서와 물적 자원 관리 계획서로 나뉠 수 있으며, 다음과 같은 내용이 포함될 수 있습니다.

◆ **자원 식별**(Identification of resources)

자원 관리 계획서를 수립한 다음 할 일이 활동 수행에 필요한 자원을 식별하는 것입니다. 따라서 자원을 식별하고 정량화하는 방법이 자원 관리 계획서에 포함되어야 합니다.

◆ **자원 확보**(Acquiring resources)

프로젝트에 필요한 자원을 확보해서 프로젝트에 배정하는 것도 자원 관리에서 담당하므로 자원 관리 계획서에는 자원을 확보하는 방법이 포함되어야 합니다.

◆ **역할과 책임**(Roles and responsibilities)

각 프로젝트 참여 인력에 대한 역할과 책임이 정해집니다. 역할, 권한, 책임, 역량을 구분하면 다음과 같습니다.

- **역할**(Role): 프로젝트에 참여하는 개인에게 배정되거나 간주되는 기능입니다. 예를 들면, '웹 디자이너 윤승희'라고 이름 앞에 웹 디자이너라고 붙어 있으면 윤승희의 역할은 웹사이트를 디자인하는 것입니다.
- **권한**(Authority): 프로젝트 자원을 투입할 수 있는 권한, 의사결정 하는 권한, 승인에 서명하는 권한 등을 말합니다.
- **책임**(Responsibility): 보통 작업을 완료하면 책임을 완수했다고 합니다. 프로젝트의 활동을 완료하기 위하여 프로젝트 팀원에게 수행하도록 배정되는 의무와 작업이 책임입니다.
- **역량**(Competence): 프로젝트 활동을 완료하는데 필요한 기량과 능력을 말합니다. '저 사람은 역량이 충분해!'라고 말하는 것은 그 사람이 어떤 활동이나 작업을 완료하기 위해 필요한 능력을 갖추고 있다는 것을 말합니다. 개인 역량을 향상하는 가장 좋은 방법은 교육입니다.

◆ **프로젝트 조직도**(Project organization charts)

보통 조직도는 도식형태로 만들어집니다. 조직도는 팀원과 그들의 **보고 관계**를 보여줍니다. 조직도의 라인은 수직이며, 보고도 윗사람에게 보고합니다. 그리고 라인이 있는 사람에게 보고하지, 라인이 없는 사람에게 보고하지 않습니다. 그래서 조직도의 라인은 보고 관계를 표현한 것입니다.

◆ **프로젝트 팀 자원 관리**(Project team resource management)

프로젝트 팀원에 대한 관리 방법입니다. 팀원 확보 방법(내부 또는 외부), 자원 일정표(투입 시간), 책임을 완수한 후에 팀으로부터 방출하는 기준 등이 포함됩니다,

◆ **교육**(Training)

프로젝트 팀원들 중에 역량 향상이 필요한 팀원들이 있을 수 있습니다. 팀원들에게 어떤 교육을 시킬 것인지에 대한 내용이 자원 관리 계획서에 포함됩니다.

◆ **팀 개발**(Team development)

개인의 역량이 아무리 뛰어나도 팀의 결속이 깨지면 프로젝트는 성공하기 어렵습니다. 팀의 결속을 향상시키기 위한 방안이 자원 관리 계획서에 포함되고, 향후 이 방법에 따라 팀을 개발합니다.

◆ **자원 통제**(Resource control)

필요한 시점에 필요한 물적 자원이 투입되지 않으면 프로젝트를 수행할 수 없습니다. 앞으로 물적 자원을 어떻게 통제할 것인지에 대한 방법을 자원 관리 계획서에 포함시킨 후 이 방법에 따라 물적 자원을 통제합니다.

◆ **인정 계획**(Recognition plan)

사람은 대부분 자신이 한 일에 대해 인정받고 싶은 욕구가 있습니다. 프로젝트 팀원에 대한 인정과 보상에 대한 방법을 자원 관리 계획서에 포함시킨 후 계획에 따라 인정과 보상을 진행합니다.

9.1.3.2 팀 헌장(Team charter)

Charter는 사전적 의미로 '(대학기관 등에 대한 국가의) 인가서'라는 뜻도 있지만 '(조직의 원칙, 목적 등을 명시한) 헌장, 선언문'이라는 뜻이 있습니다. 따라서 팀 헌장은 팀의 원칙을 명시한 문서로 볼 수 있습니다. 이렇게 원칙을 정하는 이유는 서로의 오해를 줄이고 팀의 생산성을 높일 수 있기 때문입니다. 팀 헌장에는 팀 가치, 팀의 의사소통에 대한 지침, 의사결정 기준 및 프로세스, 갈등 해결 프로세스, 회의 지침, 팀 협약 등이 포함될 수 있습니다.

예를 들면, 회의가 있으면 회의 5분 전에 회의실에 오는 것으로 하자, 회의하는 도중에는 휴대폰을 꺼놓자 등을 원칙으로 정할 수 있습니다.

9.1.3.3 프로젝트 문서 업데이트(Project documents updates)

자원 관리 계획서를 개발하는 동안에 가정사항 기록부나 리스크 관리대장이 업데이트 될 수 있습니다.

◆ **가정사항 기록부**(Assumption log)

자원 관리 계획서를 개발하는 동안에 자원에 대한 새로운 가정사항이 식별되면 가정사항 기록부에 추가합니다.

◆ **리스크 관리대장**(Risk register)

자원 관리 계획서를 개발하는 동안에 자원에 대한 새로운 리스크 식별되면 리스크 관리대장에 추가합니다.

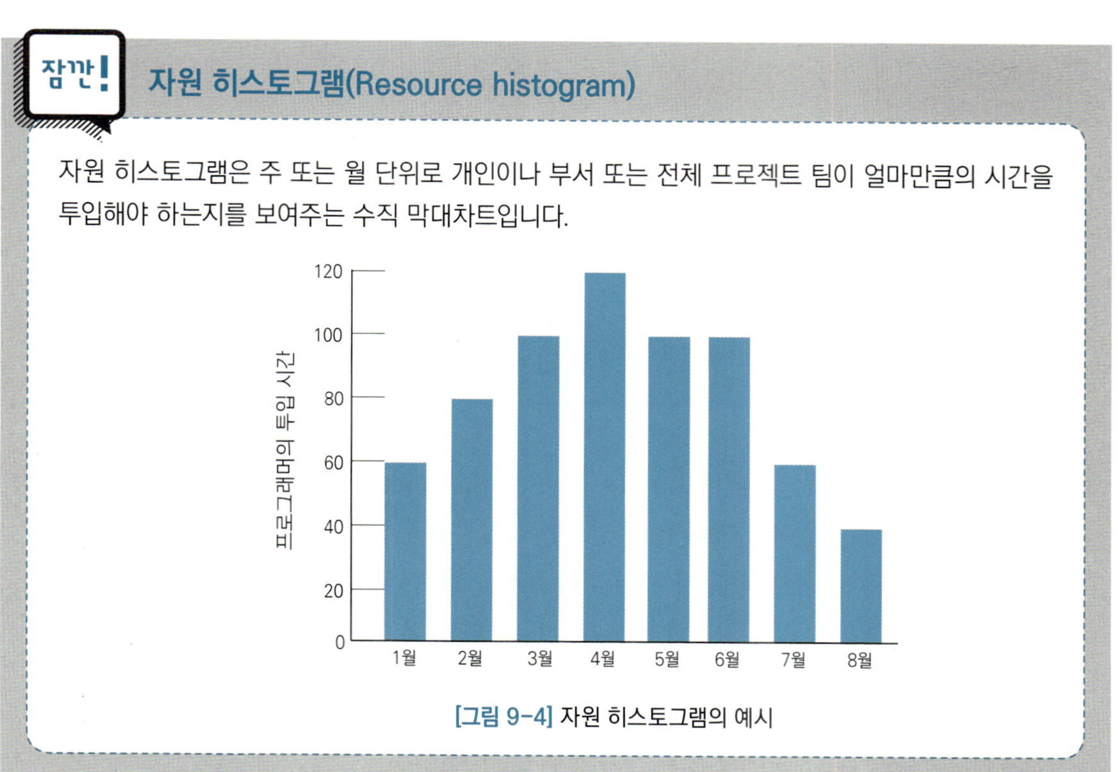

[그림 9-4] 자원 히스토그램의 예시

9.2 활동 자원 산정(Estimate Activity Resources)

활동을 수행하려면 반드시 자원이 필요합니다. [활동 자원 산정] 프로세스는 각 활동을 완료하기 위해 필요한 팀원, 장비, 재료, 공급품의 **유형과 수량을 산정**합니다. 자원은 곧 돈이므로 [원가 산정] 프로세스와 밀접하게 연관되어야 합니다. 그리고 상황에 따라 자원이 가용할 수도 있고 그렇지 않을 수도 있으므로 자원의 유형 결정 시 자원의 가용성을 알 수 있는 자원 달력(Resource calendar)을 참고합니다.

[표 9-7] 활동 자원 산정의 ITTO

활동 자원 산정(Estimate Activity Resources)		
지식영역: 자원 관리(Resource management)		프로세스 그룹: 기획(Planning)
투입물	**도구 및 기법**	**산출물**
1. 프로젝트 관리 계획서 • 자원 관리 계획서 • 범위 기준선 2. 프로젝트 문서 • 활동 속성 • 활동 목록 • 가정사항 기록부 • 원가 산정치 • 자원 달력 • 리스크 관리대장 3. 기업 환경 요인 4. 조직 프로세스 자산	1. 전문가 판단 2. 상향식 산정법 3. 유사 산정 4. 모수 산정 5. 데이터 분석 • 대안 분석 6. 프로젝트 관리 정보 시스템 7. 회의	1. 자원 요구사항 2. 산정 기준서 3. 자원분류체계(RBS) 4. 프로젝트 문서 업데이트 • 활동 속성 • 가정사항 기록부 • 교훈 관리대장

[표 9-7]은 [활동 자원 산정]의 Inputs, Tools and Techniques, Outputs입니다. 활동 목록을 보면서 어떤 자원이 얼마나 많이 필요한지 산정합니다. 자원의 가용성은 자원의 유형과 수량 결정에 영향을 주기 때문에 자원의 가용성을 알 수 있는 자원 달력을 투입물로 사용합니다. 활동으로부터 자원을 산정하기 어려우면 좀 더 세분화한 후에 자원을 산정한 후 합쳐서 활동에 필요한 자원을 산정할 수 있습니다. 그리고 자원은 여러 방법으로 구성할 수 있으므로 최적의 방법을 결정하기 위해 대안 분석으로 다양한 방법을 생각해 봅니다. 산정된 자원

의 유형과 수량은 [일정 개발] 등 필요한 프로세스에 투입물이 됩니다. 산정된 자원을 유형별로 분류한 것을 RBS(Resource breakdown structure)라고 합니다.

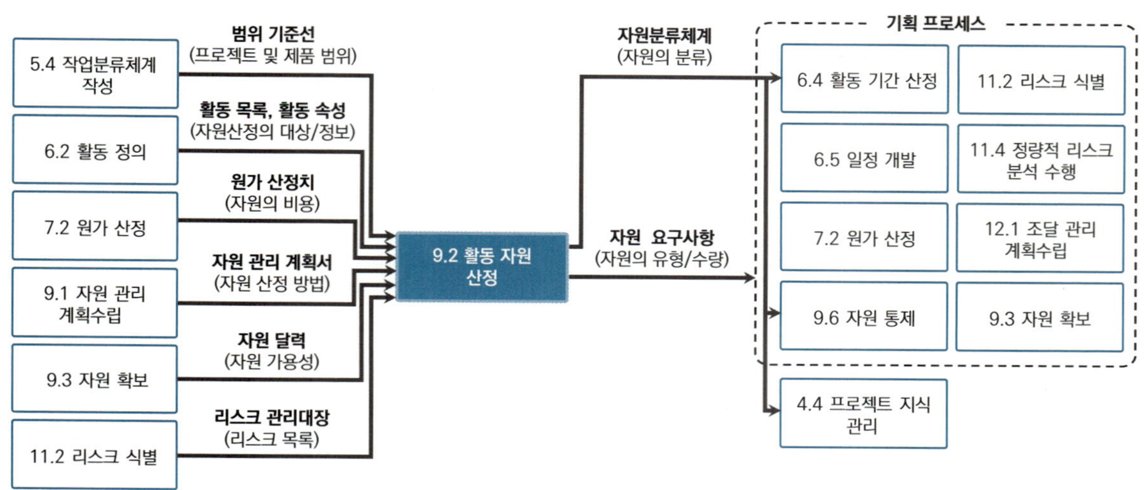

[그림 9-5] 활동 자원 산정의 주요 흐름

[그림 9-5]는 [활동 자원 산정]의 주요 흐름을 나타냅니다. 활동이 자원을 소비하므로 당연히 **'활동 목록'이 [활동 자원 산정]의 가장 핵심 투입물**입니다. 활동 속성은 활동에 대한 상세 내용이 포함되어 있으므로 활동에 대한 보조 자료로 사용합니다. 그리고 자원이 항상 가용한 상태로 있는 것이 아니므로 우리가 필요한 자원이 필요한 시점에 가용한가 확인해야 합니다. 이는 자원의 가용성을 표현한 자원 달력을 통해 알 수 있습니다. 산정된 자원 요구사항은 [일정 개발] 등 필요한 프로세스의 주요 투입물이 되며, 내부에 없는 자원은 외부로부터 조달합니다.

[그림 9-5]에서 활동 자원 요구사항과 자원분류체계가 다른 프로세스에 투입되는 이유는 다음과 같습니다.

[표 9-8] 활동 자원 산정 산출물의 투입 이유

자원 요구사항 투입 프로세스	투입 이유
6.4 활동 기간 산정	자원의 유형과 수량은 기간에 영향을 주기 때문에. 예를 들면, 고급 인력이 많이 투입될수록 기간은 짧아짐.
6.5 일정 개발	활동을 수행하기 위한 자원은 일정의 주요 구성요소이기 때문에.
7.2 원가 산정	자원 중에 팀원을 어떻게 관리할 것인지에 대한 계획을 수립하기 위해서.
9.3 자원 확보	필요한 자원을 확보하기 위해서.
9.6 자원 통제	예정된 자원이 사용되었는지 확인하기 위해서.
11.2 리스크 식별	자원에 대한 리스크를 식별하기 위해서.
11.4 정량적 리스크 분석 수행	자원에 대한 정량적 리스크를 분석하기 위해서.
12.1 조달 관리 계획수립	산정된 자원 중 보유하지 않은 것을 외부로부터 조달하기 위해서.
자원분류체계 투입 프로세스	**투입 이유**
4.4 프로젝트 지식 관리	자원에 대한 정보를 프로젝트 지식으로 축적하기 위해서.
6.4 활동 기간 산정	자원을 고려해서 기간을 산정하기 위해서.
9.6 자원 통제	자원을 통제하는 과정에서 자원을 대체하거나 추가로 확보해야 할 경우 RBS의 정보를 참고하기 위해서.

9.2.1 활동 자원 산정: 투입물

활동 목록을 보면서 자원을 산정해야 하며, 자원의 가용성에 따라 자원의 유형과 수량이 변경될 수 있으므로 자원의 가용성을 확인할 수 있는 자원 달력을 참조합니다. 기타 자원의 유형과 수량을 결정하는 데 영향을 주는 요소들을 투입물로 사용합니다.

9.2.1.1 프로젝트 관리 계획서(Project management plan)

프로젝트 관리 계획서에 포함된 내용 중 자원 산정에 필요한 정보를 포함한 자원 관리 계획서와 범위 기준선을 투입물로 사용합니다.

◆ 자원 관리 계획서(Resource management plan)

이전 프로세스에서 준비한 자원 관리 계획서에는 어떻게 자원을 산정하고 정량화할 것인지에 대한 방법이 포함되어 있습니다.

◆ **범위 기준선**(Scope baseline)

범위 기준선에 포함된 인도물을 생성하려면 자원이 필요합니다. 범위 기준선의 인도물을 만들기 위해 어떤 자원이 필요한지 결정합니다.

9.2.1.2 프로젝트 문서(Project documents)

자원 산정에 필요한 문서들을 투입물로 사용합니다.

◆ **활동 목록**(Activity list)

활동을 수행하기 위해 자원이 필요한 것이므로 활동 목록은 [활동 자원 산정]의 핵심 투입물입니다.

◆ **활동 속성**(Activity attributes)

활동 속성에 포함된 자원 요구사항, 지정일자(Imposed dates), 활동 위치 등의 내용은 자원을 산정할 때 고려할 필요가 있습니다.

◆ **가정사항 기록부**(Assumption log)

가정사항 기록부에는 팀 자원과 물적 자원에 영향을 줄 수 있는 생산성 요인, 가용성, 원가 산정치, 작업에 대한 접근법이 포함될 수 있습니다.

◆ **원가 산정치**(Cost estimates)

자원의 원가가 너무 비싸면 수량을 줄이거나 기술 수준을 낮춰서 선택할 수 있습니다. 비용에 맞게 자원을 산정해야 하므로 원가 산정치를 자원 산정 시 고려합니다.

◆ **자원 달력**(Resource calendars)

자원 달력은 자원의 Working day와 Non-working day를 포함하고 있으며, 이것은 자원의 가용성을 의미합니다. 자원의 가용성은 자원의 유형과 수량 결정에 영향을 줍니다. 예를 들면, 6개월 뒤에 한 달간 공사를 위해 10t짜리 트럭 3대를 사용하려고 했으나 회사의 자원 현황을 체크해 보니 이미 그 시기에 다른 프로젝트에서 사용하기로 예약된 상태입니다. 그 시점에 가용할 수 있는 다른 자원을 확인해보니 20t짜리 트럭 2대가 있습니다. 만약 20톤짜리 트럭 2대를 사용해서 일 처리가 가능하다면 10t짜리 트럭 3대 대신에 20t짜리 트럭 2대로 바꿀 수도 있습니다. 자원 유형이 20t에서 10t으로, 자원 수량이 3대에서 2대로 변경되었습니다. 이처럼 자원의 가용성은 자원의 유형과 수량에 영향을 줍니다.

◆ **리스크 관리대장(Risk register)**

리스크 사건은 자원의 선정 및 가용성에 영향을 줄 수 있습니다.

9.2.1.3 기업 환경 요인(Enterprise environmental factors)

회사에서 소유한 자원의 위치, 자원 가용성, 팀 자원의 기량 등은 자원 산정에 영향을 줄 수 있습니다.

9.2.1.4 조직 프로세스 자산(Organizational process assets)

자원 관련 정책이나 절차를 참고하고, 과거의 유사한 활동에 사용된 자원의 유형을 참고할 수 있습니다.

9.2.2 활동 자원 산정: 도구 및 기법

자원은 다양한 방법으로 산정할 수 있습니다.

9.2.2.1 전문가 판단(Expert judgment)

자체적으로 자원을 산정하기 어려운 경우에 자원 산정에 대한 전문가의 도움을 받을 수 있습니다.

9.2.2.2 상향식 산정(Bottom-up estimating)

활동에 필요한 자원을 산정한 후 상위 수준으로 합산하면서 작업 패키지(Work package), 통제 단위(Control account) 수준으로 자원이 산정될 수 있습니다.

9.2.2.3 유사 산정(Analogous estimating)

아직 활동 수준까지 상세하게 결정되지 않았을 경우 과거의 유사한 프로젝트의 산정치를 기반으로 대략적인 자원의 유형과 수량을 빠르게 알아보고 싶을 때 유사 산정 기법을 사용합니다. 산정의 정확도는 낮습니다.

9.2.2.4 모수 산정(Parametric estimating)

과거에 활동에 투입했던 자원에 대한 정보와 프로젝트 모수를 기반으로 자원을 산정합니다. 예를 들면, 설계도 한 장 작성하는 데 40시간이 걸리고, 한 사람이 주에 40시간 일한다면 설계도 10장을 일주일 안에 끝내려면 10명이 필요합니다.

9.2.2.5 데이터 분석(Data analysis)

데이터 분석 기법 중 대안 분석을 사용합니다.

◆ 대안 분석(Alternative analysis)

자원을 어떻게 산정하는 것이 좋은지 자원 산정에 대한 여러 아이디어를 내서 가장 좋은 아이디어를 선택합니다. 활동을 수행하기 위한 자원은 여러 가지로 구성할 수 있습니다. 예를 들어, 5t짜리 트럭 2대와 초급 팀원 10명이 수행해야 하는 활동을 2t짜리 트럭 5대와 상위 역량을 가진 팀원 6명이 수행할 수도 있습니다. 또한 직접 활동을 수행하지 않고 조달을 통해 외부 회사에 의뢰할 수도 있습니다.

9.2.2.6 프로젝트 관리 정보 시스템(Project management information systems)

일반적으로 프로젝트 관리 정보 시스템에는 자원을 구성하고 관리하고 자원 산정치를 개발하는 기능을 포함하고 있습니다. 소프트웨어를 활용해서 자원을 산정하고 기록합니다.

9.2.2.7 회의(Meetings)

활동 수행에 필요한 자원은 기능 관리자의 지원이 필요합니다. 그래서 자원을 산정할 때 프로젝트 관리자는 기능 관리자 및 필요한 사람들과 함께 회의를 통해 자원을 산정합니다.

9.2.3 활동 자원 산정: 산출물

활동을 수행하기 위해 필요한 자원의 유형 및 수량을 문서화한 것이 바로 **'자원 요구사항(Resource requirements)'**입니다. 자원 요구사항은 이해관계자의 자원에 대한 요구사항이 아니라 [활동 자원 산정]을 통해 결정된 **'산정된 자원 요구치(자원의 유형 및 수량)'**를 의미하므로 혼동하면 안 됩니다. 그리고 산정된 자원을 범주별로 구조화한 것을 RBS(Resource breakdown structure)라고 하며, 역시 주요 산출물입니다.

9.2.3.1 자원 요구사항(Resource requirements)

각 활동을 수행하기 위해 필요한 자원의 유형과 정량적 수량이 결정되었으며, 이 정보는 [일정 개발] 등 여러 프로세스의 투입물이 됩니다.

9.2.3.2 산정 기준서(Basis of estimates)

어떤 근거로 자원을 산정했는지에 대한 정보를 기록으로 남겨놓습니다. 산정치 개발에 사용되는 방법, 산정치와 연관된 가정사항, 산정치 범위, 산정치의 신뢰도 수준 등이 산정 기준서에 포함될 수 있습니다.

9.2.3.3 자원분류체계(Resource breakdown structure)

산정된 자원을 유형별로 분류한 것을 RBS라고 합니다. 예를 들면, 자원을 사람, 장비, 재료로 분류하고 사람은 다시 초급, 중급, 고급 등으로 나눌 수 있습니다.

9.2.3.4 프로젝트 문서 업데이트(Project documents updates)

활동 속성, 가정사항 기록부, 교훈 관리대장이 업데이트될 수 있습니다.

◆ 활동 속성(Activity attributes)

산정된 자원의 유형과 수량을 활동 속성에 추가합니다.

◆ 가정사항 기록부(Assumption log)

자원을 산정하는 과정에서 새로 생긴 자원에 대한 가정사항 및 제약사항을 가정사항 기록부에 추가합니다.

◆ 교훈 관리대장(Lessons learned register)

자원을 산정하는 과정에서 느낀 교훈사항들을 교훈 관리대장에 추가해서 향후 교훈을 검토해서 프로젝트 성과를 향상시킵니다.

잠깐! 두 종류의 Calendar

프로젝트에서는 '프로젝트 달력(Project calendar)'과 '자원 달력(Resource calendar)' 두 가지의 달력이 사용됩니다. 달력은 기본적으로 일하는 날과 일하지 않는 날을 표시합니다. 대한민국 달력과 프랑스 달력은 공휴일이 서로 다릅니다. 프로젝트 달력도 마찬가지로 프로젝트 전체에 적용되는 Working day와 Non-working day를 표시한 것입니다. 예를 들면, 일반적으로 주 5일 근무일 경우 토요일, 일요일은 쉽니다. 또한, 우리나라에서 진행하는 프로젝트의 경우 우리나라 국경일은 쉬기 때문에 Non-working day입니다. 그러나 모든 프로젝트가 월요일부터 금요일까지 일하는 것은 아닙니다. 어떤 프로젝트는 주말에만 할 수도 있고, 또는 월, 수, 금만 할 수도 있습니다. 프로젝트별 Working day와 Non-working day는 모두 다를 수 있습니다. 따라서 각 프로젝트별로 Project calendar를 설정할 필요가 있습니다.

반면에 자원 달력은 각 자원의 Working day와 Non-working day를 표시한 것입니다. 사람의 경우 휴가, 교육, 다른 업무 등으로 인해 프로젝트에 참여하지 않는 날을 자원 달력에 표시하게 되며, 이는 자원의 가용성을 알 수 있게 해줍니다. Working day는 가용한 날이며, Non-working day는 가용할 수 없는 날입니다.

프로젝트 일정을 작성하려면 프로젝트 달력과 자원 달력이 모두 설정되어야 합니다. 두 달력이 겹칠 경우에는 자원 달력이 우선하게 됩니다. 예를 들면, 5/7일이 프로젝트 달력상으로 Working day이지만 그날에 투입되는 자원이 Non-working이라면 그날은 일할 수 없습니다.

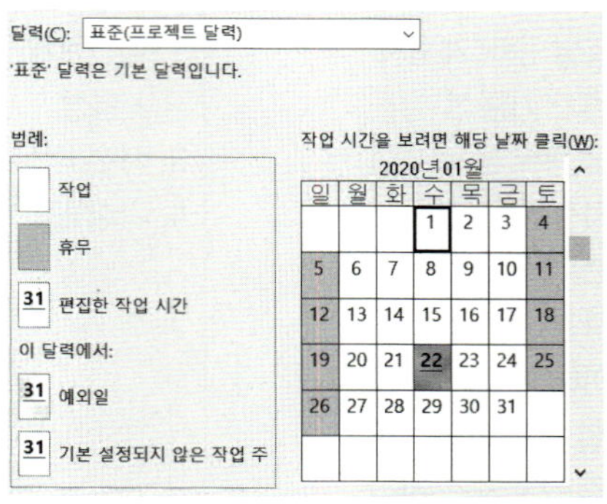

[그림 9-6] 프로젝트 달력의 예시

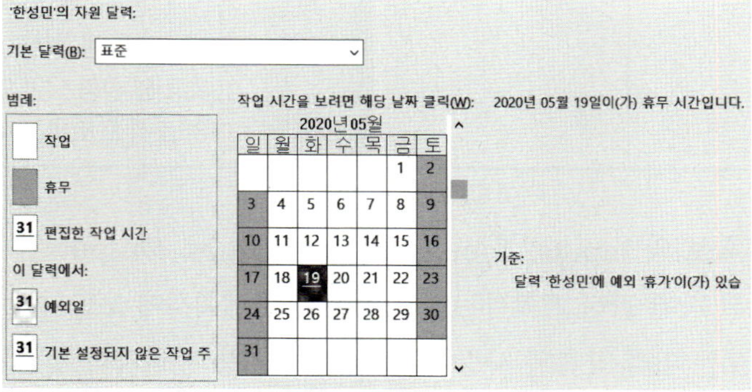

[그림 9-7] 자원 달력의 예시

9.3 자원 확보(Acquire Resources)

[자원 확보] 프로세스는 프로젝트를 실행하면서 기획에서 준비한 자원 관리 계획서에 따라 작업 수행에 필요한 자원을 확보해서 프로젝트 활동에 배정하는 프로세스입니다. 프로젝트를 수행하는 동안 필요에 따라 이 프로세스를 반복합니다.

[표 9-9] 자원 확보의 ITTO

자원 확보(Acquire Resources)		
지식영역: 자원 관리(Resource management)	프로세스 그룹: 실행(Executing)	
투입물	**도구 및 기법**	**산출물**
1. 프로젝트 관리 계획서 • 자원 관리 계획서 • 조달 관리 계획서 • 원가 기준선 2. 프로젝트 문서 • 자원 요구사항 • 프로젝트 일정 • 자원 달력 • 이해관계자 관리대장 3. 기업 환경 요인 4. 조직 프로세스 자산	1. 의사결정 • 다기준 의사결정 분석 2. 대인관계 및 팀 기술 • 협상 3. 사전 배정 4. 가상팀	1. 물적 자원 배정표 2. 프로젝트 팀 배정표 3. 자원 달력 4. 변경 요청 5. 프로젝트 관리 계획서 업데이트 • 자원 관리 계획서 • 원가 기준선 6. 프로젝트 문서 업데이트 • 프로젝트 일정 • 자원 요구사항 • 자원분류체계(RBS) • 리스크 관리대장 • 이해관계자 관리대장 • 교훈 관리대장 7. 기업 환경 요인 업데이트 8. 조직 프로세스 자산 업데이트

[표 9-9]는 [자원 확보]의 Inputs, Tools and Techniques, Outputs입니다. 자원 확보에 대한 방법이 포함된 자원 관리 계획서는 프로젝트 관리 계획서에 포함되어 있습니다. 자원을 확보하는 방법으로는 미리 약속된 사람, 조직 내부의 기능 관리자와 협상, 외부 회사로부터 조달, 가상 팀으로 구성하는 방법 등을 사용할 수 있습니다. 확보된 팀 자원과 물적 자원은 프로젝트 활동에 배정됩니다.

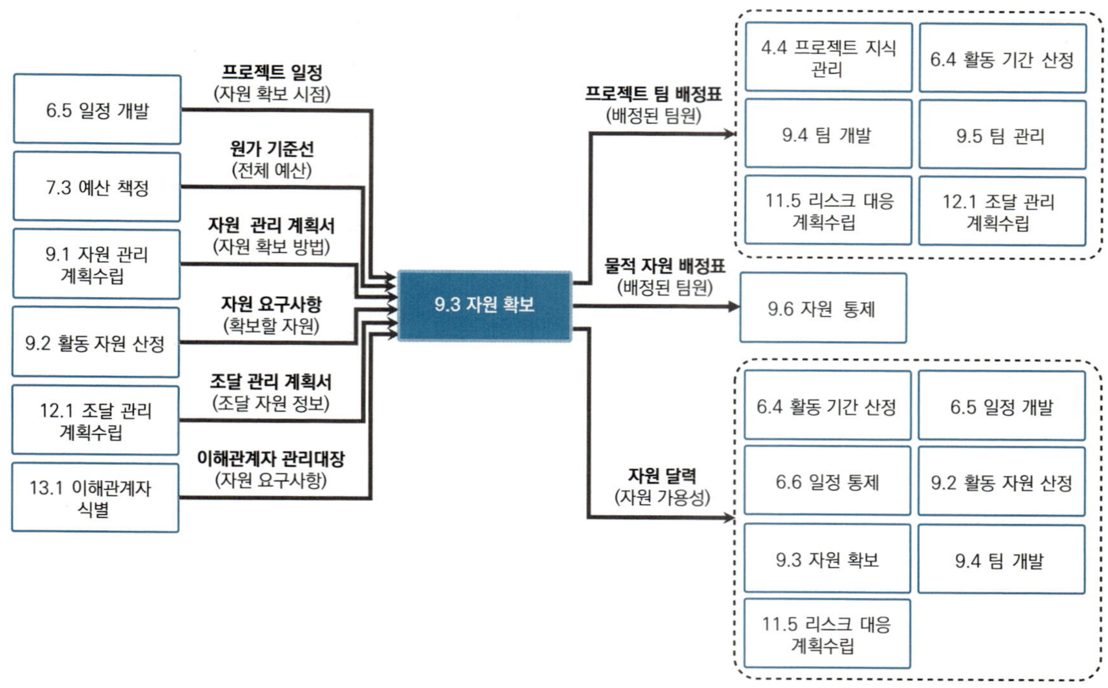

[그림 9-8] 자원 확보 프로세스의 주요 흐름

[그림 9-8]은 [자원 확보]의 주요 흐름을 나타냅니다. 프로젝트를 실행하면서 자원이 필요한 시점에 자원 관리 계획서에 정해진 방법에 따라 자원을 확보하여 프로젝트 활동에 배정합니다. 확보된 자원의 자원 가용성(자원 달력)도 알게 됩니다. 배정된 자원 중 인적 자원(팀원)은 개발과 관리의 대상이 됩니다.

[표 9-10] 자원 확보 산출물의 투입 이유

프로젝트 팀 배정표 투입 프로세스	투입 이유
4.4 프로젝트 지식 관리	팀원에 대한 역량, 경험의 종류 같은 정보를 지식 자산으로 축적하기 위해서.
6.4 활동 기간 산정	프로젝트 팀원의 수나 역량은 활동 기간에 영향을 주기 때문에 고려하기 위해서.
9.4 팀 개발	팀원은 개발의 대상이기 때문에.
9.5 팀 관리	팀원은 관리의 대상이기 때문에.
11.5 리스크 대응 계획수립	합의된 리스크 대응 활동에 팀원을 배정하기 위해서.
12.1 조달 관리 계획수립	팀원이 조달 활동을 지원할 수 있는 역량을 가지고 있는지 파악하기 위해서.

물적 자원 배정표 투입 프로세스	투입 이유
9.6 자원 통제	물적 자원은 통제의 대상이기 때문에.
자원 달력 투입 프로세스	**투입 이유**
6.4 활동 기간 산정	자원의 가용성은 기간 산정에 영향을 주기 때문에.
6.5 일정 개발	자원의 가용성은 일정 개발에 영향을 주기 때문에.
6.6 일정 통제	향후 일정을 통제하기 위해 자원을 최적화할 경우 자원 가용성을 고려하기 위해서.
9.2 활동 자원 산정	자원의 가용성은 자원의 유형과 수량 산정에 영향을 주기 때문에.
9.3 자원 확보	각 자원을 프로젝트에 투입할 수 있는 기간을 확인해서 가용한 자원을 확보하기 위해서.
9.4 팀 개발	팀원이 팀 개발 활동에 참여할 수 있는 시기를 확인하기 위해서.
11.5 리스크 대응 계획수립	합의된 리스크 대응 활동에 자원이 배정될 수 있는 시점을 확인하기 위해서.

9.3.1 자원 확보: 투입물

[자원 확보] 프로세스는 실행(Execution)에 속하는 프로세스입니다. 왜냐하면 프로젝트를 실행하면서 필요한 시기에 필요한 자원이 투입되어야 하기 때문입니다. 따라서 [자원 관리 계획수립]에서 수립한 계획을 기반으로 필요한 자원을 확보하는 것이 [자원 확보]의 주요 내용입니다.

9.3.1.1 프로젝트 관리 계획서(Project management plan)

프로젝트 관리 계획서에 포함된 자원 관리 계획서, 조달 관리 계획서, 원가 기준선을 고려해서 자원을 확보합니다.

◆ 자원 관리 계획서(Resource management plan)

자원 확보를 어떻게 할 것인지, 사전에 준비된 방법이 자원 관리 계획서에 포함되어 있습니다.

◆ 조달 관리 계획서(Procurement management plan)

자원은 필요시 외부에서 조달해야 합니다. 외부에서 확보할 조달 자원은 조달 관리 계획서에 포함되어 있습니다.

◆ 원가 기준선(Cost baseline)

원가 기준선은 프로젝트 활동에 대한 전체 예산이며, 예산에 맞춰서 자원을 확보해야 합니다.

9.3.1.2 프로젝트 문서(Project documents)

자원을 확보할 때 고려해야 할 내용을 포함한 문서들이 투입됩니다.

◆ 프로젝트 일정(Project schedule)

자원은 아무 때나 확보하는 것이 아니라 필요한 시기에 맞게 확보돼서 배정되어야 합니다. 프로젝트 일정에는 각 활동의 예정된 시작 및 종료일을 포함하고 있습니다. 필요한 시점에 맞게 자원을 확보하려면 일정을 봐야 합니다.

◆ 자원 달력(Resource calendars)

자원 달력에 포함된 각 자원을 프로젝트에 투입할 수 있는 시기를 고려해서 자원을 확보합니다. 필요한 시점에 투입할 수 없는 자원은 확보가 불가능합니다.

◆ 자원 요구사항(Resource requirements)

이전 프로세스에서 결정된 자원 요구사항은 확보해야 할 자원에 대한 정보입니다.

◆ 이해관계자 관리대장(Stakeholder register)

이해관계자는 특정한 자원을 요구할 수 있습니다. 이해관계자의 자원 요구사항을 고려해서 자원을 확보합니다.

9.3.1.3 기업 환경 요인(Enterprise environmental factors)

투입 가능한 자원, 팀원의 보유 능력, 과거 경험, 관심 분야, 자원 비용, 지리적 위치 등을 포함한 자원 관련 정보를 고려합니다.

9.3.1.4 조직 프로세스 자산(Organizational process assets)

자원 확보에 관련된 조직의 정책, 절차 등을 고려하고 선례정보나 교훈을 활용합니다.

9.3.2 자원 확보: 도구 및 기법

프로젝트에 필요한 자원을 확보하는 여러 가지 방법이 사용될 수 있습니다.

9.3.2.1 의사결정(Decision making)

우리가 자동차를 구매할 때 금액, 디자인, 연비 등 여러 가지를 조건을 고려해서 선택하듯이 자원을 선택할 때도 여러 조건을 고려해서 선택할 수 있습니다. 여러 기준을 바탕으로 자원을 선택하는 다기준 의사결정 분석 기법을 사용합니다.

◆ 다기준 의사결정 분석(Multicriteria decision analysis)

자원을 선정할 때 가용성, 비용, 경험, 능력, 지식, 기량, 태도, 지리적인 위치 등 다양한 기준으로 물적 자원 및 팀 자원을 선정할 수 있습니다.

9.3.2.2 대인관계 및 팀 기술(Interpersonal and team skills)

협상 외 다양한 스킬들이 이 프로세스에 대인관계 및 팀 기술로 사용될 수 있습니다.

◆ 협상(Negotiation)

매트릭스 조직의 경우 프로젝트에 필요한 팀원을 확보하기 위해서는 기능 관리자(Functional manager)와의 협상을 통해 우리 팀에서 원하는 시기에 원하는 인력을 확보할 수 있도록 해야 합니다. 그리고 회사의 주요 인력은 늘 프로젝트에 참여하고 있는 경우가 많으므로 필요하다면 타 프로젝트 팀과의 협상을 통하여 원하는 시기에 인력을 확보할 수 있도록 해야 합니다. 경우에 따라서는 외부 업체와의 협상도 필요합니다.

9.3.2.3 사전 배정(Pre-assignment)

만약 경쟁적인 계약을 따기 위해 제안서에 미리 특정 인력을 명시했었는데 계약이 체결되어 프로젝트가 진행할 경우 그 사람은 꼭 프로젝트에 배정되어야 합니다. 또는 프로젝트 헌장에 특정 사람이 명시된 경우, 프로젝트가 특정 개인의 전문성에 달려있는 경우에도 미리 배정된 사람이 프로젝트 팀으로 들어옵니다.

9.3.2.4 가상팀(Virtual teams)

서로 같은 장소에서 일하지 않고 서로 떨어져 있어도 한 팀으로서 프로젝트를 수행할 수 있으므로 가상팀을 구성하여 프로젝트를 진행할 수 있습니다. 서로 떨어져 있으므로 의사소통이 매우 중요합니다.

9.3.3 자원 확보: 산출물

다양한 방법으로 확보된 자원이 프로젝트에 배정됩니다.

9.3.3.1 물적 자원 배정표(Physical resource assignments)

확보된 자재, 장비, 공급품에 대한 자원의 정보와 자원의 위치 등에 대한 내용이 물적 자원 배정 문서에 기록됩니다. 물적 자원들은 일정에 맞게 프로젝트에 배정됩니다.

9.3.3.2 프로젝트 팀 배정표(Project team assignments)

다양한 방법으로 확보된 팀원과 팀원의 역할 및 책임이 프로젝트 팀 배정 문서에 기록됩니다. 팀 자원은 일정에 맞게 프로젝트에 배정됩니다.

9.3.3.3 자원 달력(Resource calendars)

확보된 자원에 대한 자원 달력이 산출물로 나옵니다. 자원 달력은 팀 자원과 물적 자원을 언제 사용할 수 있는지에 대한 정보를 포함합니다.

9.3.3.4 변경 요청(Change requests)

자원을 확보하는 동안에 필요한 변경 요청이 생길 수 있습니다.

9.3.3.5 프로젝트 관리 계획서 업데이트(Project management plan updates)

자원을 확보하는 동안에 생성된 정보로 인해 자원 관리 계획서, 원가 기준선 등이 업데이트될 수 있습니다.

◆ 자원 관리 계획서(Resource management plan)

자원을 확보하는 과정에서 얻은 교훈, 실제 경험 등을 반영해서 자원 관리 계획서를 업데이트할 수 있습니다.

◆ 원가 기준선(Cost baseline)

자원을 확보하다 보면 비용이 처음 예상보다 더 들어갈 수 있습니다. 또는 추가 자원이 필요한 경우도 생깁니다. 이처럼 여러 상황으로 인해 원가 기준선이 업데이트될 수 있습니다.

9.3.3.6 프로젝트 문서 업데이트(Project documents updates)

자원을 확보하는 동안에 생성된 정보로 인해 여러 문서가 업데이트될 수 있습니다.

◆ 교훈 관리대장(Lessons learned register)

자원 확보를 수행하는 과정에서 생긴 교훈은 교훈 관리대장에 추가합니다.

◆ 프로젝트 일정(Project schedule)

확보된 자원의 가용성에 따라 일정을 일부 변경할 수 있습니다.

◆ 자원분류체계(Resource breakdown structure)

자원 확보는 반복적인 프로세스이므로, 새로운 자원이 확보될 때마다 자원분류체계에 추가합니다.

◆ 자원 요구사항(Resource requirements)

확보된 자원을 자원 요구사항 문서에 추가합니다.

◆ 리스크 관리대장(Risk register)

자원을 확보하는 과정에서 식별된 새로운 리스크가 있다면 리스크 관리대장에 추가합니다.

◆ 이해관계자 관리대장(Stakeholder register)

자원을 확보하는 과정에서 새로운 이해관계자가 식별되거나 기존 이해관계자에 대한 새로운 정보를 알게 되면 그 내용을 이해관계자 관리대장에 추가합니다.

9.3.3.7 기업 환경 요인 업데이트(Enterprise environmental factors updates)

자원을 확보하는 동안에 조직 내 자원의 가용성에 변동이 생기거나 자원을 사용한 내용 등을 기업 환경 요인에 업데이트할 수 있습니다.

9.3.3.8 조직 프로세스 자산 업데이트(Organizational process assets updates)

확보된 자원, 배정 및 할당된 정보 등을 조직 프로세스 자산으로 업데이트합니다.

9.4 팀 개발(Develop Team)

프로젝트를 수행하는 동안 항상 성과가 좋게 나오면 좋겠지만 그렇지 않은 경우도 많이 발생합니다. 따라서 실행하는 동안 프로젝트 성과가 떨어진다면 프로젝트 관리자로서 프로젝트 성과를 향상하기 위해 팀원들의 **개인의 역량을 향상**시키고 **팀의 결속도 강화**해야 합니다. 프로젝트의 성과를 높이기 위해서는 두 가지가 향상되어야 합니다. 팀원들의 개인 역량도 향상되어야 하고 팀의 결속도 좋아야 합니다. 그리고 프로젝트를 실행하면서 팀 개발에 필요한 노력을 지속해서 수행해야 합니다.

프로젝트 관리자는 팀원에게 도전적인 과제와 기회를 제공하고, 높은 성과에 대해서는 인정하고 보상을 해주며, 지속해서 팀원에게 동기부여를 해줘야 합니다. 또한, 팀에서 발생하는 갈등도 효과적으로 관리할 책임이 있습니다.

[팀 개발]은 프로젝트 관리자가 팀의 개인 역량 향상, 팀의 결속 강화를 통해 프로젝트 성과를 향상시키는 역할의 프로세스입니다.

[표 9-11] 팀 개발의 ITTO

팀 개발(Develop Team)		
지식영역: 자원 관리(Resource management)		프로세스 그룹: 실행(Executing)
투입물	**도구 및 기법**	**산출물**
1. 프로젝트 관리 계획서 • 자원 관리 계획서 2. 프로젝트 문서 • 프로젝트 팀 배정표 • 자원 달력 • 팀 헌장 • 프로젝트 일정 3. 교훈 관리대장 4. 기업 환경 요인 5. 조직 프로세스 자산	1. 동일장소배치 2. 팀 개발 3. 의사소통 기술 4. 대인관계 및 팀 기술 • 갈등 관리 • 영향력 행사 • 동기부여 • 협상 • 팀 빌딩 5. 인정과 보상 6. 교육 7. 개인 및 팀 평가 8. 회의	1. 팀 성과 평가서 2. 변경 요청 3. 프로젝트 관리 계획서 업데이트 • 자원 관리 계획서 4. 프로젝트 문서 업데이트 • 프로젝트 팀 배정표 • 자원 달력 • 팀 헌장 • 프로젝트 일정 • 교훈 관리대장 5. 기업 환경 요인 업데이트 6. 조직 프로세스 자산 업데이트

[표 9-11]은 [팀 개발] 프로세스의 Inputs, Tools and Techniques, Outputs입니다. 사전에 준비한 자원 관리 계획서에 따라 프로젝트 관리자가 다양한 방법을 사용하여 팀을 개발합니다. 결과적으로는 팀 성과 평가치가 높게 나와야 할 것입니다.

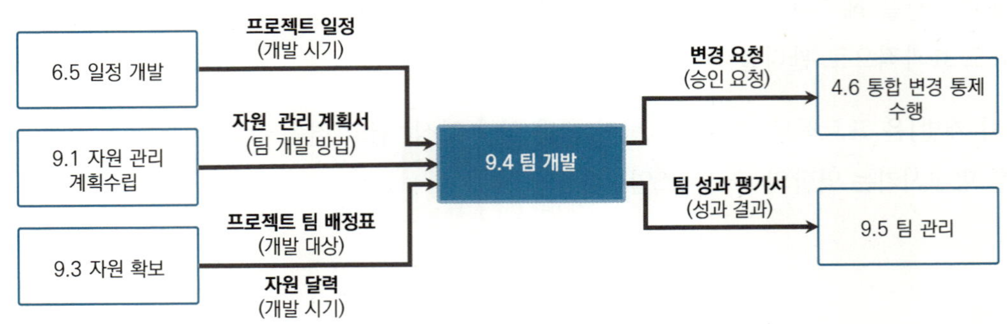

[그림 9-9] 팀 개발의 주요 흐름

[그림 9-9]는 [팀 개발] 프로세스의 주요 흐름을 나타냅니다. 프로젝트 팀을 개발하기 위해서는 개발 대상인 '프로젝트에 배정된 팀원(프로젝트 팀 배정표)'이 주요 투입물로 들어갑니다.

개발 방법은 기획에서 자원 관리 계획서에 미리 준비했으므로 계획대로 따라가면 됩니다. 프로젝트에 배정된 팀원에게 필요한 교육을 시키거나 다양한 팀 빌딩 활동을 하고 적절한 인정과 보상에 대한 시스템이 뒷받침된다면 프로젝트의 성과는 높아질 것입니다.

[표 9-12] 팀 개발 산출물의 투입 이유

팀 성과 평가서 투입 프로세스	투입 이유
9.5 팀 관리	성과 결과를 바탕으로 팀을 관리하기 위해서.
변경 요청 투입 프로세스	**투입 이유**
4.6 통합 변경 통제 수행	변경을 승인받기 위해서.

핵심 용어

Tuckman ladder

미국 심리학자인 Bruce Wayne Tuckman은 1965년에 "Developmental sequence in small groups"라는 논문을 발표했습니다. 그때 제시한 팀 개발 모델은 그룹 개발 이론에 많은 영향을 미쳤습니다. 처음에 4단계였다가 이후 1977년에 5번째 단계인 Adjourning을 추가하여 현재 다섯 단계로 구성된 팀 개발 이론으로 알려졌습니다. 'Tuckman's Stages'라고 부르기도 합니다.

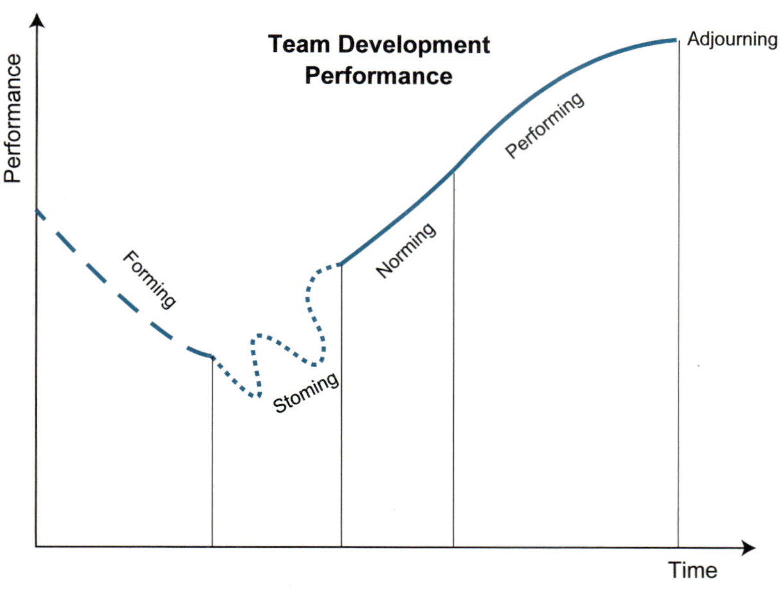

[그림 9-10] Tuckman의 팀 형성 5단계

Forming(형성)
프로젝트를 시작할 때 프로젝트를 수행하기 위해 필요한 다양한 사람들이 팀에 합류합니다. 팀원들은 앞으로 자신이 해야 할 공식적인 역할과 책임에 대해 알게 됩니다. 처음 만난 팀원은 서로 잘 알지 못하므로 각자 독립적으로 행동하며, 보통 팀의 목표와 문제에 대해 상세히 알지 못합니다.

Storming(스토밍)
본격적으로 팀원들이 같이 일하기 시작합니다. 처음 만난 사람들끼리 일을 하기 때문에 다양한 아이디어가 부딪히기도 하고, 개인 간에 대립과 갈등이 생깁니다. Storming은 가장 갈등이 심한 단계입니다.

Norming(표준화)
어느 정도 시간이 지나다 보면 팀의 규칙, 가치, 행동 방법이 만들어집니다. 팀의 성과는 증가하기 시작하고 팀은 자신들의 행동을 서로에게 맞추면서 일합니다.

Performing(수행)
팀이 같이 일하면서 서로 잘 알게 되고 상대방을 이해함으로써 팀은 업무에 집중합니다. 팀은 이제 하나의 단위로 기능을 하고 서로 도와가면서 작업을 효과적으로 마무리합니다. Performing은 가장 성과가 높게 나오는 단계입니다.

Adjourning(해산)
프로젝트가 완료되면 팀은 해체되고 팀원들은 각자의 자리로 돌아갑니다. 만약 다른 프로젝트로의 이동이 명확하지 않을 경우 미래에 대한 불확실성이 나타나기 시작하면서 팀원들의 동기부여 수준이 떨어질 수도 있습니다.

9.4.1 팀 개발: 투입물

팀 개발 방법인 자원 관리 계획서에 따라 팀을 개발하고, 개발 대상인 배정된 인력(Project staff assignments), 그리고 개발 시기에 대한 자원의 가용성 정보(자원 달력)가 투입물로 들어갑니다.

9.4.1.1 프로젝트 관리 계획서(Project management plan)

프로젝트 관리 계획서의 내용 중 팀 개발에 대한 방법을 포함한 자원 관리 계획서를 투입물로 사용합니다.

◆ **자원 관리 계획서**(Resource management plan)

자원 관리 계획서에는 팀을 개발하는데 관련된 팀원의 보상 방법, 교육 전략, 팀 개발 방법이 포함되어 있습니다.

9.4.1.2 프로젝트 문서(Project documents)

팀 개발에 필요한 문서들이 투입물로 사용됩니다.

◆ **교훈 관리대장**(Lessons learned register)

과거에 팀 개발에서 얻은 교훈을 활용해서 팀 성과를 더 향상시킬 수 있습니다.

◆ **프로젝트 일정**(Project schedule)

팀 개발은 아무 때나 하는 것이 아니라 사전에 정해진 시점에 따라 팀을 개발합니다.

◆ **프로젝트 팀 배정표**(Project team assignment)

배정된 팀원은 개발 대상입니다.

◆ **자원 달력**(Resource calendars)

팀원이 휴가 중이거나 출장 중이면 팀 개발 활동에 참여할 수 없습니다. 자원 달력을 통해 팀원이 팀 개발 활동에 참여할 수 있는 시기를 파악합니다.

◆ **팀 헌장**(Team charter)

팀 헌장에 포함된 지침은 팀의 운영 방식이며, 팀 개발에 고려 요소입니다.

9.4.2 팀 개발: 도구 및 기법

팀을 개발하기 필요한 다양한 기법이 사용됩니다.

9.4.2.1 동일장소배치(Colocation)

팀원들이 한 사무실이나 회의실 같은 물리적으로 같은 공간에 있는 경우가 있습니다. 팀원들이 같은 장소에서 일할 때 작업 성과는 더 좋아질 수 있습니다. 프로젝트의 특정 시기에만 같은 공간에서 일할 수도 있고, 프로젝트 전체 기간 동안 같은 공간에 있을 수도 있습니다.

9.4.2.2 가상팀(Virtual teams)

온라인 협업 시스템의 발달로 서로 떨어져 있지만 같은 팀으로 일할 수 있습니다. 가상팀의 장점은 더 뛰어난 자원을 활용, 인건비 절감, 출장비 감소, 주요 이해관계자와 팀원 간의 근접성을 확보 등이 있습니다.

9.4.2.3 의사소통 기술(Communication technology)

의사소통 기술은 특히 가상팀에 중요합니다. 팀이 서로 협업을 원활히 수행하려면 의사소통 시스템이 잘 갖춰질 필요가 있습니다.

- **공유 포털(Shared portal)**

  팀원들이 서로 정보를 공유할 수 있는 웹사이트나 인트라넷을 활용합니다.

- **화상 회의(Video conferencing)**

  서로 떨어져 있을 때 화상 회의 시스템을 이용해서 같이 회의합니다.

- **오디오 회의(Audio conferencing)**

  오디오 회의 시스템을 이용해서 여러 사람이 동시에 원격으로 회의할 수 있습니다.

- **이메일/채팅(Email and chat)**

  이메일과 채팅은 일반적으로 많이 사용하는 방법입니다.

9.4.2.4 대인관계 및 팀 기술(Interpersonal and team skills)

대인관계 기술은 다른 사람과 교류하는 기술로서 피플 스킬(People skill)로 불리기도 합니다. 경청, 리더십, 팀 빌딩, 동기부여, 공감 기술 등을 말합니다.

◆ 갈등 관리(Conflict management)

여러 사람이 같이 일하는 환경에서 갈등이 없을 수 없습니다. 프로젝트 관리자는 갈등 관리 스킬로 팀의 성과가 향상되도록 해야 합니다. 갈등 관리에 대한 자세한 내용은 [팀 관리] 프로세스에서 다룹니다.

◆ 영향력 행사(Influencing)

Influence는 사전적 의미로 '(사람의 행동 사고에) 영향을 주다'라는 뜻입니다. 프로젝트 관리자는 영향력 행사를 통해 팀이 일을 잘 할 수 있도록 합니다.

◆ 동기부여(Motivation)

동기부여 된 사람이 업무성과를 더 높게 낼 수 있습니다. 프로젝트 관리자는 팀원들에게 동기부여 할 수 있어야 합니다.

◆ 협상(Negotiation)

협상은 서로 Win-Win 하기 위해 노력하는 것으로써 인간관계에서 중요한 스킬입니다. 협상을 통해 상호 이익이 되는 결과를 도출하는 노력이 필요합니다.

◆ 팀 빌딩(Team building)

개인의 능력이 아무리 뛰어나도 팀의 결속이 깨지면 프로젝트 성과는 떨어질 수 있습니다. 프로젝트는 팀이 협업을 통해 수행되므로 팀 결속 향상을 위한 팀 빌딩을 할 필요가 있습니다. 팀 빌딩은 프로젝트 초기에 필수적이며, 지속적으로 반복해야 하는 활동입니다.

9.4.2.5 인정/보상(Recognition and rewards)

인정과 보상은 바람직한 행동을 더욱 촉진시키는 역할을 합니다. 단, 반드시 성과에 근거하여 잘하는 사람에 대해서만 보상이 이루어져야 합니다.

9.4.2.6 교육(Training)

프로젝트 팀원이 필요한 능력을 갖추고 있지 않을 경우 능력을 향상시키기 위한 교육이 필요합니다. 개인 역량 향상에 가장 좋은 방법은 교육입니다.

9.4.2.7 개인 및 팀 평가(Individual and team assessment)

개인 및 팀 평가 도구를 통해 팀원의 강점과 약점을 파악하고 결과를 바탕으로 팀을 개발합니다. 이를 통해 팀의 생산성을 높일 수 있습니다.

9.4.2.8 회의(Meetings)

팀 개발과 관련된 내용을 논의하기 위해 프로젝트 관리자와 팀이 같이 회의합니다.

9.4.3 팀 개발: 산출물

교육도 하고 팀 빌딩 활동을 하고 나면 팀의 성과가 향상된 결과가 나와야 할 것입니다.

9.4.3.1 팀 성과 평가서(Team performance assessments)

팀을 개발한 후에는 팀 성과가 높아진 좋은 결과가 나와야 합니다. 예를 들면, 개인의 기량이 향상되어서 일을 효과적으로 처리하거나, 팀원 간의 협력이 잘되거나, 이직률이 줄어든 것은 팀 개발이 잘된 결과들입니다.

9.4.3.2 변경 요청(Change requests)

팀을 개발하는 동안에 필요한 변경 요청이 생길 수 있습니다.

9.4.3.3 프로젝트 관리 계획서 업데이트(Project management plan updates)

팀을 개발하는 동안에 생성된 정보로 인해 자원 관리 계획서가 업데이트될 수 있습니다.

9.4.3.4 프로젝트 문서 업데이트(Project documents updates)

팀을 개발하는 동안에 생성된 정보로 인해 여러 문서가 업데이트될 수 있습니다.

- 교훈 관리대장(Lessons learned register)

  팀을 개발하는 과정에서 생긴 교훈은 교훈 관리대장에 추가합니다.

- 프로젝트 일정(Project schedule)

  팀 개발 활동으로 인해 일정을 일부 변경할 수 있습니다.

◆ **프로젝트 팀 배정표**(Project team assignments)

팀 개발 활동으로 인해 팀원 배정에 변경 사항이 생기면 관련 내용을 프로젝트 팀 배정표에 업데이트합니다.

◆ **자원 달력**(Resource calendars)

자원 가용성에 변동 사항이 생기면 관련 내용을 업데이트합니다.

◆ **팀 헌장**(Team charter)

만약 팀 운영 지침에 변경 사항이 생기면 팀 헌장을 업데이트합니다.

9.4.3.5 기업 환경 요인 업데이트(Enterprise environmental factors updates)

팀원 교육 기록, 기량 평가 내용 등이 업데이트될 수 있습니다.

9.4.3.6 조직 프로세스 자산 업데이트(Organizational process assets updates)

교육 요구사항, 인사평가 결과 등을 조직 프로세스 자산으로 업데이트합니다.

9.5 팀 관리(Manage Team)

프로젝트 팀원들이 항상 자신의 역할과 책임을 100% 완수하는 것이 아니므로 주기적으로 팀원의 성과를 평가하여, 잘하는 팀원은 인정과 칭찬을 해주고, 성과가 낮은 팀원은 성과를 높일 수 있도록 조치를 할 필요가 있습니다. [팀 관리] 프로세스는 프로젝트를 수행하면서 팀원의 성과를 추적하고, 피드백을 제공하고, 이슈를 해결하고, 변경을 관리하는 프로세스입니다. 필요하다면 팀원을 교체할 수도 있습니다. 또한, 팀의 행동을 관찰하는 것과 갈등 관리를 포함합니다. 사람과 사람 사이에는 갈등이 일어나는 것이 일반적이며, 여러 가지 문제가 발생할 수 있습니다. 따라서 갈등에 대한 적절한 관리적 조치는 프로젝트를 위해 반드시 필요합니다.

[표 9-13] 팀 관리의 ITTO

팀 관리(Manage Team)		
지식영역: 자원 관리(Resource management)	프로세스 그룹: 실행(Executing)	
투입물	**도구 및 기법**	**산출물**
1. 프로젝트 관리 계획서 • 자원 관리 계획서 2. 프로젝트 문서 • 이슈 기록부 • 프로젝트 팀 배정표 • 팀 헌장 • 교훈 관리대장 3. 작업 성과 보고서 4. 팀 성과 평가서 5. 기업 환경 요인 6. 조직 프로세스 자산	1. 대인관계 및 팀 기술 • 갈등 관리 • 의사결정 • 감성지능 • 영향력 행사 • 리더십 2. 프로젝트 관리 정보시스템	1. 변경 요청 2. 프로젝트 관리 계획서 업데이트 • 자원 관리 계획서 • 일정 기준선 • 원가 기준선 3. 프로젝트 문서 업데이트 • 프로젝트 팀 배정표 • 이슈 기록부 • 교훈 관리대장 4. 기업 환경 요인 업데이트

[표 9-13]은 [팀 관리] 프로세스의 Inputs, Tools and Techniques, Outputs입니다. 프로젝트에 배정된 팀원을 대상으로 사전에 준비한 자원 관리 계획서에 따라 성과 결과를 바탕으로 팀원에게 관리적 조치를 하며, 프로젝트 관리자는 팀 관리에 대한 전반적인 관리 활동을 수행합니다. 팀을 관리하기 위해서는 의사소통, 갈등 관리, 협상, 리더십 등의 스킬이 필요합니다.

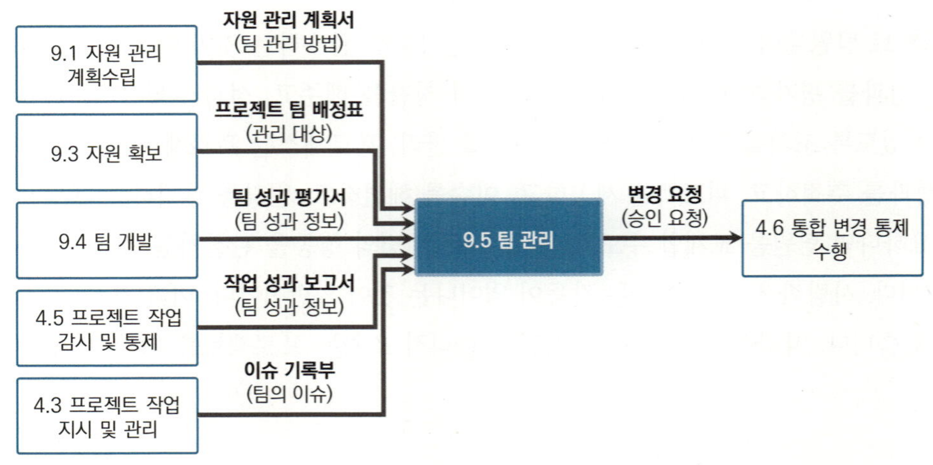

[그림 9-11] 팀 관리의 주요 흐름

[그림 9-11]은 이 프로세스의 주요 흐름을 나타냅니다. 배정된 팀원은 관리 대상이며, 관리 방법은 기획에서 준비한 자원 관리 계획서에 포함되어 있습니다. 그리고 팀원에 대해 관리 조치를 할 것인지 말 것인지 결정하기 위해서는 팀원의 실적 정보가 필요합니다. 팀원의 실적 정보는 팀 성과 평가서와 작업 성과 보고서를 통해 알 수 있습니다. 성과가 낮은 팀원은 교육을 더 시키거나 팀원 교체 등을 통해 프로젝트 성과를 향상시켜야 합니다.

[표 9-14] 팀 관리 산출물의 투입 이유

변경 요청 투입 프로세스	투입 이유
4.6 통합 변경 통제 수행	공식적으로 승인을 받기 위해서.

9.5.1 팀 관리: 투입물

배정된 팀원의 실제 성과를 파악하고, 성과가 낮은 팀원에 대해 관리 조치가 들어가야 하므로, 배정된 팀원과 그 팀원의 성과 정보가 주요 투입물이 됩니다.

9.5.1.1 프로젝트 관리 계획서(Project management plan)

프로젝트 관리 계획서에 포함된 내용 중 팀 관리에 대한 방법을 포함한 자원 관리 계획서를 투입물로 사용합니다.

◆ 자원 관리 계획서(Resource management plan)

자원 관리 계획서에는 역할 및 책임, 조직도, 팀원 관리 방법이 포함되어 있습니다. 사전에 준비한 계획에 따라 팀을 관리합니다.

9.5.1.2 프로젝트 문서(Project documents)

팀 관리에 필요한 여러 문서가 투입물로 사용됩니다.

◆ 이슈 기록부(Issue log)

프로젝트 팀의 이슈가 빨리 해결되도록 관리하는 것은 프로젝트 관리자의 책임입니다. 프로젝트 팀을 관리하는 과정에서 문제가 발생하면 문제를 기록하고 그 문제를 해결할 책임이 있는 담당자를 포함하여 해결 목표일을 명시하고 이슈를 관리합니다.

◆ **교훈 관리대장(Lessons learned register)**

과거의 교훈을 적용하면 팀 관리의 효과성을 높일 수 있습니다.

◆ **프로젝트 팀 배정표(Project staff assignments)**

프로젝트에 배정된 팀원은 관리 대상입니다.

◆ **팀 헌장(Team charter)**

보통 팀 헌장에는 갈등 해결 방법에 대한 내용을 포함하고 있습니다.

9.5.1.3 작업 성과 보고서(Work performance reports)

작업 성과 보고서는 프로젝트의 성과가 좋은지 나쁜지 분석된 보고서입니다. 작업 성과 보고서 및 관련 예측 자료는 향후 인적 자원 요구사항, 인정 및 보상, 팀원 관리 계획서 갱신을 결정하는 데 도움이 됩니다.

9.5.1.4 팀 성과 평가서(Team performance assessments)

팀 성과 평가서는 각 팀원의 공식, 비공식 실제 프로젝트 성과에 대한 정보입니다. 성과를 바탕으로 이슈를 해결하고, 갈등을 처리하고, 팀 관계를 향상시키기 위한 조치를 수행할 수 있습니다.

9.5.1.5 기업 환경 요인(Enterprise environmental factors)

기업 환경 요인 중 인적 자원 관리 정책은 팀 관리에 영향을 줄 수 있으므로 고려합니다.

9.5.1.6 조직 프로세스 자산(Organizational process assets)

팀 관리에 영향을 줄 수 있는 다양한 축적된 자산을 참고합니다.

9.5.2 팀 관리: 도구 및 기법

프로젝트 관리자가 팀을 관리할 때 사용할 수 있는 다양한 기법들이 사용됩니다. 사람을 관리하는 기술인 리더십, 영향력 행사, 효과적 의사결정, 동기부여 등을 이용하여 팀원을 관리합니다.

9.5.2.1 대인관계 및 팀 기술(Interpersonal and team skills)

프로젝트 팀을 관리하는 것이므로 [팀 개발]과 마찬가지로 다른 사람과 교류하는 기술인 대인관계 기술을 사용합니다.

◆ 갈등 관리(Conflict management)

다양한 배경을 가진 팀원들이 함께 일하다 보면 갈등이 생길 수 있으며, 갈등을 잘 관리하는 것이 프로젝트 성공에 도움이 됩니다. 전통적인 관점에서는 갈등은 나쁜 것, 문제를 일으키는 사람들에 의해서 발생하는 것, 피해야만 하는 것으로 생각했지만, 현대의 관점은 피할 수 없는 것, 때론 이익적인 것, 관리의 대상으로 보고 있습니다. 갈등의 당사자들은 갈등 해결에 **일차적 책임**이 있습니다. 필요 시 프로젝트 관리자가 중재자로서 갈등해결에 도움을 줄 수 있습니다. 중재를 영어로는 **Arbitration**이라고 합니다. 일반적으로 프로젝트 초기에는 우선순위(Priorities) 때문에 갈등이 많이 발생하고 실행 이후부터는 **일정**으로 인해 갈등이 많이 발생합니다. 갈등이 발생할 경우 갈등은 가능한 빨리 당사자들 간에 개인적으로 해결하는 것이 좋습니다.

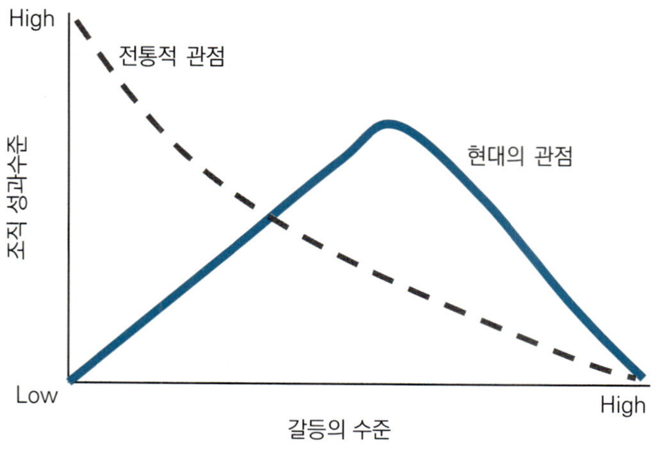

[그림 9-12] 갈등과 성과와의 관계

[갈등의 원인]

일정, 이전에 미해결된 갈등, 프로젝트의 우선순위, 희소한 자원, 기술적 문제, 팀 또는 파벌, 개인성격, 조직 구조, 의사소통 장벽, 기술적 요소 등.

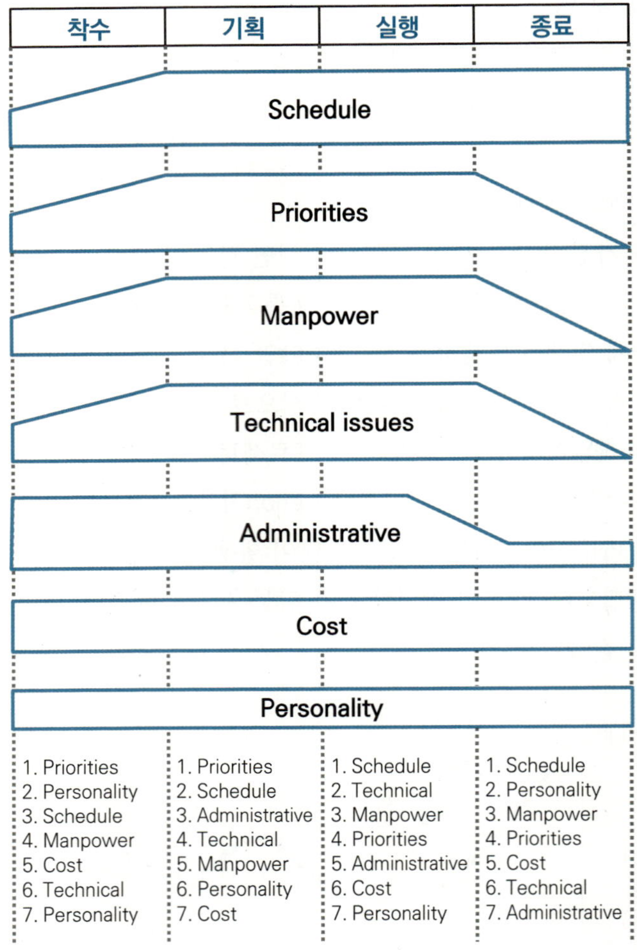

참조: Human resource skills for the project manager by Vijay K. Verma, PMI

[그림 9-13] 프로젝트 생애주기 동안 갈등의 경향

[갈등 해결방법]

프로젝트를 진행하면서 생길 수 있는 갈등을 해결하는 방법은 다음과 같습니다.

◆ Withdraw / Avoid

Withdraw는 사전적 의미로 '물러나다, 철수하다, 취하하다, 취소하다' 등의 뜻이 있습니다. Avoid는 사전적 의미로 '피하다, 회피하다, 방지하다' 등의 뜻이 있습니다. 따라서 이 방법은 갈등 상황으로부터 후퇴하는 것을 말합니다. 이 방법은 갈등 해결의 실패에 대해 지연시키는 방법이며 일시적으로 상황을 진정시키는 효과가 있습니다. 이길 수 없거나 관계가 중요하지 않을 때, 아직 해결 준비가 안 되었을 때, 시간을 벌고 싶을 때, 중립을 유지하거나 평판을 유지하고 싶을 때, 서서히 문제를 사라지게 하고 싶을 때 등에 사용합니다.

◆ Smooth / Accommodate

Smooth는 사전적 의미로 '매끈한, (일의 진행이) 순조로운, 부드러운' 등의 뜻이 있으며, Accommodate는 '(의견 등을) 수용하다, (요구 등에) 부응하다' 등의 뜻이 있습니다. 따라서 이 방법은 상대의 틀린 부분을 덜 강조하고 문제의 이슈 전반에 대해 단체를 강조하는 것을 말합니다. Smooth는 분위기를 우선하지만, 갈등의 근본 원인 해결은 피하게 됩니다. 예를 들면, '우리가 지금 서로 논쟁해서는 안 됩니다. 현재 일정도 앞서 있고 지금까지 잘 해왔잖아요.'라고 말하는 것입니다. 더 중요한 목표를 달성하기 위해서, 하모니, 친선, 평화를 유지하기 위해서, 시간을 벌기 위해서 등에 사용합니다. 이 방법은 문제를 해결하기 위해 노력하지 않고 수동적으로 보일 수 있습니다.

◆ Compromise / Reconcile

Compromise는 사전적 의미로 '타협하다, 굴욕적으로 양보하다' 등의 뜻이 있으며, Reconcile은 '(두 가지 이상의 생각이나 요구 등을) 조화시키다, 화해시키다, (어쩔 수 없는 불쾌한 상황을 체념하고) 받아들이다' 등의 뜻이 있습니다. 따라서 이 방법은 갈등 당사자들이 어느 정도 만족을 가져올 수 있는 교섭과 해법을 찾는 시도를 말합니다. 양쪽 모두 Win이지만 서로 조금씩 양보해서 원하는 결과를 얻기 때문에 만족의 정도는 적습니다. 복잡한 문제를 일시적으로 해결하기 위해서, 서로 Win-Win이 필요할 때, 이기기 어렵거나 시간이 충분치 않을 때, 당신보다 상대가 더 강할 때, 당신의 의견과 함께 당신의 관계를 유지하기 위해서, 당신이 옳은지 확실치 않을 때 등에 사용합니다.

◆ Force / Direct

Force는 사전적 의미로 '폭력, (강력한) 영향력, 지배력' 등의 뜻이 있으며, Direct는 '지배하다, 지시하다, 명령하다' 등의 뜻이 있습니다. 따라서 이 방법은 갈등의 당사자 중 권한이 큰 한 사람의 관점에서 다른 당사자에게 압력을 가하는 것입니다. 그러므로 항상 Win-lose 상황이 발생하게 되고 갈등 해결 방법으로서는 가장 안 좋은 방법입니다. 당신이 더 강하거나 수용이 별로 중요하지 않을 때 사용합니다. 사람들과 장기간 안 좋은 관계를 유발할 수 있습니다.

◆ Problem Solve / Collaborate

Problem solve는 문제 해결이라는 뜻이며, Collaborate는 사전적 의미로 '협력하다, 공동으로 작업하다, 제휴하다' 등의 뜻이 있습니다. 이 방법은 직접 문제 해결을 위해 문제를 정의하고 정보를 모으며 대안을 분석하고 개발하며, 가장 적절한 대안을 선택하여 직접 갈등의 문제 해결에 목적을 두는 것입니다. 따라서 서로 Win-Win이며, 시간이 오래 걸리는 단점이 있지만, 갈등 해결 방법 중 가장 좋은 방법으로 권장합니다. 합의를 얻기 위해서, 나중에 다른 방법의 사용을 막고 싶을 때, 미래 관계를 유지하기 위해서, 서로 신뢰할 때 등에 사용합니다.

5가지 방법을 나의 만족도와 상대의 만족도를 기준으로 사분면으로 표시하면 [그림 9-14]와 같이 표현할 수 있습니다.

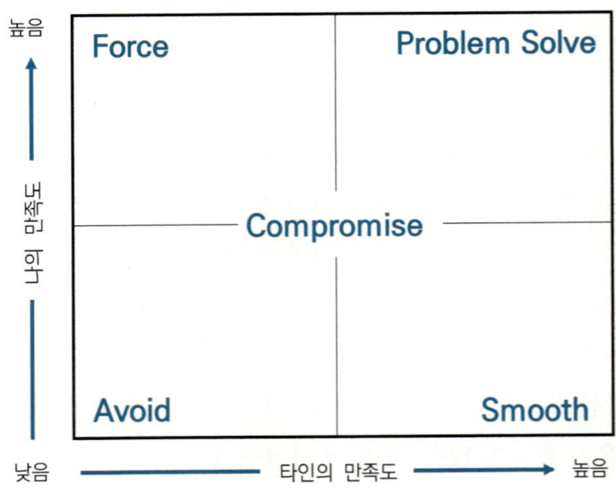

[그림 9-14] 갈등의 해결방법과 만족의 정도

◆ 의사결정(Decision making)

팀을 관리하다 보면 프로젝트 관리자는 관리자로서 의사결정을 내려야 하는 상황이 많이 생깁니다. 의사결정을 어떻게 하는가에 따라 이후 상황이 달라지기 때문에 의사결정은 신중히 해야 하며, 여러 대안을 분석하고 리스크를 고려해서 최선의 결정을 내리도록 해야 합니다.

◆ 감성지능(Emotional intelligence)

감성지능은 자신의 감정과 다른 사람들의 감정을 인식하고, 감정의 차이를 인식하고 적절하게 표시하며, 사고와 행동의 지침으로 감정 정보를 사용하며, 환경에 적응하고 목표를 달성하기 위해 감정을 관리 및 조정하는 것입니다. 감성지능은 Daniel Goleman에 의해 널리 알려졌으며, 프로젝트에서 감성지능을 잘 활용할 경우 이해관계자와의 관계 증진, 감정의 폭발을 예상하여 미리 피함, 효과적인 까다로운 팀원 관리, 감정정보를 이용한 최선의 결정, 긍정적인 업무환경 조성으로 팀의 사기 향상, 더 효율적인 의사소통, 구성원의 이직률 감소 등의 장점이 있습니다. 사람은 감정의 동물이라는 말이 있듯이 누구나 감정이 있으며, 감정은 수시로 변합니다. 프로젝트 관리자는 팀을 효과적으로 관리하기 위해 감정을 인식하고 감정 정보를 이용해서 팀을 관리할 수 있도록 감성지능을 향상시킬 필요가 있습니다.

◆ 영향력 행사(Influencing)

[팀 개발]에서도 사용했던 영향력 행사 기법은 팀을 관리하기 위해 프로젝트 관리자가 좋은 영향을 미치도록 설득, 경청, 다양한 관점의 인식 및 고려 등을 통해 영향력을 행사합니다.

◆ 리더십(Leadership)

프로젝트 관리자는 관리자이면서 리더입니다. 팀원들이 자신의 역할을 잘 수행할 수 있도록 강력한 리더십으로 팀을 이끌어야 합니다. 리더십에 대해서는 3장에서 설명했으므로, 3장의 내용을 참고하기 바랍니다.

9.5.2.2 프로젝트 관리 정보 시스템(Project management information system)

프로젝트 관리 소프트웨어에는 보통 자원 관리 기능이 포함되어 있습니다. 팀을 관리할 때 소프트웨어를 활용합니다.

9.5.3 팀 관리: 산출물

팀 관리의 핵심 산출물은 팀원에 대한 관리 조치가 포함된 변경 요청입니다.

9.5.3.1 변경 요청(Change requests)

팀의 성과를 향상시키기 위해 팀원 교체, 추가 교육 같은 변경 요청이 생길 수 있습니다.

9.5.3.2 프로젝트 관리 계획서 업데이트(Project management plan updates)

팀원을 관리하는 과정을 통해 프로젝트 관리 계획서의 일부가 업데이트될 수 있습니다.

◆ **자원 관리 계획서**(Resource management plan)

팀을 관리하는 과정에서 얻은 경험을 자원 관리 계획서에 업데이트합니다.

◆ **일정 기준선**(Schedule baseline)

만약 일부 작업을 조달로 넘기거나 시기를 변경할 경우 프로젝트 일정이 바뀔 수 있습니다.

◆ **원가 기준선**(Cost baseline)

만약 일부 작업을 조달로 넘기는 등 업무 수행 방식을 변경할 경우 원가 기준선이 변경될 수 있습니다.

9.5.3.3 프로젝트 문서 업데이트(Project documents updates)

이슈 기록부, 교훈 관리대장, 프로젝트 팀 배정표 등이 갱신될 수 있습니다.

◆ **이슈 기록부**(Issue log)

팀을 관리하는 과정에서 생긴 새로운 이슈는 이슈 기록부에 추가합니다.

◆ **교훈 관리대장**(Lessons learned register)

팀을 관리하는 과정에서 생긴 새로운 교훈은 교훈 관리대장에 추가합니다

◆ **프로젝트 팀 배정표**(Project team assignments)

팀원이 바뀌면 프로젝트 팀 배정표를 변경합니다.

9.5.3.4 기업 환경 요인 업데이트(Enterprise environmental factors updates)

팀 관리의 결과로 조직 성과 평가에 사용될 투입물, 직원 기량 등이 갱신될 수 있습니다.

9.6 자원 통제(Control Resources)

[팀 개발]과 [팀 관리] 프로세스가 인적 자원에 대한 프로세스였다면 [자원 통제]는 물적 자원에 대한 프로세스입니다. 물적 자원이 필요한 시점에 사용할 수 없게 되거나, 투입될 자원이 투입이 안 되거나, 부족하게 투입되면 프로젝트 수행에 문제가 생깁니다. [자원 통제]는 물적 자원이 정확한 시점에 계획된 자원이 투입되도록 통제하는 역할의 프로세스입니다.

[표 9-15] 자원 통제의 ITTO

<table>
<tr><th colspan="3">자원 통제(Control Resources)</th></tr>
<tr><td colspan="2">지식영역: 자원 관리(Resource management)</td><td>프로세스 그룹:
감시 및 통제(Monitoring and controlling)</td></tr>
<tr><th>투입물</th><th>도구 및 기법</th><th>산출물</th></tr>
<tr><td>1. 프로젝트 관리 계획서
• 자원 관리 계획서
2. 프로젝트 문서
• 이슈 기록부
• 물적 자원 배정표
• 프로젝트 일정
• 자원분류체계(RBS)
• 자원 요구사항
• 리스크 관리대장
• 교훈 관리대장
3. 작업 성과 데이터
4. 협약
5. 조직 프로세스 자산</td><td>1. 데이터 분석
• 대안 분석
• 비용-편익 분석
• 성과 검토
• 추세 분석
2. 문제 해결
3. 대인관계 및 팀 기술
• 협상
• 영향력 행사
4. 프로젝트 관리 정보시스템</td><td>1. 작업 성과 정보
2. 변경 요청
3. 프로젝트 관리 계획서 업데이트
• 자원 관리 계획서
• 일정 기준선
• 원가 기준선
4. 프로젝트 문서 업데이트
• 물적 자원 배정표
• 자원분류체계(RBS)
• 가정사항 기록부
• 리스크 관리대장
• 이슈 기록부
• 교훈 관리대장</td></tr>
</table>

[표 9-15]는 [자원 통제] 프로세스의 Inputs, Tools and Techniques, Outputs입니다. 통제는 성과를 측정해서 통제 여부를 결정하기 때문에 항상 투입물로 기준과 실적이 들어가며, 산출물은 통제 관련 프로세스에서 늘 나오는 작업 성과 정보와 변경요청이 주요 산출물입니다.

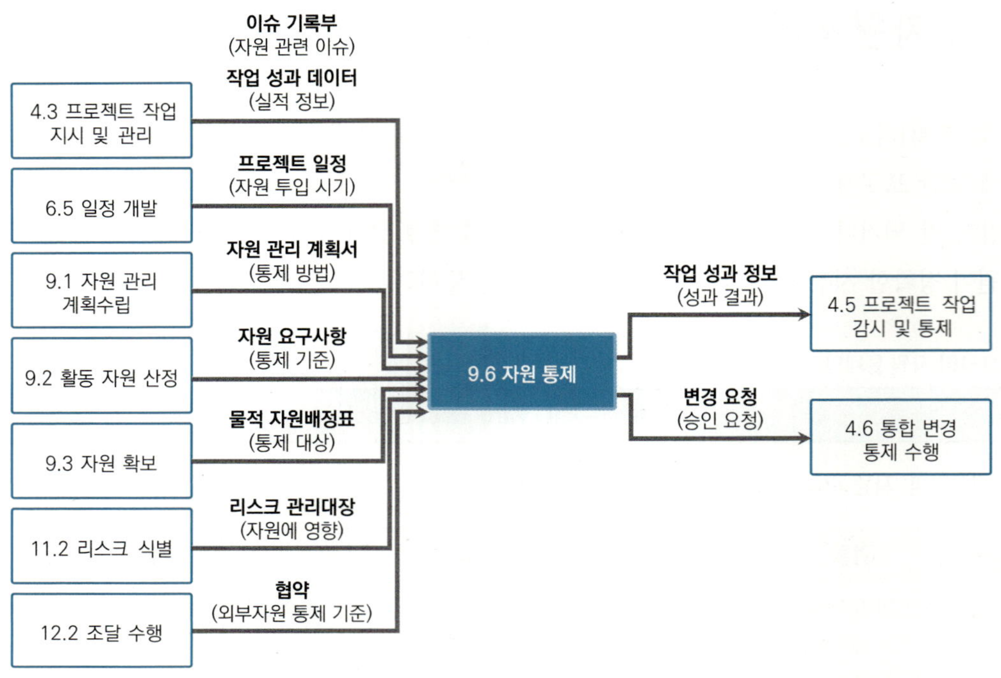

[그림 9-15] 자원 통제의 주요 흐름

[그림 9-15]는 [자원 통제]의 주요 흐름입니다. [자원 통제]의 기준과 실적을 투입하여 차이를 분석합니다. 성과 결과에 대한 정보인 작업 성과 정보는 작업 성과 보고서에 포함되어 해당 이해관계자에게 배포됩니다. 그리고 변경 요청은 무조건 [통합 변경 통제 수행] 프로세스를 통해 처리해야 합니다. [자원 통제]의 산출물이 다른 프로세스에 투입되는 이유는 다음과 같습니다.

[표 9-16] 자원 통제 산출물의 투입 이유

작업 성과 정보 투입 프로세스	투입 이유
4.5 프로젝트 작업 감시 및 통제	작업 성과 정보는 성과에 대한 정보이며, 성과 보고서에 담겨야 하기 때문에.
변경 요청 투입 프로세스	**투입 이유**
4.6 통합 변경 통제 수행	모든 변경은 공식적인 절차에 의해 승인을 받아야 처리할 수 있기 때문에.

9.6.1 자원 통제: 투입물

통제에 관련된 프로세스는 항상 기준과 실적이 주요 투입물입니다.

9.6.1.1 프로젝트 관리 계획서(Project management plan)

프로젝트 관리 계획서에 포함된 내용 중 자원 통제에 대한 방법을 포함한 자원 관리 계획서를 투입물로 사용합니다.

◆ **자원 관리 계획서**(Resource management plan)

자원 관리 계획서에는 물적 자원을 통제하는 방법이 포함되어 있습니다. 사전에 준비한 계획에 따라 물적 자원을 통제합니다.

9.6.1.2 프로젝트 문서(Project documents)

자원 통제에 필요한 여러 문서가 투입물로 사용됩니다.

◆ **이슈 기록부**(Issue log)

물적 자원과 관련된 부족하게 투입된 자원, 늦게 투입되는 자원, 등급이 낮은 자재의 투입 같은 이슈를 식별하고 해결하기 위해 이슈 기록부를 사용합니다.

◆ **교훈 관리대장**(Lessons learned register)

과거의 교훈을 적용하면 자원 통제의 효과성을 높일 수 있습니다.

◆ **물적 자원 배정표**(Physical resource assignments)

프로젝트에 배정된 물적 자원은 통제 대상입니다.

◆ **프로젝트 일정**(Project schedule)

프로젝트 일정은 물적 자원이 필요한 시기가 포함되어 있습니다. 필요한 시점에 물적 자원이 투입되지 않으면 통제해야 합니다.

◆ **자원분류체계**(Resource breakdown structure)

만약 통제를 위해 자원을 변경하거나 추가로 확보할 경우 자원분류체계를 참고합니다.

◆ 자원 요구사항(Resource requirements)

자원 요구사항은 프로젝트에 필요한 물적 자원의 유형과 수량에 대한 정보를 포함합니다. 필요한 물적 자원이 투입되지 않거나 필요한 수량만큼 투입되지 않을 경우 통제가 필요합니다.

◆ 리스크 관리대장(Risk register)

물적 자원에 영향을 미칠 수 있는 리스크를 고려해서 자원을 통제합니다.

9.6.1.3 작업 성과 데이터(Work performance data)

실제 사용된 물적 자원의 수량, 유형에 대한 정보입니다. 통제할 때 기준과 비교할 실적 정보입니다.

9.6.1.4 협약(Agreements)

협약은 외부 회사와의 계약으로서 외부 자원을 통제하기 위한 기준으로 사용합니다.

9.6.1.5 조직 프로세스 자산(Organizational process assets)

지속해서 축적해온 조직 프로세스 자산 중에 과거의 교훈, 자원 통제에 대한 정책, 이슈 보고 체계 등을 고려해서 물적 자원을 통제합니다.

9.6.2 자원 통제: 도구 및 기법

통제의 기준과 실적을 비교하여 성과를 분석합니다.

9.6.2.1 데이터 분석(Data analysis)

통제의 대표적인 기법은 성과 검토와 추세 분석입니다.

◆ 대안 분석(Alternatives analysis)

물적 자원을 통제하는 방법은 여러 가지가 가능합니다. 다양한 아이디어를 내서 최선의 통제 방법을 찾습니다.

◆ 비용-편익 분석(Cost-benefit analysis)

통제를 하기 위한 시정 조치를 취할 때 비용대비 효과가 가장 좋은 방법을 찾아야 합니다.

◆ 성과 검토(Performance reviews)

기획에서 계획한 자원과 실제 사용된 자원을 측정, 비교, 분석해서 시정 조치나 예방 조치 같은 변경 요청이 필요한지 결정합니다. 성과 검토 및 차이 분석은 여러 통제 관련 프로세스의 도구 및 기법으로 많이 쓰입니다.

◆ 추세 분석(Trend analysis)

지금까지의 성과를 분석하여 성과가 낮아지고 있다면 다음 단계에서 자원이 추가로 필요할 수 있습니다.

9.6.2.2 문제 해결(Problem solving)

관리 및 보관을 제대로 못 해서 자재가 손상된 경우, 외부 업체가 파산해서 자재를 공급받기 어려운 상황 같은 문제가 생기면 프로젝트 관리자는 최대한 빨리 문제를 해결해야 합니다.

9.6.2.3 대인관계 및 팀 기술(Interpersonal and team skills)

[팀 관리]에서 사용했던 것처럼 협상, 영향력 행사 등을 사용해서 물적 자원을 통제합니다.

◆ 협상(Negotiation)

물적 자원이 추가로 필요할 경우, 자원을 변경해야 할 경우, 자원의 비용을 낮춰야 하는 경우에 협상 기술이 필요합니다.

◆ 영향력 행사(Influencing)

영향력 행사는 프로젝트 관리자가 문제를 해결하고 필요한 자원을 필요한 시점에 확보하는 데 도움이 됩니다.

9.6.2.4 프로젝트 관리 정보 시스템(Project management information systems)

일반적으로 프로젝트 관리 정보 시스템에는 자원을 관리하는 기능과 일정 관리 기능을 포함하고 있습니다. 소프트웨어를 활용해서 올바른 시점에 올바른 자원이 투입되도록 관리합니다.

9.6.3 자원 통제: 산출물

성과 검토를 통해 물적 자원에 대한 관리 상태를 알게 되며, 필요한 시점에 필요한 자원이 투입되지 않았을 경우 이를 위한 시정 조치가 요청됩니다.

9.6.3.1 작업 성과 정보(Work performance information)

작업 성과 정보는 기준(자원 요구사항)과 실제 결과(할당되고 사용된 자원)를 비교하여 현재 성과가 좋은지 나쁜지에 대한 정보들입니다. 이 내용은 작업 성과 보고서로 문서화하여 관련 이해관계자에게 전달합니다.

9.6.3.2 변경 요청(Change requests)

물적 자원에 대한 예방 조치, 시정 조치, 결함 수정 같은 변경이 요청됩니다.

9.6.3.3 프로젝트 관리 계획서 업데이트(Project management plan updates)

물적 자원을 통제하는 과정을 통해 프로젝트 관리 계획서의 일부가 업데이트될 수 있습니다.

◆ 자원 관리 계획서(Resource management plan)

물적 자원을 통제하는 과정에서 얻은 경험을 자원 관리 계획서에 업데이트합니다.

◆ 일정 기준선(Schedule baseline)

물적 자원을 통제하는 동안 만약 자원 관리 방법이 변경되면 프로젝트 일정이 일부 바뀔 수 있습니다.

◆ 원가 기준선(Cost baseline)

물적 자원을 통제하는 동안 만약 자원 관리 방법이 변경되면 원가 기준선이 일부 변경될 수 있습니다.

9.6.3.4 프로젝트 문서 업데이트(Project documents updates)

가정사항 기록부, 이슈 기록부, 교훈 관리대장, 물적 자원 배정표 등이 갱신될 수 있습니다.

◆ 가정사항 기록부(Assumption log)

자원을 통제하는 과정에서 새로 생긴 물적 자원에 대한 가정사항이 있으면 가정사항 기록부에 추가합니다.

◆ 이슈 기록부(Issue log)

물적 자원을 통제하는 과정에서 생긴 새로운 이슈는 이슈 기록부에 추가합니다.

◆ 교훈 관리대장(Lessons learned register)

물적 자원을 통제하는 과정에서 생긴 새로운 교훈은 교훈 관리대장에 추가합니다

◆ 물적 자원 배정표(Project team assignments)

물적 자원에 대한 변경사항이 생기면 물적 자원 배정표를 업데이트합니다.

◆ 자원분류체계(Resource breakdown structure)

물적 자원에 대한 사용 방식에 변경사항이 생겨서 자원분류체계를 업데이트할 수도 있습니다.

◆ 리스크 관리대장(Risk register)

물적 자원에 대한 새로운 리스크가 식별되면 리스크 관리대장에 추가합니다.

잠깐! **동기부여 이론**

PMP® 시험에는 그동안 다양한 동기부여 이론이 많이 출제됐었습니다. 따라서 다양한 동기부여 이론의 내용과 이론을 발표한 학자의 이름도 반드시 기억해야 합니다.

매슬로우(Abraham Maslow)의 욕구 5단계

매슬로우는 인간의 본성에 대해서 다음 3가지 가정을 세우고 동기부여 이론을 개발하였습니다.

가정1) 인간은 만족할 수 없는 욕구를 갖고 있다.
가정2) 인간의 행동은 만족하지 못한 욕구를 채우는 것을 목표로 한다.

가정3) 인간의 욕구는 기본 욕구(생리적 욕구, 안전 욕구)에서부터 상위 욕구(소속과 애정의 욕구, 존경 욕구, 자아실현 욕구)까지 5단계로 이루어져 있다. 기본적인 욕구가 채워지면 인간은 상위 욕구를 채우려 한다. 따라서 상위 욕구는 하위 욕구가 충족될 때 동기요인으로서 작용한다.

매슬로우는 인간에게 중요한 순서에 따라 욕구를 5단계로 나열하여, 하나의 욕구가 만족되면 다음 단계의 욕구가 나타나서 충족을 요구한다는 욕구 위계론을 제시하였습니다. PMP® 시험에서는 5단계의 순서와 관련 내용을 묻는 정도의 형식으로 출제되는 경향이 있습니다.

1 단계: 생리적 욕구(Physiological needs) – 의식주의 욕구
2 단계: 안전 욕구(Safety needs) – 신체적, 감정적 안전을 추구하는 욕구(공포, 위험 및 피해로부터 보호)
3 단계: 소속감과 애정 욕구(Belongingness and love needs) – 집단 속에 소속되어 인정받고 싶은 욕구. 직장, 결혼, 공동체 활동, 우정 등
4 단계: 존경 욕구(Esteem needs) – 내적 성취감(자기만족), 외적 성취감(타인 인정과 존경)의 욕구. 집단 내에서 뛰어나고자 하는 욕구
5 단계: 자아실현 욕구(Self-actualization needs) – 지속적인 자기 계발을 통한 자기발전, 자아완성의 욕구

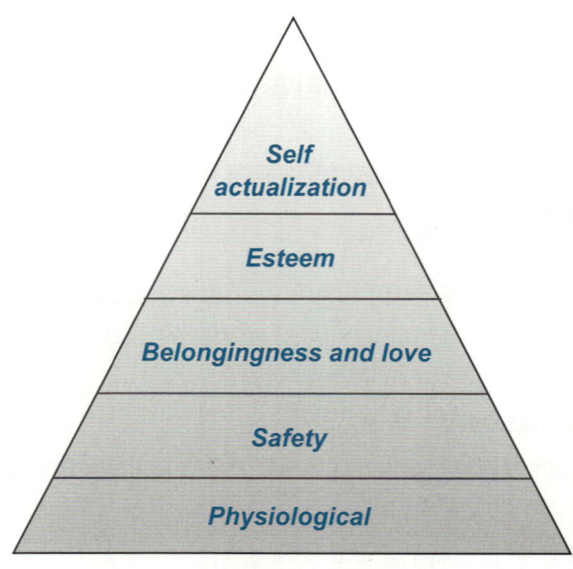

[그림 9-16] 매슬로우 욕구 5단계

허즈버그의 Two factor theory (Frederick Herzberg)

허즈버그는 '사람들은 그들의 직업에서 진정 원하는 것은 무엇일까?'라는 질문으로 연구를 해나갔습니다. 1950년대에 200명이 넘는 기술자와 회계사를 대상으로 심층 면접으로 직무수행과 관련하여 직무만족 조사를 실시한 결과 개인의 동기에 영향을 주는 요인들은 서로 다른 두 가지 부류로 나뉘고, 상호 독립적인 상이한 방식으로 인간의 행태에 영향을 미친다는 것을 발견하였습니다. 즉, 하나의 요소가 충분하면 자신의 직업에 만족하고, 그 요소가 부족하면 자신의 직업에 불만족한 것이 아니라 자신의 직업에 만족하는 이유와 만족하지 못하는 이유가 각각 다르다는 것입니다.

허즈버그는 직무만족에 영향을 주는 요인을 '동기요인(Motivating agent)'이라 칭하고 직무 불만족에 영향을 주는 요인을 '위생요인(Hygiene factor)'이라 했습니다. 허즈버그는 자신의 성장/일의 성취/승진기회 등의 동기요인이 만족되지 않았을 때 그것은 직무 만족의 반대인 직무 불만족 아니라 직무 만족이 되지 않은 상태이고, 급여/회사정책/물리적 환경 등의 위생요인이 만족되었을 때 그것은 직무불만족의 반대인 직무 만족이 아니라 직무 불만족이 일어나지 않은 상태라고 했습니다.

[표 9-17] 위생요인과 동기요인

위생요인(Hygiene factor)-불만족의 요인	동기요인(Motivating agent)-만족의 요인
회사정책과 행정, 보수, 작업조건, 동료와의 관계, 감독, 개인의 생활, 직장의 안정성 등과 같이 주로 개인의 불만족을 주는 효과를 가져오는 요인.	성취감, 인정, 책임감, 도전성, 성장 가능성, 발전 및 보람 있는 직무내용 등과 같이 개인으로 하여금 더 열심히 일하게 성과를 높여주는 요인.
일할 것인지 안 할 것인지를 결정한다.	일을 얼마나 열심히 할 것인지를 결정한다.
동기부여 시키지는 못하지만, 반드시 존재해야 하며 적절히 충족시켜야 한다.	직무내용을 개선, 향상시키는 데 주의를 기울여야 한다.
외재적 동기부여.	내재적 동기부여.
주로 직무의 환경과 관련.	주로 직무의 내용과 관련.

맥그리거(Douglas McGregor)의 X이론과 Y이론

미국의 경영학자 맥그리거는 1960년대에 인간과 일의 관계를 두 가지 가설로 나눴습니다. 기본적으로 인간 본성에 대한 부정적인 관점을 X이론(X theory)이라 하고 긍정적인 관점을 Y이론(Y theory)이라 하였습니다. 맥그리거는 Y이론의 가정이 X이론의 가정보다 더 가치가 있다고 믿었습니다. X이론은 현대인에게 동기 유인을 제공하지 못할 것이라고 생각했고, 고급 욕구의 충족을 원하는 현대인에게는 Y이론에 기반한 관리 방법이 낫다고 생각했습니다.

[X이론]

직원은 선천적으로 일을 싫어하고 가능하면 피하려고 하므로 바람직한 목표를 달성하기 위해서는 그들은 반드시 강제되고 통제되고 처벌로 위협해야 한다. 그리고 직원은 책임을 회피하고 가능하면 공식적인 지시에만 따르려 한다. 또한, 대부분의 작업자는 작업과 연관된 요인 중 무엇보다 안전성을 추구하려 하고 어떤 야심을 보이지 않는다.

[Y이론]

직원은 일하는 것을 휴식이나 놀이처럼 자연스러운 것으로 보면서 자신에게 주어진 목표 달성을 위해서 스스로 지시하고 통제하며 관리해 나간다. 그리고 보통의 인간은 책임을 받아들이고 스스로 책임을 찾는다. 따라서 의사결정에 조직 구성원을 광범하게 참여시키는 참여적 관리, 목표 관리가 행해지며, 엄격한 관리 대신 부하가 문제 해결의 주체가 되고 상사는 그 문제 해결을 도와주는 식의 관리가 행해지게 된다.

Z 이론

Z이론은 미국의 윌리엄 오우치 교수가 제시한 경영이론으로서 X이론, Y이론의 절충형 이론입니다. 2차 세계대전 이후에 빠르게 경제 성장을 이룬 일본 기업들의 장점을 미국식 경영 방식에 접목한 이론입니다.

당시 미국 기업들은 기술과 과학적인 접근방식을 선호했고 개인적 차원의 인적 자원 관리에만 치중하여 생산성 향상이 정체되고 있었습니다. 이 문제를 해결하기 위해 일본 기업의 높은 생산성에 주목했고 그 원인을 분석했습니다. 일본기업(J타입)의 가장 큰 특징은 장기고용(종신고용)인데, 이로 인해 상호협동, 충성심, 자발적 헌신 등을 유도하게 됩니다. 반면 미국 기업의 종사들은 평생직장 개념이 낮습니다. 또한 일본 기업은 여러 부서를 돌아가며 업무를 두루 경험하게 하는 순환근무제를 운영하고 있습니다. 이를 통해 상황협력을 원활히 할 수 있고 회사 전체의 이익을 고려하게 됩니다. 또한 일본 기업은 참여유도적 의사결정 방식을 채택하여 집단 구성원 전체가 의사결정에 참여합니다. 이러한 일본 기업의 장점을 미국기업(A타입)의 특징인 명시적인 관리시스템과 데이터와 전문화에 의한 경영, 개인책임 등의 장점에 결합시켰습니다. IBM 등 미국에서 성과가 높은 기업을 보니 순수한 A타입 보다는 J타입과 유사한 기업이 많다는 점을 발견했습니다. 이를 Z타입으로 불렀습니다.

브룸(Victor H. Vroom)의 기대이론(Expectancy theory)

심리학자 브룸에 의하면 동기는 유의성(Valence), 수단(Instrumentality), 기대(Expectancy)의 3요소에 의해 영향을 받는다고 말했습니다. 유의성은 특정 보상에 대해 갖는 선호의 강도를 말합니다. 관리자가 주는 보상이 마음에 들어야 더 열심히 일하지, 보상이 맘에 들지 않으면 열심히 하지 않습니다. 수단은 어떤 특정한 수준의 성과를 달성하면 바람직한 보상이 주어지리라고 믿는 정도를 말합니다. 자신에게 이익이 된다면 더 열심히 합니다. 만약 여행을 좋아하는 사람에게 성과에 따라 연말에 여행 상품권을 준다고 하면 여행을 좋아하지 않는 사람에 비해 더 열심히 일하게 됩니다. 기대는 어떤 활동이 특정 결과를 가져오리라고 믿는 가능성을 말합니다. 열심히 해도 달성하기 어렵다고 생각하는 일은 포기하는 경우가 많습니다. 가능성이 높을 때 더 열심히 일하게 됩니다. '동기의 강도 = 유의성×기대'로 나타낼 수 있습니다.

즉, 브룸의 기대 이론은 어떤 일을 하게 되는 사람의 동기는 적극적이든 소극적이든 간에 자신의 노력 결과에 대해 스스로 부여하는 가치에 의해 결정될 것이며, 또한 자신의 노력이 목표를 성취하는 데 실질적으로 도움을 줄 것이란 확신을 갖게 될 때 더욱 크게 동기부여를 받는다는 것입니다.

맥클랜드(David McClelland)의 성취동기(3욕구) 이론(Three-needs theory)

매슬로우의 이론과 마찬가지로 맥클랜드의 성취동기 이론도 인간의 욕구에 기초한 동기부여 이론입니다. 하버드대학의 맥클랜드 교수는 조직에서 개인을 동기 부여시키는 욕구를 성취욕구(Need for achievement), 권력욕구(Need for power), 친화욕구(Need for affiliation)의 세 가지 형태로 구분했습니다.

① 성취욕구(Need for achievement)
성취욕구가 강한 사람은 성공에 대한 강한 욕구를 가지고 있으며, 이런 사람은 책임을 적극적 수용하며, 노력에 대한 피드백을 받고 싶어합니다. 따라서 이런 사람은 개인에게 많은 책임과 권한이 주어지는 도전적인 직무에 배치하는 것이 동기부여가 됩니다.

② 권력욕구(Need for power)
높은 권력욕구가 있는 사람은 리더가 되어 남을 통제하는 위치에 서는 것을 선호하며 타인들로 하여금 자기가 바라는 대로 행동하도록 강요하는 경향이 큽니다. 따라서 자신이 타인의 행동을 통제하는 직무에 배치하는 것이 동기부여가 됩니다.

③ 친화욕구(Need for affiliation)
친화욕구가 높은 사람은 다른 사람들과 좋은 관계를 유지하려고 노력하며 타인들에게 친절하고 동정심이 많고 타인을 도우며 즐겁게 살려고 하는 경향이 큽니다. 따라서 다른 사람과 밀접한 관계를 유지할 수 있는 직무에 배치하는 것이 동기부여의 효과가 있습니다.

핵심 용어

Perquisites(Perks) & Fringe benefit

- Perquisites: 지위에 따르는 특권을 말함. 예 개인 주차공간, 개인 사무실 공간
- Fringe benefit: 전체 모두 혜택이 있는 요소. 예 종합검진

핵심 용어

Halo effect(후광 효과)

헤일로 효과는 사람이나 사물을 평가할 때 나타나는 오류를 뜻하는 심리학 용어입니다. 인물이나 사물 등 일정한 대상을 평가하면서 그 대상의 일부 특성이 전체 평가에 영향을 주어 객관적이지 못한 판단을 하게 되는 인간의 심리적 특성을 말합니다. 예를 들면, 포장이 세련된 상품을 고급품으로 인식하거나, 업무 평가를 할 때 성격이 차분한 직원에게 업무수행능력의 정확성 면에서 높은 평점을 주는 경우, 엔지니어가 기술에 대해 뛰어난 능력을 보이면 관리자로서도 역할 수행을 잘 할 거라는 생각에 관리자로 승격시키는 경우 등이 있습니다.

핵심 용어

호프스테더의 5가지 문화 관점

네덜란드의 문화 인류 심리학자인 헤이르트 호프스테더(Geert Hofstede)는 여러 나라 간의 문화 차이가 경영진의 결정에 영향을 미친다는 연구를 발표했습니다. 호프스테더는 국가 및 조직의 문화 간의 상호 작용을 연구문화를 분류하는 5가지 관점이 있다고 했습니다. 호프스테더는 1967년부터 1973년까지 수년간에 걸쳐 세계 여러 나라에 흩어져 있는 IBM의 직원 11만 7천 명을 대상으로 분석하였으며, 2000년대에 70여 개국으로 확대하여 이론을 검증했습니다. 5가지 문화 관점은 다음과 같습니다.

1. 권력간 거리: 낮은 vs. 높은 권력 거리(Low vs. high power distance)
2. 개인주의 성향: 개인주의 vs. 집단주의(Individualism vs. collectivism)
3. 남성성-여성성: 남성적 사회 vs. 여성적 사회(Masculinity vs. femininity)
4. 불확실성에 대한 회피: 낮은 vs. 높은 불확실성 회피(Low vs. high uncertainty avoidance)
5. 장기 지향성: 장기적 지향 vs. 단기적 지향((Long term orientation vs. short term orientation)

09 핵심 정리

- 9장의 자원 관리는 '물적 자원'과 '인적 자원(프로젝트 팀)'관리에 대한 내용으로 구성되어 있습니다.
- Just-in-time은 원재료에 대한 재고를 '0'으로 관리하자는 일본 토요타에서 개발된 생산 전략입니다.
- 조직도는 팀원 간의 보고 관계를 도식화한 것이며, OBS(Organizational breakdown structure)'라고도 부릅니다.
- 사람과 일을 교차시키고 교차되는 부분에 역할과 책임을 표현한 것을 'RAM(Responsibility assignment matrix)'이라고 부릅니다. RACI Chart, LRC(Linear responsibility chart)라고도 합니다.
- 자원 관리 계획서에는 팀원의 역할과 책임, 조직도, 관리 방법이 모두 포함되어 있습니다.
- 자원 히스토그램은 주 또는 월 단위로 개인이나 부서 또는 전체 프로젝트 팀이 얼마만큼의 시간을 투입해야 하는지를 보여주는 수직 막대차트입니다.
- 만약 경쟁적인 계약을 따기 위해 제안서에 미리 특정 인력이 명시되었는데 계약이 체결되어 프로젝트를 진행하면 사전 배정된 사람은 프로젝트에 투입됩니다.
- 자원을 산정하는 기법은 기간을 산정하거나 원가를 산정할 때 사용했던 기법과 비슷합니다.
- 프로젝트 관리에서 사용하는 달력은 프로젝트 달력과 자원 달력 두 가지입니다.
- 팀의 성과를 향상시키기 위해서는 개인 역량 향상, 팀의 결속 향상이 필요합니다.
- 미국 심리학자인 Bruce Wayne Tuckman은 팀 개발 5단계 이론을 발표했습니다. 팀 개발은 Forming, Storming, Norming, Performing, Adjourning 순서로 진행됩니다.
- [팀 관리]는 프로젝트 관리자자 팀원의 성과를 기반으로 팀원을 관리하는 프로세스입니다.
- 팀에 갈등이 생기면 프로젝트 관리자가 중재자로서 갈등 해결에 도움을 줄 수 있습니다. 중재를 영어로는 Arbitration이라고 합니다.
- 프로젝트 초기에는 우선순위 때문에 갈등이 많이 발생하고 실행 이후부터는 일정으로 인해 갈등이 많이 발생합니다.
- 갈등 해결 방법은 5가지가 있으며, 그중에서 가장 권장하는 방법은 Problem Solve입니다.

- [자원 통제]는 물적 자원에 대한 통제만 수행합니다.
- 매슬로우는 인간의 본성에 대해서 5단계의 동기부여 이론을 개발하였습니다.
- 허즈버그는 직무만족에 영향을 주는 요인을 '동기요인(Motivating agent)'이라 칭하고 직무불만족에 영향을 주는 요인을 '위생요인(Hygiene factor)'이라 명명하였습니다.
- 미국의 경영학자 맥그리거는 인간 본성에 대한 부정적인 관점을 X이론(X theory)이라 하고 긍정적인 관점을 Y이론(Y theory)이라 하였습니다.
- 미국 윌리엄 오우치 교수는 X이론, Y이론의 절충형 이론인 Z 이론을 발표했습니다.
- 브룸은 자신의 노력 결과에 대해 스스로 부여하는 가치에 의해 동기가 결정된다는 기대이론을 발표했습니다.
- 맥클랜드 교수는 조직 내 개인의 동기 부여시키는 욕구를 성취욕구, 권력욕구, 친화욕구의 세 가지 형태로 파악한 이론을 발표했습니다.
- Perquisite은 지위에 따르는 특권을 말하며, Fringe benefit는 모두에게 혜택이 있는 요소를 뜻합니다.
- 헤일로 효과의 예로서 엔지니어가 기술에 대해 뛰어난 능력을 보이면 관리자로서도 역할 수행을 잘 할 거라는 생각에 관리자로 승격시키는 경우가 있습니다.
- 네덜란드의 호프스테더는 여러 나라 간의 문화 차이가 경영진의 결정에 영향을 미친다는 연구를 발표했습니다.

09 이해도 테스트 문제

01 프로젝트에서 관리해야 하는 자원에 대한 프로세스 6개와 그 역할을 적어보세요.

02 기획에서 인적 자원(프로젝트 팀)에 대해 준비해야 할 사항들은 어떤 것들이 있습니까?

03 [활동 자원 산정] 프로세스는 어떤 다른 프로세스들과 연관되어 있습니까?

04 프로젝트에 필요한 자원을 확보하는 방법은 어떤 것이 있습니까?

05 프로젝트 관리자가 프로젝트 성과 향상을 위해 팀을 개발하는 방법은 어떤 것이 있습니까?

06 갈등을 해결하는 기법은 어떤 것이 있으며, 각 특징은 무엇입니까?

07 동기부여 이론은 어떤 것들이 있습니까?

정답은 교재를 통해 직접 본인이 찾아보기 바랍니다.

09 용어의 뜻 연결하기

- Responsibility
- Responsibility assignment matrix
- Colocation
- Storming
- Organization chart
- Competency
- Forcing
- Hygiene factor
- Douglas McGregor
- Expectancy theory
- Halo effect
- Perquisites

- 프로젝트 활동을 완료하는 데 필요한 기량과 능력
- 상사와의 관계, 근무환경, 급여, 동료관계, 개인생활, 부하관계 등과 같이 직장에서 불만족하게 하는 요인
- 팀원 간의 보고 관계를 도식화한 것
- 사람과 일을 교차시키고 마주치는 부분에 그 사람의 역할과 책임을 표현한 것
- 프로젝트의 활동을 완료하기 위하여 프로젝트 팀원에게 수행하도록 배정되는 작업
- 물리적으로 같은 공간에서 일하는 것
- 자신의 노력이 목표를 성취하는 데 실질적으로 도움을 줄 것이란 확신을 갖게 될 때 더욱 크게 동기부여를 받는다는 이론
- Tuckman의 팀 형성 5단계에서 개인 간 문제점을 둘러싸고 대립과 갈등이 있는 단계
- 갈등의 당사자 중 권한이 큰 한 사람의 관점에서 다른 당사자에게 압력을 가하는 것
- X이론과 Y이론을 발표한 학자
- 지위에 따르는 특권
- 인물이나 사물 등 일정한 대상을 평가하면서 그 대상의 특질이 다른 면의 특질에까지 영향을 미치는 효과

09 예상 문제

01 **당신의 프로젝트 팀의 성과가 점차 떨어지고 있습니다. 팀의 성과를 높이기 위해 팀을 개발하려고 하는데, 다음 중 효과적인 팀 개발의 주요 목표는 무엇입니까?**

A. 프로젝트 성과의 향상

B. 효과적이고 유연한 팀 운영

C. 프로젝트 관리자가 프로젝트 결과에 대하여 궁극적으로 책임을 진다는 것에 대한 이해

D. 프로젝트에 기여할 수 있는 이해관계자의 능력향상

02 **프로젝트의 스폰서가 어떤 작업에 들어갈 비용을 10% 줄이길 원합니다. 당신은 프로젝트 관리자로서 비용 삭감에 대해 불만족합니다. 당신이 스폰서를 찾아가서 "10%의 비용 삭감은 납득할 수 없으며, 비용 삭감을 저는 반대합니다."라고 했을 때 스폰서가 "이번 프로젝트가 우리 회사에서 매우 중요한 것을 우리는 잘 알고 있습니다. 전체작업 비용이 아니라 특정 작업 하나에 대해 비용을 줄이는 것에 대해 논쟁하지 않으면 좋겠습니다."라고 했다면 스폰서는 어떤 갈등 해결 기법을 사용한 것입니까?**

A. Force

B. Problem solve

C. Avoid

D. Smooth

03 **프로젝트 팀 형성 및 프로젝트 초기 단계 동안에 프로젝트 팀 내에서 발생하는 갈등의 가장 일반적인 원인은 무엇입니까?**

A. 일정(Schedule)

B. 원가(Cost)

C. 프로젝트 우선순위(Project priorities)

D. 기술적 선택사항(Technical opinions)

04 **당신의 팀원 두 사람이 기술적 문제로 갈등을 겪고 있음을 알게 되었습니다. 당신은 이 갈등이 해결된 후에 다시 발생하지 않고 오래 해결이 지속되기를 바랍니다. 당신은 갈등 해결이 가장 오래 지속되도록 하기 위해 팀원이 어떤 방법을 통해 해결하길 바랍니까?**

A. Force

B. Smooth

C. Compromise

D. Problem solve

05 **현재 웹사이트 구축 프로젝트에서 일하고 있는 두 명의 팀원이 도입하고자 하는 이메일 발송 시스템의 사양에 대해 서로 의견의 불일치를 갖고 있습니다. 누가 이 분쟁을 해결해야 합니까?**

A. 두 명의 팀원과 그들의 프로젝트 관리자

B. 프로젝트 관리자

C. 경영진

D. 시스템 책임자

06 **당신은 프로젝트를 진행하면서 다양한 갈등을 겪을 것에 대해 생각하고 있습니다. 다양한 이유로 갈등이 발생할 것으로 예측하고 있으며, 미리 갈등의 원인 중 우선순위가 높은 갈등의 원인에 대해 대응책을 마련하려고 합니다. 여러 갈등의 원인이 프로젝트 진행에 따라 우선순위가 바뀌지만, 프로젝트에서 가장 일반적인 갈등의 원인은 늘 주시하고 있어야 합니다. 가장 일반적 갈등의 원인은 무엇입니까?**

A. 일정(Schedule)

B. 원가(Cost)

C. 품질(Quality)

D. 우선순위(Priority)

07 **매슬로우는 인간의 본성에 대해서 3가지 가정을 세우고 동기부여 이론을 개발하였습니다. 매슬로우는 인간에게 중요한 순서에 따라 욕구를 5단계로 나누었는데요, 다음 중 매슬로우 구조에서 가장 높은 단계는 무엇입니까?**

A. 생리적 만족 욕구

B. 자아실현 욕구

C. 사회적 욕구

D. 안전 욕구

08 **당신은 팀원들에게 동기부여를 하기 위해 다양한 동기부여 이론에 대해 학습하고 있습니다. 팀원들의 얘기를 듣다 보니 팀원들의 불만족 사항은 주로 회사정책, 보수, 작업조건, 동료와의 관계 등이 주원인이었습니다. 동기부여에 대해 공부를 하다 보니 이런 불만족의 요인을 위생요인이라고 하는 내용을 보게 되었습니다. 다음 중 어떤 동기부여 이론이 위생요인(Hygiene factors)에 관한 내용을 다루고 있습니까?**

A. Maslow

B. Deming

C. McGregor

D. Herzberg

09 **당신은 규모가 큰 통신관련 프로젝트의 관리자로 막 임명되었습니다. 이 프로젝트는 이미 50%가 끝났으며, 프로젝트 팀은 5개의 Seller와 20명의 당신 회사 직원으로 구성되어 있습니다. 당신은 이 프로젝트에서 누가 무슨 책임이 있는지 알고 싶어 합니다. 어디서 그런 정보를 찾을 수 있습니까?**

A. 책임배정매트릭스(Responsibility assignment matrix)

B. 자원 히스토그램(Resource histogram)

C. 간트 차트(Gantt chart)

D. 프로젝트 조직도(Project organization chart)

10 **당신은 프로젝트를 수행하는 동안 팀을 관리하기 위해 RAM을 개발했습니다. 다음 중 책임배정매트릭스(Responsibility assignment matrix)에 표현되지 않는 것은 무엇입니까?**

A. 작업 일정

B. 역할과 책임

C. 작업자명

D. 작업이름

11 **당신은 팀원들을 믿지 못해서 늘 팀을 감시하는 데 시간을 보내며, 그들이 항상 딴생각을 한다고 생각합니다. 대부분 팀원은 작업과 연관된 요인 중 무엇보다 안전성을 추구하려 하고 어떤 야심을 보이지 않는다고 생각하고 있습니다. 당신은 어떤 관리자에 가깝습니까?**

A. Theory X manager

B. Hygiene factor manager

C. Maslow's hierarchy manager

D. Strong self-actualization manager

12 **현재 프로젝트는 규모가 커서 여러 팀으로 구성하여 일을 진행하고 있습니다. 그런데 팀 B에서 자주 마감일을 지키지 못함으로 인해 팀 C가 여러 차례 주경로(Critical path)에 대해 공정압축법(Crashing)을 수행했습니다. 당신이 팀 C의 프로젝트 리더라면 이 문제를 해결하기 위해 누구를 만나야 합니까?**

A. 팀 C의 경영진

B. 프로젝트 관리자

C. 프로젝트 관리자와 경영진

D. 프로젝트 관리자와 팀 B의 프로젝트 리더

13 **지난 수년간 회사의 경영상태 악화로 회사에서 다음 달에 정리해고를 실행한다고 막 알려왔고 당신 프로젝트 팀의 사람들이 포함될 가능성도 충분히 있습니다. 만약 당신이 팀에게 "자, 진정하시고 돌아가서 일하세요. 만약 다음 달 우리 프로젝트 성과가 좋으면 저희는 해고되지 않을 수도 있습니다."고 얘기했다면 어떤 갈등 해결 기법을 사용한 것입니까?**

A. Compromise　　B. Force
C. Smooth　　D. Withdraw

14 **프로젝트 팀원들이 어느 날 모두 회의실에 모여서 앞으로 프로젝트를 수행하는 동안 서로 지켜야 할 기본 규칙을 정하려고 하고 있습니다. 다음 중 기본 규칙(Ground rule)에 대해 틀리게 설명한 것은 무엇입니까?**

A. Ground rule은 모든 팀원에게 알려져야 한다.
B. Ground rule은 명확하게 정의되어야 한다.
C. Ground rule은 프로젝트에서 지켜야 할 행위 규정을 포함한다.
D. Ground rule은 조직 내의 모든 프로젝트에 적용된다.

15 **프로젝트를 관리하기 위해 선정된 당신은 프로젝트에 필요한 팀원을 확보하였습니다. 그런데 한 팀원이 프로젝트에서 필요한 지식 및 기량이 부족한 것이었습니다. 그러면 누가 이 팀원이 적절한 교육을 받게 할 책임이 있습니까?**

A. 스폰서(Sponsor)
B. 기능 관리자(Functional manager)
C. 프로젝트 관리자(Project manager)
D. 경영진(Management)

16 **다국가 인원이 모여서 프로젝트 할 때 다양한 지역적인 문화 그룹이 사회와 조직, 그리고 개인의 행동에 광범위하게 영향을 미친다는 이론은 누가 말했습니까?**

A. 맥그리거　　B. 호프스테더
C. 매슬로우　　D. 윌리엄 오우치

17 **당신과 당신 팀은 외국 고객의 요청을 받아 외국에서 프로젝트를 진행하고 있습니다. 고객은 일부 자원을 구매할 때 하청 업체를 자신이 추천하는 업체로 해달라고 합니다. 해당 업체를 파악한 결과 그 업체는 다른 업체에 비해 가격도 비싸고 제품의 품질도 떨어지는데, 고객이 요구한 업체를 선정하는 것은 그 나라의 일반적인 관습입니다. 당신은 어떻게 해야 합니까?**

A. 비싼 가격과 제품의 품질을 이유로 거부한다.

B. 고객이 요청한 업체와 협상을 하여 가격을 적정선으로 낮추고, 조건이 맞으면 계약한다.

C. 추가로 들어가는 비용에 대해 고객에게 요청하고, 향후 낮은 품질에 대해 수용할 것을 고객으로부터 약속받는다.

D. 해당 국가의 관습에 따라 해당 업체의 자격을 검증한다.

18 **조직 내 개인의 동기를 부여시키는 욕구를 성취욕구, 권력욕구, 친화욕구의 세 가지 형태로 파악한 이론을 발표한 사람은 누구입니까?**

A. 맥그리거

B. 호프스테드

C. 매슬로우

D. 맥클랜드

19 **당신의 팀원은 총 37명이고 그중에서 당신을 포함한 총 27명이 PMP® 자격을 보유하고 있습니다. 최근에 팀원들의 자격 보유현황을 PMI 홈페이지를 통해 조사하던 중 PMP® 자격을 보유한 27명 중 한 명의 이름이 확인이 안 되어 PMI에 문의한 결과 이 팀원은 PMP®를 취득한 사실이 없었습니다. 이 팀원은 아직도 PMP® 자격을 보유한 것처럼 행세하고 다닙니다. 당신은 어떻게 해야 합니까?**

A. PMI에 사실을 알리고 PMI의 공식 절차를 따른다.

B. 그 팀원에게 PMP® 자격이 없는데 있는 것처럼 하고 다닌 이유에 대해 물어본다.

C. 그 팀원은 PMP®가 없다고 팀 전체에 공지한다.

D. 그 팀원을 조용히 불러 앞으로는 PMP®를 갖고 있다고 말하지 말라고 한다.

20 **당신은 새로운 약품 개발의 연구 그룹의 프로젝트 관리자입니다. 당신의 회사는 이 부분에서 상당한 전문지식을 가진 사람을 경쟁회사로부터 고용하였고 당신의 프로젝트에 투입되어 같이 일하고 있습니다. 이 사람은 당신의 프로젝트에서 진행하는 새로운 약품 개발에 매우 크게 기여를 하고 있습니다. 그 사람과 대화를 하는 동안 이 사람의 많은 아이디어가 이전 경쟁회사에서의 개발 경험으로부터 나온 것임을 알게 되었습니다. 당신은 무엇을 해야 합니까?**

A. 새로운 아이디어를 수용한다.

B. 다른 회사로부터 나온 아이디어를 언급하는 것은 윤리적으로 옳지 않으므로 아이디어를 말하지 말라고 얘기한다.

C. 우리 회사의 경험을 바탕으로 또 다른 회사에서 아이디어를 낼 수 있으므로 그 사람과 비밀유지 합의에 서명한다.

D. 경쟁회사에 피해를 줄 수 있으므로 보안 이유를 위해 그 사람을 조사한다.

21 **당신은 모바일 게임을 개발하는 프로젝트를 관리하고 있고, 고객은 15개월 안에 프로젝트를 끝내길 요청했습니다. 프로젝트의 실행 단계에서 고객의 기술자들이 현황 점검을 위해 당신의 회사를 방문했습니다. 점검하는 동안 게임 그래픽을 2D에서 3D로 하는 것에 대해 조언을 했습니다. 당신은 무엇을 해야 합니까?**

A. 원래 계획상에 2D로 되어 있으므로 계획대로 2D 그래픽으로 개발한다.

B. 변경은 변경 통제 시스템을 통해 처리되어야 하므로 공식 변경 요청서를 제출하라고 고객에게 요청한다.

C. 3D로 변경할 경우 이번 프로젝트의 경험으로 다음 프로젝트에도 많은 도움이 될 수 있으므로 3D 그래픽으로 개발한다.

D. 당신의 기술자들과 고객의 기술자들 간의 비공식적 회의를 통해 의논해 보자고 고객의 기술자들에게 말한다.

22 **당신은 다리 건설 프로젝트의 관리자이며, 최근 당신의 팀원 중 한 명이 조용히 당신에게 와서 들은 내용에 대해 얘기합니다. 프로젝트의 계약자 중 한 곳에서 자신들에게 구매발주를 해주도록 팀원 한 사람에게 몰래 값비싼 선물을 주었다는 내용입니다. 회사는 건설 자재들에 대해 구매발주를 선호하고 있습니다. 당신은 무엇을 해야 합니까?**

A. 팀원에게 선물을 받은 그를 데려오라고 한 후 선물을 돌려주라고 한다.

B. 문제를 철저하게 조사한다.

C. 선물을 주었다는 계약자의 구매발주를 취소한다.

D. 당신의 관리자와 만나서 문제에 대해 상의한다.

23 **당신은 아프리카 습지에서 가스를 채취하는 설비를 건설하기 위해 몇 달째 힘든 프로젝트를 수행하고 있습니다. 몇 달 동안 타국의 생활을 하고 있는데, 이 나라에서는 맥주를 마시는 대신 산양의 젖을 발효시킨 것을 먹습니다. 당신의 소원은 시원한 맥주 한잔을 마시는 것입니다. 당신은 같이 일하는 이 나라의 사람 중 한 명에게 당신의 나라에서는 나와 달리 맥주를 마시지 않는지 물어보았습니다. 그랬더니 그 사람은 당신에게 '자기 민족주의자(Ethnocentric)'라고 말했습니다. 그 사람은 다음 중 어떤 것에 대해 말하고 있는 것입니까?**

A. 다른 사람을 배려하지 않고 행동하는 것

B. 자기 문화에 대한 우월성과 자연스러움을 믿는 것

C. 상대방의 집단을 바라볼 때 고정 관념을 가지고 바라보는 것

D. 자기 문화와 다른 문화에 대해 비난하는 것

24 **당신 팀원 중 한 명이 조용히 당신에게 찾아와서 "부모님의 병원비가 없어서 병원비 마련을 위해 프로젝트에 필요한 회사 장비 일부를 몰래 팔았습니다."라고 사실대로 얘기했습니다. 그는 그 비용을 무보수로 추가 업무를 통해 충당하겠다고 합니다. 당신은 어떻게 해야 합니까?**

A. 팀원을 해고한다.

B. 그의 부서장에게 보고한다.

C. 팀원에게 그의 행동을 공식적으로 보고하라고 제안한다.

D. 당신의 실망한 마음을 전달하고 다시는 이런 일이 없도록 충고한다.

25 **당신의 팀원이 방금 PMP® 시험에 합격했다고 연락이 왔습니다. 옆에서 그 소식을 들은 다른 팀원이 전화를 바꿔 달라고 한 후에 합격한 팀원에게 자신도 PMP® 시험을 준비하고 있으므로 어떤 문제들이 실제 출제되었는지 알려 달라고 합니다. 합격한 팀원은 어떻게 하는 것이 가장 좋겠습니까?**

A. 기억나는 문제들을 알려준다.

B. PMI에 연락해서 현 상황을 설명한 후 어떻게 할지 물어본다.

C. 실제 출제된 문제를 말해주는 것은 윤리적으로 어긋나므로 시험 본 문제들이 기억이 안 난다고 말한다.

D. 지금 당장은 많이 기억나지 않으므로 집에 가서 정리한 후 이메일로 보내준다고 말한다.

Memo

09 예상 문제 **해설**

01 **정답 A.** 팀 개발을 하는 목적은 향상된 프로젝트 성과입니다.

02 **정답 D.** 갈등의 원인을 낮추고, 전체를 강조하는 것은 Smooth입니다.

03 **정답 C.** 초기에는 우선순위로 인한 갈등이 크며 실행 이후부터는 일정이 가장 큰 갈등의 원인입니다.

04 **정답 D.** 문제 해결(직면)을 하게 되면 서로 Win-Win 관계가 되며 갈등해결이 오랫동안 지속됩니다.

05 **정답 A.** 항상 결자해지입니다. 따라서 두 팀원이 해결해야 하며 분쟁을 조정할 수 있는 상위 관리자가 참여할 수 있습니다.

06 **정답 A.** 일정은 프로젝트에서 가장 많이 발생하는 갈등의 원인입니다.

07 **정답 B.** 자아실현 욕구가 가장 높은 단계입니다.

08 **정답 D.** 위생요인(Hygiene factor)과 동기부여 요인(Motivating agent)은 Herzberg의 Two factor theory입니다.

09 **정답 A.** 책임배정매트릭스는 수행해야 하는 작업과 프로젝트 팀원 사이의 연결을 보여주는 데 사용됩니다. A responsibility assignment matrix (RAM) is used to illustrate the connections between work that needs to be done and project team members.

10 **정답 A.** RAM에는 시간에 대한 정보는 없고 작업과 사람을 연결하여 역할과 책임을 배정하고 식별하는데 사용되는 표를 말합니다.

11 **정답 A.** McGregor의 X, Y 이론 중 X형에 속하는 경우입니다. 이와 반대로 Y형 관리자는 사람은 원래 동기부여가 되어 있으므로 잘 지원해주기만 한다면 열심히 일할 것이라고 믿는 관리자형입니다.

12 **정답 D.** 항상 기억해야 할 것은 결자해지입니다. 문제를 일으킨 당사자는 반드시 문제 해결에 참여해야 하며 그보다 위선에서 중재를 위해 참여할 수 있습니다.

13 **정답 C.** 갈등해결 기법 중 분위기를 우선 강조하고 문제의 근본원인 해결은 피하는 것을 Smooth라고 합니다.

14 **정답 D.** Ground rule은 프로젝트마다 팀원들이 서로 지켜야 할 규칙을 말합니다. 프로젝트마다 다를 수 있습니다.

15 **정답 C.** 프로젝트 관리자는 프로젝트 전체를 책임을 지고 있습니다. 따라서 프로젝트를 성공적으로 완료하기 위해 필요한 사항을 관리하고 책임을 지게 됩니다.

16 **정답 B.** 호프스테더는 국가 및 조직의 문화 간의 상호 작용을 연구한 결과, 국가 혹은 지역적인 문화 그룹이 사회와 조직, 그리고 개인의 행동에 광범위하게 영향을 미친다는 결론을 내리고, 문화를 분류하는 5가지 관점이 있다고 했습니다.

17 **정답 D.** 해당 국가의 관습은 그 나라의 고유한 문화로서 따르는 것이 맞습니다. 따라서 요청에 따라 해당 업체의 자격을 검증합니다. 검증 후 문제가 될 부분에 대해서는 고객과 협의해야 합니다.

18 **정답 D.** 맥클랜드 교수는 조직 내 개인의 동기 부여시키는 욕구를 성취욕구, 권력욕구, 친화욕구의 세 가지 형태로 파악한 이론을 발표했습니다.

19 **정답 A.** PMI에 사실을 알리고 PMI의 공식 절차를 따라야 합니다. PMI의 윤리규정에 위배되는 행동을 확인한 경우 PMI에 비윤리적 강령을 보고할 책임이 있습니다.

20 **정답 A.** 아이디어는 기밀이 아니므로 수용할 수 있습니다.

21 **정답 D.** 고객의 기술자들은 변경을 요청한 것이 아니라 조언한 것이므로 왜 그런지 이유를 알기 위해 일정에 없지만 잠시 회의를 통해 의논해 보는 것이 좋습니다.

22 **정답 B.** 들은 내용이 사실인지 아닌지 확인하는 것이 우선해야 할 행동입니다.

23 **정답 B.** 자기 문화가 타 문화보다 우월하다고 생각하는 것을 자기 민족주의라고 합니다.

24 **정답 B.** 팀원의 부정한 행위에 대해서 안 즉시 회사에 보고가 되어야 합니다.

25 **정답 B.** 전문가 행동 지침에 어긋나는 행위에 대해서는 PMI에 보고할 책임이 있습니다.

09 용어의 뜻 연결하기 정답

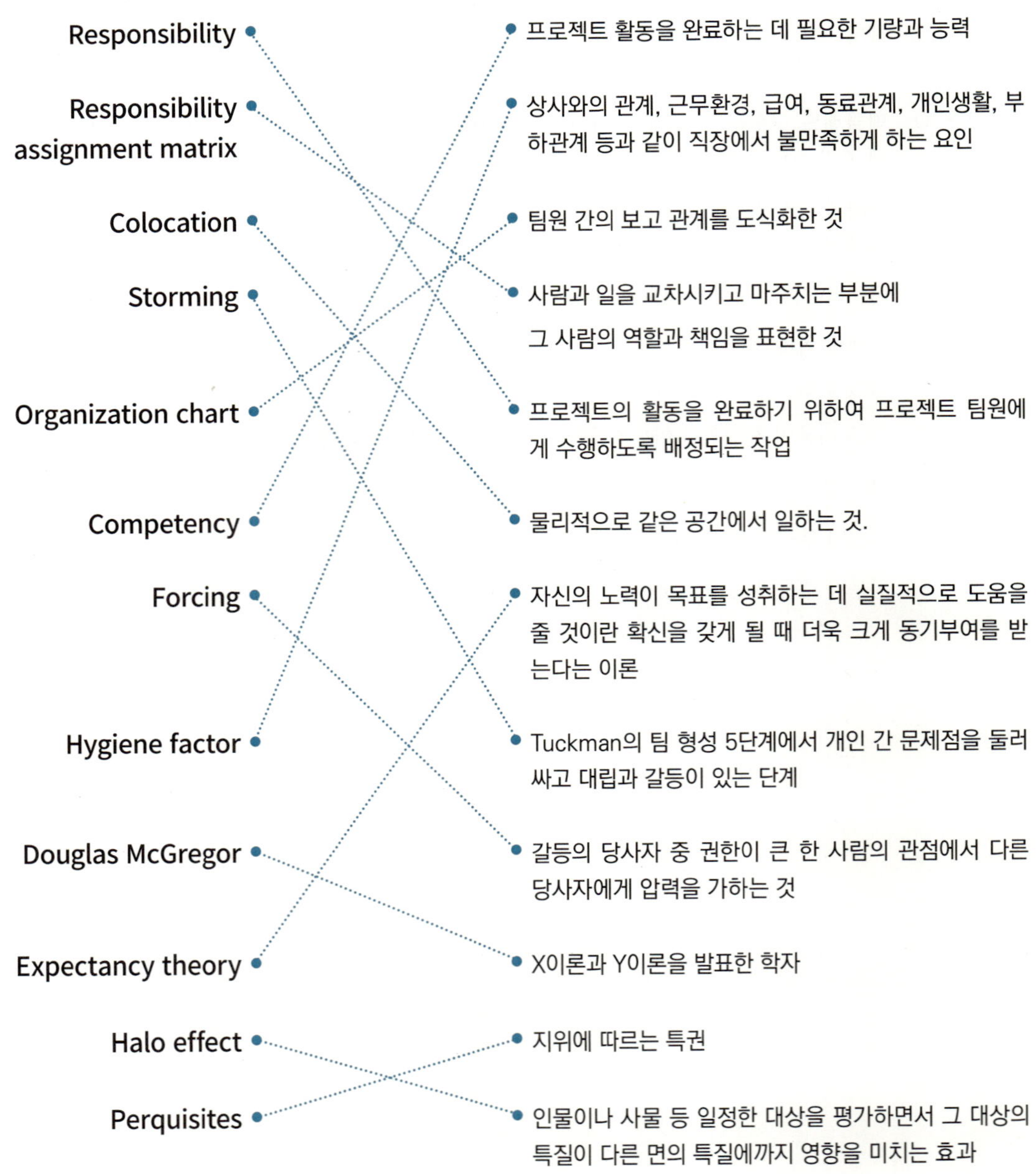

Memo

프로젝트 의사소통 관리
(Project Communications Management)

핵심 포인트

- 3가지 의사소통 관리 프로세스의 역할
- 상황에 맞는 의사소통 방법 선택: 공식, 비공식, 문서, 구두
- 의사소통 기본 모델
- 의사소통 채널 수 계산
- 의사소통 관리 계획서에 포함되는 내용

10 프로젝트 의사소통 관리 (Project Communications Management)

 시작하기에 앞서…

프로젝트에서 커뮤니케이션을 관리하는 이유가 무엇일까요? 우리가 커뮤니케이션을 하는 이유는 뭘까요? 우리가 이메일을 주고받고, 전화하고, 미팅하는 것은 모두 커뮤니케이션인데, 이것을 하는 이유는 정보를 교환하기 위해서입니다. 서로 주고받을 정보가 없으면 커뮤니케이션을 하지 않습니다. 그래서 10장 의사소통 관리는 정보 관리(Information management)로 봐도 큰 무리가 없습니다. 10장은 프로젝트의 정보 관리에 대한 내용을 다루고 있습니다. 만약 프로젝트를 진행하면서 생성되는 다양한 정보가 모이지 않고, 저장되지 않으며, 필요한 사람에게 배포가 안 되고, 필요한 정보를 검색해도 찾을 수 없으며, 폐기되어야 할 정보가 계속 떠돌아다니면 프로젝트에 큰 문제가 생길 것입니다. **10장은 '프로젝트 정보의 생성, 수집, 배포, 저장, 검색, 그리고 최종 처리가 적시에 적절히 수행'되도록 하기 위해 필요한 프로세스를 포함하고 있습니다.**

프로젝트에서 의사소통은 매우 중요한 요소입니다. 프로젝트에서 이루어지는 많은 의사소통이 계획적으로 진행되지 않을 경우 큰 문제가 생길 수 있습니다. 예를 들면, 아무 때나 회의를 소집하고, 이 사람이 보고했다가 다른 사람이 보고했다가 하거나, 보고할 때마다 다른 양식을 사용하여 보고를 하면 문제가 됩니다. 따라서 미리 의사소통에 대한 준비를 하고 준비된 방법에 따라 의사소통을 해야 프로젝트 성과를 높일 수 있습니다. **프로젝트 관리자는 자신의 업무 시간 중 거의 대부분(90% 이상)을 의사소통에 사용합니다.** 따라서 프로젝트 관리자는 의사소통 스킬이 좋아야 합니다. 의사소통 스킬에는 적극적 경청, 문화 및 개인적 차이 인식, 간결하면서 명확한 글쓰기 등이 있습니다.

10장은 프로젝트의 이해관계자 간에 이루어지는 의사소통을 체계적으로 관리하기 위해 총 3개의 프로세스를 사용합니다. 의사소통은 이해관계자 간에 이루어지므로 우선 이해관계자를 알아야 합니다. 그 후 이해관계자의 의사소통 요구사항을 분석하여 의사소통 관리 계획서를 수립하고, 실행하면서 계획대로 다양한 정보를 관련 당사자에게 배포합니다. 수시로 의사소통을 통해 이해관계자의 기대사항을 충족시켜야 하며, 주기적으로 의사소통이 잘 되고 있는지 감시하고 통제합니다.

[표 10-1] 의사소통 관리 프로세스

프로세스 그룹	프로세스
Planning	10.1 의사소통 관리 계획수립(Plan Communications Management)
Executing	10.2 의사소통 관리(Manage Communications)
Monitoring and controlling	10.3 의사소통 감시(Monitor Communications)

잠깐!

의사소통 방법의 선택

프로젝트에서는 다양한 의사소통이 가능합니다. 내부적/외부적, 공식적/비공식적, 수평적/수직적, 서면/구두, 언어적/비언어적 등이 있습니다. 상황에 맞게 의사소통 유형을 선택하는 것이 좋습니다. 일반적으로 1:1로 대화를 하는 **경우 비공식적 구두(Informal verbal)**가 좋으며, 변경 요청이나 리스크 보고 등에 프로젝트 업무에 대한 것은 **공식적 문서(Formal written)**로 하는 것이 맞습니다.

[표 10-2] 의사소통의 구분

방법	예시	사용하는 경우
공식 문서	Letters, faxes, contract, minutes, drawings, specifications, reports	프로젝트의 필수 문서에 사용
비공식 문서	Memo, email	정보 전달용, 빈번히 사용
공식 구두	Presentation, speech, meetings, video conference	특별한 행사, 회사의 정책 발표 등에 사용
비공식 구두	Casual discussion, telephone	빠르고 효율적으로 정보를 교환할 때 사용

의사소통 관리에서 말하는 의사소통은 프로젝트에서 일어나는 모든 공식, 비공식적 의사소통을 말합니다. (전화, 이메일, 팩스, 보고서, 프레젠테이션, 메모 등) 그리고 의사소통 관리는 프로젝트 전반에 걸쳐 있는 필수 관리 요소이며, 인적 자원 관리와 밀접한 관계가 있습니다. 의사소통 관리의 목적은 각 이해관계자의 의사소통 요구사항을 분석하고 관리하는 것이며, 시험에는 기본적인 지식영역 내의 프로세스에 대한 문제 및 상황문제 출제가 되는 곳이고 출제 빈도는 높지 않은 편입니다.

10장 의사소통 관리의 3개 프로세스는 다음과 같습니다.

10.1 의사소통 관리 계획수립(Plan Communications Management) – 이해관계자가 어떤 정보 및 의사소통을 필요로 하는지 결정하는 프로세스이며, 의사소통 관리 계획서가 만들어지고 이 계획서는 프로젝트 관리 계획서로 통합됩니다.

10.2 의사소통 관리(Manage Communications) – 프로젝트를 실행하면서 생기는 다양한 정보들을 의사소통 관리 계획서에 따라 생성, 수집, 배포, 저장, 처분하는 프로세스.

10.3 의사소통 감시(Monitor Communications) – 프로젝트 이해관계자의 정보 요구사항을 충족하도록 프로젝트 생애주기 전체에 걸쳐 의사소통을 감시하는 프로세스.

[표 10-3] 의사소통 관리 프로세스의 주요 투입물과 산출물

주요 투입물	의사소통 관리 프로세스	주요 산출물
프로젝트 헌장 프로젝트 관리 계획서 요구사항 문서 이해관계자 관리대장	10.1 의사소통 관리 계획수립	의사소통 관리 계획서
의사소통 관리 계획서 작업 성과 보고서 이해관계자 관리대장	10.2 의사소통 관리	프로젝트 의사소통
프로젝트 관리 계획서 프로젝트 의사소통 이슈 기록부 작업 성과 데이터	10.3 의사소통 감시	작업 성과 정보 변경 요청

10.1 의사소통 관리 계획수립(Plan Communications Management)

[의사소통 관리 계획수립] 프로세스는 기획 프로세스 그룹에 속하며 향후 프로젝트에 필요한 의사소통을 하기 위한 준비 단계입니다. 이해관계자의 의사소통 요구사항을 분석하여 의사소통의 내용, 방법, 시기, 대상, 빈도 등을 결정합니다. 누가 무슨 정보를 필요로 하는지, 언제 필요로 하며, 어디에 저장할 것인지, 어떤 형식으로 저장할 것인지, 어떻게 검색 가능하도록 할 것인지, 어떻게 전달할 것이며, 누구에 의해 전달할 것인지 등이 명확히 정의되어야 그 내용에 따라 프로젝트를 진행하면서 명확한 의사소통이 될 것입니다. 의사소통에 대한 준비는 가능한 프로젝트 초기 단계에 주요 부분이 모두 정해져야 합니다. 또한, 팀의 조직도는 보고 관계를 표현한 것으로서 의사소통에 영향을 줍니다.

[표 10-4] 의사소통 관리 계획수립의 ITTO

<table>
<tr><th colspan="3">의사소통 관리 계획수립(Plan Communications Management)</th></tr>
<tr><td colspan="2">지식영역: 의사소통 관리
(Communications management)</td><td>프로세스 그룹: 기획(Planning)</td></tr>
<tr><th>투입물</th><th>도구 및 기법</th><th>산출물</th></tr>
<tr><td>1. 프로젝트 헌장
2. 프로젝트 관리 계획서
• 자원 관리 계획서
• 이해관계자 참여 계획서
3. 프로젝트 문서
• 요구사항 문서
• 이해관계자 관리대장
4. 기업 환경 요인
5. 조직 프로세스 자산</td><td>1. 전문가 판단
2. 의사소통 요구사항 분석
3. 의사소통 기술
4. 의사소통 모델
5. 의사소통 방법
6. 대인관계 및 팀 기술
• 의사소통 양식 평가
• 정치적 인식
• 문화적 인식
7. 데이터표현
• 이해관계자 참여 평가 매트릭스
8. 회의</td><td>1. 의사소통 관리 계획서
2. 프로젝트 관리 계획서 업데이트
• 이해관계자 참여 계획서
3. 프로젝트 문서 업데이트
• 프로젝트 일정
• 이해관계자 관리대장</td></tr>
</table>

[표 10-4]는 [의사소통 관리 계획수립]의 Inputs, Tools and Techniques, Outputs입니다. 이해관계자가 원하는 의사소통 요구사항을 기반으로 향후 의사소통의 지침이 되는 의사소통 관리 계획서를 수립합니다.

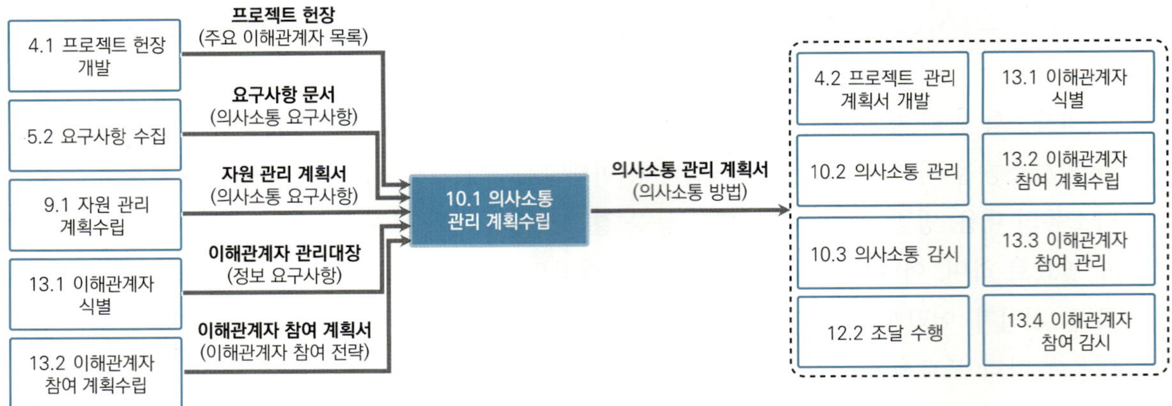

[그림 10-1] 의사소통 관리 계획수립 프로세스의 주요 흐름

[그림 10-1]은 [의사소통 관리 계획수립]의 주요 흐름을 나타냅니다. 이해관계자로부터 의사소통 요구사항을 식별하고 방법을 결정한 후 만들어진 의사소통 관리 계획서는 프로젝트 관리 계획서로 통합됩니다.

[표 10-5] 의사소통 관리 계획수립 산출물의 투입 이유

의사소통 관리 계획서 투입 프로세스	투입 이유
4.2 프로젝트 관리 계획서 개발	의사소통 관리 계획서를 프로젝트 관리 계획서에 통합시키기 위해서.
10.2 의사소통 관리	의사소통 관리 계획서에 포함된 방법에 따라 의사소통을 관리하기 위해서.
10.3 의사소통 감시	의사소통 관리 계획서에 포함된 방법에 따라 의사소통을 감시하기 위해서.
12.2 조달 수행	의사소통 관리 계획서는 구매자와 판매자 사이의 의사소통 방법을 포함하고 있기 때문에.
13.1 이해관계자 식별	의사소통 관리 계획서에 포함된 정보를 기반으로 이해관계자를 식별하기 위해서.
13.2 이해관계자 참여 계획수립	이해관계자를 참여시키는 수단으로 의사소통이 사용되기 때문에.
13.3 이해관계자 참여 관리	이해관계자 참여를 관리하기 위해서 사용할 의사소통 방법이 포함되어 있기 때문에.
13.4 이해관계자 참여 감시	이해관계자의 참여를 감시하는 과정에서 의사소통 기술을 사용하기 때문에.

10.1.1 의사소통 관리 계획수립: 투입물

이해관계자가 원하는 의사소통 요구사항을 분석해야 하므로 이해관계자에 대한 정보들이 투입됩니다.

10.1.1.1 프로젝트 헌장(Project charter)

프로젝트 헌장에는 주요 이해관계자 목록이 포함되어 있습니다. 이해관계자의 의사소통 요구사항을 알아내야 합니다.

10.1.1.2 프로젝트 관리 계획서(Project management plan)

프로젝트 관리 계획서에 포함된 내용 중 자원 관리 계획서와 이해관계자 참여 계획서를 투입물로 사용합니다.

◆ 자원 관리 계획서(Resource management plan)

자원 중 인적 자원인 팀원들의 의사소통 요구사항을 알아내기 위해서 관련 내용을 참고합니다.

◆ 이해관계자 참여 계획서(Stakeholder engagement plan)

이해관계자를 참여시키는 방법에서 가장 많이 사용되는 것은 의사소통입니다. 이해관계자를 참여시키기 위해 필요한 의사소통 요구사항을 분석합니다.

10.1.1.3 프로젝트 문서(Project documents)

의사소통 요구사항 분석에 필요한 문서가 투입물로 사용됩니다.

◆ 요구사항 문서(Requirements documentation)

요구사항 문서에는 이해관계자의 의사소통 요구사항이 포함될 수 있습니다.

◆ 이해관계자 관리대장(Stakeholder register)

이해관계자 관리대장에는 이해관계자의 이름 및 관련 상세 정보가 포함되어 있으며, 이해관계자 관리대장에 포함된 이해관계자로부터 정보 요구사항을 알아냅니다.

10.1.1.4 기업 환경 요인(Enterprise environmental factors)

회사 환경에 맞게 의사소통을 해야 하므로 회사의 환경적 요소를 고려해야 합니다. 의사소통 방법에 영향을 줄 수 있는 조직의 문화, 의사소통 시스템, 자원의 지리적 분포 등을 고려합니다.

10.1.1.5 조직 프로세스 자산(Organizational process assets)

과거의 의사소통 관련 교훈이나 선례정보는 이번 의사소통 관리 계획을 수립할 때 많은 도움이 되며, 의사소통에 대한 조직의 정책이나 절차를 고려합니다.

10.1.2 의사소통 관리 계획수립: 도구 및 기법

의사소통 관리 계획서를 만들기 위해서는 크게 두 가지를 결정해야 합니다. 하나는 '이해관계자의 의사소통 요구사항'이며, 또 하나는 '의사소통을 어떤 수단으로 할 것인가'입니다.

10.1.2.1 전문가 판단(Expert judgment)

의사소통 관리 계획서를 수립할 때 필요시 관련 전문가의 도움을 받을 수 있습니다.

10.1.2.2 의사소통 요구사항 분석(Communication requirements analysis)

의사소통은 이해관계자들 간에 하는 것이므로 이해관계자가 필요로 하는 의사소통(정보) 요구사항을 모두 분석해야 합니다. 이런 의사소통 요구사항을 결정할 때는 조직도, 이해관계자의 책임관계, 프로젝트 관련 전문분야, 부서, 특수분야, 내부 요구사항, 외부 요구사항 등을 참고하여 결정합니다.

예) 프로젝트 주간 보고는 모든 팀원이 일정과 원가를 주 내용으로 하여 A4용지 2장 이내로 MS Word로 작성하여 해당 프로젝트 관리자에게 매주 금요일 오후 3시 전까지 보고하도록 합니다.

의사소통 요구사항을 분석할 때 이해관계자 사이에 얼마나 많은 의사소통 채널 수가 있는지 분석해보면 도움이 됩니다.

핵심 용어

의사소통 채널 수

PMP® 시험에서는 인원수에 따른 의사소통 채널 수 계산 문제가 자주 출제되는 경향이 있습니다. 따라서 공식을 잘 기억해두기 바랍니다. (n: 사람 수)

$$\text{의사소통 채널 수} = \frac{n(n-1)}{2}$$

문제) 현재 팀원이 4명인데 프로젝트 실행 중에 총 8명으로 늘어났다면 늘어난 의사소통 채널 수는 몇 개입니까?

정답) 28-6= 22개입니다.

만약 전체 의사소통 수를 물어보면 8명에 대한 28이라고 답해야 합니다. 반대로 '전체 의사소통 수가 28개인데, 총 몇 사람이 있습니까?'라고 물어볼 수도 있습니다.

10.1.2.3 의사소통 기술(Communication technology)

프로젝트를 수행하면서 정보를 서로 주고받으려면 정보를 주고받을 수 있는 기술이 결정되어야 합니다. 정보를 전달하는 방법은 여러 가지 요소를 고려하여 결정되어야 합니다. 의사소통 기술 결정에 영향을 주는 요인들은 다음과 같습니다.

◆ 정보 요구의 긴급성(Urgency of the need for information)

긴급한 정보와 아닌 정보는 전달 수단이 틀릴 수 있습니다.

◆ 기술의 가용성(Availability and reliability of technology)

보통 PMIS의 한 부분으로 의사소통 시스템이 구현되어 있는데 이미 있는 시스템이 현 프로젝트에 적합할 수도 있고 아닐 수도 있습니다.

◆ 사용의 용이성(Ease of use)

의사소통 시스템이 사용이 용이할 수도 있고 어려울 수도 있습니다. 이런 시스템을 잘 활용하는 사람이 있기도 하고 활용을 잘 못 하는 사람도 있을 수 있는데 활용을 잘 못 할 경우 교육이 필요할 수 있습니다.

◆ **프로젝트 환경**(Project environment)

팀이 같이 모여서 일할 수도 있고 서로 떨어져서 일할 수도 있는데, 이에 따라 의사소통 수단 결정에 영향을 주게 됩니다.

◆ **정보의 기밀성과 민감성**(Sensitivity and confidentiality of the information)

정보의 보안성도 의사소통 기술 결정에 영향을 줍니다.

10.1.2.4 의사소통 모델(Communication models)

의사소통 모델은 기본 모델로 불리는 발신자(Sender) - 수신자(Receiver) 모델이 있으며, 나중에 피드백 요소를 추가한 쌍방향 의사소통 모델이 있습니다.

◆ **샘플 기본 발신자/수신자 의사소통 모델**(Sample basic sender/receiver communication model)

송신자는 보내는 메시지를 준비하여 수신자에게 보냅니다. 메시지를 보낼 때 매체(채널)를 사용하게 되며, 정보가 전달되는 동안 Noise가 있을 수 있습니다. 수신자는 받은 메시지를 이해하고 다시 보낼 메시지를 준비하여 매체를 통해 송신자에게 다시 보냅니다. 우리가 하는 대부분의 의사소통이 이 과정을 따르므로 이 모델을 기본 의사소통 모델이라고 합니다. Encode는 사전적 의미로 '암호화하다, 말을 하다, 글을 쓰다'는 뜻이 있으며, Decode는 '암호를 해독하다, …의 의미를 이해하다'의 뜻이 있습니다.

- Sender: 메시지의 창작자.
- Encode: 메시지를 텍스트, 사운드 같은 신호로 변환함.
- Transmit: 의사소통 채널을 통해서 메시지가 전송됨.
- Noise: 외부의 소음, 먼 거리, 불충분한 배경 정보 등 메시지가 정확하게 전달되지 않도록 방해하는 요소.
- Decode: 받은 신호를 메시지로 변환하는 것.
- Medium(Channel): 전화, 이메일, 인터넷 같은 메시지 전달에 사용하는 매체.

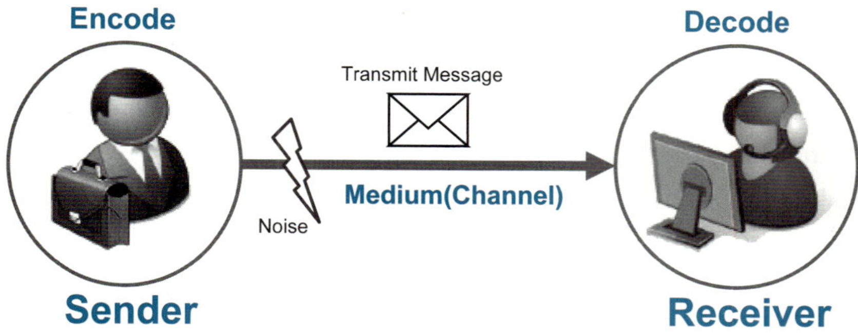

[그림 10-2] 기본 의사소통 모델

◆ 샘플 쌍방향 의사소통 모델(Sample interactive communication model)

우리가 메시지를 서로 주고받을 때는 주의해야 할 사항이 상호 오해가 있으면 안 됩니다. 따라서 메시지를 받은 수신자는 메시지를 받았다고 발신자에게 알려주고, 자신이 전달하고 싶은 메시지를 발신자에게 전달하면서 명확한 의사소통이 이루어져야 합니다. 쌍방향 의사소통 모델은 기본 의사소통 모델에 수신확인과 피드백(응답)이 추가됩니다.

- Acknowledge: 수신자가 발신자에게 보내는 메시지 수신을 했다는 신호.
- Feedback/response: 수신자가 수신한 메시지를 이해한 후 자기 생각을 메시지로 발신자에게 보내는 것.

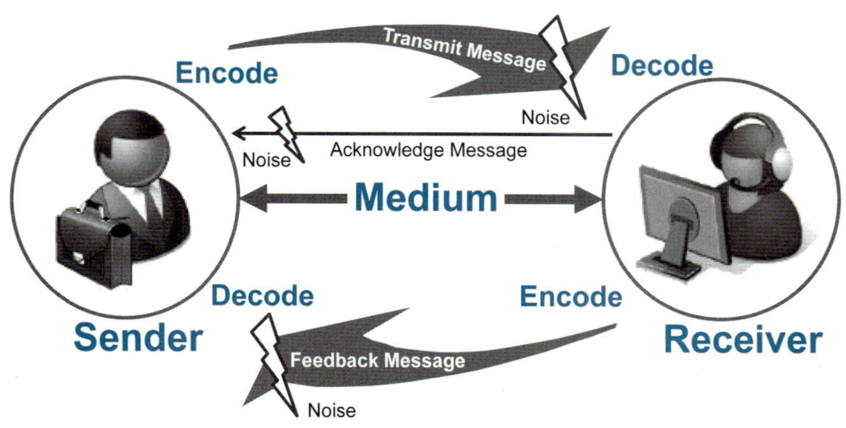

[그림 10-3] 쌍방향 의사소통 모델

10.1.2.5 의사소통 방법(Communication methods)

이해관계자 간에 의사소통할 때 일반적으로 크게 3가지 방법 중 하나를 사용합니다.

◆ 쌍방향식(Interactive) 의사소통

둘 이상의 사람이 서로 정보를 교환합니다. (예, 회의, 전화 등)

◆ 전달식(Push) 의사소통

정보를 알 필요가 있는 특정 대상에게 정보를 전달합니다. (예, 공지사항, 이메일, 편지, 메모, 팩스 등)

◆ 유인식(Pull) 의사소통

정보의 수신자들이 스스로 정보에 접근합니다. (예, 웹사이트 등)

10.1.2.6 대인관계 및 팀 기술(Interpersonal and team skills)

의사소통 방법을 결정하기 위해서 대인관계 및 팀 기술을 사용합니다.

◆ 의사소통 스타일 평가(Communication styles assessment)

이해관계자들이 선호하는 의사소통 방법, 형식, 내용을 알아봅니다.

◆ 정치적 인식(Political awareness)

의사소통을 계획할 때 조직의 정치적 환경을 분석한 후 의사소통 방법을 결정합니다. 권력과 영향력이 높은 사람들과 긴밀한 의사소통이 필요합니다.

◆ 문화적 인식(Cultural awareness)

사람이나 그룹은 서로 다른 문화적 배경을 가질 수 있습니다. 의사소통을 계획할 때 이런 문화적 차이에 대한 부분을 고려합니다.

10.1.2.7 데이터 표현(Data representation)

의사소통 요구사항을 분석하기 위해 이해관계자 참여 평가 매트릭스를 사용합니다.

◆ **이해관계자 참여 평가 매트릭스(Stakeholder engagement assessment matrix)**

이해관계자 참여 평가 매트릭스는 이해관계자 참여 계획서에 포함된 내용으로써 이해관계자의 참여 수준을 표현한 표입니다. 이해관계자의 현재 참여도와 희망하는 참여 수준의 차이를 줄이기 위해 어떤 의사소통이 필요한지 분석합니다.

10.1.2.8 회의(Meetings)

의사소통 관리 계획서를 수립하기 위해 프로젝트 팀과 함께 회의를 진행합니다.

10.1.3 의사소통 관리 계획수립: 산출물

의사소통을 관리하기 위한 의사소통 관리 계획서가 만들어집니다. 의사소통 관리 계획서는 프로젝트 관리 계획서에 통합됩니다.

10.1.3.1 의사소통 관리 계획서(Communications management plan)

의사소통 관리 계획서는 다음 사항들을 포함합니다.

- 이해관계자의 의사소통 요구사항.
- 각 의사소통의 형식, 내용, 상세수준.
- 정보 배포의 이유.
- 각 의사소통의 책임자.
- 의사소통 대상(수신자, 송신자).
- 의사소통 수단(기술).
- 의사소통 빈도(주간, 월간, 분기 등).
- 의사소통 활동에 할당된 자원.
- 공통으로 사용할 용어집.
- 의사소통 제약사항.

10.1.3.2 프로젝트 관리 계획서 업데이트(Project management plan updates)

프로젝트 관리 계획서의 내용 중 이해관계자 참여 계획서가 업데이트 될 수 있습니다.

◆ 이해관계자 참여 계획서(Stakeholder engagement plan)

이해관계자를 참여시키는 데 사용하는 가장 좋은 방법은 의사소통을 자주 하는 것입니다. 의사소통 관리 계획을 수립하면서 결정된 이해관계자 참여에 대한 절차, 도구, 기법 등을 이해관계자 참여 계획서에 업데이트합니다.

10.1.3.3 프로젝트 문서 업데이트(Project document updates)

이해관계자 관리대장, 프로젝트 일정이 의사소통 관리 계획을 수립하는 과정에서 일부 수정될 수 있습니다.

◆ 프로젝트 일정(Project schedule)

의사소통에 관련되어 결정된 활동이 있다면 프로젝트 일정에 추가합니다.

◆ 이해관계자 관리대장(Stakeholder register)

의사소통에 대한 내용이 이해관계자 관리 대장에 추가될 수 있습니다.

10.2 의사소통 관리(Manage Communications)

[의사소통 관리] 프로세스는 실행 프로세스 그룹에 속하며 실행에서 생기는 다양한 프로젝트 정보를 의사소통 관리 계획서에 따라 생성, 수집, 배포, 저장, 검색, 처분하는 프로세스입니다.

[표 10-6]은 [의사소통 관리] 프로세스의 Inputs, Tools and Techniques, Outputs입니다. 기획에서 준비한 의사소통 관리 계획서에 따라 프로젝트 정보를 다양한 방법으로 생성, 수집, 배포하며, 배포된 정보들은 조직 프로세스 자산으로 축적합니다.

[표 10-6] 의사소통 관리의 ITTO

의사소통 관리(Manage Communications)		
지식영역: 의사소통 관리 (Communications management)	프로세스 그룹: 실행(Executing)	
투입물	**도구 및 기법**	**산출물**
1. 프로젝트 관리 계획서 • 자원 관리 계획서 • 의사소통 관리 계획서 • 이해관계자 참여 계획서 2. 프로젝트 문서 • 변경사항 기록부 • 이슈 기록부 • 교훈 관리대장 • 품질 보고서 • 리스크 보고서 • 이해관계자 관리대장 3. 작업 성과 보고서 4. 기업 환경 요인 5. 조직 프로세스 자산	1. 의사소통 기술 2. 의사소통 방법 3. 의사소통 스킬 • 의사소통 역량 • 피드백 • 비언어적 • 프레젠테이션 4. 프로젝트 관리 정보시스템 5. 프로젝트 보고 6. 대인관계 및 팀 기술 • 적극적 경청 • 갈등 관리 • 문화적 인식 • 회의 관리 • 네트워킹 • 정치적 인식 7. 회의	1. 프로젝트 의사소통 2. 프로젝트 관리 계획서 업데이트 • 의사소통 관리 계획서 • 이해관계자 참여 계획서 3. 프로젝트 문서 업데이트 • 이슈 기록부 • 교훈 관리대장 • 프로젝트 일정 • 리스크 관리대장 • 이해관계자 관리대장 4. 조직 프로세스 자산 업데이트

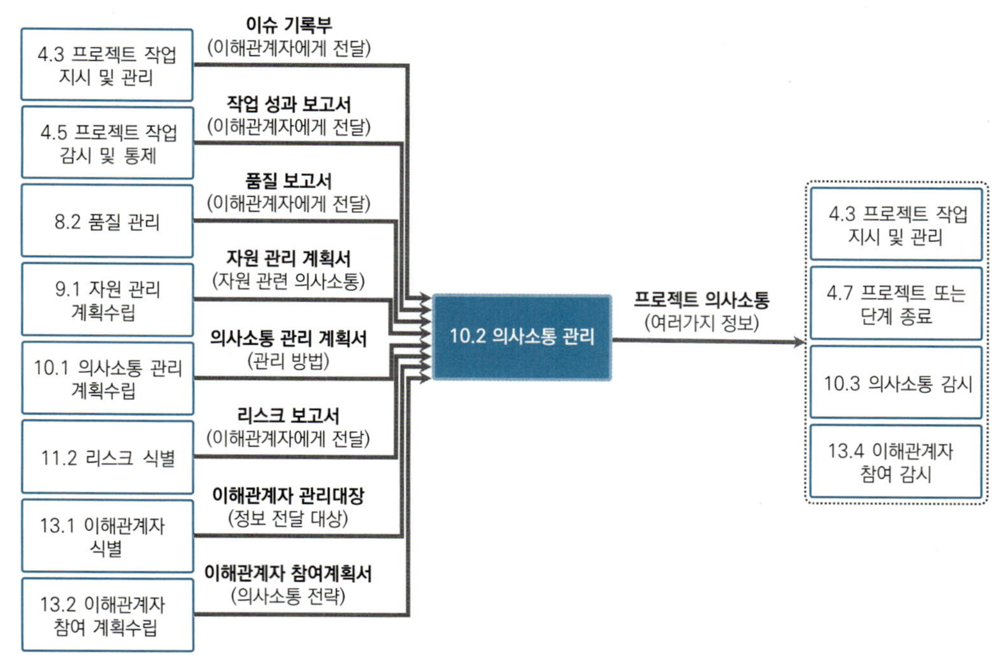

[그림 10-4] 의사소통 관리의 주요 흐름

[표 10-7] 의사소통 관리 산출물의 투입 이유

프로젝트 의사소통 투입 프로세스	투입 이유
4.3 프로젝트 작업 지시 및 관리	프로젝트 성과 정보나 인도물의 현황 정보는 프로젝트 실행을 지시하고 관리하는 데 영향을 미치기 때문에.
4.7 프로젝트 또는 단계 종료	의사소통 결과물을 향후 유사 프로젝트에서 활용하기 위해 조직 프로세스 자산으로 저장하기 위해서.
10.3 의사소통 감시	배포된 정보들이 올바르게 배포되었는지 확인하기 위해서.
13.4 이해관계자 참여 감시	이해관계자 참여를 위한 의사소통이 올바르게 되고 있는지 확인하기 위해서.

10.2.1 의사소통 관리: 투입물

[의사소통 관리]는 실행 프로세스 그룹에 속하고, 실행은 항상 계획에 따라 진행하므로 이전 프로세스의 산출물인 의사소통 관리 계획서가 주요 투입물입니다. 즉, 계획에 따라 실행한다고 보면 됩니다. 의사소통 관리 계획서는 프로젝트 관리 계획서에 포함되어 있습니다. 그리고 이해관계자에게 전달해야 하는 여러 정보가 투입물로 사용됩니다.

10.2.1.1 프로젝트 관리 계획서(Project management plan)

프로젝트 관리 계획서의 내용 중 의사소통 관리와 관련 있는 자원 관리 계획서, 의사소통 관리 계획서, 이해관계자 참여 계획서를 투입물로 사용합니다.

◆ 자원 관리 계획서(Resource management plan)

팀 자원과 물적 자원을 관리하기 위해서 필요한 의사소통이 있습니다. 자원 관리 계획서에는 자원 관리에 필요한 의사소통이 포함되어 있습니다.

◆ 의사소통 관리 계획서(Communications management plan)

의사소통 관리 계획서에는 실행의 다양한 정보들을 시기적절하게 생성, 수집, 관련 이해관계자에게 배포, 저장, 처분하는 방법이 포함되어 있습니다.

◆ 이해관계자 참여 계획서(Stakeholder engagement plan)

이해관계자를 참여시키는 방법 중 가장 효과적인 것은 의사소통입니다. 프로젝트를 수행하는 동안 이해관계자를 적극적으로 참여시키기 위한 의사소통 전략이 이해관계자 참여 계획서에 포함됩니다.

10.2.1.2 프로젝트 문서(Project documents)

의사소통 관리에 필요한 여러 문서가 투입물로 사용되며, 주로 이해관계자에게 전달할 정보들이 투입물로 사용됩니다.

◆ **변경사항 기록부**(Change log)

변경에 관련된 정보(승인, 지연, 거부)는 해당 이해관계자에게 전달해야 합니다.

◆ **이슈 기록부**(Issue log)

이슈를 해결하려면 이슈와 연관된 이해관계자들에게 이슈 기록부를 통해 이슈에 대한 정보를 전달해야 합니다.

◆ **교훈 관리대장**(Lessons learned register)

과거의 교훈을 활용해서 의사소통 관리의 효율성을 높일 수 있습니다.

◆ **품질 보고서**(Quality report)

품질에 관련된 정보를 포함한 품질 보고서는 관련 이해관계자에게 전달해야 합니다.

◆ **리스크 보고서**(Risk report)

리스크에 대한 정보를 포함한 리스크 보고서는 관련 이해관계자에게 전달해야 합니다.

◆ **이해관계자 관리대장**(Stakeholder register)

정보를 받을 대상은 이해관계자이며, 이해관계자 정보는 이해관계자 관리 대장에 포함되어 있습니다.

10.2.1.3 작업 성과 보고서(Work performance reports)

프로젝트 실행에 따라 지속해서 프로젝트 성과는 변하게 됩니다. 프로젝트의 성과가 좋은지 나쁜지에 대한 정보와 향후 프로젝트의 성과가 어떻게 될 것인지에 대한 예측치는 작업 성과 보고서에 담겨 있습니다. 프로젝트 성과에 대한 정보는 주기적으로 해당 이해관계자에게 배포가 되어야 합니다.

10.2.1.4 기업 환경 요인(Enterprise environmental factors)

조직의 문화, 정치적 환경, 의사소통 시스템, 자원의 지리적 분포 등은 의사소통 관리에 영향을 줄 수 있습니다.

10.2.1.5 조직 프로세스 자산(Organizational process assets)

의사소통에 대한 정책, 절차, 교훈, 지침 등이 의사소통 관리에 영향을 줄 수 있습니다.

10.2.2 의사소통 관리: 도구 및 기법

다양한 도구 및 기법들을 사용해서 이해관계자에게 정보를 배포합니다.

10.2.2.1 의사소통 기술(Communication technology)

이메일, 전화, 채팅, 화상회의 등 다양한 기술을 사용해서 정보를 전달합니다.

10.2.2.2 의사소통 방법(Communication methods)

쌍방향식, 전달식, 유인식 등의 방법으로 이해관계자에게 정보를 전달합니다.

10.2.2.3 의사소통 스킬(Communication skills)

효과적인 의사소통을 위해 의사소통 역량을 향상시키거나, 필요시 적절한 피드백을 제공하고, 비언어적 요소(제스처, 얼굴표정 등)등을 효과적으로 활용하고, 중요한 사항에 대해서는 프레젠테이션으로 정보를 전달합니다.

10.2.2.4 프로젝트 관리 정보 시스템(Project management information systems)

프로젝트 관리 정보 시스템에는 정보를 저장, 검색, 배포하는데 사용되는 다양한 도구들이 포함되어 있습니다. 정보 관리는 시스템을 사용합니다.

10.2.2.5 프로젝트 보고(Project reporting)

이해관계자에게 정보를 전달할 때 보고서나 프레젠테이션으로 전달하는 것이 일반적입니다. 보고는 의사소통 관리 계획에 따라 정해진 시점에 정해진 형식으로 주기적으로 보고합니다.

10.2.2.6 대인관계 및 팀 기술(Interpersonal and team skills)

의사소통은 사람끼리 하므로 대인관계 및 팀 기술이 사용됩니다. 적극적 경청, 갈등 관리, 문화적 인식, 회의 관리, 네트워킹, 정치적 인식 등을 활용합니다.

10.2.2.7 회의(Meetings)

회의도 의사소통의 한 방법입니다. 정보를 교환하기 위해 회의도 자주 사용됩니다.

10.2.3 의사소통 관리: 산출물

프로젝트의 정보(보고서, 프레젠테이션 자료, 이메일 등)는 조직 프로세스 자산으로 계속 축적합니다.

10.2.3.1 프로젝트 의사소통(Project communications)

프로젝트를 실행하는 동안 다양한 정보들이 생성됩니다. 성과 보고서, 인도물의 상태 정보, 일정 진척 정보, 실제 집행된 비용 정보, 프레젠테이션 자료 등이 의사소통 결과물입니다.

10.2.3.2 프로젝트 관리 계획서 업데이트(Project management plan update)

의사소통 관리 계획서, 이해관계자 참여 계획서가 업데이트될 수 있습니다.

◆ 의사소통 관리 계획서(Communications management plan)

의사소통을 관리하다 보면 의사소통 방법의 일부를 변경해야 할 필요성을 느낄 수 있습니다. 의사소통 방법에 변경 사항이 생기면 관련 내용을 반영해서 의사소통 관리 계획서를 업데이트합니다.

◆ 이해관계자 참여 계획서(Stakeholder engagement plan)

의사소통은 이해관계자 참여를 위한 방법으로 사용됩니다. 의사소통을 관리하는 동안에 의사소통 요구사항이 변경되거나 사전에 합의한 의사소통 전략에 변경이 생기면 관련 내용을 이해관계자 참여 계획서에 업데이트합니다.

10.2.3.3 프로젝트 문서 업데이트(Project documents updates)

이슈 기록부, 교훈 관리대장, 프로젝트 일정, 리스크 관리대장, 이해관계자 관리대장 등이 업데이트될 수 있습니다.

◆ 이슈 기록부(Issue log)

의사소통을 관리하는 과정에서 생긴 의사소통 관련 이슈들이 있다면 이슈 기록부에 추가합니다.

◆ 교훈 관리대장(Lessons learned register)

의사소통을 관리하는 과정에서 느낀 교훈을 교훈 관리대장에 추가합니다

◆ 프로젝트 일정(Project schedule)

보고, 프레젠테이션, 회의 같은 의사소통 활동에 변동사항이 생기면 관련 활동을 프로젝트 일정에 반영합니다.

◆ 리스크 관리대장(Risk register)

의사소통을 관리하는 과정에서 새로 식별된 의사소통 관리와 관련된 리스크가 있다면 리스크 관리대장에 추가합니다.

◆ 이해관계자 관리대장(Stakeholder register)

의사소통 활동에 변동사항이 생기면 관련 정보를 이해관계자 관리대장에 반영합니다.

10.2.3.4 조직 프로세스 자산 업데이트(Organizational process assets updates)

프로젝트를 진행하면서 생긴 정보를 수집하고 배포하는 과정에서 생긴 프로젝트 기록, 프로젝트 보고서, 프레젠테이션 자료, 이해관계자로부터 들어온 정보, 이해관계자에게 통보한 정보 등이 조직 프로세스 자산에 추가됩니다.

10.3 의사소통 감시(Monitor Communications)

[의사소통 감시] 프로세스는 감시 및 통제 프로세스 그룹에 속하며, 이해관계자들의 정보 요구사항을 잘 맞추도록 하는 프로세스입니다.

[표 10-8] 의사소통 감시의 ITTO

의사소통 감시(Monitor Communications)		
지식영역: 의사소통 관리 (Communications management)	프로세스 그룹: 감시 및 통제 (Monitoring and controlling)	
투입물	**도구 및 기법**	**산출물**
1. 프로젝트 관리 계획서 • 자원 관리 계획서 • 의사소통 관리 계획서 • 이해관계자 참여 계획서 2. 프로젝트 문서 • 이슈 기록부 • 교훈 관리대장 • 프로젝트 의사소통 3. 작업 성과 데이터 4. 기업 환경 요인 5. 조직 프로세스 자산	1. 전문가 판단 2. 프로젝트 관리 정보시스템 3. 데이터 분석 • 이해관계자 참여 평가 매트릭스 4. 대인관계 및 팀 기술 • 관찰/대화 5. 회의	1. 작업 성과 정보 2. 변경 요청 3. 프로젝트 관리 계획서 업데이트 • 의사소통 관리 계획서 • 이해관계자 참여 계획서 4. 프로젝트 문서 업데이트 • 교훈 관리대장 • 이슈 기록부 • 이해관계자 관리대장

[표 10-8]은 [의사소통 감시] 프로세스의 Inputs, Tools and Techniques, Outputs입니다. 의사소통 관리 계획서에 따라 이해관계자의 정보 요구사항이 충족되는지 주기적으로 프로젝트 정보 관리 시스템을 통해 확인합니다.

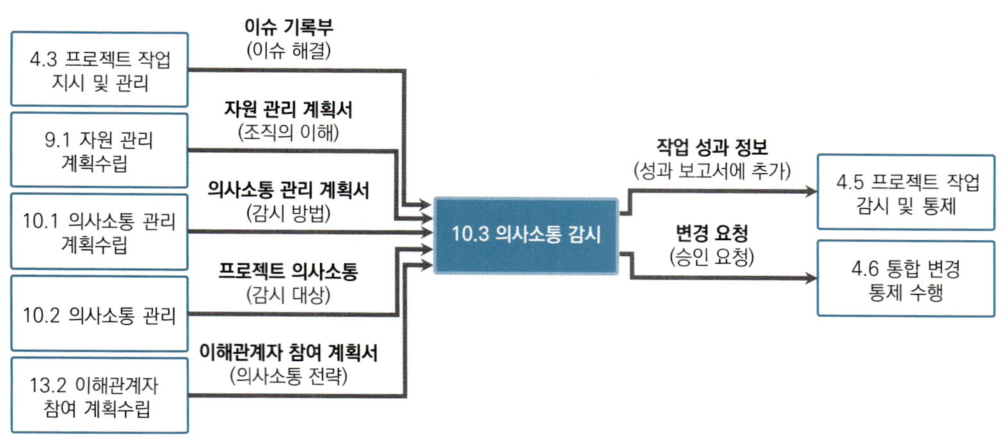

[그림 10-5] 의사소통 감시의 주요 흐름

[표 10-9] 의사소통 감시 산출물의 투입 이유

작업 성과 정보 투입 프로세스	투입 이유
4.5 프로젝트 작업 감시 및 통제	작업 성과 정보를 작업 성과 보고서에 포함시켜서 이해관계자에게 배포하기 위해.
변경 요청 투입 프로세스	**투입 이유**
4.6 통합 변경 통제 수행	변경을 공식적으로 승인을 받기 위해서.

10.3.1 의사소통 감시: 투입물

[의사소통 감시]는 감시 및 통제 프로세스 그룹에 속합니다. 감시 및 통제 프로세스 그룹에 속한 프로세스는 성과를 측정해서 시정조치의 여부를 결정하므로 거의 항상 투입물로 기준과 실적에 대한 정보가 투입물로 들어갑니다. [의사소통 감시]의 기준으로 볼 수 있는 것은 '의사소통 관리 계획서'이며, 의사소통에 대한 실적 정보는 이전 [의사소통 관리]의 산출물인 '프로젝트 의사소통'으로 볼 수 있습니다.

10.3.1.1 프로젝트 관리 계획서(Project management plan)

프로젝트 관리 계획서에 포함된 내용 중 의사소통 감시에 관련된 의사소통 관리 계획서, 자원 관리 계획서, 이해관계자 참여 계획서를 투입물로 사용합니다.

◆ 자원 관리 계획서(Resource management plan)

의사소통은 사람들끼리 하는 것이고 그중에서 프로젝트 수행 조직에 속한 사람들도 의사소통을 빈번히 합니다. 자원 관리 계획서에 포함된 조직도(보고체계)와 팀원들의 역할과 책임을 잘 이해하는 것은 의사소통 감시에 도움이 됩니다. 특히 의사소통에 관련된 변경이 보고체계나 역할과 책임에 어떤 영향을 줄 수 있는지 이해하기 위해서 자원 관리 계획서의 내용을 잘 이해할 필요가 있습니다.

◆ 의사소통 관리 계획서(Communications management plan)

의사소통 관리 계획서에는 정보를 전달할 책임자, 정보를 전달받을 개인 또는 그룹, 이해관계자의 의사소통 요구사항 등이 포함되어 있습니다. 사전에 계획한 대로 의사소통이 되고 있는지 감시하기 위해 의사소통 관리 계획서를 투입물로 사용합니다.

◆ 이해관계자 참여 계획서(Stakeholder engagement plan)

이해관계자를 프로젝트에 적극 참여시키기 위한 효과적인 방법은 의사소통입니다. 이해관계자 참여 계획서에는 이해관계자를 참여시키기 위한 의사소통 방법이 포함되어 있는데, 계획한 대로 의사소통이 되고 있는지 확인해서 필요시 시정조치를 취해야 합니다.

10.3.1.2 프로젝트 문서(Project documents)

의사소통 감시에 필요한 문서들이 투입물로 사용됩니다.

◆ 이슈 기록부(Issue log)

이해관계자 참여 관리에 대한 이슈가 이슈 기록부에 포함되며, 이러한 이슈는 해결해야 합니다. 이해관계자 참여에 대한 이슈를 해결하기 위해 의사소통을 사용할 수 있습니다.

◆ 교훈 관리대장(Lessons learned register)

과거의 교훈을 활용해서 의사소통 감시의 효율성을 높입니다.

◆ 프로젝트 의사소통(Project communications)

프로젝트 의사소통은 배포된 정보를 뜻합니다. 이 정보가 의사소통 관리 계획서에 정의된 정해진 시점에 올바른 대상에게 배포되었는지 확인할 필요가 있습니다. 만약 그렇지 않다면 시정조치가 요구됩니다.

10.3.1.3 작업 성과 데이터(Work performance data)

여기서 투입물로 사용된 작업 성과 데이터는 의사소통에 대한 실제 정보를 뜻합니다. 실제 배포된 정보의 유형과 수량에 대한 데이터이며, 계획된 대로 배포되었는지 확인해서 필요시 시정조치를 취하게 됩니다.

10.3.1.4 기업 환경 요인(Enterprise environmental factors)

의사소통 감시에 영향을 미칠 수 있는 조직 문화, 정치적 환경, 의사소통 시스템, 자원의 지리적 분포 등을 고려합니다.

10.3.1.5 조직 프로세스 자산(Organizational process assets)

의사소통 감시에 영향을 미칠 수 있는 의사소통 관련 정책 및 절차, 조직의 의사소통 요구사항, 정보 관리에 대한 표준화된 지침 등을 고려합니다.

10.3.2 의사소통 감시: 도구 및 기법

의사소통을 감시하기 위한 도구와 기법들이 사용됩니다.

10.3.2.1 전문가 판단(Expert judgment)

의사소통을 감시할 때 의사소통에 대한 전문가의 도움을 받을 수 있습니다.

10.3.2.2 프로젝트 관리 정보 시스템(Project management information system)

정보의 수집, 저장, 배포, 검색은 시스템을 활용합니다. 시스템을 통해서 의사소통이 계획대로 되고 있는지 감시합니다.

10.3.2.3 데이터 표현(Data representation)

[의사소통 감시]에서는 이해관계자 참여 평가 매트릭스를 사용합니다.

◆ 이해관계자 참여 평가 매트릭스(Stakeholder engagement assessment matrix)

이해관계자 참여 평가 매트릭스는 현재 참여도와 희망하는 참여도를 표현한 표이며, [이해관계자 참여 계획수립] 프로세스에서 자세히 설명합니다. 현재 참여도와 희망하는 참여도 사이의 격차를 줄이는 효과적인 방법은 의사소통입니다. 이해관계자의 참여도에 대한 격차를 줄이기 위해 의사소통을 조정할 수도 있습니다.

10.3.2.4 대인관계 및 팀 기술(Interpersonal and team skills)

의사소통 감시에서 사용하는 대인관계 및 팀 기술은 관찰 및 대화입니다.

◆ 관찰 및 대화(Observation/conversation)

프로젝트 팀과의 대화는 이해관계자로부터 정보에 대한 요청에 응답하고 프로젝트 성과를 의사소통하고 업데이트하기 위한 가장 적절한 방법을 결정하는 데 도움이 됩니다. 그리고 프로젝트 팀원을 관찰하고 팀원과 대화를 통해 팀원 개인의 성과 이슈, 팀 내부 이슈, 팀원 사이의 갈등을 식별할 수 있습니다.

10.3.2.5 회의(Meetings)

이해관계자의 정보 요청에 대한 응대와 프로젝트 성과를 서로 의사소통하고 업데이트하는 목적으로 회의를 진행합니다.

10.3.3 의사소통 감시: 산출물

의사소통을 감시한 결과에 대한 작업 성과 정보가 주요 산출물이며, 의사소통에 대한 시정 조치가 포함된 변경 요청도 주요 산출물입니다. 감시 및 통제 프로세스 그룹에 속하는 프로세스들의 대표적인 산출물이 작업 성과 정보와 변경 요청입니다.

10.3.3.1 작업 성과 정보(Work performance information)

[의사소통 관리]의 산출물인 작업 성과 정보는 의사소통 관리 계획서에 포함된 의사소통 방법, 대상, 시기에 맞게 실제 의사소통이 이루어졌는지 비교한 정보입니다. 계획대로 의사소통이 진행되지 않은 부분에 대해서는 시정조치가 필요합니다.

10.3.3.2 변경 요청(Change requests)

의사소통 관리 계획서에 정의된 대로 의사소통이 이루어지지 않는 부분이 식별되면 조치를 취하기 위해 변경이 요청됩니다.

10.3.3.3 프로젝트 관리 계획서 업데이트(Project management plan updates)

의사소통 관리 계획서와 이해관계자 참여 계획서가 업데이트될 수 있습니다.

◆ 의사소통 관리 계획서(Communications management plan)

의사소통을 감시하다 보면 의사소통의 효과를 높이기 위해 의사소통 방법의 일부를 변경해야 할 필요성을 느낄 수 있습니다. 의사소통 방법에 변경 사항이 생기면 관련 내용을 반영해서 의사소통 관리 계획서를 업데이트합니다.

◆ 이해관계자 참여 계획서(Stakeholder engagement plan)

의사소통은 이해관계자 참여를 위한 방법으로 사용됩니다. 의사소통을 감시하는 동안에 의사소통 요구사항이 변경되거나 의사소통에 대한 중요도가 바뀌면 관련 내용을 이해관계자 참여 계획서에 반영합니다.

10.3.3.4 프로젝트 문서 업데이트(Project documents updates)

의사소통 감시의 결과로 이슈 기록부, 교훈 관리대장, 이해관계자 관리대장 등이 업데이트될 수 있습니다.

◆ 이슈 기록부(Issue log)

의사소통을 감시하는 과정에서 생긴 의사소통 관련 이슈들이 있다면 이슈 기록부에 추가합니다.

◆ 교훈 관리대장(Lessons learned register)

의사소통을 감시하는 과정에서 느낀 교훈을 교훈 관리대장에 추가합니다

◆ 이해관계자 관리대장(Stakeholder register)

이해관계자의 의사소통 요구사항에 변경사항이 생기면 관련 정보를 이해관계자 관리대장에 반영합니다.

10 핵심 정리

- 10장은 프로젝트 정보의 생성, 수집, 배포, 저장, 검색, 최종 처리가 적시에 적절히 수행되도록 하기 위해 필요한 프로세스를 포함하고 있습니다.
- 10장의 의사소통 관리는 자원 관리와 이해관계자 참여 관리와 밀접한 관계가 있습니다.
- 프로젝트 관리자는 자신의 업무 시간 중 거의 대부분(90% 이상)을 의사소통에 사용합니다.
- 의사소통은 상황에 맞게 의사소통 유형을 선택하는 것이 좋습니다. 일반적으로 1:1로 대화를 하는 경우 비공식적 구두(Informal verbal)가 좋으며, 변경 요청이나 리스크 보고 등 프로젝트 업무에 대한 것은 공식적 문서(Formal written)로 하는 것이 맞습니다.
- 이해관계자의 의사소통 요구사항을 분석하여 의사소통의 내용, 방법, 시기, 대상, 빈도 등을 결정한 것을 문서화한 것이 의사소통 관리 계획서입니다.
- 의사소통 채널 수는 n(n-1)/2으로 계산할 수 있습니다.
- 의사소통 모델은 발신자와 수신자 사이의 관계를 정의한 것이며, 쌍방향으로 의사소통할 때는 서로 정확하게 전달 및 수신이 되었는지 확인할 필요가 있습니다.
- 의사소통 방법은 대화식, 전달식, 유인식 3가지가 있습니다.
- [의사소통 관리] 프로세스는 실행 프로세스 그룹에 속하며 프로젝트의 정보를 의사소통 관리 계획서에 따라 생성, 수집, 배포, 저장, 검색, 처분하는 프로세스입니다.
- 일반적으로 가장 효과적인 의사소통 방법은 직접 대면(Face-to-face)입니다.
- [의사소통 감시] 프로세스는 이해관계자들의 정보 요구사항을 잘 맞추도록 하는 프로세스입니다.
- [의사소통 감시]의 기준은 의사소통 관리 계획서이며, 실적 정보는 이해관계자에게 실제 배포된 프로젝트 의사소통(정보)입니다.

10 이해도 테스트 문제

01 프로젝트에서 의사소통을 관리해야 하는 이유는 무엇입니까?

02 의사소통 관리에 대한 3개의 프로세스와 각 프로세스의 역할은 무엇입니까?

03 의사소통 모델을 구성하는 요소는 어떤 것들이 있습니까?

04 **의사소통 관리 계획서에는 어떤 내용이 들어갑니까?**

05 **일반적인 의사소통 방법 3가지는 무엇입니까?**

06 **의사소통 감시 과정을 흐름 중심으로 적어보세요.**

☑ 정답은 교재를 통해 직접 본인이 찾아보기 바랍니다.

10 용어의 뜻 연결하기

Encode •	• 의사소통의 내용, 방법, 시기, 대상, 빈도 등을 포함한 문서
Acknowledge •	• 의사소통을 관리하기 위해 사용하는 프로젝트 관리 시스템
Communications management plan •	• 메시지를 텍스트, 사운드 같은 신호로 변환함
PMIS •	• 정보를 수집, 저장, 배포하기 위한 시스템
Face-to-face meeting •	• 정보의 수신자들이 스스로 정보에 접근하는 커뮤니케이션
Project management information system •	• 수신자가 발신자에게 메시지 수신을 확인했다고 보내는 신호
Pull communication •	• 가장 효과적인 커뮤니케이션 방법

10 예상 문제

01 **당신의 프로젝트 팀은 당신을 포함해서 총 10명입니다. 프로젝트 범위가 확장됨에 따라 전체 인원이 15명이 되었습니다. 현재 얼마나 많은 의사소통 채널을 갖고 있습니까?**

A. 78　　B. 91

C. 105　　D. 120

02 **다음 중 [의사소통 관리] 프로세스에 대해 틀리게 설명한 것은 무엇입니까?**

A. [의사소통 관리]는 실행 프로세스 그룹에 속한다.

B. [의사소통 관리]는 제품이 수용되었을 때 끝난다.

C. [의사소통 관리]는 의사소통 관리 계획서에 따라 수행된다.

D. [의사소통 관리]를 통해 프로젝트의 의사소통을 관리하는 동안 이해관계자의 의사소통 요구사항에 따라 배포하는 내용이 달라질 수 있다.

03 **프로젝트의 의사소통 방법은 다양하게 있습니다. 다음 중 고객과 글로 쓴 공식적인 문서 교환은 어떤 경우에 요구됩니까?**

A. 결함이 발견되었을 때

B. 고객이 계약에 없는 추가적인 일을 요청했을 때

C. 크리티컬 패스에 대한 변경을 포함한 일정이 지연되었을 때

D. 원가가 초과되었을 때

04 **프로젝트가 완료되었고 최종 인도물이 고객에게 보내졌습니다. 그러나 고객은 프로젝트에 대한 최종 승인을 거부하고 있습니다. 이 상황에서 프로젝트 관리자에게 무엇이 가장 중요합니까?**

A. 현 상황을 경영진에 보고한다.

B. 지원에 대해 프로젝트 팀에 요청한다.

C. 현 상황을 문서화한다.

D. 법적인 절차를 시작한다.

05 **당신은 프로젝트 기획 초기에 팀과 함께 앞으로 의사소통을 어떻게 할 것인지에 대해 분석하고 있습니다. 팀과 함께 이해관계자로부터 의사소통 요구사항을 분석하여 의사소통 관리 계획서를 수립했습니다. 다음 중 의사소통 관리 계획서에 일반적으로 포함되지 않는 것은 무엇입니까?**

A. 기대되는 이해관계자의 의사소통에 대한 반응

B. 이해관계자의 의사소통 요구사항

C. 의사소통에 사용될 기술

D. 공통 용어집

06 **최근 프로젝트 현황에 대해 검토를 해 보니 일정이 4주 지연되어 있음을 발견했습니다. 이 사항을 고객과 의사소통하려고 하는데 다음 중 어떤 방법이 가장 좋겠습니까?**

A. Formal written communication

B. Formal verbal communication

C. Informal written communication

D. Informal verbal communication

07 **프로젝트 관리자는 실무적인 일을 하기보다는 팀을 관리하는 업무를 주로 합니다. 그러다 보니 프로젝트 관리자는 하루 업무 시간의 대부분을 고객, 팀, 여러 이해관계자와 주로 의사소통에 시간을 보냅니다. 프로젝트 관리자는 보통 업무 시간의 몇 % 정도를 의사소통에 사용합니까?**

A. 40% 정도

B. 90% 정도

C. 30% 정도

D. 60% 정도

08 **프로젝트 A는 초기부터 회의 진행이 잘 안 되었습니다. 정보를 적절한 사람들로부터 얻을 수 없었고, 어떤 사람들은 회의 시간 동안 너무 많은 얘기를 했고, 문제를 해결하기 위한 적절한 사람이 없다는 불만들이 있었습니다. 프로젝트에서 이런 문제가 생긴 원인으로 가장 큰 것은 무엇입니까?**

A. 범위 관리 계획서 작성의 미흡

B. 책임배정 매트릭스 작성의 미흡

C. 의사소통 관리 계획서 작성의 미흡

D. 자원분할체계 작성의 미흡

09 **이번 프로젝트는 다양한 지역의 정보 시스템을 통합하는 업무를 수행합니다. 현재 프로젝트 팀은 다양한 정보 시스템을 가지고 다섯 군데의 서로 다른 지역에 위치합니다. 프로젝트 관리자가 어떻게 프로젝트 정보를 이해관계자에게 배포할지에 대한 방법을 프로젝트 팀과 함께 결정하고 있습니다. 이러한 정보의 배포 방법 및 기법은 어떤 문서에 상세히 기술됩니까?**

A. 일정 관리 계획서 B. 프로젝트 범위 기술서
C. 의사소통 관리 계획서 D. 자원 관리 계획서

10 **당신은 최근 발생한 프로젝트의 문제를 해결하기 위해 고민하고 있습니다. 이 문제는 여러 이해관계자의 요구사항이 연결되어 있어서 좀처럼 해답을 찾지 못하고 있습니다. 현 상황에서 복잡한 문제를 해결하는 데 가장 도움이 되는 의사소통 방법은 무엇입니까?**

A. 비공식적 의사소통 B. 문서 작성
C. 브레인스토밍 D. 비 구두적 의사소통

11 **어느덧 프로젝트는 마무리 단계에 와있습니다. 당신은 팀원에게 그동안의 프로젝트 기록들을 수집하고 분류하는 업무를 지시할 예정입니다. 프로젝트의 끝에서 프로젝트 기록들을 수집하고 분류하는 것은 어떤 이유에서 중요합니까?**

A. 프로젝트의 의사 결정을 문서화하기 위해
B. 프로젝트의 발생 사항들을 향후 상기하기 위해
C. 원가 결정을 지원하기 위해
D. 프로젝트 리스크 식별을 지원하기 위해

12 **당신은 신제품 개발 프로젝트의 관리자입니다. 프로젝트는 실행 단계에 잘 들어갔고 현재 정시에 예산 안에, 요구사양 안에 있습니다. 오늘 아침에 당신의 프로젝트 스폰서가 불러 걱정스러운 얼굴을 보입니다. 일정 기준에 근거하면 프로젝트는 구현단계에 가까워야 하지만 스폰서는 프로젝트의 현 상황을 모르기 때문에 일정이 지연되고 있다고 생각하고 있었던 것입니다. 당신은 당신의 팀에게 자세한 주간 상황보고와 이메일을 통해 스폰서에게 배포하도록 했습니다. 스폰서는 이메일이 너무 비인간적이라 구두로 업데이트 상황을 보고하는 것을 선호합니다. 이런 상황의 문제는 프로젝트 관리 프로세스의 어떤 부분에서 정리되고 결정되어야 합니까?**

A. 의사소통 관리 계획수립 B. 이해관계자 참여 관리
C. 의사소통 감시 D. 의사소통 관리

13 **프로젝트 실행 도중에 중요한 물품의 조달 시점이 다가와 프로젝트 관리자가 판매자와 조달 계약 협상에 참여하고 있습니다. 이 상황에서 비언어적 의사소통은 어떻게 볼 수 있습니까?**

A. 계약 비용을 깎을 때만 중요하다.

B. 조금 중요하다.

C. 매우 중요하다.

D. 상황에 따라 다르다.

14 **당신은 최근 프로젝트의 차이 분석을 수행했습니다. 분석 결과 예산이 15% 초과된 것을 발견했습니다. 이것은 매우 중요하고 심각한 이슈이며 프로젝트 이해관계자와 이 사항에 대해 논의하려고 합니다. 어떤 의사소통 방법이 가장 좋겠습니까?**

A. 비공식 문서

B. 직접 대면 회의

C. 공식적 보고

D. 이메일

15 **프로젝트를 진행하던 도중에 스폰서가 프로젝트 관리자에게 일부 권한을 이메일을 통해 위임하였습니다. 스폰서가 이메일로 위임한 가장 중요한 이유는 무엇입니까?**

A. 프로젝트 관리자를 만날 시간이 없어서

B. 관리상의 편의 때문에

C. 위임은 비공식 구두로 할 수 없기 때문에

D. 의사소통 관리 계획서상의 지침을 따르기 위해서

16 **다음 중 프로젝트 진척 보고에 대해 맞게 설명한 것은?**

A. 의사소통의 핵심 수단 중의 하나이다.

B. 모든 이해관계자에게 보고해야 한다.

C. 성과 보고와 별개로 진행해야 한다.

D. 획득가치 기법을 사용한다.

17 **당신은 프로젝트가 앞으로 얼마의 비용이 들 것인지 예측하기 위해 분석을 수행하고 있습니다. 분석된 정보는 어떤 문서에 포함됩니까?**

A. 의사소통 관리 계획서
B. 완료 보고서
C. 작업 성과 보고서
D. 이슈 기록부

18 **다음 중 의사소통 기술 결정에 영향을 주는 요인으로 볼 수 없는 것은 무엇입니까?**

A. 정보 요구의 긴급성
B. 기술의 가용성
C. 정보의 기밀성
D. 프로젝트의 예산 규모

19 **한 팀원이 프로젝트 관리에 대한 지식을 얻기 위해 최근 이러닝을 신청해서 수업을 받고 있습니다. 이 팀원은 어떤 의사소통 방법을 사용하고 있습니까?**

A. 대화식(Interactive)
B. 전달식(Push)
C. 유인식(Pull)
D. 쌍방향식(Interactive)

20 **당신은 [의사소통 감시] 프로세스를 통해서 팀과 함께 작업 성과 데이터를 수집해서 작업 성과 정보를 작성하였고 해당 이해관계자에게 배포될 것입니다. 다음 중 [의사소통 감시]의 도구 및 기법이 아닌 것은 무엇입니까?**

A. 프로젝트 관리 정보 시스템
B. 전문가 판단
C. 회의
D. 의사소통 방법

10 예상 문제 해설

01 **정답 C.** 15(15-1)/2=105

02 **정답 B.** 의사소통 관리는 프로젝트가 종료되어야 끝납니다.

03 **정답 B.** 고객과의 업무 내용은 반드시 공식적이고 글로 쓴 형태여야 합니다.

04 **정답 C.** 변경에 대해서는 근거 자료를 남기기 위해 문서화하는 것이 좋습니다.

05 **정답 A.** 이해관계자의 의사소통에 대한 기대되는 반응은 일반적으로 의사소통 관리 계획서에 포함되어 있지 않습니다.

06 **정답 A.** 공식적 문서로 하는 것이 가장 좋습니다.

07 **정답 B.** 프로젝트 관리자는 일과 시간의 90% 정도의 시간을 의사소통에 할애합니다.

08 **정답 C.** 의사소통 관리 계획서를 잘 세워야 회의 진행도 계획에 맞게 잘 진행됩니다.

09 **정답 C.** 의사소통 방법 및 기법은 의사소통 관리 계획서에 명시됩니다.

10 **정답 B.** 복잡한 문제일수록 글로 표현하면 문제를 해결하기에 좋습니다.

11 **정답 B.** 과거에 어떤 일이 있었는지 알아보기 위해서 기록들을 수집하고 재활용하게 됩니다.

12 **정답 A.** 의사소통 방법에 대한 것은 의사소통 관리 계획서에 들어갈 내용입니다.

13 **정답 C.** 비언어적 의사소통은 메시지 전달에 55% 정도를 차지합니다. 따라서 비언어적 의사소통은 항상 중요합니다.

14 **정답 B.** 직접 대면하는 것이 가장 효과적인 의사소통 방법입니다.

15 **정답 B.** 이메일로 위임한 것은 관리상의 편의를 위해서입니다.

16 **정답 A.** 보고, 프레젠테이션, 회의는 모두 의사소통의 핵심 수단입니다. 진척 보고를 모든 이해관계자에게 할 필요는 없으며, 보통 성과 보고와 같이 진행합니다.

17 **정답 C.** 예측치는 작업 성과 보고서에 담깁니다.

18 **정답 D.** 프로젝트의 예산이 많든지 적든지 간에 의사소통은 필요하며, 의사소통 기술 결정에 큰 영향을 주지 않습니다.

19 **정답 C.** 정보의 수신자들이 스스로 정보에 접근하는 것을 Pull communication이라고 합니다.

20 **정답 D.** 의사소통 방법은 [의사소통 감시]의 도구 및 기법이 아닙니다.

10 용어의 뜻 연결하기 정답

프로젝트 리스크 관리
(Project Risk Management)

핵심 포인트

- Known risk와 Unknown risk의 의미
- Individual project risk와 overall project risk의 의미
- 리스크 관리 계획서에 포함되는 내용
- RBS(Risk breakdown structure)의 의미와 활용방법
- P-I Matrix의 준비 방법 및 활용하는 이유
- 정성적 리스크 분석, 정량적 리스크 분석의 의미
- Trigger condition의 의미
- Watch list의 뜻과 활용
- Monte Carlo simulation의 뜻 및 활용 방법
- Contingency plan의 의미
- Reserve의 종류와 활용
- Expected monetary value(EMV)의 의미와 활용
- Decision tree의 활용 목적 및 분석 방법
- Sensitivity analysis의 의미
- 리스크 대응 전략의 의미: Avoid, Mitigate, Accept, Transfer, Exploit, Share, Enhance, Escalate
- Watch list, Fallback plan, Risk owner, Residual risk, Secondary risk, Workaround의 뜻

11 프로젝트 리스크 관리 (Project Risk Management)

시작하기에 앞서…

혹시 'Risk'의 어원을 알고 있나요? Risk는 17세기 르네상스 시대부터 본격적으로 사용되었고 어원은 이탈리아어의 'Risicare'입니다. 이탈리아어 사전을 찾아보면 '위험을 무릅쓰다'라는 뜻이 있습니다. 영어의 'Dare'와 같은 뜻으로서 '…할 용기가 있다, 감히 …하다'라는 뜻입니다. 모든 프로젝트는 미래의 불확실성을 갖고 있으며, 불확실성을 알면서도 수행하는 것이 바로 프로젝트입니다. 따라서 리스크 없는 프로젝트는 없으며, 리스크는 꼭 관리해야 하는 대상입니다.

우리가 일반적으로 아는 리스크의 의미는 프로젝트 리스크의 의미와 조금 다릅니다. 일반적으로 리스크는 '위험(危險)'으로 번역하고 위험은 나쁜 것으로 인식하고 있습니다. (위험은 위태할 위, 험할 험을 사용하여 해로움이나 손실이 생길 우려가 있는 것을 의미) 하지만 프로젝트에서 리스크는 미래의 불확실한 사건 또는 조건을 말하며, 불확실한 사건 중 발생할 경우 프로젝트에 긍정적 영향을 미치는 사건도 있고 부정적 영향을 미치는 사건도 있습니다. 그래서 리스크를 위험으로 번역하기보다는 영어 그대로 리스크로 사용하는 것이 좋습니다. 우리가 흔히 생각하는 리스크 사건을 *PMBOK® Guide*에는 'Individual project risk'라고 하며 다음과 같이 정의하고 있습니다.

"Individual project risk is an uncertain event or condition that, if it occurs, has a positive or negative effect on one or more project objectives."

해석하면 **'개별 프로젝트 리스크는 불확실한 사건 또는 조건이며, 만약 발생할 경우 프로젝트 목표에 긍정적 또는 부정적 영향을 줄 수 있다.'**입니다. 여기서 주목할 점은 '긍정적 또는 부정적 영향'입니다. 긍정적 영향을 줄 수 있는 불확실한 사건 또는 조건을 기회(Opportunity)라고 하며, 부정적 영향을 줄 수 있는 불확실한 사건 또는 조건은 위협(Thereat)이라고 합니다. 예를 들면, 고속도로에서 다른 차가 내 앞에 급하게 끼어들었다고 보복 운전을 하는 것은 상대방을 위협하기 위해서입니다. 다른 차가 내 앞에 급하게 끼어들었다고 다시 그 차를 쫓아간 후 앞에 급하게 끼어들면서 위협하는 것은 자칫 큰 사고로 이어질 수 있습니다. 사고가 날 수도 있고 안 날 수도 있지만 사고가 나면 부정적 영향을 받게 되므로 위협이라고 합니다. 반대로 축구 경기에서 우리 팀이 페널티킥을 얻으면 '좋은 기회가 왔습니다.'라고 해설자가 말합니다. 골을 넣을 수도 있고 못 넣을 수도 있지만, 골을 넣으면 우리 팀에 긍정적 영향을 주기 때문에 기회라고 하는 것입니다.

그래서 프로젝트에서 리스크를 관리하는 기회와 위협 둘 다 관리하는 것을 목적으로 하고 있습니다. 기회는 향상시키는 쪽으로 관리하고 위협은 낮추는 쪽으로 관리하는 것입니다. *PMBOK® Guide*에는 리스크 관리의 목적을 다음과 같이 설명합니다.

"프로젝트 리스크 관리의 목적은 프로젝트의 긍정적 사건의 확률과 영향을 높이고, 부정적 사건의 확률과 영향은 낮추는 것."

긍정적 사건은 기회를 말하고, 부정적 사건은 위협을 말합니다. 리스크는 불확실성을 말하며 불확실성은 두 가지가 있습니다. 이미 알고 있는 불확실성이 있고, 발생 전까지는 전혀 모르는 불확실성이 있습니다. 알고 있지만 발생할지 안 할지 모르는 것은 'Know unknown' 또는 'Known risk'라고 합니다. 발생 전까지 전혀 모르는 불확실성은 'Unknown unknown' 또는 'Unknown risk'라고 합니다. Unknown risk는 발생하고 나면 경험을 했기 때문에 Known risk가 됩니다. Known risk는 이미 식별된 것이므로 분석하고 대응 준비까지 해야 합니다. Unknown risk는 적극적으로 대응 준비를 할 수 없으며, 돈과 시간에 대해 미리 예비(Reserve)를 준비해야 합니다. Unknown risk는 프로젝트 회복탄력성(Project resilience) 개발로 다루는 것이 좋습니다. Unknown risk를 다루기 위해서 미리 예산 및 일정에 대한 예비를 준비하고, Unknown risk에 대처할 수 있는 유연한 프로세스를 수립하고, 역량이 높은 사람들로 팀을 구성하고, 리스크 발생에 대한 조기 경고 신호를 주기적으로 검토하는 등의 활동이 필요합니다.

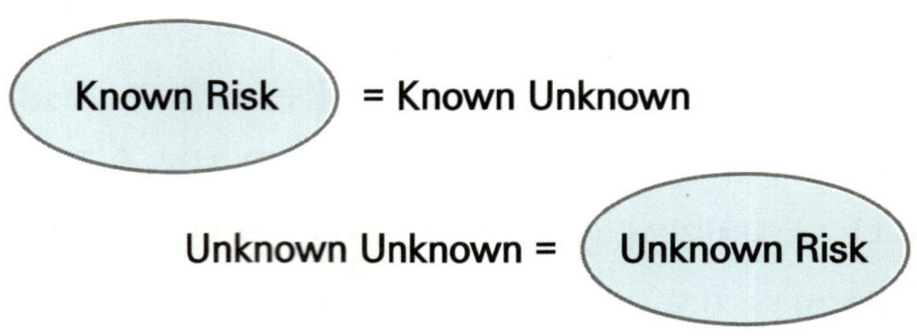

[그림 11-2] 두 종류의 리스크

개별 프로젝트 리스크는 핵심 기술 유출, 계약자의 파산, 환율의 급등 같은 개별 리스크 사건을 말하는데, 이런 개별 리스크 사건의 전체 합이 프로젝트 전체의 불확실성이라고 볼 수는 없습니다. 프로젝트의 모든 리스크를 식별하는 것은 불가능합니다. **개별 프로젝트 리스크를 포함한 모든 불확실성을 고려한 프로젝트 전체에 대한 불확실성의 영향을 포괄적 프로젝트 리스크(Overall project risk)라고 합니다.** 예를 들면, 어떤 프로젝트에서 식별된 리스크가 화재, 기술유출, 태풍, 계약자의 파산이라고 할 때 이 각각의 리스크 사건은 발행할 경우 프로젝트의 하나 또는 그 이상의 영역에 영향을 미치게 됩니다. 그런데 이 4개의 리스크 사건이 갖고 있는 불확실성을 포함한 프로젝트의 모든 불확실성을 고려했을 때 이번 프로젝트는 상당히 리스크가 높을 수도 있고 보통일 수도 있습니다. 이런 식으로 각 프로젝트에 대한 전체 불확실성을 분석했을 때 프로젝트들 간의 불확실성을 비교할 수 있고, 불확실성이 더 높은 프로젝트에 집중할 수 있습니다. 포괄적 프로젝트 리스크도 긍정적 영향과 부정적 영향 둘 다 가능합니다. 포괄적 프로젝트 리스크를 관리하는 목적은 부정적 차이의 요인은 줄이고 긍정적 차이의 요인은 향상시켜서 전체 프로젝트 목표 달성의 가능성을 극대화하여 프로젝트 리스크 노출도(Risk exposure)를 허용 범위 내에서 유지하는 것입니다. *PMBOK® Guide*에는 포괄적 프로젝트 리스크를 다음과 같이 정의하고 있습니다.

> "Overall project risk is the effect of uncertainty on the project as a whole, arising from all sources of uncertainty including individual risks, representing the exposure of stakeholders to the implications of variations in project outcome, both positive and negative."

영문을 번역하면 '포괄적 프로젝트 리스크는 프로젝트 결과의 변동에 대한 긍정적 또는 부정적 둘 다의 영향에 대한 이해 관계자의 노출도로 나타나는, 개별 리스크를 포함한 모든 불확실성의 근원에서 발생하는 프로젝트 전체에 대한 불확실성의 영향'입니다. **리스크 노출도(Risk exposure)란 조직 및 프로젝트 이해관계자의 리스크 선호도(Risk appetite)를 반영하는 측정 가능한 리스크의 한계선(Risk threshold)입니다.** 예를 들면, 프로젝트 이해관계자들의 리스크 선호도가 높아서 'High risk, high taking'을 선호한다면 리스크 한계선은 높으며, 리스크 노출도도 높게 됩니다. 이럴 경우 프로젝트를 매우 공격적으로 접근하게 됩니다. 반면에 프로젝트 이해관계자들이 보수적이라면, 리스크 한계선은 낮고 낮은 리스크도 피하려고 하므로 리스크 노출도는 낮아서 프로젝트를 공격적으로 접근하는 것을 싫어합니다. 리스크 한계선은 프로젝트 목표에 허용되는 차이 정도를 나타냅니다. 예를 들면, 일정이 계획보다 5% 이상 지연되면 바로 조치를 하겠다고 하면 일정에 대한 리스크 한계선은 5% 일정 지연이 됩니다.

포괄적 프로젝트 리스크는 비사건 리스크와 관련이 있습니다. 프로젝트에서 리스크를 관리할 때 비사건 리스크도 관리할 필요가 있습니다. 비사건 리스크는 가변성 리스크와 모호성 리스크가 있습니다.

◆ **가변성 리스크**(Variability risk)

생산성이 목표보다 높거나 낮을 수 있으며, 테스트 과정에서 발견된 오류가 예상보다 많을 수도 있고 적을 수도 있습니다. 예상 못한 변동성으로 인해 프로젝트가 영향을 받을 수 있습니다. 가변성 리스크는 변이의 범위를 가지고 몬테카를로 분석(시뮬레이션)을 통해 관리할 수 있습니다. 시뮬레이션 결과를 통해 변동성을 줄이기 위해 필요한 조치를 해야 합니다.

◆ **모호성 리스크**(Ambiguity risk)

최첨단 기술을 사용하거나 입증되지 않은 기술을 사용하는 경우 관련 지식의 부족으로 문제가 생길 수 있습니다. 이러한 불완전한 지식으로 인한 리스크는 외부 전문가의 도움을 받거나 다른 베스트 프렉티스를 벤치마킹 해서 관리해야 합니다. 또는 점진적 개발, 프로토타입 제작, 시뮬레이션도 유용한 접근법입니다.

11장 리스크 관리는 PMP® 시험에서 용어들도 많이 출제됩니다. 프로젝트 리스크에 대한 용어를 잘 이해할 필요가 있습니다.

핵심 용어

Risk appetite, risk exposure, risk threshold, risk tolerance

리스크 선호도(Risk appetite)

Appetite는 사전적 의미로 '식욕, 욕구, 욕망, 좋아함' 등의 뜻이 있습니다. 사람이나 조직의 리스크에 대한 성향은 다릅니다. High risk, high taking을 선호하는 사람도 있지만, Low risk도 피하려는 성향을 가진 사람도 있습니다. 프로젝트에 참여하는 핵심 이해관계자들이 가진 리스크 태도에 따라서 리스크 관리는 달라질 수 있습니다. 리스크를 피하려는 사람을 Risk avoider(averse)라고 하며, 리스크에 대해 중립적인 사람을 Risk neutral이라 하고, 리스크를 적극적으로 선호하는 사람을 Risk seeker 또는 Risk lover라는 표현을 사용하기도 합니다. *PMBOK® Guide*에는 리스크 선호도를 '조직이나 개인이 보상을 기대하고 감수하려고 하는 불확실성의 정도'라고 정의합니다. (The degree of uncertainty an organization or individual is willing to accept in anticipation of a reward.) Risk appetite에 대한 여러 정의를 참고하기 바랍니다.

ISO 31000	Amount and type of risk that an organization is prepared to pursue, retain or take.
Wikipedia.org	The level of risk that an organization is prepared to accept, before action is deemed necessary to reduce it. It represents a balance between the potential benefits of innovation and the threats that change inevitably brings.
BS 31100	Amount and type of risk that an organisation is prepared to seek, accept or tolerate.

리스크 노출도(Risk exposure)

Exposure는 사전적 의미로 '(유해한 환경 등에의) 노출, (보통 때는 가려져 있는 것을) 드러냄' 등의 뜻이 있습니다. *PMBOK® Guide*에는 리스크 노출도를 '프로젝트, 프로그램 또는 포트폴리오에서 주어진 시점에 모든 리스크의 잠재적 영향력을 집계한 측정값'이라고 정의합니다. (An aggregate measure of the potential impact of all risks at any given point in time in a project, program, or portfolio.) 만약 리스크 노출도가 너무 높다면 프로젝트를 취소할 수도 있습니다. 리스크 노출도에 따라 프로젝트의 우선순위를 설정할 수 있으며, 리스크 노출도는 시간에 따라 변할 수 있으므로 주기적인 확인이 필요합니다. PMI의 'Practice standard for project risk management'에는 리스크 노출도를 '식별된 리스크가 목표에 미치는 전반적인 영향을 설명하는 포괄적 프로젝트 리스크에 대한 척도.'라고 정의하고 있습니다. (A measure of overall project risk describing the overall effect of identified risks on objectives.) 리스크 노출도는 포괄적 프로젝트 리스크와 관련되어 있습니다.

리스크 한계선(Risk threshold)

Threshold는 사전적 의미로 '문지방, 문턱, 한계점'의 뜻이 있습니다. 리스크 한계선은 '리스크 노출도 수준으로, 한계선을 넘으면 해결해야 할 리스크이고 넘지 않으면 수용 가능한 리스크이다.'라고 *PMBOK® Guide*에 정의되어 있습니다. (The level of risk exposure above which risks are addressed and below which risks may be accepted.) 리스크를 수용하는 부분과 수용하지 않는 부분의 경계를 리스크 한계선이라고 합니다. 리스크 한계선을 넘는 리스크에 대해서는 대응 준비가 필요합니다.

리스크 허용한도(Risk tolerance)

리스크 허용한도는 조직 또는 개인이 견딜 수 있는 리스크의 정도, 합, 크기를 말합니다. 보통 심각성이 낮은 리스크(Low risk)는 사람들이 받아들입니다. 예를 들면, 시골의 한적한 왕복 2차선 도로를 무단 횡단하는 경우는 종종 있습니다. 차 사고가 날 가능성이 낮기 때문입니다. 그러나 왕복 8차선 고속도로를 무단 횡단하는 경우는 거의 없습니다. 많은 차가 고속으로 달리므로 사고 날 가능성이 매우 높고, 다치면 사망할 확률이 높기 때문입니다. 리스크의 심각성이 점차 높아지다가 본인이 견딜 수 있는 허용치를 넘으면 그 리스크는 피하게 됩니다.

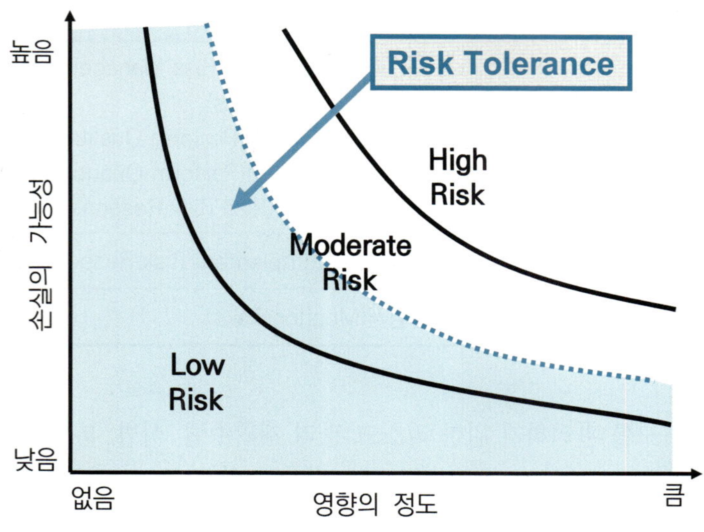

[그림 11-3] 일반적 리스크 허용한도

프로젝트의 불확실성은 언제 가장 높을까요? 프로젝트 초기에 가장 높습니다. 그리고 시간이 지날수록 프로젝트는 구체화 되므로 불확실성은 프로젝트 진척에 따라 점차 낮아지게 됩니다. 이와 반대인 것은 리스크 발생 시 프로젝트에 미치는 영향입니다. 초기에는 프로젝트의 진척상황이 별로 없으므로 리스크가 발생하더라도 영향이 적지만 프로젝트 후반으로 갈수록 프로젝트는 구체화 되므로 리스크 발생이 프로젝트에 미치는 영향은 커지게 됩니다. 따라서 프로젝트 진척에 맞게 리스크 관리 활동이 이루어지는 것이 바람직합니다.

프로젝트에서 리스크를 어떻게 잘 다루는가가 프로젝트 성공과 실패에 영향을 줄 수 있기 때문에 리스크는 반드시 관리해야 할 영역입니다. 리스크 관리 영역은 총 7개의 프로세스가 있는데 이 중 5개가 기획 프로세스 그룹에 속합니다. 즉, 미래에 대한 불확실성인 리스크는 가만히 있다가 발생하고 나서 대응하는 것보다 사전에 철저한 대비를 하는 것에 초점을 둡니다. PMP® 시험에서도 리스크 관련 내용은 출제 빈도가 좀 높은 부분이므로 핵심 사항을 중심으로 잘 이해하기 바랍니다.

[표 11-1] 리스크 관리 프로세스

프로세스 그룹	프로세스
Planning	11.1 리스크 관리 계획수립(Plan Risk Management) 11.2 리스크 식별(Identify Risks) 11.3 정성적 리스크 분석 수행(Perform Qualitative Risk Analysis) 11.4 정량적 리스크 분석 수행(Perform Quantitative Risk Analysis) 11.5 리스크 대응 계획수립(Plan Risk Responses)
Executing	11.6 리스크 대응 실행(Implement Risk Responses)
Monitoring and controlling	11.7 리스크 감시(Monitor Risks)

프로젝트의 리스크를 관리하기 위한 리스크 관리 계획수립, 식별, 분석, 대응 준비, 대응 수행, 감시와 관련된 프로세스들로 구성되어 있습니다. 11장 리스크 관리의 7개 프로세스는 다음과 같으며 프로세스별로 상세히 알아볼 것입니다.

11.1 리스크 관리 계획수립(Plan Risk Management) – 어떻게 리스크 관리 활동들을 수행할 것인지에 대한 리스크 관리 계획서를 만들며, 리스크 관리 계획서는 나머지 6개 리스크 관리 프로세스의 지침으로 사용합니다.

11.2 리스크 식별(Identify Risks) - 프로젝트에 영향을 미칠 수 있는 리스크를 찾아내고 그 특성과 함께 리스크 관리대장(Risk register)에 문서화합니다.

11.3 정성적 리스크 분석 수행(Perform Qualitative Risk Analysis) - 식별된 리스크는 심각성이 동일하지 않습니다. 어떤 리스크는 프로젝트에 심각한 영향을 미칠 수도 있으며, 어떤 리스크는 심각성이 낮을 수도 있습니다. 심각성은 확률과 영향 같은 변수에 의해 결정되며 이렇게 리스크의 심각성을 분석해서 높은 심각성을 가진 리스크부터 낮은 심각성을 가진 리스크까지 순위를 매기는 것이 [정성적 리스크 분석 수행]의 역할입니다. 심각성이 낮은 리스크들을 제외한 나머지 리스크는 추가적인 후속 분석인 정량적 리스크 분석이 필요합니다.

11.4 정량적 리스크 분석 수행(Perform Quantitative Risk Analysis) - 리스크를 고려해서 이번 프로젝트가 목표로 한 일정이나 예산 안에 끝날 가능성은 얼마나 되는지, 우리가 목표로 하는 일정과 예산을 달성하려면 어느 정도의 예비가 필요한지 등을 수치로 분석합니다.

11.5 리스크 대응 계획수립(Plan Risk Responses) - 분석 결과를 바탕으로 각 리스크의 특성에 맞게 대응 전략이 수립됩니다. 기회가 되는 리스크는 향상시키고 위협이 되는 리스크는 감소시키는 전략이 결정되며 대응 조치를 합의하여 결정합니다.

11.6 리스크 대응 실행(Implement Risk Responses) - 프로젝트를 수행하다가 리스크가 발생하면 합의된 대응 계획을 실행합니다.

11.7 리스크 감시(Monitor Risks) - 프로젝트 생애주기 전반에 걸쳐 식별된 리스크를 추적하고, 잔존 리스크를 감시하며, 새로운 리스크를 식별하고, 리스크 프로세스의 효율성을 평가합니다.

[표 11-2] 리스크 관리 프로세스의 주요 투입물과 산출물

주요 투입물	리스크 관리 프로세스	주요 산출물
프로젝트 관리 계획서 프로젝트 헌장 이해관계자 관리대장	11.1 리스크 관리 계획수립	리스크 관리 계획서
리스크 관리 계획서 일정 관리 계획서 원가 관리 계획서 품질 관리 계획서 자원 관리 계획서 요구사항 관리 계획서 범위 기준선 일정 기준선 원가 기준선 원가 산정치 기간 산정치 이해관계자 관리대장 요구사항 문서 자원 요구사항 조달 문서 협약	11.2 리스크 식별	리스크 관리대장 리스크 보고서
리스크 관리 계획서 리스크 관리대장 이해관계자 관리대장	11.3 정성적 리스크 분석 수행	리스크 관리대장 업데이트 리스크 보고서 업데이트
리스크 관리 계획서 리스크 관리대장 리스크 보고서 범위 기준선 일정 기준선 원가 기준선 기간 산정치 원가 산정치 일정 예측치 원가 예측치 자원 요구사항	11.4 정량적 리스크 분석 수행	리스크 보고서 업데이트

리스크 관리 계획서 리스크 관리대장 리스크 보고서 자원 관리 계획서 원가 기준선 프로젝트 일정 프로젝트 팀 배정표 자원 달력 이해관계자 관리대장	**11.5 리스크 대응 계획수립**	리스크 관리대장 업데이트 리스크 보고서 업데이트
리스크 관리 계획서 리스크 관리대장 리스크 보고서	**11.6 리스크 대응 실행**	리스크 관리대장 업데이트 리스크 보고서 업데이트
리스크 관리 계획서 리스크 관리대장 리스크 보고서 작업 성과 데이터 작업 성과 보고서	**11.7 리스크 감시**	작업 성과 정보 변경 요청 리스크 관리대장 업데이트 리스크 보고서 업데이트

11.1 리스크 관리 계획수립(Plan Risk Management)

[리스크 관리 계획수립] 프로세스는 **'리스크 관리 계획서'를 작성**하는 프로세스입니다. 리스크를 관리하기 위해서는 리스크의 식별, 분석, 대응준비 등 다양한 관리 활동이 필요합니다. 이런 활동들을 아무렇게나 수행할 수 없습니다. 리스크 관리 활동들도 사전에 계획된 대로 수행되어야 체계적인 리스크 관리가 됩니다. 리스크 관리 활동들을 어떻게 수행할 것인지 미리 준비해야 합니다. 리스크 관리 활동의 수행 방법은 구체적이고 상세하게 문서화해야 하는데 그 문서를 리스크 관리 계획서라고 합니다. 이 리스크 관리 계획서는 나머지 리스크 관리 프로세스에 대한 사전 준비입니다. 미리 준비된 계획에 따라 나머지 6개 프로세스를 수행합니다.

그리고 초기 리스크 관리 기획 노력은 프로젝트 전반적 기획의 초기에 수행해야 합니다. 리스크는 언제든지 발생할 수 있으므로 조기에 리스크 관리 준비를 하는 것이 좋습니다. 프로젝트는 점진적으로 구체화 되는 특성이 있으므로 계획한 리스크 관리 활동들은 주기적으로 반복되어야 합니다.

[표 11-3] 리스크 관리 계획수립의 ITTO

리스크 관리 계획수립(Plan Risk Management)		
지식영역: 리스크 관리(Risk management)		프로세스 그룹: 기획(Planning)
투입물	**도구 및 기법**	**산출물**
1. 프로젝트 헌장 2. 프로젝트 관리 계획서 • 모든 구성요소 3. 프로젝트 문서 • 이해관계자 관리대장 4. 기업 환경 요인 5. 조직 프로세스 자산	1. 전문가 판단 2. 데이터 분석 • 이해관계자 분석 3. 회의	1.리스크 관리 계획서

[그림 11-4] 리스크 관리 계획수립의 주요 흐름

[표 11-3]은 [리스크 관리 계획수립] 프로세스의 Inputs, Tools and Techniques, Outputs입니다. 핵심 투입물은 리스크 관리 방법을 결정할 때 고려해야 할 내용이 포함된 프로젝트 헌장, 프로젝트 관리 계획서입니다. 주요 이해관계자가 모여 회의를 통해 리스크 관리 계획서를 만듭니다.

[그림 11-4]는 [리스크 관리 계획수립]의 주요 흐름을 표현합니다. 리스크 관리 방법에 영향을 주거나 고려해야 할 내용을 투입물로 사용하고, 작성된 리스크 관리 계획서에 따라 후속 리스크 관리 프로세스를 진행합니다. 기타 리스크 관리 방법을 고려해야 할 프로세스에 리스크 관리 계획서가 투입됩니다. 리스크는 다양한 영역과 연관되어 있기 때문에 리스크 관리 계획서는 여러 프로세스의 투입물로 사용됩니다.

[표 11-4] 리스크 관리 계획수립 산출물의 투입 이유

리스크 관리 계획서 투입 프로세스	투입 이유
4.2 프로젝트 관리 계획서 개발	리스크 관리 계획서는 보조 계획서로 전체 프로젝트 관리 계획에 통합되므로.
7.1 원가 관리 계획수립	리스크 관리 계획서는 원가 산정에 영향을 줄 수 있으며, 원가 산정 방법은 원가 관리 계획서에 포함되기 때문에.
8.1 품질 관리 계획수립	리스크는 발생 시 품질에 영향을 줄 수 있으므로 리스크 관리 방법을 고려해서 품질 관리 계획서를 수립하기 위해서.
11.2 리스크 식별	리스크 식별의 지침서 역할을 하고 식별된 리스크를 분류하기 위한 리스크분류체계(RBS)를 포함하고 있기 때문에.
11.3 정성적 리스크 분석 수행	정성적 리스크 분석의 방법을 포함하고 있으며, 정성적 분석에 필요한 확률과 영향에 대한 정의, P-I Matrix를 포함하고 있기 때문에.
11.4 정량적 리스크 분석 수행	정량적 리스크 분석의 필요 여부가 포함되어 있으며, 정량적 분석에 대한 자원 및 분석 빈도가 포함되어 있기 때문에.
11.5 리스크 대응 계획수립	리스크 대응 계획수립의 방법, 역할과 책임을 포함하고 있기 때문에.
11.6 리스크 대응 실행	리스크 대응 실행에 대한 팀원 및 기타 이해관계자의 역할과 책임이 포함되어 있어서.
11.7 리스크 감시	리스크 감시에 대한 시기, 방법, 역할과 책임 등이 포함되어 있기 때문에.
12.2 조달 수행	조달 관련 리스크를 관리하기 위해서.
12.3 조달 통제	판매자에 의한 리스크 관리 활동들을 어떻게 할 것인지에 대한 내용을 포함하고 있기 때문에.
13.2 이해관계자 참여 계획수립	리스크 한계선 또는 리스크 대처 태도를 기반으로 최적의 이해관계자 참여 관리 전략을 결정하기 위해서.
13.3 이해관계자 참여 관리	리스크 범주, 리스크 선호도, 보고 형식을 이해관계자 참여 관리에 활용하기 위해서.

11.1.1 리스크 관리 계획수립: 투입물

프로젝트의 리스크 관리 활동들을 어떻게 할 것인지에 대한 계획을 수립하기 위해 필요한 정보를 투입합니다.

11.1.1.1 프로젝트 헌장(Project charter)

프로젝트 헌장에는 상위수준의 리스크가 포함되어 있습니다. 상위수준 리스크 정보를 기반으로 리스크 관리 방법을 결정합니다.

11.1.1.2 프로젝트 관리 계획서(Project management plan)

프로젝트 관리 계획서 안에는 다양한 보조 관리 계획서가 포함되어 있습니다. 리스크 관리는 단독으로 수행할 수 없습니다. 리스크는 범위, 원가, 일정, 품질 등 다양한 요소들과 연결되어 있기 때문에 통합적으로 관리해야 합니다. 예를 들면, 원가 관리 계획서를 리스크 관리 계획수립 시 고려할 필요가 있습니다. 그 이유는 원가 관리 계획서에는 리스크를 고려하여 추가 예비비를 산정하고 접근하는 방법이 포함되어 있으므로 리스크 관리 계획 수립에 영향을 주게 됩니다. 일정 관리 계획서도 마찬가지로 리스크를 고려하여 추가 기간을 산정하고 접근하는 방법이 포함되어 있으므로 리스크 관리 계획수립에 영향을 주게 됩니다. 앞으로 누가 언제, 어떻게 리스크에 대한 정보를 공유할 것인지를 결정해야 하므로 의사소통 관리 계획도 [리스크 관리 계획수립]에 영향을 줍니다. 이처럼 리스크 관리는 다른 관리 영역과 같이 관리해야 하므로 프로젝트 관리 계획서에 포함된 모든 보조 계획서들을 고려할 필요가 있습니다.

11.1.1.3 프로젝트 문서(Project documents)

프로젝트 문서 중에 이해관계자 관리대장을 투입물로 사용합니다.

◆ 이해관계자 관리대장(Stakeholder register)

이해관계자 관리대장을 기반으로 리스크 관리 활동에 대한 이해관계자의 역할과 책임을 결정합니다. 또한 리스크 한계선(Risk threshold)을 정할 때 이해관계자의 리스크 태도를 고려합니다.

11.1.1.4 기업 환경 요인(Enterprise environmental factors)

기업마다 리스크를 수용하는 한도(Risk tolerance)는 다릅니다. 우리 회사의 Risk attitude, Risk threshold, Risk tolerance는 리스크 관리 방법에 영향을 주기 때문에 리스크 관리 계획수립 시 고려해야 합니다.

11.1.1.5 조직 프로세스 자산(Organizational process assets)

과거에 사용했던 리스크 범주, 리스크 관련 양식, 리스크에 대한 교훈, 조직의 리스크 정책 등을 고려해서 리스크 관리 계획서를 작성합니다.

11.1.2 리스크 관리 계획수립: 도구 및 기법

이해관계자의 리스크 선호도를 분석하고 팀이 모여서 기획 회의를 통해 리스크 관리 계획서를 개발합니다.

11.1.2.1 전문가 판단(Expert judgment)

리스크 관리 계획서를 수립할 때 해당 분야에 대한 전문가의 도움을 받을 수 있습니다.

11.1.2.1 데이터 분석(Data analysis)

데이터 분석 기법 중 이해관계자 분석을 사용합니다.

◆ **이해관계자 분석(Stakeholder analysis)**

투입물로 사용한 이해관계자 관리대장에 포함된 이해관계자의 리스크 선호도(Risk appetite)를 분석합니다. 분석된 리스크 선호도는 리스크 한계선(Risk threshold)을 정하는데 중요한 기반 정보가 됩니다.

11.1.2.3 회의(Meetings)

프로젝트 팀에서 리스크 관리 계획서를 개발하기 위해 회의를 진행합니다. 이 회의에는 가능한 많은 사람이 참석하는 것이 좋으며, 리스크 관리 활동에 대한 계획이 이 회의에서 결정됩니다.

11.1.3 리스크 관리 계획수립: 산출물

프로젝트의 리스크 관리 활동에 대한 계획이 만들어집니다. 리스크 관리 계획서에는 꽤 많은 내용을 포함하고 있습니다. 각 요소에 대한 이해를 꼭 하기 바랍니다.

11.1.3.1 리스크 관리 계획서(Risk management plan)

리스크를 어떻게 식별하고 어떻게 분석하고, 어떻게 대응할 것이며, 어떻게 감시할 것인지에 대한 내용과 리스크 관리에 필요한 사항들이 결정되고 문서화됩니다. 다음과 같은 내용이 리스크 관리 계획서에 포함됩니다.

◆ 리스크 전략(Risk strategy)

전략이라는 것은 앞으로 어떻게 할 것인지에 대한 방법입니다. 앞으로 프로젝트를 수행하는 동안 어떻게 리스크를 관리할 것인지 접근법을 기술합니다.

◆ 방법론(Methodology)

리스크 관리를 수행하는 데 사용할 체계적인 접근 방법, 도구를 결정합니다.

◆ 역할과 책임(Roles and responsibilities)

리스크 관리에 참여하는 사람들의 역할과 책임을 정의하고 그들의 권한을 명시합니다. 프로젝트에 참여하는 모든 이해관계자가 리스크 관리 활동에 참여하는 것은 불가능합니다. 따라서 리스크 관리 활동에 참여할 사람들을 선정하고 각자 해야 할 역할과 책임을 명확하게 결정해야 합니다. 참여자들과 해야 할 활동을 연결 지어서 역할과 책임을 표현한 표(Responsibility assignment matrix)를 만들면 보기도 쉽고 직관적입니다.

◆ 자금(Funding)

리스크를 관리하려면 돈이 필요합니다. 리스크 관리에 필요한 자원 및 자금을 파악하고 예비(Reserve)의 사용 규약을 수립합니다.

◆ 시기(Timing)

프로젝트 생애주기 동안 리스크 관리 프로세스를 언제, 얼마나 자주 할 것인가를 정의합니다. 리스크 관리 시기는 프로젝트 일정과 연계되어야 합니다.

[표 11-5] 리스크 관리에 대한 RAM

	스폰서	고객	프로젝트 관리자	프로젝트 팀	리스크 담당자	외부 전문가
리스크 관리 계획수립	C, I	C, I	R, A	R	-	C
리스크 식별	C, I	C, I	R, A	R	-	C
정성적 리스크 분석 수행	C, I	C, I	R, A	R	-	C
정량적 리스크 분석 수행	C, I	C, I	R, A	R		C
리스크 대응 계획수립	C, I	C, I	R, A	R	R	C
리스크 대응 실행	C, I	C, I	R, A	R	R	C
리스크 감시	C, A, I	C, I	R, A	R	R	C

R: Responsibility(책임), A: Account(담당), C: Consult(고려), I: Inform(통보)

◆ **리스크 범주**(Risk categories)

[리스크 관리 계획수립] 다음 프로세스가 [리스크 식별]인데, 리스크를 식별한 후 환경관련 리스크, 조직 내부의 리스크, 기술적 리스크처럼 분류 기준에 따라 분류해서 관리하는 것이 효과적입니다. **리스크를 유형별로 분류하기 위한 범주를 RBS(Risk breakdown structure)라고 합니다.** RBS는 일반적 프로젝트에서 발생할 수 있는 리스크들의 분류 목록을 말합니다. RBS는 리스크 범주(Risk category)의 다른 표현입니다. RBS는 프로젝트마다 또는 조직마다 다를 수 있습니다. 왜냐하면, 프로젝트의 규모나 복잡성은 다양하고, 조직마다 리스크 관리 정책이 다르기 때문입니다.

비슷한 프로젝트를 반복적으로 수행해온 조직이라면 이미 과거의 프로젝트에서 사용했던 RBS를 사용하기도 합니다. 리스크 범주를 보면서 관련 리스크를 연상할 수 있기 때문에 RBS는 리스크 식별에도 도움이 됩니다. 근본 원인에 의해 리스크를 분류할 경우 리스크에 대한 효과적 대응 방법을 생각할 수 있게 됩니다. 또한 프로젝트 진척에 따라 불확실성은 줄어들고 또, 새로운 리스크가 식별될 수 있으므로 RBS는 리스크 관리 주기에 따라 갱신될 수 있습니다.

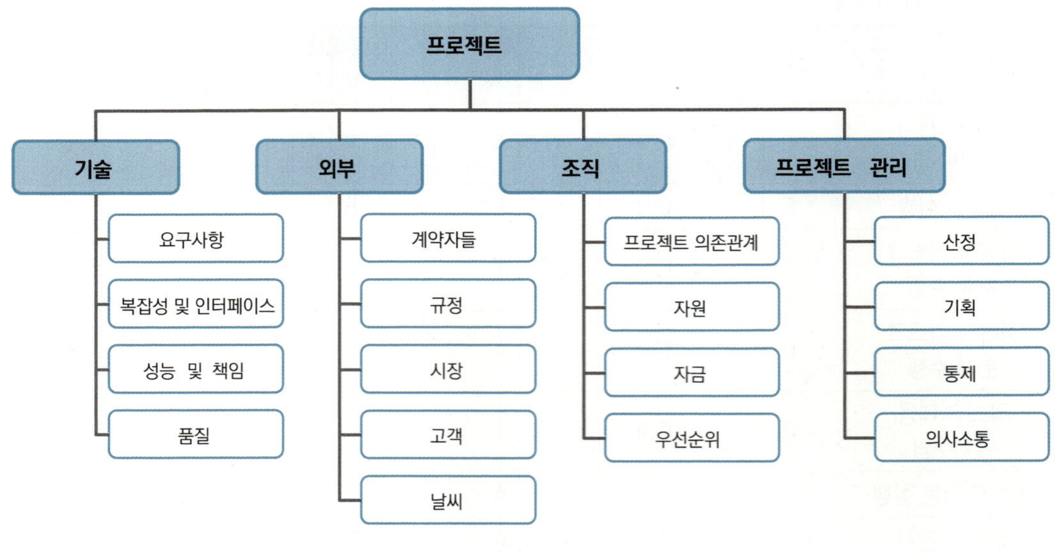

[그림 11-4] RBS의 예시

◆ **이해관계자 리스크 선호도(Stakeholder risk appetite)**

분석된 이해관계자의 리스크 선호도는 리스크 관리 계획서에 기록됩니다. 이 리스크 선호도는 측정 가능한 리스크 한계선(Risk threshold)으로 표시됩니다. 예를 들면, 리스크로 인해 일정이 계획보다 4주 이상 지연될 경우 리스크의 영향은 매우 큰 것으로 결정하는 것입니다. 또는 리스크로 인해 비용이 기준대비 3~5% 초과할 경우 영향은 보통으로 결정합니다. 리스크 한계선은 개별 리스크를 평가할 때 사용할 확률-영향 정의가 되며, 이를 통해 포괄적 리스크 노출도의 허용 가능한 수준을 결정하게 됩니다.

◆ **리스크 확률 및 영향 정의(Definitions of risk probability and impact)**

리스크의 심각성은 무엇에 의해 결정이 될까요? 여러 가지 요소가 영향을 줄 수 있지만 보통 두 가지 요소에 의해 결정이 됩니다. 하나는 리스크가 발생할 가능성(Probability or likelihood)이고, 또 하나는 리스크가 프로젝트에 미치는 영향(Impact or effect)입니다.

리스크의 심각성 = 확률 x 영향

만약 어떤 리스크가 발생할 가능성이 낮고 프로젝트에 미치는 영향이 낮으면 그 리스크는 Low risk이며 발생할 가능성이 높고 프로젝트에 미치는 영향이 크면 High risk입니다.

그 중간은 Moderate risk가 됩니다. 리스크의 심각성은 낮음, 보통, 높음으로 표현할 수 있으며, 식별한 리스크의 심각성을 표현할 때 사용합니다. 낮음, 보통, 높음은 정량적 용어가 아니고 정성적인 용어입니다. 사람마다 낮음, 보통, 높음에 대한 기준이 다를 수 있기 때문입니다. 그래서 식별된 리스크의 확률과 영향을 분석하여 리스크의 심각성을 결정하는 분석을 정성적 리스크 분석(Qualitative risk analysis)이라 합니다. 정성적 리스크 분석은 리스크 식별 후에 수행하게 됩니다. 정성적 분석을 하지 않으면 리스크의 심각성을 모르고, 리스크의 심각성을 모르면 각 리스크별 맞춤형 대응 방법을 수립할 수 없기 때문입니다.

확률과 영향의 조합에 의해 리스크의 심각성이 결정되는데, 확률과 영향을 측정하지 못하면 심각성을 결정할 수 없습니다. 따라서 각 리스크의 확률과 영향을 측정하기 위한 기준이 있어야 합니다. 막연히 확률이 높다, 영향이 보통이라고 할 수 없기 때문입니다. 조직마다, 앞에서 설명한 이해관계자의 리스크 선호도와 리스크 한계선이 확률과 영향의 수준을 결정할 때 반영되어야 합니다. 각 이해관계자의 리스크에 대한 접근 태도나 리스크 허용치가 다르므로 확률과 영향에 대한 기준은 다를 수 있습니다. 리스크 관리 계획서에는 앞으로 사용할 확률에 대한 기준과 영향에 대한 기준이 정의되어 있어야 합니다.

- **확률 측정 기준(Probability scale)**

확률은 0과 1 사이로 결정됩니다. 0은 전혀 모르는 것이고 1은 100%로 확실한 것이기 때문에 둘 다 불확실성이 없습니다. 만약 리스크를 세분화해서 관리하려고 한다면 기준 자체도 세분화되어 있어야 합니다. 예를 들면, 확률을 매우 낮음, 낮음, 보통, 높음, 매우 높음 5개의 기준으로 표현할 수 있습니다. 아니면 낮음, 보통, 높음으로 3개의 기준만 사용할 수도 있습니다. 기준이 많을수록 리스크를 상세히 관리할 수 있습니다. 기준을 몇 개로 사용할지는 프로젝트 환경에 맞게 스스로 결정해야 합니다. 이런 용어적 표현 대신 수치적 표현을 기준으로 사용할 수도 있습니다. 예를 들면, 확률이 낮으면 0.3(30%), 보통이면 0.5(50%), 높으면 0.7(70%)로 사용할 수 있습니다. 비슷한 방법으로 매우 낮음, 낮음, 보통, 높음, 매우 높음은 0.1, 0.3, 0.5, 0.7, 0.9로 표현할 수 있습니다. 또는 0.1, 0.2, 0.4, 0.6, 0.8로 해도 상관없습니다. 정해진 규칙은 없으므로 주어진 환경에 맞게 결정하는 것이 중요합니다. Scale은 사전적 의미로 '규모, (측정용) 등급, 눈금, 저울, 축적' 등의 의미가 있습니다. 여기에서는 측정용 등급의 의미로 사용되고 있습니다. Scale은 Level이라고도 합니다. Level은 '수준, 단계'의 의미가 있습니다.

• **영향 측정 기준(Impact scale)**

영향을 측정하는 것은 리스크 발생 시 프로젝트 범위, 일정, 원가 등 목표에 미치는 영향을 결정하는 것입니다. 영향을 측정하는 기준도 확률 측정 기준처럼 주어진 프로젝트에 맞게 결정해서 사용하면 됩니다. 1억짜리 프로젝트와 100억짜리 프로젝트에 대한 리스크 정책이나 불확실성이 같을 수 없기 때문입니다. 영향에 대한 측정 기준도 확률 측정 기준처럼 영향이 매우 낮음, 낮음, 보통, 높음, 매우 높음으로 용어적 기준을 쓸 수도 있고 수치를 적용해서 0.1, 0.3, 0.5, 0.7, 0.9로 사용할 수도 있습니다. 일반적으로 용어적 기준보다는 수치적 기준을 사용하는 것이 편리합니다. 우리가 입는 티셔츠 사이즈도 M, L, XL처럼 용어적 기준을 쓰기도 하고 90, 95, 100, 105처럼 수치적 기준을 쓰기도 합니다.

이렇게 준비한 확률과 영향에 대한 기준(척도)은 향후 정성적 리스크 분석에서 리스크의 우선순위를 분석할 때 사용하게 됩니다.

[표 11-6] 확률과 영향에 대한 정의의 예

기준	확률	프로젝트 목표에 대한 영향		
		시간	원가	품질
매우 높음	71~99%	〉20일	〉2억	전반적 기능에 매우 심각한 영향
높음	51~70%	11~20일	1억~2억	전반적 기능에 심각한 영향
보통	31~50%	4~10일	5천~1억	주요 기능 영역에 일부 영향
낮음	11~30%	1~3 일	1천~5천	전반적 기능에 작은 영향
매우 낮음	1~10%	〈1 일	〈1천	일부 기능에 작은 영향
없음	〈1%	변경 없음	변경 없음	기능에 영향 없음

◆ **확률-영향 매트릭스(Probability and impact matrix)**

확률과 영향에 대한 측정 기준을 결정했다면 두 기준을 결합하여 P-I Matrix를 만들 수 있습니다. 앞에서 설명한 대로 심각성은 확률과 영향 두 요소가 결합되어야 결정됩니다. 따라서 확률(P)과 영향(I)을 결합할 필요가 있습니다. 확률과 영향을 결합해서 행렬(Matrix)로 만든 것이 P-I Matrix입니다. 만약 확률은 0.1(매우 낮음), 0.3(낮음), 0.5(보통), 0.7(높음), 0.9(매우 높음) 기준을 사용하고 영향은 비선형(Nonlinear)으로 0.05부터 0.8까지 사용하기로 했다면 다음과 같은 결합형태가 나올 것입니다. 확률과 영향의 교차점의 점수는 확률과 영향을 곱한 값이며, 이것을 Risk score라고 합니다. 리스크 점수가 높을수록 심각성이 높은 리스크가 됩니다.

[표 11-7] P-I Matrix 예

확률	0.9	0.05	0.09	0.18	0.36	0.72
	0.7	0.04	0.07	0.14	0.28	0.56
	0.5	0.03	0.05	0.10	0.20	0.40
	0.3	0.02	0.03	0.06	0.12	0.24
	0.1	0.01	0.01	0.02	0.04	0.08
		0.05	0.1	0.2	0.4	0.8
		영향				

[표 11-7]에서 확률과 영향을 곱한 리스크 점수는 소수 둘째 자리에서 반올림했습니다. 우측 상단 영역(0.18~0.72)으로 분류된 리스크는 심각성이 높은 리스크(High risk)로 분류하고 중간 점수(0.08~0.20)에 해당하는 리스크는 중간 리스크(Moderate risk)로 분류되며 좌측 하단으로 낮은 점수(0.01~0.07)에 해당하는 리스크는 낮은 리스크(Low risk)로 분류합니다. 이러한 리스크의 심각성에 대한 분석은 [정성적 리스크 분석 수행]에서 진행하는데, 이를 위해서 미리 리스크 관리 계획서에 P-I Matrix를 준비해야 합니다.

◆ **보고 형식**(Reporting formats)

앞으로 리스크 정보를 공유하기 위한 리스크 관리대장(Risk register)의 양식 및 리스크 관리에 필요한 문서 형식을 정의합니다.

◆ **추적**(Tracking)

리스크 관련 활동의 모든 면이 어떻게 기록되는지 문서화하고 리스크 관리 프로세스를 감시하는 방법을 문서화합니다.

11.2 리스크 식별(Identify Risks)

[리스크 식별] 프로세스는 [리스크 관리 계획수립] 프로세스를 통해 리스크 관리에 대한 체계적인 방법을 수립한 후, 프로젝트에 영향을 줄 수 있는 리스크를 찾아내고 그 리스크의 특성을 리스크 관리대장(Risk register)에 문서화하는 프로세스입니다.

[리스크 관리 계획수립]에서 리스크 관리 활동들을 어떻게 수행할 것인지 결정했다면, 이제 구체적인 리스크 관리 활동에 들어가야 합니다. 리스크 관리 계획서에 따른 첫 번째 활동은 이번 프로젝트에서 발생 가능한 리스크를 식별하는 것입니다. 우리가 무언가를 관리하고 싶다면 우선 관리할 대상을 먼저 알아야 합니다. 자신의 자금을 관리하고 싶다면, 현재 내가 가진 자금이 얼마인지부터 알아야 하는 것과 마찬가지입니다. 리스크를 관리하려면 이번 프로젝트에 대한 리스크부터 알아야 합니다. 프로젝트의 모든 리스크를 식별하는 것은 불가능하지만, 가능하면 많은 리스크를 식별하도록 노력해야 합니다. 프로젝트의 모든 리스크를 한 번에 식별하는 것은 불가능하고 언제든지 새로운 리스크가 발생할 수 있기 때문에 리스크 식별은 프로젝트 생애주기를 통해 지속적이며 주기적으로 반복해야 합니다. 리스크 식별도 시간과 노력이 필요한 활동이며, 다양한 기법을 통해 최대한 발생 가능한 리스크를 많이 식별하도록 노력해야 합니다.

식별된 리스크는 그냥 단순한 리스크 목록으로만 나열하기보다는 각 리스크의 공통 특징이나 근본 원인으로 분류합니다. 그럼 리스크 식별은 누가 할까요? 프로젝트에 관련 있는 이해관계자 중 리스크 식별에 도움을 줄 수 있는 많은 사람이 참여하는 것이 좋으며, 리스크는 미래의 불확실한 상황을 예측하는 것이므로 경험 있고 전문가들이 많이 참여하는 것이 좋습니다.

[표 11-8] 리스크 식별의 ITTO

리스크 식별(Identify Risks)		
지식영역: 리스크 관리(Risk management)	프로세스 그룹: 기획(Planning)	
투입물	**도구 및 기법**	**산출물**
1. 프로젝트 관리 계획서 • 요구사항 관리 계획서 • 일정 관리 계획서 • 원가 관리 계획서 • 품질 관리 계획서 • 자원 관리 계획서 • 리스크 관리 계획서 • 범위/일정/원가 기준선 2. 프로젝트 문서 • 가정사항 기록부 • 기간/원가 산정치 • 이슈 기록부 • 교훈 관리대장 • 요구사항 문서 • 자원 요구사항 • 이해관계자 관리대장 3. 협약 4. 조달 문서 5. 기업 환경 요인 6. 조직 프로세스 자산	1. 전문가 판단 2. 데이터 수집 • 브레인스토밍 • 점검목록 • 인터뷰 3. 데이터 분석 • 근본 원인 분석 • 가정 및 제약분석 • SWOT 분석 • 문서 분석 4. 대인관계 및 팀 기술 • 촉진 5. 촉발(prompt) 목록 6. 회의	1. 리스크 관리대장 2. 리스크 보고서 3. 프로젝트 문서 업데이트 • 가정사항 기록부 • 이슈 기록부 • 교훈 관리대장

[표 11-8]은 [리스크 식별] 프로세스의 Inputs, Tools and Techniques, Outputs입니다. 리스크 식별에 필요한 투입물이 들어가고, 여러 가지 기법들을 사용하여 리스크를 식별하고 분석합니다. 식별된 리스크는 리스크 관리대장에 리스크의 특성과 원인을 포함해서 기술합니다.

잠깐! 투입물과 도구 및 기법과의 관계

ITTO를 가만히 보면 서로 간의 연관성이 보입니다. ITTO 표를 볼 때 서로 어떤 연관이 있는지 찾아보면서 공부하면 더 효과적으로 공부가 됩니다. [리스크 식별]의 투입물과 도구 및 기법은 다음과 같은 관계가 있습니다.

[표 11-9] 투입물과 기법과의 관계

관계	이유
이해관계자 관리대장 → 브레인스토밍, 인터뷰	이해관계자로부터 데이터 수집 기법을 사용해서 리스크 정보를 수집하기 위해서.
가정사항 기록부 → 가정 및 제약 분석	가정사항 기록부에 포함된 가정의 불확실성을 리스크의 잠재적 요인으로 평가하기 위해서.
프로젝트 관리 계획서, 프로젝트 문서, 협약 → 문서 분석	다양한 문서를 구조적으로 검토하여 리스크를 식별하기 위해서.
조직 프로세스 자산 → 점검목록	과거에 유사한 프로젝트의 리스크 목록을 이번 프로젝트의 리스크 식별 목록으로 사용하기 위해서

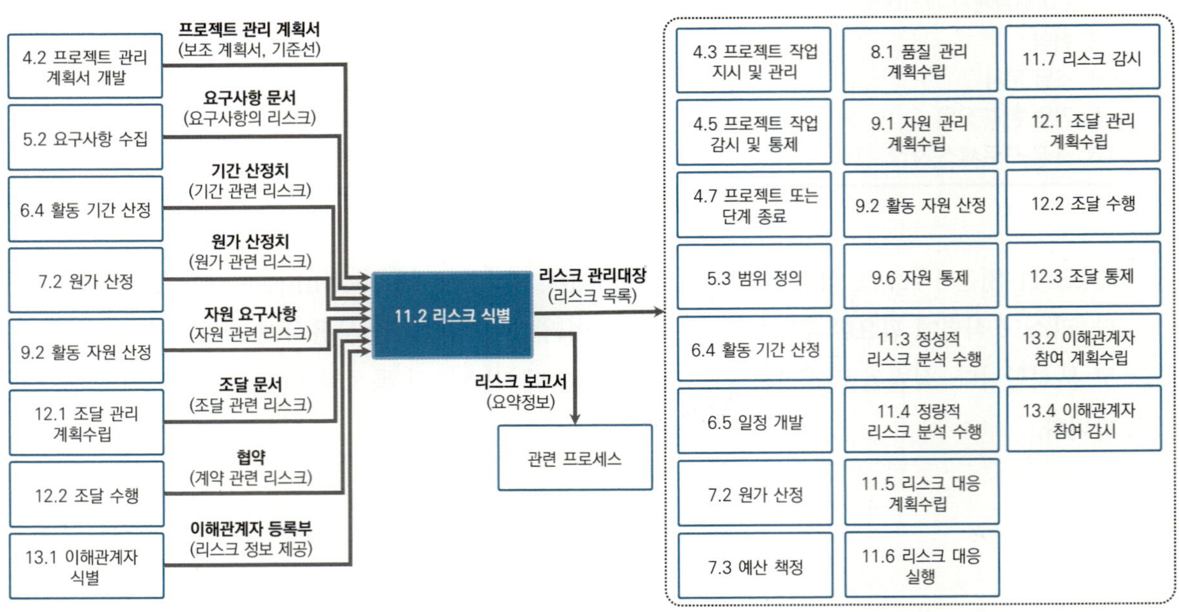

[그림 11-5] 리스크 식별 프로세스의 주요 흐름

[그림 11-5]는 [리스크 식별] 프로세스의 주요 흐름을 나타냅니다. [리스크 식별] 프로세스는 기획 프로세스 그룹에 속하며, 주목적은 프로젝트에 관련된 리스크를 찾아내는 것입니다. 따라서 [리스크 관리 계획수립] 프로세스의 산출물인 리스크 관리 계획서를 지침으로 하여 프로젝트 관련 문서들을 검토하거나 이해관계자로부터 리스크에 관련된 정보를 수집하여 리스크 관리대장에 리스크를 기술합니다. 리스크 관리대장에 명시된 리스크들은 향후 정성적, 정량적 리스크 분석을 통해 리스크 속성을 파악하고 각 리스크별로 대응 전략이 수립됩니다. 리스크는 발생 시 여러 곳에 영향을 줄 수 있으므로 리스크 관리대장을 투입하는 프로세스는 꽤 많은 편입니다.

[표 11-10] 리스크 관리대장의 투입 이유

리스크 관리대장 투입 프로세스	투입 이유
4.3 프로젝트 작업 지시 및 관리	일부 리스크는 실행에 영향을 미칠 수 있으므로 실행하는 과정에서 확인할 필요가 있기 때문에.
4.5 프로젝트 작업 감시 및 통제	리스크 정보를 작업 성과 보고서에 담아서 관련 이해관계자에게 전달하기 위해서.
4.7 프로젝트 또는 단계 종료	향후 유사 프로젝트에서 활용하기 위해 조직 프로세스 자산으로 저장하기 위해서.
5.3 범위 정의	리스크에 대한 대응 전략으로 회피나 완화를 선택할 경우 프로젝트 범위 일부를 줄이거나 바꿔야 하므로.
6.4 활동 기간 산정	리스크를 고려해서 여유시간을 추가하기 위해서.
6.5 일정 개발	일정에 영향을 줄 수 있는 리스크를 고려하여 일정을 계획하기 위해서.
7.2 원가 산정	리스크 발생 시 필요한 추가 예비비를 산정하기 위해서.
7.3 예산 책정	리스크 대응 원가들을 어떻게 합산할 것인지 고려하기 위해서.
8.1 품질 관리 계획수립	리스크는 발생 시 품질에 영향을 줄 수 있기 때문에 품질 관리 방법에 미치는 영향을 고려하기 위해서.
9.1 자원 관리 계획수립	리스크가 발생할 경우 자원에 영향을 미칠 수 있기 때문에.
9.2 활동 자원 산정	리스크 사건들은 자원의 선정 및 가용성에 영향을 줄 수 있기 때문에.
9.6 자원 통제	물적 자원에 영향을 미칠 수 있는 리스크를 고려해서 자원을 통제하기 위해서.
11.3 정성적 리스크 분석 수행	식별된 리스크의 확률과 영향을 평가하여 우선순위를 결정하기 위해서.
11.4 정량적 리스크 분석 수행	식별된 리스크가 프로젝트 목표에 미치는 영향을 수치로 분석하기 위해서.
11.5 리스크 대응 계획수립	식별된 리스크에 대한 대응 계획을 수립하기 위해서.

11.6 리스크 대응 실행	리스크 발생 시 계획된 대응대로 담당자가 대응하도록 하기 위해서.
11.7 리스크 감시	식별된 리스크를 감시하기 위해서.
12.1 조달 관리 계획수립	일부 리스크는 직접 처리하지 않고 계약을 통해 처리하기 위해서.
12.2 조달 수행	판매자에 대한 리스크를 고려해서 계약을 진행하기 위해서.
12.3 조달 통제	판매자에 대한 리스크를 고려하면서 조달을 통제하기 위해서.
13.2 이해관계자 참여 계획수립	리스크 담당자 또는 리스크의 영향을 받는 사람들도 이해관계자이고 참여 대상이기 때문에.
13.4 이해관계자 참여 감시	이해관계자 참여 및 상호작용에 대한 리스크가 포함되어 있기 때문에.

식별된 개별 리스크에 대한 요약 정보와 포괄적 프로젝트 리스크의 원인에 대한 내용을 담은 리스크 보고서도 산출물입니다. 보고서의 목적은 정보를 이해관계자에게 전달하는 것입니다. 리스크 보고서가 투입되는 프로세스와 그 이유는 [표 11-11]과 같습니다.

[표 11-11] 리스크 보고서의 투입 이유

리스크 보고서 투입 프로세스	투입 이유
4.3 프로젝트 작업 지시 및 관리	포괄적 프로젝트 리스크가 실행에 영향을 줄 수 있기 때문에.
4.5 프로젝트 작업 감시 및 통제	리스크에 대한 요약 정보도 작업 성과 보고서에 포함시켜 주기적으로 이해관계자에게 전달하기 위해서.
4.6 통합 변경 통제 수행	변경 요청으로 인해 새로운 리스크가 식별될 경우 새로운 리스크는 어떤 원인에 의해서 발생하는지 알아보기 위해 리스크 보고서에 포함된 리스크의 유발원을 검토하기 위해서.
4.7 프로젝트 또는 단계 종료	프로젝트 종료 시점에 처리가 안 된 리스크가 있는지 확인하기 위해서.
8.2 품질 관리	포괄적 프로젝트 리스크가 품질 관리에 영향을 줄 수 있으므로 확인하기 위해서.
10.2 의사소통 관리	리스크 보고서를 이해관계자에게 전달하기 위해서.
11.4 정량적 리스크 분석 수행	포괄적 프로젝트 리스크의 원인과 현재 포괄적 프로젝트 리스크 상태에 한 정보를 활용하기 위해서.
11.5 리스크 대응 계획수립	리스크 대응 전략 선택에 영향을 미치는 전체 리스크 노출도와 개별 프로젝트 리스크에 대한 정보가 있기 때문에.
11.6 리스크 대응 실행	포괄적 프로젝트 리스크 노출도의 평가치와 합의된 리스크 대응 전략을 포함하기 때문에.
11.7 리스크 감시	포괄적 프로젝트 리스크 노출도의 평가치와 주요 개별 리스크에 대한 계획된 대응, 리스크 담당자를 포함하기 때문에.

11.2.1 리스크 식별: 투입물

[리스크 식별] 프로세스에는 리스크를 식별할 수 있는 관련된 모든 요소가 투입물이 됩니다. 식별된 리스크 분류에 사용할 RBS는 리스크 관리 계획서 안에 포함되어 있습니다.

11.2.1.1 프로젝트 관리 계획서(Project management plan)

프로젝트 관리 계획서의 내용 중 리스크를 식별할 수 있는 내용과 방법을 투입물로 사용합니다.

◆ 리스크 관리 계획서(Risk management plan)

리스크 관리 계획서 안에 리스크 식별 방법이 있으며, 준비된 방법에 따라 리스크를 식별합니다. 그리고 리스크 관리 계획서에 포함된 RBS를 사용하여 식별된 리스크를 분류합니다. 리스크 식별에 대한 역할과 책임도 사전에 정의했습니다.

◆ 요구사항 관리 계획서(Requirements management plan)

요구사항이 특별하거나 달성하기 어려운 경우에 프로젝트 리스크는 더 많을 수 있습니다. 요구사항 관리 계획서에는 사용할 지표(Metrics)가 포함되어 있는데, 이번 프로젝트는 어느 정도의 위험성을 가졌는지 분석할 필요가 있습니다.

◆ 일정 관리 계획서(Schedule management plan)

일정은 미래에 진행할 내용이므로 리스크를 포함합니다. 그런 일정을 관리하는 방법을 포함한 일정 관리 계획서는 불확실성 또는 모호성에 의해 영향을 받을 수 있는 영역들을 포함할 수 있습니다. 불확실성과 모호성에 기반해서 일정 관리에 대한 리스크를 식별합니다.

◆ 원가 관리 계획서(Cost management plan)

원가 관리 계획서도 일정 관리 계획서처럼 불확실성 또는 모호성에 의해 영향을 받을 수 있는 영역들을 포함할 수 있습니다. 불확실성과 모호성에 기반해서 원가 관리에 대한 리스크를 식별합니다.

◆ 품질 관리 계획서(Quality management plan)

품질 관리 계획서도 일정/원가 관리 계획서처럼 불확실성 또는 모호성에 의해 영향을 받을 수 있는 영역들을 포함할 수 있습니다. 불확실성과 모호성에 기반해서 품질 관리에 대한 리스크를 식별합니다.

◆ 자원 관리 계획서(Resource management plan)

자원 관리 계획서도 다른 관리 계획서처럼 불확실성 또는 모호성에 의해 영향을 받을 수 있는 영역들을 포함할 수 있습니다. 불확실성과 모호성에 기반해서 자원 관리에 대한 리스크를 식별합니다.

◆ 범위 기준선(Scope baseline)

WBS의 인도물을 생성할 때 발생 가능한 리스크를 식별할 수 있습니다. 프로젝트의 WBS는 프로젝트의 전체 범위를 상세히 세분화하여 구조화한 것입니다. 프로젝트의 리스크는 범위에 대한 리스크도 있으므로 WBS를 구조적으로 검토해서 다양한 리스크들을 식별할 수 있습니다. 범위 기준선을 사용하면 프로젝트 범위의 모든 요소를 고려하게 되는 장점이 있으며, 자체 범위만 분석하다 보면 외부 리스크들을 식별하지 못할 수 있습니다. 범위 기준선에 포함된 인도물의 수용기준도 리스크를 유발할 수 있으므로 확인해야 합니다.

◆ 일정 기준선(Schedule baseline)

일정 기준선에 포함된 마일스톤이나 인도물의 완료일 등은 불확실성과 모호성을 포함합니다. 이를 통해 리스크를 식별할 수 있습니다.

◆ 원가 기준선(Cost baseline)

원가 기준선에 포함된 원가 또는 자금 요구사항은 불확실성과 모호성을 포함합니다. 이를 통해 리스크를 식별할 수 있습니다.

11.2.1.2 프로젝트 문서(Project documents)

리스크를 식별할 수 있는 모든 문서를 투입물로 사용합니다.

◆ **가정사항 기록부**(Assumption log)

가정사항 기록부에 포함된 가정은 잠재적 리스크로 평가되어야 하고 제약사항도 검토합니다. 가정이 빗나갈 경우 리스크가 발생할 수 있습니다. 프로젝트에서 제약사항이 없는 경우는 거의 없습니다. 프로젝트 기간이 한정되어 있거나, 예산이 미리 정해져 있거나, 사용할 수 있는 자원이 한정된 경우도 많습니다. 제약조건 하에서 프로젝트를 수행하다 보면 리스크가 발생할 수 있습니다. 예를 들면, 프로젝트 마감일이 비현실적으로 짧게 정해져 있어서 짧은 기간에 프로젝트를 수행하려고 무리하게 진행하다 보면 리스크가 발생하는 경우가 있습니다. 이번 프로젝트에는 어떤 제약사항들이 있는지 확인하고 그로 인해 발생할 수 있는 리스크들을 식별할 수 있습니다. 한 가지 주의할 점은 숨겨진 가정사항이나 제약사항은 모르고 지나칠 수 있습니다. 따라서 가정사항과 제약사항에 대한 분석은 일회성으로 수행하기보다는 주기적으로 진행하는 것이 바람직합니다.

◆ **원가 산정치**(Cost estimates)

원가 산정치는 미래에 대한 예측이며, 불확실성을 포함합니다. 산정의 범위는 리스크에 따라 달라지며, 산정의 범위가 넓을수록 불확실성이 높은 것입니다. 불확실성으로부터 리스크를 식별합니다.

◆ **기간 산정치**(Duration estimates)

기간 산정치 역시 원가 산정치와 마찬가지로 리스크를 고려해서 불확실성을 반영하여 기간 산정 범위를 결정하게 됩니다. 불확실성이 클수록 산정의 범위는 넓어지게 됩니다. 불확실성으로부터 리스크를 식별합니다.

◆ **이슈 기록부**(Issue log)

이슈로 인해 리스크가 발생할 수 있습니다. 이슈 기록부의 이슈를 검토해서 리스크를 찾아냅니다.

◆ **교훈 관리대장**(Lessons learned register)

이전에 얻은 교훈을 바탕으로 향후 발생 가능한 리스크를 식별합니다.

◆ **요구사항 문서**(Requirements documentation)

요구사항 문서에 포함된 다양한 요구사항을 면밀히 검토하여 리스크를 식별합니다.

◆ **자원 요구사항**(Resource requirements)

산정된 자원의 유형과 수량은 미래에 대한 불확실성을 포함합니다. 자원 산정치의 불확실성을 검토해서 리스크를 식별합니다.

◆ **이해관계자 관리대장**(Stakeholder register)

경험 많은 이해관계자로부터 리스크에 대한 정보를 얻을 수 있습니다.

11.2.1.3 협약(Agreements)

협약은 판매자와의 계약서로서 계약서 안에는 보상에 대한 조항이나 위약금에 대한 조항이 포함됩니다. 보상은 기회이고, 위약금은 위협입니다. 기회와 위협은 리스크이므로 계약서의 내용을 체크해서 리스크를 식별할 수 있습니다.

11.2.1.4 조달 문서(Procurement documents)

판매자의 성과 보고서, 조달에 대한 승인된 변경요청, 판매자 산출물에 대한 검사 정보 등을 검토하여 리스크를 식별합니다. 이러한 내용은 포괄적 프로젝트 리스크를 증가 또는 감소시킬 수 있으며, 추가적인 개별 리스크도 식별할 수 있습니다.

11.2.1.5 기업 환경 요인(Enterprise environmental factors)

회사에서 구비한 리스크 자료, 외부의 연구 자료 등을 통해 리스크를 찾아냅니다.

11.2.1.6 조직 프로세스 자산(Organizational process assets)

과거의 유사한 프로젝트 기록들을 살펴보는 것은 리스크 식별에 많은 도움이 됩니다. 과거 진행했던 유사 프로젝트의 RBS, 리스크 목록, 리스크 대응 계획, 교훈사항 등을 검토해서 리스크를 식별합니다.

11.2.2 리스크 식별: 도구 및 기법

리스크를 식별하고 관련 정보를 수집하기 위해 데이터 수집 기법을 사용하고 수집된 정보를 분석하기 위해 데이터 분석 기법을 사용합니다.

11.2.2.1 전문가 판단(Expert judgment)

유사한 프로젝트의 경험을 가진 전문가와 인터뷰 등을 통해 리스크를 식별할 수 있습니다.

11.2.2.2 데이터 수집(Data gathering)

여러 이해관계자로부터 리스크에 대한 정보를 얻기 위해서 브레인스토밍, 인터뷰 등을 사용하며, 과거의 리스크 정보를 기반으로 점검목록을 만들어서 이번 리스크를 식별합니다.

◆ 브레인스토밍(Brainstorming)

브레인스토밍은 여러 사람이 함께 리스크를 식별할 때 유용합니다. 장점은 모든 사람이 발언권이 있어서 다양한 내용이 나올 수 있지만, 단점은 핵심 이해관계자들을 한자리에 모으는 것이 쉽지 않을 수 있고 개별 아이디어보다는 집단 아이디어로 흐를 수 있습니다. 또한 권한이 큰 사람의 아이디어로 몰릴 수도 있습니다. 사전에 준비한 RBS를 리스크 식별의 프레임워크로 사용할 수 있습니다.

◆ 점검목록(Checklists)

과거의 유사한 프로젝트의 기록에는 당시 발생했던 리스크 목록과 대응에 대한 기록들이 있습니다. 과거에 발생했던 리스크 목록을 이번 프로젝트의 리스크 식별 체크리스트로 활용하여 리스크를 식별할 수 있습니다. 과거의 데이터를 이용하므로 빠르고 쉽게 리스크를 식별할 수 있는 장점이 있는 반면 목록에 없는 리스크는 식별하지 못하고 지나칠 수 있습니다. 또한, 위협에 대한 리스크만 식별되고 기회에 대한 리스크는 놓치는 경우도 생길 수 있습니다. 그리고 RBS의 최하위 수준의 요소들을 리스크 체크리스트로 사용할 수도 있습니다.

[표 11-12] 리스크 식별 점검목록의 예

리스크 범주	리스크 원인	프로젝트 연관성
1. 기술관련	1.1 검증되지 않은 기술의 사용	
	1.2 시스템의 복잡성	
	1.3 인터페이스의 복잡성	
	1.4 요구사항의 변경	
	1.5 기술표준의 변경	
2. 외부요소 관련	2.1 일정 제약	
	3.2 계약자의 낮은 성과	
	2.3 조달시기의 지연	
	2.4 산업 규정의 변경	
	2.5 기상악화로 인한 일정 차질	
3. 내부요소 관련	3.1 경영진의 지원 부족	
	3.2 회사 정책의 변경	
	3.3 내부 자원 가용성의 변경	
	3.4 경험이 적은 프로젝트 관리자 배정	
	3.5 훈련되지 않은 팀원의 배정	

◆ 인터뷰(Interviews)

인터뷰는 각 이해관계자와 1:1 또는 1대 다수로 인터뷰를 진행합니다. 사전에 인터뷰의 질문 내용을 명확히 할수록 수집되는 정보의 품질이 좋아질 수 있습니다. 사람들과 인터뷰하는 동안에 상세하게 리스크를 다룰 수 있는 장점이 있습니다. 반면에 리스크가 아닌 걱정사항이나 이슈 등이 같이 식별될 수 있으므로 적절히 걸러내야 합니다. Face-to-face 인터뷰일 경우 인터뷰를 하는 동안 이해관계자가 하는 말을 빼놓지 않고 적기는 쉽지 않습니다. 가능하면 녹음기를 사전에 준비하여 인터뷰 내용을 녹음하고 녹음된 내용을 다시 들으면서 상세히 문서화하는 것이 도움이 됩니다. 또는 인터뷰 내용을 적을 사람과 같이 인터뷰를 진행합니다.

Delphi technique

델파이(델포이 또는 델피라고도 함)는 신탁(神託)으로 유명한 아폴론의 신전이 있던 고대 그리스의 도시입니다. 델파이 기법은 예측하려는 문제에 대하여 선행 참고자료가 없을 때 관련 전문가들로부터 의견을 수렴하여 판단을 내리는 방법입니다. 델파이 기법은 다음과 같은 순서로 진행합니다.

1. 어떤 전문가들이 이번에 참여할지 결정합니다.
2. 각 전문가에게 보낼 구체적인 설문지를 작성합니다.
3. 설문지를 각 전문가에게 보냅니다. 단, 전문가들은 서로 누군지 모르게 익명으로 참여합니다.
4. 코멘트가 적힌 응답지를 하나의 문서로 합쳐서 정리합니다.
5. 추가적인 코멘트를 얻기 위해 다시 회람시킵니다.
6. 몇 차례 반복을 통해 의견의 합의를 이끌어 냅니다.

정리하자면 **전문가가 익명으로 참여하고 사회자(리더)가 설문지를 통해 의견을 수렴하는 과정을 반복하여 합의된 아이디어를 도출하는 방법**입니다. 전문가로부터 편견 없이 리스크에 대한 정보를 얻기 위해 델파이 기법을 사용할 수 있습니다.

11.2.2.3 데이터 분석(Data analysis)

리스크 식별 및 분석에 도움이 되는 여러 분석 기법들을 사용합니다.

◆ 근본 원인 분석(Root cause analysis)

리스크의 근본 원인이 밝혀지면 효과적인 리스크 대응 전략을 수립할 수 있기 때문에 리스크를 식별하면서 그 원인도 같이 찾아냅니다.

◆ 가정 및 제약사항 분석(Assumption and constraint analysis)

프로젝트는 미래에 대한 가정을 바탕으로 계획을 세우게 되는데, 가정이 부정확하거나 불일치, 불완전할 경우 프로젝트에 리스크가 발생할 수 있습니다. 예를 들면, 프로젝트의 A라는 작업에는 인원 10명을 20일간 투입하여 작업을 마무리할 것으로 생각했습니다. 하지만 작업이 생각보다 어려워서 인원이 더 필요할 수 있으며, 필요한 인원이 필요한 시점에 투입 불가능한 경우도 생길 수 있으며, 문제가 생겨서 기간이 더 늘어날 수도 있습니다. 가정이 빗나갈 경우 리스크가 될 수 있으므로 가정의 불확실성은 잠재적 리스크로서 고려해야 합니다. 따라서 이번 프로젝트에 우리가 어떤 사항을 가정하고 있는지 문서화하고 그 가정이 유효한지 지속해서 확인할 필요가 있습니다.

제약사항을 제거하거나 완화시키면 기회를 만들어낼 수 있습니다. 예를 들면, 한정된 프로젝트 예산을 완화시켜 예산을 더 늘리면, 자원을 추가로 더 사용할 수 있어서 더 좋은 품질의 산출물을 생성하여 수익을 증대시킬 수 있습니다.

◆ SWOT 분석(SWOT analysis)

SWOT은 Strengths, Weaknesses, Opportunities, Threats를 말합니다. 리스크는 기회와 위협이 있으므로 SWOT 분석을 하게 되면 기회와 위협이 식별됩니다. 또한 내부 리스크와 외부 리스크 둘 다 식별할 수 있는 장점이 있습니다. SWOT를 분석하다 보면 구체적인 리스크보다 상위 수준의 리스크들이 식별되는 경향이 있습니다.

◆ 문서 분석(Document analysis)

프로젝트 관련 문서(계획서, 가정, 제약, 이전 프로젝트 파일, 계약, 기술문서 등)를 체계적으로 검토하면서 리스크를 식별할 수 있습니다.

11.2.2.4 대인관계 및 팀 기술(Interpersonal and team skills)

여러 대인관계 및 팀 기술 중에서 촉진을 사용합니다.

◆ 촉진(Facilitation)

앞에서 설명한 브레인스토밍, 근본원인 분석, SWOT 분석 등을 할 때 역량 있는 촉진자(Facilitator)가 빠르고 효과적으로 결론에 도달할 수 있게 그룹을 이끌어주면 좋습니다.

11.2.2.5 촉발 목록(Prompt list)

Prompt는 사전적 의미로 '(사람에게 어떤 결정을 내리도록) 촉발하다, (질문, 힌트 등을 주어 말을 하도록) 유도하다'라는 뜻이 있습니다. 따라서 리스크 식별에서 사용하는 Prompt list는 리스크를 연상할 수 있도록 힌트 역할을 하는 목록을 의미합니다. RBS의 가장 낮은 단계의 리스크 범주를 개별 프로젝트 리스크의 촉발 목록으로 사용할 수 있습니다. 포괄적 프로젝트 리스크의 원인을 식별할 때는 PESTLE(Political, economic, social, technological, legal, environmental), TEPCO(Technical, environmental, commercial, operational, political), VUCA(Volatility, uncertainty, complexity, ambiguity)와 같은 방법이 좋습니다. PESTLE 분석은 신기술의 영향, 라이선스 및 특허, 환경규제 같은 외부 리스크를 식별하는 데 유용합니다.

11.2.2.6 회의(Meetings)

리스크 식별은 팀과 관련 전문가, 판매자 등 리스크 식별에 필요한 사람들이 같이 모여서 합니다. 리스크 워크숍 같은 특별한 회의를 통해 같이 모여서 리스크를 식별하고 분석합니다.

11.2.3 리스크 식별: 산출물

리스크를 식별하고 나면 식별된 리스크를 상세히 기록한 문서가 산출되어야 합니다. 이 문서를 리스크 관리대장이라고 합니다. 리스크는 언제든지 새로운 리스크가 발생할 수 있으며, 프로젝트 진척에 따라 특성이 변하게 되므로 리스크 관리대장은 프로젝트 종료까지 지속적으로 업데이트됩니다. 향후 정성적 분석, 정량적 분석, 리스크 대응 계획수립을 통해 리스크의 심각성, 리스크에 관련된 정량적 수치, 리스크에 대한 대응 전략까지 리스크 관리대장에 추가됩니다.

11.2.3.1 리스크 관리대장(Risk register)

리스크 관리대장에는 다음 내용이 포함될 수 있습니다.

◆ 식별된 리스크 목록(List of identified risks)

식별된 리스크 목록이 자세한 설명과 함께 리스크 관리대장에 기술됩니다.

◆ 잠재적 리스크 담당자(Potential risk owners)

리스크 담당자는 [정성적 리스크 분석 수행] 프로세스에서 결정되지만 리스크를 식별하는 과정에서 잠재적 리스크 담당자가 식별될 수 있습니다. 잠재적 리스크 담당자도 리스크 관리 대장에 추가됩니다.

◆ 잠재적 대응 목록(List of potential risk responses)

합의된 리스크 대응 방법은 [리스크 대응 계획수립]에서 결정되지만 리스크를 식별하는 과정에서 잠재적 대응 방법이 식별되면 리스크 관리대장에 기록합니다.

11.2.3.2 리스크 보고서(Risk report)

보고서를 만드는 이유는 이해관계자와 정보를 공유하기 위해서입니다. 그래서 리스크 보고서에는 식별된 개별 프로젝트 리스크에 대한 상세정보가 아닌 요약 정보가 들어가며, 포괄적 프로젝트 리스크의 원인에 대한 정보가 들어갑니다. 향후 리스크 관리 프로세스를 수행한 결과도 리스크 보고서에 추가되어 지속적으로 이해관계자에게 전달됩니다.

11.2.3.3 프로젝트 문서 업데이트(Project documents updates)

리스크 식별 과정에서 생긴 내용으로 인해 프로젝트 문서 일부가 업데이트될 수 있습니다.

◆ 가정사항 기록부(Assumption log)

리스크를 식별하는 동안 새로운 가정사항이 도출되면 가정사항 기록부에 추가합니다.

◆ 이슈 기록부(Issue log)

리스크를 식별하는 동안 새로운 이슈가 생기면 이슈 기록부에 추가합니다

◆ 교훈 관리대장(Lessons learned register)

리스크를 식별하는 동안 경험하고 느낀 교훈사항을 교훈 관리대장에 추가합니다

11.3 정성적 리스크 분석 수행(Perform Qualitative Risk Analysis)

[정성적 리스크 분석 수행] 프로세스는 **식별된 리스크의 확률(Probability)과 영향(Impact), 기타 특성을 평가하여 개별 리스크의 심각성(우선순위)을 결정하는 프로세스**입니다. 리스크의 발생 가능성(확률)과 발생 시 프로젝트의 목표에 미치는 영향이 클수록 심각성이 높은 리스크이며, 확률과 영향이 낮은 리스크는 심각성이 낮은 리스크입니다. 결과적으로 심각성에 따라 높은

순위의 리스크(High risk)부터 낮은 순위의 리스크(Low risk)까지 분류가 되며, 높은 순위의 리스크에 집중할수록 효과적으로 프로젝트를 관리할 수 있습니다. 낮은 순위의 리스크는 발생하더라도 간단히 처리되므로 단순한 **감시 목록(Watch list)**으로 분류해 놓고 감시하다 발생할 경우 즉시 처리하면 됩니다.

리스크의 심각성을 높음, 보통, 낮음으로 분류했을 때, 높음, 보통, 낮음 같은 용어는 수치로 표현되는 정량적인 표현이 아니고 정성적인 표현입니다. 그래서 리스크의 심각성을 분석하는 것을 정성적 리스크 분석이라 부릅니다. 리스크의 심각성에 따라 리스크 대응 방법이 달라지므로 정성적 리스크 분석의 결과는 리스크 대응 방안을 수립하기 위한 중요한 정보가 됩니다. 정성적 리스크 분석 후에 [정량적 리스크 분석 수행]과 [리스크 대응 계획수립] 프로세스가 수행됩니다.

[표 11-13] 정성적 리스크 분석 수행의 ITTO

정성적 리스크 분석 수행(Perform Qualitative Risk Analysis)		
지식영역: 리스크 관리(Risk management)	프로세스 그룹: 기획(Planning)	
투입물	**도구 및 기법**	**산출물**
1. 프로젝트 관리 계획서 • 리스크 관리 계획서 2. 프로젝트 문서 • 가정사항 기록부 • 리스크 관리대장 • 이해관계자 관리대장 3. 기업 환경 요인 4. 조직 프로세스 자산	1. 전문가 판단 2. 데이터 수집 • 인터뷰 3. 데이터 분석 • 리스크 데이터 품질평가 • 리스크 확률-영향 평가 • 기타 리스크 모수 평가 4. 대인관계 및 팀 기술 • 촉진 5. 리스크 분류 6. 데이터 표현 • 확률-영향 매트릭스 • 계층구조형 도표 7. 회의	1. 프로젝트 문서 업데이트 • 가정사항 기록부 • 이슈 기록부 • 리스크 관리대장 • 리스크 보고서

[표 11-13]은 [정성적 리스크 분석 수행] 프로세스의 Inputs, Tools and Techniques, Outputs입니다. 리스크 관리대장에 기록된 각 리스크의 확률 및 영향을 평가해 보고 그 결

과를 [리스크 관리 계획수립]에서 준비한 P-I Matrix를 사용하여 리스크 점수(Risk score)를 결정한 다음 리스크의 심각성을 높음, 보통, 낮음으로 결정합니다. 심각성에 의해 우선순위화(Priority)된 순위가 리스크 관리대장에 업데이트됩니다.

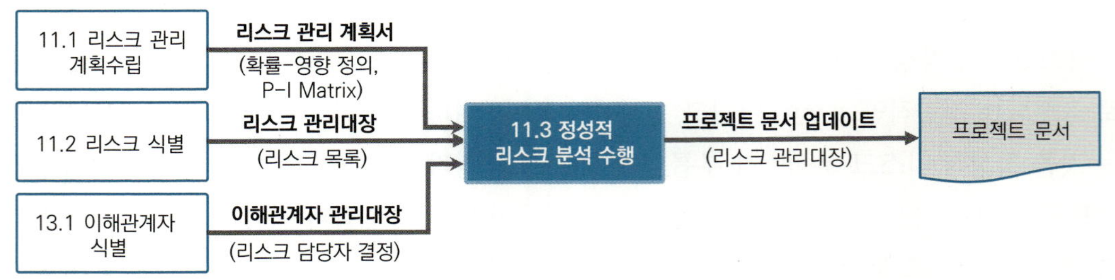

[그림 11-6] 정성적 리스크 분석 수행의 주요 흐름

[그림 11-6]은 이 프로세스의 주요 흐름을 나타냅니다. [정성적 리스크 분석 수행] 프로세스는 기획 프로세스 그룹에 속하며 기본적인 기획 프로세스 흐름을 따르고 있습니다. 리스크 관리대장에 포함된 각 리스크에 대한 확률과 영향을 평가하여 리스크의 우선순위를 결정합니다. 결정된 각 리스크의 우선순위는 리스크 관리대장에 추가합니다. 업데이트된 리스크 관리대장은 [리스크 식별]의 [표 11-10]에서 설명한 것처럼 여러 프로세스의 투입물로 사용됩니다. 프로젝트 관리 프로세스들의 대부분은 반복적으로 수행되고 시간이 지나면서 점차 구체화되는 특성이 있으므로 어떤 문서가 업데이트될 경우 업데이트된 문서가 투입물로 사용된다고 생각하면 됩니다.

11.3.1 정성적 리스크 분석 수행: 투입물

정성적 리스크 분석에서 사용할 확률-영향 정의와 P-I Matrix를 포함한 리스크 관리 계획서와 분석 대상인 식별된 리스크가 담겨 있는 리스크 관리대장이 주요 투입물입니다.

11.3.1.1 프로젝트 관리 계획서(Project management plan)

프로젝트 관리 계획서에 포함된 내용 중 리스크 관리 계획서를 투입물로 사용합니다.

◆ **리스크 관리 계획서**(Risk management plan)

리스크 관리 계획서에는 정성적 분석을 어떻게 할 것인지 방법이 들어가 있으며, 정성적 리스크 분석에서 사용할 확률에 대한 정의와 영향에 대한 정의, 그리고 P-I Matrix가 포함되어 있습니다.

11.3.1.2 프로젝트 문서(Project documents)

프로젝트 문서 중에 리스크 관리대장, 이해관계자 관리대장, 가정사항 기록부를 투입물로 사용합니다.

◆ 가정사항 기록부(Assumption log)

가정사항 기록부에 포함된 가정사항과 제약사항은 리스크의 우선순위 평가에 영향을 미칠 수 있습니다.

◆ 리스크 관리대장(Risk register)

심각성을 분석할 대상인 식별된 리스크들이 리스크 관리대장 안에 포함되어 있습니다.

◆ 이해관계자 관리대장(Stakeholder register)

정성적 리스크 분석에서 리스크 담당자(Risk owner)를 결정합니다. 이해관계자 관리대장에 포함된 사람 중 리스크 담당자가 결정될 수 있습니다.

11.3.1.3 기업 환경 요인(Enterprise environmental factors)

유사한 프로젝트의 산업 연구자료나 출판된 자료 등을 정성적 리스크 분석에 이용합니다.

11.3.1.4 조직 프로세스 자산(Organizational process assets)

과거 유사한 프로젝트의 리스크에 대한 다양한 정보가 있습니다. 활용할 수 있는 자료를 정성적 리스크 분석에 활용합니다.

11.3.2 정성적 리스크 분석 수행: 도구 및 기법

리스크의 우선순위를 결정하기 위하여 우선 각 리스크의 확률 및 영향을 평가해보고 그 결과를 P-I Matrix에 적용해서 리스크의 등급을 결정합니다.

11.3.2.1 전문가 판단(Expert judgment)

전문가로부터 도움을 받는 것은 언제든지 적용할 수 있습니다.

11.3.2.2 데이터 수집(Data gathering)

각 리스크에 대한 확률과 영향에 대한 평가 정보를 얻기 위해 인터뷰를 사용합니다.

◆ 인터뷰(Interview)

각 리스크에 대한 확률과 영향은 선별된 전문가와 회의나 인터뷰를 통해 평가됩니다. 예를 들면, 회사의 핵심 기술이 경쟁사로 유출될 수 있는 리스크에 대해 전문가와 인터뷰를 한 결과 전문가가 확률(일어날 가능성)을 0.1, 0.3, 0.5, 0.7, 0.9의 5개 척도 중에 0.3을 선택하고, 영향을 0.05, 0.1, 0.2, 0.4, 0.8의 5개 척도 중에 0.8을 선택할 수 있습니다.

11.3.2.3 데이터 분석(Data analysis)

일반적으로 데이터 수집기법을 사용하면 수집된 데이터를 분석하는 과정을 수행합니다. 정성적 리스크 분석에서 데이터 분석은 주로 리스크의 확률과 영향, 기타 우선순위에 영향을 줄 수 있는 특성들을 분석합니다.

◆ 리스크 데이터 품질평가(Risk data quality assessment)

정성적 리스크 분석 이전에 식별된 리스크에 대한 정보가 정확하고 신뢰할 수 있을 때 정성적 리스크 분석 결과도 믿고 사용할 수 있습니다. 식별된 리스크에 대한 정보에 대한 완전성, 객관성, 적절성, 적시성 같은 특성을 파악하여 리스크 데이터 품질을 평가해보고 품질이 낮을 경우 필요한 데이터를 더 수집할 필요가 있습니다.

◆ 리스크 확률과 영향 평가(Risk probability and impact assessment)

사람이 미래에 대한 예측을 정확하게 하는 것은 불가능한 일입니다. 각 리스크에 대한 확률 및 영향은 리스크 범주에 대해 잘 알고 있는 선택된 참여자와의 인터뷰 또는 회의를 통해서 평가됩니다. 그 결과 데이터를 기반으로 P-I Matrix를 사용하여 각 리스크의 우선순위가 결정됩니다. 확률과 영향이 적은 리스크는 리스크 관리 대장 안에 감시목록(Watch list)에 포함시켜 향후 감시합니다.

◆ 다른 리스크 변수 평가(Assessment of other risk parameters)

리스크의 심각성을 평가할 때 확률과 영향 외에 다른 변수들을 평가하여 그 결과를 활용하면 좀 더 명확한 리스크 우선순위를 제공할 수 있습니다.

- 긴급성(Urgency): 리스크 대응을 효과적으로 수행할 수 있는 기간을 의미합니다. 기간이 짧을수록 긴급성이 높음을 뜻하며, 빨리 처리할수록 효과적으로 대응할 수 있습니다.
- 근접성(Proximity): 리스크가 프로젝트 목표 중 하나 또는 그 이상에 영향을 주기 전의 기간이며, 영향을 미칠 수 있는 기간이 짧을수록 높은 근접성을 뜻합니다.
- 휴면성(Dormancy): 리스크가 발생한 후 그 영향이 발견되기 전까지 걸릴 수 있는 기간이며, 그 기간이 짧을수록 낮은 휴면성으로 봅니다.
- 관리용이성(Manageability): 리스크 담당자 또는 담당 조직이 리스크의 발생 또는 영향을 관리하기 쉬운 정도이며, 관리하기 쉬우면 관리용이성이 높은 것입니다.
- 통제성(Controllability): 리스크 담당자 또는 담당 조직이 리스크의 산출물을 통제할 수 있는 정도를 뜻합니다.
- 확인가능성(Detectability): 리스크가 발생 직전이라 것 또는 리스크 발생의 결과를 발견하고 인식할 수 있는 용이성을 의미합니다.
- 연결성(Connectivity): 다른 리스크와의 연관 정도를 뜻합니다.
- 전략적 영향(Strategic impact): 리스크가 조직의 전략적 목표에 긍정적 또는 부정적 영향을 줄 수 있는 잠재성을 의미합니다.
- 관련성(Propinquity): 한 명 또는 그 이상의 이해관계자가 리스크를 중요하게 인식하는 정도이며, 리스크가 매우 중요하다고 인식될 경우 관련성은 높은 것입니다.

11.3.2.4 대인관계 및 팀 기술(Interpersonal and team skills)

앞에서 리스크의 확률과 영향을 평가할 때 전문가들과 회의를 통해 평가할 수 있다고 설명했습니다. 뒤에도 별도로 회의가 하나의 기법으로 표현되어 있습니다. 회의할 때 항상 같이 따라오는 기법은 촉진입니다.

◆ 촉진(Facilitation)

리스크에 대한 확률과 영향을 평가할 때 여러 사람의 합의를 효과적으로 이끌어내도록 촉진하는 것이 좋습니다.

11.3.2.5 리스크 분류(Risk categorization)

리스크는 [리스크 식별]에서 설명한 것처럼 연관성 있는 리스크끼리 묶어서 관리하는 것이 효과적입니다. RBS는 근본 원인별로 리스크를 분류하며, WBS를 사용해서 프로젝트 단계나 영역별로 리스크를 분류할 수도 있습니다. 이렇게 분류할 경우 불확실성의 영향에 가장 많이 노출되는 영역을 결정하는 데 유용하며, 리스크 노출도가 가장 높은 영역에 노력과 주의를 집중할 수 있게 해줍니다. 또한 관련된 리스크의 그룹을 다루기 위한 일반적 리스크 대응을 개발하는 데도 좋습니다.

11.3.2.6 데이터 표현(Data representation)

데이터가 수집되면 수집된 데이터를 분석하는 것과 함께 데이터를 표현하는 기법도 같이 사용되는 경우가 많습니다. 정성적 리스크 분석에서는 확률과 영향을 표현하는 기법을 사용합니다.

◆ 확률과 영향 매트릭스(Probability and impact matrix)

각 리스크에 대해 평가된 확률과 영향의 등급을 [리스크 관리 계획수립]에서 준비한 P-I Matrix를 사용하여 높음, 보통, 낮음 등으로 각 리스크의 우선순위를 정합니다. 확률과 영향을 곱한 값을 리스크 점수(Risk score)라고 하며 점수가 높을수록 우선순위가 높은 리스크로 분류됩니다.

◆ 계층구조형 도표(Hierarchical charts)

만약 2개 이상의 변수를 사용하여 리스크를 분류하고 싶다면 P-I Matrix를 사용할 수 없고 버블 차트(Bubble chart) 같은 다른 방법을 사용해야 합니다. 각 리스크는 원(Bubble)으로 나타내고 영향의 정도는 원의 크기로 근접성(Proximity)은 Y축에, 확인가능성(Detectability) 은 X축에 나타낼 수 있습니다. 확인가능성이 높더라도 근접성이 높고, 영향이 클 것으로 예상되는 리스크는 수용하지 않을 수 있으며, 확인가능성이 낮더라도 근접성이 낮고 예상되는 영향이 작으면 수용할 수도 있습니다.

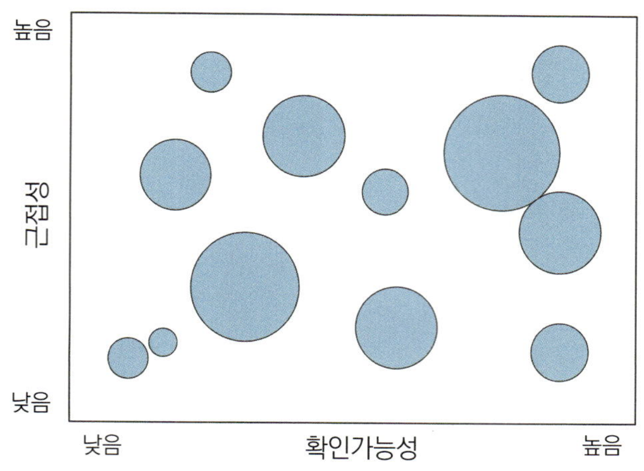

[그림 11-7] 버블 차트의 예

11.3.2.7 회의(Meetings)

리스크의 확률과 영향을 평가하고 분류하고 우선순위를 지정하기 위한 회의를 진행할 수 있습니다. 이 회의에서 각 리스크에 대한 리스크 담당자(Risk owner)가 결정되고 할당됩니다. 리스크 담당자의 역할은 적절한 리스크 대응을 준비하고 리스크 관리의 진행상황을 보고하는 것입니다. 역량 있는 촉진자(Facilitator)가 참여하여 회의의 효과를 향상시키도록 하는 것이 좋습니다.

11.3.3 정성적 리스크 분석 수행: 산출물

핵심 산출물은 업데이트된 리스크 관리대장이며, 정성적 리스크 분석의 결과가 추가됩니다.

11.3.3.1 프로젝트 문서 업데이트(Project documents updates)

정성적 리스크 분석의 결과가 리스크 관리대장에 추가되며, 정성적 리스크 분석의 과정을 통해 나온 새로운 정보로 몇 가지 문서가 업데이트될 수 있습니다.

◆ **리스크 관리대장(Risk register)**

정성적 리스크 분석의 결과가 리스크 관리대장에 추가됩니다. 다음과 같은 내용이 리스크 관리대장에 포함됩니다.

- 각 리스크에 대해 평가된 확률과 영향의 정보.
- P-I Matrix를 사용하여 결정된 각 리스크의 우선순위 또는 리스크 점수.
- 지명된 리스크 담당자.
- 범주별로 분류된 리스크.
- 빠른 시일 내에 대응책을 필요로 하는 긴급성에 대한 정보.
- 추가 분석 및 대응을 필요로 하는 리스크 목록.
- 낮은 순위의 리스크 감시목록.

◆ 리스크 보고서(Risk report)

확률과 영향이 커서 심각성이 높은 리스크들과 정성적 리스크 분석의 요약 결론을 이해관계자에게 전달하기 위해 관련 정보를 리스크 보고서에 추가합니다.

◆ 가정사항 기록부(Assumption log)

만약 정성적 리스크 분석 과정에서 새로운 가정사항이나 제약사항이 식별되면 가정사항 기록부에 추가합니다.

◆ 이슈 기록부(Issue log)

만약 기존 이슈에 변경사항이 생기거나 새로운 이슈가 식별되면 이슈 기록부를 업데이트 합니다.

11.4 정량적 리스크 분석 수행(Perform Quantitative Risk Analysis)

[정량적 리스크 분석 수행] 프로세스는 [정성적 리스크 분석 수행] 다음에 진행합니다. 식별된 개별 프로젝트 리스크와 다른 전체 프로젝트 목표에 대한 불확실성의 원인이 결합된 영향을 수치로 분석합니다. 정량적 리스크 분석을 통해 포괄적 프로젝트 리스크 노출도를 수치화 할 수 있습니다. 정량적 리스크 분석의 결과는 향후 리스크 대응 계획을 수립할 때 필요한 정량적 리스크 정보를 제공합니다. **[정량적 리스크 분석 수행]의 '도구와 기법'은 PMP® 시험에 자주 출제되는 경향이 있습니다.**

정량적 리스크 분석을 수행할 때 리스크 모델 개발 및 해석을 위해 별도의 전문 소프트웨어(예, Crystal Ball, @Risk)와 확률과 통계에 대한 전문 지식이 필요합니다. 정량적 리스크 분석은 모든 프로젝트에서 수행하지는 않고 일반적으로 대규모 또는 복잡한 프로젝트, 전략적으로 중요한 프로젝트 등에서 프로젝트 전반의 불확실성을 고려한 예비비의 규모 산정, 프로젝트 일정 또는 원가 목표의 달성 가능성을 분석하기 위해 사용합니다.

[정량적 리스크 분석의 주요 활동]

- 특정 프로젝트 목표(일정목표, 원가목표 등)의 달성 가능성을 평가한다.
- 리스크에 대한 상대적 기여도를 정량화하여 가장 주의를 필요로 하는 리스크를 식별한다.
- 리스크를 고려한 상태에서 현실적이고 달성 가능한 원가 및 일정 목표를 정량적으로 결정한다.
- 어떤 조건이나 산출이 불확실한 상황에서 최선의 의사결정을 내린다.

[표 11-14] 정량적 리스크 분석 수행의 ITTO

정량적 리스크 분석 수행(Perform Quantitative Risk Analysis)		
지식영역: 리스크 관리(Risk management)	프로세스 그룹: 기획(Planning)	
투입물	**도구 및 기법**	**산출물**
1. 프로젝트 관리 계획서 • 리스크 관리 계획서 • 범위 기준선 • 일정 기준선 • 원가 기준선 2. 프로젝트 문서 • 리스크 관리대장 • 리스크 보고서 • 기간 산정치 • 원가 산정치 • 자원 요구사항 • 산정 기준서 • 일정 예측치 • 원가 예측치 • 마일스톤 목록 • 가정사항 기록부 3. 기업 환경 요인 4. 조직 프로세스 자산	1. 전문가 판단 2. 데이터 수집 • 인터뷰 • 대인관계 및 팀 기술 • 촉진 3. 불확실성 표현 4. 데이터 분석 • 시뮬레이션 • 민감도 분석 • 의사결정나무 분석 • 영향관계도	1.프로젝트 문서 업데이트 • 리스크 보고서

[표 11-14]는 [정량적 리스크 분석 수행] 프로세스의 Inputs, Tools and Techniques, Outputs입니다. [정량적 리스크 분석 수행]은 기획의 한 부분으로서 [정성적 리스크 분석 수행]에서 평가된 개별 프로젝트 리스크에 대한 정보를 사용합니다. 도구 및 기법으로는 정량적으로 리스크를 분석하는 기법이 사용되는데, 불확실한 조건을 가지고 정량화하는 기법을 사용하게 됩니다. 대표적인 것이 몬테카를로 분석이며 시뮬레이션을 통해 정량화된 데이터를 얻게 됩니다.

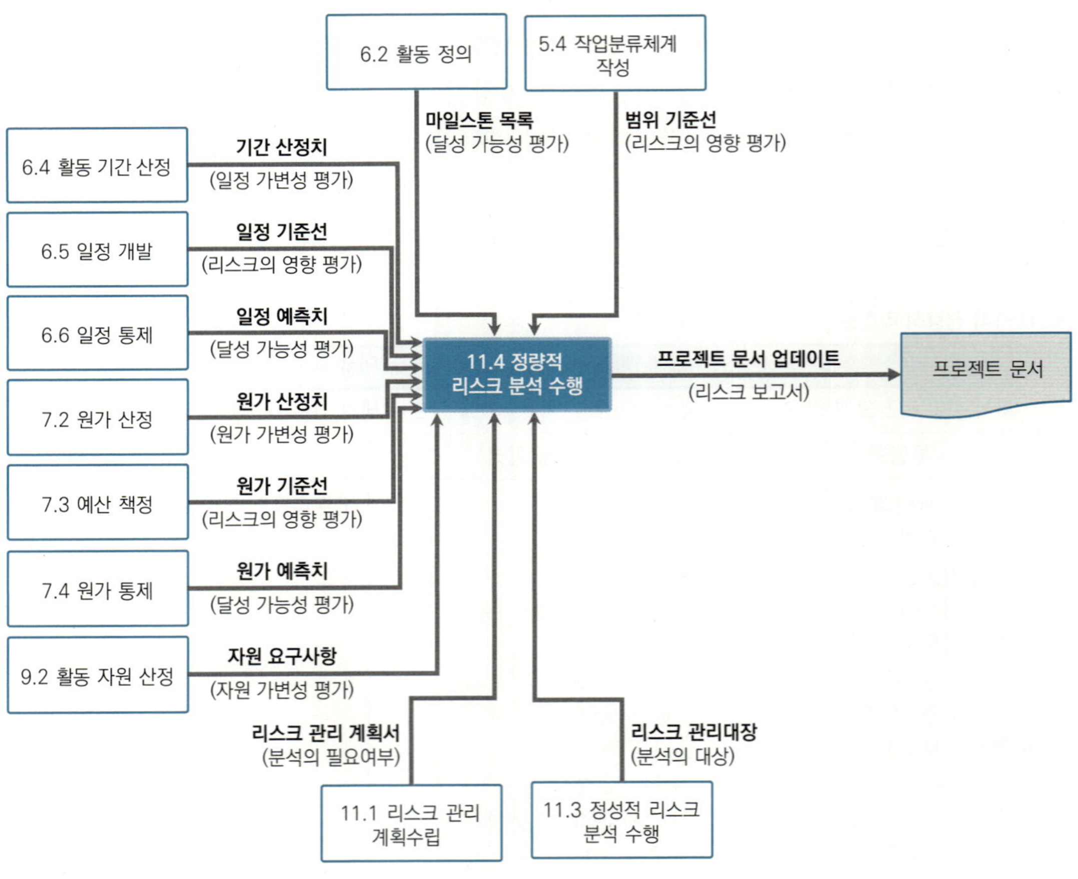

[그림 11-8] 정량적 리스크 분석 수행의 주요 흐름

[그림 11-8]은 [정량적 리스크 분석 수행] 프로세스의 주요 흐름을 나타냅니다. 리스크 관리 계획서에 따라 정성적 분석이 완료된 개별 리스크의 정보를 바탕으로 프로젝트 일정이나 원가의 달성 가능성을 정량적으로 분석하고 필요한 예비의 규모를 결정합니다. 분석된 결과

정보는 리스크 보고서에 추가합니다. 그리고 나서 각 리스크에 대한 맞춤형 대응 전략을 준비합니다. 업데이트된 리스크 보고서는 관련된 다른 프로세스의 투입물로 사용됩니다. ([리스크 식별] 프로세스의 설명을 참고하세요.)

11.4.1 정량적 리스크 분석 수행: 투입물

정량적 리스크 분석을 위해 따라가야 하는 지침인 리스크 관리 계획서와 정량적 리스크 분석 대상이 담겨 있는 리스크 관리대장이 주요 투입물입니다. 그리고 리스크를 고려하여 돈과 시간에 대한 예비를 정량적으로 분석하기 위해 일정 기준선, 원가 기준선도 투입물로 사용합니다.

11.4.1.1 프로젝트 관리 계획서(Project management plan)

프로젝트 관리 계획서의 내용 중 리스크 관리 계획서, 범위 기준선, 원가 기준선, 일정 기준선을 투입물로 사용합니다.

◆ **리스크 관리 계획서**(Risk management plan)

리스크 관리 계획서에는 정량적 리스크 분석이 요구되는지가 명시되어 있습니다. 또한 정량적 분석에 사용 가능한 자원에 대한 정보도 포함되어 있습니다.

◆ **범위 기준선**(Scope baseline)

개별 리스크 또는 다른 불확실성의 원인이 범위에 미치는 영향을 평가할 때 범위 기준선을 사용합니다.

◆ **일정 기준선**(Schedule baseline)

개별 리스크 또는 다른 불확실성의 원인이 일정에 미치는 영향을 평가할 때 일정 기준선을 사용합니다.

◆ **원가 기준선**(Cost baseline)

개별 리스크 또는 다른 불확실성의 원인이 원가에 미치는 영향을 평가할 때 원가 기준선을 사용합니다.

11.4.1.2 프로젝트 문서(Project documents)

정량적 리스크 분석에 필요한 문서들을 투입물로 사용합니다.

◆ **리스크 관리대장**(Risk register)

정량적 리스크 분석 대상인 개별 프로젝트 리스크에 대한 상세 정보가 포함되어 있습니다.

◆ **리스크 보고서**(Risk report)

리스크 보고서에 포함된 포괄적 프로젝트 리스크의 원인과 포괄적 프로젝트 리스크의 현재 상태를 기반으로 포괄적 프로젝트 리스크의 노출도를 수치화하는 정량적 분석을 수행합니다.

◆ **기간 산정치**(Duration estimates)

[활동 기간 산정] 프로세스에서 설명했듯이 기간 산정치는 불확실성의 범위를 포함해서 표현할 수 있습니다. 어떤 활동의 기간 산정치가 40일±3일이면 37일에서 43일의 가변성을 가진 것입니다. 가변성의 범위가 넓을수록 불확실성은 높은 것입니다. 일정 리스크에 대한 몬테카를로 분석을 수행하는 경우 기간 산정치를 사용합니다.

◆ **원가 산정치**(Cost estimates)

[원가 산정] 프로세스에서 설명했듯이 원가 산정치는 기간 산정치처럼 불확실성의 범위를 포함해서 표현할 수 있습니다. 가변성의 범위가 넓을수록 불확실성은 높은 것입니다. 원가 리스크에 대한 몬테카를로 분석을 수행하는 경우 원가 산정치를 사용합니다.

◆ **자원 요구사항**(Resource requirements)

[활동 자원 산정] 프로세스에서 설명했듯이 자원 요구사항(자원 산정치)은 기간이나 원가 산정치처럼 불확실성의 범위를 포함해서 표현할 수 있습니다. 가변성의 범위가 넓을수록 불확실성은 높은 것입니다. 자원 리스크에 대한 몬테카를로 분석을 수행하는 경우 자원 요구사항을 사용합니다.

◆ **산정 기준서**(Basis of estimates)

기간 산정치, 원가 산정치, 자원 요구사항처럼 산정의 결과가 나오면 항상 산정의 기준이 된 근거자료를 남겨놓습니다. 산정 기준서에는 산정치의 범위도 포함됩니다. 산청치의 범위는 가변성을 표현한 것이며, 몬테카를로 분석을 수행할 때 사용합니다.

◆ **일정 예측치**(Schedule forecasts)

몬테카를로 분석을 통해 정량적 일정 리스크 분석 결과와 일정 예측치를 비교하여 일정 예측치의 달성 가능성이 몇 퍼센트정도 되는지 신뢰도 수준을 알 수가 있습니다. 예를 들면, 만약 우리가 수행하는 이번 프로젝트의 일정 예측치가 총 10개월인데, 몬테카를로 분석을 해보면 10개월 안에 프로젝트가 끝날 가능성은 59%라고 알 수 있습니다.

◆ **원가 예측치**(Cost forecasts)

몬테카를로 분석을 통해 정량적 원가 리스크 분석 결과와 원가 예측치를 비교하여 원가 예측치의 달성 가능성이 몇 퍼센트 정도 되는지 신뢰도 수준을 알 수가 있습니다. 예를 들면, 만약 우리가 수행하는 이번 프로젝트의 원가 예측치가 98억원인데, 몬테카를로 분석을 해보면 98억원 안에 프로젝트가 끝날 가능성은 63%라고 알 수 있습니다.

◆ **마일스톤 목록**(Milestone list)

몬테카를로 분석을 통해 정량적 일정 리스크 분석 결과와 마일스톤 목록에 포함된 일정 목표를 비교하여 일정 목표의 달성 가능성이 몇 퍼센트 정도 되는지 신뢰도 수준을 알 수가 있습니다.

◆ **가정사항 기록부**(Assumption log)

만약 가정사항이 프로젝트 목표에 리스크를 제기하는 것으로 평가된 경우 정량적 분석에 투입물로 사용합니다. 또한 제약사항의 영향도 정량적 리스크 분석에서 모델화될 수 있습니다.

11.4.1.3 기업 환경 요인(Enterprise environmental factors)

유사한 프로젝트의 산업 연구자료나 상용 리스크 데이터베이스나 점검목록 등을 분석에 이용합니다.

11.4.1.4 조직 프로세스 자산(Organizational process assets)

유사한 과거의 프로젝트 정보를 참고합니다.

11.4.2 정량적 리스크 분석 수행: 도구 및 기법

리스크를 정량화하기 위해서는 크게 두 가지의 방법이 사용됩니다. 하나는 리스크에 대한 정량화된 데이터를 직접 얻는 방법이며 또 하나는 얻은 데이터를 기반으로 분석이나 모델링 기법을 사용하여 수치화된 값을 구하게 됩니다.

11.4.2.1 전문가 판단(Expert judgment)

정량적 리스크 분석 모델의 수치를 결정하거나 리스크를 모델링하고, 정량적 리스크 분석의 산출물을 해석하는데 전문성을 가진 전문가의 도움을 받는 것이 좋습니다.

11.4.2.2 데이터 수집(Data gathering)

정량적 분석에 사용할 데이터를 수집하기 위해 인터뷰를 사용합니다. 별도의 리스크 워크숍을 수행할 수도 있습니다.

◆ 인터뷰(Interview)

리스크에 대해 평가해 줄 수 있는 전문가와 인터뷰를 통해서 정량화된 값을 얻어내고 그 값을 확률론적 분석을 통해 달성 가능 확률을 구하게 됩니다. 산출된 달성 가능성이 너무 낮을 경우 포괄적 프로젝트 리스크의 노출도가 높은 것이므로 원하는 달성 가능성에 대한 예비 기간이나 예비 원가 등을 몬테카를로 분석의 결과로부터 결정합니다.

[표 11-15] 3개의 WBS 요소에 대하여 인터뷰를 통하여 얻은 3점 추정 원가 데이터

WBS 요소	Low	Most Likely	High
설계	$4M	$6M	$10M
구축	$16M	$20M	$35M
테스트	$11M	$15M	$23M
전체 합	$31M	$41M	$68M

11.4.2.3 대인관계 및 팀 기술(Interpersonal and team skills)

정량적 리스크 분석에 필요한 데이터를 수집하기 위해 리스크 워크숍을 진행할 경우 촉진 기술을 사용합니다.

◆ 촉진(Facilitation)

촉진은 여러 사람이 모이는 기법(회의, 워크숍, 브레인스토밍, 핵심전문가 그룹 등)과 같이 쓰이는 기법입니다. 리스크 워크숍에서 효과적으로 데이터를 도출하고 정리하기 위해 촉진 기법을 사용할 필요가 있습니다.

11.4.2.4 불확실성 표현(Representations of uncertainty)

계획된 활동에 대한 기간, 원가, 자원이 불확실할 경우 가능한 값의 범위를 확률분포로 모델화시킬 수 있습니다. 미래 사건은 모두 확률을 포함하고 있는데 어떤 모양으로 분포되어 있다고 가정하고 시뮬레이션을 수행할지는 미리 결정되어야 합니다. 일반적으로 가장 많이 사용되는 확률분포는 베타분포(Beta distribution)와 삼각분포(Triangular distribution)이며, 정규분포나 로그 정규분포 같은 다른 분포도 사용할 수 있습니다. 어떤 확률분포를 사용하는 것이 가능한 값의 범위를 반영하는데 적절한지 신중하게 판단해야 합니다. [표 11-15]의 설계에 대한 원가 산정치를 삼각분포로 가정할 경우 [그림 11-9]처럼 나타낼 수 있습니다.

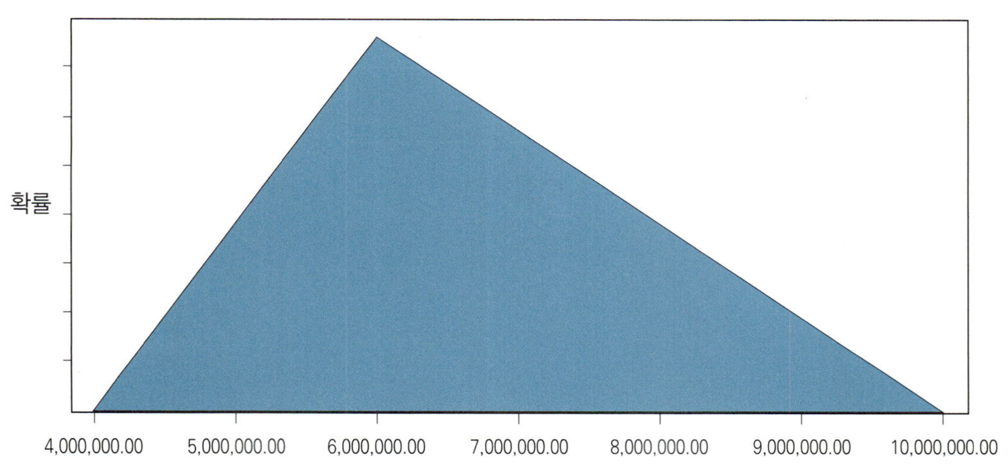

[그림 11-9] 설계에 대한 원가산정치의 불확실성을 삼각분포로 표현한 예

리스크는 확률론적 가지에 표현될 수도 있습니다. 각 가지는 서로 독립적으로 발생할 수 있는 사건에 대한 리스크를 표현하는 데 사용됩니다. 예를 들면, [그림 11-10]에 보면 활동 1 다음에 활동 2와 활동 3이 수행되는데, 활동 2가 수행될 가능성은 45%이고, 활동 3이 수행될 가능성은 55%입니다. 활동 4는 이전 활동의 수행 여부에 상관없이 무조건 수행합니다. 이처럼 각 활동의 수행을 확률론적 가지로 표현할 수 있습니다.

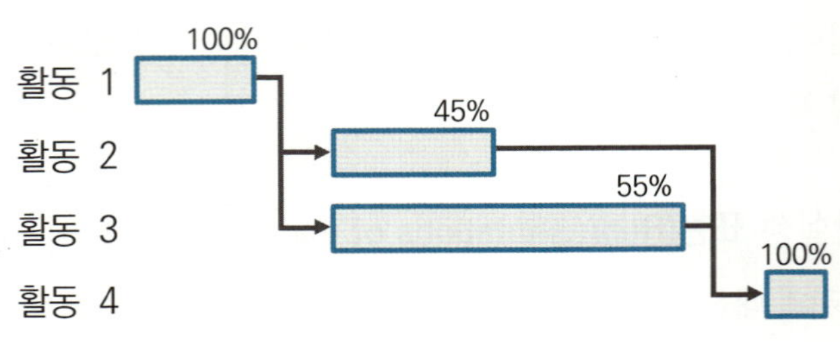

[그림 11-10] 확률론적 가지의 예

11.4.2.5 데이터 분석(Data analysis)

정량적으로 리스크를 분석하기 위해 전문 소프트웨어를 사용해서 시뮬레이션, 민감도 분석을 수행하며, 의사결정나무 분석이나 영향관계도를 활용합니다.

◆ 시뮬레이션(Simulation)

개별 프로젝트 리스크 및 기타 불확실성의 원인이 프로젝트 목표(범위, 일정, 원가 목표)에 미칠 잠재적 영향을 평가하기 위해서 몬테카를로 분석을 사용합니다. 앞에서 불확실성의 범위를 확률분포를 이용해 표현했다면 가정한 확률분포를 기반으로 몬테카를로 분석을 수행할 수 있습니다. 몬테카를로 분석을 수행하려면 Crystal Ball이나 @Risk 같은 별도의 전문 소프트웨어가 필요합니다.

잠깐! 몬테카를로 분석

몬테카를로 분석(Monte Carlo analysis)은 우연현상의 경과를, 난수를 써서 수치적 ·모형적으로 실현시켜 그것을 관찰함으로써 문제의 근사해를 얻는 방법을 말합니다. 몬테카를로는 모나코의 남쪽에 있는 도시로서 1856년 샤를 3세가 공국의 재원 확보를 위하여 카지노 개설을 허가하면서 도박으로 유명한 도시가 되었습니다. 도박과 확률은 상관관계가 깊은데 확률분석의 이름으로 몬테카를로가 붙은 것도 이유가 있게 지어진 것 같습니다.
몬테카를로 분석은 가능한 원가 또는 기간의 확률 분포에서 임의로 선정한 값을 사용하여 프로젝트 원가나 프로젝트 일정을 여러 차례 계산하거나 반복하는 방법으로 가능한 총 프로젝트 원가 또는 완료날짜의 분포를 산출하는 기법으로 사용됩니다. 시뮬레이션은 불확실한 변수에 대해서 사전에 정의해 둔 확률분포에서 반복적으로 값을 추출하고, 이렇게 선택된 값을 모델에 적용하여 여러 시나리오에 대한 계산작업을 수행하는 과정을 말합니다.

〈기본 순서〉

변수에 대한 범위 설정-적절한 확률분포 선택-범위에 있는 변수를 무작위로 선정- 변이의 누적도수분포 생성에 의해 변이의 발생에 대한 확률분포 고려-무작위 수로부터 값을 선택-각 선택된 값에 대해 결정론적 분석 수행- 앞의 순서를 100~1,000회 정도 반복.

몬테카를로 분석을 예를 들어 설명하겠습니다. 시뮬레이션 소프트웨어는 Oracle의 Crystal Ball을 사용했습니다. [표 11-15]에서 인터뷰를 통해 얻은 3개의 작업에 대한 Most Likely의 전체 합은 $41M입니다. $41M는 단지 인터뷰를 통해 얻은 결과 값이고 확률적으로 가장 높은 값인 것은 아는데 과연 $41M라는 비용 안에서 프로젝트를 완료할 확률은 몇 퍼센트인지 수치로 알고 싶으면 어떻게 해야 할까요? Most Likely라고 했지만, 확률이 매우 낮을 수도 있고 높을 수도 있으므로 몬테카를로 분석을 통해 달성 가능성을 정량화된 수치로 알아볼 필요가 있습니다. 몬테카를로 분석을 수행하려면 확률 분포가 먼저 결정이 되어야 합니다. 설계, 구현, 테스트에 대한 확률분포는 모두 삼각분포로 가정했습니다. 그럼 Crystal Ball을 이용해서 시뮬레이션을 수행한 결과의 예를 보도록 하겠습니다.

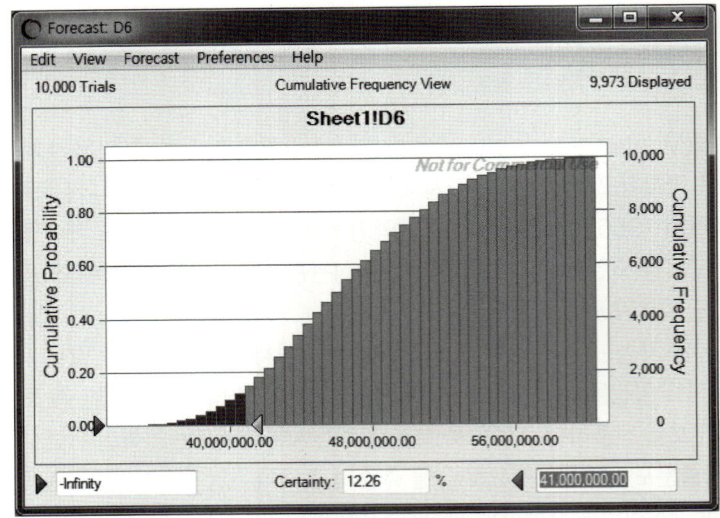

[그림 11-11] 시뮬레이션 결과

[그림 11-11]에서 볼 때 처음 인터뷰에서 얻은 3개의 작업에 대한 Most likely의 합인 $41M는 확률적으로 약 12% 정도라고 결과값이 나왔습니다. 12%의 가능성은 반대로 말하면, $41M를 초과할 가능성이 88% 정도 된다는 것입니다. 즉, 리스크가 높다는 말이며, 만약 스폰서가 원가 목표의 달성 가능성을 75%로 원한다면 비용이 더 필요한데 얼마의 비용이 더 필요한지 시뮬레이션 결과를 통해 알아낼 수 있습니다.

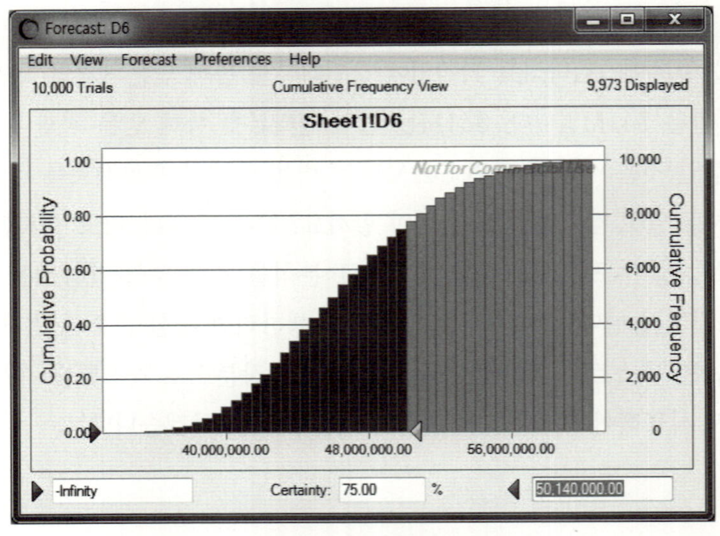

[그림 11-12] 75% 확률에 대한 비용 예측

[그림 11-12]를 보면 75%의 달성 가능성을 원할 경우 비용을 약 $50M로 책정해야 한다고 시뮬레이션 결과가 알려줍니다. 75% 가능성에 대한 $50M는 $41M에 비해 $9M가 많은 값으로써 처음 예상한 $41M에 추가로 $9M가 있으면 75%의 가능성이 된다는 것입니다. 이것은 예비비가 $9M가 필요하다는 것이며, $9M는 $41M에 비해 약 22%정도 됩니다. 이렇게 시뮬레이션을 통해 원가 목표의 달성 가능성과 원하는 달성 가능성에 대한 예비비 정량적으로 구할 수 있습니다. 이와 비슷하게 일정 리스크에 대한 몬테카를로 분석을 수행할 경우에는 일정 네트워크 다이어그램과 기간 산정치를 사용해서 동일한 방법으로 일정 목표의 달성 가능성을 정량적으로 분석할 수 있습니다.

◆ 민감도 분석(Sensitivity analysis)

어떤 리스크가 프로젝트에 가장 큰 잠재적 영향을 갖고 있는지를 수치로 분석하는 것을 민감도 분석이라고 합니다. 미래의 상황은 불확실하므로 이용되는 모든 변수가 확실한 상황임을 가정하고 분석하는 예측은 오류를 발생시킵니다. 이러한 오류를 감소시키기 위하여 다른 조건이 일정한 경우에 어느 한 투입 요소가 변동할 때의 예측치가 어느 정도 민감하게 변동하는가를 분석하는 것을 민감도 분석이라고 하며 민감도 분석의 일반적인 표시 방법 중 하나는 토네이도 다이어그램(Tornado diagram)입니다. 도표의 모양이 마치 회오리바람(Tornado)과 같이 생겨서 토네이도 다이어그램이라고 부릅니다.

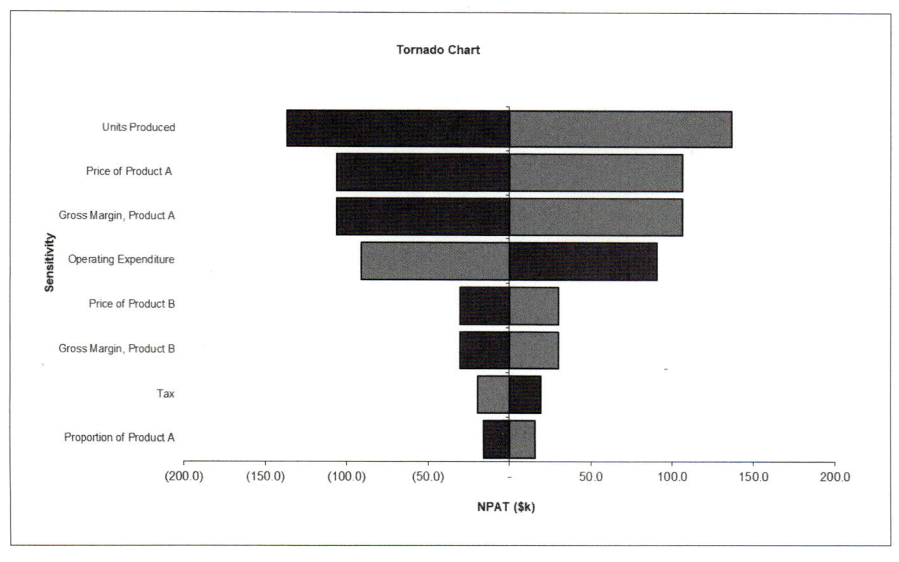

[그림 11-13] 토네이도 다이어그램의 예

◆ 의사결정나무 분석(Decision tree analysis)

의사결정나무는 여러 대안 중 어떤 것을 선택하는 것이 좋은지 결정할 때 사용합니다. 의사결정나무는 각 가지의 금전적 기대값(EMV, Expected monetary value)을 산정한 후 최적의 경로를 선택합니다. 금전적 기대값은 발생할 수도 있고, 발생하지 않을 수도 있는 미래의 상황에 대해 분석하는 값이며, 기회의 EMV는 양수 값으로 표현되는 반면, 위협의 EMV는 음수 값으로 표현됩니다. EMV는 각 예상 결과의 값에 발생 확률을 곱한 다음 모든 값을 더하여 계산하여 미래의 사건에 대한 EMV를 산출합니다.

잠깐! EMV 구하기

공식: 기대값 = (값1 x 확률1) + … (값n x 확률n)

예를 들어 다음과 같은 두 개의 프로젝트에서 어떤 프로젝트가 더 나은가를 EMV를 통해 확인해 보도록 하겠습니다.

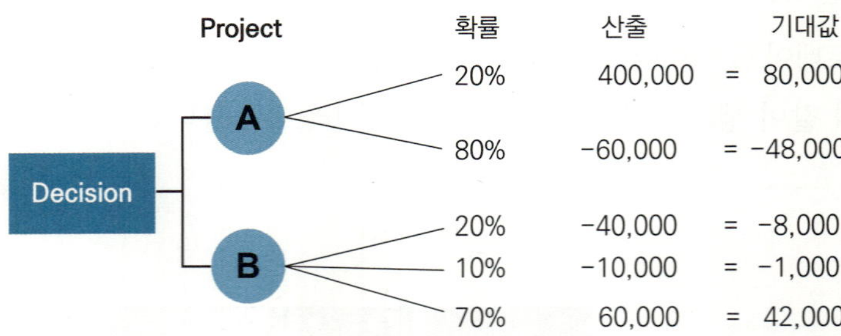

[그림 11-14] EMV를 통한 프로젝트 선택

- 프로젝트 A의 EMV = 80,000-48,000 = 32,000
- 프로젝트 B의 EMV = -8,000-1,000+42,000 = 33,000

* 프로젝트 B의 EMV가 크므로 프로젝트 B를 선택합니다.

핵심 용어

Decision tree analysis의 예

EMV 계산을 통한 의사결정을 위해 의사결정나무 분석을 사용할 수 있습니다. 다음 예시를 통해 Decision tree를 이해해보겠습니다.

〈문제〉

당신은 프로젝트 관리자이며, WBS의 한 인도물을 만들 것인지 살 것인지 고민하고 있습니다. A는 만드는 쪽이고 B는 구매하는 쪽입니다. 두 가지 안 모두 리스크가 있습니다. 만약 A 또는 B가 늦어질 경우 하루 $10,000씩 비용이 지출됩니다. 만약 A를 선택한다면, 고정된 재료비와 인건비가 $125,000입니다. 만약 구매하는 B를 선택할 경우 고정된 구매비 $200,000이 있습니다. 직접 만들 경우 60%의 확률로 20일 지연될 가능성이 있고, 구매할 경우 20%의 확률로 20일 지연될 것으로 생각했습니다.

당신은 직접 만들겠습니까? 아니면 구매하겠습니까?

〈해설〉

Decision tree를 그려보면 구매하는 쪽이 $5,000 이익이므로 구매를 선택합니다.

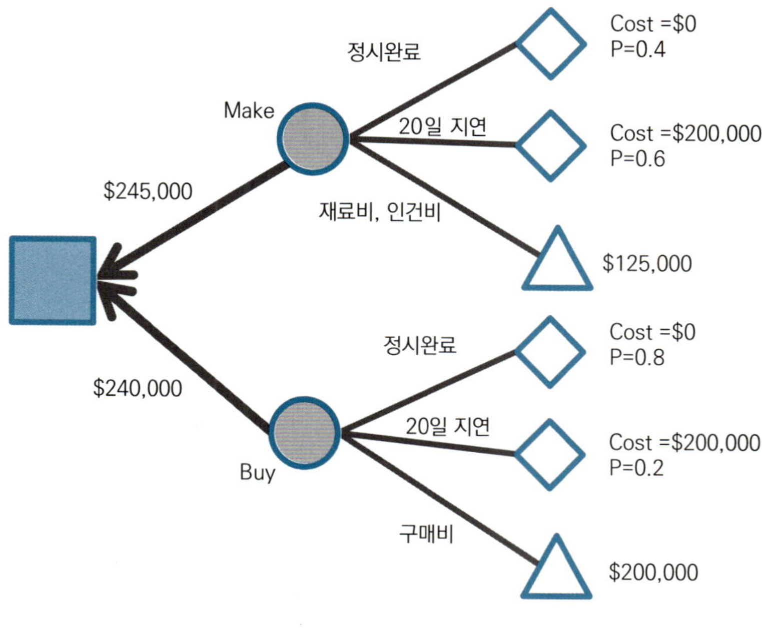

[그림 11-15] Decision tree 분석 결과

[표 11-16] 의사결정 표

대안	결정	지연 확률	지연 비용	지연 시 기대값	비용	대안 별 기대값
A	Make	0.6 Yes 0.4 No	$200,000 Yes $0 No	$120,000	$125,000	$245,000
B	Buy	0.2 Yes 0.8 No	$200,000 Yes $0 NO	$40,000	$200,000	$240,000

◆ 영향관계도(Influence diagrams)

영향관계도는 여러 요소 간에 서로 어떤 영향을 주는가를 도식적으로 표현한 것이며, 의사결정에 도움을 줍니다. 영향관계도에서 사용하는 기호와 뜻은 [그림 11-16]과 같습니다.

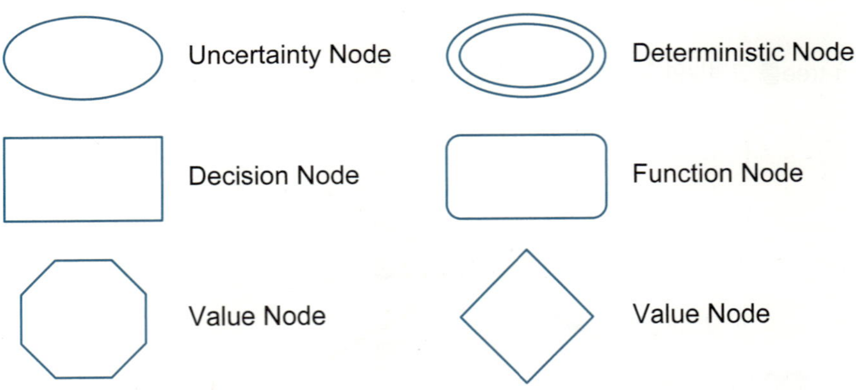

[그림 11-16] 영향관계도에서 사용하는 기호

불확실성 노드(Uncertainty node)는 기회 노드(Chance node)라고도 하며, 불확실한 사건 또는 조건을 뜻합니다. 결정론적 노드(Deterministic node)는 다른 불확실성의 결과가 알려질 때마다 그 결과가 결정론적으로 알려지는 특수한 종류의 불확실성을 뜻합니다. 의사결정 노드(Decision node)는 결정할 내용을 나타냅니다. 함수 노드(Function node)는 함수 노드에 의존하는 여러 노드의 결정론적 함수를 뜻합니다. 가치 노드(Value node)는 결과 노드(Consequence node)라고도 하며, 팔각형이나 다이아몬드로 표현하고 모델의 결과를 의미합니다.

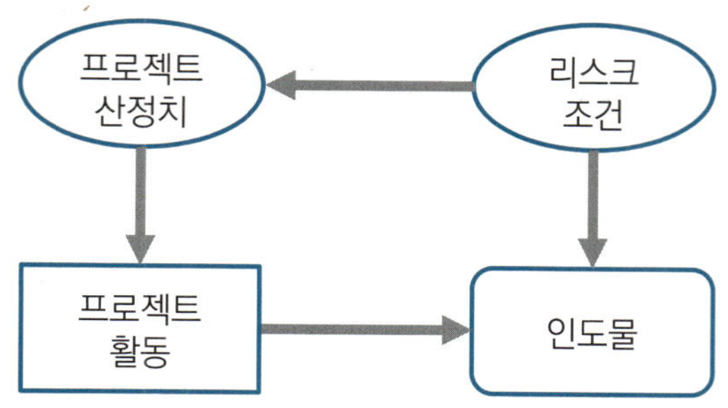

[그림 11-17] 영향관계도의 예

[그림 11-17]의 예시는 프로젝트 산정치는 리스크 조건의 영향을 받고, 프로젝트 활동은 프로젝트 산정치의 영향을 받으며, 인도물은 프로젝트 활동과 리스크 조건의 영향을 받는 것을 표현한 것입니다. 영향관계도의 어떤 요소가 불확실할 경우 불확실성을 확률분포로 표현할 수 있습니다. 확률분포가 정의되면 앞에서 한 것처럼 몬테카를로 분석을 통해 주요 결과물에 가장 큰 영향을 미치는 요소를 확인할 수 있습니다.

11.4.3 정량적 리스크 분석 수행: 산출물

정량적 리스크 분석 결과는 개별 프로젝트 리스크 각각에 대한 분석이 아니라 개별 프로젝트 리스크를 포함한 포괄적 프로젝트 리스크에 대한 분석이므로 리스크 관리대장은 업데이트되지 않으며, 포괄적 프로젝트 리스크의 분석 결과가 리스크 보고서에 업데이트됩니다.

11.4.3.1 프로젝트 문서 업데이트(Project documents updates)

정량적 리스크 분석의 결과가 리스크 보고서에 추가됩니다. 다음과 같은 내용이 리스크 보고서에 포함됩니다.

- **포괄적 프로젝트 리스크의 노출도 평가치**(Assessment of overall project risk exposure)
  - 몬테카를로 분석을 통해 원가 목표나 일정 목표의 달성 가능성. (예, 앞의 시뮬레이션 예시에서 $41M의 달성 가능성은 약 12%)
  - 분석 시점에 프로젝트 내에 남아 있는 내재된 변동성의 정도.

◆ **프로젝트의 상세 확률론적 분석치**(Detailed probabilistic analysis of the project)

- 지정된 신뢰수준을 제공하기 위해 필요한 예비(Contingency reserve)의 합. (예 앞의 시뮬레이션 예시에서 75%의 원가 목표 달성 가능성에 필요한 예비비는 $9M.)
- 민감도 분석을 통해 일정 시뮬레이션을 수행했을 때 알 수 있는 주공정(Critical path)에 가장 큰 영향을 미치는 개별 리스크.
- 영향관계도를 시뮬레이션으로 분석한 결과로 알아낸 프로젝트 결과의 불확실성에 가장 큰 영향을 갖는 포괄적 프로젝트 리스크의 주요 원인.

◆ **개별 프로젝트 리스크의 우선순위 목록**(Prioritized list of individual project risks)

민감도 분석에 의해 결정된 가장 영향이 큰 리스크(위협 또는 기회)가 포함됩니다.

◆ **정량적 리스크 분석 결과의 추세**(Trends in quantitative risk analysis results)

프로젝트 생애주기에서 정량적 분석을 반복하다 보면 리스크 대응 계획수립의 필요성이 분명해질 수 있습니다.

◆ **권고된 리스크 대응**(Recommended risk responses)

정량적 리스크 분석의 결과를 바탕으로 포괄적 프로젝트 리스크의 노출도나 개별 프로젝트 리스크에 대한 대응 방안이 제시될 수 있으며, 이 내용은 후속 프로세스인 [리스크 대응 계획수립]의 투입물이 됩니다. 리스크 대응 계획은 [리스크 대응 계획수립] 프로세스에서 확정됩니다.

11.5 리스크 대응 계획수립(Plan Risk Responses)

리스크에 대한 정성적, 정량적 분석이 끝나면 개별 프로젝트 리스크와 포괄적 프로젝트 리스크에 대한 대응 전략을 선정하고 구체적인 대응 조치를 합의하여 결정해야 합니다. [리스크 대응 계획수립] 프로세스는 프로젝트의 기획에서 수행하는 리스크 관리의 마지막 프로세스입니다. 즉, 리스크를 식별하고 분석하고 각 리스크에 대한 대응 전략 및 대응 조치까지 수립되어야 리스크 관리의 기획이 끝나게 되는 것입니다. 개별 프로젝트 리스크에 대한 대응 계획은 [정성적 리스크 분석 수행]에서 지명된 리스크 담당자(Risk owner)가 개발하며, 포괄적 프로젝트 리스크의 현재 수준에 대한 대응 방법은 프로젝트 관리자가 준비합니다. 리스크는 기회에 대한 리스크가 있고 위협에 대한 리스크도 있으므로 전략은 크게 두 가지 형태로 개발됩니다. 하나는 위협을 줄이는 전략이며, 또 하나는 기회를 향상시키는 전략입니다. 결정된 개별 프로젝트 리스크에 대한 대응 전략 및 조치는 리스크 관리대장에 추가되며, 포괄적 프로젝트 리스크에 대한 대응책은 리스크 보고서에 추가됩니다.

[표 11-17] 리스크 대응 계획수립의 ITTO

리스크 대응 계획수립(Plan Risk Responses)		
지식영역: 리스크 관리(Risk management)	프로세스 그룹: 기획(Planning)	
투입물	**도구 및 기법**	**산출물**
1. 프로젝트 관리 계획서 • 자원 관리 계획서 • 리스크 관리 계획서 • 원가 기준선 2. 프로젝트 문서 • 교훈 관리대장 • 프로젝트 일정 • 프로젝트 팀 배정표 • 자원 달력 • 리스크 관리대장 • 리스크 보고서 • 이해관계자 관리대장 3. 기업 환경 요인 4. 조직 프로세스 자산	1. 전문가 판단 2. 데이터 수집 • 인터뷰 3. 대인관계 및 팀 기술 • 촉진 4. 위협에 대한 전략 5. 기회에 대한 전략 6. 우발사태 대응전략 7. 포괄적 프로젝트 리스크에 대한 전략 8. 데이터 분석 • 대안 분석 • 비용-편익분석 9. 의사결정 • 다기준 의사결정 분석	1. 변경 요청 2. 프로젝트 관리 계획서 업데이트 • 일정/원가/품질/자원/조달 관리 계획서 • 범위/일정/원가 기준선 3. 프로젝트 문서 업데이트 • 가정사항 기록부 • 원가 예측치 • 교훈 관리대장 • 프로젝트 일정 • 프로젝트 팀 배정표 • 리스크 관리대장 • 리스크 보고서

[표 11-17]은 [리스크 대응 계획수립] 프로세스의 Inputs, Tools and Techniques, Outputs입니다. 리스크 관리대장의 개별 프로젝트 리스크에 대한 맞춤형 대응 전략을 수립하고 리스크 보고서에 포함된 포괄적 프로젝트 리스크에 대한 대응책을 준비합니다.

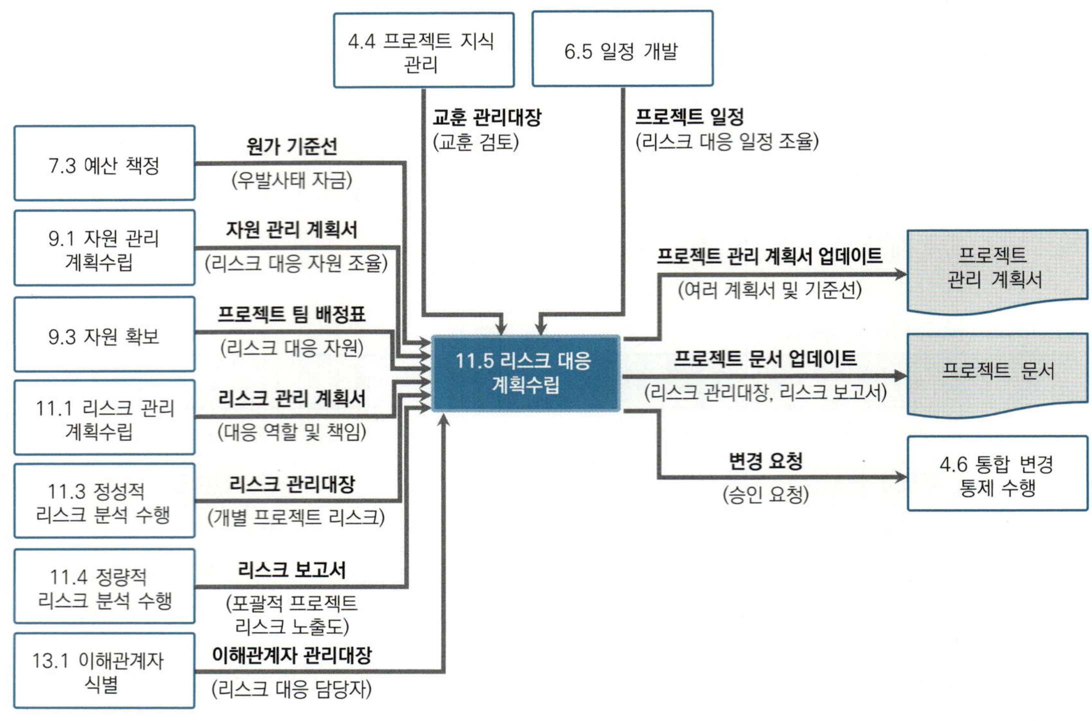

[그림 11-18] 리스크 대응 계획수립의 주요 흐름

[그림 11-18]은 [리스크 대응 계획수립] 프로세스의 주요 흐름을 나타냅니다. 업데이트된 리스크 관리대장과 리스크 보고서는 이전 프로세스에서 설명한대로 관련된 여러 프로세스의 투입물로 사용됩니다. 변경 요청은 승인받기 위해 [통합 변경 통제 수행] 프로세스로 투입됩니다. 기타 리스크 대응 계획수립 과정에 생긴 정보로 인해 프로젝트 관리 계획서의 요소들이 업데이트될 수 있습니다. [리스크 대응 계획수립]은 기획 프로세스입니다. 지금까지 식별되고 분석된 내용을 바탕으로 대응 전략과 수행 조치를 준비하는 것이 이 프로세스의 주요 역할입니다.

11.5.1 리스크 대응 계획수립: 투입물

대응 준비를 할 개별 프로젝트 리스크 정보가 포함된 리스크 관리대장과 포괄적 프로젝트 리스크의 노출도가 포함된 리스크 보고서가 주요 투입물입니다.

11.5.1.1 프로젝트 관리 계획서(Project management plan)

프로젝트 관리 계획서의 내용 중 [리스크 대응 계획수립]과 관련 있는 자원 관리 계획서, 리스크 관리 계획서, 원가 기준선을 투입물로 사용합니다.

◆ **자원 관리 계획서**(Resource management plan)

리스크를 대응하기 위해서는 자원이 필요하며, 합의된 리스크 대응에 자원을 배정하게 됩니다. 리스크 대응에 배정된 자원을 다른 프로젝트 자원과 조율하기 위해 자원 관리 계획서의 내용을 참고합니다.

◆ **리스크 관리 계획서**(Risk management plan)

리스크 관리 계획서에는 리스크 관리에 대한 역할과 책임이 포함되어 있습니다. 리스크 대응 계획수립도 역할과 책임을 맡은 사람이 수행합니다. 리스크 관리 계획서에 포함된 리스크 한계선(Risk threshold)도 리스크 대응을 준비할 때 영향을 주기 때문에 고려할 대상입니다.

◆ **원가 기준선**(Cost baseline)

원가 기준선에는 우발사태 자금(Contingency fund)이 포함되어 있습니다. 리스크 대응 방법을 결정할 때 고려할 필요가 있습니다.

11.5.1.2 프로젝트 문서(Project documents)

개별 프로젝트 리스크에 대한 정보가 포함된 리스크 관리대장과 포괄적 프로젝트 리스크의 노출도가 포함된 리스크 보고서가 주요 투입물로 사용되며, 리스크 대응 계획을 준비하는데 필요한 정보가 들어간 문서들을 투입물로 사용합니다.

◆ **교훈 관리대장**(Lessons learned register)

프로젝트를 단계별로 진행할 경우 이전 단계에서 리스크 대응을 한 후 얻은 교훈을 검토하여 남은 프로젝트 기간 동안 리스크를 대응하기 위해 준비한 방법이 유용한지 결정할 수 있으며, 유용하지 않을 것으로 판단되면 리스크 대응 방법을 수정할 수 있습니다.

◆ **프로젝트 일정**(Project schedule)

프로젝트 일정은 합의된 리스크 대응을 어떻게 다른 프로젝트 활동들과 같이 일정에서 진행할 것인지 결정하는 데 사용됩니다.

◆ **프로젝트 팀 배정표**(Project team assignments)

리스크를 대응하기 위해서는 인적 자원과 물적 자원이 필요합니다. 프로젝트에 배정된 팀원 중에 일부가 리스크 대응에 배정될 수 있습니다.

◆ **자원 달력**(Resource calendars)

자원 달력은 자원의 가용성을 보여줍니다. 향후 리스크 대응 방법이 결정되면 자원을 배정해야 하는데, 언제 배정이 가능한지 알려면 자원 달력을 확인해봐야 합니다.

◆ **리스크 관리대장**(Risk register)

리스크 관리대장에는 우선순위가 지정된 개별 프로젝트 리스크에 대한 정보, 리스크 담당자, 리스크의 근본 원인, 경고신호, 빠른 시기에 대응이 필요한 리스크, 우선순위가 낮은 리스크의 감시 목록(Watch list) 등을 포함합니다. 개별 프로젝트 리스크에 대한 대응 전략 및 조치를 개발해야 합니다.

◆ **리스크 보고서**(Risk report)

리스크 보고서에는 리스크 대응 선택에 영향을 미치는 현재 포괄적 프로젝트 리스크의 노출도에 대한 정보가 들어가 있습니다. 이는 정량적 리스크 분석의 결과이며, 포괄적 프로젝트 리스크도 대응 계획을 수립해야 합니다.

◆ **이해관계자 관리대장**(Stakeholder register)

리스크 대응을 담당할 사람이 이해관계자 중에서 결정될 수 있습니다.

11.5.1.3 기업 환경 요인(Enterprise environmental factors)

기업 환경 요인 중에 리스크 대응 계획에 영향을 줄 수 있는 핵심 이해관계자의 리스크 선호도(Risk appetite)와 리스크 한계선(Risk thresholds)을 고려합니다.

11.5.1.4 조직 프로세스 자산(Organizational process assets)

과거의 자료나 과거 유사 프로젝트의 교훈을 활용하여 리스크 대응 계획을 수립합니다.

11.5.2 리스크 대응 계획수립: 도구 및 기법

개별 프로젝트 리스크(기회 및 위협) 별로 대응 전략을 수립하고 그 전략을 시행하기 위해 구체적인 조치가 개발됩니다. 일반적으로 식별된 리스크에 대한 비상 계획을 **Contingency plan(Emergency plan)**이라 하며 만일 이 비상계획이 실패할 경우를 대비해서 수립하는 제2의 계획을 **대체계획(Fallback plan)**이라고 합니다. 이러한 계획에는 돈과 시간에 대한 예비가 할당됩니다. 포괄적 프로젝트 리스크에 대한 대응 전략도 준비합니다.

11.5.2.1 전문가 판단(Expert judgment)

전문가의 도움을 받아 리스크 대응 계획을 수립합니다.

11.5.2.2 데이터 수집(Data gathering)

리스크 대응 계획을 수립하는데 필요한 정보를 얻기 위해 인터뷰를 진행합니다.

◆ 인터뷰(Interview)

리스크 담당자나 다른 이해관계자와 인터뷰를 통해 리스크 대응 계획을 수립할 수 있습니다.

11.5.2.3 대인관계 및 팀 기술(Interpersonal and team skills)

효과적으로 리스크 대응책을 개발하기 위해 촉진을 사용합니다.

◆ 촉진(Facilitation)

리스크 담당자와 인터뷰할 때 촉진 기술을 통해 적절한 리스크 대응 전략을 효과적으로 도출하도록 합니다.

11.5.2.4 위협에 대한 전략(Strategies for threats)

에스컬레이션, 회피, 전가, 완화, 수용의 5가지의 전략이 있습니다.

◆ 에스컬레이션(Escalation)

에스컬레이션은 사전적 의미로 '단계적 확대, 상승, 강화' 등의 뜻이 있습니다. 에스컬레이션은 **프로젝트 상위 수준으로 위협을 넘기는 것**입니다. 식별된 위협이 프로젝트 범위를 벗어나거나 제안된 대응책이 프로젝트 관리자의 권한을 넘을 경우에는 프로젝트 수준이 아닌 프로그램이나 포트폴리오 수준에서 처리하거나 조직의 관련 부서에서 담당하게 됩니다. 에스컬레이션 된 위협은 보고 후에 더 이상 프로젝트 팀에서 감시하지 않아도 됩니다.

◆ 회피(Avoid)

위협을 제거하기 위해서 위협의 원인 제거, 일정 연장, 프로젝트 전략 변경, 범위 축소 등을 하는 것을 회피라고 합니다. 보통 발생 확률이 높고 부정적 영향이 커서 우선순위가 높은 위협에 적용합니다. 위협이 너무 심각한 피해를 줄 것으로 예상되면 계획을 수정해서 리스크 없는 계획으로 가야 합니다. 예를 들면, 프로젝트 마감일이 너무 촉박해서 Fast tracking을 통해 일정을 단축하려고 했지만 그럴 때 최종 프로젝트 산출물에 결함이 많이 생길 것으로 판단되고 그럴 때 오히려 프로젝트가 많이 늦어질 것으로 판단되면 Fast tracking을 하지 말아야 합니다. 리스크 없는 계획으로 변경해서 리스크를 피하는 것을 회피라고 합니다.

◆ 전가(Transfer)

위협의 대응 및 책임을 제삼자에게 넘기는 것을 말합니다. 보통 비용이 발생하며 가장 대표적으로는 **보험(Insurance)과 계약(Contract)**이 있습니다. 예를 들면, 우리가 소프트웨어를 개발하고 있으며, 소프트웨어 개발이 완료된 후에 제품을 소개하는 홈페이지가 필요한데 직접 홈페이지를 만들 경우 페이지 오류가 나거나 문제가 생길 것으로 판단되면 전문 홈페이지 개발 업체에 계약을 통해 맡기는 것이 낫습니다. 향후 문제가 생기더라도 계약한 업체에서 문제를 처리해주게 됩니다.

그리고 계약은 구매자(Buyer)와 판매자(Seller) 간의 법적인 합의를 말하는데, 계약 방식에 따라 리스크 주체가 달라집니다. 일반적인 총액 계약 또는 고정금액 계약방식은 계약 금액이 정해져 있어서 추가 비용에 대한 부담으로 인해 리스크는 판매자에게 있습니다. 반대로 쓴 비용을 상환해주고 수고비를 주는 원가상환방식 계약에서는 판매자가 계약작업을 수행하는데 들어간 원가를 구매자가 모두 지급해 주므로 원가절감에 대한 필요성을 못 느낍니다. 따라서 리스크는 일반적으로 구매자에게 더 있습니다. 계약 관련 사항은 12장 '조달 관리'에서 자세히 다룹니다.

◆ 완화(Mitigate)

위협의 발생 확률 및 영향을 허용 가능한 한계선까지 낮추는 것을 완화라고 합니다. 안정적인 공급자 선택, 더 많은 테스트 수행, 덜 복잡한 프로세스 채택, 프로토타입 개발 등이 완화의 예입니다.

◆ 수용(Accept)

프로젝트의 모든 위협을 계획을 바꿔서 피하거나 계약을 통해 전가하는 것은 불가능합니다. 위협이 있는 계획을 그대로 진행하는 것을 수용이라고 합니다. 프로젝트 계획을 변경하지 않거나 다른 적절한 대응 전략을 수립하기 어려운 경우 위협을 안고 가는 것을 말합니다. 보통 우선순위가 낮은 위협에 적절하며, 비용면에서 효과적이지 않은 경우에도 채택합니다. 전혀 대처방안을 수립하지 않을 수도 있지만, 보통은 위협에 대응하기 위해 시간, 비용, 자원에 대한 우발사태 예비(Contingency reserve)를 설정합니다.

11.5.2.5 기회에 대한 전략(Strategies for opportunities)

에스컬레이션, 활용, 공유, 증대, 수용의 5가지가 있습니다.

◆ 에스컬레이션(Escalation)

에스컬레이션은 **프로젝트 상위 수준으로 기회를 넘기는 것**입니다. 식별된 기회가 프로젝트 범위를 벗어나거나 제안된 대응책이 프로젝트 관리자의 권한을 넘을 경우에는 프로젝트 수준이 아닌 프로그램이나 포트폴리오 수준에서 처리하거나 조직의 관련 부서에서 담당하게 됩니다. 에스컬레이션된 기회는 보고 후에 더 이상 프로젝트 팀에서 감시하지 않아도 됩니다.

◆ 활용(Exploit)

리스크와 관련된 불확실성을 제거하여 기회가 확실히 일어날 수 있도록 하는 것을 활용이라고 합니다. 불확실성을 제거할수록 확실성은 올라가며 기회를 잡기가 더 좋아집니다. 예를 들면, 한 사람이 어떤 책을 집필하고 있고 그 책이 얼마나 팔릴지 몰라서 초판을 몇 부 인쇄할지 모르지만, 미리 선 주문을 받은 후에 책을 집필한다면 판매에 대한 확실성도 올라가고 미리 몇 부 정도 인쇄해야 할지도 알 수 있습니다. 또는 회사에서 능력 있는 팀원을 프로젝트에 배정해서 프로젝트를 빨리 끝내면 다른 경쟁사에 비해 새로운 제품이나 서비스를 먼저 시장에 출시하여 수익을 더 많이 창출할 수 있습니다. 새로운 기술이나 더 업그레이드된 기술을 적용해서 프로젝트의 비용이나 기간을 줄이는 것도 활용의 한 방법입니다.

◆ 공유(Share)

공유는 기회를 더 잘 살릴 수 있는 **다른 회사(제삼자)와 기회의 편익을 공유**하는 것을 말합니다. 기회를 공유하는 경우 기회를 떠맡는 측에 일정한 보수를 지불해야 합니다. 예를 들면, 기술력이 뛰어난 회사에서 제품을 출시할 때 자체적으로 제품 디자인을 하지 않고 디자인 전문 회사와 전략적으로 제휴하는 것입니다.

◆ 증대(Enhance)

증대는 위협에 대한 전략 중에서 완화(Mitigate)의 반대 개념입니다. 기회가 불확실하므로 **기회가 일어날 확률과 영향을 높이는 것**이 기회를 살리기에 좋습니다. 예를 들면, 만약 어떤 사람이 구직활동을 하고 있다면 입사에 대한 가능성을 높이기 위해 자격증을 취득하거나 어학 점수를 높이는 것이 증대의 한 예로 볼 수 있습니다.

◆ 수용(Accept)

수용은 기회가 있는 것을 알면서 별도로 활용, 공유, 증대 같은 전략을 취하지 않고 그냥 프로젝트를 진행합니다. 이 전략은 우선순위가 낮은 기회에 적용하며, 다른 방법으로 기회를 처리하기 어렵거나 비용을 투입할 가치가 별로 없을 때 사용합니다. 능동적 수용 전략은 향후 기회가 발생하면 기회를 활용하기 위해 시간, 돈, 자원에 대한 우발사태 예비(Contingency reserve)를 준비하는 것입니다.

11.5.2.6 우발사태 대응 전략(Contingent response strategies)

우발사태 대응 전략이라는 것은 특정 사건이 발생하는 경우에 사용할 전략을 말합니다. 보통 프로젝트 팀은 설정한 리스크 사건이 발생할 경우, 프로젝트의 성공적인 완료를 위해 사용할 대안 전략이 명시된 우발사태 계획(Contingency plan)을 준비합니다. 이 계획에는 계획을 실행할 조건이나 사건이 포함됩니다.

11.5.2.7 포괄적 프로젝트 리스크에 대한 전략(Strategies for overall project risk)

개별 프로젝트 리스크에 대한 대응뿐만 아니라 포괄적 프로젝트 리스크에 대한 대응도 계획되고 실행되어야 합니다. 앞에서 설명한 개별 프로젝트 리스크에 대한 대응 전략을 포괄적 프로젝트 리스크 대응 전략으로 동일하게 적용할 수 있습니다.

◆ 회피(Avoid)

포괄적 프로젝트 리스크 수준이 **상당히 부정적이고 합의된 리스크 한계선(Risk threshold)을 벗어날 경우** 프로젝트 전체의 불확실성을 줄이고 프로젝트를 다시 리스크 한계선 안으로 되돌리기 위한 조치를 합니다. 리스크 한계선은 투입물로 사용한 리스크 관리 계획서 안에 포함되어 있습니다. 예를 들면, 새로운 도로를 건설하기 위해 터널 공사를 할 때 터널을 뚫기 위한 발파를 해야 하는데 지반이 약해서 발파 시 터널이 붕괴될 가능성이 있으면, 다른 곳으로 도로를 우회해서 터널 발파를 하면 리스크를 회피할 수 있습니다. 즉, 프로젝트의 범위 중 리스크가 큰 범위를 제거하는 것입니다. 만약 어떤 방법을 써도 프로젝트의 리스크 한계선 안으로 되돌리기 어렵다면 프로젝트를 취소할 수도 있습니다.

◆ 활용(Exploit)

포괄적 프로젝트 리스크 수준이 상당히 긍정적이고 합의된 리스크 한계선(Risk threshold)을 초과할 경우 채택할 수 있으며, 회피와 반대로 프로젝트에 대한 편익이 큰 범위를 추가합니다. 예를 들면, 놀이공원을 새로 업그레이드하는 프로젝트를 진행할 때 기존에 없던 워터파크를 추가하면 비용은 더 많이 들지만 향후 더 많은 수익 창출이 기대되어 워터파크를 추가하기로 결정합니다. 기회를 수용하기 위해 주요 이해관계자와 합의하여 리스크 한계선을 더 높일 수 있습니다.

◆ 전가/공유(Transfer/share)

만약 포괄적 프로젝트 리스크 수준이 높을 경우, 조직에서 효과적으로 다루기 어렵다면 제 삼자가 프로젝트 수행 조직 대신에 리스크를 관리할 수 있습니다. 포괄적 프로젝트 리스크가 부정적이면 전가 전략을 사용하고, 긍정적이면 공유 전략을 사용합니다. 포괄적 프로젝트 리스크에 대한 전가와 공유를 위해 합작 투자(Joint venture) 또는 특수목적 회사를 설립하거나 판매자와 구매자 간에 협업 비즈니스 구조를 설정하는 방법 등이 있습니다.

◆ 완화/증대(Mitigate/enhance)

이 전략은 목표 달성 가능성을 높이기 위해 포괄적 프로젝트 리스크의 수준을 변경하는 것을 포함합니다. 포괄적 프로젝트 리스크가 부정적이면 완화 전략을 사용하고, 긍정적이면 증대 전략을 사용합니다. 개별 프로젝트 리스크에 대한 전략처럼 프로젝트 계획을 변경하거나 범위의 변경, 우선순위 수정 등의 방법이 있습니다.

◆ 수용(Accept)

포괄적 프로젝트 리스크의 수준이 합의된 리스크 한계선을 넘더라도, 다른 방법으로 포괄적 프로젝트 리스크를 다루기 어렵다면 수용할 수밖에 없습니다. 능동적 수용은 돈, 시간, 자원에 대한 우발사태 예비(Contingency reserve)를 준비하는 것입니다.

11.5.2.8 데이터 분석(Data analysis)

리스크를 대응하는 방법은 여러 가지가 가능하므로 대안 분석을 해보며, 리스크 대응에 들어가는 비용대비 얻을 수 있는 편익을 분석해봅니다.

◆ 대안 분석(Alternatives analysis)

여러 리스크 대응 방법에 대한 아이디어를 낸 후 가장 좋은 리스크 대응 방법을 선정합니다.

◆ 비용-편익 분석(Cost-benefit analysis)

비용을 투입한 것 이상 얻는 편익이 있어야 비용을 투입할 가치가 있습니다. 리스크 대응 전략을 선택할 때 어느 정도 비용을 투입해서 어느 정도 편익을 얻을 수 있는지 분석하여 가장 효과적인 전략을 선정해야 합니다.

11.5.2.9 의사결정(Decision making)

리스크 대응 전략을 결정할 때 여러 기준을 설정한 후 각 기준에 대해 평가하여 가장 높은 점수를 받은 전략을 선택하는 다기준 의사결정 분석을 사용합니다.

◆ 다기준 의사결정 분석(Multicriteria decision analysis)

리스크 대응 비용, 대응 효과, 자원 가용성, 시기적 제약사항, 리스크 발생 시 영향 수준 등 여러 가지 조건을 고려하여 가장 효과적인 리스크 대응 전략을 선택합니다.

11.5.3 리스크 대응 계획수립: 산출물

개별 프로젝트 리스크와 포괄적 프로젝트 리스크에 대한 대응 전략이 리스크 관리대장과 리스크 보고서에 추가되면, 비로소 리스크에 대한 기획이 끝나게 됩니다.

11.5.3.1 변경 요청(Change requests)

리스크에 대한 대응 준비를 하다 보면 원가 기준선이나 기타 다른 요소에 변경 요청이 제기될 수 있습니다.

11.5.3.2 프로젝트 관리 계획서 업데이트(Project management plan updates)

리스크에 대한 대응 준비를 하는 과정에 있어서 리스크 대응과 관련된 프로젝트 관리 계획서의 요소들이 업데이트됩니다.

- 일정 관리 계획서(Schedule management plan)

리스크 대응에 관련한 일정 관리 계획서의 변경사항을 반영합니다.

- 원가 관리 계획서(Cost management plan)

리스크를 대응하려면 우발사태 예비(Contingency reserve)가 필요합니다. 우발사태 예비의 집행 방법에 대한 수정사항이나 관련한 원가 회계, 원가 추적 및 보고 등에 대한 변경을 원가 관리 계획서에 반영합니다.

- 품질 관리 계획서(Quality management plan)

리스크 대응은 품질에 영향을 줄 수 있습니다. 리스크 대응 방법을 준비하는 과정에서 품질에 대한 영향이 예상될 경우 품질 관리 접근 방식을 변경하며, 품질 통제 프로세스에 대한 변경이 필요할 경우 관련 사항을 품질 관리 계획서에 반영합니다.

- 자원 관리 계획서(Resource management plan)

리스크 대응에 필요한 자원을 할당할 경우, 자원 할당에 대한 변경사항을 자원 관리 계획서에 업데이트합니다.

◆ **조달 관리 계획서(Procurement management plan)**

리스크를 전가(Transfer)할 경우 제작-구매 결정사항에 변경이 생깁니다. 변경 사항을 조달 관리 계획서에 반영합니다.

◆ **범위 기준선(Scope baseline)**

만약 리스크 대응을 위해 범위에 변경이 필요하고, 범위에 대한 변경이 승인되면 범위 기준선을 업데이트합니다.

◆ **일정 기준선(Schedule baseline)**

만약 리스크 대응을 위해 일정에 변경이 필요하고, 일정에 대한 변경이 승인되면 일정 기준선을 업데이트합니다.

◆ **원가 기준선(Cost baseline)**

만약 리스크 대응을 위해 원가에 변경이 필요하고, 원가에 대한 변경이 승인되면 원가 기준선을 업데이트합니다.

11.5.3.3 프로젝트 문서 업데이트(Project document updates)

리스크 대응 전략이 리스크 관리대장에 추가되며, 가정사항 기록부, 기술 문서 등이 업데이트될 수 있습니다.

◆ **리스크 관리대장(Risk register)**

개별 프로젝트 리스크에 대한 대응책과 기타 요소들이 리스크 관리 대장에 추가되며, 다음과 같은 내용이 업데이트될 수 있습니다.

- 개별 프로젝트 리스크에 대한 합의된 대응 전략.
- 합의된 대응 전략을 수행하기 위한 구체적인 활동과 활동에 필요한 예산 및 일정.
- 예상되는 리스크 유발 조건(Trigger condition), 리스크 발생 징후(Symptom) 및 경고 신호(Warning sign).
- 개별 프로젝트 리스크에 대한 우발사태 계획(Contingency plan)과 우발사태 계획이 실패할 경우 사용할 대체 계획(Fallback plan).

- 리스크 대응을 한 후에도 유지될 것으로 예상되는 잔존 리스크(Residual risk)와 의도적으로 수용한 리스크.
- 리스크 대응의 결과로 발생이 예상되는 2차 리스크(Secondary risk).

핵심 용어

Trigger condition

Trigger condition은 리스크가 발생 직전이라는 표시를 나타내는 사건 또는 상황이며, [리스크 감시] 프로세스에서 감시합니다. Trigger condition과 동일하게 사용되는 용어로는 Risk symptom, Warning sign이 있습니다.

핵심 용어

Fallback plan

Fallback plan은 첫 번째 Contingency plan이 실패할 경우 사용하려고 추가로 준비한 계획입니다. 'Plan B'라고 부르기도 합니다. Fallback은 사전적 의미로 '(만일의 사태에 대한) 대비책, (컴퓨터 고장 시의) 예비 시스템'이라는 뜻입니다.

핵심 용어

Secondary risk

2차 리스크는 리스크를 대응하는 과정 중에 새롭게 발생하는 리스크를 말합니다. 예를 들면, 현재 신제품을 거의 다 개발했고, 그 제품을 홍보하기 위해 별도의 홍보 웹사이트를 외주를 맡기기로 했는데 만약 외주업체가 정확한 날짜에 웹사이트를 오픈하지 못한다면 일정 지연의 리스크가 됩니다. 그래서 만약의 일을 대비해 다른 외주업체를 미리 알아 놓았는데, 실제 첫 번째 외주업체가 일정이 늦어져서 다른 업체에 요청해서 웹사이트 개발을 완료했지만, 회원가입 오류가 나는 등 다른 문제가 생기면 이것도 리스크가 됩니다. 이것을 2차 리스크라고 합니다.

◆ **리스크 보고서(Risk report)**

포괄적 프로젝트 리스크의 노출도에 대한 합의된 대응책과 대응의 결과로 예상되는 변경을 리스크 보고서에 업데이트합니다.

◆ **프로젝트 일정**(Project schedule)

리스크를 대응하기 위한 활동이 프로젝트 일정에 추가될 수 있습니다.

◆ **프로젝트 팀 배정표**(Project team assignments)

리스크 대응 방법이 확정되면 각 대응을 수행할 자원을 배정합니다. 리스크 대응 자원이 프로젝트 팀 배정표에 추가됩니다.

◆ **원가 예측치**(Cost forecasts)

리스크를 대응하려면 원가가 추가로 더 필요할 수 있습니다. 이로 인해 원가 예측치가 변경될 수 있습니다.

◆ **교훈 관리대장**(Lessons learned register)

리스크 대응 계획수립 과정에서 식별된 교훈은 교훈 관리대장에 추가합니다

◆ **가정사항 기록부**(Assumption log)

리스크 대응 계획수립 과정에서 새로운 가정 및 제약사항이 식별되면 가정사항 기록부에 추가합니다.

11.6 리스크 대응 실행(Implement Risk Responses)

[리스크 대응 실행]은 실행 프로세스 그룹에 속하는 프로세스로서, 프로젝트를 실행하다가 식별된 리스크가 발생하면 사전에 준비한 리스크 대응 계획을 수행하는 프로세스입니다. 개별 프로젝트 리스크 중 기회는 최대한 활용하고, 위협은 최소화합니다. 포괄적 프로젝트 리스크의 노출도를 다루는 것도 포함합니다.

[표 11-18] 리스크 대응 실행의 ITTO

리스크 대응 실행(Implement Risk Responses)		
지식영역: 리스크 관리(Risk management)	프로세스 그룹: 실행(Executing)	
투입물	**도구 및 기법**	**산출물**
1. 프로젝트 관리 계획서 • 리스크 관리 계획서 2. 프로젝트 문서 • 교훈 관리대장 • 리스크 관리대장 • 리스크 보고서 3. 조직 프로세스 자산	1. 전문가 판단 2. 대인관계 및 팀 기술 • 영향력 행사 3. 프로젝트 관리 정보 시스템	1. 변경 요청 2. 프로젝트 문서 업데이트 • 이슈 기록부 • 교훈 관리대장 • 프로젝트 팀 배정표 • 리스크 관리대장 • 리스크 보고서

[표 11-18]은 [리스크 대응 실행] 프로세스의 Inputs, Tools and Techniques, Outputs입니다. 개별 프로젝트 리스크 발생 시 리스크 관리대장에 사전에 준비한 맞춤형 대응 계획을 실행하고 리스크 보고서에 포함된 포괄적 프로젝트 리스크에 대한 대응책을 수행합니다.

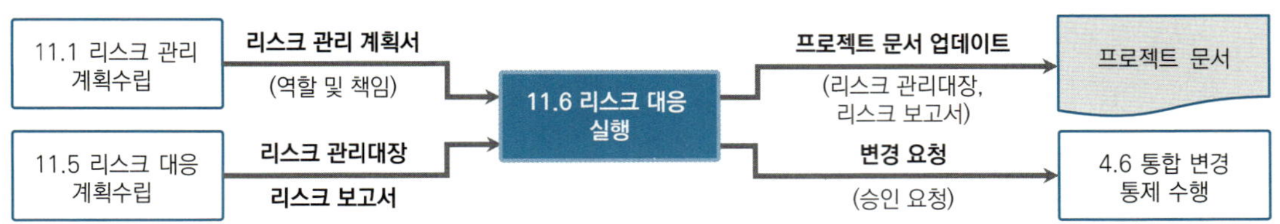

[그림 11-19] 리스크 대응 실행의 주요 흐름

[그림 11-19]는 [리스크 대응 실행] 프로세스의 주요 흐름을 나타냅니다. [리스크 대응 실행]은 실행 프로세스입니다. 사전에 준비한 대응 계획을 수행하는 것이 이 프로세스의 주요 역할입니다.

11.6.1 리스크 대응 실행: 투입물

개별 프로젝트 리스크에 대한 대응책이 포함된 리스크 관리대장과 포괄적 프로젝트 리스크에 대한 대응 전략이 포함된 리스크 보고서가 주요 투입물입니다.

11.6.1.1 리스크 관리 계획서(Risk management plan)

리스크 관리에 대한 역할 및 책임을 포함합니다. 이 정보는 합의된 리스크 대응을 위한 담당자를 배정할 때 사용됩니다.

11.6.1.2 프로젝트 문서(Project documents)

리스크 관리대장과 리스크 보고서를 기반으로 리스크를 대응하며, 교훈을 활용합니다.

◆ **교훈 관리대장(Lessons learned register)**

프로젝트 초반에 얻은 교훈을 이후 단계에 활용합니다.

◆ **리스크 관리대장(Risk register)**

개별 프로젝트 리스크에 대한 합의된 리스크 대응과 지명된 대응 담당자를 포함합니다. 리스크 발생 시 담당자가 리스크 대응을 실행합니다.

◆ **리스크 보고서(Risk report)**

포괄적 프로젝트 리스크에 대한 합의된 대응 전략이 포함되어 있습니다. 프로젝트 관리자는 포괄적 프로젝트 리스크의 노출도를 관리해야 합니다.

11.6.2 리스크 대응 실행: 도구 및 기법

리스크 발생 시 프로젝트 관리자는 PMIS를 사용해서 리스크 담당자가 리스크 대응을 수행하도록 합니다.

11.6.2.1 전문가 판단(Expert judgment)

리스크를 대응할 때 필요하면 전문가의 도움을 받아야 합니다.

11.6.2.2 대인관계 및 팀 기술(Interpersonal and team skills)

리스크 대응 실행에서는 영향력 행사 기법을 사용합니다.

◆ 영향력 행사(Influencing)

리스크에 대한 대응은 프로젝트 팀이 아닌 다른 사람이 할 수도 있으므로, 프로젝트 관리자는 리스크 담당자가 필요한 리스크 대응 조치를 잘 수행하도록 독려할 필요가 있습니다.

11.6.2.3 프로젝트 관리 정보 시스템(Project management information system)

리스크 대응 시 PMIS에 포함된 일정, 자원, 원가 관리 소프트웨어를 활용합니다.

11.6.3 리스크 대응 실행: 산출물

개별 프로젝트 리스크와 포괄적 프로젝트 리스크에 대한 대응을 수행한 결과가 리스크 관리대장과 리스크 보고서에 업데이트됩니다.

11.6.3.1 변경 요청(Change requests)

리스크 대응을 실행한 결과로 원가 기준선이나 다른 요소에 변경 요청이 생길 수 있습니다.

11.6.3.2 프로젝트 문서 갱신(Project document updates)

리스크 대응의 실행 결과들이 해당하는 문서에 업데이트됩니다.

◆ 리스크 관리대장(Risk register)

개별 프로젝트 리스크에 대한 합의된 리스크 대응을 실행한 결과가 리스크 관리 대장에 반영됩니다.

◆ 리스크 보고서(Risk report)

포괄적 프로젝트 리스크 노출도에 대한 합의된 대응을 실행한 결과가 리스크 보고서에 반영됩니다.

◆ 프로젝트 팀 배정표(Project team assignments)

리스크 대응을 실행하는데 필요한 자원이 배정되며, 배정된 자원을 프로젝트 팀 배정표에 반영합니다.

◆ 이슈 기록부(Issue log)

리스크를 대응하는 과정에 식별된 이슈는 이슈 기록부에 추가합니다.

◆ 교훈 관리대장(Lessons learned register)

리스크를 대응하는 과정에 식별된 교훈은 교훈 관리대장에 추가합니다.

11.7 리스크 감시(Monitor Risks)

[리스크 감시] 프로세스는 다른 통제 프로세스와 마찬가지로 프로젝트 생애주기 전반에 걸쳐서 수행하는 프로세스입니다. 우리가 식별한 리스크는 불확실성을 갖고 있으므로 언제 발생할지 모르기 때문에 리스크 관리대장에 명시된 리스크들을 항상 감시해야 합니다. 발생 가능성을 90%로 예측했지만 실제로는 발생하지 않을 수도 있고 10%로 예측했지만 발생할 수도 있습니다. 따라서 식별된 리스크는 지속적인 감시가 필요합니다. 감시하다 식별된 리스크가 발생하면 사전에 준비한 대응 계획으로 리스크를 대응합니다. 만약 새로운 리스크가 발생하면 바로 분석부터 대응 준비까지 한 후 바로 대응 조치를 수행합니다.

[리스크 감시의 주요 활동]

- 새로운 리스크 식별 및 분석.
- 식별된 개별 프로젝트 리스크의 지속적인 추적을 통한 상태 변경 여부 확인.
- 포괄적 프로젝트 리스크의 수준이 변경되었는지 확인.
- 리스크 대응 실행에 대한 효과성 평가.
- 프로젝트 가정이 아직도 유효한가에 대한 판단.
- 적절한 리스크 관리 정책 및 절차를 따르고 있는지 확인.
- 남은 리스크에 대한 비용 또는 일정에 대한 우발사태 예비(Contingency reserve)가 적정한지 확인.

[표 11-19] 리스크 감시의 ITTO

리스크 감시(Monitor Risks)		
지식영역: 리스크 관리(Risk management)	프로세스 그룹: 감시 및 통제 (Monitoring and controlling)	
투입물	**도구 및 기법**	**산출물**
1. 프로젝트 관리 계획서 • 리스크 관리 계획서 2. 프로젝트 문서 • 이슈 기록부 • 교훈 관리대장 • 리스크 관리대장 • 리스크 보고서 3. 작업 성과 데이터 4. 작업 성과 보고서	1. 데이터 분석 • 기술적 성과 분석 • 예비 분석 2. 감사 3. 회의	1. 작업 성과 정보 2. 변경 요청 3. 프로젝트 관리 계획서 업데이트 • 임의의 구성요소 4. 프로젝트 문서 업데이트 • 가정사항 기록부 • 이슈 기록부 • 교훈 관리대장 • 리스크 관리대장 • 리스크 보고서 5. 조직 프로세스 자산 업데이트

[표 11-19]는 [리스크 감시] 프로세스의 Inputs, Tools and Techniques, Outputs입니다. 리스크 관리대장을 개별 프로젝트 리스크의 감시 기준으로 사용하여 주기적으로 식별된 리스크를 재평가 및 추적하고 새로운 리스크를 식별하고 분석합니다. 이에 따라 리스크 관리대장은 계속 업데이트됩니다. 리스크 보고서에 포함된 포괄적 프로젝트 리스크의 노출도도 계속 관리합니다.

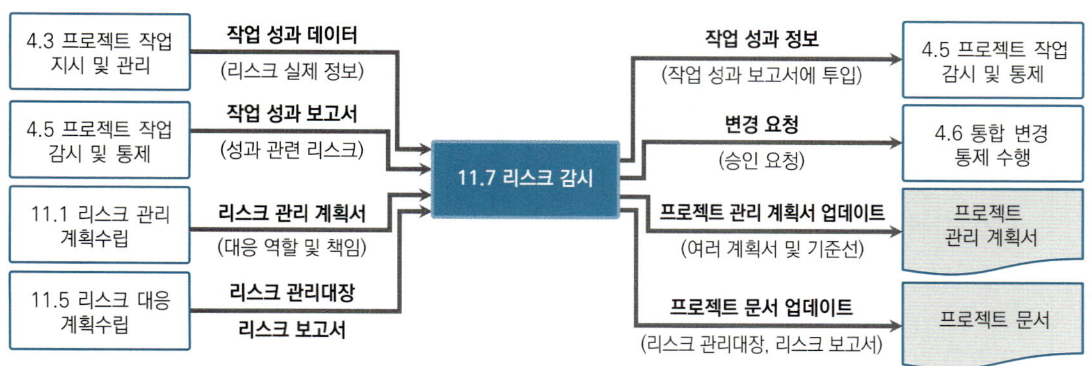

[그림 11-20] 리스크 감시의 주요 흐름

[그림 11-20]은 이 프로세스의 주요 흐름을 나타냅니다. [리스크 감시]는 기본적인 통제 프로세스 흐름을 따릅니다. 즉, 기준(리스크 관리대장)과 실적(작업 성과 데이터)이 투입되고 작업 성과 정보와 변경 요청이 산출됩니다.

[표 11-20] 리스크 감시 산출물의 투입 이유

변경 요청 투입 프로세스	투입 이유
4.6 통합 변경 통제 수행	리스크 대응 조치에 대한 공식적인 승인을 받기 위해서.
작업 성과 정보 투입 프로세스	**투입 이유**
4.5 프로젝트 작업 감시 및 통제	리스크에 대한 대응 관련 정보를 작업 성과 보고서에 포함시키기 위해서.

11.7.1 리스크 감시: 투입물

개별 프로젝트 리스크에 대한 여러 정보가 포함된 리스크 관리대장이 리스크 감시의 기준 역할을 하게 됩니다. 작업 성과 데이터가 리스크에 대한 실제 정보를 제공합니다.

11.7.1.1 프로젝트 관리 계획서(Project management plan)

프로젝트 관리 계획서에 포함된 리스크 관리 계획서는 리스크 감시의 지침 역할을 합니다.

◆ 리스크 관리 계획서(Risk management plan)

리스크 관리 계획서에 포함된 리스크 검토 시기와 방법에 따라 리스크를 검토합니다.

11.7.1.2 프로젝트 문서(Project document)

리스크 감시의 기준이 되는 리스크 관리대장과 리스크 보고서가 [리스크 감시]의 주요 투입물입니다.

◆ 리스크 관리대장(Risk register)

리스크 관리대장에는 감시의 대상인 개별 프로젝트 리스크에 대한 정보와 리스크 담당자, 합의된 리스크 대응 및 구체적인 실행 조치가 포함되어 있습니다.

◆ 리스크 보고서(Risk report)

포괄적 프로젝트 리스크 노출도에 대한 정보와 합의된 대응 전략이 포함되어 있습니다.

◆ 이슈 기록부(Issue log)

만약 미결 이슈가 새로 업데이트되면 리스크 관리대장도 업데이트해야 할 수 있습니다.

◆ 교훈 관리대장(Lessons learned register)

이전에 얻은 교훈을 이후 단계에 적용할 수 있습니다.

11.7.1.3 작업 성과 데이터(Work performance data)

실행된 리스크 대응에 대한 정보, 발생한 리스크, 현재 유효한 리스크, 더 이상 유효하지 않은 리스크 등에 대한 실제 정보들이 투입물로 사용됩니다.

11.7.1.4 작업 성과 보고서(Work performance reports)

주기적으로 만들고 배포되는 작업 성과 보고서에는 프로젝트 성과가 얼마나 좋은지 또는 나쁜지 알 수 있습니다. 기술적 성과 관련 리스크를 감시하기 위해 투입물로 사용합니다.

11.7.2 리스크 감시: 도구 및 기법

리스크를 감시하는 활동을 위한 다양한 기법들이 사용됩니다.

11.7.2.1 데이터 분석(Data analysis)

기술적 성과와 예비 분석을 수행합니다.

◆ 기술적 성과 분석(Technical performance analysis)

작업 성과 보고서에는 기술적 성과가 목표를 달성했는지, 미달되었는지에 대한 정보가 있습니다. 만약 기술적 성과가 목표를 달성하지 못하면 프로젝트에 위협이 될 수 있고, 목표를 초과해서 달성했다면 기회가 될 수 있습니다.

◆ 예비 분석(Reserve analysis)

예비는 리스크를 위해 준비한 것이고, 일반적으로 리스크는 프로젝트 진행에 따라 감소하기 때문에 예비의 양은 항상 일정한 것이 아니라 남은 리스크에 맞게 조정할 필요가 있습니다. 일반적으로 예비는 프로젝트 후반으로 갈수록 줄어듭니다.

11.7.2.2 감사(Audits)

감사는 프로세스의 효과성을 판단해서 효과가 떨어지는 부분에 대해 조치를 취하기 위해 수행합니다.

11.7.2.3 회의(Meetings)

리스크 대응의 효과는 어떤지 검토하고, 새로운 리스크를 식별하고, 현재 리스크를 재평가하고, 더 이상 유효하지 않은 리스크는 종결하기 위해 회의를 진행합니다.

11.7.3 리스크 감시: 산출물

현재 리스크 감시의 성과에 대한 정보와 필요한 조치를 위한 변경 요청이 산출물로 나옵니다.

11.7.3.1 작업 성과 정보(Work performance information)

리스크 관리대장에 있는 개별 프로젝트 리스크가 실제 발생한 리스크와 비교하여 리스크 관리 활동을 어떻게 수행했는지에 대한 정보가 생성됩니다. 리스크 감시의 결과 정보는 작업 성과 보고서에 담겨서 관련 이해관계자에게 주기적으로 전달됩니다.

11.7.3.2 변경 요청(Change requests)

리스크 감시의 결과로 원가 기준선이나 일정 기준선 등에 변경 요청이 생길 수 있습니다. 또한 포괄적 프로젝트 리스크와 개별 프로젝트 리스크를 처리하기 위한 시정 조치나 예방 조치가 요청될 수 있습니다. 시정조치는 우발사태 계획(Contingency plan) 및 우회작업(Workaround)을 포함한 여러 조치가 권고될 수 있으며, 예방 조치는 리스크 발생을 줄이기 위한 여러 조치가 권고될 수 있습니다.

핵심 용어

Workaround

계획되지 않은 리스크가 발생할 때, 즉시 대응이 개발되고 수행되어야 하는데 이것을 Workaround라고 합니다. 해결책이 리스크 사건 발생전에 미리 계획하는 것이 아닌 점에서 우발사태 계획과 다릅니다. 다시 말하면 Unknown 리스크에 대한 대응을 말합니다.

11.7.3.3 프로젝트 관리 계획서 업데이트(Project management plan updates)

승인된 변경 요청이 있을 경우 승인된 사항을 반영하여 프로젝트 관리 계획서의 내용을 업데이트합니다.

11.7.3.4 프로젝트 문서 업데이트(Project documents updates)

리스크 감시 활동의 결과로 리스크 관리대장 및 리스크 보고서 등이 업데이트됩니다.

◆ 리스크 관리대장(Risk register)

새로 식별된 리스크를 추가하고 더 이상 유효하지 않은 리스크를 업데이트하고, 발생한 리스크에 대한 대응 결과도 기록으로 남겨서 미래 프로젝트에 도움이 되도록 합니다.

◆ 리스크 보고서(Risk report)

포괄적 프로젝트 리스크의 현재 수준을 반영해서 리스크 보고서를 업데이트합니다.

◆ 가정사항 기록부(Assumption log)

리스크 감시 도중에 새로운 가성사항이나 제약사항이 식별되면 가정사항 기록부에 추가합니다.

◆ 이슈 기록부(Issue log)

리스크를 감시하는 과정에 식별된 이슈는 이슈 기록부에 추가합니다.

◆ 교훈 관리대장(Lessons learned register)

리스크를 검토하는 과정에 식별된 교훈은 교훈 관리대장에 추가합니다.

11.7.3.5 조직 프로세스 자산 업데이트(Organizational process assets updates)

리스크 관리대장, 리스크 관리 계획서 양식, 리스크분류체계(Risk breakdown structure) 등이 자산으로 업데이트됩니다.

11 핵심 정리

- 프로젝트 리스크는 불확실한 사건 또는 조건이며, 만약 발생할 경우 프로젝트 목표에 긍정적 또는 부정적 영향을 줄 수 있습니다.
- 리스크 관리의 목적은 프로젝트의 긍정적 사건의 확률과 영향을 높이고, 부정적 사건의 확률과 영향은 낮추는 것입니다.
- 개별 프로젝트 리스크는 각 리스크 사건을 의미하며, 포괄적 프로젝트 리스크는 프로젝트 전체의 불확실성을 의미합니다.
- 개별 프로젝트 리스크는 'Known risk'와 'Unknown risk' 두 가지 타입이 있습니다.
- 리스크 노출도(Risk exposure)란 조직 및 프로젝트 이해관계자의 리스크 선호도(Risk appetite)를 반영하는 측정 가능한 리스크의 한계선(Risk threshold)입니다.
- 리스크 허용치(Risk tolerance)는 조직 또는 개인이 견딜 수 있는 리스크의 정도, 합, 크기를 말합니다.
- 리스크 관리의 가장 처음 프로세스인 [리스크 관리 계획수립]은 '리스크 관리 활동들을 어떻게 수행할 것인지 준비'합니다.
- 리스크를 분류하기 위한 범주를 RBS(Risk breakdown structure)라고 합니다.
- 리스크 관리 계획서에는 확률 측정 기준(Probability scale)과 영향 측정 기준(Impact scale)을 정의한 내용과 P-I Matrix가 포함됩니다.
- 확률과 영향을 곱한 값을 Risk score라고 합니다
- 델파이 기법은 전문가가 익명으로 참여하고 사회자(리더)가 설문지를 통해 의견을 수렴하는 과정을 반복하여 합의된 아이디어를 도출하는 방법입니다.
- 리스크 관리의 가장 핵심 문서는 리스크 관리대장(Risk register)입니다.
- 정성적 리스크 분석은 식별된 리스크의 확률(Probability)과 영향(Impact)을 측정하여 리스크의 심각성을 파악하는 것입니다.
- 정성적 리스크 분석의 핵심 도구는 P-I Matrix입니다.
- 리스크 담당자는 정성적 리스크 분석에서 확정됩니다.

- 리스크가 발생 직전이라는 표시를 나타내는 사건 또는 상황을 Trigger condition이라고 하며, [리스크 감시] 프로세스에서 감시합니다. Trigger condition과 동일하게 사용되는 용어로는 Risk symptom, Warning sign이 있습니다.
- 어떤 리스크가 프로젝트에 가장 큰 잠재적 영향을 갖고 있는지를 수치로 분석하는 것을 민감도 분석(Sensitivity analysis)이라고 합니다.
- Fallback plan은 첫 번째 Contingency plan이 실패할 때 사용하려고 추가로 준비한 계획입니다.
- 식별된 리스크에 대한 예비는 Contingency reserve이며, 식별 못 한 리스크에 대한 예비는 Management reserve입니다.
- 부정적 리스크 또는 위협에 대한 전략은 에스컬레이션, 회피, 전가, 완화, 수용의 5가지 전략이 있습니다.
- 긍정적 리스크 또는 기회에 대한 전략은 에스컬레이션, 활용, 공유, 증대, 수용의 5가지 전략이 있습니다.
- Secondary risk는 리스크를 처리하는 과정 중에 새롭게 발생하는 리스크입니다.
- 계획되지 않은 리스크가 발생할 때, 즉시 대응이 개발되고 수행되어야 하는데 이것을 Workaround라고 합니다.

11 이해도 테스트 문제

01 프로젝트에서 리스크를 관리하기 위해 필요한 프로세스 7개를 순서에 따라 적어보세요.

02 리스크는 두 가지 종류가 있습니다. 두 가지는 무엇입니까?

03 리스크 관리 계획서에는 리스크 관리를 위해 필요한 중요한 내용이 있습니다. 어떤 내용이 들어갑니까?

04 리스크를 가능하면 많이 식별하는 것은 리스크 관리에 도움이 됩니다. 리스크를 식별하는 과정을 흐름 중심으로 적어보세요.

05 정성적 리스크 분석(Qualitative risk analysis)을 하는 이유와 분석 방법을 적어보세요.

06 프로젝트에서 정량적으로 리스크를 분석하는 이유는 무엇입니까?

07 정량적 리스크 분석에 사용하는 도구 및 기법은 어떤 것이 있습니까?

08 기회와 위협에 대한 개별 프로젝트 리스크를 대응하는 방법 10가지와 그 뜻을 적어보세요.

09 다음 용어 중 정확히 설명하기 어려운 것들을 체크해보세요.

> Trigger condition, Workaround, Contingency plan, Management reserve, EMV, Risk register, P-I Matrix, Delphi technique, Risk tolerance, Fallback plan, Residual risk, Secondary risk, Watch list

☑ 정답은 교재를 통해 직접 본인이 찾아보기 바랍니다.

11 용어의 뜻 연결하기

Individual Project risk •	• 각 조직이나 개인이 견딜 수 있는 리스크의 정도
Risk breakdown structure •	• 우선순위가 낮은 리스크의 목록
Probability and impact matrix •	• 리스크 관리 활동을 어떻게 수행할 것인지에 대한 문서
Risk score •	• 프로젝트에 대한 불확실한 사건 또는 조건
Risk management plan •	• 리스크를 분류하기 위한 범주
Expected monetary value analysis •	• 확률의 척도와 영향의 척도를 교차하여 표 형태로 만든 것
Risk tolerance •	• 강점, 약점, 기회 및 위협의 4가지 관점에서 분석하는 기법
Watch list •	• 어떤 리스크가 프로젝트에 가장 큰 영향을 미치는 지를 분석하는 것
Contingency plan •	• 확률과 영향을 곱한 값
Trigger condition •	• 식별된 리스크에 대한 비상 계획
SWOT analysis •	• 리스크가 발생 직전이라는 표시를 나타내는 사건 또는 상황
Workaround •	• 리스크 발생의 확률 및 영향을 허용 가능한 한계선까지 낮추는 것
Sensitivity analysis •	• 발생하지 않을 수도 있는 시나리오가 미래에 포함될 때 평균 결과를 계산하는 통계적 개념
Mitigate •	• 리스크의 영향, 대응, 책임을 제삼자에게 넘기는 것
Transfer •	• 기회의 확률과 영향을 향상시키는 것
Enhance •	• 계획되지 않은 리스크가 발생할 때, 즉시 대응을 준비하고 수행하는 것

Memo

11 예상 문제

01 **다음과 같은 상황에서 결과 B의 기대 가치는 얼마입니까?**

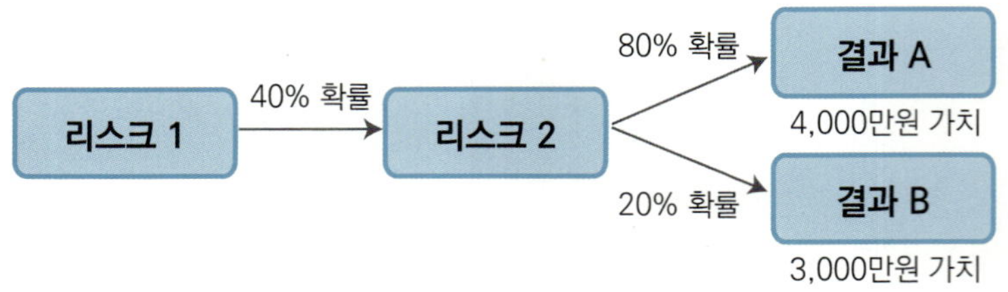

A. 600만원　　B. 240만원
C. 120만원　　D. 3,000만원

02 **프로젝트를 진행하던 도중에 중요한 리스크를 발견했고 그 리스크에 대해 계획된 적절한 대응을 하였습니다. 만약 이러한 절차를 취하고 난 후 남은 리스크가 있다면 이것을 무엇이라 부릅니까?**

A. 미확인 리스크(Unidentified risk)　　B. 잔존 리스크(Residual risk)
C. 이차 리스크(Secondary risk)　　D. 수용된 리스크(Accepted risk)

03 **만약 지금 진행하려고 하는 프로젝트의 분석 결과 60%의 확률로 1억 원의 이익이 기대되고, 40%의 확률로 5,000만 원의 손해가 예상된다면 기대값(Expected monetary value)은 얼마입니까?**

A. 6,000만 원 이익　　B. 4,000만 원 이익
C. 2,000만 원 이익　　D. 2,000만 원 손해

04 **프로젝트 리스크를 정량적으로 분석할 때 사용할 수 있는 기법의 하나가 의사결정 트리 분석입니다. 그 기법을 위해 그리게 되는 의사결정 나무(Decision trees)의 활용 목적은 무엇입니까?**

A. 프로젝트에서 사건의 경로를 설명하기 위해서
B. 산출물의 확률을 계산하기 위해서
C. 어떤 사건이 발생 가능한지 결정하기 위해서
D. 의사결정을 돕기 위해서

05 **원가를 절감하거나 일정 리스크를 완화하기 위해 준비하는 예비(Reserve)는 프로젝트 관리 계획서에 포함하게 됩니다. 프로젝트 예산 책정 시 예비비를 미리 분석하게 되는데 다음 보기에서 Management reserve와 Contingency reserve를 잘 설명한 것은 무엇입니까?**

A. Contingency reserve는 알려진 상황(Known known)을 고려한 것이고, Management reserve는 알려진 미지상황(Known unknown)을 고려한 것이다.

B. Contingency reserve와 Management reserve는 둘 다 알려진 미지상황(Known unknown)을 고려한 것이다.

C. Contingency reserve는 알려진 미지상황(Known unknown)을 고려한 것이고, Management reserve는 알려지지 않은 미지상황(Unknown unknown)을 고려 한 것이다.

D. Contingency reserve는 상위 경영진에서 관리하는 반면 Management reserve는 프로젝트 관리자에 의해 관리된다.

06 **당신은 당신의 프로젝트 팀과 같이 식별된 리스크를 평가하기 위해 회의를 하고 있습니다. 리스크에 대한 시간적 영향 또는 비용적 영향을 분석하여 돈과 시간을 배정하려고 합니다. 당신의 팀은 현재 어떤 프로세스를 수행하고 있습니까?**

A. 리스크 관리 계획수립(Plan Risk Management)

B. 리스크 식별(Identify Risks)

C. 정성적 리스크 분석 수행(Perform Qualitative Risk Analysis)

D. 정량적 리스크 분석 수행(Perform Quantitative Risk Analysis)

07 **다음 중 부정적 리스크에 대한 전략이 아닌 것은?**

A. 공유(Share)

B. 회피(Avoid)

C. 완화(Mitigate)

D. 전가(Transfer)

08 **프로젝트의 리스크는 사전에 철저한 식별 및 분석을 통해 대응 전략을 세우게 됩니다. 대응 전략은 리스크의 발생 확률 및 영향 등을 고려하여 리스크마다 다르게 설정할 수 있습니다. 리스크 대응 전략 중 보험 계약을 체결하는 것은 어떤 대응 전략에 속하게 됩니까?**

A. 완화(Mitigate)

B. 전가(Transfer)

C. 수용(Accept)

D. 회피(Avoid)

09 **회사의 중요한 프로젝트를 관리하던 도중에 리스크 관리대장에 없는 리스크가 발생했습니다. 프로젝트 관리자는 무엇을 해야 합니까?**

A. 리스크 검토를 중지하고 바로 우회작업(Workaround)을 진행합니다.

B. 경영진에게 알리고 팀과 함께 새로운 리스크에 대해 회의합니다.

C. 이해관계자에게 계획된 당신의 대응책을 알려줍니다.

D. 리스크에 대한 예비(Reserve) 중 일부를 사용합니다.

10 **프로젝트의 리스크를 감시하던 도중 식별된 리스크가 발생하여 계획된 대응을 수행한 후 잔존 리스크(Residual risk)가 남았습니다. 그러면 잔존 리스크에 대해서 어떻게 해야 합니까?**

A. 잔존 리스크를 문서화하고 프로젝트 실행 기간 동안 재검토합니다.

B. 프로젝트 실행 도중 발생하면 그때 처리합니다.

C. 우발사태 계획의 한 부분으로 포함시킵니다.

D. 정성적 리스크 분석을 수행합니다.

11 **프로젝트 진행 도중에 예측된 리스크가 발생하지 않았다고 해당 리스크 담당자가 보고했습니다. 그러면 프로젝트 관리자는 어떻게 해야 합니까?**

A. 리스크 관리대장을 업데이트합니다.

B. 교훈으로 기록합니다.

C. 프로젝트 예비비를 줄입니다.

D. 향후 리스크 대응 전략을 모두 수정합니다.

12 **당신은 팀과 함께 이번 프로젝트의 리스크 관리에 사용할 리스크 관리 계획서를 수립하였습니다. 다음 중 리스크 관리 계획서에 포함되지 않는 것은 무엇입니까?**

A. 리스크분류체계(Risk breakdown structure)

B. 리스크 관리의 역할과 책임

C. 식별된 리스크 목록

D. 리스크 관리에 대한 접근 방법

13 **범주화된 리스크 그룹, 근시일 내에 대응이 요구되는 리스크 목록, 추가적인 분석 및 대응이 요구되는 리스크 목록은 리스크 관리의 어떤 프로세스의 산출물입니까?**

A. 리스크 식별
B. 정성적 리스크 분석 수행
C. 정량적 리스크 분석 수행
D. 리스크 대응 계획수립

14 **프로젝트 기획 단계에서 프로젝트 관리자가 전 세계에 널리 퍼져있는 핵심 주제 관련 전문가에게 리스크 의견수렴에 대해 공지했습니다. 리스크에 대한 정보 수집 계획은 지연되어서는 안 되며 다양한 나라에 있는 모든 전문가는 E-mail을 이용할 수 있습니다. 리스크에 대한 정보를 모으는 가장 좋은 방법은 무엇입니까?**

A. 브레인스토밍
B. 델파이 기법
C. 가정사항 분석
D. 요인영향도 분석

15 **프로젝트 관리자가 프로젝트 팀과 함께 프로젝트의 리스크를 식별했습니다. 리스크 유발조건을 결정하고 P-I 매트릭스에 의해 순위를 매기고, 그들의 가정사항을 테스트하고, 사용된 자료의 정밀성을 측정했습니다. 현재까지 상황에서 프로젝트 관리자는 무엇을 놓쳤습니까?**

A. 시뮬레이션
B. 리스크 완화전략
C. 프로젝트의 전반적인 리스크 순위결정
D. 다른 이해관계자의 참여

16 **현재 진행하고 있는 신차 개발 프로젝트에서 당신이 개발하고 있는 자동차 부품이 다른 부품과의 호환성 문제로 인해 리스크가 일어날 확률이 높습니다. 이 리스크를 다루기 위해서 프로토타입을 먼저 만들었습니다. 이것은 어떤 형태의 리스크 처리 방법입니까?**

A. 완화(Mitigate)
B. 회피(Avoid)
C. 전가(Transfer)
D. 수용(Accept)

17 **프로젝트의 성과를 측정하여 결과를 확인해 보니 CPI가 0.82이고 SPI가 0.70입니다. 팀원들이 프로젝트 작업에 대해 매우 서툴고 적절한 계획을 수행을 위한 지원은 조금밖에 못 받고 있습니다. 이러한 상황에서 다음 중 무엇을 가장 먼저 해야 합니까?**

A. 리스크 식별 및 분석을 수행
B. 원가 산정 향상에 더 많은 시간 투입
C. 가능한 많은 작업을 삭제함
D. 책임 배정 매트릭스를 재구성함

18 다음 중 전문가로부터 리스크에 대한 정보를 얻는 방법이 아닌 것은?

A. 델파이 기법(Delphi technique)
B. 인터뷰(Interviewing)
C. 몬테카를로 분석(Monte Carlo analysis)
D. 브레인스토밍(Brainstorming)

19 사전에 식별하지 못한 리스크에 대해 계획하지 않은 대응 수행을 무엇이라고 합니까?

A. 시정 조치(Corrective action)
B. 우발사태 계획(Contingency plan)
C. 우회작업(Workaround)
D. 리스크 대응 계획(Risk response plan)

20 당신이 진행하는 프로젝트는 2,000만원의 우발사태 예비(Contingency reserve)를 예산에 포함하고 있습니다. 현재 프로젝트가 80% 진행이 되어 남은 리스크가 줄어들어 우발사태 예비비를 300만원으로 내리겠다고 공지했습니다. 남은 리스크에 대해 우발사태 예비비를 비교하기 위해 무엇을 수행해야 합니까?

A. 차이 분석(Variance analysis)
B. 트랜드 분석(Trend analysis)
C. 리스크 평가(Risk assessment)
D. 예비 분석(Reserve analysis)

21 다음 중 리스크 관리 프로세스에 대해 잘못 설명한 것은?

A. 리스크 관리 계획수립(Plan Risk Management) - 개별 프로젝트 리스크를 어떻게 관리하고 대응할 것인지에 대한 사전 준비를 한다.
B. 정성적 리스크 분석 수행(Perform Qualitative Risk Analysis) - 개별 프로젝트 리스크를 분석해서 높은 심각성을 가진 리스크부터 낮은 심각성을 가진 리스크까지 순위를 매긴다.
C. 정량적 리스크 분석 수행(Perform Quantitative Risk Analysis) - 포괄적 프로젝트 리스크의 노출도를 수치화하고 원가나 일정 목표의 달성 가능성을 확인한다.
D. 리스크 대응 계획수립(Plan Risk Responses) - 기회가 되는 리스크는 향상시키고 위협이 되는 리스크는 감소시키는 전략을 결정한다.

22 **당신과 당신 팀원은 리스크를 식별하기 위해 이해관계자와 면담도 하고 일정 관리 계획서, 원가 관리 계획서, 품질 관리 계획서도 검토하였습니다. 프로젝트의 리스크는 다른 문서들을 검토함으로써 식별이 가능할 수 있으므로 리스크 식별에 도움이 되는 문서들을 검토하기로 했습니다. 다음 중 리스크 식별에 도움이 되는 문서로 보기 어려운 것은 무엇입니까?**

A. 이해관계자 관리대장
B. 기간 산정치
C. 요구사항 문서
D. 가정사항 기록부

23 **당신은 이번에 회사에서 새롭게 출시할 신제품 개발 프로젝트에 프로젝트 관리자로 선정되었습니다. 이번 프로젝트는 상대적으로 다른 프로젝트에 비해 불확실성이 높습니다. 그래서 프로젝트 기획 단계에서 리스크 관리에 대한 준비를 하던 도중에 스폰서가 '이번 프로젝트는 불확실성이 높지만 적극적으로 추진해 주시고 필요한 것이 있으면 제가 모두 지원하겠습니다.'라고 얘기합니다. 이 스폰서가 갖고 있는 리스크에 수용 대한 허용한도를 무엇이라고 합니까?**

A. Risk limit
B. Risk acceptance
C. Risk tolerance
D. Risk attitude

24 **프로젝트를 이제 막 시작하려는 도중에 고객이 한 가지 요청을 해왔습니다. 이번 프로젝트의 불확실성이 높다고 생각되어 가능하면 리스크를 많이 식별했으면 좋겠고, 리스크를 범주별로 분류해서 확인하고 싶다고 합니다. 당신은 리스크를 범주별로 분류하기 위해 무엇을 사용하는 것이 가장 좋겠습니까?**

A. RBS
B. WBS
C. OBS
D. FBS

25 **당신은 팀과 개별 프로젝트 리스크를 식별한 후에 리스크의 심각성을 분석하려고 합니다. 심각성을 모르면 대응 준비를 하기 어렵기 때문입니다. 리스크의 심각성을 분석하기 위해 각 리스크의 무엇을 알아야 합니까?**

A. 발생 가능성과 민감성
B. 발생 가능성과 목표에 미치는 영향
C. 민감성과 목표에 미치는 영향
D. 목표에 미치는 영향과 예상 처리 비용

26 **다음 중 우선순위가 낮은 위협에 적절하며, 위협의 존재는 인지하지만 선제적 조치를 취하지 않는 대한 대응 전략은 무엇입니까?**

A. Enhance
B. Exploit
C. Share
D. Accept

27 **다음 리스크 관리 활동에 대한 설명 중 틀리게 설명한 것은 무엇입니까?**

A. 정성적 리스크 분석에서 P-I Matrix를 만들고 사용한다.
B. 정량적 리스크 분석에서 몬테카를로 분석을 활용한다.
C. 리스크 식별은 한 번 하는 것이 아니라 주기적으로 반복한다.
D. 리스크는 항상 감시의 대상이다.

28 **당신은 리스크를 식별하기 위해 원가 산정치와 기간 산정치를 검토하고 있습니다. 이 두 가지는 리스크 식별에 어떤 도움을 줍니까?**

A. 비용이 많이 드는 활동은 리스크의 심각성이 높다고 볼 수 있다.
B. 산정의 범위는 리스크에 따라 달라지며, 산정의 범위가 넓을수록 불확실성이 높은 것으로 판단할 수 있다.
C. 기간이 긴 활동은 불확실성이 높다고 판단할 수 있다.
D. 리스크를 대응하기 위해 필요한 돈과 시간을 판단할 수 있다.

29 **당신과 팀은 현재 리스크를 식별하고 있습니다. 다음 중 리스크 식별의 투입물로 보기 어려운 것은 무엇입니까?**

A. 범위 기준선
B. 조달 문서
C. 요구사항 문서
D. 범위 관리 계획서

30 **당신과 팀은 이제 막 정성적 리스크 분석을 마쳤습니다. 식별된 리스크를 분석한 결과 총 30개의 리스크 중 8개의 리스크는 낮은 순위로 분류되었습니다. 낮은 순위의 리스크는 어떻게 해야 합니까?**

A. 일어날 가능성과 영향이 적으므로 리스크 관리대장에서 뺀다.
B. 향후 발생 시 돈과 시간이 추가로 들 것이므로 정량적 리스크 분석으로 넘긴다.
C. 감시목록에 넣어 놓고 지속적으로 감시한다.
D. 모두 계약을 통해 처리한다.

31 **당신은 최근 신기술 개발 프로젝트를 진행하던 도중 팀원 한 명이 이상한 행동을 하는 것을 목격했습니다. 평소 중국과 이메일을 주고받을 일이 전혀 없는데, 가끔 중국어로 된 이메일을 확인하는 것이었습니다. 당신은 이 상황을 기술 유출 리스크가 발생할 것이라는 표시로 생각했습니다. 이러한 리스크가 발생할 것임을 알리는 표시를 여러 가지 용어로 부르는데, 리스크 발생 전에 리스크가 발생할 표시로 부르는 용어가 아닌 것은 무엇입니까?**

A. Trigger condition
B. Risk symptom
C. Warning sign
D. Red sign

32 **당신은 정성적 리스크 분석을 마치고 정량적 리스크 분석을 수행하려고 합니다. 다음 중 정량적 리스크 분석의 활동으로 보기 어려운 것은 무엇입니까?**

A. 특정 프로젝트 목표(일정 목표, 원가 목표 등)의 달성 가능성을 평가한다.
B. 리스크에 대한 상대적 기여도를 정량화하여 가장 주의를 필요로 하는 리스크 식별한다.
C. 어떤 조건이나 산출이 불확실한 상황에서 최선의 의사결정을 내린다.
D. 각 리스크를 담당할 한 명 또는 그 이상의 책임자를 식별하고 배정한다.

33 **당신의 팀원 중 한 명이 리스크 분석을 수행한 후에 결과 데이터를 토네이도 다이어그램으로 작성해서 보고합니다. 이 팀원은 어떤 분석을 한 것입니까?**

A. SWOT 분석
B. 민감도 분석
C. 예비 분석
D. 심각성 분석

34 **당신은 리스크 대응 준비를 하는 팀원에게 혹시 모르니 리스크에 대한 대응 계획이 실패할 경우를 대비해서 두 번째 계획을 미리 준비하라고 요청했습니다. 이 계획을 무엇이라고 부릅니까?**

A. Falldown plan
B. Fallback plan
C. Contingency plan
D. Management plan

35 **당신은 이번 신제품 개발 프로젝트에 필요한 부품을 구매하려고 합니다. 이번 제품은 회사의 전략상 매우 중요하므로 결함이 있어서는 안 됩니다. 그래서 부품을 조달할 업체를 조사하던 중 오랜 경험과 다양한 레퍼런스를 가진 업체를 선정하기로 했습니다. 당신은 어떤 전략을 선택한 것입니까?**

A. 완화(Mitigate)
B. 회피(Avoid)
C. 전가(Transfer)
D. 수용(Accept)

11 예상 문제 해설

01 **정답 B.** 확률이 연속될 경우, 연속된 확률은 곱합니다. 따라서 0.4 × 0.2 × 3,000만 원 = 240만 원이 됩니다.

02 **정답 B.** 리스크를 대응한 후에도 해결되지 않고 남아 있는 리스크를 잔존 리스크(Residual risk)라고 합니다.

03 **정답 B.** (10,000 × 60%) + (-5,000 × 40%) = 6,000 - 2,000 = 4,000

04 **정답 C.** 의사결정나무 그 자체는 의사결정나무 분석을 위한 기본 뼈대가 되며 발생 가능한 사건을 표현하기 위해 사용하게 됩니다. 사건을 표현한 후 각 사건에 대한 확률과 가능한 이익 및 손해를 예측하여 기대값(Expected value)을 계산하여 최적의 의사결정을 내리게 됩니다.

05 **정답 C.** Management reserve란 계획하지 않았지만, 잠재적으로 요구될 수 있는 프로젝트 범위 및 원가 변경에 대비하여 확보한 예비를 말합니다. 이것은 "알려지지 않은 미지상황(Unknown unknown)"에 대한 것이며, 프로젝트 관리자는 이에 해당하는 예비를 책정하거나 지출하기에 앞서 승인을 받아야 합니다. 또한, Management reserve는 프로젝트 원가 기준선에는 포함되지 않고 프로젝트 예산에만 포함됩니다.

06 **정답 D.** 리스크의 영향을 돈과 시간에 대해 정량적으로 분석하는 것은 [정량적 리스크 분석 수행]입니다.

07 **정답 A.** Share는 긍정적 리스크 또는 기회에 대한 전략입니다.

08 **정답 B.** 보험 계약을 체결하는 것은 부정적 리스크를 제삼자에게 전가(Transfer)하는 방법이며, 제삼자가 리스크를 대신 책임지는 것에 대한 요금을 지불하게 됩니다.

09 **정답 A.** 리스크 관리대장은 기획에서 만든 산출물이며 식별된 리스크 및 그 리스크에 대한 대응 전략을 담고 있습니다. 리스크 관리대장에 없는 리스크는 사전에 식별된 것이 아니므로 대응 전략도 없습니다. 따라서 식별되지 않은 리스크를 처리하는 우회작업(Workaround)을 시행합니다.

10 **정답 A.** 식별된 리스크를 처리하고도 남은 리스크에 대해서는 향후 다시 처리해야 할 수 있으므로 리스크 관리대장에 기록한 후 다시 감시하다 발생할 경우 처리합니다.

11 **정답 A.** 리스크 관리대장은 리스크를 관리하는 중요 문서입니다. 해당 리스크가 발생하지 않았다면 이제는 관리대상이 아니므로 리스크 관리대장에서 삭제하게 됩니다.

12 **정답 C.** 식별된 리스크 목록은 리스크 관리대장에 포함됩니다.

13 **정답 B.** 범주화된 리스크 그룹, 근시일 내에 대응이 요구되는 리스크 목록, 추가적인 분석 및 대응이 요구되는 리스크 목록은 모두 정성적 리스크 분석 수행의 산출물로서 리스크 관리대장에 업데이트됩니다.

14 정답 B. 델파이 기법은 전문가들이 익명으로 참여해 리스크 같은 정보를 얻기 위한 정보 수집 기법입니다.

15 정답 D. 리스크 식별은 가능한 많은 사람이 참여하여 다양한 의견을 수렴하는 것이 좋습니다.

16 정답 A. 프로토타입(시제품)을 완제품 개발 전에 미리 만들어 놓고 진행하는 것은 리스크의 확률과 발생 가능성을 줄이기 위한 완화(Mitigate)의 방법입니다.

17 정답 A. 현재 상황으로 봤을 때 CPI와 SPI가 1보다 낮은 것은 향후 리스크가 발생할 가능성이 높음을 알 수 있습니다. 따라서 발생 가능성 있는 리스크를 수행하고 분석합니다.

18 정답 C. Monte Carlo analysis는 정량적 리스크에 사용되는 시뮬레이션 기법입니다.

19 정답 C. 초기에는 계획되지 않지만, 이전에 식별되지 않았거나 수동적으로 허용된 최근 리스크를 다루는 데 필요한 대응책을 우회작업(Workaround)이라고 합니다.

20 정답 D. 리스크 관리에서 예비비 분석은 남은 예비비가 적절한지 판단하기 위해 남은 우발사태 예비비의 양과 프로젝트 임의의 시점에 남아 있는 리스크의 양을 비교하는 것을 말합니다.

21 정답 A. [리스크 관리 계획수립]은 리스크를 어떻게 할 것인가에 대한 내용을 포함하는 것이 아니고, 리스크 관리 활동을 앞으로 어떻게 할 것인가에 대한 내용이 들어갑니다.

22 정답 A. 이해관계자 관리대장은 리스크 식별에 참여할 수 있는 개인 또는 그룹을 표시한 것이지 리스크를 유발할 수 있는 요소는 포함되어 있지 않습니다.

23 정답 C. 리스크 허용한도(Risk tolerance)는 리스크를 수용할 수 있는 한계를 말합니다.

24 정답 A. WBS도 리스크 범주로 사용할 수 있지만, RBS(Risk breakdown structure)를 사용하는 것이 가장 좋습니다.

25 정답 B. 리스크의 심각성은 리스크가 발생할 가능성(Probability or likelihood)과 리스크가 프로젝트에 미치는 영향(Impact) 등에 의해 결정됩니다.

26 정답 D. Accept는 긍정적 리스크와 부정적 리스크 둘 다 사용되는 대응 전략입니다.

27 정답 A. P-I Matrix는 리스크 관리 계획서를 작성할 때 준비합니다.

28 정답 B. 원가 산정치와 기간 산청치는 미래에 대한 예측이며, 불확실성을 포함합니다. 산정의 범위는 리스크에 따라 달라지며, 산정의 범위가 넓을수록 불확실성이 높은 것입니다.

29 정답 D. 범위 관리 계획서는 리스크 식별의 투입물이 아닙니다.

30 정답 C. 우선순위가 낮은 리스크는 추가적인 분석 없이 감시목록(Watch list)으로 분류하여 감시하다 발생 시 처리하게 됩니다.

31 **정답 D.** 리스크가 발생할 것임을 알리는 표시를 Trigger condition이라고 하며 [리스크 감시] 프로세스에서 감시합니다. Trigger와 동일하게 사용되는 용어로는 Risk symptom, Warning sign이 있습니다.

32 **정답 D.** 각 리스크를 담당할 사람을 배정하는 것은 정성적 리스크 분석에서 합니다.

33 **정답 B.** 민감도 분석의 일반적인 표시 방법 중 하나는 토네이도 다이어그램(Tornado diagram)이 있는데 이 다이어그램은 불확실성 수준이 높은 변수의 상대적 중요성을 보다 안정적인 변수와 비교할 때 유용합니다. 그림의 모양이 마치 회오리바람(Tornado)과 같이 생겨서 토네이도 다이어그램이라고 부릅니다.

34 **정답 B.** Fallback plan은 첫 번째 Contingency plan이 실패할 때 사용하려고 추가로 준비한 계획입니다. 보통 첫 번째 Plan A가 실패할 때 가용할 'Plan B'라고 부르기도 합니다.

35 **정답 A.** 리스크 발생의 확률 및 영향을 허용 가능한 한계선까지 낮추는 것을 완화라고 합니다. 안정적인 공급자 선택, 더 많은 테스트 수행, 덜 복잡한 프로세스 채택, 프로토타입 개발 등이 완화의 예입니다.

11 용어의 뜻 연결하기 **정답**

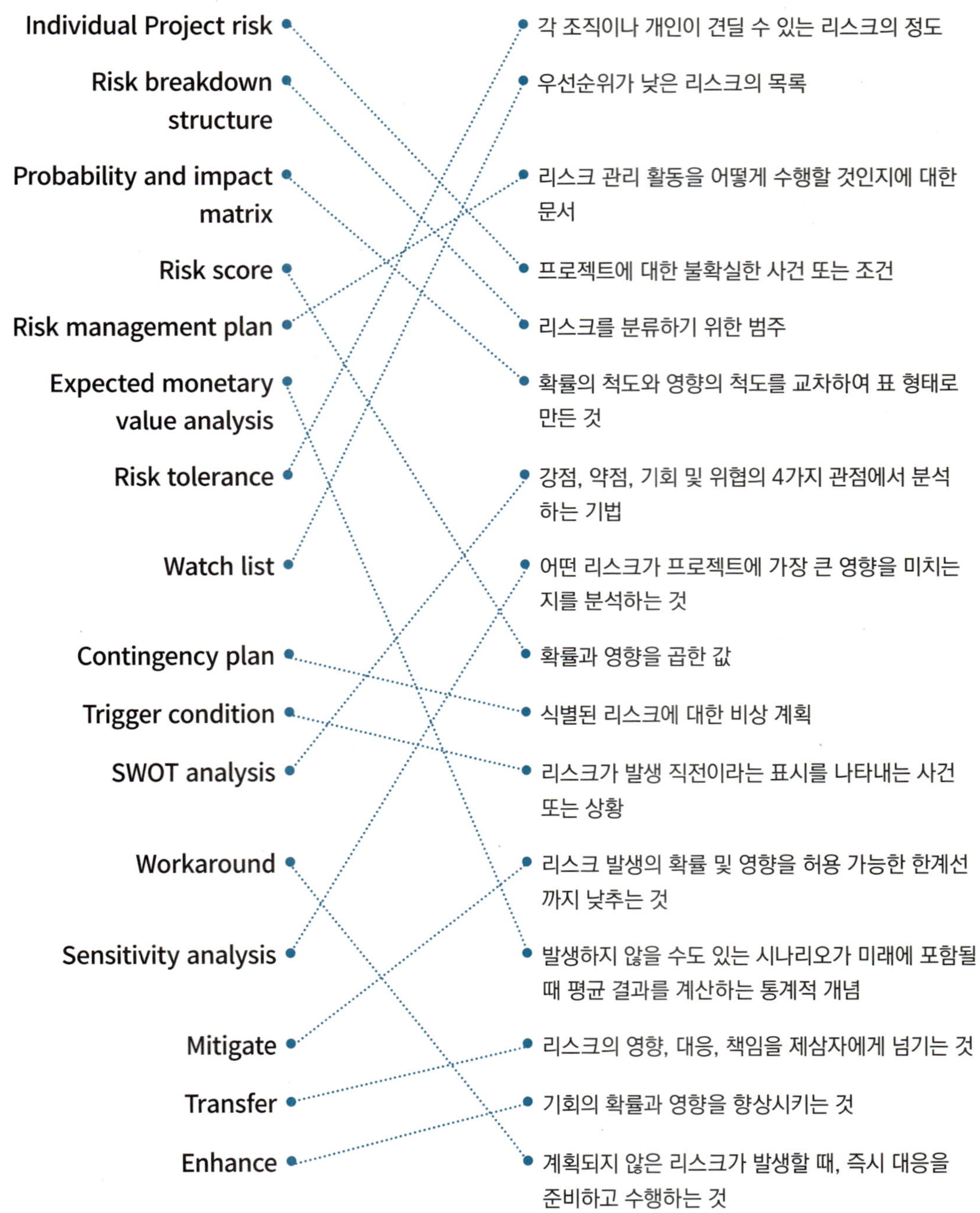

프로젝트 조달 관리
(Project Procurement Management)

핵심 포인트

- 조달 관리 계획서(Procurement management plan)에 포함되는 내용
- 계약 방식(Contract type)의 종류와 특징: FFP, FPIF, FPAF, FP-EPA, CPPC, CPFF, CPIF, CPAF, T&M
- 입찰 문서의 의미 및 활용: RFP, IFB, RFQ 등
- 입찰자 회의(Bidder conference)의 의미와 목적
- 계약 관리의 차이에 따른 장단점 - Centralized and decentralized purchasing
- 독립 원가 산정치(Independent cost estimate)의 의미

12 프로젝트 조달 관리 (Project Procurement Management)

 시작하기에 앞서…

프로젝트 조달 관리는 흔히 말하는 아웃소싱에 대한 부분입니다. 프로젝트를 진행하면서 프로젝트에서 수행해야 하는 모든 작업을 자체적으로 진행하는 경우보다는 자원 문제, 또는 기술적 특성 문제, 원가 효율의 문제 등으로 프로젝트의 특정 부분은 외부 계약자를 통해 처리하는 경우가 많습니다. 또한, 프로젝트를 진행하면서 프로젝트 진행에 맞게 적시에 조달이 수행되는 것이 프로젝트 성공에 영향을 미치기도 합니다. 따라서 프로젝트 기획(Planning)에서 조달 품목을 명확히 결정하고 프로젝트를 실행하면서 조달이 원활히 진행되도록 관리 감독하며 끝난 계약에 대해서는 시기에 맞게 계약을 종료하는 것이 12장의 주요 내용입니다. 조달 관리는 PMP® 시험에서도 많이 출제되는 부분이며 **계약 방식에 따른 계산 문제** 및 계약과 관련된 용어 등이 출제되고 있으므로 *PMBOK® Guide*의 내용뿐만 아니라 조달과 관련된 내용을 조금은 넓게 이해하는 것이 좋습니다.

[표 12-1] 조달 관리 프로세스

프로세스 그룹	프로세스
Planning	12.1 조달 관리 계획수립(Plan Procurement Management)
Executing	12.2 조달 수행(Conduct Procurements)
Monitoring and Controlling	12.3 조달 통제(Control Procurements)

12장은 프로젝트의 조달을 관리하기 위하여 총 3개의 프로세스로 구성되어 있습니다. 12장의 내용은 구매자(Buyer)와 판매자(Seller)와의 관계를 다루며 상호 계약을 체결하는 과정을 거칩니다. 조달 관리는 주로 구매자 입장에서 쓰였으며, 프로젝트 관리에 필수적인 요소로서 프로젝트의 통합 관리 요소와 함께 프로젝트 전반에서 어떻게 통합이 되어서 진행되는지 위주로 이해해야 합니다.

산업분야에 따라 구매자는 Owner of the final product, Subcontractor, Acquiring organization, Service requestor, Purchaser일 수 있으며, 판매자는 Contractor, Vendor, Service provider, Supplier라고 합니다.

12장 조달 관리의 3개 프로세스는 다음과 같으며 프로세스별로 상세히 알아볼 것입니다.

12.1 조달 관리 계획수립(Plan Procurement Management) – 무엇을, 언제, 어떻게 구매할 것인지 결정하고, 앞으로 계약할 잠재적 판매자를 식별합니다.

12.2 조달 수행(Conduct Procurements) – 판매자로부터 제안서를 받고, 판매자 선정 절차를 통해 가장 적합한 판매자를 선정하여 계약합니다.

12.3 조달 통제(Control Procurements) – 계약한 판매자를 관리합니다. 필요 시 판매자의 성과를 계약서의 기준에 맞추기 위해 판매자에게 변경을 요청합니다. 또한 계약 내용대로 판매자의 수행이 모두 완료되었다면 계약을 종료합니다.

[표 12-2] 조달 관리 프로세스의 주요 투입물과 산출물

주요 투입물	조달 관리 프로세스	주요 산출물
범위 관리 계획서 품질 관리 계획서 자원 관리 계획서 범위 기준선 요구사항 문서 리스크 관리대장 자원 요구사항 마일스톤 목록 이해관계자 관리대장	12.1 조달 관리 계획수립	조달 관리 계획서 조달 전략 조달 작업 기술서 입찰 문서 공급자 선정 기준 제작-구매 결정사항 독립 원가 산정치
조달 관리 계획서 원가 기준선 입찰 문서 조달 작업 기술서 독립 원가 산정치 공급자 선정 기준 판매자 제안서 프로젝트 일정 리스크 관리대장 이해관계자 관리대장	12.2 조달 수행	선정된 판매자 협약
조달 관리 계획서 일정 기준선 조달 문서 협약 마일스톤 목록 품질 보고서 요구사항 문서 이해관계자 관리대장 승인된 변경 요청 작업 성과 데이터	12.3 조달 통제	작업 성과 정보 변경 요청 종료된 조달

핵심 용어

Centralized purchasing vs. Decentralized purchasing

프로젝트에 필요한 품목을 회사의 구매부를 통해 구매할 수도 있고, 회사의 구매부를 통하지 않고 직접 조달을 수행할 수도 있습니다. 각 방법에 대한 장점과 단점을 기억해두세요.

Centralized purchasing

중앙 집중식 구매는 회사의 구매부를 통해 조달 수행하는 것이며, 회사에 구매부가 별도로 있을 때 사용하는 방식입니다.

▶ **장점**

- 경제적 (More economical)
- 총괄적 계약관리 (Easier to control overall contracting efforts)
- 계약업무의 전문화 (Higher degree of contracting specialization)
- 통합주문 가능 (Orders can be consolidated across several projects)

▶ **단점**

- 주문량 과다 시 병목 현상 (Contract office can be a bottle neck if several projects have heavy needs)
- 프로젝트 특유의 요구에 대한 조치 미흡 (Less attention to the special needs of individual projects)

Decentralized purchasing

분산식 구매는 소규모 조직이나, 별도로 구매 또는 계약 담당 부서가 없는 경우 팀 자체적으로 조달을 수행하는 방식입니다. 구매 권한은 프로젝트 관리자에게 있습니다.

▶ **장점**

- 프로젝트 관리자의 통제 권한 확대 (Project manager has more control)
- 개별 프로젝트 요구사항 조치 가능 (More familiar with the individual projects needs)
- 프로젝트 요구에 유연하게 대처 가능 (More flexible and adaptable to the project needs)

▶ **단점**

- 중복업무 수행 (Duplication of contracting efforts across projects)
- 원가 증가 (Higher costs)
- 표준화된 계약 정책 적용 불가 (No standard contracting policies)

12.1 조달 관리 계획수립(Plan Procurement Management)

[조달 관리 계획수립] 프로세스는 프로젝트에서 무엇을, 언제, 어떻게, 얼마나 많이 외부로부터 구매할 것인가 준비하는 프로세스입니다. 다시 말하면, 조달 품목, 조달 방법, 조달 시기, 조달 수량을 결정하는 것입니다. 따라서 이 프로세스는 기획(Planning)에 속하며 조달 관리 계획서와 기타 조달에 대한 사전 문서를 준비하는 프로세스입니다. 이 조달 관리 계획서는 나머지 조달 관리 프로세스에 대한 지침 역할을 합니다. 결국, 후속 프로세스들은 조달 관리 계획서에 따라 진행하며, 조달 관리 계획서에 어떤 내용이 포함되어 있는지는 알고 있어야 합니다.

조달 일정은 프로젝트 전체 일정과 관련이 있기 때문에 6장의 [일정 개발] 프로세스와 밀접하게 연관성을 가져야 합니다. 그리고 조달 품목은 자체적으로 만들 수 있어도 외부로부터 사오는 것이 더 원가 효율적일 경우에도 진행될 수 있으며, 반대로 외부로부터 구매하는 것이 비용적으로 저렴하나 장기적으로 봤을 때 자체적으로 만들거나 개발하는 것이 더 효과적일 수도 있습니다. 이처럼 만들 것인지 살 것인지를 분석하는 과정도 [조달 관리 계획수립] 프로세스에서 진행하게 됩니다.

향후 계약이 가능한 잠재적 판매자를 식별하고, 여러 판매자에게 전달할 입찰 문서(RFP)를 준비하고, 판매자로부터 제안서(Proposal)를 받았을 때 제안서를 채점하고 선정하기 위한 선정 기준을 미리 준비하는 것도 [조달 관리 계획수립]에서 진행합니다.

[표 12-3] 조달 관리 계획수립의 ITTO

조달 관리 계획수립(Plan Procurement Management)		
지식영역: 조달 관리(Procurement management)	프로세스 그룹: 기획(Planning)	
투입물	**도구 및 기법**	**산출물**
1. 프로젝트 헌장 2. 비즈니스 문서 • 비즈니스 케이스 • 편익 관리 계획서 3. 프로젝트 관리 계획서 • 범위 관리 계획서 • 품질 관리 계획서 • 자원 관리 계획서 • 범위 기준선 4. 프로젝트 문서 • 마일스톤 목록 • 프로젝트 팀 배정표 • 요구사항 문서 • 요구사항 추적 매트릭스 • 자원 요구사항 • 리스크 관리대장 • 이해관계자 관리대장 5. 기업 환경 요인 6. 조직 프로세스 자산	1. 전문가 판단 2. 데이터 수집 • 시장 조사 3. 데이터 분석 • 제작-구매 분석 4. 공급자 선정 분석 5. 회의	1. 조달 관리 계획서 2. 조달 전략 3. 입찰 문서 4. 조달 작업 기술서 5. 공급자 선정기준 6. 제작-구매 결정 7. 독립 원가 산정치 8. 변경 요청 9. 프로젝트 문서 업데이트 • 교훈 관리대장 • 마일스톤 목록 • 요구사항 문서 • 요구사항 추적 매트릭스 • 리스크 관리대장 • 이해관계자 관리대장 10. 조직 프로세스 자산 업데이트

[표 12-3]은 [조달 관리 계획수립] 프로세스의 Inputs, Tools and Techniques, Outputs입니다. 조달은 프로젝트 전체 범위의 일부를 외부로부터 구매 또는 획득하는 것이므로 기본적으로 **반드시 들어가야 할 투입물은 WBS**입니다. WBS는 프로젝트의 전체 범위(Total scope)이며 WBS로부터 구매 또는 조달 품목을 결정하게 됩니다. 그리고 앞으로 어떤 계약 유형을 사용할지를 결정해야 하는데 계약 유형은 시험에도 자주 출제되는 부분입니다. 조달 관리 계획서에는 다양한 내용을 담게 되며, 구매(Buy)할 품목은 입찰 문서에 담게 됩니다. 그리고 앞으로 입찰 문서(RFP)를 판매자에게 전달했을 때 판매자가 보내오는 제안서를 평가하기 위한 기준도 마련합니다.

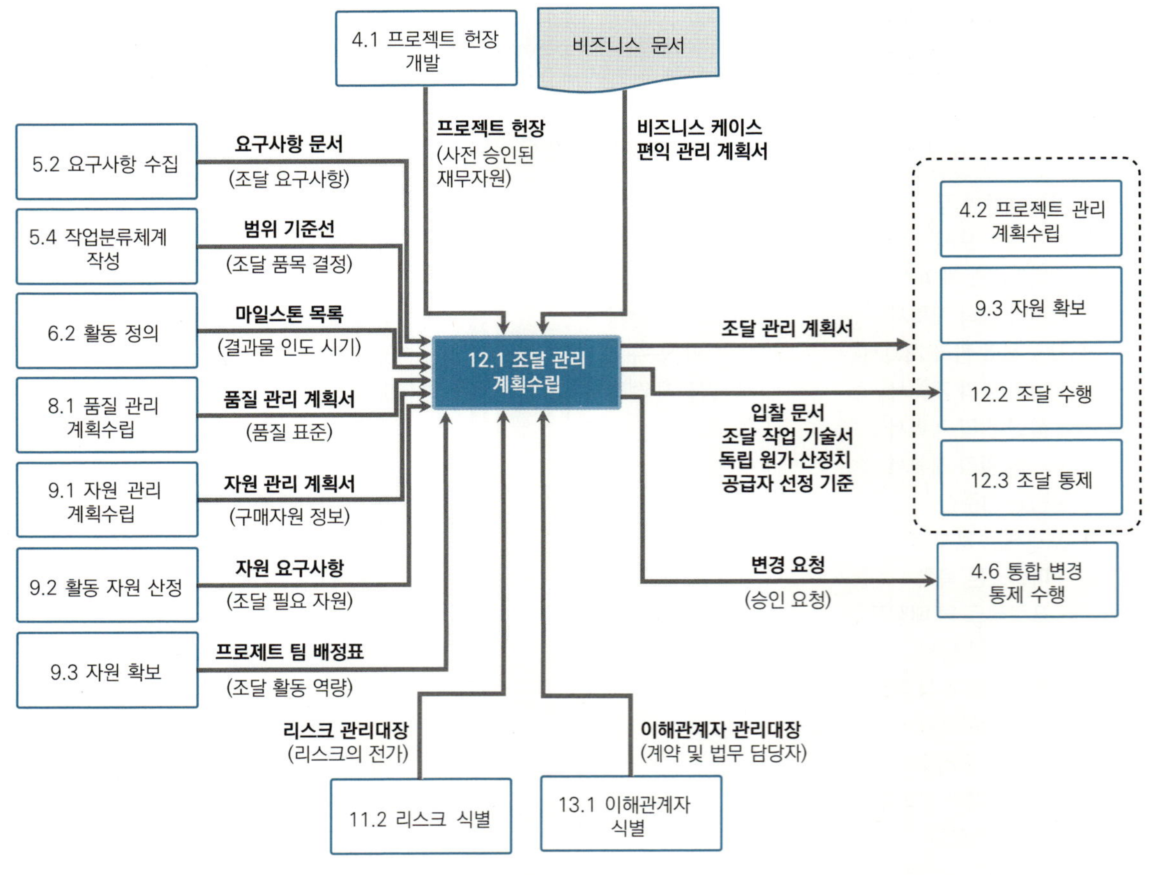

[그림 12-1] 조달 관리 계획수립의 주요 흐름

[그림 12-1]은 [조달 관리 계획수립]의 주요 흐름을 표현합니다. 조달 준비에 필요한 요소들이 투입되어, 조달 품목, 조달 방법, 조달 시기, 공급자 선정 기준 등이 준비됩니다.

[표 12-4] 조달 관리 계획수립 산출물의 투입 이유

조달 관리 계획서 투입 프로세스	투입 이유
4.2 프로젝트 관리 계획서	프로젝트 관리 계획으로 통합하기 위해서.
9.3 자원 확보	외부에서 확보될 자원에 대한 정보를 포함하고 있어서.
12.2 조달 수행	계획에 따라 조달을 수행하여 공급자를 선정하고 계약하기 위해서.
12.3 조달 통제	계획에 따라 조달을 통제하고 종료하기 위해서

입찰 문서, 조달 작업 기술서, 독립원가 산정치, 공급자 선정 기준 투입 프로세스	투입 이유
12.2 조달 수행	조달 시기에 맞게 공급자로부터 제안서를 받고 제안서를 평가한 후 공급자를 선정하고 계약을 맺기 위해서.
변경 요청 투입 프로세스	**투입 이유**
4.5 통합 변경 통제 수행	변경 요청을 승인받기 위해서.

12.1.1 조달 관리 계획수립: 투입물

프로젝트 전체 중 일부를 외부로부터 구매할 것이므로 프로젝트 전체 범위에 대한 정보 및 프로젝트에 대한 요구사항 등이 고려되어야 합니다. 또한, 조달을 준비하는 데 있어서 영향을 줄 수 있는 모든 요소는 투입물의 대상입니다.

12.1.1.1 프로젝트 헌장(Project charter)

프로젝트 헌장에는 조달 품목, 시기 등을 결정하는 데 영향을 줄 수 있는 사전 승인된 재무자원, 요약 마일스톤 일정이 포함되어 있습니다.

12.1.1.2 비즈니스 문서(Business documents)

비즈니스 케이스와 편익 관리 계획서가 투입물로 사용됩니다.

◆ **비즈니스 케이스**(Business case)

조달 전략은 비즈니스 케이스와 일치해야 하므로 비즈니스 케이스의 주요 내용을 참고해서 조달 전략을 수립합니다.

◆ **편익 관리 계획서**(Benefits management plan)

편익 관리 계획서에는 편익이 인도되는 방법과 시기가 포함되어 있습니다. 이것은 조달 시기와 계약 내용을 결정하는 핵심 요인이 됩니다.

12.1.1.3 프로젝트 관리 계획서(Project management plan)

프로젝트 관리 계획서에 포함되는 내용 중 조달 품목과 조달 품목에 대한 품질 결정에 영향을 주는 범위 관리 계획서, 품질 관리 계획서, 자원 관리 계획서, 범위 기준선이 투입물로 사용됩니다.

◆ **범위 관리 계획서(Scope management plan)**

우리가 수행해야 할 프로젝트 범위의 일부를 계약자를 통해 맡길 것이므로 계약자의 작업 범위를 관리해야 합니다. 계약자의 작업 범위 관리 방법은 범위 관리 계획서 안에 포함되어 있습니다.

◆ **품질 관리 계획서(Quality management plan)**

품질 관리 계획서에는 프로젝트가 맞춰야 하는 인도물에 대한 품질 표준이 포함되어 있습니다. 조달을 통해 생성할 인도물이 맞춰야 하는 표준은 조달 작업 기술서에 명시된 후 제안요청서(RFP)에 반영되고, 최종적으로 계약서에 포함되어야 계약자가 품질 표준을 맞춘 인도물을 생성하게 됩니다. 만약 잠재적 계약자가 품질 표준을 맞추지 못할 것 같다면 선정하지 않게 됩니다.

◆ **자원 관리 계획서(Resource management plan)**

자원 관리 계획서는 구매 또는 임대할 자원에 대한 정보를 포함합니다.

◆ **범위 기준선(Scope baseline)**

범위 기준선에 포함된 프로젝트 범위 기술서, WBS, WBS Dictionary는 프로젝트에서 산출해야 할 인도물들과 수행할 작업이 포함되어 있으며, 이 중 일부를 외부로부터 조달하게 됩니다. 범위 기준선으로부터 조달 작업 기술서(Statement of work, SOW)와 위임사항(Terms of reference, TOR)이 개발됩니다.

12.1.1.4 프로젝트 문서(Project documents)

조달 품목, 조달 시기, 조달 방법 등을 결정하는 데 영향을 주는 문서들을 투입물로 사용합니다.

◆ **마일스톤 목록**(Milestone list)

마일스톤은 중요 시점으로서 판매자가 결과물을 인도해야 하는 시점과 관련이 있습니다. 판매자의 결과물 인도 시점은 조달 작업 기술서(SOW)에 포함된 다음 제안 요청서(RFP)와 향후 계약서에 반영됩니다.

◆ **프로젝트 팀 배정표**(project team assignments)

배정된 프로젝트 팀이 조달 활동(조달 수행, 조달 통제)을 수행하려면 관련된 역량이 필요합니다. 조달 관리 역량이 낮으면 추가 인력을 확보하거나 필요한 교육을 수행해야 합니다.

◆ **요구사항 문서**(Requirements documentation)

판매자가 맞춰야 하는 기술적 요구사항, 보건, 안전, 보안 등의 요구사항은 조달 작업 기술서(SOW)에 포함된 다음 제안 요청서(RFP)와 향후 계약서에 반영됩니다.

◆ **요구사항 추적 매트릭스**(Requirements traceability matrix)

요구사항 추적 매트릭스에는 인도물과 인도물이 충족해야 하는 요구사항이 포함되어 있습니다.

◆ **자원 요구사항**(Resource requirements)

필요한 자원 중 자체 보유 자원이 부족할 경우 외부로부터 인적 및 물적 자원을 조달합니다.

◆ **리스크 관리대장**(Risk register)

리스크 전가(Transfer) 전략으로 인해 필요시에 리스크 전가와 관련된 계약을 진행해야 합니다.

◆ **이해관계자 관리대장**(Stakeholder register)

이해관계자 중 조달과 관련 있는 규제 기관, 계약 및 법무 담당자들은 조달에 대한 준비 활동에 참여시키거나 고려할 필요가 있습니다.

12.1.1.5 기업 환경 요인(Enterprise environmental factors)

우리 회사와 관련된 시장조건은 조달 관리 계획서를 수립할 때 영향을 줍니다. 시장의 조건에 따라 구매나 획득의 시기, 방법 등이 변경될 수 있습니다. 만일 결과적으로 동일한 결과를 가져온다면 현 시장 상황 하에서 서로 다른 조건을 조합해 가장 효과적인 방법으로 조달을 수행할 것입니다. 그리고 회사의 재무 회계 및 계약 지불 시스템을 사용해서 계약자에게 비용을 지불합니다. 또한 계약자의 작업 수행을 관리하기 위해 계약관리 시스템을 사용합니다.

12.1.1.6 조직 프로세스 자산(Organizational process assets)

조직의 조달 정책, 절차, 지침, 조달 관리에 대한 양식 등을 사용할 수 있습니다. 과거에 진행했던 조달 관련 정보는 새로운 조달을 수행할 경우 자주 인용해서 사용하게 됩니다. [조달 관리 계획수립]에서 가장 중요한 부분은 바로 **계약 유형을 결정하는 것**입니다. 다양한 계약 유형은 시험에도 자주 출제되는 부분이므로 잘 기억해야 할 부분입니다.

- **사전심사 통과 판매자 목록**(Preapproved seller lists)

사전에 심사를 통과한 적절한 판매자 목록을 미리 만들어 놓으면 입찰 기회를 공지하거나 판매자 선정의 일정을 줄일 수 있습니다.

- **공식 조달 정책, 절차, 지침**(Formal procurement policies, procedures, and guidelines)

대부분의 조직은 자체 공식 조달 정책이나 구매 담당 조직을 갖고 있습니다. 조직의 조달 정책을 따르고 구매 담당 조직을 통해 구매를 진행합니다.

- **계약 유형**(Contract types)

회사마다 표준 계약서를 갖고 있지만, 일반적으로 계약 유형은 크게 고정가 방식(Fixed-price), 원가정산 방식(Cost-reimbursable), 시간 및 자재 방식(Time and material) 3가지로 구분됩니다. 원가정산 방식은 Cost plus 방식이라고도 합니다. 판매자가 쓴 비용을 모두 돌려주고 수고비를 더해주는 방식이기 때문입니다.

[고정가 또는 총액 계약(Fixed-price or lump-sum contracts)]

- 구매자와 판매자가 계약할 때 전체 작업에 대한 가격(Price)을 고정된 총액으로 계약하는 방식입니다. 즉, 원가(Cost)와 판매자의 이익(Profit or fee)을 다 합쳐서 계약합니다.
- 판매자는 고정된 금액 이외의 추가 비용을 요구할 수 없으므로 일반적으로 **판매자에게 리스크가 크게 됩니다.**
- 잘 정의된 제품일 경우에만 가능한 계약 방식입니다. 제품 범위가 불명확한 경우 판매자 입장에서 비용과 이익을 결정할 수 없으므로 계약하지 않습니다.
- 구매자는 이미 전체 비용이 결정되어 있으므로 판매자를 자주 감시하지 않아도 됩니다.
- 고정가 계약이지만 경우에 따라 보너스(Incentive)를 포함할 수 있습니다. 예를 들면, 고정가 계약이지만 판매자가 정해진 일정보다 앞당겨서 끝냈을 때 그에 대한 성과급을 구매자가 지급하는 조건으로 계약할 수 있습니다.

핵심 용어

FFP, FPIF, FPAF, FP-EPA

고정가 계약 방식을 좀 더 세분화하면 다음과 같습니다.

1. FFP(Firm fixed price)

보너스 없이 구매 항목에 대한 원가(Cost)와 판매자의 이익(Fee)을 하나의 총합으로 결정하는 계약 방식입니다. 판매자에게 리스크가 가장 큰 계약 방식입니다.

예 계약 금액 = 총 10억

2. FPIF(Fixed price incentive fee)

고정된 금액에다 정해진 목표를 초과할 경우 추가로 성과급(Incentive)을 지급하는 방식입니다. FPIF 계약에서는 가격 상한(Price ceiling)이 정해지며, 정해진 가격 상한을 넘은 모든 비용은 판매자의 책임이 됩니다. 판매자가 얼마의 비용을 지출했을 때 가격 상한선을 넘는지 계산할 수 있는데, 이것을 PTA(Point of total assumption)라고 합니다.

예 계약 금액 = 총 10억, 계약 일정보다 일찍 끝낼 경우 2천만 원 성과급 추가.

3. FPEPA(Fixed price with economic price adjustment)

계약 기간이 장기간일 경우 기간에 따른 원가의 상승 또는 하락에 따라 계약된 금액에 사전 정의된 조정을 허용하는 계약 방식입니다.

예 계약 금액 = 총 10억, 계약 기간 2년간 자재비 상승에 대한 고려를 허용함.

핵심 용어

PTA – Point of total assumption

FPIF 계약 방식에서 구매자가 판매자에게 지급하는 비용은 달라질 수 있습니다. 만약 판매자의 실제 비용이 Target Cost를 초과하여 증가하다 보면 전체 금액이 가격 상한(Ceiling price)에 도달할 수 있는데, 그 이후 초과되는 부분에 대해서는 구매자가 판매자에게 추가 금액을 지급해 주지 않습니다. 따라서 가격 상한에 도달한 이후부터는 추가 금액을 판매자가 모두 떠맡아야 하는데, 그 시점을 PTA라고 합니다. Assumption은 '떠맡다'라는 뜻이 있으며, PTA는 판매자가 추가 금액을 모두 떠맡는 시점을 말합니다. 계산 공식은 다음과 같으며, 암기해야 합니다.

$$PTA = \frac{(\text{Ceiling Price} - \text{Target Price})}{\text{구매자의 Share rate}} + \text{Target Cost}$$

예를 들어, 다음과 같은 상황에서 PTA를 찾아보겠습니다.

Incentive sharing 70:30 (구매자 비율 70%, 판매자 비율 30%)

Target cost(목표 비용) ₩10,000,000
Target profit(목표 이익) ₩850,000
Target price(목표 가격) ₩10,850,000
Ceiling price (가격 상한선) ₩11,500,000

* Target cost, Target price, Ceiling price은 계약 시에 정해짐.

PTA = (11,500,000 – 10,850,000)/0.7 + 10,000,000 = 10,928,571

우선 공식에 의하면 PTA는 ₩10,928,571이 계산됩니다. 이 금액이 어떤 의미인지 예시를 통해 살펴보겠습니다.

[예시 1] 실제 비용을 Target cost ₩10,000,000보다 ₩400,000 적게 사용했을 때

실제 들어간 돈은 ₩9,600,000이 되며, 남은 ₩400,000에 대한 30%만큼인 ₩120,000을 Seller가 Incentive로 받을 수 있습니다.

Target price(TP)	₩ 10,850,000	TC + TPf
Target cost(TC)	₩ 10,000,000	
Target profit(TPf)	₩ 850,000	
실제 사용한 돈(Actual cost, AC)	₩ 9,600,000	
남은 돈	₩ 400,000	TC-AC
Incentive	₩ 120,000	남은 돈 * 0.3
Profit(seller의 이익)	₩ 970,000	TPf + Incentive
Final price(FP)	₩ 10,570,000	AC + profit
Buyer의 이익	₩ 280,000	TP – FP

따라서 Buyer가 Seller에게 지급해야 할 금액은 ₩10,570,000이 되며 이 금액은 최초 합의한 Target price ₩10,850,000보다 ₩280,000이 적은 금액이므로 Buyer 측에서 본다면 ₩280,000이 이익이 됩니다.

[예시 2] 실제 비용을 Target cost ₩10,000,000과 똑같이 사용했을 때

실제 들어간 돈이 ₩10,000,000이라면 Target Cost와 같아지므로 Incentive는 없습니다. 따라서 Target price ₩10,850,000원이 Buyer가 Seller에게 지급할 최종 금액이 됩니다.
₩10,850,000 = Target cost(₩10,000,000) + Target profit(₩850,000)

Target price(TP)	₩ 10,850,000	TC + TPf
Target cost(TC)	₩ 10,000,000	
Target profit(TPf)	₩ 850,000	
실제 사용한 돈(Actual cost, AC)	₩ 10,000,000	
남은 돈	₩ -	TC-AC
Incentive	₩ -	남은 돈 * 0.3
Profit(seller의 이익)	₩ 850,000	TPf + Incentive
Final price	₩ 10,850,000	AC + Profit
Buyer이익	₩ -	

[예시 3] 실제 비용을 ₩10,928,571을 사용했을 때

실제 들어간 돈이 ₩10,928,571이라면 아래와 같이 계산됩니다.

Target price(TP)	₩ 10,850,000	TC + TPf
Target cost(TC)	₩ 10,000,000	
Target profit(TPf)	₩ 850,000	
Price ceiling	₩ 11,500,000	
실제 사용한 돈(Actual cost, AC)	₩ 10,928,571	
남은 돈	- ₩ 928,571	TC-AC
Incentive	- ₩ 278,571	남은 돈 * 0.3
Profit(seller의 이익)	₩ 571,429	TPf + Incentive
계약 시에 업체에 정해진 분담률이 30%이므로 ₩928,571중 30%인 ₩278,571이 정해진 이익금(Target profit)에서 공제됩니다.		
Final price	₩ 11,500,000	AC + Profit
Buyer이익(손해)	₩ 650,000	

실제 들어간 돈이 ₩10,928,571이라면 Buyer가 Seller에게 지급해야 할 최종 금액(Final price)은 Ceiling Price와 똑같은 ₩11,500,000이 됩니다. Seller가 ₩10,928,571보다 1원이라도 초과하면 그 이후부터는 모두 Seller의 책임입니다. 이 시점을 PTA라고 하는 것입니다.

[원가정산 계약(Cost-reimbursable contracts)]

- 제품 범위가 명확하지 않다면 판매자 쪽에서 고정가 방식으로 계약하지 않을 것입니다. 일단 계약을 한 후 판매자가 작업을 수행하는데 들어가는 모든 비용은 구매자를 위해 지출한 비용이므로 구매자가 판매자에게 모두 지급하며, 추가로 수고비를 지급합니다.
- 판매자는 모든 비용을 구매자가 지급해 주므로 원가 절감의 필요성을 못 느낄 수 있으므로 일반적으로 원가정산 계약 방식은 **구매자에게 리스크가 더 큽니다**.
- 판매자가 원가를 절감할 경우 생기는 이익에 대해서는 성과급(Incentive)으로 판매자에게 지급할 수 있으며 이는 판매자와 구매자의 상호 이익적인 조치입니다. 절감된 비용은 사전 협의에 따라 정해진 비율로 구매자와 판매자가 나누게 되며 통상 구매자가 많은 비율을 가져갑니다.
- 구매자 측에서 본다면 판매자가 원가를 적절하게 사용하고 있는지를 수시로 감시해야 하므로 감시에 들어가는 노력은 고정가 계약 방식보다 훨씬 높습니다.

핵심 용어

CPPC, CPFF, CPIF, CPAF

원가정산 계약 방식을 좀 더 세분화하면 다음과 같습니다.

1. CPPC(Cost plus percentage of cost)

판매자가 사용한 비용에다가 수고비를 비용의 정해진 비율만큼 주는 계약 방식입니다. 비용이 올라갈수록 수고비도 같이 올라가므로 구매자에게 리스크가 가장 큽니다.
예) 판매자가 사용한 총비용이 1억이며, 사전 합의된 수고비의 %가 10%라면 구매자가 판매자에게 상환할 전체 금액은 다음과 같습니다.
▶ 총상환 금액 = 사용한 비용(1억) + 수고비(1억의 10%) = 1.1억

2. CPFF(Cost plus fixed fee)

CPPC보다 구매자의 리스크를 낮추기 위해 수고비를 미리 정해진 고정된 금액으로 지급하는 방식입니다.

예 판매자가 사용한 총비용이 1억이며, 사전 합의된 수고비가 2천만 원이라면 구매자가 판매자에게 상환할 전체 금액은 다음과 같습니다.

▶ 총상환 금액 = 사용한 비용(1억) +수고비(2천만 원) = 1.2억

3. CPIF(Cost plus incentive fee)

CPFF보다 구매자의 리스크를 더 줄이고 판매자와 구매자 상호 이익을 위해 성과급을 둡니다. 성과급은 실제 사용한 비용이 판매자의 노력에 의해 사전 정해진 비용보다 적었을 경우에만 남은 비용을 구매자와 판매자가 나눕니다. 나누는 비율은 사전에 합의하여 정해지며, 일반적으로 구매자의 비율이 높습니다.

예 구매자가 목표로 한 비용(Target cost)이 1억 원이고, 정해진 수고비(Target fee)가 2천만 원이며, 성과급(Incentive)의 배분 비율(Share ratio)이 7:3 이였는데, 판매자가 9천만 원의 비용(Actual cost)으로 작업을 완료했다면 다음과 같이 계산됩니다.

▶ 총상환 금액 = 사용한 비용(9천만 원) + 수고비(2천만 원) + 성과급(1억-9천만 원의 30%인 300만 원) = 1억 1천 300만 원

4. CPAF(Cost plus award fee)

판매자에게 모든 사용한 비용(Actual cost)을 상환하지만, 수고비 대부분은 계약서에 명시된 일정한 수준의 성과 기준을 충족했을 때에만 지급됩니다.

▶ 총상환 금액 = 사용한 비용(Actual cost) + 성과 기준에 따른 수고비 지급

잠깐! Cost plus incentive fee(CPIF) 유형에서 전체 상환 금액(Price) 계산

일반적으로 원가정산 계약 방식으로 계약할 경우 판매자(Seller)의 비용(Cost)을 구매자가 제한 없이 지급하는 경우는 거의 없습니다. 판매자가 얼마를 사용하던지 판매자가 쓴 비용을 구매자가 모두 지급하는 경우는 없습니다. 보통 구매자가 미리 목표 비용(원가)을 정하게 되는데 이 목표 비용을 Target Cost라고 합니다. 또한, 판매자에 지급할 수고비를 Target Fee로 정해놓게 됩니다. Target Cost와 Target Fee를 더한 것이 Target Price가 됩니다.

만일 판매자의 Actual cost가 Target cost를 초과하게 되면 초과된 부분에 대해서 Incentive share ratio만큼 판매자가 부담을 해야 합니다. 초과된 부분은 판매자의 Fee에서 빠지게 됩니다. 다음 예제를 통해 계산해 보도록 하겠습니다.

예 1] Target cost: 200,000원, Target fee: 20,000원, Target price: 220,000원, Incentive sharing ratio: 70/30, Seller's Actual cost: 192,000원
Total payment = 쓴 돈(Cost) + 수고비(Fee) + 보너스(Incentive)
= 192,000원 + 20,000원 + (200,000−192,000)원 × 0.3 =214,400원

예 2] Target cost: 200,000원, Target fee: 20,000원, Target price: 220,000원, Incentive sharing ratio: 70/30, Seller's Actual cost: 234,000원
Total payment = 쓴 돈 + 수고비 + 보너스(Incentive)
= 234,000원 + 20,000원 + (200,000−234,000)원 × 0.3 = 243,800원

[시간 및 자재 계약(Time and material contracts)]

원가정산 및 고정가 계약 유형의 측면을 모두 포함하는 혼합형 계약 유형입니다. 예를 들면, 자재비를 구매자가 판매자에게 지급하고, 수고비를 시간당 100만 원으로 지급하는 방식입니다. 시간당 정해진 비용은 고정가 계약과 비슷하며, 전체 비용은 작업이 끝날 때까지 얼마인지 모르는 것은 원가정산 계약 방식과 비슷합니다. 계약을 빨리 진행할 경우 여러 조항을 고려하지 않고 간단하게 계약할 수 있어서 팀원을 증원하거나 전문가를 영입할 때, 외부 자원을 빨리 확보할 때 종종 사용됩니다.

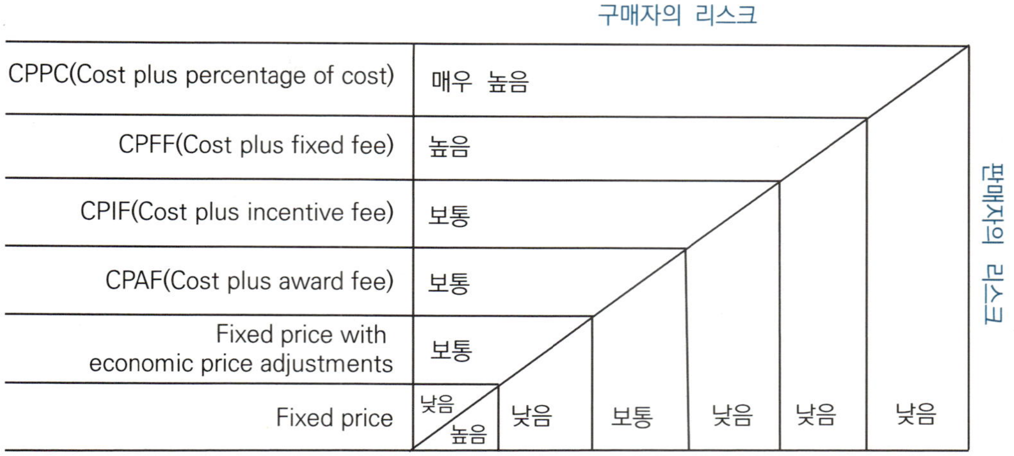

계약 유형	구매자의 리스크					
CPPC(Cost plus percentage of cost)	매우 높음					
CPFF(Cost plus fixed fee)	높음					
CPIF(Cost plus incentive fee)	보통					
CPAF(Cost plus award fee)	보통					
Fixed price with economic price adjustments	보통					
Fixed price	낮음 / 높음	낮음	보통	낮음	낮음	낮음
		판매자의 리스크				

[그림 12-2] 계약 방식에 따른 구매자와 판매자의 리스크

12.1.2 조달 관리 계획수립: 도구 및 기법

프로젝트 전체 범위인 WBS를 보면서 어떤 것을 직접 만들 것인지 살 것인지 분석해야 합니다. 문제는 구매하는 것이 비용적으로 저렴하더라도 만드는 것이 다른 이유에서 필요할 수도 있습니다. 따라서 제작-구매 분석(Make-or-buy analysis)에서 의사결정을 내려야 할 경우 조직의 관점이 반영되어야 할 필요성이 있습니다. 그리고 전문가의 도움이 필요한 경우가 종종 있습니다. 왜냐하면, 판매자의 견적서나 제안서를 평가하는데 사용할 기준을 개발할 경우, 계약에 관련된 법적인 부분, 기술적인 부분 등에 있어서 전문가의 판단(Expert judgment)이 사용되기 때문입니다.

12.1.2.1 전문가 판단(Expert judgment)

판매자의 제안서 평가 기준을 결정할 때, 계약 유형을 결정할 때 전문가가 도와줄 수 있습니다.

12.1.2.2 데이터 수집(Data gathering)

시장상황은 항상 변하기 때문에 조달에 관련된 시장을 조사할 필요가 있습니다.

◆ 시장 조사(Market research)

다양한 방법으로 업계 현황과 판매자들의 역량에 대해 조사를 해봅니다

12.1.2.3 데이터 분석(Data analysis)

직접 만들 것과 구매할 것을 결정하는 분석을 수행합니다.

◆ 제작-구매 분석(Make-or-buy analysis)

인도물을 직접 만들 것인지 아니면 외부로부터 구매할 것인지 결정해야 합니다. 단순히 만드는 것보다 구매하는 것이 비용적으로 저렴하다고 해서 무조건 구매해서는 안 되며, 장기적인 안목과 조직의 전략적인 부분을 고려해서 결정해야 합니다. 예산 제약사항이 구매 결정에 영향을 미칠 수도 있습니다.

12.1.2.4 공급자 선정 분석(Source selection analysis)

공급자를 선정하는 방법을 결정합니다. 공급자 선정 방법은 다양하며, 일반적으로 사용되는 방법은 다음과 같습니다.

◆ 최저원가(Least cost)

표준화된 제품이나 서비스 또는 잘 정의된 산출물에 대해서는 가장 작은 원가를 제시한 공급자를 선정합니다.

◆ 적격 선망 심사(Qualifications only)

적격 선망 심사는 조달의 중요도가 낮아서 공급자로부터 제안서를 받고 채점하고 고르는 시간과 비용이 타당하지 않을 때 공급자의 신뢰도, 자격, 경험, 전문성 등을 기반으로 판매자를 선정하는 방식입니다.

◆ 품질 기준/최고점 기술 제안서(Quality-based/highest technical proposal score)

선정된 잠재적 판매자로부터 기술 제안서를 받고, 품질 기준으로 기술 제안서를 평가한 후 가장 높은 점수를 받은 판매자와 가격 협상 후 합의가 되면 판매자를 선정하는 방식입니다.

◆ **품질/원가 기준**(Quality and cost-based)

판매자를 선정할 때 심사 기준으로 품질과 원가를 주요 항목으로 고려해서 판매자를 선정합니다.

◆ **단일 공급자**(Sole source)

특정 판매자에게 기술 및 가격 제안서를 받아서 적정한 수준이면 계약을 진행합니다. 다른 업체와 경합이 없으므로 정당성이 명확할 때만 가능한 방법입니다.

◆ **고정 예산**(Fixed budget)

판매자에게 정해진 예산을 미리 알려주고 제안서를 받은 후 가장 높은 점수를 받은 제안서를 제출한 업체와 계약을 진행합니다. SOW가 정확하게 정의되고 변경이 예상되지 않으며, 예산이 고정된 경우에만 가능한 방법입니다.

12.1.2.5 회의(Meetings)

조달 관련 정보를 얻기 위해 잠재적 판매자와 회의를 통해 좀 더 자세한 정보를 얻습니다.

12.1.3 조달 관리 계획수립: 산출물

주요 산출물은 조달 관리 방법을 포함한 조달 관리 계획서, 조달 전략, 입찰문서, 구매할 항목에 대한 상세 내용을 문서화 조달 작업 기술서, 공급자의 제안서를 평가하기 위한 공급자 선정 기준, 구매 결정사항, 독립 원가 산정치입니다.

12.1.3.1 조달 관리 계획서(Procurement management plan)

조달 관리 계획서에는 입찰 종류를 포함한 앞으로 조달을 어떻게 수행할지에 대해 모든 준비가 포함됩니다. 조달 관리 계획서에는 다음과 같은 내용이 들어갑니다.

- 주요 조달 활동에 대한 일정.
- 다른 프로세스와 조달 프로세스를 조율하기 위한 방법.
- 계약 관리에 사용할 조달 지표(metrics).
- 조달에 관련된 이해관계자의 역할과 책임.

- 판매자의 제안서를 평가할 때 독립 원가 산정치의 사용 여부.
- 조달에 영향을 줄 수 있는 가정 및 제약사항.
- 관할 사법권과 지불 통화.
- 일부 리스크를 대응하기 위한 이행 보증 또는 보험 계약 요구사항.
- 앞으로 사용할 유자격 판매자 목록.

12.1.3.2 조달 전략(Procurement strategy)

조달 전략의 목표는 판매자의 결과물을 인도하는 방법, 사용할 계약 유형의 결정, 조달을 진행할 단계에 대한 내용을 결정하는 것입니다.

◆ 인도 방법(Delivery methods)

소프트웨어를 개발하는 프로젝트에서 완성된 소프트웨어를 인도하는 방법과 건설 프로젝트에서 완성된 건축물을 인도하는 방법은 전혀 다릅니다. 향후 판매자가 결과물을 인도할 방법이 구체적으로 결정되어야 합니다.

◆ 계약 지불 유형(Contract payment types)

계약 유형에 따라 구매자가 판매자에게 금액을 지불하는 방법은 다릅니다. 성과급과 보상금도 포함될 수 있습니다. 계약 금액을 지불하는 방법을 결정해야 합니다.

◆ 조달 단계(Procurement phases)

조달을 단계별로 진행할 경우 각 단계에 대한 설명과 목표, 조달 성과 지표 및 마일스톤, 다른 단계로 진행하기 위한 기준, 진행 상황 감시 및 평가 계획 등이 미리 준비되어야 합니다.

12.1.3.3 입찰 문서(Bid documents)

입찰 문서의 주요 목적은 판매자로부터 제안서를 받는 것입니다. 입찰서(Bid), 입찰견적서(Tender), 견적서(Quotation)와 같은 용어는 판매자 선정 시 가격을 기준으로 하는 경우이며, 제안서(Proposal)는 가격도 중요하지만, 판매자의 기술적 기량이나 기술적 접근 방법과 같은 사항도 중요시하는 경우에 사용합니다. 입찰 문서는 유형에 따라 여러 이름으로 불립니다. 제안 요청서(Request for proposal), 견적 요청서(Request for quotation), 정보 요청서(Request for information) 등이 있습니다.

◆ **정보 요청서**(Request for information)

구매자가 조달에 대해 정보가 필요할 때 판매자에게 구매 관련 정보를 요청할 때 사용되며, 판매자로부터 정보를 받은 후에 견적 요청서나 제안 요청서가 발행됩니다.

◆ **견적 요청서**(Request for quotation)

구매자가 판매자에게 조달 요구사항을 맞추는 데 들어갈 비용을 요청할 때 사용됩니다.

◆ **제안 요청서**(Request for proposal)

구매자가 판매자에게 제안서를 요청할 때 사용됩니다.

12.1.3.4 조달 작업 기술서(Procurements statements of work)

조달 작업 기술서에는 조달할 품목에 대한 사양, 희망 수량, 품질 수준, 성과 기준, 수행 기간, 작업 위치 등 여러 상세 정보가 포함되어 있으며, 이 정보를 바탕으로 제안 요청서가 만들어지고 판매자에게 전달됩니다. 조달 작업 기술서는 투영물이었던 프로젝트 범위 기술서, 작업분류체계(WBS) 및 WBS 사전으로부터 개발됩니다. 잠재 판매자가 품목을 제공할 수 있는지를 판단할 수 있도록 조달 품목에 대해 매우 상세하게 기술해야 합니다.

서비스 계약에서는 위임사항(Terms of reference, TOR)이라는 용어가 사용됩니다. Reference는 참조라는 뜻이고, Terms는 조건이라는 뜻입니다. 즉, 구매자가 판매자에게 위임하는 사항들이며, 계약 업체가 수행해야 하는 조건 사항을 말합니다. 건설계약에서는 '과업지시서'라고 해석하기도 합니다. TOR에는 일반적으로 다음 사항이 포함됩니다.

- 계약업체가 수행해야 하는 작업과 구체적인 요구사항.
- 계약자가 이행해야 하는 표준.
- 승인을 위해 제출해야 하는 데이터.
- 계약업체가 업무 수행에 사용하도록 구매자가 계약업체에 제공하는 모든 데이터와 서비스를 정리한 목록
- 초기 제출 일정, 요구된 검토 및 승인 시간.

12.1.3.5 공급자 선정 기준(Source selection criteria)

구매자가 조달 문서를 판매자에게 전달한 후, 공급자가 제안서를 제출하면 구매자 쪽에서는 제안서를 평가해야 합니다. 그 공급자의 제안서 평가 기준을 [조달 관리 계획수립]에서 미리 준비합니다. 보통은 제안서를 평가할 때 가격을 우선시하며 가격 외의 여러 기준을 적용하여 평가 후 가장 높은 점수를 받은 공급자를 선택합니다. 따라서 제안서를 평가하기 위한 기준을 미리 마련해 놓아야 합니다. 평가 기준에 포함되는 주요 내용은 다음과 같습니다.

[공급자자 평가 기준의 예]

- 조달에 대한 역량과 수용력.
- 제품 또는 생애주기 원가: 조달 수행에 필요한 원가는 적정하게 제시했는가?
- 기술적인 능력: 조달을 수행하는 데 필요한 기술적 능력이 충분한가?
- 인도 날짜: 구매자가 원하는 인도 날짜를 준수할 수 있는가?
- 관리 접근 방법: 판매자가 자체적인 관리 프로세스 및 절차를 가지고 있는가?
- 기술적 접근 방법: 기술적 방법론, 기법, 해결책, 서비스가 적정한가?
- 회사의 재무 안정성: 재정이 안정적인가?
- 핵심 인력의 자격, 가용성, 역량: 투입할 사람들은 충분한 역량을 갖고 있는가?
- 구체적인 관련 경험: 과거에 유사한 일을 수행한 경험이 있는가?
- 교육을 포함한 지식 이전 프로그램의 적합성: 최종 산출물을 이관할 때 필요한 교육을 수행하고 지식을 이전할 방법은 준비되어 있는가?

12.1.3.6 제작-구매 결정(Make-or-buy decisions)

제작-구매 분석을 통해 구매할 사항이 결정됩니다.

12.1.3.7 독립 원가 산정치(Independent cost estimates)

공급자가 제시하는 제안서의 금액이 합당한지 확인하기 위해서 자체적으로 조달에 대한 원가를 산출하거나 외부 전문가에게 산정을 의뢰해서 자체 원가 산정치를 준비합니다.

12.1.3.8 변경 요청(Change requests)

조달에 대한 준비를 한 내용으로 인해 프로젝트 관리 계획서나 기타 문서에 대한 변경 요청이 발생할 수 있습니다.

12.1.3.9 프로젝트 문서 업데이트(Project documents updates)

요구사항 문서, 요구사항 추적 매트릭스, 리스크 관리대장 등이 갱신될 수 있습니다.

◆ **교훈 관리대장**(Lessons learned register)

조달에 대해 준비를 하면서 생긴 교훈을 반영합니다.

◆ **마일스톤 목록**(Milestone list)

전체 마일스톤 중 일부는 판매자가 결과물을 인도할 시점을 표시하는데, 조달에 대한 준비를 하다 보면 일부 조달 관련 마일스톤이 업데이트될 수 있습니다.

◆ **요구사항 문서**(Requirements documentation)

조달 작업 기술서나 제안 요청서를 준비하는 과정에서 판매자가 충족해야 할 기술적 요구사항, 기술 외적 요구사항 등이 생겨서 요구사항 문서가 업데이트될 수 있습니다.

◆ **요구사항 추적 매트릭스**(Requirements traceability matrix)

요구사항 문서가 업데이트되면 요구사항 추적 매트릭스도 해당 내용을 반영해서 같이 업데이트됩니다.

◆ **리스크 관리대장**(Risk register)

향후 판매자와 계약 관계로부터 발생할 수 있는 리스크들이 식별되면 리스크 관리대장에 추가합니다.

◆ **이해관계자 관리대장**(Stakeholder register)

계약 담당자, 법무 담당자 등 조달에 관련된 이해관계자가 식별되면 이해관계자 관리대장에 추가합니다.

12.1.3.10 조직 프로세스 자산 업데이트(Organizational process assets updates)

조달에 대해 준비를 하면서 생성된 정보나 문서가 조직 프로세스 자산으로 업데이트됩니다.

12.2 조달 수행(Conduct Procurements)

이미 기획에서 조달 물품과 조달 시점, 그리고 조달 방법을 결정했으므로 실행하면서 계획한 대로 시점에 맞게 조달을 수행합니다. [조달 수행]은 실행에서 진척에 맞게 제안요청서를 판매자에게 전달하고 판매자로부터 제안서를 받고 판매자를 선정한 후 계약을 체결하는 프로세스입니다.

[표 12-5] 조달 수행의 ITTO

조달 수행(Conduct Procurements)		
지식영역: 조달 관리(Procurement management)	프로세스 그룹: 실행(Executing)	
투입물	**도구 및 기법**	**산출물**
1. 프로젝트 관리 계획서 • 범위 관리 계획서 • 요구사항 관리 계획서 • 의사소통 관리 계획서 • 리스크 관리 계획서 • 조달 관리 계획서 • 형상 관리 계획서 • 원가 기준선 2. 프로젝트 문서 • 교훈 관리대장 • 프로젝트 일정 • 요구사항 문서 • 리스크 관리대장 • 이해관계자 관리대장 3. 조달 문서 4. 판매자 제안서 5. 기업 환경 요인 6. 조직 프로세스 자산	1. 전문가 판단 2. 광고 3. 입찰자 회의 4. 데이터 분석 • 제안서 평가 5. 대인관계 및 팀 기술 • 협상	1. 선정된 판매자 2. 협약 3. 변경 요청 4. 프로젝트 관리 계획서 업데이트 • 요구사항 관리 계획서 • 품질 관리 계획서 • 의사소통 관리 계획서 • 리스크 관리 계획서 • 조달 관리 계획서 • 범위 기준선 • 일정 기준선 • 원가 기준선 5. 프로젝트 문서 업데이트 • 교훈 관리대장 • 요구사항 문서 • 요구사항 추적 매트릭스 • 자원 달력 • 리스크 관리대장 • 이해관계자 관리대장 6. 조직 프로세스 자산 업데이트

[표 12-5]는 [조달 수행] 프로세스의 Inputs, Tools and Techniques, Outputs입니다. [조달 수행] 프로세스는 실행 프로세스 그룹에 속하며 판매자로부터 제안서를 받고 선정된 판매자와 계약하기 위한 프로세스입니다. **프로젝트를 실행하면서 시기에 맞게 필요한 조달 품목을 판매자에게 요청**하게 됩니다. 따라서 입찰자 회의를 통해 구매자는 잠재적 판매자와 만나게 됩니다.

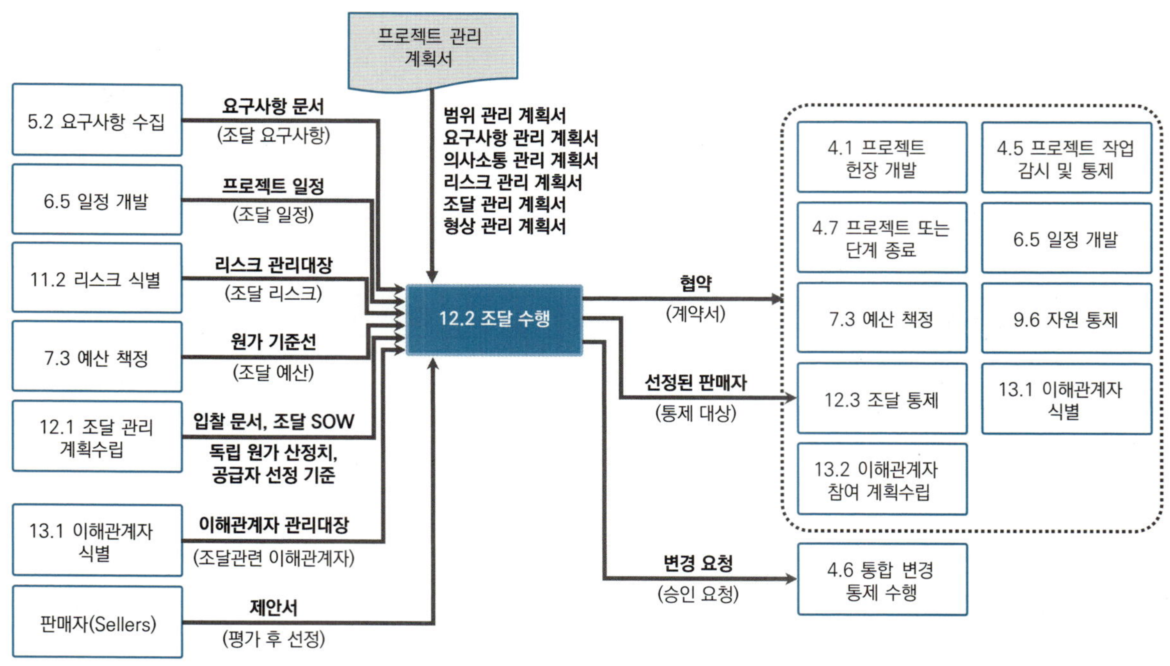

[그림 12-3] 조달 수행 프로세스의 주요 흐름

[그림 12-3]은 주요 흐름을 나타냅니다. 기획에서 준비한 내용이 주요 투입물이며, 적합한 판매자를 선정하여 계약을 맺습니다. 계약된 판매자는 [조달 통제]의 대상이 됩니다.

[표 12-6] 조달 수행 산출물의 투입 이유

협약 투입 프로세스	투입 이유
4.1 프로젝트 헌장 개발	일반적으로 외부 고객을 위한 프로젝트일 경우 계약서가 투입되어야 하기 때문에.
4.5 프로젝트 작업 감시 및 통제	계약서를 판매자의 성과를 감시하는 기준으로 사용하기 위해서.
4.7 프로젝트 또는 단계 종료	판매자와 계약을 종료하기 위해서.
6.5 일정 개발	계약한 판매자의 일정으로 인해 프로젝트 일정이 영향을 받을 수 있기 때문에.
7.3 예산 책정	계약에는 비용이 필요하며, 계약에 필요한 비용은 예산에 포함되어야 하므로.
9.6 자원 통제	계약서를 외부 자원을 통제하기 위한 기준으로 사용하기 위해서.
12.3 조달 통제	계약서를 판매자 통제의 기준으로 사용하기 위해서.
13.1 이해관계자 식별	계약한 판매자를 이해관계자 관리 대장에 추가하기 위해서.
13.2 이해관계자 참여 계획수립	조직의 조달 및 계약 담당 그룹에 대한 참여 전략을 수립하기 위해서.
선정된 판매자 투입 프로세스	**투입 이유**
12.3 조달 통제	계약서 내용을 준수하는지 확인 후 조치를 취하기 위해서.
변경 요청 투입 프로세스	**투입 이유**
4.5 통합 변경 통제 수행	공식적인 승인을 받기 위해서.

12.2.1 조달 수행: 투입물

[조달 수행] 프로세스는 [조달 관리 계획수립] 프로세스에서 준비한 제안요청서를 잠재적 판매자에게 전달하고, 판매자로부터 제안서를 받은 후 채점하여 가장 적합한 판매자와 계약을 체결하는 프로세스입니다. 따라서 [조달 관리 계획수립] 프로세스의 산출물이 [조달 수행]의 주요 투입물이 됩니다.

12.2.1.1 프로젝트 관리 계획서(Project management plan)

프로젝트 관리 계획서에 포함된 내용 중 조달을 수행하는데 관련된 것들이 투입물로 사용됩니다.

◆ 범위 관리 계획서(Scope management plan)

전체 범위 관리 방법 안에 판매자가 수행할 범위를 관리하는 방법이 포함되어 있습니다.

◆ **요구사항 관리 계획서**(Requirements management plan)

요구사항 관리 계획서에는 판매자가 충족해야 할 계약에 대한 요구사항을 관리하는 방법이 포함될 수 있습니다.

◆ **의사소통 관리 계획서**(Communications management plan)

의사소통 관리 계획서에는 판매자와 의사소통 방법이 포함되어 있습니다.

◆ **리스크 관리 계획서**(Risk management plan)

리스크 관리 계획서에는 프로젝트에 대한 리스크 관리 방법이 포함되어 있습니다. 프로젝트에 대한 리스크에는 조달에 대한 리스크도 포함됩니다.

◆ **조달 관리 계획서**(Procurement management plan)

조달 관리 계획서에 따라 조달을 수행합니다.

◆ **형상 관리 계획서**(Configuration management plan)

형상 관리 계획서에는 판매자의 형상 관리 방법과 프로세스를 구매자의 형상 관리 방법에 일치하도록 관련 내용을 포함시킵니다.

◆ **원가 기준선**(Cost baseline)

원가 기준선에는 조달에 대한 예산과 판매자 관리에 수반되는 비용이 포함되어 있습니다.

12.2.1.2 프로젝트 문서(Project documents)

조달을 수행하는 데 도움이 되거나 고려해야 할 문서가 투입물로 사용됩니다.

◆ **교훈 관리대장**(Lessons learned register)

교훈은 언제든지 유용합니다. 프로젝트 초반에 얻은 교훈을 이후 단계에 적용합니다.

◆ **프로젝트 일정**(Project schedule)

조달 활동의 시작 날짜와 종료 날짜가 프로젝트 일정에 포함되어 있습니다. 일정에 따라 제안요청서 전달, 판매자 선정 등 조달 활동을 수행합니다.

◆ 요구사항 문서(Requirements documentation)

판매자를 선정할 때 판매자가 충족시켜야 할 기술적/비기술적 요구사항을 얼마나 잘 충족할 수 있을지 고려합니다.

◆ 리스크 관리대장(Risk register)

판매자에 관련된 리스크를 고려하여 조달을 수행합니다.

◆ 이해관계자 관리대장(Stakeholder register)

조달 관련 이해관계자들이 조달 수행에 참여합니다.

12.2.1.3 조달 문서(Procurement documentation)

[조달 관리 계획수립]에서 준비한 문서들이 조달 수행에 사용됩니다.

◆ 입찰 문서(Bid documents)

판매자로부터 제안서나 견적서를 받기 위해 제안요청서(RFP)나 견적요청서(RFQ)를 잠재적 판매자에게 전달합니다.

◆ 조달 작업 기술서(Procurement statement of work)

조달할 품목에 대한 상세 설명으로서 계약 시 참고합니다.

◆ 독립 원가 산정치(Stakeholder register)

입찰자가 제출한 제안서의 타당성을 평가할 때 사용합니다.

◆ 공급자 선정 기준(Source selection criteria)

판매자의 제안서를 평가할 때 기준으로 사용합니다.

12.2.1.4 판매자 제안서(Seller proposals)

구매자가 제안요청서를 판매자에게 전달하면 판매자는 자신들의 의지와 능력을 표현한 제안서를 구매자에게 전달합니다.

12.2.1.5 기업 환경 요인(Enterprise environmental factors)

조달과 관련된 현지 법률 및 규정, 시장 여건, 판매자의 과거 조달 관련 성과정보, 계약관리 시스템 등 조달 수행에 영향을 줄 수 있는 기업 환경 요인을 고려합니다.

12.2.1.6 조직 프로세스 자산(Organizational process assets)

사전 심사를 통과한 판매자 목록, 계약 관련 양식, 지불 프로세스 같은 조달 수행에 영향을 미칠 수 있는 요소를 고려합니다.

12.2.2 조달 수행: 도구 및 기법

구매자와 잠재적 판매자가 입찰자 회의에서 만납니다. 구매자가 작성한 제안요청서를 판매자에게 전달하면 판매자는 제안서를 구매자에게 보내고, 구매자는 잠재적 판매자들로부터 받은 여러 제안서를 평가하여 가장 적합한 판매자를 선정하고 계약을 진행합니다.

12.2.2.1 전문가 판단(Expert judgment)

전문가는 판매자의 제안서를 평가할 때 참여할 수 있습니다.

12.2.2.2 공고(Advertising)

구매자는 잠재적 판매자에게 조달에 대해 알리기 위해 신문 또는 잡지를 통해 입찰자 회의를 공고합니다.

12.2.2.3 입찰자 회의(Bidder conferences)

입찰자 회의는 구매자와 잠재적 판매자들이 만나는 자리이며, 구매자는 판매자에게 조달 관련 사항을 상세히 설명해주는 것이 좋습니다.

12.2.2.4 데이터 분석(Data analysis)

판매자가 제시한 제안서를 구매자가 평가할 때 다양한 기법을 사용할 수 있습니다.

- 제안서 평가 기법(Proposal evaluation)

판매자의 제안서가 제안요청서, 조달 작업기술서, 공급자 선정기준 등에 대한 내용을 충분히 반영하고 있는지 평가합니다.

12.2.2.5 대인관계 및 팀 기술(Interpersonal and team skills)

일반적으로 계약서에 도장 찍기 전까지 협상을 진행합니다.

◆ 협상(Negotiation)

계약서에 서명하기 전에 구매자와 판매자가 상호 협상을 통해 쌍방의 권리, 의무, 구매 조건 등을 명확히 정의합니다. 협상은 보통 계약서에 서명할 권한이 있는 조달 팀원이 주도합니다.

12.2.3 조달 수행: 산출물

적합한 판매자가 선정되고, 선정된 판매자는 구매자와 정식 계약을 맺습니다. 계약을 맺은 판매자는 계약 내용을 준수해야 합니다.

12.2.3.1 선정된 판매자(Selected sellers)

여러 판매자 중에서 가장 적합한 판매자가 선정됩니다.

12.2.3.2 협약(Agreements)

구매자는 각 선정된 판매자와 정식으로 법적 계약을 체결합니다. 계약서는 단순할 수도 있고 복잡할 수도 있습니다. 계약이 체결되면 구매자는 판매자에게 비용을 지급할 의무가 생기며, 판매자는 구매자에게 지정된 제품을 제공할 의무가 생깁니다. 계약서에는 조달 작업기술서, 일정, 수행기간, 역할 및 책임, 가격과 지불조건, 품질 및 인수 기준, 보험 및 이행보증, 향후 제품 지원, 위약금, 성과급, 변경 요청 처리 기준, 종결 및 분쟁 해결 방법 등이 포함됩니다.

12.2.3.3 변경 요청(Change requests)

조달 수행 과정을 통해 조달과 관련된 문서에 변경이 요청될 수 있습니다.

12.2.3.4 프로젝트 관리 계획서 업데이트(Project management plan updates)

원가 기준선, 범위 기준선, 일정 기준선, 조달 관리 계획서 등이 업데이트될 수 있습니다.

◆ **요구사항 관리 계획서**(Requirements management plan)

계약을 맺은 판매자에 의해 식별된 변경으로 인해 요구사항이 변경될 수 있으며, 요구사항이 변경되면 요구사항 관리 방법도 업데이트될 수 있습니다.

◆ **품질 관리 계획서**(Quality management plan)

계약을 맺은 판매자가 원래 정해진 품질 기준 또는 품질 관리 방법을 대체할 수 있는 더 나은 품질 표준 또는 대안 해결책을 제시할 수 있습니다. 그럴 경우 해당 사항을 품질 관리 계획서에 반영합니다.

◆ **의사소통 관리 계획서**(Communications management plan)

새로운 판매자가 선정되면 그 판매자의 의사소통 요구사항을 반영해서 의사소통 관리 계획서가 업데이트됩니다.

◆ **리스크 관리 계획서**(Risk management plan)

계약을 맺은 판매자별로 자체 리스크가 있을 수 있으며, 이에 따라 리스크를 관리하는 방법을 포함한 리스크 관리 계획서가 업데이트될 수 있습니다.

◆ **조달 관리 계획서**(Procurement management plan)

판매자와 계약 및 협상을 진행한 결과로 인해 조달 관리 계획서가 업데이트될 수 있습니다.

◆ **범위 기준선**(Scope baseline)

범위 기준선에 포함된 WBS의 인도물 중 일부가 판매자에 의해서 생성되므로 조달을 수행할 때 WBS의 인도물을 고려해야 합니다. 조달을 수행하는 과정에서 인도물에 대한 변경이 생기면 관련 내용을 반영해서 범위 기준선을 업데이트합니다.

◆ **일정 기준선**(Schedule baseline)

구매자의 전체 일정에 영향을 줄 수 있는 변경이 판매자에 의해서 발생한 경우 관련 내용을 반영해서 일정 기준선을 업데이트합니다.

◆ **원가 기준선**(Cost baseline)

판매자가 조달 작업을 수행하는 도중에 대외 경제 환경을 인해 인건비나 자재비의 변동으로 계약 금액이나 자재 가격이 변경될 수 있습니다. 해당 변경이 발생할 경우 관련 내용을 원가 기준선에 반영합니다.

12.2.3.5 프로젝트 문서 업데이트(Project document updates)

요구사항 문서, 요구사항 추적 매트릭스, 리스크 관리대장, 이해관계자 관리대장 등이 업데이트될 수 있습니다.

◆ 교훈 관리대장(Lessons learned register)

조달 수행 과정에서 새로 생긴 교훈을 반영하여 교훈 관리대장을 업데이트합니다.

◆ 요구사항 문서(Requirements documentation)

조달 수행 과정에서 요구사항에 대한 변경이 발생하고 그 변경이 승인될 경우 요구사항 문서를 업데이트합니다.

◆ 요구사항 추적 매트릭스(Requirements traceability matrix)

조달 수행 과정에서 요구사항 문서가 업데이트되면 관련 내용을 반영해서 요구사항 추적 매트릭스도 업데이트됩니다.

◆ 자원 달력(Resource calendars)

계약을 맺은 판매자의 가용성에 따라 자원 달력이 업데이트될 수 있습니다.

◆ 리스크 관리대장(Risk register)

계약을 맺은 판매자로 인해 새로운 리스크가 식별되면 리스크 관리대장에 업데이트합니다.

◆ 이해관계자 관리대장(Stakeholder register)

계약을 맺은 판매자는 새로운 이해관계자이므로 이해관계자 관리대장에 추가합니다.

12.2.3.6 조직 프로세스 자산 업데이트(Organizational process assets updates)

조달을 수행하는 과정을 통해 판매자 목록이나 판매자의 조달 성과정보 등이 새로 추가될 수 있습니다.

12.3 조달 통제(Control Procurements)

[조달 통제] 프로세스는 구매자와 판매자 간의 관계를 관리하는 부분이며 주로 구매자가 판매자를 통제하는 개념의 프로세스입니다. 그리고 판매자에게 대금을 지불하는 재무관리 업무와 판매자가 계약 내용을 모두 준수했을 경우 계약을 종료하는 부분도 [조달 통제]에 포함됩니다. [조달 통제]는 감시 및 통제 프로세스 그룹에 속하는 프로세스입니다. [조달 통제]를 [계약 통제]로 봐도 무리가 없습니다. 구매자는 판매자가 계약서에 정해진 요구사항대로 성과를 내는지 관리하게 되며 판매자 역시 구매자가 계약 조항대로 수행하는지 확인하게 됩니다.

[조달 통제]는 전체 프로젝트 관리의 일부분으로서 항상 프로젝트 전체와 연관되어 진행되어야 합니다. 예를 들면, 판매자의 작업을 적절하게 승인해주는 것은 [프로젝트 작업 지시 및 관리]와 연관되어 있고, 판매자의 산출물이 정확한지 확인하는 것은 [품질 통제]와 연관 있고, 판매자와 변경에 관련된 부분을 처리하는 것은 [통합 변경 통제 수행]과 연관되어 있으며, 판매자가 리스크를 잘 완화하고 있는지에 대해서는 [리스크 감시]와 연관되어 있습니다.

[표 12-7]은 [조달 통제] 프로세스의 Inputs, Tools and Techniques, Outputs입니다. 협약(계약서)은 판매자를 관리하는(통제하는) 기준이 됩니다. 구매자는 계약된 판매자를 관리하며 판매자의 성과 정보인 작업 성과 데이터를 통해 계약서의 조건보다 실적이 못한 경우 관련된 시정 조치를 요청할 수 있습니다. 따라서 구매자는 늘 판매자의 성과를 감시하고 작업 결과를 검사해야 할 필요가 있습니다.

[표 12-7] 조달 통제의 ITTO

<table>
<tr><th colspan="3">조달 통제(Control Procurements)</th></tr>
<tr><td colspan="1">지식영역: 조달 관리
(Procurement management)</td><td colspan="2">프로세스 그룹: 감시 및 통제
(Monitoring and controlling)</td></tr>
<tr><th>투입물</th><th>도구 및 기법</th><th>산출물</th></tr>
<tr><td>1. 프로젝트 관리 계획서
• 요구사항 관리 계획서
• 리스크 관리 계획서
• 조달 관리 계획서
• 변경 관리 계획서
• 일정 기준선
2. 프로젝트 문서
• 가정사항 기록부
• 교훈 관리대장
• 마일스톤 목록
• 품질 보고서
• 요구사항 문서
• 요구사항 추적 매트릭스
• 리스크 관리대장
• 이해관계자 관리대장
3. 협약
4. 조달 문서
5. 승인된 변경 요청
6. 작업 성과 데이터
7. 기업 환경 요인
8. 조직 프로세스 자산</td><td>1. 전문가 판단
2. 클레임 행정관리
3. 데이터 분석
• 성과 검토
• 획득가치 분석
• 추세 분석
4. 검사
5. 감사</td><td>1. 종료된 조달
2. 작업 성과 정보
3. 조달 문서 업데이트
4. 변경 요청
5. 프로젝트 관리 계획서 업데이트
• 리스크 관리 계획서
• 조달 관리 계획서
• 일정 기준선
• 원가 기준선
6. 프로젝트 문서 업데이트
• 교훈 관리대장
• 자원 요구사항
• 요구사항 추적 매트릭스
• 리스크 관리대장
• 이해관계자 관리대장
7. 조직 프로세스 자산 업데이트</td></tr>
</table>

[그림 12-4]는 [조달 통제] 프로세스의 주요 흐름을 나타냅니다. 통제의 기준(계약서)과 실적(작업 성과 데이터)을 비교하여 계약서의 내용보다 못한 판매자의 실적에 대해 시정 조치(변경 요청)를 합니다.

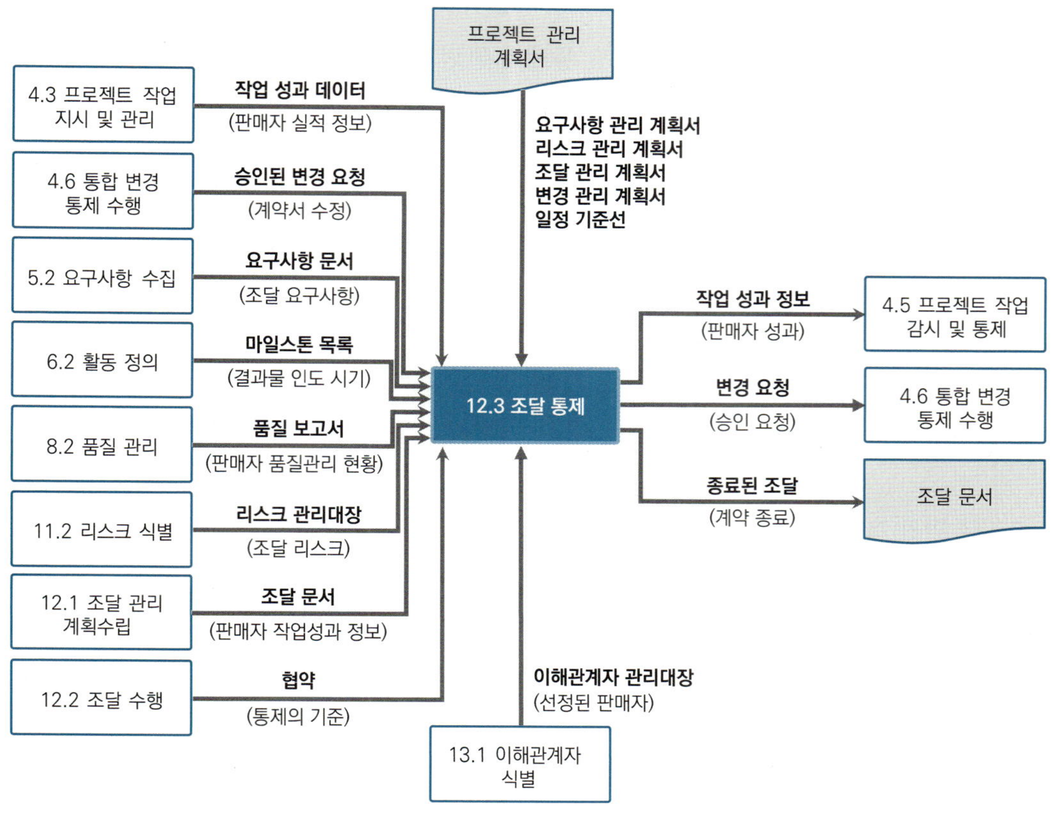

[그림 12-4] 조달 통제의 주요 흐름

[표 12-8] 조달 통제 산출물의 투입 이유

작업 성과 정보 투입 프로세스	투입 이유
4.5 프로젝트 작업 감시 및 통제	판매자의 작업 성과를 성과 보고서에 포함시키기 위해서.
변경 요청 투입 프로세스	**투입 이유**
4.6 통합 변경 통제 수행	변경을 공식적으로 승인받기 위해서.

12.3.1 조달 통제: 투입물

통제는 항상 기준과 실적이 투입됩니다. [조달 통제]의 기준은 협약(계약서)이며, 판매자의 성과를 검토해야 하므로 판매자의 실적 데이터인 작업 성과 데이터가 주요 투입물입니다.

12.3.1.1 프로젝트 관리 계획서(Project management plan)

프로젝트 관리 계획서의 내용 중 조달 통제와 관련 있는 것들이 투입됩니다.

◆ 요구사항 관리 계획서(Requirements management plan)

요구사항 관리 계획서에는 판매자가 충족해야 할 요구사항을 관리하는 방법이 포함될 수 있습니다. 구매자는 판매자가 요구사항을 맞추는지 확인해야 합니다.

◆ 리스크 관리 계획서(Risk management plan)

리스크 관리 계획서에는 판매자로 인해 수행해야 하는 리스크 활동을 어떻게 해야 하는지 방법이 포함되어 있습니다.

◆ 조달 관리 계획서(Procurement management plan)

조달 관리 계획서에 따라 조달을 통제합니다. 조달 관리 계획서에는 조달 통제 수행 방법이 포함되어 있습니다.

◆ 변경 관리 계획서(Change management plan)

판매자가 유발하는 변경을 처리하는 방법이 변경 관리 계획서에 포함되어 있습니다. 판매자의 변경 요청은 변경 관리 계획서에 정해진 방법에 따라 처리됩니다.

◆ 일정 기준선(Schedule baseline)

판매자의 성과로 인해 구매자의 일정을 변경해야 할 경우 일정 기준선을 업데이트해야 할 수도 있습니다.

12.3.1.2 프로젝트 문서(Project documents)

조달을 통제하는데 필요한 문서들이 투입물로 사용됩니다.

◆ 가정사항 기록부(Assumption log)

조달을 통제하는 데 영향을 줄 수 있는 가정사항이 있다면 고려합니다.

◆ **교훈 관리대장**(Lessons learned register)

프로젝트 초반에 얻은 교훈을 이후 과정에 적용해서 계약 업체의 성과 및 조달 프로세스의 효율을 개선할 수 있습니다.

◆ **마일스톤 목록**(Milestone list)

마일스톤 중에는 판매자가 결과물을 인도하는 예상 시기에 대한 마일스톤이 있습니다. 결과물의 인도가 예상 시기보다 늦어지면 시정 조치를 취할 수 있습니다.

◆ **품질 보고서**(Quality reports)

품질 보고서에는 판매자가 정해진 프로세스, 절차, 규정을 얼마나 준수하고 있는지에 대한 내용이 포함됩니다. 만약 준수사항을 지키지 않은 부분이 있다면 시정 조치를 요구하게 됩니다.

◆ **요구사항 문서**(Requirements documentation)

요구사항 문서에는 판매자가 충족시켜야 할 기술적 요구사항 및 다른 요구사항들이 포함되어 있습니다. 판매자가 요구사항을 맞추는지 확인할 필요가 있습니다.

◆ **요구사항 추적 매트릭스**(Requirements traceability matrix)

판매자가 생성하는 인도물이 요구사항을 충족하는지 확인하기 위해 요구사항 추적 매트릭스를 사용합니다.

◆ **리스크 관리대장**(Risk register)

승인된 판매자마다 각기 다른 리스크들이 있을 수 있습니다. 리스크는 언제 발생할지 모르기 때문에 지속적으로 감시해야 합니다.

◆ **이해관계자 관리대장**(Stakeholder register)

이해관계자 관리대장에는 선정된 판매자 및 계약 관련 이해관계자들이 포함되어 있습니다. 선정된 판매자는 조달 통제의 대상입니다.

12.3.1.3 협약(Agreements)

협약(계약서)은 구매자와 판매자 간의 쌍방 합의서이며, 조달 통제의 기준입니다.

12.3.1.4 조달 문서(Procurement documents)

[조달 통제]의 투입물로 사용되는 조달 문서는 [조달 수행] 프로세스를 거치면서 생성된 내용을 포함합니다. 예를 들면, 구매자가 판매자에게 지불한 정보, 판매자의 작업 성과 정보, 구매자와 판매자 간에 주고받은 서류 등입니다. 판매자의 작업 성과 정보는 [조달 통제]의 실적 데이터입니다. 계약서(기준)와 비교하여 필요한 부분에 대해 시정 조치를 취합니다.

12.3.1.5 승인된 변경 요청(Approved change requests)

승인된 변경 요청으로 인해 계약서의 조항이나 조건 등이 수정될 수 있습니다.

12.3.1.6 작업 성과 데이터(Work performance information)

판매자의 작업 성과 데이터는 항상 확인하고 있어야 합니다. 성과가 낮은 부분에 대해서는 시정 조치를 요청합니다.

12.3.1.7 기업 환경 요인(Enterprise environmental factors)

조달과 관련된 시장 여건, 재무관리 및 미지급금 시스템, 계약 변경 통제 시스템 등 조달 통제에 사용하거나 영향을 줄 수 있는 기업 환경 요인을 고려합니다.

12.3.1.8 조직 프로세스 자산(Organizational process assets)

조달 정책 같은 조달 통제에 영향을 미칠 수 있는 요소를 고려합니다.

12.3.2 조달 통제: 도구 및 기법

[조달 통제]도 일반적인 감시 및 통제 관련 프로세스와 비슷합니다. 계약 내용대로 판매자가 작업을 수행했는지 성과 검토 및 검사(Inspection)를 수행합니다. 또한, 조달 과정에서 생길 수 있는 클레임(Claim)이 잘 관리되어야 합니다.

12.3.2.1 전문가 판단(Expert judgment)

클레임 관리, 전문 분야에 대한 전문성이 필요할 때 전문가로부터 도움을 받을 수 있습니다.

12.3.2.2 클레임 관리(Claims administration)

구매자와 판매자 간에 클레임이 발생할 경우 원만한 해결을 위해 서로 노력합니다. 만약 해결이 잘 안 될 경우 계약서에 정의된 절차에 따른 후 대안적 분쟁 해결(Alternative dispute resolution) 절차에 따르는 것이 일반적입니다. 클레임과 분쟁은 모두 협상으로 해결하는 것이 좋습니다.

12.3.2.3 데이터 분석(Data analysis)

판매자의 성과 데이터를 분석하는 기법을 사용합니다.

- **성과 검토(Performance reviews)**

구매자는 판매자의 품질, 자원, 일정, 비용 등에 대한 실적 데이터를 계약서와 비교하여 판매자의 성과가 높은지 낮은지 검토합니다. 성과가 낮을 경우 시정 조치를 요구하게 됩니다.

- **획득가치 분석(Earned value analysis)**

획득가치 분석도 구매자가 판매자의 성과를 검토할 때 사용할 수 있습니다.

- **추세 분석(Trend analysis)**

지금까지의 성과를 기반으로 EAC(완료시점 산정치)를 예측하여 미래의 성과가 좋을지 나쁠지 미리 예상하여, 성과가 나쁠 것으로 예상될 경우 미리 조치를 취합니다.

12.3.2.4 검사(Inspection)

구매자는 판매자가 계약서 내용대로 작업을 수행했는지를 확인하기 위해서 인도물 및 작업에 대한 체계적 검토 활동을 수행합니다.

12.3.2.5 감사(Audit)

감사는 조달 프로세스에 대한 체계적인 검토입니다. 판매자가 정해진 조달 프로세스를 따르지 않을 경우 시정 조치를 요구합니다.

12.3.3 조달 통제: 산출물

판매자의 계약 작업 수행에 대한 성과 정보가 분석되며, 분석된 성과를 바탕으로 판매자에게 시정 조치를 취할 것인지 말 것인지 결정합니다. 또한 계약 내용을 모두 이행한 판매자와는 계약을 종료합니다.

12.3.3.1 종료된 조달(Closed procurements)

구매자와 판매자가 계약서의 약관에 정의된 상호 이행 조건을 모두 충족되면 구매자와 판매자 간의 관계가 공식적으로 종료됩니다. 구매자는 권한이 부여된 조달 행정 담당자를 통해 계약 완료 통지서를 판매자에게 전달합니다.

12.3.3.2 작업 성과 정보(Work performance information)

판매자의 성과가 좋은지 나쁜지에 대한 정보입니다. 성과가 낮을 경우 통제 조치를 취합니다.

12.3.3.3 조달 문서 업데이트(Procurement documentation updates)

조달을 통제하는 과정 중에 생긴 승인된 또는 승인되지 않은 계약 관련 변경 요청, 판매자가 작성한 기술문서, 판매자가 생성한 인도물, 청구서 및 지불 기록, 검사 결과 등이 조달 문서에 추가됩니다.

12.3.3.4 변경 요청(Change requests)

계약서의 조건을 준수하지 못한 판매자의 성과에 대해서 구매자는 판매자에게 변경 요청을 할 수 있습니다. 또한 조달 통제의 결과로 프로젝트 관리 계획서 및 다른 문서에 변경 요청이 제기될 수 있습니다.

12.3.3.5 프로젝트 관리 계획서 업데이트(Project management plan updates)

판매자가 계약 내용을 수행하는 과정에서 발생한 여러 사항으로 인해 리스크 관리 계획서, 조달 관리 계획서, 일정 기준선, 원가 기준선 등이 업데이트될 수 있습니다.

◆ 리스크 관리 계획서(Risk management plan)

계약을 맺은 판매자별로 자체 리스크가 있을 수 있으며, 이에 따라 리스크를 관리하는 방법을 포함한 리스크 관리 계획서가 업데이트될 수 있습니다. 그리고 계약을 수행하는 과정에서 예기치 않은 심각한 리스크가 발생하면 이로 인해 리스크 관리 계획서도 업데이트될 수 있습니다.

◆ **조달 관리 계획서**(Procurement management plan)

판매자가 계약 업무를 수행한 결과에 의해서 조달 관리 계획서가 업데이트될 수 있습니다.

◆ **일정 기준선**(Schedule baseline)

계약을 맺은 판매자가 조달 작업을 수행하다가 일정이 늦어질 경우 구매자의 일정에 영향을 미치게 됩니다. 구매자의 일정에 영향을 줄 수 있는 변경이 판매자에 의해서 발생한 경우 관련 내용을 반영해서 일정 기준선을 업데이트합니다.

◆ **원가 기준선**(Cost baseline)

판매자가 조달 작업을 수행하는 도중에 대외 경제 환경을 인해 인건비나 자재비의 변동으로 계약 금액이나 자재 가격이 변경될 수 있습니다. 해당 변경이 발생할 경우 관련 내용을 원가 기준선에 반영합니다.

12.3.3.6 프로젝트 문서 업데이트(Project documents updates)

조달 통제를 수행하는 과정에서 생긴 정보로 인해 여러 문서가 업데이트될 수 있습니다.

◆ **교훈 관리대장**(Lessons learned register)

클레임 관련 정보, 시정조치와 효과에 대한 정보 등 조달을 통제하는 과정에서 새로 생긴 교훈을 반영하여 교훈 관리대장을 업데이트합니다.

◆ **자원 요구사항**(Resource requirements)

계약을 맺은 판매자의 작업이 계획대로 안 될 경우 자원을 변경해야 하는 상황이 생겨서 자원 요구사항이 업데이트될 수 있습니다.

◆ **요구사항 추적 매트릭스**(Requirements traceability matrix)

판매자가 요구사항을 달성하면 달성한 요구사항 내용을 반영해서 요구사항 추적 매트릭스를 업데이트합니다.

◆ 리스크 관리대장(Risk register)

조달을 통제하는 과정에서 새로운 리스크가 식별되면 리스크 관리대장에 업데이트합니다.

◆ 이해관계자 관리대장(Stakeholder register)

만약 계약을 맺은 판매자를 변경해야 하는 상황이 발생할 경우 변경된 판매자를 이해관계자 관리대장에 추가합니다.

12.3.3.7 조직 프로세스 자산 업데이트(Organizational process assets updates)

조달을 통제하는 과정에서 생성된 여러 문서는 조직 프로세스 자산으로 축적해 놓고 향후 유사 프로젝트에서 활용합니다.

◆ 지불 일정 및 요청서(Payment schedules and requests)

계약서에 명시된 대로 구매자는 판매자에게 지불해야 하며, 관련 기록은 조직 프로세스 자산으로 업데이트합니다.

◆ 판매자 성과 평가서(Seller performance evaluation documentation)

계약을 맺은 판매자의 성과 결과를 조직 프로세스 자산으로 업데이트 시키고, 향후 판매자를 선정할 때 참고자료로 사용할 수 있습니다.

◆ 사전심사 통과 판매자 목록(Prequalified seller lists)

이전에 자격이 검증된 판매자 중에 실제 계약을 맺고 수행했을 때 업무 수행능력이 떨어지면 사전심사 통과 판매자 목록에서 뺄 수 있습니다.

◆ 교훈 저장소(Lessons learned repository)

그동안의 조달 과정에서 생긴 교훈을 교훈 저장소에 업데이트합니다.

◆ 조달 파일(Procurement file)

종료된 계약서 및 조달 관련 모든 문서를 정리하여 조직 프로세스 자산으로 업데이트합니다.

12 핵심 정리

- 프로젝트 조달 관리의 핵심은 계약 관리입니다.
- 구매를 진행할 때 프로젝트에 필요한 품목을 회사의 구매부를 통해 구매할 수도 있고, 회사의 구매부를 통하지 않고 직접 구매를 수행할 수도 있습니다. (Centralized purchasing vs. Decentralized purchasing)
- [조달 관리 계획수립] 프로세스는 조달 품목, 조달 방법, 조달 시기, 조달 수량을 결정합니다.
- [조달 관리 계획수립] 프로세스의 가장 핵심 투입물은 범위 기준선 안에 포함된 WBS입니다.
- 계약 유형은 크게 고정가 방식(Fixed-price), 원가정산 방식(Cost-reimbursable), 시간 및 자재 방식(Time and material) 3가지로 구분됩니다.
- 고정가 계약방식은 판매자(Seller)의 리스크가 높으며, 잘 정의된 범위를 가진 제품에 대해서만 가능한 계약 방식입니다. FFP, FPIF, FPEPA 방식을 주로 사용합니다.
- 원가정산(Cost reimbursable) 계약 방식은 구매자(Buyer)의 리스크가 높으며, CPPC, CPFF, CPIF, CPAF 방식을 주로 사용합니다.
- Cost plus incentive fee(CPIF) 유형에서 전체 상환 금액은 판매자가 실제 사용한 비용, 수고비, 인센티브 세 가지를 더하는 방식입니다.
- 판매자가 비용을 지출하다가 전체 비용이 Ceiling price에 도달하는 시점을 PTA라고 합니다.
- 계약을 빨리 진행할 경우 여러 조항을 고려하지 않아도 되는 T&M 계약 방식을 사용합니다.
- 입찰 문서는 판매자로부터 제안서나 견적서를 받기 위해 사용하는 문서입니다.
- [조달 수행] 프로세스는 프로젝트를 실행하면서 시기에 맞게 필요한 제안요청서를 판매자에게 전달하고 판매자로부터 제안서를 받은 후 선정된 판매자와 계약을 체결하는 프로세스입니다.
- 입찰자 회의는 구매자와 잠재적 판매자들이 만나는 자리입니다.
- 판매자의 제안 가격을 평가하기 위해 구매자 스스로 산정한 금액을 독립 원가 산정치라고 합니다.
- [조달 통제]는 주로 구매자가 판매자를 통제하는 프로세스입니다. 계약을 종료하는 것도 포함합니다.

12 이해도 테스트 문제

01 프로젝트에서 조달을 관리하기 위해 필요한 3개의 프로세스는 무엇입니까?

02 기획(Planning)에서 조달에 대해 준비를 할 때 어떤 것들을 준비해야 합니까?

03 고정가(Fixed price) 계약방식은 어떤 때 사용하며 어떤 종류가 있습니까?

04 원가정산(Cost reimbursable) 계약방식은 어떤 때 사용하며 어떤 종류가 있습니까?

05 [조달 수행] 프로세스의 기본 흐름을 적어보세요.

06 [조달 통제] 프로세스는 조달을 관리할 때 왜 필요합니까?

07 Centralized purchasing의 장점과 단점은 무엇인가요?

☑ 정답은 교재를 통해 직접 본인이 찾아보기 바랍니다.

12 용어의 뜻 연결하기

용어	뜻
Cost plus fixed fee contract	판매자가 사용한 비용에다가 고정된 수고비를 지급하고 성과가 좋을 경우 성과급을 지급하는 방식
Inspection	원가정산 및 고정가 유형의 측면을 모두 포함하는 혼합형 계약 유형
Cost plus incentive fee contract	고정된 금액에다 정해진 목표를 초과할 경우 추가로 성과급을 지급하는 방식
Cost plus award fee contract	판매자가 사용한 비용에다가 고정된 수고비를 지급하는 계약 방식
Bidder conference	조달할 품목에 대한 사양, 희망 수량, 품질 수준, 성과 기준, 수행 기간 등 여러 상세 정보
Fixed price incentive fee contract	보너스 없이 구매 항목에 대한 원가와 판매자의 이익을 하나의 총 합으로 결정하는 계약 방식
Time and material contract	판매자에게 합법적 원가를 지불하고, 수수료의 대부분은 미리 정해진 성과에 기반해서 지불하는 방식
Procurements statements of work	구매자가 판매자에게 RFP를 전달하기 위해 잠재적 판매자와 만나는 자리
Firm fixed price contract	판매자의 제안서를 평가하기 위해 구매자 스스로 조달 품목에 대해 비용을 산정한 것
De-centralized purchasing	필요한 자원을 회사의 구매부를 거치지 않고 프로젝트 팀 자체적으로 구매를 수행하는 것
Independent cost estimates	판매자가 수행하는 작업, 생성한 인도물을 구매자가 확인하는 것

12 예상 문제

01 **다음 계약 방식에서 구매자에게 가장 큰 위험을 내포하고 있는 계약 형태는 어떤 것입니까?**

A. CPPC (Cost plus percentage of cost)
B. FPIF (Fixed price incentive fee)
C. CPIF (Cost plus incentive fee)
D. CPFF (Cost plus fixed fee)

02 **다음 계약 방식에서 구매자에게 가장 적은 위험을 내포하고 있는 계약 형태는 어떤 것입니까?**

A. CPIF (Cost plus incentive fee)
B. FPIF (Fixed price incentive fee)
C. FFP (Firm fixed price)
D. CPFF (Cost plus fixed fee)

03 **CPIF 계약 방식에서 만일 실제 쓴 비용(Actual cost)이 8,000만 원일 경우 전체 상환해야 할 금액은 얼마가 됩니까?**

Target cost	1억 원
Target fee	700만 원
Sharing ratio	80/20

A. 9,100만 원
B. 8,700만 원
C. 1억 700만 원
D. 1억 1,500만 원

04 **제작-구매 분석(Make-or-buy analysis)은 다음 중 어떤 프로세스의 도구 및 기법으로 사용됩니까?**

A. 조달 관리 계획수립(Plan Procurement Management)
B. 조달 수행(Conduct Procurements)
C. 조달 통제(Control Procurements)
D. 범위 정의(Define Scope)

05 구매자는 FPIF(Fixed price incentive fee)계약으로 판매자와 계약을 체결하였습니다. 계약의 Target cost는 $210,000이고, Target profit은 $27,000이며 Target price가 $237,000입니다. 아울러 구매자는 Ceiling price를 $272,000으로 제한하고 Share ratio를 70:30으로 정하였습니다. 공급자가 Actual cost를 $173,000 투입하여 계약 업무를 마무리하였다면 구매자는 판매자에게 얼마의 Profit을 지급하여야 합니까?

A. $37,900
B. $36,200
C. $38,100
D. $39.000

06 당신은 여러 잠재적 판매자들로부터 온 제안서들을 평가하고 있습니다. 당신은 현재 어떤 프로세스를 수행하고 있습니까?

A. 조달 관리 계획수립(Plan Procurement Management)
B. 조달 수행(Conduct Procurements)
C. 조달 통제(Control Procurements)
D. 요구사항 수집(Collect Requirements)

07 다음 중 업무가 명확하게 정의되지 않은 상태에서 계약을 체결해야 할 경우에 어떤 계약형태를 선택하는 것이 바람직합니까?

A. 고정가 계약 방식
B. 원가정산 계약 방식
C. 시간 및 자재 계약 방식
D. 턴키 계약 방식

08 프로젝트에서 여러 가지 부작용이 발생할 여지가 있음에도 불구하고 계약에서 Incentive 조항이 가지는 가장 중요한 목적은 무엇입니까?

A. 판매자와 구매자에게 공동의 목표를 부여한다.
B. 계약자에게 위험을 감소시킨다.
C. 판매자의 비용을 통제한다.
D. 구매자에게 비용을 전가한다.

09 **당신의 프로젝트는 건물의 환기 시스템을 자동으로 조절하는 소프트웨어가 필요합니다. 당신의 회사는 이 소프트웨어와 비슷한 소프트웨어를 개발한 경험이 있습니다. 현재 당신의 프로젝트 자원은 여유가 없는 상태입니다. 당신은 이 소프트웨어를 직접 개발할 것인지, 아니면 경험이 풍부한 외부의 업체에 의뢰할 것인지 고민하고 있습니다. 당신은 어떤 활동을 수행하고 있습니까?**

A. 제작 구매 결정(Make-or-buy analysis)
B. 공급자 선정(Source selection)
C. 공급자 평가(Source evaluation)
D. 리스크 식별(Identify risks)

10 **프로젝트 관리 계획서를 수립하던 중 조달 품목을 결정하고 판매자를 선택하기 위하여 여러 판매자로부터 제안서를 받았습니다. 그런데 제안서를 검토하던 중 제안서를 제출한 판매자의 견해에 대해 프로젝트 팀에서 의견의 일치를 보지 못하고 논쟁을 하고 있습니다. 한 팀원은 A라는 판매자를 원하고 반면 다른 팀원은 B라는 판매자를 선택하길 원합니다. 현재 이 팀은 어떤 조달 프로세스를 수행하고 있습니까?**

A. 리스크 대응 계획수립(Plan Risk Responses)
B. 조달 관리 계획수립(Plan Procurement Management)
C. 조달 통제(Control Procurements)
D. 조달 수행(Conduct Procurements)

11 **당신의 회사는 소프트웨어를 개발하는 회사입니다. 소프트웨어 개발이 완료되면 새로운 소프트웨어를 홍보하기 위한 웹사이트가 필요합니다. 제품 홍보 웹사이트를 개발하기 위한 외부 회사를 선정했고 현재 웹사이트 개발을 진행하고 있습니다. 계약 업체의 프로젝트 담당자가 웹사이트 개발 프로젝트의 일정과 원가에 영향을 줄 새로운 이슈가 발견되었다고 알려왔습니다. 이 이슈로 인해 계약서의 내용 중 일부가 수정될 필요가 있습니다. 당신과 계약 업체는 계약서의 변경을 어떻게 처리해야 합니까?**

A. 현재 계약을 종료하고 이슈로 인한 일정 및 원가 영향을 계약서에 반영하여 새로 계약을 맺는다.
B. 이슈로 인한 일정과 원가에 대한 영향을 변경 요청서에 포함시켜 변경 요청서를 계약 변경 통제 시스템에 제출한다.
C. 변경하기에 너무 늦었기 때문에 변경을 처리하지 않는다.
D. 이슈로 인한 프로젝트에 대한 영향을 분석하여 그 결과를 일정 기준선과 원가 기준선에 업데이트 한다.

12 **당신은 향후 판매자로부터 제안서를 얻기 위해 새로운 문서를 만들고 있습니다. 이 문서에는 조달 품목이나 사양, 금액 등에 대한 정보가 들어가게 됩니다. 당신은 조달 관리의 어떤 프로세스에 있습니까?**

A. 조달 산정(Estimate Procurements)

B. 조달 관리 계획수립(Plan Procurement Management)

C. 조달 통제(Control Procurements)

D. 조달 수행(Conduct Procurements)

13 **판매자 입장에서 시간 및 자재 계약(T&M contract)에서 주요 고려사항은 무엇입니까?**

A. 완료가 요구되는 작업범위

B. 시간당 작업의 이익

C. 알려진 재료 원가

D. 판매자가 가진 원가 위험

14 **당신은 프로젝트에서 현재 [조달 관리 계획수립] 프로세스를 진행하고 있습니다. 판매자를 선정하고 판매자의 응답을 요청하기 위해 필요한 문서를 준비하고 있습니다. 이러한 상황에서 잠재적인 판매자에게 제안을 요청하기 위해 입찰 문서를 준비하고 있는데, 다음 보기 중 입찰 문서에 대해 틀리게 설명한 것은 무엇입니까?**

A. 각 잠재적인 판매자들로부터 정확한 응답을 요청하기 위해 구매자가 입찰 문서를 체계화합니다.

B. 잠재적인 판매자들이 제안이나 입찰을 위해 제출할 제안서는 판매자 조직의 정책을 공식적으로 따라서 완료해야 합니다.

C. 정부 계약에서는 입찰 문서의 내용 및 구조가 규정에 따라 정의될 수 있습니다.

D. 제안서라는 용어는 가격에 근거해서 판매자를 선택할 때 사용합니다.

15 **당신은 선정된 판매자와 최종 계약 조건에 대한 협상을 하고 있습니다. 당신은 조달 관리의 어떤 프로세스를 수행하고 있습니까?**

A. 요구사항 수집(Collect Requirements)

B. 조달 관리 계획수립(Plan Procurement Management)

C. 조달 통제(Control Procurements)

D. 조달 수행(Conduct Procurements)

16 **당신은 사람이 탑승할 수 있는 1인 탑승 드론을 개발하는 프로젝트를 수행하고 있습니다. 이 드론에는 특수 모터가 들어가야 하는데 현재 한 업체가 특허를 가지고 이 모터를 생산하고 있습니다. 그 업체의 제품을 조사한 결과 현재 프로젝트 예산 내에서 구매가 가능한 상황입니다. 당신은 어떻게 하는 것이 가장 좋습니까?**

A. 업체가 한 군데라도 모터를 구매한다.

B. 드론의 설계를 검토하여 다른 모터로 대체할 수 있도록 설계 사양을 바꾼다.

C. 비슷한 사양을 가진 모터를 제작해 줄 수 있는 업체를 알아본다.

D. 비용을 절약하기 위해서 설계 사양을 충족하는 모터를 다른 업체에서 더 낮은 가격에 판매할 때까지 프로젝트를 중단한다.

17 **당신은 계약자로서 계약서에 정해진 모든 범위를 모든 조건에 맞게 완료하여 고객에게 인도했습니다. 고객은 계약 조항에 있는 기술사항에 대해 만족하지만, 최종 결과에는 만족하지 않습니다. 이런 때 계약은 어떤 상태입니까?**

A. 클레임이 제안된 상태

B. 계약이 종료된 상태

C. 계약서의 조항 및 조건이 부족한 상태

D. 계약서의 작성이 완료된 상태

18 **당신은 이번 프로젝트에서 필요한 구매 품목 중 일부를 회사의 구매부를 통해 진행하기로 했습니다. 다음 중 중앙 집중식 구매(Centralized purchasing)의 장점은 무엇입니까?**

A. 계약에 대한 전문성이 증가한다.

B. 전문가와 계약 체결하기가 용이해진다.

C. 계약관리자가 이중 업무를 진행한다.

D. 프로젝트의 다양성을 반영하여 계약을 체결할 수 있다.

19 **당신은 프로젝트에서 일부 품목을 살 건지 빌릴 건지 결정하려고 합니다. 하루 빌리는 비용은 150만 원이며, 그 품목을 구매하는데 들어가는 투자비용은 2,000만 원이고 하루 사용에 들어가는 원가는 50만 원입니다. 빌리는 비용과 구매하는 비용이 같아지는 시기는 언제입니까?**

A. 10일

B. 15일

C. 20일

D. 25일

20 **당신은 소프트웨어 개발 프로젝트를 애자일 방법으로 진행하고 있습니다. 당신은 외부 판매자로부터 소프트웨어의 한 부분을 조달하기로 결정했습니다. 현 상황에서 다음 중 맞는 것은 무엇입니까?**

A. 조달 계약을 통해 선정된 특정 판매자를 프로젝트 팀으로 편입시켜 팀이 확장될 수 있습니다.

B. 조달 계약을 통해 선정된 특정 판매자도 개발방식을 애자일로 진행해야 합니다.

C. 애자일 방법을 사용하기 때문에 조달을 반복적으로 수행합니다.

D. 애자일 방법은 잘 정의된 범위에서 사용하므로 조달할 작업에 대한 내용을 상세히 정의해서 판매자에게 전달해야 합니다.

21 **당신은 팀과 함께 조달에 대한 기획을 하고 있습니다. 다음 중 조달에 대한 기획 활동을 하고 난 후에 나올 수 있는 문서가 아닌 것은 무엇입니까?**

A. 조달 관리 계획서

B. 입찰 문서

C. 공급자 선정 기준

D. 판매자 제안서

22 **당신은 프로젝트의 전체 범위 중 구매할 항목을 팀과 함께 결정하고 있습니다. 다음 중 구매 품목을 결정할 때 도움되는 문서가 아닌 것은 무엇입니까?**

A. WBS

B. 요구사항 문서

C. 이해관계자 관리대장

D. 리스크 관리대장

23 **당신은 프로젝트에 필요한 조달 품목에 대해 업체와 계약을 진행하려고 합니다. 총 금액은 2억원이며, 만약 정해진 일정보다 1개월 이상 일찍 끝내면 추가로 보너스를 지급해주기로 했습니다. 당신은 어떤 계약 방식을 사용했습니까?**

A. FFP(Firm fixed price)

B. FPIF(Fixed price incentive fee)

C. FPAF(Fixed price award fee)

D. FPEPA(Fixed Price with economic price adjustment)

24 **당신은 조달 품목 중 하나를 판매자와 계약했습니다. 계약 조건은 판매자가 사용한 모든 비용을 상환해주고, 수고비는 계약서에 명시된 일정한 수준의 성과 기준을 충족했을 때에 지급하기로 했습니다. 당신은 어떤 계약 방식을 사용했습니까?**

A. CPPC(Cost plus percentage of cost)

B. CPFF(Cost plus fixed fee)

C. CPIF(Cost plus incentive fee)

D. CPAF(Cost plus award fee)

25 **당신과 팀은 이번 프로젝트에서 필요한 조달 품목과 수량 등을 결정했습니다. 조달할 품목에 대한 사양, 희망 수량, 품질 수준, 성과 기준 등을 상세히 문서화하여 조달 항목에 대해 상세히 기술했습니다. 이 문서는 무엇입니까?**

A. 조달 관리 계획서

B. 조달 작업 기술서

C. 제작-구매 결정사항

D. 입찰 문서

26 **당신은 새로운 드릴 기계를 개발하는 프로젝트를 수행하고 있습니다. 이번 프로젝트의 기계 부품 중 일부를 조달하기로 했습니다. 인터넷으로 가격을 조사해보고, 또 내부 전문가를 통해 어느 정도 비용이 적정한지 비용 산정을 부탁해서 원가를 산정해봤습니다. 이 내용은 향후 판매자의 제시 금액을 평가하는 데 사용할 예정입니다. 이것은 무엇입니까?**

A. 독립 원가 산정치(Independent cost estimates)

B. 전문가 판단(Expert judgment)

C. 유사 산정치(Analogous estimates)

D. 활동 원가 산정치(Activity cost estimates)

27 **이번 프로젝트에서 필요한 조달 품목 중 일부는 프로젝트 수행에 있어서 매우 중요합니다. 그래서 회사의 구매부를 통하지 않고 직접 구매를 하기로 했습니다. 직접 구매할 경우의 장점이 아닌 것은 무엇입니까?**

A. 프로젝트 관리자의 통제권한 확대

B. 개별 프로젝트 요구사항 조치 가능

C. 프로젝트 요구에 유연하게 대처 가능

D. 원가 증가

28 **다음 계약 방식 중에서 판매자가 원가 초과에 대한 리스크를 고려할 필요가 있는 계약 방식은 무엇입니까?**

A. Cost plus fixed fee
B. Time and materials
C. Cost plus incentive fee
D. Lump-sum

29 **당신은 ABC 프로젝트의 관리자이며, 프로젝트를 위해 한 업체와 계약을 했습니다. 계약 조건은 시간당 50만 원에 재료비를 지급하기로 했습니다. 이 계약 방식은 무엇입니까?**

A. Cost plus fixed fee
B. Time and materials
C. Cost plus incentive fee
D. Firm fixed price

30 **다음 계약 방식 중에서 프로젝트의 범위가 명확하지 않을 때 판매자 입장에서 어떤 계약 방식을 선택하는 것이 좋겠습니까?**

A. Cost plus percentage of cost
B. Firm fixed price contracts
C. Fixed price incentive fee
D. Cost plus incentive fee

31 **당신은 방위산업체에서 미사일을 개발하는 프로젝트를 수행하고 있습니다. 미사일에 들어가는 유도 시스템은 외부 업체를 통해 조달하기로 했습니다. 판매자로부터 제안서를 받고 판매자를 선정하려고 합니다. 다음 중 어떤 프로세스 그룹에서 판매자 선정을 합니까?**

A. 착수
B. 기획
C. 실행
D. 종료

32 **당신은 프로젝트 중에 조달 관리를 하고 있으며, 판매자가 주기적으로 성과를 보고하고 있습니다. 계약 조건에 따라 일부 달성된 목표에 대해 비용을 지급하려고 재무 관리 시스템을 사용하려고 합니다. 당신은 어떤 프로세스를 수행하고 있습니까?**

A. 조달 관리 계획수립
B. 조달 수행
C. 조달 통제
D. 조달 종료

33 **당신은 조달 계약 협상을 판매자와 진행하고 있습니다. 협상에서 가장 중요한 것은 무엇입니까?**

A. 상호 이익이 되는 결정 선택

B. 우리에게 유리한 결정 선택

C. 판매자에게 유리한 결정 선택

D. 비용을 최대한 낮게 책정하는 것

34 **다음 중 조달 관리 계획수립 동안에 수행하는 활동은 무엇입니까?**

A. 입찰자 회의 개최

B. 제작-구매 결정

C. 제안서 평가

D. 계약 협상

35 **프로젝트 실행 동안에 계약을 맺은 판매자가 당신에게 조달 품목의 주요 인도물을 보내왔습니다. 당신은 처음 요구한 기술적 사항 중 한 부분이 맞지 않는다고 인도물의 수용을 거부했습니다. 판매자가 검토한 결과 사실이었고, 그 사항에 동의했습니다. 현 상황에서 판매자는 어떻게 하는 것이 가장 좋습니까?**

A. 변경 요청서를 작성한다.

B. 계약서의 요구사항을 검토하고 원래 작업했던 팀원을 만나 같이 인도물의 기술적 사양을 검토한다.

C. 인도물의 기술적 문제를 수정하기위해 팀 회의를 소집한다.

D. 계약 내용이 잘못되었으므로 계약서를 수정을 요구한다.

12 예상 문제 해설

01 **정답 A.** 원가유형 계약 방식은 구매자가 판매자의 모든 원가를 지급하는 계약형태이고 원가가 많아질수록 비용(Fee)도 올라가는 CPPC 계약 방식이 구매자에게 가장 리스크가 큽니다.

02 **정답 C.** 확정고정가 계약 방식은 모든 원가와 수고비를 고정된 금액으로 구매자가 판매자에게 지급하는 방법이며, 계약된 후에는 모든 업무처리를 판매자가 맡게 되므로 구매자 입장에서는 리스크가 가장 작습니다.

03 **정답 A.** Total Payment = Actual cost + Fee + Incentive = 8,000 + 700 + (10,000-8,000) × 0.2= 9,100

04 **정답 A.** [조달 관리 계획수립]에서 제작-구매 결정을 합니다.

05 **정답 C.** Profit(Fee)을 묻는 문제입니다. Fee = (210,000-173,000) × 30% + 27,000 = 11,100 + 27,000 = 38,100

06 **정답 B.** 실행하면서 필요한 조달 품목 잠재적 판매자에게 의뢰하고 판매자로부터 온 제안서를 평가하여 판매자와 계약하는 것은 조달 수행에서 진행합니다.

07 **정답 B.** 업무가 명확하게 정의되지 않았다는 것은 향후 업무변경이 자주 일어날 수 있는 환경입니다. 따라서 고정가 계약 방식으로는 계약이 어려우며 일을 진행하면서 관련 원가를 상환하는 방식으로 계약해야 합니다.

08 **정답 A.** 고정가 계약 방식은 판매자가 일찍 일을 끝낼 수 있어도 안 끝낼 수 있고, 원가정산 계약 방식은 판매자가 원가절감을 안 할 수 있으므로 인센티브를 통해 상호 공동목표를 갖도록 합니다.

09 **정답 A.** 현재 Make-or-buy를 분석하고 있으며, 만들 것인지 구매할 것인지를 결정하는 것은 [조달 관리 계획수립]에서 수행하여 구매할 부분을 결정하게 됩니다.

10 **정답 D.** 조달을 수행하는 과정에서 판매자가 제출한 제안서를 검토하고 결정하게 됩니다.

11 **정답 B.** 이슈로 인한 일정과 원가에 대한 영향을 변경 요청서에 포함시켜 변경 요청서를 계약 변경 통제 시스템에 제출하여 승인을 요청한 후 승인되면 계약서 내용을 업데이트합니다.

12 **정답 B.** [조달 관리 계획수립]에서 제작-구매(Make-or-buy)결정을 통해 구매할 내용이 정해졌으면 판매자에게 구체적인 업무내용을 전달하고 판매자가 제안서를 쓸 수 있도록 업무내용을 문서화하게 됩니다. 이 과정은 RFP를 만드는 과정입니다. [조달 산정]은 가짜 보기입니다.

13 **정답 B.** 시간 및 자재 계약은 시간당 비용을 지급하거나 자재비를 지급하는 방식입니다. 따라서 판매자 입장에서 시간당 작업 이익은 주요 고려 대상입니다.

14 **정답 D.** 제안서는 가격뿐만 아니라 기술적인 기량이나 기술적인 접근방법에 근거해서 판매자를 선택할 때 사용합니다.

15 **정답 D.** 판매자들로부터 제안서나 견적서를 받은 후 판매자를 선정할 때 협상을 진행하게 됩니다.

16 **정답 A.** 현 상황은 특수한 상황입니다. 특허로 인해 판매하는 업체가 한 군데이고, 예산 안에서 모터를 구매할 수 있으므로 그 업체에서 구매합니다.

17 **정답 B.** 계약에 관련된 모든 범위를 완료했고, 기술사항을 충족했다면 계약은 종료된 것입니다. 고객이 Claim을 하지 않았으므로 항의한 것은 아닙니다.

18 **정답 A.** 중앙 집중식 구매방식은 조직 전체의 구매업무를 한 부서에서 담당하는 것으로서 계약업무만 진행함으로 계약에 대한 전문성이 증가합니다.

19 **정답 C.** 빌리는 비용과 구매하는 비용이 같아지는 날을 X라 하면, 150X = 2,000 + 50X, 100X = 2,000이 됩니다. 따라서 X = 20입니다.

20 **정답 A.** 애자일 방법은 범위나 요구사항을 명확하기 정의하기 어렵기 때문에 반복적으로 작업을 수행해서 요구사항을 조금씩 달성하는 것을 의미합니다. 따라서 외부 업체를 프로젝트 팀으로 편입시켜 팀으로서 같이 작업을 수행할 수 있습니다.

21 **정답 D.** 판매자의 제안서는 실행에서 판매자로부터 들어오는 문서입니다.

22 **정답 C.** 이해관계자 관리대장은 조달 품목 결정에 영향이 없습니다. 조달과 관련된 규제기관, 계약 및 법무 담당자들에 대한 정보를 확인하기 위해서 이해관계가 관리대장을 사용합니다.

23 **정답 B.** FPIF(Fixed price incentive fee)는 고정된 금액에다 정해진 목표를 초과할 경우 추가로 성과급(Incentive)을 지급하는 방식입니다.

24 **정답 D.** CPAF(Cost plus award fee)는 판매자에게 모든 합법적 비용(Actual cost)을 상환하지만, 수고비 대부분은 계약서에 명시된 일정한 수준의 성과 기준을 충족했을 때에만 지급됩니다.

25 **정답 B.** 조달 작업 기술서(Procurements statements of work)에는 조달할 품목에 대한 사양, 희망 수량, 품질 수준, 성과 기준, 수행 기간, 작업 위치 등 여러 상세 정보가 포함되어 있으며, 이 정보를 바탕으로 입찰 문서가 만들어지고 판매자에게 전달됩니다.

26 **정답 A.** 구매자 스스로 산정한 금액을 독립 산정(치)이라고 합니다. 구매자가 조달 품목에 대한 가격을 미리 산정한 후에 제안된 가격이 산정된 가격과 차이가 클 경우에는 판매자 선정에서 배제할 수 있습니다.

27 **정답 D.** 구매부를 통하지 않고 직접 구매를 하게 되면 중복 업무로 인해 비용이 증가할 수 있으며, 이는 단점입니다.

28 **정답 D.** Lump-sum은 총액 계약 방식으로서 고정가 계약 방식과 동일합니다.

29 **정답 B.** 시간 및 자재 계약 방식을 말합니다.

30 **정답 D.** 범위가 명확하면 고정가 계약 방식으로 할 수 있지만 그렇지 않다면 원가정산 계약 방식으로 해야 합니다. CPPC 계약 방식 보다 CPIF 계약 방식이 판매자 입장에서 리스크가 적으므로 CPIF를 선택합니다.

31 **정답 C.** 조달 수행에서 판매자를 선정하며, 조달 수행은 실행 프로세스입니다.

32 **정답 C.** 조달 통제에서 재무 관리 시스템을 통해 비용을 지급하게 됩니다. 보기 D의 조달 종료는 가짜 프로세스입니다.

33 **정답 A.** 상호 이익이 되는 방향으로 결정하는 것이 가장 좋습니다.

34 **정답 B.** 제작-구매 결정은 구매 품목을 결정하는 것입니다.

35 **정답 B.** 문제의 원인을 정확하게 파악하고 시정 조치를 취해야 합니다.

12 용어의 뜻 연결하기 **정답**

프로젝트 이해관계자 관리

(Project Stakeholder Management)

핵심 포인트

- 4개 프로세스의 역할
- 이해관계자 분석 방법
- 이해관계자 관리대장에 포함되는 내용
- 이해관계자의 참여 수준 분류

13 프로젝트 이해관계자 관리 (Project Stakeholder Management)

시작하기에 앞서…

프로젝트에는 다양한 이해관계자들이 참여합니다. 이해관계자들은 프로젝트에 영향을 주기 때문에 프로젝트에 영향을 줄 수 있는 이해관계자를 식별하고 효과적으로 관리하는 것은 프로젝트에서 중요합니다. 이해관계자를 관리하면서 중요한 점은 지속적으로 이해관계자와 의사소통을 하면서 그들의 요구사항과 기대사항을 충족시키는 것입니다. 이해관계자를 참여시키는 핵심 수단이 의사소통이기 때문에 13장에는 의사소통에 대한 얘기가 많이 나옵니다. 이해관계자들이 프로젝트에 적극적으로 참여할 때 프로젝트는 성공적으로 수행될 수 있으므로 이해관계자가 적극적으로 프로젝트에 참여할 수 있는 환경과 조건을 만들어줄 필요가 있습니다. 13장은 이해관계자의식별, 이해관계자 참여 계획수립, 이해관계자 참여 관리, 이해관계자 참여 감시의 4개 프로세스로 구성되어 있습니다.

[표 13-1] 이해관계자 관리 프로세스

프로세스 그룹	프로세스
Initiating	13.1 이해관계자 식별(Identify Stakeholders)
Planning	13.2 이해관계자 참여 계획수립(Plan Stakeholder Engagement)
Executing	13.3 이해관계자 참여 관리(Manage Stakeholder Engagement)
Monitoring and controlling	13.4 이해관계자 참여 감시(Monitor Stakeholder Engagement)

13장 이해관계자 관리의 4개 프로세스는 다음과 같습니다.

13.1 이해관계자 식별(Identify Stakeholders) – 프로젝트의 산출물, 결정, 활동에 의해 영향을 주거나 받을 수 있는 개인, 단체, 그룹을 식별하는 프로세스로서 이해관계자의 관심도,

참여도, 프로젝트 성공에 미치는 영향 등에 관련된 정보를 문서화합니다.

13.2 이해관계자 참여 계획수립(Plan Stakeholder Engagement) – 효과적으로 이해관계자를 참여시키기 위한 적절한 관리 전략을 수립합니다.

13.3 이해관계자 참여 관리(Manage Stakeholder Engagement) – 프로젝트 관리자가 이해관계자와 의사소통하고 함께 일을 하면서 이해관계자의 요구사항을 충족시키고 발생하는 이슈를 처리하고 이해관계자의 참여를 촉진합니다.

13.4 이해관계자 참여 감시(Monitor Stakeholder Engagement) – 이해관계자의 참여를 위해 이해관계자 관계를 감시하고 참여 전략을 조정합니다.

[표 13-2] 이해관계자 관리 프로세스의 주요 투입물과 산출물

주요 투입물	이해관계자 관리 프로세스	주요 산출물
프로젝트 헌장 비즈니스 문서 의사소통 관리 계획서 요구사항 문서 협약	**13.1 이해관계자 식별**	이해관계자 관리대장
프로젝트 헌장 자원 관리 계획서 의사소통 관리 계획서 리스크 관리 계획서 이해관계자 관리대장 리스크 관리대장 프로젝트 일정 협약	**13.2 이해관계자 참여 계획수립**	이해관계자 참여 계획서
이해관계자 참여 계획서 의사소통 관리 계획서 이해관계자 관리대장 이슈 기록부 변경사항 기록부	**13.3 이해관계자 참여 관리**	이해관계자 관리대장 업데이트 변경 요청
자원 관리 계획서 의사소통 관리 계획서 이해관계자 참여 계획서 이슈 기록부 작업 성과 데이터 이해관계자 관리대장 프로젝트 의사소통 리스크 관리대장	**13.4 이해관계자 참여 감시**	작업 성과 정보 변경 요청

프로젝트에는 다양한 이해관계자가 있습니다. 이 이해관계자를 관리하는 데 있어서 가장 중요한 역할을 하는 사람이 바로 프로젝트 관리자입니다. *PMBOK® Guide*는 프로젝트 관리자 관점에서 쓰인 책이므로 프로젝트 관리자가 이해관계자를 어떻게 관리해야 하는지 방법을 결정하는 것은 당연합니다.

이해관계자(Stakeholder)란 프로젝트에 적극적으로 참여하거나 프로젝트의 성과나 완료 결과에 따라 긍정적 또는 부정적 영향을 받을 수 있는 개인 또는 조직을 말합니다. 프로젝트로부터 긍정적 영향을 받는 사람들은 긍정적 이해관계자(Positive stakeholder)가 되며, 프로젝트로부터 부정적 영향을 받는 사람들은 부정적 이해관계자(Negative stakeholder)가 됩니다. 이들은 프로젝트 목표 및 결과에 영향을 미치므로 프로젝트 관리 팀은 반드시 이해관계자를 식별해야 하며, 긍정적 이해관계자로부터는 도움을 받고 부정적 이해관계자가 부정적 영향을 미치지 않게 관리할 필요가 있습니다. 그리고 그들의 요구사항을 식별해서 프로젝트를 수행하는 동안에 맞춰야 합니다. 그런데 이해관계자를 식별하는 일은 명확하지 않은 부분으로 인해 쉽지 않을 수도 있습니다. 왜냐하면, 지금은 이해관계자로 볼 수 없었던 사람이 앞으로 상황적 변경으로 인해 이해관계자가 될 수도 있고 또 그 반대의 경우도 생길 수 있기 때문입니다.

잠깐! *PMBOK® Guide* PDF File

PMI의 유료 회원은 PMI의 Standard 들을 PDF 파일 형태로 다운받을 수 있습니다. 파일이 종이 책보다 편리한 점은 '검색'이 가능하다는 것입니다. 예를 들면 Sponsor의 경우 *PMBOK® Guide* 특정 부분에서만 설명이 나오는 것이 아니라 *PMBOK® Guide* 전반에 걸쳐 등장하므로 검색을 하게 되면 Sponsor만 모아서 볼 수 있는 장점이 있습니다. 또한, *PMBOK® Guide* PDF File은 스마트폰이나 스마트패드에 넣어 놓고 시간 날 때마다 학습할 수도 있습니다.

13.1 이해관계자 식별(Identify Stakeholders)

[이해관계자 식별] 프로세스는 프로젝트로부터 영향을 받는 모든 개인 또는 조직을 식별하여 그들의 정보, 관심도, 프로젝트 성공에 미치는 영향 등을 문서화합니다. 이해관계자 식별은 언제 하는 것이 가장 좋을까요? 프로젝트 초기에 해야 하며, 프로젝트를 진행하는 과정에 따라 이해관계자의 수나 유형이 변할 수 있으므로 주기적으로 반복해야 합니다. 이해관계자 관리도 체계적인 프로세스에 따라 진행하는 것이 바람직합니다.

[표 13-3] 이해관계자 식별의 ITTO

<table>
<tr><th colspan="3">이해관계자 식별(Identify Stakeholders)</th></tr>
<tr><td colspan="2">지식영역: 이해관계자 관리
(Stakeholder management)</td><td>프로세스 그룹: 착수(Initiating)</td></tr>
<tr><th>투입물</th><th>도구 및 기법</th><th>산출물</th></tr>
<tr><td>1. 프로젝트 헌장
2. 비즈니스 문서
• 비즈니스 케이스
• 편익 관리 계획서
3. 프로젝트 관리 계획서
• 의사소통 관리 계획서
• 이해관계자 참여 계획서
4. 프로젝트 문서
• 변경사항 기록부
• 이슈 기록부
• 요구사항 문서
5. 협약
6. 기업 환경 요인
7. 조직 프로세스 자산</td><td>1. 전문가 판단
2. 데이터 수집
• 설문지 및 설문조사
• 브레인스토밍
3. 데이터 분석
• 이해관계자 분석
• 문서 분석
4. 데이터 표현
• 이해관계자 매핑/표현
5. 회의</td><td>1. 이해관계자 관리대장
2. 변경 요청
3. 프로젝트 관리 계획서 업데이트
• 요구사항 관리 계획서
• 의사소통 관리 계획서
• 리스크 관리 계획서
• 이해관계자 참여 계획서
4. 프로젝트 문서 업데이트
• 가정사항 기록부
• 이슈 기록부
• 리스크 관리대장</td></tr>
</table>

[표 13-3]은 [이해관계자 식별] 프로세스의 Inputs, Tools and Techniques, Outputs입니다. 프로젝트 헌장에는 초기 주요 내부 및 외부 이해관계자에 대한 정보가 있으므로 참고해야 하며, 협약에 포함된 계약 관련 이해관계자도 핵심 이해관계자입니다. 프로젝트 팀에서 체계적인 방법으로 식별된 이해관계자를 분석하여 문서화합니다.

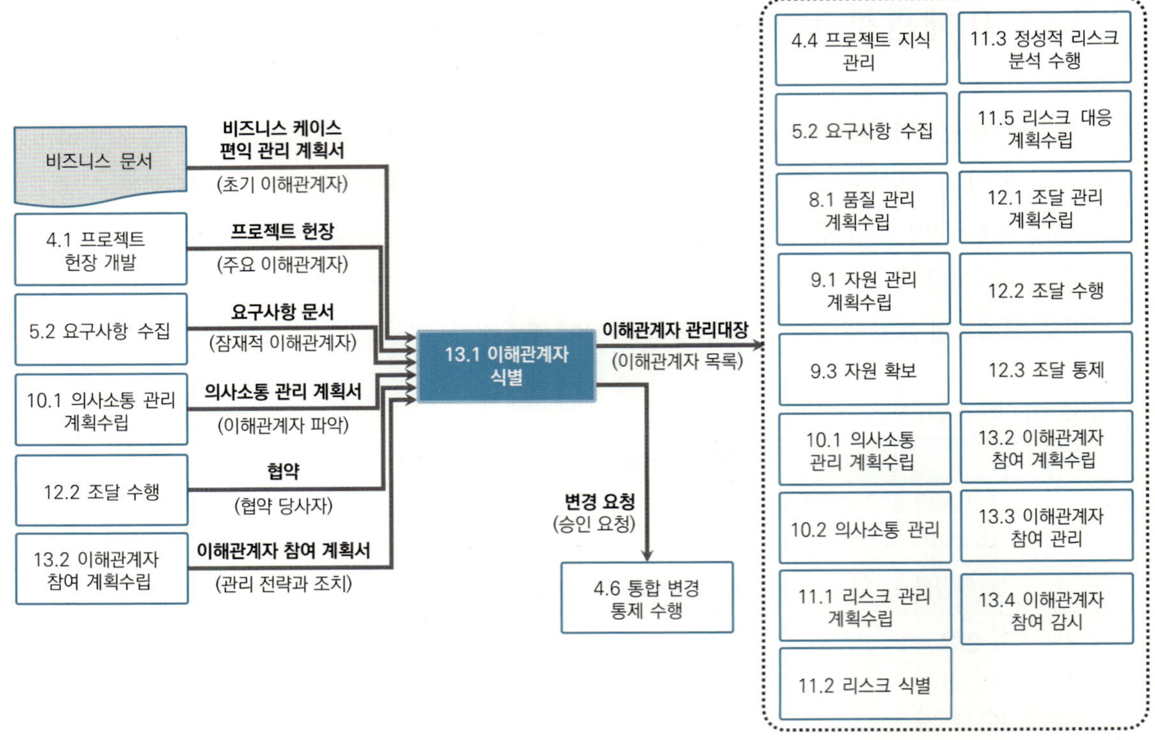

[그림 13-1] 이해관계자 식별의 주요 흐름

[그림 13-1]은 주요 흐름을 표현합니다. 이해관계자를 식별할 수 있는 문서들이 투입물이며, 식별된 이해관계자는 여러 프로세스의 주요 투입물이 됩니다.

[표 13-4] 이해관계자 식별 산출물의 투입 이유

이해관계자 관리대장 투입 프로세스	투입 이유
4.4 프로젝트 지식 관리	식별된 이해관계자에 대한 개인신상 정보, 기대사항, 영향력 등 다양한 정보를 지식 자산으로 축적하기 위해서.
5.2 요구사항 수집	이해관계자로부터 요구사항을 수집하기 위해서.
8.1 품질 관리 계획수립	이해관계자의 품질에 대한 요구사항을 품질 기준에 반영하기 위해서.
9.1 자원 관리 계획수립	이해관계자의 자원에 대한 요구와 영향력을 고려하기 위해서.
9.3 자원 확보	이해관계자의 자원 요구사항을 고려해서 자원을 확보하기 위해서.
10.1 의사소통 관리 계획수립	이해관계자의 정보 요구사항을 분석하기 위해서.

10.2 의사소통 관리	이해관계자는 정보를 받을 대상이기 때문에.
11.1 리스크 관리 계획수립	리스크 관리 활동에 관련된 이해관계자를 파악하기 위해서.
11.2 리스크 식별	이해관계자로부터 리스크 정보 수집하기 위해서.
11.3 정성적 리스크 분석 수행	리스크 관리 활동에 대한 이해관계자의 역할과 책임을 결정하고, 리스크 한계선(Risk threshold)을 정할 때 이해관계자의 리스크 태도를 고려하기 위해서.
11.5 리스크 대응 계획수립	리스크 대응을 담당할 사람이 이해관계자 중에서 결정될 수 있기 때문에.
12.1 조달 관리 계획수립	이해관계자 중 조달과 관련 있는 규제 기관, 계약 및 법무 담당자들은 조달에 대한 준비 활동에 참여시키거나 고려할 필요가 있기 때문에.
12.2 조달 수행	조달 관련 이해관계자들이 조달 수행에 참여하기 때문에.
12.3 조달 통제	이해관계자 관리대장에는 선정된 판매자 및 계약 관련 이해관계자들이 포함되어 있으며, 선정된 판매자는 조달 통제의 대상이기 때문에.
13.2 이해관계자 참여 계획수립	식별된 이해관계자에 대한 참여 계획을 수립하기 위해서.
13.3 이해관계자 참여 관리	이해관계자는 참여 관리의 대상이기 때문에.
13.4 이해관계자 참여 감시	이해관계자는 참여 감시의 대상이기 때문에.
변경 요청 투입 프로세스	**투입 이유**
4.6 통합 변경 통제 수행	공식적으로 변경을 승인받기 위해서.

13.1.1 이해관계자 식별: 투입물

이해관계자에 대한 정보를 얻을 수 있는 문서가 투입됩니다.

13.1.1.1 프로젝트 헌장(Project charter)

프로젝트 헌장에는 프로젝트의 핵심 이해관계자 목록이 포함되어 있습니다. 이 이해관계자들은 이해관계자 관리대장에 기록됩니다.

13.1.1.2 비즈니스 문서(Business documents)

비즈니스 케이스와 편익 관리 계획서로부터 이해관계자 정보를 얻을 수 있습니다.

◆ 비즈니스 케이스(Business case)

비즈니스 케이스에는 프로젝트의 영향을 받는 이해관계자들의 초기 목록이 들어가 있습니다.

◆ **편익 관리 계획서**(Benefits management plan)

프로젝트 결과물을 통해 편익을 받는 개인이나 그룹을 이해관계자로 식별할 수 있습니다.

13.1.1.3 프로젝트 관리 계획서(Project management plan)

처음 이해관계자를 식별할 때는 프로젝트 관리 계획서가 만들어지기 이전이므로 프로젝트 관리 계획서를 이용할 수 없지만 이후 기획을 통해 프로젝트 관리 계획서가 만들어진 이후에 이해관계자를 식별할 때는 프로젝트 관리 계획서를 사용할 수 있습니다. 이해관계자 식별은 프로젝트 생애주기를 통해 반복하는 프로세스입니다. 프로젝트 관리 계획서에 포함되는 내용 중 의사소통 관리 계획서와 이해관계자 참여 계획서를 투입물로 사용됩니다.

◆ **의사소통 관리 계획서**(Communications management plan)

의사소통은 사람들 간에 합니다. 따라서 의사소통 관리 계획서에 포함된 정보 전달 책임자, 정보를 받을 개인 또는 그룹 등을 근거로 프로젝트의 이해관계자를 파악할 수 있습니다.

◆ **이해관계자 참여 계획서**(Stakeholder engagement plan)

이해관계자 참여 계획서에는 이해관계자 개인 또는 그룹의 참여를 위한 특정 전략 또는 접근방식을 포함합니다.

13.1.1.4 프로젝트 문서(Project documents)

처음 이해관계자를 식별할 때는 프로젝트 문서들이 만들어지기 이전이므로 프로젝트 문서를 이용할 수 없지만 이후 기획을 통해 프로젝트 문서가 만들어진 이후에 이해관계자를 식별할 때는 프로젝트 문서를 사용할 수 있습니다. 이해관계자 식별은 프로젝트 생애주기를 통해 반복하는 프로세스입니다. 이해관계자 식별에 도움이 되는 문서들을 투입물로 사용합니다.

◆ **변경사항 기록부**(Change log)

변경사항 기록부는 변경을 기록하는 문서입니다. 변경 사항에는 새로운 이해관계자를 소개하거나 기존 이해관계자의 프로젝트에 대한 관계에 대한 속성의 변경에 대한 내용도 있을 수 있습니다. 새로운 이해관계자는 이해관계자 관리대장에 추가합니다.

◆ **이슈 기록부**(Issue log)

새로운 이해관계자로 인해 발생할 수 있는 이슈나 기존 이해관계자의 참여 유형 변경이 포함될 수 있습니다. 새로운 이슈는 이슈 기록부에 업데이트합니다.

◆ **요구사항 문서**(Requirements documentation)

요구사항은 이해관계자가 제시하는 경우가 있습니다. 요구사항 문서에는 요구사항을 제시할 잠재적 이해관계자에 대한 정보를 포함할 수 있습니다. 이해관계자 관리대장에는 이해관계자의 주요 요구사항 및 기대사항을 포함할 수 있습니다.

13.1.1.5 협약(Agreements)

계약 당사자는 프로젝트 이해관계자입니다. 계약을 맺은 판매자가 있으면 이해관계자 관리대장에 추가합니다.

13.1.1.6 기업 환경 요인(Enterprise environmental factors)

이해관계자 식별에 영향을 줄 수 있는 회사에 관련된 다양한 정보를 고려합니다. 조직의 문화, 정치적 환경, 정부 또는 산업 표준, 지역적 또는 나라별 실무사례나 관습 등을 고려합니다.

13.1.1.7 조직 프로세스 자산(Organizational process assets)

이해관계자 식별에 과거에 사용했던 이해관계자 관리대장이나 관련된 교훈을 이용할 수 있습니다.

13.1.2 이해관계자 식별: 도구 및 기법

이해관계자에 대한 정보를 얻기 위한 데이터 수집 기법과 수집된 데이터를 분석하는 기법, 분석된 데이터를 표현하는 기법 등을 사용합니다.

13.1.2.1 전문가 판단(Expert judgment)

이해관계자 식별 및 분석에 전문가의 도움의 받을 수 있습니다.

13.1.2.2 데이터 수집(Data gathering)

이해관계자에 대한 정보를 얻기 위해 데이터 수집 기법을 사용합니다.

◆ 설문지 및 설문조사(Questionnaires and surveys)

다양한 설문조사 방법을 통해 이해관계자에 대한 정보를 수집합니다.

◆ 브레인스토밍(Brainstorming)

브레인스토밍과 브레인라이팅(Brain writing) 기법을 사용해서 이해관계자에 대한 정보를 수집합니다. 브레인라이팅은 주제에 대한 아이디어를 바로 말로 얘기하는 것이 아니라 주어진 종이에 먼저 적습니다. 적은 종이를 옆 사람에게 전달하면 그 사람은 적힌 아이디어를 보고 추가 아이디어를 더 적습니다. 이런 식으로 아이디어를 확장해 나가는 방식을 브레인라이팅이라고 합니다.

13.1.2.3 데이터 분석(Data analysis)

식별된 이해관계자에 대한 분석을 수행합니다.

◆ 이해관계자 분석(Stakeholder analysis)

식별된 이해관계자에 대해 직책, 프로젝트에서의 역할, 이해관계, 기대사항, 태도 등을 분석합니다. 이해관계자에 대한 분석이 되어야 이해관계자에 대한 참여 전략을 수립할 수 있습니다. 이해관계자의 이해관계(Stakes)에는 다음 사항들이 있습니다.

- 이해관계(Interest): 프로젝트 또는 프로젝트의 산출물과 관련된 결정에 의해 개인이나 그룹은 영향을 받을 수 있습니다.
- 권리(Rights): 법적 권리 또는 도덕적 권리가 있습니다.
- 소유권(Ownership): 자산 또는 재산에 대한 법적 권리입니다.
- 지식(Knowledge): 프로젝트에 도움을 줄 수 있는 전문 지식입니다.
- 기여(Contribution): 프로젝트에 자금이나 자원에 대한 조항, 프로젝트와 조직의 권력 구조 사이를 완충하는 형태의 지지 활동 같은 무형적인 지원입니다.

◆ 문서 분석(Document analysis)

프로젝트 문서 및 교훈을 통해 이해관계자에 대한 정보를 추가로 얻고 분석에 사용할 수 있습니다.

13.1.2.4 데이터 표현(Data representation)

모든 이해관계자를 모두 집중하여 관리하는 것은 거의 불가능한 일이므로 효과적인 이해관계자 관리를 위해 이해관계자를 범주별로 분류하여 각 이해관계자 특성에 맞는 전략을 수립하고 이해관계자를 관리하는 방법을 사용하면 도움이 됩니다. 다음과 같은 방법이 이용됩니다.

◆ Power/interest grid, power/influence grid, impact/influence grid

2가지 변수를 사용해서 격자 형태로 이해관계자를 크게 4가지 그룹으로 분류할 수 있습니다. 분류된 그룹에 따라 관리 방법을 다르게 하여 효율적으로 이해관계자를 관리할 수 있습니다. 이런 분류는 소규모 프로젝트나 이해관계자와 프로젝트 간 관계가 단순한 프로젝트에 유용합니다.

- Power는 이해관계자의 권한 수준을 말하며, 이해관계자의 전반적 조직에 대한 권한을 말합니다. 따라서 회사의 중역은 상당한 Power를 가집니다. Power는 Impact와 다릅니다.
- Interest는 프로젝트 결과(산출물)에 대한 이해관계자의 관심 정도입니다. 높은 Interest를 가진 이해관계자는 프로젝트에 매우 관심 있어 합니다. 이번 프로젝트에 낮은 Interest를 가진 이해관계자지만 프로젝트 결과보다 다른 것을 더 중요하게 생각할 수 있습니다.
- Influence는 프로젝트 결과에 영향을 미칠 수 있는 능력을 말합니다.
- Impact는 프로젝트의 기획 또는 실행에 대한 변경에 영향을 주는 이해관계자의 능력을 뜻합니다. 높은 Impact를 가진 이해관계자는 프로젝트를 자신이 원하는 방향으로 이끌 수 있습니다. 이해관계자는 낮은 Power에 높은 Impact를 가질 수 있습니다. (반대도 가능) 예를 들면, 전문가가 직급이 낮아서 Power는 낮아도 전문적 지식으로 인해 높은 Impact를 가질 수 있습니다.

[그림 13-2]는 이해관계자를 Power와 Interest로 분류한 예시입니다. Power와 Interest의 높고 낮음에 따라 4개의 그룹으로 분류되는데, 이 중에서 Power와 Interest가 높은 이해관계자가 핵심 이해관계자가 됩니다.

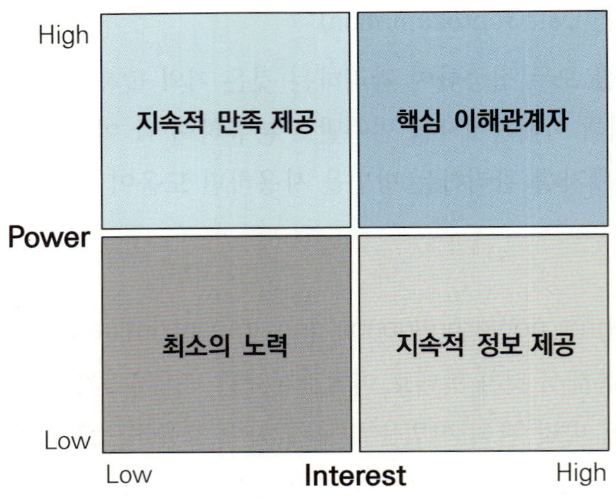

[그림 13-2] 이해관계자의 분류 및 관리

> **잠깐! Influence와 impact의 차이**
>
> 영어사전을 찾아보면 Influence는 '영향, 영향력, (사람의 행동사고에) 영향을 주다, (상황에) 영향을 미치다'라고 나옵니다. Impact는 '(강력한) 영향, 충격, 충돌, 영향을 주다, 충돌하다'라고 나옵니다. 한글로는 Influence와 Impact가 둘 다 '영향'으로 번역이 될 수 있고, 그러면 Influence와 Impact의 구분이 되지 않습니다. 그래서 이 부분은 앞에서 한글 번역을 쓰지 않고 영어 그대로 사용했습니다. 일반적으로 Influence는 간접적인 영향이고 기간이 오래 걸리며, Impact는 영향이 상당히 강할 때 사용합니다.

◆ 이해관계자 큐브(Stakeholder cube)

앞에서 설명한 Grid는 2가지 변수를 사용했습니다. 만약 3가지 변수를 사용하고 싶으면 Grid 형태로는 표현이 불가능합니다. 이런 경우에는 큐브(정육면체) 모양으로 표현이 가능합니다. [그림 13-3]은 이해관계자 큐브의 예시입니다. Interest는 능동 또는 수동을 뜻하며, Power는 영향력이 있다 또는 중요하지 않다를 뜻하며, Attitude는 후원자인가 방해자인가를 뜻합니다. 이 그림과 내용은 Ruth Murray-Webster & Peter Simon이 발표한 Making Sense of Stakeholder Mapping(2006)의 내용을 인용했습니다.

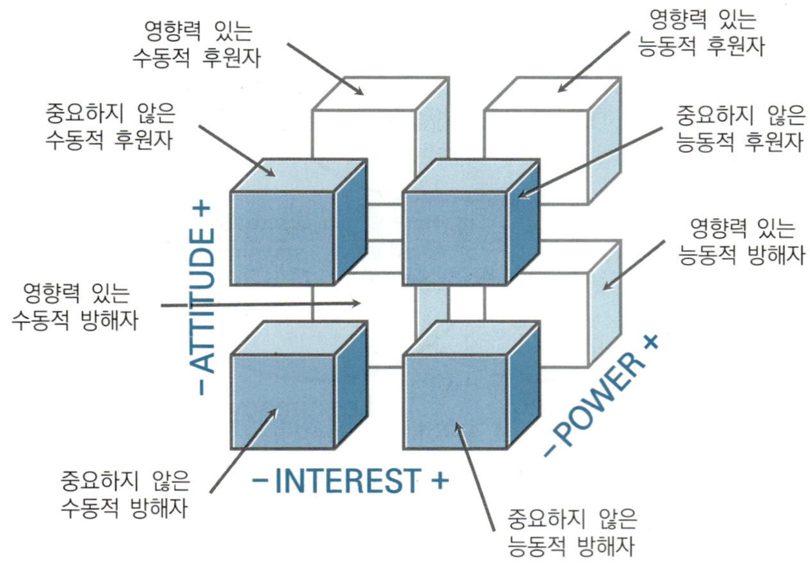

[그림 13-3] 이해관계자 큐브의 예

◆ **현저성 모델(Salience model)**

Salience는 사전적 의미로 돌출, 돌기, 현저, 특징, 중요점의 의미를 갖고 있습니다. 이 모델은 이해관계자의 Power, urgency, legitimacy의 3가지 특징으로 이해관계자를 분류합니다. Power는 프로젝트 결과에 영향을 미치는 권한 또는 능력 수준을 뜻하며, Urgency는 프로젝트 결과에 대해 높은 이해관계로 관련되어 있거나 시간적 제약으로 인해 즉각적인 주의가 필요함을 뜻하고, Legitimacy는 참여의 적절성을 뜻합니다. 이 모델은 복잡하고 규모가 큰 이해관계자 공동체에 적합합니다. Salience model은 1997년에 Mitchell, Agle, Wood가 개발했으며, 'Toward a theory of stakeholder identification and salience: defining the principle of who and what really counts'라는 논문을 통해 발표했습니다.

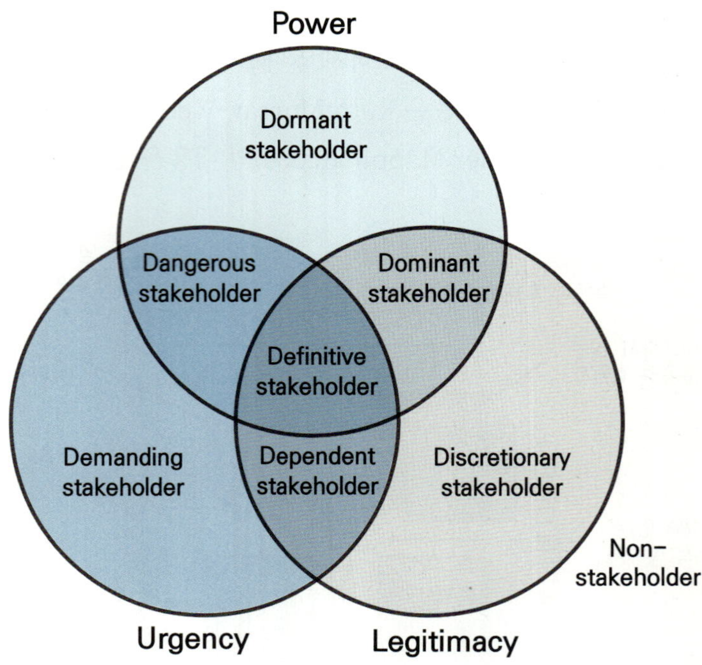

[그림 13-4] Salience model

◆ 영향력의 방향(Directions of influence)

프로젝트 작업 또는 팀에 미치는 영향력에 따라 이해관계자를 분류합니다.

- 상향: 수행조직 또는 고객의 상위 경영진, 스폰서, 운영 위원회
- 하향: 일시적으로 스킬 또는 지식을 기여하는 팀 또는 전문가
- 외향: 공급자, 정부 부서, 대중, 최종 사용자, 규제 당국 같은 프로젝트 팀 외부의 이해관계자 그룹 또는 대표자.
- 측방향: 부족한 자원을 두고 경합하는 다른 프로젝트 관리자, 자원 또는 정보를 공유하면서 협업하는 다른 프로젝트 관리자 같은 동료.

◆ 우선순위(Prioritization)

이해관계자의 수가 너무 많거나 이해관계자 커뮤니티가 복잡해서 이해관계자가 빈번히 변경될 경우 이해관계자의 우선순위를 지정할 필요가 있을 수 있습니다.

13.1.2.5 회의(Meetings)

중요한 이해관계자에 대한 이해를 높이기 위해서 회의를 진행합니다.

13.1.3 이해관계자 식별: 산출물

식별 및 분석된 이해관계자에 대한 정보가 이해관계자 관리대장에 문서화됩니다.

13.1.3.1 이해관계자 관리대장(Stakeholder register)

이해관계자의 이름, 지위, 프로젝트에서의 역할, 연락처, 주요 요구사항, 기대사항, 잠재적 영향, 분류 등이 이해관계자 관리대장에 포함됩니다.

13.1.3.2 변경 요청(Change requests)

이해관계자 식별을 반복하게 되면 새로운 이해관계자가 식별되고, 기존 이해관계자에 대한 새로운 정보를 알게 됨에 따라 제품, 프로젝트 관리 계획서, 프로젝트 문서에 대한 변경 요청이 생길 수 있습니다.

13.1.3.3 프로젝트 관리 계획서 업데이트(Project management plan updates)

착수에서는 프로젝트 관리 계획서가 없으므로 업데이트되지 않습니다. 착수 후에 이해관계자 식별을 반복한 결과로 요구사항 관리 계획서, 의사소통 관리 계획서, 리스크 관리 계획서, 이해관계자 참여 계획서 등이 업데이트될 수 있습니다.

- 요구사항 관리 계획서(Requirements management plan)

  새로 식별된 이해관계자는 요구사항 관리 방법에 영향을 줄 수 있습니다.

- 의사소통 관리 계획서(Communications management plan)

  식별된 이해관계자의 의사소통 요구사항과 합의된 의사소통 전략을 반영해서 의사소통 관리 계획서가 업데이트됩니다.

◆ 리스크 관리 계획서(Risk management plan)

식별된 이해관계자의 의사소통 요구사항과 합의된 의사소통 전략이 리스크 관리에 영향을 미치는 경우 리스크 관리 계획서가 업데이트될 수 있습니다.

◆ 이해관계자 참여 계획서(Stakeholder engagement plan)

식별된 이해관계자의 합의된 의사소통 전략을 반영해서 이해관계자 참여 계획서가 업데이트될 수 있습니다.

13.1.3.4 프로젝트 문서 업데이트(Project document updates)

이해관계자 식별을 수행한 결과로 인해 가정사항 기록부, 이슈 기록부, 리스크 관리대장 등이 업데이트될 수 있습니다.

◆ 가정사항 기록부(Assumption log)

이해관계자에 관련된 새로운 가정사항들이 업데이트됩니다.

◆ 이슈 기록부(Issue log)

이해관계자 식별 과정에서 새로운 이슈가 생기면 이슈 기록부를 업데이트합니다.

◆ 리스크 관리대장(Risk register)

이해관계자 식별 과정에서 새로운 리스크가 식별되면 리스크 관리대장에 업데이트합니다.

13.2 이해관계자 참여 계획수립(Plan Stakeholder Engagement)

[이해관계자 참여 계획수립] 프로세스는 기획 프로세스 그룹에 속하며 향후 프로젝트에 필요한 이해관계자를 적극적으로 참여시키기 위한 계획을 준비하는 프로세스입니다. 이해관계자를 참여시키는 효과적인 방법은 의사소통을 적극적으로 하는 것입니다.

[표 13-5] 이해관계자 참여 계획수립의 ITTO

이해관계자 참여 계획수립(Plan Stakeholder Engagement)		
지식영역: 이해관계자 관리 (Stakeholder management)	프로세스 그룹: 기획(Planning)	
투입물	도구 및 기법	산출물
1. 프로젝트 헌장 2. 프로젝트 관리 계획서 • 자원 관리 계획서 • 의사소통 관리 계획서 • 리스크 관리 계획서 3. 프로젝트 문서 • 가정사항 기록부 • 변경사항 기록부 • 이슈 기록부 • 프로젝트 일정 • 리스크 관리대장 • 이해관계자 관리대장 4. 협약 5. 기업 환경 요인 6. 조직 프로세스 자산	1. 전문가 판단 2. 데이터 수집 • 벤치마킹 3. 데이터 분석 • 가정 및 제약 분석 • 근본 원인 분석 4. 의사 결정 • 우선순위지정/등급지정 5. 데이터 표현 • 마인드 매핑 • 이해관계자 참여 평가 매트릭스 6. 회의	1. 이해관계자 참여 계획서

[표 13-5]는 [이해관계자 참여 계획수립]의 Inputs, Tools and Techniques, Outputs입니다. 효과적으로 이해관계자를 참여시키기 위한 이해관계자 참여 계획서를 수립합니다.

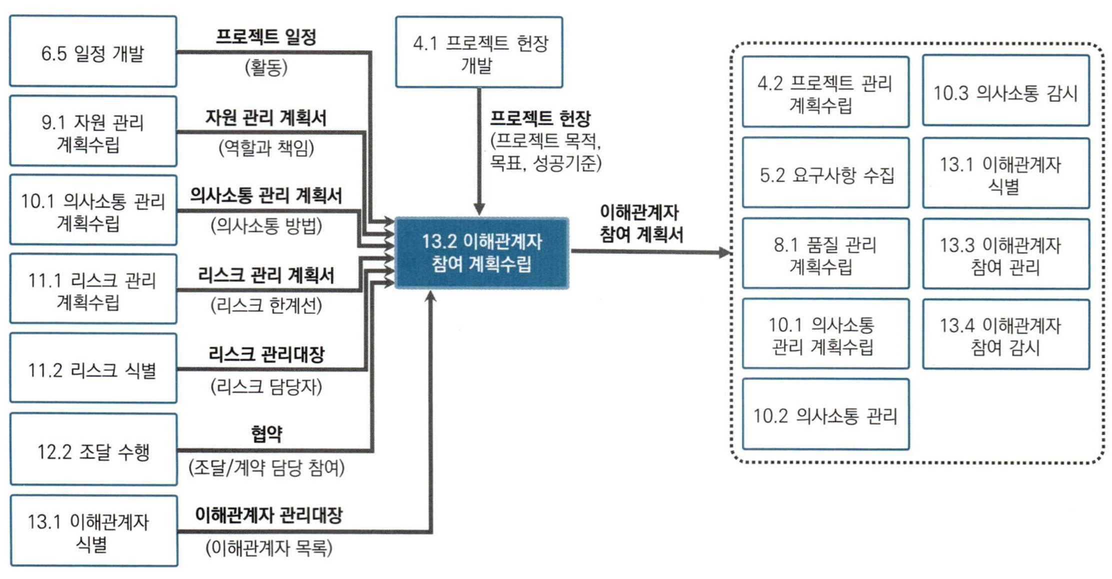

[그림 13-5] 이해관계자 참여 계획수립 프로세스의 주요 흐름

[그림 13-5]는 이해관계자 참여 계획수립 프로세스의 주요 흐름을 나타냅니다. 이 프로세스는 이해관계자의 프로젝트 참여수준을 결정하고 참여를 위한 접근 방법을 결정합니다. 작성된 이해관계자 참여 계획서는 프로젝트 관리 계획서의 보조 관리 계획서로 통합됩니다.

[표 13-6] 이해관계자 참여 계획수립 산출물의 투입 이유

이해관계자 참여 계획서 투입 프로세스	투입 이유
4.2 프로젝트 관리 계획서	보조 관리 계획서로서 전체 프로젝트 관리 계획서로 통합하기 위해서.
5.2 요구사항 수집	요구사항 수집 활동에 대한 이해관계자의 참여 수준을 이해하기 위해서.
8.1 품질 관리 계획수립	이해관계자의 요구사항과 기대사항을 문서화하는 방법이 포함되어 있고, 이해관계자의 요구사항에는 품질에 대한 요구사항이 있기 때문에.
10.1 의사소통 관리 계획수립	이해관계자를 참여시키기 위해 필요한 의사소통 요구사항을 분석하기 위해서.
10.2 의사소통 관리	이해관계자를 적극적으로 참여시키기 위한 의사소통 전략이 이해관계자 참여 계획서에 포함되어 있으므로.
10.3 의사소통 감시	계획한 대로 의사소통이 되고 있는지 확인 후 필요하면 시정조치를 취하기 위해서.
13.1 이해관계자 식별	이해관계자 개인 또는 그룹의 참여를 위한 특정 전략 또는 접근 방식을 고려하기 위해서.
13.3 이해관계자 참여 관리	계획에 따라 이해관계자를 참여시키기 위해서.
13.4 이해관계자 참여 감시	계획에 따라 이해관계자를 참여를 감시하기 위해서.

13.2.1 이해관계자 참여 계획수립: 투입물

이해관계자 참여 전략을 개발하기 위해서 필요한 내용이 투입됩니다.

13.2.1.1 프로젝트 헌장(Project charter)

이해관계자 참여 방법을 기획할 때 프로젝트 헌장에 포함된 프로젝트 목적, 목표, 성공 기준을 고려할 수 있습니다.

13.2.1.2 프로젝트 관리 계획서(Project management plan)

프로젝트 관리 계획서에 포함된 내용 중 자원 관리 계획서, 의사소통 관리 계획서, 리스크 관리 계획서를 투입물로 사용합니다.

◆ **자원 관리 계획서**(Resource management plan)

자원 관리 계획서에는 팀과 다른 이해관계자의 역할과 책임에 대한 정보를 포함할 수 있습니다. 역할과 책임은 이해관계자 참여 전략을 수립하는데 고려할 수 있습니다.

◆ **의사소통 관리 계획서**(Communications management plan)

이해관계자를 관리하는 핵심 수단은 의사소통입니다. 의사소통 관리 계획서에 포함된 의사소통 전략과 수행 계획은 이해관계자 참여 계획수립의 핵심 투입물입니다.

◆ **리스크 관리 계획서**(Risk management plan)

리스크 관리 계획서에 포함된 이해관계자의 리스크 한계선(Risk threshold)과 리스크 대처 태도(Risk attitude)는 최적의 이해관계자 참여 전략의 조합을 선정하는 데 도움이 될 수 있습니다.

13.2.1.3 프로젝트 문서(Project documents)

이해관계자 참여 계획을 수립하는 데 도움이 될 수 있는 문서들을 투입물로 사용합니다.

◆ **가정사항 기록부**(Assumption log)

가정사항 기록부에 포함된 가정사항과 제약사항은 특정 이해관계자와 연결될 수 있습니다. 가정 및 제약과 관련된 이해관계자는 참여 관리 대상이며, 관련 내용을 반영해서 이해관계자 참여 계획서를 수립합니다.

◆ **변경사항 기록부**(Change log)

변경사항 기록부는 변경을 기록하는 문서입니다. 변경 요청, 변경의 승인 및 거부, 승인된 변경의 실행 수행의 영향은 일반적으로 이해관계자와 연결됩니다. 변경에 관련된 이해관계자는 참여 관리 대상이며, 관련 내용을 반영해서 이해관계자 참여 계획서를 수립합니다.

◆ 이슈 기록부(Issue log)

이슈 기록부에 기록된 이슈를 관리하고 해결하려면 이슈의 영향을 받는 이해관계자와 추가적인 의사소통이 필요할 수 있습니다. 이슈와 관련된 이해관계자는 참여 관리 대상이며, 관련 내용을 반영해서 이해관계자 참여 계획서를 수립합니다.

◆ 프로젝트 일정(Project schedule)

프로젝트 일정에는 활동이 포함되어 있습니다. 활동에는 담당자나 실행자가 배정됩니다. 활동을 담당하거나 실행할 사람은 프로젝트에 더 적극적으로 참여할 필요가 있습니다. 활동에 관련된 이해관계자는 참여 관리 대상이며, 관련 내용을 반영해서 이해관계자 참여 계획서를 수립합니다.

◆ 리스크 관리대장(Risk register)

리스크 담당자 또는 리스크의 영향을 받는 대상들은 프로젝트의 이해관계자이며, 참여 관리 대상이므로 관련 내용을 반영해서 이해관계자 참여 계획서를 수립합니다.

◆ 이해관계자 관리대장(Stakeholder register)

이해관계자 관리대장에는 이해관계자 목록이 포함되어 있습니다. 이해관계자는 참여 관리 대상이므로 관련 내용을 반영해서 이해관계자 참여 계획서를 수립합니다.

13.2.1.4 협약(Agreements)

공급업체나 계약업체를 효과적으로 관리하기 위해 조달 및 계약 부서가 일반적으로 계약자 및 공급자의 참여를 위한 기획에 참여합니다. 조달 및 계약 부서도 참여 관리 대상이므로 관련 내용을 반영해서 이해관계자 참여 계획서를 수립합니다.

13.2.1.5 기업 환경 요인(Enterprise environmental factors)

이해관계자 참여 계획수립에 영향을 줄 수 있는 회사에 관련된 다양한 정보를 고려합니다. 조직의 문화, 정치적 환경, 인사행정 정책, 이해관계자의 리스크 수용범위(Risk appetite), 수립된 의사소통 채널, 지역적 실무사례 또는 관습 등을 고려합니다.

13.2.1.6 조직 프로세스 자산(Organizational process assets)

이해관계자 참여 계획수립에 영향을 줄 수 있는 다양한 정보를 사용합니다. 조직의 의사소통 요구사항, 정보 관리에 대한 표준화된 지침, 교훈, 이해관계자 참여 관리에 사용할 소프트웨어 등을 활용합니다.

13.2.2 이해관계자 참여 계획수립: 도구 및 기법

이해관계자 참여 계획서를 만들기 위해서 이해관계자를 분석합니다.

13.2.2.1 전문가 판단(Expert judgment)

이해관계자의 참여 수준을 분석하거나 참여 전략을 결정할 때 전문가의 도움을 받을 수 있습니다.

13.2.2.2 데이터 수집(Data gathering)

다양한 데이터 수집 기법 중 벤치마킹을 사용합니다.

◆ **벤치마킹**(Benchmarking)

우수 사례를 검토하여 활용하기 위해 다른 조직 또는 다른 프로젝트의 정보를 알아봅니다.

13.2.2.3 데이터 분석(Data analysis)

가정 및 제약을 분석하고, 이해관계자의 지지 수준에 대한 근본 원인을 분석합니다.

◆ **가정 및 제약 분석**(Assumption and constraint analysis)

가정 및 제약 중 이해관계자의 참여 전략에 영향을 주는 요소들이 있으면 고려합니다.

◆ **근본 원인 분석**(Root cause analysis)

이해관계자 중에 지지 수준이 높은 사람도 있고 낮은 사람도 있는데 그 근본 원인이 무엇인지 분석해봅니다. 분석된 내용을 바탕으로 이해관계자의 참여도를 높이는데 적합한 전략을 선정합니다.

13.2.2.4 의사 결정(Decision making)

이해관계자의 우선순위를 결정합니다. 보통 Interest와 Influence가 가장 큰 이해관계자가 우선순위가 가장 높습니다.

13.2.2.5 데이터 표현(Data representation)

수집된 이해관계자에 대한 정보를 표현하는 방법으로 마인드맵과 이해관계자 참여 평가 매트릭스를 활용합니다.

◆ 마인드 매핑(Mind mapping)

이해관계자 간의 관계 또는 이해관계자와 조직 간의 관계를 시각적으로 구조화하는데 마인드맵 기법을 사용할 수 있습니다.

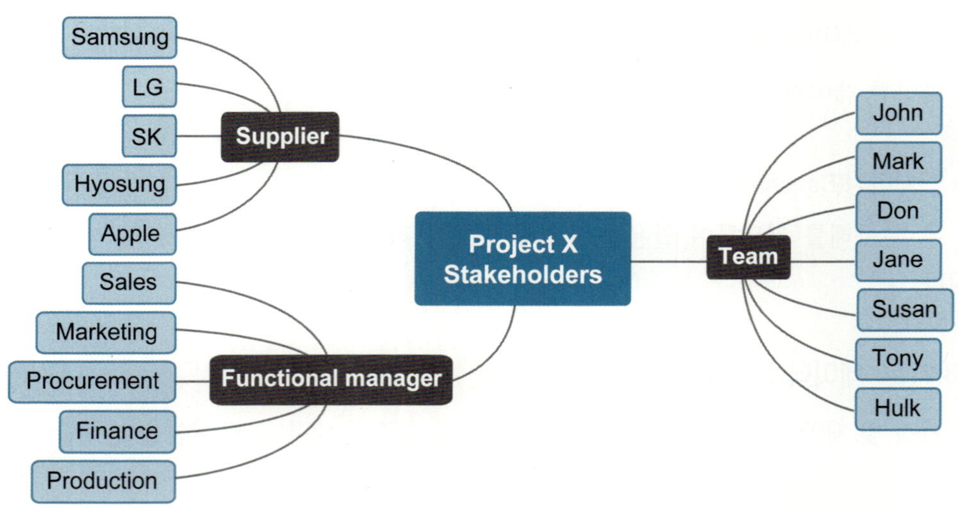

[그림 13-6] 이해관계자 마인드맵의 예

◆ 이해관계자 참여 평가 매트릭스(Stakeholder engagement assessment matrix)

이해관계자의 참여 수준을 결정하기 위해서 이해관계자의 정보를 분석합니다. 현재 참여도와 프로젝트 성공을 위해 필요한 참여도를 비교하기 위해 이해관계자 참여 평가 매트릭스를 작성합니다. 참여 수준은 다음과 같이 분류할 수 있습니다.

- 비인지형(Unaware): 프로젝트와 잠재적 영향에 대한 인식이 없음.
- 저항형(Resistant): 프로젝트와 잠재적 영향에 대해 인식하며 프로젝트의 작업 또는 결과로 발생할 수 있는 변화에 대해 저항함.
- 중립형(Neutral): 프로젝트를 인지하고 있지만 저항도 아니고 지원도 아닌 중립적인 수준.
- 지원형(Supportive): 프로젝트와 잠재적 영향에 대해 인식하며 프로젝트 작업 및 결과에 대해 지원하는 수준.
- 주도형(Leading): 프로젝트와 잠재적 영향에 대해 인식하며 프로젝트가 성공할 수 있도록 적극적으로 참여하는 수준.

[그림 13-6]은 이해관계자 평가 매트릭스의 예시입니다. C는 현재 참여도(current engagement)이며, D는 프로젝트가 성공하기 위해 필요한 참여도(Desired engagement)를 뜻합니다. 각 이해관계자의 현재 수준과 목표 수준 간 차이를 줄이기 위한 조치를 취해야 하며, 일반적으로 의사소통을 통해 차이를 줄입니다.

이해관계자	비인지형	저항형	중립형	지원형	주도형
John		C		D	
Tony			C		D
David				CD	

[그림 13-6] 이해관계자 참여 평가 매트릭스

13.2.2.6 회의(Meetings)

이해관계자 참여 계획서를 개발하기 위해 회의를 진행합니다.

13.2.3 이해관계자 참여 계획수립: 산출물

이해관계자의 참여를 촉진하기 위한 이해관계자 참여 계획서가 만들어집니다. 이해관계자 참여 계획서는 프로젝트 관리 계획서로 통합됩니다.

13.2.3.1 이해관계자 참여 계획서(Stakeholder management plan)

앞으로 이해관계자 참여 관리, 이해관계자 참여 감시는 이해관계자 참여 계획서에 따라 수행되며, 일반적으로 다음 사항들을 포함합니다.

- 핵심 이해관계자의 참여 수준.
- 이해관계자 간의 관계.
- 이해관계자 개인 또는 그룹의 참여를 위한 전략.
- 이해관계자 참여에 대한 기대되는 영향.

13.3 이해관계자 참여 관리(Manage Stakeholder Engagement)

이해관계자의 요구사항 및 기대사항을 관리할 책임은 프로젝트 관리자에게 있습니다. 전체 이해관계자를 1:1로 관리하는 것은 불가능합니다. [이해관계자 참여 관리]는 프로젝트 관리자가 이해관계자들과 이메일을 주고받고, 전화, 미팅, 프레젠테이션 같은 의사소통을 통해 여러 이해관계자와 협력하고, 이슈를 해결하고, 참여를 유도하는 프로세스입니다.

[표 13-7] 이해관계자 참여 관리의 ITTO

이해관계자 참여 관리(Manage Stakeholder Engagement)		
지식영역: 이해관계자 관리 (Stakeholder management)	프로세스 그룹: 실행(Executing)	
투입물	**도구 및 기법**	**산출물**
1. 프로젝트 관리 계획서 • 의사소통 관리 계획서 • 리스크 관리 계획서 • 이해관계자 참여 계획서 • 변경 관리 계획서 2. 프로젝트 문서 • 변경사항 기록부 • 이슈 기록부 • 교훈 관리대장 • 이해관계자 관리대장 3. 기업 환경 요인 4. 조직 프로세스 자산	1. 전문가 판단 2. 의사소통 기술 • 피드백 3. 대인관계 및 팀 기술 • 갈등 관리 • 문화적 인식 • 협상 • 관찰/대화 • 정치적 인식 4. 기본 규칙 5. 회의	1. 변경 요청 2. 프로젝트 관리 계획서 업데이트 • 의사소통 관리 계획서 • 이해관계자 참여 계획서 3. 프로젝트 문서 업데이트 • 변경사항 기록부 • 이슈 기록부 • 교훈 관리대장 • 이해관계자 관리대장

[표 13-7]은 [이해관계자 참여 관리] 프로세스의 Inputs, Tools and Techniques, Outputs입니다. 이해관계자 참여 계획서에 따라 프로젝트를 진행하면서 이해관계자와 문제가 생기거나 이해관계자가 요구하는 사항이 있으면 여러 의사소통 방법을 사용하여 필요한 내용을 전달하며, 이해관계자의 참여를 유도하고, 식별된 이슈를 명확히 정의하고 해결합니다.

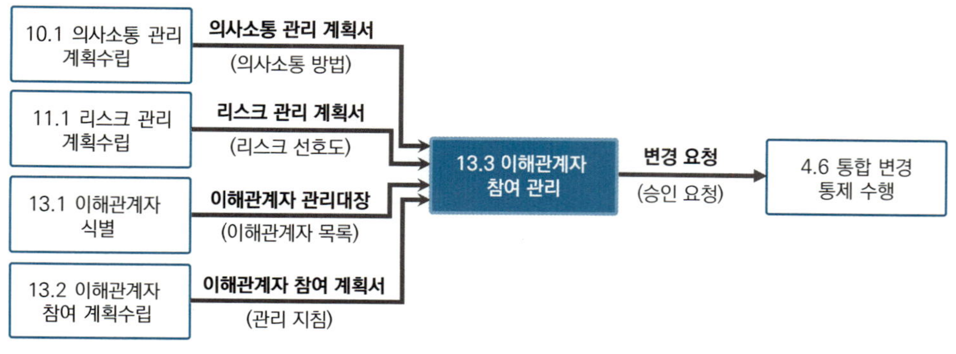

[그림 13-7] 이해관계자 참여 관리의 주요 흐름

[그림 13-7]은 [이해관계자 참여 관리] 프로세스의 주요 흐름을 나타냅니다. 이해관계자의 참여를 관리하는 책임은 프로젝트 관리자에게 있습니다. 이해관계자의 기대사항/요구사항을 맞추기 위해 노력하고, 발생한 이슈를 관리하고, 지원을 얻고 부정적 영향을 낮추는 관리 활동을 수행합니다.

[표 13-8] 이해관계자 참여 관리 산출물의 투입 이유

변경 요청 투입 프로세스	투입 이유
4.5 통합 변경 통제 수행	공식적으로 승인을 받기 위해서.

13.3.1 이해관계자 참여 관리: 투입물

이해관계자 참여 계획서에 따라 이해관계자 관리대장에 포함된 이해관계자를 관리합니다.

13.3.1.1 프로젝트 관리 계획서(Project management plan)

프로젝트 관리 계획서에 포함된 내용 중 이해관계자의 참여를 관리하는데 필요한 계획서가 투입물로 사용됩니다.

◆ 의사소통 관리 계획서(Communications management plan)

이해관계자의 참여를 촉진하는 효과적인 방법은 의사소통입니다. 의사소통 관리 계획서에는 이해관계자 의사소통에 사용할 방법과 기술이 포함되어 있습니다.

◆ 리스크 관리 계획서(Risk management plan)

리스크 관리 계획서에 포함된 이해관계자의 리스크 선호도(Risk appetites)를 이해관계자 참여 관리에 활용합니다.

◆ 이해관계자 참여 계획서(Stakeholder engagement plan)

이해관계자 참여 계획서에 따라 이해관계자의 기대사항을 관리하고 참여를 촉진합니다.

◆ 변경 관리 계획서(Change management plan)

이해관계자에 관련된 변경은 변경 관리 계획서에 따라 처리됩니다.

13.3.1.2 프로젝트 문서(Project documents)

이해관계자 참여를 관리하므로 이해관계자 목록이 포함된 이해관계자 관리대장이 핵심 투입물이며, 기타 필요한 문서를 투입물로 사용합니다.

◆ 변경사항 기록부(Change log)

변경사항 기록부는 변경을 요청한 이해관계자에게 변경 처리 상황을 포함해서 전달됩니다.

◆ 이슈 기록부(Issue log)

이해관계자와 관련된 이슈는 이슈 기록부에 기록하고 해결해야 합니다.

◆ 교훈 관리대장(Lessons learned register)

프로젝트 초반에 얻은 이해관계자 참여 관리에 대한 교훈을 이후 과정에 적용하여 효율성을 높입니다.

◆ 이해관계자 관리대장(Risk register)

이해관계자 관리대장에 포함된 이해관계자는 참여 관리 대상입니다.

13.3.1.3 기업 환경 요인(Enterprise environmental factors)

이해관계자 참여 관리에 영향을 줄 수 있는 요소들을 고려합니다. 예를 들면, 조직의 문화, 정치적 환경, 이해관계자 리스크 한계선(Risk threshold), 수립된 의사소통 채널 등입니다.

13.3.1.4 조직 프로세스 자산(Organizational process assets)

이해관계자 참여 관리에 도움이 되는 과거의 축적된 자료를 참고합니다. 예를 들면, 소셜 미디어에 대한 기업의 정책 및 절차, 이슈나 리스크 또는 변경 관리에 대한 기업의 정책 및 절차, 조직의 의사소통 요구사항, 과거 유사한 프로젝트의 정보 등입니다.

13.3.2 이해관계자 참여 관리: 도구 및 기법

이해관계자의 참여를 관리하는데 주로 의사소통 기술을 사용합니다.

13.3.2.1 전문가 판단(Expert judgment)

이해관계자 참여 관리에 전문가의 도움을 받을 수 있습니다.

13.3.2.2 의사소통 기술(Communication skills)

이해관계자의 참여 관리하고 이슈를 논의하기 위해서 대화, 회의, 설문조사 같은 다양한 의사소통 기술을 사용합니다.

13.3.2.3 대인관계 및 팀 기술(Interpersonal and team skills)

이해관계자는 사람이므로 사람을 다루는 대인 기술을 적절히 사용합니다. 예를 들면, 갈등 관리, 문화적 인식, 협상, 관찰 및 대화, 정치적 인식 등의 기술을 사용합니다.

◆ 갈등 관리(Conflict management)

이해관계자 간에 발생하는 갈등은 시기적절하게 해결될 수 있도록 관리해야 합니다.

◆ 문화적 인식(Cultural awareness)

프로젝트에 참여하는 이해관계자는 여러 나라의 다양한 사람들이 참여할 수 있습니다. 이해관계자들의 문화 차이를 이해하는 것은 이해관계자와 의사소통 하는 데 도움이 됩니다.

◆ 협상(Negotiation)

이해관계자의 갈등을 해결하고 합의를 이끌어내기 위해 사용할 수 있습니다.

◆ 관찰 및 대화(Observation/conversation)

프로젝트 팀과 다른 이해관계자들의 작업 및 태도를 관찰하는 것과 지속적인 대화는 이해관계자 참여 관리에 도움이 됩니다.

◆ 정치적 인식(Political awareness)

프로젝트의 권력 관계를 이해하는 것은 이해관계자 참여 관리에 도움이 됩니다.

13.3.2.4 기본 규칙(Ground rules)

팀 헌장에 포함된 팀원이 따라야 하는 기본 규칙을 이해관계자 참여 관리에 활용합니다.

13.3.2.5 회의(Meetings)

이해관계자 참여 관리에 대한 이슈나 관심 사항을 논의하고 해결하기 위해 회의를 진행합니다.

13.3.3 이해관계자 참여 관리: 산출물

우선 이슈를 관리하기 때문에 이슈의 원인, 해결된 이슈, 이슈를 해결한 방법 등이 산출물로 나오게 됩니다. 예를 들어, 자원이 부족해서 프로젝트의 문제가 되었는데 추가 자원이 배정되어 문제가 해결된 경우도 있을 수 있습니다. 이해관계자를 관리하기 위해 요청되는 변경 요청은 4장의 [통합 변경 통제 수행(Perform Integrated Change Control)] 프로세스를 통해 승인 또는 거부됩니다. 그리고 추가로 생긴 교훈은 조직 프로세스 자산으로 업데이트시킵니다.

13.3.3.1 변경 요청(Change requests)

이해관계자의 참여를 관리한 결과로 인해 이해관계자의 요구사항이나 기대사항을 추가로 알게 되고 이해함에 따라 프로젝트 범위나 제품 범위에 대한 변경이 제기될 수 있습니다.

13.3.3.2 프로젝트 관리 계획서 업데이트(Project management plan updates)

의사소통 관리 계획서와 이해관계자 참여 계획서가 업데이트될 수 있습니다.

- **의사소통 관리 계획서(Communications management plan)**

이해관계자의 참여를 관리하는 과정에서 새로 식별되거나 변경된 이해관계자의 의사소통 요구사항을 반영하여 의사소통 관리 계획서가 업데이트될 수 있습니다.

- **이해관계자 참여 계획서(Stakeholder engagement plan)**

이해관계자의 참여를 관리하는 과정에서 참여 관리 전략에 새로운 내용이 반영되거나 기존 내용이 수정됨으로 인해 이해관계자 참여 계획서가 업데이트될 수 있습니다.

13.3.3.3 프로젝트 문서 업데이트(Project document updates)

이해관계자 참여를 관리하면서 생긴 내용으로 이해관계자 관리대장 등이 갱신될 수 있습니다.

- **변경사항 기록부(Change log)**

새로운 변경 요청이 있으면 변경사항 기록부에 추가합니다.

- **이슈 기록부(issue log)**

새로운 이슈나 해결된 이슈들로 인해 이슈 기록부가 업데이트될 수 있습니다.

- **교훈 관리대장(Lessons learned register)**

새로운 교훈이 생기면 교훈 관리대장에 추가합니다.

- **이해관계자 관리대장(Stakeholder register)**

이해관계자에 대한 새로운 정보나 변경된 정보를 반영해서 이해관계자 관리대장이 업데이트될 수 있습니다.

13.4 이해관계자 참여 감시(Monitor Stakeholder Engagement)

[이해관계자 참여 감시] 프로세스는 감시 및 통제 프로세스 그룹에 속하며, 이해관계자의 참여를 위한 계획과 전략을 조정하고 전반적으로 이해관계자 관계를 감시하는 프로세스입니다. 이해관계자 참여 활동의 효과성과 효율성을 높이거나 유지하는 것이 이 프로세스의 핵심 활동입니다.

[표 13-9] 이해관계자 참여 감시의 ITTO

<table>
<tr><th colspan="3">이해관계자 참여 감시(Monitor Stakeholder Engagement)</th></tr>
<tr><td colspan="2">지식영역: 이해관계자 관리
(Stakeholder management)</td><td>프로세스 그룹: 감시 및 통제
(Monitoring and controlling)</td></tr>
<tr><th>투입물</th><th>도구 및 기법</th><th>산출물</th></tr>
<tr><td>1. 프로젝트 관리 계획서
• 자원 관리 계획서
• 의사소통 관리 계획서
• 이해관계자 참여 계획서
2. 프로젝트 문서
• 이슈 기록부
• 교훈 관리대장
• 프로젝트 의사소통
• 리스크 관리대장
• 이해관계자 관리대장
3. 작업 성과 데이터
4. 기업 환경 요인
5. 조직 프로세스 자산</td><td>1. 데이터 분석
• 대안 분석
• 원인 분석
• 이해관계자 분석
2. 의사 결정
• 다기준 의사 결정 분석
• 투표
3. 데이터 표현
• 이해관계자 참여 평가 매트릭스
4. 의사소통 스킬
• 피드백
• 프레젠테이션
5. 대인관계 및 팀 기술
• 적극적 경청
• 문화적 인식
• 리더십
• 네트워킹
• 정치적 인식
6. 회의</td><td>1. 작업 성과 정보
2. 변경 요청
3. 프로젝트 관리 계획서 업데이트
• 자원 관리 계획서
• 의사소통 관리 계획서
• 이해관계자 참여 계획서
4. 프로젝트 문서 업데이트
• 이슈 기록부
• 교훈 관리대장
• 리스크 관리대장
• 이해관계자 관리대장</td></tr>
</table>

[표 13-9]는 [이해관계자 참여 감시] 프로세스의 Inputs, Tools and Techniques, Outputs입니다. 이해관계자 참여 계획서에 따라 이슈를 해결하고, 여러 작업 성과 데이터와 문서를 통해 이해관계자의 참여를 감시합니다.

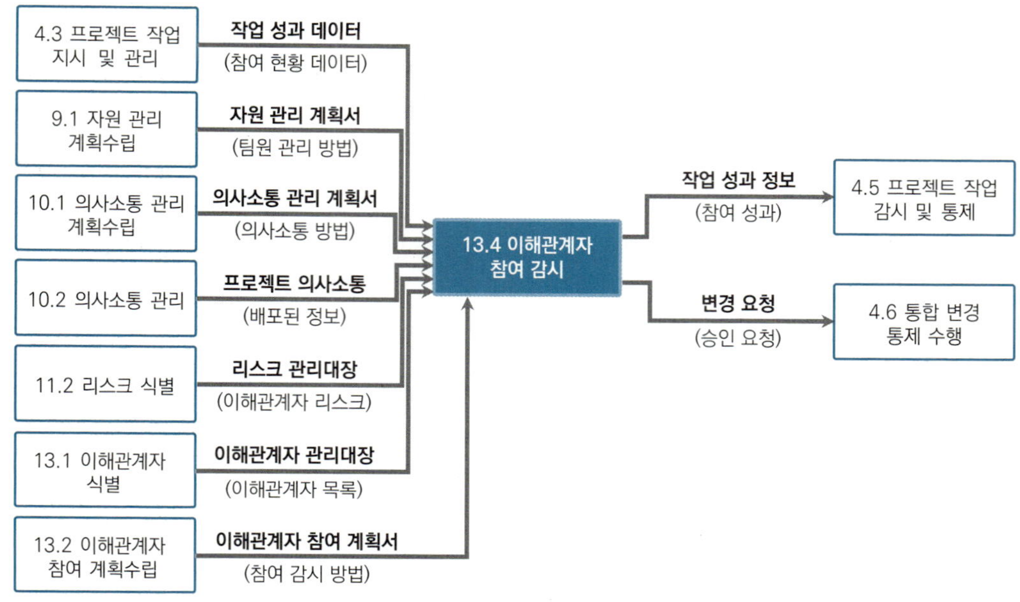

[그림 13-8] 이해관계자 참여 감시의 주요 흐름

[그림 13-8]은 이 프로세스의 주요 흐름을 나타냅니다. 이해관계자 참여 계획서에 따라 주기적으로 이해관계자가 적극적으로 참여할 수 있도록 합니다.

[표 13-10] 이해관계자 참여 감시 산출물의 투입 이유

작업 성과 정보 투입 프로세스	투입 이유
4.5 프로젝트 작업 감시 및 통제	작업 성과 보고서에 감시의 결과 내용을 추가하기 위해서.
변경 요청 투입 프로세스	**투입 이유**
4.6 통합 변경 통제 수행	변경을 공식적으로 승인을 받기 위해서.

13.4.1 이해관계자 참여 감시: 투입물

이해관계자 참여 계획서를 기반으로 이해관계자 관리대장에 포함된 이해관계자들의 참여를 감시하며, 이해관계자의 참여에 관련된 실제 데이터가 투입됩니다.

13.4.1.1 프로젝트 관리 계획서(Project management plan)

프로젝트 관리 계획서에는 이해관계자를 참여시키는 방법이 포함된 이해관계자 참여 계획서가 포함되어 있습니다.

◆ **자원 관리 계획서**(Resource management plan)

자원 관리 계획서에 포함된 팀원 관리 방법에 따라 팀원의 참여를 관리합니다.

◆ **의사소통 관리 계획서**(Communications management plan)

의사소통 관리 계획서에 포함된 의사소통 계획 및 전략을 이해관계자 감시에 활용합니다.

◆ **이해관계자 참여 계획서**(Stakeholder engagement plan)

이해관계자 참여 감시는 계획에 따라 수행합니다.

13.4.1.2 프로젝트 문서(Project documents)

이해관계자 관리대장, 프로젝트 의사소통, 이슈 기록부, 리스크 관리대장 등을 이해관계자 참여 감시에 사용합니다.

◆ **이슈 기록부**(Issue log)

이해관계자의 참여를 감시하다 발생한 이슈는 이슈 기록부에 기록하고 해결해야 합니다.

◆ **교훈 관리대장**(Lessons learned register)

이전에 얻은 교훈을 활용하여 프로세스의 효율성을 높일 수 있습니다.

◆ **프로젝트 의사소통**(Project communications)

투입물로 사용되는 프로젝트 의사소통은 이해관계자에게 배포된 의사소통 결과물들을 의미합니다. 이해관계자가 필요로 하는 정보는 항상 올바르게 전달되어야 합니다.

◆ **리스크 관리대장**(Risk register)

이해관계자 참여와 상호작용에 대한 리스크가 포함되어 있으며, 잠재적 대응 방법도 포함합니다. 이해관계자 참여에 관련된 리스크를 감시할 필요가 있습니다.

◆ 이해관계자 관리대장(Stakeholder register)

이해관계자 관리대장에는 식별된 이해관계자 목록이 포함되어 있으며, 이 이해관계자들이 참여 감시의 대상입니다.

13.4.1.3 작업 성과 데이터(Work performance data)

작업 성과 데이터는 이해관계자 참여에 대한 실제 데이터이며, 이해관계자 참여 계획서의 내용과 비교하여 계획을 벗어난 부분에 대해서는 시정조치를 하게 됩니다.

13.4.1.4 기업 환경 요인(Enterprise environmental factors)

이해관계자 참여 감시에 영향을 줄 수 있는 요소들을 고려합니다. 예를 들면, 조직의 문화, 정치적 환경, 이해관계자 리스크 한계선(Risk threshold), 수립된 의사소통 채널 등입니다.

13.4.1.5 조직 프로세스 자산(Organizational process assets)

이해관계자 참여 감시에 도움이 되는 과거의 축적된 자료를 참고합니다. 예를 들면, 소셜 미디어에 대한 기업의 정책 및 절차, 이슈나 리스크 또는 변경 관리에 대한 기업의 정책 및 절차, 조직의 의사소통 요구사항, 정보의 교환이나 저장에 대한 지침, 과거 유사한 프로젝트의 정보 등입니다.

13.4.2 이해관계자 참여 감시: 도구 및 기법

시스템을 이용하여 이해관계자를 통제하고 주기적으로 회의를 진행합니다.

13.4.2.1 데이터 분석(Data analysis)

이해관계자의 실제 참여도를 확인하고 참여도의 근본 원인 등을 분석하기 위해 몇 가지 분석 기법을 사용합니다.

◆ 대안 분석(Alternatives analysis)

이해관계자의 실제 참여도를 확인했을 때 목표한 참여 수준보다 낮을 경우 조치를 해야 하는데 어떤 방법이 최선의 방법인지 결정해야 합니다. 최선의 방법은 여러 아이디어를 내서 가장 좋은 방법으로 결정해야 합니다.

◆ 근본 원인 분석(Root cause analysis)

이해관계자의 실제 참여도를 확인했을 때 목표한 참여 수준보다 낮을 경우 그 근본 원인이 무엇인지 알아야 정확한 조치를 할 수 있습니다. 항상 문제가 있으면 그 원인을 정확히 파악해야 합니다.

◆ 이해관계자 분석(Stakeholder analysis)

이해관계자의 지위나 기타 상태는 프로젝트 진척에 따라 변할 수 있습니다. 따라서 주기적으로 이해관계자에 관련된 내용을 분석할 필요가 있습니다.

13.4.2.2 의사 결정(Decision making)

이해관계자 참여에 대한 의사 결정을 위해 다기준 의사 결정 분석과 투표를 사용합니다.

◆ 다기준 의사 결정 분석(Multicriteria decision analysis)

이해관계자 참여 기준을 정할 때 다양한 기준에 가중치를 설정하여 가장 좋은 기준을 결정합니다.

◆ 투표(Voting)

이해관계자의 실제 참여도를 확인했을 때 목표한 참여 수준보다 낮을 경우 조치를 해야 하는데 어떤 방법이 최선의 방법인지 결정해야 하기 위해 투표를 진행합니다.

13.4.2.3 데이터 표현(Data representation)

이해관계자의 참여도 변화를 확인하기 위해 이해관계자 참여 평가 매트릭스를 활용합니다.

◆ 이해관계자 참여 평가 매트릭스(Stakeholder engagement assessment matrix)

이해관계자 참여 평가 매트릭스에 주기적으로 이해관계자별 참여도를 반영하면 이해관계자 별 참여도 변화를 알 수 있습니다. 만약 현재 참여도와 목표 참여도가 다르면 격차를 줄이기 위한 조치를 할 필요가 있습니다.

13.4.2.4 의사소통 기술(Communication skills)

이해관계자에게 필요한 정보를 전달하기 위해 의사소통 기술을 사용합니다.

◆ 피드백(Feedback)

피드백은 이해관계자가 정보를 제대로 받고 이해했는지 확인하는 것을 뜻합니다. 만약 필요한 정보를 못 받았거나 이해를 잘못했을 경우 다시 한번 정보를 전달하고 이해할 수 있도록 해야 합니다.

◆ 프레젠테이션(Presentation)

이해관계자에게 필요한 정보를 전달하는 방법 중 하나는 프레젠테이션을 진행하는 것입니다.

13.4.2.5 대인관계 및 팀 기술(Interpersonal and team skills)

이해관계자는 사람이므로 사람을 다루는 대인 기술을 적절히 사용합니다. 예를 들면, 적극적 경청, 문화적 인식, 리더십, 네트워킹, 정치적 인식 등의 기술을 사용합니다.

◆ 적극적 경청(Active listening)

이해관계자와 의사소통 할 때 정보를 놓치면 문제가 될 수 있으므로 적극적으로 상대의 얘기를 듣는 것이 향후 문제를 예방할 수 있게 합니다.

◆ 문화적 인식(Cultural awareness)

프로젝트에 참여하는 이해관계자는 여러 나라의 다양한 사람들이 참여할 수 있습니다. 이해관계자들의 문화 차이를 이해하는 것은 이해관계자와 의사소통을 하는 데 도움이 됩니다.

◆ 리더십(Leadership)

프로젝트의 강력한 리더십은 이해관계자들이 프로젝트에 더 적극적으로 참여하게 만들 수 있습니다.

◆ 네트워킹(Networking)

이해관계자의 참여도에 대한 정보를 얻는 방법으로 네트워킹을 사용할 수 있습니다.

◆ 정치적 인식(Political awareness)

프로젝트의 권력 관계를 이해하는 것은 이해관계자 참여 감시에 도움이 됩니다.

13.4.2.6 회의(Meetings)

이해관계자 참여 수준에 관한 정보를 분석하고 평가하기 위해서 다양한 회의를 진행합니다.

13.4.3 이해관계자 참여 감시: 산출물

감시 및 통제에 속한 프로세스들의 대표적인 산출물인 작업 성과 정보와 변경 요청이 산출물로 나옵니다.

13.4.3.1 작업 성과 정보(Work performance information)

이해관계자 참여 감시를 통해 알게 된 실제 참여도가 목표 참여도보다 낮고 의사소통이 잘 안 되는 부분이 있으면 조치를 해야 하며, 이해관계자 참여에 대한 작업 성과 정보는 작업 성과 보고서에 포함되어 주기적으로 관련 이해관계자에게 배포됩니다.

13.4.3.2 변경 요청(Change requests)

목표 참여도보다 현재 참여도가 낮은 이해관계자의 격차를 줄이기 위한 시정 조치나 예방 조치가 변경 요청으로 제기될 수 있습니다.

13.4.3.3 프로젝트 관리 계획서 업데이트(Project management plan updates)

이해관계자 참여 감시의 결과를 토대로 프로젝트 관리 계획서에 포함된 여러 보조 관리 계획서를 업데이트할 수 있습니다.

◆ **자원 관리 계획서**(Resource management plan)

이해관계자 참여 감시의 결과로 이해관계자 참여를 관리하는 활동에 대한 팀의 책임이 업데이트될 수 있습니다.

◆ **의사소통 관리 계획서**(Communications management plan)

이해관계자의 참여를 감시하는 과정에서 새로 식별되거나 변경된 이해관계자의 의사소통 요구사항을 반영하여 의사소통 관리 계획서가 업데이트될 수 있습니다.

◆ 이해관계자 참여 계획서(Stakeholder engagement plan)

이해관계자의 참여를 관리하는 과정에서 참여 관리 전략에 새로운 내용이 반영되거나 기존 내용이 수정됨으로 인해 이해관계자 참여 계획서가 업데이트될 수 있습니다.

13.4.3.4 프로젝트 문서 업데이트(Project documents updates)

이해관계자 참여 감시의 결과로 인해 이해관계자 관리대장이나 이슈 기록부가 갱신될 수 있습니다.

◆ 이슈 기록부(Issue log)

이해관계자에 대한 새로운 이슈나 해결된 이슈로 인해 이슈 기록부가 업데이트될 수 있습니다.

◆ 교훈 관리대장(Lessons learned register)

이해관계자 참여 감시 도중에 발생한 문제와 이를 해결한 방법, 효과가 있었던 접근법 등에 대한 새로운 교훈이 생기면 교훈 관리대장에 추가합니다.

◆ 리스크 관리대장(Risk register)

이해관계자에 대한 리스크가 발생하고 이를 대응했다면 관련 내용을 반영해서 리스크 관리대장을 업데이트합니다.

◆ 이해관계자 관리대장(Stakeholder register)

이해관계자 참여 감시의 결과 정보를 반영해서 이해관계자 관리대장이 업데이트될 수 있습니다.

13 핵심 정리

- 13장은 이해관계자를 식별하고 관리하고 감시하는데 필요한 프로세스를 포함하고 있습니다.
- 프로젝트 이해관계자란 프로젝트의 결정, 활동, 산출물에 의해 영향을 받을 수 있는 개인, 단체, 회사입니다.
- 프로젝트에서 이해관계자를 관리하는 목적은 긍정적 이해관계자로부터 도움을 받고 부정적 이해관계자의 부정적 영향을 낮추며, 이해관계자의 적극적 참여를 유도하는 것입니다.
- 이해관계자를 범주별로 분류하여 각 이해관계자 특성에 맞는 전략을 수립하고 이해관계자를 관리하는 방법을 사용하면 도움이 됩니다. 영향력도 높고 관심도 많은 이해관계자를 집중적으로 관리해야 합니다.
- 이해관계자 분석은 이해관계자 식별, 이해관계자 분류, 대응전략 개발 3단계로 진행합니다.
- 이해관계자의 참여 수준은 Unaware, Resistant, Neutral, Supportive, Leading으로 분류할 수 있습니다.
- [이해관계자 참여 관리] 프로세스는 프로젝트 관리자가 의사소통을 통해 여러 이해관계자를 관리는 역할입니다.
- 이해관계자를 감시하는 목적은 이해관계자 참여 활동의 효과성과 효율성을 높이거나 유지하는 것입니다.

13 이해도 테스트 문제

01 프로젝트에서 이해관계자를 관리해야 하는 이유는 무엇입니까?

02 이해관계자 관리에 대한 4개의 프로세스와 각 프로세스의 역할은 무엇입니까?

03 이해관계자를 식별하는 기본 흐름을 적어보세요. (투입물, 도구 및 기법, 산출물)

04 이해관계자 참여 계획서(Stakeholder engagement plan)에는 어떤 내용이 들어갑니까?

05 이해관계자 참여를 감시하는 과정을 흐름 중심으로 적어보세요.

☑ 정답은 교재를 통해 직접 본인이 찾아보기 바랍니다.

13 용어의 뜻 연결하기

- Stakeholder register
- Resistant
- Stakeholder management plan
- Supportive
- Unaware
- Neutral
- Leading

- 이해관계자가 프로젝트 및 잠재적 영향에 대해 인식하며 변경에 대해 저항하는 수준
- 이해관계자가 프로젝트 및 잠재적 영향에 대해 인식하며 변경에 대해 지원하는 수준
- 프로젝트 생애주기 동안에 어떻게 이해관계자를 관리할지에 대한 방법
- 이해관계자의 명단 및 관련 상세 정보를 포함한 문서
- 이해관계자가 프로젝트에 저항도 아니고 지원도 아닌 수준
- 이해관계자가 프로젝트 및 잠재적 영향에 대한 인식이 없는 수준
- 이해관계자가 프로젝트 및 잠재적 영향에 대해 인식하며 프로젝트가 성공할 수 있도록 적극적으로 참여하는 수준

13 예상 문제

01 **당신은 프로젝트 기획 초기에 팀과 함께 앞으로 의사소통을 어떻게 할 것인지에 대해 분석하고 있습니다. 이해관계자로부터 의사소통 요구사항을 분석하여 이해관계자 참여 계획서를 수립했습니다. 다음 중 이해관계자 참여 계획서에 일반적으로 포함되지 않는 것은 무엇입니까?**

A. 핵심 이해관계자의 참여 수준

B. 이해관계자의 의사소통 요구사항

C. 이해관계자와의 의사소통에 사용될 기술

D. 이해관계자에게 요구된 정보 배포의 시기와 빈도

02 **프로젝트 A는 초기부터 회의 진행이 잘 안 되었습니다. 정보를 적절한 사람들로부터 얻을 수 없었고, 어떤 사람들은 회의 시간 동안 너무 많은 얘기를 했고, 문제를 해결하기 위한 적절한 사람이 없다는 불만들이 있었습니다. 이 프로젝트에서 이런 문제가 생긴 원인으로 가장 큰 것은 무엇입니까?**

A. 범위 관리 계획서 작성의 미흡

B. 책임 배정 매트릭스 작성의 미흡

C. 이해관계자 참여 계획서 작성의 미흡

D. 자원분할체계 작성의 미흡

03 **이번 프로젝트는 정부의 요청으로 프로젝트를 진행하게 되었습니다 정부에 있는 이해관계자들은 이번 프로젝트의 핵심 이해관계자입니다. 이해관계자를 관리하기 위해 이해관계자 참여 계획서를 수립하고 있습니다. 다음 중 이해관계자 참여 계획서에 포함되는 내용으로 볼 수 없는 것은 무엇입니까?**

A. 핵심 이해관계자의 참여 수준

B. 이해관계자에 대한 변경의 범위와 영향

C. 이해관계자간의 관계

D. 이해관계자의 리스크 수용 허용치

04 **당신은 팀과 함께 모든 이해관계자를 식별했습니다. 이제 이해관계자를 분류하여 관리하려고 합니다. 다음 중 지속해서 만족을 제공해줘야 할 이해관계자는 어떤 사람입니까?**

A. 관심이 많고 영향력이 큰 사람
B. 관심은 적고 영향력이 큰 사람
C. 관심은 많고 영향력이 낮은 사람
A. 관심이 적고 영향력도 낮은 사람

05 **당신이 속한 회사에서 이번에 새로운 프로젝트가 공식적으로 승인되었습니다. 당신은 프로젝트 헌장에 공식적으로 프로젝트 관리자로 명시되어 있습니다. 이제 프로젝트를 시작하려고 하는데, 당신이 가장 먼저 해야 할 일은 무엇입니까?**

A. 프로젝트 헌장 개발
B. 이해관계자 식별
C. 의사소통 관리 계획 수립
D. 요구사항 수집

06 **당신은 지금 프로젝트 팀과 함께 이번 프로젝트에 영향을 줄 수 있는 여러 이해관계자를 식별하고 있습니다. 내부 이해관계자도 식별하지만 외부 이해관계자도 식별 중입니다. 특히 계약 관련 이해관계자도 주요 이해관계자로서 이해관계자 관리대장에 포함시켜야 합니다. 다음 중 계약 관련 이해관계자를 식별하기 위해 필요한 것은 무엇입니까?**

A. 조달 관리 계획서
B. 조달 문서
C. 조달 작업 기술서
D. 이해관계자 관리대장

07 **다음 중 이해관계자 참여 계획수립의 도구 및 기법이 아닌 것은 무엇입니까?**

A. 전문가 판단
B. 회의
C. 분석 기법
D. 이해관계자 분석

08 **프로젝트에서 이해관계자를 관리하는 동안에 회의실을 한 부서에서 너무 오랫동안 사용하기 때문에 다른 부서가 회의실을 사용하기 어렵다는 이슈가 생겼습니다. 이 이슈는 어떻게 처리해야 합니까?**

A. 이슈 기록부에 추가하고, 해결 목표일과 담당자를 결정합니다.
B. 변경 요청을 통해 회의실 사용 시간을 제한해달라고 합니다.
C. 두 부서가 협상할 수 있는 자리를 마련합니다.
D. 회의를 통해 이 문제를 논의합니다.

09 **당신은 현재 이해관계자의 참여를 통제하기 위해 팀과 함께 회의하고 있습니다. 이 회의의 가장 중요한 목적은 무엇입니까?**

A. 새로운 이해관계자에 대한 정보를 공유하는 것.

B. 이해관계자의 참여에 대한 정보를 분석하고 교환하는 것.

C. 이해관계자의 이슈를 분석하고 공유하는 것.

D. 이해관계자의 작업 성과를 분석하는 것.

10 **다음 중 [이해관계자 참여 감시]의 산출물이 아닌 것은?**

A. 작업 성과 정보

B. 변경 요청

C. 작업 성과 데이터

D. 프로젝트 문서 업데이트

11 **당신은 프로젝트 초기에 팀과 함께 이해관계자를 식별하여 이해관계자 관리대장을 작성하고 있습니다. 다음 중 이해관계자 관리대장에 포함되는 내용으로 볼 수 없는 것은 무엇입니까?**

A. 이해관계자의 이름

B. 이해관계자의 주요 요구사항, 기대사항

C. 프로젝트에서 이해관계자의 역할

D. 이해관계자의 프로젝트 수행 경력

12 **당신은 이해관계자 식별을 마치고 이해관계자 관리를 어떻게 할 것인지 결정하고 있습니다. 긍정적/부정적 이해관계자에 대한 관리 계획을 수립해서 만든 이해관계자 참여 계획서를 요구사항 수집 프로세스의 투입물로 활용하고 있습니다. 그 이유는 무엇입니까?**

A. 요구사항 수집 활동에 대한 이해관계자의 참여 수준을 이해하기 위해서.

B. 이해관계자와 인터뷰해서 요구사항을 수집하기 위해서.

C. 이해관계자 참여 계획서에는 이해관계자의 초기 요구사항이 포함되어 있기 때문에.

D. 계획에 따라 요구사항을 수집하기 위해서.

13 **이해관계자 참여 관리 프로세스는 다음 중 어떤 프로세스 그룹에 속합니까?**

A. 착수(Initiating)

B. 기획(Planning)

C. 실행(Executing)

D. 감시 및 통제(Monitoring and controlling)

14 **다음 중 이해관계자를 식별할 때 사용하는 두 가지 주요 문서는 무엇입니까?**

A. 자원 관리 계획서, 이해관계자 관리대장
B. 프로젝트 헌장, 조달 문서
C. 조달 문서, 인적 자원 관리 계획서
D. 조직도, 프로젝트 헌장

15 **프로젝트에는 여러 이해관계자가 관련됩니다. 이해관계자가 프로젝트에 참여하는 수준은 다양할 수 있습니다. 다음 중 프로젝트 및 잠재적 영향에 대해 인식하며 변경에 대해 저항하는 수준은 어떤 것입니까?**

A. Resistant
B. Leading
C. Supportive
D. Negative

16 **당신은 이해관계자를 식별하면서 이해관계자를 분석하고 있습니다. 다음 중 이해관계자 분석 순서를 올바르게 표현한 것은 무엇입니까?**

A. 이해관계자 식별, 이해관계자 분류, 대응전략 개발
B. 대응전략 개발, 이해관계자 식별, 이해관계자 분류
C. 이해관계자 식별, 대응전략 개발, 이해관계자 분류
D. 이해관계자 분류, 이해관계자 식별, 대응전략 개발

17 **다음 중 이해관계자 참여 계획수립 프로세스의 투입물로만 구성된 것은 무엇입니까?**

A. 프로젝트 관리 계획서, 이해관계자 관리대장, 기업 환경 요인
B. 이해관계자 관리대장, 인적 자원 관리 계획서, 조직 프로세스 자산
C. 이해관계자 관리대장, 리스크 관리대장, 조달 문서
D. 이해관계자 참여 계획서, 이해관계자 관리대장, 의사소통 관리 계획서

18 **당신은 프로젝트 작업 감시 및 통제 활동의 한 부분으로 이해관계자 참여 감시를 하고 있습니다. 다음 중 이해관계자 참여 감시를 위해 사용할 수 있는 도구 및 기법은 무엇입니까?**

A. 정보 관리 시스템, 전문가 판단, 분석 기법

B. 전문가 판단, 회의, 분석 기법

C. 대안 분석, 원인 분석, 회의

D. 분석 기법, 정보 관리 시스템, 회의

19 **다음 프로세스 중 이해관계자 관리대장이 투입물로 들어가는 프로세스가 아닌 것은 무엇입니까?**

A. 요구사항 수집

B. 의사소통 관리 계획수립

C. 범위 정의

D. 리스크 식별

20 **이해관계자 관리대장은 리스크 식별 프로세스의 주요 투입물 중의 하나입니다. 다음 중 리스크를 식별할 때 이해관계자 관리대장을 투입하는 이유를 가장 잘 설명한 것은 무엇입니까?**

A. 이해관계자의 리스크 수용 허용치를 알아내기 위해서.

B. 리스크 관리 활동에 관련된 이해관계자를 파악하기 위해서.

C. 경험 있는 이해관계자는 리스크 정보를 주기 때문에.

D. 이해관계자와 리스크 대응 전략을 연결하여 역할과 책임을 정의하기 위해서.

13 예상 문제 해설

01 정답 C. 이해관계자와의 의사소통에 사용될 기술은 일반적으로 이해관계자 참여 계획서에 포함되어 있지 않고 의사소통 관리 계획서에 포함됩니다.

02 정답 C. 이해관계자 참여 계획서를 잘 세워야 회의 진행도 계획에 맞게 잘 진행됩니다.

03 정답 D. 리스크 수용 허용치는 리스크 관리 계획서에 포함됩니다.

04 정답 B. 관심은 적고 영향력이 큰 사람은 지속적인 만족을 제공해주어야 합니다.

05 정답 B. 프로젝트가 승인되었다는 것은 프로젝트 헌장이 승인되었음을 의미합니다. 따라서 이해관계자 식별을 해야 할 차례입니다.

06 정답 B. 조달 문서에는 계약 관련 이해관계자 정보가 포함되어 있습니다.

07 정답 D. 이해관계자 분석은 이해관계자 식별의 도구 및 기법입니다.

08 정답 A. 새로 발생한 이슈는 이슈 기록부에 추가하고 관리합니다.

09 정답 B. 이해관계자 참여에 관한 정보를 분석하고 교환하기 위해서 회의합니다.

10 정답 C. 작업 성과 데이터는 투입물입니다.

11 정답 D. 이해관계자의 프로젝트 수행 경력은 이해관계자 관리대장에 포함하는 내용이 아닙니다.

12 정답 A. 요구사항 수집 활동에 대한 이해관계자의 참여 수준을 이해하기 위해서 이해관계자 참여 계획서를 사용합니다.

13 정답 C. 이해관계자 참여 관리는 실행에서 이해관계자를 관리하는 프로세스입니다.

14 정답 B. 프로젝트 헌장의 초기 이해관계자 정보와 조달 문서의 계약 관련 이해관계자가 주요 투입물입니다.

15 정답 A. Resistant가 프로젝트의 변경에 저항하는 수준입니다.

16 정답 A. 식별된 이해관계자를 분류하고, 대응전략을 개발합니다.

17 정답 A. 이해관계자 참여 계획수립의 투입물은 프로젝트 관리 계획서, 이해관계자 관리대장, 기업 환경 요인, 조직 프로세스 자산입니다.

18 정답 C. 전문가 판단, 정보 관리 시스템, 회의 3가지가 이해관계자 참여 감시의 도구 및 기법입니다.

19 정답 C. 범위 정의에는 이해관계자 관리대장이 투입되지 않습니다.

20 정답 C. 경험 있는 이해관계자와 인터뷰를 통해 리스크를 식별합니다.

13 용어의 뜻 연결하기 정답

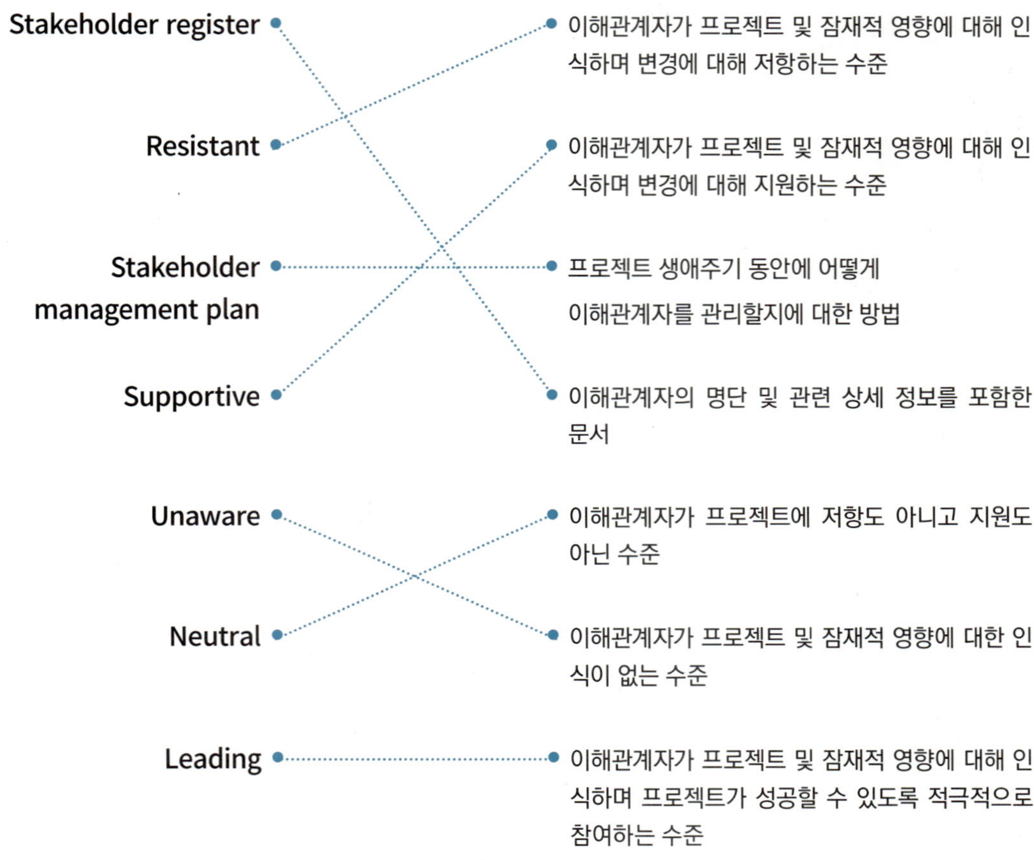

A. 5개 프로젝트 관리 프로세스 그룹

B. Core Glossary for PMP® Exam

C. PMP® 시험대비 핵심공식

D. Project Management Templates

E. PMI 윤리 및 전문직 행동 강령

F. PMP® Core 200 Examination

5개 프로젝트 관리 프로세스 그룹

시작하기에 앞서…

*PMBOK® Guide*의 프로세스들은 한 프로세스의 산출물이 다음 프로세스의 투입물이 되면서 착수부터 종료까지 서로 연결이 되어 있습니다. 부록 A에서는 프로세스 흐름의 이해를 돕기 위해 5개의 프로세스 그룹으로 49개 프로세스를 투입물과 산출물을 통해 흐름 위주로 살펴봅니다. 프로세스의 연관성은 앞 프로세스의 산출물이 다음 프로세스의 투입물이 되면서 서로 연결이 되므로 연관성에는 도구 및 기법이 필요하지 않고 투입물과 산출물만 있으면 됩니다. 각 프로세스의 도구 및 기법은 이미 본문에서 상세히 설명했고, 여기서는 프로세스의 연결을 이해하기 위해 주요 투입물과 산출물만 표시합니다. 주요 투입물과 산출물은 영문으로 표기했습니다.

프로젝트는 10개 지식 영역별로 수행되는 것이 아니라 착수, 기획, 실행, 감시 및 통제, 종료로 수행합니다. 따라서 49개의 프로세스가 5개 프로세스 그룹에 따라 프로세스들끼리 어떤 연관성을 가지고 착수부터 종료까지 흘러가는지 이해하는 것은 매우 중요하다고 할 수 있습니다. 4장~13장의 49개의 프로세스를 이해한 후에 5개의 프로세스 그룹으로 반복 학습을 하면 학습효과는 더 좋을 수 있습니다.

1 착수 프로세스 그룹(Initiating process group)

착수 프로세스 그룹의 역할은 새로운 프로젝트의 공식적인 시작 또는 새로운 단계의 시작입니다. 착수 프로세스 그룹 안에는 2개의 프로세스가 포함되어 있습니다. 이 2개의 프로세스를 통해 새로운 프로젝트 또는 새로운 단계의 공식적 시작을 승인하고 이해관계자를 식별합니다

1.1 프로젝트 헌장 개발(Develop Project Charter)

[프로젝트 헌장 개발] 프로세스는 비즈니스 케이스를 기반으로 프로젝트 헌장을 작성합니다. 계약하의 프로젝트라면 계약서(협약)의 내용도 프로젝트 헌장 작성의 주요 정보가 됩니다.

[표 A1] 프로젝트 헌장 개발 프로세스의 주요 투입물과 산출물

주요 Inputs	주요 Outputs
Business case Agreements	Project charter

1.2 이해관계자 식별(Identify Stakeholders)

[이해관계자 식별] 프로세스는 프로젝트 헌장과 비즈니스 케이스에 표현된 이해관계자와 그 외의 투입물을 기반으로 이해관계자를 식별하고 관련 정보를 이해관계자 관리대장에 기록합니다.

[표 A2] 이해관계자 식별 프로세스의 주요 투입물과 산출물

주요 Inputs	주요 Outputs
Project charter Business case Benefits management plan Communications management plan Stakeholder engagement plan Requirements documentation Agreements	Stakeholder register

2 기획 프로세스 그룹(Planning process group)

기획 프로세스 그룹의 가장 중요한 역할은 프로젝트 목표를 가장 효과적으로 달성할 수 있는 방법을 결정하는 것입니다. 효과적인 목표 달성 방법을 기획하여 문서화한 것이 바로 '프로젝트 관리 계획서'이며, 기획 프로세스 그룹 안에는 프로젝트 관리 계획서를 만드는 주요 프로세스들이 포함되어 있습니다.

2.1 프로젝트 관리 계획서 개발(Develop Project Management Plan)

[프로젝트 관리 계획서 개발] 프로세스는 여러 기획 프로세스의 산출물들을 통합하여 'Project management plan'을 생성합니다. 프로젝트 현장의 상위수준 정보들이 프로젝트 관리 계획서에 더 상세하게 정의됩니다.

[표 A3] 프로젝트 관리 계획서 개발 프로세스의 주요 투입물과 산출물

주요 Inputs	주요 Outputs
Project charter Outputs from other processes	Project management plan

2.2 범위 관리 계획수립(Plan Scope Management)

[범위 관리 계획수립] 프로세스는 범위와 요구사항을 어떻게 관리할 것인지에 대한 계획을 수립하는 프로세스입니다.

[표 A4] 범위 관리 계획수립 프로세스의 주요 투입물과 산출물

주요 Inputs	주요 Outputs
Project charter Project management plan	Scope management plan Requirements management plan

2.3 요구사항 수집(Collect Requirements)

[요구사항 수집] 프로세스는 다양한 기법을 이용하여 여러 이해관계자를 포함한 요구사항이 포함된 자료로부터 요구사항을 식별하고 문서화합니다. 프로젝트 헌장에는 초기에 식별된 요구사항들이 포함되어 있습니다.

[표 A5] 요구사항 수집 프로세스의 주요 투입물과 산출물

주요 Inputs	주요 Outputs
Scope management plan Requirements management plan Project charter Stakeholder register Business case Agreements	Requirements documentation Requirements traceability matrix

2.4 범위 정의(Define Scope)

[범위 정의] 프로세스는 앞으로 만들 제품을 상세히 분석하고 식별된 요구사항을 바탕으로 상세하게 프로젝트의 범위를 기술한 '프로젝트 범위 기술서(Project scope statement)'를 작성합니다.

[표 A6] 범위 정의 프로세스의 주요 투입물과 산출물

주요 Inputs	주요 Outputs
Scope management plan Project charter Requirements documentation Risk register	Project scope statement

2.5 작업분류체계 작성(Create WBS)

[작업분류체계 작성] 프로세스는 범위를 결정한 다음에 해야 하는 일정과 예산 수립에서 산정의 정확도를 올리기 위해 프로젝트 범위를 더 작고 관리 가능한 요소로 분할합니다. WBS를 작성할 때 범위의 기초가 되는 요구사항도 반영합니다. Project scope statement, WBS, WBS Dictionary의 승인받은 부분은 '범위 기준선(Scope baseline)'이 됩니다.

[표 A7] 작업분류체계 작성 프로세스의 주요 투입물과 산출물

주요 Inputs	주요 Outputs
Scope management plan Project scope statement Requirements documentation	Scope baseline

2.6 일정 관리 계획수립(Plan Schedule Management)

[일정 관리 계획수립] 프로세스는 프로젝트를 수행하는 동안에 어떻게 일정을 관리할 것인지에 대한 일정 관리 계획서를 수립합니다. 계획을 먼저 수립한 후에 계획에 따라 일정을 작성하고 통제합니다.

[표 A8] 일정 관리 계획수립 프로세스의 주요 투입물과 산출물

주요 Inputs	주요 Outputs
Project charter Scope management plan Development approach	Schedule management plan

2.7 활동 정의(Define Activities)

[활동 정의] 프로세스는 프로젝트의 인도물들을 생성하기 위해 수행해야 하는 활동들을 식별하고 문서화합니다.

[표 A9] 활동 정의 프로세스의 주요 투입물과 산출물

주요 Inputs	주요 Outputs
Schedule management plan Scope baseline	Activity list Activity attributes Milestone list

2.8 활동 순서배열(Sequence Activities)

[활동 순서배열] 프로세스는 여러 활동 간의 가장 바람직한 순서를 식별하고 문서화합니다. 범위기준선에 포함된 프로젝트 범위 기술서에는 제품의 특성이 포함되어 있으며, 제품의 물리적 특성이 흐름에 영향을 줄 수 있으므로 참고합니다.

[표 A10] 활동 순서배열 프로세스의 주요 투입물과 산출물

주요 Inputs	주요 Outputs
Schedule management plan Scope baseline Activity list Activity attributes Milestone list	Project schedule network diagrams

2.9 활동 기간 산정(Estimate Activity Durations)

[활동 기간 산정] 프로세스는 산정된 자원을 가지고 각 활동을 완료하기 위해 필요한 기간을 예측합니다. 자원의 유형과 수량, 자원의 가용성, 제약사항이 기간에 영향을 주기 때문에 기간 산정 시 고려해야 합니다.

[표 A11] 활동 기간 산정 프로세스의 주요 투입물과 산출물

주요 Inputs	주요 Outputs
Schedule management plan Scope baseline Activity list Activity attributes Milestone list Resource requirements Resource calendars Resource breakdown structure Risk register Project team assignments	Duration estimates Basis of estimates

2.10 일정 개발(Develop Schedule)

[일정 개발] 프로세스는 일정을 구성하는 요소들을 합쳐서 프로젝트 일정을 개발합니다. 범위 기준선 안에 포함된 프로젝트 범위 기술서에 포함된 제약사항을 고려해야 하며, 자원의 가용성도 고려합니다. 승인된 일정은 성과를 측정하는 일정 기준선이 됩니다.

[표 A12] 일정 개발 프로세스의 주요 투입물과 산출물

주요 Inputs	주요 Outputs
Schedule management plan Scope baseline Activity list Activity attributes Milestone list Project schedule network diagrams Resource requirements Resource calendars Duration estimates Risk register Project team assignments	Schedule baseline Project schedule Project calendars

2.11 원가 관리 계획수립(Plan Cost Management)

[원가 관리 계획수립] 프로세스는 어떻게 원가를 산정하고 어떻게 예산을 결정하고, 통제할 것인지에 대한 방법을 결정하고 문서화한 원가 관리 계획서를 만드는 프로세스입니다.

[표 A13] 원가 관리 계획수립 프로세스의 주요 투입물과 산출물

주요 Inputs	주요 Outputs
Schedule management plan Risk management plan Project charter	Cost management plan

2.12 원가 산정(Estimate Costs)

[원가 산정] 프로세스는 프로젝트 활동을 완료하기 위해 필요한 자원의 원가 근사치를 개발합니다. 자원의 가용시간, 인력 단가, 리스크를 고려해서 원가를 산정합니다.

[표 A14] 원가 산정 프로세스의 주요 투입물과 산출물

주요 Inputs	주요 Outputs
Cost management plan Quality management plan Scope baseline Project schedule Resources requirements Risk Register	Cost estimates Basis of estimates

2.13 예산 책정(Determine Budget)

[예산 책정] 프로세스는 승인된 원가 기준선을 수립하기 위해 부분적 원가 산정치들을 합산합니다. 부분적 원가를 합산할 때 WBS 구조를 보면서 합산하며, 계약에 필요한 비용도 예산에 포함 시킵니다.

[표 A15] 예산 책정 프로세스의 주요 투입물과 산출물

주요 Inputs	주요 Outputs
Cost management plan Resource management plan Scope baseline Cost estimates Project schedule Business case Benefits management plan Risk register Agreements	Cost baseline Project funding requirements

2.14 품질 관리 계획수립(Plan Quality Management)

[품질 관리 계획수립] 프로세스는 프로젝트 및 제품에 요구되는 품질 요구사항 및 품질 표준을 식별하고, 품질 기준을 맞추기 위한 계획을 수립합니다.

[표 A16] 품질 관리 계획수립 프로세스의 주요 투입물과 산출물

주요 Inputs	주요 Outputs
Project charter Requirements management plan Risk management plan Stakeholder engagement plan Scope baseline Stakeholder register Risk register Requirements documentation Enterprise environmental factors Organizational process assets	Quality metrics Quality management plan

2.15 자원 관리 계획수립(Plan Resource Management)

[자원 관리 계획수립] 프로세스는 자원을 앞으로 어떻게 관리할지 관련 사항들을 준비하는 프로세스입니다.

[표 A17] 자원 관리 계획수립 프로세스의 주요 투입물과 산출물

주요 Inputs	주요 Outputs
Project charter Quality management plan Scope baseline Project schedule Requirements documentation Risk register Stakeholder register	Resource management plan Team charter

2.16 활동 자원 산정(Estimate Activity Resources)

[활동 자원 산정] 프로세스는 활동 수행을 위해 필요한 자원의 유형과 수량을 결정합니다. 결정된 자원은 유형별로 분류해서 RBS(Resource breakdown structure)를 만들 수 있습니다.

[표 A18] 활동 자원 산정 프로세스의 주요 투입물과 산출물

주요 Inputs	주요 Outputs
Resource management plan Scope baseline Activity list Activity attributes Cost estimates Resource calendars Risk register	Resource requirements Basis of estimates Resource breakdown structure

2.17 의사소통 관리 계획수립(Plan Communications Management)

[의사소통 관리 계획수립] 프로세스는 프로젝트 이해관계자들의 의사소통 요구사항을 결정하고 의사소통 접근법을 정의합니다.

[표 A19] 의사소통 관리 계획수립 프로세스의 주요 투입물과 산출물

주요 Inputs	주요 Outputs
Project charter Resource management plan Stakeholder engagement plan Stakeholder register Requirements documentation	Communications management plan

2.18 리스크 관리 계획수립(Plan Risk Management)

[리스크 관리 계획수립] 프로세스는 이후 리스크 관리 프로세스를 어떻게 수행할지에 대한 계획을 수립하는 프로세스입니다.

[표 A20] 리스크 관리 계획수립 프로세스의 주요 투입물과 산출물

주요 Inputs	주요 Outputs
Project charter Project management plan Stakeholder register	Risk management plan

2.19 리스크 식별(Identify Risks)

[리스크 식별] 프로세스는 프로젝트의 리스크들을 식별합니다. 식별된 리스크 목록은 리스크 관리대장에 기록됩니다.

[표 A21] 리스크 식별 프로세스의 주요 투입물과 산출물

주요 Inputs	주요 Outputs
Risk management plan Schedule management plan Cost management plan Quality management plan Resource management plan Scope baseline Schedule baseline Cost baseline Cost estimates Duration estimates Requirements documentation Resource requirements Stakeholder register Agreements Procurement documentation	Risk register Risk report

2.20 정성적 리스크 분석 수행(Perform Qualitative Risk Analysis)

[정성적 리스크 분석 수행] 프로세스는 각 리스크의 발생 확률과 영향을 평가하여 리스크의 우선순위를 결정합니다. 또한 리스크 담당자를 결정합니다.

[표 A22] 정성적 리스크 분석 수행 프로세스의 주요 투입물과 산출물

주요 Inputs	주요 Outputs
Risk register Risk management plan Stakeholder register	Risk register update Risk report update

2.21 정량적 리스크 분석 수행(Perform Quantitative Risk Analysis)

[정량적 리스크 분석 수행] 프로세스는 개별 프로젝트 리스크와 다른 불확실성의 원인이 프로젝트에 미치는 영향을 수치로 알아냅니다. 정량적 리스크 분석의 결과는 리스크 보고서에 업데이트됩니다.

[표 A23] 정량적 리스크 분석 수행 프로세스의 주요 투입물과 산출물

주요 Inputs	주요 Outputs
Risk register Risk report Risk management plan Scope baseline Schedule baseline Cost baseline Risk register Cost estimates Cost forecasts Duration estimates Milestone list Resource requirements Schedule forecasts	Risk report update

2.22 리스크 대응 계획수립(Plan Risk Responses)

[리스크 대응 계획수립] 프로세스는 프로젝트 목표에 위협은 낮추고 기회는 향상시키기 위

한 조치와 대안을 개발합니다. 일부 부정적 리스크는 계약을 통해 외부 업체에 리스크를 전가합니다.

[표 A24] 리스크 대응 계획수립 프로세스의 주요 투입물과 산출물

주요 Inputs	주요 Outputs
Risk register Risk management plan Resource management plan Cost baseline Project schedule Project team assignments Resource calendars Risk register Risk report Stakeholder register	Risk register update Risk report update

2.23 조달 관리 계획수립(Plan Procurement Management)

[조달 관리 계획수립] 프로세스는 구매 관련 사항들을 결정하고 잠재적 판매자를 식별합니다.

[표 A25] 조달 관리 계획수립 프로세스의 주요 투입물과 산출물

주요 Inputs	주요 Outputs
Project charter Business case Benefits management plan Scope management plan Quality management plan Resource management plan Scope baseline Requirements documentation Milestone list Project team assignments Risk register Resource requirements Stakeholder register	Procurement management plan Procurement strategy Make-or-buy decisions Procurement statement of work Source selection criteria Independent cost estimates

2.24 이해관계자 참여 계획수립(Plan Stakeholder Engagement)

[이해관계자 참여 계획수립] 프로세스는 향후 프로젝트에 이해관계자를 참여시키기 위한 준비 프로세스입니다.

[표 A26] 이해관계자 참여 계획수립 프로세스의 주요 투입물과 산출물

주요 Inputs	주요 Outputs
Project charter Resource management plan Communications management plan Risk management plan Stakeholder register Project schedule Risk register Agreements	Stakeholder engagement plan

3 실행 프로세스 그룹

실행 프로세스 그룹에 속하는 프로세스는 49개 중 10개입니다. 앞의 기획 프로세스 그룹을 통해 '프로젝트 관리 계획서'를 만들어 낸 후 계획에 따라 자원을 소비하며 프로젝트에서 요구하는 사항들을 달성하는 과정이 실행(Executing)입니다. 따라서 프로젝트의 활동을 통합 및 수행하고 인력과 자원을 조율하는 실행이 필요합니다. 프로젝트의 시간과 비용은 실행에서 가장 많이 쓰입니다.

그리고 실행을 하다 보면 여러 가지 변경사항들이 발생할 수 있으며 이러한 변경을 감시 및 통제에서 검토하고 분석하여 변경을 진행할 것인지 결정하게 됩니다. 만약 변경을 공식적으로 승인받게 되면 공식적으로 '승인받은 변경'은 실행에서 수행하게 됩니다. 또한, 승인된 변경은 계획에 업데이트시켜야 하며 업데이트된 내용은 해당 관련 이해관계자에게 알려주어야 합니다. 자주 발생하는 경우는 아니지만 필요 시 승인된 변경으로 인해 프로젝트의 새로운 기준선을 수립하는 경우도 있습니다.

3.1 프로젝트 작업 지시 및 관리(Direct and Manage Project Work)

[프로젝트 작업 지시 및 관리] 프로세스는 프로젝트 관리 계획서에 정의된 작업을 수행하여 프로젝트 인도물을 생성합니다. 돈과 시간은 실행에서 가장 많이 사용됩니다. 또한 승인된 변경 요청도 수행합니다.

[표 A27] 프로젝트 작업 지시 및 관리 프로세스의 주요 투입물과 산출물

주요 Inputs	주요 Outputs
Project management plan Milestone list Project communications Project schedule Risk register Risk report Approved change requests	Deliverables Work performance data

3.2 프로젝트 지식 관리(Manage Project Knowledge)

[프로젝트 지식 관리] 프로세스는 프로젝트를 실행하는 동안에 과거의 축적된 지식을 활용하고 새로운 지식을 만들고 기록으로 남깁니다.

[표 A28] 프로젝트 지식 관리 프로세스의 주요 투입물과 산출물

주요 Inputs	주요 Outputs
Project management plan Lessons learned register Project team assignments Resource breakdown structure Stakeholder register Deliverables	Lessons learned register Project management plan updates Organizational process assets

3.3 품질 관리(Manage Quality)

[품질 관리] 프로세스는 조직의 품질 정책을 프로젝트에 반영하여 품질 관리 계획서에 따라 품질 관련 활동을 수행하며, 프로젝트 전반에 걸친 품질 프로세스 관리와 관련 있습니다.

[품질 통제]에서 결과물이 품질 요구사항을 충족했는지 확인하기 위해 품질 요구사항을 포함시킨 테스트 및 평가 문서를 준비합니다.

[표 A29] 품질 관리 프로세스의 주요 투입물과 산출물

주요 Inputs	주요 Outputs
Quality management plan Quality metrics Quality control measurements Risk report	Quality reports Test and evaluation documents

3.4 자원 확보(Acquire Resources)

[자원 확보] 프로세스는 실행하면서 필요한 자원을 확보하여 프로젝트에 배정합니다.

[표 A30] 자원 확보 프로세스의 주요 투입물과 산출물

주요 Inputs	주요 Outputs
Resource management plan Procurement management plan Cost baseline Project schedule Resource calendars Resource requirements Stakeholder register	Physical resource assignments Project team assignments Resource calendars

3.5 팀 개발(Develop Team)

[팀 개발] 프로세스는 사전에 계획된 대로, 프로젝트 성과를 높이기 위해 프로젝트 팀원들의 개인 역량 향상과 팀의 결속을 향상시킵니다.

[표 A31] 팀 개발 프로세스의 주요 투입물과 산출물

주요 Inputs	주요 Outputs
Resource management plan Project schedule Project team assignments Resource calendars Team charter	Team performance assessments

3.6 팀 관리(Manage Team)

[팀 관리] 프로세스는 프로젝트 성과를 높이기 위해 팀원의 성과를 추적하고, 피드백을 제공하고, 이슈를 해결하고, 변경을 관리합니다.

[표 A32] 팀 관리 프로세스의 주요 투입물과 산출물

주요 Inputs	주요 Outputs
Resource management plan Project team assignments Team charter Work performance reports Team performance assessments	Change requests

3.7 의사소통 관리(Manage Communications)

[의사소통 관리] 프로세스는 프로젝트의 정보를 의사소통 관리 계획서에 따라 생성, 수집, 배포, 저장, 검색, 처분하는 프로세스입니다.

[표 A33] 의사소통 관리 프로세스의 주요 투입물과 산출물

주요 Inputs	주요 Outputs
Communications management plan Resource management plan Stakeholder engagement plan Quality report Risk report Stakeholder register Work performance reports	Project communications

3.8 리스크 대응 실행(Implement Risk Responses)

[리스크 대응 실행] 프로세스는 리스크 발생 시 사전에 준비한 대로 리스크 대응을 수행하는 프로세스입니다.

[표 A34] 리스크 대응 실행 프로세스의 주요 투입물과 산출물

주요 Inputs	주요 Outputs
Risk management plan Risk register Risk report	Risk register updates Risk report updates

3.9 조달 수행(Conduct Procurements)

[조달 수행] 프로세스는 필요한 시점에 맞게 외부로부터 필요한 자원을 조달합니다.

[표 A35] 조달 수행 프로세스의 주요 투입물과 산출물

주요 Inputs	주요 Outputs
Scope management plan Requirements management plan Communications management plan Risk management plan Procurement management plan Configuration management plan Cost baseline Project schedule Requirements documentation Risk register Stakeholder register Procurement documentation Seller proposals	Selected sellers Agreements

3.10 이해관계자 참여 관리(Manage Stakeholder Engagement)

[이해관계자 참여 관리] 프로세스는 프로젝트 관리자가 의사소통을 통해 여러 이해관계자의 요구사항과 기대사항을 충족시키고, 발생한 이슈를 관리하는 프로세스입니다.

[표 A36] 이해관계자 참여 관리 프로세스의 주요 투입물과 산출물

주요 Inputs	주요 Outputs
Stakeholder management plan Communications management plan Stakeholder register	Change requests

4 감시 및 통제 프로세스 그룹 (Monitoring and Controlling process group)

우선 프로젝트에서 '감시 및 통제'가 왜 필요한지 먼저 생각해봐야 합니다. 프로젝트가 늘 계획대로 정확히 진행되면 더할 나위 없지만 통상 계획대로 가는 프로젝트는 매우 드문 편입니다. 따라서 실행의 결과가 계획에서 벗어났는지 알기 위해서 지속적인 감시가 필요하며 실행에서 수행한 결과가 계획보다 못할 경우 부족한 실행의 결과를 계획에 맞추는 적절한 통제도 해야 합니다.

또한, 프로젝트에서 변경은 일어날 수밖에 없는 상황이며 이러한 변경이 프로젝트에 적절히 통합될 수 있도록 지속적인 관리 활동이 필요합니다. 그래서 이전에 설명했듯이 '감시 및 통제'는 프로젝트 전반에 걸쳐져 진행됨을 알 수 있습니다.

4.1 프로젝트 작업 감시 및 통제(Monitor and Control Project Work)

[프로젝트 작업 감시 및 통제] 프로세스는 프로젝트의 성과가 높은지 낮은지 검토하고 관련 이해관계자에게 성과 정보를 보고하기 위한 작업 성과 보고서를 작성합니다.

[표 A37] 프로젝트 작업 감시 및 통제 프로세스의 주요 투입물과 산출물

주요 Inputs	주요 Outputs
Project management plan Work performance information Schedule forecasts Cost forecastes Quality report Risk register Risk report Agreements	Work performance report

4.2 통합 변경 통제 수행(Perform Integrated Change Control)

[통합 변경 통제 수행] 프로세스는 인도물, 조직 프로세스 자산, 프로젝트 문서들, 프로젝

트 관리 계획서 등에 대한 모든 변경 요청을 검토하고, 변경을 승인하고, 결정 사항을 관련 이해관계자와 공유합니다.

[표 A38] 통합 변경 통제 수행 프로세스의 주요 투입물과 산출물

주요 Inputs	주요 Outputs
Change management plan Configuration management plan Scope baseline Schedule baseline Cost baseline Work Performance report Change requests Requirements traceability matrix Risk report	Approved change requests

4.3 범위 확인(Validate Scope)

[범위 확인] 프로세스는 완료된 프로젝트 인도물의 수용을 공식화하는 프로세스입니다.

[표 A39] 범위 확인 프로세스의 주요 투입물과 산출물

주요 Inputs	주요 Outputs
Scope management plan Requirements management plan Scope baseline Requirements documentation Requirements traceability matrix Verified deliverables Work performance data Quality reports	Accepted deliverables Work performance information Change requests

4.4 범위 통제(Control Scope)

[범위 통제]는 범위가 계획대로 수행되는지 확인하기 위해 범위에 대한 기준과 실적을 비교하고 필요하면 통제 조치를 취합니다. 또한, 승인되지 않은 범위 변경이 일어나지 않도록 통제합니다.

[표 A40] 범위 통제 프로세스의 주요 투입물과 산출물

주요 Inputs	주요 Outputs
Scope management plan Requirements management plan Change management plan Configuration management plan Scope baseline Performance measurement baseline Work Performance data Requirements documentation Requirements traceability matrix	Work performance information Change requests

4.5 일정 통제(Control Schedule)

[일정 통제] 프로세스는 프로젝트 일정 현황을 감시하고, 일정 기준에 대한 변경을 관리합니다.

[표 A41] 일정 통제 프로세스의 주요 투입물과 산출물

주요 Inputs	주요 Outputs
Schedule management plan Schedule baseline Scope baseline Performance measurement baseline Project schedule Work Performance data Project calendar Resource calendars	Work performance information Change requests Schedule forecasts

4.6 원가 통제(Control Costs)

[원가 통제] 프로세스는 프로젝트 원가 현황을 감시하고, 원가 기준에 대한 변경을 관리합니다.

[표 A42] 원가 통제 프로세스의 주요 투입물과 산출물

주요 Inputs	주요 Outputs
Cost management plan Cost baseline Performance measurement baseline Project funding requirements Work Performance data	Work performance information Change requests Cost forecasts

4.7 품질 통제(Control Quality)

[품질 통제] 프로세스는 실행의 결과로 만들어진 인도물이 품질 기준에 부합하는지 확인하고, 필요하다면 결함을 수정하는 변경 요청을 합니다.

[표 A43] 품질 통제 프로세스의 주요 투입물과 산출물

주요 Inputs	주요 Outputs
Quality management plan Quality metrics Test and evaluation documents Work performance data Deliverables Approved change requests	Quality control measurements Verified deliverables Work performance information Change requests

4.8 자원 통제(Control Resources)

[자원 통제] 프로세스는 프로젝트에 배정된 물적 자원을 계획대로 사용할 수 있는지 확인하고 계획대비 실제 자원 사용을 감시하며 필요에 따라 시정조치를 수행합니다.

[표 A44] 자원통제 프로세스의 주요 투입물과 산출물

주요 Inputs	주요 Outputs
Resource management plan Physical resource assignments Project schedule Resource breakdown structure Resource requirements Risk register Work performance data Agreements	Work performance information Change requests

4.9 의사소통 감시(Monitor Communications)

[의사소통 감시] 프로세스는 이해관계자들의 정보 요구사항을 잘 맞추도록 하는 프로세스입니다.

[표 A45] 의사소통 감시 프로세스의 주요 투입물과 산출물

주요 Inputs	주요 Outputs
Resource management plan Communications management plan Stakeholder engagement plan Work Performance data Project communications	Work performance information Change requests

4.9 리스크 감시(Monitor Risks)

[리스크 감시] 프로세스는 프로젝트 생애주기 전반에 걸쳐 식별된 리스크를 추적하고, 잔존 리스크를 감시하며, 새로운 리스크를 식별하고, 리스크 프로세스의 효율성을 평가합니다.

[표 A46] 리스크 감시 프로세스의 주요 투입물과 산출물

주요 Inputs	주요 Outputs
Risk register Risk report Risk management plan Work performance data Work performance reports	Work performance information Change requests Risk register update

4.10 조달 통제(Control Procurements)

[조달 통제] 프로세스는 조달 관계를 관리하고, 계약 성과를 감시하며, 필요에 따라 변경이나 시정 조치를 취합니다.

[표 A47] 조달 통제 프로세스의 주요 투입물과 산출물

주요 Inputs	주요 Outputs
Procurement management plan Change management plan Schedule baseline Requirements management plan Risk management plan Agreements Procurement documentation Work performance reports Work Performance data Approved change requests Quality reports Requirements documentation Requirements traceability matrix Risk register Stakeholder register	Work performance information Change requests

4.11 이해관계자 참여 감시(Monitor Stakeholder Engagement)

[이해관계자 참여 감시] 프로세스는 이해관계자의 참여를 위한 계획들과 전략들을 조정하고 전반적으로 이해관계자 관계를 감시하는 프로세스입니다. 이해관계자 참여 활동의 효과성과 효율성을 높이거나 유지하는 것이 이 프로세스의 핵심 활동입니다.

[표 A48] 이해관계자 참여 감시 프로세스의 주요 투입물과 산출물

주요 Inputs	주요 Outputs
Resource management plan Communications management plan Stakeholder engagement Plan Issue log Work Performance data Project communications Risk register Stakeholder register	Work performance information Change requests

5 종료 프로세스 그룹(Closing process group)

모든 프로젝트 활동을 공식적으로 종료하고 완제품을 인계하며, 만약 중간에 취소된 프로젝트라면 중단을 진행하는 것 등을 종료에서 수행합니다. 프로젝트가 단계로 나누어져 있을 경우 단계의 종료도 종료 프로세스 그룹에서 수행합니다.

5.1 프로젝트 또는 단계 종료(Close Project or Phase)

[프로젝트 또는 단계 종료] 프로세스는 프로젝트 또는 단계를 공식적으로 완료하기 위해 모든 활동들을 종료합니다.

[표 A49] 프로젝트 또는 단계 종료 프로세스의 주요 투입물과 산출물

주요 Inputs	주요 Outputs
Project charter Project management plan Accepted deliverables Business case Benefits management plan Agreements Procurement documentation Milestone list Project communications Quality control measurements Quality reports Requirements documentation Risk register Risk report	Final product, service, or result transition Final report

이상으로 단일 프로젝트를 위한 프로젝트 관리 프로세스 49개를 5개의 프로세스 그룹으로 살펴봤습니다. 상세한 내용은 본문의 4장부터 13장까지의 내용을 참고하세요.

B Core Glossary for PMP® Exam

1장~3장 관련용어

- Benefit cost ratio(BCR): 프로젝트 선정에 사용되는 재무 측정 방법. Benefit/Cost로 계산하며 1보다 커야 이익이 있음. 수익이 400원이고 원가가 200원이면 BCR = 2이며 2:1로 표현할 수 있음.
- Business case: 프로젝트가 비즈니스 관점에서 투자할 가치가 있는지 없는지 결정하기 위해 필요한 정보를 포함한 문서.
- Colocation: 팀으로서의 성과 향상을 위해 가능한 팀원들을 같은 장소로 모으는 팀 빌딩 기법.
- Customer: 프로젝트가 완료되었을 때 프로젝트의 작업 결과를 소유할 개인, 그룹 및 회사.
- Deliverable: 프로세스, 단계 또는 프로젝트를 완료하기 위해 산출해야 하는 측정 가능하고 검증 가능한 고유한 제품, 결과 또는 서비스 수행 능력.
- Enterprise: 비즈니스 기능을 처리하는 회사 또는 기타 공식 조직구조.
- Functional organization: 유사한 스킬(예 회계, 마케팅, 엔지니어링 등)을 가진 사람들로 그룹화된 형태의 구조를 가진 회사구조.
- Historical information: 이전의 프로젝트 성공 및 실패로부터 배우기 위해 사용되는 과거 프로젝트의 정보.
- Hybrid organization: 조직 내에 다양한 조직 구조를 복합적으로 포함한 조직
- Initiator: 프로젝트 시작을 승인하는 개인 또는 조직.
- Internal rate of return(IRR): NPV가 0일 때 이자율이며 프로젝트의 가치를 비교할 때 사용.
- Line manager: 제품 생산 또는 서비스를 수행하는 그룹의 관리자. Functional manager와 동일한 뜻.
- Matrix organization: 기능 조직과 프로젝트 기반 조직의 특성을 혼합한 조직.

- Multi-divisional organization: 중앙으로부터 목표에 의해 통제되는 여러 반자치적인 단위로 분리된 조직구조.
- NPV(Net present value): 주어진 이자율에서 수입 및 지출 흐름의 시간적 가치를 계산하는 재무적 계산법.
- Operations: 매일 반복되는 회사의 수행 활동들.
- Opportunity cost: 어떤 재화의 두 종류의 용도 중 어느 한 편을 포기할 경우, 포기 안 했다면 얻을 수 있는 이익의 평가액.
- Organization: 회사 또는 기업의 작업 수행을 위해 형성된 사람들의 그룹.
- Organic organization: 매우 유연하고 변화에 대해 적응이 가능한 조직.
- Organizational project management: 전략적 목표를 달성하기 위해 포트폴리오 관리, 프로그램 관리, 프로젝트 관리가 조직의 실행기반과 통합된 프레임워크.
- Payback period: 프로젝트의 투자를 회수하는데 요구되는 시간의 합.
- Program management: 프로그램 목표를 달성하고 관련 프로그램 구성요소를 개별적으로 관리해서는 실현되지 않는 편익과 통제를 얻기 위해 지식과 기술, 원칙을 프로그램에 적용하는 기법.
- Portfolio management: 조직의 전략적 목표들을 달성하기 위해 프로젝트, 프로그램, 하위 포트폴리오들, 운영을 하나의 그룹으로 관리하는 것.
- Project life cycle: 프로젝트의 시작부터 종료까지 프로젝트가 거치는 단계의 전체 모음.
- Project phase: 프로젝트를 효과적으로 관리하기 위해 프로젝트를 분할한 것.
- Project management office: 조직 내의 자원, 방법론, 도구, 기법의 공유를 촉진하고 프로젝트에 관련된 프로세스의 거버넌스를 표준화하는 조직 기구.
- Project-oriented organization: 조직의 프로세스와 활동의 대부분이 프로젝트 형태로 이루어지는 조직.
- Project calendar: 프로젝트의 Working day와 Non-working day를 표시한 달력. 작업 기간에는 자원이 소비됨.
- Project owner: 프로젝트를 시작하고, 자금을 지원하고, 계약을 수행하고, 프로젝트의 산출물로부터 편익을 얻는 주체.
- Process: 사전에 정해진 제품, 결과 또는 서비스를 달성하기 위해 수행하는 상호 연관된 활동 및 조치들의 모음.

- Regulation: 적용 가능한 관리조항을 가진 제품, 프로세스, 서비스의 문서화된 설명. (예) 정부조직에 의해 개발된 표준 요구사항들)
- ROI(Return on investment): 투자로부터 회수되는 수익의 비율.
- Rolling wave planning: 기획을 반복함에 따라 계획이 점진적으로 구체화되는 것.
- Sunk cost: 이미 지출해서 회수가 불가능한 비용.
- Tailoring: 프로젝트의 환경에 맞게 프로세스, 투입물, 도구 및 기법, 산출물 등을 결정하는 과정.
- Virtual team: 함께 대면할 시간은 적지만 팀으로서 구성되어 같은 목표를 가진 사람들의 그룹.
- Virtual organization: 컴퓨터 네트워크라는 가상공간에 존재하는 조직.
- Work performance data: 프로젝트 실행의 결과로 수집되는 실적 정보.
- Work performance information: 통제 프로세스를 통해서 계획과 실적이 비교된 정보.
- Work Performance report: 이해관계자들에게 배포하기 위해 주기적으로 프로젝트 성과 정보를 모아서 만든 보고서.

4장 통합 관리 관련용어

- Baseline: 작업 산출물의 승인된 버전. 성과 측정의 기준선이 되며, 범위 기준선, 일정 기준선, 원가 기준선이 있음.
- CCB(Change control board): 프로젝트의 변경을 승인 또는 거부하기 위해 공식적으로 인정된 사람들의 그룹.
- Change control system: 프로젝트에 관련된 변경을 관리하는 문서화되고 공식적인 절차.
- Configuration management: 기술적, 행정상 지시와 감시를 적용하는 데 사용할 절차를 공식적 문서 형태로 기술한 절차 모음집. 제품, 산출물, 서비스 또는 구성요소의 기능적, 물리적 특성을 식별하여 문서화하고, 해당 특성에 대한 변경을 통제하고, 각 변경과 그 구현 상태를 기록 및 보고하고, 제품, 산출물 또는 구성요소에 대한 감사를 지원하여 요구사항의 준수 여부를 검증하는 것을 목적으로 함.
- Corrective actions: 프로젝트 관리 계획에 포함된 내용과 미래의 기대되는 성과를 맞추기 위해 프로젝트의 요소를 시정하는 다양한 활동들.

- Feasibility study: 프로젝트 용도의 실용성과 경제적 잠재성을 결정하기 위해 원가 및 기술 데이터를 검토하는 것.
- Formal acceptance: 프로젝트 또는 단계의 산출물을 고객 또는 스폰서가 수용했음을 문서화로 나타내는 것.
- Initiation: 새로운 프로젝트 시작이나 다음 단계로의 시작에 대해 스폰서나 조직으로부터 합의되는 것.
- Issue: 일정에 영향, 변경에 대한 방향, 품질의 손상, 원가의 증가 등에 대해 다뤄지지 않은 프로젝트에 관련된 공식적 식별된 항목. 리스크는 미래의 사건이고 이슈는 현재의 문제임.
- Lessons learned: 일반적이거나 일반적이지 않은 프로젝트의 사건들을 어떻게 다루었는지를 보여주기 위하여 회의나 문서화된 보고 등을 통해 수집되는 문서화된 정보. 보통 후속 프로젝트 노력에 참고로 사용됨.
- Milestone: 프로젝트에서 주요 작업의 완료 또는 시작을 포함한 주요 시점.
- Milestone schedule: 주요 시점으로 작성한 일정. Master schedule이라고도 함.
- Project charter: 프로젝트의 시작을 공식화하고 프로젝트 관리자에게 프로젝트 활동에 대해 조직의 자원을 적용할 수 있는 권한을 주는 상위 경영진에 의해 발행된 문서.
- Story point: 애자일 방법에서 요구사항의 규모를 측정하는 단위.
- Subsidiary plans: 프로젝트 관리 계획서를 구성하는 보조 계획서들.
- Trend analysis: 과거 정보를 기반으로 미래의 결과를 예측하기 위한 접근법.
- Variance analysis: 범위, 시간, 원가에 관련된 차이를 측정하기 위한 접근법.
- Work authorization: 올바른 작업을 올바른 시간과 올바른 순서에 의해 끝내는 것을 보증하는 기법.

5장 범위 관리 관련용어

- Acceptance criteria: 작업이 수용되기 전에 완료해야 하는 정의된 요구사항들.
- Alternatives: 목표를 달성하기 위해 가능한 다른 수단들.
- Business analysis: 비즈니스 요구(Needs)를 식별하고 관련된 해결책(Solution)을 권고하고 요구사항(Requirements)들을 이끌어내고, 문서화하고 관리하기 위해 수행되는 활동들의 집합.

- Decomposition: 작업을 더 작고 관리 가능한 요소로 분할하는 절차.
- Code of accounts: WBS의 각 요소를 고유하게 식별하기 위해 사용되는 번호배정 시스템.
- Control account: WBS 구성 요소 중, 작업 패키지보다 상위 요소로서, 범위나 원가, 일정을 추적하기 위해 지정한 임의의 요소.
- Product analysis: 프로젝트의 범위를 정의하기 위해 제품의 충분한 이해를 개발하는 활동.
- Performance measurement baseline: 획득가치(Earned value) 분석을 할 때 사용하는 기준으로서 실행하는 동안 프로젝트 성과를 관리, 측정, 통제하기 위한 승인된 단일 프로젝트 기준선으로서 범위, 일정, 원가 기준선들이 통합된 것.
- Scope baseline: 프로젝트에서 생성해야 하는 범위의 기본 정의 내용. 승인된 프로젝트 범위 기술서, WBS, WBS 사전이 포함됨.
- Scope creep: 다른 부분에 미치는 영향 분석 없이 또는 공식적 승인 없이 범위가 추가되는 것.
- Planning package: 통제 단위 아래에 작업 패키지 위 수준에 해당하는 요소이며, 상세한 일정 활동은 없지만, 작업 내용은 파악된 요소.
- Project scope statement: 프로젝트 범위를 상세히 기술한 설명서로, 주요 인도물, 프로젝트 목표, 가정사항, 제약사항, 작업 기술서가 포함되며, 향후 프로젝트 관련 의사결정과 이해 관계자 간에 프로젝트 범위를 확인하고 공통적인 이해를 도출하는 데 필요한 기초 자료를 제공한다. 프로젝트 범위 달성에 필요한 것을 정의한 문서.
- Project scope: 지정된 특징이나 기능을 가진 제품, 서비스, 또는 결과를 달성하기 위해 필요한 일.
- Product scope: 제품, 서비스 또는 결과의 특성을 나타내는 특징이나 기능.
- Validate scope: 완료된 프로젝트의 범위 또는 작업에 대해 주요 이해관계자의 공식적 수용을 획득하는 것.
- Validation: 공식적 수용을 위해 요구되는 요구사항들을 맞추었는지를 보증하기 위해 프로젝트의 여러 결과물을 평가하는 절차.
- WBS(Work breakdown structure): 프로젝트 목표를 달성하고 필요한 인도물을 산출하기 위하여 프로젝트 팀이 수행할 작업을 인도물 중심으로 분할한 계층 구조 체계.
- Work package: WBS의 가장 하위수준이며 기간과 원가 산정의 시점이 됨.

6장 일정 관리 관련용어

- Activity: 프로젝트 작업을 수행하고 인도물을 생성하기 위해 반드시 수행되어야 하는 활동.
- Activity-on-arrow(AOA): 활동을 화살 위에 표현하고 활동의 연결은 Node를 통해 작성하는 네트워크 다이어그램. Arrow diagramming method(ADM)라고도 함.
- Activity-on-node(AON): 활동을 박스(Node)에 표현하고 활동을 화살로 연결하는 네트워크다이어그램. Precedence diagramming method(PDM)라고도 함.
- Backward pass: 각 활동의 늦은 시작일과 늦은 완료일을 식별하기 위한 방법.
- Bar chart: Gantt chart로 불리며 활동을 막대로 표시하고 활동의 기간 및 시작과 완료일을 표시하는 차트.
- Contingency reserve: 프로젝트 목표 수행 과정에서 투입하는 산정치를 초과하게 만들 리스크를 조직이 감당할 수 있는 수준으로 완화하기 위해 산정치 이상으로 필요한 자금, 예산 또는 시간의 양. Known unknowns를 위한 예비.
- Crashing: 더 많은 자원을 Critical path에 추가하여 기간을 줄이는 일정단축 기법.
- Critical chain method: 한정된 자원을 고려하고 활동의 여유시간을 활동이 아닌 별도로 관리하여 일정 안에 프로젝트를 완료하기 위한 일정 기법.
- Critical path: 네트워크 경로상에서 가장 긴 경로이며 활동의 여유시간이 0인 경로.
- Discretionary dependency: Soft logic, Preferred logic, Preferential logic으로도 불리며 프로젝트 관리자나 의사결정자에 의해 임의적으로 선택되는 연관성.
- Estimate: 정확성의 허용치를 포함하여 프로젝트의 요소를 예측하는 방법.
- External dependency: 프로젝트 팀 외부로부터 프로젝트에 연결되는 연관성.
- Fast tracking: 정상적인 순서에 의해 진행해야 할 단계나 활동을 중첩하여 진행함으로써 기간을 단축하는 일정 단축 기법이며 리스크가 증가됨.
- Float: Slack, Buffer, Total float, Path float라고도 불리며 프로젝트의 최종 완료일을 지연시키지 않으면서 가질 수 있는 여유시간의 합.
- Forward pass: 각 활동의 빠른 시작일과 빠른 완료일을 식별하기 위한 방법.
- Free float: 후속에 오는 다른 활동들의 빠른 시작일에 지연을 야기하지 않으면서 가질 수 있는 여유시간의 합.
- Imposed date: 이전 시작, 이후 종료처럼 특정 날짜를 기준으로 거는 제약.

- Iteration burndown chart: 애자일 방법에서 전체 작업량에서 수행한 작업량을 빼면서 남은 작업량을 체크하는 방식으로 표현한 그래프.
- Lag: 선행 활동의 속성상 후속 활동을 미루는 기한.
- Lead: 선행 활동의 속성으로 인해 후속 활동을 앞당길 수 있는 기한.
- Mandatory dependency: 임의적인 조정이 불가한 꼭 따라야 하는 연관성.
- Management reserve: Unknown unknown(Unknown risk)에 대해 고려한 예비.
- Negative float: 활동이 늦은 날짜와 빠른 날짜의 차이가 음수인 것. 활동의 완료일이 지정된 경우 발생할 수 있음.
- Project schedule network diagram: 활동의 연관성을 도식적으로 표현한 것.
- Precedence diagramming method: 노드(Node)라 불리는 박스 또는 직사각형을 사용하여 활동을 표현하고, 활동과 활동을 화살표로 연결하는 네트워크 다이어그램 작성 기법. 활동을 노드 위에 표현한다고 해서 다른 말로 Activity on node(AON)라고 부름.
- PERT weighted average: 3점 추정이라고 하며 최적치, 낙관치, 비관치의 평균값.
- Release plan: 애자일 방법에서 사용하는 상위수준의 일정.
- Resource calendar: 자원 또는 자원의 그룹이 일하는 날, 일하지 않는 날을 표시한 달력.
- Resource leveling: 자원이 특정 시간대에만 사용할 수 있거나 사용 시간을 일정하게 유지해야 할 필요가 있을 경우 작업부하를 일정한 수준으로 유지하는 것.
- Resource smoothing: 자원 평준화처럼 자원의 가용성에 맞게 초과 배정된 부분을 조정하는 것은 동일하지만 차이점은 Critical path가 변하지 않고 일정도 길어지지 않도록 활동을 Free float와 Total float 안에서만 자원을 조정하는 것.
- Rolling wave planning: 추가적인 정보가 반영됨에 따라 반복적 기획을 통해 계획이 점차 상세해지는 것.
- Summary activity: Hammock activity라고도 불리며 상세한 활동들을 요약한 활동.

7장 원가 관리 관련용어

- Actual cost(AC): 작업을 수행하는데 사용된 실제 비용
- Analogous estimating: 새로운 프로젝트 산정 시 과거의 유사한 프로젝트의 특성이나 값을 사용하여 기간이나 비용을 산정하는 기법. Top-down estimating이라고도 하며

Historical information을 사용함.

- Budget: 원래 산정된 원가와 기타 승인된 변경에 대한 원가에 기반하여 프로젝트에서 소비될 돈의 전체 합.
- Budget at completion(BAC): 프로젝트의 모든 활동에 대하여 승인된 원가 산정치의 합. 누적 PV(Planned value).
- Control account: 프로젝트의 성과를 측정하기 위한 범위, 시간, 예산된 원가의 시점. 범위의 경우 Work package보다 상위 수준으로 Control account를 정한다. 프로젝트마다 여러 시점이 Control account로 지정될 수 있음.
- Cost performance index(CPI): 프로젝트에 소비된 돈의 현재 효율성을 보여주는 비율. EV/AC로 계산함.
- Cost Variance(CV): 수행된 작업과 소비된 원가의 차이. EV-AC로 계산.
- Direct cost: 프로젝트에 직접 적용되는 비용.
- Earned value(EV): 수행한 작업을 돈의 가치로 변환한 것.
- Earned Schedule(ES): 특정 시점에서 실제 획득한 일정이며 획득가치(EV)를 얻는데 원래 걸릴 시간을 의미함.
- Estimate at completion(EAC): 특정 시점에서 예측한 프로젝트 시작 시점부터 완료 시점까지 전체 원가를 예측한 예측치.
- Estimate to complete(ETC): 특정 시점에서 예측한 현재 시점부터 앞으로 완료 시점까지 들어갈 원가에 대한 예측치.
- Indirect cost: 프로젝트에 직접적인 영향을 주지 않는 비용. 전기료, 세금 등.
- Learning curve theory: 시간이 지날수록 작업에 능숙하게 되어 생산량이 증가할수록 제품의 원가나 가격이 떨어지는 효과.
- Life cycle costing: 프로젝트 원가뿐만 아니라 향후 운영이나 지원에 대해서까지 고려한 원가
- Opportunity cost: 다른 하나를 포기했을 때 포기하지 않았더라면 얻을 수 있었던 비용.
- Parametric modeling: 전체를 산정할 때 하나의 특정 단위나 구성요소를 선택하여 정량적으로 곱하여 전체를 산정하는 방법.
- Planned value(PV): 계획된 작업을 수행하기 위해 준비한 돈.
- Resource rate: 프로젝트의 원가를 산정하기 위해 요구되는 각 자원의 단위 원가.

- Schedule performance index(SPI): 프로젝트가 일정대로 진행되는지 평가하기 위하여 사용하는 EV와 PV의 비율. EV/PV로 계산.
- Schedule variance(SV): 일정의 지연 또는 앞섬을 판단할 수 있는 EV와 PV의 차이. EV-PV로 계산.
- Sunk cost: 프로젝트에 이미 소비되어 버린 원가. 새로운 프로젝트의 선정 시 고려해서는 안 됨.
- To-complete performance index: 프로젝트 특정 시점부터 완료까지 갖고 가야 할 성과 지수.

8장 품질 관리 관련용어

- Control chart: 시간 경과에 따른 프로세스의 측정 결과를 보여주는 그래프.
- Control limit: Control chart에서 사용되는 제한선. 보통 3시그마(99.7%)로 정의됨.
- Cost of quality(COQ): 품질을 보증하기 위해 발생하거나 소비되는 모든 원가. 예방비용, 평가비용, 실패비용이 있음.
- Defect: 요구사항이나 사양의 특성에 부합하지 않은 결함을 가진 프로젝트 요소로서 수정되거나 교체해야 할 필요가 있음.
- Delphi technique: 전문가의 비 편파적인 의견의 합의를 도출하기 위한 기법. 전문가는 익명으로 참여함.
- Design of experiments(DOE): 어떤 변수가 프로세스 또는 제품의 산출물에 가장 큰 영향을 갖고 있는가 식별하는 통계적 방법.
- Fishbone diagram: Cause and effect diagram, Ishikawa diagram이라고 불리며 결함이나 문제에 어떤 원인이 연결되어 있는지를 표현하는 그림.
- Gold plating: 고객에게 추가 기능, 고품질의 부품, 더 나은 성과나 범위를 추가로 더 해주는 것.
- Grade: 기능상 용도는 같지만, 기술적 특성은 다른 제품 또는 서비스에 지정된 범주.
- Inspection: Review, Audit, Walkthrough라고도 하며 요구된 표준을 완료된 결과가 맞추었는지 측정 또는 검사하는 활동.
- Just in time: 적절한 재료를 적절한 시점에 적절한 장소에서 사용하도록 자원, 요구사항,

생산을 관리하는데 사용되는 접근법. 재고를 0으로 관리하자는 일본의 품질경영 기법.

- Kaizen: 개선을 일본식으로 발음한 것이며 카이젠은 일본식 경영특성의 하나로서 모든 분야에서 나타나는 현상을 인정하고 그다음에 이를 점차 개선하면서 경영을 지속해서 혁신하는 것을 말함.
- Pareto chart: 프로젝트나 시스템 등에서의 문제들을 우선순위를 가진 형태로 만든 히스토그램. 우선적 조치 항목을 식별하는 데 사용함.
- Prevention: 프로세스 자체의 오류 방지.
- Quality: 요구 조건이나 사양에 대해 부합하는 것.
- Quality metrics: 프로젝트 또는 제품의 속성이며, [품질 통제] 프로세스에서 각 속성을 측정할 방법을 매우 구체적으로 설명한 것.
- Quality policy: 품질에 관련된 조직의 전반적 의도 및 방향. 보통 최고경영진에 의해 공식적으로 표방됨.
- Seven run rule(Rule of seven): 상한통제한계와 하한통제한계 안에서 연속된 7개의 데이터 점이 평균의 위쪽이나 아래쪽에 몰려 있거나 점차 증가 또는 점차 감소하는 경우 Out of control로 판단함.
- Scatter diagram: 서로 대응하는 2종류의 데이터의 상관성을 알기 위해 두 변수를 가로축과 세로축에 잡아서 타점한 그림.
- Sigma: 제품 또는 프로세스의 수용 가능성 측정 기준.
- Specification: 무언가를 만들 경우 충족해야 하는 요구사항을 문서로 기술한 것.
- Value engineering(VE): 같은 기능을 달성하면서 더 효과적이고 비용을 낮추기 위해 접근하는 방법.

9장 자원 관리 관련용어

- Coercive power(Penalty power): 위협이나 징벌로 원하지 않는 일을 하게 만드는 것.
- Confrontation: 문제 해결 기법을 통해 갈등을 직접적으로 다루는 것.
- Delegation: 프로젝트 관리자로부터 다른 사람에게 프로젝트 작업의 권한을 전달하는 것.
- Democratic management style: 의사결정 시 프로젝트 관리자와 프로젝트 팀이 함께 참여하는 관리 접근 방식.

- Fringe benefit: 전체 모두 혜택이 있는 요소.
- Halo effect: 사람이나 사물을 평가할 때 나타나는 오류를 뜻하는 심리학 용어.
- JIT(Just-in-time): 원재료에 대한 재고를 '0'으로 관리하자는 도요타 자동차의 생산 전략
- Laissez-faire management style: 팀원에 대해 지시하지 않는 관리적 접근법. 자유방임 스타일.
- Legitimate power: PM의 공식적 권한으로서 사람들이 당신이 희망하는 것을 하도록 하는 힘.
- OBS(Organizational breakdown structure): 조직을 부서나 팀 단위로 분할한 것.
- Perquisites: 지위에 따르는 특권.
- Resource histogram: 주 또는 월 단위로 개인이나 부서 또는 전체 프로젝트 팀이 얼마만큼의 시간을 투입해야 하는지를 보여주는 수직 막대차트.
- Responsibility assignment matrix(RAM): Linear responsibility chart(LRC) 또는 RACI Chart라고도 하며 WBS의 작업과 OBS의 사람을 연결해서 책임을 표현한 표.

10장 의사소통 관리 관련용어

- Acknowledge: 의사소통 모델에서 수신자가 발신자에게 메시지 수신을 확인했다고 보내는 신호.
- Issue log : 다양한 이슈들과 해결해야 할 시기, 해결 담당자 등이 명시된 문서 .
- Communications management plan: 의사소통의 내용, 방법, 시기, 대상, 빈도 등을 포함한 문서.
- Kickoff meeting: 프로젝트의 시작을 개시하는데 사용되는 미팅. 프로젝트 범위 및 활동에 대한 초기 검토를 주요 이해관계자를 포함하여 검토하는 자리. 계약이 수주된 후에 또는 프로젝트 시작이 결정된 후에 진행함.
- Status report: 현재까지 프로젝트의 현황 또는 양상에 대해 기술한 보고서.
- Communication method: 프로젝트 이해관계자 간의 정보 전달에 사용되는 체계적인 절차, 기법, 프로세스.
- Communication technology: 프로젝트 이해관계자 간의 정보 전달에 사용되는 도구, 시스템, 컴퓨터 프로그램 등.

- Communication model: 프로젝트를 위해 수행할 의사소통 프로세스를 어떻게 할 것인지에 대한 설명, 도식.
- Communication requirement analysis: 이전 프로젝트로부터의 교훈을 연구하고, 인터뷰나 워크숍을 통해 프로젝트 이해관계자의 정보 요구사항을 결정하기 위한 분석 기법.

11장 리스크 관리 관련용어

- Avoid: 특정 리스크 사건의 위협을 제거하기 위한 리스크 대응 전략.
- Contingency plan: 프로젝트에서 식별된 리스크가 발생할 경우 프로젝트 팀이 실행할 대안의 전략들이 포함된 계획.
- Decision tree analysis: 기대값과 리스크 확률을 곱하여 잠재적 산출 및 영향을 분석하여 의사결정에 도움이 되는 분석기법.
- Enhance: 기회가 일어날 확률과 영향을 높이는 것.
- Expected monetary value(EMV): 각 예상 결과의 값에 발생 확률을 곱한 다음 모든 값을 더하여 계산함. 이 유형의 분석은 일반적으로 Decision tree analysis에서 사용됨.
- Exploit: 리스크와 관련된 불확실성을 제거하여 기회가 확실히 일어날 수 있도록 하는 것.
- Fallback plan: 리스크를 줄이기 위한 시도가 성공적이지 못했을 때 실행하기 위해 준비한 2차 계획.
- Individual project risk: 불확실한 사건 또는 조건이며, 만약 발생할 경우 프로젝트 목표에 긍정적 또는 부정적 영향을 줄 수 있음.
- Mitigate: 위협의 발생 확률 및 영향을 허용 가능한 한계선까지 낮추는 것.
- Overall project risk: 개별 프로젝트 리스크를 포함한 모든 불확실성을 고려한 프로젝트 전체에 대한 불확실성의 영향.
- Preventive action: 프로젝트의 부정적 리스크를 최소화하기 위해 요구되는 활동들.
- Probability and impact matrix: 리스크의 우선순위를 결정하기 위해 확률과 영향 척도를 행렬로 표현한 표.
- Residual risk: 리스크 대응 전략을 적용한 후에 남은 리스크.
- Risk exposure: 조직 및 프로젝트 이해관계자의 리스크 선호도(Risk appetite)를 반영하는 측정 가능한 리스크의 한계선(Risk threshold).

- Risk mitigation: 리스크 발생의 확률과 영향을 낮추는 것.
- Risk symptom: Risk trigger라고도 불리며 리스크 발생이 시작할 가능성이 보이는 징후 및 조짐들.
- Risk appetite: 개인이 보상을 기대하고 감수하려고 하는 불확실성의 정도.
- Risk audits: 리스크 관리의 효과성뿐만 아니라 리스크 대응의 효과성을 검토하고 문서화하는 것.
- Risk breakdown structure: 리스크를 분류하기 위한 리스크 범주.
- Risk category: 리스크의 잠재적 요인의 그룹.
- Risk reassessment: 발생 시점이 지난 리스크를 종료하고, 새로운 리스크를 식별하고, 현재 리스크를 재평가하는 것.
- Risk threshold. 리스크 노출도 수준으로, 이해관계자가 구체적인 흥미를 가질 수 있는 불확실성의 수준. Risk threshold 이하의 리스크는 수용하고, 이상인 리스크는 수용하지 않음.
- Risk tolerance: 개인 또는 조직이 견뎌낼 수 있는 리스크의 정도, 합, 크기.
- Risk urgency assessment: 다른 리스크보다 빨리 발생할 수 있는 리스크의 시점을 검토하고 결정하는 것.
- Risk data quality assessment: 리스크 관리를 위해 리스크에 대한 데이터가 어느 정도 유용한지를 평가하는 기법.
- Secondary risk: 리스크를 대응하는 과정에 새롭게 발생한 리스크.
- Sensitivity analysis: 프로젝트에 어떤 리스크가 가장 잠재적인 영향을 미칠 것인가 식별하는 분석 방법.
- Share: 기회를 더 잘 살릴 수 있는 다른 회사(제삼자)와 기회의 편익을 공유하는 것.
- Transfer: 위협의 대응 및 책임을 제삼자에게 넘기는 것.
- Trigger condition: 리스크가 발생 직전이라는 표시를 나타내는 사건 또는 상황.
- Utility theory: 서로 다른 수준의 보상으로서 리스크를 수용하는 개인의 의지 측정을 위한 이론적 접근법.
- Watch list: 우선순위가 낮은 리스크의 목록.
- Workaround: 계획하지 못했던 리스크 발생에 대한 대응.

12장 조달 관리 관련용어

- Acquisition: 이미 만들어지거나 개발되거나 평가된 서비스나 제품을 구매 또는 임대하는 것.
- Bidder conference: 판매자가 입찰서나 제안서 준비 이전에 구매자와 잠재적인 판매자들과 만나는 자리.
- Bid documents: 잠재적 판매자로부터 정보, 견적서, 제안서를 얻기 위해 사용되는 모든 문서로서 RFP, RFI, RFQ 등이 있음.
- Bill of materials(BOM): 제품을 구성하는 요소나 부분을 구조 형태로 보여주는 공식 문서.
- Centralized contracting: 조직 전체 계약 프로세스에 대해 책임지는 단위 기능 역할.
- Decentralized contracting: 프로젝트 관리자가 자신의 프로젝트를 위한 계약 프로세스를 직접 진행함. 계약 활동에 대한 책임은 프로젝트 관리자가 짐.
- Ceiling price: 구매자가 작업에 대해 지불할 전체 상한 금액. 이 이상 넘는 부분은 판매자가 해결해야 함.
- Fee: 판매자의 이익으로서 원가 상환 계약 방식에서 원가 외에 계약자에게 지급되는 금액.
- Request for proposal(RFP): 구매자가 잠재적인 공급자들로부터 원하는 내용을 기술한 문서.
- Request for quotation(RFQ): 잠재적인 공급자들로부터 입찰서나 견적서를 얻기 위해 사용되는 문서.
- Target cost(TC): 계약서 안의 작업에 대한 예상된 원가.
- Target profit(TPf): 계약서 안의 작업에 대한 예상된 이익.
- Target price: Target cost와 Target profit의 합.
- Point of total assumption(PTA): FPIF 계약 방식에서 가격 상한에 도달한 이후부터 추가 금액을 판매자가 모두 떠맡아야 하는 시점.
- Procurement audits: 계약 및 계약 관련 프로세스가 정확한지, 완전한지, 효과적인지 검토하는 것.
- Procurement SOW: 잠재적 판매자가 제품, 서비스, 결과를 제공할 역량이 있는지를 결정할 수 있을 정도로 충분히 상세하게 조달 항목을 기술한 문서.

13장 이해관계자 관리 관련용어

- Neutral: 이해관계자가 프로젝트에 저항도 아니고 지원도 아닌 수준.
- Leading: 이해관계자가 프로젝트 및 잠재적 영향에 대해 인식하며 프로젝트가 성공할 수 있도록 적극적으로 참여하는 수준.
- Resistant: 이해관계자가 프로젝트 및 잠재적 영향에 대해 인식하며 변경에 대해 저항하는 수준.
- Stakeholder: 프로젝트에 적극적으로 참여하거나 프로젝트의 성과나 완료 결과에 따라 긍정적 또는 부정적 영향을 받을 수 있는 개인 또는 조직.
- Stakeholder analysis: 프로젝트에 고려해야 할 이해관계자의 관심 사항을 결정하기 위해 체계적으로 정보를 수집하고 정량적으로 분석하는 기법.
- Stakeholder engagement assessment matrix: 이해관계자의 현재 참여도와 프로젝트 성공을 위해 필요한 참여도를 비교한 표.
- Stakeholder register: 프로젝트 이해관계자의 식별, 평가, 분류에 대한 내용을 포함한 문서.
- Supportive: 이해관계자가 프로젝트 및 잠재적 영향에 대해 인식하며 변경에 대해 지원하는 수준.
- Unaware: 이해관계자가 프로젝트 및 잠재적 영향에 대한 인식이 없는 수준.

Memo

PMP® 시험대비 핵심공식

1 현재가치 = 미래가치/(1 + 이자율)^n

$$PV = \frac{FV}{(1 + r)^n}$$

FV: 미래가치(Future value)
PV: 현재가치(Present value)
r: 단위기간당 이자율
n: 단위 기간의 개수

2 NPV = Total benefit − Total cost = 누적 PV − 전체 비용

3 BCR = Total benefit/Total cost

4 PERT 3점 추정 산정

평균	표준편차	분산
$\frac{(O+4M.L+P)}{6}$	$\frac{P-O}{6}$	$\left(\frac{P-O}{6}\right)^2$

삼각분포의 평균: Average=(O+M.L+P)/3

5 정규분포의 표준편차. ±1 Sigma: 68.3%, ±2 Sigma: 95.5%, ±3 Sigma: 99.7%

6 Total float = LS−ES = LF−EF

7 SV(Schedule variance) = EV − PV

8 ES 개념을 적용한 SV(Schedule variance) = ES − AT

9 CV(Cost variance) = EV−AC

10 SPI(Schedule performance index) = EV/PV

11 ES 개념을 적용한 SPI(Schedule performance index) = ES/AT

12 CPI(Cost performance index) = EV/AC

13 ETC (Estimate to complete) 계산 3가지 방법

A. New ETC

B. BAC - EV

C. (BAC - EV)/CPI

14 EAC (Estimate at completion) 계산 4가지 방법

A. EAC = AC + new ETC

B. EAC = AC + (BAC - EV)

C. EAC = AC + (BAC - EV)/CPI

D. EAC = AC + (BAC - EV)/(CPI × SPI)

15 ES 개념을 적용하여 완료일을 예측하는 EAC = PD/SPI

16 VAC(Variance at completion) = BAC - EAC

17 PC(Percent complete) = EV/BAC

18 PS(Percent spent) = AC/BAC

19 TCPI(To complete performance index) = (BAC-EV)/(BAC-AC) or (BAC-EV)/(EAC-AC)

20 의사소통 채널 수 = N(N-1)/2

21 기대값(Expected Monetary Value) = (값1 × 확률1) + ··· (값n × 확률n)

22 Point of Total Assumption

$$PTA = \frac{(\text{Ceiling Price} - \text{Target Price})}{\text{구매자의 Share rate}} + \text{Target Cost}$$

Project Management Templates

본 양식들은 프로젝트 관리에 사용되는 양식으로서, *PMBOK® Guide*에 나온 프로세스들의 투입물 또는 산출물로 사용되는 문서들입니다. 프로젝트 관리에 사용하는 문서들을 이해하는 데 도움이 될 수 있도록 양식들을 부록으로 제공합니다. 본 양식들은 특정 회사의 표준 서식이 아니며, 일반적으로 사용되는 양식임을 알려드립니다. 따라서 본 서식을 바탕으로 본인의 회사 환경에 맞게 다른 형태로 양식을 만들어 사용할 수 있습니다.

Business Case Template

작성자	
작성일	
문서버전관리	

Contents
1. 이번 프로젝트의 배경
2. 프로젝트의 목표
3. 프로젝트의 초기 리스크
4. 기대 산출물
5. 이 프로젝트 수행을 통한 이익 및 혜택
6. 초기 비용 산정치 및 초기 산정 기간 - 비용: - 기간:

Project Charter Template

<table>
<tr><th colspan="3">프로젝트 제목:</th></tr>
<tr><td>프로젝트 스폰서:</td><td colspan="2">문서 작성일:</td></tr>
<tr><td>프로젝트 관리자:</td><td colspan="2">프로젝트 고객</td></tr>
<tr><td colspan="3">프로젝트 목적 또는 당위성:</td></tr>
<tr><td colspan="3">프로젝트에 대한 설명:</td></tr>
<tr><td>상위 수준의 요구사항:</td><td colspan="2">상위 수준의 리스크:</td></tr>
<tr><td colspan="3">프로젝트 목표(범위, 시간, 원가, 기타):</td></tr>
<tr><td>주요 가정사항:</td><td colspan="2">주요 제약사항:</td></tr>
<tr><td>요약 마일스톤:</td><td colspan="2">산정된 예산:</td></tr>
<tr><td colspan="3">역할 및 책임사항
• 프로젝트 팀:
• 이해관계자:</td></tr>
<tr><td colspan="3">프로젝트 관리자의 권한:</td></tr>
<tr><td colspan="3">주요 마일스톤:</td></tr>
<tr><th colspan="3">[승인]</th></tr>
<tr><td>프로젝트 관리자:</td><td>서명</td><td>날짜</td></tr>
<tr><td>스폰서:</td><td>서명</td><td>날짜</td></tr>
<tr><td>이해관계자 #1:</td><td>서명</td><td>날짜</td></tr>
<tr><td>이해관계자 #2:</td><td>서명</td><td>날짜</td></tr>
<tr><td>이해관계자 #N:</td><td>서명</td><td>날짜</td></tr>
</table>

Stakeholder Analysis Template

질문	이해관계자의 이름
1. 누가 이번 프로젝트의 자금을 승인하는가?	
2. 누가 기능 요구사항을 승인하는가?	
3. 누가 기술 요구사항을 승인하는가?	
4. 누가 요구사항에 대한 변경을 승인하는가?	
5. 누가 일정에 영향을 주는 변경을 승인하는가?	
6. 누가 비용에 영향을 주는 변경을 승인하는가?	
7. 누가 프로젝트에 의해서 생성된 제품이나 서비스를 사용하는가?	
8. 누가 조직의 목표를 설정하는가?	
9. 누가 프로젝트 팀에 팀원을 배정하는가?	
10. 누가 공급자에 대한 계약을 승인하는가?	
11. 누가 이번 프로젝트의 방해물을 제거하는 후원 역할을 하는가?	
12. 누가 이번 프로젝트에 의해서 그들의 작업에 방해를 받는가?	
13. 누가 이번 프로젝트 때문에 그들의 시스템이나 프로세스를 변경하게 되는가?	
14. 누가 이번 프로젝트로부터 이익을 얻는가?	
15. 누가 다음 단계로 이동하기 위한 이번 단계의 승인에 참여하는가?	
16. 누가 프로젝트 관리 계획을 승인하는가?	
17. 누가 리스크를 식별하는가?	
18. 누가 리스크 대응을 담당하는가?	

Change Request Template

프로젝트 명:	요청일:	
고객 회사명:	작성자:	
우선순위: ☐ High ☐ Medium ☐ Low		
변경 내용 및 사유 (필요 시 별도 서류 첨부):		
변경의 영향력(범위, 일정, 원가, 품질 등):		
프로젝트 관리자의 지원사항 (일정 및 예산 등):		
고객 대응:		
[승인]		
직책:	날짜:	서명:

Project Management Plan List Template

1.0 EXECUTIVE SUMMARY

2.0 PROJECT SCOPE MANAGEMENT

- 2.1 Scope Description
- 2.2 Product Criteria
- 2.3 Requirements
- 2.4 Environment Conditions
- 2.5 Commissioning and Start-up Plan
- 2.6 Change Control
- 2.7 Business Assumptions & Constraints
- 2.8 Exclusions

3.0 PROJECT COST MANAGEMENT

4.0 PROJECT TIME MANAGEMENT

5.0 PROJECT QUALITY MANAGEMENT

- 5.1 Team Performance Indicator
- 5.2 Quality Assurance plan
- 5.3 Quality Control plan

6.0 PROJECT HUMAN RESOURCE MANAGEMENT

- 6.1 Staffing Management Plan
- 6.2 Project Team Members

7.0 PROJECT COMMUNICATIONS MANAGEMENT

- 7.1 Team Meetings
- 7.2 Performance Reporting
- 7.3 Deliverables Acceptance
- 7.4 Project Debriefing
- 7.5 Stakeholder Communications
- 7.6 Project Close-out

8.0 PROJECT RISK MANAGEMENT

9.0 PROJECT PROCUREMENT MANAGEMENT

- 9.1 Procurement Plan
- 9.2 Assembling Plan
- 9.3 Transportation Plan
- 9.4 Contracting Plan

10.0 APPENDICES

Project Scope Statement Template

작성자: ______________________ 작성일: ______________________

프로젝트 개요:

프로젝트 범위 설명:

프로젝트 Goal & Objective:

- ■ Goal 1
  - Objective 1:
  - Objective 2:
  - Objective 3:
- ■ Goal 2
  - Objective 1:
  - Objective 2:
  - Objective 3:

프로젝트의 주요 인도물:

프로젝트 수용기준

프로젝트 제외사항:

가정사항:

제약사항:

기본 접근 방법 및 계획:

마일스톤:

제품	목표일

평가계획 및 기준:

기타:

WBS Dictionary Template

프로젝트 제목: ______________________________ 작성자: ______________ 작성일: ______________
Project name: ______________ Date: ______________ WBS number: ______________ Work package name: ______________ Parent WBS number: ______________ Parent WBS name: ______________
책임자/ 책임조직:
작업 설명:
품질 요구사항:
수용 기준:
기술 정보:
필요한 활동과 자원, 비용:
제약사항:
가정사항:
마일스톤:
Child WBS number: ______________ Child WBS number: ______________ Child WBS number: ______________ Child WBS number: ______________
승인자: ______________ 승인일: ______________

Milestone List Template

프로젝트 명	
프로젝트 관리자	

마일스톤	설명	책임자 및 책임사항	목표 완료일

Gantt Chart Template

작업	1월				2월				3월			
	1	2	3	4	1	2	3	4	1	2	3	4
작업 A												

	주요날짜			
[주요 내용 표시] Milestone market - start Milestone market - end Gantt bar				

Cost Estimates Template

작성자:				작성일:			
작성 대상:				파일명:			
WBS No.	WBS 이름	산정원가	예비비	전체원가	%	정확도 범위	
						+	−

Financial Plan Template

1. Financial Expenses

1.1 인건비

역할	단위원가

1.2 장비

장비	단위원가

1.3 재료

재료	단위원가

1.4 공급자

조달품목	단위원가

1.5 관리

관리항목	단위원가

1.6 기타

기타품목	단위원가

2. Financial Plan

2.1 일정

	월												
지출유형	1	2	3	4	5	6	7	8	9	10	11	12	합계
인건비													
장비													
재료													
공급자													
관리													
기타													
합계													

2.2 가정사항

2.3 제약사항

3. Financial Process

3.1 감시 및 통제 활동

3.2 감시 및 통제 역할 및 책임

3.3 감시 및 통제에 사용할 문서 목록

4. 부록

Expense Template

프로젝트 상세정보							
프로젝트 명: 프로젝트 관리자 이름: 관련 팀원:							
원가집행 상세 내역							
활동ID	작업ID	지출일	지출유형	내용	합계	수취인	송장번호
				합계			
승인 상세 내역							
제출자 이름: 서명: 날짜:				승인자 이름: 서명: 날짜:			

Quality Management Plan Template

1. 품질 목표

품질 목표			
요구사항	인도물(결과물)	품질기준	품질표준

2. 품질 계획

2.1 품질 보증 계획

품질 보증 계획		
적용기법	설명	빈도

2.2 품질 통제 계획

품질 통제 계획		
적용기법	설명	빈도

2.3 가정사항

2.4 제약사항

3. 품질 프로세스

3.1 품질 관리 활동

3.2 역할 및 책임

3.3 품질 관리에 사용할 문서

4. 부록

Cause and Effect Diagram Template

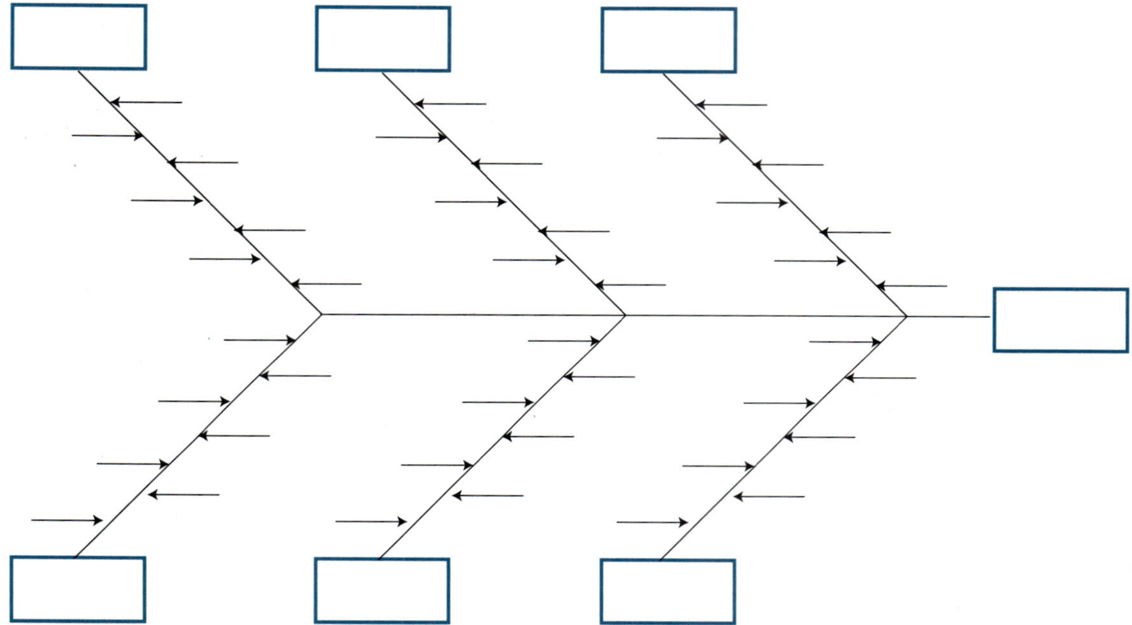

Audit Template

기준	평가 나쁨 ~ 좋음					관찰내용 및 코멘트
	1	2	3	4	5	
	1	2	3	4	5	
	1	2	3	4	5	
	1	2	3	4	5	
	1	2	3	4	5	
	1	2	3	4	5	
	1	2	3	4	5	
	1	2	3	4	5	
	1	2	3	4	5	
	1	2	3	4	5	

기준	평가		관찰내용 및 코멘트
	합격	불합격	
	합격	불합격	
	합격	불합격	
	합격	불합격	
	합격	불합격	
	합격	불합격	

Notes:

회사명			
작성자		제 목	
서 명		완료일	

Check List Template

결함	요일					
	월요일	화요일	수요일	목요일	금요일	합계
문제1	||	-	|	||	|	6
문제2	||	|	-	|	-	4
문제3	|	-	|	|	|	4
문제4	-	|	-	|	||	4
문제5	-	|	||	-	-	3
합계	5	3	4	5	4	

Customer Requirement Template

고객 요구사항	제품/서비스 특성						
	특성1	특성2	특성3	특성4	특성5	특성6	특성7
요구사항1							
요구사항2							
요구사항3							
요구사항4							
요구사항5							
요구사항6							
요구사항7							
요구사항8							
요구사항9							
요구사항10							

사용기호: ◉ Strong ◯ Moderate △ Weak

Resource Assignment Matrix Template

	작업								
자원	작업1	작업2	작업3	작업4	작업5	작업6	작업6	작업7	작업8
부서/이름									
부서/이름									
부서/이름									
부서/이름									
부서/이름									
부서/이름									
부서/이름									
부서/이름									
부서/이름									
부서/이름									

* 역할 및 책임은 사전 정의된 기호를 사용하거나 직접 기술.

Issue Log Template

작성일	문제유형	작성자	내용	책임자	해결 목표일	우선순위	상태
						높음 중간 낮음	미해결 진행 중 해결완료
						높음 중간 낮음	미해결 진행 중 해결완료
						높음 중간 낮음	미해결 진행 중 해결완료
						높음 중간 낮음	미해결 진행 중 해결완료
						높음 중간 낮음	미해결 진행 중 해결완료
						높음 중간 낮음	미해결 진행 중 해결완료
						높음 중간 낮음	미해결 진행 중 해결완료
						높음 중간 낮음	미해결 진행 중 해결완료

Communication Management Plan Template

Communication venue WHERE	Element WHAT/WHY	Frequency WHEN	Responsibility BY WHOM	Audience FOR WHOM	Media/Fomat HOW	Distribution

Meeting Minutes Template

회의록

회의제목 ____________________

회의시간 ____________________

회의장소 ____________________

회의요청자 ____________________

사회자 ____________________

작성자 ____________________

참석자 ____________________

____

____

목차

주제: ____________________

발표자: ____________________ 소요시간: ____________________

논의내용: ____________________

____

____

의견:		제안자:	
의견:		제안자:	
의견:		제안자:	

조치항목:		책임담당:		마감일:	
조치항목:		책임담당:		마감일:	
조치항목:		책임담당:		마감일:	

Status Report Template

<table>
<tr><td colspan="5">프로젝트 명:</td></tr>
<tr><td colspan="2">작성자:</td><td colspan="3">작성일:</td></tr>
<tr><td colspan="2">보고기간:</td><td colspan="3">보고유형: ☐ 개인보고 ☐ 팀보고</td></tr>
<tr><td colspan="5">결론 요약: ☐ 정상 진행 중 ☐ 이슈 관리 필요 ☐ 문제점 발생으로 도움이 필요</td></tr>
<tr><th>작업내역</th><th>시작일</th><th>완료일</th><th>완료율</th><th>작업상태</th></tr>
<tr><td></td><td></td><td></td><td></td><td>☐ 계획대로 진행
☐ 계획보다 못함
☐ 계획보다 앞섬</td></tr>
<tr><td></td><td></td><td></td><td></td><td>☐ 계획대로 진행
☐ 계획보다 못함
☐ 계획보다 앞섬</td></tr>
<tr><td></td><td></td><td></td><td></td><td>☐ 계획대로 진행
☐ 계획보다 못함
☐ 계획보다 앞섬</td></tr>
<tr><td></td><td></td><td></td><td></td><td>☐ 계획대로 진행
☐ 계획보다 못함
☐ 계획보다 앞섬</td></tr>
<tr><td></td><td></td><td></td><td></td><td>☐ 계획대로 진행
☐ 계획보다 못함
☐ 계획보다 앞섬</td></tr>
<tr><td></td><td></td><td></td><td></td><td>☐ 계획대로 진행
☐ 계획보다 못함
☐ 계획보다 앞섬</td></tr>
<tr><td colspan="5">차이 분석 내용:</td></tr>
<tr><td colspan="5">시정조치 요구사항:</td></tr>
<tr><td colspan="5">다음 보고까지의 목표 사항:</td></tr>
<tr><td colspan="5">기타:</td></tr>
</table>

Progress Report Template

<table>
<tr><td colspan="4">프로젝트 명: 작성자:</td></tr>
<tr><td colspan="4">기간:</td></tr>
<tr><th colspan="4">현재상태</th></tr>
<tr><td colspan="4">이 기간의 주요 이정표</td></tr>
<tr><th colspan="2">달성</th><th colspan="2">다음 예정</th></tr>
<tr><td colspan="2"></td><td colspan="2"></td></tr>
<tr><td colspan="2"></td><td colspan="2"></td></tr>
<tr><td colspan="2"></td><td colspan="2"></td></tr>
<tr><td colspan="4">주요 쟁점 또는 문제</td></tr>
<tr><th colspan="2">해결</th><th colspan="2">미해결</th></tr>
<tr><td colspan="2"></td><td colspan="2"></td></tr>
<tr><td colspan="2"></td><td colspan="2"></td></tr>
<tr><td colspan="2"></td><td colspan="2"></td></tr>
<tr><td colspan="4">주요 결정</td></tr>
<tr><th>기결</th><th>미결</th><th>결정자</th><th>결정시기</th></tr>
<tr><td></td><td></td><td></td><td></td></tr>
<tr><td></td><td></td><td></td><td></td></tr>
<tr><td></td><td></td><td></td><td></td></tr>
<tr><td colspan="4">예산 상태</td></tr>
<tr><td colspan="4">시사점
목표, 시각표/납품일자, 프로젝트 범위, 자원할당에서의 변화</td></tr>
<tr><td colspan="4"></td></tr>
<tr><td colspan="4"></td></tr>
<tr><td colspan="4">다음 조치</td></tr>
<tr><th colspan="2">조치</th><th>책임자</th><th>날짜</th></tr>
<tr><td colspan="2"></td><td></td><td></td></tr>
<tr><td colspan="2"></td><td></td><td></td></tr>
<tr><td colspan="4">비고</td></tr>
<tr><td colspan="4"></td></tr>
<tr><td colspan="4"></td></tr>
</table>

Lessons Learned Report Template

<table>
<tr><td colspan="2">프로젝트 명:</td></tr>
<tr><td>작성자:</td><td>작성일:</td></tr>
<tr><td colspan="2">프로젝트 요약설명:</td></tr>
<tr><td colspan="2">계획대비 차이를 유발한 사건:</td></tr>
<tr><td colspan="2">시정 조치를 위한 기술적 방법 및 도구의 평가:</td></tr>
<tr><td colspan="2">향후 프로젝트 관리를 위한 수정사항 및 강화내용:</td></tr>
<tr><td colspan="2">기타:</td></tr>
</table>

Assumption and Constraints Analysis Template

작성자		작성일	
프로젝트 명			
가정사항			
내용:			
신뢰도	□ 높음	□ 중간	□ 낮음
점검 항목:			
가정사항 발생시에 대한 분석:			
현황	□ 진행	□ 사실 증명	□ 허위 증명
제약사항			
내용:			
영향력:			
대처 방안:			
현황	□ 조치 없음	□ 포함	□ 제거

Risk Score Card Template

<table>
<tr><td>프로젝트 명</td><td colspan="3"></td><td>날짜</td><td></td></tr>
<tr><td>리스크 내용</td><td colspan="5"></td></tr>
<tr><td>리스크 확률 점수</td><td>1,2,3,4,5</td><td>리스크 영향 점수</td><td>1,2,3,4,5</td><td>합계</td><td></td></tr>
<tr><td>회피의 어려움 정도 점수</td><td>1,2,3,4,5</td><td>회피의 성공 확률</td><td>1,2,3,4,5</td><td>합계</td><td></td></tr>
<tr><td>완화의 어려움 정도 점수</td><td>1,2,3,4,5</td><td>완화의 성공 확률</td><td>1,2,3,4,5</td><td>합계</td><td></td></tr>
<tr><td colspan="6">회피분석</td></tr>
<tr><td colspan="6">리스크 회피를 할 경우 비용에 대한 영향은?
☐ 변함없음 ☐ 5% 미만 ☐ 6~10% ☐ 10% 이상

리스크 회피를 할 경우 일정에 대한 영향은?
☐ 변함없음 ☐ 5% 미만 ☐ 6~10% ☐ 10% 이상</td></tr>
<tr><td colspan="6">완화분석</td></tr>
<tr><td colspan="6">리스크 완화를 할 경우 비용에 대한 영향은?
☐ 변함없음 ☐ 5% 미만 ☐ 6~10% ☐ 10% 이상

리스크 완화를 할 경우 일정에 대한 영향은?
☐ 변함없음 ☐ 5% 미만 ☐ 6~10% ☐ 10% 이상</td></tr>
<tr><td colspan="6">결론</td></tr>
<tr><td colspan="6">☐ 특정 조치 없음 ☐ 회피 ☐ 완화 ☐ 추가분석 요구</td></tr>
</table>

Risk Register Template

ID	Date Raised			Risk Description		Risk Priority			Preventative Actions			Contingency Actions		
	Date Raised	Raised by	Received by	Description of Risk	Description of Impact	Likelihood Rating	Impact Rating	Priority Rating	Preventative Actions	Owner	Date	Contingency Actions	Owner	Date

RFP Evaluation Score Table Template

프로젝트 명:		날짜:	
제안명:		입찰자:	
제안평가			
기준	**우선순위(높음, 중간, 낮음)**	**가중치**	**점수(1~5)**
기술			
서비스			
가격			
인도 및 설치			
조항 및 조건			
기량 및 능력			
과거 실적			
유지보수			
재무상태			
회사 규모 및 안정성			
		합계	
평가 결론	☐ 제안 통과 ☐ 보류 ☐ 제안 거부		

Purchase Order Template

PO Number	PO Date

Vendor: ______________________

____

Adress

Phone No.

Ship To: ______________________

Bill To: ______________________

Item	Material #	QTY	Unit	Description	Price/Unit	Net Value

Total Net Value: ____________

____

AUTHORIZED SIGNATURE

TERMS AND CONDITIONS:

1.
2.
3.
4.
5.

Invoice Template

Company Name:

Company Address:

Invoic No.:

Date:

INVOICE

Sold To:	Ship To:
	Send To:

Sales Person	P.O. No.	Shipped Date	Shipment Method	Terms

No	Description	Quantity	Unit Price	Amount
1				
2				
3				
4				
5				
6				
7				
8				
9				
10				
11				
12				
13				
14				
15				
16				
17				
18				
19				
20				
			Sub Total	
			Sales Tax	
			S & H	
			TOTAL	

Contract Template

<table>
<tr><td colspan="2" align="center">용역표준계약서</td><td>계약번호 제 호</td></tr>
<tr><td rowspan="2">계약자</td><td>발 주 자</td><td></td></tr>
<tr><td>계약상대자</td><td></td></tr>
<tr><td rowspan="8">계약내용</td><td>용 역 명</td><td></td></tr>
<tr><td>계 약 금 액</td><td></td></tr>
<tr><td>계약보증금</td><td></td></tr>
<tr><td>지체상금율</td><td></td></tr>
<tr><td>물가변동계약
금액조정방법</td><td></td></tr>
<tr><td>계 약 기 간</td><td></td></tr>
<tr><td>납 품 장 소</td><td></td></tr>
<tr><td>기 타 사 항</td><td></td></tr>
<tr><td colspan="3">계약담당자와 계약상대자는 상호 대등한 입장에서 붙임의 계약문서에 의하여 위 용역에 대한 계약을 체결하고 신의에 따라 성실히 계약상의 의무를 이행할 것을 확약하며, 이 계약의 증거로 계약서를 작성하여 당사자가 기명날인한 후 각각 1통씩 보관한다.

[첨부 서류]

계약일자:</td></tr>
<tr><td colspan="3">계약 담당자:

계약상대자 상 호 :
주 소 :
대표자 : (인)</td></tr>
</table>

Closure Report Template

프로젝트 관리자:

스폰서:

프로젝트 Goal

프로젝트 목표 및 결과

	초기 프로젝트 목표	결과
1		
2		

범위 비교(대조)

추가된 범위
감소된 범위

원가 성과

비용 범주	승인된 비용	실제비용
내부 인력		
외부 비용		
인력 (컨설턴트, 계약자…)		
장비, 하드웨어, 소프트웨어		
출장 및 교육 같은 기타 비용		
비용 차이에 대한 설명		

일정 성과

	승인된 일자	실제 일자
프로젝트 종료일		
일정 차이에 대한 설명		

발생했던 주요 장애사항들

1
2
3

향후 프로젝트에 도움이 될 교훈 사항들

1
2
3

E PMI 윤리 및 전문직 행동 강령 (PMI Code of Ethics and Professional Conduct)

PMI는 자격 소개서(PMP® Handbook)의 뒷부분에 'PMI Code of Ethics and Professional Conduct'에 대한 안내가 포함되어 있으며, 별도의 문서로 PMI 홈페이지에서 한글 버전으로 다운로드할 수 있습니다. 이것은 PMI의 회원과 PMI의 자격을 갖고 있는 모든 사람이 따라야 하는 지침입니다. PMI는 윤리 및 전문직 행동 강령을 매우 중요하게 생각하며, PMP® 시험에서도 도덕성, 전문가로서의 행동을 묻는 경우가 있습니다. 따라서 PMP® 시험을 응시하기 전에 최소한 자격 소개서의 뒷부분에 있는 'PMI 윤리 및 전문직 행동 강령'을 꼭 읽어보기 바랍니다. 총 5개 장으로 되어 있는 'PMI 윤리 및 전문직 행동 강령'의 주요 내용을 정리합니다.

[PMI Code of Ethics and Professional Conduct의 구성]

1장. 비전과 적용대상(Vision and applicability)

- 1.1 비전과 목적
- 1.2 강령의 적용대상
- 1.3 행동 강령의 구성
- 1.4 행동 강령을 뒷받침하는 가치
- 1.5 기본적 및 의무적 행동

2장. 책임(Responsibility)

- 2.1 책임에 대한 설명
- 2.2 책임: 기본적 기준
- 2.3 책임: 의무적 기준

1장. 비전과 적용의 가능성(Vision and applicability)

- 프로젝트 관리에 참여하는 사람은 옳고 명예로운 일에 전념해야 한다.
- 높은 기준을 세우고, 직장이나 가정 등 우리 생활의 모든 관점에서 그 기준을 준수하려고 노력한다.
- 강령의 목적은 프로젝트 관리 분야에 자신감을 심어주고 개개인이 유능한 종사자로 발전하도록 도와주는 데 있다.
- 프로젝트 관리 분야의 신용과 명성은 실무자 개개인의 행동을 토대로 형성된다.
- 윤리 및 전문직 행동 강령을 통해 우리 분야의 전문성을 향상시킬 수 있다.
- 윤리 및 전문직 행동 강령의 적용 대상: 모든 PMI 회원, 비회원이지만 PMI의 자격을 소지한 개인, 비회원이지만 PMI 자격을 신청하려는 개인, PMI의 자원봉사자.
- 윤리 및 전문직 행동 강령은 책임, 존중, 공정성, 정직성 네 가지 가치를 토대로 한다.
- 윤리 및 전문직 행동 강령은 기본적 기준과 의무적 기준을 포함한다.
- 의무적 기준은 요구 조건을 규정하며, 일부 상황에서는 종사자의 행동을 제한하거나 금지하기도 한다. 의무적 기준에 따라 행동하지 않는 종사자들은 징계 절차를 거쳐서 PMI의 윤리심의 위원회로 보내진다.

2장. 책임(Responsibility)

- 책임은 자신이 내린 결정 또는 내리지 못한 결정, 수행 또는 수행하지 못한 행동, 그로 인해 초래되는 결과에 대해 주체 의식을 가져야 하는 의무이다.
- 프로젝트 관리 분야의 실무자는 다음 사항을 기본적으로 준수해야 한다.
  - 사회, 공공 안전, 환경에 최고의 이익에 따라 의사결정을 내리고 행동을 수행한다.
  - 자신의 배경, 경험, 기량, 자격에 맞는 업무만을 맡는다.
  - 완수한다고 약속한 일을 수행한다.
  - 실수를 범하거나 태만한 경우 주체 의식을 갖고 즉시 시정 조치를 수행한다. 다른 사람이 저지른 실수나 태만 행위를 발견하는 경우, 확인한 즉시 해당 주체와 문제에 대해 논의한다. 실수나 태만으로 초래되는 모든 문제와 부수적인 결과에 대해 책임감을 갖는다.
  - 제공받은 독점적 또는 기밀 정보를 보호한다.
- 프로젝트 관리 분야의 실무자가 의무적으로 준수해야 할 사항은 다음과 같다.
  - 업무, 전문성, 자발적 활동을 관리하는 정책, 규칙, 규제 및 법률의 최신 정보를 파악하고 유지한다.
  - 비윤리적 또는 불법적 행동을 해당 관리자에, 그리고 필요하면 그러한 행동의 영향을 받는 당사자들에게 보고한다.
  - 도난, 위조, 부패, 횡령, 뇌물 및 기타의 불법적 행동에 관여하지 않는다.
  - 지적 재산권을 포함하여 타인의 자산을 취하거나 남용하지 않으며, 허위 선전 또는 명예 훼손에 연루되지 않는다.
  - 불법적 행위에 관여하는 사람을 묵인하거나 그에 협력하지 않으며, 우리는 모든 불법적 또는 비윤리적 강령을 보고한다.

3장. 존중(Respect)

- 존중이란 실무자 본인과 우리에게 위임된 자원에 대해 존경을 표시하는 의미이다.
- 실무자에게 위임된 자원에는 사람, 금전, 명예, 타인의 안전, 천연 또는 환경 자원 등이 포함될 수 있다.
- 프로젝트 관리 분야의 실무자로서 다음 사항을 기본적으로 준수한다.
  - 다른 사람들의 규범과 관례를 충분히 파악하여 그들에게 실례가 되는 행위에 연루되

지 않도록 한다.

- 다른 사람들의 관점에 귀를 기울여서 그들을 이해하려고 노력한다.
- 충돌이나 의견 차이를 보이는 사람들과 직접 접촉한다.
- 답례하는 상황이 아닐지라도 전문가다운 태도로 업무를 수행한다.
- 남의 험담에 연루되는 것을 피하고 다른 사람의 명예를 훼손한다는 부정적 낙인이 찍히지 않도록 한다.

• 프로젝트 관리 분야의 실무자로서 다음 사항을 의무적으로 준수한다.
  - 성의 있는 태도로 협상에 임한다.
  - 전문성 높은 능력과 지위를 이용하여 개인적인 이득을 위해 다른 사람의 의사결정 또는 행동에 영향력을 행사하지 않는다.
  - 다른 사람들을 악용하는 태도로 행동하지 않는다.
  - 다른 사람들의 재산권을 존중한다.

4장. 공정성(Fairness)

• 공정성이란 공평하고 객관적인 태도로 의사결정을 내리고 행동해야 할 의무이다.

• 실무자로서 행동을 개인적 이익, 편견, 편파성과 견주지 않도록 한다.

• 프로젝트 관리 분야의 실무자로서 다음 사항을 기본적으로 준수한다.
  - 의사결정 프로세스에서 투명성을 보인다.
  - 공평성과 객관성을 지속해서 재검토하여 적절한 시정 조치를 취한다.
  - 적극적으로 상충 가능성을 찾아서 서로의 잠재적인 이해 상충 사안을 조명하고 해결하도록 지원함으로써 상부상조한다.
  - 특정 정보에 대해 동일한 접근 권한을 해당 정보를 보유할 권한이 있는 사람들에게 제공한다.
  - 자격을 갖춘 후보자들에게 동일한 활용 기회를 제공한다.

• 프로젝트 관리 분야의 실무자로서 다음 사항을 의무적으로 준수한다.
  - 실제 또는 잠재적 이해의 상충 사항을 적극적이고 완전하게 해당 이해관계자에게 공개한다.
  - 실제 또는 잠재적 이해의 상충이 있음을 깨달을 때, 의사결정 프로세스에 관여하거나 결과에 영향력을 행사하려고 하지 않는다. 단, 영향을 받는 이해관계자에게 완전히 공

개한 경우, 승인된 완화 계획이 마련된 경우, 이해관계자에게 처리 동의를 받은 경우는 제외된다.
- 편파성, 족벌주의, 뇌물 및 기타 사적인 사항을 근거로 고용 또는 해고, 상벌, 계약 수주 또는 거절 행위를 범하지 않는다.
- 성별, 인종, 종교, 장애, 국적, 성적 지향성 및 기타 사항에 근거하여 다른 사람을 차별하지 않는다.
- 편파성이나 편견 없이 조직(고용주, PMI 또는 기타 그룹)의 규칙을 적용한다.

5장. 정직성(Honesty)

- 정직성은 진실을 파악하고 실무자 의사소통 및 행동에서 진실한 태도로 보여야 할 의무이다.
- 프로젝트 관리 분야의 실무자로서 다음 사항을 기본적으로 준수한다.
  - 진실을 파악하기 위해 진심으로 노력한다.
  - 진실한 태도로 의사소통과 행동에 임한다.
  - 시기적절하게 정확한 정보를 제공한다.
  - 의사결정의 근거가 되거나 다른 사람에게 제공하는 정보의 정확성, 신뢰성, 시기 적절성을 유지하기 위해 필요한 조치를 한다.
  - 결과가 부정적일 때 정보를 은폐하거나 다른 사람에게 책임을 전가하지 않도록 한다.
  - 결과가 긍정적일 때는 다른 사람의 공적을 가로채지 않도록 한다.
  - 선의의 태도로 암묵적 또는 명시적 헌신과 약속을 이행한다.
  - 다른 사람이 안심하고 진실을 말할 수 있는 환경을 조성하기 위하여 노력한다.
- 프로젝트 관리 분야의 실무자로서 다음 사항을 의무적으로 준수한다.
  - 다른 사람을 기만하기 위한 행동에 관여하거나 그러한 행위를 묵과하지 않는다. 여기에는 현혹적 또는 허위 진술, 절반의 진실 언급, 알고 있다면 현혹적이거나 불완전한 진술이 될 전후 관계를 무시한 정보 또는 부분적 공개 정보를 제공하는 것을 비롯하여 다양한 행동이 포함된다.
  - 개인적 이득을 위해 또는 다른 사람에게 폐를 끼치며 부정직한 행동에 관여하지 않는다.
  - 이해관계자를 현혹할 의도가 있는 절반의 진실 및 비공개는 적극적으로 허위 진술하는 정도로 전문가답지 않은 행위이다. 완전하고 정확한 정보를 제공하여 신뢰를 쌓는다.

*** 주의사항: 다음 사항을 금지합니다.**

- 전문적인 결정의 상황에서 우호적인 면을 통해 이득을 볼 수 있는 가족 구성원이나 비즈니스 동료의 지원.
- 공공기관이나 정부기관에서의 권위를 가지고 비즈니스 동료나 직원, 가족 구성원 또는 개인의 재무관계 등에 선택적으로 유리하도록 하는 것.
- 경쟁자를 위해 일하는 것.
- 자기들의 상품을 사주기를 바라는 벤더들의 선물을 구매자로서 받는 것.
- 사적 이득을 위해서 회사의 정보를 이용하는 것.

F PMP® Core 200 Examination

1 **당신은 프로젝트 팀과 함께 계획에 따라 인도물을 생성하던 도중에 조달 품목이 들어올 시점이 되어 조달을 수행하려고 합니다. 이미 사전에 RFP는 준비되었고, 이제 RFP를 판매자에게 전달하려고 합니다. 현재 당신은 입찰자 회의를 준비하려고 합니다. 입찰자 회의(Bidder conference)는 어떤 유형이어야 합니까?**

A. 판매자는 반드시 구매자와 만나야 한다.
B. 특정 판매자에게만 입찰자 회의를 공지한다.
C. 모든 판매자가 조달 관련 사항에 대해 명확하게 이해가 되어야 한다.
D. 입찰자 회의는 판매자와 계약한 후에 진행된다.

2 **최근에 계약자로부터 인도되어야 하는 중요한 인도물이 20일 동안 지연되었습니다. 이 사건으로 인해 프로젝트 일정이 20일 지연될 것으로 예상됩니다. 이처럼 리스크가 프로젝트 일정에 미치는 영향을 수치로 분석하는 프로세스는 무엇입니까?**

A. 리스크 식별
B. 리스크 대응 계획수립
C. 정량적 리스크 분석 수행
D. 정성적 리스크 분석 수행

3 **당신의 팀원 중 한 명이 프로젝트 일정 수립 시 특정 활동에 대한 실제 경험이 없어서 기간을 산정하기 어렵다고 합니다. 다음 중 산정하기 어려운 활동 기간을 가진 프로젝트의 일정을 향상하기 위해 개발된 네트워크 분석 접근 방법은 무엇입니까?**

A. CPM(Critical path method)
B. CCPM(Critical chain project management)
C. PERT(Program evaluation and review technique)
D. PDM(Precedence diagramming method)

4 프로젝트의 품질 관리를 위한 주요 활동은 크게 품질 관리와 품질 통제가 있습니다. 그중에서 품질 통제는 프로젝트에서 어떤 활동을 수행합니까?

A. 프로젝트의 결과가 품질 표준에 부합하는지를 결정하기 위해 감시하고 불만족스러운 요인의 원인을 제거하는 방법을 찾는다.

B. 주기적으로 프로젝트의 성과를 평가한다.

C. 프로젝트의 효과 및 효율 향상에 대한 조치를 한다.

D. 프로젝트에 관련된 품질 표준을 식별한다.

5 당신은 프로젝트에서 고객에 의해 요청된 범위 변경이 어떤 영향을 미치는가를 관리하려고 합니다. 현 상황에서 필요한 문서는 요구사항 추적 매트릭스, 요구사항 문서, 프로젝트 관리 계획서 등입니다. 다음 보기 중 추가로 투입물로 사용할 수 있는 것은 무엇입니까?

A. 작업 성과 데이터(Work performance data)

B. 책임 배정 매트릭스(A responsibility assignment matrix)

C. 작업 성과 보고서(Work performance report)

D. 리스크 관리대장(Risk register)

6 표준 편차에 의해 측정된 것에 따른 프로세스에서의 확률 분산은 ( )에 의해 직접적으로 감소될 수 있습니다. 빈칸에 들어갈 말은?

A. 산포도에 대한 공부

B. 품질 감시자의 수를 증가

C. 전반적인 생산시스템의 향상

D. 변이의 패턴 식별

7 계약자의 관점에서 볼 때 변경 관리 프로그램은 ( ) 해야 합니다. 빈칸에 들어갈 말은?

A. 보상 없는 추가적인 서비스 수행을 피하기 위해 프로젝트의 초기에 수행

B. 변경을 감시하기 위해 항상 모든 이해관계자에게 관련 정보를 전달

C. 고객 만족을 상당히 향상

D. 변경된 작업을 위한 계약자의 즉각적인 보상을 보장

8 **프로젝트 관리 계획서는 일반적으로 누구에 의해 개발됩니까?**

A. 프로젝트 관리자
B. 마케팅 부서장
C. 프로젝트 팀
D. 엔지니어링 부서원

9 **프로젝트의 전체 교훈사항(Lesson learned)은 언제 정리됩니까?**

A. 기획
B. 종료
C. 실행
D. 감시 및 통제

10 **PDM(Precedence diagramming method)에서 자원의 소비가 요구되는 것은 다음 중 무엇입니까?**

A. Node
B. Event
C. Path
D. Dummy

11 **다음 조직 중 여러 전문분야의 노력을 포함하는 복잡한 프로젝트는 어떤 조직에 의해 가장 효과적으로 관리할 수 있습니까?**

A. 약한 매트릭스 조직(Weak matrix organization)
B. 기능 조직(Functional organization)
C. 강한 매트릭스 조직(Strong matrix organization)
D. 하이브리드 조직(Hybrid organization)

12 **당신과 팀은 구현 단계를 마무리하고 테스트 단계를 시작했습니다. 테스트를 해보니 제품에서 결함이 많이 식별되었습니다. 프로젝트 관리자는 이 제품의 개발을 전반적으로 점검하려고 합니다. 문제점들을 우선 순위화하기 위해 어떤 도구를 사용하는 것이 좋습니까?**

A. 파레토 다이어그램(Pareto diagram)
B. 관리도(Control chart)
C. 인과관계도(Cause and effect diagram)
D. 흐름도(Flowchart)

13 **프로젝트 선정 방법은 프로젝트 소유자나 스폰서에게 가치 측정 또는 매력을 포함해야 합니다. 다음 중 프로젝트 선택에 영향을 주는 조직의 의사 결정 기준으로 볼 수 있는 것은 무엇입니까?**

A. 시장 점유율
B. 직원의 동기부여
C. 조직의 정책 변경
D. 품질 정책의 수립

14 **당신이 팀원으로 참여했던 이전 프로젝트에서 프로젝트 관리자가 프로젝트 팀에게 자치권을 많이 주었습니다. 그런데 때때로 팀원이 무엇을 끝내야 하는지 확신할 수 없어서 오히려 혼란이 있었습니다. 이런 경우 이 관리자는 어떤 관리 스타일로 볼 수 있습니까?**

A. 지시적(Directing)
B. 자유방임적(Laissez faire)
C. 위임적(Delegating)
D. 민주적(Democratic)

15 **다음 표를 기준으로 할 경우 Critical path는 어떻게 됩니까?**

활동	선행 활동	기간
Start	없음	0
A	Start	3
B	A	2
C	B	3
D	Start	4
E	D	1
F	B, E	4
G	Start	6
H	G	4
I	C, F, H	3
Finish	I	0

A. Start-A-B-C-I-Finish
B. Start-A-B-F-I-Finish
C. Start-D-E-F-I-Finish
D. Start-G-H-I-Finish

16 **회사에서 당신에게 품질 향상 프로그램인 TQM을 적용하여 전체 생산원가를 절감하는 프로젝트의 프로젝트 관리자가 되기를 요청하였습니다. 임원이 계획서를 요구할 때 당신이 가장 먼저 작성해야 하는 것은 무엇입니까?**

A. 이해관계자 관리대장(Stakeholder register)

B. 품질 관리 계획서(Quality management plan)

C. 프로젝트 헌장(Project charter)

D. 작업분류체계(WBS)

17 **당신은 팀과 함께 프로젝트 관리 계획서를 작성하고 있습니다. 프로젝트 관리 계획서에는 자원 관리에 대한 내용이 포함되어야 합니다. 다음 중 프로젝트 관리 계획서 작성 시 자원 관리를 어떻게 할 것인지 정하는 프로세스는 무엇입니까?**

A. 팀 개발

B. 팀 관리

C. 자원 관리 계획수립

D. 자원 확보

18 **당신은 PMIS를 통해 프로젝트 성과를 획득가치 기반으로 점검하고 있습니다. 현재 일정차이(SV)는 200만원입니다. 계획가치(PV)는 1,850만원이며, 실제비용(AC)은 1,900만원입니다. 원가차이(CV)는 얼마입니까?**

A. 150만원

B. 50만원

C. 200만원

D. 250만원

19 **당신은 건물을 짓는 프로젝트를 수행하고 있습니다. 파이프라인을 설치하기 위해 한 업체에 생산 위탁을 하였습니다. 생산업체를 방문하여 생산된 파이프를 검수하던 도중에 마지막 8개 파이프가 Lower control limit 안에 있지만 모두 평균 무게보다 낮다고 관리도에 표현된 것을 확인했습니다. 이것은 무엇에 위배된 상황이기 때문에 이 문제를 경영진에게 공지할 필요가 있습니까?**

A. Rule of seven

B. Rule of eight

C. 50/50 rule

D. 3-sigma rule

20 **현재 진행하는 프로젝트의 팀원 중 한 명을 외국으로 일주일간 출장을 보내야 할 일이 생겼습니다. 그녀는 현재 임신 중입니다. 임신한 팀원에 대한 의사진단이 여행이 위험하니 프로젝트를 하지 말라고 권고하는 상황입니다. 임신한 팀원은 실력 있는 팀원이지만, 어느 정도 노력하면 외부 영입을 통해서 구할 수 있는 자원입니다. 하지만 당신은 해당 직원을 재택근무를 통해서라도 계속 프로젝트에 잔류시키려고 할 때는 어떤 이유에서입니까?**

A. 다른 팀원과의 협조 관계가 깨질 것 같아서.

B. 다른 자원을 구할 시간적 여유가 없어서.

C. 다른 자원을 구할 재정적 준비가 되어있지 않아서.

D. 팀원의 경험과 산 지식을 계속해서 공유하고 싶어서.

21 **당신의 팀원 중 일부는 품질 보증(Quality assurance) 활동을 수행하고 있습니다. 또 몇 명은 품질 통제 활동을 수행하고 있습니다. 품질 보증을 수행하는 팀원들은 품질 통제 측정치를 확인합니다. 품질 보증을 수행하는 팀원들이 품질 통제 측정치 정보를 확인하는 이유는 무엇입니까?**

A. 인도물들의 품질이 수용 가능한지 계획과 비교해서 확인할 때 품질 통제 측정치 정보를 활용하기 위해서.

B. 품질 통제 측정치는 팀이 품질 이슈를 확인하고, 변경 요청을 하고, 시정 조치를 수행하는 데 도움이 되기 때문에.

C. 품질 통제 측정치는 품질 활동의 결과로서 품질 활동이 계획대로 수행되는지 확인하기 위해서.

D. 품질 통제 측정치를 품질 척도와 비교하고 고객에게 검사를 통해 수용에 대한 승인을 받기 위해서.

22 **프로젝트 기획에서 WBS의 작성은 매우 중요합니다. 다음 중 WBS에 관련된 내용이 아닌 것은 무엇입니까?**

A. 기획 도구(Planning tool)이다.

B. 인도물 위주로 구성(Deliverable-oriented)된다.

C. 작업 패키지의 그룹(Group of work package)이다.

D. 일정 방법(Scheduling method)이다.

23 **당신의 팀원 중 한 명이 WBS 작성 후에 인도물을 생성하기 위해 필요한 활동을 정의하고 있습니다. 회사의 프로젝트 관리 프로세스 지침에는 '분할(Decomposition)'이라는 도구 및 기법을 사용하도록 되어 있습니다. [활동 정의] 프로세스에서 분할이란 무엇을 뜻합니까?**

A. 작업 패키지를 생성하기 위해 필요한 활동을 결정하는 것

B. 프로젝트의 제품을 생산하는 것

C. 프로젝트 네트워크 다이어그램을 만드는 방법

D. 프로젝트의 범위를 더 작고 관리 가능한 요소로 세분화하는 것

24 **프로젝트를 진행하던 도중 고객이 프로젝트의 현황을 점검하기 위해 당신 회사를 방문하였습니다. 고객이 해당 프로젝트에서 품질이 보증되고 있는지 알고 싶다고 합니다. 고객에게 어떤 문서를 참조하도록 제시하면 좋겠습니까?**

A. 품질 정책

B. 품질 관리 계획서

C. 제품 표준 및 규정

D. 품질 통제 측정치

25 **당신은 정량적 리스크 분석을 수행하는 도중에 EMV(Expected monetary value) 분석을 수행하려고 합니다. 다음 중 EMV 분석이 계산되어 사용되는 때는 언제입니까?**

A. 리스크 사건의 확률과 영향을 측정하여 의사결정을 내릴 때

B. 프로젝트 예산을 산정할 때

C. 구매 및 획득을 결정할 때

D. 일정을 작성할 때

26 **현재 프로젝트의 중요한 조달 품목이 결정되었고 판매자로부터 제안서를 받기 위해 방법을 고민하고 있습니다. 모든 잠재적 판매자에게 공평한 기회를 제공하려고 합니다. 다음 중 공식적인 경쟁 입찰 방법이 아닌 것은 무엇입니까?**

A. 경쟁 제안(Competitive proposal)

B. 경쟁 협상(Competitive negotiation)

C. 봉인 입찰(Sealed bidding)

D. 구매 주문(Purchase order)

27 **당신은 프로젝트 일정을 개발하기 위해 활동의 올바른 순서를 결정하고 있으며, 활동의 순서를 도식화하기 위해 PDM(Precedence diagramming method) 기법을 사용하고 있습니다. PDM 방식에서는 4가지 유형의 활동 관계를 표현할 수 있습니다. 다음 중 가장 많이 사용되는 활동의 논리 관계는 무엇입니까?**

A. Start to start
B. Start to finish
C. Finish to start
D. Finish to finish

28 **프로젝트의 품질을 관리하기 위해 별도로 품질 관리 팀을 구성하였고 품질 관리에 대한 역할과 책임을 배정하였습니다. 품질 관리 팀이 프로젝트의 실행 과정을 검증(Verify)하기 위해서 요구되는 것은 다음 중 무엇입니까?**

A. 계획된 프로세스의 감사
B. 주기적인 통계 표본추출
C. 파래토 차트를 통한 결과의 확인
D. 품질 통제 테스트와 측정의 결과 확인

29 **당신은 팀과 함께 프로젝트의 리스크를 식별하고 있으며, 리스크 식별을 위해 델파이 기법을 사용하려고 합니다. 델파이 기법은 무엇을 하기 위한 기법입니까?**

A. 프로젝트 성과분석을 통한 리스크 식별
B. 리스크 식별 과정에서 생기는 갈등 해결
C. 리스크를 대응하기 위해 필요한 비용산정
D. 리스크에 대한 전문가의 의견 수집

30 **다음 중 작업 패키지 수준에서 프로젝트 팀의 역할과 책임을 보여주는 데 사용되는 것은 무엇입니까?**

A. 책임배정매트릭스(Responsibility assignment matrix)
B. 런차트(Run chart)
C. 번다운 차트(Burndown chart)
D. 파래토 차트(Pareto chart)

31 **당신은 프로젝트를 성공적으로 수행하기 위해 팀에 들어오는 팀원들의 전문성이 높기를 원합니다. 다음 중 프로젝트 전문성을 함양하기 위한 조건을 평가할 때 가장 덜 중요한 것은 무엇입니까?**

A. 개인의 강점 및 약점

B. 적절한 전문 역량

C. 개인의 학습 스타일

D. 문제 해결 능력

32 **당신 팀은 주기적으로 성과 보고서를 만들고 이해관계자에게 배포하고 있습니다. 다음 중 작업 성과 보고서와 관계가 없는 것은 무엇입니까?**

A. 차이 분석(Variance analysis)

B. 추세 분석(Trend analysis)

C. 히스토그램 및 간트차트(Histogram and Gantt chart)

D. 정보 흐름도(Information flowchart)

33 **다음 네트워크 다이어그램에서 주경로(Critical path)는 무엇입니까?**

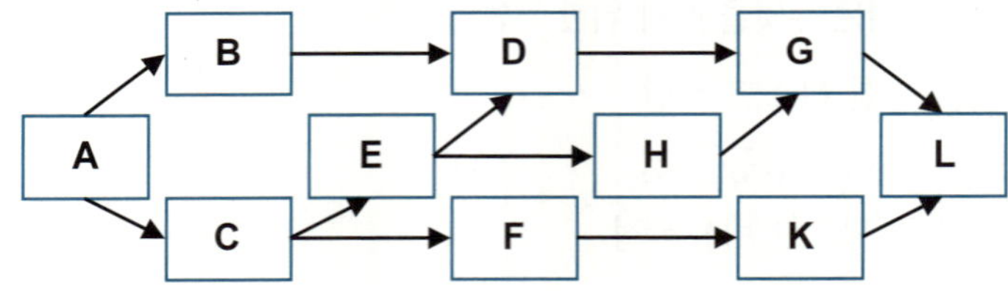

Activity	Week	Activity	Week
A	3	F	7
B	2	G	6
C	3	H	1
D	5	K	3
E	2	L	2

A. A-B-D-G-L

B. A-C-F-K-L

C. A-C-E-H-G-L

D. A-C-E-D-G-L

34 **현재 당신의 프로젝트 범위가 충분히 정의되지 않았고, 동시에 여러 방면에서 진행하기 위한 작업 일정이 요구되고 있으며, 당신은 많은 통제에 관여하길 원합니다. 현 상태에서 가장 적절한 계약 방법은 무엇입니까?**

A. 수수료 가산 원가 계약(Cost plus fee)

B. 총액 계약(Lump sum)

C. 최고액 보증계약(Guaranteed maximum)

D. 성과급 가산 고정가 계약(Fixed fee plus incentive)

35 **당신과 팀은 프로젝트 일정을 개발하기 위한 다양한 활동을 하고 있습니다. 일정을 구성하는 핵심 요소인 활동의 기간을 산정하려고 합니다. 기간 산정치는 누구에 의해서 산정되어야 합니까?**

A. 작업을 수행할 개인 또는 팀

B. 상위 경영진

C. 프로젝트 관리자

D. 고객

36 **프로젝트의 조달을 진행하는 과정에서 여러 잠재적 판매자로부터 제안서를 받았고 이제 판매자를 선정하려고 합니다. 다음 중 판매자 선정을 위한 기준으로 사용하기 어려운 것은 무엇입니까?**

A. 재무적 역량

B. 기술적 접근법

C. 과거 성과

D. PM 자격 보유 여부

37 **프로젝트를 진행하던 도중에 두 팀원이 일정에 대한 문제로 서로 갈등이 생겼습니다. 가능하면 이 갈등을 빨리 해결하고 싶기 때문에 시간이 오래 걸리는 방법은 피하려고 합니다. 다음 갈등 해결 방법 중 가장 시간이 오래 걸리는 방법은 무엇입니까?**

A. Avoid

B. Withdraw

C. Smooth

D. Problem solve

38 **당신은 현재 프로젝트의 성과를 측정하기 위해 획득가치 기법을 사용하고 있습니다. EV=600, PV=800, AC=700일 때 일정 차이는 얼마입니까?**

A. 200

B. -200

C. -100

D. 100

39 새로운 비행기 개발 프로젝트를 수행하는 데 있어 팀원 중 1명이 반복적인 비행 훈련에의 참여가 필요합니다. 또한, 회사의 입장에서 앞으로의 프로젝트 수행에 있어서도 비행 훈련은 매우 중요합니다. 그런데 해당 팀원은 위험하다는 이유로 반복적 비행 훈련 참여를 거부하고 있습니다. 최선의 방법은 무엇입니까?

A. Force
B. Compromise
C. Smooth
D. Problem solve

40 총 기간이 18개월인 프로젝트가 현재 9개월이 진행되었습니다. 계획된 예산은 $5M이고 현재까지 들어간 누적 비용은 $4M이고 현재 20%의 진척율을 보이고 있습니다. PV는 $2M입니다. 현시점에서 EAC를 보고하려고 합니다. EAC는 얼마입니까?

A. $4.8M
B. $20M
C. $21M
D. $24M

41 다음 중 품질 관리 계획수립(Plan Quality Management) 프로세스의 투입물은 무엇입니까?

A. 범위 기준선, 조직의 품질 표준, 품질 정책
B. 검증된 인도물
C. 이슈 기록부
D. 변경 요청

42 Project schedule network diagram과 Gantt chart는 모두 일정을 표현하는 방법입니다. 두 방법의 차이점은 무엇입니까?

A. 스케줄링 방법
B. 자원 배정
C. 활동 간의 연관성
D. 그래픽 형태 다이어그램

43 JIT는 현재의 물품 재고를 줄이도록 시도하는 개념입니다. 몇 %로 줄이도록 시도하는 개념입니까?

A. 0%
B. 25%
C. 10%
D. 50%

44 **당신의 회사에서는 일 년에 평균 30개 정도의 프로젝트가 진행됩니다. 제안되는 모든 프로젝트가 진행되는 것은 아니고 선별 작업을 거칩니다. 제안된 프로젝트의 진행 여부 판단은 언제 합니까?**

A. 리스크 식별　　B. 타당성 검토
C. WBS 작성　　D. 성과 보고서 작성

45 **당신은 팀과 함께 CPM(Critical path method)로 일정을 분석하고 있습니다. 작성한 일정의 시작부터 종료까지의 경로는 총 7개가 나왔으며, 그중 2개가 Critical path로 식별되었습니다. 나머지 5개 경로의 여유시간이 얼마나 되는지 확인하려고 합니다. 다음 용어 중에서 일정의 여유를 알기 위해 무엇을 확인해야 합니까?**

A. Total Float　　B. Lag time
C. Lead time　　D. Finish date

46 **이번 프로젝트는 다른 프로젝트에 비해 불확실성이 낮아서 새로 진행할 프로젝트 생애주기는 예측형 생애주기로 결정했으며, 각 단계의 주요 인도물을 결정했습니다. 그래도 불확실성은 존재하기 때문에 팀원들에게 불확실성 관리의 중요성을 강조하였습니다. 다음 프로젝트 생애 주기 중에서 불확실성이 가장 큰 단계는 언제입니까?**

A. 착수　　B. 기획
C. 실행　　D. 종료

47 **프로젝트 스폰서는 최근 새로 시작한 프로젝트의 예산 규모를 알고 싶어 합니다. 하지만 아직 범위가 명확하게 정해지지 않은 부분이 있어서 산정하기 어려운 상황입니다. 스폰서는 대략적인 수치를 원하고 있습니다. 그래서 당신은 유사 산정(Analogous estimating)으로 먼저 산정한 후 향후 다시 좀 더 정확한 산정을 하기로 했습니다. 다음 중 유사 산정과 동일하게 사용되는 용어는 무엇입니까?**

A. Bottom up estimating　　B. Brainstorming
C. Top-down estimating　　D. Lateral thinking

48 **프로젝트 조직 구조는 다양한 유형이 가능합니다. 다음 중 코디네이터(Coordinator)는 어떤 조직 구조에서 자주 보입니까?**

A. 프로젝트 기반 조직　　B. 강한 매트릭스 조직
C. PMO　　D. 약한 매트릭스 조직

49 **당신 팀에서 기획하는 동안 Bar chart, Milestone chart, Network diagram 등을 개발했습니다. 이 중에서 Bar chart는 주로 어떤 용도로 사용됩니까?**

A. 자원 평준화
B. 진척 또는 현황보고
C. 활동 연관성 정의
D. 기간 산정

50 **당신 팀은 회사에서 새로 계약한 프로젝트 때문에 임시로 베트남에 파견 나와 있습니다. 이처럼 원격 사이트에서 작업하는 프로젝트에서 먼저 고려해야 하는 것은 무엇입니까?**

A. 정보검색 및 배포 시스템
B. 이해관계자 분석
C. 프로젝트 기록
D. 작업 결과

51 **프로젝트 팀은 프로젝트 조달에 대한 판매자의 제안서 평가 항목을 결정하기 위해 회의하고 있습니다. 가격에 대한 조건을 포함하면서 다양한 조건들을 결정하고 있습니다. 각 항목의 중요성에 따라 가중치도 둘 생각입니다. 현재 팀은 어떤 조달 프로세스를 수행하고 있습니까?**

A. 조달 관리 계획수립(Plan Procurement Management)
B. 조달 수행(Conduct Procurements)
C. 조달 통제(Control Procurements)
D. 조달 감시(Monitor Procurements)

52 **우리 회사에는 다양한 의사소통 도구들이 있습니다. 그중에서 인터넷, 화상 회의, 전화 회의 등은 무엇을 해결하는 데 도움이 됩니까?**

A. 리소스 확립
B. 프로젝트 기록유지
C. 분산된 팀의 의사소통
D. 이해관계자의 요구사항 파악

53 **당신은 ERP 시스템 설치를 위해 팀과 함께 고객사에서 5개월간 프로젝트를 수행하기로 했습니다. 고객과 함께 일하다가 우연히 비상계단에서 고객사의 직원이 대화하는 것을 듣게 되었습니다. 그 정보는 무척 중요한 내용으로 판단되었습니다. 당신은 어떻게 해야 합니까?**

A. 어떠한 정보인지 검토한다.
B. 고객에게 바로 알린다.
C. 사실을 숨기고 그냥 프로젝트를 진행한다.
D. 관련 내용을 문서로 기록한다.

54 **당신의 스폰서는 프로젝트를 13개월 안에 끝나길 희망하고 있습니다. 예산이 한정된 상태에서 달성해야 할 범위로부터 결정된 일정의 마지막 날이 희망 날짜보다 늦을 경우 다음 중 일반적으로 무엇을 먼저 시도하는 것이 좋습니까?**

A. 주경로가 아닌 활동을 그 활동의 빠른 시작일에 시작한다.

B. 병행해서 끝낼 수 있는 작업을 결정하기 위해 활동의 연관성을 검토한다.

C. 주경로가 아닌 활동에 자원을 더 투여한다.

D. 부정적인 영향을 줄 수 있는 활동에 대한 범위 변경을 협상한다.

55 **이번 프로젝트의 규모는 크고 복잡합니다. 큰 프로젝트를 처리하기 위해 팀을 구성했는데, 우리 회사에서 보유한 인력보다 더 많은 인력이 필요하여 추가 자원을 확보했습니다. 지난번에 같이 일했던 인도의 한 업체와 중국 업체가 일을 잘한다고 생각하여 인도 개발자와 중국 개발자를 추가로 투입하여 프로젝트를 같이 진행하고 있습니다. 서로 문화가 다른 나라의 사람들로 팀을 구성해서 진행할 경우 당신은 프로젝트 관리자로서 프로젝트 팀에게 어떻게 말하는 것이 가장 좋겠습니까?**

A. 사람이 가장 많은 쪽의 문화를 따르라고 한다.

B. 모든 것을 무시하고 공평하게 대해준다.

C. 각각의 문화에 대한 나의 견해를 팀원에게 설명한다.

D. 타 문화에 대해 이해하려는 마음을 지니라고 팀원에게 설명한다.

56 **프로젝트의 요구된 인도물이 모두 완료되어 이제 종료단계로 접어들었습니다. 프로젝트 종료에서 가장 먼저 해야 하는 것은 무엇입니까?**

A. 고객으로부터 프로젝트 종료에 대한 공식적 승인 획득하기.

B. 교훈(Lessons Learned) 정리하기.

C. 프로젝트에서 생성된 기록 보관(Archive)하기.

D. 인도물이 요구사항에 부합하는지 고객으로부터 확인받기.

57 **다음 중 프로젝트 일정에서 변경을 요구하게 되는 가장 큰 요인으로 볼 수 있는 것은 무엇입니까?**

A. 노조 계약의 재협상

B. 장비의 교체

C. 원가 초과

D. 인원의 감소

58 당신은 프로젝트 관리 계획서에 따라 주기적인 감시 및 통제를 진행하고 있습니다. 최근에 진행한 성과측정의 결과를 보니 프로젝트가 계획보다 늦게 완료될 것으로 예상되었습니다. 다음 중 일정을 계획대로 맞추기 위해 조치해야 할 사항이 아닌 것은 무엇입니까?

A. Crashing
B. Schedule baseline 조정
C. Overtime
D. Fast tracking

59 프로젝트를 열심히 수행하여 구현 단계(Build phase)가 거의 다 완료되고 있는데, 스폰서가 새로운 요구사항을 요청하였습니다. 이 요청을 관리하기 위해 무엇을 해야 합니까?

A. 범위 관리 계획수립
B. 범위 성과 측정
C. 범위 통제
D. 범위 확인

60 만약 프로젝트에서 어떤 일을 수행할 때 850달러 가치의 일을 완료했으나 실제 작업을 수행하는데 900달러가 쓰였다면 CV는 얼마입니까?

A. $50
B. -$50
C. $150
D. 계산할 수 없음

61 당신의 프로젝트는 조달할 품목이 21개로서 다른 프로젝트에 비해 조달 품목이 적은 편입니다. 당신은 현재 조달에 대해 준비하고 있으며, 계약자에 의해 수행될 활동을 정의하고 있습니다. 현재하는 일에 필요한 것은 다음 중 무엇입니까?

A. PERT
B. WBS
C. Procurement SOW
D. RAM

62 당신은 프로젝트 기획 단계에서 리스크를 식별하고 분석하여 리스크 관리대장을 준비하고 주기적으로 리스크를 감시하고 통제하고 있습니다. 리스크를 감시하던 중 리스크 관리대장에 없었던 리스크가 식별되었습니다. 다음 중 사전에 식별되지 않은 리스크 발생 시 대처하는 것을 무엇이라고 합니까?

A. Crashing
B. Workaround
C. Simulation
D. Fallback plan

63 **프로젝트에서 의사소통의 문제가 생기면 프로젝트의 성공에 영향을 줄 수 있습니다. 따라서 의사소통도 사전에 준비하고 준비한 대로 진행을 해야 의사소통에 문제가 없습니다. 당신은 이번 프로젝트에서 얼마나 다양한 의사소통 구조가 있는지 파악하기 위해 의사소통 배포자를 결정하려고 합니다. 의사소통 배포자 구조를 만드는 이유는 무엇입니까?**

A. 조직관리 정의
B. 의사소통 방법 정의
C. 의사소통 빈도 설정
D. 모든 이해당사자 식별

64 **현재 당신의 프로젝트는 일정이 지연되어 있습니다. 지난주까지 Schedule tolerance 안에 있었지만, 오늘은 일정이 Schedule tolerance를 초과한 것으로 파악되어 일정을 단축하려고 합니다. 일정 단축 기법은 Crashing을 사용할 것입니다. Crashing을 할 때 가장 원가 효율적이 되기 위해서는 어디에 Crashing을 하는 것이 좋습니까?**

A. Critical activity
B. Non-critical activity
C. Activity with positive float
D. Activity with free float

65 **현재 당신은 프로젝트에서 리스크 감시 프로세스를 수행하고 있습니다. 프로젝트 팀과 함께 주기적으로 리스크 발생이나 발생에 가까운 조짐을 찾고 있습니다. 이러한 조짐을 무엇이라 합니까?**

A. Trigger condition
B. Scope creep
C. Impact scale
D. Issue

66 **프로젝트에서 품질을 관리하는 목적 중 하나는 고객 만족입니다. 다음 중 고객의 Real needs를 충족시켜주는 품질 특성은 무엇입니까?**

A. Conformance to specification
B. Fitness for use
C. Zero defect
D. Continuous improvement

67 **당신은 프로젝트의 인도물에 대한 품질을 관리하기 위해 Pareto diagram, Cause and effect diagram을 사용하고 있습니다. 당신은 현재 어떤 품질 관리 프로세스를 수행하고 있습니까?**

A. 품질 기준 수립
B. 품질 관리
C. 품질 통제
D. 품질 관리 계획수립

68 각 지역으로부터 선택된 대표들로 구성된 5,000명이 일하는 조직이 있습니다. 당신은 이 조직 구조가 가능하면 의사소통이 잘 되길 원합니다. 다음 중 가장 효과적인 의사소통을 위해 프로젝트 관리자는 무엇을 먼저 해야 합니까?

A. 의사소통 관리 계획서 작성
B. 의사소통 책임 매트릭스 작성
C. 변경 통제 시스템 구축
D. 프로젝트 관리 계획서 작성

69 현재 회사에서 어떤 프로젝트를 진행할 것인지에 대해 고민하고 있습니다. 현재 총 4개의 프로젝트가 있으며, 각 프로젝트의 NPV는 다음과 같습니다. 현 상황에서 어떤 프로젝트를 선택하는 것이 가장 좋습니까?

A. Project A: NPV $95,000
B. Project B: NPV of $120,000
C. Project C: NPV of $20,000
D. Project D: NPV of -$130,000

70 다음 중 어떤 조직이 종료 단계에서 가장 갈등을 많이 느끼게 됩니까?

A. 기능 조직
B. 약한 매트릭스 조직
C. 강한 매트릭스 조직
D. 프로젝트 기반 조직

71 우리 회사에서는 보통 1년에 7개의 새로운 프로젝트가 생깁니다. 새로운 프로젝트의 구상을 위해서는 몇 가지 연구 분석이 필요합니다. 이러한 연구 분석을 프로젝트로 진행할 때 프로젝트에 필요한 자금 조달 책임은 누구에게 있습니까?

A. 경영자
B. 스폰서
C. 프로젝트 관리자
D. 기능 관리자

72 다음 중 약한 매트릭스(Weak matrix) 조직에서 조직의 자원을 프로젝트에 적용할 수 있는 주요 권한은 누구에게 있습니까?

A. 기능 관리자
B. 프로젝트 관리자
C. 스폰서
D. 계약자

73 당신의 팀은 기술자와 설계자 등 다양한 전문성을 가진 사람들로 구성되어 있습니다. 다음 중 기술 파트에 포함된 직원이 가장 선호하는 프로젝트 관리자의 Power는 어떤 것입니까?

A. Referent power
B. Formal power
C. Expert power
D. Penalty power

74 계획된 작업의 예산상 원가가 2,000달러이고 현재까지 1,500달러가 쓰였으며 작업은 계획된 양의 반을 완료하였습니다. 현재 CV는 얼마입니까?

A. $500
B. $1000
C. -$500
D. -$1000

75 당신은 계획에 따라 정해진 주기에 맞게 프로젝트의 성과를 상위 경영진에게 보고하고 있습니다. 다음 중 상위 경영진에서 월별로 보고하기에 적당한 일정 양식은 무엇입니까?

A. 마일스톤 차트
B. 막대 차트
C. 간트 차트
D. 파레토 차트

76 다음 계약 방식 중에서 모든 원가 초과에 대한 리스크를 판매자가 가장 많이 갖게 되는 계약 방식은 무엇입니까?

A. Cost plus percentage of cost
B. Firm fixed price
C. Time and materials
D. Firm fixed price with economic price adjustment

77 회사에서 어떤 프로젝트에 9억원을 투자했지만, 문제가 있어서 그 프로젝트를 중단했습니다. 그리고 다시 회사의 전략에 중요한 새로운 프로젝트를 시작했습니다. 중단한 프로젝트에서 이미 지출된 원가이고 새로운 투자결정 시에 포함되지 않아야 할 9억원을 무엇이라고 부릅니까?

A. Opportunity cost
B. NPV
C. Sunk cost
D. Procurement cost

78 **프로젝트 조직은 성공적인 프로젝트 수행에 매우 중요합니다. 프로젝트 조직의 구조에 영향을 주지 않는 요인은 무엇입니까?**

A. 환경적인 영향력
B. 일정 제한
C. 전략적 선택사항
D. 기술적 요인들

79 **오늘 올라온 프로젝트 현황 보고서에 프로젝트의 원가가 초과된 상태라고 되어 있습니다. 원가를 통제하기 위해 원가 통제 활동을 수행하려고 합니다. 다음 중 원가 통제 활동으로 보기 어려운 것은 무엇입니까?**

A. 승인된 변경에 대하여 이해관계자에게 통보
B. 모든 승인된 변경을 기준선에 기록
C. 계획으로부터의 차이를 발견하기 위하여 원가 성과를 감시
D. Work package를 가지고 원가 산정을 준비

80 **프로젝트의 원가를 산정하는 것은 기획에서 진행하며 기획은 Rolling wave planning에 따라 시간이 흐를수록 점점 상세해지므로 원가 산정치 역시 초기에는 불확실성이 높아서 범위가 넓다가 점차 상세해집니다. 다음 중 프로젝트 기획 초기에 -10 ~ +25%의 정확도를 갖는 원가 산정 범위를 부르는 용어는 무엇입니까?**

A. Order of magnitude
B. Budget estimate
C. Definitive estimate
D. Bottom up estimating

81 **프로젝트 초기 협상 기간 동안 고객과 함께 작성한 기대사항들은 후에 어디에 반영됩니까?**

A. 보고서, 현황정보, 임시계획
B. 의사소통 경로, 변경 관리 계획서, 원가 산정치
C. 이슈 관리, 프로세스 종료, 프로젝트 행정 절차
D. 프로젝트 범위, 요구 사항, 수용 기준

82 **당신의 프로젝트는 기획단계로 들어갔고 프로젝트에 참여하는 인력들의 역할을 정의하기 위해 RAM을 작성했습니다. 다음 중 프로젝트 관리 계획수립에서 RAM을 최소로 적용하는 부분은 어디입니까?**

A. 프로젝트 내외간 의사소통의 라인
B. 참여자의 보수 수준 결정
C. WBS에 책임 배정
D. 다양한 완료 단계의 승인에 대한 권한

83 **당신은 각 단계의 끝에서 고객과 함께 프로젝트의 범위 확인(Validate Scope)을 수행합니다. 다음 중 프로젝트의 범위 확인 기준을 맞추기 위해 필요한 것은 무엇입니까?**

A. 프로젝트 현장의 변경 사항을 반영
B. 주기적인 Inspection, Review, Walkthrough의 수행
C. 프로젝트 일정의 진행상태 추적
D. 식별된 문제의 요인 및 징후를 정의

84 **당신은 일정 기준선을 바탕으로 일정 성과를 측정하고 차이를 분석하려고 합니다. 당신은 어떤 기법을 사용하는 것이 좋습니까?**

A. Pareto diagram
B. Performance review
C. Parametric modeling
D. Statistical sampling

85 **당신과 팀은 리스크 식별을 통해 리스크 관리대장을 작성했습니다. 그다음 당신은 팀원에게 식별된 리스크가 발생할 경우를 대비해서 미리 계획을 세우라고 지시했습니다. 다음 중 리스크 발생 시 리스크를 대응하기 위한 대안을 무엇이라고 합니까?**

A. Risk transfer
B. Risk response strategy
C. Risk mitigate
D. Contingency plan

86 **프로젝트 관리자가 팀원에게 프로젝트의 목적을 프레젠테이션하고 관련 정보를 설명하였더니 참석한 팀원들이 고무(Inspire)되었습니다. 이것은 어떤 리더십 스타일입니까?**

A. 섬김형(Servant)
B. 거래형(Transactional)
C. 카리스마형(Charismatic)
D. 자유방임형(Laissez-faire)

87 **당신은 프로젝트 기획에서 조달에 대한 준비를 하면서 여러 산출물을 작성했습니다. 조달 관리의 산출물로 나온 Procurement SOW에 포함되지 않는 것은 무엇입니까?**

A. WBS(Work breakdown structure)
B. 사양(Specification)
C. 희망 수량(Quantity desired)
D. 품질 수준(Quality levels)

88 **다음 중 프로젝트 관리 계획서에 대한 내용 중 틀린 것은 무엇입니까?**

A. 공식 문서이다
B. 모든 이해관계자에 의해 승인된 문서이다
C. 프로젝트 실행 관리에 사용된다.
D. 리스크 관리 계획서를 포함한다.

89 **당신은 새로운 전동 킥보드를 개발하는 프로젝트를 관리하고 있습니다. 매주 월요일 아침마다 주간 회의를 하는데 팀원 중 한 명이 중요한 테스트 단계가 프로젝트 계획에서 제외되었다는 것을 확인했다고 합니다. 테스트 단계는 오래 걸리지 않을 것이며, 많은 자원의 투입을 요구하지도 않습니다. 일부 팀원은 테스트가 최종 산출물을 인도하는데 중요하지 않다고 얘기합니다. 당신은 무엇을 해야 합니까?**

A. 상위 관리자를 만나서 상황을 설명하고, 필요한 사항을 지원해달라고 요청합니다.
B. 테스트 단계를 위한 기획 프로세스를 진행합니다.
C. 테스트 단계는 프로젝트 계획에 없었으므로 생략합니다.
D. 테스트 단계를 새로운 프로젝트로 진행하기로 하고 자원을 배정하고 별도로 관리합니다.

90 **당신은 각 활동에 연관된 다양한 속성(Attribute)을 찾기 위해 활동 속성(Activity attributes)을 작성하고 있습니다. 이렇게 만든 활동 속성은 일정 관리의 다양한 프로세스에서 사용할 수 있습니다. 다음 중 활동 속성을 사용하지 않는 프로세스는 무엇입니까?**

A. 활동 순서배열
B. 활동 정의
C. 활동 자원 산정
D. 활동 기간 산정

91 **한 선원이 450m²의 갑판을 페인트칠하는 작업을 수행해야 합니다. 생산성을 추정했더니 9m²당 4명의 선원/시간이 필요하고 그때 각 선원의 시간당 비용은 85달러입니다. 현재 180m²의 갑판이 완료되었고 그때까지 8,000달러가 쓰였다면, CV는 얼마입니까?**

A. -$1,200
B. -$500
C. +$500
D. +$1,200

92 **당신은 획득가치 기법을 사용하여 프로젝트 성과를 관리하고 있습니다. 주기적으로 EAC (Estimate at completion)와 ETC를 측정하고 있습니다. EAC는 무엇에 대한 평가치입니까?**

A. 예측된 프로젝트 완료 시점에서의 원가
B. 끝나지 않은 작업에 대한 원가
C. 프로젝트 완료 시점에 기대된 자원
D. 수행된 작업의 가치

93 **프로젝트에 필요한 자원을 기획하기 위해 가장 좋은 방법은 무엇입니까?**

A. 요구되는 자원을 식별하고 모든 프로젝트 활동에 대해 자원을 배정한다.
B. 프로젝트 현장에 요구되는 자원을 식별한다.
C. 프로젝트의 현재 단계에 모든 활동에 대해 가용한 자원을 식별하고 배정한다.
D. 과거 유사한 프로젝트에 대한 자원을 식별하고 프로젝트 활동에 자원을 배정한다.

94 **당신은 경영진과 함께 프로젝트의 타당성을 검토하고 있습니다. 이번 프로젝트의 타당성을 검토하는 사항 중 하나는 Payback period입니다. Payback period 분석은 어떤 시점을 분석하는 것을 뜻합니까?**

A. 이익이 가장 최고가 되는 시점
B. 단위 이익이 실현되는 시점
C. 월 이익이 월 원가를 초과하는 시점
D. 누적 이익이 누적 원가를 초과하는 시점

95 **EV = 3,300, PV = 3,000, AC = 2,100일 경우 CPI는 얼마입니까?**

A. 1.1
B. 1.57
C. 1.43
D. 0.64

96 **EV = 3,300, PV = 3,000, AC = 2,100일 경우 CV는 얼마입니까?**

A. 300
B. 1,200
C. 900
D. -900

97 **다음 중 일정 통제의 도구 및 기법이 아닌 것은 무엇입니까?**

A. Resource leveling
B. What-if scenario analysis
C. Schedule compression
D. Delphi technique

98 **당신은 프로젝트 관리자로서 프로젝트의 성과를 책임지고 관리할 필요가 있습니다. 프로젝트의 성과를 주기적으로 측정하고 낮은 성과에 대해 조치를 취하기 위해 전반적인 프로젝트의 성과 측정은 무엇으로 합니까?**

A. GERT
B. WBS
C. PERT
D. Earned value management

99 **프로젝트 인도물이 고객의 요구사항에 맞게 생성되도록 하는 것의 주요 책임은 누구에게 있습니까?**

A. 품질 관리자
B. 프로젝트 관리자
C. 작업자
D. 엔지니어

100 **매슬로우(Maslow)의 욕구 단계 이론에서 제시한 5단계 중 가장 높은 단계는 무엇입니까?**

A. Physiological
B. Safety
C. Esteem
D. Self-actualization

101 **프로젝트 관리 계획서가 개발되었고 프로젝트 종료일이 수립되었습니다. 나중에 고객이 프로젝트에 대해 추가요청을 해왔는데 그로 인해 일정이 조정되어야 하지만, 종료일은 재협상을 할 수 없습니다. 원가가 요인이 아닌 경우 프로젝트 팀은 어떻게 해야 합니까?**

A. 범위 변경을 통해 추가업무를 포함해 프로젝트를 수행한다.
B. 프로젝트를 원래 계획대로 추진하고 추가된 일에 대한 별도 프로젝트를 준비한다.
C. 프로젝트 CCB(Change control board)를 통하여 변경사항을 통보하고 해결 방안을 찾는다.
D. 범위에 없는 일이라 우기고 하지 않는다.

102 **다음 중 프로젝트 헌장에 반드시 포함되어야 할 요소는 무엇입니까?**

A. 선례 정보
B. 비즈니스 요구사항(Business needs)
C. 상세한 예산
D. 조달 SOW

103 **다음 중 프로젝트 관리 프로세스에 대해 감사(Audit)하거나 검토(Review)하는 활동과 연관 있는 프로세스는 무엇입니까?**

A. 품질 관리 계획수립
B. 품질 관리
C. 품질 시스템
D. 품질 통제

104 **당신은 스폰서의 요청으로 프로젝트 헌장을 검토하고 있습니다. 프로젝트 헌장을 구성하는 요소들을 확인하던 중 프로젝트 헌장에 들어갈 항목이 아닌 것을 발견했습니다. 다음 중 프로젝트 헌장(Project charter)에 포함되지 않는 것은 무엇입니까?**

A. 승인된 예산
B. 프로젝트 범위에 대한 기본적인 설명
C. 프로젝트의 목적 및 목표
D. 프로젝트 관리자의 권한

105 **당신이 관리하는 프로젝트 예산에는 관리 예비비(Management reserve fund)가 포함되어 있습니다. 관리 예비비는 언제 사용됩니까?**

A. 승인되지 않은 작업을 위해
B. 예기치 못한 리스크가 발생할 경우
C. 일정 완료를 위해
D. 잘못 산정된 부분을 위해

106 **프로젝트 생애주기에서 일반적으로 프로젝트에서 리스크가 높고 이해관계자의 영향력이 높을 때는 언제입니까?**

A. 개념 단계
B. 완료 단계
C. 수행 단계
D. 프로젝트 관리자가 교체되었을 때

107 **리스크의 정량적 접근법에서 리스크에 관한 의사결정자의 태도를 고려하는 방법은 무엇입니까?**

A. 민감도 분석(Sensitivity analysis)
B. 유틸리티 이론(Utility theory)
C. 몬테카를로 시뮬레이션(Monte Carlo method)
D. 결정 이론(Decision theory)

108 **프로젝트의 범위 변경은 프로젝트 실패의 주요 원인으로 꼽힙니다. 다음 중 범위 변경의 원인으로 볼 수 없는 것은 무엇입니까?**

A. 정부 규제의 변화

B. 설계에서 요구사항 포함 부족

C. 상향식 원가 산정의 필요

D. 가용할 수 없는 기술이 정의된 범위에 포함된 경우

109 **학습곡선이론(Learning curve theory)은 많은 상품이 생산될수록 어떻게 되는 것을 강조합니까?**

A. 생산율이 증가할수록 원가는 높아진다.

B. 더 많이 생산할수록 평균 단위 원가는 낮아진다.

C. 벌크로 구매할 경우 자재비는 싸진다.

D. 작업자들은 기술을 더 익히게 되어 생산을 더 많이 한다.

110 **프로젝트의 일정을 개발할 때 앞으로 자원을 가용성에 맞게 일정하게 유지하기 위해 자원을 재배정하는 것을 부르는 용어는 무엇입니까?**

A. Floating

B. Resource leveling

C. Restructuring

D. Crashing

111 **프로젝트 성과를 측정하고 감시하기 위해 사용되는 시간 단계별 예산을 무엇이라고 합니까?**

A. WBS

B. 성과 측정 기준선

C. 원가 기준선

D. 원가 산정치

112 **주요 이해관계자로부터 프로젝트에 요구사항에 대한 변경 요청이 제기되었고 변경 통제 절차에 의해 공식적으로 승인되어 있습니다. 승인된 변경 요청은 어떻게 처리해야 합니까?**

A. 작업 성과 보고서에 포함시켜서 관련된 이해관계자에게 전달한다.

B. 범위 기준선과 비교하여 범위 성과를 측정한다.

C. 요구사항 문서를 업데이트한다.

D. 변경에 관련된 리스크를 식별한다.

113 **프로젝트의 리스크 관리 활동은 순차적으로 진행됩니다. 다음 중 리스크 관리 활동을 수행하는 순서대로 올바르게 나열한 것은 무엇입니까?**

A. 리스크 식별, 정성적 리스크 분석, 정량적 리스크 분석, 리스크 대응 계획수립

B. 리스크 식별, 리스크 평가, 리스크 기획, 정성적 리스크 분석

C. 리스크 식별, 리스크 완화, 리스크 관리, 리스크 대응 계획수립

D. 리스크 식별, 리스크 제거, 리스크 완화, 리스크 대응 계획수립

114 **다음 중 벤더의 제안을 평가하기 위해 사용하는 가장 적절한 기준은 무엇입니까?**

A. 지역, 원가, 가용성, 현재 인력

B. 성과, 지역, 다양성, 규모

C. 품질, WBS, 일정, 이전 성과

D. 책임성, 이전 성과, 원가, 가용성

115 **당신은 당신 프로젝트의 일부분 수행을 외부로부터 조달하기 위해 벤더와 계약해야 합니다. 계약 조항은 인도물에 대해 확정 총액을 지불할 것이고 만약 일정을 앞서서 완료하면 그에 대한 보너스를 주게 됩니다. 이러한 내용은 어떤 계약 유형을 말합니까?**

A. Firm fixed price

B. Cost plus incentive fee

C. Cost plus fixed fee

D. Fixed price plus incentive fee

116 **당신은 프로젝트 관리자로서 이해관계자 간 정보를 전달하기 위해 사용할 의사소통 기술(Technology)을 결정해야 합니다. 정보 교환과 협업을 위해 사용할 의사소통 기술을 결정할 때 영향을 줄 수 있는 요인으로 보기 어려운 것은 무엇입니까??**

A. 정보 필요의 긴급성

B. 기술 가용성 및 신뢰성

C. 이해관계자의 리스크 선호도

D. 정보의 민감성과 기밀성

117 **WBS의 numbering system은 프로젝트 팀원에게 어떤 부분을 제공합니까?**

A. WBS 각 요소에 대한 수준을 식별할 수 있게 한다.

B. 형상 관리 시점을 식별하게 한다.

C. WBS 요소의 원가를 산정한다.

D. 프로젝트 당위성을 제공한다.

118 **당신의 팀원 중 원가 산정 및 예산 결정에 참여하는 팀원이 예산에 예비비를 왜 포함시켜야 하는지 물어봅니다. 프로젝트 예산에 예비비를 포함시키는 이유는 무엇입니까?**

A. 범위 변경의 확률을 감소시키기 때문에.

B. 범위 변경의 확률을 증가시키기 때문에.

C. 원가 초가의 확률을 감소시키기 때문에.

D. 원가 초과의 확률을 증가시키기 때문에.

119 **프로젝트에서 생성할 제품, 서비스, 결과에 대한 기능 및 특징에 대한 특성을 무엇이라고 합니까?**

A. Work package

B. Baseline

C. Product scope

D. Work breakdown structure (WBS) element

120 **당신은 일정 관리 계획서를 작성하고 있습니다. 일정 관리 계획서에 앞으로 일정 개발에 사용할 기법을 정해서 포함시키려고 합니다. 다음 중 프로젝트 일정을 개발하는 동안 사용할 수 있는 기법으로만 구성된 것은 무엇입니까?**

A. Critical path method, GERT, Trend analysis

B. Resource Leveling, Mathematical analysis, Agile release planning

C. Schedule compression, Resource leveling, Schedule network analysis

D. Variance analysis, PERT, Lead, Lag

121 **당신의 프로젝트는 현재 일정이 지연된 상태입니다. 팀과 함께 일정이 지연된 원인을 찾고 있습니다. 다음 중 일정 지연의 원인으로 보기에 가장 알맞은 것은 무엇입니까?**

A. 프로젝트에 필요한 자원 부족

B. 초기 프로젝트 시작단계에서 일정 및 과업 과소평가

C. 비용의 과다 사용

D. 프로젝트 팀원 사이의 의사소통 부족

122 **당신은 여러 지역에서 일하는 프로젝트 관리자입니다. 그중 하나를 원격에서 관리하고 있으며, 그 프로젝트는 불확실성이 높고 복잡합니다. 다음 중 가장 처음 고려해야 하는 조치는 무엇입니까?**

A. 관리 예비를 증가시킨다.

B. 잠재 리스크를 식별하고 발생 가능성과 예상되는 영향을 분석한다.

C. 원격 지역의 자원을 증가시킨다.

D. 원격 사무소의 범위와 원가를 조정한다.

123 **이번에 수행할 프로젝트는 고객과의 협의에 따라 애자일 방법을 사용하기로 했습니다. 우선 제품 로드맵과 제품 진화를 위한 제품 비전을 근거로 릴리즈 일정을 요약한 상위 수준 일정표를 생성했습니다. 이후 첫 번째 Iteration을 수행하기 위해 이해관계자로부터 User story를 수집하였습니다. User story란 무엇입니까?**

A. 특정 사용자에게 제공할 수 있는 가치에 대한 간략한 설명.

B. Scrum sprint 중에 완료될 Scrum 팀이 식별한 작업 항목 목록.

C. 팀이 제품에 대해 유지 관리하는 사용자 중심 요구 사항의 순서화된 목록.

D. 작업 항목을 세분화하고 자주 제공하기 위해 반복적이고 점진적인 접근 방식.

124 **회사에서 새로운 프로젝트를 최근 착수했습니다. 팀이 구성되었는데 팀에 속한 15명의 프로젝트 팀원은 누구도 서로 함께 일한 적이 없었고 이러한 사실은 표면으로 드러나고 있습니다. 모든 회의는 의견 충돌과 논쟁으로 이루어지고 말이 많은 팀원들은 길고 지루한 설명을 합니다. 서로 책임을 전가하고 문제의 원인을 다른 사람에게 넘기는 것처럼 보입니다. 당신은 하루빨리 갈등이 만연하는 이러한 상황을 통제해야 합니다. 당신이 해야 할 첫 번째 일은 무엇입니까?**

A. 정기적인 그룹 회의를 한다.

B. 다음 회의에 그룹 회의 진행자(Facilitator)를 이용한다.

C. 주의 깊게 프로젝트 관리 계획서를 수립한다.

D. 회의 태도에 대한 엄한 규칙을 정한다.

125 **당신은 팀과 함께 프로젝트 일정을 작성하고 있습니다. Work package로부터 활동 목록을 식별하였고, 이제 활동 기간을 산정하려고 합니다. 활동 기간 산정에서 어떤 활동을 수행합니까?**

A. 각 활동에 자원이 얼마나 많은 시간을 소비하는가를 산정
B. 활동을 완료하기까지 걸리는 기간을 얼마인가를 산정
C. 언제 활동이 시작하는가를 결정
D. 언제 활동이 완료되는가를 결정

126 **당신은 프로젝트의 성과를 측정하기 위해 획득가치(Earned value) 기법을 사용하고 있습니다. 다음 중 프로젝트에서 획득가치란 무엇입니까?**

A. 수행할 작업의 예산상 비용
B. 수행된 작업의 예산상 비용
C. 수행된 작업의 실제 비용
D. 수행할 작업의 예측 비용

127 **프로젝트에서 일정과 예산이 잘 수립되어 있고 프로젝트 관리 시스템이 구축되어 있더라도 커뮤니케이션에 문제가 생기면 프로젝트는 힘들어질 수 있습니다. 다음 중 이해관계자 간에 의사소통을 어떻게 할 것인지에 대한 의사소통 관리 계획서를 수립하는 데 가장 중요한 요소는 무엇입니까?**

A. 팀 개발 및 기술적 방향
B. WBS 및 일정
C. 계약 관리 및 벤더 선정 프로세스
D. 이해관계자 및 그들의 의사소통 요구사항

128 **당신은 관리도(Control chart)를 이용해서 품질 관리 활동을 하고 있습니다. 관리도에서 3개의 결과점이 평균 아래이며, 통제한계에 있으며, 4개의 결과점은 평균 위에 있으며 통제한계 밖입니다. 어떤 상태입니까?**

A. 3개의 결과점이 통제 한계에 있으므로 정상 상태이다.
B. 4개의 결과점이 통제한계 밖에 있으므로 Out of control이다.
C. 7개의 결과점이므로 Rule of seven에 해당한다.
D. 현재의 결과로는 판단할 수 없다.

129 **다음 계약 방식 중 계약자 측에서 가장 많은 이익을 기대할 수 있는 계약의 종류는 무엇입니까?**

A. Fixed-price incentive fee contracts

B. Cost plus fixed-fee contract

C. Firm fixed-price contracts

D. Cost plus percentage of cost contracts

130 **프로젝트를 수행하는 활동 중에 시스템 구축과 시스템 설계 활동이 있습니다. 시스템 구축은 시스템 설계가 끝나야만 수행할 수 있습니다. 시스템 설계와 시스템 구축은 어떤 관계입니까?**

A. Finish to start 관계

B. Finish to finish 관계

C. Start to finish 관계

D. Start to start 관계

131 **현재 프로젝트는 중반을 넘어가고 있습니다. 당신은 프로젝트 성과를 보기 위해 회사의 PMIS에 접속했습니다. 프로젝트에 대한 상태 정보는 다음과 같습니다. 이 정보를 기반으로 했을 때 EAC는 얼마입니까?**

BAC	10,000
SPI	1.25
CPI	0.95

A. 8,000

B. 10,526

C. 9,500

D. 11,250

132 **당신의 회사는 공항 안전 시스템을 개발하는 프로젝트를 수행하게 되었습니다. 당신은 프로젝트 관리자로 선정되었으며, 이런 프로젝트를 수행해본 경험이 없습니다. 당신은 다음 중 어떤 것을 사용해야 합니까?**

A. 조직 프로세스 자산

B. 교훈사항

C. 전문가 판단

D. 주제관련전문가(SME)와의 미팅

133 **당신과 팀은 프로젝트의 품질 관리를 위해 품질 보증 활동을 수행하고 있습니다. 다음 중 품질 보증을 수행하는 주요 목표는 무엇입니까?**

A. 체크리스트 완료

B. 프로세스 조정

C. 품질 개선

D. 품질 관리 계획서 작성

134 **프로젝트의 핵심 이해관계자에는 상위 경영진이 있으며, 경영진이 프로젝트에 적극적으로 참여하는 것이 프로젝트 성공에도 도움이 됩니다. 다음 중 상위 경영진이 주기적으로 프로젝트를 검토하는 시기는 언제입니까?**

A. 마일스톤의 완료 시점
B. 각 생애주기의 단계 완료 시점
C. 각 작업의 완료 시점
D. 각 활동의 완료 시점

135 **프로젝트 헌장은 프로젝트를 공식 승인하는 문서입니다. 다음 중 프로젝트 헌장은 누가 발행합니까?**

A. 프로젝트 관리자
B. 고객
C. 기능 관리자
D. 착수자 또는 스폰서

136 **프로젝트 스폰서가 Work package에 대한 상세한 설명을 알고자 합니다. Work package에 대한 상세 설명은 다음 중 어떤 문서에서 볼 수 있습니까?**

A. WBS
B. WBS dictionary
C. Project scope statement
D. Project SOW

137 **당신의 조직은 기능 조직에서 최근에 매트릭스 조직으로 바뀌었습니다. 다음 중 매트릭스 조직의 장점이 아닌 것은 무엇입니까?**

A. 프로젝트 목표가 더 가시적이다.
B. 프로젝트 관리자가 자원 통제를 하기가 쉽다.
C. 희소한 자원의 활용을 극대화할 수 있다.
D. 전문가들을 관리하기 쉽다.

138 **당신은 매트릭스 조직에서 일하고 있습니다. 여러 부서로부터 온 사람들로 프로젝트 팀이 구성되어 있습니다. 프로젝트의 자원을 언제 투입할 것이며, 어떤 자원을 얼마만큼 투입할지에 대한 내용은 어디에서 확인할 수 있습니까?**

A. 자원 관리 계획서
B. 자원 히스토그램
C. 자원 요구사항
D. 자원 달력

139 **당신의 프로젝트는 팀, 범위, 스폰서, 스케줄 등의 문제가 나타나고 있습니다. 그리고 현재 프로젝트의 CPI는 0.75, SPI는 1.2입니다. 당신이 가장 먼저 해야 할 일은 무엇입니까?**

A. 스폰서를 만난다.
B. 모든 인도물을 검토한다.
C. 팀과 회의한다.
D. 각 팀원을 만난다.

140 **당신은 조달에 대해 준비를 하면서 앞으로 사용할 계약 유형을 결정하려고 합니다. 다음 중 계약 유형을 결정하는 데 영향을 주는 주요 요인은 무엇입니까?**

A. 회사 비즈니스에 얼마나 부합하는가?
B. 작업 범위가 얼마나 잘 정의되었는가?
C. 법적 요구사항은 어떠한가?
D. 계약유형에 대한 경험이 얼마나 있는가?

141 **프로젝트는 불확실성이 포함된 계획으로 인해 다양한 변경이 발생하게 됩니다. 다음 중 변경에 대해서 프로젝트 관리자는 어디에 가장 관심을 두어야 합니까?**

A. 변경이 드러났을 때 처리하는 것.
B. 변경을 기록하는 것.
C. 변경에 대해 경영진에게 알리는 것.
D. 불필요한 변경을 예방하는 것.

142 **프로젝트 헌장의 변경으로 인해 프로젝트가 곤란을 겪고 있습니다. 이러한 변경에 대한 주요 책임은 누구에게 있습니까?**

A. 프로젝트 관리자
B. 프로젝트 팀
C. 경영진
D. 고객

143 **프로젝트를 진행하면서 생긴 교훈을 정리하고 문서화하고 공유하는 것은 프로젝트에서 매우 중요합니다. 다음 중 교훈(Lessons learned)은 누구에 의해서 작성됩니까?**

A. 프로젝트 관리자
B. 프로젝트 팀
C. 경영진
D. 고객

144 **프로젝트를 진행하던 도중에 일정을 확인해본 결과 B라는 활동의 EF=11, LF=9이고 활동 L은 리소스의 확보에 어려움이 있습니다. CPI는 1.1이고 SPI는 0.8입니다. 이 정보에 근거했을 때 당신은 어디에 더욱 관심을 가져야 합니까?**

A. 여유시간
B. 자원
C. 원가
D. 일정

145 **프로젝트의 진행을 체계적으로 하기 위해 새로운 프로세스를 도입했고, 새로운 프로세스의 도입으로 품질에 대한 만족도가 증가하였습니다. 앞으로 품질 감시에 들어가는 비용은 어떻게 될 것으로 예상됩니까?**

A. 같을 것이다.
B. 감소할 것이다.
C. 증가할 것이다.
D. 0에 가까워질 것이다.

146 **프로젝트가 공식적으로 시작되었고, 이해관계자로부터 요구사항을 수집했습니다. 요구사항을 기반으로 작성된 범위를 더 작고 관리 가능한 요소로 분할하려고 합니다. 범위를 분할하는 것은 어떻게 합니까?**

A. 일정 작성을 통해서
B. 팀의 참여로
C. 프로젝트 제품을 상세히 분석함에 의해서
D. 리스크를 식별함에 의해서

147 **당신은 프로젝트 일정을 검토하던 도중 다음 주에 수행할 활동에 Lag가 적용된 것을 확인했습니다. 다음 중 Lag의 뜻으로 올바른 것은 무엇입니까?**

A. 프로젝트 지연 없이 어떤 활동이 지연될 수 있는 시간의 합
B. 후속 활동의 빠른 시작일의 지연 없이 가질 수 있는 선행 활동이 가질 수 있는 시간의 합
C. 선행활동을 기준으로 후행활동을 미루는 기한
D. 전진 계산 및 후진 계산에 의해 계산된 값

148 **프로젝트의 제품을 구성하는 중요한 모듈을 싱가포르에서 배로 실어 와서 작업해야 합니다. 이 모듈은 값이 비싸서 손실되거나 운반 중에 문제가 생기면 안 됩니다. 그래서 미리 손해 보험에 가입했습니다. 다음 중 보험을 드는 것은 어떤 리스크 대응 방법입니까?**

A. 수용(Accept)
B. 전가(Transfer)
C. 완화(Mitigate)
D. 회피(Avoid)

149 **팀원 중 경험이 많은 한 팀원이 일정 작성을 위해서 본인이 수행할 작업에 대한 기간을 산정하려고 합니다. 이 팀원은 활동에 대해 한 가지 기간 추정값을 사용해서 산정치를 결정하려고 합니다. 현재 어떤 방법을 사용하고 있습니까?**

A. PERT
B. PDM
C. CPM
D. WBS

150 **다음 중 어떤 용어가 선행 활동의 속성으로 인해 후속 활동이 가속화되는 논리적 관계의 조절을 말합니까?**

A. Lead
B. Leveling
C. Crashing
D. Lag

151 **당신 프로젝트의 현재 상황이 PV는 100. EV는 110일 경우, 이것은 현재 10% 어떤 상황을 말해줍니까?**

A. 일정 지연
B. 일정 앞섬
C. 예산 초과
D. 예산 절감

152 **프로젝트의 기획에서 일정을 작성하기 위해 일정 분석을 하고 있습니다. 일정 중에 어떤 활동의 여유시간이 음수로 표현된 것을 봤습니다. 다음 중 여유시간이 음수로 표현될 경우 의미하는 바는 무엇입니까?**

A. 늦은 시작일이 빠른 시작일보다 빠르다.
B. 지정된 완료일이 주경로(Critical path)에 있다.
C. 빠른 완료일이 늦은 완료일과 동일하다.
D. 빠른 시작일이 늦은 시작일과 동일하다.

153 **회사의 전략이 수정되어 현재 진행하는 프로젝트의 일정을 단축해서 더 빨리 끝내야 하는 상황입니다. 스폰서가 일정을 줄이고 싶어 하는데 추가로 투입할 돈이 없습니다. 어떻게 해야 합니까?**

A. Fast tracking
B. Crashing
C. Resource leveling
D. Lead

154 **당신은 개인용 비행체 개발 프로젝트를 진행하고 있습니다. 이번 프로젝트는 정부 관련 이해관계자가 참여하고 있습니다. 프로젝트가 3단계로 들어갔는데 정부의 항공 관련 부처의 요구로 프로젝트가 중단되었습니다. 이런 상황을 피하기 위해 무엇을 했었어야 합니까?**

A. 이해관계자 식별
B. 리스크 식별
C. 범위 기술서 작성
D. 프로젝트 헌장 작성

155 **프로젝트의 일정을 Critical path method로 분석하던 중에 활동의 여유시간을 계산하고 있습니다. 다음 중 활동의 여유시간은 무엇에 의해 결정됩니까?**

A. 몬테카를로 시뮬레이션
B. 작업 간의 지연시간
C. 작업 간의 선행시간
D. 주경로의 지연 없이 가질 수 있는 작업이 지연할 수 있는 시간의 합

156 **당신은 회사의 요청으로 프로젝트 착수 활동에 참여하고 있습니다. 이번에 전략적으로 중요한 스마트시계 개발 프로젝트가 진행될 예정입니다. 새로운 프로젝트가 승인되기 전에 당신은 무엇을 해야 합니까?**

A. 이해관계자를 분석한다.
B. 이해관계자를 만난다.
C. 요구사항을 수집한다.
D. 프로젝트 관리 계획서를 개발한다.

157 **이번에 신규 프로젝트가 진행되는데 회사의 CIO가 주요 이해관계자 중 한 명입니다. CIO는 이번 프로젝트에 부정적인데, 착수회의에 참석시키려고 합니다. CIO를 착수회의에 참석시키는 이유는 무엇입니까?**

A. 프로젝트의 참여를 독려하고 프로젝트에 해당 역할 수행을 명확하게 하기 위해서
B. 기대사항, 관심사항을 알아내기 위해서
C. 프로젝트 관리 계획을 설명하기 위해서
D. 프로젝트의 자금 지원을 약속받기 위해서

158 당신은 프로젝트 헌장 개발 이후에 프로젝트 팀과 함께 이해관계자 식별 및 분석을 하고 있습니다. 이해관계자 중에 프로젝트에 관심도 적고 영향력도 적은 이해관계자는 어떻게 합니까?

A. 요구 시 대응한다.
B. 최대한 밀접하게 관리한다.
C. 계속 정보를 제공한다.
D. 지속적인 만족을 유지한다.

159 프로젝트 A의 NPV는 $30,000, 프로젝트 B는 $50,000일 경우 프로젝트 B를 선택하면 기회비용은 얼마입니까?

A. $23,000
B. $30,000
C. $20,000
D. $50,000

160 프로젝트 관리자가 프로젝트 원가를 배정하는 동안에 팀 교육비용을 어디에 배정할지 결정하려고 합니다. 교육비용은 어떤 비용으로 고려합니까?

A. 직접비
B. NPV
C. 간접비
D. 변동비

161 당신의 프로젝트는 고객사를 위한 구매관리 소프트웨어 개발 프로젝트입니다. 이번 프로젝트는 애자일 방법으로 진행하고 있습니다. 애자일에서 스크럼 마스터가 스프린트를 완료한 후 산출물에 대한 품질을 검증하기 위해 무엇을 해야 합니까?

A. 제품 백로그와 산출물을 비교한다.
B. 다음 스프린트의 요구사항을 수집한다.
C. 고객과 산출물을 검토한다.
D. 프로젝트 관리 계획서의 내용을 검토한다.

162 프로젝트에서 획득가치기법을 통해 성과를 측정한 결과 CV, SV 모두 0보다 작은 값이 나왔습니다. 현재 상황은 어떻습니까?

A. On schedule, over budget
B. Ahead schedule, on budget
C. Behind schedule, over budget
D. Ahead schedule, over budget

163 **프로젝트의 한 작업 패키지에 산정된 원가는 $1,500이고 현재까지 쓰인 돈은 $1,350이며 작업은 3분의 2가 완료되었다면 Cost variance는 얼마입니까?**

A. +$150 B. -$150
C. -$350 D. -$500

164 **프로젝트의 비용은 직접비와 간접비가 있습니다. 다음 중 직접비로 볼 수 없는 것은 무엇입니까?**

A. 프로젝트 관리자의 급여 B. 계약자의 지불금
C. 프로젝트에 사용된 자재비 D. 전기료

165 **조달 업체의 인도물을 검토하던 도중 인수 기준을 못 맞춘 인도물을 발견했습니다. 이 문제를 조달 업체와 검토하기 위해 어떤 문서를 봐야 합니까?**

A. 조달 관리 계획서 B. 제안요청서(RFP)
C. 작업 기술서(Statement of work) D. 공급자 선정 기준(Source selection criteria)

166 **당신은 한정된 자원과 함께 품질 통제자로부터 결함과 거부에 대한 범위를 검토하고 있습니다. 당신은 품질 향상의 기회에 대한 주요 영역에 따라 가장 자주 발생하는 결함을 찾길 원하며, 시정 조치를 먼저 해야 할 항목을 찾으려 합니다. 프로젝트 관리자로서 당신이 요구하는 바를 맞추기 위한 가장 좋은 도구는 다음 중 무엇입니까?**

A. 인과관계도(Cause and effect diagram)
B. 파래토도(Pareto diagram)
C. 산점도(Scatter diagram)
D. 내부연관성 그래프(Interrelationship graph)

167 **다음 중 품질 관리에서 결과의 수가 너무 많아서 표본추출을 할 때 속성 표본추출과 변수 표본추출을 적용하게 됩니다. 두 가지 방법을 잘 비교한 것은 무엇입니까?**

A. 속성 표본추출은 예방에 관여하고, 변수 표본추출은 검사에 관여한다.
B. 속성 표본추출은 적합성에 관여하고, 변수 표본추출은 부합의 정도에 관여한다.
C. 속성 표본추출은 특별 원인에 관여하고, 변수 표본추출은 일반 원인에 관여한다.
D. 둘 다 같은 개념이다.

168 실험설계법(DOE)은 품질 관리에서 어떤 부분에 사용됩니까?

A. 생산 또는 개발에 쓰이는 프로세스 및 프로세스의 특정 변이에 영향을 미칠 수 있는 요인들을 식별하기 위해

B. 품질 관리 실무들을 비교하기 위해

C. 시스템에 관련된 요소들을 알기 위해

D. 재 작업이 덜 요구되는 것을 식별하기 위해

169 품질 관리에서 주로 사용하는 관리도(Control chart)에서 상위 통제 한계와 하위 통제 한계는 무엇을 의미합니까?

A. 고객의 요구사항

B. 사양에 대한 제한

C. 프로세스의 차이에 대한 수용 가능한 범위

D. 통제를 벗어난 프로세스

170 다음 중 헤일로 효과(Halo effect)의 예시는 무엇입니까?

A. 관계를 촉진하는 것.

B. 좋은 인력을 고용하는 것.

C. 기술 영역에서 잘하는 사람을 프로젝트 관리 영역으로 옮기는 것.

D. 프로젝트 관리 교육을 받은 이유로 프로젝트 관리 쪽으로 사람을 옮기는 것.

171 프로젝트 팀원 둘이 자원의 투입 시점을 두고 서로 다른 의견을 갖고 있습니다. 서로 의견의 합의를 못 보고 있으며 갈등이 점차 심해지고 있습니다. 프로젝트 관리자인 당신은 "왜 조금씩 양보해서 이 문제를 해결하지 못하지?"라고 생각합니다. 이것은 어떤 갈등 해결 기법의 예제입니까?

A. 문제해결(Problem solve)

B. 강요(Force)

C. 회피(Withdraw)

D. 타협(Compromise)

172 **프로젝트 활동의 기간을 3점 산정으로 하고 있습니다. 베타분포로 가정하고 평균으로부터 ±3 시그마로 추정의 범위를 가정했을 경우, 다음 중 리스크가 가장 적은 추정 범위는 무엇입니까?**

A. 30일, ±5일

B. 22 ~ 30일

C. Optimistic = 26일, Most likely = 30일, Pessimistic = 33일

D. A와 B가 같고 둘 다 C보다 리스크가 덜 하다.

173 **프로젝트 일정을 단축시킨다고 가정할 때 일어날 수 있는 문제로 보기 어려운 것은 무엇입니까?**

A. 범위 감소

B. 원가 증가

C. 리스크 증가

D. 품질 감소

174 **다음 4개의 활동 중 여유시간이 가장 많은 활동은 무엇입니까?**

Activity	ES	LS
A	10	0
B	31	39
C	20	20
D	0	4

A. A B. B C. C D. D

175 **고객의 요청으로 당신의 프로젝트 예산이 줄었습니다. 이에 대한 최선의 대처 방법은 무엇입니까?**

A. 자세한 재정분석을 하고 적합한 자금확보를 위한 재협상을 한다.

B. 프로젝트가 연기될 것이고 거기에 맞춰 인력을 재조정한다고 고객에게 알린다

C. 새로운 예산만큼만 일한다.

D. 예산의 변경으로 인한 영향을 고객에게 알리고 범위 변경을 협상한다.

176 **유망한 판매자들로부터 조달에 대한 제안서를 획득할 때, "이번 프로젝트의 관리자는 PMP® 자격이 요구됩니다."라고 제안요청서에 언급할 경우 이것은 무엇에 대한 예제입니까?**

A. 객관적인 평가기준　　B. 주관적인 평가기준
C. 조달 문서　　D. 작업 기술서

177 **당신은 소프트웨어 개발에서 마이크로프로세서 설계를 벤더에 외주를 주는 계약을 관리하는 사람입니다. 이 분야의 산업이 급격히 발전함에 따라 계약에 대한 변경을 관리해야 합니다. 계약에 관련된 문서작업, 추적시스템, 변경 승인에 대한 권한 등은 다음 중 어떤 문서에서 다룹니까?**

A. 변경 통제 시스템
B. 검사 및 감사
C. 성과 보고
D. 기록관리, 청구 관리 시스템, 성과 보고 시스템 등을 포함

178 **[조달 수행] 프로세스에 따라 정보, 견적, 제의, 제안, 입찰서를 판매자로부터 획득하려 합니다. 이 프로세스 동안 해야 할 일은 무엇입니까?**

A. 인도물을 내부에서 만들 수 있는지 아웃소싱해야 하는지를 결정한다.
B. 계약 요구사항 및 기술적 요구사항을 잠재적인 판매자가 명확히 이해하는 것을 보증해야 한다.
C. 계약서에 사인하기 전에 계약서의 요구사항 및 내용을 명확히 한다.
D. 서로 다른 판매자의 제안된 가격을 평가하기 위해 자체적으로 산정치를 준비한다.

179 **당신이 프로젝트를 수행할 때 리스크 대응 계획수립의 도구 및 기법으로 사용할 수 없는 것은 무엇입니까?**

A. 위협에 대한 전략
B. 우발사태 대응 전략
C. 기회에 대한 전략
D. 잔존 리스크에 대한 전략

180 다음 표에서 활동 E의 기간이 1에서 4로 늘어날 경우 어떤 현상이 생깁니까?

활동	선행 활동	기간
Start	없음	0
A	Start	3
B	A	2
C	B	3
D	Start	4
E	D	1
F	B, E	4
G	Start	6
H	G	4
I	C, F, H	3
Finish	I	0

A. 프로젝트 종료일이 더 늦어진다.
B. 프로젝트가 더 빨리 끝나게 된다.
C. 일정 리스크가 감소하게 된다.
D. Critical path가 변하게 되지만 종료일은 변하지 않는다.

181 품질 통제 프로세스를 통해 품질 기준을 맞춘 인도물을 가지고 고객에게 인수 확인을 준비하던 차에 새로운 품질 기준이 CCB에 의해 승인되었습니다. 당신은 무엇을 해야 합니까?

A. 인수 진행을 중단한다.
B. 이후 인도물부터 새로운 품질 기준을 적용한다.
C. 예정대로 인수를 진행한다.
D. 스폰서에게 이 사실을 알린다.

182 팀원 중 한 명이 기술에 대한 문제를 발견했고 우회작업(Workaround)도 식별했지만 프로젝트 관리자에게 통보되지 않았습니다. 이후에 같은 문제가 발생해서 프로젝트 일정이 지연되었습니다. 당신은 무엇을 했었어야 합니까?

A. RACI 차트의 개정
B. 리스크 관리대장의 갱신
C. 이슈 기록부의 갱신
D. 프로젝트 관리 계획서의 갱신

183 **팀원 중 한 명의 기술적 성과가 낮아서 일정 지연의 원인이 되고 있습니다. 당신은 무엇을 해야 합니까?**

A. 팀원을 교체한다.
B. 팀원을 멘토링한다.
C. 팀원을 교육시킨다.
D. 근본 원인을 분석한다.

184 **리스크를 식별하고 문서화하는 것은 프로젝트 기획에서 매우 중요합니다. 제약사항, 가정사항을 포함한 핵심 리스크를 정의하고, 대응계획을 세우고 예비 계획도 수립하고 있습니다. 리스크 관리 활동을 어떻게 할지에 대한 상세정보는 어디에 포함하게 됩니까?**

A. 프로젝트 관리 계획서
B. 프로젝트 기준선
C. 리스크 대응 계획서
D. 리스크 기준선

185 **이해관계자의 이슈를 해결하고 요구사항을 만족시키기 위해 의사소통을 관리해야 합니다. 이런 이해관계자를 관리하는 것은 일반적으로 누구의 책임입니까?**

A. 프로젝트 관리 팀
B. 프로젝트 관리자
C. 프로젝트 팀
D. 스폰서

186 **당신은 자동차 제조 회사의 프로젝트 관리자입니다. 최근 폭우로 인해 당신의 제조 프로세스를 관리하는 생산관리 부서가 정시에 완료할 수 없다고 합니다. 이 리스크는 당신의 리스크 대응계획에 계획되고 예상된 내용입니다. 그러나 리스크를 대응하던 중에 기존에 없던 높은 등급의 결함이 새로 발견되었습니다. 이 새로운 리스크를 뭐라고 합니까?**

A. 미확인 리스크
B. 관리 불가능 리스크
C. 2차 리스크
D. 잔존 리스크

187 **품질 통제 활동 후에 통제 조치를 취하기 위해서 변경 요청 건이 생겼습니다. 다음 중 변경 요청에 포함되는 내용으로 볼 수 없는 것은 무엇입니까?**

A. 시정 조치
B. 예방 조치
C. 품질 비용(COQ)
D. 결함 수정

188 당신의 프로젝트가 다음과 같습니다. 기대되는 이익은 총 얼마입니까?

* 50% Probability for $40,000 Profit
* 50% Probability for $25,000 Loss

A. $32,500
B. $25,000
C. $7,500
D. -$7,500

189 프로젝트 관리 프로세스에 대한 설명 중 틀린 것은?

A. 프로젝트 관리 프로세스는 서로 복잡하게 연결되어 있다.
B. 프로젝트 관리 프로세스는 5개의 프로세스 그룹으로 분류할 수 있다.
C. 프로젝트 관리 프로세스는 제품 프로세스와 관련이 없다.
D. 프로젝트 관리 프로세스는 서로 중첩돼서 진행된다.

190 프로젝트에서 정전으로 인한 시스템 중단이 예상되어 조달 업체 중에서 다른 한 업체와 예비 시스템 대여 계약을 체결했습니다. 어떤 리스크 대응 방법을 사용한 것입니까?

A. 전가
B. 완화
C. 활용
D. 회피

191 시스템을 개발하는 프로젝트가 완료되어 운영부서로 최종 결과물이 이관되었습니다. 이제 운영부서에서 무엇을 해야 합니까?

A. 시스템의 운영 및 유지보수를 담당한다.
B. 시스템 사용 메뉴얼을 작성한다.
C. 새로운 제품 개발에 참여한다.
D. 제품 사용자 교육을 진행한다.

192 당신은 WBS를 작성한 후에 각 인도물에 대한 WBS Dictionary를 만들고 있습니다. WBS Dictionary는 어디에 사용할 수 있습니까?

A. 생산되고 승인된 인도물이 승인된 프로젝트 범위에 포함되는지 검증할 때
B. 프로젝트 일정의 진척을 확인할 때
C. 프로젝트 범위 변경 및 변경에 대한 통제 요인의 영향을 알아볼 때
D. 조달을 어떻게 관리할 것인지 결정할 때

193 **현재 프로젝트는 다음과 같은 특성이 있습니다. 프로젝트의 BCR(Benefit cost ratio)은 얼마입니까?**

* Payback: $2,000
* Profit: $1,200
* Project cost: $800
* Life cycle cost: $2,800

A. 2.50
B. 1.25
C. 1.67
D. 0.83

194 **조달 작업기술서(Procurement statement of work)는 판매자가 제공할 품목에 대한 제공 능력이 있는지를 결정할 수 있도록 충분히 상세해야 합니다. 여기서 "충분히 상세"란 어떤 의미입니까?**

A. 다양할 수 있지만 구매자의 요구 및 품목의 속성에 근거한다.
B. WBS의 수준이어야 한다.
C. 활동 수준이어야 한다.
D. 제안서에 요구된 수준이어야 한다.

195 **당신의 프로젝트에서 리스크 식별 프로세스를 통해 식별된 리스크의 목록과 잠재적 리스크 대응 목록 및 리스크의 근본 원인은 어느 문서에 포함됩니까?**

A. 리스크 관리 계획서
B. 리스크 데이터베이스
C. 프로젝트 관리 계획서
D. 리스크 관리대장

196 **Optimistic이 10일, Pessimistic이 16일, Most likely가 13일로 추정된 활동이 있습니다. 베타분포로 가정하여 평균을 산출한 후 정규분포의 표준편차(시그마)를 적용할 경우 이 활동이 10~16일에 완료될 확률은 얼마입니까?**

A. 99.99%
B. 99.73%
C. 95.46%
D. 68.26%

197 **당신은 당신 회사의 PMO(Project management office)에서 일하고 있습니다. 당신 직무 책임은 무엇입니까?**

A. 회사의 운영 활동을 관리

B. 인적 자원 및 리스크 관리 활동

C. 프로젝트 관리자를 위한 교육, 소프트웨어, 표준화된 방침 등을 지원

D. 프로젝트의 기능 영역에서 관련 주제 전문성을 지원

198 **작업 A, B, C, D는 프로젝트의 Critical path에 속합니다. A의 ES는 1일 EF는 5일이고, B의 ES는 6일 EF는 10일이고, C의 ES는 11일 EF는 15일이고, D의 ES는 16일 EF는 20일입니다. 원가는 각 작업당 5,000달러입니다. 현재 11일까지 진행했으며, 작업 A와 B가 완료되었습니다. 작업 C는 50%만 완료되었고, 현재까지 13,000달러가 쓰였습니다. 이와 같은 내용을 기반으로 보면 현 프로젝트의 상황은 어떻습니까?**

A. 일정 앞섬, 예산 절감

B. 일정 지연, 예산 절감

C. 일정 지연, 예산 초과

D. 일정 앞섬, 예산 초과

199 **다음 중 Closing process group에서 하는 내용은 무엇입니까?**

A. 프로젝트 또는 단계를 종료하기 위해 모든 프로세스 그룹의 완료된 프로세스들을 검증

B. 프로젝트의 인도물이 만족스럽게 완료되었는지를 결정하기 위해 검토를 수행함

C. 프로젝트 스폰서에 의해 프로젝트 관리 계획서 승인을 끝냄

D. 프로젝트 문서의 검토

200 **당신은 프로젝트 수행에 필요한 소프트웨어의 한 모듈을 직접 개발할 것인지 구매할 것인지 고민하고 있습니다. 다음 두 대안 경로에 대한 이익과 손해가 분석된 Decision tree를 참고할 경우 구매하는 것 대신에 구매할 경우의 기회비용(Opportunity cost)은 얼마입니까?**

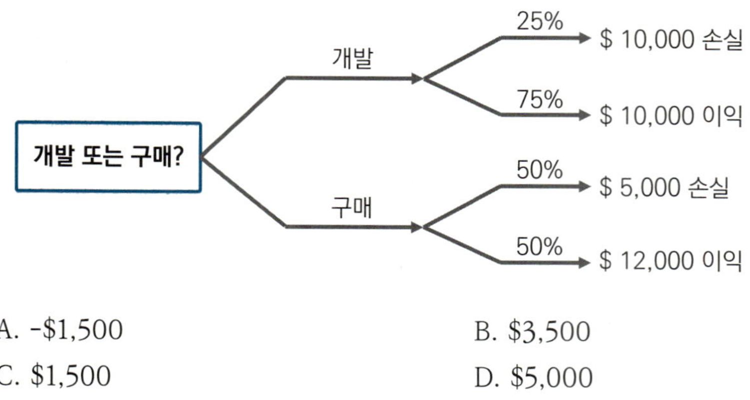

A. -$1,500
B. $3,500
C. $1,500
D. $5,000

Memo

정답 체크용 용지

1	A	B	C	D	26	A	B	C	D	51	A	B	C	D	76	A	B	C	D
2	A	B	C	D	27	A	B	C	D	52	A	B	C	D	77	A	B	C	D
3	A	B	C	D	28	A	B	C	D	53	A	B	C	D	78	A	B	C	D
4	A	B	C	D	29	A	B	C	D	54	A	B	C	D	79	A	B	C	D
5	A	B	C	D	30	A	B	C	D	55	A	B	C	D	80	A	B	C	D
6	A	B	C	D	31	A	B	C	D	56	A	B	C	D	81	A	B	C	D
7	A	B	C	D	32	A	B	C	D	57	A	B	C	D	82	A	B	C	D
8	A	B	C	D	33	A	B	C	D	58	A	B	C	D	83	A	B	C	D
9	A	B	C	D	34	A	B	C	D	59	A	B	C	D	84	A	B	C	D
10	A	B	C	D	35	A	B	C	D	60	A	B	C	D	85	A	B	C	D
11	A	B	C	D	36	A	B	C	D	61	A	B	C	D	86	A	B	C	D
12	A	B	C	D	37	A	B	C	D	62	A	B	C	D	87	A	B	C	D
13	A	B	C	D	38	A	B	C	D	63	A	B	C	D	88	A	B	C	D
14	A	B	C	D	39	A	B	C	D	64	A	B	C	D	89	A	B	C	D
15	A	B	C	D	40	A	B	C	D	65	A	B	C	D	90	A	B	C	D
16	A	B	C	D	41	A	B	C	D	66	A	B	C	D	91	A	B	C	D
17	A	B	C	D	42	A	B	C	D	67	A	B	C	D	92	A	B	C	D
18	A	B	C	D	43	A	B	C	D	68	A	B	C	D	93	A	B	C	D
19	A	B	C	D	44	A	B	C	D	69	A	B	C	D	94	A	B	C	D
20	A	B	C	D	45	A	B	C	D	70	A	B	C	D	95	A	B	C	D
21	A	B	C	D	46	A	B	C	D	71	A	B	C	D	96	A	B	C	D
22	A	B	C	D	47	A	B	C	D	72	A	B	C	D	97	A	B	C	D
23	A	B	C	D	48	A	B	C	D	73	A	B	C	D	98	A	B	C	D
24	A	B	C	D	49	A	B	C	D	74	A	B	C	D	99	A	B	C	D
25	A	B	C	D	50	A	B	C	D	75	A	B	C	D	100	A	B	C	D

101	A	B	C	D	126	A	B	C	D	151	A	B	C	D	176	A	B	C	D
102	A	B	C	D	127	A	B	C	D	152	A	B	C	D	177	A	B	C	D
103	A	B	C	D	128	A	B	C	D	153	A	B	C	D	178	A	B	C	D
104	A	B	C	D	129	A	B	C	D	154	A	B	C	D	179	A	B	C	D
105	A	B	C	D	130	A	B	C	D	155	A	B	C	D	180	A	B	C	D
106	A	B	C	D	131	A	B	C	D	156	A	B	C	D	181	A	B	C	D
107	A	B	C	D	132	A	B	C	D	157	A	B	C	D	182	A	B	C	D
108	A	B	C	D	133	A	B	C	D	158	A	B	C	D	183	A	B	C	D
109	A	B	C	D	134	A	B	C	D	159	A	B	C	D	184	A	B	C	D
110	A	B	C	D	135	A	B	C	D	160	A	B	C	D	185	A	B	C	D
111	A	B	C	D	136	A	B	C	D	161	A	B	C	D	186	A	B	C	D
112	A	B	C	D	137	A	B	C	D	162	A	B	C	D	187	A	B	C	D
113	A	B	C	D	138	A	B	C	D	163	A	B	C	D	188	A	B	C	D
114	A	B	C	D	139	A	B	C	D	164	A	B	C	D	189	A	B	C	D
115	A	B	C	D	140	A	B	C	D	165	A	B	C	D	190	A	B	C	D
116	A	B	C	D	141	A	B	C	D	166	A	B	C	D	191	A	B	C	D
117	A	B	C	D	142	A	B	C	D	167	A	B	C	D	192	A	B	C	D
118	A	B	C	D	143	A	B	C	D	168	A	B	C	D	193	A	B	C	D
119	A	B	C	D	144	A	B	C	D	169	A	B	C	D	194	A	B	C	D
120	A	B	C	D	145	A	B	C	D	170	A	B	C	D	195	A	B	C	D
121	A	B	C	D	146	A	B	C	D	171	A	B	C	D	196	A	B	C	D
122	A	B	C	D	147	A	B	C	D	172	A	B	C	D	197	A	B	C	D
123	A	B	C	D	148	A	B	C	D	173	A	B	C	D	198	A	B	C	D
124	A	B	C	D	149	A	B	C	D	174	A	B	C	D	199	A	B	C	D
125	A	B	C	D	150	A	B	C	D	175	A	B	C	D	200	A	B	C	D

 PMP® Core 200 Examination Answer Key

1 **정답 C.** 입찰자 회의는 구매자와 잠재적인 판매자가 만나는 자리이며 모든 잠재적인 판매자가 조달에 대해 명확하게 이해할 수 있도록 해야 합니다.

2 **정답 C.** 리스크의 영향을 정량적으로 분석하는 것은 정량적 리스크 분석 수행(Perform Quantitative Risk Analysis) 프로세스에서 수행합니다.

3 **정답 C.** PERT는 예측하기 어려운 활동 기간을 추정할 때 3가지 기간 값, 즉 Optimistic, Most Likely, Pessimistic 3가지 값의 확률분포를 이용한 가중치 평균값을 사용합니다. 반면 CPM은 과거에 많이 해본 경험이 있는 일에 대해 1가지 기간 값을 추정하여 사용합니다.

4 **정답 A.** 품질 통제는 인도물이 해당 품질 표준을 맞추는지 못 맞추는지 감시하고 통제합니다.

5 **정답 A.** Control Scope의 투입물을 묻는 문제입니다.

6 **정답 C.** 편차는 특정 부분의 노력으로 인해 좋아질 수 있는 부분이 아닙니다. 전반적인 생산시스템이 향상되어야 가능한 일입니다.

7 **정답 A.** 계약자 관점에서 볼 때 나중에 변경이 일어날 경우 추가 부담을 안을 수 있습니다. 따라서 초기에 변경 관리 프로그램이 구성되어야 합니다.

8 **정답 C.** 프로젝트 관리 계획은 팀 전체의 노력으로 만들어집니다. 프로젝트 관리자 혼자서 할 일이 아닙니다.

9 **정답 B.** Lesson learned는 발생할 때마다 수집되고 문서화되며, 전체 교훈이 정리되는 시점은 프로젝트를 종료할 때입니다. 교훈을 남기는 이유는 프로젝트 착수 및 기획에서 향후 계획에 반영하여 똑같은 실수를 안 하기 위해서입니다.

10 **정답 A.** PDM은 활동이 노드 위에 있다고 해서 AON 방식이라고도 합니다. 노드와 노드는 화살로 연결합니다. 노드에 활동을 표현하므로 자원의 소비 역시 노드에서 요구됩니다.

11 **정답 C.** 강한 매트릭스 조직은 기능 조직과 프로젝트 기반 조직의 특성을 포함하고 있고 권한은 프로젝트 관리자 쪽에 있습니다. 매트릭스 조직은 자원 활용을 극대화할 수 있는 장점이 있습니다.

12 **정답 A.** 파레토 다이어그램은 문제 발생 빈도수에 따라 정렬한 도수분포표의 특정 유형입니다.

13 **정답 A.** 시장 점유율을 높이기 위해 프로젝트를 선정하고 수행할 수 있습니다.

14 **정답 B.** 자유방임적 스타일입니다.

Autocratic	프로젝트 관리자가 독단적으로 처리.
Laissez-faire	프로젝트 팀원에 대해 간섭하지 않음.
Democratic	프로젝트 팀원의 참여를 권장함.
Directing	할 일을 직접 말해주는 스타일.
Delegating	목표를 설정한 후에 팀원이 목표를 달성할 수 있도록 충분한 권한을 줌.

15 정답 D. 우선 표를 기준으로 그림을 그립니다.

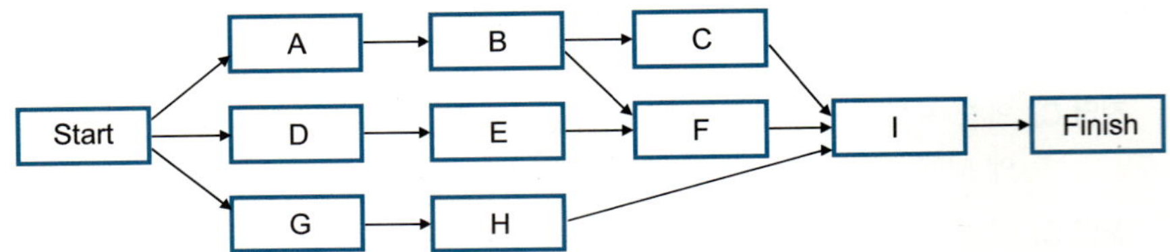

그림을 그리고 나서 시작부터 종료까지 갈 수 있는 경로를 찾아봅니다. Start부터 Finish까지 총 4개의 경로가 나옵니다. 각 경로의 기간을 합한 후 가장 긴 경로가 Critical path가 됩니다.

Start-A-B-C-I-Finish: 11
Start-A-B-F-I-Finish: 12
Start-D-E-F-I-Finish: 12
Start-G-H-I-Finish: 13

16 정답 A. 프로젝트 시작이 결정되었고 그다음 이해관계자를 분석해야 합니다.

17 정답 C. 자원 관리에는 6개의 프로세스가 있습니다. 그중에서 기획에서 진행하는 것은 자원 관리 계획수립(Plan Resource Management)입니다. 자원 관리 계획서는 앞으로 자원을 어떻게 산정, 확보, 통제할 것인지에 대한 내용이 들어갑니다.

18 정답 A. EV를 알아야 CV를 구할 수 있습니다. EV는 SV와 PV가 주어졌으므로 구할 수 있습니다. SV=EV-PV입니다. 200=EV-1,850이므로 EV는 2,050입니다. CV=EV-AC=2,050-1,900=150입니다.

19 정답 A. Out of control을 묻는 문제입니다. 일반적으로 Upper control limit와 Lower control limit을 벗어나면 Out of control로 보고 그 외에도 특정 부분에 결과가 몰려있는 경우(Hugging), 또는 7개의 점이 연속적인 패턴을 보일 경우(Rule of seven)입니다. 7개가 연속 증가, 연속 감소인 경우입니다.

20 정답 D. 팀원의 경험과 산 지식을 계속적으로 공유하고 싶어서가 가장 좋은 답입니다.

21 정답 C. 품질 보증 활동은 [품질 관리] 프로세스에서 수행됩니다. [품질 관리]는 조직의 품질 정책을 프로젝트에 반영하여 품질관리 계획을 실행 가능한 품질 관련 활동으로 변환하는 프로세스입니다. 품질 보증은 프로젝트에서 사용되는 프로세스를 효과적으로 사용하는 것에 초점을 둡니다. 품질 보증은 정해진 표준을 이행하고 따르는지도 확인합니다. 프로세스가 비효율적이면 인도물에 결함이 발생할 가능성이 높아집니다. 따라서 품질 통제 측정치를 확인해서 품질 활동이 계획대로 수행되는지 확인해야 합니다.

22 정답 D. WBS는 프로젝트 관리 계획수립의 가장 중요한 요소이고 인도물(Deliverable) 위주로 분할된 내용이고 결국 Work package의 묶음입니다. WBS는 일정을 작성하는 방법이 아닙니다. 일정 방법에는 CPM, Critical chain 등이 있습니다.

23 **정답 A.** [활동 정의]에서 분할은 WBS의 인도물(작업 패키지)을 생성하기 위해 수행되어야 하는 활동들을 결정하는 것입니다.

24 **정답 B.** 품질 관리 계획서에 따라 품질 보증을 수행하므로 품질 관리 계획서를 보여주고 그 안에 포함된 품질 보증 방법에 대해 설명해주면 됩니다.

25 **정답 A.** EMV는 일어날 수도 있고 아닐 수도 있는 미래의 사건에 대한 기댓값을 계산한 통계적 개념입니다. (불확실 하에 분석) EMV는 일반적으로 의사결정나무분석(Decision tree analysis)에서 사용됩니다. 최종 EMV가 높은 사건으로 의사결정을 선택합니다.

26 **정답 D.** Purchase order는 단순한 구매발주서를 말합니다. 특정 업체를 지정하여 정해진 품목을 구매하므로 경쟁 입찰 방법이 아닙니다.

27 **정답 C.** PDM에서는 4가지 논리 관계를 사용할 수 있고 그중 가장 많이 쓰이는 것은 FS(Finish to start) 관계입니다.

28 **정답 A.** 검증(Verify)하는 행위는 결국 계획된 프로세스를 감사(Audit)하는 것입니다. 다른 용어로 Review, Walkthrough 라고도 합니다.

29 **정답 D.** 델파이 기법은 전문가들이 익명으로 참여하며, 전문가들로부터 비 편파적인 의견을 수집하는 기법입니다.

30 **정답 A.** RAM은 역할과 책임을 정의한 표이며 시간에 대한 내용은 없습니다. RAM과 유사한 차트인 Linear responsibility chart를 시험에서 RAM 대신 보기로 출제할 수 있으므로 기억해두기 바랍니다.

31 **정답 C.** 개인의 학습 스타일은 전문성하고는 별로 상관이 없습니다.

32 **정답 D.** 작업 성과 보고서를 만들기 위해서는 계획(기준선)과 실적을 비교해서 차이를 찾아내야 하며 추세 분석을 통해 예측해야 하고 그러한 정보를 히스토그램이나 간트 차트로 표현할 수 있습니다.

33 **정답 D.** 각 경로의 기간 합은 A=18주, B=18주, C=17주, D=21주입니다. 가장 긴 경로가 Critical Path가 됩니다.

34 **정답 A.** 원가 상환방식은 업무 범위가 명확하지 않은 경우 판매자가 진행하는 일에 대한 원가를 계산해서 지불하는 방식입니다. 따라서 판매가 정확하게 일을 하면서 원가를 쓰고 있는지 감시와 통제가 필요합니다.

35 **정답 A.** 실제 프로젝트를 수행할 개인 또는 팀에 의해서 활동 기간이 산정되어야 합니다.

36 **정답 D.** PM 자격을 업체 선정 기준으로 사용하는 것은 일반적인 경우가 아닙니다.

37 **정답 D.** Problem solve는 갈등 당사자 양쪽 모두 원하는 것을 얻고 해결하는 방식이므로 가장 좋은 방법입니다. 단점은 시간이 오래 걸립니다. 대신 갈등해결의 지속은 가장 오래갑니다.

38 **정답 B.** SV = EV-PV = 600-800 = -200. 한 일(EV)이 계획(PV)보다 200 적으므로 현재 일정 지연입니다.

39 **정답 D.** 가장 좋은 방법은 서로 Win-win 하는 Problem solve입니다.

40 **정답 B.** EAC = AC+(BAC-EV)/CPI = BAC/CPI, BAC = 5, CPI = EV/AC = (5×0.2)/4, 따라서 EAC = 5/(1/4) = 20

41 **정답 A.** 품질 관리 계획수립의 투입물은 프로젝트 헌장, 기업 환경 요인(규정, 규칙, 표준 등), 조직 프로세스 자산(품질 정책, 절차, 선례정보, 교훈 등), 프로젝트 관리 계획서(범위 기준선, 요구사항 관리 계획서, 리스크 관리 계획서, 이해관계자 참여 계획서), 이해관계자 관리대장, 요구사항 문서, 요구사항 추적 매트릭스, 리스크 관리대장입니다.

42 **정답 C.** Project schedule network diagram은 활동 간의 연관성이 있지만 Gantt chart는 연관성이 없습니다. 현재는 간트 차트에 연관성을 표현해서 많이 쓰고 있지만 원래 간트 차트에는 활동의 연관성이 없습니다.

43 **정답 A.** JIT는 현재의 물품 재고를 0%로 줄이도록 시도하는 개념입니다.

44 **정답 B.** 프로젝트를 진행해도 좋은지 결정하는 타당성 검토(Feasibility study)에서 프로젝트를 진행할 것인지 말 것인지를 판단하게 됩니다.

45 **정답 A.** 일정에서 각 활동이 갖고 있는 여유 시간을 Total float, Float, Slack이라고 합니다.

46 **정답 A.** 프로젝트 초기가 불확실성이 가장 높습니다. 불확실성은 프로젝트 생애주기 후반으로 갈수록 낮아집니다.

47 **정답 C.** 유사 산정은 과거의 유사한 프로젝트의 실제 데이터를 활용하는 방법입니다. 새로 산정하는 것이 아니라 기존의 데이터를 활용하므로 하향식 산정(Top-down estimating)으로 기존의 데이터를 적용할 수 있으며, 과거의 데이터를 활용하는 것이 적정한지에 대한 판단은 전문가 판단(Expert judgment)을 활용하는 것이 좋습니다.

48 **정답 D.** 약한 매트릭스 조직에서는 프로젝트 관리자의 권한이 낮고 Part-time으로 프로젝트에 참여하므로 프로젝트 관리자이기보다는 촉진자(Expediter) 또는 조정자(Coordinator) 역할을 수행합니다.

49 **정답 B.** Bar chart는 다른 말로 Gantt Chart라고 하며 진척과 현황 보고에 사용할 수 있습니다. 간트 차트는 막대로 일정을 표현하며, 활동의 시작일, 완료일, 기간을 표시합니다. 단, 활동의 연관성은 없습니다. 활동의 연관성을 표현한 것은 Network diagram 형태의 일정입니다.

50 **정답 A.** 서로 멀리 떨어져 있는 경우 의사소통이 매우 중요한 요소입니다. 따라서 의사소통에 사용할 정보검색 및 배포 시스템이 먼저 갖춰져야 합니다.

51 **정답 A.** 제안서 평가 기준은 Source selection criteria이며, 조달 관리 계획수립(Plan Procurement Management) 프로세스의 산출물입니다.

52 **정답 C.** 모두 서로 떨어져 있는 경우 유용한 방법들입니다.

53 **정답 B.** 고객과 관련한 중요한 정보는 바로 고객에게 사실대로 알려야 합니다.

54 **정답 B.** 일정이 지연될 경우 일정 단축을 해야 합니다. 대표적인 것이 Fast tracking과 Crashing입니다. Crashing은 추가 비용이 들기 때문에 예산이 한정된 상태라면 Fast tracking을 먼저 하는 것이 좋습니다.

55 **정답 D.** 서로 다른 문화를 이해하고 서로 배려하는 것이 가장 좋습니다.

56 **정답 A.** 프로젝트 종료의 순서는 다음과 같습니다.

1. 고객이 프로젝트 종료를 공식적으로 승인
2. 교훈(Lessons learned) 정리
3. 기록보관(Archive)
4. 팀 해체

57 **정답 D.** 원가 초과의 경우 Contingency reserve로 처리하면 되고, 인원이 감소할 경우 가장 일정 변경에 큰 영향을 미칩니다. 인원이 줄어들면 프로젝트 일정은 더 길어집니다.

58 **정답 B.** Schedule baseline은 기준선입니다. 기준선 조정은 특수한 경우에 조정하고 그 외에는 일정을 단축시키는 여러 조치를 수행합니다.

59 **정답 C.** 범위 변경에 대해서는 범위 변경 통제를 해야 합니다.

60 **정답 B.** CV= EV-AC = $850 – $900 = -$50

61 **정답 C.** Procurement statement of work는 [조달 관리 계획수립] 프로세스의 핵심 Output입니다. 조달 SOW와 입찰 문서에는 판매자가 수행해야 하는 활동을 정의하기 위해 필요한 조달 관련 내용이 포함되어 있습니다.

62 **정답 B.** Workaround는 'Workarounds are unplanned responses to emerging risks that were previously unidentified or accepted.'라고 정의되어 있으며, 식별 못 한 리스크에 대한 대응을 말합니다.

63 **정답 B.** 의사소통 방법을 정의하기 위해서 의사소통 배포를 담당할 역할 책임을 정의하여 구조를 만듭니다.

64 **정답 A.** Crashing의 원칙은 두 가지입니다. Critical path에 먼저 하고 Critical path 중에서도 가장 원가 효율이 높은 작업에 합니다.

65 **정답 A.** 리스크 발생 조짐을 Trigger condition이라고 하며, Warning sign, Risk symptom도 같은 뜻입니다.

66 **정답 B.** 고객을 만족시키려면 conformance to requirements와 Fitness for use 둘 다 필요하며 Fitness for use는 제품이나 서비스가 고객의 실제 요구(Needs)를 반드시 만족시켜야 함을 의미합니다.

67 **정답 C.** 인도물에 대한 결함의 원인을 식별하고 통제하기 위해 Pareto diagram, Cause and effect diagram을 사용하며, 이 기법들은 품질 통제(Control Quality)의 도구 및 기법입니다.

68 **정답 A.** 의사소통을 잘하기 위해서는 이해관계자의 의사소통 요구사항을 기반으로 하여 의사소통 관리 계획서를 먼저 작성해야 합니다.

69 **정답 B.** NPV = 누적 전체 수익(Total benefit) – 누적 전체 원가(Total cost)이므로 NPV는 높을수록 좋은 프로젝트입니다.

70 **정답 D.** 프로젝트 기반 조직은 팀 해체 시 인력의 재배정에 어려움을 겪을 수 있습니다. 따라서 적절한 인력 재배치가 요구됩니다.

71 **정답 B.** 자금 조달(Funding)에 대한 책임은 Sponsor입니다.

72 **정답 A.** Weak matrix는 기능관리자, Strong matrix는 프로젝트 관리자에게 주요 권한이 있습니다.

73 **정답 C.** 기술적에 대한 부분은 역시 전문 기술로 해결하는 Expert power가 좋습니다.

74 **정답 C.** EV = 계획된 양의 반 = 2,000/2 = 1,000, AC = 1,500, CV = EV - AC = 1,000 - 1,500 = -500

75 **정답 A.** 마일스톤 차트는 이벤트 중심으로 되어 있으므로 경영진이 보기에 좋습니다.

76 **정답 B.** 고정 금액 계약방식은 이미 Price가 정해졌기 때문에 원가가 초과 될 경우 리스크는 판매자(Seller)가 갖게 됩니다.

77 **정답 C.** Sunk cost는 매몰비용이라고 합니다. 다른 프로젝트에서 이미 투자된 비용은 새로운 프로젝트에서 고려해서는 안 됩니다.

78 **정답. B.** 일정 제한은 프로젝트 팀의 규모에 대한 고려사항이지 조직 설계에 대한 부분은 아닙니다.

79 **정답 D.** 원가 산정을 준비하는 것은 통제(Control)가 아니라 기획(Planning)에 속합니다.

80 **정답 B.** Rough order of magnitude: -25% ~ +75%, Budget estimate: -10 ~ +25%, Definitive estimate: -5%~+10%입니다.

81 **정답 D.** 범위, 요구사항, 수용기준은 모두 고객의 의견이 반영되어야 할 부분입니다.

82 **정답 B.** 참여자의 보수 수준을 RAM으로 결정하기는 불가능합니다. RAM은 단지 역할과 책임을 명시한 표입니다.

83 **정답 B.** 범위 확인은 완료된 프로젝트 범위에 대해 이해관계자의 공식적 수용하는 것이고 확인하기 위해서는 WBS와 Work results를 비교 검토(Review, Audit, Walkthrough)해야 합니다.

84 **정답 B.** 일정 통제 기법은 성과 검토, 획득가치 분석, 추세 분석, 자원 최적화 등이 있습니다.

85 **정답 D.** Contingency plan은 심각한 리스크나 비상에 대비한 예비 계획입니다.

86 **정답 C.** 카리스마는 공통적인 비전을 개발하고자 노력하며, 기회를 만들고 발견하며 팀원이 자신의 행위를 통제할 수 있도록, 팀원의 욕구를 증가시킵니다. 다른 사람을 고무(Inspire)시키기 위하여 카리스마 능력을 사용할 경우 카리스마 리더로 종종 변혁적(Transformational) 리더라고 부르기도 합니다. By Vijay K. Verman “Human resource skills for the project manager” PMI, 1996

87 **정답 A.** WBS의 일부분을 Procurement SOW로 작성하여 조달을 통해 구매 또는 획득합니다. Procurement SOW에는 specifications, quantity desired, quality levels, performance data, period of performance, work location 등이 포함됩니다.

88 **정답 B.** 모든 이해관계자가 프로젝트 관리 계획 승인에 참여하지 않습니다.

89 **정답 B.** 프로젝트는 점진적 구체화 과정을 거칩니다. 초기에 계획하지 못했던 부분은 필요한 부분이 식별되면 다시 기획을 통해 준비하고 실행합니다.

90 **정답 B.** 활동 속성은 활동 정의의 산출물입니다.

91 **정답 A.** EV = $180m^2$ → 4 Crew hr = 4×85 = 340, $180m^2$: x = $9m^2$: 340, x = 6,800.
CV = EV - AC = 6,800 – 8,000 = -1,200

92 **정답 A.** EAC는 프로젝트 완료 시 프로젝트 전체 원가를 예측한 값입니다.

93 **정답 A.** 프로젝트의 모든 활동에 대해 요구되는 자원을 식별하고 배정해야 향후 리소스 추가에 대한 문제가 안 생깁니다.

94 **정답 D.** Payback period는 전체 누적 이익과 전체 누적 원가가 같아지는 시점이 빠를수록 좋은 프로젝트라는 관점입니다.

95 **정답 B.** CPI = EV/AC = 3,300/2,100 = 1.57

96 **정답 B.** CV = EV - AC = 3,300 - 2,100 =1,200

97 **정답 D.** 델파이 기법은 일정 통제의 도구 및 기법이 아닙니다. 리스크 식별이나 요구사항 수집에서 사용합니다. 일정 통제 기법: 성과 검토, 자원 최적화 기법, 모델링 기법, 일정 단축 등

98 **정답 D.** EVM은 CV, SV, CPI, SPI 등의 값으로 일정 및 원가의 프로젝트 성과를 측정할 수 있습니다.

99 **정답 B.** 프로젝트 인도물의 주요 책임(Primary responsibility)는 프로젝트 관리자에게 있습니다.

100 **정답 D.** Maslow's hierarchy 5단계는 암기 사항입니다. 낮은 단계에서 높아지는 순서대로 배열하면 Physiological, Safety, Society, Esteem, Self-actualization입니다.

101 **정답 C.** 우선 프로젝트에서 변경은 반드시 CCB(변경 통제 위원회)를 거쳐 승인 또는 거절됩니다.

102 **정답 B.** 비즈니스 요구사항은 프로젝트 헌장에 포함되는 내용입니다.

103 **정답 B.** [품질 관리] 프로세스에서 수행하는 품질 보증 수행은 프로세스의 철저한 감사가 필요합니다.

104 **정답 A.** 승인된 예산은 프로젝트 관리 계획서에 포함됩니다.

105 **정답 B.** Management reserve는 Unknown risk를 위한 것이며, Contingency reserve는 Known risk를 위한 예비입니다.

106 **정답 A.** 개념 단계는 프로젝트 초기에 기본 사항을 정하는 단계입니다. 프로젝트 초기 단계에서 리스크가 가장 높습니다.

107 정답 B. 심리학 이론인 Subjective expected utility theory에 의하면 사람들은 의사결정 시 자신에게 유익한 것이 최대로(Positive utility) 되는 것이나 해가 되는 것(Negative utility)이 최소로 되는 것을 일반적으로 선택한다고 합니다.

108 정답 C. 원가 산정을 어떻게 하는가는 범위 변경과는 상관없습니다.

109 정답 B. Learning curve theory는 기업의 원가 변화를 나타내는 곡선입니다. 제품의 단위당 실질 원가는 누적 경험량(누적 생산량 또는 판매량)이 증가함에 따라 일정 비율로 저하합니다. 누적 경험량이 2배가 되면 원가는 20% 정도 떨어지는 것이 보통이며 누적 경험량이 큰 기업은 원가도 낮고 수익성도 높습니다.

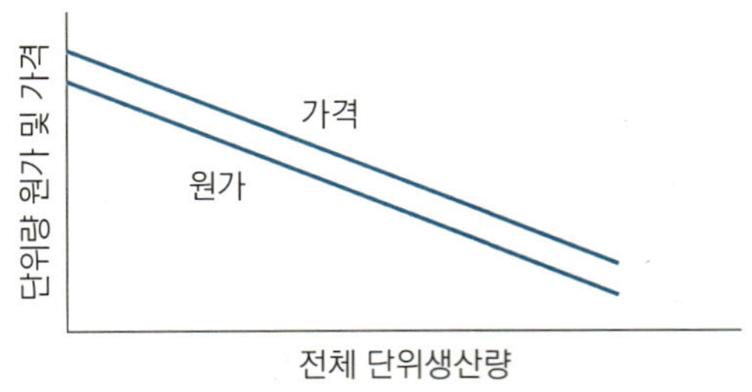

110 정답 B. 자원 평준화에 대한 정의입니다. 자원 평준화의 결과로 초기 계획한 일정보다 더 길어지는 것도 기억해 두시기 바랍니다.

111 정답 C. 시간 단계별 예산을 원가 기준선이라 하며 일정과 함께 프로젝트 관리 계획서를 구성하는 핵심요소입니다.

112 정답 C. 공식 승인된 변경으로 인해 관련된 문서가 업데이트됩니다.

113 정답 A. 리스크 관리 계획수립, 리스크 식별, 정성적 리스크 분석 수행, 정량적 리스크 분석 수행, 리스크 대응 계획수립의 순서대로 진행합니다.

114 정답 D. 벤더를 선택하기 위해서 봐야 할 것들은 책임성, 이전 성과, 원가, 가용성 등입니다.

115 정답 D. Fixed price plus incentive fee는 고정 금액에 보너스를 지불하는 계약 방식입니다.

116 정답 C. 의사소통 기술 결정에 영향을 주는 요인은 정보 필요의 긴급성, 기술 가용성 및 신뢰성, 사용 간편성, 프로젝트 환경, 정보의 민감성과 기밀성 등이 있습니다.

117 정답 A. WBS에 번호체계를 부여하는 목적은 수많은 Work 중 번호체계만 보고도 그 Work의 소속, 특징, 관련 정보를 알기 위해서입니다. Code of account는 WBS의 각 구성요소를 고유하게 식별하는 데 사용되는 번호 지정 체계를 의미합니다.

118 정답 C. 예비비가 포함되어 있으면 원가가 초과할 확률은 낮아집니다.

119 정답 C. 제품, 서비스, 결과에 대한 기능 및 특징에 대한 특성을 제품 범위라고 하며 프로젝트 범위와는 다른 뜻입니다. 프로젝트 범위는 지정된 특성과 기능을 갖춘 제품, 서비스 또는 결과를 제공하기 위해 수행하는 작업입니다.

120 **정답 C.** 일정 개발의 도구 및 기법은 시험에 중요하므로 모두 알아두어야 합니다.

121 **정답 B.** 초기 일정 및 과업의 과소평가는 향후 일정 지연을 야기할 수 있습니다. 자원이 부족한 부분은 조달을 통해 외부로부터 필요한 자원을 획득하면 됩니다.

122 **정답 B.** 프로젝트가 불확실성이 높고 복잡하고, 직접 관리하는 대신 원격에서 한다면 아무래도 리스크가 높습니다. 따라서 리스크를 식별하고 리스크 발생 가능성을 추정해 봅니다.

123 **정답 A.** User story는 특정 사용자에게 제공할 수 있는 가치에 대한 간략한 설명입니다. 보기 B는 Sprint backlog에 대한 설명이며, 보기 C는 Product backlog에 대한 설명이고, 보기 D는 Agile life cycle에 대한 설명입니다.

124 **정답 C.** 근본적인 원인은 "누구도 서로 함께 일한 적이 없었다."입니다. 이는 진행자를 두는 것으로 해결할 수 있는 일이 아니라 근본적으로 계획 자체가 잘 되어 있어야 합니다.

125 **정답 B.** 활동 기간 산정 값은 작업에 필요한 활동이 얼마나 걸릴 것인가에 대한 값입니다.

126 **정답 B.** 수행된 작업의 예산상 비용을 획득가치라고 하며 보통 계획 비용에 작업 진척율을 곱하여 산정합니다.

127 **정답 D.** 의사소통 관리 계획서를 작성할 때 가장 중요한 것은 핵심 이해관계자의 의사소통 요구사항 반영입니다.

128 **정답 B.** 총 7개의 결과 중 4개의 결과점이 통제 한계 밖에 있으므로 현재 Out of control이며, 문제의 원인을 찾아봐야 합니다.

129 **정답 D.** 계약자 측에서는 원가를 사용한 만큼 지불해 주고 원가의 %로 수고비를 받는 계약방식이 가장 좋은 방식입니다.

130 **정답 A.** 선행 활동이 종료해야 후속 활동을 시작할 수 있는 관계를 Finish to start 관계라고 합니다.

131 **정답 B.** EAC=BAC/CPI이므로 EAC=10,000/0.95=10,526입니다.

132 **정답 C.** 경험이 없는 프로젝트를 수행하게 되었으므로 경험 많은 전문가로부터 도움을 받는 것이 좋습니다. 특정 주제에 대한 전문가와 미팅은 프로젝트의 다양한 요소에 모두 도움을 줄 수는 없습니다.

133 **정답 C.** 품질 보증 수행의 목적은 품질향상입니다. 프로세스 개선을 통한 품질향상을 목표로 합니다.

134 **정답 B.** 프로젝트를 분할한 것이 단계이며, 각 단계의 산출물이 정상적으로 완료되어야 다음 단계로 넘어갈 수 있습니다. 각 단계의 완료 시마다 단계의 산출물을 경영진이 검토하여 확인할 필요가 있습니다.

135 **정답 D.** 프로젝트 착수자 또는 스폰서에 의해 프로젝트 헌장이 발행된다고 *PMBOK® Guide*에 나와 있습니다. "The project charter is the document issued by the project initiator or sponsor that formally authorizes the existence of a project and provides the project manager with the authority to apply organizational resources to project activities."

136 정답 B. WBS Dictionary는 Work package에 대한 상세 설명을 포함합니다.

137 정답 D. 전문가를 관리하기에 용이한 조직은 기능 조직입니다.

138 정답 B. 자원 히스토그램은 연속된 자원 사용 기간에 걸쳐 자원의 사용 일정을 시간 값으로 보여주는 막대차트입니다. 자원 관리 계획서는 자원을 확보하여 할당하고, 감시 및 통제하는 방법을 기술한 문서입니다.

139 정답 B. 원가성과지수가 1보다 낮고 또 여러 가지 문제가 많은 상황입니다. 프로젝트의 모든 인도물을 검토하여 왜 이런 문제가 발생하며 또 이를 해결하기 위해선 어떻게 해야 하는지 방법을 찾아야 합니다.

140 정답 B. 계약 유형을 결정하는 가장 큰 요소는 조달 범위의 명확성입니다.

141 정답 D. 변경은 여러 곳에 영향을 미치므로 반드시 통합적 관점에서 관리해야 합니다. 불필요한 변경이 일어나지 않도록 예방하는 것은 중요합니다.

142 정답 C. 프로젝트 헌장에 대한 변경은 경영진의 책임입니다.

143 정답 B. 교훈은 프로젝트에 참여한 팀 전체가 같이 정리해야 합니다.

144 정답 D. SPI가 1보다 낮은 건 일정 지연을 의미합니다. Float를 계산해도 마이너스가 나오므로 일정에 관심을 가져야 합니다.

145 정답 B. 좋은 프로세스의 도입으로 인해 품질 감시 비용은 줄어들게 됩니다.

146 정답 B. WBS는 프로젝트 관리자 혼자 만드는 것이 아니라 팀의 참여로 만들어지게 됩니다.

147 정답 C. Lag는 선행활동을 기준으로 후행활동을 미루는 기한을 의미합니다.

148 정답 B. 보험은 제3자에게 리스크에 대한 비용을 지불하고 리스크를 전가하는 방법입니다.

149 정답 C. 1점 추정방식은 CPM입니다. 보통 잘 알려진 활동에 대해 한 가지 기간 값을 추정하여 사용하는 방법입니다. PERT는 3점 추정 방식을 사용합니다.

150 정답 A. Lead에 대한 설명입니다.

151 정답 B. 한 일(EV)이 계획한 일(PV)보다 앞서는 것은 일정 앞섬입니다. PV는 100, EV=110이므로 계획보다 한 일이 10% 많으므로 10% 일정이 앞선 상황입니다.

152 정답 A. Float = LS-ES = LF-EF. 여유시간이 음수라는 것은 늦은 시작일이 빠른 시작일보다 더 빠른 경우입니다.

153 정답 A. 일정을 단축하는 방법은 Crashing과 Fast tracking 두 가지 방법만 있습니다. Crashing은 자원을 추가 투입하는 방법이므로 돈이 필요합니다.

154 정답 A. 이미 프로젝트는 시작되었으므로 프로젝트 헌장은 작성 및 승인이 된 상태입니다. 프로젝트가 3단계로 들어갔으면 범위도 정해지고 프로젝트 관리 계획서도 작성된 상태입니다. 리스크가 식별된다고 해서 프로젝트의 중단을 피할 수는 없습니다. 정부의 항공 관련 부처가 중

요 이해관계자이므로 이해관계자 식별을 통해 사전에 이해관계자의 관심사항, 기대사항, 요구사항을 알아냈었으며, 이런 상황을 피할 수 있었을 것입니다.

155 정답 D. 작업의 여유시간이라는 것은 Critical path 즉, 주경로의 지연 없이 가질 수 있는 작업의 여유시간의 합입니다.

156 정답 B. 프로젝트 헌장을 개발할 때 프로젝트 목표, 성공 기준, 주요 인도물, 상위 수준 요구사항, 요약 마일스톤 및 기타 개요 정보를 식별하기 위해서 핵심 이해관계자와 회의를 진행합니다. 이해관계자 분석, 요구사항 수집, 프로젝트 관리 계획서는 착수 이후에 진행되는 활동들입니다.

157 정답 C. 착수 회의는 일반적으로 기획의 종료 및 실행의 시작 단계와 연관됩니다. 회의 목적은 프로젝트 목표를 전달하고 프로젝트에 대한 팀의 헌신을 유도하며, 각 이해관계자의 역할과 담당 업무를 설명하는 것입니다.

158 정답 A. 프로젝트에 관심도 적고 영향력도 적은 이해관계자는 최소의 노력으로 요구 시에만 대응하면 됩니다.

159 정답 B. 하나를 선택함으로써 포기하게 되는 비용을 기회비용(Opportunity cost)이라고 합니다.

160 정답 A. 교육비용은 대표적인 직접비입니다.

161 정답 C. 애자일에서는 스프린트를 완료할 때마다 산출물이 생성되고 고객에게 인도해야 하므로 스프린트를 완료한 후 고객과 같이 산출물을 검토해야 합니다.

162 정답 C. CV, SV 모두 0보다 작은 값은 원가 초과, 일정 지연을 의미합니다.

163 정답 C. EV의 힌트는 "3분의 2"입니다. 따라서 EV = 1,500/(2/3) = 1,000입니다.
CV = EV - AC = 1,000 - 1,350 = -350입니다.

164 정답 D. 전기료는 대표적인 간접비입니다.

165 정답 A. 계약 관리에 사용할 조달 지표(Procurement metrics to be used to manage contracts)는 조달 관리 계획서 안에 포함되어 있습니다.

166 정답 B. 파래토 다이어그램은 가장 먼저 조치를 해야 할 것을 찾기 위해 사용할 수 있는 유용한 도표입니다. 결함의 발생 순서대로 정렬된 다이어그램입니다.

167 정답 B. Attribute sampling과 Variable sampling의 차이점을 기억해 두세요.

168 정답 A. 실험설계법(Design of experiment)은 여러 차례 실험해서 품질에 가장 큰 영향을 주는 요인을 찾아내는 방법입니다.

169 정답 C. 관리도에서 상한선과 하한선은 수용할 수 있는 기준을 제시합니다.

170 정답 C. Halo effect는 후광효과라고 합니다. 사람이나 사물의 한 특질로 나머지를 생각하는 편견효과입니다. 기술이 좋다고 해서 관리를 잘하는 것은 아닌데 기술이 좋으면 관리도 잘 할 것이라고 착각하는 경우가 많습니다.

171 정답 D. 조금씩 양보해서 비교적 양쪽 당사자가 Win-win 하는 갈등 해결기법을 타협이라 합니다.

172 **정답 C.** 표준편차가 가장 적을수록 리스크는 가장 적습니다.

A: 25~35=11일. (P-O)/6 = 1.6666
B: 22~30 = 9일. (P-O)/6 = 1.3333
C: 26~33 = 8일. (P-O)/6 = 1.16666

173 **정답 A.** 범위의 증가는 일정 지연을 가져오게 되는 것이 일반적입니다. 일정 단축은 범위의 변경 없이 Crashing이나 Fast tracking으로 진행합니다.

174 **정답 B.** 여유시간은 LS-ES로 계산합니다. 4개 활동의 여유시간은 A = -10, B=8, C=0, D=4입니다. 따라서 B의 여유시간이 가장 많습니다.

175 **정답 D.** 범위로부터 돈이 결정되므로 예산을 줄이면, 범위도 재조정해야 합니다.

176 **정답 A.** PMP® 자격 보유는 명확한 객관적인 선택 기준이 됩니다. 만약 "PM은 유사 프로젝트 경험이 있어야 한다"라고 하면 주관적 기준입니다.

177 **정답 A.** 변경 통제 시스템은 프로젝트의 모든 변경을 체계적으로 관리하기 위한 시스템을 말합니다

178 **정답 B.** 판매자로부터 응답을 요청하기 위하여 입찰자 회의를 진행하게 되는데 이 입찰자 회의는 모든 잠재적인 판매자들에게 공평한 자리가 되어야 합니다.

179 **정답 D.** 리스크 대응 기획의 도구 및 기법으로는 위협에 대한 전략, 기회에 대한 전략, 우발사태 대응 전략, 포괄적 프로젝트 리스크에 대한 전략, 대안 분석 비용-편익 분석, 다기준 의사결정 분석, 인터뷰, 전문가 판단이 있습니다.

180 **정답 A.** 15번 문제를 참고합니다. Critical path가 늘어나므로 종료일이 더 늦어지게 됩니다.

181 **정답 A.** 고객이 인수 확인을 할 때 품질의 기준의 달성 여부도 확인합니다. 인수 전에 품질 기준이 변경되었으면 일단 인수 확인을 중단하고 새로운 품질 기준에 인도물이 부합하는지 확인한 후 고객에게 인수 확인을 받아야 합니다. 이후 인도물은 새로운 품질 기준이 적용됩니다.

182 **정답 A.** RACI 차트의 'I'는 Inform(통보)입니다. RACI 차트에 프로젝트 관리자에게 통보하도록 명시했었으면 이런 문제가 없었을 것입니다.

183 **정답 C.** 기술적 성과는 개인의 역량이며, 개인의 역량을 향상시키는 방법은 교육입니다. 충분한 교육을 진행한 후에도 성과가 낮으면 팀원을 교체해야 합니다.

184 **정답 A.** 프로젝트 관리 계획서 안에는 리스크 관리 계획서가 포함되어 있으며 리스크 관리 계획서에는 리스크 관리 활동들을 어떻게 할 것인지에 대한 방법이 포함되어 있습니다.

185 **정답 B.** 프로젝트 관리자는 일반적으로 이해관계자 관리 책임이 있습니다.

186 **정답 C.** 2차 리스크(Secondary risks)는 리스크 대응 중에 발생한 새로운 리스크입니다. (Arise as a direct outcome of implementing a risk response.)

187 **정답 C.** 변경 요청에는 시정 조치, 예방 조치, 결함 수정이 포함될 수 있습니다.

188 **정답 C.** 기대 이익 = 각 대안의 값(Probability × Profit)을 합산 = (0.50 × $40,000) + (0.50 ×

- $25,000) = $20,000 - $12,500 = $7,500 Profit.

189 **정답 C.** 제품 생애주기와 프로젝트 생애주기는 중첩되며 제품을 만드는 프로세스와 프로젝트를 관리하는 프로세스는 서로 연관성이 있습니다.

190 **정답 A.** 기존 시스템이 정전으로 중단될 경우 예비 시스템을 대여해서 가동시키면 시스템 중단으로 인해 생기는 부정적 영향에 대응할 수 있습니다. 만약 계약을 한 업체의 예비 시스템에 문제가 되면 계약 업체에 책임을 물을 수 있습니다.

191 **정답 A.** 시스템 사용 매뉴얼 작성 및 제품 사용자 교육은 시스템을 개발한 프로젝트 팀에서 작성해야 합니다. 운영 부서는 개발된 시스템을 운영하는 일을 담당합니다.

192 **정답 A.** WBS Dictionary는 상세한 프로젝트 범위 요소로써 생산되고 수용된 인도물들이 승인된 프로젝트 범위에 포함되는지 검증하기 위해 사용합니다.

193 **정답 A.** BCR = Payback/Project cost = 2,000/800 = 2.50입니다. Benefit, Payback, Revenue는 모두 비슷한 용어입니다.

194 **정답 A.** Procurement statement of work는 다양할 수 있지만, 구매자의 요구 및 기대되는 계약 형식에 근거해야 합니다.

195 **정답 D.** 리스크 관리대장(Risk register)에 포함되는 내용: List of identified risks, list of potential responses, root causes of risk.

196 **정답 B.** PERT 기간(Mean) = (Pessimistic + 4 × Most likely + Optimistic)/6, (10 + 4 × 13 + 16)/6 = 13이며, 표준편차 = (Pessimistic-Optimistic)/6 = (16 - 10)/6 = 1. 따라서 10일에서 16일 사이라는 것은 3 시그마를 말하며 정규분포에서 3 시그마는 99.73%입니다.

197 **정답 C.** PMO는 조직의 모든 프로젝트를 중앙에서 집중적으로 관리하고 조정하는 단위 부서입니다. 교육, 소프트웨어, 표준화된 정책, 절차, 방법론, 템플릿 등 여러 형태로 프로젝트 관리를 지원하게 됩니다.

198 **정답 D.** 획득가치(EV) = $5,000 + $5,000 + $5,000 × 0.5 = $12,500이며, AC는 $13,000입니다. PV = $5,000 + $5,000 + $5,000 × (1/5) = $11,000입니다.
따라서 SV = EV - PV = $12,500 - $11,000 = $1,500이며 CV = EV - AC = $12,500 - $13,000 = -$500
즉, 일정은 앞서고 있고 예산은 초과입니다.

199 **정답 A.** 프로젝트 또는 프로젝트 단계를 종료하기 위해서 모든 프로세스 그룹에 속하는 완료된 프로세스를 검증하고 완료하는 것을 '종료 프로세스 그룹'에서 수행합니다.

200 **정답 B.** 직접 개발할 때의 이익은 $5,000이고, 구매 시의 이익은 $3,500이므로 직접 개발할 때의 기회비용은 구매 시의 이익이므로 $3,500이 됩니다.

개발 = (0.25 × -10,000) + (0.75 × 10,000) = -2,500 + 7,500 = 5,000
구매 = (0.5 × -5,000) + (0.5 × 12,000) = -2,500 + 6,000 = 3,500

PMinside 교육 소개

소개

PMinside에서는 프로젝트 관리에 대한 기업 교육을 전문적으로 하고 있습니다. PMP® 자격 취득 과정 또는 PM 실무과정에 대해 교육을 진행하고 있습니다. 고객의 요구사항을 파악하여 가장 적합한 교육을 설계하여 제공합니다. 상세 교육 커리큘럼에 대한 안내서는 pminside.com에서 보거나 PDF 파일을 다운로드 할 수 있습니다.

- **회사 홈페이지**: www.pminside.com

교육 커리큘럼

- PMP® 자격 취득 교육과정
- PMP® 핵심정리 과정
- PMP® 문제풀이 과정
- PM 기본 과정
- PM 심화 과정
- 프로젝트 팀 빌딩
- 레고 비즈니스 플레이 워크샵
- 레고 시리어스 플레이 방법론을 활용한 프로젝트 의사결정 워크샵
- 프로젝트 리스크 관리 과정
- 비주얼씽킹 워크샵
- 프로젝트 성공의 법칙 과정

출강기업

삼성전자, LG화학, 삼성SDI, 한화, 지멘스 코리아, 삼성중공업, LG 이노텍, SK 브로드밴드, LG 유플러스, 대우조선, 대한생명, 동부화재, 현대중공업, 한국산업기술평가원, 대우정보시스템, 아시아나 IDT, 한국전산원, NDS, 포스코 ICT, KT, KTDS, 한국 IBM, NIA, 소니 코리아, KEPCO, KIRD, 휴넷, 메리츠 화재, 라이나생명, 현대자동차, 강원랜드, 롯데정보통신, 농협정보통신, LVMH, 아우디폭스바겐 코리아, 롯데닷컴, 인천공항공사, 프렉스에어코리아, 우리은행 등

교육문의

PMinside.com의 '교육문의'에 있는 강의 청탁서를 다운 받아서 이메일(ace@pminside.com)로 보내주시거나 폼을 작성해주시면 답변 드리도록 하겠습니다.

PMPcafe.com 소개

PMPcafe.com은 2003년도에 개설된 국내 최대 프로젝트 관리 커뮤니티입니다. 2019년 기준으로 5,000여 명의 회원이 가입되어 있으며, 회원 간의 프로젝트 관리에 대한 지식 공유와 친목 도모를 목적으로 하고 있습니다.

PMP® 자격을 취득하려는 사람들이 PMPcafe.com에 가입하고 있으며, 주로 합격후기, 질문과 대답, PMP® 자료실을 많이 이용합니다. 가장 인기 있는 게시판은 합격후기 게시판입니다. PMP® 외에도 PMI의 다른 자격에 대한 정보를 공유하며, PM 지식 향상을 목적으로 합니다.

앞으로 PMP® 자격에 관련된 정보와 함께 프로젝트 관리 발전을 위한 다양한 지식 공유 및 오프라인 활동을 통한 네트워킹을 계속 진행하고 발전시켜 대한민국 프로젝트 관리 발전에 기여하고자 합니다. 여러분들의 적극적인 참여 부탁드립니다.

찾아보기

[K-P]

[R-Z]

[기타]

제4판

PMP® PASS

4판 1쇄 발행 2019년 11월 22일

저　　자 한동환
발 행 인 한동환
발 행 처 피엠인사이드
주　　소 서울 강동구 올림픽로 659 1226호
전　　화 02)824-5534
E-mail ace@pminside.com
등록일자 2009년 2월 2일(제2013-000029호)

표지 디자인 고은님
본문 디자인 최은숙

ISBN 978-89-961089-4-8
정가 50,000원

이 도서의 국립중앙도서관 출판예정도서목록(CIP)은 서지정보유통지원시스템 홈페이지(http://seoji.nl.go.kr)와 국가자료종합목록 구축시스템(http://kolis-net.nl.go.kr)에서 이용하실 수 있습니다.
(CIP제어번호 : CIP2019046660)